V 523 Dr. FS
Sept. 2020

Maslaton
Windenergieanlagen

Windenergieanlagen

Ein Rechtshandbuch

Herausgegeben von

Prof. Dr. Martin Maslaton

Rechtsanwalt in Leipzig

Bearbeitet von

Antje Böhlmann-Balan, Rechtsanwältin in Leipzig; *Dr. Florian Brahms*, Rechtsanwalt in Berlin; *Christian Falke*, Rechtsanwalt in Leipzig; *Christian Frohberg*, Rechtsanwalt in Leipzig; *Ulrich Hauk*, Rechtsanwalt in Leipzig; *Dr. Manuela Herms,* Rechtsanwältin in Leipzig; *Andreas Keil*, Geschäftsführer in Leipzig; *Antje Klauß*, Justitiarin in Halle; *Matthias Klinkau*, Rechtsanwalt in Leipzig; *Dr. Dana Kupke*, Rechtsanwältin in Leipzig; *Stephanie Leutritz*, LL.M., wissenschaftliche Mitarbeiterin in Leipzig; *Prof. Dr. Martin Maslaton*, Rechtsanwalt in Leipzig; *Dipl.-Ing. Ulf Matthes*, Halle; *Prof. Dr. Martin Müller*, Brunswick European Law School/Fakultät Recht der Ostfalia Hochschule Wolfenbüttel; *Dipl.-Betriebswirtin (FH) Sigrun Portela*, Leipzig; *Peter Rauschenbach*, Rechtsanwalt in Leipzig; *Matthias Reineke*, Bankbetriebswirt in Berlin; *Dr. Christoph Richter*, Rechtsanwalt in Leipzig; *Dipl.-Ing. (FH) Marion Ruppel*, Gießen; *Dr. Peter Sittig-Behm*, Rechtsanwalt in Leipzig; *Susann Staake*, Leipzig; *Ralf Thomas*, RiAG in Pankow/Weißensee

2. Auflage 2018

Stand der Gesetzgebung: 1. Januar 2017

www.beck.de

ISBN 978 3 406 70114 6

© 2018 Verlag C.H. Beck oHG,
Wilhelmstraße 9, 80801 München
Druck und Bindung: Kösel GmbH & Co. KG
Am Buchweg 1, 87452 Altusried-Krugzell
Satz: Fotosatz Buck
Zweikirchener Str. 7, 84036 Kumhausen
Umschlaggestaltung: Druckerei C.H. Beck Nördlingen

Gedruckt auf säurefreiem, alterungsbeständigem Papier
(hergestellt aus chlorfrei gebleichtem Zellstoff)

Geleitwort I

Die Energiewende als generelle Chance zu begreifen ist die einzig sinnvolle Herangehensweise mit der in der breiten Wirtschaft eine Akzeptanz für diese grundlegende politische Herkulesaufgabe erzeugt werden kann. Besonders wichtig ist dies für den deutschen Mittelstand, leidet er doch wirtschaftlich betrachtet besonders darunter, dass das zweite wirtschaftliche und rechtliche Standbein der Energiewende – der CO_2-Zertifikatehandel – kaum in relevanter Weise (marktwirtschaftlich) funktioniert.

Marktstrukturen sind dabei von immer größerer Bedeutung. Schaut man sich die Exporterfolge der deutschen Windindustrie an, ist es sehr bemerkenswert, dass die Mittelstandsstruktur es geschafft hat, zum führenden Technologieträger weltweit zu werden. Auch dies ist eine Folge unseres EEG.

Der Mittelstand muss aber in einem weiteren Sinne auf Marktstrukturen achten. Aktuell ist das nötig, da insbesondere durch das maßgeblich vom Wirtschaftsministerium initiierte neue Strommarktdesign eine Remonopolisierung denkbar wird. Gewisse gesetzliche Vorgaben im Rahmen der Reform des Strommarktes lassen dies befürchten, gerade soweit es um Stromeigenerzeugungsfragen für mittlere und große Industrieunternehmen geht.

Rechtspolitiker sollten auf handwerkliche Sorgfalt achten und Sinn und Zweck eines Gesetzes immer im Blick haben. Dies bedeutet, dass man sich vergegenwärtigen muss, dass das EEG zu keinem Zeitpunkt als Subvention, schon gar nicht als dauerhafte Subvention gemeint war, sondern immer nur als Förderinstrument bzw. Förderrahmen. Gleiches gilt für die nun für die Windenergie auf den Weg gebrachte Ausschreibung. Sie muss den Zweck verfolgen und erreichen, einen rechtlichen Förderrahmen zu setzen und zugleich einen Wettbewerb anzustoßen.

Ganz grundsätzlich gibt es im Bereich der Erneuerbaren Energien eine Entwicklung zu kritisieren, die maßgeblich durch die obersten Bundesgerichte betrieben wird: Immer häufiger passiert es, dass die Rechtsprechung meint, contra legem entscheiden zu müssen, ja entscheiden zu sollen. Eine Erosion der Gewaltenteilung, der Einhalt geboten werden muss. Die Judikative ist nicht der Gesetzgeber und dazu auch nicht legitimiert. Mit dem EEG setzt der Gesetzgeber bewusst die Weichen zu einer zukunftsorientierten Energiewirtschaft, was die Rechtsprechung zu respektieren hat.

Speziell für den Rechtsstaat entwickelt sich weiterhin im Bereich der Energiewende ein Spannungsverhältnis zwischen Digitalisierung der Energiewende und rechtsstaatlichen Vorgaben: Windkraftwerke produzieren eine Fülle von digitalisierten Daten. Modellhaft sollen Energieerzeugung und Energiebedarfe minuten- ja sekundengenau deckungsgleich synchronisiert werden, um die Vielzahl von derzeitigen nicht deckungsgleichen Erzeugungs- und Bedarfsszenarien zu erreichen. Jene sorgen unter anderem für eine nicht sinnvolle, weil kaum fördergerechte Erhöhung der EEG-Umlage. Politisch gilt es dabei einen gerechten Ausgleich zwischen diesem Bedürfnis einerseits und dem Bedürfnis der Unternehmen und Bürger andererseits, eigene Daten zu schützen, zu erzielen. Zugleich würde so Versorgungssicherheit unabhängig von der Erzeugungsart signifikant verbessert werden.

Windenergieanlagen haben bei diesen gesamten Zusammenhängen eine führende Funktion, wie sie überhaupt durch ihre Entwicklung die Energiewende letztlich erst möglich gemacht haben.

In einem so dicht besiedelten wie auch komplexen, industriellen und gesellschaftlichen Gebilde wie der Bundesrepublik Deutschland kommt es dabei zu Nutzungs- und Wertungskonflikten zwischen dem Bau von Windenergieanlagen und geltend gemachten Belangen Dritter. Dies ist nicht zuletzt der Fall, wenn es um bodenrechtliche Spannungen in einer Vielzahl von Konfliktszenarien geht.

Das vorliegende Handbuch kann man insoweit als „das" Standardwerk für die gesamte Windenergie bezeichnen, gewährleistet es doch von ersten planungsrechtlichen Ideen bis über die Frage der Realisierung und der Stromeinspeisung und ihrer Vermarktung, sich einen detailreichen Überblick zu verschaffen. Nicht zuletzt deshalb dürfte es auch zukünftig von Praxis und Rechtsprechung – noch mehr als bislang – zu Rate gezogen werden.

Prof. Dr. Patrick Sensburg, MdB

Geleitwort II

Mit dem Erneuerbare-Energien-Gesetz (EEG) und seinem Vorläufer, dem Stromeinspeisegesetz (StromEinspG), hat Deutschland einen fundamentalen Wandel seiner Stromerzeugungsstruktur eingeleitet und vollzogen. In den 1990er Jahren schalteten die damaligen Energiekonzerne noch großformatige Anzeigen, dass der Anteil erneuerbarer Energien an der Stromerzeugung niemals über 4 % steigen könne. Die Realität hat sie eines Besseren belehrt, denn heute sind wir bei 36 % und die früher verlachte Grüne Vision einer Energieversorgung zu 100 % aus erneuerbaren Energien ist längst politischer Mainstream geworden.

Das EEG hat uns aber nicht nur bis heute einen Anteil von 36 % Erneuerbare Energien, es hat auch zwei Technologiesieger gebracht: Windenergie und Photovoltaik (PV) haben durch das EEG einen Technologieschub und eine Kostendegression erfahren, die vor 15 Jahren nicht vorstellbar gewesen wären. Die Kilowattstunde Strom aus Wind und Sonne ist heute günstiger als Strom aus neuen Kohle- oder Atomkraftwerken – selbst wenn man deren exorbitante Folgeschäden nicht einmal einrechnet. Das EEG hat Strom aus Wind und Sonne für die Welt erschwinglich gemacht. Klaus Töpfer, der es wissen muss, hat das einmal als den größten Beitrag Deutschlands zur weltweiten Entwicklungshilfe bezeichnet. Ohne das EEG und die dadurch geschaffene Investitionssicherheit für Erneuerbare Energien wäre all das nicht vorstellbar gewesen.

Der Erfolg führt dazu, dass die Bundesregierung heute schon den Ausbau von Wind- und Sonnenenergie mit allerlei Deckeln, Umlagen und Entgelten auf Eigenverbrauch, bürokratischen Hürden u. v. m. ausbremst, um das alte Geschäftsmodell der Kohlekraftwerke noch ein bisschen über die Zeit zu retten. Jenseits der Bremsübungen der Bundesregierung ist aber klar: Unsere Energieversorgung wird zu 100 % erneuerbar sein und dank ihrer Verfügbarkeit und ihres Kostenvorteils werden Wind und Sonne ihre Eckpfeiler sein.

Das Paris-Abkommen bedeutet, wir müssen schon deutlich vor der Mitte des Jahrhunderts vollständig CO_2-neutral werden. Für den Energiesektor heißt das 100 % Erneuerbare Energien in den nächsten zwei Jahrzehnten. Zum Glück – könnte man fast sagen – haben die Briten der Welt per Marktausschreibung vorgeführt, dass Atomkraft auch jenseits von Sicherheits- und Endlagerfragen hierzu keine Alternative ist. Denn jede Erneuerbare-Energien-Anlage in Europa kann Strom deutlich günstiger produzieren als das geplante französisch-chinesische AKW im britischen Hinkley Point.

36 % Erneuerbare im Stromsektor in Deutschland sind eine Erfolgsstory, aber eben noch lange keine 100 % – zumal der Strombedarf durch Sektorkopplung in Form von Elektromobilität und Strom im Wärmebereich noch deutlich steigen wird. Natürlich beschäftigen uns Fragen wie Strommarktdesign, Speicher, Lastmanagement usw., aber es geht auch darum, den weiteren Bau von Anlagen zur Erzeugung von Strom aus Erneuerbaren Energien – vor allem Wind und Sonne – schnell zu ermöglichen.

Auf 1,5 Mio. Dächern in Deutschland wird schon heute Strom dezentral durch Sonne erzeugt. Für die Photovoltaik muss der Rahmen geschaffen werden, damit auch auf den vielen weiteren Millionen Dächern Strom dort erzeugt werden kann, wo er verbraucht wird. PV als Eigen- oder Mieterstrom in Kombination mit Speichern oder Kraft-Wärme-Kopplung (KWK) – das ist die Energiewende in Städten und Dörfern.

Der Ausbau der Windenergie an Land findet dagegen in der freien Landschaft statt und hat nichts mehr mit dem Windrad zu tun, das der Bauer in den 1990er Jahren mal eben hinter seinem Hof aufgestellt hat. Bis zu 200 Meter hohe Anlagen, die den Strombedarf von Kleinstädten liefern können, haben einen Planungsvorlauf von mehreren Jahren. Wer eine Windenergieanlage errichten will, muss eine Vielzahl von Prüfungen durchlaufen und Vorschriften beachten, die auch noch von Bundesland zu Bundesland – ja u. U. auch von Landkreis zu Landkreis – verschieden sein können. Emissionsschutz, Artenschutz, Denkmalschutz, Netzanbindung,

Flugsicherheit, Richtfunk ... sind nur ein paar Stichworte, über deren Bedeutung für seine Planung ein zukünftiger Windmüller Bescheid wissen muss. Und es gibt die Fälle, in denen die Genehmigung von Windenergieanlagen an einer theoretischen Beeinträchtigung von Erdbebenmessstationen scheitert (kein Scherz!). In einem dicht besiedelten Land mit unterschiedlichsten Ansprüchen an die Nutzung der Landschaft sind schwere Konflikte bei der Errichtung von unübersehbaren und die Landschaft zweifellos verändernden Windenergieanlagen wohl unvermeidlich. Von Bund, Ländern und Kommunen erlassene Regeln sollten im Idealfall dazu diesen, die Konflikte zu lösen und den Ausbau der Windenergie an den unproblematischsten Standorten zu ermöglichen. Leider gibt es natürlich auch Verhinderungsregeln wie z.B. die 10-H-Regel in Bayern, was aber zum Glück eine Ausnahme unter den Bundesländern ist.

Da ist es wohl unablässig, dass jede und jeder, die oder der sich mit Windenergieplanungen beschäftigt, über DAS vorliegende Standardwerk verfügt, das alle relevanten Fragen kompakt und verständlich vermittelt.

Bei allen Herausforderungen, die eine Windenergieplanung heute darstellt, ist aber eines klar: Ohne einen weiteren, deutlichen Ausbau der Windenergie werden wir die Energiewende nicht schaffen und die Ziele des Pariser Klimaabkommens verfehlen. Wer nicht bereit ist, nach den Regeln und Vorschriften geeignete Standorte für die Windenergienutzung zu akzeptieren, geht den Weg zurück zu Kohle und Atom mit allen Konsequenzen für das Klima, unsere Erde und unsere Kinder und Enkelkinder. Das will ich nicht.

Oliver Krischer, MdB

Inhaltsverzeichnis

Literaturverzeichnis	XXV
Abkürzungsverzeichnis	XXXIII

Einführung 1

Kapitel 1: Auswahl geeigneter Windenergieanlagen-Standorte aus planungsrechtlicher Sicht 3
Christian Falke, Dana Kupke, Martin Maslaton, Martin Müller, Peter Rauschenbach, Peter Sittig-Behm

I. Systematik des BauGB/Überblick	4
II. Zulässigkeit von Windenergieanlagen im Bebauungsplangebiet	9
1. Zulässigkeit als Hauptanlage	9
a) Sondergebiet	9
b) Industriegebiet	10
aa) Gewerbebetrieb	10
bb) Allgemeine Zweckbestimmung des § 9 Abs. 1 BauGB	11
cc) Keine Unzulässigkeit nach § 15 Abs. 1 BauNVO	11
c) Gewerbegebiet	12
2. Zulässigkeit als Nebenanlage	14
a) Allgemein zulässige Nebenanlage, § 14 Abs. 1 BauNVO	14
aa) WEA dient dem Nutzungszweck des Baugebiets selbst	14
bb) Räumlich-funktionelle Unterordnung	14
(1) Räumliche Unterordnung gegenüber der Hauptanlage	14
(2) Funktionelle Unterordnung	15
cc) WEA entspricht der Eigenart des Baugebiets	16
b) Zulässigkeit als Anlage i. S. v. § 14 Abs. 2 S. 2 BauNVO	16
3. Sicherungsinstrumente der Bauleitplanung	16
a) Veränderungssperre gemäß § 14 BauGB	16
aa) Planaufstellungsbeschluss	17
bb) Mindestmaß an Konkretisierung bei Erlass der Veränderungssperre	17
cc) Sicherungsbedürfnis	18
dd) Formelle Anforderungen	18
ee) Mögliche Angriffspunkte gegen Veränderungssperren	18
ff) Rechtsfolge einer Veränderungssperre	19
gg) Ausnahmen gemäß § 14 Abs. 2 BauGB	19
hh) Freistellungen	20
b) Zurückstellung von Baugesuchen	20
aa) § 15 Absatz 1 BauGB – Sicherung eines Bebauungsplans	21
(1) Voraussetzung zum Vorliegen der Veränderungssperre	21
(2) Weitere materielle Voraussetzungen	21
(3) Formelle Voraussetzung: Aussetzungsantrag der Gemeinde	22
bb) § 15 Absatz 3 BauGB – Sicherung der Flächennutzungsplanung	23
(1) Voraussetzungen des § 15 Abs. 3 BauGB	23
(2) Zurückstellungsfähige Vorhaben	24
(3) Sicherungsbedürfnis	24
(4) Verfahren und Entscheidung der Genehmigungsbehörde	24

III. Zulässigkeit im unbeplanten Außenbereich und entgegenstehende Belange 25
1. Privilegierung von Windenergieanlagen im Außenbereich 26
2. Entgegenstehende Belange einschließlich spezialgesetzlicher Vorschriften 27
   a) Widerspruch zu Darstellungen des Flächennutzungsplans (§ 35 Abs. 3 S. 1 Nr. 1 BauGB) 27
   b) Schädliche Umwelteinwirkungen (§ 35 Abs. 3 S. 1 Nr. 3 BauGB) 31
      aa) Lärm 31
      bb) Schattenwurf 32
      cc) Optisch bedrängende Wirkung 32
      dd) Infraschall 33
   c) Belange des Naturschutzes und der Landschaftspflege 34
      aa) Förmliches Landschafts- und Naturschutzrecht 34
         (1) Naturschutz- und Landschaftsschutzgebiete 34
         (2) Befreiung nach § 67 BNatSchG 36
         (3) Natura-2000-Gebiete 36
      bb) Artenschutz und Verhältnis zum BNatSchG 38
         (1) Tötungsverbot, § 44 Abs. 1 Nr. 1 BNatSchG 39
         (2) Störungsverbot, § 44 Abs. 1 Nr. 2 BNatSchG 41
         (3) Schädigungsverbot, § 44 Abs. 1 Nr. 3 BNatSchG 42
      cc) Verunstaltung des Landschaftsbildes 43
   d) Belange des Denkmalschutzes 44
   e) Belange des Luftverkehrs 46
      aa) Allgemeines 46
         (1) Verfahrensebenen 46
         (2) Genehmigungsverfahren: Abgrenzung Luftverkehrsrecht und Bauplanungsrecht 47
      bb) Grundbegriffe des Luftverkehrs 48
         (1) Sichtflugverkehr (VFR) 48
         (2) Instrumentenflugverkehr (IFR) 49
         (3) Einrichtungen des Luftverkehrs 49
      cc) Allgemeines zur Hindernisfreiheit 51
      dd) Luftverkehrsrecht im Genehmigungsverfahren 52
         (1) Luftverkehrsrechtliche Zustimmung nach § 14 LuftVG ... 52
         (2) Zustimmung bei Anlagen im Bauschutzbereich, § 12 LuftVG ... 57
         (3) Zustimmung bei Anlagen im beschränkten Bauschutzbereich, § 17 LuftVG 58
         (4) Materielles Bauverbot nach § 18a LuftVG 58
      ee) Entschädigung 64
         (1) Voraussetzungen des Entschädigungsanspruchs 64
         (2) „Angemessene" Entschädigung 65
   f) Belange des Wetterradars 65
      aa) Störung 65
      bb) Entgegenstehen i. S. d. § 35 Abs. 1 BauGB 66
   g) Belange der Bundeswehr – Übungsgebiet Polygone 67
      aa) Störung 67
      bb) Entgegenstehen 68
   h) Belange des Richtfunks 68
      aa) Störung 68
      bb) Entgegenstehen 69
   i) Belange der Seismologie 69
      aa) Rechtlicher Anknüpfungspunkt 69
      bb) Einzelheiten zur Beeinträchtigung 70

	cc) Abwägung		70
	dd) Ausblick		71
j)	Steuerungsmöglichkeit durch Regional- und Flächennutzungsplanung		71
	aa) Regionalplanung		71
		(1) Dogmatik	71
		(2) Raumbedeutsame Vorhaben	71
		(3) Ziele der Raumordnung	74
		(4) Wirksamkeitsanforderungen	75
	bb) Flächennutzungsplanung		86
		(1) Allgemeines	86
		(2) Wirksamkeit des Flächennutzungsplans	86
		(3) Planungsvorbehalt durch Flächennutzungspläne	87
		(4) Exkurs: Teilflächennutzungsplan	89
		(5) Inhalt und Darstellung von Flächennutzungsplänen	91
3. Gesicherte Erschließung, Straßenrecht			91
4. Rückbauverpflichtung			94

Kapitel 2: Verwaltungsverfahren und Genehmigungserfordernisse für Anlagenerrichtung und -betrieb 97
Christian Falke, Dana Kupke, Marion Ruppel, Peter Sittig-Behm

I. Genehmigungspflicht nach dem Bundes-Immissionsschutzgesetz und Festlegung sowie Wirkungsweise der Verfahrensart 99
 1. Genehmigungspflicht 99
 2. Antragsgegenstand – Anlagenabgrenzung 99
 3. Verfahrensarten im Überblick 100
 4. Betrachtung der unterschiedlichen Rechtswirkungen der verschiedenen Arten der Genehmigungsverfahren 102

II. Ablauf der Genehmigungsverfahren 103
 1. Möglichkeiten der Verfahrensbeschleunigung 104
 2. Inhalt und Umfang der Konzentrationswirkung der BImSchG-Genehmigung 106
 3. Antragstellung – Antragsunterlagen 107
 4. Vollständigkeitsprüfung 108
 5. Behördenbeteiligung 110
   a) Anhörung 110
   b) Zustimmung oder Einvernehmen anderer Bewerber 111
   c) Gemeindliches Einvernehmen 111
 6. Informationszugang Dritter während eines Genehmigungsverfahrens 112
   a) Öffentlichkeitsbeteiligung im förmlichen Verfahren 112
   b) Akteneinsicht nach § 29 Verwaltungsverfahrensgesetz (VwVfG) 115
   c) Akteneinsicht nach § 10a der 9. BImSchV 115
   d) Informationszugang über das Umweltinformationsgesetz (UIG) 116
 7. Entscheidung 117
   a) Genehmigungsvoraussetzungen 118
   b) Form und Struktur eines typischen Windenergieanlagen-Bescheids 118
   c) Nebenbestimmungen 119
     aa) Nebenbestimmungen sind in ihrer Art und Wirkung zu unterscheiden . 119
     bb) Anforderungen an Nebenbestimmungen 120
   d) Zusammenfassende Darstellung und Bewertung bei einer Umweltverträglichkeitsprüfung 120
   e) Wirkung der Genehmigung 121
   f) Anordnung der sofortigen Vollziehung 121
     aa) Sicherheit und Wirtschaftlichkeit der Energieversorgung 122

	bb) Öffentliches Interesse an der Förderung der Stromerzeugung durch regenerative Energiequellen aufgrund von Bundesrecht	122
	cc) Öffentliches Interesse aufgrund landesrechtlicher und -politischer Vorgaben (hier aus (mittel)hessischer Sicht dargestellt)	123
	dd) Konkrete Bedeutung des Vorhabens für den Klimaschutz	123

III. Umweltverträglichkeitsprüfung ... 124
1. Beginn des Verfahrens ... 125
2. Zuständige Behörde für die Feststellung der UVP-Pflicht ... 125
3. Feststellung der UVP-Pflicht ... 126
   a) Schwellenwerte für die vorhabenbezogene Umweltprüfung ... 126
   b) Bildung von Bewertungseinheiten ... 127
   c) Räumliches Zusammenwirken ... 128
   d) Zeitlicher Zusammenhang – Abgrenzung der gleichzeitigen Verwirklichung zum Hineinwachsen in die UVP-Pflicht ... 129
      aa) Erstmalige Schwellenwerterreichung ... 130
      bb) Erweiterungen von Windfarmen innerhalb eines Schwellenwerts ... 131
      cc) Erweiterung bereits UVP-pflichtiger Windparks ... 131
4. Ablauf einer UVP ... 132
   a) Scoping ... 132
   b) Erforderliche Unterlagen ... 133
   c) Begriff der „erheblichen nachteiligen Umweltauswirkungen" ... 134
   d) Unterrichtung der Behörden und Anhörung der Öffentlichkeit ... 135
   e) Zusammenfassende Darstellung ... 136
   f) Abschließende Bewertung ... 137
5. Ablauf einer allgemeinen Vorprüfung ... 138
   a) Ermittlung ... 139
   b) Bewertung ... 139
   c) Ergebnis ... 141
6. Ablauf einer standortbezogenen Vorprüfung ... 141
7. Rechtsschutz ... 142
   a) Allgemeines ... 142
   b) Rechtsschutz nach dem UmwRG ... 144
   c) Exkurs: Altruistische Verbandsklage ... 147

IV. Umgang mit konkurrierenden Anträgen/Prioritätsprinzip ... 148
1. Feststellung der Konkurrenz ... 148
   a) Materieller Aspekt der Konkurrenz ... 148
   b) Verfahrensseitiger Aspekt der Konkurrenz ... 150
2. Lösung von Konkurrenzfällen ... 151
   a) Prioritätsgrundsatz als Lösungsmodell ... 152
   b) Maßgebliche Anknüpfungstatsachen für den Vorrang ... 153
      aa) Zeitpunkt der Antragstellung ... 153
      bb) Zeitpunkt der Entscheidungsreife ... 154
      cc) Zeitpunkt der Prüffähigkeit ... 155
   c) Rechtsschutz ... 157
3. Priorität und Antragsänderungen ... 157
4. Folgen für den unterlegenen Konkurrenten ... 159

V. Bauordnungsrecht ... 159
1. Abstandsflächenrecht ... 159
2. Standsicherheit (Turbulenzabstände) ... 161
3. Eiswurf und Eisfall ... 161
4. Brandschutz ... 163

VI. Umgang mit Schall- und Schattenwurfemissionen 163
1. Umgang mit Schallemissionen 163
   a) Regelungsqualität der TA-Lärm 163
   b) Anwendung der TA-Lärm auf Windenergieanlagen 164
   c) Einhaltung der Immissionsrichtwerte 164
   d) Gemengelagen 165
   e) Berücksichtigung der Zusatzbelastung 166
   f) Untauglichkeit der Immissionswerte als Kontrollwerte 168
   g) Schallimmissionsprognosen und Abnahmemessungen 168
2. Umgang mit Schattenwurfemissionen 170

Kapitel 3: Privatrechtliche Grundlagen 171
Antje Böhlmann-Balan, Christian Falke, Ulrich Hauk, Matthias Klinkau,
Dana Kupke, Peter Rauschenbach, Christoph Richter, Ralf Thomas

I. Grundstücksverträge für windenergetische Projekte 173
1. Grundstücksnutzungsverträge 173
   a) Auf Grundstücksnutzungsverträge anzuwendendes Recht 173
      aa) Einführung zu den Vertragstypen Mietvertrag und Pachtvertrag;
          Vertrag sui generis 173
      bb) Recht zur Fruchtziehung als Abgrenzungskriterium 174
      cc) Konsequenzen der Einordnung als Miet- oder Pachtvertrag 175
          (1) Charakteristika des Grundstücksmietvertrags 175
          (2) Charakteristika des Grundstückspachtvertrags 176
          (3) Strukturelle Unterschiede zwischen Grundstücksmietrecht und
              Grundstückspachtrecht 176
      dd) Auslandsberührung 176
          (1) Auslandsberührung zu Staaten der EU 176
          (2) Auslandsberührung zu anderen Staaten 178
   b) Interessenlage der Projektbeteiligten bei Abschluss von WEA-
      Grundstücksnutzungsverträgen 178
   c) Schriftformproblem 179
      aa) Inhalt der Schriftform 181
      bb) Umfang der Schriftform 182
      cc) Änderungen und Ergänzungen durch Nachträge 185
      dd) Änderung der Vertragsparteien nach Vertragsschluss 186
      ee) Heilung des Schriftformmangels 187
      ff) Treuwidrigkeit der Berufung auf den Schriftformmangel 187
   d) Allgemeine Geschäftsbedingungen (AGB) 189
      aa) Überblick 189
      bb) Persönlicher Anwendungsbereich 189
          (1) Verbraucher 189
          (2) Unternehmer 190
      cc) Begriff der Allgemeinen Geschäftsbedingung 191
          (1) Für eine mehrfache Verwendung vorformulierte Vertrags-
              bedingung 191
          (2) ... die eine Vertragspartei der anderen stellt 191
          (3) Keine AGB bei Vorliegen einer Individualvereinbarung.... 192
      dd) Wirksame Einbeziehung Allgemeiner Geschäftsbedingungen in den
          Vertrag 192
      ee) Überraschende und mehrdeutige Klauseln, § 305c BGB 192
          (1) Überraschende Klauseln 192
          (2) Mehrdeutige Klauseln 193
      ff) Klauselverbote ohne Wertungsmöglichkeit, § 309 BGB 193

		(1) Klauselverbot nach § 309 Nr. 7 BGB	194
		(2) Klauselverbot nach § 309 Nr. 13 BGB	194
	gg)	Klauselverbote mit Wertungsmöglichkeit, § 308 BGB	195
	hh)	Inhaltskontrolle, § 307 BGB	195
		(1) Sachlicher Anwendungsbereich	195
		(2) Generalklausel, § 307 Abs. 1 S. 1 BGB	196
		(3) Transparenzgebot, § 307 Abs. 1 S. 2 BGB	197
		(4) Regelbeispiele für unangemessene Benachteiligung, § 307 Abs. 2 Nr. 1 und 2 BGB	197
		(5) Einzelne Klauseln im Spannungsfeld von § 307 BGB	199
	ii)	Rechtsfolgen der Unwirksamkeit einer Allgemeinen Geschäftsbedingung	202
e)	Verhinderung des Übergangs des Eigentums an der Windenergieanlage und den weiteren Projektkomponenten auf den Grundstückseigentümer		203
	aa)	§§ 93, 94 BGB	203
	bb)	§ 95 BGB	204
f)	Widerrufsrecht des Verbrauchers		205
	(aa)	Verbraucherverträge	206
	(bb)	Entgeltliche Leistung des Unternehmers	206
	(cc)	Außerhalb von Geschäftsräumen	207
	(dd)	Ausnahmetatbestände	208
	(ee)	Belehrungspflichten des Unternehmers	209
	(ff)	Folgen des Widerrufs	211
g)	Dingliche Sicherung und Baulasten		212
	aa)	Beschränkte persönliche Dienstbarkeit	213
	bb)	Grunddienstbarkeit	213
	cc)	Baulast	214
h)	Stellung des landwirtschaftlichen Pächters		217
i)	Gesetzliche Verbote		219
j)	Sittenwidrigkeit		219
k)	Störung der Geschäftsgrundlage		221
	aa)	Begriff und Anwendungsbereich	221
	bb)	Grundsätze	222
	cc)	Änderung des EEG als Störung der Geschäftsgrundlage	223
l)	Wechsel des Eigentümers des Vertragsgrundstücks nach Abschluss des Grundstücksnutzungsvertrags		224
m)	Insolvenz nach Abschluss des Grundstücksnutzungsvertrags		225
	aa)	Ablauf eines Insolvenzverfahrens	225
	bb)	Sonderregelungen für Miet-/Pachtverhältnisse	227
	cc)	Insolvenzanfechtung	227
	dd)	Verwaltung und Verwertung der Insolvenzmasse	229
	ee)	Rechtsfolgen für die Vertragsgestaltung	229
n)	Zwangsversteigerung des Vertragsgrundstücks nach Abschluss des Grundstücksnutzungsvertrags		230
	aa)	Ablauf des Zwangsversteigerungsverfahrens	230
		(1) Beschlagnahme	230
		(2) Versteigerung/bestehen bleibende und erlöschende Rechte	230
	bb)	Folgen für die Vertragsgestaltung	231
o)	Konkurrenzsituation		231
2. Grundstückskaufverträge			232
a)	Einführung		232
b)	Formalien, Ablauf		233
	aa)	Abschluss des Kaufvertrags	233

		bb) Auflassung	234
		cc) Eintragung in das Grundbuch	234
	c)	Grundstückserwerb für WEA-Projekte vs. GrdstVG	234
		aa) Anwendungsbereich des GrdstVG	235
		(1) Land- und forstwirtschaftliche Grundstücke, § 1 GrdstVG	235
		(2) Genehmigungsbedürftige Veräußerungen, § 2 GrdstVG	236
		(3) Genehmigungsfreie Rechtsgeschäfte, § 4 GrdstVG...............	237
		(4) Negativzeugnis nach § 5 GrdstVG	237
		bb) Genehmigungsverfahren nach dem GrdstVG	238
		(1) Zuständigkeit	238
		(2) Antragsbefugnis	238
		(3) Frist zur Entscheidung über den Antrag/Fiktion der Genehmigungserteilung	238
		(4) Erster Prüfschritt: Vorliegen eines Genehmigungszwangs, § 8 GrdstVG	239
		(5) Zweiter Prüfschritt: Vorliegen eines Versagungsgrunds nach § 9 GrdstVG	239
		(6) Vorkaufsrecht des Siedlungsunternehmens, wenn die Genehmigung nach § 9 GrdstVG zu versagen wäre	245
		cc) Gerichtliche Entscheidung, § 22 GrdstVG	245
	d)	Einseitige Kaufangebote	246
		aa) Prüfung nach AGB-Grundsätzen	247
		bb) Entscheidung des Thüringer OLG	247
3.	Nutzung kommunaler Grundstücke		248
4.	Notweg- und Notleitungsrecht		251
	a)	Notwegrecht	251
	b)	Notleitungsrecht	253
5.	Durchörterung nach § 905 S. 2 BGB		254
6.	Enteignung		255
	a)	Rechtsgrundlage einer Enteignung	255
		aa) Gegenständlicher Anwendungsbereich	256
		bb) Persönlicher Anwendungsbereich	257
	b)	Enteignungsverfahren	258
		aa) Formelle Fragen	258
		(1) Verfahren..	258
		(2) Erste Stufe der Enteignung	258
		(3) Zweite Stufe der Enteignung	258
		bb) Zuständigkeiten	259
	c)	Enteignungsvoraussetzungen..................................	259
		aa) Sichere Energieversorgung – keine Sicherstellung der Energieversorgung durch fossile und atomare Energieträger	259
		bb) Preisgünstige Stromversorgung	259
		cc) Umweltschonende Stromerzeugung	260
	d)	Energiewirtschaftliche Erforderlichkeit	261
	e)	Konkrete Enteignungsentscheidung	262
		aa) Wohl der Allgemeinheit...................................	263
		bb) Verhältnismäßigkeit der Enteignung: Umfang der Enteignung........	264
		cc) Keine Zweckerreichung auf andere zumutbare Weise	264
	f)	Vorzeitige Besitzeinweisung	264

II. Erwerb der Projektkomponenten, Errichtung des Standorts 266
  1. Windenergieanlagen-Liefervertrag zwischen Hersteller und Erwerber 267
    a) Rechtliche Einordnung 267
    b) Ausgewählte Probleme 269

aa) Lieferzeit	269
bb) Gewährleistung	269
(1) Voraussetzung für Gewährleistungsrechte: Vorliegen eines Mangels	270
(2) Gewährleistungsrechte im Einzelnen	271
(3) Ausschluss der Gewährleistung	275
(4) Beweislast bei Gewährleistungsansprüchen	275
(5) Verjährung	276
cc) Garantievereinbarung und deren Abgrenzung	278
dd) Rückgriff des Verkäufers	279
2. Errichtung des WEA-Standorts mittels Bauvertrags	279
a) Rechtliche Einordnung	280
b) Gegenüberstellung BGB-Werkvertrag – VOB/B-Bauvertrag	281
aa) Leistungsbeschreibung, Vergütung und Abänderungsrecht	282
bb) Behinderung und Unterbrechung der Ausführung	284
cc) Verteilung der Gefahr	285
dd) Gewährleistungsrechte vor Abnahme	285
ee) Abnahme	286
ff) Gewährleistungsrechte nach Abnahme	286
gg) Verjährung der Gewährleistungsrechte	288
hh) Abschlagszahlungen und Schlussrechnung	289
ii) Sicherheiten für die Vertragsparteien	290
c) Einbeziehung der VOB/B und Inhaltskontrolle	290
d) Kündigung aus wichtigem Grund, § 648a BGB-E	291

III. Wartungsverträge/Betriebsführungsverträge ... 292
1. Einleitung ... 292
2. Rechtliche Einordnung ... 292
3. Ausgewählte Probleme bei Wartungsverträgen/Betriebsführungsverträgen ... 293
    a) Verfügbarkeitsgarantien ... 293
    b) Abnahme ... 294
    c) Vertragsverletzung ... 294

IV. Versicherungsverträge ... 294
1. Einleitung ... 294
2. Zur WEA-Maschinenversicherung ... 295

Kapitel 4: Gesetzliches Förderungssystem für den Betrieb von Windenergieanlagen ... 297
Florian Brahms, Manuela Herms, Andreas Keil, Antje Klauss, Stephanie Leutritz, Ulf Matthes, Sigrun Portela, Christoph Richter, Susann Staake

I. Grundprinzipien des EEG ... 301

II. Netzanschluss, Kapazitätserweiterung ... 304
1. Netzanschluss ... 304
    a) Unverzüglicher Anschluss ... 305
    b) Vorrangiger Anschluss ... 306
    c) Anschluss am technisch und wirtschaftlich günstigsten Netzverknüpfungspunkt nach § 8 Abs. 1 S. 1 EEG 2017 ... 307
    d) Reservierung von Anschlusskapazitäten ... 309
    e) Wahl des Netzverknüpfungspunkts durch den Anlagenbetreiber ... 310
    f) Letztzuweisungsrecht des Netzbetreibers nach § 8 Abs. 3 EEG 2017 ... 311
    g) Offenlegung von Netz- und Anlagendaten nach § 8 Abs. 5 und 6 EEG 2017 ... 312
    h) Praxistipp: Prozessschritte zum Netzanschluss von Windenergieprojekten ... 314
2. Technische Vorgaben zum Netzanschluss ... 316

a) Genereller Regelungsgehalt – Keine Anschlussvoraussetzung	316
b) Anwendungsbereich und Detailregelungen der Norm	317
c) Technische Einrichtungen zur ferngesteuerten Reduzierung der Einspeiseleistung...	317
d) Besondere Vorgaben für Windenergieanlagen – SDLWindV	318
e) Rechtsfolgen bei Verstoß gegen die Vorgaben des § 9 EEG 2017	319
3. Erweiterung von Netzkapazitäten	320
a) Maßnahmen zur Erweiterung der Netzkapazitäten nach § 12 Abs. 1 und 2 EEG 2017..	320
b) Zeitpunkt des Anspruchs auf Erweiterung der Netzkapazität	322
c) Wirtschaftliche Zumutbarkeit von Netzausbaumaßnahmen nach § 12 Abs. 3 EEG 2017..	324
4. Abnahme- und Einspeisemanagement	326
a) Stromabnahme gemäß § 11 EEG 2017..................................	326
aa) Gebot der Unverzüglichkeit	326
bb) Vorbehalt des § 14 EEG 2017	326
cc) Stromabnahme unter Beachtung des Vorrangigkeitsprinzips...........	327
dd) Kaufmännisch-bilanzielle Weitergabe...............................	328
ee) Ausnahmen der Abnahmeverpflichtung	329
ff) Abgabe durch den aufnehmenden Netzbetreiber	329
gg) Dauer der Abnahme	329
b) Einspeisemanagement gem. § 14 EEG 2017............................	329
aa) Erstreckungssphäre der Maßnahmen (betroffene Anlagen)	330
bb) Abgrenzung von Steuerungen zum Erhalt der Marktprämie	331
cc) Abgrenzung von Maßnahmen nach §§ 13, 13a, 14 EnWG	332
dd) Abgrenzung von Maßnahmen bei Wartung, Instandhaltung, Störung...	333
ee) Vorankündigung von Maßnahmen	333
ff) Betroffenheit der Erzeugungsanlagen untereinander (Abschaltreihenfolge)...	334
(1) Nach Art der Erzeugungsanlage	334
(2) Einordnung nach Wirksamkeit auf den jeweiligen Netzengpass	337
gg) Technische Umsetzung der Reduzierungsanforderung	337
(1) Umsetzung per Funkrundsteuerung	337
(2) Fernwirktechnik	338
hh) Veröffentlichung von Maßnahmen	339
ii) Analyse der Mitwirkung betroffener Anlagen	339
c) Härtefallregelung gemäß § 15 EEG 2017................................	339
aa) Verursacherprinzip...	339
bb) Höhe der Härtefallentschädigung	340
(1) Pauschalverfahren	341
(2) Spitzabrechnungsverfahren	342
(3) Erforderliche Nachweise.......................................	342
cc) Erforderlichkeit und Nichtvertretbarkeit/Kostenwälzung.............	342
dd) Bilanzieller Ausgleich bei Einspeisemanagementmaßnahmen	343
III. Ausschreibungen für Windenergieanlagen an Land	343
1. Allgemeines..	343
a) Politischer und europarechtlicher Hintergrund des Ausschreibungsverfahrens...	343
b) Funktionsweise des Ausschreibungsverfahrens im Überblick	345
2. Ausschreibungspflicht..	346
a) Anlagen ≤ 750 kW (Bagatellgrenze).....................................	346
b) „Übergangsanlagen"	348

		aa) Wesen und maßgeblicher Zeitpunkt der „Genehmigungserteilung"	349
		bb) Änderungen der Genehmigung ab dem 1.1.2017	349
		cc) Registrierung der Genehmigung	352
	c)	Pilotwindenergieanlagen	353
	d)	Bestandsanlagen	354
3.	Allgemeine Ausschreibungsbestimmungen		355
	a)	Gebotstermine	355
	b)	Ausschreibungsvolumen	356
	c)	Höchstwert	357
	d)	Formatvorgaben und Festlegungen der BNetzA	358
		aa) Formatvorgaben der BNetzA	358
		bb) Festlegungen der BNetzA	359
4.	Teilnahmevoraussetzungen		360
	a)	Teilnahmeberechtigter Personenkreis	360
	b)	Formelle und materielle Gebotsanforderungen	361
		aa) Allgemeine Mindestgebotsangaben	361
		bb) Genehmigung nach Bundesimmissionsschutzgesetz	362
		cc) Gebotsumfang	363
	c)	Anzahl der zulässigen Gebote	364
	d)	Sicherheit und Gebühr	365
		aa) Sicherheitsleistung	365
		bb) Gebühr nach Ausschreibungsgebührenverordnung	367
	e)	Bindungswirkung und Rücknahme von Geboten	367
5.	Zuschlagsverfahren		368
	a)	Ablauf des Zuschlagsverfahrens und Zuschlagserteilung	368
		aa) Schritt 1: Öffnung der Gebote	368
		bb) Schritt 2: Sortierung der Gebote	368
		cc) Schritt 3: Prüfung der Zulässigkeit der Gebote	369
		dd) Schritt 4: Zuschlagserteilung	370
		ee) Schritt 5: Registrierung der bezuschlagten Gebote	371
	b)	Besondere Zuschlagsvoraussetzungen im Netzausbaugebiet	371
	c)	Der Zuschlag und seine Wirkung	373
		aa) Rechtsnatur des Zuschlags	373
		bb) Bekanntgabe der Zuschläge und deren rechtliche Wirkung	374
		cc) Wirksamkeitsdauer und Entwertung von Zuschlägen	375
		dd) Übertragbarkeit von Zuschlägen auf Dritte	377
6.	Realisierungsfrist und Pönalen		378
	a)	Realisierungsfrist	378
	b)	Pönalen	379
7.	Finanzielle Förderung		382
	a)	Förderanspruch	382
	b)	Förderhöhe	382
	c)	Förderdauer, -beginn und -ende	384
	d)	Ausschreibung und Eigenverbrauch	384
8.	Sonderregelung für Bürgerenergiegesellschaften		385
	a)	Begriff der Bürgerenergiegesellschaft	385
	b)	Erleichterte Teilnahmebedingungen	386
	c)	Bestimmung des Zuschlagswerts	388
	d)	Zuordnungsentscheidung und Realisierungsfrist	388
9.	Rechtsschutz im Ausschreibungsverfahren		389

IV. Zahlungsanspruch nach dem EEG 391
    1. Allgemeine Fördervoraussetzungen 391
        a) Anspruchsberechtigung 391

b) Förderpflicht des Netzbetreibers	392
c) Zwischenspeicherung von Windstrom	394
2. Auszahlungen der Förderung nach EEG	395
a) Fälligkeit und Abschlagszahlungen	395
b) Aufrechnung der finanziellen Förderung	396
c) Datenlieferung, Verjährung und Rückforderung	397
d) Doppelvermarktungs- und Kumulierungsverbot	398
e) Nachweisführung und Informationspflichten	399
3. Berechnung der gesetzlichen Förderhöhe	400
a) Inbetriebnahme der Windenergieanlage	400
b) Degression der Förderung und Anlagenregister	402
aa) Degression des anzulegenden Wertes	402
bb) Anlagenregister für Windenergieanlagen	403
(1) Zur Registrierung verpflichtete Anlagenbetreiber	404
(2) Pflichtangaben nach § 6 Abs. 3 EEG	405
(3) Durchführung und Rechtsfolgen der Registrierung	407
cc) Anwendbares Recht bei Inbetriebnahme/Übergangsbestimmungen	407
(1) Bestandsanlagen mit Inbetriebnahme bis 31.12.2011	408
(2) Bestandsanlagen mit Inbetriebnahme bis 31.7.2014	408
(3) Bestandsanlagen mit Inbetriebnahme bis 31.12.2016	409
(4) Bestandsschutz aufgrund einer BImSch-Genehmigung	409
c) Förderbeginn und -dauer	410
d) Messwesen und gemeinsame Messeinrichtung	410
e) Verringerung der Förderung bei negativen Strompreisen	412
4. Direktvermarktung im Sinne des EEG	414
a) Sinn und Zweck der Direktvermarktung	414
b) Funktionsweise der Strommärkte	415
aa) Liberalisierung der Strommärkte	415
bb) Prinzip der Trennung von Netzbetrieb und Energiehandel	415
cc) Bilanzkreismodell	416
dd) Stromhandel und Stromvertrieb	416
(1) Stromvertrieb	416
(2) Stromhandel	416
ee) Stromhandelsmarkt	417
(1) Terminmarkt	417
(2) Spotmarkt	417
ff) Ausgleichsenergiemarkt	418
gg) Markt für Systemdienstleistungen	418
c) Allgemeine Voraussetzungen der Direktvermarktung	419
aa) Zahlung von Marktprämie und Einspeisevergütung nach dem EEG	419
bb) Nicht-Inanspruchnahme vermiedener Netzentgelte sowie keine Stromsteuervergünstigung	419
cc) Einrichtung zur Fernsteuerung	420
dd) Kennzeichnung	421
ee) Bilanzkreiszuordnung und Leistungsmessung	421
ff) Gemeinsamer Zählpunkt	421
gg) Vorschriften bei der An- und Ummeldung der Direktvermarktung	422
d) Formen der Direktvermarktung	422
aa) Marktprämie	422
bb) Grünstromprivileg	424
cc) Sonstige Direktvermarktung	424
dd) Mischform: Anteilige Direktvermarktung	425
e) Direktvermarktungsvertrag	425

	aa)	Rechte und Pflichten im Marktprämienmodell.................	426
		(1) Anlagenbetreiber...............................	426
		(2) Direktvermarkter................................	426
	bb)	Sicherheiten..	429
		(1) Ausfallrisiko des Direktvermarktungsunternehmers........	429
		(2) Interesse der finanzierenden Banken...................	430
	cc)	Steuern..	430
f)	Öffnung des Regelenergiemarktes.............................		430
g)	Regionalnachweise..		431
5. Einspeisevergütung nach dem EEG.................................			431
a)	Einspeisevergütung für kleine Anlagen.........................		431
b)	Ausfallvergütung..		432
c)	Gemeinsame Bestimmungen für die Einspeisevergütung.............		433
	aa)	Andienungspflicht....................................	433
	bb)	Keine Teilnahme am Regelenergiemarkt....................	434
6. Gesetzliche Bestimmung der Förderung..............................			435
a)	Windenergie an Land bis 2018................................		435
	aa)	Anfangsförderung....................................	435
	bb)	Grundförderung......................................	436
b)	Kleinwindanlagen...		436
c)	Windenergie auf See bis 2020.................................		437

V. Direktverbrauch außerhalb des EEG................................... 438

1. Allgemeines...			438
2. Überschusseinspeisung nach dem EEG................................			439
3. Anlagenbetreiber als Energieversorger................................			439
a)	Energieversorgungsunternehmen im Sinne des EnWG..............		439
b)	Elektrizitätsversorgungsunternehmen im Sinne des EEG.............		440
c)	Pflichten eines Energieversorgungsunternehmens..................		441
d)	Netzbetreiber im Sinne des EnWG..............................		442
	aa)	Energieversorgungsnetz im Sinne des § 3 Nr. 16 EnWG........	442
	bb)	Direktleitung im Sinne des § 3 Nr. 12 EnWG................	443
	cc)	Kundenanlage im Sinne des § 3 Nr. 24a EnWG...............	443
	dd)	Kundenanlage zur betrieblichen Eigenversorgung............	445
	ee)	Geschlossenes Verteilernetz im Sinne des § 110 EnWG........	446
	ff)	Netz der allgemeinen Versorgung........................	447
4. Strompreisbestandteile...			448
a)	Netzentgelte..		448
	aa)	Ermittlung der Netzentgelte............................	448
	bb)	Befreiung von den Netzentgelten nach § 19 Abs. 2 StromNEV...	449
	cc)	Gesonderte Netzentgelte nach § 19 Abs. 3 StromNEV.........	450
b)	Konzessionsabgaben.......................................		450
c)	KWKG-Umlage..		451
d)	Weitere Umlagen auf Netzentgelte.............................		452
e)	EEG-Umlage..		452
	aa)	Ausgleichsmechanismus................................	452
	bb)	Entstehung der EEG-Umlage............................	453
	cc)	Eigenversorgung im Sinne des EEG.......................	453
	dd)	Meldeerfordernisse und Prinzip der Zeitgleichheit............	455
	ee)	Vollständiger oder anteiliger Entfall der EEG-Umlage........	456
f)	Stromsteuer...		457
	aa)	Anfall der Stromsteuer.................................	457
	bb)	Befreiung von der Stromsteuer..........................	457
		(1) Befreiung von Grünstrom............................	457

(2) Strom zur Stromerzeugung	458
(3) Befreiung von dezentralen Erzeugungsanlagen	458

VI. Verfahren, Clearingstelle EEG, BNetzA ... 459
1. Allgemeines ... 459
2. Clearingstelle EEG ... 460
   a) Funktion der Clearingstelle EEG ... 460
   b) Verfahren vor der Clearingstelle EEG ... 461
      aa) Allgemeines ... 461
      bb) Einigungs-, Votums- und Schiedsverfahren ... 462
      cc) Stellungnahme bei Gericht ... 463
      dd) Hinweis- und Empfehlungsverfahren ... 463
   c) Rechtswirkung der Verfahren ... 464
3. Bundesnetzagentur ... 465
   a) Funktion der Bundesnetzagentur im EEG ... 465
   b) Verfahren vor der Bundesnetzagentur nach dem EnWG ... 466
   c) Rechtswirkung des Verfahrens ... 467
4. Ordentlicher Gerichtsweg ... 467
   a) Gerichtsstand ... 467
   b) Verfahrenserleichterung durch das EEG ... 468
   c) Rechtsschutz in der Ausschreibung ... 469

Kapitel 5: Windenergieprojekte aus Sicht einer Bank ... 471
Sigrun Portela/Matthias Reineke

I. Vorbemerkung ... 472

II. Grundlagen ... 472
1. Projektfinanzierung allgemein ... 472
   a) Einordnung, Abgrenzung, Merkmale ... 472
   b) Grundvoraussetzungen einer Kreditgewährung ... 474
2. Projektfinanzierung eines Windparks ... 474
   a) Projektphasen – Risiken, Beteiligte und Kreditprozess ... 474
      aa) Realisierungsphase ... 474
      bb) Betriebsphase ... 476
   b) Bedeutung der Projektverträge ... 476
   c) Vor- und Nachteile einer Projektfinanzierung für den Sponsor ... 477

III. Prüfung des Finanzierungsvorhabens ... 478
1. Grundsätzliches ... 478
2. Einflussfaktoren auf die Finanzierungsstruktur ... 479
   a) Projektgüte ... 479
   b) Typische Projektfinanzkennzahlen ... 480
3. Qualitative Beurteilung des Projekts ... 481
   a) Projektbeteiligte ... 481
   b) Projektumfeld ... 482
   c) Vertragsstrukturen ... 482
   d) Öffentlich-rechtliche Genehmigungen (BImSchG) ... 483
4. Quantitative Prüfung der Wirtschaftlichkeit ... 483
   a) Hintergrund ... 483
   b) Finanzmodell ... 484
      aa) Zweck und Inhalt ... 484
      bb) Cashflowtreiber ... 484
      cc) Szenario-Analyse ... 484
   c) Rating ... 484

	aa) Notwendigkeit	484
	bb) Risikofaktoren	485
5.	Indikatives Finanzierungsangebot (Termsheet)	485
	a) Einordnung	485
	b) Ausgestaltung mit Fremdkapital – Finanzierungsbausteine	486
	aa) Vor- und Zwischenfinanzierung	486
	bb) Langfristfinanzierung	486
	c) Anforderungen an das Eigenkapital	487
6.	Mandatierung der finanzierenden Bank	487

IV. Dokumentation der Finanzierung ... 488
1. Unterschied zwischen indikativem Angebot und Finanzierungszusage ... 488
2. Kreditvertrag ... 488
   a) Rechtliche Einordnung ... 488
   b) Vertragsbestandteile ... 488
      aa) Allgemeines ... 488
      bb) Auszahlungsvoraussetzungen ... 489
      cc) Sonstige Kreditbedingungen (Covenants) ... 490
         (1) General Covenants ... 490
         (2) Information Covenants ... 490
         (3) Financial Covenants ... 491
3. Kreditsicherheiten ... 491
   a) Zweck und Umsetzung ... 491
   b) Typische Sicherheitenverträge eines Windparks ... 491
   c) Dingliche Sicherung von Grundstücken ... 492
   d) Vereinbarung von Eintrittsrechten ... 493
   e) (Raum-)Sicherungsübereignung ... 493
   f) Sicherungsabtretung (Zession) ... 493

V. Besonderheiten bei Windparkfinanzierungen ... 494
1. Umfinanzierung bestehender Windparks ... 494
2. Restrukturierung von laufenden Finanzierungen ... 495
   a) Ursachen ... 495
      aa) Management ... 495
      bb) Technik ... 495
      cc) Winderträge ... 495
   b) Auswirkungen ... 495
   c) Lösungsansätze ... 496
3. Konsortialfinanzierungen ... 496
   a) Motive ... 496
      aa) Einzelprojekte ... 496
      bb) Kundenverbindung ... 497
   b) Konsortialarten ... 497
      aa) Außenkonsortium ... 497
      bb) Innenkonsortium ... 498
      cc) Unbare Unterbeteiligung ... 498
4. Besonderheiten bei der Finanzierung von Bürger- und Kommunalwindparks ... 498
   a) Definition ... 498
   b) Formen der Bürgerbeteiligung ... 498
   c) Rechtliche und wirtschaftliche Rahmenbedingungen ... 499

VI. Aktuelle Entwicklungen ... 500
   a) EEG 2017 ... 500
      aa) Finanzierung bei Zuschlag ... 500
      bb) Risiken in der Bauphase ... 500

cc) Überprüfung in der Betriebsphase	500
dd) Besonderheit Bürgerwindparks	501
b) Länderspezifische Regelungen	501
aa) Mecklenburg-Vorpommern	501
bb) Thüringen	502
c) Regulatorik für Banken	502
d) Entwicklungen des Zinsumfeldes	502

Kapitel 6: Kleinwindenergieanlagen 503
Peter Rauschenbach

I. Definition der Kleinwindenergieanlagen 503
1. Definition nach IEC 61400-2:2006 504
2. Definition nach Bundesverband Windenergie 504
3. Definition nach Bundesverband Kleinwindanlagen 504
4. Im Voraus zu Beachtendes 505
   a) Standortsuche 505
   b) Windmessung 505
   c) Anlagentyp 506

II. Bauplanungsrechtliche Zulässigkeit von Kleinwindanlagen 506
1. Kleinwindenergieanlage als bauliche Anlage i. S. d. § 29 BauGB . 506
2. Kleinwindanlagen im Bebauungsplangebiet, § 30 BauGB 507
   a) Festsetzungen zur Nutzung von Windenergie 507
   b) Kleinwindanlage als Nebenanlage i. S. v. § 14 BauNVO 508
3. Kleinwindanlagen im unbeplanten Innenbereich gem. § 34 BauGB .. 508
   a) Zulässigkeit nach § 34 Abs. 1 BauGB 509
   b) Zulässigkeit nach § 34 Abs. 2 BauGB 509
4. Kleinwindanlagen im Außenbereich gem. § 35 BauGB 509
   a) KWEA, die der Versorgung einer privilegierten landwirtschaftlichen Hofstelle dient 510
   b) Entgegenstehende öffentliche Belange i. S. d. § 35 Abs. 3 BauGB . 510
      aa) Entgegenstehende Ziele der Raumordnung (Regionalplanung) . 510
      bb) Entgegenstehende Flächennutzungspläne 511
   c) Sonderkonstellation 512
      aa) Zulässigkeit bei Lage im Bebauungsplangebiet 512
      bb) Konsequenzen für das Auseinanderfallen 512

III. Verfahrensrechtliche Fragestellungen 512

IV. Ziel und Perspektive der Kleinwindenergie 516
1. Dezentrale Energieversorgung 516
2. Installation sog. „Inselnetze" 516

V. Vorbild Dänemark 517
1. Allgemeines 517
2. Definition Kleinwindenergieanlage 518
3. Rechtliche Grundlagen 518
4. Net-Metering 518
5. Zertifizierung der Kleinwindanlage 518

VI. Übertragbarkeit des dänischen Modells 519

Kapitel 7: Steuerliche Aspekte des Betriebs von Windenergieanlagen 521
Christian Frohberg

    I. **Vorbemerkung** 521

    II. **Gewerbesteuer** 522
        1. Steuergegenstand 522
        2. Hebeberechtigte Gemeinde 522

    III. **Umsatzsteuer** 525
        1. Allgemeines 525
        2. Lieferung durch Beförderung oder Versendung 526
            a) Lieferungen innerhalb Deutschlands 526
            b) Lieferungen aus dem übrigen Gemeinschaftsgebiet 526
            c) Lieferungen aus dem Drittland 526
        3. Werklieferungen 526
        4. Sonstige Leistungen 527

    IV. **Bilanzsteuerrechtliche Aspekte** 528
        1. Selbstständige Wirtschaftsgüter 528
        2. Sonderabschreibungen gemäß § 7g EStG 529

Autorenverzeichnis 531

Sachverzeichnis 535

Literaturverzeichnis

Agatz, Monika, Windenergie-Handbuch, 12. Aufl., Gelsenkirchen 2015;
Altrock, Martin/*Oschmann*, Volker/*Theobald*, Christian (Hrsg.), EEG – Erneuerbare-Energien-Gesetz, Kommentar, 4. Aufl., München 2013;
Altrock, Martin/*Oschmann*, Volker/*Theobald*, Christian (Hrsg.), EEG – Erneuerbare-Energien-Gesetz, Kommentar, 3. Aufl., München 2011;
Antonow, Katrin, Neues aus dem Energierecht – das EEG 2017, NJ 2016, 372;
Attendorn, Thorsten, Die Belange des Klimaschutzes nach Fukushima und der Energiewende, NVwZ 2012, 1569;
Auktor, Christian, Die Verjährung der Gewährleistungsrechte bei mangelhafter Nacherfüllung nach § 439 BGB, NJW 2003, 120;
Auktor, Christian/*Mönch*, Harald, Nacherfüllung – nur noch auf Kulanz?, NJW 2005, 1687;
Bamberger, Georg/*Roth*, Herbert (Hrsg.), Beck'scher Online-Kommentar BGB, Stand 5/2014, München;
Bartsch, Alexander/*Hartmann*, Thies Christian/*Wagner*, Florian, Das Marktstammdatenregister nach §§ 111e/f EnWG – Ziele, Inhalte und betroffene Marktakteure, IR 2016, 197;
Battis, Ulrich/*Krautzberger*, Michael/*Löhr*, Rolf-Peter (Hrsg.), Baugesetzbuch – BauGB, Kommentar, 13. Aufl., München 2016;
Bauer, Heike, Die Weiterentwicklung der Clearingstelle im EEG 2012, ZUR 2012, 39;
Bausch, Susanne, Die Stromsteuerbefreiung gemäß § 9 Abs. 1 Nr. 1 bis 3 StromStG für EEG-Anlagen, CuR 2014, 63;
Beckmann, Klaus, Windenergieanlagen (WEA) – eine kritische Gesamtschau dieses erneuerbaren Energiesegments, KommJur 2012, 170;
Behrendt, Lars/*Wischott*, Frank/*Krüger*, Jaska, Praxisfragen zu deutschen Besteuerungsrechten im Zusammenhang mit Offshore-Windparks in der deutschen ausschließlichen Wirtschaftszone, BB 2012, 1827;
Behrendt, Lars/*Wischott*, Frank/*Krüger*, Jaska, Zielgerichtete Ausgestaltung der Gewerbesteuerzerlegung bei Wind- und Solarparks (70/30-Regel), BB 2012, 2723;
Beise, Herward, Gewährleistungsprobleme bei Wartungsverträgen, DB 1979, 1214;
Birk, Hans-Jörg, Kommunale Selbstverwaltungshoheit und überörtliche Planung, NVwZ 1989, 905;
Boemke, Maximilian/*Uibeleisen*, Maximilian, Update: Erste Änderung des EEG 2017 und des WindSeeG, NVwZ 2017, 286;
Böhmer, Till/*Weißenborn*, Christoph (Hrsg.), Erneuerbare Energien – Perspektiven für die Stromerzeugung, 2. Aufl., Frankfurt am Main 2009;
Böhlmann-Balan, Antje/*Herms*, Manuela/*Leroux*, Cathérine, Neuer Wind für Bürgerbeteiligung?! – Zu den jüngsten Rechtsentwicklungen für die Bürgerbeteiligung im Windenergiebereich, ER 2016, 241;
Bongartz, Matthias/*Jatzke*, Harald/*Schröer-Schallenberg*, Sabine (Hrsg.), Energiesteuer, Stromsteuer, Zolltarif: EnergieStG, StromStG, Loseblatt-Kommentar, Stand 7/2014 (9. EL), München;
Böttcher, Jörg (Hrsg.), Handbuch Windenergie, Onshore-Projekte: Realisierung, Finanzierung, Recht und Technik, Oldenbourg 2012;
Böttcher, Jörg/*Blattner*, Peter (Hrsg.), Projektfinanzierung, Risikomanagement und Finanzierung, 3. Aufl., Oldenbourg 2013;
Bovet, Jana, Ausgewählte Probleme bei der baulichen Errichtung von Kleinwindenergieanlagen, ZUR 2010, 9;
Brahms, Florian, Die Integration der Erneuerbaren Energien im Strommarkt – die Direktvermarktung zwischen Mindestvergütung und freiem Markt, Leipzig 2016;

Brahms, Florian, Die Novelle des Kraft-Wärme-Kopplungsgesetzes 2016, ER 2015, 229;

Brahms, Florian, Stromspeicher im EEG 2014, ER 2014, 235;

Brahms, Florian/*Richter*, Christoph, Der EEG-Netzverknüpfungspunkt in der Rechtsprechung des BGH, ER 2014, 47;

Brahms, Florian/*Maslaton*, Martin, Der Regierungsentwurf des Erneuerbaren-Energien-Gesetzes, NVwZ 2014, 760;

Breuer, Daniel, Zur Bereitstellung von Regelleistung im Rahmen der Direktvermarktung nach dem EEG 2012, REE 2012, 17;

Britz, Gabriele/*Hellermann*, Johannes/*Hermes*, Georg (Hrsg.), EnWG – Energiewirtschaftsgesetz, Kommentar, 3. Aufl., München 2015;

Britz, Gabriele/*Hellermann*, Johannes/*Hermes*, Georg (Hrsg.), EnWG – Energiewirtschaftsgesetz, Kommentar, 2. Aufl., München 2010;

Brügelmann, Hermann (Hrsg.), Baugesetzbuch, Loseblatt-Kommentar, Stand 5/2013, Stuttgart [u. a.];

Bub, Wolf-Rüdiger/*Treier*, Gerhard, Handbuch der Geschäfts- und Wohnraummiete, 4. Aufl., München 2014;

Buchmüller, Christian, Regionale Grünstromkennzeichnung – ein neues Geschäftsfeld für Stromversorger, EWeRK 2016, 301;

Bunjes, Johann, Umsatzsteuergesetz – UStG, Kommentar, 13. Aufl., München 2014;

Cloppenburg, Jürgen, Die Lieferung und Errichtung sowie Wartung von On- und Offshore-Windenergieanlagen, ZfBR-Sonderausgabe 2012, 3;

Dahlke, Christian, Genehmigungsverfahren von Offshore-Windenergieanlagen nach der Seeanlagenverordnung, NuR 2002, 472;

Danner, Wolfgang/*Theobald*, Christian (Hrsg.), Energierecht, Loseblatt-Kommentar, Stand 5/2014 (80. EL), München;

Dauner-Lieb, Barbara/*Langen*, Werner (Hrsg.), BGB-Schuldrecht, 3. Aufl., Baden-Baden 2016;

Dippel, Martin, Das gemeindliche Einvernehmen gem. § 36 BauGB in der jüngeren Rechtsprechung - alle Fragen schon geklärt?, NVwZ 2011, 769;

Ernst, Werner/*Zinkahn*, Willy/*Bielenberg*, Walter/*Krautzberger*, Michael (Hrsg.), Baugesetzbuch, Loseblatt-Kommentar, Stand 2/2017, München;

Falke, Christian/*Sittig*, Peter, Windenergie und Luftverkehr im Konflikt: Rückenwind für die Betreiber von Windenergieanlagen, REE 2014, 76;

Federwisch, Christof/*Dinter*, Jan, Windenergieanlagen im Störfeuer der Flugsicherung, NVwZ 2014, 403;

Feldhaus, Gerhard (Hrsg.), Bundesimmissionsschutzrecht, Loseblatt-Kommentar, Bd. II, 2. Aufl., Stand: 1/2014 (179. EL);

Filipowicz, Michael, Auswirkungen des Messstellenbetriebsgesetzes auf die Zählpunktverwaltung beim Verteilnetzbetreiber, EWeRK 2016, 59;

Frenz, Walter, Bürgerenergiegesellschaften, ER 2016, 194;

Frenz, Walter (Hrsg.), EEG II – Anlagen und Verordnungen, Kommentar, 1. Aufl., Berlin 2016;

Frenz, Walter/*Müggenborg*, Hans-Jürgen/*Cosack*, Tilman/*Ekardt*, Felix (Hrsg.), EEG – Erneuerbare-Energien-Gesetz, Kommentar, 4. Aufl., Berlin 2015;

Frenz, Walter/*Müggenborg*, Hans-Jürgen (Hrsg.), EEG – Erneuerbare-Energien-Gesetz,-Kommentar, 3. Aufl., Berlin 2013;

Frenz, Walter/*Müggenborg*, Hans-Jürgen (Hrsg.), EEG – Erneuerbare-Energien-Gesetz,-Kommentar, 2. Aufl., Berlin 2012;

Frenz, Walter/*Müggenborg*, Hans-Jürgen (Hrsg.), EEG – Erneuerbare-Energien-Gesetz,-Kommentar, 1. Aufl., Berlin 2010;

Freund, Hans-Dieter, Effektive Einwirkzeit Tw des Schattenwurfs bei Tmax = 30 h/Jahr, Ausarbeitung Institut für Physik und Allgemeine Elektrotechnik, Stand 24.1.2001, Kiel;

Friedrich, Klaus/*Meißner*, Cornelius, (Hrsg.), Kommentar zur EnergieStG, StromStG, Loseblatt-Kommentar, 2. Aufl., Freiburg, Stand 4/2001 (4. EL);

Gabler, Andreas/*Metzenthin*, Andreas (Hrsg.), EEG – Der Praxiskommentar, Loseblatt-Kommentar, Stand 9/2012;

Ganten, Hans/*Jagenburg*, Walter/*Motzke*, Gerd, Beck'scher VOB- und Vergaberechtskommentar, Vergabe- und Vertragsordnung für Bauleistungen Teil B, 3. Aufl., München 2013;

Gawel, Erik, Die EEG-Umlage: Preisregelung oder Sonderabgabe, DVBl. 2013, 409;

Geiger, Stefan, Paradigmenwechsel bei der Förderung von Windenergieanlagen an Land, REE 2016, 197;

Gern, Alfons, Deutsches Kommunalrecht, 4. Aufl., Baden-Baden 2014;

Gerstner, Stephan (Hrsg.), Grundzüge des Rechts der Erneuerbaren Energien, Berlin 2013;

Giesberts, Ludgar/*Reinhardt*, Michael (Hrsg.), Beck'scher Onlinekommentar Umweltrecht, 43. Edition (Stand: 1.5.2017), München;

Grabmayr, Nora/*Münchmeyer*, Helena/*Pause*, Fabian/*Stehle*, Achim/*Müller*, Thorsten, Förderung erneuerbarer Energien und EU-Beihilferahmen – Insbesondere eine Untersuchung des Entwurfs der Generaldirektion Wettbewerb der EU-Kommission zu „Leitlinien für Umwelt- und Energiebeihilfen für die Jahre 2014-2020", Würzburg, 03/2014;

Greb, Klaus/*Boewe*, Marius (Hrsg.), Beck'scher Online-Kommentar EEG, Stand 5/2014 (Ed. 2);

Goecke, Klaus/*Gamon*, Peter, Windkraftanlagen auf fremdem Grund und Boden – Rechtliche Gestaltungsmöglichkeiten zur Absicherung des Betreibers und der finanzierenden Bank, WM 2000, 1309;

Goldhammer, Michael, Zulässiger „Energiesoli" oder verfassungswidriger Eingriff?, NVwZ-Extra 8/2013, 1;

Grabherr, Edwin/*Reidt*, Olaf/*Wysk*, Peter (Hrsg.), Luftverkehrsgesetz, Loseblatt-Kommentar, München, Stand 7/2012;

Günther, Thomas, Ausschluss von Mängelrechten – Schärfere Rügepflichten bei Solar- und Windenergieanlagen, NZBau 2010, 465;

Hahn, Christopher/*Naumann*, Daniel, Erneuerbare Energien zwischen Einspeisevergütung und Systemintegration – Selbstverbrauch und Direktvermarktung im Lichte der EEG-Novelle 2012, NJOZ 2012, 361;

Hahn, Christopher/*Naumann*, Daniel, Eigenvermarktung und Selbstverbrauch durch Dritte nach dem EEG – Praktische und rechtliche Fragen der Veräußerung selbsterzeugten Solarstroms, ZUR 2011, 571;

Heinrichs, Helmut, Das Gesetz zur Änderung des AGB-Gesetzes, NJW 1996, 2190;

Heinrichs, Helmut, Die Entwicklung des Rechts der Allgemeinen Geschäftsbedingungen im Jahre 1996, NJW 1997, 1407;

Herz, Steffen/*Valentin*, Florian, Die Vermarktung von Strom aus Photovoltaik- und Windenergieanlagen, EnWZ 2013, 16;

Herz, Steffen/*Valentin*, Florian, Direktvermarktung, Direktlieferung und Eigenversorgung nach dem EEG 2014, EnWZ 2014, 358;

Hinsch, Andreas, Windenergie und Artenschutz – Verbotsvorschriften des § 44 BNatSchG im immissionsschutzrechtlichen Genehmigungsverfahren, ZUR 2011, 191;

Jacobshagen, Ulf, Energieeffizienz in der Energieerzeugung – Die Novelle des Kraft-Wärme-Kopplungsgesetzes, ZUR 2008, 449;

Jacobshagen, Ulf/*Kachel*, Markus/*Baxmann*, Juliane, Geschlossene Verteilernetze und Kundenanlagen als neuer Maßstab der Regulierung, IR 2012, 2;

Jäde, Henning, Das Ende des gemeindlichen Einvernehmens?, UPR 2011, 125;

Jäde, Henning/*Dirnberger*, Franz/*Weiss*, Josef (Hrsg.), Baugesetzbuch, Baunutzungsverordnung – BauGB, BauNVO, Kommentar, 6. Aufl., Stuttgart [u. a.] 2010;

Jäde, Henning/*Dirnberger*, Franz/*Weiss*, Josef (Hrsg.), Baugesetzbuch, Baunutzungsverordnung – BauGB, BauNVO, Kommentar, 5. Aufl., Stuttgart [u. a.] 2007;

Jarass (Hrsg.), Bundes-Immissionsschutzgesetz, Kommentar, 11. Aufl. 2015, München;

Jarass, Hans D., Bundes-Immissionsschutzgesetz – BImSchG, Kommentar, 9. Aufl., München 2012;

Jauernig, Othmar (Hrsg.), Bürgerliches Gesetzbuch mit Allgemeinem Gleichbehandlungsgesetz (Auszug), Kommentar, 16. Aufl., München 2015;

Jenn, Matthias, Windenergie: Zahlreiche rechtliche Besonderheiten, ZfBR – Beilage 2012, 14;

Kappler, Tobias, Vereinbarungen anlässlich der Inbetriebnahme einer Photovoltaikanlage auf fremdem Grund und Boden, ZNotP 2007, 257;

Kersting, Mark Oliver, Die Projektfinanzierung eines Offshore-Windparks, BKR 2011, 57;

Khazzoum, Bassam/*Kudla*, Carsten/*Reuter*, Ralf (Hrsg.), Energie und Steuern, 1. Aufl., Wiesbaden 2011;

Kimpel, Der Entwurf des gesetzlichen Bauvertragsrechts aus Sicht des gewerblichen Unternehmers, NZBau 2016, 734

Klinski, Stefan, Rechtliche Probleme der Zulassung von Windkraftanlagen in der „ausschließlichen Wirtschaftszone" (AWZ), UBA-Texte 62/01, Berlin 2001;

Kment, Martin (Hrsg.), Energiewirtschaftsgesetz: EnWG, Kommentar, 1. Aufl., Banden-Baden 2015;

König, Helmut/*Roeser*, Thomas/*Stock*, Jürgen (Hrsg.), Baunutzungsverordnung – BauNVO, Kommentar, 3. Aufl., München 2014;

König, Helmut/*Roeser*, Thomas/*Stock*, Jürgen (Hrsg.), Baunutzungsverordnung – BauNVO, Kommentar, 2. Aufl., München 2003;

Kopp, Ferdinand/*Ramsauer*, Ulrich (Hrsg.), Verwaltungsverfahrensgesetz – VwVfG, Kommentar, 17. Aufl. 2016;

Kopp, Ferdinand/*Ramsauer*, Ulrich (Hrsg.), Verwaltungsverfahrensgesetz – VwVfG, Kommentar, 14. Aufl., München 2013;

Krafzcyk, Wolfgang/*Heine*, Christian, EEG-Umlagepflicht für Contractoren, CuR 2010, 8;

Kupczyk, Björn, Begriff, Voraussetzungen und Rechtsfolgen der Abnahme, NJW 2012, 3353;

Kupke, Dana/*Magaard*, Charlotte, Neue Hürden für die Windenergie? – Die Rechtsprechung konkretisiert die Voraussetzungen für die UVP-Prüfung, ZUR 2016, 598

Landmann, Robert/*Rohmer*, Gustav (Hrsg.), Gewerbeordnung und ergänzende Vorschriften – GewO, Loseblatt-Kommentar, Stand 7/2013, München;

Landmann, Robert/*Rohmer*, Gustav (Hrsg.), Umweltrecht – UmweltR, Loseblatt-Kommentar, 82. Ergänzungslieferung (Stand 01.01.2017);

Landmann, Robert/*Rohmer*, Gustav (Hrsg.), Umweltrecht – UmweltR, Loseblatt-Kommentar, Stand 1/2014 (71. EL), München;

Leinenbach, Ralf M., Wann stellt die Lohnverstromung eine vom EEG-Belastungsausgleich ausgenommene „Eigenerzeugung" dar?", IR 2010, 221;

Leo, Ulrich, Sind Schriftformheilungsklauseln in Gewerberaummietverträgen wirksam?", NZM 2006, 815;

Lindner-Figura, Jan/*Opree*, Frank/*Stellmann*, Frank (Hrsg.), Geschäftsraummiete, 3. Aufl., München 2012;

Loibl, Helmut/*Maslaton*, Martin/*von Bredow*, Hartwig/*Walter*, René (Hrsg.), Biogasanlagen im EEG, 3. Aufl., Berlin 2013;

Loibl, Helmut/*Maslaton*, Martin/*von Bredow*, Hartwig/*Walter*, René (Hrsg.), Biogasanlagen im EEG, 2. Aufl., Berlin 2012;

Macht, Franziska/*Nebel*, Julian Asmus, Das Eigenverbrauchsprivileg des EEG 2014 im Kontext des EU-Beihilfeverfahrens und der Umwelt- und Energiebeihilfeleitlinien 2014-2020, NVwZ 2014, 765;

Martin, Dieter J./*Krautzberger*, Michael (Hrsg.), Handbuch Denkmalschutz und Denkmalpflege, 3. Aufl., München 2010;

Maslaton, Martin, Das verwaltungsrechtliche Prioritätsprinzip bei „konkurrierenden" Genehmigungen von Windenergieanlagen als materielle Entscheidungsgrundlage?!, NVwZ 2013, 542;

Maslaton, Martin, Windrechtsfibel, 2. Aufl., Leipzig 2011;

Maslaton, Martin, Das Recht der Erneuerbaren Energien als eigenständige juristische Disziplin, LKV 2008, 289;

Maslaton, Martin, Repowering von Windenergieanlagen außerhalb des Planumgriffs der Regionalplanung, LKV 2007, 259;
Maslaton, Martin, Berücksichtigung des öffentlichen Belangs Luftverkehr bei der Genehmigung von Windenergieanlagen, NVwZ 2006, 777
Maslaton, Martin/*Kupke*, Dana, Rechtliche Rahmenbedingungen des Repowerings von Windenergieanlagen, 1. Aufl, Leipzig 2004;
Maslaton, Martin/*Rauschenbach*, Peter, Wann darf man bauen?, BauernZeitung – Ratgeber Windkraft 2012, 14;
Maslaton, Martin/*Urbanek*, Lucas, Rechtsschutzmöglichkeiten Dritter im Ausschreibungsverfahren nach EEG 2017, ER 2017, 15;
Messerschmidt, Burkhard/*Voit*, Wolfgang (Hrsg.), Privates Baurecht: Kommentar zu §§ 631 ff. BGB, 2. Aufl., München 2012;
Meyer, Anton/*Wysk*, Peter, Bundesrechtliche Determinanten in bauaufsichtlichen Zulassungsverfahren, NVwZ 2013, 319;
Mikešić, Ivana/*Strauch*, Boris, Die Clearingstelle-EEG – Alternative Streitbeilegung auf dem Gebiet des Rechts der Erneuerbaren Energien, ZUR 2009, 531;
Mintgens, Jürgen, Baurecht kompakt: Eine Einführung, Köln 2009;
Möhlenkamp, Karen/*Milewski*, Knut, EnergieStG/StromStG, Kommentar, 1. Aufl., München 2012;
Müggenborg, Hans-Jürgen, Diskriminierungsfreier Netzzugang und EEG-Belastungsausgleich bei Stromnetzen in Industrieparks, NVwZ 2010, 940;
Müller, Thorsten/*Kahl*, Hartmut/*Sailer*, Frank, Das neue EEG 2014 – Systemwechsel beim weiteren Ausbau der Erneuerbaren Energien, ER 2014, 139;
Münchmeyer, Helena/*Kahles*, Markus/*Pause*, Fabian, Erfordert das europäische Beihilferecht die Einführung von Ausschreibungsverfahren im EEG?, Würzburger Berichte zum Umweltenergierecht Nr. 5 vom 17.7.2014;
Netz, Joachim, Grundstücksverkehrsgesetz Praxiskommentar, 7. Aufl., Butjadingen-Stollhamm 2015;
Ohms, Martin, Immissionsschutz bei Windkraftanlagen, DVBl 2003, 958;
Orlowski, Matthias, Übersicht und Stellungnahme zum Gesetzentwurf der Bundesregierung, ZfBR 2016, 419;
Ortmann, Manuel Christian/*Prokrant*, Patrik/*Lüdemann*, Volker, Das neue Messstellenbetriebsgesetz, EnWZ 2016, 339;
Ott, Sieghart, Neues Werkvertrags- und Darlehensrecht, MDR 2002, 361;
Otting, Olaf, Klimaschutz durch Baurecht – Ein Überblick über die BauGB-Novelle, REE 2011, 125;
Palandt, Otto (Begr.), Bürgerliches Gesetzbuch mit Nebengesetzen, Kommentar, 75. Aufl., München 2016;
Panknin, Jens, EEG-umlagefreie Eigenerzeugung – Status quo und Ausblick, EnWZ 2014, 13;
Perridon, Louis/*Steiner*, Manfred/*Rathgeber*, Andreas, Finanzwirtschaft der Unternehmung, 16. Aufl., Vahlen 2017;
Petersen, Victor, Aspects of the small wind turbine situation in Denmark, Hamburg 2012;
Posser, Herbert/*Wolf*, Heinrich Amadeus (Hrsg.), Beck'scher Onlinekommentar, VwGO, 41. Edition (Stand: 01.04.2017), München;
Reshöft, Jan (Hrsg.), Erneuerbare-Energien-Gesetz, Handkommentar, 3. Aufl., Baden-Baden 2009 ;
Reshöft, Jan/*Schäfermeier*, Andreas (Hrsg.), Erneuerbare-Energien-Gesetz, Handkommentar, 4. Aufl., Baden-Baden 2014;
Richter, Christoph, Der Begriff der Anlage im Umwelt- und Energierecht, Leipzig 2012;
Rieger, Wolfgang, Zurückstellung und Flächennutzungsplanung, ZfBR 2012, 430;
Risse, Jörg/*Haller*, Heiko/*Schilling*, Alexander, Die Haftung des Netzbetreibers für die Anbindung von Offshore-Windenergieanlagen, NVwZ 2012, 592;

Rixecker, Roland/*Säcker*, Franz Jürgen/*Oetker*, Hartmut (Hrsg.), Münchner Kommentar zum Bürgerlichen Gesetzbuch (MüKoBGB), 7. Aufl., München 2017;

Rolshoven, Michael, Wer zuerst kommt, mahlt zuerst? - Zum Prioritätsprinzip bei konkurrierenden Genehmigungsanträgen: Dargestellt anhand aktueller Windkraftfälle, NVwZ 2006, 516;

Ruttloff, Marc, Eigenversorgung durch Bestandsanlagen unter dem EEG 2.0 – wie weit recht der Bestandsschutz, NVwZ 2014, 1128 ;

Säcker, Franz Jürgen (Hrsg.), Berliner Kommentar zum Energierecht, 3. Aufl., Frankfurt am Main 2014;

Sachsenhauser, Rupert, Zur Fälligkeit von regelmäßigen Zahlungen an Anlagenbetreiber nach dem Erneuerbaren-Energien-Gesetz, IR 2013, 26;

Salje, Peter (Hrsg.), Erneuerbare-Energien-Gesetz 2012, Kommentar, 6. Aufl., Köln 2012;

Salje, Peter (Hrsg.), Erneuerbare-Energien-Gesetz 2009, Kommentar, 5. Aufl., Köln 2009;

Salje, Peter (Hrsg.), Energiewirtschaftsgesetz, Kommentar, Köln [u. a.] 2006;

Schaller, Heidrun, Geschlossene Verteilnetze und Kundenanlagen – neue Kategorien im EnWG, ZNER 2011, 406;

Schlichter, Otto/*Stich*, Rudolf/*Driehaus*, Hans-Joachim/*Paetow*, Stefan(Hrsg.), Berliner Kommentar zum Baugesetzbuch (BauGB), Loseblatt-Kommentar, Stand 6/2013, Köln [u. a.];

Schmidt, Karsten (Hrsg.), Münchener Kommentar zum Handelsgesetzbuch (MüKoHGB), 4. Aufl., München 2016;

Schneider, Jens-Peter/*Theobald*, Christian (Hrsg.), Recht der Energiewirtschaft, Praxishandbuch, 4. Aufl., München 2013;

Schoch, Friedrich/*Schmidt-Aßmann*, Eberhardt/*Pietzner*, Rainer (Hrsg.), Verwaltungsgerichtsordung –VwGO, Loseblatt-Kommentar, Stand 3/2014 (26. EL), München;

Scholtka, Boris/*Baumbach*, Antje, Die Entwicklung des Energierechts in den Jahren 2010 und 2011, NJW 2012, 2704;

Schomerus, Thomas/*Schrader*, Christian/*Wegener*, Bernhard (Hrsg.), Umweltinformationsgesetz – UIG, Handkommentar, 2. Aufl., Baden-Baden 2002;

Schöne, Thomas (Hrsg.), Vertragshandbuch Stromwirtschaft, 1. Aufl., Frankfurt am Main 2007;

Schulz, Klaus-Peter, Einführung in das Recht der Wegenutzungsverträge der Strom- und Gaswirtschaft, LKRZ 2012, 41;

Schumann, Ralph, Nach der Schuldrechtsreform: Technische Garantien im Anlagenbau, ZGS 2006, 290;

Schütte, Peter, Die Berücksichtigung von Vorhaben Dritter im Anlagenzulassungsrecht - Anmerkungen zur praktischen Handhabung insbesondere der FFH-Verträglichkeitsuntersuchung, NuR 2008, 142;

Schütte, Dieter B./*Horstkotte*, Michael/*Veihelmann*, Matthias Zweifelsfragen zur Konzessionsabgabe in der Kommunalfinanzierung, LKV 2012, 454;

Schwenk, Walter/*Giemulla*, Elmar (Hrsg.), Handbuch des Luftverkehrsrechts, 4. Aufl., Köln 2013;

Schwintowski, Hans-Peter, Kundenanlagen das unbekannte Wesen, EWeRK 2/2012, 43;

Simon, Alfons/*Busse*, Jürgen (Hrsg.), Bayerische Bauordnung – BayBO, Loseblatt-Kommentar, Stand: 12/3013 (114. EL), München;

Sittig, Peter, Das Prioritätsprinzip im deutschen Verwaltungsrecht bei der immissionsschutzrechtlichen Genehmigung für Windenergieanlagen, Leipzig 2013;

Sittig, Peter/*Falke*, Christian, Die fingierte luftverkehrsrechtliche Zustimmung in der Genehmigungspraxis für Windenergieanlagen – rechtliche Anforderungen an die verfahrensrechtliche Mitwirkung von Luftfahrtbehörden, IR 2014, 173;

Sölch, Otto/*Ringleb*, Karl, Umsatzsteuergesetz – UStG, Loseblatt-Kommentar, Stand: 4/2014, München;

Spannowsky, Willy/*Hofmeister*, Andreas, Umweltrechtliche Einflüsse in die städtebauliche Planung, Berlin 2009;

Spannowsky, Willy/*Runkel*, Peter/*Goppel*, Konrad (Hrsg.), Raumordnungsgesetz – ROG, Kommentar, 1. Aufl., München 2010;
Spannowsky, Willy/*Uechtritz*, Michael (Hrsg.), Beck'scher Onlinekommentar zum Baugesetzbuch (BauGB), Stand 6/2014, München;
Stelkens, Paul/*Bonk*, Heinz Joachim/*Sachs*, Michael (Hrsg.), Verwaltungsverfahrensgesetz – VwVfG, Kommentar, 8. Aufl., München 2014;
Stelter, Christian, Die Freiflächenausschreibungsverordnung – Pilotprojekt für die zukünftige Förderung der Erzeugung von Strom aus erneuerbaren Energien, EnWZ 2015, 147;
Streyl, Elmar, Alles vergeblich? Zur Rettung von Formverstößen durch qualifizierte Schriftformklauseln, NZM 2009, 261;
Stüer, Bernhard, Handbuch des Bau- und Fachplanungsrecht, 4. Aufl., München 2009;
Todorovic, Alexander, Clearingstelle EEG, Votum vom 10. August 2016, 2016/13: Ein immissionsschutzrechtlicher Vorbescheid ist keine Genehmigung im Sinne des § 100 Abs. 3 EEG 2014, EWeRK 2016, 370;
Tonner, Martin/*Krüger*, Thomas (Hrsg.), Bankrecht, 2. Aufl., Nomos 2016;
Ulmer, Peter/*Brandner*, Hans Erich/*Hensen*, Host-Diether, AGB-Recht, Kommentar, 11. Aufl., Köln 2011;
Voit, Wolfgang, Die Rechte des Bestellers bei Mängeln vor der Abnahme, BauR 2011, 1063;
Voßkuhle, Andreas, „Wer zuerst kommt mahlt zuerst!" – Das Prioritätsprinzip als antiquierter Verteilungsmodus einer modernen Rechtsordnung, Verw. 1999 (Bd. 32), 21;
Voss, Stefan/*Steinheber*, Petra, Schein oder Nicht-Schein – Zur Scheinbestandteilseigenschaft von Windenergieanlagen, ZfIR 2012, 337;
Vygen, Klaus/*Joussen*, Edgar, Bauvertragsrecht nach VOB und BGB: Handbuch des privaten Baurechts, 5. Aufl., Köln 2013;
Vygen, Klaus/*Wirth*, Axel/*Schmidt*, Andreas, Bauvertragsrecht: Grundwissen, 6. Aufl., Köln 2011;
Waffenschmidt, Lynn, Rücken- oder Gegenwind: Gewerbesteuerliche Fragen bei Windparks, FR 2013, 268;
Waldhoff, Christian/*Engler*, Friedericke, Die Küste im deutschen Ertragsteuerrecht – am Beispiel der Besteuerung von Offshore-Energieerzeugung, FR 2012, 254;
Weber, Rolph, Sachenrecht II. Grundstücksrecht, 3. Aufl., Baden-Baden 2012;
Weber, Tilman, Aus Schaden klug – Eine Datenbank über den Verschleiß von Turbinenkomponenten könnte mehr System in den Wartungsservice bringen, Erneuerbare Energien, 7/2013, 30;
Weber, Jana-Denise/*Hammler*, Fabian/*Kleinschmidt*, Bernd, Grundlegende ertrag- und umsatzsteuerliche Aspekte bei der Errichtung/dem Betrieb von Onshore- sowie Offshore-Windkraftanlagen, BB 2012, 1836;
Weiss, Andreas, Windenergie und Luftverkehrsrecht – kein luftleerer Rechtsraum, NVwZ 2013, 14;
Wenzel, Gerhard, Baulasten in der Praxis, 2. Aufl., Köln 2012;
Wernsmann, Philipp, Anmerkung zum Urteil des OLG Naumburg vom 13.12.2012 (2 U 51/12, ER 2013, 82) – Zur Frage des Wegfalls eines Anspruchs eines Anlagenbetreibers auf die gesetzliche Mehrvergütung im Falle der Direktvermarktung von Strom, ER 2013, 85;
Westphalen, Friedrich *von*, AGB-Recht im Jahr 2012, NJW 2013, 2239;
Westphalen, Friedrich *von*, AGB-Recht im Jahr 2010, NJW 2011, 2098;
Westphalen, Friedrich *von*, Die Novelle zum AGB-Gesetz, BB 1996, 2101;
Wichert, Friedrich, Enteignung und Besitzeinweisung für energiewirtschaftliche Leitungsvorhaben, NVwZ 2009, 876;
Wichert, Friedrich, Entschärfung des § 550 BGB durch Vertragsgestaltung: Anspruch auf Nachholung der Schriftform, ZMR 2006, 257;
Wiederholt, Norbert/*Bode*, Jan-Hendrik/*Reuter*, Viktoria, Rückenwind für den Ausbau der Offshore-Windenergie? NVwZ 2012, 1207;

Wiegand, Roland (Red.), J. von Staudingers Kommentar zum Bürgerlichen Gesetzbuch mit Einführungsgesetz und Nebengesetzen, Neubearbeitung, Berlin 2015;

Wieser, Matthias, Energiespeicher als zentrales Element eines intelligenten Energieversorgungsnetzes – Rechtliche Einordnung, ZUR, 2011, 240;

Wilhelms, Fritz, Abwasserleitung über fremde Grundstücke, MDR 2006, 125;

Wilke, Reinhard, Örtliche Energieversorgung und auslaufende Konzessionsverträge, NordOeR 2011, 431;

Wischott, Frank/*Krohn*, Dirk/*Nogens*, Tim, Steuerliche Risiken und Gestaltungsmöglichkeiten beim Erwerb und Betrieb von Windkraftanlagen, DStR 2009, 1737;

Wolf, Eckhard/*Eckert*, Hans-Georg/*Ball*, Wolfgang, Handbuch des gewerblichen Miet-, Pacht- und Leasingrechts, 10. Aufl., Köln 2009;

Wustlich, Guido, Das Erneuerbaren-Energien-Gesetz 2014, NVwZ 2014, 1113;

Zöller, Richard, Zivilprozessordung – ZPO, Kommentar, 31. Aufl., Köln 2016

Abkürzungsverzeichnis

a. A. . . . . andere Ansicht
a. a. O. . . . . am angegebenen Ort
Abb. . . . . Abbildung
ABl. . . . . Amtsblatt
Abt. . . . . Abteilung(en)
AblaV . . . . Verordnung zu abschaltbaren Lasten
ABMG . . . . Allgemeine Bedingungen für die Maschinen- und Kaskoversicherung von fahrbaren und transportablen Geräten
Abs. . . . . Absatz
a. E. . . . . am Ende
a. F. . . . . alte Fassung
AfA . . . . Absetzungen für Abnutzung
AG . . . . Aktiengesellschaft
AGGrdstLPachtVG . . Gesetz zur Ausführung des Grundstückverkehrsgesetzes und des Landpachtverkehrsgesetzes
Alt. . . . . Alternative
AO . . . . Abgabenordnung
Art. . . . . Artikel
Aufl. . . . . Auflage
AGB . . . . Allgemeine Geschäftsbedingungen
AMB . . . . Allgemeine Bedingungen für die Maschinenversicherung von stationären Maschinen
amtl. . . . . amtlich
Amtsbl. . . . . Amtsblatt
AmtshilfeRLUmsG . Amtshilferichtlinie-Umsetzungsgesetz
AnlRegV . . . . Anlagenregisterverordnung
Anm. . . . . Anmerkung
AusgleichMechV . . . . Ausgleichsmechanismusverordnung
AWZ . . . . ausschließliche Wirtschaftszone
Az. . . . . Aktenzeichen

BAF . . . . Bundesaufsichtsamt für Flugsicherung
BaFin . . . . Bundesanstalt für Finanzdienstleistungen
BAIUDBw . . . . Bundesamt für Infrastruktur, Umweltschutz und Dienstleistungen der Bundeswehr
BAnz . . . . Bundesanzeiger
BAnz AT . . . . Bundesanzeiger, Amtlicher Teil
BauGB . . . . Baugesetzbuch
BauO HH . . . . Hamburgische Bauordnung
BauNVO . . . . Verordnung über die bauliche Nutzung der Grundstücke
BauO LSA . . . . Bauordnung des Landes Sachsen-Anhalt
BauR . . . . Baurecht
BayBO . . . . Bayerische Bauordnung
BayVBl. . . . . Bayerische Verwaltungsblätter (Zeitschrift)
BB . . . . Der Betriebsberater (Zeitschrift)
Bd. . . . . Band
BDEW . . . . Bundesverband der Energie- und Wasserwirtschaft e.V.

BeckOK	Beck'scher Online-Kommentar
BeckRS	Beck-Rechtsprechung
BEE	Bundesverband Erneuerbare Energien e.V.
BEGTPG	Gesetz über die Bundesnetzagentur für Elektrizität, Gas, Telekommunikation, Post und Eisenbahnen
Beschl.	Beschluss
BeurkG	Beurkundungsgesetz
BFH	Bundesfinanzhof
BGB	Bürgerliches Gesetzbuch
BGBl.	Bundesgesetzblatt
BGH	Bundesgerichtshof
BGHZ	Entscheidungen des Bundesgerichtshofs in Zivilsachen
BGR	Bundesanstalt für Geowissenschaften und Rohstoffe
BHKW	Blockheizkraftwerk
BImSchG	Bundes-Immissionsschutzgesetz
BImSchV	Verordnung zur Durchführung des Bundes-Immissionsschutzgesetzes
BKR	Zeitschrift für Bank- und Kapitalmarktrecht (Zeitschrift)
B.KWK	Bundesverband Kraft-Wärme-Kopplung e.V.
BMF	Bundesfinanzministerium
BMG	Bundesmeldegesetz
BMU	Bundesministerium für Umwelt, Naturschutz, Bau und Reaktorsicherheit
BMVBS	Bundesministerium für Verkehr, Bau und Stadtentwicklung
BMWi	Bundesministerium für Wirtschaft und Energie
BNatSchG	Bundesnaturschutzgesetz
BNetzA	Bundesnetzagentur für Elektrizität, Gas, Telekommunikation, Post und Eisenbahnen
bpD	beschränkte persönliche Dienstbarkeit(en)
B-Plan	Bebauungsplan
BR-Drs	Budesratsdrucksache
BremBO	Bremische Bauordnung
BremGBl	Gesetzblatt Bremen
BStBl.	Bundessteuerblatt
BT-Drs.	Bundestagsdrucksache
BüGemG M-V	Bürger- und Gemeindebeteiligungsgesetz Mecklenburg-Vorpommern
BVerfG	Bundesverfassungsgericht
BVerwG	Bundesverwaltungsgericht
BVerwGE	Entscheidungen des Bundesverwaltungsgerichts
BVKW	Bundesverband Kleinwindanlagen
BWaldG	Bundeswaldgesetz
BWE	Bundesverband WindEnergie e.V.
bzgl.	bezüglich
bzw.	beziehungsweise
ca.	circa
CO_2	Kohlenstoffdioxid
CRR	Kapitaladäquanzverordnung (Capital Requirements Regulation)
ct	Eurocent
CuR	Contracting und Recht (Zeitschrift)
dB	Dezibel
DB	Der Betrieb (Zeitschrift)
dena	Deutsche Energie-Agentur

DFS	Deutsche Flugsicherung
d.h.	das heißt
DIBt	Deutsches Institut für Bautechnik
DIN	Deutsches Institut für Normierung e.V.
DÖV	Die Öffentliche Verwaltung (Zeitschrift)
DSchG	Denkmalschutzgesetz
DSCR	Kapitaldienstdeckungsgrad (Debt Service Coverage Ratio)
DStR	Deutsches Steuerrecht (Zeitschrift)
DVA	Deutscher Vergabe- und Vertragsausschuss für Bauleistungen
DVBl.	Deutsches Verwaltungsblatt (Zeitschrift)
DVOR	Doppler-Drehfunkfeuer (Doppler Very High Frequency Omnidirectional Radio Range)
DWD	Deutscher Wetterdienst
Ed.	Edition
EE	Erneuerbare Energien
EEG	Erneuerbare-Energien-Gesetz
EFR	Europäische Funkrundsteuerung
EG	Europäische Gemeinschaft
EGBGB	Einführungsgesetz zum Bürgerlichen Gesetzbuch
Einl.	Einleitung
EL	Ergänzungslieferung
EnergieStG	Energiesteuergesetz
EnWG	Energiewirtschaftsgesetz
EnWZ	Zeitschrift für das gesamte Recht der Energiewirtschaft (Zeitschrift)
EPEX Spot SE	Strombörse European Power Exchange
ER	EnergieRecht – Zeitschrift für die gesamte Energierechtspraxis (Zeitschrift)
etc.	et cetera
EStG	Einkommensteuergesetz
EU	Europäische Union
EuG	Gericht der Europäischen Union
EuGH	Europäischer Gerichtshof
EuGHE	Entscheidungssammlung des Europäischen Gerichtshofs
Euribor	Referenzzinssatz für den Zwischenbankenhandel der Euroländer (Euro InterBank Offered Rate)
e.V.	eingetragener Verein
evtl.	eventuell
EVU	Energieversorgungsunternehmen
EWeRK	Energie- und Wettbewerbsrecht in der Kommunalen Wirtschaft (Zeitschrift)
f./ff.	folgend
Fa.	Firma
FamFG	Gesetz über das Verfahren in Familiensachen und in den Angelegenheiten der freiwilligen Gerichtsbarkeit
FFAV	Freiflächenausschreibungsverordnung
FFH	Fauna-Flora-Habitat
FGW	Fördergesellschaft Windenergie und andere Dezentrale Energien e.V.
FR	Finanz-Rundschau Ertragssteuerrecht (Zeitschrift)
FWT	Fernwirktechnik

GABl.	Gemeinsames Amtsblatt
GBl.	Gesetzblatt
GBO	Grundbuchordnung
GbR	Gesellschaft bürgerlichen Rechts
GewO	Gewerbeordnung
GewStG	Gewerbesteuergesetz
GG	Grundgesetz
ggf.	gegebenenfalls
ggü.	gegenüber
GmbH	Gesellschaft mit beschränkter Haftung
GMBl.	Gemeinsames Ministerialblatt
GPS	Globales Positionsbestimmungssystem (Global Positioning System)
GrdstLPZV	Verordnung zur Regelung von Zuständigkeiten nach dem Grundstücksverkehrsgesetz und dem Landpachtverkehrsgesetz
GrdstVG	Grundstücksverkehrsgesetz
GU	Generalunternehmer
GÜ	Generalübernehmer
GuV	Gewinn- und Verlustrechnung
GVBl.	Gesetz- und Verordnungsblatt
GVG	Gerichtsverfassungsgesetz
GV.NRW	Gesetz- und Verordnungsblatt Nordrhein-Westfalen
GVOBl.	Gesetz- und Verordnungsblatt
GWB	Gesetz gegen Wettbewerbsbeschränkungen
GWh	Gigawattstunde(n)
h	Stunde(n)
H	Höhe
ha	Hektar
h/a	Stunden pro Kalenderjahr
HessBO	Hessische Bauordnung
HGB	Handelsgesetzbuch
Hrsg.	Herausgeber
HRG	Hochschulrahmengesetz
HS	Halbsatz
ICAO	Internationale Zivilluftfahrtorganisation (International Civil Aviation Organization)
i. d. F.	in der Fassung
i. d. R.	in der Regel
IDW	Institut der Wirtschaftsprüfer
IEC	Internationale Elektrotechnische Kommission (International Electrotechnical Commission)
IFR	Instrumentenflugregeln (Instrument Flight Rules)
IKEP	Integriertes Energie- und Klimaprogramm der Bundesregierung von 2007
IKW-Prozesswärme	Erzeugungsanlagen mit nachgelagerten Industrieprozessen
ILS	Instrumentenlandesystem (Instrument Landing System)
incl.	inclusive
InsO	Insolvenzordnung
IR	Infrastruktur & Recht (Zeitschrift)
IRB-Ansatz	auf internen Ratings basierender Rating-Ansatz (Internal Ratings Based Approach)
i. S. d.	im Sinne des/der

i. S. v.	im Sinne von
i. V.	in Vertretung
i. V. m.	in Verbindung mit
IWES	Fraunhofer Institut für Windenergie- und Energiesystemtechnik
JStG	Jahressteuergesetz
Kap.	Kapitel
KAV	Konzessionsabgabenverordnung
KfW	Kreditanstalt für Wiederaufbau
KG	Kommanditgesellschaft
km	Kilometer
KommJur	Kommunaljurist (Zeitschrift)
kV	Kilovolt
kW	Kilowatt
KWEA	Kleinwindenergieanlage
KWG	Kreditwesengesetz
kWh	Kilowattstunde
kWh/a	Kilowattstunden pro Jahr
KWK	Kraft-Wärme-Kopplung
KWKG	Kraft-Wärme-Kopplungsgesetz
LAI	Länderausschuss für Immissionsschutz
LBO BaWü	Landesbauordnung für Baden-Württemberg
LBO Bln	Bauordnung für Berlin
LBO Bbg	Brandenburgische Bauordnung
LBO M-V	Landesbauordnung Mecklenburg-Vorpommern
LBO Nds.	Niedersächsische Bauordnung
LBO NRW	Landesbauordnung Nordrhein-Westfalen
LOB R-P	Landesbauordnung Rheinland-Pfalz
LBO LSA	Bauordnung des Landes Sachsen-Anhalt
LBO SH	Landesbauordnung für das Land Schleswig-Holstein
LG	Landgericht
lit.	litera (Buchstabe)
LKRZ	Zeitschrift für Landes- und Kommunalrecht Hessen/Rheinland-Pfalz/Saarland
LKV	Landes- und Kommunalverwaltung (Zeitschrift)
Lkw	Lastkraftwagen
LLCR	Darlehenslaufzeitdeckungsgrad (Loan Life Coverage Ratio)
LuftVG	Luftverkehrsgesetz
LuftVO	Luftverkehrsordnung
LwVfG	Gesetz über das gerichtliche Verfahren in Landwirtschaftssachen
m	Meter
m^2	Quadratmeter
MaBiS	Marktregelungen für die Durchführung der Bilanzkreisabrechnung Strom
MaPrV	Marktprämienverordnung
MDR	Monatszeitschrift für Deutsches Recht (Zeitschrift)
min	Minute(n)
min/d	Minuten pro Kalendertag
m/s	Meter pro Sekunde
MüKoBGB	Münchner Kommentar zum Bürgerlichen Gesetzbuch (Kommentar)

MüKoHGB	Münchner Kommentar zum Handelsgesetzbuch (Kommentar)
MW	Megawatt
MWh	Megawattstunden
m. w. N.	mit weiteren Nachweisen
NABEG	Netzausbaubeschleunigungsgesetz Übertragungsnetz
NAV	Niederspannungsanschlussverordnung
NDB	ungerichtetes Funkfeuer (Non-Directional Beacon)
n. F.	neue Fassung
NfL	Nachrichten für Luftfahrer
NJ	Neue Justiz (Zeitschrift)
NJOZ	Neue Juristische Online-Zeitschrift
NJW	Neue Juristische Wochenschrift (Zeitschrift)
NJW-RR	NJW-Rechtsprechungs-Report Zivilrecht (Zeitschrift)
NordÖR	Zeitschrift für Öffentliches Recht in Norddeutschland (Zeitschrift)
Nr.	Nummer
NRW	Nordrhein-Westfalen
NuR	Natur und Recht (Zeitschrift)
NUVPG	Niedersächsisches Gesetz über die Umweltverträglichkeitsprüfung
NVwZ	Neue Zeitschrift für Verwaltungsrecht (Zeitschrift)
NVwZ-RR	NVwZ-Rechtsprechungs-Report Verwaltungsrecht (Zeitschrift)
NZBau	Neue Zeitschrift für Baurecht und Vergaberecht (Zeitschrift)
NZM	Neue Zeitschrift für Miet- und Wohnungsrecht (Zeitschrift)
o. ä.	oder ähnlich(e)
OFG NRW	Oberfinanzdirektion Nordrhein-Westfalen
o. g.	oben genannt
OHG	Offene Handelsgesellschaft
OLG	Oberlandesgericht
OVG	Oberverwaltungsgericht
PBefG	Personenbeförderungsgesetz
Pkw	Personenkraftwagen
PLCR	Projektlaufzeitdeckungsgrad (Project Life Coverage Ratio)
PV	Photovoltaik
REE	Recht der Erneuerbaren Energien (Zeitschrift)
Rh-Pf	Rheinland-Pfalz
RL	Richtlinie
Rn.	Randnummer
RoE	Eigenkapitalrendite (Return on Equity)
ROG	Raumordnungsgesetz
Rs.	Rechtssache
RSiedlG	Reichssiedlungsgesetz
RSS	Really Simple Syndication
s.	siehe
S.	Seite/Satz
s. a.	siehe auch
SächsBO	Sächsische Bauordnung
SächsEntEG	Sächsisches Enteignungs- und Entschädigungsgesetz
SächsGemO	Sächsische Gemeindeordnung
SächsGVBl.	Sächsisches Gesetz- und Verordnungsblatt

SächsLPlG	Gesetz zur Raumordnung und Landesplanung des Freistaates Sachsen
Schl.-H.	Schleswig-Holstein
SDL-Bonus	Systemdienstleistungsbonus
SDL WindV	Systemdienstleistungsverordnung
sin.	Sinus
s. o.	siehe oben
SO	Sondergebiet
sog.	sogenannt
StGB	Strafgesetzbuch
StromNEV	Stromnetzentgeltverordnung
StromStG	Stromsteuergesetz
st. Rspr.	ständige Rechtsprechung
StVO	Straßenverkehrsverordnung
TAB	Technische Anschlussbedingungen
TA Lärm	Technische Anleitung zum Schutz gegen Lärm
ThEGA	Thüringer Energie- und GreenTech-Agentur
ThürVBl.	Thüringische Verwaltungsblätter (Zeitschrift)
TR	Technische Richtlinie
Trafo	Transformator
u. a.	und andere/unter anderem
UBA	Umweltbundesamt
UIG	Umweltinformationsgesetz
UmweltR	Umweltrecht
UmwRG	Umwelt-Rechtsbehelfsgesetz
ÜNB	Übertragungsnetzbetreiber
UPR	Zeitschrift für Umwelt- und Planungsrecht (Zeitschrift)
UrhG	Urhebergesetz
Urt.	Urteil
UStG	Umsatzsteuergesetz
u. U.	unter Umständen
UVP	Umweltverträglichkeitsprüfung
UVPG	Gesetz über die Umweltverträglichkeitsprüfung
UVPVwV	Allgemeine Verwaltungsvorschrift zur Ausführung des Gesetzes über die Umweltverträglichkeitsprüfung
v.	vom
VBlBW	Verwaltungsblätter für Baden-Württemberg (Zeitschrift)
VDE	Verband der Elektrotechnik Elektronik Informationstechnik e.V.
VerfO	Verfahrensordnung der Clearingstelle EEG
VerwRspr	Verwaltungsrechtsprechung (Zeitschrift)
VFR	Sichtflugregeln (Visual Flight Rules)
VG	Verwaltungsgericht
VGH	Verwaltungsgerichtshof
vgl.	vergleiche
VHF	Rundumfunkfeuer
VKU	Verband Kommunaler Unternehmen e.V.
VNB	Verteilnetzbetreiber
VOB	Vergabe- und Vertragsordnung für Bauleistungen
VOB/B	Teil B der Vergabe- und Vertragsordnung für Bauleistungen
VOR	Drehfunkfeuer (Very High Frequency Omnidirectional Radio Range)

vs.	versus
VVG	Versicherungsvertragsgesetz
VwGO	Verwaltungsgerichtsordnung
VwV	Verwaltungsvorschrift
VwVEErlBW	Windenergieerlass Baden-Württemberg - Gemeinsame Verwaltungsvorschrift des Ministeriums für Umwelt, Klima und Energiewirtschaft, des Ministeriums für Ländlichen Raum und Verbraucherschutz, des Ministeriums für Verkehr und Infrastruktur und des Ministeriums für Finanzen und Wirtschaft
VwVfG	Verwaltungsverfahrensgesetz
VwVfG LSA	Verwaltungsverfahrensgesetz Sachsen-Anhalt
VwVSächsBO	Verwaltungsvorschrift des Sächsischen Staatsministeriums des Inneren zur Sächsischen Bauordnung
WBV	Wehrbereichsverwaltung
WEA	Windenergieanlage
WiStG	Wirtschaftsstrafgesetz
WM	Wertpapier-Mitteilungen (Zeitschrift)
WMO	Weltorganisation für Meteorologie (World Meteorolgical Organization)
z. B.	zum Beispiel
ZfBR	Zeitschrift für deutsches und internationales Bau- und Vergaberecht (Zeitschrift)
ZfIR	Zeitschrift für Immobilienrecht (Zeitschrift)
ZfPR	Zeitschrift für Personalvertretungsrecht (Zeitschrift)
Ziff.	Ziffer
ZMR	Zeitschrift für Miet- und Raumrecht (Zeitschrift)
ZNER	Zeitschrift für Neues Energierecht (Zeitschrift)
ZNotP	Zeitschrift für Notarpraxis (Zeitschrift)
ZPO	Zivilprozessordnung
z. T.	zum Teil
ZUR	Zeitschrift für Umweltrecht (Zeitschrift)
ZustVOAgrarNRW	Verordnung zur Regelung von Zuständigkeiten und zur Übertragung von Ermächtigungen zum Erlass von Rechtsverordnungen für Bereiche der Agrarwirtschaft Nordrhein-Westfalen
ZVG	Gesetz über die Zwangsversteigerung und die Zwangsverwaltung
zzgl.	zuzüglich

Einführung

Windenergieanlagen – Ein Rechtshandbuch – Planung, Errichtung, Betrieb und Vergütung

Der Titel beschreibt den Inhalt dieses Werkes: Dem Leser soll die Möglichkeit gegeben werden, den gesamten komplexen Sachverhalt der Errichtung und des Betriebs von Windkraftwerken vom unbebauten Grundstück bis zum Stromertrag in seinen rechtlichen Kategorien nachvollziehen zu können.

Anders als häufig kolportiert, ist die Tatsache einer drohenden Klimakatastrophe seit vielen Jahrzehnten bekannt. Bereits die norwegische Ministerpräsidentin Brundtland hat in ihrem „Brundtland-Report" (Report of the World Commission on Environment and Development, United Nations, 1987) wissenschaftliche Daten dazu vorgelegt. Und schon im Jahr 1989 hat eine Enquete Kommission des Bundestages sich mit Fragen des Klimahaushalts, wenn auch noch zum damaligen Zeitpunkt fokussiert auf Fluorchlorkohlenwasserstoffe – FCKW („Kühlschrank-Diskussion"), wissenschaftlich beschäftigt.[1]

Dass nunmehr durch den ernstzunehmenden Teil der Wissenschaft der CO_2-Anstieg und damit die Gefährdung letztlich aller Lebensformen der Erde, wie wir sie derzeit kennen, einhergeht, ist den wissenschaftlich nachgewiesenen Tatsachen geschuldet und als angemessene Bewertung zu bezeichnen.

Multinational, europaweit und national sind diverse Institutionen – diese Gefahr sehend – zu einem umfassenden rechtlichen Regelungsinstrumentarium gelangt, das weltweit, europaweit und auch national zum größten Teil rechtlich verpflichtend die Staatengemeinschaft zur Reduzierung der CO_2-Emissionen verpflichtet.[2] Erneuerbare Energien sind das geeignete Mittel, die CO_2-Emissionen, die maßgeblich auf den Primärenergieverbrauch zurückgehen, zu reduzieren und exakt daraus resultieren die multinationalen, europäischen und nationalen gesetzlichen Vorschriften, die diesen Technologien zur Durchsetzung verhelfen wollen.[3]

Die regenerativen Energien insgesamt haben im Jahr 2012 mit einer Produktion von ca. 123,2 TWh einen Anteil von 20,3 % am Nettostromverbrauch in Deutschland erreicht. Vor allem die Windenergie mit rund 39,7 % hat daran einen entscheidenden Anteil. Die Zuverlässigkeit der Windkraftwerke wurde und wird dabei ständig verbessert. Marktgängige Anlagen erreichen heute im Mittel eine technische Verfügbarkeit von mehr als 98 %.[4]

Im hier vorliegenden Zusammenhang ist schließlich einführend zu erwähnen, dass der Trend immer mehr zu Großanlagen geht. Während zu Beginn der 1990er-Jahre im Mittel Anlagen 40 m (Rotordurchmesser ca. 30 m bei einer Leistung von 300 kW) hoch waren, sind nunmehr Anlagen bis zu 180 m (Rotordurchmesser bis 114 m bei einer Leistung von 6 MW) als gängiger „Marktregelfall" anzunehmen.[5]

---

[1] Deutscher Bundestag Enquete Kommission „Vorsorge zum Schutz der Erdatmosphäre", Deutscher Bundestag, 1. Aufl., 1988.

[2] Vgl. z. B. Kyoto-Protokoll, abrufbar unter: www.mfecc.int/essential_background/kyoto_protocol/items/1678.php (Stand: 7/2013).

[3] Beispielhaft: Richtlinie 2009/28/EG v. 23.4.2009 zur Förderung der Nutzung von Energie aus erneuerbaren Quellen; EEG i. d. F. der Bekanntmachung v. 25.10.2008 (BGBl. I S. 2074), zuletzt geändert durch Gesetz v. 20.12.2012 (BGBl. I S. 2730).

[4] Abschlussbericht für Verbundprojekt „Erhöhung der Verfügbarkeit von Windkraftanlagen" S. 8, abrufbar unter: http://www.wind-fgw.de/pdf/EVW_Abschlussbericht_%F6f.entlich.pdf (Stand: 7/2013).

[5] Vgl. z. B. Enercon E-126/Nabenhöhe 135 m, Gesamthöhe 198 m.

7 Diese Fakten zeigen, dass Planung, Errichtung, Betrieb und schließlich Vergütung solcher Kraftwerke einen umfassenden Regelungskanon erfordern, der entsprechend dieser Abfolge im vorliegenden Handbuch dargestellt wird.

8 So betrachtet Kapitel 1 die Auswahl geeigneter Windenergieanlagenstandorte aus planungsrechtlicher Sicht. Daran anschließend werden Anlagenbezogen das Verwaltungsverfahren sowie die Genehmigungserfordernisse für die Anlagenerrichtung im zweiten Kapitel umfassend beleuchtet. Die zivilrechtlichen/vertraglichen Grundlagen für die Anlagenerrichtung und den Betrieb schließen sich in Kapitel 3 an. In Kapitel 4 wird das gesetzliche Förderungssystem für den Betrieb von Windenergieanlagen, also insbesondere die sogenannte EEG-Vergütung[6], betrachtet. Dieser Teil wurde, bedingt durch die neu eingeführten Regelungen zur Ausschreibung, vollständig überarbeitet. Neu eingefügt wurde aufgrund der zunehmenden existenziellen Relevanz das Kapitel 5, das sich mit windenergetischen Projekten aus Bankensicht befasst. Das Werk schließt ab mit einem Kapitel 6 zu Kleinwindanlagen und ausgewählten steuerrechtlichen Fragen in Kapitel 7.

---

[6] EEG v. 21.7.2014 (BGBl. I S. 1066), zuletzt geändert durch Art. 4 des Gesetzes v. 22.7.2014 (BGBl. I S. 1218).

Kapitel 1: Auswahl geeigneter Windenergieanlagen-Standorte aus planungsrechtlicher Sicht

Übersicht

	Rn.
I. Systematik des BauGB/Überblick	1
II. Zulässigkeit von Windenergieanlagen im Bebauungsplangebiet	14
1. Zulässigkeit als Hauptanlage	15
a) Sondergebiet	16
b) Industriegebiet	17
c) Gewerbegebiet	27
2. Zulässigkeit als Nebenanlage	32
a) Allgemein zulässige Nebenanlage, § 14 Abs. 1 BauNVO	33
b) Zulässigkeit als Anlage i. S. v. § 14 Abs. 2 S. 2 BauNVO	39
3. Sicherungsinstrumente der Bauleitplanung	41
a) Veränderungssperre gemäß § 14 BauGB	42
b) Zurückstellung von Baugesuchen	56
III. Zulässigkeit im unbeplanten Außenbereich und entgegenstehende Belange	70
1. Privilegierung von Windenergieanlagen im Außenbereich	73
2. Entgegenstehende Belange einschließlich spezialgesetzlicher Vorschriften	76
a) Widerspruch zu Darstellungen des Flächennutzungsplans (§ 35 Abs. 3 S. 1 Nr. 1 BauGB)	77
b) Schädliche Umwelteinwirkungen (§ 35 Abs. 3 S. 1 Nr. 3 BauGB)	97
c) Belange des Naturschutzes und der Landschaftspflege	113
d) Belange des Denkmalschutzes	165
e) Belange des Luftverkehrs	173
f) Belange des Wetterradars	239
g) Belange der Bundeswehr – Übungsgebiet Polygone	242c
h) Belange des Richtfunks	242g
i) Belange der Seismologie	242l
j) Steuerungsmöglichkeit durch Regional- und Flächennutzungsplanung	245
3. Gesicherte Erschließung, Straßenrecht	298
4. Rückbauverpflichtung	303

Literaturübersicht: *Attendorn,* Die Belange des Klimaschutzes nach Fukushima und der Energiewende, NVwZ 2012, 1569; *Battis/Krautzberger/Löhr* (Hrsg.), Baugesetzbuch – BauGB, Kommentar, 13. Aufl. 2016; *Beckmann,* Windenergieanlagen (WEA) – eine kritische Gesamtschau dieses erneuerbaren Energiesegments, KommJur 2012, 170; *Birk,* Kommunale Selbstverwaltungshoheit und überörtliche Planung, NVwZ 1989, 905; *Brügelmann* (Hrsg.), Baugesetzbuch, Loseblatt-Kommentar, Stand 4/2016; *Danner/Theobald* (Hrsg.), Energierecht, Loseblatt-Kommentar, Stand 9/2012, Ernst/Zinkahn/Bielenberg/Krautzberger (Hrsg.), Baugesetzbuch, Loseblatt-Kommentar, Stand 8/2016; Ernst/Zinkahn/Bielenberg/Krauzberger (Hrsg.), Baunutzungsverordnung, Loseblatt-Kommentar, Stand 6/2016; *Falke/Sittig,* Windenergie und Luftverkehr im Konflikt: Rückenwind für die Betreiber von Windenergieanlagen, REE 2014, 76; *Federwisch/Dinter,* Windenergieanlagen im Störfeuer der Flugsicherung, NVwZ 2014, 403; *Grabherr/Reidt/Wysk* (Hrsg.), Luftverkehrsgesetz, Loseblatt-Kommentar, Stand 7/2015; *Hinsch,* Windenergie und Artenschutz – Verbotsvorschriften des § 44 BNatSchG im immissionsschutzrechtlichen Genehmigungsverfahren, ZUR 2011, 191; *Jäde/Dirnberger/Weiss* (Hrsg.), Baugesetzbuch, Baunutzungsverordnung – BauGB, BauNVO, Kommentar, 8. Aufl. 2013; *Jenn,* Windenergie: Zahlreiche rechtliche Besonderheiten, ZfBR – Beilage 2012, 14; *König/Roeser/Stock* (Hrsg.), Baunutzungsverordnung – BauNVO, Kommentar, 3. Aufl. 2014; *König/Roeser/Stock* (Hrsg.), Baunutzungsverordnung – BauNVO, Kommentar, 2. Aufl. 2003; *Landmann/Rohmer* (Hrsg.), Gewerbeordnung und ergänzende Vorschriften – GewO, Loseblatt-Kommentar, Stand 3/2016; *Landmann/Rohmer* (Hrsg.), Umweltrecht – UmweltR, Loseblatt-Kommentar, Band II, BNatSchG,

Stand 1/2014; *Landmann/Rohmer* (Hrsg.), Umweltrecht – UmweltR, Loseblatt-Kommentar, Band III, BImSchG, Stand 4/2013; *Leroux/Sittig*, Die Bedeutung einer außer Vollzug gesetzten Veränderungssperre im Rahmen der Zurückstellung nach § 15 Abs. 1 BauGB, BauR 2016, 595; *Martin/Krautzberger* (Hrsg.), Handbuch Denkmalschutz und Denkmalpflege, 3. Aufl. 2010; *Maslaton*, Das Recht der Erneuerbaren Energien als eigenständige juristische Disziplin – LKV 2008, 289; *Maslaton*, Repowering von Windenergieanlagen außerhalb des Planumgriffs der Regionalplanung, LKV 2007, 259; *Maslaton*, Berücksichtigung des öffentlichen Belangs Luftverkehr bei der Genehmigung von Windenergieanlagen, NVwZ 2006, 777; *Maslaton/Kupke*, Rechtliche Rahmenbedingungen des Repowerings von Windenergieanlagen, 1. Aufl. 2004; *Meyer/Wysk*, „Bundesrechtliche Determinanten in bauaufsichtlichen Zulassungsverfahren", NVwZ 2013, 319; *Otting*, „Klimaschutz durch Baurecht – Ein Überblick über die BauGB-Novelle", REE 2011, 125; *Rieger*, Zurückstellung und Flächennutzungsplanung, ZfBR 2012, 430; *Saurer*, „Rechtswirkungen der Windenergieerlasse der deutschen Bundesländer", NVwZ 2016, 201; *Schlichter/Stich/Driehaus/Paetow* (Hrsg.), Berliner Kommentar zum Baugesetzbuch (BauGB), Loseblatt-Kommentar, Stand 5/2016; *Schwenk/Giemulla* (Hrsg.), Handbuch des Luftverkehrsrechts, 4. Aufl. 2013; *Sittig-Behm*, „Funknavigation und Windenergienutzung" ER 2016, 202; *Sittig/Falke*, „Die fingierte luftverkehrsrechtliche Zustimmung in der Genehmigungspraxis für Windenergieanlagen – rechtliche Anforderungen an die verfahrensrechtliche Mitwirkung von Luftfahrtbehörden", IR 2014, 173; *Spannowsky/Runkel/Goppel* (Hrsg.), Raumordnungsgesetz – ROG, Kommentar, 1. Aufl. 2010; *Spannowsky/Uechtritz* (Hrsg.), Beck'scher Onlinekommentar zum Baugesetzbuch (BauGB), Stand 7/2016; *Stelkens/Bonk/Sachs* (Hrsg.), Verwaltungsverfahrensgesetz – VwVfG, Kommentar, 8. Aufl. 2014; *Weiss*, Windenergie und Luftverkehrsrecht – kein luftleerer Rechtsraum, NVwZ 2013, 14

I. Systematik des BauGB/Überblick

1   Wird im vorliegenden Zusammenhang, also in Kapitel 1, von **Baurecht** gesprochen, ist damit das **öffentliche Baurecht** – in Abgrenzung vom privaten Baurecht – gemeint. Das **private Baurecht** ist in seiner Kernaussage in § 903 BGB formuliert. Nach dieser Vorschrift ist es jedem Eigentümer möglich, mit seinem Eigentum im Rahmen der Gesetze zu verfahren, wie er es für richtig hält; er kann insbesondere auch Dritte ausschließen. Der BGB-Eigentumsbegriff spricht deshalb auch von der sogenannten „Baufreiheit".

2   In Abgrenzung dazu betrifft das öffentliche Baurecht all jene Vorschriften, die die Zulässigkeit der baulichen Nutzung bestimmen und zwar sowohl hinsichtlich der unmittelbaren Bodennutzung (Städtebaurecht) als auch in der Frage der unmittelbaren Anlagenzulässigkeit (Bauaufsichtsrecht der Länder).

3   In all diesen Regelungszusammenhängen hat die Windenergie spätestens seit 1996, also seit der ersten „Privilegierung" (dazu noch nachfolgend ausführlich), umfassend Niederschlag gefunden. Zunächst ist von der Materie her das Städtebaurecht auf Bundesebene im BauGB[7] sowie in der Baunutzungsverordnung[8] geregelt. Die Bauordnungen der Länder bestimmen im Wesentlichen das bauaufsichtliche Verfahren. Sie regeln mithin den Komplex der Baugenehmigung des gesamten Verfahrens, der Zustellung, einer bloßen Anzeige usw.

4   Im Zusammenhang mit der Windenergie ist es wichtig darauf hinzuweisen, dass Windenergieanlagen zwar praktisch immer (jedenfalls dann, wenn sie höher als 50 m sind) dem immissionsschutzrechtlichen Verfahren zugewiesen sind. Da jedoch innerhalb dieses Verfahrens auch die Überprüfung der materiellen Rechtmäßigkeit des Vorhabens Verfahrensgegenstand ist, sprich, die Beobachtung exakt derjenigen Gefahren, die der Abwehr für die öffentliche Sicherheit und Ordnung, z. B. unter baukonstruktiven Gesichtspunkten, dienen, ist das materielle Baurecht immer Gegenstand des Anlagenzulassungsverfahrens.

5   Praxisrelevant für das Thema Windenergieanlagen ist der Hinweis, dass § 212a BauGB zwar vorschreibt, dass Widerspruch und Anfechtungsklage eines Dritten gegenüber einer bauauf-

---

[7] BauGB i. d. F. der Bekanntmachung v. 23.9.2004 (BGBl. I S. 2414), zuletzt geändert durch Art. 1 des Gesetzes v. 15.7.2014 (BGBl. I S. 954).

[8] BauNVO i. d. F. der Bekanntmachung v. 23.1.1990 (BGBl. I S. 132), zuletzt geändert durch Gesetz v. 11.6.2013 (BGBl. I S. 1548).

sichtlichen Zulassung eines Vorhabens keine aufschiebende Wirkung haben, dies aber eben nicht Windenergieanlagen betrifft, da das Trägerverfahren sich nach immissionsschutzrechtlichen Vorschriften richtet. Gegenüber einer **immissionsschutzrechtlichen Genehmigung** hat der **Widerspruch** aber gerade keine aufschiebende Wirkung, obwohl das immissionsschutzrechtliche Genehmigungsverfahren die materielle Baurechtmäßigkeit nach der jeweils einschlägigen Bauordnung der Länder prüft (§ 13 BImSchG).

Während also dem Bundesrecht, soweit Windenergieanlagen betroffen sind, vor allen Dingen im BauGB und der Baunutzungsverordnung (BauNVO) maßgebliche Relevanz zukommt und auf Länderebene das materielle Baurecht, wenn auch innerhalb eines immissionsschutzrechtlichen Genehmigungsverfahrens, primäre Prüfungsgegenstände abgibt, finden sich zwei weitere große planungsrechtliche Regelungsbereiche, die der Länder- bzw. der Gemeindeebene zuzuordnen sind und die ebenfalls größte Bedeutung für die Frage der baurechtlichen Zulässigkeit von Windenergieanlagen haben. Dies sind die Vorschriften nach den Landesplanungsgesetzen und den daraus resultierenden Regionalplanungen sowie die Vorschriften des BauGB, die Gemeinden ihre verfassungsrechtlich garantierte **Planungshoheit** (Art. 28 Abs. 2 GG) spezifizierend zuordnen.

Verständlich wird diese Systematik inhaltlich erst bei Betrachtung eines bundesrechtlichen Details. Nach § 35 Abs. 1 Nr. 5 BauGB erfahren Windenergieanlagen eine **Privilegierung**, d. h., sie sind im Außenbereich – also in einem Gebiet ohne Bebauungsplan nach § 30 BauGB – generell zulässig (hierzu: → Kap. 1 Rn. 73 ff.). Im hier vorliegenden Zusammenhang interessieren dabei die länderseitigen Möglichkeiten präzisierend steuernd tätig zu werden nach § 35 Abs. 3 S. 1 Alt. 1, 2 BauGB, wonach die **Regionalplanung** und/oder die gemeindliche **Flächennutzungsplanung** konkret vorschreiben können, wie die Privilegierung vor Ort ausgestaltet wird. Es sind somit die Landesplanungsgesetze bzw. die Regionalplanung auf Länderebene und die Flächennutzungspläne auf gemeindlicher Ebene, die planungsseitig konkret vorschreiben, wo Windenergieanlagen flächenseitig möglich sind und wo nicht.

Unmittelbar in diesem Zusammenhang ist die jüngst aufgekommene Frage einer sogenannten Länderöffnungsklausel einzuordnen. Diese ist in § 249 Abs. 3 BauGB wie folgt formuliert:

> „Die Länder können durch bis zum 31. Dezember 2015 zu verkündende Landesgesetze bestimmen, dass § 35 Absatz 1 Nummer 5 auf Vorhaben, die der Erforschung, Entwicklung oder Nutzung der Windenergie dienen, nur Anwendung findet, wenn sie einen bestimmten Abstand zu den im Landesgesetz bezeichneten zulässigen baulichen Nutzungen einhalten. Die Einzelheiten, insbesondere zur Abstandsfestlegung und zu den Auswirkungen der festgelegten Abstände auf Ausweisungen in geltenden Flächennutzungsplänen und Raumordnungsplänen, sind in den Landesgesetzen nach Satz 1 zu regeln. Die Länder können in den Landesgesetzen nach Satz 1 auch Abweichungen von den festgelegten Abständen zulassen."

Resultierend aus dem Koalitionsvertrag[9] haben insbesondere Sachsen und Bayern dafür gesorgt, dass die Bundesländer über eben diese Klausel in ihren Landesplanungsgesetzen Bestimmungen über Mindestabstände zur Wohnbebauung (bis zu 10 H), vorsehen können[10]. Im hier interessierenden Zusammenhang einer BauGB-Systematik stellt sich die Frage, wie eine etwaige „10-H-Regelung" auf Landesebene sich in die Steuerungsvorbehalte (→ Kap. 1 Rn. 73 ff. und Rn. 243 ff.) nach § 35 Abs. 3 S. 3 Alt. 1 und 2 BauGB einordnen lässt. Der § 249 Abs. 3 BauGB wird teilweise so verstanden, dass die Privilegierung gänzlich unter einen Landesvorbehalt gestellt wird.[11] Durch die Festlegung von Mindestabständen erhielten die Länder die Möglichkeit, die Privilegierung des § 35 Abs. 1 Nr. 5 BauGB gänzlich leerlaufen zu lassen;

---

[9] Koalitionsvertrag „Deutschlands Zukunft gestalten" zwischen CDU, CSU und SPD, 18. Legislaturperiode.
[10] Gesetzesentwurf zur Änderung der Bayrischen Bauordnung und des Gesetzes über die behördliche Organisation des Bauwesens, des Wohnungswesens und der Wasserwirtschaft, LT-Drs. 17/213, S. 5.
[11] So z. B. *Fülbier/Grüner/Sailer/Wegener*, Die Länderöffnungsklausel im BauGB und ihre Umsetzung in Bayern, S. 7.

die Entprivilegierungsregelungen der Länder würden allenfalls eine Begrenzung durch das allgemeine Verfassungsrecht erfahren.[12]

Demgegenüber wird hier vertreten, dass § 249 Abs. 3 i. V. m. etwaigen Ländergesetzen nur einen weiteren Fall eines entgegenstehenden Belangs i. S. d. § 35 Abs. 3 S. 3 BauGB enthält. Dafür spricht vor allem ein systematisches Argument: Die gesamte Rechtsprechung zur planungsseitigen Steuerung von Windenergieanlagen richtet sich an dem primären Gebot der substanziellen Ausweisung von Gebieten zur Gewährleistung der bundesrechtlich verankerten Privilegierung aus.[13]

Diesem Postulat unterliegen auch die Steuerungsvorbehalte der Regional- und Flächennutzungsplanung, ja, sie rechtfertigen sich daraus.[14] Zwanglos bleibt dieses System erhalten, wenn man die Länderöffnungsklausel diesen beiden Instrumenten als Drittes zur Seite stellt. Ergebnis dessen wäre nämlich, dass das Gebot des substanziellen Ausweisens auch für etwaige Länderabstandsregelungen gelten würde.

Im umgekehrten Fall, also bei der rechtlichen Abschaffung der bundesrechtlichen Privilegierung und ihrer Ersetzung durch Ländergesetze, würde diesem System bundesrechtlich die Grundlage entzogen. Das kann nicht richtig, geschweige denn gewollt, sein.

8a Die Privilegierung ist seit ihrer Einführung im Jahre 1996[15] Gegenstand vieler Erörterungen gewesen. Jüngst hat die FDP damit geworben, die Privilegierung abschaffen zu wollen zu Gunsten kommunaler Planungshoheit. Diese Diskussionen werden immer wieder geführt unter unterschiedlichen Vorzeichen.

Hier soll nicht die Frage des Für und Wider der Privilegierung nach BauGB generell gestellt werden, sondern es ist darauf hinzuweisen, dass das System der Privilegierung einerseits und der Darstellungsvorbehalte in § 35 Abs. 3 S. 3 BauGB andererseits inzwischen auf eine recht lange, nämlich fast 20-jährige Rechtspraxis verweisen können.

Sie hat unter anderem dazu geführt, dass im gesamten Bereich der Windenergie bereits über 20000 Judikate vorhanden sind und damit eine relative Rechtssicherheit einhergeht. Vorschläge, die dieses System grundlegend verändern wollen, müssen sich entgegenhalten lassen, damit diesen relativen Erkenntnisvorteil zu verspielen.

Richtig und auch notwendig ist es hingegen, gewisse Verbesserungen auf den Weg zu bringen. Dabei muss der **Abwägungsabschichtungsvorbehalt** an erster Stelle genannt werden. Bekanntlich hat der Abwägungsabschichtungsvorbehalt in § 35 Abs. 3 S. 2 HS 2 BauGB den Inhalt, dass bereits abgewogene Ziele der Raumordnung in späteren Verfahren, die einer Abwägung zugänglich sind, nicht erneut gegen das Vorhaben ins Feld geführt werden können. Die Regelung bewirkt damit – im Schnittbereich von raumordnerischer Abwägungsentscheidung und der Prüfung nach § 35 BauGB – eine Abschichtung der raumordnerischen Belange auf die Einzelgenehmigungsebene. Sie fördert dadurch – so die idealtypische Vorstellung – die Zulässigkeit privilegierter, raumbedeutsamer Vorhaben wie beispielsweise Windenergieanlagen.

Diese Norm lässt vermuten, dass dieser Vorbehalt auf allen Ebenen wirkt. Dies ist gerade nicht der Fall. Vielmehr ist es so, dass der Abwägungsabschichtungsvorbehalt nur im Rahmen der Zulässigkeit von Vorhaben nach § 35 BauGB, nicht hingegen im einzelvorhabenbezogenen immissionsschutzrechtlichen Verfahren wirkt, jedenfalls bei schlichter Betrachtung des Wortlauts der Norm.

---

[12] *Fülbier/Grüner/Sailer/Wegener*, Die Länderöffnungsklausel im BauGB und ihre Umsetzung in Bayern, Würzburger Berichte zum Umweltenergierecht Nr. 8 vom 29.7.2014, S. 7.

[13] Vgl. Grundsatzurteile: *BVerwG*, Urt. v. 17.12.2002 – IV C 15.01; Urt. v. 13.3.2003 – IV C 3.02; dazu auch → Kap. 1 Rn. 268.

[14] So auch *Battis*, Stellungnahme für die öffentliche Anhörung des Ausschusses für Umwelt, Naturschutz, Bau und Reaktorsicherheit am 21.5.2014; a. A. *Fülbier/Grüner/Sailer/Wegener*, Die Länderöffnungsklausel im BauGB und ihre Umsetzung in Bayern, Würzburger Berichte zum Umweltenergierecht Nr. 8 vom 29.7.2014, S. 8.

[15] Eingeführt durch das Gesetz zur Änderung des Baugesetzbuches vom 30.7.1996 (BGBl. I 1996, 1189), in Kraft getreten am 1.1.1997.

Dies ist zum einen so, weil gesetzlich angeordnet. Zum anderen sicherlich aber auch deshalb, weil der Abwägungsabschichtungsvorbehalt aus einer Zeit vor der Etablierung der Windenergie stammt.[16]

Damit stellen sich zwei Fragen: Zum einen, ob dem Abwägungsabschichtungsvorbehalt auch auf der immissionsschutzrechtlichen Ebene zur Durchsetzung verholfen werden kann und/oder ob der Gesetzgeber hier nachbessern sollte bzw. muss.

8b

Zur ersten Frage, der Wirkung des Abwägungsabschichtungsvorbehalts in der immissionsschutzrechtlichen Genehmigungsebene. Eine Auffassung lehnt dies ab. Denn dem immissionsschutzrechtlichen Genehmigungsverfahren fehle es an einer mit § 35 Abs. 3 S. 2 HS 2 BauGB vergleichbaren Möglichkeit, öffentliche Belange mit dem Interesse des Vorhabenträgers an der Realisierung des beantragten Vorhabens abzuwägen. Eine solche Abwägung existiere exklusiv nur im Rahmen von § 35 Abs. 3 S. 2 HS 2 BauGB. Damit habe die Immissionsschutzbehörde zwar – bedingt durch die Konzentrationswirkung nach § 13 BImSchG – im Rahmen der Prüfung der bauplanungsrechtlichen Zulässigkeit nach § 35 BauGB den Abwägungsabschichtungsvorbehalt anzuwenden. Hinsichtlich des übrigen Prüfprogramms des § 6 BImSchG sei ihr jedoch eine abwägende Berücksichtigung der raumordnerischen Abwägung verwehrt.[17]

Diese Auffassung begegnet aus der tatsächlichen inhaltlichen Gestaltung der Regionalplanung heraus Bedenken. Die Regionalplanung ist in der Praxis oftmals nicht nur durch eine nahezu parzellenscharfe, um nicht zu sagen bauvorhabenscharfe Präzision (entgegen dem Wortlaut des § 35 Abs. 3 S. 3 Alt. 1 BauGB) gekennzeichnet, sondern auch durch eine umfangreiche und in die Tiefe gehende inhaltliche Abwägung einzelner Belange.

Im Rahmen der Abwägungsprozesse der Regionalplanung kommt es etwa vor, dass einzelvorhabenbezogene Fragen, etwa des Denkmalschutzes oder aber auch anderer Fachgesetze, detailliert an den konkret geplanten Windenergieanlagenspezifika (Höhe, Schall, Größe usw.) geprüft werden. Dabei werden bereits in der regionalplanerischen Phase inhaltlich umfassende Gutachten erstellt, die typischerweise vorhabenbezogen sind. So stellen zumeist Vorhabensträger Gebietsausweisungsanträge, die mit umfassenden Stellungnahmen detailliertester Art untersetzt werden; gleiche Ausführungen werden (wenn freilich oft mit anderer Intention) von Dritten und anderen Trägern öffentlicher Belange vorgebracht.

Das derzeit existierende Verdikt, wonach diese Abwägungsinhalte in immissionsschutzrechtlichen Genehmigungsverfahren nicht durchgreifen, führt dann zu dem seltsamen, um nicht zu sagen kontraproduktiven Ergebnis, dass die gleichen Inhalte nicht nur noch einmal abgeprüft werden, sondern sich gerade ergebnisfremd oder mit einem anderen Ergebnis darstellen. Konkret: die Regionalplanung weist die Flächen nach detaillierter Prüfung aus und die BImSch-Behörde sieht sich daran gehindert, dieses raumordnerische Abwägungsergebnis im Rahmen der Einzelgenehmigung eines Vorhabens zu berücksichtigen, etwa durch die Versagung von Zustimmungen der Fachbehörden, die teilweise mit sehr dünnen Begründungen abgegeben werden.

Dementsprechend sollten diese Inhalte nicht erneut zu prüfen sein, schon gar nicht mit anderem Ergebnis; aber genau dazu kommt es, wenn etwa Fachbehörden im Rahmen der Regionalplanung schweigen oder sogar positiv zustimmen, um dann im immissionsschutzrechtlichen Genehmigungsverfahren – oft kaum begründet – etwaige Zustimmungserfordernisse zu versagen.

Wie ist demzufolge die zweite Frage zu beantworten und lässt sich dieses Dilemma bereits in der bestehenden Rechtslage lösen?

8c

Einen Hinweis bietet die inhaltliche Untersuchung des Prüfprogramms des BImSchG. Bekanntlich prüft das BImSchG sämtliche materiellen Baurechtsvorschriften und auch sonstiges öffentliches Recht. Dazu gehört sicherlich der Verhältnismäßigkeitsgrundsatz. Soll nun die BImSch-Genehmigung versagt werden, weil Vorschriften des Baurechts, konkret von Nebenbestimmungen und Fachgesetzen, nicht eingehalten werden, diese aber bereits auf Ebene der

---

[16] Der Abwägungsabschichtungsvorbehalt wurde eingeführt durch das Gesetz über das Baugesetzbuch in der Fassung seiner Bekanntmachung am 8.12.1986 (BGBl. I S. 2191–2236), in Kraft getreten am 1.7.1987.

[17] So: *Leroux*, Die Abwägungsabschichtungsklausel bei der Realisierung von Windenergieanlagen, 2017.

Regionalplanung voll inhaltsgleich überprüft und abgewogen wurden, ist festzuhalten, dass in diesem Moment der Verhältnismäßigkeitsgrundsatz, und zwar in der Prüfungsstation Verhältnismäßigkeit im engeren Sinne, von der Behörde angewendet werden muss.

In diesem Fall – inhaltsgleiche Prüfung – könnte, gestützt auf den Verhältnismäßigkeitsgrundsatz im engeren Sinne, die BImSch-Genehmigung erteilt werden.[18]

Dies hätte auch für die Energiewende und damit für ein allgemeines gesellschaftliches Ziel beschleunigende konstruktive Vorteile, da es nicht zu Doppelprüfungen auf mehreren Ebenen mit verschiedenen Ergebnissen käme.

Will man diesen Schritt nicht gehen, so muss man wohl konstatieren, dass der Abwägungsabschichtungsvorbehalt eine gesetzgeberische Anpassung erfahren muss, nämlich dahingehend, dass die Ergebnisse des Abwägungsabschichtungsvorbehalts bzw. des entsprechenden Abwägungsverfahrens auch in der BImSch-Genehmigung wirken, sofern sie eine inhaltliche Überschneidung mit dem Prüfprogramm der Vorhabenzulassung nach § 6 BImSchG aufweisen.

9 Für die praktische Anwendung im Bereich der Planung von Windenergieanlagen sind diese systematischen Hinweise in ihrer praktischen Relevanz besser verständlich, wenn man gleichsam der Rechtsquellenlehre folgend einen abgestuften Überblick über die Vorschriften und Zuständigkeiten gibt:

§ 35 Abs. 1 Nr. 5 BauGB

(Bauplanungsrechtliche Privilegierung)

Bund

§ 35 Abs. 3 S. 3 Alt. 1 BauGB

(Flächennutzungsplan)

Gemeinden

§ 35 Abs. 3 S. 3 Alt. 2 BauGB

(Regionalplanung)

Landesentwicklungspläne → Regionalplanung → Regionale Planungsverbände

Land (eigenständige Körperschaften)

10 Für den Branchenteilnehmer ist dabei besonders hervorzuheben, dass letztlich drei völlig verschiedene Institutionen festlegen, ob und wenn ja in welchem Umfang und in welchem Maß auf welchen Flächen Windenergieanlagen zulässig sind.

11 Zu nennen sind dabei zunächst die Länder, die in ihren Landesentwicklungsplänen bestimmte Vorgaben für die Regionalplanung machen; auch dazu Näheres noch später (→ Kap. 1 Rn. 243 ff.). Aus diesen Landesentwicklungsplänen entwickeln die **Regionalen Planungsverbände** als eigenständige juristische Personen des öffentlichen Rechts konkretisierendere Vorgaben für bestimmte Flächen. Erstellt nun die Gemeinde einen Flächennutzungsplan und besteht ein (wirksamer) Regionalplan, haben sich die Gemeinden nach diesem Regionalplan zu richten. Fehlt eine Landesentwicklungsplanung, die die Gemeinde bindet, und fehlt auch eine Regionalplanung, können die Gemeinden über die Flächennutzungsplanung eigenständig Regelungen zur Gebietsordnung mit der Wirkung einer **Ausschlussfunktion** (Steuerungsmechanismen) für Flächen etablieren.

12 Weniger systematisch zuordnend sondern mehr inhaltlich erwähnenswert, ist die Tatsache, dass der **Klimaschutz** und das **Energierecht** nunmehr als tragende Gedanken des Städtebaus inzwischen verankert sind. So finden sich insbesondere in den Landesentwicklungsplänen oft Klima- und Energieschutzentwicklungsprogramme, die durch die Regionalplanung umzuset-

---

[18] Anders Leroux, die über Einzelfallkorrekturen nach § 242 BGB zu einem Ausschluss solcher verspäteten Einwendungen kommen will, Leroux a. a. O.

zen sind. Gleiches gilt für die kommunale Ebene. Insoweit lässt sich als gesichert feststellen, dass der gesamte Bereich des Bauplanungsrechts und auch des öffentlichen Baurechts im weiteren Sinne jedenfalls im Sinne eines abwägungsrelevanten Belangs vom Recht der **Erneuerbaren Energien**[19] und damit vom Klimaschutz durchzogen ist.

Während bislang die generelle Systematik im Außenbereich systematisch erläutert wurde, wird nachfolgend die Zulässigkeit im beplanten Bereich nach § 30 BauGB vorgestellt.

II. Zulässigkeit von Windenergieanlagen im Bebauungsplangebiet

Die Errichtung und der Betrieb von Windenergieanlagen (WEA) ist aus bauplanungsrechtlicher Sicht an verschiedene Voraussetzungen geknüpft. Dabei ist innerhalb von Bebauungsplangebieten insbesondere die Frage der Zulässigkeit hinsichtlich der **Art der baulichen Nutzung** von besonderer Relevanz. Das heißt, bei der Auswahl geeigneter Standorte in einem Bebauungsplangebiet ist in erster Linie zu klären, ob das WEA-Vorhaben seiner Nutzungsart nach im Einklang mit dem festgesetzten **Baugebiet** steht. Für diese Beurteilung kommt es maßgeblich darauf an, ob das WEA-Vorhaben als eigenständige **Hauptanlage** oder als **Nebenanlage** zu einer anderen baulichen Anlage bzw. Nutzung verwirklicht werden soll.

1. Zulässigkeit als Hauptanlage

Damit die Errichtung und der Betrieb der WEA als **Hauptanlage** zulässig ist, darf sie als Vorhaben den bauplanungsrechtlichen Vorschriften nicht entgegenstehen. Gemäß § 30 BauGB ist das Vorhaben zulässig, wenn es innerhalb des Geltungsbereichs eines **Bebauungsplans** liegt, diesem nicht widerspricht und die Erschließung gesichert ist. Die Frage der Zulässigkeit von WEA als Hauptanlage stellt sich insbesondere in Sonder-, Industrie- oder Gewerbegebieten. Dabei sind die Gebietsfestsetzungen zumeist in einem sogenannten qualifizierten Bebauungsplan im Sinne des § 30 Abs. 1 BauGB getroffen. Hierin heißt es:

> „Im Geltungsbereich eines Bebauungsplans, der allein oder gemeinsam mit sonstigen baurechtlichen Vorschriften mindestens Festsetzungen über die Art und das Maß der baulichen Nutzung, die überbaubaren Grundstücksflächen und die örtlichen Verkehrsflächen enthält, ist ein Vorhaben zulässig, wenn es diesen Festsetzungen nicht widerspricht und die Erschließung gesichert ist."

Die zulässigen Festsetzungen eines Bebauungsplans ergeben sich grundsätzlich aus § 9 BauGB und den in der Baunutzungsverordnung (BauNVO) vorgesehenen Baugebieten. Entscheidet sich der zuständige Planeber allerdings ausdrücklich für die Festsetzung von Baugebieten nach der BauNVO, so sind ausschließlich deren Regelungen anzuwenden.

a) Sondergebiet

Hinsichtlich der Errichtung und des Betriebs einer WEA gilt es als festgesetztes Gebiet vor allem das **Sondergebiet** im Sinne des § 11 BauNVO zu beachten. Hierin heißt es:

> (1) „Als sonstige Sondergebiete sind solche Gebiete darzustellen und festzusetzen, die sich von den Baugebieten nach §§ 2 bis 10 wesentlich unterscheiden.
> (2) Für sonstige Sondergebiete sind die Zweckbestimmung und die Art der Nutzung darzustellen und festzusetzen. Als sonstige Sondergebiete kommen insbesondere in Betracht […] Gebiete für Anlagen, die der Erforschung, Entwicklung oder Nutzung erneuerbarer Energien, wie Wind- und Sonnenenergie, dienen."

---

[19] *Maslaton*, LKV 2008, 289.

Voraussetzung für die Ausweisung eines Sondergebietes ist daher, dass ein Festsetzungsinhalt gewollt ist, der sich keinem **Gebietstyp** zuordnen lässt.[20] Entscheidend für die Wesentlichkeit der Abweichung vom Gebietstypus ist dessen Grundgestalt, das heißt das Baugebiet so, wie es sich nach der in Absatz 1 der jeweiligen Vorschrift enthaltenen Gebietsbeschreibung, den nach Absatz 2 allgemeinen und den nach Absatz 3 ausnahmsweise zulässigen Nutzungen, darstellt.[21] Ein Gebiet, in welchem ausschließlich reine WEA-Nutzung betrieben werden soll, stellt eine solche Abweichung dar – schon deshalb ist ein SO-Wind möglich. Im Rahmen der Ausgestaltung des SO-Gebietes steht dabei der Gemeinde – freilich in den Grenzen der städtebaulichen Erforderlichkeit nach § 1 Abs. 3 S. 1 BauGB und des Abwägungsgebots nach § 1 Abs. 7 BauGB – ein sog. „Festsetzungserfindungsrecht" in dem Sinne zu, dass sie weder an die in §§ 2 bis 10 BauNVO aufgeführten Nutzungsarten noch an die Gliederungsmöglichkeiten des § 1 Abs. 4 bis 9 BauNVO für die typisierten Baugebiete gebunden ist.[22]

b) Industriegebiet

17   In der beratenden Praxis zeigt sich gegenwärtig der Trend, dass potenzielle Anlagenbetreiber ihre geplanten Vorhaben immer häufiger in einem **Industriegebiet** realisieren wollen. Ob eine solche Unterbringung im Industriegebiet zulässig ist, war lange Zeit umstritten. Denn § 9 BauNVO enthält keine ausdrückliche Normierung hinsichtlich der Errichtung und des Betriebs von WEA:

> „(1) Industriegebiete dienen ausschließlich der Unterbringung von Gewerbebetrieben, und zwar vorwiegend solcher Betriebe, die in anderen Baugebieten unzulässig sind.
> (2) Zulässig sind
> 1. Gewerbebetriebe aller Art, Lagerhäuser, Lagerplätze und öffentliche Betriebe,
> 2. Tankstellen."

Ausgehend von dieser gesetzlichen Regelung ist ein geplantes Windenergieanlagenvorhaben hinsichtlich der Art der baulichen Nutzung als Gewerbebetrieb im Sinne des § 9 Abs. 2 Nr. 1 BauNVO allgemein zulässig. Dies ergibt sich daraus, dass der Betrieb einer WEA zum einen als **Gewerbebetrieb** anzusehen ist (aa), der in Übereinstimmung mit der **allgemeinen Zweckbestimmung** in § 9 Abs. 1 BauNVO steht (bb). Als solcher darf er schließlich nicht ausnahmsweise gem. § 15 BauNVO unzulässig sein (cc).

18   **aa) Gewerbebetrieb.** Grundsätzlich ist es unstreitig, dass die Errichtung und der Betrieb einer WEA einen **Gewerbebetrieb** darstellt. Dabei ist der Begriff *Gewerbe* ein grundsätzlich eigenständiger Begriff des Planungsrechts, der weder im BauGB noch in der BauNVO definiert ist. Als Anknüpfungspunkt für die städtebauliche Begriffsbestimmung des Gewerbes kann das Gewerberecht dienen; auch das Steuerrecht enthält eine ähnliche Definition.[23] Gewerbe ist danach jede selbstständige, erlaubte, auf Gewinnerzielung gerichtete, auf gewisse Dauer angelegte Tätigkeit mit Ausnahme insbesondere der „Urproduktion" und bestimmter Tätigkeiten und Dienste „höherer Art" auf künstlerischem, wissenschaftlichem und schriftstellerischem Gebiet (freie Berufe) und der bloßen Verwaltung und Nutzung eigenen Vermögens.[24]

19   Der Betrieb einer WEA stellt unproblematisch eine selbstständige, erlaubte und auch auf Gewinnerzielung gerichtete Tätigkeit dar. Diese Tätigkeit ist auch auf gewisse Dauer angelegt, in der Regel bis zum Ablauf der Lebensdauer der WEA. Erforderlich ist hierfür eine nachhaltige, planmäßige, nicht nur gelegentliche, zufällige, auf lediglich vorübergehende Zeit ausgerichtete Tätigkeit.[25] Überdies ist der Betrieb einer WEA und damit die Produktion elektrischer Energie auch keine sog. Urproduktion. Unter Urproduktion versteht man alle Tätigkeiten, die auf Ge-

---

[20] *BVerwG*, Urt. v. 29.9.1978 – 4 C 30.76.
[21] *Dirnberger*, in: Jäde/Dirnberger/Weiss (Hrsg.), BauGB/BauNVO, 5. Aufl. 2007, § 11 Rn. 2.
[22] *BVerwG*, Beschl. v. 7.9.1984 – 4 N 3.84.
[23] *Stock*, in: König/Roeser/Stock (Hrsg.), BauNVO, 3. Aufl. 2014, § 8 Rn. 16.
[24] *Kahl*, in: Landmann/Rohmer (Hrsg.), GewO, Einl. Rn. 32.
[25] *Kahl*, in: Landmann/Rohmer (Hrsg.), GewO, Einl. Rn. 59.

winnung sog. roher Naturprodukte gerichtet sind. Hierzu zählen insbesondere die Land- und Forstwirtschaft und der Bergbau.[26]

Der Betrieb einer WEA dient der Erzeugung von elektrischer – mithin erneuerbarer – Energie. Zudem ist der Betrieb von WEA nicht auf Gewinnung von Naturprodukten – vergleichbar mit der Land- und Forstwirtschaft – ausgerichtet und damit auch keine sog. Urproduktion im oben genannten Sinne. Es geht nicht um eine Rohstoffgewinnung, sondern um die Erzeugung des Produktes „Energie". Schließlich ist der Betrieb der WEA auch kein freier Beruf und beschränkt sich nicht auf die bloße Verwaltung und Nutzung des eigenen Vermögens. 20

Darüber hinaus macht der Zusatz „aller Art" in § 9 Abs. 2 Nr. 1 BauNVO deutlich, dass der Begriff des Gewerbebetriebes im Industriegebiet weit auszulegen ist. Er kann demnach auch Nutzungen umfassen, die in anderen Baugebieten als besondere planungsrechtliche Kategorie ausdrücklich genannt sind. Demnach ist der Betrieb von WEA ein **Gewerbebetrieb** im Sinne des Gewerbe- und Steuerrechts und damit auch des Bauplanungsrechts. 21

bb) Allgemeine Zweckbestimmung des § 9 Abs. 1 BauGB. Weiterhin darf die beantragte WEA die in § 9 Abs. 1 BauNVO zum Ausdruck kommende **allgemeine Zweckbestimmung des Industriegebietes** nicht gefährden. Allein aus dem Wortlaut des § 9 Abs. 1 BauNVO ergibt sich, dass in Industriegebieten gerade solche Gewerbebetriebe unterkommen sollen, die in anderen Baugebieten unzulässig sind. Hieraus ergibt sich schon der spezielle Charakter des Gebietstypus. Von einer Störung der allgemeinen Zweckbestimmung kann bei der Errichtung und dem Betrieb einer WEA keine Rede sein, weil diese Art der Nutzung der allgemeinen Zweckbestimmung des § 9 Abs. 1 BauNVO geradezu entspricht. Nach dem Wortlaut des § 9 Abs. 1 BauNVO sollen in Industriegebieten vorwiegend solche Gewerbebetriebe unterkommen, die in anderen Baugebieten unzulässig sind. Aufgrund der Funktion der Industriegebiete als „Auffangbecken" für besonders immissionsträchtige Betriebe sind damit primär die erheblich belästigenden Gewerbebetriebe gemeint, die selbst in Gewerbegebieten ein Störfaktor sein können.[27] So auch die einschlägige Rechtsprechung: 22

OVG Münster, Beschl. v. 22.10.1996 – 10 B 2385/96
„Planungsrechtlich mag die Errichtung einer Windenergieanlage auf dem streitigen Grundstück gemäß § 30 BauGB zulässig sein. Der einschlägige Bebauungsplan setzt für dieses Grundstück ein Industriegebiet fest."

Die Rechtsprechung wurde in dieser Form auch bestätigt:

OVG Münster, Beschl. v. 19.1.2009 – 10 B 1687/08; VG Minden, Beschl. vom 26.3.2009 – 11 L 120/09
„Nach § 9 Abs. 1 BauNVO dienen Industriegebiete ausschließlich der Unterbringung von Gewerbebetrieben, und zwar vorwiegend solcher, die in anderen Baugebieten unzulässig sind. Zulässig sind daher nach § 9 Abs. 2 Nr. 1 BauNVO Gewerbebetriebe aller Art. Das Vorhaben der Beigeladenen dürfte deshalb nach § 30 Abs. 1 BauGB zulässig sein, weil es nach Art und Maß der baulichen Nutzung die Festsetzungen des maßgeblichen Bebauungsplans einhält."

OVG Lüneburg, Urt. v. 25.6.2015 – 12 LC 230/14
„Auch die Gebietsverträglichkeit einer Windenergieanlage in einem Industriegebiet ist […] nicht schlechthin ausgeschlossen."

Der Betrieb einer WEA stellt schon aufgrund ihrer Dimensionen einen **belästigenden Gewerbebetrieb** dar, der demzufolge in anderen Baugebietstypen, insbesondere dem Mischgebiet nach § 6 und dem Kerngebiet nach § 7 BauNVO, nicht zulässig wäre. Folglich entspricht der Betrieb einer WEA als belästigender Gewerbebetrieb der Zweckbestimmung des Industriegebiets im Sinne des § 9 Abs. 2 Nr. 1 BauNVO. 23

cc) Keine Unzulässigkeit nach § 15 Abs. 1 BauNVO. Abschließend darf die Errichtung und der Betrieb der WEA als im Industriegebiet allgemein zulässiger Gewerbebetrieb nicht ausnahmsweise gem. § 15 Abs. 1 S. 1 BauNVO unzulässig sein. Oftmals wird in diesem Zusammenhang eingewendet, das WEA-Vorhaben entspreche nicht der Eigenart des im Bebauungsplan 24

---

[26] *Kahl*, in: Landmann/Rohmer (Hrsg.), GewO, Einl. Rn. 63.
[27] *Jäde*, in: Jäde/Dirnberger/Weiss (Hrsg.), BauGB/BauNVO, 5. Aufl. 2007, § 9 Rn. 2.

festgesetzten Industriegebiets. Dies wird in der Regel damit begründet, dass das Vorhaben nach seinen relevanten Parametern wie etwa Bauhöhe, Abstandsflächen usw. in vertretbarer Entfernung keine weiteren Anlagen in dem Industriegebiet mehr zulasse und dadurch die Verwirklichung des mit der Planung beabsichtigten „klassischen" Industriegebiets unmöglich mache.

25   Dem kann so nicht gefolgt werden. Die industrielle Eigenart des Plangebiets wird durch die Errichtung und den Betrieb einer WEA nicht in Frage gestellt. In diesem Zusammenhang gilt es sich zudem zu vergegenwärtigen, dass – so zeigt die Praxis – WEA in Randlagen des festgesetzten Industriegebiets errichtet werden. Eine durch das Abstandsflächenrecht bedingte Freihaltung von einer Bebauung beschränkt sich innerhalb des Industriegebiets (für Sachsen) auf **0,2 H**, § 6 Abs. 5 S. 1 SächsBO. Bei einer modernen Anlage mit einer Gesamthöhe von 180 m gilt es demnach, eine Abstandsfläche von 36 m einzuhalten. Nur im Bereich dieses äußerst schmalen Flächenkreises ist eine Bebauung mit weiteren Gewerbebetrieben innerhalb des Industriegebiets ausgeschlossen. Auf allen anderen Flächen bleibt die Ansiedlung weiterer „klassischer" Gewerbebetriebe im Sinne des § 9 Abs. 2 Nr. 1 BauNVO möglich.

26   Überdies lässt sich ein Widerspruch gegen die **Eigenart des Baugebiets** im Industriegebiet auch nicht aus § 11 Abs. 2 BauNVO entnehmen (zu Sondergebieten → Kap. 2 Rn. 16). Streitig ist in diesem Zusammenhang, ob die bauleitplanerische Möglichkeit, Sondergebiete für die Errichtung von WEA festzusetzen, dazu führt, dass WEA innerhalb von Bebauungsplangebieten ausschließlich in einem dafür ausgewiesenen Sondergebiet zulässig sind. Immerhin hätte eine ausdrückliche Zuweisung der WEA in das Sondergebiet – mit unterstelltem Ausschließlichkeitsanspruch – zur Folge, dass die Errichtung von WEA im Industriegebiet als Gewerbebetrieb im Sinne von § 9 Abs. 2 Nr. 1 BauNVO ausgeschlossen wäre. Für eine *ausschließliche* Zuweisung könnten auf den ersten Blick die Festsetzungsvoraussetzungen für Sondergebiete nach § 11 Abs. 1 BauNVO sprechen. Wie bereits dargelegt (→ Kap. 1 Rn. 16), darf der Träger der kommunalen Planung nur ein Sondergebiet festsetzen, wenn es sich nach seinen Festsetzungen von den anderen Baugebieten nach §§ 2 bis 10 BauNVO wesentlich unterscheidet. Die in § 11 Abs. 2 S. 2 BauNVO aufgeführten Beispiele für einzelne Sondergebiete verdeutlichen, was einen wesentlichen Unterschied im Sinne des § 11 Abs. 1 BauNVO ausmachen kann. Hier werden keine Übergangsformen zwischen normierten Baugebieten genannt, sondern Sondergebiete mit thematisch selbstständigen Nutzungszielen, die entweder an spezielle Nutzungsarten anknüpfen und damit eine ziemlich einseitige Nutzungsstruktur aufweisen, oder Anlagenkomplexe bezeichnen, in denen verschiedene Haupt- und Nebennutzungen funktional aufeinander bezogen sind.[28] Schon der Charakter eines SO-Gebiets schließt es aus, die Zulässigkeit von WEA in einem Industriegebiet zu verneinen, wenn das WEA-Vorhaben innerhalb des Industriegebiets neben bzw. zusätzlich zu Gewerbebetrieben anderer Art realisiert werden soll. Zudem spricht gegen eine abschließende Zuweisung von WEA-Vorhaben in Sondergebieten für WEA-Nutzung die Vorschrift des § 11 Abs. 3 BauNVO. Nach § 11 Abs. 3 BauNVO sind Einkaufszentren, großflächige Einzelhandelsbetriebe sowie sonstige großflächige Handelsbetriebe außer in den Kerngebieten nur in für sie festgesetzten Sondergebieten zulässig. § 11 Abs. 3 BauNVO enthält also eine ausdrückliche *„Ausschließlichkeitsregel"* zugunsten einer Sondergebietsfestsetzung für eben jene Vorhaben, die dort ausdrücklich aufgezählt sind. Im Umkehrschluss kann daraus nur gefolgert werden: Hätte der Gesetzgeber für die Nutzung bzw. Errichtung von WEA innerhalb von Bebauungsplänen eine Ausschließlichkeit der *„Sondergebiete Windenergie"* gewollt, hätte er dies ebenfalls ausdrücklich normiert.[29] Folglich steht § 11 Abs. 2 BauNVO der bauplanungsrechtlichen Zulässigkeit einer WEA im Industriegebiet nicht entgegen.

c) Gewerbegebiet

27   Noch umstrittener als die Frage der Zulässigkeit einer WEA im Industriegebiet ist die Frage nach der Zulässigkeit einer WEA im **Gewerbegebiet**. Dieser Streit resultiert letztlich schon aus dem Wortlaut des § 8 Abs. 1 i. V. m. Abs. 2 Nr. 1 BauNVO:

---

[28] *Stock*, in: König/Roeser/Stock (Hrsg.), BauNVO, 3. Aufl. 2014, § 11 Rn. 5.
[29] Sich anschließend: *OVG Lüneburg*, Urt. v. 25.6.2015 – 12 LC 230/14.

> „(1) Gewerbegebiete dienen vorwiegend der Unterbringung von nicht erheblich belästigenden Gewerbebetrieben.
> (2) Zulässig sind
> 3. Gewerbebetriebe aller Art, […]."

Demnach sind zwar Gewerbebetriebe aller Art zugelassen, allerdings mit der Einschränkung, dass diese keine erheblichen Belästigungen erzeugen. Dass es sich bei dem Betrieb einer WEA um einen Gewerbebetrieb handelt, wurde ausführlich dargelegt (→ Kap. 1 Rn. 18 ff.). Schwieriger ist an dieser Stelle allerdings die Einordnung des Tatbestandsmerkmals *„nicht erheblich belästigend"*. Nach § 8 Abs. 2 Nr. 2 BauNVO sind dies all jene Vorhaben, von denen weniger störempfindliche Emissionen ausgehen.

Grundsätzlich gilt es sich zu vergegenwärtigen, dass sich das Gewerbegebiet und das Industriegebiet nicht durch produktionstechnische und wirtschaftliche Zuordnung der Betriebe zum Gewerbe oder zur Industrie unterscheiden, sondern vor allem durch den Grad der Störungen, die von den Betrieben ausgehen können. Ist einerseits der zulässige Störgrad im Industriegebiet wesentlich höher anzusetzen als im **Gewerbegebiet**, so ist andererseits die Gleichsetzung des höchstzulässigen Störgrades im Gewerbegebiet mit dem im Mischgebiet nicht vertretbar, weil dort grundsätzlich die Wohnnutzung und die gewerbliche Nutzung gleichrangig und gleichgewichtig nebeneinander zulässig sind, während in Gewerbegebieten die allgemeine Wohnnutzung ausgeschlossen ist.[30] Durch einen ersten Blick in das Gesetz ergibt sich keine maßgebliche Grenze, wann von einem nicht erheblich belästigenden Gewerbebetrieb ausgegangen werden kann. Die Rechtsprechung lässt insoweit eine begrenzte Typisierung zu.[31] 28

Für all jene **Gewerbebetriebe**, deren Zulässigkeit in einem Verfahren nach den §§ 4 ff. BImSchG zu beurteilen ist, bilden die Verfahrensvorschriften des Immissionsschutzrechts den Ausgangspunkt für eine sachgerechte Konkretisierung des Begriffs „nicht erheblich belästigend".[32] In der Regel bestimmt die immissionsschutzrechtliche Einstufung bestimmter Anlagentypen und ihres typischen Gefährdungspotenzials den **Störgrad** der Anlage. Die im **förmlichen Verfahren** nach § 10 BImschG zu beurteilenden Anlagen (Spalte 1 des Anhangs zur 4. BImSchV, § 2 Abs. 1 der 4. BImSchV) dürften demzufolge wegen ihrer typischen Nachteile und Belästigungen in das Industriegebiet gehören. Dagegen ist das Gewerbegebiet der Standort für die dem **vereinfachten Verfahren** nach § 19 BImSchG unterliegenden Anlagen (Spalte 2 des Anhangs zu § 1 der 4. BImSchV).[33] 29

Vor diesem Hintergrund kann man für die Errichtung und den Betrieb von WEA festhalten, dass nach § 2 Abs. 1 S. 1 Nr. 2 der 4. BImSchV i. V. m. Anhang Nr. 1.6 Spalte 2 grundsätzlich das vereinfachte Genehmigungsverfahren nach § 19 BImSchG durchzuführen ist. Nur im Fall einer Pflicht zur **Umweltverträglichkeitsprüfung** (UVP) ist für die Errichtung und den Betrieb von WEA ein förmliches Genehmigungsverfahren obligatorisch. Eine Konkretisierung entsprechend der Verfahrensvorschriften des Immissionsschutzrechts hätte demnach zu Folge, dass WEA regelmäßig als „nicht erheblich belästigend" einzustufen wären. Hierbei bliebe aber unberücksichtigt, dass die Zuordnung der WEA zum jeweiligen Verfahren nach der 4. BImSchV entscheidend an die Frage anknüpft, ob für das entsprechende Vorhaben eine UVP durchzuführen ist oder nicht. 30

Unabhängig von der UVP-Pflicht und der verfahrensmäßigen Zuordnung sind WEA indessen regelmäßig zumindest mit nicht unerheblichen **Immissionsbelastungen**, wie Schattenwurf, Schall usw., verbunden. Sie stellen deshalb einen Sonderfall dar, der eine Abweichung von dem Grundsatz – bei einem vereinfachten Verfahren keine erhebliche Belästigung i. S. d. § 8 Abs. 1 BauNVO – erforderlich macht. Folglich kann die Typisierung entsprechend der Verfahrensvorschriften des Immissionsschutzrechts nicht uneingeschränkt gelten. Sie dient vielmehr nur als Anhaltspunkt, wobei letztlich entscheidend ist, welchen tatsächlichen **Störgrad** 31

---

[30] *Söfker*, in: Ernst/Zinkahn/Bielenberg/Krautzberger (Hrsg.), BauNVO, § 8 Rn. 10.
[31] BVerwG, Urt. v. 24.9.1992 – 7 C 7/92.
[32] *Stock*, in: König/Roeser/Stock (Hrsg.), BauNVO, 3. Aufl. 2014, § 8 Rn. 21.
[33] Zu den Verfahrensarten und zum Ablauf der Genehmigungsverfahren → Kap. 2 Rn. 5 ff., 17 ff.

die entsprechende Anlage aufweist. Infolgedessen sind WEA im Gewerbegebiet in der Regel bauplanungsrechtlich unzulässig. Somit werden WEA aufgrund ihres im Vergleich zu sonstigen Gewerbebetrieben größeren Störgrades und höheren Gefährdungspotenzials im Hinblick auf die Gebietstypik des **Gewerbegebiets** regelmäßig nicht in ein Gewerbegebiet gehören.

2. Zulässigkeit als Nebenanlage

32 Auch wenn die Errichtung und der Betrieb einer WEA im Gewerbegebiet als Hauptanlage unzulässig ist, bedeutet das im Umkehrschluss nicht zwangsläufig, dass die Errichtung und der Betrieb einer WEA dort bauplanungsrechtlich unzulässig ist. Vielmehr stellt sich dann häufig die weitere Frage, ob eine geplante WEA als **Nebenanlage** im Sinne des § 14 BauNVO zu qualifizieren und hinsichtlich der **Art der baulichen Nutzung** nach dieser Vorschrift zulässig ist. Dabei bietet § 14 BauNVO zwei verschiedene Möglichkeiten der Errichtung als Nebenanlagen:

> „(1) Außer den in den §§ 2 bis 13 genannten Anlagen sind auch untergeordnete Nebenanlagen und Einrichtungen zulässig, die dem Nutzungszweck der in dem Baugebiet gelegenen Grundstücke oder des Baugebiets selbst dienen und die seiner Eigenart nicht widersprechen. […]. Im Bebauungsplan kann die Zulässigkeit der Nebenanlagen und Einrichtungen eingeschränkt oder ausgeschlossen werden.
> (2) Die der Versorgung der Baugebiete mit Elektrizität, Gas, Wärme und Wasser sowie zur Ableitung von Abwasser dienenden Nebenanlagen können in den Baugebieten als Ausnahme zugelassen werden, auch soweit für sie im Bebauungsplan keine besonderen Flächen festgesetzt sind. Dies gilt auch für fernmeldetechnische Nebenanlagen sowie für Anlagen für erneuerbare Energien, soweit nicht Absatz 1 Satz 1 Anwendung findet."

a) Allgemein zulässige Nebenanlage, § 14 Abs. 1 BauNVO

33 So sind zum einen im Geltungsbereich eines Bebauungsplans unter bestimmten Voraussetzungen untergeordnete Nebenanlagen zulässig. Danach können WEA, die der Versorgung einer oder mehrerer baulicher Anlagen mit Energie dienen, hinsichtlich der Art der baulichen Nutzung als Nebenanlagen allgemein zulässig sein. Nach Absatz 1 gilt dies immer dann, wenn die entsprechende Anlage dem Nutzungszweck der in dem Baugebiet gelegenen Grundstücke oder des Baugebiets selbst dient (aa), sich räumlich und funktionell der Hauptanlage unterordnet (bb) und der Eigenart des Baugebiets nicht widerspricht (cc).

34 **aa) WEA dient dem Nutzungszweck des Baugebiets selbst.** Die WEA muss als Nebenanlage im Sinne des § 14 BauNVO dem Nutzungszweck der im **Baugebiet** gelegenen Grundstücke oder des Baugebiets selbst dienen. Diese Voraussetzung kann stets dann angenommen werden, wenn die Nebenanlage mit der Hauptanlage in einem sachlichen Zusammenhang steht, d. h., wenn sie den Nutzungszweck der Hauptanlage fördert.[34] Dabei liegt der Hauptanwendungsfall WEA als Nebenanlage in der Energieversorgung einzelner oder mehrerer Unternehmen in einem Gewerbe- oder Industriegebiet. Demnach ist der **Nutzungs- bzw. Funktionszusammenhang** zwischen der WEA als Nebenanlage und dem entsprechenden Gewerbebetrieb als Hauptanlage in der Regel unproblematisch. Für den Fall der Mitversorgung weiterer im Gewerbegebiet ansässiger Gewerbebetriebe ist wohl auch deren Gebäude Hauptanlage, dessen Nutzungszweck mittels Energieversorgung durch die WEA gefördert wird.

35 **bb) Räumlich-funktionelle Unterordnung.** Zudem verlangt § 14 Abs. 1 BauNVO, dass sich die Nebenanlage der Hauptnutzung *„unterordnet"*.

36 **(1) Räumliche Unterordnung gegenüber der Hauptanlage.** Die WEA als Nebenanlage muss sich gegenüber der Hauptanlage bzw. den Hauptanlagen jedenfalls räumlich-gegenständlich und damit optisch unterordnen. Diese räumlich-gegenständliche Unterordnung der WEA muss im konkreten Einzelfall geprüft werden. Nach Auffassung der höchstrichterlichen Rechtsprechung des BVerwG soll es an einer solchen optischen Unterordnung zwar erst dann fehlen,

---

[34] *Stock*, in: König/Roeser/Stock (Hrsg.), BauNVO, 3. Aufl. 2014, § 14 Rn. 10.

wenn die entsprechende Anlage wegen ihrer Abmessungen als der Hauptanlage gleichwertig erscheint oder diese gar optisch verdrängt, das heißt, wenn sie den Eindruck einer dienenden Funktion gegenüber der Hauptanlage gar nicht erst aufkommen lässt.[35] Moderne WEA weisen zwischenzeitlich häufig eine Gesamthöhe von ca. 200 m auf. Allein aus der schlichten Höhe der WEA wird deshalb häufig der falsche Schluss gezogen, eine räumliche Unterordnung der WEA könne nicht vorliegen. Dies verkennt jedoch, dass für die Frage der räumlichen Unterordnung maßgeblich die individuellen Relationen entscheidend sind und dadurch in erster Linie das bauliche Volumen relevant ist.[36] Mithin kann es für die räumlich-gegenständliche Unterordnung nicht allein auf die Höhe der zu betrachtenden baulichen Anlagen ankommen. Vielmehr sind in die Betrachtung der gesamte Baukörper der WEA und der Hauptanlage einzubeziehen und für die Frage der räumlich-gegenständlichen Unterordnung entscheidend auf den daraus resultierenden Gesamteindruck abzustellen. Hierbei ist insbesondere zu berücksichtigen, dass eine WEA gegenüber der betreffenden Hauptanlage in dem **Industriegebiet** regelmäßig eine größere Höhe aufweisen wird. Durch den schmalen Baukörper der WEA fällt indessen die durch die WEA überbaute Grundfläche im Verhältnis zu den meistens umfangreichen Flächenüberbauungen durch die baulichen Anlagen in einem Industriegebiet nicht ins Gewicht. Durch den schlanken Mast und die schmalen Rotorflügel wird die WEA im Verhältnis zu der betreffenden Hauptanlage in einem Industriegebiet zudem oft nur ein geringes bauliches Volumen aufweisen. Anhand eines Vergleichs der baulichen Volumen der WEA und der jeweils betreffenden Hauptanlage in einem Industriegebiet insgesamt kann daher sehr wohl im Ergebnis festzustellen sein, dass eine räumlich-gegenständliche Unterordnung der WEA gegeben ist. Freilich bedarf dies stets einer umfassenden Beurteilung des konkreten Einzelfalls unter Berücksichtigung seiner jeweiligen Besonderheiten.

(2) Funktionelle Unterordnung. Die geplante WEA müsste weiterhin dem Nutzungszweck der Hauptanlage zugeordnet sein und lediglich untergeordnete Bedeutung aufweisen, d. h., die Anlage muss – neben ihrem räumlich-gegenständlichen Bezug – in einer *„dienenden Funktion"* zur jeweiligen Hauptnutzung stehen. Eine derartige funktionelle Unterordnung setzt aber nicht voraus, dass die WEA im Eigentum des Inhabers der Hauptanlage steht[37]. Auch ist nach Rechtsprechung des OVG Lüneburg die Wahl des Standorts keine Frage des „Dienens", sondern stellt nur ein Indiz im Rahmen der tatrichterlichen Würdigung dar.[38] Stattdessen wird nach herrschender Rechtsprechung eine funktionelle Unterordnung nur für diejenigen Anlagen angenommen, die den überwiegenden Eigenbedarf der Hauptanlage decken sollen.[39] Dabei darf die Abgabe von Stromüberschüssen an Versorgungsunternehmen die dienende Funktion der Nebenanlage nicht aufheben – schließlich muss die WEA vorrangig dem **Eigenbedarf** dienen. Eine klare gesetzlich definierte Quotierung zwischen den Anteilen des Eigenbedarfs und der Einspeisung in das öffentliche Netz sucht man vergebens. Im Zusammenhang mit der Frage, ob eine WEA als dienende Nebenanlage eines landwirtschaftlichen Betriebs nach § 35 Abs. 1 Nr. 1 BauGB privilegiert ist, hat das OVG Lüneburg[40] verlangt, es müsse der deutlich überwiegende Teil des erzeugten Stroms der Deckung des Eigenbedarfs dienen. Für die dort zugrunde liegende **Eigenbedarfsquote** von ca. 60-70 % hat es dies bejaht. Umgekehrt sind jedenfalls Anlagen, die ausschließlich in das öffentliche Netz einspeisen, im Sinne des § 14 Abs. 1 BauNVO unzulässig. Auch in jüngster Rechtsprechung hat das OVG Lüneburg[41] eine Eigenbedarfsquote von zwei Dritteln der gewonnenen Energie erneut bestätigt:

„Bei einem solchen Verhältnis ist unstreitig von einem weit bzw. deutlich überwiegenden Anteil in dem genannten Sinne auszugehen."

---

[35] BVerwGE, 67, 23 (26).
[36] *BVerwG,* Urt. v. 18.2.1983 – 4 C 10/82.
[37] *Söfker,* in: Ernst/Zinkahn/Bielenberg/Krautzberger (Hrsg.), BauGB, § 35 Rn. 6.
[38] *OVG Lüneburg,* Urt. v. 29.10.2015 – 12 LC 73/15.
[39] BVerwGE, 67, 23 (26).
[40] *OVG Lüneburg,* Urt. v. 29.4.2008 – 12 LB 48/67.
[41] *OVG Lüneburg,* Urt. v. 29.10.2015 – 12 LC 73/15.

38 **cc) WEA entspricht der Eigenart des Baugebiets.** Abschließend dürfen WEA nicht der **Eigenart des Baugebiets** widersprechen. Das Erfordernis bezieht sich dabei sowohl auf die allgemeine Zweckbestimmung des festgesetzten Baugebiets als auch auf die konkrete Eigenart in tatsächlicher Hinsicht.[42]

b) Zulässigkeit als Anlage i. S. v. § 14 Abs. 2 S. 2 BauNVO

39 Folgt man § 14 Abs. 2 BauNVO, so können in den Baugebieten auch ausnahmsweise Vorhaben zugelassen werden, für die im Bebauungsplan keine besonderen Flächen festgesetzt sind. Ausweislich des Wortlauts fallen hierunter auch Anlagen für erneuerbare Energien. Folglich kommt dieser Ausnahmetatbestand für die Errichtung und den Betrieb einer WEA ebenfalls in Betracht. Für den Fall, dass eine Zulässigkeit gemäß § 14 Abs. 1 BauNVO festgestellt wurde, bedarf es keines Rückgriffs mehr auf Abs. 2. Voraussetzung für die Erteilung einer Ausnahme nach § 14 Abs. 2 S. 2 BauNVO durch die Genehmigungsbehörde ist, dass die Anlage für erneuerbare Energien, das heißt die WEA, der **Versorgung des Baugebiets** oder mehrerer Baugebiete der Gemeinde dient.[43] Folglich sind einerseits Anlagen, die (nahezu) ausschließlich in das öffentliche Netz einspeisen, jedenfalls nicht von § 14 Abs. 2 S. 2 BauNVO erfasst.

40 Andererseits verlangt Absatz 2 im Gegensatz zu § 14 Abs. 1 BauNVO, dass die WEA allein die Versorgung des Baugebiets per se bezweckt, nicht hingegen die private Versorgung einzelner Baugrundstücke.[44] Versorgt die WEA nur *bestimmte* Grundstücke mit Energie, so ist sie zwar nicht nach Absatz 2 zulässig, freilich aber – unter den genannten Voraussetzungen (→ Kap. 1 Rn. 32 ff.) – nach Absatz 1.

3. Sicherungsinstrumente der Bauleitplanung

41 Um die **Bauleitplanung** der kommunalen Planungsträger vor tatsächlichen Veränderungen während eines laufenden Planverfahrens zu sichern, ermöglicht der Gesetzgeber den betroffenen Gemeinden – im Fall eines in Aufstellung befindlichen Bebauungsplans –, eine **Veränderungssperre** im Sinne des § 14 BauGB (a) zu beschließen oder bei der Genehmigungsbehörde eine Aussetzung bezüglich der Entscheidung über die Zulässigkeit des Vorhabens – eine sog. **Zurückstellung** – im Sinne des § 15 BauGB (b) zu beantragen. Entscheidende Unterschiede zwischen einer Veränderungssperre nach § 14 BauGB und einer Zurückstellung nach § 15 BauGB sind die unterschiedliche Rechtsnatur, die differenten Rechtswirkungen und auch die inhaltliche und zeitliche Reichweite.

a) Veränderungssperre gemäß § 14 BauGB

42 Zweck einer **Veränderungssperre** ist, die beabsichtigten bauplanerischen Festsetzungen im Zeitraum der Aufstellung, Änderung oder Aufhebung von Bebauungsplänen in der Weise zu sichern, dass während der Aufstellung eines Bebauungsplans im beabsichtigten Plangebiet keine baulichen bzw. auch keine sonstigen erheblichen oder wesentlich wertsteigernden Veränderungen erfolgen dürfen, die die Verwirklichung der laufenden Bebauungsplanung vereiteln oder erschweren würden. So regelt § 14 Abs. 1 BauGB:

> „(1) Ist ein Beschluss über die Aufstellung eines Bebauungsplans gefasst, kann die Gemeinde zur Sicherung der Planung für den künftigen Planbereich eine Veränderungssperre mit dem Inhalt beschließen, dass
> 1. Vorhaben im Sinne des § 29 nicht durchgeführt oder bauliche Anlagen nicht beseitigt werden dürfen;
> 2. erhebliche oder wesentlich wertsteigernde Veränderungen von Grundstücken und baulichen Anlagen, deren Veränderungen nicht genehmigungs-, zustimmungs- oder anzeigepflichtig sind, nicht vorgenommen werden dürfen."

---

[42] *Stock*, in: König/Roeser/Stock (Hrsg.), BauNVO, 2. Aufl. 2003, § 14 Rn. 15.
[43] *VGH Mannheim*, NVwZ 1999, 548.
[44] *Stock*, in: Ernst/Zinkahn/Bielenberg/Krautzberger (Hrsg.), BauNVO, § 14 Rn. 30.

Demnach setzt der Erlass einer Veränderungssperre materiell voraus, dass das zuständige Organ innerhalb der Gemeinde einen Beschluss über die Aufstellung eines Bebauungsplans gefasst hat, dieser Aufstellungsbeschluss ortsüblich bekannt gemacht wurde, die Planung ein nachweisliches Mindestmaß an Konkretisierung aufweist und die beschlossene Veränderungssperre zur Sicherung der Planung erforderlich ist.

aa) Planaufstellungsbeschluss. Zunächst muss nach § 14 Abs. 1 BauGB ein Beschluss über die Aufstellung, Änderung oder Ergänzung eines qualifizierten oder einfachen Bebauungsplans gefasst werden. Dabei entfaltet der Beschluss grundsätzlich keine unmittelbare Rechtswirkung, sondern ist lediglich die gesetzliche Voraussetzung für den Erlass der Veränderungssperre.[45] So ergibt sich schon aus dem Wortlaut des § 14 Abs. 1 BauGB, dass der Aufstellungsbeschluss die materiell-rechtliche Voraussetzung für die Wirksamkeit der Veränderungssperre darstellt.

Die formellen Voraussetzungen für den Aufstellungsbeschluss finden ihre Grundlage im verfassungsrechtlich garantierten Rechtsstaatprinzip und in den jeweiligen Kommunal- bzw. Gemeindeordnungen. Zu beachten ist, dass der notwendige **Aufstellungsbeschluss** seinerseits aber erst durch eine ordnungsgemäße Bekanntmachung wirksam wird. Über den konkreten Zeitpunkt der Bekanntmachung schweigt sich das Gesetz aus. Da der Aufstellungsbeschluss im Zeitpunkt des wirksamen Erlasses der Veränderungssperre als materielle Voraussetzung bereits wirksam vorliegen muss, hat die **Bekanntmachung** des Aufstellungsbeschlusses spätestens mit der Bekanntmachung der Veränderungssperre zu erfolgen.[46] Zudem besteht nach den Hauptsatzungen der Gemeinden häufig die Möglichkeit der sog. *Ersatzbekanntmachung*. Als Folge dessen sind Pläne, Karten und Zeichnungen, die Bestandteil des Aufstellungsbeschlusses sind, oftmals so dimensioniert, dass sie schlicht nicht in den Amtsblättern abgedruckt werden können. Sie werden deshalb für eine Frist – in der Regel vier Wochen – zur Einsichtnahme im Rathaus oder der Gemeindeverwaltung ausgelegt.

bb) Mindestmaß an Konkretisierung bei Erlass der Veränderungssperre. Wie bereits zu Beginn ausgeführt, begründet die Veränderungssperre ein zeitlich beschränktes Bauverbot. Hinsichtlich der damit verbundenen erheblichen Belastungen genügt zur Rechtfertigung einer Veränderungssperre nicht der dargelegte rein formelle Beschluss, einen Bebauungsplan aufzustellen.[47] Die Veränderungssperre kann die ihr zugedachte Sicherungsfunktion per se nur dann rechtmäßig erfüllen, wenn die beabsichtigte Planung bereits so deutliche Umrisse aufweist, dass sie als Maßstab zur Beurteilung eventuell entgegenstehender Vorhaben dient. Um Genehmigungsentscheidungen steuern zu können, muss die Planung zum Zeitpunkt der Beschlussfassung über die Satzung bereits einen Stand erreicht haben, der ein Mindestmaß des Inhalts der beabsichtigten Planung erkennen lässt.[48] Weiter führt das BVerwG[49] in seinem Beschluss vom 10.10.2007 aus:

BVerwG, Beschl. v. 10.10.2007 – 4 BN 36.07
„Danach ist es erforderlich, aber auch ausreichend, dass die Gemeinde im Zeitpunkt des Erlasses der Veränderungssperre bereits positive Vorstellungen über den Inhalt des Bebauungsplans entwickelt hat. Dazu gehören insbesondere Vorstellungen über die angestrebte Art der baulichen Nutzung der betroffenen Grundflächen. Eine Negativplanung, die sich darin erschöpft, einzelne Vorhaben auszuschließen, reicht nicht aus."

Demnach ist die Planung hinreichend konkretisiert, wenn anhand der beabsichtigten planerischen Gestaltungsvorstellungen nach § 14 Abs. 2 S. 1 BauGB beurteilt werden kann, ob ein konkretes Vorhaben die Planung in erheblicher Weise stören oder erschweren kann.[50] Sollte die Gemeinde im Zeitpunkt des Erlasses der Veränderungssperre noch keine positiven Vorstellungen über den Inhalt haben, so scheidet eine nachträgliche Heilung aus. Problematisch erscheint

---

[45] *Stock*, in: Ernst/Zinkahn/Bielenberg/Krautzberger (Hrsg.), BauGB, § 14 Rn. 32.
[46] *VGH München*, BayVBl. 2000, 598.
[47] *Stock*, in: Ernst/Zinkahn/Bielenberg/Krautzberger (Hrsg.), BauGB, § 14 Rn. 43.
[48] *BVerwG*, Beschl. v. 10.10.2007 – 4 BN 36.07.
[49] *BVerwG*, Beschl. v. 10.10.2007 – 4 BN 36.07.
[50] BVerwGE 120, 138 (148).

ein **Mindestmaß hinreichender Konkretisierung** trotz der vorgenannten Rechtsprechung des BVerwG, wenn es die Gemeinde auch in dem Fall bei der Aussage zu der geplanten Art der baulichen Nutzung, z. B. „Sondergebiet Windenergienutzung" belässt, obwohl die entsprechende Fläche bereits im Rahmen der Regionalplanung als Vorranggebiet für Windenergienutzung ausgewiesen ist.

48 **cc) Sicherungsbedürfnis.** Darüber hinaus muss die Veränderungssperre zur Sicherung der Planung für den zukünftigen Planbereich beschlossen werden. Ausweislich des Wortlauts des Gesetzes wird hiermit eine weitere materielle Voraussetzung für den Erlass einer Veränderungssperre festgelegt. Diese muss demnach mit ihrem räumlichen Umfang und ihrem sachlichen Inhalt erforderlich sein.[51] Hierfür reicht aber bereits eine abstrakte Gefährdung aus, also eine nicht ganz entfernt liegende Möglichkeit, dass Veränderungen, die die Planungsabsichten beeinträchtigen können und die in § 14 Abs. 1 BauGB genannt sind, eintreten können.

49 **dd) Formelle Anforderungen.** Das Gesetz formuliert deutlich formelle Anforderungen an die Veränderungssperre. So normiert § 16 Abs. 1 BauGB:

> „(1) Die Veränderungssperre wird von der Gemeinde als Satzung beschlossen."

Demnach ist es entscheidend, dass die Veränderungssperre nach ihrem Inhalt und ihren Rechtswirkungen als Rechtsnorm anzusehen ist. Die Zuständigkeit für den Satzungsbeschluss richtet sich nach den entsprechenden Gemeindeordnungen und liegt regelmäßig beim Gemeinderat.[52] Überdies normiert § 16 Abs. 2 BauGB:

> „(2) Die Gemeinde hat die Veränderungssperre ortsüblich bekannt zu machen. Sie kann auch ortsüblich bekanntmachen, dass eine Veränderungssperre beschlossen worden ist; § 10 Abs. 3 Satz 2 bis 5 ist entsprechend anzuwenden."

Grundsätzlich kann festgehalten werden, dass die Gemeinde zur Verkündung der beschlossenen Veränderungssperre verpflichtet ist. Für den Fall der ortsüblichen **Bekanntmachung** im Sinne des § 16 Abs. 2 S. 1 BauGB besteht die Veränderungssperre entweder ausschließlich aus einem Text, oder sie enthält einen Text samt zugehöriger Karte. Wird die Veränderungssperre im Sinne des § 16 Abs. 2 S. 1 BauGB verkündet, so tritt ihre Wirkung nach dem in ihr bestimmten Zeitpunkt in Kraft. Anderseits kann auch der Weg der Ersatzverkündung gewählt werden, § 16 Abs. 2 S. 2 BauGB. In diesem Falle wird durch die Gemeinde nicht der Satzungstext selbst bekanntgemacht, sondern es geht lediglich um die Information, dass überhaupt eine Veränderungssperre beschlossen wurde. Wichtig ist in diesem Zusammenhang aber der Verweis des § 16 Abs. 2 S. 2 BauGB insbesondere auf § 10 Abs. 3 S. 3 BauGB. Danach muss die Gemeinde im Fall einer **Ersatzverkündung** in der Bekanntmachung des Beschlusses über die Veränderungssperre hinreichend bestimmt darauf hinweisen, wo die Satzungsurkunde der Veränderungssperre eingesehen werden kann.

50 **ee) Mögliche Angriffspunkte gegen Veränderungssperren.** Der Erlass von Veränderungssperren ist oftmals auch mit einer Vielzahl von möglichen Angriffspunkten für die (potenziellen) Betreiber von WEA verbunden. So kann es beispielsweise sein, dass die gesetzmäßige Reihenfolge von Aufstellungsbeschluss und Veränderungssperre nicht eingehalten wird. Überdies besteht die Gefahr der fehlerhaften ortsüblichen Bekanntmachung der Veränderungssperre oder auch des Aufstellungsbeschlusses für den Bebauungsplan. Hierbei ist von besonderer Bedeutung, dass die **Bekanntmachung** des Aufstellungsbeschlusses bzw. der Veränderungssperre den Grundsätzen der **Bestimmtheit** gerecht werden muss. Diese ist beispielsweise dann nicht gegeben, wenn sich die Veränderungssperre auf sog. „Teilflurstücke" bezieht und dieser Mangel auch nicht durch zeichnerische Darstellungen überwunden wurde. Denn der Eigentümer des betreffenden Grundstücks muss erkennen können, ob und inwieweit sein(e) Grundstück(e) von

---

[51] *Stock*, in: Ernst/Zinkahn/Bielenberg/Krautzberger (Hrsg.), BauGB, § 14 Rn. 62.
[52] In Sachsen z. B. § 52 Abs. 1 SächsGemO.

der Veränderungssperre betroffen sind. Überdies mangelt es an der Bestimmtheit, wenn die im Amtsblatt abgedruckte oder in der Gemeinde ausgehängte textliche oder zeichnerische Fassung der Veränderungssperre nicht lesbar ist, z. B. hinsichtlich der Flurstücksnummer. Ebenso fehlt es an einer ausreichenden Bestimmtheit, wenn der Karte, dem Plan oder der Zeichnung der genaue Grenzverlauf nicht entnommen werden kann. Auch im Rahmen einer möglichen **Ersatzbekanntmachung** treten immer häufiger Fehler auf. Das ist etwa dann der Fall, wenn keine Angaben darüber gemacht werden, wann eine Einsichtnahme möglich ist, wenn kalendarische Angaben zum Zeitraum der Auslegung fehlen oder wenn Ortsangaben fehlen bzw. unvollständig sind. Ebenso handelt es sich um eine fehlerhafte Ersatzbekanntmachung, wenn das zur Auslegung angekündigte Dokument von dem tatsächlich ausgelegten Dokument abweicht.

ff) Rechtsfolge einer Veränderungssperre. Wie bereits aus dem Wortlaut des § 14 Abs. 1 BauGB hervorgeht, unterliegen Vorhaben im Sinne des § 29 BauGB, bauliche Anlagen als auch erhebliche oder wesentlich wertsteigernde Veränderungen von Grundstücken und baulichen Anlagen, die von der Veränderungssperre erfasst sind, einem Bauverbot. Sollten sie trotz der Sperre vorgenommen werden, sind sie materiell rechtswidrig, weil die bestehenden Zulässigkeitsvorschriften befristet außer Kraft gesetzt werden, solange das entsprechende Bauverbot im Einzelfall nicht durch Erteilung einer Ausnahme überwunden wird. Dementsprechend ist zu betonen, dass die Veränderungssperre einen Ablehnungsgrund für den Antrag darstellt und nicht nur die Aussetzung des Verfahrens nach sich zieht.[53] Ein Antrag auf Erteilung einer Baugenehmigung oder einer sonstigen Gestattung darf erst positiv beschieden werden, wenn die Sperre durch Zulassung einer Ausnahme ausgeräumt worden ist.[54]

gg) Ausnahmen gemäß § 14 Abs. 2 BauGB. Das Baugesetzbuch lässt Ausnahmen von der Veränderungssperre unter den in § 14 Abs. 2 BauGB genannten Voraussetzungen zu:

> „(2) Wenn überwiegende öffentliche Belange nicht entgegenstehen, kann von der Veränderungssperre eine Ausnahme zugelassen werden. Die Entscheidung über Ausnahmen trifft die Baugenehmigungsbehörde im Einvernehmen mit der Gemeinde."

Demnach kann die entscheidungsberechtigte Behörde im Einvernehmen mit der Gemeinde eine Ausnahme von der Veränderungssperre zulassen, wenn überwiegende öffentliche Belange nicht entgegenstehen. Dabei setzt § 14 Abs. 2 BauGB voraus, dass die Sperre per se weiterhin gerechtfertigt ist und auch noch nicht aufgehoben werden kann, weil auch in Zukunft den künftigen Festsetzungen widersprechende Vorhaben, die nach dem geltenden Recht zulässig wären, verhindert werden müssen und eine abstrakte Gefahr weiterhin zu bejahen ist, dass derartige Anträge auf Verwirklichung solcher Vorhaben gestellt werden.[55]

Die für die Ausnahme notwendigen öffentlichen Belange können nur diejenigen planungsrechtlichen Gründe sein, welche den Erlass der Veränderungssperre legitimiert haben, mithin also die Sicherung der Planung. Ob öffentliche Belange überwiegen, ist mit Hilfe einer Abwägung der mit der Sicherung verfolgten Ziele einerseits und der berührten privaten und sonstigen öffentlichen Belange festzustellen.[56] Grundsätzlich muss wohl davon ausgegangen werden, dass das **Sicherungsbedürfnis** überwiegend berührt ist, wenn es nicht gänzlich ausgeschlossen ist, dass das Vorhaben die Planung erschweren könnte. Der Sicherungszweck steht der Zulassung eines Vorhabens immer dann entgegen, wenn in Anlehnung an den Maßstab des § 15 Abs. 1 S. 1 BauGB zu befürchten steht, dass die Durchführung der Planung durch das entsprechende Vorhaben unmöglich gemacht oder wesentlich erschwert werden würde.[57] Kommt man im Rahmen der Prüfung der Zulässigkeit der Ausnahme zu dem Ergebnis, dass der Ausnahme

---

[53] Anders bei der Zurückstellung i. S. d. § 15 BauGB (→ Kap. 1 Rn. 56 ff.).
[54] *Stock*, in: Ernst/Zinkahn/Bielenberg/Krautzberger (Hrsg.), BauGB, § 14 Rn. 85.
[55] *Stock*, in: Ernst/Zinkahn/Bielenberg/Krautzberger (Hrsg.), BauGB, § 14 Rn. 88.
[56] *Lemmel*, in: Berliner Kommentar BauGB, § 14 Rn. 31.
[57] *BVerwG*, ZfBR 1989, 171; *Mitschang*, in: Battis/Krautzberger/Löhr (Hrsg.), BauGB, 13. Aufl., § 15 Rn. 3; dazu auch: → Kap. 1 Rn. 56 ff.

keine öffentlichen Belange entgegenstehen, dann *kann* diese zugelassen werden. Folglich handelt es sich um eine Ermessensentscheidung, die bei der Prüfung mit einbezogen werden muss.

54 **hh) Freistellungen.** In der beratenden Praxis wird man häufig mit Fragen bezüglich einer möglichen **Freistellung** konfrontiert. Diesbezüglich führt § 14 Abs. 3 BauGB aus:

> „(3) Vorhaben, die vor dem Inkrafttreten der Veränderungssperre baurechtlich genehmigt worden sind, Vorhaben, von denen die Gemeinde nach Maßgabe des Bauordnungsrechts Kenntnis erlangt hat und mit deren Ausführung vor dem Inkrafttreten der Veränderungssperre hätte begonnen werden dürfen, sowie Unterhaltungsarbeiten und die Fortführung einer bisher ausgeübten Nutzung werden von der Veränderungssperre nicht berührt."

Nach dem Wortlaut spricht § 14 Abs. 3 BauGB die Planänderungsfestigkeit nur für baurechtliche Genehmigungen eines Vorhabens aus. Unter *„baurechtlich genehmigt"* im Sinne der Vorschrift des § 14 Abs. 3 BauGB sind aber alle Genehmigungen zu verstehen, die eine abschließende Prüfung der bodenrechtlichen Vorschriften beinhalten. Damit gilt die Planänderungsfestigkeit auch für die immissionsschutzrechtliche Genehmigung, die aufgrund ihrer Konzentrationswirkung des § 13 BImSchG die Erteilung einer Baugenehmigung[58] einschließt.

55 Schwieriger ist in diesem Zusammenhang die **Änderungsfestigkeit eines (bau- oder immissionsschutzrechtlichen) Vorbescheids** gegen eine nachträglich erlassene Veränderungssperre zu beurteilen. Dabei ist grundsätzlich unstreitig, dass die Planänderungsfestigkeit des Vorbescheids so lange ihre Bindungswirkung – trotz geänderter Rechtsvorschriften – behält, wie der Bescheid nicht aufgehoben, widerrufen oder zurückgenommen ist. Allerdings wird dies, da § 14 Abs. 3 BauGB einen *„baurechtlich genehmigten"* Stand verlangt, nur unter der Voraussetzung gelten können, dass der Vorbescheid als sog. *„Bebauungsgenehmigung"* die gesamte bauplanungsrechtliche Zulässigkeit zum Gegenstand hat; die bauplanungsrechtliche Zulässigkeit des Vorhabens also uneingeschränkt und in diesem Sinne abschließend feststellt.[59] Hieraus lässt sich schließen, dass das gesamte Bauplanungsrecht zum Gegenstand des (immissionsschutzrechtlichen) Vorbescheids zu machen ist, wenn die Änderungsfestigkeit gegen die Veränderungssperre und den sich ändernden Bebauungsplan erreicht werden soll. Werden hingegen bestimmte Teilfragen des Bauplanungsrechts von der Voranfrage ausgenommen, genießt der Vorbescheid keine Änderungsfestigkeit gegenüber einer nachträglichen Veränderungssperre. Ist hingegen die Planänderungsfestigkeit eines Vorbescheids zu bejahen, erstreckt sich diese nach Auffassung des BVerwG auch auf den nachträglichen Bebauungsplan.[60] Zusammenfassend kann demnach festgehalten werden, dass es zunächst um die Frage geht, welche Art von Vorbescheiden sich gegen nachträgliche Veränderungssperren durchsetzen kann und anschließend um die Frage, ob sich die Durchsetzung auch auf die nachträglich geänderten Bebauungspläne selbst erstreckt.

b) Zurückstellung von Baugesuchen

56 Wie bereits ausführlich dargelegt, schützt die Veränderungssperre im Sinne des § 14 BauGB nur künftige Bebauungspläne. Daneben stellt das BauGB den Gemeinden sowohl zum Schutz künftiger Bebauungspläne als auch in engen Grenzen für Flächennutzungspläne die Möglichkeit der **Zurückstellung** von Baugesuchen im Sinne des § 15 BauGB zur Verfügung. Anders als bei der Veränderungssperre handelt es sich bei der Zurückstellung nicht um ein materiell-rechtliches Bauverbot bestimmter Vorhaben.[61] Vielmehr gestattet § 15 BauGB die Zurückstellung von Baugesuchen im Einzelfall. Dabei ist § 15 BauGB eine Vorschrift des formellen Baurechts. Sie enthält keine Regelungen über die materiell-rechtliche Zulässigkeit des Vorhabens, sondern versetzt die Gemeinden aus bodenrechtlichen Gründen – dem Vorliegen der Voraussetzungen für den Erlass einer Veränderungssperre – in die Lage, bestimmte Verfahrensentscheidungen

---

[58] *Stock*, in: Ernst/Zinkahn/Bielenberg/Krautzberger (Hrsg.), BauGB, § 14 Rn. 109a.
[59] *BVerwG*, Urt. v. 13.10.2007 – 4 C 9/07; *VGH München*, Beschl. v. 29.11.1999 – 1 B 97.3762.
[60] *BVerwG*, Urt. v. 3.2.1984 – 4 C 39/82.
[61] *Leroux, Sittig*, BauR 2016, 595 (595).

zu erwirken.[62] Entgegen der Veränderungssperre, welche als Satzung beschlossen wird, werden die Zurückstellung sowie die vorläufige Untersagung durch den Erlass eines Verwaltungsaktes bewirkt, durch den entsprechend des Einzelfalls entweder die **Aussetzung** eines geführten bauaufsichtlichen Verfahrens oder aber die vorläufige Untersagung des Vorhabens angeordnet wird.[63]

Wie bereits im Rahmen der Veränderungssperre dargelegt (→ Kap. 1 Rn. 42 ff.), so gilt auch für die Zurückstellung nach § 15 BauGB, dass die Vorschrift jedenfalls entsprechend auf Genehmigungen nach anderen Normen, die die Baugenehmigung aufgrund ihrer Konzentrationswirkung einschließen, anzuwenden ist.[64] Sie findet daher insbesondere auch Anwendung auf die für WEA relevanten immissionsschutzrechtlichen Genehmigungsverfahren. 57

aa) § 15 Absatz 1 BauGB – Sicherung eines Bebauungsplans

(1) Voraussetzung zum Vorliegen der Veränderungssperre. § 15 Abs. 1 BauGB normiert: 58

> „Wird eine Veränderungssperre nach § 14 nicht beschlossen, obwohl die Voraussetzungen gegeben sind, oder ist eine beschlossene Veränderungssperre noch nicht in Kraft getreten, hat die Baugenehmigungsbehörde auf Antrag der Gemeinde die Entscheidung über die Zulässigkeit von Vorhaben im Einzelfall für einen Zeitraum bis zu zwölf Monaten auszusetzen, wenn zu befürchten ist, dass die Durchführung der Planung durch das Vorhaben unmöglich gemacht oder wesentlich erschwert werden würde. Wird kein Baugenehmigungsverfahren durchgeführt, wird auf Antrag der Gemeinde an die Stelle der Aussetzung der Entscheidung über die Zulässigkeit eine vorläufige Untersagung innerhalb einer durch Landesrecht festgesetzten Frist ausgesprochen. Die vorläufige Untersagung steht der Zurückstellung nach Satz 1 gleich."

Ausweislich des Gesetzestextes ist § 15 Abs. 1 BauGB nur anwendbar, wenn die materiellen Voraussetzungen einer Veränderungssperre vorliegen, die Gemeinde eine solche Sperre aber bisher nicht erlassen hat oder nicht erlassen wird. Insoweit kann auf die vorstehenden Ausführungen zu den materiellen Voraussetzungen einer Veränderungssperre Bezug genommen werden (→ Kap. 1 Rn. 42 ff.). Grundsätzlich darf die Zurückstellung nach § 15 BauGB auch während des Zeitraums zwischen dem Satzungsbeschluss einer Veränderungssperre und deren Inkrafttreten verabschiedet werden. Hintergrund dessen ist, dass die Sperre erst wirksam wird, wenn die Satzung bekanntgemacht ist. Würde man in der Zeit zwischen dem Satzungsbeschluss und dem Eintritt der Rechtsverbindlichkeit die Zulässigkeit von Zurückstellungen verneinen, würde die Intention der Planungssicherheit des Gesetzgebers gerade für diesen Zeitraum nicht ausreichend gewährleistet werden.[65] Sind lediglich die Voraussetzungen einer Veränderungssperre erfüllt, ohne dass eine entsprechende Satzung über eine Veränderungssperre erlassen wurde, treten die Rechtswirkungen der Veränderungssperre nicht ein.[66] Dies gilt auch immer dann, wenn zuvor eine Zurückstellung verfügt worden war, die zwischenzeitlich jedoch abgelaufen ist.[67]

(2) Weitere materielle Voraussetzungen. Die Zurückstellung dient – wie die Veränderungssperre – ganz grundsätzlich der Sicherung der Bauleitplanung. In materieller Hinsicht ist die Zurückstellung dann zulässig, *„wenn zu befürchten ist, dass die Durchführung der Planung durch das Vorhaben unmöglich gemacht oder wesentlich erschwert werden würde."* Diese Formulierungen sind unbestimmte Rechtsbegriffe, deren Anwendung uneingeschränkt der verwaltungsgerichtlichen Kontrolle unterliegen und die deshalb der zuständigen Verwaltungsbehörde keinen eigenen Beurteilungsspielraum zugestehen.[68] Maßgeblich für die Frage der Planungskonzeption der Gemeinde und den Stand der Planungsarbeiten ist, ob die **konkreten Planungsabsichten** der 59

---

[62] *Stock,* in: Ernst/Zinkahn/Bielenberg/Krautzberger (Hrsg.), BauGB, § 15 Rn. 1.
[63] *Stock,* in: Ernst/Zinkahn/Bielenberg/Krautzberger (Hrsg.), BauGB, § 15 Rn. 1.
[64] OVG Münster, Urt. v. 10.2.2010 – 8 B 1652/09. AK, NVwZ-RR 2010, 475.
[65] *Stock,* in: Ernst/Zinkahn/Bielenberg/Krautzberger (Hrsg.), BauGB, § 15 Rn. 25.
[66] *Stock,* in: Ernst/Zinkahn/Bielenberg/Krautzberger (Hrsg.), BauGB, § 15 Rn. 27.
[67] VGH Mannheim, Beschl. v. 28.1.1991 – 8 S 2238/90; VBlBW 1991, 260.
[68] *Lemmel,* in: Berliner Kommentar BauGB, § 15 Rn. 6.

Gemeinde überhaupt rechtlich und tatsächlich verwirklicht werden können.[69] Soweit legitimerweise die in Aussicht genommenen Festsetzungen Inhalt eines Bebauungsplans sein können, ist eine Zurückstellung zulässig.[70]

Der vom Gesetzgeber verwendete Begriff *befürchten* deutet darauf hin, dass die Umsetzung des Vorhabens die Durchführung der Planung unmöglich mache oder wesentlich erschweren würde. Dabei gilt es sich stets zu vergegenwärtigen, dass eine bloße Vermutung zur Begründung einer Zurückstellung nicht ausreichend ist, andererseits eine abschließende Prüfung des Vorhabens mit dem Ergebnis endgültiger Sicherheit zu weit gegriffen wäre. Richtigerweise gilt es in diesen Fällen den Mittelweg zu beschreiten, nämlich **konkrete** Anhaltspunkte zu fordern, welche die Befürchtung belegen, dass die Umsetzung des geplanten Vorhabens eben jene Wirkung haben kann, die gerade durch den Beschluss der Zurückstellung verhindert werden soll. Können solche Bedenken nicht in entsprechender Form dargelegt werden, muss das Bedürfnis nach einer Zurückstellung des Baugesuchs verneint werden.

Beispiel zum Sicherungsbedürfnis:
Der Projektentwickler Neue-WEA GmbH plant die Errichtung und den Betrieb von fünf neuen WEA mit einer Nabenhöhe von 135 m und einer Leistung von 3,5 MW in einem regionalplanerischen Vorranggebiet für Windenergienutzung. Die Gemeinde XY sieht hierdurch ihre Planungsabsichten gefährdet, da sie innerhalb des regionalplanerischen Vorranggebietes einen Bebauungsplan aufstellen wolle. Sie beantragt bei der zuständigen Genehmigungsbehörde die zeitweilige Zurückstellung des Vorhabens. Weitere Angaben zu ihren Planungsvorstellungen macht die Gemeinde nicht.

Das vorstehende Beispiel macht deutlich, dass das Vorbringen der Gemeinde XY kein konkretes Sicherungsbedürfnis auslöst und dass sie die Anforderung an den erhöhten Vortrag im Vergleich zur Veränderungssperre nicht erfüllt.

60 **(3) Formelle Voraussetzung: Aussetzungsantrag der Gemeinde.** Als formelle Voraussetzung einer Zurückstellung im Sinne des § 15 BauGB muss der zwingend erforderliche Antrag der Gemeinde angesehen werden. Dieses Erfordernis ist nur dann unbeachtlich, wenn die Gemeinde zugleich Genehmigungsbehörde ist.[71] Dabei ist die jeweilige Genehmigungsbehörde nicht berechtigt, die Entscheidung über einen Antrag auf Genehmigung von Amtswegen zurückzustellen, und zwar auch dann nicht, wenn sie ein Bedürfnis für die Sicherung der gemeindlichen Planungsabsichten für gegeben erachtet.[72] Das Antragsrecht der Gemeinde ist Ausfluss der im Sinne des Art. 28 GG verfassungsrechtlich gewährleisteten Planungshoheit, zu der auch der Schutz der Planung zählt. Überdies gilt es sich zu vergegenwärtigen, dass der erforderliche Antrag der Gemeinde stets nur für den konkreten Einzelfall und nicht abstrakt generell gestellt werden kann. Demnach entspricht bei Vorliegen der materiellen Voraussetzungen das Antragsrecht der Gemeinde dem subjektiv-öffentlichen Recht auf Zurückstellung. Mit diesem Antragsrecht geht jedoch keine Befreiung der Genehmigungsbehörde einher, selbst die Voraussetzungen sowohl in rechtlicher als auch tatsächlicher Hinsicht zu prüfen, denn letztlich entscheidet die Genehmigungsbehörde abschließend über die Zulässigkeit des Zurückstellungsantrags.

61 Liegen die Voraussetzungen für eine Zurückstellung vor, dann ist die **Genehmigungsbehörde** verpflichtet, die Entscheidung hinsichtlich der Zulässigkeit des geplanten Vorhabens zurückzustellen. Der Genehmigungsbehörde steht kein Ermessensspielraum zu. Denn bei der Aussetzung der Entscheidung handelt es sich um eine gebundene Entscheidung, sodass es eine Pflicht zur Zurückstellung des Antrags gibt.[73] Für den Fall, dass die Genehmigungsbehörde den gestellten Antrag auf Genehmigung bezüglich des Vorhabens zunächst aus bauplanungsrechtlichen Gründen abgelehnt hat, ist es ihr unbenommen, auf Grund eines später eingegangenen An-

---

[69] *BVerwG*, Beschl. v. 17.9.1987 – 4 B 185.87.
[70] *Stock*, in: Ernst/Zinkahn/Bielenberg/Krautzberger (Hrsg.), BauGB, § 15 Rn. 30.
[71] *Hornmann*, in: Spannowsky/Uechtritz (Hrsg.), BeckOK BauGB, § 15 Rn. 19.
[72] *Stock*, in: Ernst/Zinkahn/Bielenberg/Krautzberger (Hrsg.), BauGB, § 15 Rn. 33.
[73] *VGH Kassel*, Beschl. v. 10.7.2009 – 4 B 426/09.

trags auf Zurückstellung die Ablehnung durch die Zurückstellung zu ersetzen.[74] Abschließend gilt es zu beachten, dass für den Fall, dass das Vorhaben bauordnungsrechtlichen Ansprüchen nicht genügt, die Genehmigungsbehörde auch bei Vorliegen eines Zurückstellungsantrags der Gemeinde die Genehmigung versagen muss und mangels Sicherungsbedürfnisses den Zurückstellungsantrag nicht positiv verbescheiden darf.[75]

Ausweislich des Wortlauts des Gesetzes kann die Entscheidung über die Zulässigkeit des Vorhabens bis zu zwölf Monate zurückgestellt werden. Problematisch ist jedoch, wenn der Zurückstellungsbescheid kein ausdrückliches Datum oder keine ausdrückliche Frist bestimmt. Sollte die Dauer der Hemmung des Verfahrens nicht durch Auslegung zu ermitteln sein, dann leidet der Zurückstellungsbescheid an einem inhaltlichen Mangel und führt zur Rechtswidrigkeit.[76]

bb) § 15 Absatz 3 BauGB – Sicherung der Flächennutzungsplanung. Die erst nachträglich in das Gesetz aufgenommene Regelung des § 15 Abs. 3 BauGB durchbricht den oben dargelegten Grundsatz von § 15 Abs. 1 BauGB, indem auch eine Zurückstellung zur Sicherung bestimmter Planungsziele gestattet wird, die durch die Gemeinde auf der Ebene der Flächennutzungsplanung verfolgt werden kann.[77] Dabei heißt es in § 15 Abs. 3 BauGB:

> „(3) Auf Antrag der Gemeinde hat die Baugenehmigungsbehörde die Entscheidung über die Zulässigkeit von Vorhaben nach § 35 Abs. 1 Nr. 2 bis 6 für einen Zeitraum bis zu längstens einem Jahr nach Zustellung der Zurückstellung des Baugesuchs auszusetzen, wenn die Gemeinde beschlossen hat, einen Flächennutzungsplan aufzustellen, zu ändern oder zu ergänzen, mit dem die Rechtswirkungen des § 35 Abs. 3 S. 3 erreicht werden sollen, und zu befürchten ist, dass die Durchführung der Planung durch das Vorhaben unmöglich gemacht oder wesentlich erschwert werden würde. Auf diesen Zeitraum ist die Zeit zwischen dem Eingang des Baugesuchs bei der zuständigen Behörde bis zur Zustellung der Zurückstellung des Baugesuchs nicht anzurechnen, soweit der Zeitraum für die Bearbeitung des Baugesuchs erforderlich ist. Der Antrag der Gemeinde nach Satz 1 ist nur innerhalb von sechs Monaten, nachdem die Gemeinde in einem Verwaltungsverfahren von dem Bauvorhaben Kenntnis erhalten hat, zulässig."

Entgegen der Sicherungsmöglichkeiten nach § 15 Abs. 1 BauGB kann mit der **Zurückstellung** nach § 15 Abs. 3 BauGB nur ein spezielles Planungsziel gesichert werden, nämlich die Darstellung von **Konzentrationszonen** mit Ausschlusswirkung für das übrige Gemeindegebiet. Eine Zurückstellung nach § 15 Abs. 3 BauGB ist nicht allgemein zulässig, sondern nur, wenn die Gemeinde beschlossen hat, einen Flächennutzungsplan aufzustellen, zu ändern oder zu ergänzen, mit dem die rechtsverbindlichen Wirkungen des § 35 Abs. 3 S. 3 BauGB erreicht werden sollen. Diese Möglichkeit ist vor allem im Hinblick auf ein privilegiertes WEA-Vorhaben im Außenbereich von Bedeutung. Für Vorhaben im Außenbereich gilt, dass es einer § 15 Abs. 1 BauGB entsprechenden Regelung bedarf, mit der auch die in einem in Aufstellung befindlichen Flächennutzungsplan verfolgten Planungsziele gesichert werden können. Ein solches Bedürfnis besteht aber nur, wenn diese Planungsziele nicht bereits vor Inkrafttreten des Flächennutzungsplans in der Lage sind, die Genehmigung eines entsprechenden Vorhabens im Außenbereich zu verhindern.[78] In diesem Kontext ist die Frage bedeutsam, ob bereits der Entwurf eines Flächennutzungsplans als unbenannter öffentlicher Belang im Sinne des § 35 Abs. 3 S. 1 BauGB anzuerkennen ist. Das BVerwG hat hierzu bisher nicht ausdrücklich entschieden. Das OVG Saarlouis spricht dem bloßen Entwurf eines Flächennutzungsplans die Möglichkeit eines Entgegenstehens als unbenannter öffentlicher Belang generell ab, das heißt selbst für sogenannte „planreife" Flächennutzungsplanentwürfe im Sinne des § 33 BauGB.[79]

(1) Voraussetzungen des § 15 Abs. 3 BauGB. Nach dem Wortlaut verlangt die Zurückstellung nach Abs. 3 S. 1, dass die Gemeinde einen Beschluss zur Aufstellung, Änderung oder Ergän-

---
[74] *VGH Kassel*, Urt. v.13.1.2011 – 3 A 1987/09.
[75] *Stock*, in: Ernst/Zinkahn/Bielenberg/Krautzberger (Hrsg.), BauGB, § 15 Rn. 43.
[76] *Lemmel*, in: Berliner Kommentar BauGB, § 15 Rn. 12.
[77] *Rieger*, ZfBR 2012, 430.
[78] *Rieger*, ZfBR 2012, 430.
[79] *OVG Saarlouis*, Beschl. v. 25.7.2014 – 2 B 288/14.

zung eines Flächennutzungsplans gefasst haben muss. Dieser Beschluss muss ortsüblich bekannt gemacht werden. Im Bereich des § 15 Abs. 1 BauGB ist Voraussetzung, dass die Gemeinde bereits eine positive und hinreichend konkretisierte Vorstellung des B-Plans entwickelt haben muss. Allerdings erfüllt die Darstellung einer auf Konzentrationszonen gerichteten Planung bereits hinlänglich das erforderliche Mindestmaß an inhaltlicher Bestimmtheit,[80] sodass an dieses Merkmal hier keine weiteren Anforderungen zu stellen sind. Des Weiteren kann an dieser Stelle auch auf die Ausführungen zur Veränderungssperre verwiesen werden (→ Kap. 1 Rn. 42 f.).

66 **(2) Zurückstellungsfähige Vorhaben.** § 15 Abs. 3 BauGB beschränkt die Möglichkeit der Zurückstellung lediglich auf bestimmte Vorhaben, nämlich jene **Außenbereichsvorhaben**, die nach § 35 Abs. 1 Nr. 2 bis 6 BauGB privilegiert sind – also auch WEA nach Nr. 5. Darüber hinaus setzt der Gesetzgeber voraus, dass das entsprechende Vorhaben bereits im Rahmen eines Genehmigungsverfahrens bezüglich der Zulässigkeit der WEA behandelt wird. Wichtig ist in diesem Zusammenhang, dass Vorhaben, für die zum Zeitpunkt der Stellung eines Aussetzungsantrags schon eine Bebauungs- oder Teilgenehmigung wirksam geworden ist, vor einem späteren **Aussetzungsantrag** geschützt sind.[81] Zudem kann ein bereits genehmigtes Vorhaben konsequenterweise nicht von einer Zurückstellung betroffen sein, da es hier schon an dem tatbestandlich geforderten laufenden Genehmigungsverfahren fehlt.

67 **(3) Sicherungsbedürfnis.** Entgegen dem **Sicherungsbedürfnis** nach Absatz 1 ist der konkrete Mindestinhalt der Planung durch Absatz 3 gesetzlich definiert.[82] Demnach muss die Planung so ausgestaltet sein, dass diese Flächen im Außenbereich als **Sonderbauflächen bzw. Sondergebiete** für WEA dargestellt werden, um sie an anderer Stelle im Außenbereich auszuschließen. Anhand des Planungsziels müssen konkrete Anhaltspunkte dafür vorliegen, dass das Vorhaben die Durchführung der Planung wenigstens wesentlich erschweren würde.[83] Sollte der Flächennutzungsplan also eine Standortzuweisung mit Ausschlusswirkung für den restlichen Außenbereich beabsichtigen, erschwert ein Vorhaben außerhalb der Sonderbauflächen bzw. Sondergebiete für WEA die Durchführung der Planung und löst demnach ein Sicherungsbedürfnis durch die Gemeinde aus. Die Konzentrationsplanung ist jedoch nur dann sicherungsfähig, wenn absehbar ist, dass der Windkraftnutzung in substanzieller Weise Raum gegeben werden soll und eventuelle Mängel des planerischen Konzepts nicht so gravierend sind, dass sie nach dem Planungskonzept im Abwägungsprozess nicht mehr behoben werden können.[84]

68 **(4) Verfahren und Entscheidung der Genehmigungsbehörde.** Grundsätzlich gibt es keine wesentlichen Unterschiede zwischen dem Antragsverfahren nach Absatz 1 und Absatz 3. Die Gemeinde muss einen formlosen Antrag bei der Genehmigungsbehörde stellen, woraufhin die **Genehmigungsbehörde** bei Vorliegen der tatbestandlichen Voraussetzungen verpflichtet ist, das beantragte Vorhaben zurückzustellen. Entscheidend im Rahmen der Zurückstellung von Vorhaben zur Sicherung von Flächennutzungsplänen ist, dass die Gemeinde den Antrag auf Zurückstellung im Sinne von Absatz 3 Satz 1 nur innerhalb von sechs Monaten nach förmlicher Kenntniserlangung von dem Vorhaben in einem Verwaltungsverfahren stellen kann – Absatz 3 Satz 3 normiert in diesem Sinne eine feste **Antragsfrist**. Hintergrund dessen ist, dass die Möglichkeit der Gemeinde dahingehend eingeschränkt wird, dass sie bis zum Wirksamwerden der beantragten Genehmigung jederzeit planerische Maßnahmen ergreifen und diese durch einen Aussetzungsantrag sichern kann. Praktische Bedeutung erlangt diese Regelung vor allem im Rahmen der Genehmigung von WEA, bei denen vor allem im förmlichen Genehmigungs-

---

[80] *Lemmel*, in: Berliner Kommentar BauGB, § 15 Rn. 18; *Sennekamp*, in: Brügelmann (Hrsg.), BauGB, § 15 Rn. 77.
[81] *Stock*, in: Ernst/Zinkahn/Bielenberg/Krautzberger (Hrsg.), BauGB, § 15 Rn. 71i.
[82] *Lemmel*, in: Berliner Kommentar BauGB, § 15 Rn. 18.
[83] *OVG Lüneburg*, Beschl. v. 6.4.2009 – 1 MN 289/08, BeckRS 2009, 33 149.
[84] *VGH München*, Beschl. v. 5.12.2013 – 22 CS 13.1757.

verfahren nach § 10 Abs. 6a BImSchG[85] schon von Gesetzes wegen eine Entscheidungsfrist von sieben Monaten besteht.

Liegen die tatbestandlichen Voraussetzungen vor, so hat die entsprechende Genehmigungsbehörde, ohne dass ihr bei der Entscheidung ein Ermessen zustehen würde, dem Antrag der Gemeinde zu entsprechen.[86] Dabei darf die Dauer der Zurückstellung ein Jahr (gerechnet ab der Zustellung des Zurückstellungsbescheids) nicht überschreiten. Nach § 15 Abs. 3 S. 2 BauGB ist auf diesen Jahres-Zeitraum die Zeit zwischen dem Eingang des Genehmigungsantrags bei der zuständigen Behörde bis zur Zustellung der Zurückstellung des Gesuchs insoweit nicht anzurechnen, soweit der Zeitraum für die Bearbeitung des Genehmigungsantrags erforderlich ist.[87] Nach überwiegender Auffassung ist aber davon auszugehen, dass die zu § 17 Abs. 1 BauGB entwickelten Grundsätze hinsichtlich der Anrechnung faktischer Bausperren auf die Laufzeit einer Veränderungssperre auch für die Zurückstellung gelten.[88]

69

III. Zulässigkeit im unbeplanten Außenbereich und entgegenstehende Belange

Die **bauplanungsrechtliche Zulässigkeit von Windenergieanlagen im unbeplanten Außenbereich** bestimmt sich im Wesentlichen nach § 35 BauGB. Die Vorschrift unterscheidet zwischen den sog. privilegierten Vorhaben (Abs. 1) und den sog. nicht privilegierten (sonstigen) Vorhaben (Abs. 2). Windenergieanlagen zählen seit dem 1.1.1997 nach dem Willen des Gesetzgebers zu den privilegierten Vorhaben (§ 35 Abs. 1 Nr. 5 BauGB: jedes Vorhaben, welches „der Erforschung, Entwicklung oder Nutzung der Wind-[…]energie dient").[89] Privilegierte Vorhaben sind gerade und bereits dann im Außenbereich zulässig, wenn **öffentliche Belange** nicht entgegenstehen und die Erschließung gesichert ist. Hingegen dürfen für die Zulässigkeit sonstiger Vorhaben öffentliche Belange schon nicht beeinträchtigt sein, die Erschließung muss ebenfalls gesichert sein und die Entscheidung über die Zulässigkeit steht darüber hinaus im Einzelfall im Ermessen der Behörde. Privilegierte Vorhaben wie Windenergieanlagen haben damit aufgrund der gesetzgeberischen Wertung eine erhöhte Durchsetzungskraft gegenüber öffentlichen Belangen. Nähere Regelungen zu den öffentlichen Belangen finden sich in § 35 Abs. 3 BauGB. Nach einer beispielhaften („insbesondere") Aufzählung öffentlicher Belange (S. 1) finden sich dort Aussagen zum Verhältnis öffentlicher Belange zu den **Zielen der Raumordnung** (S. 2) sowie zu einem Entgegenstehen öffentlicher Belange bei anderweitiger Ausweisung entsprechender Flächen für privilegierte Vorhaben im Flächennutzungsplan oder bei den Zielen der Raumordnung (S. 3). Schließlich statuiert § 35 Abs. 5 S. 2 BauGB als weitere Zulässigkeitsvoraussetzung für Vorhaben gem. Abs. 1 Nrn. 2 bis 6 die Abgabe einer durch Baulast oder in anderer Weise abzusichernden Verpflichtungserklärung, das Vorhaben nach dauerhafter Aufgabe der zulässigen Nutzung zurückzubauen und eine erfolgte Bodenversiegelung zu beseitigen; darüber hinaus ist bei einer nach Absatz 1 Nr. 2 bis 6 zulässigen Nutzungsänderung die **Rückbauverpflichtung** zu übernehmen (s. auch § 249 Abs. 2 BauGB).

70

Klarstellend ist darauf hinzuweisen, dass der § 35 BauGB auch in den Fällen – ergänzend – zur Anwendung kommt, wo zwar ein Bebauungsplan existiert, es sich aber lediglich um einen einfachen Bebauungsplan handelt. Denn insoweit bestimmt § 30 Abs. 3 BauGB, dass sich die bauplanungsrechtliche Zulässigkeit eines jeden Vorhabens im Geltungsbereich eines solchen einfachen Bebauungsplans in Ergänzung zu den selbstverständlich vorrangig zu beachtenden

71

---

[85] I. d. F. der Bekanntmachung v. 17.5.2013 (BGBl I S. 1274), zuletzt geändert durch Gesetz v. 2.7.2013 (BGBl. I S. 1943).
[86] *Rieger*, ZfBR 2012, 430 (434).
[87] *Hornmann*, in: Spannowsky/Uechtritz (Hrsg.), BeckOK BauGB, § 15 Rn. 51.
[88] BGH, Urt. v. 25.9.1980 – III ZR 18/79, BGHZ 78, 152; *VGH Kassel*, Urt. v. 25.7.2011 – 9 A 103/11; *Rieger*, ZfBR 2012, 430 (435).
[89] Eingefügt durch das Gesetz zur Änderung des Baugesetzbuchs v. 30.7.1996 (BGBl. I S. 1189).

Festsetzungen im Plan selbst „im Übrigen nach § 34 oder § 35 (richtet)". Die Prüfung der bauplanungsrechtlichen Zulässigkeit von Windenergieanlagen im unbeplanten Außenbereich gem. § 35 BauGB kann zudem in einem auf die Erteilung einer **Baugenehmigung** (bei Windenergieanlagen unter 50 m Höhe, teilweise – je nach Landesrecht – erst ab einer Höhe von über 10 m) oder auf die Erteilung einer Genehmigung nach BImSchG (bei Windenergieanlagen über 50 m Höhe) gerichteten Verfahren erfolgen.

72 Die rechtlichen Regelungen in § 35 BauGB werden ergänzt durch zahlreiche Erlasse zu Windenergieanlagen auf Länderebene, die u. a. die bauplanungsrechtliche Zulässigkeit derartiger Anlagen näher konkretisieren.[90] Rechtlich handelt es sich bei diesen Erlassen um Verwaltungsvorschriften, die im Rahmen der Bauleitplanung die kommunalen Planungsbehörden ebenso wenig binden wie die Verwaltungsgerichte.[91]

1. Privilegierung von Windenergieanlagen im Außenbereich

73 Nach der ausdrücklichen Regelung in § 35 Abs. 1 Nr. 5 BauGB gehört ein der Erforschung, Entwicklung oder Nutzung der Windenergie dienendes Vorhaben zu den sog. privilegierten Vorhaben im Außenbereich. Windenergieanlagen sind danach planungsrechtlich zulässig, wenn öffentliche Belange nicht entgegenstehen und die ausreichende Erschließung gesichert ist (→ Kap. 1 Rn. 75).

74 Die Vorschrift des § 35 Abs. 1 Nr. 5 BauGB betrifft die sog. **selbstständigen (Windenergie-)Anlagen**. Hiervon zu unterscheiden sind die sog. **untergeordneten Nebenanlagen**, die lediglich der Versorgung eines anderen privilegierten (Haupt-)Vorhabens im Sinne des Abs. 1 mit Strom dienen. Eine Windenergieanlage ist eine solche untergeordnete Nebenanlage, wenn sie dem Hauptvorhaben unmittelbar funktional zu- und untergeordnet ist und durch die Zu- und Unterordnung auch äußerlich erkennbar geprägt wird.[92] Die bauplanungsrechtliche Zulässigkeit der untergeordneten Nebenanlage bestimmt sich in diesem Fall nach der Zulässigkeit des Hauptvorhabens, weshalb man auch von einer **„mitgezogenen" Nebenanlage** spricht. Handelt es sich bei dem Hauptvorhaben um einen land- oder forstwirtschaftlichen Betrieb gem. § 35 Abs. 1 Nr. 1 BauGB oder um eine Anlage gem. § 35 Abs. 1 Nrn. 7 oder 8 BauGB, greift in-

---

[90] Z. B. Hinweise zur Planung und Genehmigung von Windenergieanlagen (WEA) (Windenergie-Erlass – BayWEE) – Gemeinsame Bekanntmachung der Bayerischen Staatsministerien des Inneren, für Bau und Verkehr u. a., vom 19.6.2016, Az. IIB5-4112.79-074/14 u. a.; Planung und Genehmigung von Windenergieanlagen an Land (Windenergieerlass) – Gemeinsamer Runderlass des Ministeriums für Umwelt, Energie und Klimaschutz, des Ministeriums für Landwirtschaft u. a. (NMBl. 2016, 190); Gemeinsamer Erlass des Sächsischen Staatsministeriums des Inneren und des Sächsischen Staatsministeriums für Wirtschaft, Arbeit und Verkehr über „Mindestabstände zwischen Wohngebieten und Vorrang- und Eignungsgebieten zur Nutzung der Windenergie" v. 20.11.2015 (http://www.landesentwicklung.sachsen.de/download/Landesentwicklung/20121120unterzeichneterWindkrafterlass.pdf); Windenergieerlass Baden-Württemberg – Gemeinsame Verwaltungsvorschrift des Ministeriums für Umwelt, Klima und Energiewirtschaft, des Ministeriums für Ländlichen Raum und Verbraucherschutz, des Ministeriums für Verkehr und Infrastruktur und des Ministeriums für Finanzen und Wirtschaft vom 9.5.2012 – Az.: 64-4583/404 – (GABl. S. 413); Erlass für die Planung und Genehmigung von Windenergieanlagen und Hinweise für die Zielsetzung und Anwendung (Windenergie-Erlass) v. 4.11.2015 – Gemeinsamer Runderlass des Ministeriums für Klimaschutz, Umwelt, Landwirtschaft, Natur- und Verbraucherschutz des Landes Nordrhein-Westfalen (Az. VII-3-02.21 WEA-Erl. 15 – Windenergie-Erlass) und des Ministeriums für Bauen, Wohnen, Stadtentwicklung und Verkehr des Landes Nordrhein-Westfalen (Az. VI A 1 – 901.3/202) und der Staatskanzlei des Landes Nordrhein-Westfalen (Az. III B 4 – 30.55.03.01); Grundsätze zur Planung von und zur Anwendung der naturschutzrechtlichen Eingriffsregelung bei Windkraftanlagen, Gl.Nr. 2320.7 – Gemeinsamer Runderlass der Staatskanzlei, des Innenministeriums, des Ministeriums für Energiewende, Landwirtschaft, Umwelt und ländliche Räume und des Ministeriums für Wirtschaft, Arbeit, Verkehr und Technologie v. 26.11.2012 – V 531 – (Amtsbl. Schl.-H. 2012, 1352) – i. d. F. vom 23.6.2015 zum großen Teil aufgehoben; *Fest/Fechler*, NVwZ 016, 1050 ff.; *Schwarzenberg/Ruß*, ZuR 2016, 278 ff.
[91] *Sauer*, NVwZ 2016, 201, 204.
[92] Vgl. Ziff. 5.6.2.3 VwV WErlBW v. 9.5.2012, Az.: 64-4583/404, GABl. S. 413.

soweit nicht der Planvorbehalt des § 35 Abs. 3 S. 3 BauGB, denn er erfasst nach dem eindeutigen Wortlaut der Vorschrift nur die Vorhaben nach Abs. 1 Nrn. 2 bis 6 der Norm.

Die Bundesländer konnten durch eine Öffnungsklausel in § 249 Abs. 3 BauGB[93] bis zum 31.12.2015 landesgesetzlich bestimmen, dass § 35 Abs. 1 Nr. 5 BauGB auf Windenergieanlagen nur Anwendung findet, wenn sie einen bestimmten Abstand zu den im Landesgesetz bezeichneten baulichen Nutzungen einhalten. Zugelassen waren insoweit auch Abweichungen von den festgesetzten Abständen. Allein Bayern hat von dieser Möglichkeit Gebrauch gemacht.[94]   **74a**

An die gesicherte **Erschließung** werden bei Windenergieanlagen vorhabenbedingt keine besonderen Anforderungen gestellt. Ausreichend ist eine Zuwegung, welche die Errichtung und Wartung der Anlage ermöglicht. Nicht für die Erschließung erforderlich ist dagegen der Anschluss an ein Verbundnetz.[95]   **75**

2. Entgegenstehende Belange einschließlich spezialgesetzlicher Vorschriften

Vorhaben zur Erforschung, Entwicklung oder Nutzung von Windenergie sind nach § 35 Abs. 1 Nr. 5 BauGB bauplanungsrechtlich zulässig, wenn   **76**
- öffentliche Belange nicht entgegenstehen und
- die Erschließung gesichert ist.

Nach dem ausdrücklichen Wortlaut der Vorschrift dürfen **öffentliche Belange** nicht entgegenstehen. Dies bedeutet zugleich, dass eine bloße Beeinträchtigung öffentlicher Belange – anders als bei den sonstigen Vorhaben – hier nicht bereits zur Unzulässigkeit des Vorhabens führt. Mit anderen Worten: Ein privilegiertes Vorhaben wie eine Windenergieanlage ist nicht bereits dann bauplanungsrechtlich unzulässig, wenn öffentliche Belange negativ berührt werden. Vielmehr bedarf es in jedem Einzelfall einer Abwägung zwischen den betroffenen öffentlichen Belangen und dem Vorhaben selbst. Zugunsten des Vorhabens ist dabei insbesondere die gesetzgeberische Einordnung als privilegiertes Vorhaben zu beachten, die im Ergebnis ein erhöhtes Durchsetzungsvermögen privilegierter Vorhaben gegenüber öffentlichen Belangen bewirkt.[96] Im Übrigen können alle in § 35 Abs. 3 BauGB (beispielhaft) genannten öffentlichen Belange grundsätzlich auch einem privilegierten Vorhaben entgegengehalten werden. In Bezug auf Windenergieanlagen sind von den ausdrücklich in § 35 Abs. 3 S. 1 BauGB genannten Belangen insbesondere die Nummern 1, 3 und 5 relevant. Da die Aufzählung nicht abschließend ist, kommen daneben auch unbenannte Belange in Betracht.

a) Widerspruch zu Darstellungen des Flächennutzungsplans (§ 35 Abs. 3 S. 1 Nr. 1 BauGB)

Eine Beeinträchtigung öffentlicher Belange liegt gem. § 35 Abs. 3 S. 1 Nr. 1 BauGB vor, wenn das Vorhaben den Darstellungen des Flächennutzungsplans widerspricht. Die Vorschrift trägt der eigenständigen Bedeutung des Flächennutzungsplans als vorbereitender Bauleitplan Rechnung. Denn insoweit bildet auch der Flächennutzungsplan die Grundlage der geordneten **städtebaulichen Entwicklung** einer Gemeinde (§ 5 Abs. 1 BauGB). Seine eigenständige Bedeutung für die Beurteilung der bauplanungsrechtlichen Zulässigkeit von Vorhaben im Außenbereich und seine Funktion der Sicherung einer geordneten städtebaulichen Entwicklung entfaltet er insbesondere dort, wo bislang ein Bebauungsplan fehlt. In diesen Fällen beurteilt es sich anhand des Flächennutzungsplans, welche Gemeindeflächen von Bebauung freigehalten werden sollen. An dieser Stelle ist nochmals darauf hinzuweisen, dass Windenergieanlagen als sog. privilegierte Vorhaben gem. § 35 Abs. 1 Nr. 5 BauGB nach der Wertung des Gesetzes ein grundsätzlich verstärktes Durchsetzungsvermögen gegenüber öffentlichen Belangen haben.   **77**

---

[93] Art. 1 des Gesetzes zur Einführung einer Länderöffnungsklausel zur Vorgabe von Mindestabständen zwischen Windenergieanlagen und zulässigen Nutzungen v. 15.7.2014, BGBl. I 954.
[94] Bayerisches Gesetz vom 17.4.2014, BayGBl. 2014, 478; *Albrecht/Zschiegner*, NVwZ 2015, 1093 ff.
[95] *Beckmann*, KommJur 2012, 170 (172).
[96] *Maslaton*, NVwZ 2006, 777.

Denn im Rahmen der notwendigen Abwägung zwischen dem privilegierten Vorhaben und den öffentlichen Belangen führt nicht bereits die Beeinträchtigung dieser Belange zur Unzulässigkeit des Vorhabens; vielmehr ist ein **Entgegenstehen der öffentlichen Belange** erforderlich (→ Kap. 1 Rn. 76).

78 Der **Flächennutzungsplan** ist ein **vorbereitender Bauleitplan** (§ 1 Abs. 2 BauGB), in dem für das ganze Gemeindegebiet die sich aus der beabsichtigten städtebaulichen Entwicklung ergebende Art der Bodennutzung nach den voraussehbaren Bedürfnissen der Gemeinde in den Grundzügen dargestellt wird (§ 5 Abs. 1 BauGB). Er hat keinen Rechtsnormcharakter. Aus diesem Grund sind die in ihm enthaltenen Darstellungen nur intern verbindlich, nach außen werden sie erst bei ihrer Konkretisierung im Bebauungsplan verbindlich. Hiervon macht § 35 Abs. 3 S. 1 Nr. 1 eine Ausnahme, in dem die Darstellungen im Flächennutzungsplan gegenüber Vorhaben im Außenbereich in bestimmter Weise deren bauplanungsrechtliche Zulässigkeit beeinflussen. Sie erklärt sich aus dem Umstand, dass der nachfolgende Bebauungsplan aus dem Flächennutzungsplan zu entwickeln ist (§ 8 Abs. 2 S. 1 BauGB).

79 **Darstellungen des Flächennutzungsplans** können nur solche gem. § 5 Abs. 2 BauGB sowie solche nach der BauNVO sein. Sie können auch der gegenwärtigen tatsächlichen Situation im Gemeindegebiet widersprechen (sog. widersprechende öffentliche Belange sein). Denn der Flächennutzungsplan hat nicht primär das Ziel einer Sicherung des Status quo, sondern soll vorrangig die Entwicklungsvorstellungen und damit die beabsichtigte zukünftige Art der Bodennutzung darstellen (§ 1 Abs. 5, § 5 Abs. 1 BauGB). Nicht von § 35 Abs. 3 S. 1 Nr. 1 BauGB umfasst sind Kennzeichnungen nach § 5 Abs. 3 BauGB, Vermerke von Planungen und sonstigen Nutzungsregelungen nach § 5 Abs. 4 BauGB sowie die Aussagen im Erläuterungsbericht nach § 5 Abs. 5 BauGB.[97] Ebenfalls nicht erfasst sind außerhalb der **Bauleitplanung** von der Gemeinde in Aussicht genommene und als solche im Flächennutzungsplan vermerkte Planungen[98] sowie die Darstellung eines **Landschaftsschutzgebiets** im Flächennutzungsplan.[99]

80 Ob ein Widerspruch zu den Darstellungen des Flächennutzungsplans besteht, beurteilt sich grundsätzlich anhand aller im Flächennutzungsplan enthaltenen Darstellungen. Ein Widerspruch liegt allerdings nicht bereits schon dann vor, wenn das Vorhaben nicht vollständig mit allen Darstellungen des Flächennutzungsplans übereinstimmt. Vielmehr bedarf es jeweils zunächst der Feststellung, ob den planerischen Darstellungen mit Blick darauf, dass ein Flächennutzungsplan sich regelmäßig auf die Grundzüge einer beabsichtigten städtebaulichen Entwicklung Planung beschränkt, eine ausschließende oder begünstigende Funktion zukommt (vgl. § 5 Abs. 1 S. 1 BauGB). Die Rechtsprechung verlangt insoweit, dass die Darstellungen im Flächennutzungsplan hinreichend konkrete, standortbezogene Aussagen enthalten müssen, damit sie privilegierten Vorhaben nach § 35 Abs. 1 BauGB mit der Folge entgegengehalten werden können, dass diese Vorhaben an dem betreffenden Standort unzulässig sind.[100] Hinsichtlich ihrer bauplanungsrechtlichen Bedeutung für die Zulässigkeit von Vorhaben ist bei den möglichen Darstellungen im Flächennutzungsplan wie folgt zu differenzieren:

81 Zielen die **Darstellungen im Flächennutzungsplan** auf eine Bestätigung und Festschreibung einer bereits bestehenden Situation, führt der Umstand, dass das Vorhaben den Darstellungen widerspricht, zur Unzulässigkeit des Vorhabens.[101]

82 Enthalten die **Darstellungen im Flächennutzungsplan** die Festlegung einer zukünftigen und beabsichtigten städtebaulichen Entwicklung, ist gerade mit Blick auf die privilegierten Vorhaben gem. § 35 Abs. 1 BauGB zwischen qualifizierten (oder auch spezifischen) Standortzuweisungen und sonstigen Darstellungen zu unterscheiden.

83 Um eine **qualifizierte Standortzuweisung** handelt es sich, wenn Darstellungen des Flächennutzungsplans einen Standort durch hinreichend konkrete standortbezogene Aussagen

---

[97] *OVG Münster*, NVwZ 1990, 196.
[98] *BVerwG*, NVwZ 1984, 367.
[99] *VGH Mannheim*, NVwZ 1986, 53.
[100] *BVerwG*, BeckRS 2005, 29716, NVwZ 2006, 87.
[101] *BVerwG*, NJW 1981, 474, NVwZ 1984, 367.

anderweitig beplant haben mit der Folge, dass das privilegierte Vorhaben unzulässig ist.[102] Hinreichend konkret ist eine Standortaussage, die im Rahmen einer späteren Bebauungsplanung nicht weiter konkretisierungsbedürftig ist.[103] Qualifizierte Standortaussagen können insbesondere sein:
- Flächen für bestimmte Anlagen und Baugebiete,
- Flächen für Versorgungs- und Entsorgungsanlagen,
- Flächen für Verkehr,
- Flächen für Maßnahmen zum Schutz, zur Pflege und zur Entwicklung von Natur und Landschaft,
- Flächen für Erholungs-, Kur- und Freizeitzwecke.

Ausnahmsweise begründen solche Darstellungen nicht die Unzulässigkeit privilegierter Vorhaben, wenn diese sich vor Verabschiedung des Flächennutzungsplans bereits eigentumsrechtlich verfestigt haben.[104]

Dagegen liegt eine sonstige Darstellung vor, wenn ein Flächennutzungsplan lediglich z. B. 84 „Fläche(n) für die Landwirtschaft" ausweist. Denn damit wird dem Außenbereich nur eine ihm ohnehin zukommende Funktion zugewiesen, nämlich der Land- und Forstwirtschaft und in diesem Rahmen auch der allgemeinen Erholung zu dienen.[105] Soweit die Gemeinde beabsichtigt, sich mit der Darstellung „Fläche für die Landwirtschaft" die weitere Entwicklung vorzubehalten, kommt dem insbesondere in Bezug auf privilegierte Vorhaben gem. § 35 Abs. 1 BauGB und damit auch gegenüber Windenergieanlagen grundsätzlich keine Bedeutung zu.[106]

Grundsätzlich unbeachtlich sind Flächennutzungspläne, solange sie nur im Entwurf existieren. 85 Eine Ausnahme wird hier aber für den Fall gemacht, dass die Planungen einen Stand erreicht haben, der die Annahme rechtfertigt, dass das Vorhaben den künftigen Darstellungen des Flächennutzungsplans entgegensteht. Wenn hier der **Entwurf des Flächennutzungsplans** im Sinne eines Aufgreifens der tatsächlichen Verhältnisse die diesbezüglichen Zusammenhänge und öffentlichen Belange deutlich macht, handelt es sich um einen relevanten **öffentlichen Belang**. Wird im Entwurf lediglich die beabsichtigte städtebauliche Entwicklung dargestellt, die sich in den tatsächlichen Verhältnissen noch nicht niedergeschlagen hat, tendiert die Rechtsprechung dazu, die Relevanz als öffentlicher Belang zu verneinen.[107]

Die weiteren Ausführungen zu einer den Darstellungen des Flächennutzungsplans wider- 86 sprechenden Windenergieanlage gehen von der Grundannahme der **Rechtmäßigkeit des Flächennutzungsplans** aus. Dies setzt voraus, dass
- die Aufstellung des Flächennutzungsplans erforderlich i. S. v. § 1 Abs. 3 BauGB war und
- dem Plan ein schlüssiges gesamträumliches Planungskonzept zugrunde liegt, welches den allgemeinen Anforderungen des planungsrechtlichen Abwägungsgebots gem. § 1 Abs. 7 BauGB gerecht wird.[108]

Den Anforderungen gem. § 1 Abs. 3 BauGB ist bereits dann genügt, wenn die **Windverhält-** 87 **nisse** einen Anlagenbetrieb zulassen und die Netzanbindungskosten tragbar erscheinen. An dem jeweiligen Standort müssen lediglich die Voraussetzungen für eine dem Zweck angemessene Nutzung gegeben sein.[109] Die Gemeinden sind hingegen nicht verpflichtet, die Nutzung der Windenergie optimal zu fördern.[110]

---

[102] *BVerwG*, NVwZ 1984, 367.
[103] BVerwGE 124, 132, NVwZ 2006, 87.
[104] *BVerwG*, NVwZ 1984, 367.
[105] *BVerwG*, NVwZ 1984, 367; *BVerwG*, NVwZ 1991, 161; eine – ausnahmsweise – andere Beurteilung findet sich in *BVerwG*, NVwZ 1988, 54.
[106] *BVerwG*, NVwZ 1991, 161; allgemein zum sog. Freihaltebelang *Birk*, NVwZ 1989, 905.
[107] Ablehnend *OVG Lüneburg*, BeckRS 2004, 26209; *VGH Kassel*, NuR 2009, 556; offengelassen in *BVerwG* BeckRS 20010, 51622, NVwZ 2010, 1561, allerdings in Bezug auf § 35 Abs. 3 S. 3 BauGB.
[108] Zuletzt *OVG Münster*, ZUR 2013, 174 (176).
[109] *BVerwG*, BeckRS 2003, 20898, NVwZ 2003, 733.
[110] *OVG Münster*, BeckRS 2012, 55697.

88 Das Abwägungsgebot ist nach der vom BVerwG entwickelten **Abwägungsfehlerlehre** verletzt,
- wenn eine sachgerechte Abwägung überhaupt nicht stattfindet (sog. **Abwägungsausfall**),

Beispiel:
Ein Abwägungsausfall ist gegeben, wenn die planende Kommune bei der Aufstellung des Flächennutzungsplans mit einem Vorhabenträger kooperiert und sich an dessen Vorgaben gebunden hält mit der Folge, dass sie keine freie und eigenverantwortliche Abwägungsentscheidung trifft.[111]

89
- wenn nicht alle Belange in die Abwägung eingestellt werden, die nach Lage der Dinge in sie eingestellt werden müssen (sog. **Abwägungsdefizit**),

Beispiel:
Ein zur Unwirksamkeit des Flächennutzungsplans führendes Abwägungsdefizit liegt vor, wenn die planende Kommune die Frage, ob es sich bei einer Fläche um ein faktisches Vogelschutzgebiet handelt, im Ergebnis offen lässt, obwohl hinreichende Anhaltspunkte für eine solche Einstufung vorliegen.
Ein Abwägungsdefizit liegt aber dann nicht vor, wenn die Kommune alternativ begründet, warum sie, selbst wenn es sich nicht um ein faktisches Vogelschutzgebiet handelte, diese Fläche wegen ihrer avifaunistischen, d.h. auf die Vogelarten bezogenen Wertigkeit nicht als Vorrangfläche ausgewiesen hätte.[112]

90
- wenn die Bedeutung der betroffenen privaten Belange verkannt wird (sog. **Abwägungsfehleinschätzung**)

Beispiel:
Eine Abwägungsfehleinschätzung liegt vor, wenn die Kommune bei der Ausweisung von Flächen für Windenergieanlagen in Bauleitplänen die Bedeutung der privaten Belange der privaten Grundstückseigentümer sowie derjenigen, die mit den Eigentümern Nutzungsverträge abgeschlossen haben, nicht berücksichtigt und nicht angemessen gewichtet hat.[113]

91
- wenn der Ausgleich zwischen den von der Planung berührten öffentlichen Belangen in einer Weise vorgenommen wird, der zur objektiven Gewichtigkeit einzelner Belange außer Verhältnis steht (sog. **Abwägungsdisproportionalität**).[114]

Beispiel:
Die Annahme einer Abwägungsdisproportionalität ist gerechtfertigt, wenn die Kommune im Rahmen der Aufstellung des Flächennutzungsplans an den von ihr im ersten Schritt zugrunde gelegten Abständen zur Wohnbebauung schematisch und ohne Berücksichtigung der örtlichen Besonderheiten im Weiteren festhält. An einer Abwägungsdisproportionalität fehlt es hingegen, wenn die Kommune bei der weiteren Planung die sich daraus ergebenden Konsequenzen im Blick gehabt und sich in diesem Zusammenhang auch damit auseinandergesetzt hat, ob mit Blick auf das Planergebnis die Abstandskriterien ggf. außer Kraft gesetzt werden sollten, dieses im Ergebnis aber als nicht sachgerecht erachtet.[115]

92 Innerhalb des so gezogenen Rahmens wird das Abwägungsgebot jedoch nicht verletzt, wenn sich die zur Planung berufene Gemeinde in der Kollision zwischen verschiedenen Belangen für die Bevorzugung des einen und damit notwendig für die Zurückstellung eines anderen entscheidet. Für die Prüfung der Rechtmäßigkeit eines Flächennutzungsplans und der in ihm getroffenen Flächenauswahl sind die Erwägungen maßgeblich, welche tatsächlich die Grundlage der Abwägungsentscheidung des Rates der Gemeinde gebildet haben; hierbei sind vor allem die Verlautbarungen in dem **Erläuterungsbericht**, der bei der abschließenden Beschlussfassung über den Flächennutzungsplan bzw. dessen Änderung mitbeschlossen wurden, sowie die Erwägungen, denen der Rat der Gemeinde bei seiner abschließenden Beschlussfassung gefolgt ist, zu beachten[116].

---

[111] *OVG Magdeburg*, BeckRS 2012, 46927; *OVG Berlin-Brandenburg*, BeckRS 2011, 48367.
[112] *OVG Lüneburg*, BeckRS 2012, 60507, ZUR 2013, 241; *OVG Lüneburg*, BeckRS 2010, 49404, NordÖR 2010, 328.
[113] *OVG Berlin-Brandenburg*, BeckRS 2011, 48367.
[114] *OVG Münster*; BeckRS 2012, 55697 – zur Erforderlichkeit; *BVerwGE* 34, 301 – zur Abwägungsfehlerlehre, seither st. Rspr.
[115] *OVG Lüneburg*, BeckRS 2011, 56826, NordÖR 2012, 191, ZfBR 2012, 265.
[116] *OVG Münster*, ZUR 2013, 174 (176).

Wird im Rahmen der rechtlichen Überprüfung des Flächennutzungsplans ein **Abwägungs-** 93
fehler festgestellt, handelt es sich zunächst um einen Mangel im **Abwägungsvorgang**, der nur
dann erheblich ist, wenn der Mangel offensichtlich und auf das **Abwägungsergebnis** von Einfluss gewesen ist (vgl. § 214 Abs. 1 S. 1 Nr. 1 u. Abs. 3 S. 1 BauGB). Ausreichend ist insoweit, dass
nach den Umständen des konkreten Einzelfalls die Möglichkeit besteht, dass die Planung ohne
den Mangel anders ausgefallen wäre. Das ist der Fall, wenn sich aus den Planunterlagen oder
anhand erkennbarer oder naheliegender Umstände die Möglichkeit ergibt, dass der Mangel im
Abwägungsvorgang von Einfluss auf das Abwägungsergebnis gewesen sein kann. Damit ist der
positive Nachweis eines Einflusses auf das Abwägungsergebnis nicht erforderlich; umgekehrt
reicht aber auch die abstrakte Möglichkeit, dass ohne den Mangel anders geplant worden wäre,
nicht aus.[117] Erweist sich der Flächennutzungsplan bei rechtlicher Prüfung als unwirksam, kann
den in ihm enthaltenen Darstellungen keine Leitfunktion zukommen.[118]

Voraussetzung für die Anwendbarkeit des § 35 Abs. 3 S. 1 Nr. 1 BauGB ist, dass der (recht- 94
mäßige) Flächennutzungsplan eine sachlich und räumlich eindeutige, der Zulässigkeit des Vorhabens – hier der Windenergieanlage – entgegenstehende standortbezogene Aussage enthält.[119]

Nicht um eine entgegenstehende Darstellung handelt es sich im Fall einer sog. überlagernden 95
Darstellung. Eine solche liegt vor, wenn bei für bestimmte Nutzungsarten (z. B. Landwirtschaft
oder Wald) ausgewiesenen Flächen eine zusätzliche Nutzung – etwa für Windenergieanlagen
durch die Randsignatur „WEA" – ermöglicht wird.

Existiert bislang kein Flächennutzungsplan oder soll dieser geändert oder ergänzt werden 96
und hat die Gemeinde bereits einen Beschluss zur Aufstellung, Änderung oder Ergänzung eines
Flächennutzungsplans gefasst, kann sie Anträge auf Genehmigung privilegierter Windenergieanlagen unter den Voraussetzungen des § 15 Abs. 3 BauGB für bis zu einem Jahr zurückstellen
(→ Kap. 1 Rn. 56 ff.).[120]

b) Schädliche Umwelteinwirkungen (§ 35 Abs. 3 S. 1 Nr. 3 BauGB)

Eine Beeinträchtigung öffentlicher Belange liegt gem. § 35 Abs. 3 S. 1 Nr. 3 BauGB ebenfalls 97
vor, wenn das Vorhaben **schädliche Umwelteinwirkungen** hervorrufen kann oder ihnen
ausgesetzt wird. Die Vorschrift ist Ausdruck des allgemeinen Gebots der **Rücksichtnahme**.
Das BauGB definiert den Begriff der schädlichen Umwelteinwirkungen selbst nicht. Nach
allgemeiner Auffassung kann hier auf die Legaldefinition in § 3 BImSchG zurückgegriffen
werden. Denn nach der Rechtsprechung ist eine Differenzierung dieser Rechtsgrundlagen in
den Fällen, in denen sich das Rücksichtnahmegebot auf schädliche Umwelteinwirkungen durch
Immissionen bezieht, nicht geboten. Das BImSchG bestimmt die Grenze der Zumutbarkeit von
Umwelteinwirkungen für Nachbarn und damit das Maß der gebotenen Rücksichtnahme mit
Wirkung allgemein auch für das Baurecht.[121] Danach sind schädliche Umwelteinwirkungen
solche Immissionen, die nach Art, Ausmaß oder Dauer geeignet sind, Gefahren, erhebliche
Nachteile oder erhebliche Belästigungen für die Allgemeinheit oder die Nachbarschaft herbeizuführen (§ 3 Abs. 1 BImSchG). **Immissionen** wiederum sind auf Menschen, Tiere und Pflanzen, den Boden, das Wasser, die Atmosphäre sowie Kultur- und sonstige Sachgüter einwirkende
Luftverunreinigungen, Geräusche, Erschütterungen, Licht, Wärme, Strahlen und ähnliche
Umwelteinwirkungen (§ 3 Abs. 2 BImSchG).

aa) Lärm. Zählen danach Geräusche zu den Immissionen, ist Lärm eine mögliche schädliche 98
Umwelteinwirkung i. S. v. § 35 Abs. 3 S. 1 Nr. 3 BauGB. So wird gerade auch gegen Windenergieanlagen regelmäßig vorgebracht, diese Anlagen würden unzumutbare Lärmbelastungen

---

[117] *OVG Münster*, ZUR 2013, 174 (176).
[118] *OVG Koblenz*, KommJur 2011, 353; vgl. auch *Söfker*, in: Ernst/Zinkahn/Bielenberg/Krautzberger
(Hrsg.), BauGB, § 35 Rn. 80.
[119] Vgl. *BVerwG*, NVwZ 1984, 367; *Krautzberger*, in: Battis/Krautzberger/Löhr (Hrsg.), BauGB, § 35
Rn. 74.
[120] Zu den Möglichkeiten und Anforderungen an eine von der Gemeinde zu beschließende Veränderungssperre vgl. *VGH Kassel*, BeckRS 2011, 52709, NVwZ-RR 2011, 975 (Ls.).
[121] *BVerwG*, NVwZ 2000, 1050; *OVG Münster*, BauR 2003, 517; *OVG Koblenz*, NuR 2003, 768.

verursachen.¹²² Hierbei handelt es sich aber in erster Linie um eine immissionsschutzrechtliche Problematik, weniger um eine bauplanungsrechtliche. Die Beurteilung der Lärmbelastungen richtet sich damit nach der TA Lärm, die wiederum ein nach Gebietstypen gestaffeltes System von Grenzwerten enthält. Insoweit sei an dieser Stelle auf die Ausführungen zur immissionsschutzrechtlichen Zulässigkeit von Windenergieanlagen verwiesen (→ Kap. 2 Rn. 274 ff.).

99 **bb) Schattenwurf.** Eine weitere schädliche Umwelteinwirkung i. S. v. § 35 Abs. 3 S. 1 Nr. 3 BauGB ist der sog. Schattenwurf. Hier unterscheidet man zwischen dem Schattenwurf im engeren Sinne, dem sog. bewegten Schatten, und dem sog. Disko-Effekt.

100 Der **Schattenwurf im engeren Sinne** bezeichnet die Beschattungszeiten durch die Windenergieanlage. Er wird bemessen nach den Beschattungszeiten pro Kalenderjahr und pro Tag. Beschattungszeiten von weniger als 30 Stunden pro Kalenderjahr und weniger als 30 Minuten pro Tag werden hierbei allgemein als unerheblich betrachtet.¹²³

101 Der **bewegte Schatten** ist derjenige, der bei hinter dem Rotor stehender Sonne über Nachbargrundstücke laufen und in Abhängigkeit von der Umlaufgeschwindigkeit der Rotorblätter verschieden schnelle Wechsel von Licht und Schatten verursachen. Ob der von einer Windenergieanlage verursachte Schattenwurf in Gestalt des bewegten Schattens als schädliche Umwelteinwirkung einen bauplanungsrechtlich entgegenstehenden Belang bildet, beurteilt sich nach den konkreten Umständen des Einzelfalls. Der bewegte Schatten ist hinzunehmen, wenn er von geringer Dauer ist. Das ist nach der Verwaltungspraxis und Rechtsprechung der Fall, wenn die nach einer „worst-case"-Berechnung maximal mögliche Einwirkdauer im Sinne der astronomisch maximal möglichen Beschattungsdauer am jeweiligen Immissionsort für die Nachbarschaft nicht mehr als 30 Stunden im Jahr – entsprechend einer realen, d. h. im langjährigen Mittel für hiesige Standorte zu erwartenden Einwirkdauer von maximal acht Stunden im Jahr – und darüber hinaus nicht mehr als 30 Minuten am Tag beträgt.

102 Allerdings existiert für den von Windenergieanlagen verursachten Schattenwurf keine feste, wissenschaftlich abgesicherte Grenze, deren Überschreitung stets die Annahme einer schädlichen Umwelteinwirkung im Sinne des § 3 Abs. 1 und 2 BImSchG und damit einer Nachbarrechtsverletzung nach sich ziehen müsste. Folglich handelt es sich auch nicht um einen Rechtssatz, sodass im Rahmen einer wertenden Betrachtung stets alle tatsächlichen Umstände des Einzelfalls berücksichtigt werden müssen.

103 Als **Disko-Effekt** bezeichnet man in diesem Zusammenhang die von einer Windenergieanlage verursachten sog. periodischen Lichtreflektionen; sie sind in jüngerer Zeit durch die zunehmend matte Beschichtung der Anlagen weitestgehend abgestellt.

104 Aufgrund der gesetzlich bestehenden Privilegierung von Windenergieanlagen sind Bewohnern im Außenbereich auch Maßnahmen zumutbar, durch die sie den Wirkungen der Windenergieanlage ausweichen oder sich vor ihnen schützen.

105 **cc) Optisch bedrängende Wirkung.** Als weiterer – unbenannter – öffentlicher Belang i. S. v. § 35 Abs. 3 S. 1 Nr. 3 BauGB kommt bei Windenergieanlagen ein Verstoß gegen das allgemeine baurechtliche Gebot der Rücksichtnahme in Gestalt einer **optisch bedrängenden Wirkung** in Betracht. Denn die Drehbewegungen der Rotoren können eine optisch bedrängende Wirkung auf bewohnte Nachbargrundstücke verursachen, die im Einzelfall nicht mit dem Gebot der Rücksichtnahme zu vereinbaren ist. Hierbei handelt es sich um sonstige nachteilige Wirkungen des Bauvorhabens, die nicht unter den Begriff der Immissionen i. S. d. BImSchG fallen und deshalb nicht vom Belang der schädlichen Umwelteinwirkungen gem. § 35 Abs. 3 S. 1 Nr. 3 BauGB erfasst werden.

106 Erforderlich ist hier jeweils eine konkrete Einzelfallbetrachtung. Die Rechtsprechung hat insoweit eine Vielzahl von Kriterien und Anhaltswerten entwickelt, wann eine optisch bedrängende Wirkung derart intensiv ist, dass sie eine Verletzung des Rücksichtnahmegebots darstellt

---

¹²² *OVG Münster*, BeckRS 2012, 49014.
¹²³ Vgl. *Länderausschuß für Immissionsschutz (LAI)*, Schattenwurfhinweise vom 6./8.5.2002; dazu *OVG Lüneburg*, NordÖR 2007, 330.

und damit als öffentlicher Belang der Errichtung und dem Betrieb einer Windenergieanlage entgegensteht. Zu den Kriterien zählen:
- die **Höhe der Anlage** (= Nabenhöhe plus 1/2 Rotordurchmesser),
- der **Rotordurchmesser**,
- der **Blickwinkel auf die Anlage**,
- die **Hauptwindrichtung**,
- die **topografische Situation**,
- eine eventuelle **optische Vorbelastung** (durch bereits vorhandene Windenergieanlagen) sowie
- die **planungsrechtliche Lage des Nachbargrundstücks** (ebenfalls im Außenbereich oder z. B. in einem reinen oder allgemeinen Wohngebiet).[124]

Als **Anhaltswert** gilt z. B., dass eine **optisch bedrängende Wirkung** in der Regel nicht vorliegt, wenn der Abstand zwischen der geplanten Windenergieanlage und benachbarten Wohnhäusern mehr als die dreifache Gesamthöhe der Anlage beträgt. Liegt der Abstand im Bereich zwischen der zwei- bis dreifachen Gesamthöhe, so bedarf es regelmäßig einer genauen Prüfung des Einzelfalls. Beträgt der Abstand weniger als die zweifache Gesamthöhe der Anlage, liegt in der Regel eine optisch bedrängende Wirkung vor.[125] 107

Ähnlich wie beim Schattenwurf kennt auch der Belang der optisch bedrängenden Wirkung einen **Disko-Effekt**, der hier die roten Nachtkennzeichnungen von Windenergieanlagen meint (sog. „nächtlicher" Disko-Effekt).[126] Allerdings wird es hier aufgrund der geringen Lichtstärke der Nachtkennzeichnung und der Entfernung der Anlage zu den Nachbargrundstücken kaum je zu einer relevanten Beeinträchtigung dieses Belanges kommen.[127] 108

Nach der Rechtsprechung muss derjenige, der im Außenbereich wohnt, grundsätzlich mit der Errichtung von in diesem Bereich privilegierten Windkraftanlagen – auch mehrerer – und ihren optischen Auswirkungen rechnen. 109

dd) Infraschall. Schließlich erzeugen Windenergieanlagen auch **Infraschallemissionen**. Infraschall ist tieffrequenter Schall im nicht hörbaren Frequenzbereich und wird teilweise im Frequenzbereich von 1–16 Hertz (Hz), teilweise auch von 0,1–20 Hz verortet. 110

Infraschall durch technische Anlagen ist dann als schädliche Umwelteinwirkung einzustufen, wenn die Anhaltswerte der **DIN 45 680** (1997; Entwurf der Neufassung September 2013) überschritten sind. Bei den heute üblichen Abständen zwischen Windenergieanlagen und Wohnbebauung von mehr als 500 m wird diese Schwelle nicht erreicht.[128] Zudem erzeugen Windenergieanlagen nur einen Bruchteil des in ihrer Umgebung messbaren Infraschalls. Den Hauptteil des Infraschalls verursacht der Wind selbst, unabhängig von der Anlage. Nach gegenwärtigem Kenntnisstand liegen Infraschallemissionen weit unter der Wahrnehmungsschwelle des Menschen, sind nicht belästigend und schon gar nicht gesundheitsrelevant.[129] In diesen Fällen ist keine weitere Prüfung zum Infraschall geboten. 111

Das **Umweltbundesamt** hatte im Jahr 2011 ein Forschungsvorhaben zu dieser wichtigen Thematik vergeben, das sich mit der Geräuschbelastung durch tieffrequenten Schall, insbesondere durch Infraschall beschäftigt. Als Ergebnis verbleibe es für Infraschall bei der Beurteilung der rechtlichen Zulässigkeit von Windenergieanlagen gem. der DIN 45680 (1997).[130] 112

---

[124] *VG Ansbach*, BeckRS 2013, 48468.
[125] *BVerwG*, BeckRS 2007, 20399, NVwZ 2007, 336; *OVG Münster*, BeckRS 2007, 22507, ZUR 2007, 383; *VG Ansbach*, BeckRS 2013, 48468; *Jenn*, ZfBR-Beil. 2012, 14 (16); zu der bis 31.12.2015 bestandenen Möglichkeit der Schaffung landesgesetzlicher Abstandsregelungen nach § 249 Abs. 3 BauGB s. *Albrecht/Zschiegner*, NVwZ 2015, 1093, 1095.
[126] *OVG Münster*, BeckRS 2012, 49014.
[127] *OVG Münster*, BeckRS 2012, 49014.
[128] *VG Ansbach*, BeckRS 2013, 48468, das Infraschallbeeinträchtigungen bereits bei einer Entfernung von 250 m ablehnt.
[129] *OVG Saarlouis*, BeckRS 2013, 51827; *Schwarzenberg/Ruß*, ZuR 2016, 278, 284.
[130] Umweltbundesamt (Hg.), Machbarkeitsstudie zur Wirkung von Infraschall, 2014; http://www.umweltbundesamt.de/publikationen/machbarkeitsstudie_zu_wirkungen_von_infraschall.pdf.

c) Belange des Naturschutzes und der Landschaftspflege

113   Zu den einer WEA potenziell entgegenstehenden öffentlichen Belangen zählen zweifelsohne die **„Belange des Naturschutzes und der Landschaftspflege"** i. S. d. § 35 Abs. 3 S. 1 Nr. 5 BauGB. Sie sind regelmäßig im Rahmen der Planung und Genehmigung von Windenergieprojekten von wesentlicher Bedeutung und ziehen sowohl auf Seiten der Antragsteller als auch auf Seiten der Genehmigungsbehörden einen erheblichen Prüfungsaufwand nach sich. Diese Tatsache ist insbesondere dem Umstand geschuldet, dass zu den „Belangen des Naturschutzes und der Landschaftspflege" nicht nur das sog. förmliche – dem Schutz bestimmter Teile von Natur und Landschaft dienende – Landschafts- und Naturschutzrecht gehört, sondern auch das dem Schutz von Tier- und Pflanzenarten dienende **Artenschutzrecht**. Vor allem diese beiden Regelungsmaterien beinhalten zahlreiche, gerade auch bei Windenergievorhaben zu beachtende Normen, Anforderungen und auch Verbote.

114   **aa) Förmliches Landschafts- und Naturschutzrecht.** Der Gesetzgeber hat sich in § 1 Bundesnaturschutzgesetz (BNatSchG) zum Ziel gesetzt:

> „Natur und Landschaft [...] auf Grund ihres eigenen Wertes und als Grundlage für Leben und Gesundheit des Menschen auch in Verantwortung für die künftigen Generationen im besiedelten und unbesiedelten Bereich [...] so zu schützen, dass die biologische Vielfalt, die Leistungs- und Funktionsfähigkeit des Naturhaushalts einschließlich der Regenerationsfähigkeit und nachhaltigen Nutzungsfähigkeit der Naturgüter sowie die Vielfalt, Eigenart und Schönheit sowie der Erholungswert von Natur und Landschaft auf Dauer gesichert sind."

115   Der Gesetzgeber hat zu diesem Zweck zahlreiche Instrumente des Naturschutzes und der Landschaftspflege zur Verfügung gestellt. Hierzu gehört auch das sog. förmliche Landschafts- und Naturschutzrecht. Darunter ist der gebiets- und objektbezogene Natur- und Landschaftsschutz oder auch „Flächennaturschutz" – im Gegensatz zum Artenschutz – zu verstehen, also die förmliche Unterschutzstellung von bestimmten, besonders schutzwürdigen Teilen von Natur und Landschaft. Diese Unterschutzstellung von Natur und Landschaft geschieht im Wege eines förmlichen, allgemein verbindlichen Rechtsaktes, üblicherweise in Form einer Rechtsverordnung oder einer Satzung. Bei der Planung und Genehmigung von Windenergieanlagen ist dieser gebietsbezogene **Natur- und Landschaftsschutz** regelmäßig von Bedeutung und es sind die jeweiligen Schutzgebietsverordnungen oder -satzungen zu prüfen.

116   Der Gesetzgeber hat für diese Unterschutzstellung im BNatSchG bestimmte „Schutzgebietskategorien" vorgesehen. Bei der Planung und Errichtung von Windenergieanlagen sind vor allem die „Naturschutzgebiete", die „Landschaftsschutzgebiete" und die „Natura-2000-Gebiete" von besonderer praktischer Bedeutung. Auch wenn erst nach Errichtung eines Windparks dessen Standort zu einem Naturschutz- oder Landschaftsschutzgebiet erklärt wurde, entstehen spätestens im Falle eines anstehenden Repowerings Konflikte. Insbesondere die in den Schutzgebietsverordnungen enthaltenen Bau- bzw. Errichtungsverbote erschweren regelmäßig und in erheblichem Maße die Planung von Windenergieanlagen.

117   **(1) Naturschutz- und Landschaftsschutzgebiete.** Das „**Naturschutzgebiet**" ist wohl die bekannteste Schutzgebietsform. Dieses ist in § 23 BNatSchG näher geregelt und dient in erster Linie der

> „Erhaltung, Entwicklung oder Wiederherstellung von Lebensstätten, Biotopen oder Lebensgemeinschaften bestimmter wild lebender Tier- und Pflanzenarten".

Aber auch aus

> „wissenschaftlichen, naturgeschichtlichen oder landeskundlichen Gründen oder wegen ihrer Seltenheit, besonderen Eigenart oder hervorragenden Schönheit"

können Gebiete zu Naturschutzgebieten erklärt werden. Ein Naturschutzgebiet kann jeweils einem einzelnen oder auch mehreren der vorgenannten Schutzzwecke dienen.

Der Schutz innerhalb eines Naturschutzgebietes ist äußerst streng, es gilt ein **„absolutes Veränderungsverbot"**. Verboten sind generell alle Handlungen, die zu einer Zerstörung, Beschädigung oder auch Veränderung des Naturschutzgebiets oder seiner Bestandteile oder zu einer nachhaltigen Störung führen können. Daher dürfte regelmäßig zunächst einmal z. B. auch die Errichtung von Windenergieanlagen unter dieses nahezu allumfassende „absolute"[131] Veränderungsverbot fallen. 118

Dieses absolute Verbot gilt aber ausdrücklich, so § 23 BNatSchG, nur *„nach Maßgabe näherer Bestimmungen"*: d. h. im Rahmen der Unterschutzstellung, sprich in der jeweiligen Rechtsverordnung oder Satzung, müssen die verbotenen Handlungen konkretisiert, insbesondere beispielhaft aufgezählt werden. Dies ist schon deshalb erforderlich, damit der einzelne Bürger in den Stand versetzt wird, sein Verhalten danach auszurichten. Was also genau im jeweiligen Naturschutzgebiet verboten ist, ergibt sich aus der jeweiligen Gebietsverordnung oder -satzung. Oft wird in den Satzungen und Verordnungen allgemein die Errichtung von baulichen Anlagen, teilweise sogar ganz ausdrücklich auch die Errichtung von Windenergieanlagen verboten. Diese Bauverbote gelten dabei auch, wenn die verbotene Handlung – z. B. die Errichtung einer Windenergieanlage – gar nicht den jeweiligen Schutzzweck tangiert. 119

Allerdings sind in den jeweiligen Satzungen oder Verordnungen regelmäßig **Ausnahmetatbestände** vorgesehen, nach denen bestimmte Handlungen ausnahmsweise erlaubt werden können, nämlich dann, wenn sie dem konkreten Schutzzweck des Gebiets nicht widersprechen. Insoweit ist auch der Schutzzweck des einzelnen Naturschutzgebiets zu berücksichtigen. Grundsätzlich können deshalb im Wege einer solchen Ausnahme auch Windenergieanlagen innerhalb von Naturschutzgebieten zulässig sein, solange der Schutzzweck nicht entgegensteht. Wenn ein Naturschutzgebiet z. B. allein dem Schutz von bestimmten Pflanzen- oder Insektenarten dient, ist die Zulässigkeit einer Windenergieanlage im Wege der Ausnahme nach der jeweiligen Satzung oder Verordnung durchaus in Betracht zu ziehen. 120

Auch **„Landschaftsschutzgebiete"**, ebenfalls eine traditionelle Schutzgebietsform, sind bei der Planung von Windenergieanlagen regelmäßig relevant. 121

Zu „Landschaftsschutzgebieten" werden gem. § 26 BNatSchG Gebiete erklärt, wenn dies 122

> „zur Erhaltung, Entwicklung oder Wiederherstellung der Leistungs- und Funktionsfähigkeit des Naturhaushalts oder der Regenerationsfähigkeit und nachhaltigen Nutzungsfähigkeit der Naturgüter einschließlich des Schutzes von Lebensstätten und Lebensräumen bestimmter wild lebender Tier- und Pflanzenarten, wegen der Vielfalt, Eigenart und Schönheit oder der besonderen kulturhistorischen Bedeutung der Landschaft oder wegen ihrer besonderen Bedeutung für die Erholung"

erforderlich ist.

Damit ist der Kreis der Schutzzwecke äußerst vielseitig, insbesondere können Landschaftsschutzgebiete auch zum Zwecke des Artenschutzes eingesetzt werden.

In einem Landschaftsschutzgebiet sind – wiederum nach Maßgabe näherer Bestimmungen – alle Handlungen verboten, die den Charakter des Gebiets verändern oder dem besonderen **Schutzzweck** zuwiderlaufen. Dies unterscheidet das Landschaftsschutzgebiet vom Naturschutzgebiet: Es sind generell „nur" Handlungen verboten, die den **Gebietscharakter** verändern und dem Schutzzweck zuwiderlaufen.[132] Dieses schutzzweckbezogene und daher „relative"[133] **Verbot** ist im Rahmen der Verordnung oder auch Satzung näher zu konkretisieren und insbesondere sind die verbotenen Handlungen beispielhaft aufzuzählen. 123

Unter einer – unzulässigen – *„Veränderung des Gebietscharakters"* ist nicht jede unwesentliche Veränderung zu verstehen, sondern nur Einwirkungen, die die Wesensart des Gebiets in Mitleidenschaft ziehen, wobei es sich typischerweise um massive Eingriffe handelt, die geeignet sind, die Eignung der geschützten Fläche für den Landschaftsschutz anzutasten.[134] Ein Zuwi- 124

---

[131] *Gellermann*, in: Landmann/Rohmer (Hrsg.), Umweltrecht, BNatschG, § 26 Rn. 15.
[132] *Gellermann*, in: Landmann/Rohmer (Hrsg.), Umweltrecht, BNatschG, § 26 Rn. 15.
[133] *Gellermann*, in: Landmann/Rohmer (Hrsg.), Umweltrecht, BNatschG, § 26 Rn. 15.
[134] So jedenfalls *VGH Mannheim*, Urt. v. 25.6.1987 – 5 S 3185/86.

derlaufen des Schutzwecks ist einzelfallbezogen anhand der Verbotstatbestände der jeweigen Landschaftsschutzverordnungen zu prüfen.

125   Auch die Errichtung von Windenergieanlagen kann im Einzelfall zu einer **Veränderung des Gebietscharakters** eines Landschaftsschutzgebiets führen bzw. dem **Schutzzweck** zuwiderlaufen und damit unter den Verbotstatbestand fallen. Teilweise wird auch die Errichtung von Windenergieanlagen in den **Schutzgebietsverordnungen** ganz ausdrücklich verboten, teilweise aber auch explizit zugelassen. Die Rechtsprechung tendiert jedenfalls dazu, im Falle von Windenergieanlagen eine solche Veränderung des Gebietscharakters zu bejahen.[135]

126   In jedem Fall aber ist wie im Falle von Naturschutzgebieten zu prüfen, ob bzw. inwieweit die jeweilige Verordnung oder Satzung eine **Ausnahmemöglichkeit** von den Verboten regelt, sodass ausnahmsweise auch im Landschaftsschutzgebiet gebietscharakterverändernde oder dem Schutzzweck zuwiderlaufende Maßnahmen zugelassen werden können.

127   **(2) Befreiung nach § 67 BNatSchG.** Wenn die Ausnahmemöglichkeiten der einzelnen Schutzgebietsverordnungen oder -satzungen nicht greifen sollten, so besteht darüber hinaus zusätzlich die Möglichkeit, eine **Befreiung** nach § 67 BNatSchG zu erreichen. Danach kann

> „von den Geboten und Verboten dieses Gesetzes, in einer Rechtsverordnung auf Grund des § 57 sowie nach dem Naturschutzrecht der Länder auf Antrag Befreiung gewährt werden, wenn dies aus Gründen des überwiegenden öffentlichen Interesses, einschließlich solcher sozialer und wirtschaftlicher Art, notwendig ist oder die Durchführung der Vorschriften im Einzelfall zu einer unzumutbaren Belastung führen würde und die Abweichung mit den Belangen von Naturschutz und Landschaftspflege vereinbar ist."

128   Ob dieser bundesgesetzliche Befreiungstatbestand im Falle der Errichtung einer Windenergieanlage eingreift, hängt ganz entscheidend von den Umständen des Einzelfalls ab. Dies gilt natürlich im Besonderen für die Frage, ob eine „unzumutbare Belastung" gegeben ist. Es handelt sich hierbei um eine ausschließlich im privaten Interesse eingeführte Befreiungsregelung zur weitestmöglichen Erhaltung der Privatnützigkeit des Eigentums.[136] Voraussetzung ist also in jedem Fall, dass nicht das Vermögen, sondern das Eigentum unzumutbar belastet wird.

129   Mindestens genauso einzelfallabhängig zu beurteilen ist die Frage, ob ein „Überwiegen des öffentlichen Interesses" gegeben ist. **„Überwiegen" des öffentlichen Interesses** bedeutet, dass die Gründe des öffentlichen Interesses im Einzelfall so gewichtig sind, dass sie sich gegenüber den mit der Verordnung verfolgten Belangen durchsetzen.[137] Auch bei der Errichtung von Windenergieanlagen wird ein solches in der Rechtsprechungspraxis tendenziell nicht bejaht. Zwar bestreiten die Gerichte nicht, dass es sich bei dem öffentlichen Interesse, das mit der Errichtung von Windenergieanlagen verfolgt wird, um ein in diese Abwägung mit hohem Gewicht einzustellendes qualifiziertes öffentliches Interesse handelt.[138] Jedoch fällt die Abwägung im konkreten Einzelfall bisher zumeist doch zu Gunsten der naturschutz- bzw. landschaftsschutzrechtlichen Belange aus.[139]

130   **(3) Natura-2000-Gebiete.** Eine weitere, seit 1998 im BNatSchG geregelte Schutzgebietskategorie, die im Zusammenhang mit der Planung von Windenergieanlagen besonders relevant ist, ist die Kategorie der **„Natura-2000-Gebiete"**. Gemäß § 7 Abs. 1 Nr. 8 BNatSchG sind dies „Gebiete von gemeinschaftlicher Bedeutung und Europäische Vogelschutzgebiete".

---

[135] Vgl. *VG Bayreuth*, Urt. v. 22.3.2011 – B 2 K 10.1027 und *VG Göttingen*, Urt. v. 17.4.2008 – 4 A 64/05, in beiden Verfahren wurde eine Veränderung des Gebietscharakters durch die Errichtung einer Windenergieanlage bejaht.

[136] Vgl. Begründung zum Gesetzentwurf der Fraktionen der CDU/CSU und SPD (BT-Drs. 16/12274).

[137] *VG Aachen*, Urt. v. 7.5.2012 – 6 K 1140/10 mit Verweis auf *BVerwG*, Beschl. v. 20. 2 2002 – 4 B 12.02 zur Errichtung einer Windenergieanlage im Landschaftsschutzgebiet.

[138] *VG Aachen*, Urt. v. 7.5.2012 – 6 K 1140/10.

[139] *VG Darmstadt*, Urt. v. 19.9.2007 – 8 E 1639/05, wonach auf Grund der geltenden Gesetzeslage kein gegenüber dem Landschaftsschutz überwiegendes Gemeinwohlinteresse an der Errichtung von Windenergieanlagen im Landschaftsschutzgebiet festzustellen sei.

III. Zulässigkeit im unbeplanten Außenbereich und entgegenstehende Belange

Diese Schutzgebietskategorie basiert auf der europäischen Fauna-Flora-Habitatrichtlinie[140] **131** (sog. FFH-Richtlinie) und der Vogelschutzrichtlinie[141]. Diese Richtlinien verpflichten die Mitgliedsstaaten zum Aufbau eines zusammenhängenden europäischen Schutzgebietsnetzes „Natura 2000". Natura-2000-Gebiete dienen dem Schutz von Tier- und Pflanzenarten und Lebensraumtypen, die in diesen Richtlinien bzw. deren Anhängen als besonders schutzwürdig aufgelistet werden. Die innerstaatliche Umsetzung dieser Richtlinien geschieht zentral durch § 33 und § 34 BNatSchG.

In Natura-2000-Gebieten sind nach § 33 BNatSchG alle Veränderungen und Störungen **132** unzulässig,

> „die zu einer erheblichen Beeinträchtigung des Gebietes in einem für die Erhaltungsziele oder den Schutzzweck maßgeblichen Bestandteilen führen können".

Dabei ist es irrelevant, ob ein Vorhaben – das Gesetz spricht von „Projekt" – innerhalb **133** oder außerhalb eines Natura-2000-Gebiets geplant ist. Auch in der unmittelbaren Nähe von Natura-2000-Gebieten geplante Vorhaben können Natura-2000-Gebiete unter Umständen erheblich beeinträchtigen. Dies soll im Falle von Windenergieanlagen bei einer Entfernung von ca. 2.000 m aber regelmäßig auszuschließen sein.[142]

Um festzustellen, ob ein Vorhaben zu einer solchen **„erheblichen Beeinträchtigung"** **134** führen kann, ist dieses nach § 34 Abs. 1 Satz 1 BNatSchG vor der Zulassung oder Durchführung auf seine Verträglichkeit mit den Erhaltungszielen eines Natura-2000-Gebiets zu prüfen.

In einem ersten Schritt ist zunächst festzustellen, ob überhaupt eine Pflicht zur Durchführung **135** einer **FFH-Verträglichkeitsprüfung** besteht. Der eigentlichen FFH-Verträglichkeitsprüfung geht also eine Vorprüfung, ein sog. „**Screening**", voraus.[143] Bei der Vorprüfung ist nur zu untersuchen, ob erhebliche Gebietsbeeinträchtigungen entweder offensichtlich ausgeschlossen sind oder keine ernstzunehmenden Anhaltspunkte in diese Richtung weisen, ob also am Ausbleiben entsprechender Beeinträchtigungen aus wissenschaftlicher Sicht kein vernünftiger Zweifel bleibt.[144] Wenn schon diese **FFH-Vorprüfung** ergibt, dass am Ausbleiben entsprechender Beeinträchtigungen aus wissenschaftlicher Sicht kein vernünftiger Zweifel bleibt, ist eine FFH-Verträglichkeitsprüfung nach § 34 BNatSchG entbehrlich.

Wenn hingegen entsprechende Zweifel bleiben, schließt sich die Verträglichkeitsprüfung mit **136** ihren Anforderungen an den diese Zweifel ausräumenden naturschutzfachlichen Gegenbeweis an.[145]

Dabei hat sich die Behörde nach Abschluss der FFH-Verträglichkeitsprüfung darüber Gewissheit **137** zu verschaffen, dass nachhaltige Auswirkungen auf das Schutzgebiet vermieden werden. Diese liegt nur dann vor, wenn aus wissenschaftlicher Sicht keine vernünftigen Zweifel an fehlenden Auswirkungen des Vorhabens bestehen.[146] Ergibt hingegen die Prüfung der Verträglichkeit, dass das Projekt zu erheblichen Beeinträchtigungen eines Natura-2000-Gebiets in seinen für die **Erhaltungsziele** oder den **Schutzzweck** maßgeblichen Bestandteilen führen kann, ist es gemäß § 34 Abs. 2 BNatSchG unzulässig.

Bei Windenergieanlagen ist beispielsweise mit Blick auf Zug- und Rastvögel zu prüfen, ob **138** sie die Gefahr einer möglichen Verriegelung des Gebiets mit sich bringen oder eine Barrierewirkung dergestalt entfalten, dass die Vögel daran gehindert werden, das Schutzgebiet zu erreichen oder zwischen Nahrungs- und Rastplätzen, die sich jeweils in einem Schutzgebiet befinden, zu wechseln.[147] Die bloße Erschwerung, das Schutzgebiet zu erreichen, soll allerdings nicht genügen. Anderenfalls käme es zu einem überzogenen, der Abwägung mit anderen geschützten

---

[140] V. 21.5.1992, 92/43/EWG.
[141] V. 2.4.1979, 79/409/EWG.
[142] So *OVG Magdeburg*, Beschl. v. 21.3.2013 – 2 M 154/12.
[143] Vgl. *Gellermann*, in: Landmann/Rohmer (Hrsg.), Umweltrecht, BNatschG, § 34 Rn. 7.
[144] *BVerwG*, Urt. v. 26.11.2007 – 4 BN 46.07 und *BVerwG*, Urt. v. 14.4.2010 – 9 A 5/08.
[145] *BVerwG*, Urt. v. 26.11.2007 – 4 BN 46.07 und *BVerwG*, Urt. v. 14.4.2010 – 9 A 5/08.
[146] *BVerwG*, Beschl. v. 26.2.2008 – 7 B 67/07.
[147] *VG Arnsberg*, Beschl. 22.11.2012 – 7 K 2633/10.

Belangen kaum noch zugänglichen **Gebietsschutz** vor Projekten, die ausschließlich mittelbare Auswirkungen auf den Bestand bzw. die Erhaltung der in den Schutzgebieten geschützten Arten haben können.[148]

139 Selbst wenn aber eine **erhebliche Beeinträchtigung** festgestellt wird, so bietet § 34 Abs. 3 BNatSchG eine **Ausnahmemöglichkeit**: So darf

> „[…] ein Projekt nur zugelassen oder durchgeführt werden, soweit es aus zwingenden Gründen des überwiegenden öffentlichen Interesses, einschließlich solcher sozialer oder wirtschaftlicher Art, notwendig ist und zumutbare Alternativen, den mit dem Projekt verfolgten Zweck an anderer Stelle ohne oder mit geringeren Beeinträchtigungen zu erreichen, nicht gegeben sind."

140 Die Hürden für eine solche **Verbotsausnahme** sind bereits offensichtlich hoch. Noch höhere Hürden bestehen aber gem. § 34 Abs. 4 BNatSchG, wenn in dem betreffenden Natura-2000-Gebiet sog. *„prioritäre natürliche Lebensraumtypen oder prioritäre Arten"* vorkommen und diese von den Auswirkungen des Vorhabens betroffen werden können. Hierunter sind § 7 Abs. 1 Nr. 5 BNatSchG die in Anhang I der Richtlinie 92/43/EWG mit dem Zeichen (*) gekennzeichneten Lebensraumtypen bzw. gem. § 7 Abs. 2 Nr. 11 BNatSchG diejenigen Tier- und Pflanzenarten zu verstehen, die die in Anhang II der Richtlinie 92/43/EWG mit dem Zeichen (*)gekennzeichnet sind.

141 In diesem Fall

> „können als zwingende Gründe des überwiegenden öffentlichen Interesses nur solche im Zusammenhang mit der Gesundheit des Menschen, der öffentlichen Sicherheit, einschließlich der Verteidigung und des Schutzes der Zivilbevölkerung, oder den maßgeblich günstigen Auswirkungen des Projekts auf die Umwelt geltend gemacht werden."

Im Zusammenhang mit Windenergieanlagen könnten augenscheinlich die „maßgeblich günstigen Auswirkung des Projekts auf die Umwelt" als „zwingender Grund" zu werten sein. Hier wäre zu erwägen, ob ein Windpark schon auf Grund seiner klimaschonenden Wirkung „günstige Auswirkung auf die Umwelt" hat und deshalb ausnahmsweise in Natura-2000-Gebieten zulässig sein kann. Diese günstigen Auswirkungen müssen jedoch unmittelbare Folge der Realisierung sein und unmittelbar dem vom Vorhaben betroffenen Lebensraumtyp bzw. der Tier- und Pflanzenart zugute kommen,[149] sodass für die Errichtung von Windenergieanlagen die **Verbotsausnahmen** des § 34 Abs. 3 und Abs. 4 BNatSchG in derartigen FFH-Gebieten (quasi „Klima gegen Frösche") praktisch nicht einschlägig sein dürften.

142 **bb) Artenschutz und Verhältnis zum BNatSchG.** Ein besonders häufig auftretendes Problem im Rahmen der Errichtung und des Betriebs von WEA ist der **Artenschutz**. Hintergrund der Diskussion rund um den Artenschutz ist, dass durch die Errichtung und den Betrieb von WEA unter Umständen auch Flächen oder Gebiete in Anspruch genommen werden, auf denen Arten anzutreffen sind, die besonders oder streng geschützt sind und im Zweifel sensibel auf den Betrieb solcher Anlagen reagieren. Dabei gilt es in der Regel zwei verschiedene Ausrichtungen zu beachten.

143 Insbesondere muss speziell der **Vogel- und Fledermausschlag** berücksichtigt werden. Danach stellen WEA als bauliche Anlagen mit zum Teil erheblichen Höhen und den drehenden Rotor eine Gefahr für das Leben der Tiere dar.[150] Die maßgebliche Gefährdung der Tiere ist darauf zurückzuführen, dass diese Arten, so z.B. der Rotmilan, der Seeadler aber auch bestimmte Fledermausarten, kein arttypisches Meideverhalten gegenüber der WEA aufzeigen und infolgedessen häufiger mit den WEA kollidieren.[151]

---

[148] *OVG Magdeburg*, Urt. v. 20.1.2016 – 2 L 153/13; *VG Düsseldorf*, Beschl. v. 11.7.2013 – 11 K 2057/11.
[149] Vgl. *Gellermann*, in: Landmann/Rohmer (Hrsg.), Umweltrecht, BNatSchG, § 34 Rn. 39.
[150] *Hinsch*, ZUR 2011, 191 (192).
[151] Vgl. Vogelverluste an WEA in Deutschland und Fledermausverluste an WEA, Daten aus der zentralen Fundkartei der staatlichen Vogelschutzwarte Brandenburg; http://www.mugv.brandenburg.de/cms/detail.php/bb2.c.451792.de (Stand: 12/2015).

Teilweise wirken WEA auch durch die von ihnen ausgehenden Immissionen, wie Schall oder 144
Schattenwurf, und deren optische Wirkung auf empfindliche Vogelarten, die das Umfeld der
Anlage meiden, sodass der Lebensraum der Tiere verloren geht.[152]

Der Artenschutz ist auch außerhalb der förmlichen oder faktischen Schutzgebiete (insb. 145
FFH-Gebiete oder Vogelschutzgebiete) sicherzustellen.[153] Rechtlich verankert sind die Belange
des Artenschutzes mit Blick auf die für die Windenergienutzung relevanten besonders geschützten Arten und die europäischen Vogelarten außerhalb der förmlich ausgewiesenen Schutzgebiete in den artenschutzrechtlichen Vorschriften des Bundesnaturschutzgesetzes (BNatSchG) und
in den Vorschriften des Baugesetzbuches (BauGB).

> **§ 44 BNatSchG:**
> „(1) Es ist verboten,
> 1. wild lebenden Tieren der besonders geschützten Arten nachzustellen, sie zu fangen, zu verletzen oder zu töten oder ihre Entwicklungsformen aus der Natur zu entnehmen, zu beschädigen oder zu zerstören,
> 2. wild lebende Tiere der streng geschützten Arten und der europäischen Vogelarten während der Fortpflanzungs-, Aufzucht-, Mauser-, Überwinterungs- und Wanderungszeiten erheblich zu stören; eine erhebliche Störung liegt vor, wenn sich durch die Störung der Erhaltungszustand der lokalen Population einer Art verschlechtert, […].
> 3. Fortpflanzungs- oder Ruhestätten der wild lebenden Tiere der besonders geschützten Arten aus der Natur zu entnehmen, zu beschädigen oder zu zerstören."
>
> **§ 35 Abs. 3 S. 1 Nr. 5 BauGB:**
> „(3) Eine Beeinträchtigung öffentlicher Belange liegt insbesondere vor, wenn das Vorhaben
> 5. Belange des Naturschutzes und der Landschaftspflege, des Bodenschutzes, des Denkmalschutzes oder die natürliche Eigenart der Landschaft und ihren Erholungswert beeinträchtigt oder das Orts- und Landschaftsbild verunstaltet."

Zum Verhältnis der **Verbote des Artenschutzes** nach § 44 BNatSchG und der Belange 146
des Naturschutzes i. S. d. § 35 Abs. 3 S. 1 Nr. 5 BauGB hat das BVerwG[154] zwischenzeitlich
ausdrücklich festgestellt, dass die artenschutzrechtlichen Verbote i. S. d. § 44 BNatSchG nach
dem Prüfprogramm des § 6 Abs. 1 Nr. 2 BImSchG „zugleich" Belange des Naturschutzes
i. S. d. § 35 Abs. 3 S. 1 Nr. 5 BauGB sind, die einem privilegierten Außenbereichsvorhaben
bauplanungsrechtlich nicht entgegenstehen dürfen. Das Naturschutzrecht konkretisiert die
öffentlichen Belange i. S. d. § 35 Abs. 3 S. 1 Nr. 5 BauGB. Können artenschutzrechtliche Verbote
naturschutzrechtlich nicht überwunden werden, stehen sie einem gemäß § 35 Abs. 1 BauGB
privilegierten Vorhaben als öffentliche Belange i. S. d. § 35 Abs. 3 S. 1 Nr. 5 BauGB zwingend
entgegen. Es decken sich also die bauplanungsrechtlichen Anforderungen des § 35 Abs. 3 S. 1
Nr. 5 BauGB, soweit sie „naturschutzbezogen" sind, mit den Anforderungen des Naturschutzrechts. Artenschutzrechtliche Verbote, von denen weder eine Ausnahme noch eine Befreiung
erteilt werden kann, stehen einem WEA-Vorhaben deshalb stets zwingend entgegen, und zwar
sowohl als verbindliche Vorschriften des Naturschutzrechts als auch als Belange des Naturschutzes i. S. d. § 35 Abs. 3 S. 1 Nr. 5 BauGB. Für eine **„nachvollziehende" Abwägung**[155] ist kein
Raum. Voraussetzung der nachvollziehenden Abwägung ist, dass die Entscheidung Wertungen
zugänglich ist, die gewichtet und abgewogen werden können. Das ist bei zwingenden gesetzlichen Verboten nicht der Fall.

(1) Tötungsverbot, § 44 Abs. 1 Nr. 1 BNatSchG. Im Rahmen des **Tötungsverbotes** nach 147
§ 44 Abs. 1 Nr. 1 BNatSchG wurde durch die Rechtsprechung zwischenzeitlich klargestellt, die
Verletzung des Tatbestandes des artenschutzrechtlichen Tötungsverbotes nach § 44 Abs. 1
Nr. 1 BNatSchG setze voraus, dass sich das Tötungsrisiko für die betroffenen Tierarten durch

---
[152] *Hinsch*, ZUR 2011, 191 (192).
[153] *OVG Koblenz*, Urt. v. 16.3.2006 – 1 A 10884/05.
[154] *BVerwG*, Urt. v. 27.6.2013 – 4 C 1/12.
[155] Vgl. *BVerwG*, Urt. v. 19.7.2001 – 4 C 4.00, BVerwGE 115, 17.

das geplante Vorhaben in **signifikanter** Weise erhöht. Hingegen ist das Tötungsverbot nicht erfüllt, wenn durch das Vorhaben nach naturschutzfachlicher Einschätzung unter Berücksichtigung von **Vermeidungs- und Schutzmaßnahmen** kein signifikant erhöhtes Risiko kollisionsbedingter Verluste von Einzelexemplaren verursacht wird, sodass die Auswirkungen des Vorhabens unter der Gefahrenschwelle in einem Risikobereich verbleibt, der den normalen Risiken, beispielsweise aufgrund des Naturgeschehens, entspricht.[156] Allerdings darf die Frage einer signifikant erhöhten **Tötungsgefahr** nach herrschender Rechtsprechung nicht davon abhängig gemacht werden, ob eine Beeinträchtigung der lokalen Population der betreffenden Tierart droht, da das Tötungsverbot nach § 44 Abs. 1 Nr. 1 BNatSchG individuenbezogen sei.[157]

148 Ob unter Beachtung dieser Voraussetzungen ein signifikant erhöhtes Tötungsrisiko besteht, ist in erster Linie eine naturschutzfachliche Einschätzung. Hierbei können die in verschiedenen Bundesländern entstandenen pauschalen **Abstandsempfehlungen** nach Auffassung insbesondere des OVG Lüneburg zwar zum Zweck einer Grobeinschätzung herangezogen werden.[158] Allerdings entspricht es ebenso der ganz herrschenden Auffassung in der Rechtsprechung, dass allein pauschale Abstandsempfehlungen eine einzelfallbezogene Prüfung für die Beurteilung der Verletzung eines artenschutzrechtlichen Verbots nach § 44 Abs. 1 BNatSchG nicht entbehrlich machen.[159]

149 Umstände, die im Rahmen der Einzelfallbetrachtung für die Beurteilung der Signifikanz der Erhöhung einer kollisionsbedingten Tötungsgefahr eine Rolle spielen, sind nach Auffassung der Rechtsprechung des BVerwG insbesondere artspezifische Verhaltensweisen, eine häufige Frequentierung des betroffenen Raums und die Wirksamkeit vorgesehener Schutzmaßnahmen.[160] Hieraus leitet die Rechtsprechung[161] den Schluss ab, dass die Frage, ob eine signifikante Erhöhung des Tötungsrisikos für eine bestimmte Art vorliegt, im Wesentlichen von zwei Faktoren abhängt. Zum einen muss es sich um eine Tierart handeln, die aufgrund ihrer artspezifischen Verhaltensweisen gerade im Bereich des Vorhabens ungewöhnlich stark von dessen Risiken betroffen ist. Zum anderen muss sich die Tierart häufig – sei es zur Nahrungssuche oder beim Zug – im Gefährdungsbereich des Vorhabens aufhalten.

150 Treffen diese Voraussetzungen zu, ist schließlich bereits auf Tatbestandsebene des § 44 Abs. 1 Nr. 1 BNatSchG zu prüfen, ob einer signifikanten Erhöhung des Tötungsrisikos durch geeignete **Vermeidungs- und Schutzmaßnahmen** begegnet werden kann. Hierfür sind beispielsweise **Abschaltzeiten** in Zeiten erhöhter Fledermausaktivität, Zugzeiten von Vögeln oder der verstärkten Nutzung der Nahrungshabitate von Greifvögeln in den Blick zu nehmen. Nach der Rechtsprechung kommen als risikominimierende Schutzmaßnahmen auch aktive Gegenmaßnahmen zum Schutz der betroffenen Tierarten in Betracht. So führt das OVG Münster[162] zu geeigneten Vermeidungs- und Schutzmaßnahmen zur Abwehr eines signifikant erhöhten Tötungsrisikos durch Windenergieanlagen aus:

OVG Münster, Urt. v. 20.11.2012 – 8 A 252/10
„[…]. Schließlich ist auch zu berücksichtigen, ob einer signifikanten Erhöhung des Tötungs- und Verletzungsrisikos durch geeignete Vermeidungs- und Schutzmaßnahmen begegnet werden kann. Dem Senat ist aus der Vorbefassung mit vergleichbaren artenschutzrechtlichen Problemlagen bekannt, dass bezogen auf den Rotmilan verschiedene solche Maßnahmen in Betracht kommen. So können für Jahreszeiten mit hohem Konfliktpotenzial für Windenergieanlagen Abschaltpläne vorgesehen werden. Denkbar ist auch die gezielte Steuerung der landwirtschaftlichen Nutzung im Umfeld der Anlagen, um nach dem Flüggewerden der jungen Greifvögel eine Nutzung des Umfeldes der Windenergieanlagen

---

[156] *BVerwG*, Urt. v. 8.1.2014 – 9 A 4/13.
[157] *VG Hannover*, Urt. v. 22.11.2012 – 12 A 2305/11.
[158] *OVG Lüneburg*, Urt. v. 21.4.2010 – 12 LB 44/09.
[159] *VGH München*, Urt. v. 27.5.2016 – 22 BV 15.2003; *VGH München*, Urt. v. 18.6.2014 – 22 B 13.1358; *OVG Lüneburg*, Urt. v. 12.11.2008 – 12 LC 72/07; *OVG Koblenz*, Urt. v. 16.3.2006 – 1 A 10884/05.
[160] *BVerwG*, Urt. v. 14.7.2011 – 9 A 12/10.
[161] *VGH München*, Urt. v. 18.6.2014 – 22 B 13.1358; *VG Hannover*, Urt. v. 22.11.2012 – 12 A 2305/11; Anschluss an *BVerwG*, Urt. v. 9.7.2008 – 9 A 14.07; *OVG Lüneburg*, Beschl. v. 18.4.2011 – 12 ME 274/10.
[162] *OVG Münster*, Urt. v. 20.11.2012 – 8 A 252/10; vgl. auch *VGH Mannheim*, Beschl. v. 6.7.2016 – 3 S 942/16.

möglichst unattraktiv zu gestalten. Diese Maßnahme kann mit einer Attraktivitätssteigerung durch die Schaffung von Stoppeläckern im weiteren Abstand zu den Anlagen verbunden werden."

Ob unter Beachtung der dargestellten Voraussetzungen ein signifikant erhöhtes Tötungsrisiko besteht, unterliegt nach der herrschenden Rechtsprechung einer naturschutzfachlichen **Einschätzungsprärogative**. Ausgehend von seiner Rechtsprechung zum Planfeststellungsrecht gesteht das BVerwG ausdrücklich ebenso der in einem immissionsschutzrechtlichen Genehmigungsverfahren für WEA zuständigen Behörde eine naturschutzfachliche Einschätzungsprärogative zu.[163] Das BVerwG stützt dies auf die Annahme, dass es im Bereich des Naturschutzes regelmäßig um ökologische Bewertungen und Einschätzungen gehe, für die normkonkretisierende Maßstäbe fehlen. Die Rechtsanwendung sei daher auf die Erkenntnisse der ökologischen Wissenschaft und Praxis angewiesen, die sich aber nicht als eindeutiger Erkenntnisgeber erweist. Bei zahlreichen Fragestellungen stehe – jeweils vertretbar – naturschutzfachliche Einschätzung gegen naturschutzfachliche Einschätzung, ohne dass sich eine gesicherte Erkenntnislage und anerkannte Standards herauskristallisiert hätten. Sind verschiedene Methoden wissenschaftlich vertretbar, bleibt die Wahl der Methode der Behörde überlassen. Eine naturschutzfachliche Meinung ist einer anderen Einschätzung nicht bereits deshalb überlegen oder ihr vorzugswürdig, weil sie umfangreichere oder aufwändigere Ermittlungen oder „strengere" Anforderungen für richtig hält. Das ist erst dann der Fall, wenn sich diese Auffassung als allgemein anerkannter Stand der Wissenschaft durchgesetzt hat und die gegenteilige Meinung als nicht (mehr) vertretbar angesehen wird. Die naturschutzfachliche Einschätzungsprärogative folge nicht aus einer bestimmten Verfahrensart oder Entscheidungsform, sondern aus der Erkenntnis, dass das Artenschutzrecht außerrechtliche Fragestellungen aufwirft, zu denen es jedenfalls nach dem derzeitigen Erkenntnisstand keine eindeutigen Antworten gibt.[164] Für den gerichtlichen Rechtsschutz hat die Zuerkennung einer behördlichen Einschätzungsprärogative zur Folge, dass die gerichtliche Prüfung auf eine Vertretbarkeitskontrolle beschränkt ist. Allerdings sei für eine solche Rücknahme der gerichtlichen Kontrolldichte Voraussetzung, dass eine den wissenschaftlichen Maßstäben und den vorhandenen Erkenntnissen entsprechende Ermittlung des Sachverhalts vorgenommen worden ist.[165] 151

(2) Störungsverbot, § 44 Abs. 1 Nr. 2 BNatSchG. § 44 Abs. 1 Nr. 2 BNatSchG verbietet erhebliche Störungen streng geschützter Arten und europäischer Vögel während der Brut-, Rast-, Mauser- und Überwinterungsphase. Erfasst werden in diesem Zusammenhang zumeist indirekte bzw. psychische Auswirkungen, z. B. Fluchtreaktionen, Vergrämung.[166] 152

Bedeutsam ist im Rahmen des Störungsverbots nach § 44 Abs. 1 Nr. 2 BNatSchG vor allem, dass eine erhebliche Störung nur vorliegt, wenn sich durch die Störung der **Erhaltungszustand der lokalen Population** einer Art verschlechtert. Im Gegensatz zu § 44 Abs. 1 Nr. 1 BNatSchG, für den die herrschende Auffassung einen strengen Individuenbezug annimmt, weist das Störungsverbot nach der ausdrücklichen gesetzgeberischen Entscheidung einen lokalen **Populationsbezug** auf. 153

In diesem Zusammenhang ist strittig, ob durch Kompensationsmaßnahmen bereits auf der Tatbestandebene des § 44 Abs. 1 Nr. 2 BNatSchG dafür Sorge getragen werden kann, eine ansonsten zu befürchtende Verschlechterung des Erhaltungszustands der lokalen Population einer Art zu vermeiden und damit eine Verletzung des Verbotstatbestands auszuschließen; einer artenschutzrechtlichen Ausnahme nach § 45 Abs. 7 BNatSchG bedürfte es dann nicht. Von Gellermann[167] wird dies mit der Begründung abgelehnt, § 44 Abs. 5 S. 3 BNatSchG sehe verbotsvermeidende Kompensationen nur für das Schädigungsverbot nach § 44 Abs. 1 Nr. 3 und das dadurch bedingte Tötungsverbot nach § 44 Abs. 1 Nr. 1 BNatSchG vor. Auf das Störungsverbot nach § 44 Abs. 1 Nr. 2 BNatSchG beziehe sich § 44 Abs. 5 S. 3 BNatSchG 154

---

[163] *BVerwG*, Urt. v. 27.6.2013 – 4 C 1/12.
[164] *BVerwG*, Urt. v. 27.6.2013 – 4 C 1/12.
[165] *OVG Lüneburg*, Beschl. v. 18.4.2011 – 12 ME 274/10.
[166] *Gellermann*, in: Landmann/Rohmer (Hrsg.), Umweltrecht, BNatSchG, § 44 Rn. 10.
[167] *Gellermann*, in: Landmann/Rohmer (Hrsg.), Umweltrecht, BNatSchG, § 44 Rn. 12.

ausdrücklich nicht. Hingegen werden in der Rechtsprechung des BVerwG **Kompensationsmaßnahmen** bzw. **„vorgezogene Ausgleichsmaßnahmen"** bereits auf Tatbestandsebene des Störungsverbots nach § 44 Abs. 1 Nr. 2 BNatSchG akzeptiert, indem bei der Prüfung einer drohenden Verschlechterung des Erhaltungszustands der lokalen Population diese Kompensationsmaßnahmen zu berücksichtigen sind. Erweisen sich die Kompensationsmaßnahmen als geeignet, eine Verschlechterung des Erhaltungszustands der lokalen Population zu vermeiden, lehnt das BVerwG bereits die Verletzung des Tatbestands des Störungsverbots nach § 44 Abs. 1 Nr. 2 BNatSchG ab.[168]

155   Diese Rechtsprechung des BVerwG, die bisher zu straßenrechtlichen Planfeststellungen ergangen ist, findet mit Blick auf die Frage, ob das Störungsverbot nach § 44 Abs. 1 Nr. 2 BNatSchG durch die Errichtung von Windenergieanlagen verletzt wird, seine Bestätigung in einem Beschluss des OVG Münster vom 6.11.2012.[169] Dort führt das OVG Münster wie folgt aus:

OVG Münster, Beschl. v. 6.11.2012 – 8 B 441/12
„Im vorliegenden Fall konnte der Antragsgegner nicht endgültig feststellen, inwieweit die Voraussetzungen des § 44 Abs. 1 Nr. 2 BNatSchG für die Vogelarten Kiebitz und Großer Brachvogel vorliegen. Er geht davon aus, dass die streitgegenständliche Anlage, die zu acht bereits vor längerer Zeit errichteten und seitdem betriebenen Anlagen hinzutritt, zu einer erheblichen Störung der in diesem Bereich lebenden Brutpaare von Kiebitz und Großem Brachvogel während der Fortpflanzungs- und Aufzuchtzeiten führt. Es sei aber unklar, wie vielen Brutpaaren eine Verdrängung durch die streitgegenständliche Anlage drohe. Unabhängig von der Anzahl der betroffenen Brutpaare könne eine durch die streitgegenständliche Anlage verursachte Störung der beiden betroffenen Vogelarten durch näher dargelegte Maßnahmen zur Nisthabitatoptimierung kompensiert werden. Dies sei durch wissenschaftliche Untersuchungen belegt und übliche Praxis des Antragsgegners. Danach sei z. B. beim Kiebitz pro verdrängtem Brutpaar eine Kompensationsfläche von 1,5 ha im Hinblick auf die Lebensraumansprüche dieser Vogelart zu optimieren. Das angeordnete Monitoring soll der Ermittlung dienen, ob es über die bereits angeordneten Kompensationsmaßnahmen hinaus weiterer Kompensationsmaßnahmen bedarf."

156   Im Anschluss an diesen Sachverhalt problematisiert das OVG Münster in seiner Entscheidung, ob die von dem dortigen Antragsgegner vorgesehenen Kompensationsmaßnahmen zum Ausschluss des Störungsverbots nach § 44 Abs. 1 Nr. 2 BNatSchG durch ein betriebsbegleitendes Monitoring ergänzt werden dürfen, welches die Prüfung zum Inhalt hat, verbleibenden Restunsicherheiten hinsichtlich der Eignung der **Kompensationsmaßnahmen** zur Vermeidung einer erheblichen Störung Rechnung zu tragen. Insgesamt lässt sich der Entscheidung des OVG Münster damit ebenfalls entnehmen, dass Kompensationsmaßnahmen, die der Vermeidung einer Verschlechterung des Erhaltungszustandes der lokalen Population einer Art dienen, nach Auffassung der Rechtsprechung bereits auf der Tatbestandsebene des Störungsverbots nach § 44 Abs. 1 Nr. 2 BNatSchG zu berücksichtigen sind.

157   **(3) Schädigungsverbot, § 44 Abs. 1 Nr. 3 BNatSchG.** Die Realisierung von Windenergieanlagen kann unter Umständen ebenso die Entfernung bzw. Zerstörung von **Fortpflanzungs- oder Ruhestätten** nach sich ziehen. Insoweit kommt z. B. auch die Entfernung eines Brutplatzes als Maßnahme zur Vermeidung eines ansonsten bestehenden signifikant erhöhten **Kollisionsrisikos** (vgl. § 44 Abs. 1 Nr. 1 BNatSchG) in Betracht.

158   In diesem Fall ist jedoch zu vergegenwärtigen, dass die **Zerstörung eines Brutplatzes** (ihrerseits) einen artenschutzrechtlichen Verbotstatbestand, nämlich das Schädigungsverbot nach § 44 Abs. 1 Nr. 3 BNatSchG, verletzen kann. Danach ist es verboten, **Fortpflanzungs- und Ruhestätten** wild lebender Tiere der besonders geschützten Arten aus der Natur zu entnehmen, zu beschädigen oder zu zerstören. Zu den wild lebenden Tieren der besonders geschützten Arten zählen sämtliche europäische Vogelarten (§ 7 Abs. 2 Nr. 13, b), bb) BNatSchG). In räumlicher Hinsicht geht das BVerwG zwar von einem eng begrenzten Begriff der geschützten Fortpflanzungs- und Ruhestätten aus; als Schutzgüter erfasst werden aber in jedem Fall beispielsweise Balzplätze und Niststätten europäischer Vögel.[170]

---

[168] *BVerwG*, Urt. v. 18.3.2009 – 9 A 39.07, NVwZ 2010, 44 für ein Straßenbauvorhaben.
[169] *OVG Münster*, Beschl. v. 6.11.2012 – 8 B 441/12.
[170] *BVerwG*, Urt. v. 18.3.2009 – 9 A 39/07, NVwZ 2010, 44.

In zeitlicher Hinsicht betrifft die Verbotsnorm primär die Phase aktueller Nutzung der 159
Lebensstätte. Unter Berücksichtigung des verfolgten Zwecks der Regelung, die Funktion der
Lebensstätte für die geschützte Art zu sichern, ist dieser Schutz aber auszudehnen auf Abwesenheitszeiten der sie nutzenden Tiere einer Art, sofern nach den Lebensgewohnheiten der Art eine regelmäßig wiederkehrende Nutzung zu erwarten ist.[171] Mithin sind durch das Zerstörungsverbot des § 44 Abs. 1 Nr. 3 BNatSchG – unter anderem – besetzte und regelmäßig benutzte Brutplätze europäischer Vogelarten geschützt, selbst wenn sie während einer jahreszeitlichen Abwesenheit unbenutzt sein sollten.

Eine wesentliche Einschränkung findet der Anwendungsbereich des Verbotstatbestands 160
nach § 44 Abs. 1 Nr. 3 BNatSchG in § 44 Abs. 5 BNatSchG. Danach scheidet eine Verletzung des Zerstörungsverbots nach § 44 Abs. 1 Nr. 3 BNatSchG aus, wenn der Zugriff im Zuge eines nach § 15 BNatSchG zulässigen **Eingriffs in Natur und Landschaft** erfolgt und europäische Vogelarten betroffen sind, soweit die ökologische Funktion der betroffenen Fortpflanzungs- oder Ruhestätten im räumlichen Zusammenhang weiterhin erfüllt wird. Um dies zu gewährleisten, können nach Abs. 5 S. 3 auch **vorgezogene Ausgleichsmaßnahmen** festgesetzt bzw. vorgesehen werden.

Hierbei ist jedoch zu beachten, dass die Freistellungsregelung des § 44 Abs. 5 BNatSchG 161
WEA-Vorhaben nur zugute kommen kann, wenn bei deren Zulassung den Anforderungen des § 15 BNatSchG in vollem Umfang genügt wird. Des Weiteren muss die **ökologische Funktion** der betroffenen Fortpflanzungs- oder Ruhestätte im räumlichen Zusammenhang weiterhin erfüllt werden (§ 44 Abs. 5 S. 2 BNatSchG). Diese **Voraussetzung des vollen Funktionserhalts** ist allerdings nicht schon dann gegeben, wenn der Eingriff keine messbaren Auswirkungen auf die Reproduktionsbedingungen bzw. Rückzugsmöglichkeiten der lokalen Population als ganzer hat, sondern erst dann, wenn die für die mit ihren konkreten Lebensstätten betroffenen Exemplare einer Art die von der Lebensstätte wahrgenommene Funktion vollständig erhalten bleibt. Das ist zum Beispiel der Fall, wenn dem in einem Brutrevier ansässigen Vogelpaar weitere geeignete Nistplätze in seinem Revier zur Verfügung stehen oder nach § 44 Abs. 5 S. 3 BNatSchG durch Ausgleichsmaßnahmen ohne zeitlichen Bruch bereitgestellt werden können.[172]

cc) Verunstaltung des Landschaftsbildes. Häufig hört man von Windkraftgegnern, dass 162
moderne und demnach sehr hohe Windenergieanlagen das **Landschaftsbild** verunstalten. Dabei wird immer wieder verkannt, dass in diesem Zusammenhang eine bloße **Beeinträchtigung** des Landschaftsbildes als Hinderungsgrund für die Zulassung von WEA mit Blick auf deren Privilegierung abzulehnen ist.[173] Vielmehr bedarf es einer verunstaltenden Wirkung, damit das Landschaftsbild einer WEA als entgegenstehender öffentlicher Belang (§ 35 Abs. 3 S. 1 Nr. 5 BauGB) entgegengehalten werden kann.

Eine solche verunstaltende Wirkung kann nur dann angenommen werden, wenn es sich um 163
eine wegen ihrer Schönheit und Funktion besonders schutzwürdige Umgebung handelt oder wenn ein besonders grober Eingriff in das Landschaftsbild in Rede steht.[174] Zur Beurteilung dieser Voraussetzung kommt es auf eine Einzelfallbetrachtung an. So kann beispielsweise festgehalten werden, dass eine Landschaft als vorbelastet anzusehen ist, wenn in dieser eine Hochspannungsleitung oder auch eine Eisenbahnlinie gelegen ist. In diesen Fällen ist die zu erwartende zusätzliche Belastung durch die Errichtung und den Betrieb einer WEA als vergleichsweise gering anzusehen, weshalb eine Unzulässigkeit aufgrund einer Verunstaltung des Landschaftsbildes abzulehnen ist.

Bei der Errichtung von Einzelanlagen kann auch der oftmals angeführte Verlust von Sicht- 164
beziehungen nicht als entgegenstehender Belang gewertet werden. Moderne WEA sind aufgrund ihrer schlanken Bauform und der farblichen Anpassung der Türme nicht geeignet,

---

[171] *BVerwG*, Urt. v. 18.3.2009 – 9 A 39/07, NVwZ 2010, 44; *OVG Münster*, Urt. v. 17.2.2011 – 2 D 36/09.
[172] *BVerwG*, Urt. v. 18.3.2009 – 9 A 31/07, NVwZ 2010, 63.
[173] *OVG Koblenz*, Urt. v. 20.2.2003 – 1 A 11406/01.
[174] *OVG Bautzen*, Urt. v. 18.5.2000 – 12 B 29/98.

die Sichtbeziehung der Landschaft zunichte zu machen. Es kann allenfalls zu geringfügigen Durchbrechungen kommen, die weder auf das Landschaftsbild noch auf den **Erholungswert** der Landschaft erhebliche Auswirkungen haben.

d) Belange des Denkmalschutzes

165   Im ländlichen Bereich wird dem potenziellen Anlagebetreiber bei der Errichtung und dem Betrieb einer WEA häufig auch der **öffentliche Belang des Denkmalschutzes** im Sinne des § 35 Abs. 3 S. 1 Nr. 5 BauGB entgegengehalten. Dabei handelt es sich um eine eigenständige Schutznorm, die neben den landesrechtlichen Vorschriften steht und dem Schutz von Denkmälern dient. Zwar gehört der Denkmalschutz zur Kompetenz der Länder, jedoch handelt es sich bei § 35 Abs. 3 BauGB um eine bodenrechtliche Regelung, die unter die Gesetzgebungskompetenz des Bundes fällt. Die bundesrechtliche Vorschrift verweist in diesem Zusammenhang daher nicht auf das jeweilige Denkmalschutzrecht des Landes, sondern enthält eine eigenständige Regelung, die mit einer sog. „Auffangfunktion" ein Mindestmaß an Denkmalschutz gewährleisten soll.[175]

166   Der Begriff **Denkmal** umfasst insbesondere jene baulichen Anlagen, an deren Erhaltung aus wissenschaftlichen, künstlerischen oder heimatgeschichtlichen Gründen ein öffentliches Interesse besteht.[176] Grundsätzlich werden speziell Baudenkmäler, Bodendenkmäler aber auch Naturdenkmäler geschützt. Zur näheren Begriffsbestimmung kann auf die jeweiligen Vorschriften des Denkmalschutzes der Länder verwiesen werden. Soweit in einigen Ländern für den Denkmalschutz konstitutiv die Eintragung in einem Denkmalbuch gefordert wird, kommt es hierauf für die Anwendung des § 35 Abs. 3 BauGB aufgrund dessen Eigenständigkeit nicht an.

167   Hinsichtlich der Frage, ob und inwieweit Belange des Denkmalschutzes entgegenstehen, bedarf es wiederum einer **nachvollziehenden Abwägung**. Dabei ist der Zweck des Vorhabens nach § 35 Abs. 1 BauGB dem öffentlichen Belang des Denkmalschutzes i. S. d. § 35 Abs. 3 Nr. 5 BauGB gegenüberzustellen. Da Windenergieanlagen im Außenbereich privilegiert und grundsätzlich zulässig sind, sofern keine öffentlichen Belange entgegenstehen (§ 35 Abs. 3 Nr. 5 BauGB), bewirkt diese Privilegierung ein erheblich stärkeres Durchsetzungsvermögen gegenüber etwaigen von dem Vorhaben lediglich berührten öffentlichen Belangen.[177] Daher muss in die Abwägung auch an dieser Stelle insbesondere das Gewicht berücksichtigt werden, welches der Gesetzgeber den privilegierten Vorhaben im Außenbereich zugesprochen hat, sodass nicht jede bloße Beeinträchtigung zur Unzulässigkeit des Vorhabens führt.[178] Zudem ist das **öffentliche Interesse** an der Erschließung erneuerbarer Energien mit dem ihm zukommenden Gewicht in die Abwägung der widerstreitenden Interessen im Rahmen des § 35 BauGB einzustellen. Gerade weil das Staatsziel des Klimaschutzes in Art. 20a GG verankert ist, ist dieser als grundsätzlich dem Denkmalschutz vorrangiger Belang zu berücksichtigen.[179]

168   Da § 35 Abs. 3 S. 1 Nr. 5 BauGB gleichsam nur ein Mindestmaß an bundesrechtlich eigenständigem, von landesrechtlichen Denkmalschutzregelungen unabhängigem Denkmalschutz gewährleistet und daher nur dort zur Anwendung kommt, wo grobe Verstöße in Frage stehen, muss eine *„besondere, erhebliche Beeinträchtigung"* eines Denkmals vorliegen, um ein Entgegenstehen eines öffentlichen Belangs zu rechtfertigen.[180] Wann eine **erhebliche Beeinträchtigung** des Denkmals gegeben ist, hängt von den jeweiligen Umständen des Einzelfalls ab, eine allgemeingültige Festlegung kann nicht vorgenommen werden. Je schwerwiegender der Eingriff und je höher der Wert des Denkmals einzustufen ist, desto eher ist von einer erheblichen Beeinträchtigung auszugehen.[181]

---

[175] *BVerwG*, Urt. v. 21.4.2009 – 4 C 3.08.
[176] *Söfker*, in: Ernst/Zinkahn/Bielenberg/Krautzberger (Hrsg.), BauGB, § 35 Rn. 95.
[177] Vgl. etwa: *OVG Bautzen*, Urt. v. 22.6.2006 – 1 B 707/01.
[178] Vgl. *BVerwG*, Urt. v. 13.12.2001 – 4 C 3.01 – BauR 2002, 751/753.
[179] *VGH Mannheim*, Urt. v. 1.9.2011 – 1 S 1070/11.
[180] *VGH München*, Urt. v. 18.7.2013 – 22 B 12.1741; vgl. auch *BVerwG*, Urt. v. 21.4.2009 – 4 C 3.08; *OVG Lüneburg*, Urt. v. 21.4.2010 – 12 LB 44/09.
[181] *VGH München*, Urt. v. 18.7.2013 – 22 B 12.1741.

III. Zulässigkeit im unbeplanten Außenbereich und entgegenstehende Belange 45

Eine Beeinträchtigung eines Denkmals durch den Bau von Windenergieanlagen im Außen- **169** bereich kann insbesondere dann gegeben sein, wenn das Baudenkmal einen denkmalschutzrechtlichen **Umgebungsschutz** genießt. Dieser Schutz ist dann verletzt, wenn das Denkmal in seinem Erscheinungsbild in der Umgebung gestört wird, sodass dessen jeweilige besondere Wirkung, die es als Kunstwerk, als Zeuge der Geschichte oder als bestimmendes städtebauliches Element auf den Beschauer ausübt, herabgesetzt wird.[182] Dabei ist zu berücksichtigen, dass nicht allein die Betroffenheit einer ungestörten Wahrnehmung eines Denkmals dessen Wert herabsetzt. Denn das geschützte Erscheinungsbild eines Denkmals ist nicht mit dessen ungestörtem Anblick gleichzusetzen. Vielmehr ist die Beziehung des Denkmals zu seiner Umgebung maßgebend.[183]

Als Erscheinungsbild sind daher die Wirkung des Baudenkmals in seiner Umgebung und **170** die Bezüge zwischen dem Baudenkmal und seiner Umgebung gemeint.[184] Als Umgebung eines Kulturdenkmals ist der Bereich zu sehen, auf den es ausstrahlt und der es in denkmalrechtlicher Hinsicht seinerseits prägt und beeinflusst.[185] Eine Beeinträchtigung einer Sichtbeziehung bzw. Ansicht kann also – mangels hinreichender Eingriffsintensität – jedenfalls dann keinen entgegenstehenden denkmalschutzrechtlichen Belang darstellen, wenn die Funktionsbeziehung zwischen Denkmal und Umfeld unberührt bleibt.[186] Insoweit kann für die planungsrechtliche Unzulässigkeit eines Vorhabens die Störung des landschaftsprägenden Eindrucks eines benachbarten Denkmals nur dann ausreichend sein, wenn überhaupt eine Funktionsbeziehung zwischen Denkmal und Umfeld besteht und diese erheblich beeinträchtigt wird. In diesem Zusammenhang ist von einer **erheblichen Beeinträchtigung** des Erscheinungsbildes nur dann auszugehen, wenn der Gesamteindruck des Baudenkmals empfindlich gestört wird. Eine Beeinträchtigung muss daher deutlich wahrnehmbar sein und vom Betrachter als belastend empfunden werden. Dabei ist der konkrete **Denkmalwert** von besonderer Relevanz. Zudem muss die Entscheidung „kategorienadäquat" erfolgen, das heißt, sie muss sich an der für das Schutzobjekt maßgeblichen denkmalschutzrechtlichen **Bedeutungskategorie** orientieren. Hierfür ist zwischen der künstlerischen Bedeutung einerseits und der wissenschaftlichen Bedeutung andererseits zu unterscheiden. Im Unterschied zur Unterschutzstellung aus künstlerischen Erwägungen lassen die Schutzgründe der wissenschaftlichen und heimatgeschichtlichen Bedeutung Veränderungen selbst größeren Umfangs und Gewichts zu.[187]

Unabhängig vom durch den § 35 Abs. 3 S. 1 Nr. 5 BauGB gewährleisteten Mindestmaß an **171** Denkmalschutz, müssen im Rahmen der Genehmigung von WEA auch die landesrechtlichen Vorschriften des Denkmalschutzes als sonstige öffentlich-rechtliche Vorschriften nach § 6 Abs. 1 Nr. 2 BImSchG eingehalten werden. Danach darf ein Vorhaben regelmäßig nur zugelassen werden, wenn Belange des Denkmalschutzes nicht entgegenstehen (§ 9 Abs. 2 Nr. 1 DSchG NRW oder nach § 13 Abs. 2 Nr. 1 DSchG Rh-Pf). Ein beachtliches Entgegenstehen denkmalschutzrechtlicher Vorschriften i. S. d. § 6 Abs. 1 Nr. 2 BImSchG ist also nach eigener Wertung der Landesdenkmalgesetze nur dann anzunehmen, wenn Vorhaben Gründe des Denkmalschutzes entgegenstehen (und nicht nur beeinträchtigt oder berührt sind). Insoweit differenzieren auch Landesdenkmalschutzgesetze sehr genau zwischen den Begriffen „Beeinträchtigen" (als Anknüpfungspunkt für die bloße denkmalrechtliche Erlaubnispflicht) und dem viel schärferen Erfordernis des „Entgegenstehens" von Belangen des Denkmalschutzes als Tatbestandsmerkmal der materiellen Erlaubnisfähigkeit (vgl. § 9 DSchG NRW, § 13 DSchG Rh-Pf). Im Ergebnis ist daher von einem Gleichlauf der bauplanungsrechtlichen Prüfung nach § 35 Abs. 3 S. 1 Nr. 5

---

[182] Vgl. *OVG Lüneburg*, Urt. v. 21.4.2010 – 12 LB 44/09.
[183] *OVG Münster*, Urt. v. 8.3.2012 – 10 A 2037/11; *VG Düsseldorf*, Urt. v. 24.4.2012 – 11 K 6956/10.
[184] Vgl. *OVG Lüneburg*, Beschl. v. 28.5.2002 – 1 LA 2929/01 zu § 8 Satz 1 NDSchG.
[185] Vgl. *Martin*, in: Martin/ Krautzberger (Hrsg.), Handbuch Denkmalschutz und Denkmalpflege, Teil B, Rn. 41.
[186] *OVG Münster*, Urt. v. 8.3.2012 – 10 A 2037/11; *VG Düsseldorf*, Urt. v. 24.4.2012 – 11 K 6956/10.
[187] Vgl. *VGH Mannheim*, Urt. v. 27.6.2005 – 1 S 1674/04.

BauGB und der Prüfung nach den landesrechtlichen Denkmalschutzgesetzen auszugehen, da die Prüfungsmaßstäbe im Wesentlichen identisch sind.[188]

172 Für die Einschätzung des Wertes eines Denkmals und seiner Beeinträchtigung haben die Bundesländer Denkmalfachbehörden gebildet. Die Gerichte sind jedoch an deren fachliche Beurteilung nicht gebunden. Sie haben vielmehr deren Aussage- und Überzeugungskraft zu überprüfen und sich aus dem Gesamtergebnis des Verfahrens eine eigene Überzeugung zu bilden.[189]

e) Belange des Luftverkehrs

173 Im Rahmen der steten Weiterentwicklung und der immer größer werdenden Abmessungen von modernen WEA gibt es im Rahmen der Zulässigkeit von Windenergievorhaben naturgemäß immer häufiger Berührungspunkte mit den Belangen des Luftverkehrs. Dabei sind die Anknüpfungspunkte des Luftverkehrsrechts nicht lediglich durch die schieren Ausmaße und von WEA bestimmt, sondern auch von den geplanten Standorten der Anlagen und deren physikalischer Effekte.[190] Dass Konflikte zwischen WEA-Nutzung und Luftverkehr dabei auf vielfältige Widerstände treffen können, zeigt ein anschauliches Beispiel aus der Presse Mecklenburg-Vorpommerns[191]:

„Wirrwarr im Energieressort: Beim Aufbau neuer Windenergieanlagen in Mecklenburg-Vorpommern erfährt ausgerechnet der für die Energiewende zuständige Minister Volker Schlotmann (SPD) Widerstand im eigenen Haus. So haben seine Beamten aus der ebenfalls zum Ressort zählenden Luftfahrtbehörde Einwände gegen den Bau von neun Windenergieanlagen erhoben. […].
Auch die Bundeswehr legt die Energiewende in Mecklenburg-Vorpommern unter Zwischenfeuer: So hat die Truppe jetzt den Bau von jeder zweiten der derzeit landesweit geplanten etwa 80 Windenergieanlagen abgelehnt. […].
Mit den von den Militärs gestoppten Anlagen gingen dem Land […] Anlagen mit einer Leistung von 120 MW verloren […]."

aa) Allgemeines

174 **(1) Verfahrensebenen.** Der Belang des Luftverkehrs ist für die WEA-Nutzung auf zwei Ebenen von Bedeutung und dort jeweils **qualitativ** wie auch **quantitativ** von außerordentlichem Belang:

175 Der Komplex Luftverkehr kann sowohl auf **Planungsebenen** (Regionalplanung, Flächennutzungsplanung, Bebauungsplanung), wie auch im unmittelbaren **Anlagengenehmigungsverfahren** (Bundesimmissionsschutzverfahren) geltend gemacht werden. Diese Distinktion ist wichtig, weil hieran unterschiedliche Berücksichtigungspflichten, Mitwirkungsakte von Fachbehörden und verschiedentlich auch Bindungswirkungen für die letztliche Entscheidung (sei es über einen Genehmigungsantrag, sei es über eine Bauleit- oder Regionalplanung) anknüpfen. Während im Genehmigungsverfahren für WEA der Einwand des Luftverkehrs teilweise bis zur zwingenden Versagung der beantragten Genehmigung führen kann, sind die Planträger in gewisser „Freiheit". Dort findet „lediglich" eine Abwägung dieses Belangs statt. Es ist den zuständigen Gebietskörperschaften also durchaus möglich, die Einwendung des Luftverkehrs mit stichhaltigen **luftfahrttechnischen und luftfahrtrechtlichen Argumenten** „wegzuwägen". Indes zeigt bereits diese doppelte Ebene, welchen schon verfahrensseitig wichtigen Stellenwert der Belang Luftverkehr insgesamt einnimmt.

176 Die o. g. allgemeine Einordnung wird noch unterstrichen durch qualitative und quantitative Momente, deren fehlerhafte „Nicht-Berücksichtigung" in einer Vielzahl von Projekten schon dazu geführt hat, dass Windkraftenergieanlagen nicht errichtet werden können.

177 Zum qualitativen Moment: Die durch „Fachbehörden" vorgetragene Einwendung zum Belang Luftverkehr beginnt typischerweise mit dem Inhalt, dass man für die Sicherheit des Luftverkehrs zuständig sei, es mithin um das alles überragende Ziel des Lebensschutzes gehe.

---

[188] Vgl. *OVG Lüneburg,* Urt. v. 28.11.2007 – 12 LC 70/07; *OVG Lüneburg,* Urt. v. 12.11.2008 – 12 LC 72/07 jeweils m. w. N.
[189] *BVerwG,* Beschl. v. 14.6.2012 – 4 B 22.12.
[190] Vgl. zur Systematik grundlegend: *VG Aachen,* Urt. v. 24.7.2013 – 6 K 248/09, ZNER 2013, 544.
[191] Schweriner Volkszeitung v. 29.10.2012.

Wenn man bedenkt, dass es etwa 21.000 Windenergieanlagen gibt, es aber seit 1996 bis zum heutigen Tage nicht zu einem einzigen Unfall bzw. meldepflichtigen Vorfall gekommen ist, wird rasch deutlich, dass dieser allgemeine Bezug auf die Sicherung des Lebensschutzes im Luftverkehr zwar zuständigkeitshalber zutreffend ist, jedoch mit einer tatsächlichen Gefahrenlage nicht ohne Weiteres im Zusammenhang steht und redlicher Weise auch nicht zwingend in Zusammenhang gebracht werden dürfte. Indessen ist es so, dass dieses qualitative Moment bei den Genehmigungsbehörden und oft erst Recht bei insoweit sachunkundigen Richtern zu dem psychologisch vermittelten Eindruck führt, dass hier eine besondere Einwendungsqualität gegeben sei. Ob hingegen tatsächlich Einrichtungen des Luftverkehrs oder aber bestimmte Verkehrsregeln tangiert sind, hat mit diesem rein psychologischen Moment im Ergebnis oft wenig zu tun.

Spiegelbildlich verstärkt wird dieses qualitative Moment durch die Quantität von Einrichtungen und Verkehrsregeln, die den Belang des Luftverkehrs ausmachen: Nimmt man z.B. alle dem Luftverkehr dienenden Einrichtungen zusammen, sind es Hunderte von Anlagen, die einen faktischen Schutzbereich für sich geltend machen mit der weiteren Folge, dass riesige Flächen – typischerweise sogar in Vorrang- und Eignungsgebieten für die Windenergienutzung – nicht durch WEA nutzbar wären. 178

Dies sind exemplarisch die tieferen (Motivations-)gründe, die verselbstständigt von der tatsächlichen „Gefahr" für den Luftverkehr zu kaum nachvollziehbaren Verwaltungsentscheidungen führen können. 179

(2) Genehmigungsverfahren: Abgrenzung Luftverkehrsrecht und Bauplanungsrecht. 179a
Innerhalb des Anlagengenehmigungsverfahrens stellt sich die Frage, wie der Belang des Luftverkehrs im Gefüge der „entgegenstehenden öffentlichen Belange" einzuordnen ist.

Luftfahrtbetriebliche Auswirkungen von baulichen Anlagen, d.h. deren Auswirkungen auf die betriebliche Durchführung des (zivilen oder militärischen) Luftverkehrs, fließen ausschließlich in die Entscheidung über die luftverkehrsrechtliche Zustimmung nach § 12, 17 LuftVG bzw. nach § 14 LuftVG ein. Denn durch diese Vorschriften wird – in Abhängigkeit von Lage bzw. Höhe der zu errichtenden Bauwerke – der Flugverkehr, konkret: der An- und Abflugverkehr an Flugplätzen (§§ 12, 17 LuftVG) bzw. der Streckenflugverkehr (§ 14 LuftVG) geschützt.[192] Soweit WEA Auswirkungen auf den Flugbetrieb als solchen haben können, handelt es sich demnach – je nach Lage oder Höhe – ausschließlich um nach §§ 12, 17 LuftVG bzw. § 14 LuftVG zu prüfende Belange. 179b

Lediglich solche luftfahrtbetrieblichen Auswirkungen einer WEA, die nicht dem Anwendungsbereich des spezialgesetzlichen Luftverkehrsrechts unterfallen, sind im Genehmigungsverfahren als sog. „unbenannter öffentlicher Belang" über § 35 Abs. 3 BauGB zu prüfen.[193] Ist das speziellere Luftverkehrsrecht einschlägig, besteht daneben keine eigene Prüfkompetenz der immissionsschutzrechtlichen Genehmigungsbehörde. Es sind allein die Verfahrens- und materiellen Vorschriften des LuftVG maßgeblich. 179c

(a) Besonderheit: § 18 a LuftVG und § 35 Abs. 3 S. 1 Nr. 8 BauGB. Sowohl § 35 Abs. 3 S. 1 Nr. 8 BauGB, als auch § 18 a LuftVG erfassen die mögliche Beeinträchtigung von Radaranlagen. Die Betroffenheit einzelner Flugsicherheitseinrichtungen könnten folglich der Sache nach auch einen Einwand nach § 35 Abs. 3 S. 1 Nr. 8 BauGB darstellen. Insoweit muss jedoch schon wegen der Spezialität der Vorschriften des Luftverkehrsrechts ein Gleichlauf des Ergebnisses der Entscheidung nach § 18a LuftVG mit der bauplanungsrechtlichen Bewertung nach § 35 Abs. 3 Nr. 8 BauGB erfolgen. Wenn also ein Vorhaben bezogen auf eine Funknavigations- oder Radaranlage nicht zu einem materiellen Bauverbot im Sinne des § 18a Abs. 1 LuftVG führt, dann kann diese Funknavigationsanlage auch keinen dem Vorhaben entgegenstehenden Belang nach § 35 Abs. 3 Nr. 8 BauGB darstellen. Die Bewertung muss in diesem Fall zu einem parallelen Ergebnis führen. Überdies sind die Belange der Luftfahrt einschließlich der Navigationsanlagen 179d

---

[192] Vgl. zur Systematik grundlegend: *VG Aachen*, Urt. v. 24.7.2013 – 6 K 248/09, ZNER 2013, 544.
[193] Vgl. *OVG Koblenz*, Urt. v. 26.11.2003 – 8 A 10814/03; juris Rn. 35 f.

bereits Bestandteil der Entscheidung nach § 18a Abs. 1 S. 1 LuftVG. Demnach besteht für eine hiervon unabhängige bauplanungsrechtliche Prüfung kein darüber hinausgehendes Bedürfnis.

179e **(b) Besonderheit: militärische Einrichtungen.** Die Bundeswehr unterhält eigene Flugsicherungseinrichtungen und Verteidigungsradare, deren rechtliche Einordnung gesondert von den zivilen Einrichtungen zu beurteilen ist. Grundsätzlich können Aufgaben der Landesverteidigung einen öffentlichen Belang im Sinne des § 35 Abs. 3 BauGB darstellen.[194] Militärische Flugsicherungsradare unterfallen dem § 18a LuftVG und sind daher im Genehmigungsverfahren ausschließlich über § 18a LuftVG zu berücksichtigen. Klarstellend weist § 18a Abs. 3 S. 2 LuftVG in diesem Zusammenhang darauf hin, dass für militärische Einrichtungen an die Stelle der Flugsicherungsorganisation (DFS) die militärischen Dienststellen treten. Demgegenüber unterfallen Luftverteidigungsradare als „Radaranlagen" im Sinne des § 35 Abs. 3 S. 1 Nr. 8 BauGB dem Regime des § 35 BauGB. Sie sind daher in das Genehmigungsverfahren als potenziell entgegenstehender öffentlicher Belang einzustellen und können dabei im Zuge der nachvollziehenden Abwägung auch hinter dem WEA-Vorhaben zurückstehen.

179f Eine Besonderheit stellt die sog. **POLYGONE Einrichtung** dar. Dabei handelt es sich um eine von den Streitkräften der USA, Frankreichs und Deutschlands gemeinsam betriebene Einrichtung, die der Ausbildung von Luftfahrzeugbesatzungen im Erkennen, Stören und Bekämpfen von bodengebundenen Radareinrichtungen dient. Die mögliche Beeinträchtigung der Übungsflüge in dieser POLYGONE Einrichtung durch WEA ist nicht § 14 LuftVG zuzuordnen. Denn eine Beeinträchtigung der Übungsflüge hat maximal zur Folge, dass die Pilotenausbildung beeinträchtigt wird, führt jedoch nicht zur einer Gefahr für Leben und Körper der Flugzeugbesatzung – dies hat die Bundeswehr mittlerweile auch selbst eingeräumt. Die mögliche Beeinträchtigung der Einrichtung POLYGONE stellt daher keine Gefahr für die Sicherheit des Luftverkehrs i. S. d. § 14 LuftVG dar. Dieser Belang ist auch nicht § 18a LuftVG zuzuordnen, da die POLYGONE Einrichtung keine Flugsicherungseinrichtung darstellt. Damit ist die Einrichtung POLYGONE nicht dem Luftverkehrsrecht zuzuordnen, sondern dem öffentlichen Belang des § 35 Abs. 3 S. 1 Nr. 8 BauGB.

180 **bb) Grundbegriffe des Luftverkehrs.** Die Einwendung „Luftverkehr" lässt sich für den hier interessierenden Zusammenhang luftverkehrsrechtlich und luftfahrttechnisch aufgliedern in den Bereich der
- Verkehrsregeln und
- jeweiligen Einrichtungen.

Luftverkehr findet zunächst nach zwei zu unterscheidenden Flugregelsystemen statt. Dies ist wichtig, da die potenziell beeinträchtigten Einrichtungen des Luftverkehrs unmittelbar mit der Art der Flugregeln im Zusammenhang stehen. Unterschieden wird zwischen **Sichtflugregeln** (VFR) und **Instrumentenflugregeln** (IFR).

181 **(1) Sichtflugverkehr (VFR).** Unter **Sichtflug** versteht man eine Flugdurchführung durch den Piloten nach Sicht, d. h. nach den hierfür gültigen Sichtflugregeln. Einschlägig sind die Regelungen der §§ 34 ff. Luftverkehrsordnung (LuftVO) und allgemeine Vorschriften etwa zu Mindesthöhen gemäß Anhang SERA.3105 der EU-VO 923/2012.[195] Die LuftVO lässt sich auch als die „StVO des Luftverkehrs" begreifen.

182 Der Sichtflieger hat sich dabei selbstständig von Hindernissen freizuhalten, es gilt der Grundsatz „see and avoid".[196] Insbesondere findet keine Radarführung statt, mithin unterbleibt eine förmliche Staffelung. Staffelung in diesem Zusammenhang meint, dass der Luftverkehr durch den Lotsen mit entsprechenden Flugverkehrsanweisungen getrennt – also gestaffelt – wird, damit es nicht zu Kollisionen kommt.

---

[194] *BVerwG*, Beschl. v. 5.9.2006 – 4 B 58/06; juris Rn. 5.
[195] Durchführungsverordnung (EU) Nr. 923/2012 der Kommission vom 26.9.2012 („*Standardised European Rules of the Air*" – SERA).
[196] Anhang SERA.3201, SERA.3205, SERA 3210 der Durchführungsverordnung (EU) Nr. 923/2012.

Neben den Sicherheitsmindesthöhen ist für die Windenergie v. a. der typisierte sogenannte **183 Platzrundenverkehr** relevant. Dabei handelt es sich um ein **An- und Abflugverfahren** in einer sogenannten „race track pattern". Gemeint ist damit eine Vorgabe, die sich graphisch skizzieren lässt:

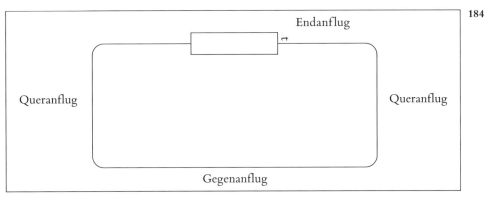

Abb. 1   Quelle: NfL II – 37/00

Bei Platzrunden handelt es sich um standardisierte An- und Abflugverfahren für Flüge nach **185** Sichtflugregeln. Die Platzrunde wird in Art. 2 Nr. 10 der EU-VO 923/2012 definiert als *„der festgelegte Flugweg, der von Luftfahrzeugen in der Nähe eines Flugplatzes einzuhalten ist"*. Sie sollen einen sicheren Landeanflug über ihre Ausformung/Verlauf und/oder Schutz vor Lärm gewährleisten. Typischerweise wird sie durch die **zivile Luftverkehrsbehörde** in Zusammenarbeit mit der **Deutschen Flugsicherung** (DFS) festgelegt.[197] Zwingend ist indes die Festlegung einer Platzrunde nicht. Es handelt sich im Ergebnis lediglich um eine luftverkehrsrechtliche Anordnung in Form einer allgemeinen Verfügung (§ 35 II VwVfG).

(2) Instrumentenflugverkehr (IFR). Wesensverschieden zum Sichtflugverkehr wird der In- **186** strumentenflugverkehr abgewickelt. Er bezeichnet das Steuern von Luftfahrzeugen, bei denen die Fluglage ohne Bezug auf äußere Anhaltspunkte ausschließlich und mit Hilfe von Instrumenten an Bord und durch Unterstützung von Fluglotsen am Boden (Staffelung) kontrolliert wird. Es findet eine **Radarführung** statt. Geregelt sind diese Verkehrsregelungen in den §§ 41 f. der LuftVO. Ob es sich dabei um Privatflieger, Bundeswehr oder professionelle/zivile Verkehre handelt, ist unerheblich. Alle Teilnehmer haben nach den IFR-Regeln der LuftVO zu operieren, so sie danach den Flug durchführen wollen oder z. B. wetterbedingt durchführen müssen.

(3) Einrichtungen des Luftverkehrs. Als **Einrichtungen des Luftverkehrs** sind zunächst **187** die Ultraleichtlandeplätze, die Segelfluggelände, die Landeplätze, die Verkehrslandeplätze, die Regionalflughäfen, die Flughäfen und aber auch alle von der Bundeswehr unterhaltenen Flugplätze zu nennen. Bedenkt man, dass in ganz Deutschland einige Hundert dieser Plätze vorhanden sind, wird die ganze Dimension des Problems klarer.

Während die vorgenannten Einrichtungen letztlich Liegenschaften sind, gibt es daneben **188** eine eher flugdurchführungstechnisch charakterisierbare Gruppe von Einrichtungen des Luftverkehrs. Typischerweise im Instrumentenflugbetrieb werden boden- und bordseitig gestützte **„Instrumente" zur Navigation** wie aber auch zu Start/Landung eingesetzt. Im Wesentlichen handelt es sich um das ILS, GPS, NDB sowie um **Funknavigations- und Radaranlagen** zur Streckenführung und/oder zum Anflug/Abflug.

Das **Instrumentenlandesystem** (instrument landing system, ILS) ist das heutzutage ty- **189** pischerweise zum sogenannten Präzisionsanflug (Schlechtwetteranflug) genutzte System im

---

[197] BMVBS, Bekanntmachung der Gemeinsamen Grundsätze des Bundes und der Länder für die Anlage und den Betrieb von Flugplätzen für Flugzeuge im Sichtflugbetrieb, Bundesanzeiger, Bekanntmachung v. 24.8.2012, BAnz AT 24.8.2012, B 3.

Instrumentenflugbetrieb. Es besteht bodenseitig aus dem sogenannten „localizer" und dem „glideslope". Mit diesen beiden Einrichtungen des ILS kann der Flugzeugführer auf einem bordseitigen Instrument seine vertikale und horizontale Lage gleichsam wie in einem „Kaffeetrichter" erkennen, wobei sich am Ende dieses „Trichters" die Landebahn befindet. Diese Präzisionsanflüge gehen je nach Kategorie bis zu vollautomatischen Anflügen, die dann keinerlei Sichtreferenz mehr benötigen (sog. „CAT III a) Anflüge"). Dementsprechend muss sich der Flugzeugführer unbedingt und in jeder Hinsicht auf die Funktionsfähigkeit der Systeme verlassen können, da eine sichere Landung bei Beeinträchtigung bzw. fehlender Funktionsfähigkeit nicht mehr gewährleistet ist. Nicht zwingend geht indes damit einher, dass WEA nicht gebaut werden können. Vielmehr ist präzise luftfahrttechnisch und luftrechtlich zu prüfen, in welchem Teil des „Kaffeetrichters" sich die geplante WEA befindet und ob sie an diesem Standort überhaupt eine **flugbetriebliche Relevanz** hat. Als Präzisionsanflug wird das ILS bezeichnet, da es auch eine vertikale Führung hat.

190 Davon zu trennen sind die sogenannten „Nichtpräzisionsanflüge" mit bodenseitigen Navigationsmitteln, namentlich der sogenannte Localizer, NDB und VOR *approaches (Anflüge)*. Als Nichtpräzisionsanflüge mit entsprechend höheren Wetterminima werden sie bezeichnet, weil eine vertikale Führung fehlt. Typischerweise durch Zeit- und Entfernungsmessung muss der Flugzeugführer den Sinkflug einleiten. Dies ist weniger präzise als beim ILS, was dazu führt, dass diese Anflüge nur bei besseren Wetterbedingungen durchgeführt werden können.

191 Reine NDB Approaches im Instrumentenflugbetrieb sind kaum noch in Benutzung, weshalb die „Einwendungsrelevanz" dieser Anlage vernachlässigt werden kann.

192 Grundlegend anders verhält es sich bei den so genannten **Funknavigationsanlagen** (VOR/DVOR). Diese Anlagen werden sowohl zur **Streckennavigation** wie aber auch in **Anflugverfahren** eingesetzt. In Deutschland sind zwischen 50 bis 60 dieser Anlagen in Betrieb. Die DFS/BAF[198] machen seit geraumer Zeit massiv „Schutzbereiche" solcher Anlagen geltend (→ Kap. 1 Rn. 218 ff.). Hier zunächst zur flugtechnischen Seite: Drehfunkfeuer VOR (VHF Omnidirectional Radio Range) ist eine englische Bezeichnung für einen Ultrakurzwellensender. Ins Deutsche kann man dies am ehesten mit Rundumfunkfeuer übersetzen.

193 Das VOR ist eine Bodenstation, die Funksignale aussendet. Dieses Signal werten Piloten im Flugzeug aus, um Richtungsinformationen zu erhalten. Technisch wichtig ist es, zwischen dem sogenannten Doppler-VOR (DVOR) und dem bloßen Standard (VOR oder CVOR) zu unterscheiden. Während das CVOR relativ störanfälliger für sogenannte „Winkelfehler" (z. B. durch WEA) ist, ist dies beim DVOR seltener der Fall.

194 Die bisherigen Ausführungen sollten allerdings nicht den Blick für die tatsächliche flugbetriebliche Ebene versperren. Die vorgenannten Einrichtungen sind letztlich (mit Ausnahme des ILS) nur noch von nachrangiger Bedeutung. Denn flugbetrieblich wird im Instrumentenflugverkehr seit mehreren Jahrzehnten satelliten- und trägheitsnavigationsgestützt operiert. Inzwischen ist diese Technik soweit fortgeschritten, dass z. B. in den USA oft nur noch mit diesen bordseitig gestützten Instrumenten auch Präzisionsanflüge durchgeführt werden.

195 In rechtlicher Hinsicht und insoweit eben auch für den juristisch vorgetragenen Einwand relevant ist indes, dass teilweise verbindliche, teilweise unverbindliche Vorschriften der ICAO eben noch auf die älteren bodengestützten Navigationsarten (VOR, NDB) abstellen, aber auch Vorgaben für das im Luftfahrzeug zwingend mitzuführende Gerät (v. a. VOR-Empfangseinheit, nicht z. B. GPS!) existieren und daher mit der Verpflichtung, diese Navigationsanlagen vorzuhalten, argumentiert wird.

196 Zusammenfassend lässt sich sagen, dass der Belang des Luftverkehrs allergrößte Relevanz hat und die Vielzahl der technischen Einrichtungen immer eine detaillierte Betrachtung in tatsächlicher und rechtlicher Hinsicht erforderlich macht.

---

[198] Die Deutsche Flugsicherung (DFS) ist ein beliehenes Unternehmen des Bundes, welches mit der Wahrnehmung hoheitlicher Aufgaben der Flugsicherung betraut ist. Das Bundesaufsichtsamt für Flugsicherung (BAF) ist eine deutsche Bundesbehörde, die den Bereich der zivilen Flugsicherung zertifiziert und überwacht.

cc) Allgemeines zur Hindernisfreiheit.
Der weithin bekannte Grundsatz der Gewährleistung 197
der freien Benutzung des Luftraums i. S. d. § 1 Abs. 1 LuftVG gestattet ohne Weiteres den freien Überflug über fremde Grundstücke. Allerdings bringt dieser Grundsatz eine Beschränkung des Grundeigentums mit sich. Aus Sicherheitsgründen muss der Luftraum in der Umgebung von Flugplätzen einen von Gefahren freien Durchflug ermöglichen, sodass die angrenzenden bzw. betroffenen Grundstücke nur in einem beschränkten Umfang genutzt werden können.

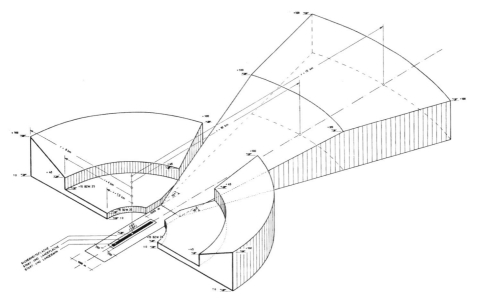

Darstellung eines beschränkungsfreien Raums[199].

Dabei ist zu unterscheiden zwischen Bauschutzbereichen und sonstigen Vorschriften zur 198
Hindernisfreihaltung. Liegt ein Vorhaben im **Bauschutzbereich** eines Flugplatzes, so löst dies nach § 12 Abs. 2 LuftVG ein zwingendes Zustimmungserfordernis der Luftfahrtbehörde aus. Indes ergibt sich allein aus der Lage einer WEA innerhalb eines Bauschutzbereiches noch nicht, dass das Vorhaben unzulässig ist. Für Landeplätze und Segelfluggelände kann nach § 17 LuftVG ebenfalls ein solcher Bauschutzbereich bestimmt werden (**beschränkter Bauschutzbereich**).[200] Vom Bauschutzbereich zu trennen sind die sog. **Hindernisbegrenzungsflächen**.[201] Welche Hindernisbegrenzungsflächen jeweils einschlägig sind, hängt davon ab, wie der Flugplatz genutzt wird (Instrumentenflugverkehr, Sichtflugverkehr oder Segelflugbetrieb). So legt beispielsweise Nr. 5.4 der „Gemeinsamen Grundsätze des Bundes und der Länder für die Anlage und den Betrieb von Flugplätzen für Flugzeuge im Sichtflugbetrieb"[202] zu Hindernisbegrenzungsflächen fest:

> „Die Start- und Landebahn und der sie umgebende Streifen sind von aufragenden Bauwerken, Vertiefungen und sonstigen Hindernissen freizuhalten. (…)Bauwerke/Objekte sollen die An- und/oder Abflugflächen sowie die seitlichen Übergangsflächen nicht durchstoßen. (…)In die äußere Hindernisbegrenzungsfläche sollten keine Bauwerke und sonstigen Erhebungen hineinragen, die nach den örtlichen Verhältnissen die sichere Durchführung des Flugbetriebs gefährden können."

---

[199] Aus BT-Drs. III/100 S. 20.
[200] *Schwenk/Giemulla*, Handbuch des Luftverkehrsrechts, Kap. 9 Rn. 86.
[201] *Schwenk/Giemulla*, Handbuch des Luftverkehrsrechts, Kap. 9 Rn. 86.
[202] Bundesministerium für Verkehr, Bau- und Stadtentwicklung: Gemeinsame Grundsätze des Bundes und der Länder für die Anlage und den Betrieb von Flugplätzen für Flugzeuge im Sichtflugbetrieb vom 3.8.2012; veröffentlicht in NfL I 92/13.

Aus diesem Wortlaut („*sind*" bzw. „*sollen*") ergibt sich, dass lediglich die Start- und Landebahn und die sog. Streifen von Bauwerken freigehalten werden müssen, während innerhalb der An- und Abflugflächen und der äußeren Hindernisbegrenzungsfläche Bauwerke nicht zwingend ausgeschlossen sind. Damit resuliert allein aus der Lage einer WEA innerhalb der Hindernisbegrenzungsflächen nicht automatisch eine Gefahr für die Sicherheit des Luftverkehrs.

198a **dd) Luftverkehrsrecht im Genehmigungsverfahren.** Welche Rolle Luftverkehrsrecht im Genehmigungsverfahren eines WEA-Vorhabens spielt, wird nachfolgend anhand der einzelnen Tatbestände (§ 14 LuftVG, § 12 LuftVG, § 17 LuftVG und § 18a LuftVG) dargestellt.

199 **(1) Luftverkehrsrechtliche Zustimmung nach § 14 LuftVG.** Auch außerhalb von Bauschutzbereichen können Hindernisse für die Luftfahrt Beschränkungen zugunsten der Sicherheit des Luftverkehrs erforderlich machen, wenn bestimmte Höhen überschritten werden. Maßgeblich hierfür ist die Vorschrift des § 14 Abs. 1 LuftVG:

> **§ 14 Abs. 1 LuftVG**
> „Außerhalb des Bauschutzbereichs darf die für die Erteilung einer Baugenehmigung zuständige Behörde die Errichtung von Bauwerken, die eine Höhe von 100 Metern überschreiten, nur mit Zustimmung der Luftfahrtbehörden genehmigen; § 12 Abs. 2 Satz 2 und 3 und Absatz 4 gilt entsprechend."

200 Ausweislich des Wortlauts bedarf es demnach für alle Anlagen, die eine Gesamthöhe von 100 m übersteigen, einer Zustimmung der Luftfahrtbehörde. Diese sog. **luftverkehrsrechtliche Zustimmung** ergeht auf der Grundlage einer gutachterlichen Stellungnahme der Deutschen Flugsicherung GmbH (DFS) bzw. der jeweils für die Flugsicherung zuständigen Stelle.[203]

201 **(a) Gebundene, voll überprüfbare Entscheidung.** Im Gegensatz zu § 18a LuftVG ist für § 14 LuftVG aufgrund des eindeutigen Wortlauts seit langem anerkannt, dass die Entscheidung über die luftverkehrsrechtliche Zustimmung für die Genehmigungsbehörde **bindend** ist. Das bedeutet, dass die Genehmigungsbehörde die Genehmigung versagen muss, wenn die luftverkehrsrechtliche Zustimmung nicht erteilt wurde. Umgekehrt wirkt die Bindungswirkung aber auch positiv, d.h. die Genehmigungsbehörde darf die Genehmigung nicht aus luftverkehrsrechtlichen Gründen versagen, wenn die Zustimmung nach § 14 LuftVG vorliegt.

Die Entscheidung über die luftfahrtbehördliche Zustimmung nach § 14 Abs. 1 LuftVG wirkt sich dabei nicht unmittelbar gegenüber dem Antragsteller aus, sondern ist trotz ihrer Bindungswirkung für die Genehmigungsbehörde ein reines Verwaltungsinternum. Sie ist im Rahmen eines Rechtsstreits über die Rechtmäßigkeit der Versagung der Genehmigung inzident gerichtlich voll überprüfbar.[204]

202 **(b) Zuständigkeit.** Die Entscheidung über die luftverkehrsrechtliche Zustimmung nach § 14 Abs. 1 LuftVG erfolgt durch die zivile Luftfahrtbehörde. Dies gilt auch, soweit möglicherweise Belange des militärischen Luftverkehrs betroffen sein sollten. Lediglich die gutachterliche Stellungnahme für die letztliche Entscheidung der (zivilen) Luftfahrtbehörde erfolgt für den militärischen Luftverkehr in der Praxis – allerdings nur ergänzend zur Stellungnahme der weiterhin zuständigen DFS – durch die entsprechende Behörde der Bundeswehr (das Bundesamt für Infrastruktur, Umweltschutz und Dienstleistungen der Bundeswehr – BAIUDBw). Die Genehmigungsbehörde hat daneben keine Kompetenz, selbstständig zu prüfen, ob die Voraussetzungen für eine Zustimmung vorliegen oder ob in sonstiger Weise Luftverkehrsrecht dem Vorhaben entgegensteht.

---

[203] Z.B. „The Tower Company".
[204] *OVG Münster*, Urt.v. 9.4.2014 – 8 A 430/12; ZNER 2014, 404; *VG Aachen*, Urt. v. 24.7.2013 – 6 K 248/09, ZNER 2013, 544; *VG Schleswig*, Urt. v. 16.2.2012 – 6 A 23/11, BeckRS 2014, 46912; *OVG Weimar*, Urt. v. 30.9.2009 – 1 KO 89/07, NVwZ-RR 2010, 347; *VGH München*, Beschl. v. 31.3.2008 – 8 ZB 07.2824; *VG Regensburg*, Urt. v. 18.12.2010 – RN 7 K 09.2167; *VG Minden*, Urt. v. 22.9.2010 – 11 K 445/09, BeckRS 2010, 54141; *VG Aachen*, Urt. v. 15.7.2008 – 6 K 1367/07, ZNER 2008, 276; *VG Neustadt (Weinstraße)*, Urt. v. 11.4.2005 – 3 K 1624/04.NW, BeckRS 2005, 27426.

(c) Voraussetzungen für die Verweigerung der luftverkehrsrechtlichen Zustimmung. 203
Die Entscheidung der Luftfahrtbehörde nach § 14 Abs. 1 LuftVG darf nur unter strengen Voraussetzungen verweigert werden. Bei der Entscheidung, ob eine luftverkehrsrechtliche Zustimmung nach § 14 LuftVG erteilt werden muss, ist § 29 Abs. 1 S. 1 LuftVG als Prüfungsmaßstab anzuwenden. Demnach obliegt die Abwehr von betriebsbedingten Gefahren für die Sicherheit des Luftverkehrs sowie für die öffentliche Sicherheit oder Ordnung durch die Luftfahrt (Luftaufsicht) den Luftfahrtbehörden und der Flugsicherungsorganisation. Eine Zustimmung ist danach zwingend zu erteilen, wenn Gefahren für die Sicherheit des Luftverkehrs nicht bestehen.

(aa) Konkrete Gefahr für die Sicherheit des Luftverkehrs. Die Verweigerung der luftverkehrsrechtlichen Zustimmung zu einer immissionsschutzrechtlich genehmigungsbedürftigen Anlage setzt das Vorliegen einer **konkreten Gefahr** für die Sicherheit des Luftverkehrs voraus. Eine solche ist anzunehmen, wenn im konkreten Einzelfall mit hinreichender Wahrscheinlichkeit in einem absehbaren Zeitraum mit einem Schadenseintritt gerechnet werden muss. Abstrakte Gefahren genügen nicht, denn sie sind dem Luftverkehr – aufgrund seiner grundsätzlichen Gefährlichkeit – immanent.[205] 204

Die Annahme einer konkreten Gefahr hängt nach der aktuellen Rechtsprechung auch und 204a
vor allem von der luftfahrtbetrieblichen Relevanz des betroffenen Flugverfahrens, also z. B. von der konkreten Nutzung eines bestimmten Luftraums ab. Hierfür ist im Hinblick auf die erforderliche **Gefahrenprognose** eine dezidierte Quantifizierung des in diesem Bereich stattfindenden Luftverkehrs (z. B. welche Flugverfahren sind im Einzelnen betroffen) sowie eine Relation zum schadensträchtigen Ereignis (z. B. gefährliche Annäherung an ein Hindernis, Zusammenprall) anhand der Nutzungszahlen und vor allem unter Berücksichtigung etwaiger konfliktmindernder Faktoren wie einer Entflechtung des Luftverkehrs oder auch eines gestaffelten Luftfahrtbetriebs erforderlich, um abschätzen zu können, wie hoch die **luftfahrtbetriebliche Relevanz** der gerade streitgegenständlichen geplanten Anlagenstandorte ist.[206]

(bb) Darlegungslast. Die *Darlegungs- und Nachweispflicht* für die maßgeblichen Tatsachen, die 205
die Annahme einer konkreten Gefahr begründen, obliegt der die Zustimmung versagenden Luftfahrtbehörde, respektive der für diese gutachterlich tätig werdende DFS und BAIUDBw als denjenigen, die Zugang zu den naturwissenschaftlichen Erkenntnissen haben, die im Zusammenhang mit einer Gefahrenbewertung maßgeblich sind, also denjenigen, die sich auf die konkrete Gefährdung berufen.

einstweilen frei 206

(cc) Grundsatz der Verhältnismäßigkeit. Darüber hinaus muss bei einer Zustimmungsversagung auch der **Grundsatz der Verhältnismäßigkeit** berücksichtigt werden. Dieser gebietet es, dass selbst für den Fall, dass das geplante WEA-Vorhaben zu einer Beeinträchtigung der Sicherheit des Luftverkehrs führen würde, nach einem maßvollen Ausgleich beider widerstreitender Interessen zu suchen. Das führt dazu, dass sich die Belange des Luftverkehrs gegenüber den Belangen der Windenergienutzung im Konfliktfall nicht ohne Weiteres durchsetzen. 207

Vielmehr sind durch **wechselseitige Rücksichtnahme**, sowohl zugunsten privilegierter 208
Vorhaben das ihnen zuerkannte gesteigerte Durchsetzungsvermögen in Rechnung zu stellen als auch die Belange der Luftverkehrssicherheit ausreichend zu würdigen. Dabei gilt es zunächst zu berücksichtigen, dass die Windenergienutzung durch den Gesetzgeber im Außenbereich ausdrücklich privilegiert wurde. Die Erschließung erneuerbarer Energien stellt nach der Rechtsprechung insoweit bereits aus sich heraus einen relevanten Belang dar, der in eine Abwägung

---

[205] *OVG Lüneburg*, Beschl. v. 13.4.2011 – 12 ME 8/11, ZNER 2011, 366; *VG Hannover*, Urt. v. 21.12.2010 – 12 B 3465/10, ZNER 2011, 90; *OVG Weimar*, Urt. v. 30.9.2009 – 1 KO 89/07, NVwZ-RR 2010, 347; *VG Minden*, Urt. v. 22.9.2010 – 11 K 445/09, BeckRS 2010, 54141; *VG Aachen*, Urt. v. 15.7.2008 – 6 K 1367/07; ZNER 2008, 276-277; *VGH München*, Beschl. v. 31.3.2008 – 8 ZB 07.2824; *VG Minden*, Urt. v. 23.1.2002 – 3 L 1147/02 [unveröffentlicht]; *Grabherr*, in: Grabherr/Reidt/Wysk (Hrsg.), LuftVG, § 29 Rn. 11.
[206] Zur parallelen Problemstellung bei § 18a LuftVG: *VG Aachen*, Urt. v. 24.7.2013 – 6 K 248/09.

mit dem ihm zukommenden Gewicht entsprechend eingestellt werden muss.[207] Dies gilt umso mehr, als den Belangen des Klimaschutzes, die durch die Nutzung erneuerbarer Energien gewahrt werden, durch Art. 20a GG ein verfassungsrechtlicher Rang zukommt. Daraus folgt, dass insbesondere im Rahmen des Verhältnismäßigkeitsgrundsatzes im Zusammenhang mit der Planung und Errichtung von Anlagen zur Erzeugung erneuerbarer Energien insbesondere auch der Verfassungsrang des Umweltschutzes zu berücksichtigen ist. Denn eine Verhältnismäßigkeitsentscheidung, die dem **Umweltschutz**, der **Nachhaltigkeit**, dem **Klimaschutz** und konkret dem **Gebot der Förderung der erneuerbaren Energien** nicht hinreichend Rechnung trägt, ist wegen des Verstoßes gegen Art. 20a GG verfassungswidrig.[208] Infolgedessen ist auch bei einer unterstellen Beeinträchtigung flugbetrieblicher Verfahren und sogar bei einer möglichen konkreten Gefahr für den Luftverkehr durch die geplante WEA ein Ausgleich beider widerstreitender Interessen zu suchen. In diesem Zusammenhang ist bereits in der Rechtsprechung geklärt, dass dem (sogar bestandskräftig genehmigten) Luftfahrtbetrieb auch weniger „optimale" bzw. „risikoreichere" Betriebsmöglichkeiten im Hinblick auf die Privilegierung der WEA nach § 35 Abs. 1 Nr. 5 BauGB durchaus zuzumuten sind, soweit es zu keinem erheblichen Schaden führt.[209]

209 (d) Fristen, Zustimmungsfiktion. Nach dem Wortlaut des § 14 Abs. 2, 2. HS i.V.m. § 12 Abs. 2 S. 2 LuftVG muss die Entscheidung über das Ersuchen der für die Genehmigung zuständigen Behörde innerhalb von zwei Monaten nach Eingang getroffen werden. Die Zustimmung gilt als erteilt, wenn sie nicht binnen zwei Monaten nach Eingang des Ersuchens von der für die Erteilung einer Baugenehmigung zuständigen Behörde verweigert wird. Das bedeutet, dass eine Zustimmung nur innerhalb der **Zustimmungsfrist** von zwei Monaten abschließend versagt werden kann.

210 (aa) Keine stillschweigende Verlängerung. Eine **stillschweigende Verlängerung** der Frist, etwa durch ein „konkludentes Schweigen" der zuständigen Genehmigungsbehörde auf einen ggf. ebenfalls „konkludenten" Verlängerungsantrag der Luftfahrtbehörde, ist in Übereinstimmung mit der Rechtsprechung abzulehnen.[210] Hiergegen spricht bereits der formale Aspekt, dass die Fristverlängerung nicht „freihändig", sondern nur *„wegen des Ausmaßes der erforderlichen Prüfungen"* (vgl. § 12 Abs. 2 S. 3 LuftVG) gewährt werden kann. Schweigen stellt indes gerade keine rechtlich wertbare Äußerung dar, womit davon auszugehen ist, dass keine Bewertung des Arbeitsaufwands für die Prüfung des Antrags bei der Genehmigungsbehörde stattgefunden hat.[211]

211 (bb) Keine Geltendmachung einer „vorsorglichen Versagung". Auch für eine **„vorsorgliche Versagung"** der Zustimmung, welche unter ausdrücklichem Hinweis auf den zu verhindernden Fiktionseintritt ausgesprochen wird, bleibt kein Raum. Vielmehr stellt sich eine solche Vorgehensweise als widersprüchliches Verhalten dar. Denn einerseits gibt die Luftfahrtbehörde zu erkennen, dass ihr für eine profunde Entscheidung die Grundlage fehlt, zum anderen trifft sie jedoch eine – negative – Zustimmungsentscheidung. Die Vorschriften der §§ 12, 14, 17 LuftVG kennen das Instrument einer „vorsorglichen" Zustimmungsversagung allerdings nicht. Denn für den Fall eines drohenden Fiktionseintritts existiert bereits ein ausdrücklich benanntes Instrument, nämlich die Fristverlängerung gemäß § 12 Abs. 2 S. 3 LuftVG, mit dessen Hilfe hinreichend Gewähr dafür getragen werden kann, dass diese Rechtswirkung ausgeschlossen wird. Macht die Luftfahrtbehörde hiervon keinen Gebrauch, geht das Versäumnis zu ihren eigenen Lasten und löst folglich den Fiktionseintritt aus.[212]

---

[207] *VGH Mannheim*, Urt. v. 1.9.2011 – 1 S 1070/11, NVwZ-RR 2012, 222.
[208] *Attendorn*, NVwZ 2012, 1569 (1573).
[209] *OVG Koblenz*, Urt. v. 26.11.2003 – 8 A 10814/03.OVG, ZNER 2004, 82; bestätigt durch *BVerwG*, Urt. v. 18.11.2004 – 4 C 1/04, NVwZ 2005, 328; *OVG Koblenz*, Urt. v. 16.1.2006 – 8 A 11271/05.OVG, NVwZ 2006, 844.
[210] *VG Minden*, Urt. v. 22.9.2010 – 11 K 445/09, BeckRS 2010, 54141.
[211] *Sittig/Falke*, IR 2014, 173 (175).
[212] *Sittig/Falke*, IR 2014, 173 (178).

(cc) Entscheidung nicht rücknehmbar. Die einmal abgegebene Zustimmung der Luftfahrt- 212
behörde ist absolut. Hieran ändert sich auch nichts, wenn zu einem späteren Zeitpunkt die
Voraussetzungen für eine Zustimmungsverweigerung nach § 14 LuftVG vorlägen. Denn hinter
der Fiktion steht eine klare gesetzgeberische Intention, die zügig die Herstellung „klarer
Verhältnisse" und Rechtssicherheit schaffen will.[213] Insofern besteht für die Möglichkeit einer
nachträglichen Rücknahme der Zustimmung kein Raum.

(dd) Fristverlängerung nur im Benehmen mit dem BAF. Nach § 12 Abs. 2 S. 3 LuftVG ist 213
es zudem möglich, die Entscheidungsfrist zu verlängern, wenn *„die fachliche Beurteilung innerhalb
dieser Frist wegen des Ausmaßes der erforderlichen Prüfungen nicht möglich"* ist. Schlichte Personalnot
oder Arbeitsüberlastung, wie sie die DFS oftmals anführt, genügen hierbei nicht als Grund für
eine Fristverlängerung; vielmehr muss die Prüfung eine besondere Schwierigkeit aufweisen
und deshalb innerhalb der gesetzlichen Frist objektiv nicht leistbar sein.[214] Diese Fristverlänge-
rungsvoraussetzungen sind auch gerichtlich überprüfbar. Zudem ist für eine Fristverlängerung
das Benehmen des BAF erforderlich.

Im Ergebnis ist damit festzuhalten, dass für die **Fristverlängerung** – ausweislich des klaren
Wortlautes des § 12 Abs. 2 Satz 3 LuftVG – nur im Benehmen mit dem BAF und nur sofern
die Zweimonatsfrist *„wegen des Ausmaßes der erforderlichen Prüfungen"* nicht einhaltbar ist, durch
ausdrückliche Entscheidung der Genehmigungsbehörde verlängerbar ist.[215]

(e) Platzrunden im Lichte von § 14 LuftVG. Auch hinsichtlich der bereits (→ Kap. 1 214
Rn. 183 ff.) erwähnten und erörterten Platzrundenthematik, stellt sich im Zusammenhang mit
§ 14 LuftVG die Frage, ob für den Fall, dass WEA innerhalb oder in unmittelbarer Nähe von
Platzrunden geplant werden, diese zu einer konkreten Gefahr für die Sicherheit des Luftverkehrs werden können. Aus diesem Grund wird u. a. die Errichtung eines **„Sicherheitskorri-
dors"** – also eines Mindestabstands der WEA zur Platzrunde – diskutiert. Die Notwendigkeit
eines bestimmten Abstands baulicher Anlagen – also WEA – ergibt sich nicht aus dem Gesetz.
Regelmäßig wird ein Abstand von mindestens 400 m zum Gegenan- und -abflug und mindestens 850 m zum Queran- und -abflug der Platzrunde verlangt. Die konkrete Bemessung
der Abstandswerte wird mit der Hindernisfreihaltung und der Sicherheitsmindesthöhe nach
SERA.3105, SERA.5005 Lit. f.)[216], und einem hinzuzurechnenden Sicherheitsaufschlag begründet. Seit 2012 finden sich die Abstandserfordernisse auch in Ziffer 6 der „Gemeinsamen
Grundsätze des Bundes und der Länder für die Anlage und den Betrieb von Flugplätzen für
Flugzeuge im Sichtflugbetrieb" vom 24.8.2012 wieder.[217] Demnach könnte die Unterschreitung der eingangs erwähnten Abstände zu einer konkreten Gefahr führen.

Wann allerdings im Einzelnen von einer konkreten Gefahr zu sprechen ist, wird unterschied- 215
lich beurteilt. Als maßgebliche Beurteilungsgrundlage werden von den Gerichten zunächst die
eben erwähnten „Gemeinsamen Grundsätze des Bundes und der Länder für die Anlage und den
Betrieb von Flugplätzen für Flugzeuge im Sichtflugbetrieb" herangezogen. Diese empfehlen
zwar den 400- bzw. 850-m-Abstand zum Gegenan- und -abflug sowie zum Queran- und
-abflug, sehen jedoch nicht gleichzeitig pauschal jede Unterschreitung dieser Abstandswerte
als konkrete Gefährdung an. Insofern besteht auch bei unterschrittenen Abständen stets die
Möglichkeit zur Prüfung anhand des konkreten Einzelfalls[218] und zur Verneinung einer konkreten Gefahr für den Luftverkehr. Diese Prämisse findet ihre Stütze auch in der Tatsache,
dass eine Platzrunde aufgrund ihrer Charakteristik nicht punktgenau festgelegt werden kann

---

[213] *VG Minden*, Urt. v. 22.9.2010 – 11 K 445/09, BeckRS 2010, 54141; *Weiss*, NVwZ 2013, 14 (16).
[214] *Sittig/Falke*, IR 2014, 173 (175).
[215] *VG Minden*, Urt. v. 22.9.2010 – 11 K 445/09, BeckRS 2010, 54141.
[216] Abschnitt 3, Abschnitt 5 des Anhangs zur EU-VO Nr. 923/2012.
[217] Bundesministerium für Verkehr, Bau- und Stadtentwicklung: Gemeinsame Grundsätze des Bundes und der Länder für die Anlage und den Betrieb von Flugplätzen für Flugzeuge im Sichtflugbetrieb vom 3.8.2012; veröffentlicht in NfL I 92/13.
[218] *VG Minden*, Urt. v. 22.9.2010 – 11 K 445/09, BeckRS 2010, 54141; a. A. *VG Schleswig*, Urt. v. 16.2.2012 – 6 A 295/10, BeckRS 2014, 46912.

und es daher von vornherein nicht möglich ist, die Entfernung zum „Gefahrenherd" WEA auf den Meter genau zu bestimmen. Zudem muss eine Platzrunde als eine Art Korridor angesehen werden, um die erforderliche Flexibilität für die Piloten zu ermöglichen. Ferner geht von den „Gemeinsamen Grundsätzen" – welche weder Gesetz, Rechtsverordnung oder ein ähnlicher staatlicher Hoheitsakt sind – keine rechtliche Bindungswirkung aus. Sie stellen somit eine reine Empfehlung, allenfalls ein Indiz, dar. Mithin besteht allein die Pflicht, die konkrete Gefahr am spezifischen Einzelfall zu prüfen und hieran festzustellen, ob eine Gefährdung der Sicherheit des Luftverkehrs vorliegt.

215a   Vor dem Hintergrund des bereits angesprochenen Gebots wechselseitiger Rücksichtnahme, wonach es dem Flugplatzbetreiber auch zugemutet werden kann, einen anderen oder weniger optimalen Betrieb durchzuführen, stellt sich die Frage, ob auch die **Verlegung einer Platzrunde** beantragt werden kann. Einen Anspruch auf Platzrundenverlegung, der gesetzlich nicht geregelt ist, haben am ehesten die Standortgemeinden, die existierende Platzrunden im Rahmen ihrer Bauleitplanung zu berücksichtigen haben und dadurch in ihrer kommunalen Planungshoheit (als Teil der kommunalen Selbstverwaltungsgarantie, Art. 28 Abs. 2 GG) beeinträchtigt werden. Aber auch für WEA-Projektierer ist ein solcher Anspruch denkbar, da sie durch den Verlauf einer Platzrunde und den damit einhergehenden Baubeschränkungen in Art. 14 GG beeinträchtigt werden.

215b **(f) Abstandsempfehlungen zu Sichtflugverfahren und Pflichtmeldepunkten.** Im Zusammenhang mit § 14 LuftVG stellt sich weiterhin die Frage, ob eine Gefahr für die Sicherheit des Luftverkehrs auch dadurch begründet werden kann, dass der Abstand von WEA zu Sichtflugverfahren und Pflichtmeldepunkten zu gering ausfällt. Die DFS beruft sich hierzu – ähnlich wie bei Platzrunden – auf pauschale Mindestabstände, bei deren Unterschreitung eine Gefahr angenommen wird. Eine gesetzliche Regelung existierte bislang nicht. Jüngst hat nun das Bundesministerium für Verkehr und Infrastruktur hierauf reagiert und in den Nachrichten für Luftfahrer (NfL) eine „*Festlegung von Mindestabständen von Hindernissen zu festgelegten Sichtflugverfahren*" veröffentlicht.[219] Die dort vorgesehenen Mindestabstände betragen 1.000 m zu Sichtflugverfahren und 2.000 m zu Pflicht- und Bedarfsmeldepunkten.

215c   Diese pauschalen Abstands-„Festlegungen" sind kritisch zu beurteilen. So ist schon fraglich, ob für derartige Festlegungen angesichts der bereits existierenden europäischen Vorgaben überhaupt eine Kompetenz bestand. Im Anhang zur EU-VO NR. 923/2012 sind unter SERA.5005 die europaweit verbindlich geltenden Sichtflugregeln normiert. Der Sichtflieger hat sich nach diesen Vorgaben selbstständig von Hindernissen fernzuhalten. Für ihn gilt der Grundsatz „*see and avoid*". Diesem Grundsatz widerspricht es, wenn nunmehr Abstände festgelegt werden, die ein Bauwerk (als potenzielles Hindernis) zum Flugverkehr einhalten muss – und nicht umgekehrt. Hinzu kommt, dass die veröffentlichten Abstandsfestlegungen keinerlei Rechtssatzqualität aufweisen. Sie sind daher – jedenfalls in der Theorie – bei der Beurteilung einer konkreten Gefahr nach § 14 LuftVG von den Luftfahrtbehörden nicht verbindlich zu beachten. Doch selbst wenn diese verbindlich wären – pauschale Abstandsempfehlungen entbinden nicht von der Prüfung des konkreten Einzelfalls. Dies hat offenbar auch das Bundesministerium für Verkehr und digitale Infrastruktur erkannt und in seine „Festlegung" ausdrücklich mit aufgenommen, dass es einer Beurteilung im Einzelfall bedarf, ob und inwieweit Bauwerke die Durchführung des Sichtflugverkehrs beeinträchtigen.

Darüber hinaus ist zu beachten, dass in SERA.5005 Lit. f) gesetzlich festgelegt ist, dass Flugzeuge im Sichtflug einen Mindestabstand zu Hindernissen von 150 m einhalten müssen. Nach der Rechtsprechung des OVG Münster ist es deshalb für die Beurteilung einer Gefahr maßgeblich, ob der Überflug des Hindernisses unter Einhaltung dieses Sicherheitsmindestabstands möglich ist.[220] Wird dieser Abstand eingehalten, so ist in der Regel nicht von einer Gefahr

---

[219] Bundesministerium für Verkehr und digitale Infrastruktur: Festlegung von Mindestabständen von Hindernissen zu festgelegten Sichtflugverfahren vom 18.10.2016, veröffentlicht in NfL 1-847-16.
[220] *OVG Münster*, Urt. v. 9.4.2014 – 8 A 431/12; juris Rn. 91 ff.

Falke

auszugehen – auch wenn pauschale Mindestabstände zu Sichtflugverfahren oder Pflichtmeldepunkten im Einzelfall unterschritten werden.

(g) Wirbelschleppen. Ebenfalls im Zusammenhang mit § 14 LuftVG ist schließlich das Problemfeld des sog. Wirbelschleppens zu sehen. Hierbei geht es um im Nachlauf von Rotorblättern entstehende turbulente Luftströmungen und ihre möglicherweise negativen aerodynamischen Auswirkungen auf die Luftfahrt. Zu dieser Thematik hat die FH Aachen im Dezember 2015 ein Gutachten veröffentlicht und empfiehlt darin, dass WEA einen Abstand von mindestens sieben Rotordurchmessern einhalten müssten, um die Sicherheit des Luftverkehrs nicht zu gefährden.[221] 215d

Dieses Gutachten ist äußerst kritisch zu bewerten. Grundlage für das Gutachten war eine Diplomarbeit der Universität Stuttgart, deren Untersuchungsergebnisse durch die Gutachter jedoch völlig falsch gewertet wurden. Auch hatten die Gutachter bei der Herleitung ihrer Abstandsempfehlungen bereits falsche Parameter zugrunde gelegt. So hatten die zugrunde gelegten Kriterien zwar Gültigkeit für mittelgroße Verkehrsflugzeuge – die Gutachter haben ihre darauf gestützten Ergebnisse jedoch sodann verallgemeinert und unverändert auf Kleinflugzeuge übertragen. Auch blieben etwa topographische Gegebenheiten außer Betracht, obwohl sich die Topographie der Umgebung durchaus auf die Luftverwirbelungen einer WEA auswirken kann. Insgesamt stieß das Gutachten sowohl in der Wissenschaft als auch in der fliegerischen Praxis auf heftige Kritik. Es existieren zahlreiche andere Untersuchungen, die erheblich geringere Abstandsempfehlungen für ausreichend erachten. 215e

Unabhängig von der inhaltlichen Kritik an dem Gutachten der FH Aachen ist außerdem festzuhalten, dass die dort empfohlenen Mindestabstände in keiner Weise verbindlich sind. Vielmehr ist auf die verbindlichen *„Gemeinsamen Grundsätze des Bundes und der Länder für die Anlage und den Betrieb von Flugplätzen im Sichtflugbereich vom 03.08.2012"* zurückzugreifen. Der Richtliniengeber hat nämlich in Ziff. 6 dieser Gemeinsamen Grundsätze insbesondere mit Blick auf WEA in der Umgebung von Platzrunden Abstände definiert, deren Einhalten die Grenze einer vorgezogenen Gefahrenprognose markieren. Werden die dort vorgesehenen Abstände eingehalten, kann eine Gefahr für die Sicherheit des Luftverkehrs – auch unter dem Aspekt Wirbelschleppen – ausgeschlossen werden. 215f

(2) Zustimmung bei Anlagen im Bauschutzbereich, § 12 LuftVG. Grundsätzlich besteht auch die Möglichkeit der Errichtung einer WEA in einem sog. Bauschutzbereich von Flugplätzen. Dabei normiert § 12 LuftVG: 216

> „Bei Genehmigung eines Flughafens ist für den Ausbau ein Plan festzulegen. Dieser ist maßgebend für den Bereich, in dem die in den Absätzen 2 und 3 bezeichneten Baubeschränkungen gelten (Bauschutzbereich)."

Für die Errichtung und den Betrieb einer WEA im Bauschutzbereich gilt **kein absolutes bzw. generelles Bauverbot**, sondern lediglich ein Zustimmungserfordernis der Luftfahrtbehörden für die Genehmigung zur Errichtung von Bauwerken in Abhängigkeit bestimmter Entfernungen des Bauwerks zum Flughafen. Im Gegensatz zu § 14 LuftVG, bei dem die Zustimmung der Luftfahrtbehörde von der Höhe der geplanten Anlage abhängt, kommt es im Rahmen des § 12 LuftVG auf die Entfernung der geplanten Anlage zum Flughafen an. Nach § 12 Abs. 2 S. 1 LuftVG bedarf die Baugenehmigung derjenigen Bauvorhaben der Zustimmung der Luftfahrtbehörde, die im Umkreis von 1,5 km Halbmesser um den im Ausbauplan festgelegten Flughafenbezugspunkt oder auf den gleichfalls im Ausbauplan ausgewiesenen Start-, Lande- und Sicherheitsflächen errichtet werden sollen. Demnach gilt das Zustimmungserfordernis für alle genehmigungspflichtigen Bauvorhaben völlig unabhängig von deren spezifischer Höhe. Hinsichtlich des Prüfungsmaßstabes zur konkreten Gefahr und der zu beachtenden Fristen wird auf die Ausführungen zu § 14 LuftVG verwiesen (→ Kap. 1 Rn. 201 ff.).

---

[221] Windenergieanlagen in Flugplatznähe, Gutachterliche Stellungnahme des Fachbereichs 6 Luft- und Raumfahrttehnik der FH Aachen vom Dezember 2015.

217 **(3) Zustimmung bei Anlagen im beschränkten Bauschutzbereich, § 17 LuftVG.** Ähnlich wie im Rahmen des § 12 LuftVG kann bei der Genehmigung von Landeplätzen und Segelfluggelände durch die Luftfahrtbehörde bestimmt werden, dass die zur Erteilung einer Baugenehmigung zuständige Behörde die Errichtung von Bauwerken im Umkreis von 1,5 km Halbmesser um den Flughafenbezugspunkt entsprechenden Punkt nur mit Zustimmung der Luftfahrtbehörde genehmigen darf. Demnach besteht in dem Gebiet des beschränkten Bauschutzbereichs für alle Eigentümer und Berechtigten im Sinne des § 17 Abs. 2 i. V. m. § 16 LuftVG eine Duldungspflicht. Im Unterschied zu der Regelung des § 12 LuftVG kann ein beschränkter Bauschutzbereich nur für Landeplätze und Segelfluggelände bestimmt werden. Ein Bauschutzbereich gemäß § 12 LuftVG kann für diese Platzkategorien nicht bestimmt werden. Aufgrund dessen, dass § 17 Abs. 2 LuftVG die sinngemäße Anwendung des § 12 Abs. 2 S. 2 und 3, Abs. 4, §§ 13, 15 und 16 LuftVG zulässt, soll auch an dieser Stelle nach oben verwiesen werden (→ Kap. 1 Rn. 201 ff.). Gleiches gilt hinsichtlich des Prüfungsmaßstabs der konkreten Gefahr.

218 **(4) Materielles Bauverbot nach § 18a LuftVG.** In der Praxis geschieht es mittlerweile häufig, dass im Rahmen des Genehmigungsverfahrens die Auffassung geäußert wird, dass geplante WEA nicht errichtet werden dürfen, weil ihnen ein **materielles Bauverbot** nach § 18a Abs. 1 LuftVG entgegensteht. Nach dieser Vorschrift gilt:

> „Bauwerke dürfen nicht errichtet werden, wenn dadurch Flugsicherungseinrichtungen gestört werden können. Das Bundesaufsichtsamt für Flugsicherung entscheidet auf der Grundlage einer gutachterlichen Stellungnahme der Flugsicherungsorganisation, ob durch die Errichtung der Bauwerke Flugsicherungseinrichtungen gestört werden können."

219 **(a) Begriff der Flugsicherungseinrichtung.** Bei Flugsicherungseinrichtungen handelt es sich um Einrichtungen am Boden, die für die Navigation eines Luftfahrzeugs erforderlich sind und Störungen durch Bauwerke ausgesetzt sein können. Geschützt werden Verfügbarkeit und Qualität von Funk-, Radar- und sonstigen Navigationssignalen.[222]

220 *einstweilen frei*

221 **(b) Verhältnis von § 18a LuftVG zu § 14 LuftVG.** Effekte durch WEA auf Flugsicherheitseinrichtungen sind ausschließlich über § 18a Abs. 1 LuftVG zu berücksichtigen. In der Folge ist auch eine Zustimmungsweigerung nach § 14 Abs. 1 LuftVG gestützt auf ein materielles Bauverbot nach § 18a Abs. 1 LuftVG unzulässig. Grundsätzlich dienen zwar sowohl § 14 als auch § 18a LuftVG der Sicherheit des Luftverkehrs. Zu den in § 14 LuftVG enthaltenen Baubeschränkungen können indes nur solche

VG Aachen, Urt. v. 24.7.2013 – 6 K 248/13
„[…] Gefahren führen, die aus der Höhe des Bauwerks folgen, insbesondere also aus seiner Eigenschaft als Hindernis für die Luftfahrt."

Die spezifischen Auswirkungen auf Flugsicherungseinrichtungen, wie sie von Windenergieanlagen ausgehen, sind jedoch höhenunabhängig. Deshalb erkannte das VG Aachen weiter:

„Diese Effekte sind in § 18a LuftVG speziell geregelt."

Damit ist hinsichtlich der Betroffenheit von Flugsicherungseinrichtungen in ihrer Funktionsfähigkeit durch die Errichtung von WEA ausschließlich der Anwendungsbereich des § 18a LuftVG – und gerade nicht auch der Anwendungsbereich des § 14 Abs. 1 LuftVG – eröffnet.

222 **(c) Prüfungsmaßstab und Darlegungslast des § 18a LuftVG.** Inhaltlich knüpft das materielle Bauverbot des § 18a Abs. 1 LuftVG an die „Störung" von Flugsicherungseinrichtungen durch das betreffende Windenergievorhaben an.

---

[222] Beispiele hierfür s. *Grabherr*, in: Grabherr/Reidt/Wysk (Hrsg.), LuftVG, § 18a Rn. 7.

III. Zulässigkeit im unbeplanten Außenbereich und entgegenstehende Belange

(aa) Maßstab für eine Störung. Dreh- und Angelpunkt für die Anwendung des § 18a LuftVG 223
ist die Möglichkeit einer **Störung von Flugsicherungseinrichtungen** durch WEA. Maßstab für eine Störung i. S. d. § 18a Abs. 1 LuftVG ist nach der einschlägigen Rechtsprechung nicht allein das bloße Vorhandensein technischer oder andersartiger Beeinträchtigungen einer Flugsicherungsanlage.[223] Das gesetzgeberische Ziel im Rahmen des § 18a LuftVG liegt in der Sicherheit des Luftverkehrs. Das Bundesverwaltungsgericht hat hierzu ausgeführt:

> *Eine Störung tritt erst ein, wenn bauwerksbedingte Beeinflussungen von Flugsicherungseinrichtungen eine bestimmte – feste – Schwelle überschreiten, wodurch deren Funktion beeinträchtigt wird (vgl. bereits Gesetzesbegründung zu § 18a LuftVG a. F., BT-Drs. 8/3431 S. 11). Ob diese Schwelle erreicht ist, muss mit Blick auf die Aufgabenstellung der Flugsicherung in § 27c Abs. 1 LuftVG bestimmt werden [...]. Eine Störung ist danach gegeben, wenn die Funktion der Flugsicherungseinrichtung bauwerksbedingt in einem Maß beeinträchtigt wird, das sich auf die sichere, geordnete und flüssige Abwicklung des Flugverkehrs auswirkt. Das hat das Oberverwaltungsgericht ebenso erkannt wie den Umstand, dass insoweit nicht erst Gefahren für die Luftsicherheit oder die Möglichkeit eines konkreten Schadenseintritts (etwa im Sinne einer gefährlichen Annäherung von Flugzeugen oder einer Kollision) in den Blick zu nehmen sind.*

Mit dieser nunmehr ergangenen höchstrichterlichen Rechtsprechung mag es zwar nicht mehr darauf ankommen, ob mit hinreichender Wahrscheinlichkeit eine konkret gefahrenträchtige, luftfahrtbetriebliche Situation zu erwarten ist[224], indes kann daraus nicht der Schluss gezogen werden, dass es auf die Frage der Schutzguterheblichkeit einer technischen Beeinträchtigung im Rahmen des § 18a LuftVG nicht (mehr) ankäme. Vielmehr sprechen die ausdrückliche Verknüpfung des Störbegriffs mit der Funktionsbeeinträchtigung und die zu schützenden Rechtsgüter durch das Bundesverwaltungsgericht dafür, dass es auch weiterhin erforderlich ist, dass sich die technische Beeinflussung eines Bauwerks auch tatsächlich auf die Schutzgüter auszuwirken vermag. Insoweit dürfte es dann doch wiederum auf konkrete Umstände ankommen[225].

einstweilen frei   224–225

(bb) Keine Störung wegen Lage im sog. „Anlagenschutzbereich". Vor dem Hintergrund   226
des o. g. Maßstabes folgt, dass – anders als in der Praxis mitunter behauptet – allein die Lage geplanter WEA innerhalb eines bestimmten Radius um eine Flugsicherungseinrichtung für sich genommen keine taugliche Grundlage für die Annahme einer Störung bietet.[226] Insoweit ist zu berücksichtigen, dass ein **„Anlagenschutzbereich"**, in welchem eine WEA gleichsam zwangsläufig eine „Störung" im Sinne des § 18a LuftVG darstellt, respektive eine Funktionsbeeinträchtigung hervorruft, nach den einschlägigen gesetzlichen Vorschriften nicht existiert. Insbesondere sieht § 18a LuftVG einen solchen Anlagenschutzbereich nicht vor. Zwar ist in § 18a Abs. 1a LuftVG die Bestimmung enthalten, dass die Luftfahrtbehörden durch das BAF

> „[...] über die Standorte aller Flugsicherungseinrichtungen und Bereiche um diese, in denen Störungen durch Bauwerke zu erwarten sind [...]"

unterrichtet werden sollen; ein „Anlagenschutzbereich", in welchem eine WEA gleichsam zwangsläufig eine „Störung" im Sinne der Norm darstellt, respektive eine Funktionsbeeinträchtigung hervorruft, wird dadurch jedoch nicht begründet. Mithin existiert ein rechtlich fixierter Schutzbereich nach den einschlägigen gesetzlichen Vorschriften des Luftverkehrsrechts nicht.

Eine Störung allein aufgrund der Lage innerhalb eines solchen Schutzbereichs ergibt sich   227
auch nicht aus dem „Europäischen Anleitungsmaterial zum Umgang mit Anlagenschutzbereichen"[227]. Zwar ist darin durchaus die Rede von Schutzbereichen, indessen ist damit nicht die zwingende Annahme einer „Störung" im Sinne des § 18a LuftVG verbunden. Bereits in der Zusammenfassung des Anleitungsmaterials wird insoweit auf Folgendes hingewiesen:

---

[223] *BVerwG*, Urt. v. 7.4.2016 – 4 C 1.15.
[224] Anders noch: *VG Aachen*, Urt. v. 24.7.2013 – 6 K 248/09.
[225] *Sittig-Behm*, ER 2016, 202 (204).
[226] *VG Schleswig*, Urt. v. 16.2.2012 – 6 A 23/11, BeckRS 2014, 46912.
[227] Europäisches Anleitungsmaterial zum Umgang mit Anlagenschutzbereichen, 3. Aufl., deutsch, 2015, ICAO EUR DOC 015.

ICAO EUR DOC 015, S. 1
„Das vorliegende Anleitungsmaterial enthält Vorschläge für harmonisierte Schutzzonen und definiert Anlagenschutzbereiche für die gängigsten Anlagen. Bauwerke innerhalb der Anlagenschutzbereiche können unannehmbare Störungen verursachen. Daher sollten alle Bauvorhaben in diesen Bereichen geprüft werden."

Somit versteht sich diese Anleitung lediglich als Vorschlag und liefert Empfehlungen. Zudem ist lediglich die Aussage enthalten, dass Bauwerke innerhalb der Schutzbereiche auf ihre potenziellen Auswirkungen geprüft werden sollen, nicht jedoch, dass zwingend von einer Störung auszugehen wäre. Es kann also nicht bereits deshalb von einer Störung im Sinne des § 18a LuftVG ausgegangen werden, weil die geplanten Anlagen innerhalb eines – wie auch immer gearteten – Anlagenschutzbereichs belegen sind. Eine solche Lage eines geplanten WEA-Vorhabens enthebt die zuständige Behörde folglich nicht von einer Einzelfallprüfung der tatsächlichen Auswirkungen der Anlage.

228 **(cc) Besonderheiten der Störfeststellung bei Funknavigationsanlagen.** Im speziellen Fall von Funknavigationsanlagen bemisst sich die Frage, wann eine Beeinträchtigung einer Flugsicherungsanlage durch interne und externe Einflüsse im Sinne einer „Störung" verursacht wird, anhand der internationalen ICAO-Spezifikationen. Diese völkerrechtlichen Empfehlungen der International Civil Aviation Organisation (ICAO) gelten nach herrschender Rechtsprechung als fachliche Standards für die Beurteilung des Störpotenzials und sind geeignet, eine genauere Auskunft darüber zu geben, ob das zu errichtende Bauwerk die Funktionsfähigkeit einer Flugsicherungsanlage i. S. d. ersten Prüfungsstufe beeinträchtigt:

Diese Regeln sind zwar nicht unmittelbar anwendbar, sie geben jedoch international anerkannte und bestverfügbare Regeln der Technik, der Praxis und der Normung wieder, die als Orientierungshilfe bei der Auslegung und Anwendung von § 18a Abs. 1 LuftVG herangezogen werden können.[228]

229 Die Verknüpfung der Störfeststellung nach § 18a Abs. 1 LuftVG mit den internationalen Vorgaben der ICAO durch die Rechtsprechung im Falle der Funknavigationsanlagen ist in der Praxis nicht ganz unproblematisch und führte in der Vergangenheit zu erheblichen rechtlichen Verwerfungen. Hintergrund dafür ist, dass sich aus dem ICAO-Material weder eine eindeutige Aussage zur methodischen Herangehensweise an die Störfeststellung noch eindeutige, widerspruchsfreie Grenzwerte für deren Bemessung entnehmen lassen[229].

230 **(α) Beurteilungsspielraum.** Das Bundesverwaltungsgericht hat aus diesem Grund dem Bundesaufsichtsamt für Flugsicherung (BAF) einen Beurteilungsspielraum sowohl hinsichtlich der anzusetzenden Grenzwerte als auch hinsichtlich der Ermittlungsmethode (zu beidem sogleich in Rn. 231 f.) eingeräumt. Das bedeutet, dass die Störfeststellung des BAF (und der Deutschen Flugsicherung GmbH – DFS als Gutachter) durch ein Gericht in diesen Punkten nur daraufhin – aber jedenfalls insoweit – überprüft werden kann, ob sie vertretbar, das heißt, fachlich plausibel und widerspruchsfrei ist[230]. Hintergrund hierfür ist nach Meinung des Bundesverwaltungsgerichts, dass es angesichts der Hochrangigkeit der Schutzgüter des § 18a LuftVG nicht darauf ankommen könne, ob ein wissenschaftlicher Konsens zur Frage der Methodik und der Grenzwerte für die Störfeststellung herrscht und es der Verwaltungsgerichtsbarkeit nicht zugemutet werden könne, zwischen zwei – jeweils für sich vertretbaren – Auffassungen zu entscheiden[231].

230a Diese vom Bundesverwaltungsgericht herbeigeführte Gesetzesanwendung ist nicht unkritisch. Denn abseits von bestehenden dogmatischen Bedenken führt diese Rechtsprechung dazu, dass das BAF es letztlich selbst in der Hand hat, den „notwendigen" fachwissenschaftlichen Dissens herbeizuführen, um in den Genuss eines Beurteilungsspielraums zu kommen[232]. Zwar

---

[228] *BVerwG*, Urt. v. 7.4.2016 – 4 C 1.15.
[229] *BVerwG*, Urt. v. 7.4.2016 – 4 C 1.15; siehe auch (in der Vorauflage) *Falke* in Maslaton, Windenergieanlagen, Kap. 1, Rn. 230 ff.
[230] *BVerwG*, Urt. v. 7.4.2016 – 4 C 1.15.
[231] *BVerwG*, Urt. v. 7.4.2016 – 4 C 1.15.
[232] Vgl. *Sittig-Behm*, ER 2016, 202 (205 f.).

hat das Bundesverwaltungsgericht auch darauf hingewiesen, dass der aktuelle Beurteilungsspielraum nicht unbegrenzt gilt:

Er weist allerdings darauf hin, dass die Rechtfertigung einer bloßen Vertretbarkeitskontrolle in dem hier vom Oberverwaltungsgericht in Anspruch genommenen Umfang insbesondere durch die Fortentwicklung der einschlägigen wissenschaftlichen Erkenntnisse und Standards entfallen kann. Davon ist etwa auszugehen, wenn und soweit sich für die Feststellung der möglichen Störung einer Flugsicherungseinrichtung eine bestimmte Methode oder für die Risikobewertung ein bestimmter Maßstab durchgesetzt hat und gegenteilige Meinungen als nicht mehr vertretbar angesehen werden.[233]

Ob und wann dies in der Praxis tatsächlich eintritt, bleibt jedoch abzuwarten, weil der Umstand, dass die allermeisten Sachverständigen die Herangehensweise des BAF bzw. der DFS und deren Schlussfolgerungen auch schon bislang weitgehend einhellig ablehnten, in der aktuellen Rechtsprechung des Bundesverwaltungsgerichts offenbar auch nicht dazu geführt hat, einen Beurteilungsspielraum abzulehnen. Eindeutigkeit würde aber wohl in jedem Fall hergestellt werden können, wenn die ICAO widerspruchsfreie Erkenntnisse lieferte, denn dann fehlte es wohl auch nach der genannten bundesverwaltungsgerichtlichen Rechtsprechung bereits im Initial für einen Beurteilungsspielraum. Dessen ungeachtet bleibt es aber dabei, dass die Störfeststellung insgesamt überprüfbar ist und nur hinsichtlich der angewandten Methodik und der Grenzwerte die Überprüfbarkeit – aktuell – auf fachliche Plausibilität und Widerspruchsfreiheit beschränkt ist.

(β) **Ermittlungsmethode.** BAF und DFS verwenden zur Beurteilung der Frage, ob die Richtwerte der ICAO-Spezifikationen überschritten werden, in der Regel eine „Plausibilitätsberechnung". Diese beruht auf einer – bisher weder hinreichend fachlich nachvollziehbaren, noch transparenten oder validierten – Methodik und berechnet lediglich *theoretisch*, ob der zulässige Gesamtstöreinfluss auf die Funknavigationsanlage durch das geplante WEA-Vorhaben überschritten wird. Das hierzu verwendete Verfahren auf Grundlage der französischen **ENAC-Studie** wird von vielen Fachwissenschaftlern als untauglich für die Bewertung von Windenergieanlagenauswirkungen auf VOR/DVOR angesehen.[234] Zwar hat das Bundesverwaltungsgericht diese Methode – jedenfalls aktuell – als vertretbar angesehen, in der jüngsten Praxis sind aber zwischen den mittels der Prognoseberechnung prognostizierten Fehlerwerte und den tatsächlich flugvermessungstechnisch festgestellten Werten erhebliche Schwankungen (teilweise um den Faktor 4 und mehr) aufgetreten. Derartige Diskrepanzen dürften auch unter der Annahme eines Beurteilungsspielraums jedenfalls erklärungsbedürftig sein. Fehlt es an einer plausiblen Erläuterung dieser Unterschiede, dürften an der Vertretbarkeit einer auf dieser Prognoseberechnung beruhenden Störfeststellung jedenfalls berechtigte Zweifel bestehen. 231

(γ) **Grenzwerte.** Zwar dürften die bislang – und zum Teil heftig geführten – Debatten um die zutreffenden Grenzwerte für die Annahme einer Störung sich im Zuge der jüngsten bundesverwaltungsgerichtlichen Entscheidung zunächst einmal abflauen[235]; daraus folgt indessen nicht, dass die bisher von BAF und DFS unisono angenommenen Grenzwerte i.H.v. ±3,0° Gesamtwinkelfehler, abzüglich eines anlageneigenen Fehlers i.H.v. ±2,0° und einem daraus sich ergebenden Restfehlerbudget für alle externen Störfaktoren (wie Bauwerke aber auch Bodenreflexionen oder Bewuchs) von ±1,0° für alle Sachverhalte und gleichsam unveränderlich feststehen. Wie unter Rn. 230a dargestellt, geht das Bundesverwaltungsgericht nämlich nicht von der Unveränderlichkeit der fachlichen Erkenntnislage, d.h. bei entsprechend breitem fachlichen Konsens kann durchaus eine Änderung der erforderlichen Werte ohne Weiteres erfolgen. Die Entscheidung des Bundesverwaltungsgerichts muss man in diesem Punkt aufgrund der dynamischen wissenschaftlichen Entwicklung als temporäre Einzelfallentscheidung sehen, wobei in 232

---

[233] *BVerwG*, Urt. v. 7.4.2016 – 4 C 1.15.
[234] Zu diesem Schluss kommen mehrere Gutachten im Auftrag des Ministeriums für Energiewende, Landwirtschaft, Umwelt und ländliche Räume des Landes Schleswig-Holstein, abrufbar unter: http://www.schleswig-holstein.de/Energie/DE/Energiewende/Erneuerbare_Energien/Flugsicherheitsanalyse/Flugsicherheitsanalyse_node.html (Stand 6/2014).
[235] *BVerwG*, Urt. v. 7.4.2016 – 4 C 1.15; zum Streitstand bis zu dieser Rechtsprechung vgl.: *Falke* in Maslaton, Windenergieanlagen, Kap. 1, Rn. 232.

mittelfristiger Zukunft zahlreiche Forschungsprojekte und insbesondere auch die ICAO selbst in ihren turnusmäßigen Gremiensitzungen neue fachliche Erkenntnisse liefern können. Dessen ungeachtet hat das Bundesverwaltungsgericht auch darauf hingewiesen, dass die von BAF und DFS vertretenen Grenzwerte selbst unter Geltung eines Beurteilungsspielraums fachlich plausibel sein müssen (vgl. Rn. 230a). Diese Anforderung macht es notwendig, auch unabhängig von neuen fachlichen Erkenntnissen den Einzelfall zu prüfen.

232a   Bereits der Gesamtfehlerwert von ±3,0° gilt nicht unterschiedslos, sondern nur dann, wenn die entsprechende Funknavigationsanlage noch für die Flächennavigation zugelassen ist. Für die übrigen Anlagen gilt ein erhöhter Fehlerwert von ±3,5°. Dies räumt mittlerweile auch die DFS in ihren Gutachten ein und liegt damit letztlich auch auf der Linie der Rechtsprechung des Bundesverwaltungsgerichts, welches die Anwendung eines Beurteilungsspielraums zur Konkretisierung von Grenzwerten nur insoweit als erforderlich und damit zulässig ansah, als sich aus den ICAO-Vorgaben keine eindeutigen Antworten ergeben (vgl. Rn. 230a). Unstreitig ist aber, dass für Funknavigationsanlagen, die nicht zur Flächennavigation genutzt werden, in ICAO-Doc 8071 ein eindeutiger Wert, nämlich ± 3,5° enthalten ist, strittig war insoweit nur, ob dieser Wert auch für solche Funknavigationsanlagen gelten kann, die auch zur Flächennavigation genutzt werden können[236]. Der Umstand der konkreten Nutzung einer Funknavigationsanlage kann wegen der additiven Störberechnung von DFS und BAF somit durchaus relevant für die Störfeststellung sein, weil sich hieraus ein um ±0,5° erhöhtes Restfehlerbudget (±1,5° statt ±1,0°) für externe Störfaktoren ergeben kann.

232b   Der bislang pauschal vorgenommene Abzug eines anlageneigenen Fehlers i.H.v. ±2,0° durch DFS und BAF in ihrer Störberechnung ist vom Bundesverwaltungsgericht überdies (und zu Recht) für grundsätzlich unzulässig gehalten worden[237]. Zwar stellt dieser Wert in der Tat die für den Betreiber der Funknavigationsanlage geltende Grenze des sicheren und zulässigen Betriebs der Funknavigationsanlage dar, maßgeblich für die (nicht den Betreiber der Funknavigationsanlage sondern den potenziellen Bauherrn betreffende) Störfeststellung nach § 18a LuftVG ist aber nicht mit welchem zulässigen (internen) Höchstfehler die Funknavigationsanlage betrieben werden darf, sondern mit welchem internen Fehler sicher gerechnet werden muss[238]. Nur dieser ist sodann in die Prognoseberechnung einzubeziehen. Da die allermeisten Funknavigationsanlagen mit einem Fehler deutlich unterhalb von ±2,0° arbeiten, kann auch dies im Einzelfall ein deutlich höheres Restfehlerbudget für äußere Einflüsse bedeuten, die dann den potenziellen Betreibern von Windenergieanlagen zugute kommen können.

232c   Ungeklärt ist bislang noch, wie der Umstand zu bewerten ist, dass die DFS nach eigenem Bekunden nicht in der Lage ist, zwischen Bodenreflexionen und sonstigen Störfaktoren zu unterscheiden. Denkt man dies konsequent zu Ende, ist mit Blick auf die notwendige Plausibilität der Störfeststellung zumindest klärungsbedürftig, wie aussagekräftig ihre Erwartungsrechnung für hinzukommende Anlagen sein kann.

232d   (δ) **Sonderfall: Durch Vorbelastung überschrittene Grenzwerte.** Noch nicht durch die Verwaltungsgerichte entschieden, aber im Einzelfall ebenfalls bedeutsam, ist die Frage, welche Folgen aus einer bereits gestörten (also oberhalb der zulässigen Grenzwerte arbeitenden) Funknavigationsanlage für die Störfeststellung nachträglich hinzukommender externer Störer resultieren. Es spricht insoweit viel dafür, dass nach dem Wortlaut des § 18a Abs. 1 LuftVG dann kein kausaler Zusammenhang mehr zwischen den hinzukommenden Anlagen und der Störung der Funknavigationsanlage besteht, sodass ein Bauverbot nach § 18a Abs. 1 LuftVG dann nicht (mehr) anwendbar wäre[239].

232e   Dessen ungeachtet sind in Fällen bereits durch die Vorbelastung überschrittener Grenzwerte immer auch das von der DFS und dem BAF praktizierte sog. „Geringfügigkeitskriterium" und

---

[236] Vgl. hierzu die Vorgängerentscheidung zum BVerwG-Urteil: *OVG Lüneburg*, Urt. v. 3.12.2014 – 13 LC 30/12, ZNER 2015, 63 ff.
[237] *BVerwG*, Urt. v. 7.4.2016 – 4 C 1.15.
[238] *BVerwG*, Urt. v. 7.4.2016 – 4 C 1.15.
[239] Vgl.: *Sittig-Behm*, ER 2016, 202 (208).

die Möglichkeit einer Einzelfallbetrachtung bei im Verbund beantragten Windenergieanlagen zu berücksichtigen. Da die DFS davon ausgeht, dass eine Veränderung der Gesamtstörung von gerundet < 0,1 nicht signifikant ist, lohnt es sich bei einer negativen Beurteilung mehrerer gemeinsam betrachteter Windenergieanlagen, noch den Fall einer einzelnen Anlage zu prüfen, wobei berücksichtigt werden muss, dass sich aufgrund physikalisch-mathematischer Gesetzmäßigkeiten aus dem Gesamtfehler für beispielsweise drei Anlagen nicht zwingend der Einzelfehler in Höhe eines Drittels für jede Einzelanlage ergibt. Das heißt, es müsste dann eine komplette Neuberechnung für die jeweils einzelne, geplante Windenergieanlage durchgeführt werden, da sich das Ergebnis für Einzelanlagen nicht ohne Weiteres aus der Differenz des Gesamtfehlers für alle hinzukommenden Anlagen ableiten lässt.

(dd) Darlegungslast. Die **Darlegungslast** liegt grds. vollumfänglich bei BAF/DFS als denjenigen, die sich auf die angebliche Beeinträchtigung der Flugsicherungseinrichtung berufen. Dabei muss den anerkannten fachlichen Anforderungen bei der Beantwortung naturwissenschaftlicher Fragestellungen entsprochen werden (vgl. Rn. 230 ff.).[240] In der Praxis wird es aber in der Regel unausweichlich sein, zur durchgreifenden Erschütterung der Auffassungen von DFS und BAF selbst entsprechende fachliche Darlegungen zu erbringen. 233

einstweilen frei 234

(d) Bindungswirkung. Die bislang unter Verweis auf die Auslegungsmethoden Wortlaut, Systematik, Historie und Teleologie erbittert geführte Diskussion über die Frage, ob die Entscheidung des BAF nach § 18a Abs. 1 LuftVG für die Genehmigungsbehörde bindend ist[241], dürfte mit der Entscheidung des Bundesverwaltungsgerichts vom 07.04.2016[242] zu Gunsten der „Bindungs-Befürworter" entschieden sein. Trotz der weiterhin daran geübten Kritik, dürfte somit in der Praxis davon auszugehen sein, dass – ähnlich wie bei der luftverkehrsrechtlichen Zustimmung (vgl. Rn. 201) – eine Überprüfung der negativen Entscheidung des BAF über das Bestehen des materiellen Bauverbots, allein über den Gerichtsweg möglich sein. Eine Überprüfung durch die Genehmigungsbehörde ist – selbst bei offenkundigen Fehlern – nur schwer begründbar[243]. Allerdings ist die Genehmigungsbehörde selbstverständlich nicht daran gehindert, durch entsprechende Anfragen und Hinweise auf eine Berichtigung offensichtlicher sachlicher Fehler (etwa die Einstellung einer fehlerhaften Anzahl von Bestandsanlagen als Vorbelastung) oder Widersprüche bzw. Plausibilitätsschwächen (z. B. unterschiedliche Aussagen zum Winkelfehler durch DFS und BAF) und infolgedessen auf eine Überarbeitung der Entscheidung hinzuwirken. Die letztliche Überprüfungskompetenz obliegt jedoch nach nunmehr höchstrichterlicher Rechtsprechung allein den Verwaltungsgerichten. 235

(e) Sonderfall: Störfeststellung für nicht existente Flugsicherungseinrichtungen. Ein bislang noch nicht gerichtlich geklärter, in der Praxis aber durchaus vorkommender Sonderfall liegt in der Entscheidung des BAF nach § 18a Abs. 1 LuftVG für eine (noch nicht) existente Flugsicherungseinrichtung. Die fehlende Existenz bei gleichzeitigem – vorauseilendem – Sicherheitsbedürfnis der DFS kann seinen Grund zum einen im generellen Neubau einer Flugsicherungseinrichtung oder aber der (rechtlich ebenfalls als Neuerrichtung zu wertenden) örtlichen Versetzung einer bestehenden Flugsicherungseinrichtung bzw. deren Vergrößerung am selben Standort unter vorherigem Abbau der Bestandseinrichtung haben. Häufig wird dann bereits vorsorglich für die neu zu errichtende Flugsicherungseinrichtung ein Anlagenschutzbereich nach § 18a Abs. 1a LuftVG angemeldet, der sodann im Falle eines Genehmigungsantrages für Windenergieanlagen die Prüfkaskade nach § 18a Abs. 1 LuftVG auslösen kann – ohne dass 236

---

[240] Vgl.: *BVerwG*, Urt. v. 7.4.2016 – 4 C 1.15; in anderem sachlichen Zusammenhnag: *OVG Lüneburg*, Beschl. v. 13.4.2011 – 12 ME 8/11, ZNER 2011, 366.
[241] Vgl. zum seinerzeitigen Streitstand in der Vorauflage: *Falke* in Maslaton, Windenergieanlagen, Kap. 1, Rn. 235.
[242] *BVerwG*, Urt. v. 7.4.2016 – 4 C 1.15.
[243] Vgl. insb. VG Trier, Urt. v. 18.1.2016 – 6 K 2669/14, welches insoweit von der formalen Bindungswirkung einer negativen Entscheidung spricht; aber im Ergebnis auch: *BVerwG*, Urt. v. 7.4.2016 – 4 C 1.15.

die betreffende Flugsicherungseinrichtung überhaupt genehmigungsseitig zugelassen oder gar existent wäre.

237 In diesen Fällen fragt sich bereits, ob überhaupt eine Rechtsgrundlage für die Einrichtung eines Anlagenschutzbereichs besteht. Denn wenn sich die Planung des künftigen Betreibers der Flugsicherungseinrichtung noch nicht einmal nachweislich nach außen verfestigt hat und daher nicht mit einer zeitnahen Umsetzung gerechnet werden kann, dürften die bloßen Absichten der Errichtung nicht genügen, um ohne Sachgrund, den verfassungsrechtlich aufgeladenen Genehmigungsanspruch eines potenziellen Windenergieanlagenbetreibers zu vereiteln. Jedenfalls aber dürfte eine solche Sachlage zu einer Ausnahme von der strikten Bindungswirkung einer negativen Entscheidung des BAF nach § 18a Abs. 1 LuftVG führen müssen, weil es an der – auch vom Bundesverwaltungsgericht für eine rechtmäßige Entscheidung für erforderlich gehaltenen – Verknüpfung mit der Flugsicherungsaufgabe einer solchen Einrichtung fehlt, solange nicht absehbar ist, ob und wann diese überhaupt errichtet werden soll. Aufgrund des zeitkritischen Aspekts und der offensichtlich Verletzung des Gebots rechtsstaatlichen Handelns dürfte es dabei einem Antragsteller auch nicht zuzumuten sein, diese Frage erst im Rahmen eines langwierigen Verpflichtungsklageverfahrens gegen die Ablehnung der beantragten Genehmigung zu klären, bei deren rechtskräftigem Abschluss sich die Sachlage entscheidend zu seinen Ungunsten wieder verändert haben kann.

238 *einstweilen frei*

238a **ee) Entschädigung.** Wurde eine luftverkehrliche Zustimmung nicht erteilt oder fiel die Entscheidung des BAF nach § 18a LuftVG negativ aus, so bleibt dem Anlagenbetreiber – neben der Beschreitung des Rechtsmittelwegs – die Möglichkeit, nach § 19 LuftVG Entschädigung zu fordern.

(1) Voraussetzungen des Entschädigungsanspruchs

238b **(a) Anspruchsberechtigter.** Nach § 19 Abs. 1 S. 1 LuftVG steht die Entschädigung dem Grundstückseigentümer oder anders Berechtigten zu. Da der Entschädigungsanspruch dafür gewährt wird, dass das Grundstück nicht mehr wie gewünscht genutzt werden kann,[244] ist unter dem „anderen Berechtigten" der im Hinblick auf ein Grundstück dinglich Berechtigte zu verstehen.

238c **(b) Maßnahme.** Der Entschädigungsanspruch des § 19 LuftVG knüpft an eine Maßnahme auf Grund der Vorschriften der §§ 12, 14-17 und 18a LuftVG an. Im Falle des § 14 LuftVG ist die maßgebliche Maßnahme die luftverkehrsrechtliche Zustimmungsversagung. Im Falle des § 18a LuftVG kommt als anzuknüpfende Maßnahme sowohl die Entscheidung des BAF als auch erst die Versagung der Genehmigung gegenüber dem Antragsteller in Betracht. Jedoch spricht die Tatsache, dass die Entscheidung des BAF nach § 18a LuftVG für die Genehmigungsbehörde bindend ist und bereits die Entscheidung des BAF das materielle Bauverbot auslöst dafür, dass diese als Anknüpfungspunkt für die die Entschädigungspflicht auslösende Maßnahme heranzuziehen ist. Der Anlagenbetreiber muss daher nicht erst den negativen Genehmigungsbescheid abwarten, um seinen Entschädigungsanspruch geltend machen zu können.

238d **(c) Vermögensnachteil.** Durch die Maßnahme muss dem Berechtigten ein Vermögensnachteil entstehen. Der Begriff des Vermögensnachteils ist dabei weit zu verstehen und umfasst damit jede Vermögenseinbuße.[245] Bei WEA-Betreibern kann die Vermögenseinbuße beispielsweise darin liegen, dass die üblicherweise eingeräumte, beschränkt persönliche Dienstbarkeit wertlos wird, wenn das Grundstück nicht mit WEA bebaut werden kann. Ein solcher Vermögensnachteil muss gleichwohl unmittelbar auf der Maßnahme nach dem LuftVG beruhen. Ein Entschädigungsanspruch besteht deshalb in der Regel dann nicht, wenn die Genehmigung auch aus außerhalb des Luftverkehrsrechts liegenden Gründen hätte versagt werden müssen.

---

[244] *BGH*, Urt. v. 29.4.1968 – III ZR 141/65; WM 1968, 747; Urt. v. 18.6.1973 – III ZR 122/71; VerwRspr 1974, 439 (440).
[245] *Schiller* in: Hofmann/Grabherr, LuftVG, 12. EL, § 19 Rn. 14.

(2) „Angemessene" Entschädigung. § 19 Abs. 1 S. 1 LuftVG sieht als Rechtsfolge die *„an-* 238e *gemessene Entschädigung in Geld"* vor. Was „angemessen" in diesem Sinne ist, bleibt offen. Konkretisierend wird lediglich in § 19 Abs. 1 S. 2 LuftVG festgelegt, dass beim Umfang der Entschädigung die entzogenen Nutzungen sowie die Beschädigung oder Zerstörung der Sache zu berücksichtigen sind. Für WEA-Projektierer ist in diesem Zusammenhang von Bedeutung, ob „entzogene Nutzungen" auch die noch nicht ausgeübte Grundstücksnutzung umfasst. Denn wird die Zustimmung nach § 14 LuftVG verweigert oder greift das materielle Bauverbot nach § 18a LuftVG, kann die Genehmigung nicht erteilt werden, sodass das Grundstück nicht wie gewünscht bebaut werden kann. Der Verweisung des § 19 LuftVG auf die §§ 12, 14-17 und 18a spricht jedoch dafür, dass beim Umfang der Entschädigung auch die noch nicht ausgeübte Grundstücksnutzung mit zu berücksichtigen ist.

Zu beachten ist schließlich, dass der Entschädigungsanspruch gem. § 19 Abs. 6 LuftVG i. V. m. 238f § 23 Abs. 1 S. 1 SchutzBerG nach vier Jahren verjährt. Maßgeblicher Anknüpfungspunkt hierfür ist die Maßnahme nach Absatz 1, also bereits die negative Stellungnahme seitens des BAF.

f) Belange des Wetterradars

Der Errichtung und dem Betrieb einer Windenergieanlage könnte auch die Funktionsfähig- 239 keit eines Wetterradars entgegenstehen. Bei einem **Wetterradar** handelt es sich um ein Radar im Sinne des § 35 Abs. 3 S. 1 Nr. 8 BauGB. Weder dem historischen Gesetzgeberwillen noch der Systematik des Gesetzes lassen sich Anhaltspunkte dafür entnehmen, den Begriff auf Radaranlagen mit militärischen oder sonstigen spezifischen Zweckbestimmungen einzuschränken.[246] Dabei hat auch bezüglich des Belangs des § 35 Abs. 3 S. 1 Nr. 8 BauGB eine zweistufige Prüfung zu erfolgen. Auf einer ersten Stufe ist festzustellen, ob das Radar durch ein Vorhaben *tatsächlich technisch beeinflusst* wird. Auf einer zweiten Stufe ist zu prüfen, ob sich diese Störung auf die Funktionsfähigkeit des Radars auswirkt, was der Fall ist, wenn die Erzielung der (im Hinblick auf die Aufgabenstellung des DWD) erwünschten Ergebnisse verhindert, verschlechtert, verzögert oder spürbar erschwert wird.[247] Anschließend ist im Wege einer **nachvollziehenden Abwägung** zwischen den Belangen des Wetterradars und der Windenergienutzungen zu klären, ob eine etwaig festgestellte Störung von derartiger Gewichtigkeit ist, dass sie der Genehmigung des Windenergievorhabens „entgegensteht"[248].

aa) Störung. Voraussetzung für ein Entgegenstehen des benannten öffentlichen Belangs des 240 § 35 Abs. 3 S. 1 Nr. 8 BauGB ist zunächst, dass die beantragte WEA die Funktionsfähigkeit der Radaranlage überhaupt beeinträchtigt. Die bloße Behauptung abstrakter **Störungsmöglichkeiten** genügt für die Annahme einer tatsächlichen Beeinträchtigung nicht.[249] Eine Störung liegt erst vor, wenn die Beeinflussungen eine bestimmte Schwelle überschreiten und dadurch die Funktion der Anlage beeinträchtigen. Insoweit liegt die Darlegungs- und Beweislast für eine behauptete Beeinträchtigung von Wetterradaranlagen beim DWD.[250] In einer Vielzahl der Fälle in der Praxis führt der DWD deshalb aus, die nachteilige Beeinflussung des Wetterradars liege daran, dass die WEA zu sog. **„Clutterechos"** und **„Abschattungen"** bei den Messungen der Wetterradaranlage führen und nimmt zur Begründung dieser Auswirkungen Bezug auf die Richtlinien der World Meteorolgical Organization (WMO) und auf seine eigenen Hinweise zur Errichtung von WEA im Nahbereich der Messstationen des DWD. Zudem verweist er zur Begründung dieser Auswirkungen häufig auf den Umstand, dass die WEA in den Radarstrahl hineinrage.

---

[246] *BVerwG*, Urt. v. 22.9.2016 – 4 C 2.16; *OVG Koblenz*, Urt. v. 13.1.2016 – 8 A 10535/15, ZfBR 2016, 276.

[247] *BVerwG*, Urt. v. 22.9.2016 – 4 C 2.16; *OVG Koblenz*, Urt. v. 13.1.2016 – 8 A 10535/15, ZfBR 2016, 276.

[248] *BVerwG*, Urt. v. 22.9.2016 – 4 C 2.16; *OVG Koblenz*, Urt. v. 13.1.2016 – 8 A 10535/15, ZfBR 2016, 276.

[249] *BVerwG*, Urt. v. 22.9.2016 – 4 C 2.16; *OVG Koblenz*, Urt. v. 13.1.2016 – 8 A 10535/15, ZfBR 2016, 276.

[250] A. A. *VG Regensburg*, Urt. v. 17.10.2013 – RO 7 K 12.1702, BeckRS 2014, 45477.

241 Aus dem Wortlaut des § 35 Abs. 3 S. 1 Nr. 8 BauGB, welcher von der „Funktionsfähigkeit" der Radaranlage spricht, wird jedoch ersichtlich, dass nicht jede Beeinträchtigung der Funktionsfähigkeit eine Störung begründen muss. Vielmehr muss die Funktion der Wetterradaranlage bauwerksbedingt in einem Maß beeinträchtigt sein, das sich auf die Aufgabenerfüllung durch den DWD auswirkt.[251] Hierzu bedarf es eines dezidierten und vorhabenspezifischen Vortrags hinsichtlich der zu erwartenden Auswirkungen der konkret betroffenen Wetterradaranlage und ihrer Bedeutung für die Aufgabenerfüllung. Die bloße Behauptung möglicher „Clutterechos" und „Abschattungen" genügt dafür nicht.

241a Diesbezüglich ist nunmehr höchstrichterlich geklärt, dass das Vorliegen einer Störung der vollen gerichtlichen Überprüfung unterliegt. Ein gerichtlich nur eingeschränkt überprüfbarer Beurteilungsspielraum steht dem DWD insoweit nicht zu.[252] Ein solcher Beurteilungsspielraum liegt schon deshalb fern, weil nicht der DWD, sondern die jeweilige Genehmigungsbehörde über die planungsrechtliche Zulässigkeit eines Außenbereichsvorhabens entscheidet. Anders als dem BAF nach § 18a Abs. 1 S. 2 LuftVG hat der DWD zudem keine Letztentscheidungsbefugnis, noch hat die Stellungnahme des DWD im behördlichen Genehmigungsverfahren einen gesetzlich geregelten Stellenwert.[253] Ein solcher Beurteilungsspielraum ergibt sich ferner auch nicht aus der Fallgruppe der Risikoermittlung und -bewertung. Die Fragen der Beeinflussung lassen sich auf der Grundlage von Erfahrungswissen beurteilen, das einer fachwissenschaftlichen Überprüfung zugänglich ist.[254] Des Weiteren können für diesen Fall auch keine Parallelen zur naturschutzfachlichen Einschätzungsprärogative gezogen werden.[255]

242 **bb) Entgegenstehen i. S. d. § 35 Abs. 1 BauGB.** Ob eine Störung auch ein Entgegenstehen i. S. d. § 35 Abs. 1 BauGB begründet, wird anhand einer nachvollziehenden Abwägung der entgegenstreitenden Interessen des DWD und der Windenergie beurteilt.[256] Der Gesetzgeber hat die in § 35 Abs. 1 BauGB aufgezählten Vorhaben – worunter auch WEA gem. § 35 Abs. 1 Nr. 5 BauGB fallen – in planähnlicher Weise dem Außenbereich zugewiesen und ihnen damit im Vergleich zu sonstigen Vorhaben ein gesteigertes Durchsetzungsvermögen gegenüber den berührten öffentlichen Belangen zuerkannt. Daher führt eine Beeinträchtigung der Funktionsfähigkeit weder ipso iure zu einem Bauverbot noch reicht eine abstrakte Gefährdung oder die bloße Möglichkeit einer Störung für die Unzulässigkeit eines Vorhabens aus. Für die Rechtsfolge des „Entgegenstehens" kommt es vielmehr darauf an, in welchem Maße die Aufgabenerfüllung des Trägers der Radaranlage konkret beeinträchtigt wird, mithin also auf das konkrete Gewicht des öffentlichen Belangs.[257] Dabei ist dem gesteigerten Durchsetzungsvermögen privilegierter Außenbereichsvorhaben gebührend Rechnung zu tragen. Nur geringfügige Störungen können dagegen ein WEA-Vorhaben nicht unzulässig machen. Hinsichtlich des „Entgegenstehens" einer Störung steht dem DWD ebenfalls kein Beurteilungsspielraum zu.[258]

242a Im Rahmen dieser Abwägung ist zu berücksichtigen, dass nach Meinung der Rechtsprechung der DWD bei der Standortwahl keineswegs eingeschränkter ist als der Betreiber eines Windenergievorhabens. Es muss diesbezüglich im Rahmen der Abwägung berücksichtigt werden,

---

[251] *BVerwG*, Urt. v. 22.9.2016 – 4 C 2.16; *OVG Koblenz*, Urt. v. 13.1.2016 – 8 A 10535/15, ZfBR 2016, 276.
[252] *BVerwG*, Urt. v. 22.9.2016 – 4 C 2.16; *OVG Koblenz*, Urt. v. 13.1.2016 – 8 A 10535/15, ZfBR 2016, 276.
[253] *BVerwG*, Urt. v. 22.9.2016 – 4 C 2.16; *OVG Koblenz*, Urt. v. 13.1.2016 – 8 A 10535/15, ZfBR 2016, 276.
[254] *BVerwG*, Urt. v. 22.9.2016 – 4 C 2.16; *OVG Koblenz*, Urt. v. 13.1.2016 – 8 A 10535/15, ZfBR 2016, 276.
[255] *BVerwG*, Urt. v. 22.9.2016 – 4 C 2.16; *OVG Koblenz*, Urt. v. 13.1.2016 – 8 A 10535/15, ZfBR 2016, 276.
[256] *OVG Weimar*, Urt. v. 30.9.2009 – 1 KO 89/07, NVwZ-RR 2010, 347.
[257] *BVerwG*, Urt. v. 22.9.2016 – 4 C 2.16; *OVG Koblenz*, Urt. v. 13.1.2016 – 8 A 10535/15, ZfBR 2016, 276.
[258] *BVerwG*, Urt. v. 22.9.2016 – 4 C 2.16; *OVG Koblenz*, Urt. v. 13.1.2016 – 8 A 10535/15, ZfBR 2016, 276.

ob Windenergievorhaben in regionalplanerisch festgelegten Vorranggebieten für Windenergie verwirklicht werden sollen und daher wegen der Ausschlusswirkung der Konzentrationsflächenplanung nur eingeschränkte Ausweichmöglichkeiten auch für Windenergievorhabenträger existieren können.[259] Einer etwaigen Standortgebundenheit der Wetterradaranlage kann also nicht per se im Rahmen einer Abwägung höheres Gewicht zukommen. Zu berücksichtigen sind zudem Umstände wie die Frage, ob es überhaupt zu sog. „Unterwarnungen" kommen kann und ob unbeeinflusste Radarscans sowie radarunabhängige Informationen eine hinreichende Aufgabenwahrnehmung des DWD auch dann ermöglichen, wenn einzelne Radarscans gegebenenfalls gestört werden.[260]

Sind durch den Betrieb der WEA im Ergebnis keine besonders gewichtigen nachteiligen 242b Auswirkungen zu erwarten, so verbleibt es dabei, dass dem durch die gesetzliche Privilegierung verstärkt durchsetzungsfähigen Interesse an der Verwirklichung der Windenergievorhaben im konkreten Fall ein höheres Gewicht beigemessen werden muss. Offen ist, ob es dem Träger der Radaranlage im Einzelfall auch zumutbar sein kann, im Hinblick auf das Rücksichtnahmegebot Selbsthilfemöglichkeiten zur Abmilderung der Störeinflüsse zu treffen, auch wenn es sich bei der Wetterradaranlage um die bereits früher verwirklichte Anlage handelt.[261] Im Übrigen ist dem Anlagenbetreiber – ähnlich der Verweigerung der luftverkehrsrechtlichen Zustimmung im Rahmen des § 14 LuftVG (→ Kap. 1 Rn. 203 ff.) – auch eine weniger optimale Betriebssituation zuzumuten.

g) Belange der Bundeswehr – Übungsgebiet Polygone

Die Bundeswehr betreibt im Saarland und in Teilen von Rheinland-Pfalz das Zentrum 242c Elektronischer Kampf fliegender Waffensysteme, POLYGONE. „POLYGONE" ist eine in Europa einzigartige trinationale militärische Ausbildungseinrichtung. Hier werden die Bedrohung militärischer Flugzeuge mittels realer Flugabwehrraketensysteme dargestellt und so im Schwerpunkt der Selbstschutz zu Ausbildungszwecken geübt. Zur Simulation der Bedrohung von aktuell im Gebrauch befindlichen Flugabwehrraketensystemen werden im Übungsgebiet Polygone verschiedene Originalsysteme eingesetzt, welche vorwiegend durch potenziell gegnerische Streitkräfte in Krisengebieten weltweit verwendet werden. Diese Übungen finden mit dem Ziel statt, durch taktische und elektronische Gegenmaßnahmen den Schutz von Leib und Leben der Besatzungen in einem realitätsnahen Einsatzszenario in Vorbereitung auf weltweite Auslandseinsätze der Bundeswehr zu realisieren.

Nach Auffassung der Bundeswehr kann die Errichtung und der Betrieb von Windenergiean- 242d lagen im Übungsgebiet die Zielverfolgung des Zielverfolgungsradars erheblich und nachhaltig stören. Tests hätten in diesem Zusammenhang gezeigt, dass die Zielverfolgungsradargeräte an den Rotorblättern auf Windenergieanlagen aufschalten und dort „hängen" bleiben, wenn (vom Radargerät aus betrachtet) Luftfahrzeuge hinter Windenergieanlagen fliegen.

aa) Störung.
Wie bereits dargestellt, ist der Belang „Polygone" unter § 35 Abs. 3 S. 1 Nr. 8 242e BauGB zu subsumieren (vgl. Rn. 179 f.). Die pauschale Behauptung der Bundeswehr, dass der Betrieb einer WEA stets zu einer Störung der Polygone-Anlage führen würde, ist schlichtweg falsch. Auch hier ist stets eine Einzelfallbetrachtung des jeweiligen Vorhabens notwendig. Die im Rahmen der TöB-Beteiligung vom Bundesamt für Infrastruktur, Umweltschutz und Dienstleistungen der Bundeswehr (BAIUDBw) abgegebenen Stellungnahmen sind derzeit Standardschreiben, welche von einer konkreten Einzelfallbetrachtung weit entfernt sind. Ausgehend davon, dass sich die Bundeswehr auf die Störung der Übungsanlage beruft, liegt die Darlegungslast auch auf deren Seite. Nach diversen Gesprächen auf ministerieller Ebene hat die Bundeswehr unlängst zugegeben, dass ihr derzeit keine Berechnungsverfahren zur konkreten Darlegung der behaupteten Störungen zur Verfügung stehen. Derzeit bedient sie sich gröbsten

---

[259] *BVerwG*, Urt. v. 22.9.2016 – 4 C 2.16; *OVG Koblenz*, Urt. v. 13.1.2016 – 8 A 10535/15, ZfBR 2016, 276.
[260] Vgl. hierzu: *OVG Koblenz*, Urt. v. 13.1.2016 – 8 A 10535/15, ZfBR 2016, 276.
[261] *OVG Koblenz*, Urt. v. 13.1.2016 – 8 A 10535/15, ZfBR 2016, 276.

Vereinfachungen die selbstverständlich nicht den bundesverwaltungsgerichtlichen Anforderungen an die Darlegung einer Störung genügen können.

242f **bb) Entgegenstehen.** Selbst wenn eine Störung der Polygone-Anlage durch die Errichtung und den Betrieb von WEA gegeben wäre, muss dies nicht zwingend zu einem Verstoß gegen öffentlich-rechtliche Vorschriften im Sinne des § 6 Abs. 1 Nr. 2 BImSchG führen und demnach zu einer Ablehnung des Genehmigungsantrags. Auch beim Belang der Übungsanlage Polygone muss berücksichtigt werden, dass der Gesetzgeber die Errichtung und den Betrieb von WEA ausdrücklich dem Außenbereich zugewiesen hat. Vielmehr sind im Rahmen der Abwägung die sich widerstreitenden Interessen gegenüberzustellen und zu prüfen, ob die Polygone-Anlage nicht bereits durch entsprechende Vorbelastungen am vorgesehenen Standort nicht mehr im geltend gemachten Umfang genutzt werden kann.

h) Belange des Richtfunks

242g Richtfunksysteme sind solche Funksysteme, die zur Übertragung von Informationen zwischen festen Standorten dienen. Die zwischen den Standorten liegende Strecke wird als Richtfunkstrecke aufgefasst. Allgemein versteht man dabei unter dem Begriff „Funk" die drahtlose Übertragung von Signalen aller Art mittels modulierter elektromagnetischer Wellen.

242h Der Belang der Richtfunkstrecken findet sich in § 35 Abs. 3 S. 1 Nr. 8 BauGB, wonach der privilegierten Windenergienutzung im Außenbereich auch der bauplanungsrechtliche Belang der Funktionsfähigkeit von Funkstellen entgegenstehen kann.[262] Wie auch bei dem bereits oben behandelten Belang des Wetterradars (Rn. 239 ff.), erfordert die Systematik des Bauplanungsrechts somit auch bei der etwaigen Betroffenheit von Funkstrecken eine zweigeteilte Prüfung, nämlich die Frage, ob infolge der geplanten Windenergieanlagen überhaupt eine Störung zu erwarten ist und ob diese so gewichtig ist, dass sie sich gegenüber der privilegierten Windenergienutzung .im Rahmen der nachvollziehenden Abwägung durchsetzt („Entgegenstehen").[263]

242i **aa) Störung.** Pauschale Kriterien sind dabei grundsätzlich nicht geeignet, Auskunft darüber zu geben, ob Funkstrecken, respektive die Funkstellen in Sicht des § 35 Abs. 3 S. 1 Nr. 8 BauGB gestört sind. Der Sendestrahl bei Richtfunkverbindungen ist relativ schmal und kann gutachterlich durch einen Sachverständigen ermittelt werden. Räumlich-technisch kann das Umfeld von Funksignalen oder Funkstrecken in sogenannte „Fresnelzonen" unterteilt werden. Die Fresnelzonen stellen dabei gedachte Rotationsellipsoide dar, deren Hauptachse die Sichtlinie zwischen den beiden Antennen auf den Richtfunktürmen bildet.[264] Durch Windenergieanlagen kann es damit ebenso wie durch andere bauliche Anlagen zu sogenannten „Hindernisdämpfungen" der mit einer bestimmten Sendeleistung einhergehenden maximalen Empfangsleistung kommen, wenn sie innerhalb derartiger Fresnelzonen liegen. Die Energieübertragung in der Funkstrecke findet allerdings hauptsächlich im Kernbereich der sog. „ersten Fresnelzone"[265] statt. Daher ist davon auszugehen, dass eine relevante „Hindernisdämpfung" (im Sinne einer möglichen Störung der Funkstrecke) durch Windenergieanlagen grundsätzlich nur dann zu erwarten ist, wenn die Dämpfung innerhalb dieser ersten Fresnelzone erfolgt.[266]

242j Nach Auffassung des Oberverwaltungsgerichts Münster aber im Hinblick auf die Intensität der Auswirkung auch das Hineinragen in die erste Fresnelzone für sich genommen nicht automatisch zur Annahme einer relevanten Störung. Vielmehr kommt es auch darauf an, welche Bedeutung dieses Hineinragen für die Signalübertragung hat. Damit ist nicht nur die technische Auswirkung relevant, sondern auch deren Folgen für die spezifische Funktion der Funkstellen. In der bislang einzigen zu dieser Frage ergangenen Entscheidung vertritt das Oberverwaltungsgericht die Auffassung, dass ein bloßes Überstreichen von über 40% der Schnittfläche der ersten Fresnelzone eine Störung der Funkstrecke nicht hinreichend glaubhaft macht,

---

[262] Vgl. *OVG Lüneburg*, Beschl. v. 13.4.2011 – 12 ME 8/11, BeckRS 2011, 49866.
[263] Vgl. *Sittig/Kupke*, NVwZ-Extra 20/2015.
[264] *Fritz/Frey*, ZUR 2016, 144; OVG Münster, Beschl. v. 27.8.2014 (8 B 550/14), ZUR 2014, 693 (695).
[265] *OVG Münster*, Beschl. v. 27.8.2014 – 8 B 550/14, ZUR 2014, 693 (695).
[266] *VG Aachen*, Beschl. v. 14.3.2014 – Az. 6 L 106/14 – juris.

III. Zulässigkeit im unbeplanten Außenbereich und entgegenstehende Belange   69

solange nicht klar ist, welcher Informationsverlust damit einhergeht.[267] Demzufolge ist auch innerhalb der ersten Fresnelzone nicht allein das Maß des Überschneidens ausreichend, um die Frage einer rechtserheblichen Störung der Funktionsfähigkeit des Richtfunks zu beantworten. Vielmehr kommt es auch auf den Grad des dadurch hervorgerufenen Signalausfalls an. Gemäß der Oberverwaltungsgerichtsauffassung dürfte allerdings auch nicht angenommen werden, dass nur eine Hindernisdämpfung, die zu einem Totalausfall der Signalübertragung führt, was bei einem zu 50 % abgeschwächten Signal vorliegt, als Störung einer Funkstelle relevant ist.[268]

bb) Entgegenstehen. Selbst wenn es zu einer Störung nach § 35 Abs. 3 S. 1 Nr. 8 BauGB durch   242k
das geplante Vorhaben kommt, führt dies noch nicht zwingend zu einem Verstoß gegen öffentlich-rechtliche Vorschriften in Sicht des § 6 Abs. 1 Nr. 2 BImSchG, der die Ablehnung einer beantragten Genehmigung rechtfertigen würde. Windenergievorhaben sind im Außenbereich durch die gesetzgeberische Zuweisungsentscheidung gemäß § 35 Abs. 1 Nr. 5 BauGB bauplanungsrechtlich privilegiert zuzulassen. Das bedeutet, dass solche Vorhaben nur dann unzulässig sind, wenn ihnen öffentliche Belange entgegenstehen, wodurch nicht schon eine Beeinträchtigung zur Unzulässigkeit des privilegierten Vorhabens führt.[269] Vielmehr ist auch in diesem Zusammenhang im Rahmen einer nachvollziehenden Abwägung der Zweck des jeweiligen Vorhabens nach § 35 Abs. 1 BauGB den berührten öffentlichen Belangen gegenüberzustellen.[270]. Dabei dürfte auch maßgeblich sein, welchem konkreten Zweck die Richtfunktrasse dient und welche Signalqualität für diesen Zweck unverzichtbar ist bzw., ob alternative Übertragungsmöglichkeiten bestehen.

i) Belange der Seismologie

Einem Windenergievorhaben können gegebenenfalls auch seismologische Anlagen ent-   242l
gegenstehen. Diese Problematik ist noch vergleichsweise unerforscht und war bisher auch nicht Bestandteil eines verwaltungsgerichtlichen Verfahrens. Seismologie beschreibt die Wissenschaft von Erdbeben. Entsprechende Messanlagen zeichnen Erdbebenaktivität in Form von Bodenschwingungen (seismische Wellen) auf. Betrieben werden diese oftmals von an Universitäten angeschlossenen, geologischen Instituten. Auch Windenergieanlagen verursachen Bodenschwingungen, welche unter Umständen geeignet sind, die Funktionsfähigkeit/ Messgenauigkeit solcher seismologischen Messanlagen zu beeinträchtigen. Bislang existieren jedoch kaum wissenschaftliche Daten, ob und in welchem Maß seismologische Messanlagen durch WEA gestört werden.

Der Windenergieerlass in Nordrhein-Westfalen vom 04.11.2015 sieht pauschale „Prüfberei-   242m
che" von 10 km um seismologische Anlagen vor. Bayern und Hessen legen ebenfalls konkrete Abstände (Ausschlussbereiche und Einzelfallprüfbereiche) von Windenergieanlagen fest. Derartige pauschale Abstandsforderungen sind indes nicht geeignet ohne Weiteres ein tragfähiges Genehmigungshindernis zu begründen.

aa) Rechtlicher Anknüpfungspunkt. Rechtlicher Anknüpfungspunkt für die Bewertung   242n
von seismologischen Anlagen sind die öffentlichen Belange in § 35 Abs. 3 BauGB i. V. m. § 6 Abs. 1 Nr. 2 BImSchG. Seismologische Anlagen sind jedoch nicht ausdrücklich in § 35 Abs. 3 BauGB aufgeführt, insbesondere gehören sie nicht zu den in § 35 Abs. 3 Nr. 8 BauGB genannten Anlagen. Zu den öffentlichen Belangen i. S. d. § 35 Abs. 3 BauGB gehört allerdings auch das Rücksichtnahmegebot. Dieser öffentliche Belang ist ein objektiver Rechtsgrundsatz, der besagt, dass bei der Zulässigkeit von Vorhaben auch auf schutzwürdige Individualinteressen Rücksicht zu nehmen ist. Welche Anforderungen das Gebot der Rücksichtnahme begründet, hängt von den Einzelfallumständen ab. Es verbietet daher Vorhaben, die einen Nachbarn einer ihm im

---

[267] *OVG Münster*, Beschl. v. 27.8.2014 – 8 B 550/14, ZUR 2014, 693 (695); OVG Lüneburg, Beschl. v. 13.4.2011 – 12 ME 8/11, BeckRS 2011, 49866.
[268] *OVG Münster*, Beschl. v. 27.8.2014 – 8 B 550/14, ZUR 2014, 693 (695); OVG Lüneburg, Beschl. v. 13.4.2011 – 12 ME 8/11, BeckRS 2011, 49866.
[269] *Söfker* (Fn. 5), BauGB, § 35 Rn. 13.
[270] *BVerwG*, DÖV 1974, 566; BVerwGE 37, 99; BVerwGE 28, 148 = NJW 1968, 1105.

Hinblick auf die jeweilige Situation billigerweise nicht mehr zumutbaren Beeinträchtigung aussetzen. Dabei entsteht jedoch nicht nur eine Verpflichtung des Bauherrn, sondern auch eine des Nachbarn, soweit es um schützenswerte Belange des Bauherrn geht, unabhängig davon, ob das benachbarte Vorhaben bereits – ggf. schon lange – vorhanden ist. Diese wechselseitigen Verpflichtungen folgen aus der Sozialpflichtigkeit des Eigentums.[271] Eine Verpflichtung des Nachbarn ergibt sich verstärkt, wenn sich bei einem Vergleich der beiderseitigen Interessen derjenige, der das Vorhaben verwirklichen will, zusätzlich darauf berufen kann, dass das Gesetz durch die Zuerkennung einer Privilegierung seine Interessen grundsätzlich höher bewerten will.

242o **bb) Einzelheiten zur Beeinträchtigung.** In Anlehnung an die bisherige Rechtsprechung zu technischen Einrichtungen (vgl. insbesondere § 35 Abs. 3 Nr. 8 BauGB) ist auch für seismologische Anlagen zu fordern, dass nicht jede nachteilige Beeinflussung der Anlage einen entgegenstehenden öffentlichen Belang darstellt. Vielmehr muss im Rahmen einer zweistufigen Prüfung zunächst festgestellt werden, ob eine Rücksichtslosigkeit – also eine kausale technische Beeinträchtigung und eine Unzumutbarkeit – vorliegt, in einem zweiten Schritt eine nachvollziehbare Gesamtabwägung der sich gegenüberstehenden Belange vorgenommen werden.

242p Im Rahmen des ersten Prüfungsschrittes muss zunächst der Nachweis erbracht werden, dass eine kausale Verursachung einer Beeinflussung durch die Windenergieanlage vorliegt. Dabei kann auf die verfestigte Rechtsprechung zu technischen Einrichtungen i. S. d. § 35 Abs. 3 Nr. 8 BauGB (z. B. Luftverteidigungsradare) zurückgegriffen werden. Die Darlegungslast liegt danach bei den Betreibern der technischen Einrichtungen, da diese Einblick in die Betriebsdetails haben.[272] Die Darlegung muss anerkannten fachlichen Anforderungen bei der Beantwortung naturwissenschaftlicher Fragestellungen und wissenschaftlicher Standards entsprechen.[273] Bislang stützen sich Betreiber jedoch auf die pauschale Behauptung, dass Windenergieanlagen allgemein zu „Erschütterungssignalen" führen. Angeblich würden durch das Passieren eines Rotorblattes am Turm Signale angeregt, welchen mit den Messgeräten über viele Kilometer als Störsignal nachgewiesen werden können. Allein aus einer „Abschätzung" kann jedoch keine nachteilige technische Beeinträchtigung geschlussfolgert werden. Unzumutbar und rücksichtlos können jedoch nur solche Erschütterungen sein, die in dem betreffenden Gebiet nicht ortsüblich sind.[274] Doch gerade im Außenbereich stellen sich Erschütterungssignale von Windenergieanlagen wie auch anderen Einrichtungen als ortsüblich dar. Wenn die Beeinflussung kausal und die Störung nicht zumutbar ist, muss geprüft werden, ob technische Maßnahmen diese Störung beheben können. Dabei treffen den Betreiber einer seismologischen Anlage auch Mitwirkungspflichten in Form von zumutbaren Vermeidungs- und Minderungsmaßnahmen.

242q **cc) Abwägung.** Im Rahmen der Gesamtabwägung der widerstreitenden Interessen muss beachtet werden, dass Windenergievorhaben im Außenbereich privilegierte Vorhaben gem. § 35 Abs. 3 Nr. 5 BauGB und zudem Vorhaben im öffentlichen Interesse sind. Ein vollständiger Ausschluss von Beeinträchtigungen im unbeplanten Außenbereich kann daher nicht verlangt werden, gerade wenn sie von privilegierten Nutzungen hervorgerufen werden, die diesem Bereich gesetzlich zugewiesen sind. Dabei sind auch bezüglich der Gesamtabwägung die Mitwirkungspflichten des Betreibers der seismologischen Anlage zu berücksichtigen, dem im Einzelfall zumutbare Vermeidungs- und Minderungsmaßnahmen auferlegt werden können. Eine Unzumutbarkeit besteht nur, wenn der Betrieb der seismologischen Anlage unmöglich ist. Im Übrigen erhöht sich das Maß der gebotenen Rücksichtnahme auch nicht wegen der besonderen Empfindlichkeit von seismologischen Messanlagen. Damit realisiert sich nur ein selbst eingegangenes Risiko. Dies muss auch gelten, wenn der „empfindliche Betrieb" der deutlich ältere ist. Hier gilt es, die sich gegenüberstehenden Interessen der Beteiligten zueinander ins

---

[271] *OVG Lüneburg*, Urt. v. 14.7.2011 – 1 ME 76/11, NVwZ-RR 2011, 889; *VG Köln*, Urt. v. 22.7.1991 – 4 L 1632/90.
[272] Vgl. *OVG Lüneburg*, Beschl. v. 13.4.2011 – 12 ME 8/11; *OVG Münster*, Beschl. v. 27.8.2014 – 8 B 550/14.
[273] Vgl. *OVG Lüneburg*, Beschl. v. 13.4.2011 – 12 ME 8/11.
[274] *VG Köln*, Urt. v. 27.7.1991 – 4 L 1632/90.

Verhältnis zu setzen. Ein vollständiger Ausschluss von Beeinträchtigungen kann im unbeplanten Außenbereich nicht verlangt werden, gerade wenn diese durch privilegierte Vorhaben hervorgerufen werden. Eine Restbeeinträchtigung muss jedoch für den Betreiber einer seismologischen Anlage hinnehmbar sein.

dd) Ausblick. Inwieweit eine kausale Verknüpfung zwischen Windenergienutzung und seismologischen Anlagen besteht, ist noch nicht ausreichend erforscht. Auswirkungen können u. a. der Windenergieanlagentyp, die Fundamentart, die Flach- oder Tiefgründung oder die Windgeschwindigkeit haben. Fraglich ist, ob gerade Abstandshaltungen (wie in Hessen und Bayern) dieses Problem optimal lösen können. Aktuelle Erkenntnisse des Karlsruher Instituts für Technologie (KIT) und der Universität Stuttgart haben ergeben, dass etwaige Signalbeeinträchtigungen durch die Installation eines Feldes von Seismometern um die Zentralstation (sog. „Seismologische Arrays") und auch durch bauliche Verbesserungen zum Teil kompensiert werden können. 242r

j) Steuerungsmöglichkeit durch Regional- und Flächennutzungsplanung

aa) Regionalplanung

(1) Dogmatik. Der Errichtung und dem Betrieb einer WEA im Außenbereich könnten als öffentliche Belange auch Regional- und Flächennutzungspläne entgegenstehen. Dafür sieht § 35 Abs. 3 S. 3 BauGB einen **Planungsvorbehalt** vor, der neben § 35 Abs. 3 S. 2 BauGB einen weiteren planungsrelevanten Vorbehalt darstellt. Hintergrund des Planungsvorbehalts ist, dass die Gemeinden und Träger der Regionalplanung die Möglichkeit haben sollen, die Errichtung von WEA planerisch weiträumig zu steuern und so die „Verspargelung der Landschaft" zu vermeiden. Die Gemeinden oder Planungsträger können somit von der positiven Standortzuweisung Gebrauch machen. Die **Regionalplanung** ist unterhalb der staatlichen Raumordnung angesiedelt. Sie dient der Konkretisierung, der fachlichen Integration und der Umsetzung landesplanerischer Ziele. Hierzu heißt es beispielsweise in Berlin-Brandenburg[275]: 243

> „Die Regionalplanung ist ein wesentliches Instrument für die Umsetzung der hochstufigen, landesplanerischen Festlegungen aus [...] den Landesentwicklungsplänen. [...]. Sie soll gegenüber der Landesplanung räumlich konkretere überörtliche und überfachliche Festlegungen treffen, ohne jedoch in die rein örtlich begründete Entscheidungskompetenz der Gemeinden einzugreifen. Damit liegt die Regionalplanung im Spannungsfeld zwischen Landesplanung, Fachplanung und kommunaler Bauleitplanung. Sie muss einerseits die Vorgaben der Landesplanung beachten und für die Region konkretisieren, andererseits die Belange der Fachplanung und die Entwicklungsvorstellungen der Gemeinden berücksichtigen, diese nach sorgfältiger Prüfung gegeneinander und untereinander abwägen und das Ergebnis in die Regionalpläne einstellen. Die in den Regionalplänen verbindlich festgelegten Ziele der Raumordnung sind von allen öffentlichen Planungsträgern und von Personen des Privatrechts im Sinne des § 4 Abs. 1 ROG zu beachten."

(2) Raumbedeutsame Vorhaben. Nach § 35 Abs. 3 S. 3 BauGB muss das betreffende WEA-Vorhaben raumbedeutsam sein, damit der Planungsvorbehalt der Regionalplanung greift.[276] Der Begriff der raumbedeutsamen Vorhaben ist im BauGB per se nicht definiert. Nach einhelliger Auffassung muss zur näheren Bestimmung des Begriffs raumbedeutsam auf § 3 Abs. 1 Nr. 6 ROG zurückgegriffen werden.[277] **Raumbedeutsam** sind danach Planungen einschließlich der Raumordnungspläne, Vorhaben und sonstige Maßnahmen, durch die Raum in Anspruch genommen oder die räumliche Entwicklung oder Funktion eines Gebiets beeinflusst wird.[278] In diesem Zusammenhang ist ein besonderes Augenmerk auf die beiden Kriterien der **Raumbeanspruchung** und der **Raumbeeinflussung** zu legen. Dabei ist die Frage, ob eine einzelne WEA in diesem Sinne raumbedeutsam ist, nach den jeweiligen Umständen des konkreten Einzelfalls zu beurteilen.[279] 244

---

[275] Vgl. www.gl.berlin-brandenburg.de/regionalplanung/index.html (Stand 12/2016).
[276] *BVerwGE* 115, 17.
[277] BT-Drs. 10/6166, 132.
[278] *OVG Lüneburg*, Beschl. v. 12.10.2011 – 12 LA 219/10.
[279] *BVerwGE* 118, 33 (35).

BVerwG, Beschl. v. 2.8.2002 – 4 B 36.02
„Als „raumbedeutsam" qualifiziert der Gesetzgeber nicht bloß Planungen und Maßnahmen, durch die Grund und Boden in Anspruch genommen wird, sondern auch solche, durch die die räumliche Entwicklung eines Gebietes beeinflusst wird (vgl. § 3 Nr. 6 ROG). Wann das Merkmal der Raumbeeinflussung erfüllt ist, ist eine Frage der Würdigung des Einzelfalls."

Grundsätzlich wird bei jeder Errichtung eines neuen Bauwerks Raum im Sinne einer Inanspruchnahme eines Stücks der Erdoberfläche beansprucht. Nach Auffassung der oberverwaltungsgerichtlichen Rechtsprechung muss ein Vorhaben, das als raumbedeutsam angesehen werden soll, jedenfalls eine über den unmittelbaren Nahbereich hinausgehende Auswirkung aufweisen.[280] In seinem Urteil vom 13.3.2003 hat das Bundesverwaltungsgericht folgende Kriterien für die Beurteilung der Raumbedeutsamkeit von WEA aufgestellt:

BVerwG, Urt. v. 13.3.2003 – 4 C 4.02
„Ob eine einzelne Windenergieanlage in diesem Sinne raumbedeutsam ist, beurteilt sich nach den tatsächlichen Umständen des Einzelfalls. Die Raumbedeutsamkeit einer Einzelanlage kann sich insbesondere aus ihren Dimensionen (Höhe, Rotordurchmesser), aus ihrem Standort oder aus ihren Auswirkungen auf bestimmte Ziele der Raumordnung (Schutz von Natur und Landschaft, Erholung und Fremdenverkehr) ergeben."

Der Rechtsprechung des Bundesverwaltungsgerichts folgend kommt es für die Bestimmung der Raumbedeutsamkeit von Vorhaben insbesondere auf die Dimension des Vorhabens, deren Standort und dessen Auswirkungen auf bestimmte Ziele der Raumordnung an.

245 Wie bereits die ständige Rechtsprechung[281] des BVerwG deutlich macht, kommt es für die Beurteilung der Frage nach einer eventuellen Raumbedeutsamkeit des geplanten Vorhabens stets auf die Betrachtung des Einzelfalls an. Befinden sich beispielsweise am geplanten Standort einer Anlage schon zwei weitere bestandskräftig genehmigte und errichtete WEA und die „dritte" Anlage soll nur die „Lücke" zwischen den bereits bestehenden Anlagen ausfüllen, kann mit guten Argumenten festgehalten werden, dass die „neue" WEA keinen zusätzlichen Raum im Sinne des § 3 Abs. 1 Nr. 6 ROG in Anspruch nimmt.[282] Da die „neue" Anlage lediglich die Lücke zwischen den vorhandenen Anlagen ausfüllt, kann nicht von einer nennenswerten Verstärkung der optischen Wirkung aller Anlagen auf die Umgebung ausgegangen werden.

246 Zusammenfassend kann festgehalten werden, dass ein Vorhaben im Sinne von § 35 Abs. 3 S. 3 BauGB jedenfalls dann raumbedeutsam ist, wenn von ihm infolge seiner Größe oder der von ihm ausgehenden Emissionen Auswirkungen zu erwarten sind, die über den unmittelbaren Nahbereich hinausgehen.[283] Maßgeblich ist somit die Raumbeanspruchung bzw. Raumbeeinflussung durch das konkrete Vorhaben. Die oftmals in den ministeriellen Erlassen zu findenden Angaben sind diesbezüglich rechtlich nicht bindend.[284] Weitestgehend Einigkeit besteht mittlerweile dahingehend, dass sog. Windparks – also eine Ansammlung von mindestens drei marktgängigen WEA – wegen ihrer Raumbeanspruchung in der Regel raumbedeutsam sind, wohingegen eine solche pauschale Aussage für eine nur wenig Grund und Boden in Anspruch nehmende Einzelanlage nicht getroffen werden kann.

247 **Raumbeanspruchend** ist nach dem Willen des Gesetzgebers ein Vorhaben nicht schon dann, wenn es überhaupt Grund und Boden in Anspruch nimmt. Vielmehr soll durch den Begriff „Raum" in § 3 Abs. 1 Nr. 6 ROG zum Ausdruck gebracht werden, dass Grund und Boden in erheblichem Umfang in Anspruch genommen werden muss.

248 Ob unter dem Gesichtspunkt der **Raumbeeinflussung** eine einzelne WEA oder eine „Gruppenanlage" raumbedeutsam ist, lässt sich ebenfalls nicht generell mit „Ja" oder „Nein" beantworten. Vielmehr bedarf es auch hier einer genauen Beurteilung der Verhältnisse des Vorhabens zu seiner räumlichen Umgebung.[285] Als Kriterien für die Raumbeeinflussung können neben

---
[280] *VGH Mannheim*, Beschl. v. 24.7.2001 – 8 S 1306/01.
[281] Z.B. *BVerwG*, Urt. v. 13.3.2003 – 4 C 4.02.
[282] *OVG Lüneburg*, Beschl. v. 12.10.2011 – 12 LA 219/10.
[283] *Maslaton/Kupke*, Rechtliche Rahmenbedingungen des Repowerings von WEA, S. 59.
[284] Näheres siehe: *Saurer*, NVwZ 2016, 201.
[285] *Maslaton/Kupke*, Rechtliche Rahmenbedingungen des Repowerings von WEA, S. 60.

der Dimension der Anlage, die Besonderheiten ihres Standortes, z. B. eine weithin sichtbare Kuppe eines Berges und die Auswirkungen der Anlage auf eine bestimmte, planerisch als Ziel der Raumordnung gesicherte Raumfunktion herangezogen werden.[286]

Anhand der von der Rechtsprechung und der überwiegenden Literatur dargelegten Grundsätze ist die von diversen Planungsverbänden[287] gezogene Schlussfolgerung, dass bereits eine einzelne WEA ab 50 m Gesamthöhe als raumbedeutsam angesehen werden muss, in dieser Pauschalität unzutreffend. Demnach seien nach der Vorstellung vieler Planungsträger alle Windenergieanlagen mit ≥ 50 m Gesamthöhe Regelungsgegenstand des entsprechenden regionalen Windenergiekonzepts. Eine solch pauschale Schlussfolgerung steht vor allem in krassem Widerspruch zur Rechtsprechung des BVerwG, nach der die Raumbedeutsamkeit von windenergetischen Vorhaben nach dem jeweilgen **Einzelfall** zu beurteilen ist. 249

Nach den durch das BVerwG aufgestellten Beurteilungskriterien, die sich gegenseitig ergänzen, kann die Raumbedeutsamkeit der WEA insbesondere anhand deren Dimensionen beurteilt werden – insbesondere durch deren Höhe und Rotordurchmesser. Auch dies kann allerdings nicht als abschließend gewertet werden. So nennen ausgewählte Regionalpläne zusätzlich noch die Anzahl der geplanten WEA als einen die Dimension des Vorhabens beschreibenden Faktor.[288] In der einschlägigen Rechtsprechung werden i. d. R. WEA erst mit einer Gesamthöhe von 100 m als raumbedeutsam angesehen, weil diese Anlagen eine über den Nahbereich hinausgehende Fernwirkung entfalten, wobei immer wieder ausdrücklich betont wird, dass es sich bei der 100-m-Grenze lediglich um ein „Indiz" handelt.[289] Das OVG Lüneburg stellt ferner ergänzend auf die Notwendigkeit der Hinderniskennzeichnung der WEA aus Gründen der Flugsicherheit nach der Allgemeinen Verwaltungsvorschrift zur Kennzeichnung von Luftfahrthindernissen ab, deren Höhe 100 m übersteigt und damit die **optische Dominanz** von WEA in raumbedeutsamer Weise verstärkt. Dies ist aber – so auch das OVG Lüneburg – nur ein Aspekt unter vielen und entbindet nicht von der Notwendigkeit, weitere Aspekte der Windenergienutzung und deren Auswirkungen auf die Umgebung zu prüfen. Ob der Aspekt der Hindernisbefeuerung jedoch überhaupt noch ein Kriterium für die Raumbedeutsamkeit von WEA sein kann, ist fraglich, da alle WEA über 100 m kennzeichnungspflichtig sind. Zudem sieht die „AVV Hindernis" seit Mitte 2015 die Option der „bedarfsgerechten Befeuerung"[290] vor. Optische Auswirkungen sind im Ergebnis somit erheblich „minimierbar". Die Raumbedeutsamkeit von WEA kann unter diesem Aspekt daher wohl kaum noch begründet werden. 250

Ferner ist für die Beurteilung der Raumbedeutsamkeit von WEA auch deren Standort maßgeblich. Es kann Konstellationen geben, bei denen die WEA aufgrund der Besonderheiten des Reliefs oder des Vorhandenseins von Wald oder Bergen nur schlecht einsehbar bzw. optisch abgeschottet sind und damit keine Fernwirkung über den Nahbereich hinaus entfalten. In diesen Einzelfällen kann trotz der jeweiligen Dimension der geplanten WEA, die auch die 100-m-Marke überschreiten kann, keine Rede von Raumbedeutsamkeit sein. Gleiches kann unter den Aspekt einer eventuellen infrastrukturellen Vorbelastung der Fall sein. 251

Schließlich sind bei der Beurteilung der Raumbedeutsamkeit von WEA auch die von den Anlagen ausgehenden Auswirkungen auf Ziele der Raumordnung (Schutz von Natur und Landschaft, Erholung und Fremdenverkehr) zu berücksichtigen. Soweit die geplanten Anlagen trotz deren Dimension den raumordnerisch festgelegten Zielen nicht entgegenstehen, kann auch in diesen Einzelfällen nicht von Raumbedeutsamkeit der entsprechenden WEA ausgegangen werden. 252

Damit ist die oftmals **pauschale Annahme der Planungsverbände**, dass alle WEA, deren Gesamthöhe 50 m übersteigt, raumbedeutsam sind, nicht mit der ober- und bundesverwaltungsgerichtlichen Rechtsprechung hinsichtlich der aufgestellten Beurteilungskriterien und insbesondere nicht mit dem Erfordernis der Beurteilung im Einzelfall vereinbar. 253

---

[286] *Maslaton/Kupke*, Rechtliche Rahmenbedingungen des Repowerings von WEA, S. 60.
[287] Beispielhaft im Entwurf Regionaler Planungsverband Chemnitz 2012/13.
[288] Vgl. Begründung zum Regionalen Raumordnungsprogramm für den Landkreis Soltau-Fallingbostel 2000, 1. Änderung Teiländerung Windenergienutzung, S. 17.
[289] *OVG Lüneburg*, Beschl. v. 12.10.2011 – 12 LA 219/10.
[290] WEA „blinken" nur, wenn sich ein Flugzeug der WEA nähert.

254 **(3) Ziele der Raumordnung.** Der in § 35 Abs. 3 Satz 3 BauGB kodifizierte Planvorbehalt kann (abgesehen von der Flächennutzungsplanung) nur durch Ziele der Raumordnung ausgelöst werden. Voraussetzung hierfür sind konkrete Ausweisungen für die entsprechend privilegierten Vorhaben, die erfasst werden sollen. Dabei müssen die Ausweisungen des Raumordnungs- und Regionalplans flächenmäßig hinreichend bestimmt sein. Die entsprechenden Ziele müssen wirksam festgelegt sein.[291]

255 Erforderlich ist ein Ziel der Raumordnung, das eine Ausweisung von entsprechenden Vorhaben an einer bestimmten Stelle vorsieht und damit Vorhaben an anderen Stellen des Außenbereichs und Plangebiets ausschließt.[292] Gemäß § 3 Abs. 1 Nr. 2 ROG werden die Ziele der Raumordnung definiert als verbindliche Vorgaben in Form von räumlich und sachlich bestimmten oder bestimmbaren, vom **Träger der Raumordnung** abschließend abgewogenen textlichen oder zeichnerischen Festlegungen in Raumordnungsplänen zur Entwicklung, Ordnung und Sicherung des Raums. Maßgeblich ist dabei nicht die Bezeichnung als **Ziel der Raumordnung**, sondern der materielle Inhalt der jeweiligen Festlegung. Aus den Festlegungen des Raumordnungsplans als Ziel der Raumordnung muss sich ergeben, dass die Ausweisung die Rechtswirkungen des § 35 Abs. 3 S. 3 BauGB hat.[293] Dabei kommen jedoch nicht nur die nach dem ROG geregelten Begriffsbestimmungen der in Raumordnungsplänen möglichen **Festlegungen** von Vorrang-, Vorbehalts- und Eignungsgebieten, namentlich Eignungsgebiete, für die räumliche Steuerung der Zulässigkeit von privilegierten Vorhaben nach § 35 Abs. 1 Nr. 2 bis 6 BauGB in Betracht. Im Einzelnen:

256 (a) **Vorranggebiete, § 8 Abs. 7 Nr. 1 ROG. Vorranggebiete** sind nach der Legaldefinition des § 8 Abs. 7 Nr. 1 ROG Gebiete, in denen die mit dem Vorrang belegte Funktion oder Nutzung andere raumbedeutsame Nutzungen ausschließt, soweit diese mit den vorrangigen Funktionen oder Nutzungen nicht vereinbar sind. Somit ist das Vorranggebiet das stringenteste raumordnerische Instrument zur Sicherung bestimmter raumbezogener Nutzungen und Funktionen.[294] Folgt man allerdings dem ausdrücklichen Wortlaut des Gesetzes, so entfalten Vorranggebiete ausschließlich eine **Innenwirkung**. Ein Ausschluss des mit dem Vorrang belegten Belangs bzw. der mit dem Vorrang belegten Nutzung außerhalb ist mit der Festlegung eines Vorranggebiets nicht verbunden.[295] Vorranggebiete haben aber nur „**innergebietlich**" die Qualität eines Ziels der Raumordnung. Soll allerdings auch ein Ausschluss außerhalb erreicht werden und damit die Wirkung des § 35 Abs. 3 S. 3 BauGB, so muss dieser ausdrücklich als Ziel der Raumordnung festgelegt sein, das heißt ebenfalls mit allen möglicherweise entgegenstehenden Belangen abschließend abgewogen werden.[296] Eben jenes Ergebnis ließe sich jedoch auch dadurch erreichen, wenn das Vorranggebiet nach § 8 Abs. 7 S. 2 ROG zugleich mit der Wirkung eines Eignungsgebiets ausgestattet wird. Dadurch würde das Vorranggebiet zusätzlich zu seiner Innenwirkung auch die Außenwirkung des Eignungsgebiets (→ Kap. 1 Rn. 258) erhalten.[297]

257 (b) **Vorbehaltsgebiete, § 8 Abs. 7 Nr. 2 ROG. Vorbehaltsgebiete** sind nach der gesetzlichen Definition Gebiete, in denen bestimmte raumbedeutsamen Funktionen oder Nutzungen bei der Abwägung mit konkurrierenden raumbedeutsamen Nutzungen ein besonderes Gewicht beizumessen ist. Das Tatbestandsmerkmal Gewicht ist dabei dahingehend zu verstehen, dass die in Rede stehende Funktion oder Nutzung in der nachfolgenden Abwägung dann auch unterliegen kann, wenn der konkurrierenden Nutzung ein noch stärkeres Gewicht zukommt als das Gewicht, das ihr durch den Vorbehalt zugesprochen wird.[298] Infolgedessen, dass bei Vorbehaltsgebieten eine **nachfolgende Abwägung** sowohl möglich als auch notwendig ist,

---

[291] *Söfker*, in: Ernst/Zinkahn/Bielenberg/Krautzberger (Hrsg.), BauGB, § 35 Rn. 126.
[292] *Söfker*, in: Ernst/Zinkahn/Bielenberg/Krautzberger (Hrsg.), BauGB, § 35 Rn. 126.
[293] *BVerwG*, Urt. v. 1.7.2011 – 4 C 6.09.
[294] *Goppel*, in: Spannowsky/Runkel/Goppel (Hrsg.), ROG, § 8, Rn. 73.
[295] *BVerwG*, Beschl. v. 20.8.1992 – 4 NB 20/91.
[296] *Goppel*, in: Spannowsky/Runkel/Goppel (Hrsg.), ROG, § 8, Rn. 74.
[297] *Goppel*, in: Spannowsky/Runkel/Goppel (Hrsg.), ROG, § 8, Rn. 74.
[298] *Goppel*, in: Spannowsky/Runkel/Goppel (Hrsg.), ROG, § 8, Rn. 81.

um das besondere Gewicht zum Tragen zu bringen, ist es in der Literatur und Rechtsprechung streitig, ob es sich bei Vorbehaltsgebieten um abschließend abgewogene Festlegungen, d. h. um Ziele der Raumordnung handelt oder nicht vielmehr um bloße Abwägungsdirektiven.[299] Die sich mittlerweile als herrschende Meinung herauskristallisierte Auffassung geht indes davon aus, dass diese **keine Ziele der Raumordnung** sind.[300]

(c) Eignungsgebiete, § 8 Abs. 7 Nr. 3 ROG. Der Definition in § 8 Abs. 7 Nr. 3 ROG folgend sind **Eignungsgebiete** all jene, in denen bestimmten raumbedeutsamen Maßnahmen oder Nutzungen, die städtebaulich nach § 35 BauGB zu beurteilen sind, andere raumbedeutsame Belange nicht entgegenstehen, wobei diese Maßnahmen oder Nutzungen an anderer Stelle ausgeschlossen sind. Schon aus der Legaldefinition ergibt sich, dass den Eignungsgebieten eine **Steuerungswirkung** in zweifacher Hinsicht zukommt, nämlich sowohl eine **innergebietliche** als auch eine **außergebietliche**. Die innergebietliche Steuerungswirkung besteht nunmehr in der landesplanerischen Festlegung, dass im fraglichen Gebiet, in dem bestimmte Maßnahmen oder Nutzungen als geeignet bezeichnet werden, diesen Planungen und Maßnahmen andere raumbedeutsame Belange nicht entgegenstehen. Die geeigneten Planungen und Maßnahmen erhalten damit keinen Vorrang, der andere entgegenstehende Belange ausschließen würde, sie bekommen auch kein besonderes Gewicht, das in einer nachfolgenden Abwägung durch ein noch höheres Gewicht überwunden werden könnte, aber sie bekommen nach abschließender Abwägung mit allen im Gebiet konkurrierenden Belangen attestiert, dass sie mit diesen vereinbar sind.[301] Durch die Festsetzung eines Eignungsgebiets wird aber vor allem eine gebietsexterne Ausschlussregelung getroffen. Das Eignungsgebiet besitzt außergebietliche Bindungswirkung. Daher handelt es sich zumindest hinsichtlich dieser **außergebietlichen Ausschlusswirkung** um eine planerische Letztentscheidung und damit um ein Ziel der Raumordnung.[302]

(4) Wirksamkeitsanforderungen. Die Steuerungswirkung nach § 35 Abs. 3 S. 3 BauGB können Regionalpläne nur dann entfalten, wenn sie wirksam sind. Dabei gilt nach § 7 Abs. 2 ROG:

> **§ 7 Abs. 2 ROG**
> „(2) Bei der Aufstellung der Raumordnungspläne sind die öffentlichen und privaten Belange, soweit sie auf der jeweiligen Planungsebene erkennbar und von Bedeutung sind, gegeneinander und untereinander abzuwägen; bei der Festlegung von Zielen der Raumordnung ist abschließend abzuwägen."

Sollte die nach dem Gesetz erforderliche Abwägung unterbleiben, dann spricht man von einer fehlerhaften Planung. Dabei kann im Rahmen der Abwägungsfehler zwischen fünf verschiedenen Fällen unterschieden werden:
- **Abwägungsausfall**: In diesem Fall macht der Planungsträger von der ihm gebotenen planerischen Gestaltungsfreiheit keinen Gebrauch;
- **Abwägungsdefizit**: Dabei handelt es sich um ein Versäumnis, alle relevanten Belange zu ermitteln und zu berücksichtigen;
- **Abwägungsüberschreitung**: Planfremde Ziele oder Belange werden herangezogen;
- **Abwägungsfehleinschätzung**: Hier kommt es zu einer falschen Gewichtung der einzelnen Belange;
- **Abwägungsdisproportionalität**: Der Planungsträger hat zwischen den widerstreitenden Interessen keinen angemessenen Ausgleich hergestellt.

Hinsichtlich möglicher Abwägungsfehler führt die ständige Rechtsprechung wie folgt aus:

VGH Kassel[303]**, Urt. v. 17.3.2011 – 4 C 883/10.N**
„Für die rechtliche Prüfung gelten insoweit die gleichen Grundsätze wie im Bauplanungsrecht (BVerwG, Urt. v. 27.1.2005 – BRS 69 Nr. 107). Die gerichtliche Kontrolle ist danach darauf beschränkt, ob eine Abwägung überhaupt

---
[299] *Söfker*, in: Ernst/Zinkahn/Bielenberg/Krautzberger (Hrsg.), BauGB, § 35 Rn. 127.
[300] *OVG Weimar*, Urt. v. 18.3.2008 – 4 C 883/10.N.
[301] *Goppel*, in: Spannowsky/Runkel/Goppel (Hrsg.), ROG, § 8, Rn. 86.
[302] *Maslaton/Kupke*, Rechtliche Rahmenbedingungen des Repowerings von WEA, S. 55.
[303] Entscheidung hinsichtlich des Regionalplans Nordhessen.

stattgefunden hat, ob in sie an Belangen eingestellt worden ist, was nach Lage der Dinge einzustellen war, ob die Bedeutung der öffentlichen und privaten Belange richtig erkannt und ob der Ausgleich zwischen den von der Planung berührten öffentlichen und privaten Belangen in einer Weise vorgenommen worden ist, die zu ihrer objektiven Gewichtigkeit in einem angemessenen Verhältnis stehen. Sind diese Anforderungen an die Planungstätigkeit beachtet worden, so wird das Abwägungsgebot nicht dadurch verletzt, dass der Planungsträger bei der Abwägung der verschiedenen Belange dem einen den Vorzug einräumt und sich damit notwendigerweise für die Zurückstellung eines anderen entscheidet (BVerwG 34, 301)."

260a Kommt es zu einem Mangel im Abwägungsvorgang, z. B. die mangelnde Bewusstmachung der Unterscheidung von harten und weichen Tabuzonen[304] und dementsprechend auch ihrer fehlerhaften Dokumentation, muss dieser auch erheblich sein.[305] Das BVerwG führt dazu aus:

BVerwG, Urt. v. 11.4.2013 – 4 CN 2.12
„Der Mangel im Abwägungsvorgang ist nach § 12 Abs. 3 S. 2 i. V. m. § 28 Abs. 2 S. 1, 1.HS ROG nur erheblich, wenn er offensichtlich und auf das Abwägungsergebnis von Einfluss gewesen ist. Offensichtlich ist ein Mangel dann, wenn er auf objektiv feststellbaren Umständen beruht und ohne Ausforschung der Entscheidungsträger über deren Planungsvorstellungen für den Rechtsanwender erkennbar ist (Urteil vom 21. August 1981 – BVerwG 4 C 57.80 – BVerwGE 64, 33 (38)). Auf das Abwägungsergebnis von Einfluss gewesen ist der Mangel, wenn nach den Umständen des jeweiligen Falles die konkrete Möglichkeit besteht, dass ohne ihn die Planung anders ausgefallen wäre (Beschluss vom 9. Oktober 2003 – BVerwG 4 BN 47.03 – BauR 2004, 1130), d. h. […], dass mehr und/oder größere Vorrang- und Eignungsgebiete für die Windenergienutzung ausgewiesen worden wären."

Ein Mangel im Abwägungsprozess ist demnach bereits dann erheblich, wenn er eindeutig und leicht erkennbar ist und die konkrete Möglichkeit besteht, dass die Planung ohne den Fehler anders ausgefallen wäre, ohne dass es dabei darauf ankommt, ob das Abwägungsergebnis ebenfalls zu beanstanden wäre.[306]

(a) Besondere Anforderungen an die Abwägung wegen der Steuerung durch § 35 Abs. 3
261 **S. 3 BauGB.** Werden entsprechende Flächen festgesetzt, mit denen eine Ausschlusswirkung im Sinne des § 35 Abs. 3 S. 3 BauGB für den übrigen Planungsraum, z. B. für Windenergieanlagen, bezweckt wird, sind gewisse Besonderheiten zu berücksichtigen. Die außergebietliche Ausschlusswirkung, die § 35 Abs. 3 S. 3 BauGB auslöst, fordert, dass der Plangeber diese Rechtsfolge als **Abwägungsbelang** erkennt und mit guten Gründen rechtfertigen kann. Es werden also erhöhte Anforderungen an die inhaltliche Begründung einer solchen Standortplanung gestellt. Dem Plan muss daher ein schlüssiges gesamträumliches Planungskonzept zugrunde liegen,[307] das zum einen Auskunft darüber gibt, welche Erwägungen hinsichtlich der positiven Standortzuweisung herangezogen wurden und zum anderen auch die Gründe nennt, die zum beabsichtigen Ausschluss des übrigen Planungsraums für die Windenergienutzung geführt haben.[308] Die mit der positiven Standortausweisung verbundene Ausschlusswirkung muss dabei durch besondere Gründe legitimiert sein und sich daher aus dem Schutzzweck des durch sie geschützten Gebiets begründen lassen. Überall da, wo dies nicht zutrifft, ist die Planung insgesamt abwägungsfehlerhaft und hindert zu Unrecht die Nutzung der Windenergie.[309] Der Planungsträger darf also nicht versuchen, die Windenergie aus anderweitigen Erwägungen zu reglementieren oder gar gänzlich zu unterbinden. Daher ist eine auf das gesamte Planungsgebiet bezogene Standortanalyse zur Eignung von Windenergiestandorten und zu den Gebieten vorzunehmen, in denen Windenergieanlagen ausgeschlossen sein sollen.[310]

262 Zu den Anforderungen an eine ordnungsgemäße Abwägung führt beispielhaft das OVG Lüneburg in seinem Urteil vom 28.1.2010 aus:

OVG Lüneburg, Urt. v. 28.1.2010 – 12 KN 65/07
„Nach der ständigen Rechtsprechung des Bundesverwaltungsgerichts […] ist bei der Auslegung und Anwendung des § 35 Abs. 3 Satz 3 BauGB davon auszugehen, dass diese Vorschrift die Errichtung von Windkraftanlagen im gemeindlichen

---
[304] Vgl. „Harte" und „Weiche" Tabuzonen → 1. Kap. Rn. 264 ff.
[305] OVG Bautzen, Urt. v. 25.3.2014 – 1 C 4/11.
[306] BVerwG, Urt. v. 13.12.2012 – 4 CN 1/11.
[307] BVerwG, Urt. v. 13.3.2003 – 4 C 4/02.
[308] OVG Lüneburg, Urt. v. 3.12.2015 – 12 KN 216/13 und Urt. v. 23.6.2016 – 12 KN 64/14.
[309] BVerwG, Urt. v. 13.3.2003 – 4 C 4/02.
[310] BVerwGE 117, 287.

Außenbereich unter einen Planungsvorbehalt stellt, der sich an die Gemeinden als Träger der Flächennutzungsplanung und – für raumbedeutsame Anlagen – an die Träger der Raumordnungsplanung, richtet.
Dieser Planungsvorbehalt setzt gebietsbezogene Festlegungen des Plangebers über die Konzentration von Windkraftanlagen an bestimmten Standorten voraus, durch die zugleich ein Ausschluss der Anlagen an anderer Stelle im Plangebiet angestrebt und festgeschrieben wird, § 35 Abs. 3 Satz 3 BauGB verleiht derartigen Festlegungen rechtliche Ausschlusswirkung gegenüber dem jeweiligen Bauantragsteller und Vorhabenträger mit der Folge, dass Vorhaben außerhalb der Konzentrationszonen in der Regel unzulässig sind. Dabei bedingen die negative und die positive Komponente der festgelegten Konzentrationszonen einander. Denn der Ausschluss der Anlagen in Teilen des Plangebiets lässt sich nach der Wertung des Gesetzgebers nur rechtfertigen, wenn der Plan sicherstellt, dass sich die betroffenen Vorhaben an anderer Stelle gegenüber konkurrierenden Nutzungen durchsetzen.
Dem Plan muss daher ein schlüssiges gesamträumliches Planungskonzept zu Grunde liegen, das den allgemeinen Anforderungen des planungsrechtlichen Abwägungsgebots gerecht wird. Eine fehlerfreie Abwägung setzt insoweit voraus, dass eine Abwägung überhaupt stattfindet, in die Abwägung das an Belangen eingestellt wird, was nach Lage der Dinge berücksichtigt werden muss, und die Belange gewichtet und gegeneinander in einer das Abwägungsergebnis tragenden Weise abgewogen werden [...]. Die Abwägung aller beachtlichen Belange muss sich dabei auf die positiv festgelegten und die ausgeschlossenen Standorte erstrecken."

Die besonderen Anforderungen an eine rechtmäßige Konzentrationsplanung wurden durch das Sächsische Oberverwaltungsgericht nochmals ausdrücklich hervorgehoben:

OVG Bautzen, Urt. v. 20.1.2014 – 4 A 622/10
„Die Konzentrationsplanung für Windenergieanlagen erfordert eine gestufte Prüfungsreihenfolge (BVerwG, Beschl. v. 15. September 2009 – 4 BN 25/09 –, juris Rn. 8). Zunächst hat der Plangeber sog. harte und weiche Tabuzonen zu ermitteln, die sich aus rechtlichen, tatsächlichen, aber auch aus planerischen Gründen nicht für eine Windenergienutzung eignen (1. Schritt). Zu den verbleibenden Flächen, die für die Ausweisung von Konzentrationsflächen in Betracht kommen, hat der Plangeber konkurrierende Nutzungen zur Windenergienutzung in Betracht zu nehmen und mit dem Anliegen abzuwägen, der Windenergienutzung an geeigneten Standorten eine Chance zu geben, die ihrer baurechtlichen Privilegierung gerecht wird (2. Schritt). In einem letzten, 3. Schritt, hat der Plangeber zu prüfen, ob der Windenergienutzung durch seinen Planentwurf in substanzieller Weise Raum geschaffen wurde; erforderlichenfalls muss er sein Auswahlkonzept überprüfen und ändern (SächsOVG, Urt. v. 19. Juli 2012, a. a. O., Rn. 40)."

263 Zusammenfassend hat das Bundesverwaltungsgericht[311] in seiner jüngeren Rechtsprechung wie folgt ausgeführt:

BVerwG, Urt. v. 11.4.2013 – 4 CN 2.12
„Eine planerische Entscheidung zur Herbeiführung der Rechtsfolgen des § 35 Abs. 3 S. 3 BauGB bedarf zu ihrer Wirksamkeit eines schlüssigen gesamträumlichen Planungskonzepts (BVerwG, Urt. v. 13.3.2003 – 4 C 3.02). Um den Anforderungen gerecht zu werden, die an den Abwägungsvorgang zu stellen sind, muss das Konzept nicht nur Auskunft darüber geben, von welchen Erwägungen die positive Standortzuweisung getragen wird, sondern auch die Gründe für die beabsichtigte Freihaltung des übrigen Planungsraums von Windenergieanlagen aufzeigen."

Die Ausarbeitung eines **schlüssigen Planungskonzepts** erfolgt nach der Rechtsprechung des BVerwG[312] demnach in verschiedenen Phasen. Dabei gilt es zunächst entsprechende Tabuzonen zu ermitteln, für die die Nutzung von Windenergie ungeeignet ist. Hierfür unterscheidet man zwischen **harten und weichen Tabuzonen**: Die Unterscheidung zwischen harten und weichen Tabuzonen muss der Planträger bereits auf erster Stufe treffen und entsprechend dokumentieren, insbesondere weil die beiden Arten der Tabuzonen nicht demselben rechtlichen Regime unterliegen.[313]

(aa) Harte Tabuzonen

BVerwG, Urt. v. 13.12.2012 – 4 CN 1/11:   264
„Bei den harten Tabuzonen handelt es sich um Flächen, deren Bereitstellung für die Windenergienutzung an § 1 Abs. 3 S. 1 BauGB scheitert."

Harte Tabuzonen sind demnach Flächen, auf denen die Windenergienutzung aus tatsächlichen oder rechtlichen Gründen zwingend ausgeschlossen ist – sie sind einer Abwägung zwischen

---
[311] *BVerwG*, Urt. v. 11.4.2013 – 4 CN 2.12.
[312] *BVerwG*, Urt. v. 11.4.2013 – 4 CN 2.12.
[313] *OVG Lüneburg*, Urt. v. 3.12.2015 – 12 KN 216/13; *OVG Bautzen*, Urt. v. 20.1.2014 – 4 A 622/10.

den Belangen der Windenergienutzung und den widerstreitenden Belangen (§ 1 Abs. 7 BauGB) entzogen.[314] Für harte Tabuzonen kommen beispielsweise Flächen mit zu geringer Windhöffigkeit, Naturschutzgebiete im Sinne des § 23 BNatSchG, Siedlungsflächen als solche oder auch Infrastruktureinrichtungen in Betracht. Welche einzelnen Kriterien den harten Tabuzonen zuzuordnen sind, kann jedoch nicht pauschal und abschließend beurteilt werden, da insbesondere kein spezieller Kriterienkatalog existiert. Allerdings ergeben sich aus der Rechtsprechung bestimmte Kriterien, die von den Gerichten beispielhaft und fallbezogen genannt werden.

264a So können u. a. in einem begrenzten Maße Mindestabstände zu Siedlungen als harte Tabuzone betrachtet werden. Das OVG Lüneburg führt in seinem Urteil vom 3.12.2015[315] aus:

> „Dies setzt jedoch voraus, dass in den Bereichen die Errichtung von Windenergieanlagen aus Gründen des Immissionsschutzes oder des Gebots der Rücksichtnahme ausgeschlossen erscheint. Zur sachgerechten Ermittlung dieser Gebiete ist es nicht erforderlich, konkrete Berechnungen der zu erwartenden Lärmimmissionen und ihrer Vereinbarkeit mit der vorhandenen Wohnnutzung in einer Intensität aufzustellen, wie sie im Genehmigungsverfahren geboten sind (Gatz, Windenergieanlagen in der Verwaltungs- und Gerichtspraxis, 2. Aufl. S. 41). Vielmehr ist es ausreichend, ausgehend von den maßgeblichen Parametern einer der Planung zu Grunde gelegten Referenzanlage (Höhe, Emissionen etc.) anhand von Erfahrungswerten zu ermitteln und auf dieser Grundlage zu entscheiden, ob der Realisierung von Windenergieanlagen auf den betreffenden Flächen auf unabsehbare Zeit rechtliche oder tatsächliche Hindernisse i. S. d § 1 Abs. 3 BauGB im Wege stehen."

Nur das immissionsschutzrechtliche „Minimum" kann mithin – sofern dies bewertet werden kann – als „hartes" Tabukriterium eingestellt werden. Vorsorgeabstände sind hingegen nicht für eine Planung nach § 1 Abs. 3 BauGB erforderlich, wie es für die Annahme einer harten Ausschlussfläche geboten wäre, sondern sind der Abwägung nach § 1 Abs. 7 BauGB zugänglich[316] und können somit auch nicht als harte Tabuzonen festgesetzt werden. Fraglich bleibt, ob eine Art „worst case"-Betrachtung bei der Ermittlung der harten Ausschlussflächen als zulässig zu werten ist.

264b Die Zuordnung der FFH-Gebiete einschließlich der Pufferzonen als harte Tabuzonen ist schwierig, da sich diesbezüglich eine teilweise widersprüchliche Rechtsprechung entwickelt hat. Nachdem das OVG Berlin-Brandenburg in einer älteren Entscheidung[317] dazu tendierte, FFH-Gebiete den harten Tabuzonen zuzuordnen, lässt das OVG Münster[318] nur „unter Umständen je nach Planungssituation" eine Bewertung als harte Tabufläche zu.[319] Das OVG Lüneburg hat in seinem Urteil vom 14.5.2014[320] zumindest für die Regionalplanebene FFH-Gebiete den harten Tabuzonen ausdrücklich nur in Abhängigkeit der jeweils verfolgten Erhaltungsziele zugeordnet. Für die Bewertung dürfte daher maßgeblich sein, ob sich aus dem Ergebnis der Verträglichkeitsprüfung ergibt, dass die betreffenden WEA zu erheblichen Beeinträchtigungen des Gebiets in seinen für die Erhaltungsziele oder den Schutzzweck maßgeblichen Bestandteilen führen. Angesichts dessen ist der harte Ausschluss von FFH-Gebieten, noch dazu mit einer harten Pufferzone, ohne eine Prüfung der jeweiligen Erhaltungsziele, äußerst problematisch.

264c Auch die Zuordnung der Landschaftsschutzgebiete wird in der Rechtsprechung unterschiedlich behandelt. Nach der bisherigen Rechtsprechung des OVG Lüneburg und des OVG Berlin-Brandenburg können Landschaftsschutzgebiete den harten Tabuzonen zugeordnet werden.[321] Demgegenüber äußert das OVG Weimar[322] jedoch Zweifel. Das VG Minden[323] lehnt die Zuordnung von Landschaftsschutzgebieten zu den harten Tabuzonen gänzlich ab, da Aus-

---

[314] *BVerwG*, Urt. v. 11.4.2013 – 4 CN 2.12, *OVG Lüneburg*, Urt. v. 3.12.2015 – 12 KN 216/13.
[315] *OVG Lüneburg*, Urt. v. 3.12.2015 – 12 KN 216/13.
[316] *OVG Lüneburg*, Urt. v. 3.12.2015 – 12 KN 216/13.
[317] *OVG Berlin-Brandenburg*, Urt. v. 24.2.2011 – OVG 2 A 24.09.
[318] *OVG Münster*, Urt. v. 1.7.2013 – 2 D 46/12.NE.
[319] Ähnlich: *OVG Koblenz*, Urt. v. 16.5.2013 – 1 C 11003/12.OVG; zweifelnd: *OVG Weimar*, Urt. v. 8.4.2014 – 1 N 676/12.
[320] *OVG Lüneburg*, Urt. v. 14.5.2014 – 12 KN 29/13.
[321] *OVG Lüneburg*, Urt. v. 28.1.2010 – 12 LB 243/07 und Urt. v. 14.5.2014 – 12 KN 29/13; *OVG Berlin-Brandenburg*, Urt. v. 24.2.2011 – 2 A 2.09.
[322] *OVG Weimar*, Urt. v. 8.4.2014 – 1 N 676/12.
[323] *VG Minden*, Urt. v. 22.10.2014 – 11 K 2069/13.

Falke

nahmen und Befreiungen grundsätzlich möglich sind. Dieser Ansicht ist zu folgen. Bestimmte Handlungen innerhalb eines Landschaftsschutzgebiets sind nur insoweit verboten, als sie den Charakter des Gebiets verändern oder dem besonderen Schutzzweck zuwiderlaufen.[324] Die Errichtung von WEA innerhalb von Landschaftsschutzgebieten ist damit nicht zwingend ausgeschlossen, sondern bedarf stets einer gesonderten Prüfung. Anders ist dies bei Naturschutzgebieten wegen des absoluten Veränderungsverbots zu beurteilen, weshalb diese auch den harten Tabukriterien zugeordnet werden können.[325]

Den harten Tabuzonen können grundsätzlich auch Schutzbereiche wegen artenschutzrechtlichen Verboten nach § 44 Abs. 1 BNatSchG (zum Artenschutz → Kap. 2 Rn. 146) zugeordnet werden, jedoch nur dann, wenn zuvor eine einzelfallbezogene Vorprüfung zu der Frage stattfand, ob und wieweit ein artenschutzrechtliches Verbot durch eine Ausnahme oder Befreiung voraussichtlich überwunden werden kann und diese Vorprüfung negativ ausfiel.[326] Eine Klassifizierung der artenschutzrechtlichen Schutzbereiche als weiche Tabuzonen verneinte das OVG Bautzen, da die naturschutzrechtlichen Verbote, soweit sie nicht überwunden werden können, zwingendes Recht seien. **264d**

Das OVG Lüneburg betrachtet Waldflächen (→ Kap. 2 Rn. 265b) einschließlich eines Puffers von 100 m sowie Natura-2000-Gebiete samt eines 500-m-Puffers, unabhängig von den jeweils verfolgten Erhaltungszielen und uneingeschränkt für die angesetzten Puffer, sowie Abstände zwischen einzelnen Windparkstandorten nicht als harte Tabuzonen.[327] Ebenso begegnet eine pauschale Qualifizierung der Flächen für Bodenabbau als harte Tabuzonen rechtlichen Bedenken.[328] **264e**

(bb) Weiche Tabuzonen

BVerwG, Urt. v. 13.12.2012 – 4 CN 1/11: **265**
„Demgegenüber sind weiche Tabuzonen zu den Flächen zu rechnen, die einer Berücksichtigung im Rahmen der Abwägung zugänglich sind. Zwar dürfen sie anhand einheitlicher Kriterien ermittelt und vorab ausgeschieden werden, bevor diejenigen Belange abgewogen werden, die im Einzelfall für und gegen die Nutzung einer Fläche für die Windenergie sprechen. Das ändert aber nichts daran, dass sie keine eigenständige Kategorie im System des Rechts der Bauleitplanung bilden, sondern der Ebene der Abwägung zuzuordnen sind. Sie sind disponibel, was sich daran zeigt, dass städtebauliche Gesichtspunkte hier [...] nicht von vornherein vorrangig sind und der Plangeber die weichen Tabuzonen, einer erneuten Betrachtung und Bewertung unterziehen muss, wenn er als Ergebnis der Untersuchung erkennt, dass er für die Windenergienutzung nicht substanziell Raum schafft."

Weiche Tabuzonen sind demnach Flächen, auf denen die Errichtung von Windenergieanlagen von vornherein ausgeschlossen werden soll, obwohl die Nutzung aus rechtlichen oder tatsächlichen Gründen grundsätzlich möglich wäre. Demnach steht dem Planungsträger ein wichtiges Steuerungselement zur Verfügung, das es ihm erlaubt, selbst Kriterien festzulegen, nach denen bestimmte Flächen von der Planung ausgeschlossen werden sollen. Dennoch gilt, dass sie der Ebene der Abwägung zuzuordnen sind. Sie sind dabei disponibel, was allein dadurch zum Ausdruck kommt, dass raumplanerische Gesichtspunkte hier nicht von vornherein vorrangig sind und der Plangeber die weichen Tabuzonen einer erneuten Bewertung unterziehen muss, wenn er als Ergebnis seiner Untersuchung feststellt, dass er für die Windenergienutzung nicht substanziell Raum geschaffen hat.[329] Darüber hinaus muss der Plangeber seine Entscheidung für weiche Tabuzonen rechtfertigen. Er hat darzulegen, wie er die eigenen Ausschlussgründe bewertet, das heißt kenntlich machen, dass er – anders als bei den harten Tabukriterien – einen Bewertungsspielraum hat und die Gründe für seine Wertung offen legen.

Die frühzeitige Aussonderung weicher Tabubereiche muss auf entsprechend gewichtigen öffentlichen Belangen beruhen. Damit erweist sich die Festlegung von Tabubereichen dann als fehlerhaft, wenn sich die Festlegung der Fläche und ihre Ausdehnung nicht mehr mit dem **266**

---

[324] Vgl. FFH-Gebiete → 1. Kap. Rn. 131.
[325] *OVG Lüneburg*, Urt. v. 28.1.2010 – 12 LB 243/07.
[326] *OVG Bautzen*, Beschl. v. 29.7.2015 – 4 A 209/14.
[327] *OVG Lüneburg*, Urt. v. 14.5.2014 – 12 KN 29/13.
[328] *OVG Lüneburg*, Urt. v. 3.12.2015 – 12 KN 216/13.
[329] *BVerwG*, Urt. v. 24.1.2008 – 4 CN 2.07.

Schutzzweck des durch sie geschützten Gebiets begründen lassen.[330] Zudem muss der Planungsträger den – vor allem strukturellen – Unterschied zwischen harten und weichen Tabuzonen aktenkundig erfassen.

BVerwG, Urt. v. 13.12.2012 – 4 CN 1/11:
„Das Oberverwaltungsgericht ist zu dem Ergebnis gelangt, dass sich die Gemeinde – auf der ersten Stufe des Planungsprozesses – den Unterschied zwischen harten und weichen Tabuzonen bewusst machen und ihn dokumentieren muss. Das stimmt mit Bundesrecht überein und ist dem Umstand geschuldet, dass die beiden Arten der Tabuzonen nicht demselben rechtlichen Regime unterliegen."

Die Notwendigkeit der Unterscheidung nach der Qualität der einzelnen Tabukriterien ist nach der bundesverwaltungsgerichtlichen Rechtsprechung aus dem Grund erforderlich, dass die beiden Kategorien der Tabuzonen sich grundlegend unterscheiden. Während die Bereitstellung der harten Tabuzonen bereits an dem **Erforderlichkeitsgrundsatz** des § 1 Abs. 3 S. 1 BauGB scheitert, ist die Windenergienutzung in weichen Tabuzonen tatsächlich und rechtlich zulässig und soll lediglich aus raumplanerischen Gründen des Planungsträgers vermieden werden.

266a Das OVG Berlin-Brandenburg neigt in seiner Entscheidung vom 24.2.2011[331] dazu artenschutzrechtliche Abstandsempfehlungen den harten Tabuzonen zuzuordnen. Diese Auffassung geht jedoch zu weit. Artenschutzrechtliche Abstandsempfehlungen sind bereits nicht mit der Definition des Begriffs „harte Tabukriterien" des BVerwG vereinbar, da die Errichtung von WEA in diesen Bereichen eben nicht schlechterdings ausgeschlossen ist, sondern es vielmehr einer Einzelprüfung bedarf. Sowohl das OVG Lüneburg als auch das OVG Münster sehen artenschutzrechtliche Abstandsflächen nicht als von vornherein unüberwindbare Hindernisse an, die der Errichtung von WEA entgegenstehen.[332] Dieser Ansicht ist zu folgen. Artenschutzrechtliche Abstandsflächen können daher allenfalls als weiche Tabukriterien angesehen werden.

266b Nach jüngster Rechtsprechung werden Waldflächen den weichen Tabuzonen zugeordnet.[333] Auch das OVG Münster hält an seiner bisherigen Rechtsprechung, in der Waldflächen den harten Tabuzonen zugeordnet wurden, nicht länger fest.[334] Waldflächen sind der Windenergienutzung nicht aus tatsächlichen oder rechtlichen Gründen von vornherein entzogen. Es mag zwar Wälder geben, denen der Errichtung von WEA auf unabsehbare Zeit rechtliche oder tatsächliche Hindernisse entgegenstehen, doch kann dies nicht grundsätzlich für jeden Wald angenommen werden, so dass eine generelle Festsetzung des Waldes als harte Tabuzone zu einer fehlerhaften Abwägung führt. Vielmehr kommt es auf die Funktion des einzelnen Waldes an, es bedarf somit immer einer konkreten Prüfung im Einzelfall. Die angebliche Unvereinbarkeit der WEA mit der sozialen und ökologischen Funktion des Waldes ist nicht ausreichend, um Waldflächen als harte Tabuzonen zu identifizieren.[335] Ebenso haben sich die Anlagen technisch so weiterentwickelt, dass sich der Abstand zwischen den Rotorblättern und den Baumspitzen wesentlich vergrößert hat, sodass auch dieser tatsächliche Hinderungsgrund überwunden wird.

266c Siedlungsabstände, die der Verwirklichung des Vorsorgegrundsatzes im Sinne von § 5 Abs. 1 S. 1 Nr. 2 BImSchG dienen, können ebenfalls als weiche Tabukriterien qualifiziert werden (→ Kap. 3 Rn. 264a).

266d Bei der Festsetzung weicher Tabuzonen ist ferner zu beachten, dass bei der fehlerhaften Festlegung eines harten Tabukriteriums auch der dazugehörige Schutzabstand als weiches Tabukriterium abwägungsfehlerhaft ist. Denn wenn es bereits an einer abwägungsfehlerfreien Tabuisierung der Flächen mangelt, an die für die Bemessung des Schutzabstandes angeknüpft wurde, kann auch der Bemessung des Schutzabstands keine tragfähige Bewertung hinsichtlich der Schutzwürdigkeit des entsprechenden Schutzobjekts zugrunde liegen.[336]

---

[330] *BVerwG*, Urt. v. 13.3.2003 – 4 C 4/02; *OVG Koblenz*, Urt. v. 20.2.2003 – 1 A 11406/01.
[331] *OVG Berlin-Brandenburg*, Urt. v. 24.2.2011 – OVG 2 A 24.09.
[332] *OVG Lüneburg*, Urt. v. 12.11.2008 – 12 LC 72/07; *OVG Münster*, Urt. v. 1.7.2013 – 2 D 46/12.NE.
[333] *OVG Lüneburg*, Urt. v. 23.1.2014 – 12 KN 285/12 und Urt. v. 3.12.2015 – 12 KN 216/13; *OVG Weimar*, Urt. v. 8.4.2014 – 1 N 676/12.
[334] *OVG Münster*, Urt. v. 22.9.2015 – 10 D 82/13.NE.
[335] *OVG Weimar*, Urt. v. 8.4.2014 – 1 N 676/12.
[336] *OVG Lüneburg*, Urt. v. 23.6.2016 – 12 KN 64/14.

Nach dem Abzug der harten und weichen Tabuzonen bleiben sog. **Potenzialflächen** übrig, 267
die für die Darstellung von Konzentrationszonen in Betracht kommen. Diese sind in einem
zweiten Arbeitsschritt zu den auf ihnen konkurrierenden Nutzungen in Beziehung zu setzen,
d. h. die öffentlichen Belange, die gegen die **Ausweisung eines Landschaftsraumes** sprechen,
sind mit dem Anliegen abzuwägen, der Windenergienutzung an geeigneten Standorten eine
Chance zu geben, die ihrer Privilegierung nach § 35 Abs. 1 Nr. 5 BauGB gerecht wird.

(cc) Substanziell Raum schaffen. Nach der Rechtsprechung ist in einem dritten Schritt 268
zu kontrollieren, ob auf Grundlage dieses Plankonzepts der Windenergienutzung tatsächlich
substanziell Raum verschafft wurde.

OVG Berlin-Brandenburg, Urt. v. 24.2.2011 – OVG 2 A 2.09
„Hinsichtlich der der planenden Gemeinde im letzten Arbeitsschritt nach alledem obliegenden Prüfung, ob der Flächennutzungsplan ein hinreichendes Flächenpotenzial für die Windenergienutzung gewährleistet und der Windenergie damit „substanziell" Raum verschafft, ist in der Fachliteratur zutreffend darauf hingewiesen worden, dass es bislang nicht gelungen sei, die Frage befriedigend zu beantworten, in welcher Größenordnung der Windenergienutzung Raum geschaffen werden muss, damit von Substanzialität gesprochen werden kann [...]. Dieser Befund kann zu unterschiedlichen Schlussfolgerungen führen. Dem von der Antragsgegnerin befürworteten Ansatz, die Prüfung, ob der Flächennutzungsplan ein hinreichendes Flächenpotenzial für die Windenergie gewährleistet und der Windenergie damit „substanziell" Raum verschafft, auf den Ausschluss von „Extremfällen" zu reduzieren, vermag der Senat nicht zu folgen, da er im Ergebnis zu einer mit der gesetzgeberischen Privilegierungsentscheidung unvereinbaren Aufweichung des Kriteriums führt (a). Auch eine bloße Zusammenstellung unterschiedlicher Erwägungen ohne Bezug zu konkreten Flächengrößen reicht in der Regel nicht aus, um die Frage, ob der Flächennutzungsplan ein hinreichendes Flächenpotenzial für die Windenergienutzung gewährleistet und der Windenergie damit „substanziell" Raum verschafft, beantworten zu können (b). Es bedarf vielmehr einer von der Gemeinde in die Gesamtbewertung einzustellenden objektiven Bezugsgröße, bei der es sich letztlich nur um die Relation zwischen der Gesamtfläche der im Flächennutzungsplan dargestellten Konzentrationszonen und den auf der ersten Stufe der beschriebenen Prüfungsreihenfolge ermittelten Flächen handeln kann, die sich nach Abzug der „harten" Tabuzonen, d. h. derjenigen Bereiche ergeben, in denen die Errichtung und der Betrieb von Windenergieanlagen aus tatsächlichen oder rechtlichen Gründen schlechthin ausgeschlossen sind (c)."

Auch nach neuerer Rechtsprechung ist die Frage nach dem Maßstab einer substanziellen
Raumverschaffung noch nicht abschließend geklärt:

OVG Münster, Urt. v. 22.9.2015 – 10 D 82/13.NE
„Nach der Rechtsprechung des Bundesverwaltungsgerichts lässt sich die Frage nach dem Maßstab für das substanzielle Raumgeben nicht ausschließlich nach dem Verhältnis zwischen der Größe der im Flächennutzungsplan dargestellten Konzentrationsflächen und der Größe der Potenzialflächen beantworten. Nicht zulässig ist die Festlegung eines bestimmten prozentualen Anteils, den die Konzentrationsflächen im Vergleich zu den Potenzialflächen erreichen müssen, damit die Rechtsfolge des § 35 Abs. 3 S. 3 BauGB eintritt. Allerdings darf dem Verhältnis dieser Flächen zueinander Indizwirkung beigemessen werden und es ist nichts gegen einen Rechtssatz des Inhalts zu erinnern, dass, je geringer der Anteil der dargestellten Konzentrationsflächen ist, desto wichtiger die gegen die Darstellung weiterer Konzentrationsflächen sprechenden Gesichtspunkte sein müssen, damit es sich nicht um eine unzulässige „Feigenblattplanung" handelt."

Auch wenn die Festlegung eines bestimmten prozentualen Anteils, den die Konzentrationsflächen im Vergleich zu den Potenzialflächen erreichen müssen, nicht zulässig ist, so ist für die Beurteilung der Frage des substanziellen Raumverschaffens das Verhältnis der Größe der ausgewiesenen Konzentrationsflächen zu der Größe der Potenzialflächen, die sich nach Abzug der „harten" Tabuzonen ergeben eine wichtige Bezugsgröße.[337] Denn auch, wenn Größenangaben als alleiniges Kriterium ungeeignet sind, so stellen sie in der Gesamtwürdigung dennoch ein besonders aussagekräftiges und wichtiges Kriterium dar.[338] Sowohl das VG Hannover als auch das OVG Münster betrachten 10 % dieser Flächen als Anhaltswert. Zu den in die Betrachtung einzubeziehenden Gesichtspunkten gehören neben der Größenangabe z. B. auch qualitative Elemente wie die erzielbare Energiemenge, die Anzahl der Windenergieanlagen oder auch ein zugewiesenes Kontingent zum Ausbau der Windenergie.

Die Beurteilung der substanziellen Raumverschaffung ist das Ergebnis einer wertenden 268a
Betrachtung, die maßgebend auf der Würdigung aller örtlichen Gegebenheiten in tatsächli-

---

[337] *VG Hannover*, Urt. v. 24.11.2011 – 4 A 4927/09; *OVG Münster*, Urt. v. 22.9.2015 – 10 D 82/13.NE.
[338] *VG Hannover*, Urt. v. 24.11.2011 – 4 A 4927/09.

cher und rechtlicher Hinsicht beruht.[339] Sofern der Vergleich der nach Abzug der sog. harten Tabuzonen verbliebenen Flächen mit den für die Windenergienutzung dargestellten Flächen ergibt, dass das Plankonzept der Windenergie tatsächlich nicht substanziell Raum verschafft, hat der Plangeber sein Konzept zu überdenken. Das Erfordernis nach angemessener Verschaffung substanziellen Raums liegt auch dann nicht vor, wenn in dem entsprechend ausgewiesenen Vorrang- und Eignungsgebiet konkrete Realisierungsmöglichkeiten der Windenergienutzung in tatsächlicher Sicht ausgeschlossen sind, wie etwa durch zu klein dargestellte Flächen oder in der Fläche vorhandene verdichtete Problemfelder, die gegen eine Windenergienutzung sprechen.[340]

269 **(b) Exkurs: Untersagungsverfügung.** Immer häufiger begegnet man in der Praxis dem Umstand, dass der immissionsschutzrechtlichen Genehmigung eine sog. **raumordnungsrechtliche Untersagungsverfügung** entgegengehalten wird.

270 Gemäß § 14 Abs. 2 ROG kann die Entscheidung über die Zulässigkeit von raumbedeutsamen Planungen und Maßnahmen befristet untersagt werden, wenn sich ein Raumordnungsplan in Aufstellung befindet und wenn zu befürchten ist, dass die Planung oder Maßnahme die Verwirklichung der vorgesehenen Ziele der Raumordnung unmöglich machen oder wesentlich erschweren würde. Dabei beträgt die Dauer der Untersagung bis zu zwei Jahren, kann unter Umständen aber um bis zu einem Jahr verlängert werden. Der raumordnungsrechtlichen Untersagungsverfügung fehlt es an einer unmittelbarer Rechtswirkung nach außen i.S.d. § 35 S. 1 VwVfG, die eine notwendige Voraussetzung des Vorliegens eines Verwaltungsakts darstellt. Raumordnungsrechtliche Untersagungen stellen jedoch dann einen Verwaltungsakt dar, wenn sie gegenüber kommunalen Gebietskörperschaften, insbesondere in Bezug auf Bauleitplanungen der Gemeinden, sowie gegenüber öffentlichen Stellen des Bundes ergehen, da hier eine entsprechende Außenwirkung gegeben ist.[341]

271 Bei der raumordnungsrechtlichen Untersagungsverfügung gegenüber demselben Hoheitsträger handelt es sich vielmehr nur um eine **verwaltungsinterne Weisung**, die sich unmittelbar nur im Innenbereich der Verwaltung auswirkt und nach außen dagegen keine Wirkung entfaltet bzw. eines Umsetzungsakts gegenüber dem Bürger bedarf. Demnach kann ein zureichender Grund für eine Nichtentscheidung über einen immissionsschutzrechtlichen Genehmigungsantrag erst dann geschaffen werden, wenn die Genehmigungsbehörde die raumordnerische Untersagungsverfügung gegenüber dem Bürger umsetzt. „Umsetzung" nach außen in diesem Sinne kann aber nur eine förmliche „Aussetzungsentscheidung" (vergleichbar mit § 15 BauGB) sein. Dabei fragt es sich allerdings, auf welche rechtliche Grundlage eine solche Umsetzung nach außen gestützt werden kann.

272 Der teilweise vertretenen Auffassung[342], wonach sich die Rechtsgrundlage für die Aussetzung des Genehmigungsverfahrens (mit Außenwirkung) aus allgemeinen Verfahrensgrundsätzen ergeben soll, kann nicht gefolgt werden. Zwar stellt auch das OVG Magdeburg in seinem Urteil vom 6.8.2012[343] fest, dass es einer Umsetzung der raumordnerischen Untersagungsverfügung bedarf. Allerdings führt es hinsichtlich der Rechtsgrundlage wie folgt aus:

„Die Aussetzung hat ihre Rechtsgrundlage im Verfahrensermessen der Behörde in Verbindung mit dem Grundsatz der einfachen und zweckmäßigen Verfahrensgestaltung nach § 10 S. 2 VwVfG (i. V. m. § 1 Abs. 1 VwVfG LSA)."

Dieses Ergebnis ist jedoch weder mit dem Sinn und dem Zweck der Vorschrift des § 10 S. 2 VwVfG noch mit dem **Grundsatz des Verfahrensermessens** vereinbar.

273 Nach § 40 VwVfG ist auch das Verwaltungsverfahren ermessensfehlerfrei zu gestalten. Das Verfahrensermessen ist Voraussetzung der zweckmäßigen Umsetzung des materiellen Rechts und des Gesetzesvollzugs. Es findet seine Ermächtigungsgrundlage in einer Vielzahl einzelner Bestimmungen des VwVfG und zwar für die Auswahl des Verfahrens einschließlich der Hand-

---

[339] *BVerwG*, Urt. v. 13.12.2012 – 4 CN 1.11.
[340] *OVG Lüneburg*, Urt. v. 23.6.2016 – 12 KN 64/14.
[341] *VG-Cottbus*, Urt. v. 5.3.2015 – 4 K 374/13.
[342] *OVG Magdeburg*, Urt. v. 6.8.2012 – 2 L 6/10.
[343] *OVG Magdeburg*, Urt. v. 6.8.2012 – 2 L 6/10.

lungsform und für den Beginn und die Durchführung des Verwaltungsverfahrens.[344] Allerdings wird nach dem Grundsatz des Verfahrensermessens gerade das geltende Recht umgesetzt. Das Verfahrensermessen dient damit dazu, die Behörde anzuhalten, zweckdienliche und mit dem Gesetz zu vereinbarende Entscheidungen zu treffen. Damit kann die Behörde ihr Ermessen auch nur innerhalb der gesetzlichen Regelung ausüben. Das Verfahrensermessen hat dagegen nicht den Sinn, Gesetzeslücken auszufüllen.

Die Entscheidung des OVG Magdeburg führt allerdings dazu, dass der allgemeine Grundsatz des Verfahrensermessens die durch den Landesgesetzgeber übersehene Lücke im Gesetz und zwar die fehlende Ermächtigung der Genehmigungsbehörde zur Umsetzung der raumordnerischen Untersagungsverfügung durch Anordnung der Verfahrensaussetzung und damit eine im Gesetz fehlende Rechtsgrundlage ersetzen soll. Dass dies mit dem Grundsatz des Gesetzesvorbehalts nicht vereinbar ist, liegt auf der Hand.

Auch unter Berücksichtigung des Zweckmäßigkeitsgrundsatzes nach § 10 S. 2 VwVfG ist eine bloße Nichtbearbeitung des immissionsschutzrechtlichen Genehmigungsantrags – ohne **behördliche Aussetzungsentscheidung** auf Grundlage einer gesetzlichen Ermächtigung – schlicht rechtsstaatsfeindlich. § 10 S. 2 VwVfG legt fest, dass das **Verwaltungsverfahren** von der Behörde einfach, zweckmäßig und zügig durchzuführen ist. Der in dieser Vorschrift enthaltene Grundsatz der Zweckmäßigkeit des Verwaltungsverfahrens bestimmt zum einen Auswahl und Anwendung der Vorschriften des VwVfG, soweit sie nicht zwingend anzuwenden sind. Zum anderen ist er bei der Auswahl und Anwendung von fachgesetzlichen Regelungen anzuwenden. Insbesondere gibt der Grundsatz der Zweckmäßigkeit der Behörde keine Handhabe, neue (noch) nicht vom Gesetz vorgesehene Verfahrenselemente, die den Antragsteller belasten, aufzunehmen.[345] Als Ermessensvorschrift dient der Zweckmäßigkeitsgrundsatz vor allem dem Interesse des Bürgers an der raschen Abwicklung „seines" Verfahrens und vermittelt ihm insoweit ein subjektiv öffentliches Recht.

274

Die Anwendung des Verfahrensermessens in Verbindung mit dem Zweckmäßigkeitsgrundsatz als Rechtsgrundlage für die Aussetzung des Verfahrens konterkariert dagegen Sinn und Zweck der Vorschrift. Entgegen der Intention des Gesetzgebers, die Interessen des Bürgers an der raschen Abwicklung des Verwaltungsverfahrens zu schützen, wird durch eine auf diese Vorschrift gestützte Aussetzung des Verfahrens gerade das Gegenteil erreicht und zwar das Verfahren rechtswidrig verzögert.

275

Allein aus diesem Grund ist die Auffassung des OVG Magdeburg, dass die Rechtsgrundlage für die Umsetzung der raumordnerischen Untersagungsverfügung im Verfahrensermessen der Behörde in Verbindung mit dem Grundsatz der einfachen und zweckmäßigen Verfahrensgestaltung nach § 10 S. 2 VwVfG liegt, fehlerhaft.

Auch das OVG Bautzen[346] hat in seiner Entscheidung zur raumordnungsrechtlichen Untersagungsverfügung wie folgt entschieden:

276

„Dem Genehmigungsanspruch der Klägerin steht auf § 18 Abs. 2 S. 2 SächsLPlG [in der Fassung vom 14.12.2001, außer Kraft] gestützte und an den Beklagten gerichtete Untersagungsverfügung des Regierungspräsidiums Leipzig vom 15.3.2007 nicht entgegen. Ihr kommt lediglich verwaltungsinterne Wirkung zu. Der Klägerin könnte sie nur für den Fall ihrer – hier unterbliebenen – Umsetzung in Gestalt einer Aussetzungsentscheidung zum Genehmigungsverfahren entgegengehalten werden.
Gemäß § 18 Abs. 2 S. 2 SächsLPlG kann die Raumordnungsbehörde auch behördliche Entscheidungen über die Zulässigkeit raumbedeutsamer Planungen und Maßnahmen von Personen des Privatrechts für die Dauer von längstens zwei Jahren untersagen, wenn zu befürchten ist, dass die Verwirklichung in Aufstellung befindlicher Ziele der Raumordnung unmöglich gemacht oder wesentlich erschwert werden würde. […]
Als lediglich verwaltungsinterne Maßnahme ist eine auf § 18 Abs. 2 S. 2 SächsLPlG gestützte und an die Genehmigungsbehörde gerichtete Untersagungsverfügung nicht geeignet, den Rechtsanspruch der Klägerin auf Erteilung eines immissionsschutzrechtlichen Vorbescheides zu beschneiden. Sie lässt den Genehmigungsanspruch der Klägerin aus § 9 i. V. m. § 6 BImSchG nicht untergehen. Es handelt sich bei ihr um eine verwaltungsinterne Einzelweisung und damit nicht um eine dem Vorhaben entgegenstehende öffentlich-rechtliche Vorschrift i. S. v. § 6 Abs. 1 Nr. 2 BImSchG.

---

[344] *Schmitz*, in: Stelkens/Bonk/ Sachs (Hrsg.), VwVfG, § 10 Rn. 16.
[345] *Schmitz*, in: Stelkens/Bonk/ Sachs (Hrsg.), VwVfG, § 10 Rn. 20.
[346] *OVG Bautzen*, Urt. v. 20.6.2007 – 1 B 14/07.

Um gegenüber der Klägerin Wirkung zu entfalten, hätte die Untersagungsverfügung noch einer Umsetzung in Gestalt einer Aussetzung des Genehmigungsverfahrens bedurft. Andernfalls ist sie nicht geeignet, in Genehmigungsansprüche eines Bürgers einzugreifen."

277 Somit steht eine raumordnungsrechtliche Untersagungsverfügung der beantragten immissionsschutzrechtlichen Genehmigung als solches nicht entgegen. Vielmehr bedarf sie einer Umsetzung durch die Genehmigungsbehörde gegenüber dem Antragsteller. Diese Umsetzung muss allerdings auf einer zulässigen Rechtsgrundlage beruhen. Erst dann kann eine solche Untersagungsverfügung dem Genehmigungsanspruch entgegengehalten werden.[347]

277a Entgegen der Ansicht des OVG Bautzen bedarf es laut Rechtsprechung des VG Cottbus im Verwaltungsverfahren jedoch keiner Umsetzung einer vorübergehenden raumordnungsrechtlichen Untersagung durch die Genehmigungsbehörde, da die Untersagung für die Zeit ihrer Geltungsdauer der Erteilung einer immissionsschutzrechtlichen Genehmigung unmittelbar entgegensteht.[348] Es führt in seiner Entscheidung aus:

VG Cottbus, Urt. v. 5.3.2015 – 4 K 374/13
„Im Rahmen des § 75 VwGO kommt es aber nicht darauf an, ob und wann die raumordnungsrechtliche Untersagung der Klägerin gegenüber Wirkung entfaltet, sondern darauf, ob die Behörde zu Recht annimmt, derzeit über den Genehmigungsantrag nicht entscheiden zu dürfen; das trifft dann zu, wenn die Untersagungsverfügung rechtmäßig ist. Vor diesem Hintergrund bedarf es keiner speziellen „Umsetzungsregelung" über die Auswirkungen einer befristeten landesplanerischen Untersagung auf anhängige Genehmigungsverfahren.
[...]
Mit Blick auf den Regelungsinhalt sowie Sinn und Zweck des § 14 Abs. 2 ROG kann nicht davon ausgegangen werden, dass die befristete Untersagung nach dem Willen des Gesetzgebers – auch verfahrensrechtlich – keinen Einfluss auf die Genehmigungsfähigkeit des Vorhabens haben soll. Der Zweck der befristeten Untersagung als Sicherungsmittel würde völlig verfehlt, wenn die Genehmigungsbehörde verpflichtet wäre, das Vorhaben trotz Vorliegens einer rechtmäßigen Untersagungsverfügung zu genehmigen."

277b Auch ohne Umsetzung der Untersagungsverfügung durch die Genehmigungsbehörde werde der Antragsteller nicht rechtsschutzlos gestellt, weil die Rechtmäßigkeit der Untersagungsverfügung gerade im Rahmen der Untätigkeitsklage gemäß § 75 VwGO inzident geprüft wird und die landesplanerische Untersagung der Genehmigungserteilung nur dann entgegensteht, wenn sie rechtmäßig ergangen ist und ihre Voraussetzungen nicht weggefallen sind. Die Voraussetzungen sind dabei ein sich in Aufstellung befindlicher Raumordnungsplan, ein Sicherungsbedürfnis und keine offensichtliche unbehebbare Fehlerhaftigkeit der Planung. Auch diesbezüglich muss auf die obige Kritik verwiesen werden. Die Auffassung des VG Cottbus verkennt, an wen die Untersagungsverfügung adressiert ist und umgeht rechtsstaatliche Grundsätze (Genehmigungsvorbehalt). Der Verweis auf eine inzidente Prüfung im verwaltungsgerichtlichen Verfahren entbindet nicht von dem Grundsatz, dass es für ein „Ruhenlassen" eines Genehmigungsverfahrens im Außenverhältnis einer rechtsstaatlichen gesetzlichen Grundlage bedarf.

277c Unbestritten ist, dass die vorübergehende Untersagung den Genehmigungsanspruch aus § 6 BImSchG nicht untergehen lässt, sondern lediglich suspendiert, da § 14 Abs. 2 ROG keine dem Vorhaben entgegenstehende öffentlich-rechtliche Vorschrift i. S. d. § 6 BImSchG darstellt und die Untersagungsverfügung die Entscheidung über die Zulässigkeit des Vorhabens lediglich verschiebt.[349] Eine Genehmigung darf also nicht wegen einer Untersagungsverfügung abgelehnt werden.

277d Eine Besonderheit der landesplanerischen Untersagung stellt § 18a Abs. 1 S. 2 SchlHLaplaG als generelle vorübergehende Untersagung für WEA (Sicherungsmoratorium) dar. In § 18a Abs. 1 S. 2 SchlHLaplaG heißt es:

„Zur Sicherung dieser Planung sind bis zum 5. Juni 2017 raumbedeutsame Windkraftanlagen im gesamten Landesgebiet vorläufig unzulässig."

---

[347] So hat z. B. der Freistaat Sachsen reagiert und eine Rechtsgrundlage in das LPlG eingefügt.
[348] *VG Cottbus*, Urt. v. 5.3.2015 – 4 K 374/13; *VG Halle*, Urt. v. 19.8.2010 – 4 A 9/10; *VG Halle*, Urt. v. 23.11.2010 – 4 A 38/10.
[349] *VG Cottbus*, Urt. v. 5.3.2015 – 4 K 374/13; *VG Schleswig*, NVwZ-RR 2016, 212 (212).

Das Sicherungsmoratorium des § 18a Abs. 1 S. 2 SchlHLaplaG normiert eine über das Bundesrecht gemäß § 14 Abs. 2 ROG hinausgehende generelle vorübergehende Unzulässigkeit von WEA. Dies ist nach Ansicht des VG Schleswig auch wirksam und begegnet keinen verfassungsrechtlichen Bedenken.[350] Insbesondere berührt es nicht die Planungshoheit der Gemeinden. Das Landesverfassungsgericht Schleswig-Holstein führt dazu in seinem Beschluss vom 17.6.2016 (LVerfG 3/15) folgendes aus:

„§ 18a Abs. 1 Satz 2 LaplaG kann aber nach Wortlaut, Systematik und Entstehungsgeschichte nicht als planungsrechtliche Vorschrift verstanden werden.
[…]
[B]ei § 18a LaplaG [handelt] es sich um eine genehmigungsrechtliche und nicht planungsrechtliche Vorschrift […], die die Zulässigkeit von Windenergieanlagen, nicht hingegen die Planung derselben und damit die Planungshoheit der Gemeinden betrifft.

Bestätigt wird dies auch durch die Gesetzesbegründung zu § 18a Abs. 1 S. 2 SchlHLaplaG, die ausschließlich dessen Auswirkungen auf das entsprechende Genehmigungsverfahren der einzelnen WEA beschreibt:

„Zur Sicherung dieser Planung sind zunächst für einen Zeitraum von zwei Jahren nach Inkrafttreten des Gesetzes raumbedeutsame Windenergieanlagen gemäß § 18a Abs. 1 Satz 2 LaplaG vorläufig unzulässig. Das Gesetz trifft keine Regelung über das jeweilige Genehmigungsverfahren der einzelnen Windkraftanlage, sondern normiert nur deren zeitlich begrenzte, raumordnerische Unzulässigkeit. Die Wirkung ist an die einer baurechtlichen Veränderungssperre angelehnt und trifft keine Aussage über die endgültige raumordnerische Zulässigkeit oder Unzulässigkeit einer Anlage. Diese Aussage bleibt den schlussabgewogenen Raumordnungsinstrumenten der Landesplanung vorbehalten."[351]

Demnach lässt auch im Fall der gesetzlichen Untersagung auf Zeit den Genehmigungsanspruch nicht untergehen, sondern suspendiert diesen nur, da auch die gesetzliche Untersagung keine materiell-rechtlich entgegenstehende Vorschrift und somit auch kein Hindernis i. S. d. § 6 i. V. m. § 5 Abs. 1 S. 2 BImSchG darstellt.

Das im Baurecht anerkannte Institut der faktischen Zurückstellung ist auch auf die landesplanerische Untersagung anwendbar, insbesondere, weil sie in ihren Wirkungen der Zurückstellung und der Veränderungssperre i. S. d. §§ 14 und 15 BauGB vergleichbar sind.[352] Eine faktische Zurückstellung liegt vor, wenn ein Antrag nicht hinreichend zügig bearbeitet, sonstwie verzögert oder rechtswidrig abgelehnt wird.[353] Die Anrechnung der Zeiten faktischer Zurückstellung ist gerade deshalb sachgerecht, weil damit die Folgen rechtswidrigen Handelns unmittelbar ausgeglichen werden, unabhängig davon, ob dies auf Ebene der Bauleitplanung oder der Regionalplanung stattfindet.

(c) Exkurs: Gegenstromprinzip. Ausgehend von der gesetzlichen Regelung sind seitens der Regionalplanung sowohl förmliche als auch informelle städtebauliche Planungen mit einzubeziehen. Dabei verbietet sich jedoch eine blinde und unreflektierte Übernahme jener Belange.[354] In diesem Zusammenhang spricht man vom sog. *Gegenstromprinzip* als materielle Grundvorstellung. Das Gegenstromprinzip behandelt die wechselseitigen Beziehungen der räumlichen Planung für den Gesamtraum und die räumliche Planung für die Teilräume. Dabei ist die Gemeinde zunächst bei der Aufstellung von Bauleitplänen gem. § 1 Abs. 4 BauGB an die Ziele der Raumordnung in einem Landesentwicklungsplan gebunden. Diese sind insoweit als vorgegebene Beschränkung der Planungshoheit auch nicht Teil der Abwägung, mithin also „abwägungsfest". Andererseits hat aber die Regionalplanung auf die planerischen Interessen der Gemeinden im Rahmen der kommunalen Bauleitplanung Rücksicht zu nehmen. Dabei darf die untergeordnete Planung der übergeordneten Planung nicht widersprechen. Gleichzeitig sind aber die Belange der untergeordneten Ebenen bei der Aufstellung der übergeordneten Pläne zu berücksichtigen.[355]

---

[350] *VG Schleswig*, NVwZ-RR 2016, 212 (212).
[351] LT-Drs. 18/2983 S. 9.
[352] *BVerwG*, Urt. v. 27.1.2005 – 4 C 5.04.
[353] *VGH Mannheim*, Urt. v. 9.9.2015 – 3 S 276/15.
[354] *OVG Koblenz*, Urt. v. 2.10.2007 – 8 C 11412/06.OVG.
[355] Zu den Details und den Konsequenzen für die Regionalplanung: *Maslaton*, LKV 2007, 259.

bb) Flächennutzungsplanung

279 (1) Allgemeines. Neben dem Regionalplan kann auch ein **Flächennutzungsplan als vorbereitender Bauleitplan** einem WEA-Vorhaben im Sinne des § 35 Abs. 3 S. 3 BauGB entgegenstehen – das gilt sowohl für raumbedeutsame als auch nicht raumbedeutsame Vorhaben. Dabei ist die **Flächennutzungsplanung** als vorbereitender Bauleitplan ein Teil des Kernstücks des modernen Städtebaurechts – der Bauleitplanung.

> **§ 1 Abs. 1 BauGB:**
> „Aufgabe der Bauleitplanung ist es, die bauliche und sonstige Nutzung der Grundstücke in der Gemeinde nach Maßgabe dieses Gesetzbuchs vorzubereiten und zu leiten."

Die Bauleitplanung untergliedert sich nach dem Wortlaut des Gesetzes in einen vorbereitenden Bauleitplan, also den hier zu behandelnden Flächennutzungsplan und den **verbindlichen Bauleitplan in Form des Bebauungsplans** (→ Kap. 1 Rn. 14 ff.). Hintergrund der Bauleitplanung ist, dass durch die Bebauungspläne eine nachhaltige städtebauliche Entwicklung erfolgen soll, die die sozialen, wirtschaftlichen und umweltschützenden Anforderungen auch in der Verantwortung gegenüber künftigen Generationen miteinander in Einklang bringt und eine dem Wohl der Allgemeinheit dienende sozial gerechte Bodennutzung gewährleistet. Überdies soll sie dazu beitragen, eine menschenwürdige Umwelt zu sichern, die natürlichen Lebensgrundlagen zu schützen und zu entwickeln sowie den Klimaschutz und die Klimaanpassung, insbesondere auch in der Stadtentwicklung, zu fördern sowie die städtebauliche Gestalt und das Orts- und Landschaftsbild baukulturell zu erhalten und zu entwickeln.[356]

280 Ganz grundsätzlich geht das BauGB vom **Grundsatz der Planmäßigkeit** aus, d.h., dass eine bauliche Nutzung bisher unbebauter Grundstücke nicht dem Zufall überlassen werden soll, sondern zuvor eine sinnvolle und durchdachte Planung erfolgen muss. Im Rahmen dieser Planung sollen und müssen die Interessen aller potenziell Beteiligten berücksichtigt werden, speziell die der zukünftigen WEA-Betreiber, aber auch die der betroffenen Nachbarn. Diese Planung obliegt nach § 1 Abs. 3 BauGB den Gemeinden. Folgt man der Rechtsprechung, so müssen die Bauleitpläne in objektiver Beziehung zur städtebaulichen Ordnung stehen, wohingegen es auf die subjektiven Vorstellungen des Gemeinderats bei der Aufstellung des Bauleitplans nicht ankommt.[357] Voraussetzung für die Wirkung des § 35 Abs. 3 S. 3 BauGB ist dabei zunächst wiederum das Vorliegen eines wirksamen Flächennutzungsplans.

281 (2) Wirksamkeit des Flächennutzungsplans. Der Flächennutzungsplan muss wirksam sein, denn nur dann kann er die Wirkung des § 35 Abs. 3 S. 3 BauGB auslösen. Voraussetzung für die Wirksamkeit des Flächennutzungsplans ist grundsätzlich eine fehlerfreie Abwägung[358]. Auch im Rahmen der Flächennutzungsplanung findet das dargestellte **„3-Stufen-Modell"** Anwendung (→ Kap. 1 Rn. 263 ff.). Dabei sind auf der ersten Stufe die sog. harten Tabuzonen, also jene Flächen, auf denen die Windenergienutzung aus tatsächlichen oder rechtlichen Gründen ausgeschlossen ist, zu bestimmen. Diese sind einer Abwägung entzogen. Schließlich sind die sogenannten weichen Tabuzonen zu bestimmen, auf denen die Windenergienutzung zwar aus rechtlichen und tatsächlichen Gründen grundsätzlich möglich wäre, diese aber von vornherein ausgeschlossen werden sollen. Auf der zweiten Stufe folgt im Rahmen der Flächennutzungsplanung eine Einzelfallabwägung der konkret entgegengehaltenen Belange. Abschließend muss auf der dritten Stufe geprüft werden, ob nach Abzug der harten und weichen Tabuzonen für die Windenergie substanziell Raum geschaffen wurde.

281a Wurden in einem FNP die Vorranggebiete eines Regionalplans übernommen, welcher gerichtlich für unwirksam erklärt wurde, so ist auch der FNP unwirksam, da im Falle einer solchen Übernahme der Fehler des Regionalplans auch den FNP „infiziert".[359]

---

[356] Vgl. insoweit § 1 Abs. 5 BauGB.
[357] *BVerwGE* 45, 309.
[358] Zur Abwägung generell → Kap. 1 Rn. 261 ff.
[359] OVG *Magdeburg*, Urt. v. 9.12.2015 – 2 K 60/14.

Falke

Bei der Darstellung von Sondergebieten für Windenergienutzung ist in der Flächennutzungs- 281b
planung darauf zu achten, dass im Regionalplan ausgewiesene Vorranggebiete verschiedener
Arten in der Flächennutzungsplanung nicht einfach als harte Tabukriterien eingeordnet werden
können. So entschied erst kürzlich das OVG Lüneburg[360], dass **regionalplanerische**Vorranggebiete für Natur und Landschaft nicht den harten Tabuzonen auf Flächennutzungsplanebene
zuzuordnen sind, da nicht ohne nähere Betrachtung der jeweiligen Ausprägung von Natur und
Landschaft beurteilt werden könnte, ob eine Unvereinbarkeit mit der Windenergienutzung
vorläge. Außerdem führte es aus,

OVG Lüneburg, Urt. v. 23.6.2016 – 12 KN 64/14:
*"dass als „harte Tabuzonen" auch solche Flächen eingeordnet werden dürfen, die deshalb der planerischen Abwägung
zwischen den Belangen der Windenergie und widerstreitenden Belangen (§ 1 Abs. 7 BauGB) entzogen sind, weil eine
dortige Darstellung von Sondergebieten für WEA dem sich aus § 1 Abs. 4 BauGB ergebenden Gebot zuwiderliefe,
Bauleitpläne den Zielen der Raumordnung anzupassen, das seinerseits eine Konkretisierung der Beachtenspflicht des
§ 4 Abs. 1 Satz 1 Nr. 1 ROG ist.*
[...]
*Das schließt zwar eine Befugnis zu Typisierungen ein, die zur Folge hat, dass sich nicht für jeden Punkt innerhalb solche
Vorranggebiete durch eine fiktive Einzelfallprüfung der Nachweis führen lassen muss, gerade dort sei die Errichtung einer
Windkraftanlage mit den vorrangigen Funktionen und Nutzungen nicht vereinbar. Umgekehrt reicht es für die Annahme,
bestimmte Arten von Vorranggebieten seien „harte Tabuzonen", aber auch nicht aus, nur eine regelhafte Unvereinbarkeit
der Windenergienutzung mit den dort vorrangigen Funktionen und Nutzungen zu prognostizieren, sofern nicht aus
den Merkmalen der jeweiligen Art des Vorranggebietes hergeleitet werden kann, dass theoretisch denkbare Ausnahmen von der
Unvereinbarkeit auf Einzelfälle beschränkt bleiben, die durch individuelle Umstände geprägt sind. Die Unvereinbarkeit
der in Vorranggebieten einer bestimmten Art vorrangigen Funktionen und Nutzungen einerseits sowie der Windenergienutzung andererseits muss sich also bereits aus der Charakteristik der vorrangigen Nutzung herleiten lassen, ohne dass
es einer näheren Betrachtung ihrer Ausprägungen im Einzelfall bedürfte."*

Die Anpassungspflicht des § 1 Abs. 4 BauGB stellt demnach grundsätzlich nur dann ein zwingendes rechtliches Hindernis für die Darstellung von Sondergebieten für WEA dar – und damit
auch ein hartes Tabukriterium –, wenn das Ziel der Raumordnung der Windenergienutzung
per se entgegensteht und es für die Vereinbarkeit mit der Windenergienutzung gerade nicht auf
die Einzelfallabwägung ankommt.

(3) Planungsvorbehalt durch Flächennutzungspläne. An den Flächennutzungsplan sind 282
verschiedene inhaltliche Anforderungen zu stellen, damit die Wirkung des § 35 Abs. 3 S. 3
BauGB eintreten kann, also dem Vorhaben öffentliche Belange entgegenstehen.

(a) Positive Standortzuweisung. Nur eine **positive Standortzuweisung** ist nach dem 283
Wortlaut des § 35 Abs. 3 S. 3 BauGB geeignet, die privilegierten Nutzungen nach § 35 Abs. 1
Nr. 2 bis 6 BauGB an anderer Stelle auszuschließen. Nach dem Willen des Gesetzgebers soll
den Gemeinden die Möglichkeit eröffnet werden, durch positive Standortzuweisung an einer
oder mehreren Stellen im Planungsgebiet den übrigen Planungsraum freizuhalten.[361] Eine ausschließlich negativ wirkende **Verhinderungsplanung** ohne gleichzeitige positive Ausweisung
eines der Windenergie dienenden Standorts im Planungsgebiet reicht grundsätzlich nicht aus.[362]
Einem Flächennutzungsplan, der ohne nähere Begründung keinen Standort für Windenergie
ausweist, kommt keine Ausschlusswirkung nach § 35 Abs. 3 S. 3 BauGB für Windenergie zu.
Das Gleiche gilt für eine nicht ins Gewicht fallende Fläche, die für die Nutzung der Windenergie ausgewiesen wurde.[363] Der **Planungsträger** kann dem Einwand der Verhinderungsplanung nur entgehen, wenn er der Privilegierungsentscheidung des Gesetzgebers Rechnung
trägt und der privilegierten Windenergienutzung in substanzieller Weise Raum schafft.[364]

---

[360] *OVG Lüneburg*, Urt. v. 23.6.2016 – 12 KN 64/14.
[361] *OVG Lüneburg*, NVwZ-RR 2002, 332 (333).
[362] *OVG Münster*, Urt. v. 22.9.2015 – 10 D 82/13.NE; *Maslaton/Kupke*, Rechtliche Rahmenbedingungen des Repowerings von WEA, S. 52.
[363] *Maslaton/Kupke*, Rechtliche Rahmenbedingungen des Repowerings von WEA, S. 52.
[364] *BVerwG*, Urt. v. 13.3.2003 – 4 C 4/02.

Letztlich ist nur eine positive Ausweisung von Flächen für die Nutzung von Windenergie geeignet, das gemäß § 35 Abs. 1 Nr. 5 BauGB privilegierte Vorhaben an anderer Stelle auszuschließen.

284 **(b) Außergebietliche Ausschlusswirkung.** § 35 Abs. 3 S. 3 BauGB fordert eine Darstellung im Flächennutzungsplan, bei der eine positive Standortzuweisung mit einer Ausschlusswirkung für das übrige (außergebietliche) Plangebiet verbunden wird.[365] Maßgeblich ist, ob mit der Darstellung der Fläche gerade die spezifische Wirkung des § 35 Abs. 3 S. 3 BauGB ausgelöst werden soll (Ausschlusswirkung).

285 Auf der Ebene des Flächennutzungsplans ist zu prüfen, ob durch die Darstellung von „**Sonderbauflächen für Windenergie**" eine Ausschlusswirkung für das übrige Gemeindegebiet bezweckt ist. Zur „Auslegung" des Plans ist insbesondere die Begründung des Flächennutzungsplans heranzuziehen. Die Ausschlusswirkung setzt eine bewusste Entscheidung der Gemeinde voraus. Sie muss objektiv erkennbar sein. Die Ausschlusswirkung der Darstellung von WEA an anderer Stelle im Flächennutzungsplan nach § 35 Abs. 3 S. 3 BauGB greift dann nicht, wenn die Gemeinde bei der positiven Darstellung die Ausschlusswirkung nicht bedacht hat.[366]

286 Im Rahmen des Repowerings von Anlagen ist insoweit zu prüfen, ob dem Flächennutzungsplan mit der erforderlichen Klarheit entnommen werden kann, dass sich die Ausschlusswirkung der Darstellung auch auf bereits vorhandene Standorte erstrecken soll.[367] Altanlagen genießen zwar **Bestandsschutz**, doch erlischt dieser, soweit die Altanlagen abgebaut und durch moderne Anlagen ersetzt werden. Es muss dabei geprüft werden, ob der Plangeber die Ausschlusswirkung der Darstellung auch auf Altstandorte erstreckt hat.[368] Entscheidend wird in diesem Zusammenhang in der Regel der Wortlaut der Begründung sein. Die Altstandorte sind von der Ausschlusswirkung dann betroffen, wenn die Planungsentscheidung sich mit den Altstandorten ausdrücklich beschäftigt hat.

287 In den meisten Fällen wird in der Begründung ausgeführt, dass die bisher genehmigten Anlagen Bestandsschutz genössen, weitere Einzelanlagen bzw. Ersatzbauten jedoch nicht mehr zuzulassen seien bzw. dass weitere Anlagen außerhalb der Sonderbaufläche „Windenergie" unzulässig seien.[369] Aus diesen Ausführungen in der Begründung ergibt sich, dass der Plangeber die Möglichkeit des Repowerings der vorhandenen WEA ausschließen wollte. Eine Neuerrichtung von WEA außerhalb der dafür vorgesehenen Gebiete soll ausgeschlossen sein. Ziel dieser Planung ist unter anderem die Bereinigung des Planungsraums von bestehenden Anlagen. Die Ausschlusswirkung im Sinne des § 35 Abs. 3 S. 3 BauGB erstreckt sich in diesem Fall auf die Altstandorte.[370]

287a Nach bundesverwaltungsgerichtlicher Rechtsprechung[371] begründet die Außen- und Ausschlusswirkung die Überprüfbarkeit eines FNP im Normenkontrollverfahren, denn Gegenstand der Normenkontrolle von FNPen sind allein die Darstellungen, mit denen der Planungsträger die Ausschlusswirkung des § 35 Abs. 3 S. 3 BauGB zum Ausdruck bringen will.[372] Sie stellt demnach nicht nur die Rechtfertigung, sondern auch die Grenze zu der so im Gesetz nicht vorgesehenen Normenkontrollmöglichkeit dar.

287b Ein vor allem in der Praxis häufig vorkommendes Problem stellt das Herausragen der Rotorblätter einer WEA aus der entsprechenden Konzentrationszone dar. Das BVerwG[373] stellt klar, dass jedenfalls die

„äußeren Grenzen des Bauleitplanes oder die Grenzen der Baugebiete oder Bauflächen (vgl. § 1 Abs. 1 und Abs. 2 BauNVO) stets von der gesamten Windkraftanlage einschließlich des Rotors einzuhalten sind."

---

[365] *Maslaton/Kupke*, Rechtliche Rahmenbedingungen des Repowerings von WEA, S. 52.
[366] *OVG Lüneburg*, Urt. v. 20.7.1999 – 1 L 5203/96.
[367] *Maslaton/Kupke*, Rechtliche Rahmenbedingungen des Repowerings von WEA, S. 53.
[368] *OVG Lüneburg*, Urt. v. 20.7.1999 – 1 L 5203/96.
[369] *Maslaton/Kupke*, Rechtliche Rahmenbedingungen des Repowerings von WEA, S. 53.
[370] *Maslaton/Kupke*, Rechtliche Rahmenbedingungen des Repowerings von WEA, S. 53.
[371] *BVerwG*, Urt. v. 26.4.2007 – BVerwG 4 CN 3.06.
[372] *OVG Lüneburg*, Urt. v. 23.6.2016 – KN 64/14.
[373] *BVerwG*, Urt. v. 21.10.2004 – 4 C 3.04.

Das Urteil spricht dabei ausdrücklich von „Bauleitplan", worunter auch der Flächennutzungsplan fällt. Dennoch muss man dieses Urteil im Hinblick auf einen FNP relativiert betrachten, insbesondere, da der FNP gerade keine „parzellenscharfe" Bebauungsplanung, sondern ein gesamträumliches Planungskonzept darstellt, das erst später durch den Bebauungsplan konkretisiert werden soll. Gebietsgrenzen binden die nachgelagerte Planungsebene gerade nicht in der Weise, als dass eine korrigierende oder im Einzelfall angemessen abweichende Grenzziehung nicht möglich wäre. Hinsichtlich der Flächennutzungsplanung besteht somit ein Bedürfnis nach hinreichender Flexibilität. In der Praxis kann diesem Umstand im Sinne der Rechtssicherheit und Klarheit Rechnung getragen werden, indem das Herausragen der Rotorflächen über die Grenzen der Konzentrationsfläche zu den textlichen Darstellungen oder in der Begründung des Flächennutzungsplans ausdrücklich zugelassen wird. Denn so kann eine optimale und effektive Ausnutzung der Konzentrationszone ermöglicht werden.

(4) Exkurs: Teilflächennutzungsplan. Um die Interessenlage der betroffenen Gemeinde und des potenziellen Anlagenbetreibers in Einklang zu bringen, werden teilweise **Teilflächennutzungspläne** aufgestellt. Hierfür normiert § 5 Abs. 2b BauGB: 288

> „Für die Zwecke des § 35 Absatz 3 Satz 3 können sachliche Teilflächennutzungspläne aufgestellt werden; sie können auch für Teile des Gemeindegebiets aufgestellt werden."

Grundsätzlich ist gemäß § 5 Abs. 1 S. 1 BauGB der Flächennutzungsplan für das ganze Gemeindegebiet aufzustellen. Der novellierte § 5 Abs. 2b BauGB ermöglicht den Gemeinden jedoch ausdrücklich die **Aufstellung eines räumlichen bzw. sachlichen Teilflächennutzungsplans** zum Zwecke der Darstellung von Konzentrationszonen mit außergebietlicher Ausschlusswirkung. Folglich kann auch nur ein Teil des Außenbereichs der Gemeinde über einen Flächennutzungsplan über § 35 Abs. 3 S. 3 BauGB gesteuert werden. An dieser Stelle gilt es demnach zu betonen, dass die Darstellungen des Teilflächennutzungsplans nach § 35 Abs. 3 S. 3 BauGB ihre Steuerungs- bzw. Ausschlusswirkung nur innerhalb des Plangebiets, nicht außerhalb, entfalten. Außerhalb des Plangebiets ist daher keine Steuerung der Windenergie möglich, hier richtet sich die Zulässigkeit der Windenergienutzung nach § 35 Abs. 1 BauGB.

Ausdrückliche Voraussetzungen für die Aufstellung eines Teilflächennutzungsplans nennt der Gesetzgeber weder im Gesetzestext noch in seiner Gesetzesbegründung. Da jedoch auch ein Teilflächennutzungsplan eben ein Bauleitplan ist, kann dieser natürlich nicht voraussetzungslos aufgestellt werden, vielmehr muss ein solcher jedenfalls den allgemeinen Grundsätzen der Bauleitplanung, insbesondere dem Grundsatz der Erforderlichkeit gemäß § 1 Abs. 3 BauGB und der Abwägungsfehlerfreiheit, genügen.[374] 289

Auch ein Teilflächennutzungsplan ist somit dann aufzustellen, wenn und soweit er nach der planerischen Konzeption der Gemeinde für die städtebauliche Entwicklung erforderlich ist.[375] Das bedeutet konkret für den räumlichen oder sachlichen Teilflächennutzungsplan, dass – nach der städtebaulichen Konzeption der Gemeinde – nicht ein räumlicher oder sachlicher Gesamtflächennutzungsplan, sondern nur ein Teilflächennutzungsplan „vernünftigerweise geboten" und ausreichend ist, um die städtebauliche Entwicklung der Gemeinde zu ordnen. Die Gemeinde hat dabei grundsätzlich ein sehr weites **planerisches Ermessen**, welches nur eingeschränkt überprüfbar ist.[376] 290

Entscheidend ist in diesem Zusammenhang aber, ob im jeweiligen Einzelfall das Planungskonzept den von der Rechtsprechung gestellten Anforderungen an ein schlüssiges gesamträumliches Planungskonzept entspricht. 291

Der Ausschluss von Anlagen in Teilen des Plangebiets lässt sich nach der Wertung des Gesetzgebers immer nur dann rechtfertigen, wenn der Plan sicherstellt, dass sich die betroffenen Vorhaben an anderen Stellen gegenüber konkurrierenden Nutzungen durchsetzen. Der Plange-

---

[374] *Söfker*, in: Ernst/Zinkahn/Bielenberg/Krautzberger (Hrsg.), BauGB, § 5 Rn. 62m.
[375] St. Rspr., vgl: *BVerwG*, Urt. v. 7.5.1971 – 4 C 76/68.
[376] *BVerwG*, Beschl. v. 14.8.1995 – 4 NB 21/95.

ber muss der Windenergie wie bereits mehrfach dargelegt „substanziell Raum schaffen". Dem Plan muss daher ein **schlüssiges, gesamträumliches Planungskonzept** zugrunde liegen.[377]

292 Diese von der Rechtsprechung für Gesamtflächennutzungspläne mit Rechtswirkungen des § 35 Abs. 3 S. 3 BauGB entwickelten Voraussetzungen an ein „schlüssiges Planungskonzept" sind grundsätzlich auch auf Teilflächennutzungspläne zu übertragen.[378] Indessen ist derzeit noch nicht abschließend geklärt, ob im Falle eines räumlichen Teilflächennutzungsplans das Plankonzept nur auf das von ihm erfasste Gebiet zu beschränken ist, oder eine schlüssige Konzeption für das gesamte Gemeindegebiet zu verlangen ist.[379]

293 Problematisch ist insoweit die Aufstellung von räumlichen Teilflächennutzungsplänen insbesondere in den Gemeinden, die bereits **Windkraftkonzentrationszonen** in ihrem (Gesamt-) Flächennutzungsplan dargestellt haben. Denn hier dürfte die Veränderung oder zusätzliche Ausweisung von Windkonzentrationszonen einen Eingriff in das bisherige gemeindliche Gesamtkonzept darstellen und daher ein räumlicher Teilflächennutzungsplan ohne ein Planungskonzept unter Einschluss der vorhandenen Konzentrationszonen von vornherein problematisch sein. Aber auch bei der Neuaufstellung von räumlichen Teilflächennutzungsplänen (ohne bereits vorliegende „Gesamtflächennutzungsplanung") ist es fast vorprogrammiert, dass potenziell geeignete Flächen – außerhalb des angedachten Plangebiets – von vornherein nicht berücksichtigt werden und schon deshalb Bedenken im Hinblick auf ein schlüssiges, abwägungsfehlerfreies Plankonzept vorliegen können.

294 Demgegenüber spricht jedenfalls der Umstand, dass sich die Ausschlusswirkung auf das Plangebiet beschränkt, dafür, dass auch das Plankonzept nur auf das jeweilige Plangebiet zu beschränken ist. Zudem würden sich praktisch die Voraussetzungen eines räumlichen Teilflächennutzungsplans nicht mehr von denen an einen Gesamtflächennutzungsplan unterscheiden und insoweit kein **Vereinfachungs- und Beschleunigungseffekt** gegeben sein; der neu geregelte räumliche Teilflächennutzungsplan wäre daher praktisch überflüssig. Der Gesetzgeber betont lediglich, dass mit der Neuregelung des § 5 Abs. 2b BauGB einem Bedürfnis der Praxis nach räumlichen Teilflächennutzungsplänen entsprochen werden soll.[380] Eine abschließende Klärung seitens der Rechtsprechung gibt es derzeit noch nicht, weshalb mit der Aufstellung eines räumlichen Teilflächennutzungsplans erhebliche Rechtsunsicherheiten verbunden sind und in jedem Einzelfall sorgfältig vorsorglich auch eine Betrachtung der Ausführungen des „überplanten Gebiets" auf das „nicht überplante" und umgekehrt erfolgen sollte.

295 Konkret kann also ein räumlicher Teilflächennutzungsplan in Betracht kommen, wenn nur für einen Teilbereich des Außenbereichs ein Steuerungsbedarf i. S. v. § 35 Abs. 3 S. 3 BauGB besteht.[381] Nicht erforderlich sind hingegen (Teil-) Flächennutzungspläne, die einer positiven städtebaulichen Planungskonzeption entbehren und sich als bloße **Verhinderungsplanung** darstellen. Darüber hinaus wird verlangt, dass die Größe des Gebiets des räumlichen Teilflächennutzungsplans stets deutlich größer ist als die im Teilflächennutzungsplan dargestellten Konzentrationszonen.[382] In diesem Zusammenhang ist schließlich auch ein etwaig vorhandener Gesamt-Flächennutzungsplan zu berücksichtigen. Zwar ist ein (räumlicher) Teilflächennutzungsplan grundsätzlich von diesem rechtlich selbstständig, jedoch haben die Darstellungen des Gesamt-Flächennutzungsplans auch insoweit für den Teilflächennutzungsplan Bedeutung, als dieser sich nicht in Widerspruch zu den Darstellungen des Gesamt-Flächennutzungsplans setzen darf. Andernfalls droht eine widersprüchliche Planung, welche insbesondere gegen das Gebot der Erforderlichkeit der Bauleitplanung gem. § 1 Abs. 3 BauGB verstoßen würde.[383]

---

[377] *BVerwG*, Urt. v. 13.3.2003 – 4 C 4/02.
[378] *Söfker*, in: Ernst/Zinkahn/Bielenberg/Krautzberger (Hrsg.), BauGB, § 5 Rn. 62k.
[379] Für Erstreckung auf gesamten Außenbereich *Otting*, REE 03/2011, 125 (127) wegen „Sinn und Zweck der Flächennutzungsplanung"; ausdrücklich für Beschränkung des Plankonzeptes auf das Plangebiet *Söfker*, in: Ernst/Zinkahn/Bielenberg/Krautzberger (Hrsg.), BauGB, § 5 Rn. 62l.
[380] BT-Drs. 17/6076, S. 9.
[381] *Söfker*, in: Danner/Theobald (Hrsg.), Energierecht, Rn. 118.
[382] *Söfker*, in: Ernst/Zinkahn/Bielenberg/Krautzberger (Hrsg.), BauGB, § 5 Rn. 62k.
[383] *Söfker*, in: Ernst/Zinkahn/Bielenberg/Krautzberger (Hrsg.), BauGB, § 5 Rn. 62k.

(5) Inhalt und Darstellung von Flächennutzungsplänen. Der Flächennutzungsplan ist das 296 „grobe Raster" mit Darstellungen bezüglich des Gemeindegebiets.[384] Danach ist für das gesamte Gemeindegebiet die städtebauliche Entwicklung der Gemeinde in den Grundzügen darzustellen, insbesondere die Bauflächen (§ 5 Abs. 2 Nr. 1 BauGB, § 1 Abs. 1 BauNVO), Hauptverkehrswege, Hauptversorgungsanlagen, die Grünflächen sowie die Flächen für naturschutzrechtliche Ausgleichsmaßnahmen. Speziell für WEA enthalten Flächennutzungspläne in der Regel **Sondergebiete bzw. Sonderflächen** mit Ausschlusswirkung (vielfach auch „Konzentrationszonen" genannt). Dabei gilt es jedoch zu beachten, dass eine beabsichtigte Ausschlusswirkung an anderer Stelle im Flächennutzungsplan oder seiner Begründung erkennbar sein muss.

Im Rahmen der Bewertung der Potenzialflächen hat die Gemeinde auch die Möglichkeit, 297 ihre eigenen bauleitplanerischen Vorstellungen einzubringen und umzusetzen. Hierzu gehören auch die Vorstellungen zum vorsorgenden Umweltschutz in Bezug auf die Berücksichtigung von Immissionen, die von Windenergieanlagen ausgehen, und von Beeinträchtigungen von Natur und Landschaft, ebenso die Vorstellung von der Entwicklung des Gemeindegebiets im Sinne des § 5 Abs. 1 S. 1 BauGB.[385]

Da der FNP den Charakter eines nur vorbereitenden Bauleitplans hat, legt der Gesetzgeber 297a in § 5 Abs. 1 BauGB fest, dass die Darstellungen des FNP auch nur „in Grundzügen" erfolgen sollen. Die Darstellungen des FNP sollen demnach nicht „parzellenscharf" erfolgen, sondern vielmehr als „Grobraster" für einen späteren, exakteren Bebauungsplan dienen. Der FNP darf den B-Plan also nicht ersetzen.

BVerwG, Urt. v. 18.8.2005 – 4 C 13.04:
„Der Flächennutzungsplan darf für den Außenbereich nicht aufgrund des Bestimmtheitsgrades seiner Darstellungen faktisch an die Stelle eines Bebauungsplans treten. Er muss sich sowohl für die mit Bebauungsplänen überplanten als auch für die nicht überplanten und auch nicht für eine Überplanung vorgesehene Teile des Gemeindegebiets darauf beschränken, die Art der Bodennutzung in den Grundzügen darzustellen. Das schließt – wie bereits dargelegt – detaillierte und nicht weiter konkretisierungsbedürftige Darstellungen nicht aus. Der Flächennutzungsplan darf die Art der Bodennutzung jedoch nicht insgesamt mit einer Detailliert- und Konkretheit, wie sie für einen Bebauungsplan typisch ist, darstellen."

Der FNP soll demnach nur einen Rahmen darstellen, der noch einen Spielraum lassen muss, um mittels eines Bebauungsplans durch konkrete und detaillierte Festsetzungen die städtebauliche Entwicklung zu steuern. Der FNP kann daher in seinen Darstellungen auch keine vorhabenbezogenen Aussagen, wie z.B. die Anzahl künftiger WEA oder die Art der Hindernisbefeuerung, treffen. Denn dann würde der Gemeinde diesbezüglich kein Spielraum für eine hinreichende Feinsteuerung im Bebauungsplan verbleiben. Teilweise würde ihr sogar ein „faktisches Planungsverbot" auferlegt werden, da die Gemeinde nach § 8 Abs. 2 S. 1 BauGB an die Darstellungen aus dem FNP gebunden ist und bei der Entwicklung eines Bebauungsplans von diesen Grundzügen nicht abweichen darf.

3. Gesicherte Erschließung, Straßenrecht

Für WEA als privilegierte Außenbereichsvorhaben fordert § 35 Abs. 1 BauGB eine **ausrei-** 298 **chende** gesicherte Erschließung. Mit diesem Erfordernis wird im Interesse der Privilegierung berücksichtigt, dass nur ein Mindestmaß an Zugänglichkeit der Grundstücke für Kraftfahrzeuge gegeben sein muss.[386] Insoweit ist nach allgemeiner Auffassung ein geschotterter Weg oder ein befahrbarer, unbefestigter Feldweg vollkommen ausreichend. Das Erfordernis einer ausreichenden Erschließung ist in jedem Fall erfüllt, wenn das Baugrundstück der beantragten WEA an einen öffentlichen Weg angrenzt, der geeignet ist, den durch die Nutzung der WEA verursachten Verkehr aufzunehmen. An dieser Stelle gilt es allerdings zu beachten, dass die kabelseitige Anbindung nicht Bestandteil der öffentlich-rechtlichen Erschließung im Sinne des § 35 BauGB ist.[387]

---

[384] *BVerwGE* 48, 70.
[385] *BVerwG,* Urt. v. 22.5.2010 – 4 C 7.09.
[386] *OVG Koblenz,* Urt. v. 30.11.2015 – 1 A 10316/15.
[387] *VGH Kassel,* Beschl. v. 27.9.2004 – 2 TG 1630/04.

299 In diesem Zusammenhang ergibt sich in der Praxis eine Vielzahl von Problemen. So wird von den Genehmigungsbehörden oder den Gemeinden vielfach geltend gemacht, dass die betreffende Straße grundsätzlich nicht geeignet wäre, den zur Errichtung notwendigen Schwerlastverkehr aufzunehmen. Dies ist allerdings unerheblich. Der „Errichtungsverkehr" ist keine Frage der Erschließung im Sinne des § 35 BauGB. Die wegemäßige Erschließung fordert nur, dass die Straße/der Weg auf Dauer geeignet ist, den von der Nutzung der baulichen Anlage ausgehenden zusätzlichen Verkehr ohne Beeinträchtigung der Verkehrssicherheit oder des Straßenzustands, also den „Betriebsverkehr" aufzunehmen.[388] Hierfür spricht zum einen, dass es für die gesicherte Erschließung ausreichend ist, wenn mit der Herstellung respektive Benutzbarkeit der Erschließungsanlage im Zeitpunkt der Fertigstellung des Bauwerks gerechnet werden kann.[389] Zum anderen ist es denknotwendig ausgeschlossen, dass für die Frage, ob nach prognostischer Beurteilung bis zur Fertigstellung der baulichen Anlage mit der Benutzbarkeit gerechnet werden kann, der durch die Errichtung der WEA entstehende Baustellenverkehr für die Frage der Erschließung von Bedeutung ist.

300 Ein weiteres Problem besteht im Zusammenhang mit Privatwegen einer Gemeinde. Grenzt das betreffende Grundstück nicht an einen öffentlichen Weg und ist ein Überqueren anderer Grundstücke erforderlich, ist eine dauerhafte Sicherung des Zugangs zum öffentlichen Weg erforderlich. Für eine solche dauerhafte Sicherung wird regelmäßig die **Eintragung einer Baulast oder einer Dienstbarkeit** verlangt. Rein schuldrechtliche Vereinbarungen über ein Nutzungsrecht genügen jedoch nicht, ebenso wenig wie ein zivilrechtliches Notwegerecht.[390] In diesen Fällen machen Gemeinden z. T. geltend, der in ihrem Eigentum stehende Weg, über den die Erschließung geführt werden soll, sei ein Privatweg und verweigern deshalb jegliche Art von Grundstückssicherung. In diesen Fällen kann die Erschließung auch über vorhandene Privatwege der Gemeinde ohne zusätzliche Sicherungsmaßnahmen geführt werden, wenn diese auf Dauer gehindert ist, den Anliegerverkehr zu untersagen. Dies ist beispielsweise dann der Fall, wenn der Weg/die Straße dem allgemeinen Verkehr tatsächlich zugänglich ist. In diesem Fall ist die Gemeinde durch Art. 3 Abs. 1 GG, dem allgemeinen Gleichheitsgrundsatz, daran gehindert, einem Einzelnen die Nutzung des Grundstücks zu versagen, da sie die Nutzung gegenüber anderen zulässt.[391] Gleiches gilt, wenn bereits Gestattungs- oder Nutzungsverträge mit Dritten bestehen. Welche Mindestanforderungen an die Erschließung zu erfüllen sind, richtet sich nach der Art und dem Umfang des Vorhabens und nach den örtlichen Verhältnissen.[392] Es soll sichergestellt werden, dass der Gemeinde nicht als Folge der Genehmigung von Außenbereichsvorhaben unangemessene Erschließungsaufgaben und Folgekosten aufgedrängt werden. Ein **Versagungshindernis** kann mithin bestehen, wenn der betroffene Weg seit Jahren mit Duldung der Gemeinde durch die Anlieger genutzt wurde. Insoweit kann die Gemeinde die Benutzung des Weges zum Zwecke der Erschließung der WEA nicht nach Belieben ausschließen.[393] In diesem Zusammenhang hat das Thüringer Oberlandesgericht zuletzt entschieden:

OLG Jena, Urt. v. 30.12.2013 – B l U 299/12
„Damit verengt sich die Prüfung auf die bereits an anderer Stelle angesprochene Erschließungsproblematik des § 35 Abs. 1 BauGB. Ob sich die Beteiligte zu 1. – wie die Beteiligte zu 2. meint – die Ersetzungsfiktion eines zumutbaren Erschließungsangebotes gefallen lassen muss, kann dabei aber erneut offen bleiben. Vor dem Hintergrund der nur landwirtschaftlich genutzten Flächen stellt sich der nur gelegentliche Nutzungsbedarf der Beteiligten zu 2. an den ausgebauten Feldwegen zur Wartung, Kontrolle und etwaigen Reparatur einzelner Anlagenteile als eine so geringfügige Belastung des Eigentumsrechts der Beteiligten zu 1. dar, dass sie den solchermaßen eingegrenzten Anliegergebrauch der Beteiligten zu

---

[388] *OVG Magdeburg*, Urt. v. 22.6.2006 – 2 L 23/04; *VG Meiningen*, Beschl. v. 25.1.2006 – 5 E 386/05; *VG München*, Urt. v. 15.3.2016 – M 1 K 15.4559.
[389] Tatsächliche Erschließung muss erst im Zeitpunkt der Benutzbarkeit der baulichen Anlage nutzbar sein, *OVG Koblenz*, Urt. v. 30.11.2015 – 1 A 10316/15.
[390] *OVG Koblenz*, Urt. v. 30.11.2015 – 1 A 10316/15 (m. w. N.).
[391] *OVG Koblenz*, Urt. v. 19.6.1997 – 1 A 11915/96.OVG; *VGH Kassel*, Beschl. v. 27.9.2004 – 2 TG 1630/04; *OVG Koblenz*, Urt. v. 31.5.2012 – 7 K 1119/11.KO; *VGH Mannheim*, Urt. v. 19.7.2010 – 8 S 77/09; *BVerwG*, Urt. v. 31.10.1990 – 4 C 45/88.
[392] *VGH Kassel*, Urt. v. 17.6.2009 – 6 A 630/08; *OVG Koblenz*, Urt. v. 30.11.2015 – 1 A 10316/15.
[393] *OVG Münster*, Urt. v. 28.2.2008 – 10 A 1060/06.

III. Zulässigkeit im unbeplanten Außenbereich und entgegenstehende Belange 93

2. jedenfalls und zumindest nach Treu und Glauben (§ 242 BGB) ebenso zu dulden hat wie sie die Nutzung des von der Beteiligten zu 2. anlässlich der Errichtung der Windkraftanlagen ausgebauten (befestigten und verbreiterten) Wegenetzes durch die Pächter der anliegenden landwirtschaftlichen Nutzflächen hinzunehmen hat und auch tatsächlich hinnimmt."

Um speziell der Privilegierung von Windenergievorhaben im Außenbereich gerecht zu werden, ist die Gemeinde auch verpflichtet, sich mit der „Neu-" Herstellung einer Straße oder eines Weges durch den Bauherrn dann abzufinden, wenn ihr nach dem Ausbau des Weges keine unwirtschaftlichen Aufwendungen entstehen und ihr die Annahme des Angebots auch nicht aus sonstigen Gründen unzumutbar ist.[394] Mittlerweile ist es unstreitig, dass die hinter dieser Wertung stehende rechtliche Wertung auf alle in § 35 Abs. 1 BauGB privilegierten Vorhaben und insbesondere auf im Außenbereich privilegierte Windenergievorhaben zu erstrecken ist. Denn all diesen Vorhaben ist gemein, dass sie durch eine Wertentscheidung des Gesetzgebers in planähnlicher Weise in den Außenbereich zugewiesen worden sind. Damit rechtfertigt sich eine Übertragung der Rechtsprechung zur Erschließungsfiktion.[395] Mithin kann die Sicherung der Erschließung i. S. d. § 35 Abs. 1 BauGB für ein privilegiertes Außenbereichsvorhaben durch ein zumutbares Erschließungsangebot an die Gemeinde erreicht werden[396] – für diesen Fall gilt die Erschließung als gesichert (Erschließungsfiktion). Zunächst reicht ein bloßes Angebot zum Eintritt in die Vertragsverhandlungen an die Gemeinde nicht aus. Die Substanziierungsanforderungen an das Erschließungsangebot hängen jedoch von der Kooperationsbereitschaft der Gemeinde ab. Der Investor bzw. potenzielle Anlagenbetreiber muss ein prüffähiges und zumutbares Angebot erarbeiten, das die Übernahme der Erschließungsmaßnahmen sowie den durch den Ausbau entstehenden Unterhaltungsaufwand umfasst.[397] 301

Zumutbar ist ein Erschließungsangebot in der Regel dann, wenn der Gemeinde keine Aufwendungen aufgrund der Herstellung und Nutzung des Weges entstehen. Noch einen Schritt weiter als das Thüringer Oberlandesgericht geht die Rechtsprechung in Rheinland-Pfalz: 302

OVG Koblenz, Urt. v. 21.10.2009 – 1 A 10481/09 (Öff.-rechtl. Notwegerecht)
Sachverhalt:
Der Kläger beabsichtigt den Abbau von Kies und Sand auf einem im Außenbereich gelegenen Grundstück (privilegiertes Vorhaben gemäß § 35 Abs. 1 Nr. 4 BauGB). Eine entsprechende Genehmigung für den Kiesabbau und die nachfolgenden Rekultivierungsmaßnahmen hat er im Wege der Rechtsnachfolge bereits erhalten.
Der Kläger begehrte zum Zwecke der Erschließung des Vorhabens die Nutzung eines im Eigentum der Gemeinde stehenden „Wirtschaftswegs", mithin eine nicht öffentliche Straße im Sinne des Landesstraßengesetzes. Die Gemeinde verweigerte die Nutzung solcher in ihrem Eigentum stehender Wirtschaftswege.

Entscheidung:
Das OVG Koblenz stellt in seiner Entscheidung auf ein **öffentlich-rechtliches Notwegerecht** ab. Danach sind private Wirtschaftswege einer Gemeinde der Daseinsvorsorge dienende, öffentliche Einrichtungen im Sinne des Kommunalrechts. Im vorliegenden Fall war der Kläger zur Erschließung auf die Nutzung des Wirtschaftswegs angewiesen. Dem Kläger kommt dabei als Anlieger, der zum Abbau von Sand und Kies öffentlich berechtigt ist, eine aus Art. 14 Abs. 1 GG abgeleitete subjektive Rechtsstellung auf Nutzung des Weges zu, die inhaltlich dem Notwegerecht des § 917 BGB entspricht und öffentlich-rechtlich als unmittelbarer Anspruch auf Benutzung der öffentlichen Einrichtung ausgestaltet ist. Für den Fall, dass die Behörde dem Interesse des Klägers am ungehinderten Zugang zum Zwecke der ordnungsgemäßen Bewirtschaftung nicht angemessen Rechnung trägt, kann eine Verletzung von Art. 14 Abs. 1 GG vorliegen und eine notwegeähnliche Benutzung rechtfertigen. Die Abbaugenehmigung des Klägers bewirkt zu Lasten der Gemeinde eine öffentlich-rechtliche Eigentumsinhaltsbeschränkung, wogegen die Gemeinde grundsätzlich mit Widerspruch und Klage vorgehen könnte. Die Eigentumsinhaltsbeschränkung führt insoweit zu einer Duldungspflicht. Die zur Erschließung des Weges erforderliche Herstellung und auch die Wiederherstellung des ursprünglichen Zustands nach Beendigung der Notwegenutzung obliegt dem Nutzungsberechtigten.

---

[394] *BVerwG*, Urt. v. 30.8.1985 – 4 C 48/81; *BVerwG*, Urt. v. 20.5.2010 – 4 C 7.09.
[395] *VGH Kassel,* Beschl. v. 27.9.2004 – 2 TG 1630/04.
[396] *VGH Kassel,* Urt. v. 17.6.2009 – 6 A 630/08.
[397] Gleiches gilt bei einem bereits bestehenden Weg und einem Angebot zum Abschluss eines Nutzungs- und Gestattungsvertrags, welcher garantiert, dass der Gemeinde keine Aufwendungen durch die Nutzung entstehen.

Dabei ist das öffentlich-rechtliche Nutzungsrecht auf das Mindestmaß dessen beschränkt, was zur Anbindung an das öffentliche Verkehrsnetz erforderlich ist – also nur eine Wegeverbindung.

Das VG Mainz hat dies in seiner Entscheidung vom 22.7.2016 auch ausdrücklich für WEA anerkannt.[398] Gemäß § 14 Abs. 2 GemO Rlp steht grundsätzlich nur Einwohnern die Nutzung von öffentlichen Einrichtungen zu. Doch hat das OVG Koblenz eindeutig entschieden, dass die Nutzungsrechte für öffentliche Einrichtungen auch für Pächter gelten. Den WEA-Betreibern kommt als Anlieger zu den Grundstücken wegen ihres ortsgebundenen und im Außenbereich gemäß § 35 Abs. 1 Nr. 3 BauGB privilegierten Vorhabens des Betriebs einer WEA eine besondere öffentlich-rechtliche, aus Art. 14 Abs. 1 GG abgeleitete Stellung zu, die einen unmittelbaren Anspruch auf Benutzung der Wegegrundstücke gewährt, ohne dafür selbst Einwohner sein zu müssen. Daher ist auch WEA-Betreibern die Benutzung der gemeindlichen Einrichtung i. S. v. § 14 Abs. 2 GemO Rlp im notwendigen Umfang zu ermöglichen.[399]

Schwierig ist im Rahmen der Rechtsprechung des OVG Koblenz die Frage der **Durchsetzung des öffentlich-rechtlichen Notwegerechts**. Für den Fall, dass die Gemeinde die Duldung des Notwegerechts verweigert und im Wege der einstweiligen Verfügung ihre Besitzschutzansprüche geltend macht, ist streitig, ob ein Duldungstitel gegen die Gemeinde erforderlich ist. Zum einen ließe sich hier vertreten, dass aufgrund der Besitzschutzansprüche der Gemeinde per se ein Duldungstitel erforderlich ist. Dagegen spricht allerdings, dass die Duldungspflicht der Gemeinde qua Gesetzes besteht, weshalb zur Abwehr gegen mögliche Besitzschutzansprüche kein Duldungstitel erforderlich ist.

4. Rückbauverpflichtung

303   Um der Intention des Gesetzgebers – nämlich den Außenbereich von der Bebauung freizuhalten und der zum Teil zeitlich beschränkten Nutzungsdauer einiger privilegierter Vorhaben – gerecht zu werden, hat dieser eine **Rückbauverpflichtung** im Gesetz verankert. Dabei regelt § 35 Abs. 5 S. 2 BauGB:

„Für Vorhaben nach Absatz 1 Nr. 2 bis 6 ist als weitere Zulässigkeitsvoraussetzung eine Verpflichtungserklärung abzugeben, das Vorhaben nach dauerhafter Aufgabe der zulässigen Nutzung zurückzubauen und Bodenversiegelungen zu beseitigen; [...]."

304   Ausweislich des Wortlauts handelt es sich bei der Rückbauverpflichtung um eine zusätzliche Zulässigkeitsvoraussetzung, die neben den allgemeinen Zulässigkeitsvoraussetzungen des § 35 Abs. 1 BauGB erfüllt sein muss. Grundgedanke dieser Normierung ist eine unabhängige städtebauliche Regelung, wonach aus Gründen des Außenbereichsschutzes eine finale Entscheidung darüber getroffen wird, wie mit (alten) WEA verfahren wird, wenn deren privilegierte Nutzung im Außenbereich dauerhaft eingestellt bzw. aufgegeben wird.[400] Im Gegensatz zur landwirtschaftlichen Nutzung, für die nach deren Aufgabe der Nutzung in gewissem Rahmen eine Weiternutzung möglich ist, ist eine Weiternutzung speziell von WEA auf die Lebensdauer der Anlagen beschränkt. Der Gesetzgeber hat es daher als notwendig angesehen, die Zulässigkeit des WEA-Vorhabens von einer Rückbauverpflichtung abhängig zu machen.[401] Eine dauerhafte **Nutzungsaufgabe** ist dabei anzunehmen, wenn die Nutzung der Anlage aufgegeben wurde und auch nicht anzunehmen ist, dass die Nutzung wieder aufgenommen wird.[402]

305   Inhalt der Verpflichtung ist dabei der Rückbau des Vorhabens (WEA), welches auf der Grundlage des § 35 Abs. 1 Nr. 5 BauGB genehmigt und errichtet wurde. Dies bezieht sich auf die bauliche Anlage per se. Fraglich ist an dieser Stelle allerdings, ob hierunter auch sonstige Anlagen wie Nebenanlagen, Leitungen, Wege oder auch Plätze zählen. Für Nebenanlagen

---

[398] *VG Mainz,* Beschl. v. 22.7.2016 – 3 L 648/16.MZ.
[399] *VG Mainz,* Beschl. v. 22.7.2016 – 3 L 648/16.MZ.
[400] *Söfker,* in: Spannowsky/Uechtritz (Hrsg.), BeckOK BauGB, § 35, Rn. 155.
[401] *Söfker,* in: Ernst/Zinkahn/Bielenberg/Krautzberger (Hrsg.), BauGB, § 35 Rn. 165a.
[402] *Söfker,* in: Spannowsky/Uechtritz (Hrsg.), BeckOK BauGB, § 35, Rn. 155.

wie Kranstellflächen oder Trafogebäude ist dies unstreitig. Schwieriger ist diese Antwort hinsichtlich der Zuwegung. Sinn und Zweck einer **Rückbaubürgschaft** ist es, dass durch den Abriss aller baulichen Anlagen, die dem privilegierten Vorhaben gedient haben, der Zustand von vor der Errichtung der Anlage wiederhergestellt wird und das speziell die eingetretene Bodenversiegelung beseitigt wird. Bei der Inanspruchnahme der immissionsschutzrechtlichen Genehmigung hat sich der Genehmigungsinhaber (bei Vollzug der Genehmigung) lediglich danach zu richten, was durch den Verwaltungsakt konkret geregelt wurde. Der Wegebau ist von der immissionsschutzrechtlichen Genehmigung als solcher nicht erfasst. Damit stellt der Wegebau auch keine Inanspruchnahme der immissionsschutzrechtlichen Genehmigung dar. Nach § 1 Abs. 1 S. 1 der 4. BImSchV bedürfen nur solche Anlagen einer immissionsschutzrechtlichen Genehmigung, die in der Anlage der 4. BImSchV genannt sind. In der Anlage werden jedoch nur WEA genannt. Die Errichtung der dazu erforderlichen Zuwegung wird in der Anlage dagegen nicht erwähnt. Damit ist die Immissionsschutzbehörde für die Erteilung einer Genehmigung zur Errichtung eines Weges gar nicht erst zuständig, sodass sie auch nicht für dessen Rückbau zuständig sein kann. Die derzeit herrschende Auffassung in der Literatur tendiert dazu, wohl auch Leitungen, Wege und Plätze unter diese Regelung zu subsumieren.[403] Zudem ist die durch die WEA eingetretene **Bodenversiegelung** so zu beseitigen, dass der **Versiegelungseffekt**, der z. B. das Versickern von Niederschlagswasser beeinträchtigt oder behindert, nicht mehr besteht.[404]

Erklärender der Rückbauverpflichtung ist der Antragsteller der zur Errichtung und zum Betrieb notwendigen Genehmigung. Hintergrund dessen ist, dass dieser die Vorteile des privilegierten Betriebs der Anlage im Außenbereich ausnutzt. 306

Um der Rückbauverpflichtung nachzukommen legt das Gesetz in § 35 Abs. 5 S. 2 BauGB i. V. m. § 72 Abs. 3 S. 2 SächsBO[405] eine sog. **Rückbausicherung** fest. Eine in diesem Sinne festgelegte Rückbausicherung, z. B. in Gestalt einer Rückbaubürgschaft, dient der Sicherung des vollständigen Abrisses aller baulichen Anlagen, die zum privilegierten Vorhaben gehören. Hintergrund dessen ist, dass das finanzielle Risiko von der Behörde für den Fall, dass der Betreiber der WEA seiner Rückbaupflicht nicht nachkommt oder insolvent ist, abgewendet werden soll. 307

Grundsätzlich ist das Thema der Rückbaukosten ein „heißes Eisen". Die entsprechende Genehmigungspraxis der jeweiligen Bundesländer geht hier zum Teil sehr weit auseinander. Einige Bundesländer arbeiten in ihren Windenergieerlassen mit Pauschalitäten. Dabei wird auf die Herstellungs- bzw. Investitionssumme abgestellt und dann ein pauschaler prozentualer Anteil von einigen Prozent als Rückbaukosten pauschal zu Grunde gelegt.[406] In einigen Bundesländern ist diese pauschale Herangehensweise dann wiederum dahingehend geöffnet, dass Einzelnachweise durch entsprechende Kostenvoranschläge oder Stellungnahmen des Herstellers usw. geführt werden können, sofern dies für den Antragsteller günstiger ist.[407] 308

Bei diesen Herstellerprognosen müssen allerdings zwei Unsicherheiten berücksichtigt werden. Zum einen wird derzeit heftig darüber diskutiert, ob der Rückkaufswert der Rohstoffe (z. B. der Stahl) mit in der Prognose der Rückbaukosten (als Positivposten) berücksichtigt werden kann. Hierzu gibt es noch keine gefestigte Rechtsprechung. Ein Argument gegen eine solche Berücksichtigung ist, dass grundsätzlich nicht auszuschließen sei, dass zum Zeitpunkt des Rückbaus auf Grund der im Regelfall vorliegenden Bankfinanzierung noch ein **Eigentumsvorbehalt** der finanzierenden Bank an der Windenergieanlage existiert, sodass zunächst die Bank unmittelbar Zugriff auf den Materialwert hat und nicht der Betreiber der Anlage.[408] Über diese Argumentation lässt sich vortrefflich diskutieren – immerhin ist dieser Materialposten ein entscheidender für die Höhe der zu stellenden Rückbaubürgschaften. Eine solche 309

---

[403] *Söfker*, in: Ernst/Zinkahn/Bielenberg/Krautzberger (Hrsg.), BauGB, § 35 Rn. 165a.
[404] *Söfker*, in: Ernst/Zinkahn/Bielenberg/Krautzberger (Hrsg.), BauGB, § 35 Rn. 165a.
[405] Entsprechende Regelungen gibt es in allen Bauordnungen, die SächsBO wurde hier exemplarisch herangezogen.
[406] Vgl. Windenergieerlass NRW v. 4.11.2015, Ziff. 5.2.2.4 – 6,5 % der Gesamtinvestitionssumme.
[407] Z. B. Windenergieerlass NRW v. 4.11.2015, Stand: 7.12.2016.
[408] *VG Halle*, Urt. v. 27.10.2009 – 2 A 3/08; *VGH Mannheim*, Urt. v. 31.5.2015 – 3 S 2016/14.

Argumentation ist jedoch nicht nachvollziehbar, weil die Wertstoffe, aus denen WEA bestehen, auch zum Zeitpunkt des Rückbaus der Anlage über einen beachtlichen Wert verfügen und damit mit Rückbau der Windenergieanlage verwertet werden. Daher muss dieser Wert auch in die Berechnung der **Rückbaukosten** aufgenommen und von den gesamten Rückbaukosten abgezogen werden. Dies wird insbesondere durch folgende Kontrollüberlegung bestätigt: Sollte die Genehmigungsbehörde im Rahmen der Ersatzvornahme den Rückbau der WEA selbst vornehmen oder einen anderen mit der Vornahme des Rückbaus beauftragen, dann hat sie zunächst ein Zurückbehaltungsrecht für die Erlöse aus der Verwertung von Wertstoffen, die sie nicht auskehren muss, wenn die Sicherheitsleistung der Höhe nach für den Rückbau der WEA nicht ausgereicht hat. So wird der „Recyclinggewinn" in der durch die Verwertung tatsächlich erzielten Höhe zur Begleichung der Rückbaukosten eingesetzt.

310 Weiterhin sehr unterschiedlich gehandhabt wird der **Inflationsausgleich**. Wie bereits dargelegt, soll die Rückbaubürgschaft den Rückbau zu Gunsten der Behörde – schließlich soll diese nicht auf den Kosten sitzen bleiben – für die Zukunft absichern. Aus diesem Grunde arbeiten viele Behörden mit einem Inflationsausgleich. In Einzelfällen ist es schon vorgekommen, dass aus ursprünglich veranschlagten Rückbaukosten in Höhe von 40.000 € durch den Inflationsausgleich 70.000 € in Anschlag gebracht wurden. Diese Vorgehensweise ist speziell unter dem Gesichtspunkt der prognostizierten Inflation durchaus nachvollziehbar. Infolgedessen, dass durch die Rückbaubürgschaft die Behörde von dem finanziellen Risiko befreit werden soll, ist dieser Ausgleich gerechtfertigt. Überdies gilt es sich an dieser Stelle noch einmal zu vergegenwärtigen, dass es sich „nur" um eine Bürgschaft handelt und das Geld nicht realiter aufgebracht werden muss.

310a Die Eintragung einer Baulast ist für die Sicherung der Rückbaukosten nicht erforderlich und auch nicht geeignet. Eine solche Rückbaubaulast ist schon der Sache nach nicht zielführend, um eine Rückbauverpflichtung sicherzustellen. Denn die Baulast bindet lediglich den Grundstückseigentümer. Dieser ist jedoch weder Genehmigungsadressat noch Eigentümer der auf seinem Grundstück gebauten WEA. Es handelt sich hierbei lediglich um einen Scheinbestandteil i. S. d. § 95 BGB. Folglich ist der Grundstückseigentümer überhaupt nicht befugt, die WEA zurückzubauen, sodass eine solche Baulast den tatsächlichen Rückbau der WEA gar nicht sicherstellen kann.

Kapitel 2: Verwaltungsverfahren und Genehmigungserfordernisse für Anlagenerrichtung und -betrieb

Übersicht

	Rn.
I. Genehmigungspflicht nach dem Bundes-Immissionsschutzgesetz und Festlegung sowie Wirkungsweise der Verfahrensart	1
1. Genehmigungspflicht	1
2. Antragsgegenstand – Anlagenabgrenzung	2
3. Verfahrensarten im Überblick	5
4. Betrachtung der unterschiedlichen Rechtswirkungen der verschiedenen Arten der Genehmigungsverfahren	10
II. Ablauf der Genehmigungsverfahren	17
1. Möglichkeiten der Verfahrensbeschleunigung	19
2. Inhalt und Umfang der Konzentrationswirkung der BImSchG-Genehmigung	20
3. Antragstellung – Antragsunterlagen	23
4. Vollständigkeitsprüfung	28
5. Behördenbeteiligung	34
a) Anhörung	35
b) Zustimmung oder Einvernehmen anderer Bewerber	36
c) Gemeindliches Einvernehmen	36
6. Informationszugang Dritter während eines Genehmigungsverfahrens	39
a) Öffentlichkeitsbeteiligung im förmlichen Verfahren	40
b) Akteneinsicht nach § 29 Verwaltungsverfahrensgesetz (VwVfG)	51
c) Akteneinsicht nach § 10a der 9. BImSchV	54
d) Informationszugang über das Umweltinformationsgesetz (UIG)	56
7. Entscheidung	62
a) Genehmigungsvoraussetzungen	63
b) Form und Struktur eines typischen Windenergieanlagen-Bescheids	68
c) Nebenbestimmungen	68a
d) Zusammenfassende Darstellung und Bewertung bei einer Umweltverträglichkeitsprüfung	76
e) Wirkung der Genehmigung	77
f) Anordnung der sofortigen Vollziehung	79
III. Umweltverträglichkeitsprüfung	90
1. Beginn des Verfahrens	95
2. Zuständige Behörde für die Feststellung der UVP-Pflicht	96
3. Feststellung der UVP-Pflicht	98
a) Schwellenwerte für die vorhabenbezogene Umweltprüfung	102
b) Bildung von Bewertungseinheiten	105
c) Räumliches Zusammenwirken	109
d) Zeitlicher Zusammenhang – Abgrenzung der gleichzeitigen Verwirklichung zum Hineinwachsen in die UVP-Pflicht	112
4. Ablauf einer UVP	125
a) Scoping	125
b) Erforderliche Unterlagen	130
c) Begriff der „erheblichen nachteiligen Umweltauswirkungen"	133
d) Unterrichtung der Behörden und Anhörung der Öffentlichkeit	138
e) Zusammenfassende Darstellung	140
f) Abschließende Bewertung	147

	Rn.
5. Ablauf einer allgemeinen Vorprüfung	151
a) Ermittlung	154
b) Bewertung	157
c) Ergebnis	161
6. Ablauf einer standortbezogenen Vorprüfung	164
7. Rechtsschutz	168
a) Allgemeines	169
b) Rechtsschutz nach dem UmwRG	173
c) Exkurs: Altruistische Verbandsklage	181
IV. Umgang mit konkurrierenden Anträgen/Prioritätsprinzip	183
1. Feststellung der Konkurrenz	185
a) Materieller Aspekt der Konkurrenz	186
b) Verfahrensseitiger Aspekt der Konkurrenz	192a
2. Lösung von Konkurrenzfällen	193
a) Prioritätsgrundsatz als Lösungsmodell	194
b) Maßgebliche Anknüpfungstatsachen für den Vorrang	196
c) Rechtsschutz	213
3. Priorität und Antragsänderungen	217
4. Folgen für den unterlegenen Konkurrenten	227
V. Bauordnungsrecht	229
1. Abstandsflächenrecht	229
2. Standsicherheit (Turbulenzabstände)	232
3. Eiswurf und Eisfall	237
4. Brandschutz	243
VI. Umgang mit Schall- und Schattenwurfemissionen	246
1. Umgang mit Schallemissionen	246
a) Regelungsqualität der TA-Lärm	247
b) Anwendung der TA-Lärm auf Windenergieanlagen	249
c) Einhaltung der Immissionsrichtwerte	250
d) Gemengelagen	254
e) Berücksichtigung der Zusatzbelastung	259
f) Untauglichkeit der Immissionswerte als Kontrollwerte	264
g) Schallimmissionsprognosen und Abnahmemessungen	265a
2. Umgang mit Schattenwurfemissionen	266

Literaturübersicht: *Agatz*, Windenergie-Handbuch, 12. Aufl. 2015; *Dahlke*, Genehmigungsverfahren von Offshore-Windenergieanlagen nach der Seeanlagenverordnung, NuR 2002, 472; *Dippel*, Das gemeindliche Einvernehmen gem. § 36 BauGB in der jüngeren Rechtsprechung – alle Fragen schon geklärt?, NVwZ 2011, 769; *Erichsen/Ehlers* (Hrsg.), Allgemeines Verwaltungsrecht, 14. Aufl. 2010; *Feldhaus* (Hrsg.), Bundesimmissionsschutzrecht, Loseblatt-Kommentar, Bd. II, 2. Aufl., Stand: 1/2014 (179. EL); *Freund*, Effektive Einwirkzeit Tw des Schattenwurfs bei Tmax = 30 h/Jahr, Ausarbeitung Institut für Physik und Allgemeine Elektrotechnik, Fachhochschule Kiel, Stand: 24.1.2001; *Jäde*, Das Ende des gemeindlichen Einvernehmens?, UPR 2011, 125; *Jarass*, Bundes-Immissionsschutzgesetz – BImSchG, Kommentar, 9. Aufl. 2012; *Klinski*, Rechtliche Probleme der Zulassung von Windkraftanlagen in der „ausschließlichen Wirtschaftszone" (AWZ), UBA-Texte 62/01, 2001; *Kopp/Ramsauer* (Hrsg.), Verwaltungsverfahrensgesetz – VwVfG, Kommentar, 14. Aufl. 2013; *Kupke/Magaard*, Neue Hürden für die Windenergie? – Die Rechtsprechung konkretisiert die Voraussetzungen für die UVP-Prüfung, ZUR 2016, 598; *Landmann/Rohmer*, Umweltrecht – UmweltR, Loseblatt-Kommentar, Stand: 9/2016 (81. EL); *Maslaton* (Hrsg.), Windenergie Rechtshandbuch, 1. Aufl. 2015; *Maslaton*, Das verwaltungsrechtliche Prioritätsprinzip bei „konkurrierenden" Genehmigungen von Windenergieanlagen als materielle Entscheidungsgrundlage?!, NVwZ 2013, 542; *Ohms*, Immissionsschutz bei Windkraftanlagen, DVBl 2003, 958; *Rolshoven*, Wer zuerst kommt, mahlt zuerst? – Zum Prioritätsprinzip bei konkurrierenden Genehmigungsanträgen: Dargestellt anhand aktueller Windkraftfälle, NVwZ 2006, 516; *Schoch/Schmidt-Aßmann/Pietzner* (Hrsg.), Verwaltungsgerichtsordung –VwGO, Loseblatt-Kommentar, Stand 3/2014 (26. EL); *Schomerus/Schrader/Wegener* (Hrsg.), Umweltinformationsgesetz – UIG, Handkommentar, 2. Aufl. 2002; *Schütte*, Die Berücksichtigung von Vorhaben Dritter im Anlagenzulassungsrecht – Anmerkungen zur praktischen Handhabung insbesondere der FFH-Verträglichkeitsuntersuchung, NuR 2008, 142; *Simon/Busse* (Hrsg.), Bayerische Bauordnung

– BayBO, Loseblatt-Kommentar, Stand: 12/3013 (114. EL); *Sittig,* Das Prioritätsprinzip im deutschen Verwaltungsrecht bei der immissionsschutzrechtlichen Genehmigung für Windenergieanlagen, 2013; *Stüer,* Handbuch des Bau- und Fachplanungsrechts, 4. Aufl. 2009; *Voßkuhle,* „Wer zuerst kommt mahlt zuerst!" Das Prioritätsprinzip als antiquierter Verteilungsmodus einer modernen Rechtsordnung, Die Verwaltung 1999 (Bd. 32), S. 21

I. Genehmigungspflicht nach dem Bundes-Immissionsschutzgesetz und Festlegung sowie Wirkungsweise der Verfahrensart

1. Genehmigungspflicht

Die Errichtung und der Betrieb jeder Windenergieanlage ab einer Gesamthöhe von mehr als 50 m unterliegt dem **Genehmigungsvorbehalt des Bundes-Immissionsschutzgesetzes.**[409] Kleinere Anlagen benötigen nur eine **Baugenehmigung** nach den Vorgaben der jeweiligen Landesbauordnung. 1

2. Antragsgegenstand – Anlagenabgrenzung

Das Genehmigungserfordernis erstreckt sich nach § 1 Abs. 2 der 4. BImSchV auf alle 2

1. *Anlagenteile und Verfahrensschritte, die zum Betrieb notwendig sind, und*
2. *auf alle Nebeneinrichtungen, die mit den Anlagenteilen und Verfahrensschritten nach Nummer 1 in einem räumlichen und betriebstechnischen Zusammenhang stehen und die für*
   a) das Entstehen schädlicher Umwelteinwirkungen,
   b) die Vorsorge gegen schädliche Umwelteinwirkungen oder
   c) das Entstehen sonstiger Gefahren, erheblicher Nachteile oder erheblicher Belästigungen
von Bedeutung sein können.

Die **Anlagenabgrenzung** ist im Zusammenhang mit der Anlagendefinition in Ziffer 1.6 des Anhangs 1 zur 4. BImSchV festzulegen.

Übertragen auf einen immissionsschutzrechtlichen Genehmigungsantrag für eine Windenergieanlage bedeutet diese rechtliche Vorgabe, dass zum Antragsgegenstand die Windenergieanlage selbst mit einer eventuell separaten Trafo- bzw. Übergabestation und den erforderlichen bauvorbereitenden Maßnahmen (schwerlastfähiger Stichweg bis zum nächsten Wirtschaftsweg, Kranstell-, Vormontage- und Lagerflächen auch für Erdaushub usw.) gehören. Nicht unter den **Anlagenbegriff** fallen der Ausbau der Zuwegung (vorhandene Wirtschaftswege) für den Schwerlastverkehr und die Kabeltrasse von der Windenergieanlage bis zum Einspeisepunkt in das öffentliche Netz[410]. Die dafür erforderlichen öffentlich-rechtlichen Zulassungen sind separat vom Vorhabenträger bei den dafür zuständigen Behörden einzuholen. Diese könnten z. B. sein: Waldumwandlungsgenehmigung (dauerhaft und temporär), Genehmigung für die Waldneuanlage als Kompensation dauerhafter Waldumwandlung, naturschutzrechtliche Eingriffsgenehmigung, Ausnahmegenehmigung von Verboten der Trinkwasserschutzgebiets-Verordnung, wasserrechtliche Befreiung bei Querung von Gewässern, straßenrechtliche Genehmigung für den Ausbau der Einmündung eines Wirtschaftswegs in eine klassifizierte Straße mit Sicherungsmaßnahmen, um die Leichtigkeit und Sicherheit des Verkehrs auf der klassifizierten Straße nicht zu gefährden. 3

Die immissionsschutzrechtliche Genehmigungsbehörde hat sich im Rahmen ihrer **Koordinationspflicht** nach § 10 Abs. 5 BImSchG über den Stand dieser parallelen Zulassungsverfahren Kenntnis zu verschaffen, auf eine Beteiligung hinzuwirken sowie frühzeitig den beabsichtigten 4

---

[409] Vgl. § 4 BImSchG i. V. m. § 1 und Ziffer 1.6 des Anhangs 1 der 4. BImSchV.
[410] Vgl. Windenergieerlass Baden-Württemberg v. 9.5.2012 – 64-4583/404, S. 23, *Hessisches Ministerium für Umwelt, Energie, Landwirtschaft und Verbraucherschutz,* Verfahrenshandbuch zum Vollzug des BImSchG: Durchführung von Genehmigungsverfahren bei Windenergieanlagen, v. 17.2.2017, Ziff. 2.1.

Inhalt der Zulassungsbescheide zu erörtern und abzustimmen.[411] Mögliche Umweltauswirkungen von Vorhaben im Sinne von § 3b Abs. 1 Nr. 2 UVPG (z. B. Waldumwandlungen (dauerhaft wie temporär) für den Windkraftstandort und für den Ausbau der Zuwegung) sind kumulativ in der UVP-Vorprüfung bzw. Umweltverträglichkeitsprüfung des Windkraftverfahrens zu betrachten.

3. Verfahrensarten im Überblick

5   Das Bundes-Immissionsschutzgesetz kennt drei verschiedene Arten von **Genehmigungsverfahren**:
- das vereinfachte Verfahren[412],
- das förmliche Verfahren[413] und
- das förmliche Verfahren, in dem eine Umweltverträglichkeitsprüfung durchgeführt wird[414].

Das **vereinfachte Verfahren** ist ein „quasi behördeninternes" Genehmigungsverfahren. Der Verfahrensaufwand ist sowohl für den Vorhabenträger als auch für die Genehmigungsbehörde am geringsten. In der Regel ist das vereinfachte Verfahren das schnellste Verfahren. Der Gesetzgeber hat der Genehmigungsbehörde eine Verfahrenssollfrist von drei Monaten ab Vollständigkeit der Antragsunterlagen vorgegeben. Nach Ablauf der Frist tritt keine Genehmigungsfiktion ein. Die Genehmigungsbehörde kann die Verfahrensfrist unter bestimmten Gründen – auch mehrfach –verlängern (§ 10 Abs. 6a BImSchG).

6   Die Verfahrensvorgaben im Rahmen des **förmlichen Verfahrens** sind anspruchsvoller. Die Öffentlichkeit wird aktiv im Verfahren von der Genehmigungsbehörde beteiligt. Dazu wird das Verfahren öffentlich bekannt gemacht, die Antragsunterlagen werden zur Einsicht ausgelegt, Dritte können Einwendungen gegen das Vorhaben vortragen und ggf. findet ein Erörterungstermin statt. Die gesetzliche Verfahrenssollfrist ist auf sieben Monate ab Vollständigkeit der Antragsunterlagen verlängert. Die Antragsunterlagen sind inhaltlich dieselben wie im vereinfachten Verfahren.

Ein Genehmigungsverfahren mit **Umweltverträglichkeitsprüfung** ist die aufwendigste Verfahrensvariante. Zusätzlich zu den Verfahrensvorgaben des förmlichen Verfahrens gelten weitere formale Anforderungen. So kann der Kreis der im Verfahren zu beteiligenden Öffentlichkeit erweitert werden. Die Antragsunterlagen werden nicht nur in der Standortgemeinde des beantragten Vorhabens ausgelegt, sondern in allen Gemeinden im Untersuchungsraum[415] des Vorhabens. Die möglichen wesentlichen Umweltauswirkungen des Vorhabens werden in einer Umweltverträglichkeitsstudie systematisch aufgearbeitet und in einer Gesamtschau bewertet. Basis dafür sind die bereits erstellten Fachgutachten.

7   Für jede genehmigungsbedürftige Anlagenart hat der Verordnungsgeber abhängig von ihrer Leistungs- bzw. Anlagengröße und ihrer möglichen nachteiligen Umweltauswirkungen die Verfahrensart festgelegt. Dazu findet man in Spalte c im Anlagenkatalog im Anhang 1 zur 4. BImSchV entweder ein „V", es steht für ein vereinfachtes Verfahren, oder ein „G" für ein förmliches Verfahren.[416]

---

[411] *Hessisches Ministerium für Umwelt, Energie, Landwirtschaft und Verbraucherschutz*, Verfahrenshandbuch zum Vollzug des BImSchG v. 06/2017, Ziff. 2.
[412] Vereinfachtes Verfahren nach § 19 BImSchG.
[413] Förmliches Verfahren nach § 10 BImSchG.
[414] *Jarass*, BImSchG, § 10 Rn. 2.
[415] Der Untersuchungsraum ist die äußerste räumliche Ausdehnung aller Einwirkungsbereiche je Schutzgut in allen Lebensphasen des Vorhabens. Die Schutzgüter orientieren sich an § 1a der 9. BImSchV. Die Ausdehnung des Einwirkungsbereichs ist davon abhängig, wie weit die möglichen Auswirkungen auf das Schutzgut noch relevant sind. Unter den Lebensphasen eines Vorhabens versteht man den Bau, den Betrieb, Störungen des bestimmungsgemäßen Betriebs und den Rückbau.
[416] Die Bezeichnung „E" für IED-Anlage in Spalte c des 1. Anhangs der 4. BImSchV ist für Windkraftanlagen nicht relevant. Auf eine weitere Erläuterung wird daher verzichtet.

Windenergieanlagen sind in Ziffer 1.6 des Anhangs 1 der 4. BImSchV genannt. Werden 20 oder mehr Windenergieanlagen innerhalb eines Bereichs von demselben Betreiber beantragt, ist ein Verfahren mit Öffentlichkeitsbeteiligung nach Ziffer 1.6.1. Anhang 1 der 4. BImSchV durchzuführen. Bei weniger als 20 Windenergieanlagen wird nach Ziffer 1.6.2 ein vereinfachtes Verfahren durchgeführt, es sei denn eine Umweltverträglichkeitsprüfung ist erforderlich (im Einzelnen: → Kap. 2 Rn. 98 ff.).

Ein Antragsteller hat die Wahl, seine Anlage statt in einem vereinfachten Verfahren in einem förmlichen Verfahren genehmigen zu lassen. Dazu sollte er mit Antragstellung nach § 4 BImSchG zusätzlich einen Antrag nach § 19 Abs. 3 BImSchG bei der Genehmigungsbehörde stellen. Ein förmliches Verfahren bietet eine Reihe von Vorteilen (→ Kap. 2 Rn. 11 ff.). 8

Das Umweltverträglichkeitsprüfungsgesetz (UVPG) hat eine verfahrenslenkende Wirkung auf ein immissionsschutzrechtliches Genehmigungsverfahren. Ist im Rahmen eines Genehmigungsverfahrens eine **Umweltverträglichkeitsprüfung** durchzuführen, hat dies stets in einem förmlichen Verfahren zu erfolgen, auch dann, wenn die Anlage im Regelfall in einem vereinfachten Verfahren zu genehmigen wäre, § 1 Abs. 2 der 9. BImSchV. Ein Antragsteller kann eine Umweltverträglichkeitsprüfung auch freiwillig beantragen. Die Umweltverträglichkeitsprüfung ist dabei ein unselbstständiger Teil des Genehmigungsverfahrens. 9

Ob für ein Vorhaben eine Umweltverträglichkeitsprüfung erforderlich ist, ergibt sich aus dem Vorhabenkatalog in Anlage 1 zum UVPG, der ähnlich dem Anlagenkatalog des Anhangs 1 der 4. BImSchV aufgebaut ist. Für Vorhaben, die der Spalte 1 (gekennzeichnet mit X) zuzuordnen sind, ist eine Umweltverträglichkeitsprüfung verpflichtend durchzuführen. Im Rahmen von Vorhaben der Spalte 2 ist entweder eine **standortbezogene Vorprüfung** des Einzelfalls (gekennzeichnet mit S) i. S. d. § 3c S. 2 UVPG oder eine **allgemeine Vorprüfung** des Einzelfalls (gekennzeichnet mit A) i. S. d. § 3c S. 1 UVPG durchzuführen. Sollte das Ergebnis einer UVP-Vorprüfung unter Berücksichtigung der beantragten Vermeidungs- und Verminderungsmaßnahmen ergeben, dass von dem Vorhaben erheblich nachteilige Umweltauswirkungen ausgehen können, ist in diesem Genehmigungsverfahren die Durchführung einer Umweltverträglichkeitsprüfung erforderlich.

Nach dem **Anlagenbegriff** in Ziffer 1.6 des Anhangs 1 zur 4. BImSchV ist für jede Windenergieanlage ein immissionsschutzrechtliches Genehmigungsverfahren durchzuführen. Der Anlagenbegriff ist betreiberbezogen definiert (§ 1 Abs. 1 S. 4 der 4. BImSchV). Nach dem anders definierten **Vorhabenbegriff** in Ziffer 1.6 Anlage 1 zum UVPG unterliegt jedoch erst eine Windfarm dem Regelungsbereich des UVPG. Eine **Windfarm** besteht aus mindestens drei Windenergieanlagen, die einander räumlich so zugeordnet sind, dass sich ihre Einwirkungsbereiche überschneiden oder wenigstens berühren.[417] Dabei spielt es keine Rolle, ob die Windenergieanlagen von mehreren Antragstellern beantragt bzw. verschiedenen Betreibern betrieben werden.

Zur Einordnung von Windenergieprojekten in das UVPG[418], Form und Inhalt einer UVP-Vorprüfung und Umweltverträglichkeitsprüfung weiter in → Kap. 2 Rn. 90 ff.

Bei Windenergieanlagenplanungen im Wald können zudem durch die Ziffer 17.2 Anlage 1 UVPG „Waldumwandlung temporärer und dauerhaft beanspruchter Flächen" und durch Ziffer 17.1. Anlage 1 UVPG „Waldneuanlage" als forstrechtliche Kompensation ab bestimmten Flächengrößen UVP-Vorprüfungen oder eine Umweltverträglichkeitsprüfung im Verfahren ausgelöst werden. Im Rahmen der erforderlichen Gesamtschau des UVPG sind die möglichen Umweltauswirkungen der weiteren Zulassungserfordernisse für z. B. Wege- und Kabelbau, also des Gesamtvorhabens, mit zu beachten.

---

[417] So *BVerwG*, Urt. v. 30.4.2004 – 4 C 9/03, Leitsatz.
[418] Folgende beispielhafte Kriterien für eine demnach gebotene Einzelfallbeurteilung könnten maßgeblich sein (*VGH München*, Urt. v. 12.1.2007 – 1 B 05.3387, *BVerwG*, Beschl. v. 8.5.2007 – 4 B 11/07): wechselseitige Verstärkung der Beeinträchtigung des Landschaftsbildes, verstärkte Hinderniswirkungen für den Vogelzug etc.

4. Betrachtung der unterschiedlichen Rechtswirkungen der verschiedenen Arten der Genehmigungsverfahren

10   Mit dem Urteil des europäischen Gerichtshofs vom 15.10.2015, C-134/14 ging für Verfahren von UVP-pflichtigen Vorhaben die wichtigste Wirkung und ein wichtiges Argument für die Beantragung eines freiwillig förmlichen Verfahrens verloren. Die sog. **materielle Präklusion** gilt in Verfahren, die dem Geltungsbereich des UVPG unterliegen, nicht mehr. Unter der materiellen Präklusion versteht man, dass Drittbetroffene die spätere Genehmigung nicht mehr mit Rechtsmitteln angreifen können, wenn die betreffenden Einwände nicht form- und fristgerecht innerhalb der Einwendungsfrist vorgetragen wurden und sie können sich bei ihrer Klage nur auf den Einwendungsinhalt beziehen. Nach der neuen Rechtslage, sie wirkt direkt, können nach dem Umwelt-Rechtsbehelfsgesetz anerkannte Umweltvereinigungen und Dritte, wenn sie die Verletzung ihrer subjektiven Rechte geltend machen können, nach der Einwendungsfrist des Genehmigungsverfahrens und nach der Erteilung der Genehmigung mit neuen, inhaltlich anderen sowie erstmals vorgetragenen Einwendungen gegen die Entscheidung vorgehen.

11, 12   Der deutsche Gesetzgeber plant in Übereinstimmung mit und zur Anpassung des deutschen Rechts an das EuGH-Urteil vom 15.10.2015, C-134/14 die **formelle Präklusion** für das Genehmigungsverfahren beizubehalten[419]. Einwendungen, die nach Ablauf der Einwendungsfrist in einem förmlichen Verfahren eingereicht werden, werden von der Ermessensentscheidung, ob ein Erörterungstermin stattfindet bzw. von der Erörterung in einem Erörterungstermin ausgeschlossen.

Einwendungen, die auf besonderen privaten Ansprüchen beruhen, werden gem. § 10 Abs. 3 S. 5 BImSchG von der Genehmigungsbehörde an die ordentlichen Gerichte verwiesen, denn im immissionsschutzrechtlichen Genehmigungsverfahren wird ausweislich des Wortlauts aus § 6 Abs. 1 BImSchG nur die Einhaltung öffentlich-rechtlicher Belange durch das beantragte Vorhaben geprüft. Der Einwender, der nicht fristgerecht seine Bedenken vorgetragen hat, verliert die Rechte eines Einwenders im Verfahren. Er kann zwar weiterhin am Erörterungstermin teilnehmen, weil die Öffentlichkeit zugelassen ist, aber er hat keinen Anspruch mehr, in einem ggf. stattfindenden Erörterungstermin seine Bedenken zu erläutern oder sich zu Wort zu melden.[420] Er wird über die Verlegung eines Erörterungstermins nicht informiert.

13   Der **Genehmigungsbescheid** eines förmlichen Verfahrens wird nicht nur dem Antragsteller, sondern auch den Einwendern, die innerhalb der Einwendungsfrist Einwendungen eingereicht haben, förmlich zugestellt. Ferner wird der Bescheid öffentlich bekannt gemacht (§ 21a S. 1 der 9. BImSchV). Einen Tag nach der Bekanntmachung wird der Genehmigungsbescheid für zwei Wochen zur Einsichtnahme ausgelegt. Nach Ablauf dieser Frist gilt der Bescheid gem. § 10 Abs. 8 BImSchG auch gegenüber Dritten, die keine Einwendungen im Einwendungszeitraum erhoben haben, als zugestellt. Die Dauer der **Rechtsmittelfrist** beträgt nach §§ 70 Abs. 1, 74 Abs. 1 S. 2 VwGO einen Monat ab Zustellung. Nach Ablauf der Rechtsmittelfrist kann der Bescheid nicht mehr angegriffen werden. Der Bescheid ist bestandskräftig.

In einem vereinfachten Verfahren wird die Genehmigung in der Regel nur dem Antragsteller zugestellt. Für ihn gilt wiederum die Monatsfrist. Für Dritte beginnt die Rechtsbehelfsfrist erst bei Bekanntwerden oder „Kennenmüssen" des Vorhabens und verlängert sich auf ein Jahr, § 58 Abs. 2 VwGO. Vor Baubeginn ist diese Kenntnis oder das „Kennenmüssen" schwer nachweisbar. Z. B. löst eine Information des Investors über das Erhalten der Genehmigung in den ortsüblichen Zeitungen die Rechtswirkung der förmlichen Zustellung durch die Genehmigungsbehörde nicht aus.

Durch die erheblich verkürzte Rechtsmittelfrist und ihr berechenbares Ende verringert sich in einem förmlichen Genehmigungsverfahren zum einen die Zeit der Unsicherheit für den Investor, ob er mit einer Klage rechnen kann und wann bzw. ob er mit der Umsetzung des Projekts beginnen soll. Zum anderen kann der Vorhabenträger – nach erfolgter Klage und bei vorhandener Anordnung der sofortigen Vollziehbarkeit der Genehmigung – das eigene Risiko mit der Umsetzung der Investition trotz Klage zu beginnen, besser einschätzen. Abhilfe schafft ein Antrag des Antragstellers nach § 21a S. 2 der 9. BImSchV. Die Entscheidung wird wie oben

---

[419] Stand der Beratung: 4/2016.
[420] Vgl. *Jarass*, BImSchG, § 10 Rn. 90.

dargestellt öffentlich bekannt gemacht, mit der Wirkung, die Rechtsmittelfrist für Dritte ab Zustellung auf einen Monat zu reduzieren.

(entfallen) 14–15

Wenn im Rahmen eines komplexen, naturschutzrechtlich kritischen und umstrittenen 16 Verfahrens eine UVP-Vorprüfung durchzuführen ist, sollte der Vorhabenträger in Betracht ziehen, freiwillig eine Umweltverträglichkeitsprüfung anstelle der UVP-Vorprüfung durchzuführen. Hintergrund für diese Empfehlung sind die Auswirkungen des sog. Trianel-Urteils des EuGH[421], des sog. Altrip-Urteils[422] und die erweiterten Rechtsmittelmöglichkeiten durch den Wegfall der materiellen Präklusion mit EuGH-Urteil vom 15.10.2015, C-134/14. Der Europäische Gerichtshof hat den anerkannten Naturschutzverbänden und Dritten, die in ihren subjektiven Rechten verletzt sein können, erweiterte Klagemöglichkeiten zugesprochen. Diese Gruppe ist berechtigt, Verstöße gegen europäisches Umweltrecht vor Gericht zu rügen.[423] Insbesondere kann auch beanstandet werden, dass eine erforderliche Umweltverträglichkeitsprüfung ausgeblieben ist, eine Umweltverträglichkeitsprüfung fehlerhaft durchgeführt wurde. Um das festzustellen zu können, vollzieht das Gericht eine sachlich-inhaltliche (materielle) Überprüfung.[424] Nach der Altrip-Entscheidung, sie wirkt wie die anderen zitierten EuGH-Entscheidungen direkt, sind zudem Verfahrensfehler bei UVP-pflichtigen Vorhaben im Hinblick auf ihre Heilungsmöglichkeiten anders zu bewerten. Es kommt bei der Frage, ob ein Rechtsbehelf gegen einen Verfahrensfehler zulässig ist, nicht darauf an, ob der Fehler Auswirkungen auf die Entscheidung hat. Anders sah das das deutsche Recht vor. Die neue rechtliche Bewertung sieht die Beweislast für eine mögliche Heilung, dass die Entscheidung ohne den geltend gemachten Verfahrensfehler nicht anders ausgefallen wäre, auf Seiten der Genehmigungsbehörde. Der deutsche Gesetzgeber plant in Übereinstimmung mit und zur Anpassung des deutschen Rechts an die o.g. EuGH-Urteile – vor allem der Entscheidung vom 15.10.2015, C-134/14 –, dass ein Ausschluss von Einwendungen möglich ist, wenn deren erstmalige Geltendmachung im Gerichtsverfahren missbräuchlich oder unredlich ist.[425]

II. Ablauf der Genehmigungsverfahren

Die Verfahrens- und Formvorschriften eines immissionsschutzrechtlichen Genehmigungs- 17 verfahrens werden ausschließlich in §§ 10, 19 BImSchG und in der 9. BImSchV geregelt. Dabei ist die **Konzentrationswirkung**, die das Genehmigungsverfahren entfaltet, von besonderer Bedeutung. Die immissionsschutzrechtliche Genehmigung schließt eine Reihe anderer, die Anlage betreffender, behördlicher Entscheidungen ein, insbesondere öffentlich-rechtliche Genehmigungen, Zulassungen, Verleihungen, Erlaubnisse und Bewilligungen (§ 13 BImSchG).

Darüber hinaus kommt der Genehmigungsbehörde eine weitere umfassende Pflicht zu. 18 Gemäß § 10 Abs. 5 BImSchG muss sie sich über erforderliche parallele Zulassungsverfahren für dasselbe Vorhaben, die nicht im Rahmen der immissionsschutzrechtlichen Genehmigung konzentriert werden können, aktiv informieren. Die **Koordinationspflicht** gilt aber auch für solche Vorhaben, die mit dem immissionsschutzrechtlichen Vorhaben in einem räumlichen oder betriebstechnischen Zusammenhang stehen. Das bedeutet, dass sich die Genehmigungsbehörde über den Stand der anderen Verfahren (z. B. für den Ausbau der Zuwegung) Kenntnis verschafft, auf eine Beteiligung hinwirkt und frühzeitig den beabsichtigten Inhalt des Genehmigungsbescheids erörtert und abstimmt.[426]

---

[421] *EuGH*, Urt. v. 12.5.2011 – C-115/09.
[422] *EuGH*, Urt. v. 7.11.2013 – C-72/12.
[423] So auch *BVerwG*, Urt. v. 29.9.2011 – 7 C 21/09.
[424] *VGH Kassel*, Beschl. v. 14.5.2011 – 9 B 1918/11, 9 B 1977/11.
[425] Stand der Beratungen: 4/2016.
[426] *Hessisches Ministerium für Umwelt, Energie, Landwirtschaft und Verbraucherschutz*, Verfahrenshandbuch zum Vollzug des BImSchG v. 06/2017, Ziff. 2.

1. Möglichkeiten der Verfahrensbeschleunigung

19 Folgende **Beschleunigungsmöglichkeiten** kann der Vorhabenträger aktiv beeinflussen:
1. **Beratungsgespräch** durch die Genehmigungsbehörde:
   Nach § 2 Abs. 2 der 9. BImSchV ist die Genehmigungsbehörde verpflichtet, einen Vorhabenplaner zu beraten, wenn dieser an die Behörde herantritt.
   Diese Möglichkeit sollte jeder Vorhabenträger nutzen. Denn prüffähige und vollständige Antragsunterlagen sowie eine gute Kommunikation mit der Genehmigungsbehörde tragen entscheidend zu einem zügigen und rechtssicheren Verfahren bei.
   In einem Beratungsgespräch sollten in der Regel folgende wesentlichen Aspekte – abhängig vom Planungs- bzw. Projektstand – besprochen und schriftlich festgehalten werden:
   - Anlagenabgrenzung bzw. Antragsgegenstand
   - Erfordernis einer UVP-Vorprüfung oder einer Umweltverträglichkeitsprüfung. Abklärung, zu welchem Zeitpunkt eine ggf. erforderliche UVP-Vorprüfung vom Vorhabenträger gewünscht wird (vorgezogen vor Antragstellung oder mit Antragstellung – vgl. § 3a UVPG).
   Bei dem Erfordernis einer Umweltverträglichkeitsprüfung, Abstimmung über den Bedarf des Vorhabenträgers oder der Genehmigungsbehörde für einen sog. Scopingtermin
   - Zuordnung des Vorhabens zu den Verfahrensarten und Diskussion von Vor- und Nachteilen einer freiwillig „höherwertigen" Verfahrensart im konkreten Einzelfall (mögliche Umweltauswirkungen des Projekts, Sensibilität des Standorts und der Nachbarschaft etc.)
   - im Falle eines förmlichen Verfahrens die Art der Veröffentlichungsform – Internet oder örtliche Tageszeitung zusätzlich zum amtlichen Veröffentlichungsblatt (§ 10 Abs. 3 S. 1 BImSchG)
   - erforderliche andere Zulassungen, die im Rahmen der Konzentrationswirkung in der immissionsschutzrechtlichen Genehmigung eingeschlossen werden (→ Kap. 2 Rn. 20 ff.)
   - erforderliche andere öffentlich-rechtliche Zulassungsverfahren, die nicht vom Anlagenumfang bzw. Antragsgegenstand des immissionsschutzrechtlichen Verfahrens erfasst werden (vgl. Anlagenabgrenzung → Kap. 2 Rn. 2 f.) und die in einem räumlichen bzw. betriebstechnischen Zusammenhang mit Errichtung und Betrieb der Windkraftanlage stehen. Erörterung, wie die möglichen kumulativen Umweltauswirkungen der nicht eingeschlossenen Zulassungsverfahren in die UVP-Vorprüfung bzw. Umweltverträglichkeitsprüfung einzubeziehen sind
   - Beschleunigung des Verfahrens durch Beantragung der Zulassung des vorzeitigen Beginns nach § 8a BImSchG
   - geltende Erlasse und Verfügungen, an die die Behörden gebunden sind
   - Inhalt (Schwerpunkte, Gutachten), Struktur und geforderte Vordrucke für den Genehmigungsantrag nach § 5 der 9. BImSchV und Anzahl der Ausfertigungen (Anzahl der Papierausfertigungen. Können Unterlagen in elektronischer Form abgegeben werden, etc.?). Erörterung, ob einzelne zeitintensive oder verzögerte Gutachten zu einem bestimmten Zeitpunkt, vielleicht auch erst kurz vor der Entscheidung nachgereicht und bis dahin Teilprüfungen durchgeführt werden können (§ 7 Abs. 1 S. 4 der 9. BImSchV).
   Festlegung von einzelnen Antragsunterlagen, deren Einzelheiten für die Beurteilung der Genehmigungsfähigkeit der Anlage nicht unmittelbar von Bedeutung sind und bis zum Beginn der Errichtung oder der Inbetriebnahme der Anlage nachgereicht werden können, eventuell denkbar unter Zustimmung der Vorhabenträgers zu einem Auflagenvorbehalt nach § 12 Abs. 2a BImSchG (→ Kap. 2 Rn. 73 f.).
   - ggf. Planung einer Antragskonferenz und/oder einer Ortsbesichtigung mit einem bestimmten Teilnehmerkreis
   - Klärung, welche Fachbehörden von der Genehmigungsbehörde voraussichtlich zu beteiligen sind (mit Ansprechpartner)
   - Abfrage von ehrenamtlichen Fachkundigen, deren Daten bei der Planung einfließen sollen (Ornithologen, Fledermauskundige von Naturschutzverbänden etc.) bzw. Un-

terstützung durch die Genehmigungsbehörde bei der Beschaffung dieser Daten, wenn Hemmnisse auftreten
- bei der Genehmigungsbehörde oder den im Verfahren zu beteiligenden Fachbehörden vorhandene Umweltinformationen, die dem Vorhabenplaner zur Verfügung gestellt werden können (§ 5 S. 5 UVPG) oder die der Vorhabenplaner nach dem Umweltinformationsgesetz beantragen kann (Grunddatenerhebungen für Natura-2000-Gebiete, FFH-Maßnahmenpläne, Gutachten aus anderen Verfahren am Standort etc.)
- Besonderheiten am Standort (fachliche Aspekte, potenzielle Gegner, Erkenntnisse aus parallelen Vorhaben etc.), zu beachtende Konkurrenzverfahren mit Prioritätensetzung, zu berücksichtigende Vorbelastungen
- Nutzung eines Planungsbüros für die Antragserarbeitung und -koordination zur Unterstützung des Vorhabenträgers
- Abgabe des Antrags im Entwurfsstadium zur schnellen Klärung offensichtlicher Mängel
- ggf. Möglichkeit eines externen Projektmanagers, der den Verfahrensbevollmächtigten der Behörde entlasten könnte und dessen Kosten von dem Vorhabenplaner übernommen werden (§ 2 Abs. 2 Nr. 5 der 9. BImSchV)
- zeitlicher Ablauf des Verfahrens

2. Unerfahrene Vorhabenträger sollten die Beauftragung eines versierten Planungsbüros für die **Erstellung der Antragsunterlagen** in Betracht ziehen. Mit der Qualität der Antragsunterlagen haben die Antragsteller einen erheblichen Einfluss auf den Verlauf des Verfahrens (Zeit, zwischenmenschliche Beziehung/Empathie). Für Behördensachbearbeiter gibt es nichts Ärgerlicheres als einen Antrag mehrmals bearbeiten zu müssen. Ein Antrag muss selbsterklärend, in sich schlüssig, widerspruchsfrei und vollständig sein. Ebenso sollte ein Vorhabenträger darauf bedacht sein, Nachforderungen zügig sowie komplett zu erarbeiten und überdies kontrollieren, dass die Antragsunterlagen in sich konsistent bleiben (also auch mögliche Auswirkungen durch Änderungen auf andere Antragsunterlagen prüfen). Die Ergänzungen sollten mit Änderungsdatum erstellt werden. Ergänzungsunterlagen sollte der Antragsteller bei der Genehmigungsbehörde einsortieren.
3. Frühzeitige Abstimmung mit Standortgemeinde und direkt betroffenen Nachbargemeinden – interkommunale Zusammenarbeit ist gerade bei der Windenergieplanung von Vorteil.
4. Akzeptanz vor Ort schaffen. Hierfür können regelmäßige Bürgerversammlungen in Abstimmung mit der Gemeinde hilfreich sein. Als besonders wertvoll hat sich die Anwesenheit von Vertretern der Genehmigungsbehörde in diesen Informationsveranstaltungen gezeigt, die als objektives Korrektiv zu einer Versachlichung der Diskussion führen können. Die frühe Öffentlichkeitsbeteiligung durch den Vorhabenträger regelt § 25 Abs. 3 VwVfG.
5. Frühzeitige **Besprechung der erforderlichen Antragsunterlagen** für die Bereiche Naturschutz und Forst. Regelmäßig werden von den Behörden naturschutzfachliche Standortuntersuchungen gefordert, die bis zu einem Jahr dauern. Je nach Ergebnis der Untersuchungen beginnt anschließend die Suche nach geeigneten Kompensations-, Kohärenzmaßnahmen etc. Die Nutzungen der Flächen und die Umsetzbarkeit der Maßnahmen sind privatrechtlich zu sichern, im Rahmen der Antragsunterlagen darzulegen und von der Genehmigungsbehörde zu genehmigen.
6. Ortsbegehung mit örtlichen ehrenamtlichen Naturschützern (z. B. Horststandorte, Thermikbereiche, Nahrungshabitate, Höhlenbäume zeigen lassen); ebenso in Absprache mit dem verantwortlichen Revierleiter und zuständiger Forstbehörde nötige Rodungs-/Waldumwandlungsbereiche festlegen.
7. Zur Beurteilung der Auswirkungen auf das Landschaftsbild oder die Umfassung von Ortschaften sind verwertbare **Visualisierungen** bei gutem Wetter (blauer Himmel, klare Sicht, keine Verschattungen im Vordergrund) zu erstellen. Die verwendete Kamera und Brennweite beim Fotografieren sind anzugeben. Die Visualisierungen sollten von Erholungsschwerpunkten und betroffenen Ortsrandlagen in Richtung Windkraftanlagen erstellt werden. Bei großen Windparks sollten Panoramaaufnahmen erstellt werden, die den gesamten Windpark ablichten. Ist die möglicherweise **erdrückende Wirkung** von

Windkraftanlagen auf Denkmalensembles und historische Ortsbilder zu prüfen, sollten Aufnahmen in der laubfreien Zeit erstellt werden, wenn Bäume die sonst sensiblen Objekte verdecken. Die Abstimmung von geschützten Sichtachsen und -richtungen sowie Fotopunkten im Vorfeld mit Denkmalbehörden ist sinnvoll. Visualisierungen sollten in DIN A5 in den Antragsunterlagen abgebildet werden.
8. Ob im Rahmen eines Genehmigungsverfahrens aufgrund des Ergebnisses einer obligatorischen **UVP-Vorprüfung** eine Umweltverträglichkeitsprüfung durchzuführen ist, beurteilt die Genehmigungsbehörde – wie es § 1a der 9. BImSchV normiert – anhand des Ausmaßes möglicher Umweltauswirkungen des Antragsgegenstands und der Sensibilität der betroffenen Umweltschutzgüter. Bei ihrer überschlägigen Prüfung hat sie die vom Vorhabenträger vorgesehenen Vermeidungs- und Verminderungsmaßnahmen, die Umweltauswirkungen offensichtlich ausschließen, zu berücksichtigen (§ 3c UVPG). Es genügt nicht, dass für eine Anlage theoretisch verschiedene Schutzeinrichtungen installiert werden könnten (angeben als Option in der technischen Beschreibung) oder der Gutachter im Landschaftspflegerischen Begleitplan mögliche **Vermeidungsmaßnahmen** aufzeigt. Vielmehr kommt es auf den Willen des Vorhabenträgers an, diese Maßnahmen auch umsetzen zu wollen, also zu beantragen. Diese Entscheidung muss eindeutig aus den Antragsunterlagen hervorgehen.
9. Abstimmung der Fahrwege der Schwerlasttransporte auf den klassifizierten Straßen und dem vorhandenen oder auszubauenden Netz der Wirtschaftswege.
10. Weitere zivilrechtliche Nutzungsverträge mit Grundstücksbesitzern/Nachbarzustimmungen über die Laufzeit der beantragten Genehmigung für die Windkraftanlagenstandorte, bauordnungsrechtliche Abstandsflächen, Zuwegung mit Ausbaubereichen für den Schwerlastverkehr, Kabeltrasse etc.
11. Antrag auf Sofortvollzug mit Genehmigungsantrag stellen (→ Kap. 2 Rn. 79 ff.).

2. Inhalt und Umfang der Konzentrationswirkung der BImSchG-Genehmigung

20   Der Prüfungsmaßstab in einem immissionsschutzrechtlichen Genehmigungsverfahren ist sehr umfassend. Die Genehmigungsvoraussetzungen hat der Gesetzgeber abschießend festgelegt. § 6 Abs. 1 Nrn. 1 und 2 BImSchG regelt, dass sowohl die Einhaltung immissionsschutzrechtlicher Belange (Nr. 1) als auch die Einhaltung sonstiger öffentlich-rechtlicher Vorschriften und der Belange des Arbeitsschutzes (Nr. 2) für Errichtung und Betrieb einer Anlage im Verfahren zu prüfen sind. Die immissionsschutzrechtliche Genehmigung wirkt folglich weit über den Geltungsbereich des Bundes-Immissionsschutzgesetzes hinaus. Mit dem Konzentrationseffekt des § 13 BImSchG und der darauf abgestimmten Verfahrensgestaltung wird das Genehmigungsprozedere wesentlich vereinfacht, vereinheitlicht und beschleunigt. Die immissionsschutzrechtliche Genehmigung schließt – wie sich aus § 13 BImSchG ergibt – die meisten **für die Errichtung und den Betrieb** eines Vorhabens zusätzlich erforderlichen behördlichen Entscheidungen ein. Das bedeutet nicht, dass die sonstigen Genehmigungsvorbehalte (vollständig) entfallen bzw. ausgeschlossen werden. Diese sonstigen Genehmigungen werden miterteilt.[427] Die Kompetenz dafür geht auf die immissionsschutzrechtliche Genehmigungsbehörde über. Im Rahmen einer immissionsschutzrechtlichen Genehmigung für eine Windkraftanlage werden üblicherweise eine Baugenehmigung, eine naturschutzrechtliche Eingriffsgenehmigung sowie je nach Standort z. B. eine Waldumwandlungsgenehmigung, eine Genehmigung für die Waldneuanlage, eine Ausnahmegenehmigung von Verboten der Trinkwasserschutzgebietsverordnung und eine Denkmalschutzgenehmigung miterteilt. Von großer Bedeutung ist auch, dass Verfahrensvorschriften der verdrängten Entscheidungen im konzentrierten Verfahren keine Anwendung finden. Es gelten nur die Formvorschriften des BImSchG und der 9. BImSchV. Ist für eine ersetzte Genehmigung, z. B. eine naturschutzrechtliche Befreiung, eine Verbandsbeteiligung im Naturschutzgesetz vorgeschrieben, gilt das

---
[427] *Jarass*, BImSchG, § 13 Rn. 1.

nicht für das immissionsschutzrechtliche Genehmigungsverfahren.[428] Die Befreiung wird ohne Verbandsbeteiligung miterteilt.

Von der **Konzentrationswirkung** werden **keine persönlichen oder gemischten Zulassungen erfasst**, bei denen es – zumindest auch – auf subjektive Aspekte (persönliche Zuverlässigkeit) des Antragstellers bzw. Betreibers ankommt. Die immissionsschutzrechtliche Genehmigung ist eine reine Sachentscheidung; sie ist anlagenbezogen. Bei einem späteren Betreiberwechsel gehen ihre Rechte und Pflichten unverändert auf den neuen Betreiber über. Daher spielt es auch keine Rolle, ob Antragsteller und späterer Betreiber identisch sind. 21

Die Konzentrationswirkung endet mit der Genehmigungserteilung. Für den Vollzug der öffentlich-rechtlichen Vorschriften sind die Behörden auf Grundlage ihrer Zuständigkeiten selbstständig verantwortlich. Sie sind auch für die **Überwachung** der Nebenbestimmungen ihres Fachrechts in der Genehmigung – auch wenn diese von der Genehmigungsbehörde für deren Fachbereich hinzugefügt oder verändert wurden – sowie für nachträgliche Anordnungen nach ihrem Fachrecht zuständig. Die Vollstreckung des Genehmigungsbescheids inkl. der Nebenbestimmungen obliegt z.B. in Hessen der Genehmigungsbehörde gemäß § 68 Hessisches Verwaltungsvollstreckungsgesetz. Sollten sich daher bei der Überwachung Sachverhalte ergeben, die eine Vollstreckung notwendig erscheinen lassen, wird die Fachbehörde die Genehmigungsbehörde informieren, die die weiteren Schritte einleiten wird. Eine Aufhebung der immissionsschutzrechtlichen Genehmigung erfolgt einheitlich nach den insoweit einschlägigen Vorschriften des § 48 VwVfG und des § 21 BImSchG durch die immissionsschutzrechtliche Genehmigungsbehörde.[429] 22

3. Antragstellung – Antragsunterlagen

Für einen immissionsschutzrechtlichen Antrag hat der Gesetzgeber formale und inhaltliche Anforderungen vorgegeben. 23

Der Genehmigungsantrag und die **Antragsunterlagen** sind in schriftlicher Form (Papierform) einzureichen. In Absprache mit der Genehmigungsbehörde können Teile der Antragsunterlagen in elektronischer Form vorgelegt werden. Erfolgt die Antragstellung in elektronischer Form (Voraussetzung: elektronische Signatur), kann die Genehmigungsbehörde Mehrfertigungen gem. § 10 Abs. 1 BImSchG als Papierfassung fordern.

Die beizufügenden Antragsunterlagen müssen für die Prüfung der Genehmigungsvoraussetzungen nach § 6 Abs. 1 Nr. 1 und 2 BImSchG genügen. Der erforderliche Inhalt des Antrags und der Antragsunterlagen wird in §§ 3, 4-4d der 9. BImSchV näher definiert. Zum Umgang mit Unterlagen, die Geschäfts- und Betriebsgeheimnisse enthalten, gibt § 10 Abs. 2 BImSchG weitere Informationen. 24

Wenn im Rahmen eines Verfahrens eine **Umweltverträglichkeitsprüfung** durchzuführen ist, sind zusätzlich Unterlagen nach § 4e der 9. BImSchV vorzulegen. Sie bestehen im Wesentlichen aus einer systematischen Beschreibung der bestehenden Umwelt, der zu erwartenden erheblichen/wesentlichen Umweltauswirkungen durch das Vorhaben auf die Schutzgüter des § 1a der 9. BImSchV inklusive einer Bewertung der möglichen Auswirkungen auf diese. Diese sog. **Umweltverträglichkeitsstudie** oder Umweltverträglichkeitsuntersuchung ist mit einer leicht – auch für einen nicht-technischen Laien – verständlichen Zusammenfassung zu ergänzen. Das Umweltverträglichkeitsprüfungsgesetz gibt keine eigenen materiellen Vorgaben an den Inhalt der Umweltverträglichkeitsstudie vor. Entscheidend sind allein die Vorgaben aus den Fachgesetzen (§ 12 2. HS UVPG), die auch in einem „normalen" Immissionsschutzverfahren darzustellen sind. Dort erfolgt die Darstellung aber oft nur medienbezogen also für ein Schutzgut oder nur für einen Auswirkungspfad. Es fehlt an der für die Umweltverträglichkeitsstudie gewollten Gesamtschau und Gesamtbewertung in einem Guss. Daher bedeutet die Durchführung einer Umweltverträglichkeitsprüfung im Vergleich zum förmlichen Verfahren ohne diese nur einen marginalen Mehraufwand (keine weiteren Gutachten). Sie erzielt keinen zusätzlichen 25

---

[428] *Jarass*, BImSchG, § 13 Rn. 18.
[429] Vgl. *Jarass*, BImSchG, § 13 Rn. 20.

Informationsgewinn und auch die materielle Prüfung der Genehmigungsbehörde wird nicht anders ausfallen als in einem Verfahren ohne Umweltverträglichkeitsprüfung. Zum einen sind – wie gesagt – die materiellen Prüfvorgaben identisch und zum anderen ist der integrative Prüfungsansatz, der dem grundsätzlichen Zweck des Bundes-Immissionsschutzgesetzes immanent ist, für die Genehmigungsbehörde bei der Durchführung jeder Verfahrensart bindend.

Auch die von Dritten bei der Durchführung einer Umweltverträglichkeitsprüfung häufig erhoffte Standortalternativenprüfung kann nur dann rechtlich gefordert werden, wenn dies das Fachrecht vorgibt. Denkbar ist das in zwei Einzelfällen: für Ausnahmeprüfungen von den Verboten des naturschutzrechtlichen Artenschutzes oder des naturschutzrechtlichen Gebietsschutzes.

Zusätzlich sind in einer Umweltverträglichkeitsstudie die vom Vorhabenträger geprüften technischen Verfahrensalternativen zum Schutz vor und zur Vorsorge gegen schädliche Umwelteinwirkungen sowie zum Schutz der Allgemeinheit und der Nachbarschaft vor sonstigen Gefahren, erheblichen Nachteilen und erheblichen Belästigungen darzustellen und die Auswahl zu begründen.

26 Nach § 5 der 9. BImSchV kann die Genehmigungsbehörde die Benutzung bestimmter Vordrucke verlangen. Ein schriftlicher, aber ohne die Verwendung der vorgeschriebenen Vordrucke eingereichter Antrag ist zunächst entgegenzunehmen. Wird er nach entsprechendem Hinweis und Aufforderung von dem Antragsteller nicht frist- und formgerecht überarbeitet, kann die Genehmigungsbehörde den Antrag ablehnen.[430] Als praktisches Beispiel für die Anforderungen an die Antragsunterlagen für einen Windkraftantrag kann auf die Vorgaben des Landes Hessen auf der Homepage des Hessischen Landesamtes für Naturschutz, Umwelt und Geologie unter http://www.hlnug.de/service/downloads.html verwiesen werden.

27 Die Genehmigungsbehörde muss den **Eingang des Antrags** unverzüglich bestätigen (§ 6 der 9. BImSchV). Im Regelfall wird dem Antragsteller mit diesem Schreiben neben dem Aktenzeichen auch der Verfahrensbevollmächtigte nach § 2 Abs. 2 Nr. 5 der 9. BImSchV, also die zuständige Projektleitung für das Genehmigungsverfahren, mitgeteilt. Der **Verfahrensbevollmächtigte** ist für die Laufzeit des Verfahrens der persönliche Ansprechpartner des Antragstellers. Er koordiniert den Verfahrensablauf auf Behördenseite und ist für die Einhaltung der gesetzlichen Frist verantwortlich. Zu seinen Aufgaben gehört die jederzeitige Kontrolle des Ablaufs auf allen Ebenen und das rechtzeitige Erkennen und Gegensteuern möglicher Störungen. Er trifft die letztendliche Entscheidung über den Antrag und ist für die Qualität des Bescheids im Sinne der Rechtssicherheit verantwortlich.

4. Vollständigkeitsprüfung

28 Die Genehmigungsbehörde hat unverzüglich, d.h. ohne schuldhaftes Zögern, innerhalb eines Monats nach Eingang des Antrags mit Antragsunterlagen über seine Vollständigkeit zu entscheiden. Im Regelfall wird sie dazu Fachbehörden, deren Aufgabenbereiche durch das geplante Vorhaben tatsächlich berührt werden, gem. § 10 Abs. 5 BImSchG beteiligen. Die Beteiligung erfolgt zur Beschleunigung des Verfahrens sternförmig (d.h. gleichzeitig). Die Genehmigungsbehörde kann in begründeten Ausnahmefällen die Regelfristvorgabe einmal um zwei Wochen verlängern. Die Verlängerung muss gegenüber dem Antragsteller nicht begründet werden.[431] Eine weitere Verlängerung ist nicht möglich.

29 Der Gesetz- bzw. Verordnungsgeber unterscheidet bei der Vollständigkeit von Antrag und Antragsunterlagen zwischen

a) der Vollständigkeit im Hinblick auf die materielle Entscheidung (§§ 7, 20 Abs. 2 der 9. BImSchV) einerseits und

b) der Vollständigkeit im Hinblick auf die Auslegung respektive öffentliche Bekanntmachung des Vorhabens (§ 10 Abs. 3 BImSchG, § 8 Abs. 1 der 9. BImSchV).

---

[430] *Kutscheid/Dietlein*, in: Landmann/Rohmer (Hrsg.), Umweltrecht, 9. BImSchV, § 5 Rn. 5.
[431] *Kutscheid/Dietlein*, in: Landmann/Rohmer (Hrsg.), Umweltrecht, 9. BImSchV, § 7 Rn. 4.

Zu a): Die Vollständigkeitsprüfung von Antrag und Antragsunterlagen i.S.v § 7 der 9. BImSchV ist eine kursorische Prüfung, ob der Anforderungskatalog, der sich aus §§ 3, 4-4e der 9. BImSchV ergibt abgearbeitet ist und eine allgemeine Schlüssigkeit der Unterlagen gegeben ist. Es geht nicht darum, festzustellen, ob die Unterlagen für die Entscheidung genügen. D. h., in der Vollständigkeitsprüfung erfolgt keine inhaltliche bzw. materielle Prüfung, also auch nicht, ob die Angaben vom Antragsteller zutreffend und richtig gemacht wurden. Die Vollständigkeit ist bereits dann zu bejahen, wenn zu allen relevanten Punkten eine Unterlage vorliegt. Nur dann, wenn den vorgelegten Unterlagen offensichtlich zu entnehmen ist, dass mit dem darin Vorgebrachten eine Anforderung nicht erfüllt werden kann, wenn also der Unterlage auf der Stirn geschrieben steht, dass sie unzureichend ist, kann man davon ausgehen, dass die Unterlage quasi nicht vorliegt, die Antragsunterlagen also noch nicht vollständig sind.[432]

Zu b): Mit Vollständigkeit von Antrag und Antragsunterlagen erfolgt im Rahmen eines förmlichen Verfahrens die öffentliche Bekanntmachung des Vorhabens. Die für die Auslegung erforderlichen Antragsunterlagen sind eine bestimmte, vom Gesetzgeber definierte Teilmenge der vollständigen Unterlagen für die materielle Prüfung. Dies wird in § 10 Abs. 1 S. 1 und 2 der 9. BImSchV geregelt. Auszulegen sind „der Antrag und die beigefügten Unterlagen (...), die Angaben über die Auswirkungen der Anlage auf die Nachbarschaft und die Allgemeinheit enthalten. Darüber hinaus sind, soweit vorhanden, die entscheidungserheblichen sonstigen der Genehmigungsbehörde vorliegenden behördlichen Unterlagen zu dem Vorhaben auszulegen, die Angaben über die Auswirkungen der Anlage auf die Nachbarschaft und die Allgemeinheit oder Empfehlungen zur Begrenzung dieser Auswirkungen enthalten." Bei einem Verfahren mit Umweltverträglichkeitsprüfung sind nach S. 4 zudem die vom Antragsteller zur Durchführung der Umweltverträglichkeitsprüfung zusätzlich beigefügten Unterlagen auszulegen.

Bei unvollständigem Antrag bzw. unvollständigen Antragsunterlagen fordert die Genehmigungsbehörde den Antragsteller auf, die Antragsunterlagen in einer angemessenen Frist zu ergänzen. Der Antragsteller sollte darauf achten, dass als Folge einer nicht fristgerechten Vorlage der geforderten Ergänzungen eine Ablehnung des Antrags eintreten kann. Dazu führt § 20 Abs. 2 der 9. BImSchV aus, dass ein Antrag abzulehnen ist, wenn der Antragsteller einer Aufforderung zur Ergänzung der Unterlagen innerhalb einer ihm gesetzten Frist, die auch im Falle ihrer Verlängerung drei Monate nicht überschreiten soll, nicht nachgekommen ist. In solchen Fällen sollte sich der Antragsteller frühzeitig mit der Genehmigungsbehörde abstimmen und einen belastbaren Zeitplan für die Vorlage der Ergänzungen beifügen (z. B. Auftragsvergabe mit Terminfestlegung des fehlenden Gutachtens, Zwischenstand der Erarbeitung), um sein Bescheidungsinteresse zu bekräftigen.

Nachforderungen im Rahmen der späteren materiellen Prüfung sind jederzeit möglich. Grundsätzlich gelten auch für Nachforderungen die verwaltungsrechtlichen Grundsätze in der Summe:
- Sie müssen zur Erreichung der gesetzlichen Vorgabe erforderlich sein. Staatliches Handeln muss einem gesetzlichen Zweck entsprechen.
- Sie müssen geeignet sein, d. h., mit dieser Nachforderung kann der gesetzliche Zweck erreicht werden.
- Sie müssen verhältnismäßig bzw. angemessen sein. Dabei geht es zum einen darum, zu hinterfragen, ob die Unterlagen noch für die Prüfung der Genehmigungsfähigkeit im Verfahren oder evtl. erst später, z. B. bei dem Beginn der Errichtung, vorgelegt werden müssen. Zum anderen geht es natürlich auch darum, ob der Inhalt der Forderung angemessen ist. Der einfachste Nachweis zur Erreichung des gesetzlichen Zwecks genügt.
- Die Nachforderung muss hinreichend bestimmt sein.

Zur weiteren Beschleunigung des Verfahrens hat der Gesetzgeber angeordnet, dass die Genehmigungsbehörde **Teilprüfungen** bereits vorliegender Unterlagen auch vor Vorliegen der vollständigen Antragsunterlagen vorzunehmen hat. Sie muss die bereits eingereichten Unterlagen im Hinblick auf die Genehmigungsvoraussetzungen prüfen, soweit diese einer

30

---

[432] *Wiegand*, Regierungspräsidium Gießen, 29.3.2016.

Prüfung bereits zugänglich sind. Die Teilprüfung bezieht sich bereits auf die sachlich-inhaltliche (materielle) Prüfung.[433]

31 Nach der Überarbeitung der Antragsunterlagen werden diese von der Genehmigungsbehörde evtl. nochmals unter Beteiligung der Fachbehörden unverzüglich geprüft und bei Bedarf wird erneut nachgefordert. Bei der Überarbeitung von Antragsunterlagen ist es zeit- und papiersparend, wenn der Antragsteller mit der jeweils nachfordernden Behörde den Entwurf der Ergänzungsunterlagen abstimmt, bevor er die kompletten Ergänzungen bei der Genehmigungsbehörde einreicht.

32 Im Rahmen der **Vollständigkeitsprüfung** hat die Genehmigungsbehörde auch über eine eventuelle **UVP-Vorprüfung** zu entscheiden. Sollte die Genehmigungsbehörde im Rahmen ihrer überschlägigen Prüfung zu dem Ergebnis kommen, dass die Durchführung einer Umweltverträglichkeitsprüfung nicht erforderlich ist, ist die Feststellung bekannt zu machen. Die Feststellung ist nach § 3a S. 2, 3 UVPG nicht selbstständig anfechtbar.

Mit Entscheidung über die UVP-Vorprüfung wird die Verfahrensart letztendlich festgelegt.

33 Die Genehmigungsbehörde hat von Amts wegen die Pflicht, den Antragsteller über die Vollständigkeit der Antragsunterlagen zu unterrichten. In diesem Zusammenhang muss sie aufgrund von § 7 Abs. 2 der 9. BImSchV auch die von ihr für die Prüfung der Genehmigungsvoraussetzungen voraussichtlich zu beteiligenden Behörden, die festgelegte Verfahrensart und den geplanten zeitlichen Ablauf der weiteren Verfahrensschritte benennen.

Ab diesem Zeitpunkt beginnt die **Verfahrensfrist** für förmliche Verfahren von sieben Monaten bzw. für vereinfachte Verfahren von drei Monaten zu laufen. Die Genehmigungsbehörde kann die Soll-Verfahrensfrist um jeweils drei Monate verlängern (auch mehrmals möglich), wenn dies wegen der Schwierigkeit der Prüfung oder aus Gründen, die dem Antragsteller zuzurechnen sind, erforderlich ist. Diese Absicht hat die Genehmigungsbehörde gem. § 10 Abs. 6a BImSchG gegenüber dem Antragsteller schriftlich zu begründen.

5. Behördenbeteiligung

34 Die Genehmigungsbehörde holt die Stellungnahmen der Behörden ein, deren Aufgabenbereich durch das Vorhaben berührt wird. Im Rahmen eines förmlichen Verfahrens hat die Beteiligung spätestens mit der öffentlichen Bekanntmachung des Vorhabens nach Vorlage der vollständigen Antragsunterlagen – § 11 der 9. BImSchV – zu erfolgen; im vereinfachten Verfahren sobald für die jeweilige stellungnehmende Behörde die Unterlagen für die Prüfung ihres Aufgabebereichs vollständig sind (vgl. § 24 S. 2 der 9. BImSchV).[434]

Welche Behörden die Genehmigungsbehörde auswählt, ist abhängig von den jeweiligen Prüfschwerpunkten und ist eine Ermessensentscheidung. Sie wird auf jeden Fall die Behörden beteiligen, die für eine nach § 13 BImSchG ersetzte Genehmigung zuständig sind.[435] In dem Verfahrenshandbuch zur Durchführung immissionsschutzrechtlicher Genehmigungsverfahren für Windenergieanlagen auf der Homepage des Hessischen Landesamtes für Naturschutz, Umwelt und Geologie unter http://www.hlnug.de/service/downloads.html werden die im Regelfall zu beteiligenden Fachbehörden im Rahmen eines Windenergiegenehmigungsverfahrens in Hessen zur Veranschaulichung aufgelistet.

Zur Beschleunigung des Genehmigungsverfahrens werden die Fachbehörden sternförmig beteiligt. Für die Abgabe ihrer Stellungnahme steht ihnen nach § 11 der 9. BImSchV eine gesetzliche Frist von einem Monat zu.

a) Anhörung

35 Die Behörden werden in der Regel von der Genehmigungsbehörde nur angehört, auch die Behörden, deren Entscheidungskompetenz durch die Konzentrationswirkung des § 13 BImSchG verdrängt wird. Die Genehmigungsbehörde ist an die Stellungnahmen der Behörden nicht

---

[433] *Kutscheid/Dietlein*, in: Landmann/Rohmer (Hrsg.), Umweltrecht, 9. BImSchV, § 7 Rn. 7.
[434] Vgl. *Kutscheid/Dietlein*, in: Landmann/Rohmer (Hrsg.), Umweltrecht, 9. BImSchV, § 11 Rn. 9.
[435] *Jarass*, BImSchG, § 10 Rn. 45.

gebunden. Sie bewertet die Stellungnahmen frei, überprüft sie auf Verhältnismäßigkeit und Widerspruchsfreiheit und kann die Stellungnahmen verwerfen bzw. sich über die Stellungnahmen hinwegsetzen, d. h., die **Prüfungs- und Entscheidungskompetenz** liegt letztendlich bei der Genehmigungsbehörde. Dabei ist sie natürlich an das materielle Recht gebunden.

b) Zustimmung oder Einvernehmen anderer Bewerber

In bestimmten Fällen ist die Erteilung der immissionsschutzrechtlichen Genehmigung von der Zustimmung oder dem **Einvernehmen** anderer Behörden abhängig. Die Fälle, in denen eine beteiligte Behörde eine eigenständige Entscheidung in Bezug auf das Vorhaben trifft, sind durch Rechtsnorm, Erlass oder in sonstiger Weise verbindlich vorgeschrieben. Die Genehmigungsbehörde ist an die (fehlende) Zustimmung bzw. das (verweigerte) Einvernehmen gebunden, soweit es keine Ausnahmeregelungen gibt. Beispiele im Bereich der Windenergie sind die behördeninterne Zustimmung nach § 14 Abs. 1 Luftverkehrsgesetz oder das gemeindliche Einvernehmen nach § 36 Abs. 1 BauGB bei Planung im Außenbereich oder im Bereich eines einfachen Bebauungsplans.

c) Gemeindliches Einvernehmen

Die Errichtung einer Windenergieanlage unterliegt als bauliche Anlage § 29 BauGB. Bei 36 Vorhaben im Bereich eines einfachen Bebauungsplans (§ 30 Abs. 3 BauGB) und im Außenbereich (§ 35 BauGB) ist das **gemeindliche Einvernehmen** gem. § 36 Abs. 1 BauGB für die Erteilung einer Windenergieanlagen-Genehmigung Voraussetzung. Das Einvernehmenserfordernis dient der Sicherung der Planungshoheit der Gemeinde. Eine Gemeinde darf ihr Einvernehmen ausschließlich aus bauplanungsrechtlichen Erwägungen verweigern. Dies ist dann der Fall, wenn die Voraussetzungen der Zulässigkeit nach § 35 BauGB nicht vorliegen.

Im Rahmen eines immissionsschutzrechtlichen Verfahrens steht der Gemeinde wie jeder 37 Fachbehörde eine Monatsfrist für die Abgabe ihrer Stellungnahme nach den Vorgaben der 9. BImSchV zu. Nach der Spezialregelung in § 36 Abs. 2 BauGB gilt nach Ablauf von zwei Monaten das gemeindliche Einvernehmen als erteilt, wenn es nicht verweigert wurde. Das Bundesverwaltungsgericht hat unter Darlegung von Sinn und Zweck des Einvernehmenserfordernisses betont, dass die Gemeinde dafür in die Lage versetzt werden muss, anhand sämtlicher erforderlicher Bauunterlagen eine eigene materiell-rechtlich Prüfung vorzunehmen.[436] Dazu gehören auch entgegenstehende Belange des Naturschutzes aus § 35 Abs. 3 S. 1 Nr. 5 BauGB.[437] Nach der Entscheidung des Bundesverwaltungsgerichts ist die Gemeinde aufgrund ihres Beteiligungsrechts im bauaufsichtlichen (analog im immissionsschutzrechtlichen) Verfahren berechtigt, ihre Entscheidung über das Einvernehmen bis zum Eingang der in bauplanungsrechtlicher Hinsicht erforderlichen Unterlagen zurückzustellen. Die zweimonatige **Einvernehmensfrist** beginnt dann mit dem vollständigen Eingang dieser Unterlagen.

Nach § 36 Abs. 2 S. 3 BauGB kann die nach Landesrecht zuständige Behörde ein rechtswidrig 38 versagtes Einvernehmen ersetzen (z. B. in Hessen die immissionsschutzrechtliche Genehmigungsbehörde aufgrund von § 22 Abs. 3 der Hessischen Verordnung zur Durchführung des Baugesetzbuches, GVBl. I 2007, 259). Der Gesetzgeber wollte mit der Regelung „kann" der für die **Ersetzung eines rechtswidrig versagten Einvernehmens** zuständigen Behörde kein Ermessen einräumen. Vielmehr handelt es sich um eine Befugnisnorm. Nur auf diese Weise erreicht die Vorschrift den vom Gesetzgeber zugedachten Zweck, einen Genehmigungsanspruch des Antragstellers durchzusetzen.[438]

In der Praxis folgt einem versagten gemeindlichen Einvernehmen eine eigene Prüfung durch die immissionsschutzrechtliche Genehmigungsbehörde evtl. unter Mithilfe verschiedener Fachbehörden (Bauaufsicht, Naturschutzbehörde etc.). Sollte die Prüfung ergeben, dass das versagte

---

[436] *BVerwG*, Urt. v. 16.9.2004 – 4 C 7/03.
[437] *OVG Berlin-Brandenburg*, Beschl. v. 29.11.2005 – 2 S 115.05; *Stüer*, Bau- und Fachplanungsrecht, Rn. 171.
[438] *BGH*, Urt. v. 16.9.2010 – III ZR 29/10 und v. 25.10.2012 – III ZR 29/12; *Dippel*, NVwZ 13/2011 (769-832), *Jäde*, UPR 4/2011 (125-130).

Einvernehmen rechtwidrig ist, wird die Gemeinde nach § 28 VwVfG angehört. Die Ersetzung des rechtswidrig versagten Einvernehmens erfolgt mit Erteilung der Genehmigung für das beantragte Vorhaben. Die Ersetzung stellt einen Verwaltungsakt dar, gegen den die Gemeinde Rechtsmittel einlegen kann. Der Genehmigungsbescheid wird der Gemeinde förmlich zugestellt. Die Rechtsbehelfsfrist beträgt wie üblich einen Monat.

6. Informationszugang Dritter während eines Genehmigungsverfahrens

39   Es gibt verschiedenen Möglichkeiten, wie die interessierte Öffentlichkeit Informationen über einen immissionsschutzrechtlichen Genehmigungsantrag mit den dazugehörigen Antragsunterlagen und über das Genehmigungsverfahren erhalten kann. Es gibt aber auch Grenzen des Informationsanspruchs und abhängig von der Verfahrensart wird die Öffentlichkeit aktiv von der Genehmigungsbehörde informiert oder der Dritte muss sich selbst darum kümmern.

a) Öffentlichkeitsbeteiligung im förmlichen Verfahren

40   In einem förmlichen Genehmigungsverfahren (mit und ohne Umweltverträglichkeitsprüfung) wird die Öffentlichkeit von der Genehmigungsbehörde aktiv im Genehmigungsverfahren beteiligt. Dieser Verfahrensschritt ist zwingend vorgegeben.

Nach vollständiger Vorlage der für die Auslegung erforderlichen Unterlagen erfolgt die **öffentliche Bekanntmachung** des Vorhabens im amtlichen Veröffentlichungsblatt der Genehmigungsbehörde und außerdem entweder im Internet auf der Homepage der Genehmigungsbehörde oder in den Tageszeitungen, die im Bereich des Standortes der Anlage verbreitet sind. Die Entscheidung, ob Internet oder Zeitung oder auch beides trifft der Vorhabenträger (z. B. als umfassenden Service bei geringeren Zusatzkosten Kurztext in den Tageszeitungen mit Verweis auf Langtext im Internet). Bei förmlichen Verfahren mit Umweltverträglichkeitsprüfung orientiert sich der Beteiligungsbereich an dem räumlichen Bereich, in dem sich das Vorhaben voraussichtlich auswirkt, dem sog. Untersuchungsraum. Dadurch kann der Beteiligungskreis über die Standortgemeinde hinausgehen, also größer werden. Der Untersuchungsraum wird von der Genehmigungsbehörde festgelegt. Die öffentliche Bekanntmachung erfolgt bei der Entscheidung für die Veröffentlichung mit der Presse in den ortsüblichen Tageszeitungen in den Gemeinden des Untersuchungsraums.

41   In der öffentlichen Bekanntmachung werden u. a. verschiedene Angaben zum beantragten Projekt, zum Antragsteller, zur Genehmigungsbehörde und zur Art des Verfahrens, zu den Stellen und Zeiten zur Einsichtnahme in die Unterlagen und für die Erhebung von Einwendungen sowie zu Ort und Zeitpunkt eines eventuellen Erörterungstermins mitgeteilt, vgl. § 10 Abs. 4 BImSchG, § 9 Abs. 1 der 9. BImSchV.

42   Gemäß § 9 Abs. 2 der 9. BImSchV soll eine Woche nach der Bekanntmachung die **Auslegung** der Unterlagen beginnen. Die Auslegung erfolgt bei der Genehmigungsbehörde und soweit erforderlich in der Nähe des Standortes des Vorhabens, üblicherweise bei der Standortgemeinde. Bei Verfahren mit Umweltverträglichkeitsprüfung sind – wie dargelegt – die Unterlagen auch in den Gemeinden des Untersuchungsraums auszulegen.

Ausgelegt wird grundsätzlich der Antrag incl. Antragsunterlagen, aber ohne Unterlagen, die **Betriebs- und Geschäftsgeheimnisse**[439] enthalten. Soweit bereits der Genehmigungsbehörde zu diesem Zeitpunkt bekannt, sind entscheidungserhebliche sonstige Unterlagen zu dem Vorhaben auszulegen, die Angaben über die Auswirkungen der Anlage auf die Nachbarschaft und die Allgemeinheit oder Empfehlungen zur Begrenzung dieser Auswirkungen enthalten (z. B. bereits vorliegende Stellungnahmen der beteiligten Behörden).

43   Zur Einsicht ist jeder berechtigt. Auf Anforderung eines Dritten ist diesem eine Kopie der Kurzbeschreibung des Vorhabens zu überlassen, § 10 der 9. BImSchV. Dritte können sich No-

---

[439] Betriebsgeheimnisse – Tatsachen, die sich auf technische Gesichtspunkte der geplanten Anlage beziehen (technisches Know-how, insbesondere auch Maßnahmen zum Sabotageschutz). Geschäftsgeheimnisse – umfassen die kaufmännische Seite eines Unternehmens, wie z. B. Erträge, Bilanzen, Umsätze, Kalkulationen, Marktstrategien und Kundenlisten.

tizen oder Abschriften von den Auslegungsunterlagen fertigen. Sie können auch gegen Gebühr Kopien dieser anfordern oder sie einfach abfotografieren.

Die **Auslegungsfrist** der Unterlagen endet nach einem Monat. Während dieser Zeit und zwei Wochen darüber hinaus kann die Öffentlichkeit – wie aus § 12 Abs. 1 der 9. BImSchV folgt – schriftlich **Einwendungen** gegenüber der Genehmigungsbehörde und der Stelle bzw. den Stellen erheben, bei denen die Unterlagen zur Einsicht ausgelegt sind bzw. waren. Zur Anpassung des deutschen Rechts an das EuGH-Urteil vom 15.10.2015, C-134/14 und dem Entgegenwirken der Rüge, die Öffentlichkeit hätte keinen ausreichenden Zeitraum für die Erhebung von Einwendungen, plant der deutsche Gesetzgeber die Einwendungsfrist um zwei Wochen zu verlängern[440]. Bei komplexen Zulassungsverfahren, in denen Unterlagen mit einem erheblichen Umfang gesichtet werden müssen, solle zudem eine weitere Verlängerungsmöglichkeit bis zu dem Zeitpunkt möglich sein, der auch den beteiligten Behörden für ihre Stellungnahme eingeräumt sei. Einwendungen, die auf besonderen privatrechtlichen Titeln beruhen, werden von der Genehmigungsbehörde an die ordentlichen Gerichte verwiesen. Einwendungen, die nach der Einwendungsfrist bei der Genehmigungsbehörde vorgelegt werden, fließen nicht mehr in die Entscheidung über einen Erörterungstermin ein oder müssen in einem Erörterungstermin nicht mehr behandelt werden (→ Kap. 2 Rn. 46). Jedoch werden diese Bedenken aufgrund des Untersuchungsgrundsatzes nach § 24 VwVfG im weiteren Verfahren berücksichtigt. Dies geschieht im Übrigen auch im vereinfachten Verfahren.

Darüber hinaus werden Stellungnahmen, Gutachten und sonstige entscheidungserhebliche Unterlagen, die Angaben über die Auswirkungen der Anlage auf die Nachbarschaft und die Allgemeinheit oder Empfehlungen zur Begrenzung dieser Auswirkungen enthalten und der Genehmigungsbehörde erst nach Beginn der Auslegung vorliegen, der interessierten Öffentlichkeit nach den Bestimmungen des Bundes und der Länder über den Zugang zu **Umweltinformationen** (**Umweltinformationsgesetz** → Kap. 2 Rn. 56 ff.) zugänglich gemacht. Eine Pflicht zur aktiven Veröffentlichung dieser Unterlagen besteht nicht.

44 Wird das Vorhaben während oder nach der Auslegung der Unterlagen verändert, so darf die Genehmigungsbehörde nur dann von einer erneuten öffentlichen Bekanntmachung und Auslegung absehen, wenn mit den Änderungen keine neuen, anderen oder weiteren nachteiligen Auswirkungen auf Dritte zu besorgen sind. Bei einem förmlichen Verfahren mit Umweltverträglichkeitsprüfung kann analog nur dann auf eine zusätzliche öffentliche Bekanntmachung und Auslegung verzichtet werden, wenn keine zusätzlichen oder anderen Auswirkungen des Vorhabens auf die Schutzgüter des § 1a der 9. BImSchV[441] zu erwarten sind. Die Einwendungen ebenso wie eine mögliche spätere Erörterung sind auf die Änderung beschränkt, § 8 Abs. 2 der 9. BImSchV.

45 Das Bundes-Immissionsschutzgesetz sieht in § 10 Abs. 6 BImSchG und § 14 Abs. 2 der 9.BImSchV vor, dass die Genehmigungsbehörde die im Rahmen der Einwendungsfrist eingereichten Einwendungen mit dem Antragsteller und den Einwendern erörtern kann. Ob ein Erörterungstermin durchgeführt wird, entscheidet die Genehmigungsbehörde nach pflichtgemäßem Ermessen.[442]

46 Der **Erörterungstermin** dient gemäß § 14 Abs. 1 S. 1 der 9. BImSchV dazu, die im Rahmen der Einwendungsfrist eingereichten Einwendungen zu erörtern, soweit dies für die Prüfung der Genehmigungsvoraussetzungen von Bedeutung sein kann. Darüber hinaus soll nach § 14 Abs. 1

---

[440] Stand der Beratung: 4/2016.
[441] Die Schutzgüter des § 1a der 9. BImSchV sind: Menschen, einschließlich der menschlichen Gesundheit, Tiere, Pflanzen und die biologische Vielfalt, Boden, Wasser, Luft, Klima und Landschaft, Kultur- und sonstige Sachgüter sowie Wechselwirkungen zwischen den vorgenannten Schutzgütern.
[442] Strittig ist, inwieweit bei einem förmlichen Verfahren mit Umweltverträglichkeitsprüfung ein Erörterungstermin auch im pflichtgemäßen Ermessen der Behörde liegt. § 4 UVPG gibt nur dann anderen Rechtsvorschriften gegenüber dem UVPG Vorrang, wenn diese die Vorgaben des UVPG mindestens identisch umsetzen. Dies ist in der 9. BImSchV nicht komplett erfolgt. Das UVPG gibt in § 9 Abs. 1 vor, dass das Öffentlichkeitsbeteiligungsverfahren nach den Anforderungen des § 73 Abs. 3 S. 1, Abs. 4 bis 7 VwVfG zu erfolgen hat. Danach ist ein Erörterungstermin ein Pflichttermin, außer es liegen keine rechtzeitig erhobenen Einwendungen vor.

S. 2 der 9. BImSchV denjenigen, die Einwendungen im Einwendungszeitraum erhoben haben, Gelegenheit gegeben werden, ihre Einwendungen zu erläutern. Die Ergänzung und Vertiefung von Einwendungen kann zur Klärung des Sachverhalts bzw. entscheidungserheblicher Aspekte beitragen, der Behörde neue Anregungen für ihre Prüfung liefern oder auch bislang unbekannte Erkenntnisse vermitteln. Darüber hinaus können Widersprüche in den Antragsunterlagen aufgeklärt und Einigungsmöglichkeiten gesucht werden. Je komplexer eine Anlage ist und je komplizierter die damit zusammenhängenden technischen Vorgänge und wissenschaftlichen Fragen sind oder wenn die örtliche Akzeptanz für die Technologie fehlt („Windkraft ja, but not in my backyard!"), desto größeres Gewicht kommt einer mündlichen Erörterung zu. Dies gilt insbesondere, wenn – wie bei Verfahren zur Genehmigung solcher Anlagen mittlerweile üblich – auch von Seiten der Einwender technisch-wissenschaftlicher Sachverstand in das Verfahren eingebracht wird. Die Erörterung von Einwendungen kann zu einer Verbreiterung der Entscheidungsbasis der Behörde beitragen.

47   Die Genehmigungsbehörde hat die genannten Zwecke in ihre Ermessensentscheidung einzubeziehen, entsprechend zu gewichten und gegen die durch das Gesetz zur Reduzierung und Beschleunigung von immissionsschutzrechtlichen Genehmigungsverfahren vom 23.10.2007[443] verfolgten Ziele abzuwägen.[444] Diese Ziele sind die Beschleunigung des förmlichen Verfahrens und die Vermeidung unnötigen Verwaltungsaufwands.

Für die Durchführung eines Erörterungstermins kann im Einzelfall der damit erzielbare Befriedungseffekt im Sinne eines Interessenausgleichs zwischen Antragsteller und Einwendern sprechen. Häufig stehen der Verwirklichung eines Projekts erhebliche Widerstände der Nachbarschaft und/oder Allgemeinheit entgegen, die durch die sachliche Erörterung von Einwendungen abgebaut werden können. Eventuell führt die Auseinandersetzung mit den Bedenken der Einwendungsführer sogar zur Rücknahme der Einwendungen im Erörterungstermin. Der so erzielte Befriedungseffekt dürfte aus der Sicht des Betreibers höher zu gewichten sein als die mit dem Wegfall des Erörterungstermins angestrebte Verfahrensbeschleunigung.

Der Wunsch des Antragstellers, einen Erörterungstermin durchzuführen, ist vor diesem Hintergrund bei der behördlichen Ermessensentscheidung entsprechend zu würdigen.

Sind Gutachten von der Behörde eingeholt oder von dem Antragsteller nachgereicht worden, so besteht seitens der Einwender, die im Rahmen der Einwendungsfrist Einwendungen vorgetragen haben, ein gewichtiges Interesse daran, diese kennenzulernen. Dieses wird sich in der Regel mit dem Interesse des Betreibers decken, durch die Mitteilung von für ihn günstigen Ergebnissen solcher Gutachten Widerstände gegen Vorhaben abzubauen.

48   Der Erörterungstermin findet jedenfalls dann nicht statt, wenn die im Rahmen der Einwendefrist erhobenen Einwendungen nach Einschätzung der Genehmigungsbehörde keiner Erörterung bedürfen (§ 16 Nr. 4 der 9. BImSchV). Dies wird in der Kommentarliteratur z. B. dann bejaht, wenn
- die den Einwendungen zugrundeliegenden Tatsachen unstreitig sind,
- die Gründe für die Einwendungen der Behörde bereits bekannt sind und es insoweit einer Wiederholung im Rahmen eines Erörterungstermins nicht bedarf oder
- wenn nach dem Inhalt der schriftlichen Einwendungen in einem Erörterungstermin kein auf die konkrete Anlage bezogenes Vorbringen, sondern nur allgemeine Ausführungen zu allgemeinen Problemen zu erwarten wären.[445]

49   Der Wegfall eines Erörterungstermins ist gem. § 12 Abs. 1 der 9. BImSchV öffentlich bekannt zu machen und der Antragsteller gem. § 16 Abs. 2 der 9. BImSchV hierüber zu unterrichten. Ansonsten sind dem Antragsteller und den betroffenen Fachbehörden die Einwendungen zur Vorbereitung des Erörterungstermins bekanntzugeben.

---

[443] BGBl. I 2007, S. 2470.
[444] *Hessisches Ministerium für Umwelt, Energie, Landwirtschaft und Verbraucherschutz*, Verfahrenshandbuch zum Vollzug des BImSchG v. 06/2017, Ziff. 4.2.5.3.
[445] *Hessisches Ministerium für Umwelt, Energie, Landwirtschaft und Verbraucherschutz*, Verfahrenshandbuch zum Vollzug des BImSchG v. 06/2017, Ziff. 4.2.5.3.

Der Erörterungstermin ist im Regelfall öffentlich. Er endet, wenn sein Zweck erreicht ist. 50
Dies entscheidet der **Verhandlungsleiter**, den laut § 18 der 9. BImSchV die Genehmigungsbehörde stellt. In dem Termin werden von der Genehmigungsbehörde keine Entscheidungen getroffen. Eine Abschrift der Niederschrift des Erörterungstermins erhält gem. § 19 der 9. BImSchV der Antragsteller und auf Anforderung die Einwender, die Einwendungen im Rahmen der Einwendefrist erhoben haben.

b) Akteneinsicht nach § 29 Verwaltungsverfahrensgesetz (VwVfG)

Im vereinfachten Genehmigungsverfahren ist der Personenkreis, der sich über das Genehmigungsverfahren informieren kann, stark eingeschränkt. Üblicherweise ist die Grundvoraussetzung, dass diese Personen die Verletzung drittschützender Rechte geltend machen können, d. h., sie sind Nachbarn und befinden sich in den Einwirkungsbereichen für Lärm-, Schattenwurfimmissionen oder der optisch bedrängenden Wirkung der beantragten Windkraftanlage. Eine Möglichkeit kann die Einsicht in die behördlichen Akten im Sinne des § 29 VwVfG sein. Einen **Anspruch auf Akteneinsicht** haben nur **Beteiligte** im Sinne von § 13 Abs. 1, 2 VwVfG. Beteiligte sind 51

- Antragsteller und Antragsgegner,
- diejenigen, an die die Behörde den Bescheid richten will oder gerichtet hat (also auch Einwender im förmlichen Verfahren),
- diejenigen, mit denen die Behörde einen öffentlich-rechtlichen Vertrag schließen will oder geschlossen hat,
- diejenigen, die von der Behörde zu dem Verfahren hinzugezogen worden sind. Hierunter sind diejenigen zu subsumieren, die die Behörde von Amts wegen oder auf Antrag zum Verfahren hinzugezogen hat, wenn deren rechtliche Interessen durch den Ausgang des Verfahrens berührt werden können (Beigeladene).

Die Akteneinsicht ist zu beantragen. Die Einsicht ist für die Beteiligten auf die Akten(teile) beschränkt, soweit diese Unterlagen für die Geltendmachung oder Verteidigung ihrer rechtlichen Interessen erforderlich sind. Falls das für die Behörde nicht unmittelbar erkennbar ist, muss es substanziiert dargelegt werden.[446] 52

Akteneinsicht bedeutet in diesem rechtlichen Zusammenhang Einsicht in die von der Behörde geführten Akten, soweit sie das Verfahren betreffen und in die Entscheidung der Genehmigungsbehörde einfließen (Schriftsätze, Aktenvermerke, Gutachten, Prüfungsaufgaben, Stellungnahmen, Fotos, Karten, Videobänder, Vorakten, die zu dem aktuell beantragten Verfahren hinführen etc.[447]). 53

Abs. 1 S. 2 und Abs. 2 in § 29 VwVfG regeln einzelne Ausnahmetatbestände, die eine Akteneinsicht ausschließen. Darunter fallen z. B. Entscheidungsentwürfe und Vorarbeiten zu Entscheidungen. Dadurch soll verhindert werden, dass durch die Einsicht in Entwürfe, deren Bedeutung für das Verfahren die Beteiligten oft nicht beurteilen können, Verwirrung und Missverständnisse entstehen, die das Verfahren belasten, ohne die Klärung von entscheidungserheblichen Fragen zu fördern. Die Ausnahme gilt nur für den Zeitraum bis zum Abschluss des Verwaltungsverfahrens, d. h. bis zum Eintritt der Unanfechtbarkeit der Entscheidung.[448]

Die Akteneinsicht in schützenswerte personenbezogene Daten, Unterlagen, die Betriebs- und Geschäftsgeheimnisse enthalten oder dem Urheberrechtsschutz unterliegen, ist ebenfalls nicht zulässig.

c) Akteneinsicht nach § 10a der 9. BImSchV

In einem förmlichen Verfahren besteht zusätzlich die Möglichkeit der **Akteneinsicht** im Sinne des § 10a i. V. m. § 24 der 9. BImSchV. Sie bezieht sich auf die Einsichtnahme in die nicht ausgelegten Unterlagen und sonstigen Verfahrensakten während des Auslegungszeitraums 54

---

[446] *Kopp*, in: Kopp/Ramsauer (Hrsg.), VwVfG, § 29 Rn. 7.
[447] *Kopp*, in: Kopp/Ramsauer (Hrsg.), VwVfG, § 29 Rn. 5, 6.
[448] *Kopp*, in: Kopp/Ramsauer (Hrsg.), VwVfG, § 29 Rn. 16-18.

sowie in alle Unterlagen und Akten außerhalb des Auslegungszeitraums. Die Vorschrift gilt ausschließlich für die Akteneinsicht durch „Dritte". Die Akteneinsicht durch Beteiligte i. S. d. § 13 VwVfG wird wie oben beschrieben ausschließlich nach § 29 VwVfG bestimmt. „Dritte" sind hier auch die Personen, die sich durch Einsichtnahme in die ausgelegten Unterlagen am Verfahren beteiligt haben. Die Idee ist, dass sich diese und ihr vertretender Rechtsbeistand die Unterlagen nochmals ansehen können, um sich auf den Erörterungstermin besser vorbereiten zu können. Daher ist es für diese Personen entscheidend, sich in die bei der Auslegungsstelle befindliche Liste als Einsichtnehmende einzutragen. Ohne diesen Nachweis haben sie keinen Anspruch auf Akteneinsicht.

Die Akteneinsicht Dritter steht – anders als nach § 29 VwVfG – im Ermessen der Behörde.[449] Wer allerdings weder **Nachbar** der geplanten Anlage noch Einwender im Rahmen der Einwendefrist ist, wird in der Regel kein rechtlich beachtliches Interesse an der Akteneinsicht haben. Das gilt insbesondere für **Konkurrenten** des zukünftigen Anlagenbetreibers, da das Genehmigungsverfahren nicht dem Konkurrentenschutz dient.[450]

Die Ausschlussgründe für eine Akteneinsicht des § 29 VwVfG gelten analog.

55   Die Anwendungsbereiche des § 29 VwVfG und des § 10a der 9. BImSchV überlappen sich mit dem Regelungsbereich des Umweltinformationsgesetzes, soweit es sich um relevante Umweltinformationen in den Antragsunterlagen und Verfahrensakten handelt (→ Kap. 2 Rn. 56 ff.).

d) Informationszugang über das Umweltinformationsgesetz (UIG)

56   Das Europarecht will, dass die Öffentlichkeit einen breiten Zugang zu **Umweltinformationen** hat. Das **Umweltinformationsgesetz** und die Länderregelungen setzen die europarechtlichen Vorgaben um. Sie regeln, dass jede Person grundsätzlich einen freien Zugang zu Umweltinformationen haben soll. Versagende Gründe, warum die Person keine Unterlagen einsehen darf, sind nach der Rechtsprechung des europäischen Gerichtshofs sehr eng auszulegen. Dieser Aspekt hat vor allem im vereinfachten Genehmigungsverfahren erhebliche Bedeutung.

57   Analog wie in Abs. 1 S. 2 und Abs. 2 in § 29 VwVfG werden z. B. Entscheidungsentwürfe und Vorarbeiten zu Entscheidungen, auch unvollständige Fachgutachten der Antragsunterlagen von der Akteneinsicht ausgenommen. Von der Beschränkung sind nach § 8 Abs. 1 UIG auch schützenswerte personenbezogene Daten, Betriebs- und Geschäftsgeheimnisse und Unterlagen, die dem Urheberrecht unterliegen, betroffen. Vorsichtshalber bzw. bei Unsicherheiten ist es ratsam für die Genehmigungsbehörde, den Antragsteller vor Herausgabe von letzteren Informationen nach § 28 VwVfG anzuhören und ihm Gelegenheit zur Stellungnahme zu geben. Sollte der Antragsteller das Einsichtsgesuch verweigern, wird die Genehmigungsbehörde ihre Entscheidung dem Antragsteller mit Rechtsmittel versehen, zustellen.

58   In der täglichen Praxis wird immer wieder diskutiert, ob **Fachgutachten** in den Antragsunterlagen urheberrechtlich geschützt sind. Nach Meinung der Verfasserin ist dies zu verneinen. Vom **Urheberrecht** geschützt sind bestimmte kulturelle Werke – persönliche geistige Schöpfungen, die individuelle Züge aufweisen (z. B. ein Gedicht von Goethe). Nicht von einem Menschen geprägt, auch wenn ihre Darstellung große Mühe verlangt, sind dagegen schablonenhaft abgebildete Erkenntnisse aus der Naturbetrachtung oder Wissenschaft und Technik.[451] Vor allem liegt dann keine individuell geprägte Schöpfung vor, wenn sich dem Autor kein Spielraum ergibt, etwa bei Fachgutachten, die nach einer vorgegebenen Methodik (z. B. LAI-Vorgaben[452] zum Schattenwurf, TA Lärm) angefertigt werden. Jeder andere Fachgutachter sollte für das gleiche Vorhaben (idealerweise) zu den gleichen Ergebnissen kommen, d. h. individuelle Züge wären hier sogar unangebracht. Keine geschützten Werke sind daher Antragsunterlagen für

---

[449] *Czajka*, in: Feldhaus (Hrsg.), Bundesimmissionsschutzrecht, 9. BImSchV, § 10a Rn. 4-9.
[450] *Kutscheid/Dietlein*, in: Landmann/Rohmer (Hrsg.), Umweltrecht, 9. BImSchV, § 10a Rn. 5.
[451] *Schrader*, in: Schomerus/Schrader/Wegener (Hrsg.), UIG, § 8 Rn. 15.
[452] LAI = Länderarbeitsgemeinschaft Immissionsschutz. Ein Gremium auf Bundesebene, das bestimmte Fragestellungen und unbestimmte Rechtsbegriffe aus dem Bereich des Bundes-Immissionsschutzrechts einheitlich auslegt. Die Auslegungen werden von den zuständigen Behörden als antizipierte Gutachten beachtet.

Genehmigungsverfahren, wie etwa Ausbreitungsrechnungen oder andere nach §§ 4 bis 4e, 5 der 9. BImSchV in Inhalt und Darstellung vorgeschriebenen Antragsunterlagen. Nicht die Qualität eines Werks erreichen ferner Messwertlisten, Funddaten von Tier- und Pflanzenarten, Fotos zur Dokumentation, etc.[453] Die immissionsschutzfachlichen und naturschutzfachlichen Gutachten fallen genau in die genannten Kategorien und stellen daher keine geschützten Werke dar. Ausnahmen bilden vom Antragsteller oder seinen Gutachtern erstellte Karten (Ausnahme amtliche Karten) und Lichtbildwerke, welche gemäß § 2 Abs. 1 Nrn. 5 und 7 Urheberrechtsgesetz (UrhG) einen eigenständigen Schutz genießen. Jedoch ist selbst bei urheberrechtlich geschützten Werken die Akteneinsicht möglich, nicht aber die Vervielfältigung.

Die Folge daraus ist, dass ein möglicher Konkurrent umweltrelevante Gutachten anfragen kann und erhalten wird. Das verstimmt verständlicherweise den Antragsteller, da er für die Erstellung der umweltrelevanten Gutachten Zeit und Geld investiert hat. **59**

Ähnliches geschieht in einem UVP-pflichtigen Vorhaben von Amts wegen. Die Genehmigungsbehörde ist nach § 5 S. 5 UVPG verpflichtet, im Rahmen der Beratung eines UVP-pflichtigen Vorhabens alle ihr vorliegenden hilfreichen umweltrelevanten Unterlagen aktiv einem Antragsteller zur Verfügung zu stellen, also ihn zu unterstützen, um zum bestmöglichen Ergebnis für die Umweltfolgenabschätzung beizutragen; folglich auch dem möglichen Konkurrenten, wenn er als potenzieller Antragsteller im gleichen Gebiet auftritt. Er wird im Regelfall jedoch noch die Summation der möglichen Auswirkungen seines geplanten Vorhabens mit den Auswirkungen des Projekts des Vorgängers betrachten und ausarbeiten müssen. **60**

Um umweltrelevante Informationen zu erhalten, muss ein Interessent einen Antrag bei der Genehmigungsbehörde stellen. Er sollte detailliert darlegen, was er einsehen und in welcher Form er die Information erhalten will (z. B. Kopien, Akteneinsicht). Er muss kein rechtliches Interesse an der Einsichtnahme belegen. Die Bearbeitungsfrist der Behörde beträgt in der Regel einen Monat ab Antragseingang. Eine Verlängerung auf zwei Monate ist zulässig, wenn es sich um umfangreiche oder komplexe Informationen handelt. Der Antrag ist je nach Aufwand kostenpflichtig. Die Behörde kann bei einem hohen Verwaltungsaufwand auch eine einfachere Form des Zugangs vorschlagen (z. B. bei vorliegenden digitalen Unterlagen, Zugang über eine Email statt Kopien, Abfotografieren der Unterlagen durch Interessent in der Behörde). **61**

7. Entscheidung

Der Antrag ist entscheidungsreif, wenn alle für seine Beurteilung bedeutsamen Umstände ermittelt (s. hierzu Genehmigungsvoraussetzungen → Kap. 2 Rn. 63 ff.) und wenn alle vorgeschriebenen Verfahrensschritte absolviert worden sind. Im förmlichen Verfahren ist der letzte Verfahrensschritt ein Erörterungstermin oder wenn dieser entfallen ist, die abgelaufene Einwendungsfrist[454]; beim vereinfachten Verfahren ist dieser Zeitpunkt nach dem Ablauf der Monatsfrist für die Stellungnahmen der beteiligten Behörden erreicht und bei Notwendigkeit des erteilten gemeindlichen Einvernehmens spätestens nach Ablauf der Zweimonatsfrist nach § 36 Abs. 2 BauGB. Die Genehmigungsbehörde hat danach gem. § 10 Abs. 6a BImSchG i. V. m. § 20 Abs. 1 der 9. BImSchV unverzüglich über den Antrag zu entscheiden. Insgesamt sollen die gesetzlichen Verfahrensfristen von drei Monaten beim vereinfachten bzw. sieben Monaten beim förmlichen Verfahren (mit und ohne Umweltverträglichkeitsprüfung) ab Vollständigkeit der Unterlagen eingehalten werden. Die Genehmigungsbehörde kann diese Soll-Verfahrensfristen um jeweils drei Monate verlängern (auch mehrmals möglich), wenn dies wegen der Schwierigkeit der Prüfung oder aus Gründen, die dem Antragsteller zuzurechnen sind, erforderlich ist. Diese Absicht hat die Genehmigungsbehörde gegenüber dem Antragsteller schriftlich zu begründen (§ 10 Abs. 6a BImSchG). Wird die **Verfahrensfrist** nicht eingehalten, darf mit der Errichtung oder dem Betrieb der beantragten Anlage nicht begonnen werden. Ein Fristablauf ist nicht gleichbedeutend mit dem Eintritt einer Genehmigungsfiktion. **62**

---

[453] *Schrader*, in: Schomerus/Schrader/Wegener (Hrsg.), UIG, § 8 Rn. 15.
[454] Vgl. *Czajka*, in: Feldhaus (Hrsg.), Bundesimmissionsschutzrecht, 9. BImSchV, § 20 Rn. 9.

a) Genehmigungsvoraussetzungen

63 Die immissionsschutzrechtliche Genehmigung ist eine **gebundene Entscheidung**, keine Ermessensentscheidung.[455] Das heißt, wenn die vom Gesetzgeber abschließend vorgegebenen **Genehmigungsvoraussetzungen** dem Vorhaben nicht entgegenstehen, muss die Genehmigung erteilt werden. Der Antragsteller hat in diesem Fall einen Anspruch auf Genehmigung. Die Genehmigungsvoraussetzungen ergeben sich aus § 6 Abs. 1 BImSchG.

64 Danach ist die Genehmigung zu erteilen, wenn
1. sichergestellt ist, dass die speziellen Bestimmungen des Bundes-Immissionsschutzgesetzes der §§ 5 und 7 erfüllt werden, und
2. andere öffentlich-rechtliche Vorschriften und Belange des Arbeitsschutzes der Errichtung und dem Betrieb der Anlage nicht entgegenstehen.

Der umfangreiche anlagenbezogene Prüfungsmaßstab des Verfahrens orientiert sich also an allen öffentlich-rechtlichen Vorschriften. Privatrechtliche Vorgaben werden nicht berücksichtigt.

65 Um die Genehmigungsvoraussetzungen sicherzustellen, kann die Genehmigung nach § 12 Abs. 1 S. 1 BImSchG unter Bedingungen erteilt und mit Auflagen verbunden werden (→ Kap. 2 Rn. 68 a ff.).

66 Sind für die Errichtung und den Betrieb der beantragten Anlage weitere behördliche Entscheidungen nötig, die nicht unter die Konzentrationsregel des § 13 BImSchG fallen (z. B. wasserrechtliche Erlaubnisse und Bewilligungen) und parallel geprüft werden müssen, können diese weitere Genehmigungsvoraussetzungen darstellen. Im Rahmen ihrer **Koordinierungspflicht** nach § 10 Abs. 5 BImSchG wird sich die Genehmigungsbehörde über den Verlauf dieser Verfahren informieren und die Nebenbestimmungen abgleichen. Je nach Verlauf dieser Parallelverfahren kann es sein, dass die Erteilung der immissionsschutzrechtliche Genehmigung so lange auszusetzen ist, bis die Parallelentscheidungen erteilt wurden oder sicher erkennbar ist, dass ihnen Genehmigungen nicht entgegenstehen.

67 Sobald im Rahmen des Verfahrens für die immissionsschutzrechtliche Genehmigungsbehörde erkennbar ist, dass die Genehmigungsvoraussetzungen nicht vorliegen werden (es genügt schon eine) und ihre Erfüllung durch **Nebenbestimmungen** nicht sichergestellt werden kann, ist der Antrag abzulehnen, vgl. § 20 Abs. 2 S. 1 der 9. BImSchV. Dabei ist es unerheblich, in welchem Stadium sich das Verfahren befindet.

b) Form und Struktur eines typischen Windenergieanlagen-Bescheids

68 Die Entscheidung ist von der Genehmigungsbehörde laut § 10 Abs. 7 S. 1 BImSchG schriftlich zu erlassen und schriftlich zu begründen. Der Gesetzgeber hat in § 21 der 9. BImSchV die Mindestvorgaben an den Inhalt eines Genehmigungsbescheids festgelegt.

Ein **Genehmigungsbescheid** ist in mehrere Bereiche aufgeteilt:
1. Tenor = Hauptregelung, was wird genehmigt (und Kostenentscheidung – vielfach separat, dann nur Kostengrundentscheidung),
2. ggf. Anordnung der sofortigen Vollziehung,
3. ggf. Aufführung der eingeschlossenen Genehmigungen nach § 13 BImSchG,
4. ggf. Auflistung der der Entscheidung zugrunde liegenden Antragsunterlagen (auch als Anlage zum Bescheid),
5. Nebenbestimmungen nach § 12 BImSchG,
6. Hinweise (auch als Anlage zum Bescheid),
7. Begründung,
8. Rechtsbehelfsbelehrung,
9. ein Satz der zugrunde liegenden Antragsunterlagen als Anlage.

---

[455] Die immissionsschutzrechtliche Genehmigung enthält aber Ermessenselemente, soweit sie aufgrund der Konzentrationswirkung des § 13 BImSchG i. V. m. § 6 Abs. 1 Nr. 2 BImSchG Entscheidungen einschließt, die im behördlichen Ermessen stehen, etwa die baurechtlichen Ausnahmen und Befreiungen. Eine generelle Abwägung wird dadurch aber nicht eröffnet (*Jarass*, BImSchG, § 6 Rn. 44).

c) Nebenbestimmungen

Das Bundes-Immissionsschutzgesetz gibt abschließend vor, welche Arten von **Neben-** 68a
bestimmungen in einem Bescheid aufgenommen werden dürfen und schränkt somit die
größere Breite des § 36 Abs. 2 VwVfG ein. Danach kann eine immissionsschutzrechtliche
Genehmigung – wie aus § 12 Abs. 1 S. 1 BImSchG folgt – unter Bedingungen erteilt und mit
Auflagen verbunden werden, soweit dies erforderlich ist, um die Erfüllung der Genehmigungsvoraussetzungen sicherzustellen. Die Genehmigung kann befristet erteilt werden, aber
nur wenn dies beantragt wurde, vgl. § 12 Abs. 2 S. 1 BImSchG. Ein Widerrufsvorbehalt ist für
eine Windenergieanlagen-Genehmigung nicht zulässig – § 12 Abs. 2 S. 2 BImSchG – und unter
bestimmten Voraussetzungen kann ein Auflagenvorbehalt nach § 12 Abs. 2a BImSchG in den
Bescheid aufgenommen werden.

aa) Nebenbestimmungen sind in ihrer Art und Wirkung zu unterscheiden. Eine *Bedin-* 69
gung ist eine Bestimmung, die vom Eintritt eines zukünftigen ungewissen Ereignisses abhängig
macht, ob die Genehmigung wirksam wird (*aufschiebende* Bedingung) oder ihre Wirksamkeit
verliert (*auflösende* Bedingung). Dies kann die gestattende Wirkung der Genehmigung im
Ganzen oder in Teilen betreffen.[456] Eine aufschiebende Bedingung liegt z. B. vor, wenn der
Baubeginn der genehmigten Windkraftanlage erst nach Vorlage einer Sicherheitsleistung bei
der Genehmigungsbehörde erfolgen darf.

Eine *(echte) Auflage* ist eine Nebenbestimmung, durch die dem Genehmigungsinhaber ein 70
selbstständiges Tun, Dulden oder Unterlassen vorgeschrieben wird, deren Einhaltung also für
den Bestand und die Wirksamkeit der Genehmigung ohne unmittelbare Bedeutung ist. Sie
enthält regelmäßig Nebenpflichten zu Errichtung und Betrieb der Anlage.[457]

Eine *„modifizierende Auflage"* oder **Inhaltsbestimmung** fügt der Genehmigung keine zusätz- 71
liche Pflicht hinzu, sondern spezifiziert den Genehmigungsgegenstand, auch in Abweichung
vom Genehmigungsantrag. Anders ausgedrückt: Es handelt sich um Regelungselemente, die
das zugelassene Handeln des Betreibers räumlich und sachlich bestimmen und damit ihren
Gegenstand und Umfang festlegen. Eine Inhaltsbestimmung ist z. B., wenn eine abweichende
Ausführung der Anlage verlangt wird und die notwendigen Maßnahmen nicht abschließend
bestimmt werden. In diesem Fall muss der Vorhabenträger die notwendigen Änderungen
durch Einreichen entsprechender Antragsunterlagen nachträglich zur Genehmigung stellen;
die Entscheidung darüber ergänzt die ursprüngliche Genehmigungsentscheidung. Ein anderes
Beispiel ist die Festschreibung bestimmter Lärmimmissionsrichtwerte an bestimmten Immissionspunkten.[458]

Die Nicht-Beachtung von Bedingungen und „modifizierten Auflagen" kommt (zumindest 72
teilweise) einer Errichtung der Anlage in unerlaubter Art und Weise oder einem unerlaubten
Betrieb gleich. Anders ist es bei einem Verstoß gegen eine „echte Auflage".

Kommt der Genehmigungsinhaber einer Auflage nicht nach, macht dies eine (teilweise)
Untersagung (Baustopp) i. S. v. § 20 Abs. 1 BImSchG durch die Genehmigungsbehörde bis zur
Erfüllung der Auflagen möglich, ebenso eine Anordnung nach § 17 Abs. 1 BImSchG. Zudem
liegt eine Ordnungswidrigkeit i. S. d. § 62 Abs. 1 Nr. 3 BImSchG vor. Auch die Durchsetzung
der Anforderungen im Wege des Verwaltungszwangs ist möglich.

Hinzuweisen ist in diesem Zusammenhang darauf, dass Bußgeldverfahren mit einer bestimmten Bußgeldhöhe (zzt. ab 200,- €) zu einem Eintrag in das Gewerbezentralregister führen.
Dies kann Auswirkungen z. B. bei Ausschreibungen haben, wenn der Auftraggeber einen entsprechenden Auszug anfragt, um sich ein Bild über die Zuverlässigkeit des Anlagenbetreibers
zu verschaffen. In einem immissionsschutzrechtlichen Ordnungswidrigkeitenverfahren wird
der Betrag von 200,- € üblicherweise erreicht bzw. überschritten (vgl. § 62 Abs. 3 BImSchG).

Strenger wird ein **unerlaubter Betrieb** geahndet. Dafür sieht der Gesetzgeber vor, dass die
Behörde eine (teilweise) Stilllegung oder Beseitigung der Anlage gem. § 20 Abs. 2 BImSchG

---

[456] *Jarass*, BImSchG, § 12 Rn. 7.
[457] *Jarass*, BImSchG, § 12 Rn. 4.
[458] *Jarass*, BImSchG, § 12 Rn. 5, 6.

anordnen *soll*. Ebenfalls können die Instrumente der nachträglichen Anordnung und des Verwaltungszwangs zur Anwendung kommen. Bedeutend aber ist, dass es sich um eine Straftat i. S. d. § 327 Abs. 2 Strafgesetzbuch (StGB) handelt.

73 Ein **Auflagenvorbehalt** kann für den Antragsteller zu einer Beschleunigung des Verfahrens führen. Der Genehmigungsbehörde bietet er eine Ermächtigungsgrundlage für den Erlass nachträglicher Auflagen nach Genehmigungserteilung. Ein Auflagenvorbehalt muss bereits hinreichend bestimmt sein, sodass der Antragsteller erkennen und abschätzen kann, welche Einschränkungen auf ihn zukommen können und ob er unter diesen möglicherweise zu erwartenden Auflagen die Investition trotzdem tätigen will (also keine black box). Ein Auflagenvorbehalt ist nur möglich, wenn im Verfahren sicher ist, dass die Genehmigungsvoraussetzung, die mit der späteren Unterlage belegt wird, zum Zeitpunkt der Entscheidung über den Antrag gegeben ist. Der Auflagenvorbehalt kann auch nur mit Einverständnis des Antragstellers in den Bescheid aufgenommen werden.

74 Beispiel:
- Fehlender **Standsicherheitsnachweis** für die beantragten Windenergieanlagen:
„*Diese Genehmigung ergeht unter dem Vorbehalt nachträglicher Auflagen. Sollte sich aus dem noch ausstehenden Standsicherheitsnachweis und den dort getroffenen Aussagen zur Turbulenz sowie aus dem dazugehörigen Sachverständigenprüfbericht ergeben, dass Leistungsreduktionen der Windkraftanlagen zur Gewährleistung von deren Standsicherheit erforderlich sind, können diese durch eine entsprechende **nachträgliche Auflage** nach § 12 Abs. 2a BImSchG von der Genehmigungsbehörde angeordnet werden.*"

75 **bb) Anforderungen an Nebenbestimmungen.** Nebenbestimmungen müssen verschiedene rechtliche Anforderungen erfüllen. Sie müssen erforderlich, bestimmt, geeignet und angemessen bzw. verhältnismäßig sein. Die Gebote wirken kumulativ.

Eine Nebenbestimmung ist nur zulässig, wenn sie erforderlich ist, eine Genehmigungsvoraussetzung nach § 6 Abs. 1 BImSchG sicherzustellen. Fehlt diese rechtliche Grundlage, ist die Nebenbestimmung rechtswidrig.

Ausreichend bestimmt ist eine Nebenbestimmung i. S. d. § 37 Abs. 1 VwVfG, wenn sie klar und präzise auf den Einzelfall bezogen formuliert ist. Abstrakte Formulierungen wie etwa „unangemessenen Lärm vermeiden" verletzen das **Bestimmtheitsgebot**. Im schlimmsten Fall, wenn die Nebenbestimmung an einem offensichtlichen Mangel leidet, ist sie nichtig[459].

Eine Nebenbestimmung ist geeignet, wenn das angeordnete Mittel auch zum Ziel führt. Eine ungeeignete Nebenbestimmung macht den Bescheid rechtswidrig.

Angemessen bzw. verhältnismäßig ist eine Nebenbestimmung, wenn es kein anderes milderes, also weniger belastenderes aber ebenso wirksames Mittel für den Antragsteller gibt, den von der Behörde verfolgten Zweck zu erreichen. Ein Fehler führt auch hier zur Rechtswidrigkeit des Bescheids.

Ein Verwaltungsakt, also ein Bescheid, ist zu begründen, somit auch die darin festgelegten Nebenbestimmungen entsprechend der obigen Kriterien.

d) Zusammenfassende Darstellung und Bewertung bei einer Umweltverträglichkeitsprüfung

76 Nur in förmlichen Verfahren mit **Umweltverträglichkeitsprüfung** hat die Genehmigungsbehörde die nachfolgend beschriebenen zwei zusätzlichen Verfahrensschritte zu vollziehen.

Die Genehmigungsbehörde soll nach Möglichkeit innerhalb eines Monats nach dem evtl. erfolgten Erörterungstermin, andernfalls nach Ende der Einwendungsfrist, aufgrund aller ihr vorliegenden Unterlagen und Informationen eine zusammenfassende Darstellung der zu erwartenden Auswirkungen des Vorhabens auf die Schutzgüter nach § 1a der 9. BImSchV einschließlich möglicher Wechselwirkungen erarbeiten. Sie hat dabei beantragte Maßnahmen zum Schutz und zur Vorsorge vor nachteiligen Umweltauswirkungen und ebenso Ersatz- und

---

[459] *Jarass*, BImSchG, § 12 Rn. 21.

sonstige Kompensationsmaßnahmen zu berücksichtigen, wie dies § 20 Abs. 1a der 9. BImSchV vorschreibt. Anschließend hat sie wiederum nach Möglichkeit innerhalb eines Monats auf der Grundlage der zusammenfassenden Darstellung die möglichen Auswirkungen auf die o. g. Schutzgüter zu bewerten. Dazu zieht sie die für ihre Entscheidung in den maßgeblichen Rechts- und Verwaltungsvorschriften (des jeweilig betroffenen Fachrechts) enthaltenen Bewertungsmaßstäbe heran. Diese Gesamtbewertung fließt gem. § 20 Abs. 1b der 9. BImSchV in die Entscheidung ein.

e) Wirkung der Genehmigung

Der **Genehmigungsbescheid** wird dem Antragsteller förmlich zugestellt; im förmlichen Verfahren darüber hinaus den Personen, die Einwendungen im Einwendungszeitraum erhoben haben. Zudem ist die Genehmigung eines förmlichen Verfahrens öffentlich bekannt zu machen und zwei Wochen zur Einsichtnahme auszulegen (§ 21a S. 1 der 9. BImSchV). Nach dieser Zeit gilt der Bescheid auch gegenüber Dritten, die keine Einwendungen im Einwendungszeitraum vorgetragen haben, als zugestellt. Anstelle der persönlichen Zustellung der Genehmigungsbescheide an die Einwender kann auch eine öffentliche Bekanntmachung erfolgen, z. B. ist dies bei einer großen Anzahl von Einwendern ökonomischer, vgl. § 10 Abs. 7, 8 BImSchG. 77

Auch in einem vereinfachten Verfahren kann auf Antrag des Antragstellers die Entscheidung über den Antrag öffentlich bekannt gemacht werden (§ 21a S. 2 der 9. BImSchV). Die **Rechtsbehelfsfrist** beträgt bei einer Zustellung einen Monat.

Die Genehmigungsbehörde macht in der Regel von der Möglichkeit des § 18 Abs. 1 Nr. 1 BImSchG Gebrauch. Die Genehmigung wird an eine angemessene Frist gebunden, nach der mit der Errichtung und/oder dem Betrieb der genehmigten Anlage nicht mehr begonnen werden darf. Die Fristen beginnen, wenn die Genehmigung vollziehbar ist, es sei denn die Genehmigungsbehörde legt einen anderen Fristbeginn fest[460]. Diese Bestimmung zur **Geltungsdauer der Genehmigung** verfolgt das Ziel, eine Ansammlung von Genehmigungen zu verhindern (z. B. kann ein Konkurrent in einem Windvorranggebiet dadurch nur für eine bestimmte Zeitdauer den Bau anderer Windkraftanlagen verhindern). Der Antragsteller hat die Möglichkeit, vor Ablauf dieser Fristen einen Antrag nach § 18 Abs. 3 BImSchG auf Fristverlängerung bei der Genehmigungsbehörde zu stellen. Er muss darlegen, dass die Fristen aus wichtigem Grund verlängert werden müssen. In diesem Verfahren wird die Genehmigungsbehörde evtl. unter Beteiligung von Fachbehörden prüfen, ob mit der Verlängerung der Zweck des Immissionsschutzrechts nicht gefährdet wird. Ein möglicher Verlängerungsbescheid kann mit weiteren Nebenbestimmungen versehen werden. Gesetzliche Änderungen und Änderungen in der Umgebung der geplanten Anlage finden Berücksichtigung. 78

f) Anordnung der sofortigen Vollziehung

Wird ein Genehmigungsbescheid als sofort vollziehbar erklärt, löst eine Klage durch einen Dritten keine **aufschiebende Wirkung** aus. Der Betreiber kann die Genehmigung weiter nutzen, natürlich auf eigenes Risiko, da der Ausgang der Klage ungewiss ist. Die Anordnung der sofortigen Vollziehung kann sowohl direkt im Genehmigungsbescheid, nach Genehmigungserteilung oder nach erfolgter Klage ausgesprochen werden. 79

Allgemein gilt, dass die Behörde, die den Verwaltungsakt erlässt, nach § 80 Abs. 2 Nr. 4 Verwaltungsgerichtsordnung (VwGO) im öffentlichen Interesse oder im überwiegenden Interesse eines Beteiligten (z. B. dem Antragsteller) die **sofortige Vollziehung** anordnen kann. Hierbei handelt es sich um eine Ermessensentscheidung, welche eine Abwägung zwischen dem Interesse eines möglichen Klägers an der Verhinderung der Maßnahme durch die aufschiebende Wirkung einer Klage und dem Interesse des Betreibers/des Antragstellers und der Öffentlichkeit an der Realisierung der Maßnahme erfordert. Darüber hinaus müssen Natur, Schwere und Dringlichkeit des Interesses an der Vollziehung und die Möglichkeit einer etwaigen Rückgängigmachung und ihrer Folgen berücksichtigt werden. 80

---

[460] *Jarass*, BImSchG, § 18 Rn. 3.

81 Aus objektiver Sicht kann die **sofortige Vollziehung** eines Genehmigungsbescheids für Errichtung und Betrieb einer Windenergieanlage stets aus besonderem öffentlichem Interesse von Amts wegen angeordnet werden. Folgende beispielhafte Gründe sprechen für das besondere öffentliche **Vollzugsinteresse** für Windenergieanlagengenehmigungen:

82 Da § 80 Abs. 2 S. 1 Nr. 4 VwGO keine nähere Spezifizierung der in Betracht zu ziehenden öffentlichen Interessen enthält, kann grundsätzlich jedes **öffentliche Interesse** geeignet sein, das über das Interesse am Erlass des Verwaltungsaktes hinausgeht, die Anordnung der sofortigen Vollziehung im Einzelfall zu rechtfertigen.

83 **aa) Sicherheit und Wirtschaftlichkeit der Energieversorgung.** Als besonderes Interesse ist anerkannt, wenn eine immissionsschutzrechtlich genehmigungsbedürftige Anlage der Sicherung des Energiebedarfs dient.[461] Die Sicherheit und Wirtschaftlichkeit der Energieversorgung stellt ein Gemeinschaftsinteresse höchsten Ranges dar.[462] Dieses Interesse besteht vorliegend, da der von der Windenergieanlage erzeugte Strom in das Stromnetz eingespeist wird und somit der Energieversorgung dient.

84 **bb) Öffentliches Interesse an der Förderung der Stromerzeugung durch regenerative Energiequellen aufgrund von Bundesrecht.** Insbesondere die Förderung der Stromerzeugung durch erneuerbare Energien und vor allem aus Windenergie liegt im öffentlichen Interesse. Dies hat der Gesetzgeber mehrfach zum Ausdruck gebracht, insbesondere durch § 1 Abs. 1 des Erneuerbaren-Energien-Gesetzes, wonach es *„im Interesse des Klima- und Umweltschutzes"* ist, *„eine nachhaltige Entwicklung der Energieversorgung zu ermöglichen, die volkswirtschaftlichen Kosten der Energieversorgung [...] zu verringern, fossile Energieressourcen zu schonen und die Weiterentwicklung von Technologien zur Erzeugung von Strom aus Erneuerbaren Energien zu fördern."* Gemäß § 1 Abs. 2 EEG soll zur Erreichung dieses Zwecks der Anteil des aus erneuerbaren Energien erzeugten Stroms am Bruttostromverbrauch 40 bis 45 % bis zum Jahr 2025 betragen. Bis zum Jahr 2035 soll dieser Anteil 55 bis 60 %, bis 2050 schließlich mindestens 80 % betragen. Dieses Ziel dient ausweislich des Gesetzes auch dazu, den Anteil erneuerbarer Energien am gesamten Bruttoendenergieverbrauch bis zum Jahr 2020 auf mindestens 18 % zu erhöhen (§ 1 Abs. 3 EEG). Aufgrund der vom Gesetzgeber bestimmten Zeiträume wird nicht nur das öffentliche Interesse an der Förderung regenerativer Energien an sich deutlich, sondern auch der Umstand, dass die Versorgung aus erneuerbaren Energien schnell erreicht werden soll.

Der Förderung von Windenergieanlagen wird ferner durch den Umstand Rechnung getragen, dass gemäß §§ 8, 11 und 19 EEG die Stromnetzbetreiber verpflichtet sind, Anlagen zur Erzeugung von Strom aus erneuerbaren Energien unverzüglich vorrangig an ihr Netz anzuschließen, den gesamten angebotenen Strom abzunehmen, zu übertragen und zu verteilen sowie den Anlagenbetreibern den Strom nach Maßgabe des EEG zu vergüten.

Durch die Degression der Vergütungssätze in den §§ 26, 29 und 30 EEG, wonach sich die Höhe der Vergütung danach bestimmt, wie frühzeitig eine Anlage zur Erzeugung von Strom aus erneuerbaren Energien in Betrieb genommen wird, wird insbesondere der gesetzgeberische Wille deutlich, in möglichst kurzer Zeit die Errichtung solcher Anlagen zu erreichen.

Der Stellenwert dieses öffentlichen Interesses wird auch vor dem Hintergrund der Bestrebungen der Bundesregierung zur Energiewende deutlich. Nachdem bereits im Herbst 2010 durch das Energiekonzept der Regierung die Weichen für den Eintritt in das Zeitalter der erneuerbaren Energien gestellt wurden, betont das Bundeskabinett in dem im Juni 2011 beschlossenen Eckpunktepapier die gesellschaftliche Grundentscheidung der Bundesrepublik, ihre Energieversorgung aus regenerativen Quellen sicherzustellen.

Zentraler Baustein dieses Konzepts ist, neben dem beschlossenen Atomausstieg bis zum Jahr 2022, der weitere zügige Ausbau der erneuerbaren Energien zur Sicherung der Energieversorgung der Bevölkerung. Das Ziel des weiteren Ausbaus der erneuerbaren Energien hat das BMWi auch im Jahr 2016 durch ein fortgeschriebenes Eckpunktepapier bestätigt.

---

[461] *VGH Mannheim*, Beschl. v. 4.8.1972, DÖV 1972, 864.
[462] *BVerwGE* 30, 292 (323).

Ohne die zeitnahe Errichtung von modernen und leistungsstarken Windenergieanlagen an geeigneten und noch zur Verfügung stehenden Standorten wie hier im Gebiet der Stadt X können diese gesetzlichen Ziele zur Energieversorgung nicht erreicht werden.

Bei der Abwägung ist ferner zu berücksichtigen, dass der Errichtung und dem Betrieb von Windenergieanlagen durch den Gesetzgeber auch ein öffentliches Interesse durch die Aufnahme dieser Anlagen in den Katalog der privilegierten Vorhaben des § 35 Abs. 1 BauGB zukommt.

cc) Öffentliches Interesse aufgrund landesrechtlicher und -politischer Vorgaben (hier aus (mittel)hessischer Sicht dargestellt). Auch der hessische Gesetzgeber hat sich den Ausbau der Windenergienutzung als besonderes Ziel zu Eigen gemacht, wie sich aus Ziffer 11 des Landesentwicklungsplans Hessen aus dem Jahr 2000 ergibt. Danach ist für die *„Planung und Realisierung der zu einer bedarfsgerechten Bereitstellung von Energie erforderlichen Infrastruktur sowie der hierzu notwendigen Einrichtungen zu berücksichtigen, dass die Potenziale [...] zur Nutzung regional und lokal erneuerbarer Energien ausgeschöpft werden."* Der Landesentwicklungsplan Hessen nennt als Ziel der Raumordnung, dass für Räume mit ausreichenden natürlichen Windverhältnissen in den Regionalplänen Bereiche für die Windenergienutzung auszuweisen sind.

85

Der hessische Energiegipfel definierte im Abschlussbericht vom 10.11.2011 das Ziel, dass der Endenergieverbrauch in Hessen (Strom und Wärme) bis 2050 möglichst zu 100% aus erneuerbaren Energien gedeckt werden soll. Des Weiteren kam er überein, dass ein großer Anteil an der zukünftigen Energiegewinnung durch Windenergie erfolgt. Auf Grundlage der *„Studie zum Potenzial der Windenergienutzung an Land"* des Fraunhofer-Instituts für Windenergie und Energiesystemtechnik wurde empfohlen, die Windenergie in der Größenordnung von 2% der Landesfläche Hessens regionalplanerisch zu berücksichtigen.

Die seit 11.7.2013 geltende Fassung des Landesentwicklungsplans Hessens (LEP) greift diesen Wert auf. So sind gemäß Ziel Z 1 unter Ziffer 3.1 des LEP für Räume mit ausreichenden natürlichen Windverhältnissen in den Regionalplänen Vorranggebiete zur Nutzung der Windenergie mit Ausschluss des übrigen Planungsraums für die Errichtung von Windenergieanlagen festzulegen. Diese Gebiete sollen gemäß Grundsatz G 1, ebenfalls unter Ziffer 3.1 des LEP grundsätzlich in der Größenordnung von 2% der Fläche der Planungsregionen festgelegt werden.

Im Bereich Mittelhessen befindet sich diesbezüglich ein Teilregionalplan in Aufstellung, der diese Flächenausweisung zum Ziel hat.

Auch die landesrechtlichen und -politischen Vorgaben verdeutlichen somit das öffentliche Interesse an einem zügigen Ausbau der Windenergie.[463]

dd) Konkrete Bedeutung des Vorhabens für den Klimaschutz. Das genehmigte Vorhaben ist ein Baustein, um das gewünschte gesetzgeberische Ziel des Gemeinwohls zu erreichen, das fast immer durch die Summe von Einzelmaßnahmen erreicht wird. Dabei spielt der Zeitfaktor eine wichtige Rolle.

86

Im vorliegenden Fall werden die beantragten Windenergieanlagen laut aktueller Stromertragsprognose ca. X Mio. kWh Strom pro Jahr erzeugen. Dies entspricht einem durchschnittlichen Strombedarf von X Haushalten mit einem durchschnittlichen jährlichen Strombedarf von je X kWh/a. Das Vorhaben bietet damit die Möglichkeit, einen regionalen Beitrag zur Verminderung von umweltschädlichen Emissionen und zur Verringerung des Verbrauchs nicht erneuerbarer Energieträger zu leisten.

Die Genehmigungsbehörde wägt bei ihrer Ermessensentscheidung die gegensätzlichen besonderen öffentlichen und privaten Vollziehungsinteressen mit den privaten Interessen potenzieller Kläger ab, die befürchten, durch die Errichtung und den Betrieb der Anlagen in ihren Rechten beeinträchtigt zu werden, wobei das Aussetzungsinteresse des Dritten und das Vollziehungsinteresse des von der Genehmigung Begünstigten dem Grundsatz nach als gleichwertig zu beurteilen sind.[464] Bei einer immissionsschutzrechtlichen Genehmigung einer Windenergieanlage ist grundsätzlich von einer offensichtlichen Rechtmäßigkeit des Bescheids

87

---

[463] *Volp*, Regierungspräsidium Gießen, 18.5.2016.
[464] Vgl. *VGH Kassel*, Beschl. v. 31.5.1990, *NVwZ* 1991, 88; *Schoch*, in: Schoch/Schmidt-Assmann/Pietzner (Hrsg.), VwGO, § 80 Rn. 18.

auszugehen. Da der Genehmigungsbescheid durch seine Nebenbestimmungen Dritte und die Allgemeinheit in ausreichendem Maße schützt, werden Dritte (z. B. Nachbarn) durch das Vorhaben nicht unzulässig in ihren Rechten berührt. Auch angesichts der Zielstellung von § 80 VwGO zu verhindern, dass vollendete Tatsachen geschaffen werden, kann grundsätzlich die sofortige Vollziehung angeordnet werden, da erforderlichenfalls Windenergieanlagen relativ leicht zurückgebaut werden könnten, auch in Waldstandorten. Die Rodungen sind zwar nicht unmittelbar reversibel, doch können sie durch Ausgleich und Ersatz kompensiert werden.

88 Im Ergebnis ist festzustellen, dass das Vollzugsinteresse der Antragstellerin die möglichen Suspensivinteressen potenzieller Kläger überwiegt und zudem ein öffentliches Interesse an der Anordnung der sofortigen Vollziehung dieses Bescheids besteht.[465]

89 Gegen eine Anordnung der sofortigen Vollziehung kann der Kläger gemäß § 80 Abs. 5 VwGO die Wiederherstellung der aufschiebenden Wirkung der Klage beantragen. Der Antrag ist bei dem Gericht der Hauptsache, also dem Verwaltungsgericht, das für den Standort der Windkraftanlage zuständig ist, zu stellen. Dieser Eilantrag führt meist zu einer Beschleunigung des Verwaltungsstreitverfahrens. Die Entscheidung des Gerichts im **Eilverfahren** kann wegweisend für den Ausgang der Hauptsache sein.

III. Umweltverträglichkeitsprüfung

90 Die **Umweltverträglichkeitsprüfung** (UVP) ist vor allem im „Gesetz über die Umweltverträglichkeitsprüfung" (UVPG)[466] und ergänzend in der „Allgemeinen Verwaltungsvorschrift zur Ausführung des Gesetzes über die Umweltverträglichkeitsprüfung" (UVPVwV)[467] geregelt. Gemäß § 2 Abs. 1 S. 1 UVPG ist die UVP ein unselbstständiger Teil verwaltungsbehördlicher Verfahren, die der Entscheidung über Zulassung von Vorhaben (Zulassungsverfahren) dienen.

91 Die Vorschriften über die **UVP** gehören zu denjenigen, von denen – unter anderem – gemäß § 6 Abs. 1 Nr. 2 „Bundes-Immissionsschutzgesetz" (BImSchG)[468] die immissionsschutzrechtliche Genehmigungsfähigkeit eines Antrages zur Errichtung und zum Betrieb von Windenergieanlagen abhängt.

92 Die **UVP** selbst umfasst die Ermittlung, Beschreibung und Bewertung der mittelbaren und unmittelbaren umweltbezogenen Auswirkungen eines Vorhabens auf die Schutzgüter des § 2 Abs. 2 S. 2 UVPG:

§ 2 Begriffsbestimmungen
(1)[…]Die Umweltverträglichkeitsprüfung umfasst die Ermittlung, Beschreibung und Bewertung der unmittelbaren und mittelbaren Auswirkungen eines Vorhabens auf
10. Menschen, einschließlich der menschlichen Gesundheit, Tiere, Pflanzen und die biologische Vielfalt,
11. Boden, Wasser, Luft, Klima und Landschaft,
12. Kulturgüter und sonstige Sachgüter sowie
13. die Wechselwirkung zwischen den vorgenannten Schutzgütern[…]

93 Der **Zweck der UVP** liegt gemäß § 1 UVPG in einer wirksamen frühzeitigen Umweltvorsorge, die sowohl vom Vorsorgegedanken als auch von der Gefahrenabwehr geprägt ist[469].

---

[465] So auch *VG Gießen*, Beschl. v. 3.2.2011 – 8 L 5455/10.GI, v. 25.3.2011 – 8 L 50/11.GI, v. 4.9.2011 – 8 L 5518/10.GI und des *VGH Kassel*, Beschl. v 2.5.2011 – 9 B 352/11.

[466] I. d. F. der Bekanntmachung v. 24.2.2010 (BGBl. I S. 94), zuletzt geändert durch Art. 4 des Gesetzes v. 13.10.2016 (BGBl. I S. 2258).

[467] V. 18.9.1995 (GMBl. S. 671).

[468] „Gesetz zum Schutz vor schädlichen Umwelteinwirkungen durch Luftverunreinigungen, Geräusche, Erschütterungen und ähnliche Vorgänge (Bundes-Immissionsschutzgesetz – BImSchG) i. d. F. der Bekanntmachung v. 17.5.2013 (BGBl. I S. 1274), zuletzt geändert durch Art. 3 des Gesetzes v. 26.7.2016 (BGBl. I S. 1839).

[469] *Sangenstedt*, in: Landmann/Rohmer (Hrsg.), Umweltrecht, UVPG, § 1 Rn. 11.

§ 1 Zweck des Gesetzes
Zweck dieses Gesetzes ist es sicherzustellen, dass bei bestimmten öffentlichen und privaten Vorhaben sowie bei bestimmten Plänen und Programmen zur wirksamen Umweltvorsorge nach einheitlichen Grundsätzen
14. *die Auswirkungen auf die Umwelt im Rahmen von Umweltprüfungen (Umweltverträglichkeitsprüfung und Strategische Umweltprüfung) frühzeitig und umfassend ermittelt, beschrieben und bewertet werden,*
15. *die Ergebnisse der durchgeführten Umweltprüfungen*
    c) *bei allen behördlichen Entscheidungen über die Zulässigkeit von Vorhaben,*
    d) *bei der Aufstellung oder Änderung von Plänen und Programmen*
so früh wie möglich berücksichtigt werden.

Der abschließende Schritt der **Bewertung** wird gleichsam als „Ergebnis" der UVP bei der Zulassungsentscheidung von Einzelvorhaben – für die hier interessierenden Windenergieanlagen also im Rahmen der immissionsschutzrechtlichen Genehmigungsentscheidung nach § 6 Abs. 1 Nr. 2 BImSchG berücksichtigt. Da gemäß § 12 UVPG diese Berücksichtigung nur „nach Maßgabe der geltenden Gesetze" erfolgt, gehen die Anforderungen des UVPG im immissionsschutzrechtlichen Genehmigungsverfahren für Windenergieanlagen zwar nicht über das Bundes-Immissionsschutzgesetz und die sonstigen, maßgeblichen Fachgesetze hinaus,[470] jedoch indiziert die UVP-rechtliche Bewertung die Entscheidung der Genehmigungsbehörde hinsichtlich der umweltbezogenen Tatbestandsvoraussetzungen für die immissionsschutzrechtliche Genehmigung.[471]

1. Beginn des Verfahrens

Das Umweltprüfungsverfahren beginnt gemäß § 3a S. 1 UVPG mit der Feststellung, ob für ein Vorhaben gemäß §§ 3b bis 3f. eine UVP-Pflicht besteht. Die **Feststellung der UVP-Pflicht** erfolgt nach § 3a S. 1 UVPG:

§ 3a Feststellung der UVP-Pflicht
Die zuständige Behörde stellt auf Antrag des Trägers eines Vorhabens oder anlässlich eines Ersuchens nach § 5, andernfalls nach Beginn des Verfahrens, das der Entscheidung über die Zulässigkeit des Vorhabens dient, auf der Grundlage geeigneter Angaben zum Vorhaben sowie eigener Informationen unverzüglich fest, ob nach den §§ 3b bis 3f. für das Vorhaben eine Verpflichtung zur Durchführung einer Umweltverträglichkeitsprüfung besteht.

Die Feststellung erfolgt entweder auf einen entsprechenden – isolierten – Antrag des Vorhabenträgers (Variante 1) oder anlässlich eines Ersuchens des Antragstellers nach § 5 UVPG zur Unterrichtung über die voraussichtlich beizubringenden Unterlagen (sog. **„Scoping"**; Variante 2) oder auf Initiative der Behörde nach Beginn des Zulassungsverfahrens[472], also regelmäßig spätestens mit Antragstellung für die immissionsschutzrechtliche Genehmigung eines Windenergievorhabens (Variante 3).

2. Zuständige Behörde für die Feststellung der UVP-Pflicht

Die **Zuständigkeit für die Feststellung der UVP-Pflicht** ist im UVPG selbst nicht geregelt. Sinnvollerweise ist jedoch regelmäßig diejenige Behörde zuständig, die auch für die Zulassung des Vorhabens zuständig wäre,[473] weil diese gemäß Ziff. 0.1.3 S. 1 UVPVwV auch für die Durchführung der UVP zuständig ist, soweit eine diesbezügliche Pflicht besteht und hierdurch somit eine gewisse Verfahrenskonzentration ermöglicht wird.

Für Windenergieanlagen mit einer Gesamthöhe von über 50 m erfolgt die Feststellung der UVP-Pflicht – wie auch die Durchführungen der UVP – in der Regel durch die immissionsschutzrechtliche Genehmigungsbehörde.

---
[470] *Jarass*, BImSchG, § 6 Rn. 31.
[471] *Sangenstedt*, in: Landmann/Rohmer (Hrsg.), Umweltrecht, UVPG, § 12 Rn. 43.
[472] *Sangenstedt*, in: Landmann/Rohmer (Hrsg.), Umweltrecht, UVPG, § 3a Rn. 8.
[473] So auch: *Sangenstedt*, in: Landmann/Rohmer (Hrsg.), Umweltrecht, UVPG, § 3a Rn. 13.

97 Indessen ist auch die Benennung einer speziellen „Vorprüfbehörde"[474] nicht ausgeschlossen, sodass es für Vorhabenträger zur Beschleunigung des Verfahrens ratsam erscheint, im Vorfeld zunächst bei der Genehmigungsbehörde die zuständige Behörde für die UVP-Feststellung zu erfragen.

3. Feststellung der UVP-Pflicht

98 Grundvoraussetzung für eine **UVP-Pflicht** ist, dass das konkrete Vorhaben überhaupt vom sachlichen Geltungsbereich des Gesetzes erfasst ist. Dieser wird durch § 3 UVPG beschrieben, der wiederum in S. 1 auf die Anlage 1 zum UVPG und die darin enthaltenen Größen- und Leistungskennwerte verweist. Windenergieanlagen sind in dieser Anlage 1 zum UVPG unter der Ziff. 1.6 aufgeführt. Aus dieser Verknüpfung der Zulässigkeit von Windenergienutzung mit dem Erfordernis der Umweltverträglichkeitsprüfung ergibt sich nach Maßgabe des UVPG, dass dessen Vorschriften auch im hier interessierenden immissionsschutzrechtlichen Genehmigungsverfahren für Windenergieanlagen grundsätzlich maßgeblich sind.[475]

> Windenergieanlagen unterfallen dem Anwendungsbereich des § 3 S. 1 UVPG i. V. m. Ziff. 1.6 der Anlage 1 zum UVPG und sind damit UVP-rechtlich zu betrachten.

99 Das UVPG kennt eine gestufte **Prüfungsintensität** in Form einer UVP-Pflicht (§ 3b Abs. 1 UVPG), einer „allgemeinen Vorprüfung des Einzelfalles" (§ 3c S. 1 UVPG) und einer „standortbezogenen Vorprüfung des Einzelfalles" (§ 3c S. 2 UVPG).

100 Die Kategorien der „standortbezogenen" und der „allgemeinen Vorprüfung des Einzelfalles" stellen dabei ein vorgeschaltetes Prüfungsvorverfahren dar. Hier ist die letztendliche Durchführung einer UVP nicht schon durch das Erreichen der jeweiligen **Schwellenwerte** (→ Kap. 2 Rn. 102 ff.) vorgegeben. Vielmehr gibt der erreichte Schwellenwert nur die Intensität der Vorprüfung vor. Die Frage der **UVP-Pflicht** ist sodann von der im Rahmen der jeweiligen Vorprüfung erfolgenden Einschätzung der Behörde abhängig, ob das konkrete Vorhaben erhebliche nachteilige Umweltauswirkungen haben kann.[476] Nur wenn die zuständige Behörde im Rahmen der „standortbezogenen" oder „allgemeinen Vorprüfung des Einzelfalles" zu dem Ergebnis gelangt, dass nachteilige Umweltauswirkungen zu erwarten sind, schließt sich eine UVP an.

101 Für die Feststellung des umweltbezogenen Prüfungsumfangs für ein konkretes Vorhaben ist daher zunächst erforderlich zu prüfen, welche der in Ziff. 1.6 der Anlage 1 zum UVPG für Windenergieanlagen enthaltenen Kennwerte durch das konkret geplante Vorhaben erreicht werden und welcher UVP-rechtliche Prüfungsumfang damit für das konkrete Vorhaben einhergeht.

a) Schwellenwerte für die vorhabenbezogene Umweltprüfung

102 In Ziff. 1.6 der Anlage 1 zum UVPG finden sich in der tabellarischen Darstellung verschiedene Kennzeichnungen für Windenergievorhaben je nach Anlagenzahl:

---

[474] *Sangenstedt,* in: Landmann/Rohmer (Hrsg.), Umweltrecht, UVPG, § 3a Rn. 13.
[475] *Sittig,* Das Prioritätsprinzip im deutschen Verwaltungsrecht bei der immissionsschutzrechtlichen Genehmigung für Windenergieanlagen, S. 53 ff.; *Schütte,* NuR 2008, 142 (143); *Rolshoven,* NVwZ 2006, 516 (520).
[476] *Sangenstedt,* in: Landmann/Rohmer (Hrsg.), Umweltrecht, UVPG, § 3c Rn. 1.

Kupke

Nr.	Vorhaben	Sp. 1	Sp. 2
1.	Wärmeerzeugung, Bergbau und Energie:		
1.1	Errichtung und Betrieb einer Anlage zur Erzeugung von Strom, Dampf, Warmwasser, Prozesswärme oder erhitztem Abgas durch den Einsatz von Brennstoffen in einer Verbrennungseinrichtung (wie Kraftwerk, Heizkraftwerk, Heizwerk, Gasturbine, Verbrennungsmotoranlage, sonstige Feuerungsanlage), einschließlich des jeweils zugehörigen Dampfkessels, mit einer Feuerungswärmeleistung von		
1.1.1	mehr als 200 MW;	X	
1.1.2	50 MW bis 200 MW;		A
1.2	Errichtung und Betrieb einer Anlage zur Erzeugung von Strom, Dampf, Warmwasser, Prozesswärme oder erhitztem Abgas in einer Verbrennungseinrichtung (wie Kraftwerk, Heizkraftwerk, Heizwerk, Gasturbinenanlage, Verbrennungsmotoranlage, sonstige Feuerungsanlage), einschließlich des jeweils zugehörigen Dampfkessels, ausgenommen Verbrennungsmotoranlagen für Bohranlagen und Notstromaggregate, durch den Einsatz von		
1.2.1	Kohle, Koks einschließlich Petrolkoks, Kohlebriketts, Torfbriketts, Brenntorf, naturbelassenem Holz, emulgiertem Naturbitumen, Heizölen, ausgenommen Heizöl EL, mit einer Feuerungswärmeleistung von 1 MW bis weniger als 50 MW;		S
1.2.2	gasförmigen Brennstoffen (insbesondere Koksofengas, Grubengas, Stahlgas, Raffineriegas, Synthesegas, Erdölgas aus der Tertiärförderung von Erdöl, Klärgas, Biogas), ausgenommen naturbelassenem Erdgas, Flüssiggas, Gasen der öffentlichen Gasversorgung oder Wasserstoff, mit einer Feuerungswärmeleistung von		
1.2.2.1	10 MW bis weniger als 50 MW;		S
1.2.2.2	1 MW bis weniger als 10 MW, bei Verbrennungsmotoranlagen oder Gasturbinenanlagen;		S
1.2.3	Heizöl EL, Dieselkraftstoff, Methanol, Ethanol, naturbelassenen Pflanzenölen oder Pflanzenölmethylestern, naturbelassenem Erdgas, Flüssiggas, Gasen der öffentlichen Gasversorgung oder Wasserstoff mit einer Feuerungswärmeleistung von		
1.2.3.1	20 MW bis weniger als 50 MW;		S
1.2.3.2	1 MW bis weniger als 20 MW, bei Verbrennungsmotoranlagen oder Gasturbinenanlagen;		S
1.2.4	anderen als in Nummer 1.2.1 oder 1.2.3 genannten festen oder flüssigen Brennstoffen mit einer Feuerungswärmeleistung von		
1.2.4.1	1 MW bis weniger als 50 MW;		A
1.2.4.2	100 KW bis weniger als 1 MW;		S
1.3	(weggefallen)		
1.4	Errichtung und Betrieb einer Verbrennungsmotoranlage oder Gasturbinenanlage zum Antrieb von Arbeitsmaschinen für den Einsatz von		
1.4.1	Heizöl EL, Dieselkraftstoff, Methanol, Ethanol, naturbelassenen Pflanzenölen, Pflanzenölmethylestern Koksofengas, Grubengas, Stahlgas, Raffineriegas, Synthesegas, Erdölgas aus der Tertiärförderung von Erdöl, Klärgas, Biogas, naturbelassenem Erdgas, Flüssiggas, Gasen der öffentlichen Gasversorgung oder Wasserstoff mit einer Feuerungswärmeleistung von		
1.4.1.1	mehr als 200 MW;	X	
1.4.1.2	50 MW bis 200 MW;		A
1.4.1.3	1 MW bis weniger als 50 MW, ausgenommen Verbrennungsmotoranlagen für Bohranlagen;		S
1.4.2	anderen als in Nummer 1.4.1 genannten Brennstoffen mit einer Feuerungswärmeleistung von		
1.4.2.1	mehr als 200 MW;	X	
1.4.2.2	50 MW bis 200 MW		A
1.4.2.3	1 MW bis weniger als 50 MW;		S
1.5	(weggefallen)		
1.6	Errichtung und Betrieb einer Windfarm mit Anlagen mit einer Gesamthöhe von jeweils mehr als 50 Metern mit		
1.6.1	20 oder mehr Windkraftanlagen,	X	
1.6.2	6 bis weniger als 20 Windkraftanlagen,		A
1.6.3	3 bis weniger als 6 Windkraftanlagen;		S

Anlage 1 zum UVPG; Quelle: http://www.gesetze-im-internet.de/uvpg/anlage_1_62.html

Das „X" in Spalte 1 kennzeichnet ein Vorhaben, für das eine zwingende **UVP-Pflicht** 103
besteht, ein „A" in Spalte 2 weist die Erforderlichkeit einer „allgemeinen Vorprüfung des Einzelfalles" aus, ein „S" in Spalte 2 die Erforderlichkeit einer standortbezogenen Vorprüfung, wobei im Nachgang zu den letzten beiden (Vor-)Prüfungen je nach dem gefundenen Ergebnis zudem eine UVP-Pflicht stehen kann.

Folglich ist für Windenergieanlagen ein gestuftes Prüfschema für die Notwendigkeit einer 104
Umweltprüfung grundsätzlich in Abhängigkeit von der zu errichtenden Anlagenzahl vorgeschrieben.

> Handelt es sich um ein Vorhaben mit weniger als drei Windenergieanlagen (keine Benennung in der Anlage 1), so ist keine Umweltprüfung erforderlich. Bei der Planung und Errichtung von 3 bis 6 Anlagen („S-Vorhaben") müssen diese einer standortbezogenen Vorprüfung des Einzelfalls unterzogen werden. Bei 6 bis 19 Anlagen („A-Vorhaben) ist zumindest eine allgemeine Vorprüfung des Einzelfalles und ab mindestens 20 Anlagen („X-Vorhaben") ist eine Umweltverträglichkeitsprüfung zwingend erforderlich.

b) Bildung von Bewertungseinheiten

Es entspricht dem weiterreichenden umweltbezogenen Vorsorgezweck des UVPG (vgl. § 1 105
UVPG), dass die in der Anlage 1 zum UVPG enthaltenen Schwellenwerte nicht nur durch die Betrachtung von gleichzeitig zur Genehmigung beantragten Einzelvorhaben eines Vorhabenträgers erreicht werden können, sondern unter Umständen auch mehrere Vorhaben eines Trägers oder aber die Vorhaben mehrerer Träger eine **„Bewertungseinheit"** bilden.

Die insoweit für die Bildung solcher Bewertungseinheiten maßgebliche Vorschrift ist § 3b 106
UVPG (ggf. i. V. m. § 3c S. 4 UVPG[477]).

§ 3b UVP-Pflicht aufgrund Art, Größe und Leistung der Vorhaben
(3) Die Verpflichtung zur Durchführung einer Umweltverträglichkeitsprüfung besteht für ein in der Anlage 1 aufgeführtes Vorhaben, wenn die zur Bestimmung seiner Art genannten Merkmale vorliegen. Sofern Größen- oder Leistungswerte angegeben sind, ist eine Umweltverträglichkeitsprüfung durchzuführen, wenn die Werte erreicht oder überschritten werden.

---

[477] Soweit es um die Zusammenfassung von mehreren Einzelanlagen im Rahmen der Erreichung der Schwellenwerte für die standortbezogene und allgemeine Vorprüfung des Einzelfalles geht.

Die Verpflichtung zur Durchführung einer Umweltverträglichkeitsprüfung besteht auch, wenn mehrere Vorhaben derselben Art, die gleichzeitig von demselben oder mehreren Trägern verwirklicht werden sollen und in einem engen Zusammenhang stehen (kumulierende Vorhaben), zusammen die maßgeblichen Größen- oder Leistungswerte erreichen oder überschreiten. Ein enger Zusammenhang ist gegeben, wenn diese Vorhaben
1. *als technische oder sonstige Anlagen auf demselben Betriebs- oder Baugelände liegen und mit gemeinsamen betrieblichen oder baulichen Einrichtungen verbunden sind oder*
2. *als sonstige in Natur und Landschaft eingreifende Maßnahmen in einem räumlichen Zusammenhang stehen und wenn sie einem vergleichbaren Zweck dienen. Die Sätze 1 und 2 gelten nur für Vorhaben, die für sich jeweils die Werte für die standortbezogene Vorprüfung oder, soweit eine solche nicht vorgesehen ist, die Werte für die allgemeine Vorprüfung nach Anlage 1 Spalte 2 erreichen oder überschreiten.*

Wird der maßgebende Größen- oder Leistungswert durch die Änderung oder Erweiterung eines bestehenden bisher nicht UVP-pflichtigen Vorhabens erstmals erreicht oder überschritten, ist für die Änderung oder Erweiterung eine Umweltverträglichkeitsprüfung unter Berücksichtigung der Umweltauswirkungen des bestehenden, bisher nicht UVP-pflichtigen Vorhabens durchzuführen. Bestehende Vorhaben sind auch kumulierende Vorhaben im Sinne des Absatzes 2 Satz 1 [...].

107   In § 3b UVPG finden sich insbesondere Regelungen zu der Frage, unter welchen Voraussetzungen für ein bestimmtes Vorhaben eine Umweltverträglichkeitsprüfung zwingend notwendig ist (also ab 20 Windenergieanlagen, → Kap. 2 Rn. 104) und wann und wie die Anlagen eines oder mehrerer Vorhabenträger für diese Beurteilung eine Bewertungseinheit bilden. Dabei ist nach derzeitiger höchstrichterlicher Rechtsprechung davon auszugehen, dass Windenergieanlagen als sog. **„Komplexvorhaben"** gerade wegen der räumlich-funktionalen Verknüpfung ihrer jeweiligen „Einwirkbereiche" umweltrechtlich relevant sind und es also auf die Bildung von **Bewertungseinheiten**, d.h. auf das potenzielle **Zusammenwirken von Windenergieanlagen** ankommt. Dabei ist für ein solches gemeinsames Zusammenwirken mehrerer Anlagen nur deren zeitlich-räumliches Zusammentreffen maßgeblich, nicht die Identität des Trägers der einzelnen Vorhaben.[478]

Voraussetzung für die **Erreichung der Schwellenwerte** ist allein das zeitlich-räumliche Zusammentreffen von drei, sechs oder 20 Anlagen; es kommt vor dem Hintergrund der Zwecksetzung des UVP-Rechts gerade nicht darauf an, ob es sich dabei um mehrere Anlagen verschiedener Vorhabenträger handelt oder um Anlagen lediglich eines einzelnen Trägers.

108   Diese besondere Systematik für die UVP-rechtliche Beurteilung mehrerer Vorhaben schließt es aus, zur Vermeidung der Erreichung UVP-rechtlicher **Schwellenwerte** ein Windenergievorhaben antragsmäßig so aufzuteilen, dass der jeweils nächsthöhere Schwellenwert nicht erreicht wird (etwa indem anstatt einem Antrag für 20 Anlagen 10 Anträge zu je zwei Anlagen eingereicht werden).[479] Denn wenn es nur auf das zeitlich-räumliche Zusammentreffen von Anlagen ankommt, ist nicht nur die Frage der Vorhabenträgerschaft, sondern auch die Frage der antragsmäßigen Aufteilung ohne Belang.

c) Räumliches Zusammenwirken

109   Wann bzw. in welchem Umfang Windenergieanlagen im vorgenannten Sinne räumlich zusammenwirken, ergibt sich aus dem Gesetz selbst nicht. Die genannte (→ Kap. 2 Rn. 107) – wenig aussagekräftige Definition der Rechtsprechung, wonach ein räumliches Zusammenwirken dann gegeben sein soll, wenn Windenergieanlagen einander so zugeordnet werden können, dass sich ihre Einwirkungsbereiche überschneiden oder zumindest berühren („Windfarm" i.S. d.

---

[478] Vgl. *OVG Weimar*, ThürVBl. 2009, 151 (154); vgl. auch: *Sangenstedt*, in: Landmann/Rohmer (Hrsg.), Umweltrecht, UVPG, § 3b Rn. 13; die Rechtsprechung und wissenschaftliche Literatur zur Zusammenfassung von Windenergieanlagen nach dem § 3b UVPG ist von zu komplexer Natur, als dass sie in dem vorliegenden Rahmen eine angemessene Berücksichtigung finden könnte. Einen Überblick mit weiteren Nachweisen hierzu bietet *Sittig*, Das Prioritätsprinzip im deutschen Verwaltungsrecht bei der immissionsschutzrechtlichen Genehmigung für Windenergieanlagen, S. 56 ff.

[479] *Sittig*, Das Prioritätsprinzip im deutschen Verwaltungsrecht bei der immissionsschutzrechtlichen Genehmigung für Windenergieanlagen, S. 59 f.

Ziff. 1.6 der Anlage 1 zum UVPG)⁴⁸⁰ wird zum Teil durch Windenergie-Erlasse⁴⁸¹ praktisch fassbar ausgefüllt. Danach wird unter dem Begriff der „Windfarm", bei der sich im oben genannten Sinne die UVP-rechtlich relevanten Einwirkbereiche überschneiden, die Planung oder Errichtung von mindestens drei Anlagen verstanden, die

> „sich innerhalb einer bauleitplanerisch ausgewiesenen Fläche befinden oder räumlich so zugeordnet sind, dass sich ihre Einwirkungsbereiche in Bezug auf die Schutzgüter des § 2 Abs. 1 Satz 2 UVPG überschneiden oder wenigstens berühren".

Damit ist es möglich, den UVP-rechtlichen Begriff des Zusammenwirkens an der Ausweisung von Konzentrationsflächen zu orientieren, mit der Folge, dass Planungen innerhalb ein und derselben Fläche in der Regel einen gemeinsamen Einwirkbereich im Sinne der Umweltprüfung nach dem UVP bilden. 110

Ist eine bauleitplanerische Ausweisung hingegen nicht erfolgt, orientiert sich die Beurteilung an den UVP-rechtlichen Schutzgütern nach § 2 Abs. 1 S. 2 UVPG. Haben mehrere Anlagen gemeinsame Auswirkungen auf diese **Schutzgüter**, wirken sie in jedem Fall UVP-rechtlich zusammen und bilden damit einen UVP-rechtlich relevanten Einwirkbereich. 111

> Windenergieanlagen wirken jedenfalls dann UVP-rechtlich zusammen, wenn sie gemeinsame Auswirkungen auf die UVP-rechtlichen Schutzgüter nach § 2 Abs. 2 S. 2 UVPG haben können.

d) Zeitlicher Zusammenhang – Abgrenzung der gleichzeitigen Verwirklichung zum Hineinwachsen in die UVP-Pflicht

Der **zeitliche Zusammenhang** von Vorhaben hat hingegen keine Auswirkungen auf die Frage der Bildung von Bewertungseinheiten als solche. Denn die Bildung von UVP-rechtlichen Bewertungseinheiten erfolgt ausschließlich durch Addition aller räumlich zusammenwirkenden Windenergievorhaben, also durch Addition aller vorhandenen, genehmigten und zur Genehmigung beantragten Anlagen im räumlichen Zusammenhang,⁴⁸² die gemeinsame Auswirkungen auf die UVP-rechtlichen Schutzgüter nach § 2 Abs. 2 S. 2 UVPG haben können (→ Kap. 2 Rn. 111). 112

Indessen dient das Kriterium des zeitlichen Zusammenhangs zur Abgrenzung zwischen der „**Kumulation**" mehrerer Vorhaben in die erstmalige UVP- oder Vorprüfungspflicht (für Windenergieanlagen gemäß § 3b Abs. 1 UVPG) und dem „**nachträglichen Hineinwachsen**" in eine erstmalige UVP- oder Vorprüfungspflicht nach § 3b Abs. 3 UVPG. 113

---

⁴⁸⁰ BVerwGE 121, 182; *OVG Weimar*, ThürVBl. 2009, 151 (154), *Sittig*, Das Prioritätsprinzip im deutschen Verwaltungsrecht bei der immissionsschutzrechtlichen Genehmigung für Windenergieanlagen, S. 58; dabei wird der Einwirkungsbereich jedoch nicht immissionsschutzrechtlich (etwa nach Ziff. 2.2 TA-Lärm) begriffen, sondern vielmehr eigenständig UVP-rechtlich.
⁴⁸¹ Z. B. Erlass für die Planung und Genehmigung von Windenergieanlagen und Hinweise für die Zielsetzung und Anwendung (Windenergie-Erlass NRW) vom 4.11.2015 – Gemeinsamer Runderlass des Ministeriums für Klimaschutz, Umwelt, Landwirtschaft, Natur- und Verbraucherschutz des Landes Nordrhein-Westfalen (Az: VII-3 – 02.21 WEA-Erl. 15) und des Ministeriums für Bauen, Wohnen, Stadtentwicklung und Verkehr des Landes Nordrhein-Westfalen (Az: VI A 1 – 901.3/202) und der Staatskanzlei des Landes Nordrhein-Westfalen (Az: III B 4 – 30.55.03.01), S. 35; vgl. auch Windenergieerlass Baden-Württemberg – Gemeinsame Verwaltungsvorschrift des Ministeriums für Umwelt, Klima und Energiewirtschaft, des Ministeriums für Ländlichen Raum und Verbraucherschutz, des Ministeriums für Verkehr und Infrastruktur und des Ministeriums für Finanzen und Wirtschaft, vom 9.5.2012 (Az: 64-4583/404) (Windenergie-Erlass BW), S. 25; Hinweise zur Planung und Genehmigung von Windkraftanlagen (WKA) – Gemeinsame Bekanntmachung der Bayerischen Staatsministerien des Innern, für Wissenschaft, Forschung und Kunst, der Finanzen, für Wirtschaft, Infrastruktur, Verkehr und Technologie, für Umwelt und Gesundheit sowie für Ernährung, Landwirtschaft und Forsten (Bayerischer Windkrafterlass) vom 19.7.2016 (Az: IIB5-4112.79-074/14, XI.4-K5106-12c/54 225, 54-L9249-1/21/1, 92b-9211/11, 72a-U3327-2015/3 und F1-7711-1/97) S. 14.
⁴⁸² *Sittig*, Das Prioritätsprinzip im deutschen Verwaltungsrecht bei der immissionsschutzrechtlichen Genehmigung für Windenergieanlagen, S. 58; *Sangenstedt*, in: Landmann/Rohmer (Hrsg.), Umweltrecht, UVPG, § 3b Rn. 18 ff., 35 f.

114   Mit diesem zeitlichen Unterscheidungskriterium (gleichzeitige oder nachträgliche Verwirklichung) werden folglich die Verantwortlichkeiten für die Durchführung der jeweiligen UVP oder Vorprüfung festgelegt, also die Frage, wer eine UVP oder Vorprüfung durchführen muss.[483] Denn während bei einer gleichzeitigen **Kumulation** nach § 3b Abs. 1 UVPG alle betroffenen Anlagenbetreiber der jeweils erforderlichen Umweltprüfung unterliegen, ist dies im Falle des nachträglichen Hineinwachsens in die UVP nur für die jeweils „hinzukommenden" Anlagenbetreiber der Fall.

115   Maßgebliches Unterscheidungskriterium dafür, ob mehrere Anlagen gleichzeitig verwirklicht werden sollen, ist dabei nicht etwa die reale Existenz von Anlagen einerseits und die „bloße" Planung andererseits, also die Frage, ob im fraglichen Gebiet bereits Windenergieanlagen vorhanden sind. Vielmehr ist nach herrschender Auffassung davon auszugehen, dass das Merkmal „gleichzeitig" einschränkend und verfahrensbezogen auszulegen ist.[484] Danach werden Vorhaben auch dann im Sinne des UVPG „gleichzeitig verwirklicht", wenn mehrere Vorhabenträger gleichzeitig oder zeitnah das Genehmigungsverfahren betreiben, ohne dass einer der Vorhabenträger bereits einen „verfahrensmäßig bestandsgeschützten Status" erreicht hat, er also seinerseits bereits alles nach den einschlägigen Verfahrensvorschriften Erforderliche für die Zulassung des Vorhabens getan hat.[485]

116   In Genehmigungsverfahren für Windenergieanlagen ist dieser verfestigte Verfahrensstatus regelmäßig dann anzunehmen, wenn die Antragsunterlagen für das jeweilige Vorhaben vollständig bei der Genehmigungsbehörde eingereicht wurden[486]. Denn dann liegen alle weiteren vorhabenbezogenen Verfahrensschritte in der Sphäre der Genehmigungsbehörde – der Antragsteller hat mithin alles Erforderliche für die Zulassung seines Vorhabens getan.

> Windenergieanlagen werden „gleichzeitig" i.S.d. § 3b Abs. 1 UVPG verwirklicht, wenn keiner der betroffenen (künftigen) Betreiber für seine Anlage mindestens den Status der Antragsunterlagenvollständigkeit erreicht hat.

117   **aa) Erstmalige Schwellenwerterreichung.** Treffen mehrere Anlagen gleicher oder unterschiedlicher Träger räumlich zusammen, werden diese im Hinblick auf die Feststellung der UVP- bzw. Vorprüfungs-Pflicht (also zur Feststellung der erstmaligen Schwellenwerterreichung von drei, sechs oder 20 Anlagen) addiert, unabhängig davon, ob die betreffenden Anlagen bereits existieren, lediglich genehmigt sind oder gar erst beantragt wurden. Ergibt sich hierbei, dass ein maßgeblicher Schwellenwert erreicht oder überschritten wird, so trifft die daraus resultierende UVP- bzw. Vorprüfungs-Pflicht alle diejenigen Betreiber, deren Vorhaben noch keinen verfahrensmäßig verfestigten Status (→ Kap. 2 Rn. 115 f.) erreicht haben, also alle diejenigen, die für ihr Vorhaben noch nicht zumindest einen vollständigen Genehmigungsantrag vorgelegt haben. Demgegenüber bleiben die als Bestandsvorhaben geltenden Anlagen bzw. deren Betreiber, also diejenigen, die entweder bereits einen vollständigen Antrag eingereicht, eine Genehmigung erhalten oder die genehmigte Anlage bereits errichtet haben und betreiben, von der erstmals entstandenen UVP- bzw. Vorprüfungs-Pflicht unberührt.

---

[483] *Sittig*, Das Prioritätsprinzip im deutschen Verwaltungsrecht bei der immissionsschutzrechtlichen Genehmigung für Windenergieanlagen, S. 70; *Sangenstedt,* in: Landmann/Rohmer (Hrsg.), Umweltrecht, UVPG, § 3b Rn. 20.

[484] *Sittig*, Das Prioritätsprinzip im deutschen Verwaltungsrecht bei der immissionsschutzrechtlichen Genehmigung für Windenergieanlagen, S. 68 f. m.w. N.; *Sangenstedt,* in: Landmann/Rohmer (Hrsg.), Umweltrecht, UVPG, § 3b Rn. 22 ff.

[485] *OVG Weimar*, Beschl. v. 2.9.2008 – 1 EO 448/08, ThürVBl. 2009, 151 (155); *Sittig*, Das Prioritätsprinzip im deutschen Verwaltungsrecht bei der immissionsschutzrechtlichen Genehmigung für Windenergieanlagen, S. 68 f.; *Sangenstedt,* in: Landmann/Rohmer (Hrsg.), Umweltrecht, UVPG, § 3b Rn. 24; a.A. wohl *Rolshoven*, NVwZ 2006, 516 (520), der insoweit lediglich die bereits existierenden Anlagen zusammenfassen will.

[486] *OVG Weimar*, Beschl. v. 2.9.2008 – 1 EO 448/08, ThürVBl. 2009, 151 (155); *Sittig*, Das Prioritätsprinzip im deutschen Verwaltungsrecht bei der immissionsschutzrechtlichen Genehmigung für Windenergieanlagen, S. 68 f.; *Sangenstedt,* in: Landmann/Rohmer (Hrsg.), Umweltrecht, UVPG, § 3b Rn. 24.

bb) Erweiterungen von Windfarmen innerhalb eines Schwellenwerts.

Nicht ohne Weiteres ist den UVP-rechtlichen Vorschriften zu entnehmen, wie damit umzugehen ist, wenn innerhalb eines bislang nicht UVP- aber vorprüfungspflichtigen Windparks neue Anlagen beantragt werden, die zusammen mit den vorhandenen Anlagen innerhalb desselben Schwellenwertes verbleiben. 118

In diesem Fall ist nach herrschender Auffassung davon auszugehen, dass dem umfassenden Vorsorgezweck des UVPG nur dann Genüge getan wird, wenn möglichst lückenlos umweltbezogene Prüfungen stattfinden. Folglich wird in den Fällen, in denen bereits der maßgebliche Schwellenwert erreicht wurde und sich eine **Erweiterung innerhalb desselben Schwellenwerts** hält, für das neu hinzukommende Vorhaben die durch die Schwelle angegebene Vorprüfung ausgelöst.[487] 119

Werden also beispielsweise in einem Bestandspark mit drei Anlagen durch einen Betreiber zwei weitere Anlagen geplant, ist nur für das Erweiterungsvorhaben, also für die zwei weiteren Anlagen, eine standortbezogene Vorprüfung des Einzelfalls nach § 3c S. 2 UVPG durchzuführen. Zwar erreicht das neu geplante Vorhaben selbst nicht den maßgeblichen Schwellenwert für eine standortbezogene Vorprüfung (der gemäß Ziff. 1.6.1 der Anlage 1 zum UVPG bei drei Anlagen liegt), doch wird der maßgebliche Schwellenwert in Kumulation mit den Bestandsanlagen überschritten.

cc) Erweiterung bereits UVP-pflichtiger Windparks.

Ist ein Bestandswindpark bereits UVP-pflichtig gewesen und ist nunmehr eine Erweiterung dieses Windparks geplant, so richtet sich die Frage einer für das hinzukommende Vorhaben notwendigen UVP bzw. Vorprüfung nach der Vorschrift des § 3e UVPG. 120

§ 3e Änderungen und Erweiterungen UVP-pflichtiger Vorhaben
(4) Die Verpflichtung zur Durchführung einer Umweltverträglichkeitsprüfung besteht auch für die Änderung oder Erweiterung eines Vorhabens, für das als solches bereits eine UVP-Pflicht besteht, wenn
3. in der Anlage 1 für Vorhaben der Spalte 1 angegebene Größen- oder Leistungswerte durch die Änderung oder Erweiterung selbst erreicht oder überschritten werden oder
4. eine Vorprüfung des Einzelfalls im Sinne des § 3c Satz 1 und 3 ergibt, dass die Änderung oder Erweiterung erhebliche nachteilige Umweltauswirkungen haben kann; in die Vorprüfung sind auch frühere Änderungen oder Erweiterungen des UVP-pflichtigen Vorhabens einzubeziehen, für die nach der jeweils geltenden Fassung dieses Gesetzes keine Umweltverträglichkeitsprüfung durchgeführt worden ist [...].

Dabei ist von der **UVP-Pflicht** des Bestandswindparks („**Grundvorhaben**") im Sinne des § 3e Abs. 1 UVPG (in Abgrenzung zum erstmaligen „Hineinwachsen" nach § 3b UVPG → Kap. 2 Rn. 117) nicht nur dann auszugehen, wenn das Grundvorhaben den Schwellenwert von 20 Anlagen bereits überschritten hat, sondern auch, wenn bei Überschreitung der Schwellen für eine Vorprüfung (drei bzw. sechs Anlagen) diese ergeben, dass eine UVP durchzuführen wäre.[488] Nicht erforderlich ist allerdings, dass eine UVP auch durchgeführt wurde oder eine Pflicht dazu bereits zum Zeitpunkt der Genehmigung des Grundvorhabens bestand.[489] Der Gesetzeswortlaut („für das als solches bereits eine UVP-Pflicht besteht") stellt allein darauf ab, ob das Grundvorhaben nach derzeitiger Gesetzeslage, also nach Maßgabe der §§ 3a bis 3f. UVPG (in der aktuellen Fassung) in Verbindung mit der Anlage 1 zum UVPG die Voraussetzungen erfüllt, die eine Umweltverträglichkeitsprüfung notwendig machen[490]. 121

§ 3e UVPG ist anzuwenden, wenn das Grundvorhaben nach jetzt geltendem Recht UVP-pflichtig ist, sei es, weil der Schwellenwert von 20 Anlagen für eine zwingende UVP überschritten wurde, sei es, weil eine durchgeführte Vorprüfung die UVP-Pflicht erbracht hat.

---

[487] *Agatz*, Windenergie-Handbuch, S. 25 f. m. w. N.; vgl. auch *Sangenstedt*, in: Landmann/Rohmer (Hrsg.), Umweltrecht, UVPG, § 3c Rn. 40.
[488] *Sangenstedt*, in: Landmann/Rohmer (Hrsg.), Umweltrecht, UVPG, § 3e Rn. 13; *Agatz*, Windenergie-Handbuch, S. 26 m. w. N.
[489] Missverständlich, aber im Ergebnis wohl zustimmend: *Agatz*, Windenergie-Handbuch, S. 26.
[490] *Sangenstedt*, in: Landmann/Rohmer (Hrsg.), Umweltrecht, UVPG, § 3e Rn. 10 f. m. w. N.

122 Uneinigkeit herrscht hingegen für den davon zu unterscheidenden Fall, dass das vor Inkrafttreten der geltenden UVP-Regelungen genehmigte Grundvorhaben nach heutiger Sicht vorprüfungspflichtig wäre – eine solche aber mangels seinerzeitiger Notwendigkeit nicht durchgeführt wurde.[491]

123 Zum Teil wird für diese Konstellation die Auffassung vertreten, dass solche Grundvorhaben nun einer Vorprüfung zu unterziehen seien, um die Frage der bestehenden UVP-Pflicht des Grundvorhabens im Sinne des § 3e UVPG beantworten zu können. Demgegenüber wird jedoch zu Recht eingewandt, dass dies zu einer Verkomplizierung der ohnehin sehr differenzierten UVP-Problematik führen würde und deshalb im Ergebnis die seinerzeit ohne Vorprüfung zugelassenen – nunmehrigen – „A" oder „S-Grundvorhaben" vollständig vom Anwendungsbereich des § 3e UVPG auszunehmen sind.[492]

> § 3e UVPG gilt nicht für Grundvorhaben, die nunmehr vorprüfungspflichtig wären, bei denen die Pflicht einer Vorprüfung zum Zeitpunkt ihrer Genehmigung aber nicht bestand. Insbesondere ist keine Vorprüfung „nachzuholen". Neu hinzukommende Anlagen werden nach § 3b UVPG behandelt, weil kein UVP-pflichtiges Grundvorhaben existiert.

124 Soweit hingegen der Anwendungsbereich des § 3e UVPG eröffnet ist, weil ein bereits UVP-pflichtiges Grundvorhaben besteht und dieses erweitert wird, bemisst sich die Notwendigkeit von UVP bzw. Vorprüfungen nach der Erreichung der Schwellenwerte der Anlage 1 zum UVPG durch das konkrete Vorhaben. Das heißt, dass die neu hinzutretenden Windenergieanlagen wieder so lange addiert werden, bis die Schwelle für die UVP-Pflicht (also 20 Anlagen) erreicht ist oder eine Vorprüfung die Notwendigkeit einer UVP ergibt.[493]

4. Ablauf einer UVP

a) Scoping

125 Besteht für ein Vorhaben eine UVP-Pflicht (sei es, weil der maßgebliche Schwellenwert von 20 Anlagen nach der Anlage 1 zum UVPG erreicht wird, sei es, weil die UVP-Vorprüfung die Notwendigkeit einer UVP für das gegenständliche Vorhaben ergeben hat), wird in der Regel in einem ersten Schritt im Rahmen eines Gesprächstermins des Antragstellers mit der Genehmigungsbehörde, Fachbehörden und Gutachtern ein sog. **„Scoping"** zur Unterrichtung über den voraussichtlichen Untersuchungsrahmen nach § 5 UVPG durchgeführt.[494]

§ 5 Unterrichtung über voraussichtlich beizubringende Unterlagen
(5) Sofern der Träger eines Vorhabens die zuständige Behörde vor Beginn des Verfahrens, das der Entscheidung über die Zulässigkeit des Vorhabens dient, darum ersucht oder sofern die zuständige Behörde es nach Beginn des Verfahrens für erforderlich hält, berät und unterrichtet diese ihn entsprechend dem Planungsstand des Vorhabens und auf der Grundlage geeigneter Angaben zum Vorhaben frühzeitig über Inhalt und Umfang der voraussichtlich nach § 6 beizubringenden Unterlagen über die Umweltauswirkungen des Vorhabens; § 14f. Abs. 3 ist zu beachten. Vor der Unterrichtung gibt die zuständige Behörde dem Träger des Vorhabens sowie den nach § 7 zu beteiligenden Behörden Gelegenheit zu einer Besprechung über Inhalt und Umfang der Unterlagen. Die Besprechung soll sich auch auf Gegenstand, Umfang und Methoden der Umweltverträglichkeitsprüfung sowie sonstige für die Durchführung der Umweltverträglichkeitsprüfung erhebliche Fragen erstrecken. Sachverständige, betroffene Gemeinden, nach § 8 Absatz 1 zu beteiligende Behörden, nach § 3 des Umwelt-Rechtsbehelfsgesetzes anerkannte Umweltvereinigungen sowie sonstige Dritte können hinzugezogen werden. Verfügen die zuständige Behörde oder die zu beteiligenden Behörden über Informationen, die für die Beibringung der Unterlagen nach § 6 zweckdienlich sind, sollen sie diese Informationen dem Träger des Vorhabens zur Verfügung stellen. Das Ergebnis der Besprechung ist von der zuständigen Behörde zu dokumentieren. Mit der Unterrichtung wird entsprechend dem Planungsstand des Vorhabens der Inhalt und Umfang der beizubringenden Unterlagen festgelegt. Die zuständige Behörde berät den Träger des Vorhabens auch nach der Unterrichtung gemäß Absatz 1, soweit dies für eine zügige und sachgerechte Durchführung des Verfahrens zweckmäßig ist.

---

[491] Vgl. zum gesamten Streitstand die sehr gute Darstellung bei *Sangenstedt*, in: Landmann/Rohmer (Hrsg.), Umweltrecht, UVPG, § 3e Rn. 12 m. w. N. für die jeweils vertretenen Auffassungen.
[492] So etwa: *Sangenstedt*, in: Landmann/Rohmer (Hrsg.), Umweltrecht, UVPG, § 3e Rn. 12.
[493] *Agatz*, Windenergie-Handbuch, S. 26.
[494] *Agatz*, Windenergie-Handbuch, S. 33.

Der Träger des Vorhabens kann auf die Durchführung dieses Verfahrensschrittes jedoch 126
verzichten (Ziff. 0.4.2., 1. Abs. UVPVwV).

Das **Scoping** dient dazu, dass bei dem Träger des Vorhabens und den Behörden möglichst 127
Klarheit über Gegenstand, Umfang und Methoden der Umweltverträglichkeitsprüfung sowie
über sonstige für deren Durchführung erhebliche Fragen besteht, insbesondere im Hinblick
auf die nach § 6 UVPG beizubringenden **entscheidungserheblichen Unterlagen** (Ziff. 0.4.1
UVPVwV). Es wird damit vor allem auch eine Verfahrensbeschleunigung bezweckt.[495] Indessen
darf diese Besprechung nicht den Erörterungstermin im Rahmen der späteren Einbeziehung
der Öffentlichkeit im förmlichen Zulassungsverfahren vorwegnehmen, weshalb etwa Dritte
zwar beteiligt werden können, aber im Scoping-Termin nicht schon Einwände Dritter gegen
das Vorhaben abschließend behandelt werden sollen.[496]

Zu beachten ist schließlich insbesondere die Vorschrift des § 5 S. 1, 2. HS UVPG, der auf die 128
Vorschrift des § 14 f. Abs. 3 UVPG zur Beschränkung des Untersuchungsaufwands im Verfahren
für die Strategische Umweltplanung verweist und diese Regelung auch im Rahmen der UVP
für anwendbar erklärt:

§ 14 f. Festlegung des Untersuchungsrahmens
[...]
*Sind Pläne und Programme Bestandteil eines mehrstufigen Planungs- und Zulassungsprozesses, soll zur Vermeidung
von Mehrfachprüfungen bei der Festlegung des Untersuchungsrahmens bestimmt werden, auf welcher der Stufen dieses
Prozesses bestimmte Umweltauswirkungen schwerpunktmäßig geprüft werden sollen. Dabei sind Art und Umfang der
Umweltauswirkungen, fachliche Erfordernisse sowie Inhalt und Entscheidungsgegenstand des Plans oder Programms zu
berücksichtigen. Bei nachfolgenden Plänen und Programmen sowie bei der nachfolgenden Zulassung von Vorhaben, für
die der Plan oder das Programm einen Rahmen setzt, soll sich die Umweltprüfung auf zusätzliche oder andere erhebliche
Umweltauswirkungen sowie auf erforderliche Aktualisierungen und Vertiefungen beschränken[...].*

Gegenstand dieser Verweisung ist die Vermeidung unnötiger Mehrfachprüfungen. Die 129
Vorschrift bestimmt deshalb für den Fall, dass bereits in einem vorangegangenen Bauleitplanverfahren eine Umweltprüfung durchgeführt worden ist, im Genehmigungsverfahren
die umweltrechtliche Vorprüfung des Einzelfalls oder die UVP auf zusätzliche oder andere
erhebliche nachteilige Umweltauswirkungen beschränkt werden sollen[497] – dies ist bereits im
Scoping-Termin zu berücksichtigen und hat entsprechend auch Auswirkungen auf die beizubringenden Unterlagen nach § 6 UVPG (→ Kap. 2 Rn. 130 ff.).

b) Erforderliche Unterlagen

Nach dem Scoping erfolgt die Antragstellung unter Einschluss der (ggf. im Scoping-Termin 130
bereits benannten) **„entscheidungserheblichen Unterlagen"** (§ 6 Abs. 1 UVPG) über die
Umweltauswirkungen des Vorhabens durch den Antragsteller. Dabei müssen gemäß § 6 Abs. 3
S. 1 UVPG mindestens folgende Angaben enthalten sein:

§ 6 Unterlagen des Trägers des Vorhabens
[...]
(3) Die Unterlagen nach Absatz 1 müssen zumindest folgende Angaben enthalten:
5. Beschreibung der Vorhaben mit Angaben über Standort, Art und Umfang sowie Bedarf an Grund und Boden,
*6. Beschreibung der Maßnahmen, mit denen erhebliche nachteilige Umweltauswirkungen des Vorhabens vermieden,
vermindert oder, soweit möglich, ausgeglichen werden, sowie Ersatzmaßnahmen bei nicht ausgleichbaren aber vorrangigen Eingriffen in Natur und Landschaft,*

---

[495] *Beckmann*, in: Landmann/Rohmer (Hrsg.), Umweltrecht, UVPG, § 5 Rn. 14.
[496] *Beckmann*, in: Landmann/Rohmer (Hrsg.), Umweltrecht, UVPG, § 5 Rn. 14.
[497] Ziff. 5.1.2 d) von dem „Erlass für die Planung und Genehmigung von Windenergieanlagen und
Hinweise für die Zielsetzung und Anwendung (Windenergie-Erlass) vom 4.11.2015" – Gemeinsamer
Runderlass des Ministeriums für Klimaschutz, Umwelt, Landwirtschaft, Natur- und Verbraucherschutz
des Landes Nordrhein- Westfalen (Az: VII-3 – 02.21 WEA-Erl. 15) und des Ministeriums für Bauen,
Wohnen, Stadtentwicklung und Verkehr des Landes Nordrhein-Westfalen (Az: VI A 1 – 901.3/202) und
der Staatskanzlei des Landes Nordrhein-Westfalen (Az: III B 4 – 30.55.03.01).

7. *Beschreibung der zu erwartenden erheblichen nachteiligen Umweltauswirkungen des Vorhabens unter Berücksichtigung des allgemeinen Kenntnisstandes und der allgemein anerkannten Prüfungsmethoden,*
8. *Beschreibung der Umwelt und ihrer Bestandteile im Einwirkbereich des Vorhabens unter Berücksichtigung des allgemeinen Kenntnisstandes und der allgemein anerkannten Prüfungsmethoden sowie Angaben zur Bevölkerung in diesem Bereich, soweit die Beschreibung und die Angaben zur Feststellung und Bewertung erheblicher nachteiliger Umweltauswirkungen des Vorhabens erforderlich sind und ihre Beibringung für den Träger des Vorhabens zumutbar ist,*
9. *Übersicht über die wichtigsten, vom Träger des Vorhabens geprüften anderweitigen Lösungsmöglichkeiten und Angabe der wesentlichen Auswahlgründe im Hinblick auf die Umweltauswirkungen des Vorhabens [...].*

131 Daneben können auch weitere Angaben erforderlich sein, soweit diese nach der Art des Vorhabens für die Umweltverträglichkeitsprüfung erforderlich sind (§ 6 Abs. 4 S. 1 UVPG); hierzu gehören im Rahmen von Windenergievorhaben vor allem die gutachterlichen Beschreibungen und Bewertungen von Schall- und Schattenwurf der geplanten Anlagen.

132 Dieser Aufstellung (also der Mindest- als auch der weiteren Angaben) ist zudem eine „allgemein verständliche nichttechnische Zusammenfassung beizufügen (vgl. § 6 Abs. 3 S. 2, Abs. 4 S. 2 UVPG).

c) Begriff der „erheblichen nachteiligen Umweltauswirkungen"

133 Maßgeblicher Anknüpfungspunkt für die erforderlichen Angaben ist bei Umweltprüfungen nach dem UVPG (also auch im Rahmen von UVP-Vorprüfungen → Kap. 2 Rn. 151 ff.) die Darstellung der mit einem Vorhaben verbundenen „erheblichen nachteiligen Umweltauswirkungen". Nach der Beurteilung von Auswirkungen, ob sie umweltbezogen im Sinne des UVPG sowie erheblich und nachteilig sind, bemisst sich nach den obigen Ausführungen (→ Kap. 2 Rn. 120) sowohl der Umfang der Antragsunterlagen als auch die nachfolgende Bewertung.

134 Das UVPG selbst gibt jedoch – ebenso wie die zu Grunde liegende EG-Richtlinie – keine Legaldefinition für den Begriff der „erheblichen nachteiligen Umweltauswirkungen" vor. Jedenfalls ist nicht davon auszugehen, dass der Begriff der „erheblichen nachteiligen Umweltauswirkungen" identisch mit dem Begriff der „schädlichen Umwelteinwirkung" des Bundes-Immissionsschutzgesetzes (vgl. § 3 Abs. 1 BImSchG[498]) ist, denn UVP-rechtlich sind die maßgeblichen Umweltauswirkungen nicht auf Immissionen beschränkt, sondern sind „europarechtskonform und im Lichte der Schutzgüter des § 2 UVPG auszulegen".[499] Der Begriff der „erheblichen nachteiligen Umweltauswirkungen" ist somit in der Regel weiter gefasst als der immissionsschutzrechtliche Begriff der „schädlichen Umwelteinwirkung".

135 Hinsichtlich der Inanspruchnahme von Natur und Landschaft finden sich insoweit Vorgaben in Ziff. 2.1 des Anhangs 2 der UVPVwV:

Anhang 2 zur UVPVwV
Hinweise für die voraussichtlich beizubringenden Unterlagen bei Vorhaben mit zu erwartenden erheblichen oder nachhaltigen Beeinträchtigungen der Funktions- und Leistungsfähigkeit des Naturhaushaltes oder des Landschaftsbildes
[...]
2.1 Beschreibung von Natur und Landschaft unter Berücksichtigung des allgemeinen Kenntnisstandes und der allgemein anerkannten Prüfungsmethoden, soweit diese Beschreibung für die im Rahmen des § 8 BNatSchG zu treffenden Entscheidungen erforderlich ist und die Behörden über diese Informationen nicht bereits verfügen, insbesondere
– *Angaben über die Gestalt und Nutzung von Grundflächen, insbesondere über*
  • *Biotope (Typen und deren Ausprägung),*
  • *Bestand und Bestandsentwicklung gefährdeter und bedeutsamer Tier- und Pflanzenarten und -gesellschaften,*
  • *Oberflächengewässer und Gewässersysteme,*
  • *Grundwasservorkommen, Grundwasserneubildungsgebiete und Deckschichten,*
  • *Bodenarten, Bodentypen, geologische Ausgangssituation,*

---

[498] So ausdrücklich: *BVerwG*, Urt. v. 17.12.2013, NVwZ 2014, 669 (675), „Schädliche Umwelteinwirkungen" sind nach der Legaldefinition des § 3 Abs. 1 BImSchG: „...Immissionen, die nach Art, Ausmaß oder Dauer geeignet sind, Gefahren, erhebliche Nachteile oder erhebliche Belästigungen für die Allgemeinheit oder die Nachbarschaft herbeizuführen".

[499] *Hofmann*, in: Landmann/Rohmer (Hrsg.), Umweltrecht, UVPG, § 6 Rn. 21.

- *Geländeklima,*
- *strukturbildende Landschaftsbestandteile und Einzelelemente,*
- *Geländemorphologie,*
- *Nutzungsarten und -intensitäten in den Bereichen Landwirtschaft, Forstwirtschaft, Fischwirtschaft, Erholung, Wasserwirtschaft,*
- *Nutzungen für Zwecke des Natur- und Landschaftsschutzes einschließlich kulturhistorischer Nutzungsformen[...].*

Ob Auswirkungen „erheblich" sind, ergibt sich ebenfalls nicht aus dem Gesetz, allerdings ist gemäß Ziff. 0.6.1.2. UVPVwV davon auszugehen, dass jedenfalls dann, wenn für die jeweiligen Auswirkungen Fachrecht existiert und in diesem Fachrecht Grenzwerte enthalten sind, diese Grenzwerte maßgeblich sind.[500] Anderenfalls hat die zuständige Behörde die Umweltauswirkungen nach Maßgabe der gesetzlichen Umweltanforderungen aufgrund der Umstände des Einzelfalls zu bewerten: **136**

0.6.1.2 UVPVwV
Bewertungskriterien (Konkretisierung der gesetzlichen Umweltanforderungen)
Wenn Fachgesetze oder deren Ausführungsbestimmungen für die Bewertung der Umweltauswirkungen eines Vorhabens
– rechtsverbindliche Grenzwerte enthalten oder
– sonstige Grenzwerte oder nicht zwingende, aber im Vergleich zu den Orientierungshilfen in Anhang 1 anspruchsvollere Kriterien vorsehen,
sind diese Bestimmungen heranzuziehen (§ 4 UVPG).
Soweit dies nicht der Fall ist, sind bei der Bewertung der Umweltauswirkungen die in Anhang 1 angegebenen Orientierungshilfen, die im Hinblick auf eine wirksame Umweltvorsorge (§§ 1, 2 Abs. 1 Satz 2 und 4 UVPG) eine Konkretisierung gesetzlicher Umweltanforderungen darstellen, heranzuziehen. Da die Orientierungshilfen keine Grenzwerte sind, ist bei ihrer Anwendung auf die Umstände des Einzelfalls wie Standort- und Nutzungsmerkmale abzustellen; die Umstände, insbesondere Abweichungen von den Orientierungshilfen, sind zu erläutern.
Sind Umweltauswirkungen zu bewerten, für die das Fachrecht oder Anhang 1 keine Bewertungskriterien enthalten, hat die zuständige Behörde die Umweltauswirkungen nach Maßgabe der gesetzlichen Umweltanforderungen aufgrund der Umstände des Einzelfalls zu bewerten [...].

Schließlich ist zu berücksichtigen, dass § 6 UVPG die Vorlage von Angaben über erhebliche nachteilige Umweltauswirkungen ausschließlich vom allgemeinen Kenntnisstand und allgemein anerkannten Prüfungsmethoden abhängig macht. Die Rechtsprechung hat daher zu Recht darauf hingewiesen, dass die UVP kein „Suchverfahren" ist, in dem alle nur erdenklichen Auswirkungen eines Vorhabens auf Umweltgüter und deren Wertigkeit zu untersuchen wären, bzw. wissenschaftlich noch ungeklärte Fragen gelöst werden müssten.[501] Allerdings wird der allgemeine Kenntnisstand andererseits nicht durch Laien beschrieben, sondern bezieht sich auf die einschlägigen Fachkreise und die dort geführten Diskussionen.[502] **137**

d) Unterrichtung der Behörden und Anhörung der Öffentlichkeit

Gemäß § 7 ff. UVPG beteiligt die zuständige UVP-Behörde (ggf. auch grenzüberschreitend) diejenigen Behörden, deren Aufgabenbereich durch das Vorhaben berührt werden sowie die Öffentlichkeit, der ebenfalls unter Gewährung von Einsicht in die maßgeblichen Antragsunterlagen i. S. d. § 6 UVPG Möglichkeit zur Stellungnahme gegeben werden muss. **138**

§ 7 Beteiligung anderer Behörden
Die zuständige Behörde unterrichtet die Behörden, deren umweltbezogener Aufgabenbereich durch das Vorhaben berührt wird, über das Vorhaben, übermittelt ihnen die Unterlagen nach § 6 und holt ihre Stellungnahmen ein. § 73 Abs. 3a des Verwaltungsverfahrensgesetzes findet entsprechende Anwendung.

---

[500] *Hofmann*, in: Landmann/Rohmer (Hrsg.), Umweltrecht, UVPG, § 6 Rn. 24; zu Auswirkungen des Urteils des *BVerwG*, Urt. v. 17.12.2013, NVwZ 2014, 669 (675), in dem erhebliche Umweltauswirkungen bereits bei einem Heranrücken an Grenzwerte bejaht werden, auf den Bereich der Windenergienutzung vgl. *VGH Mannheim*, Beschl. v. 6.7.2015, BeckRS 2016, 40425 und *Kupke/Magaard*, ZUR 2016, 598 (603 f.).
[501] BVerwGE 100, 370 (377); *Hofmann*, in: Landmann/Rohmer (Hrsg.), Umweltrecht, UVPG § 6 Rn. 25.
[502] *Hofmann*, in: Landmann/Rohmer (Hrsg.), Umweltrecht, UVPG, § 6 Rn. 25.

§ 8 Grenzüberschreitende Behördenbeteiligung
[…]

§ 9 Beteiligung der Öffentlichkeit
(1) Die zuständige Behörde hat die Öffentlichkeit zu den Umweltauswirkungen des Vorhabens zu beteiligen. Der betroffenen Öffentlichkeit wird im Rahmen der Beteiligung Gelegenheit zur Äußerung gegeben. Das Beteiligungsverfahren muss den Anforderungen des § 73 Abs. 3 Satz 1, Abs. 4 bis 7 des Verwaltungsverfahrensgesetzes entsprechen[…].

§ 9a Grenzüberschreitende Öffentlichkeitsbeteiligung
[…]

139   Der Verweis in § 7 UVPG auf die entsprechende Anwendung des § 73 Abs. 3a Verwaltungsverfahrensgesetz (VwVfG)[503] bei der Behördenbeteiligung hat dabei zum Inhalt, dass den Behörden für ihre Stellungnahme eine Frist zu setzen ist, die drei Monate nicht überschreiten darf.

e) Zusammenfassende Darstellung

140   Auf der Grundlage der Antragsunterlagen des Antragstellers, der behördlichen Stellungnahmen und Äußerungen der Öffentlichkeit sowie unter Einbeziehung eigener Ermittlungen durch die UVP-Behörde hat diese gemäß § 11 UVPG sodann eine „**zusammenfassende Darstellung**" der Umweltauswirkungen des Vorhabens sowie der Maßnahmen, mit denen erhebliche nachteilige Umweltauswirkungen vermieden, vermindert oder ausgeglichen werden einschließlich der Ersatzmaßnahmen bei nicht ausgleichbaren aber vorrangigen Eingriffen in Natur und Landschaft zu erarbeiten. Gemäß § 11 S. 3 UVPG ist die zusammenfassende Darstellung möglichst innerhalb eines Monats zu erarbeiten, allerdings schließt die Vorschrift („möglichst") eine Verlängerung der Frist in begründeten Fällen nicht aus.

141   Die „zusammenfassende Darstellung" stellt als ausschließliches „Verwaltungsinternum"[504] die Grundlage für die nachfolgende rechtliche Bewertung der Umweltauswirkungen dar.[505] Das bedeutet, dass rechtliche Wertungen der Umweltauswirkungen als „Gefahr", „erhebliche Belästigung" oder „schädlich" nicht schon in die zusammenfassende Darstellung gehören, sondern erst der abschließenden Bewertung im Sinne des § 12 UVPG vorbehalten sind.[506]

142   Grundsätzlich beinhaltet die zusammenfassende Darstellung folgende Inhalte:[507]

- Beschreibung des Vorhabens (§ 6 Abs. 1 S. 1 Nr. 1 UVPG)
- Beschreibung der gegenwärtigen Umweltsituation (Ist-Zustand/Vorbelastungen; § 6 Abs. 3 S. 1 Nr. 4 UVPG)
- zu erwartende unmittelbare und mittelbare Umwelteinwirkungen infolge der Errichtung und des Betriebs des geplanten Vorhabens (§§ 6 Abs. 3 S. 1 Nr. 3, 6 Abs. 4 S. 1 Nr. 2, 2 Abs. 1 S. 2 UVPG)
- voraussichtliche Veränderungen der Umwelt bei Vorhabenvarianten, soweit diese vom Vorhabenträger geprüft wurden oder das Fachrecht eine solche Alternativenprüfung verlangt (§ 6 Abs. 3 S. 1 Nr. 5 UVPG)
- Prüfungsmethoden zur Ermittlung des Zustandes der Umwelt und zur Prognose der zu erwartenden erheblichen Auswirkungen des Vorhabens auf die Umwelt sowie Hinweise auf Schwierigkeiten bei der Ermittlung (§ 6 Abs. 4 S. 1 Nr. 3 UVPG)
- Maßnahmen, mit denen erhebliche nachteilige Umweltauswirkungen vermieden, vermindert oder ausgeglichen werden (§ 11 S. 1 UVPG)

143   Dabei ist zwingend der von § 11 S. 1 UVPG betonte Projektbezug der „zusammenfassenden Darstellung" einzuhalten („eine zusammenfassende Darstellung der Umweltauswirkungen des

---

[503] I. d. F. der Bekanntmachung v. 23.1.2003 (BGBl. I S. 102), zuletzt geändert durch Art. 20 des Gesetzes v. 18.7.2016 (BGBl. I S. 1679).
[504] Vgl.: *Wulfhorst,* in: Landmann/Rohmer (Hrsg.), Umweltrecht, UVPG, § 11 Rn. 3, 26, der m. w. N. auf die „ausschließlich behördeninterne Funktion" der zusammenfassenden Darstellung nach § 11 UVPG verweist.
[505] VGH München, NuR 1993, 285; *Wulfhorst,* in: Landmann/Rohmer (Hrsg.), Umweltrecht, UVPG, § 11 Rn. 9.
[506] *Wulfhorst,* in: Landmann/Rohmer (Hrsg.), Umweltrecht, UVPG, § 11 Rn. 20.
[507] Übersicht nach: *Wulfhorst,* in: Landmann/Rohmer (Hrsg.), Umweltrecht, UVPG § 11 Rn. 13.

III. Umweltverträglichkeitsprüfung 137

Vorhabens"); es soll also keine Darstellung abstrakter ökologischer Fragestellungen erfolgen, sondern die mit dem Vorhaben verbundenen Umweltauswirkungen sollen aussagekräftig, aber einzelfallbezogen dargestellt werden.[508] Da die Darstellung überdies problemorientiert sein soll, hängt der Umfang und Detaillierungsgrad der Beschreibung einerseits vom betroffenen Schutzgut (vgl. § 2 Abs. 1 S. 2 UVPG) und andererseits von der Intensität der jeweiligen Beeinträchtigung ab; gegebenenfalls kann die Behörde zur Konzentrierung der Darstellung und zur besseren Lesbarkeit auf ihr vorliegende Gutachten verweisen.[509]

Das Bundesverwaltungsgericht geht im Übrigen davon aus, dass sich die zusammenfassende 144 Darstellung auf solche Umweltauswirkungen des Vorhabens beschränken kann, die eine gewisse Erheblichkeitsschwelle überschreiten, weil auch der Antragsteller nur hinsichtlich „erheblicher nachteiliger Umweltauswirkungen" zur Beibringung von Antragsunterlagen verpflichtet sei[510] (vgl. § 6 Abs. 3 S. 1 Nr. 3 UVPG; im Übrigen: → Kap. 2 Rn. 130 ff.).

Die „zusammenfassende Darstellung" sollte zudem Auskunft über etwaige Informations- 145 quellen geben, da die Bewertung der Informationen im nachfolgenden Schritt auch davon abhängen können, durch welche jeweiligen Interessen und Sichtweisen die vorgelegten bzw. vorliegenden Informationen gegebenenfalls geprägt sind.[511]

Schließlich ist gemäß § 21 Abs. 1 Nr. 5 der „Neunten Verordnung zur Durchführung des 146 Bundes-Immissionsschutzgesetzes (Verordnung über das Genehmigungsverfahren – 9. BImSchV)[512] die „zusammenfassende Darstellung" bei immissionsschutzrechtlichen Genehmigungsvorhaben – also auch bei Windenergieanlagen mit einer Gesamthöhe von mehr als 50 m – in die Begründung der Genehmigungsentscheidung mit aufzunehmen. § 21 Abs. 1 Nr. 5 der 9. BImSchV geht als spezialgesetzliche Vorschrift insoweit § 11 S. 4 UVPG vor, der diesbezüglich nur eine „Kann-Bestimmung" enthält.

f) Abschließende Bewertung

Herzstück der UVP ist schließlich die **Bewertung der Umweltauswirkungen** gemäß § 12 147 UVPG auf der Grundlage der zusammenfassenden Darstellung nach § 11 UVPG; sie schließt „als letzter Akt des Dreiklangs Ermitteln – Beschreiben – Bewerten das UVP-Verfahren ab" (vgl. § 2 Abs. 1 S. 2 UVPG):[513]

§ 12 Bewertung der Umweltauswirkungen und Berücksichtigung des Ergebnisses bei der Entscheidung
Die zuständige Behörde bewertet die Umweltauswirkungen des Vorhabens auf der Grundlage der zusammenfassenden Darstellung nach § 11 und berücksichtigt diese Bewertung bei der Entscheidung über die Zulässigkeit des Vorhabens im Hinblick auf eine wirksame Umweltvorsorge im Sinne der §§ 1, 2 Abs. 1 S. 2 und 4 nach Maßgabe der geltenden Gesetze.

Die Bewertung ist – wie auch bereits die zusammenfassende Darstellung – projektbezogen 148 (→ Kap. 2 Rn. 142) und erfasst dabei die mittelbaren und unmittelbaren Auswirkungen des Vorhabens auf die einzelnen in § 2 Abs. 1 S. 2 Nr. 1-3 UVPG genannten UVP-Schutzgüter im Wege einer mehrseitigen Bewertung, nämlich zum Einen eine Einzelbewertung, aber auch eine Gesamtbewertung der Umweltauswirkungen sowie die Bewertung von Wechselwirkungen

---

[508] BVerwGE 100, 238 (249); *Wulfhorst,* in: Landmann/Rohmer (Hrsg.), Umweltrecht, UVPG, § 11 Rn. 17.
[509] *Wulfhorst,* in: Landmann/Rohmer (Hrsg.), Umweltrecht, UVPG, § 11 Rn. 17.
[510] BVerwGE 100, 370 (377); *BVerwG,* NuR 1998, 305 (311); vgl. zum Ganzen sowie zu den in der Literatur vertretenen, abweichenden Auffassungen: *Wulfhorst,* in: Landmann/Rohmer (Hrsg.), Umweltrecht, UVPG, § 11 Rn. 18.
[511] *Wulfhorst,* in: Landmann/Rohmer (Hrsg.), Umweltrecht, UVPG, § 11 Rn. 23.
[512] I. d. F. der Bekanntmachung v. 29.5.1992 (BGBl. I S. 1001), zuletzt geändert durch Art. 5 der Verordnung v. 28.4.2015 (BGBl. I S. 670).
[513] *Wulfhorst,* in: Landmann/Rohmer (Hrsg.), Umweltrecht, UVPG, § 12 Rn. 2; auch zu den im Übrigen mit der Vorschrift des § 12 UVPG verbundenen, vielfältigen dogmatischen Schwierigkeiten, die hier darzustellen den Rahmen des vorliegenden Werkes sprengen würde.

zwischen den einzelnen Schutzgütern[514] (vgl. auch Ziff. 0.6.2.1 UVPVwV). Dabei besteht das Ziel der Bewertung nicht in einem Gesamturteil, ob das Vorhaben „umweltverträglich" ist, sondern in der argumentativen Gewichtung der Vorteile und Nachteile des Projektes im Rahmen einer „ökologischen Gesamtbilanz". Die Zulassungsbehörde soll die zu erwartenden Umweltauswirkungen in ihrem ganzen Ausmaß wahrnehmen.[515]

149 Die Bewertung soll sich am Maßstab der Normen des konkreten Zulassungsrechts für das jeweilige Vorhaben danach beurteilen, ob die beschriebenen Umweltauswirkungen nach diesem Fachrecht hingenommen werden müssen („nach Maßgabe der geltenden Gesetze").[516] Für Windenergieanlagen mit einer Gesamthöhe von mehr als 50 m stellt insoweit das Immissionsschutzrecht den maßgeblichen Vorschriftenkanon dar, anhand dessen die Bewertung erfolgt.

150 Bejaht die zuständige Behörde auf der Grundlage der Bewertung die umweltbezogenen Tatbestandvoraussetzungen des Zulassungsrechtes, führt die in § 12 UVPG enthaltene „Berücksichtigungspflicht" dazu, dass die Genehmigung zu erteilen ist, soweit keine (umweltexternen) Versagungsgründe vorliegen. Die Bewertung indiziert insoweit die Entscheidung der Genehmigungsbehörde[517] (→ Kap. 2 Rn. 93).

5. Ablauf einer allgemeinen Vorprüfung

151 Vorprüfungen werden als **„Screening"** bezeichnet.[518] Geregelt ist das Screening (zum Teil) in § 3c UVPG:

§ 3c UVP-Pflicht im Einzelfall
Sofern in der Anlage 1 für ein Vorhaben eine allgemeine Vorprüfung des Einzelfalls vorgesehen ist, ist eine Umweltverträglichkeitsprüfung durchzuführen, wenn das Vorhaben nach Einschätzung der zuständigen Behörde aufgrund überschlägiger Prüfung unter Berücksichtigung der in der Anlage 2 aufgeführten Kriterien erhebliche nachteilige Umweltauswirkungen haben kann, die nach § 12 zu berücksichtigen wären [...].

152 Die Verfahrensgestaltung für das **Screening** ist durch das UVPG zwar nicht vorgeschrieben.[519] Es finden sich jedoch Anhaltspunkte sowohl in Anlage 2 zum UVPG, die zum Teil Kriterien für das Screening enthalten. Auch in ergänzenden Hilfsmaterialien finden sich zum Teil Anhaltspunkte.[520] Im Zweifel gilt der Grundsatz „pro UVP".[521]

153 Wie bei der UVP teilt sich auch die Vorprüfung in eine Sachverhalts- und eine normative Ebene, d. h. in die Prüfungsstufen **Ermittlung und Bewertung der Umweltauswirkungen** des Vorhabens. Unterschiede ergeben sich lediglich in der Prüfungstiefe.[522] Im Übrigen hat die Feststellung, ob eine UVP-Pflicht für das Vorhaben besteht, unverzüglich zu erfolgen (§ 3a UVPG).[523]

---

[514] *Wulfhorst,* in: Landmann/Rohmer (Hrsg.), Umweltrecht, UVPG, § 12 Rn. 16, 18; vgl. auch BVerwGE 100, 238 (245 f.).
[515] *Wulfhorst,* in: Landmann/Rohmer (Hrsg.), Umweltrecht, UVPG § 12 Rn. 18 f.; vgl. auch BVerwGE 100, 238 (245 f.).
[516] *Wulfhorst,* in: Landmann/Rohmer (Hrsg.), Umweltrecht, UVPG, § 12 Rn. 14, 29.
[517] *Wulfhorst,* in: Landmann/Rohmer (Hrsg.), Umweltrecht, UVPG, § 12 Rn. 43.
[518] *Agatz,* Windenergie-Handbuch, S. 28; *Sangenstedt,* in: Landmann/Rohmer (Hrsg.), Umweltrecht, UVPG, § 3c Rn. 8.
[519] *Agatz,* Windenergie-Handbuch, S. 28.
[520] Niedersächsisches Ministerium für Umwelt, Energie und Klimaschutz, „Unverbindliche Arbeitshilfe zur Vorprüfung des Einzelfalls im Rahmen der Feststellung der UVP-Pflicht von Projekten nach dem Gesetz über die Umweltverträglichkeitsprüfung (UVPG) und dem Niedersächsischen Gesetz über die Umweltverträglichkeitsprüfung (NUVPG)", 2012.
[521] Vgl. *Sangenstedt,* in: Landmann/Rohmer (Hrsg.), Umweltrecht, UVPG, § 3a Rn. 12.
[522] *Sangenstedt,* in: Landmann/Rohmer (Hrsg.), Umweltrecht, UVPG, § 3c Rn. 9.
[523] *Sangenstedt,* in: Landmann/Rohmer (Hrsg.), Umweltrecht, UVPG, § 3a Rn. 9.

a) Ermittlung

Die Genehmigungsbehörde ermittelt zunächst aufgrund eigener Kompetenz und auf der Grundlage eigener Informationen eine Prognose der Umweltfolgen des Vorhabens und die nachteiligen Umweltauswirkungen (→ Kap. 2 Rn. 133 ff.). Dies macht es jedoch notwendig, dass der Träger des Vorhabens insoweit mitwirkt[524] und entsprechende Angaben zum Vorhaben bzw. zu den wesentlichen Wirkfaktoren des Vorhabens (Größe, Art und Umfang von Emissionen, Inanspruchnahme von Ressourcen) macht,[525] wenngleich dies rechtlich lediglich eine Obliegenheit darstellt. Eine Mitwirkung von Fachbehörden ist in diesem Verfahrensschritt hingegen nicht notwendig, ebenso wenig die Vorlage von Gutachten durch den Vorhabenträger, da die Vorprüfung des Einzelfalls lediglich eine überschlägige oder summarische Prüfung darstellt, die die eigentliche UVP weder vorwegnehmen soll noch darf.[526] Allerdings kann die Behörde in besonders komplexen Fällen Fachbehörden beteiligen. Insgesamt bietet sich – auch aus Transparenzgründen – ein gemeinsamer Screening-Termin mit dem Vorhabenträger an.[527]

154

Entsprechend ihrer verfahrenslenkenden Funktion handelt es sich bei der Vorprüfung um eine überschlägige Vorausschau mit begrenzter Prüfungstiefe.[528] Sie hat summarischen Charakter. Notwendig ist daher auch nicht die lückenlose Erfassung sämtlicher in Betracht kommender Umweltauswirkungen des Vorhabens. Es kann vielmehr in Abhängigkeit von der konkreten Sachlage auch eine Begrenzung der Prüfung auf bestimmte, unter Umweltgesichtspunkten wesentliche Faktoren genügen.[529] Dabei darf sich die Vorprüfung jedoch nicht in einer oberflächlichen Abschätzung erschöpfen, sondern muss auf der Grundlage geeigneter und ausreichender Informationen erfolgen, wobei der Behörde nach Ansicht des BVerwG ein Einschätzungsspielraum hinsichtlich der Frage zusteht, welche Unterlagen und Informationen als geeignete Grundlage für eine überschlägige Prüfung benötigt werden.[530] Bei ihrer Entscheidung hat sich die Behörde gleichzeitig auf geeignete Angaben zum Vorhaben sowie auf eigene Informationen zu stützen. Zu diesen eigenen Informationen der Behörde zählen auch solche, die bei anderen Behörden einfach abrufbar oder sonst einfach beschaffbar sind.[531]

155

Ebenfalls zu ermitteln sind die Vermeidungs- und Verminderungsmaßnahmen des Vorhabenträgers (§ 3c S. 3 UVPG), die jedoch naturgemäß vom Vorhabenträger auf der Grundlage aussagekräftiger Planunterlagen selbst darzulegen sind.[532]

156

b) Bewertung

Sodann ist zu prüfen, ob die prognostizierten Umweltauswirkungen im Sinne des § 12 UVPG erheblich sind (vgl. § 3c S. 1 UVPG). Dies stellt die Ebene der rechtlichen Bewertung der ermittelten Umweltauswirkungen samt Vermeidungs- und Verminderungsmaßnahmen dar. Dabei bemisst sich – wie auch im Rahmen der UVP – die „Erheblichkeit von Umweltaus-

157

---

[524] Vgl. Niedersächsischen Ministeriums für Umwelt, Energie und Klimaschutz, „Unverbindliche Arbeitshilfe zur Vorprüfung des Einzelfalls im Rahmen der Feststellung der UVP-Pflicht von Projekten nach dem Gesetz über die Umweltverträglichkeitsprüfung (UVPG) und dem Niedersächsischen Gesetz über die Umweltverträglichkeitsprüfung (NUVPG)", Ziff. 2.2.
[525] *Sangenstedt*, in: Landmann/Rohmer (Hrsg.), Umweltrecht, UVPG, § 3c Rn. 10.
[526] *BVerwG*, Urt. v. 18.12.2014; NVwZ 2015, 1223 (1229), *VGH Mannheim*, Beschl. v. 23.2.2016, BauR 2016 375, *OVG Münster*, Beschl. v. 24.6.2015, BeckRS 2015, 48404.
[527] *Agatz*, Windenergie-Handbuch, S. 28; Niedersächsischen Ministeriums für Umwelt, Energie und Klimaschutz, „Unverbindliche Arbeitshilfe zur Vorprüfung des Einzelfalls im Rahmen der Feststellung der UVP-Pflicht von Projekten nach dem Gesetz über die Umweltverträglichkeitsprüfung (UVPG) und dem Niedersächsischen Gesetz über die Umweltverträglichkeitsprüfung (NUVPG)", Ziff. 2.2.
[528] so die Begründung des Regierungsentwurfs in BR-Drs. 674/00 v. 10.11.2000, S. 89, 115, *BVerwG*, Urt. v. 20.12.2011, NVwZ 2012, 575, *VGH Mannheim*, Beschl. v. 6.7.2016, ZUR 2016, 555, *VGH München*, Beschl. v. 19.8.2015, BeckRS 2015, 51973.
[529] *Sangenstedt*, in: Landmann/Rohmer (Hrsg.), Umweltrecht, UVPG, § 3c Rn. 14.
[530] *BVerwG*, Urt. v. 20.2.2011, NVwZ 2012, 575, *VGH Mannheim*, Beschl. v. 6.7.2016, ZUR 2016, 555, *VGH München*, Beschl. v. 19.8.2015, BeckRS 2015, 51973.
[531] *OVG Koblenz*, Beschl. v. 2.4.2014, NVwZ-RR 2014, 839.
[532] *Sangenstedt*, in: Landmann/Rohmer (Hrsg.), Umweltrecht, UVPG, § 3c Rn. 20.

wirkungen" danach, ob die ermittelten Umweltauswirkungen nach dem Maßstab des zugrunde liegenden Zulassungsverfahrens (für Windenergieanlagen also regelmäßig nach dem Immissionsschutzrecht) hingenommen werden sollen[533] (→ Kap. 2 Rn. 135).

158 Neben dieser rechtlichen Komponente der Bewertung enthält § 3c S. 4 UVPG überdies einen quantitativen Maßstab. Danach ist bei der allgemeinen Vorprüfung auch zu berücksichtigen, in welchem Umfang die Schwellenwerte für die Vorprüfung überschritten sind bzw., inwieweit sich das Vorhaben dem Wert der zwingenden UVP-Pflicht (20 Anlagen) annähert.[534] Je näher das Vorhaben am Schwellenwert der zwingenden UVP liegt, umso eher ist eine UVP angezeigt.[535] Dabei muss jedoch angesichts der Koppelung von quantitativem und rechtlichem Maßstab der Bewertung nach § 3c UVPG in der allgemeinen Vorprüfung auch die letztliche Bewertung aus einem Zusammenwirken von quantitativen und rechtlichen Umständen begründet sein.[536]

159 Insgesamt ist bei der Bewertung die begrenzte Prüfungstiefe einer Vorprüfung zu berücksichtigen, die eigentliche UVP darf nicht vorweggenommen werden! Das heißt, dass es in der Regel für die Annahme einer UVP-Pflicht die Erwartung der Behörde genügt, dass die Realisierung des geplanten Vorhabens zu erheblichen nachteiligen Umweltauswirkungen führen kann.[537] Wegen des Charakters einer lediglich überschlägigen Prüfung bedarf es für die Entscheidung durch die Behörde damit zwar keiner exakten Beweisführung, gleichwohl muss die Entscheidung nachvollziehbar und begründet, das heißt plausibel sein.[538] Für die Entscheidung können insbesondere auch die vom Antragsteller eingebrachten Fachgutachten herangezogen werden, ohne dass dies dem Grundsatz des fairen Verfahrens entgegenstehen würde, soweit sich das Fachgutachten aus Sicht der Behörde als entscheidungsrelevant erweist. Macht sich die Behörde im Anschluss die gutachtliche Stellungnahme zu Eigen, gilt dies als inhaltliche Bewertung der Stellungnahme und ist nicht deshalb unzulässig, weil das Gutachten im Auftrag von einem an einem bestimmten Verfahrensausgang Interessierten erstellt wurde.[539]

160 Gemäß § 3c S. 6 UVPG sind die Durchführung und das Ergebnis der Vorprüfung zu dokumentieren. D. h. die Ergebnisse sind geordnet und nachvollziehbar in einem Vorprüfungsprotokoll festzuhalten. Der „Leitfaden zur Vorprüfung des Einzelfalls im Rahmen der Feststellung der UVP-Pflicht von Projekten" der Bund-Länder-Arbeitskreis UVP vom 14.08.2003 enthält hierfür konkretisierende Vorschläge.[540] Dabei ist zu beachten, dass dieser Leitfaden insbesondere nicht den verbindlichen Charakter einer Rechtsnorm aufweist, sondern lediglich eine Arbeitshilfe darstellt, die das Vorgehen der Behörden erleichtern soll. Das im Leitfaden genannte Protokoll soll lediglich dazu dienen, im Falle einer gerichtlichen Kontrolle, den Beweis der Durchführung der UVP-Vorprüfung zu erleichtern. Ungeachtet dessen hat auch das VG Freiburg entschieden, dass auch ein in den Verwaltungsakten enthaltener Vermerk ausreichend ist, der lediglich das Ergebnis enthält, wonach keine UVP erforderlich ist.[541] Dies sei insbesondere dann nicht schädlich, wenn die Genehmigungsbehörde zum Einen auf die seiner Entscheidung zugrunde liegenden Gutachten verweist, welche sich an den Kriterien der Anlage 2 zum UVPG orientieren und diese Kriterien im Einzelnen abarbeiten und bewerten und sich zum Anderen dem Vermerk entnehmen lässt, dass sich die Behörde die dortigen Erkenntnisse, Ausführungen

---

[533] Vgl. *Sangenstedt,* in: Landmann/Rohmer (Hrsg.), Umweltrecht, UVPG, § 3c Rn. 11.
[534] *Agatz,* Windenergie-Handbuch, S. 29; *Sangenstedt,* in: Landmann/Rohmer (Hrsg.), Umweltrecht, UVPG, § 3c Rn. 28.
[535] *Sangenstedt,* in: Landmann/Rohmer (Hrsg.), Umweltrecht, UVPG, § 3c Rn. 28.
[536] So wohl auch: *Agatz,* Windenergie-Handbuch, S. 29.
[537] *BVerwG,* Urt. v. 18.12.2014, NVwZ 2015, 1223, *VGH München,* Beschl. v. 10.12.2015, BeckRS 2015, 5647.
[538] *VGH Mannheim,* Beschl. v. 5.4.2016 – 3 S 373/16.
[539] *VGH Mannheim,* Beschl. v. 6.7.2016, ZUR 2016, 555.
[540] Leitfaden zur Vorprüfung des Einzelfalls im Rahmen der Feststellung der UVP-Pflicht von Projekten" der Bund-Länder-Arbeitskreis „UVP" in der Endfassung vom 14.8.2003.
[541] *VG Freiburg,* Beschl. v. 5.2.2016 – 4 K 2679/15, m. w. N., bestätigt durch *VGH Mannheim,* Beschl. v. 5.4.2016 – 3 S 373/16.

und Bewertungen zu Eigen macht und auf dieser Grundlage nach seiner eigenen fachlichen Einschätzung ebenfalls zu dem Ergebnis gelangt, eine UVP sei nicht erforderlich.[542]

c) Ergebnis

Kommt die zuständige Behörde im Rahmen der Vorprüfung des Einzelfalls zu dem Ergebnis, dass das Vorhaben erhebliche nachteilige Umweltauswirkungen haben kann, ist im Genehmigungsverfahren eine UVP durchzuführen.[543]

Gemäß § 3a S. 2 UVPG ist die Feststellung, ob auf der Grundlage einer Vorprüfung eine UVP-Pflicht für das Vorhaben besteht, der Öffentlichkeit zugänglich zu machen.

§ 3a Feststellung der UVP-Pflicht
[…] Diese Feststellung ist, sofern eine Vorprüfung des Einzelfalls nach § 3c vorgenommen worden ist, der Öffentlichkeit nach den Bestimmungen des Bundes und der Länder über den Zugang zu Umweltinformationen zugänglich zu machen; soll eine Umweltverträglichkeitsprüfung unterbleiben, ist dies bekannt zu geben […].

Führt die Vorprüfung zu dem Ergebnis, dass eine UVP unterbleiben kann, ist somit eine Bekanntmachung (vgl. § 3a S. 2, 2. HS) erforderlich, die jedoch nicht der „öffentlichen Bekanntmachung" nach § 72 Abs. 2 VwVfG entsprechen muss; vielmehr genügt eine Bekanntgabe an der Amtstafel, im Amtsblatt oder der örtlichen Tageszeitung.[544] Hingegen ist im Falle der Feststellung einer UVP-Pflicht eine Bekanntgabe des Ergebnisses überhaupt nicht notwendig (vgl. § 3a S. 2 UVPG), weil die Durchführung der dann notwendigen UVP im Fortgang des Verfahrens nach § 9 UVPG ohnehin öffentlich bekannt gemacht wird.[545] Der ergänzende Verweis in § 3a S. 2, 1. HS UVPG auf die Zugänglichmachung der Feststellung nach den Vorschriften des „Umweltinformationsgesetzes" (UIG)[546] ist lediglich deklaratorischer Natur und bezieht sich auf etwaige Auskunftsverlangen der Öffentlichkeit bezüglich der Grundlagen der behördlichen Entscheidung.[547]

6. Ablauf einer standortbezogenen Vorprüfung

Im Rahmen einer **standortbezogene Vorprüfung** nach § 3c S. 2 UVPG hängt die UVP davon ab, ob von dem jeweiligen Vorhaben trotz dessen geringer Größe (es erreicht ja nur den ersten Schwellenwert nach Anlage 2 zum UVPG) aufgrund besonderer örtlicher Gegebenheiten gemäß den Schutzkriterien der Nr. 2 der Anlage 2 zum UVPG gleichwohl erhebliche nachteilige Umweltauswirkungen zu erwarten sind. Während die allgemeine Vorprüfung sich auf alle in Anlage 2 des UVPG aufgeführten Kriterien erstreckt, umfasst damit die standortbezogene Vorprüfung dabei nur die in der Anlage 2 Nr. 2 aufgeführten Schutzkriterien. Die Rechtsprechung reduziert dem Wortlaut entsprechend ganz überwiegend den Prüfungsmaßstab auf die Schutzkriterien unter Nr. 2.3 der Anlage 2 der UVPG und schließt damit die Nutzungskriterien (Nr. 2.1) und die Qualitätskriterien (Nr. 2.2) aus.[548] In der standortbezogenen Vorprüfung ist damit zu prüfen, ob durch das Vorhaben eine Gefährdung gerade spezifischer ökologischer Schutzfunktionen im Sinne einer Unvereinbarkeit mit konkreten Festsetzungen der einschlägigen Schutzgebietsausweisungen zu befürchten ist.[549]

---

[542] *VG Freiburg*, Beschl. v. 5.2.2016 – 4 K 2679/15, m. w. N., bestätigt durch *VGH Mannheim*, Beschl. v. 5.4.2016 – 3 S 373/16.
[543] *Sangenstedt*, in: Landmann/Rohmer (Hrsg.), Umweltrecht, UVPG, § 3c Rn. 1.
[544] *Sangenstedt*, in: Landmann/Rohmer (Hrsg.), Umweltrecht, UVPG, § 3a Rn. 16.
[545] *Sangenstedt*, in: Landmann/Rohmer (Hrsg.), Umweltrecht, UVPG, § 3a Rn. 19.
[546] I. d. F. der Bekanntmachung v. 27.10.2014 (BGBl. I S. 1643).
[547] Vgl.: *Sangenstedt*, in: Landmann/Rohmer (Hrsg.), Umweltrecht, UVPG, § 3a Rn. 19.
[548] *OVG Lüneburg*, Beschl. v. 27.4.2016, UPR 2016, 314, *VGH Mannheim*, Beschl. v. 5.4.2016 – 3 S 373/16, *VGH München*, Beschl. v. 10.12.2015, BeckRS 2015, 5647, *OVG Magdeburg*, Urt. v. 24.3.2015, BeckRS 2015, 51143, *VG Kassel*, Beschl. v. 4.4.2016, BeckRS 2016, 477431, *VG Neustadt* (Weinstraße), Beschl. v. 3.2.2014 – 4 L 17/14.NW, a. A. *OVG Münster*, Urt. v. 16.3.2016, ZUR 2016, 552.
[549] *VG Freiburg*, Beschl. v. 5.2.2016 – 4 K 2679/15, bestätigt durch *VGH Mannheim*, Beschl. v. 5.4.2016 – 3 S 373/16, *Sangenstedt*, in: Landmann/Rohmer (Hrsg.), Umweltrecht, UVPG, § 3c Rn. 33.

Anlage 2 Kriterien für die Vorprüfung des Einzelfalls im Rahmen einer Umweltverträglichkeitsprüfung
Nachstehende Kriterien sind anzuwenden, soweit in § 3c Satz 1 und 2, auch in Verbindung mit den §§ 3e und 3f. auf Anlage 2 Bezug genommen wird.
1. Merkmale der Vorhaben
[…]
2. Standort der Vorhaben
[…]
2.3 Belastbarkeit der Schutzgüter unter besonderer Berücksichtigung folgender Gebiete und von Art und Umfang des ihnen jeweils zugewiesenen Schutzes (Schutzkriterien):
2.3.1 Natura 2000-Gebiete nach § 7 Absatz 1 Nummer 8 des Bundesnaturschutzgesetzes,
2.3.2 Naturschutzgebiete nach § 23 des Bundesnaturschutzgesetzes, soweit nicht bereits von Nummer 2.3.1 erfasst,
2.3.3 Nationalparke und Nationale Naturmonumente nach § 24 des Bundesnaturschutzgesetzes, soweit nicht bereits von Nummer 2.3.1 erfasst,
2.3.4 Biosphärenreservate und Landschaftsschutzgebiete gemäß den §§ 25 und 26 des Bundesnaturschutzgesetzes,
2.3.5 Naturdenkmäler nach § 28 des Bundesnaturschutzgesetzes,
2.3.6 geschützte Landschaftsbestandteile, einschließlich Alleen, nach § 29 des Bundesnaturschutzgesetzes,
2.3.7 gesetzlich geschützte Biotope nach § 30 des Bundesnaturschutzgesetzes,
2.3.8 Wasserschutzgebiete nach § 51 des Wasserhaushaltsgesetzes, Heilquellenschutzgebiete nach § 53 Absatz 4 des Wasserhaushaltsgesetzes, Risikogebiete nach § 73 Absatz 1 des Wasserhaushaltsgesetzes sowie Überschwemmungsgebiete nach § 76 des Wasserhaushaltsgesetzes,
2.3.9 Gebiete, in denen die in Vorschriften der Europäischen Union festgelegten Umweltqualitätsnormen bereits überschritten sind,
2.3.10 Gebiete mit hoher Bevölkerungsdichte, insbesondere zentrale Orte im Sinne des § 2 Absatz 2 Nummer 2 des Raumordnungsgesetzes,
2.3.11 in amtlichen Listen oder Karten verzeichnete Denkmäler, Denkmalensembles, Bodendenkmäler oder Gebiete, die von der durch die Länder bestimmten Denkmalschutzbehörde als archäologisch bedeutende Landschaften eingestuft worden sind […].

165 Ausschlaggebend für die Notwendigkeit einer UVP ist jedoch nicht allein der abstrakte Umstand, dass ein Terrain mit anerkanntem Schutzstatus tangiert wird, sondern die Unvereinbarkeit des Vorhabens mit den Festsetzungen der einschlägigen Schutzgebietsausweisung.[550]

166 Der zwingende Bezug zu örtlichen Gegebenheiten kann die standortbezogene Vorprüfung erheblich vereinfachen. Kommt die Behörde in einem ersten Screening-Schritt zu dem Ergebnis, dass am Standort des Vorhabens oder in dessen Umgebung keine umweltsensiblen Gebiete nach Ziff. 2.3 der Anlage 2 zum UVPG von Umweltauswirkungen des Vorhabens direkt oder indirekt betroffen sein können, kann die Vorprüfung bereits an dieser Stelle beendet werden, weil die Behörde in diesem Fall davon ausgehen kann, dass das Vorhaben keiner UVP bedarf.[551]

167 Erscheint es hingegen möglich, dass Gebiete nach Ziff. 2.3 der Anlage 2 zum UVPG durch das Vorhaben betroffen sein können, folgt die standortbezogene Vorprüfung dem Muster der allgemeinen Vorprüfung (→ Kap. 2 Rn. 151 ff.). Dabei dürfen allerdings nur solche Umweltauswirkungen betrachtet werden, die innerhalb des betroffenen Gebiets zu relevanten Störungen konkreter Schutzzuweisungen führen können und aus diesem Grund die ökologische Schutzfunktion der betroffenen Gebiete nicht mehr erfüllt werden kann.[552]

7. Rechtsschutz

168 Soweit es den **Rechtsschutz** im Hinblick auf die UVP bzw. die UVP-rechtlichen Vorschriften anbelangt, sind einige Besonderheiten zu berücksichtigen.

a) Allgemeines

169 Grundsätzlich gilt, dass die UVP gemäß § 2 Abs. 1 S. 1 UVPG einen unselbstständigen Teil der eigentlichen Zulassungsverfahren für das jeweilige Vorhaben darstellt (→ Kap. 2 Rn. 90;

---
[550] *Sangenstedt,* in: Landmann/Rohmer (Hrsg.), Umweltrecht, UVPG, § 3c Rn. 33.
[551] *Sangenstedt,* in: Landmann/Rohmer (Hrsg.), Umweltrecht, UVPG, § 3c Rn. 34.
[552] *Sangenstedt,* in: Landmann/Rohmer (Hrsg.), Umweltrecht, UVPG, § 3c Rn. 35.

III. Umweltverträglichkeitsprüfung

für Windenergieanlagen ist sie also in aller Regel Teil des immissionsschutzrechtlichen Genehmigungsverfahrens). Dem entspricht es, dass auch die Feststellung der UVP-Pflicht nach § 3a S. 3 UVPG als unselbstständige Verfahrenshandlung zu kategorisieren ist.[553] Rechtsschutz im Zusammenhang mit der UVP bzw. der Feststellung nach § 3a S. 3 UVPG ist daher – wie bei allen unselbstständigen Verfahrenshandlungen – nur im Rahmen des Rechtsschutzes gegen eine behördliche Genehmigungsentscheidung (für Dritte) bzw. die Versagung (für den Vorhabenträger selbst) einer solchen möglich.[554] Auch hinsichtlich der Anwendung einzelner UVP-rechtlicher Verfahrensvorschriften wie § 11 UVPG – also der ordnungsgemäßen Zusammenfassung – kann Rechtsschutz nur über den Rechtsschutz im Trägerverfahren – also im Rahmen einer Anfechtungs- oder Verpflichtungsklage – bezüglich einer gewährten oder versagten immissionsschutzrechtlichen Genehmigung erlangt werden.[555]

Im Rahmen von **Drittrechtsschutz**, also Rechtsschutz, um den nicht der von einer Genehmigungsversagung oder -erteilung betroffene Vorhabenträger selber nachsucht, sondern ein Dritter, ist darüber hinaus der Grundsatz des Individualrechtsschutzes zu berücksichtigen, den § 42 Abs. 2 der Verwaltungsgerichtsordnung (VwGO)[556] bzw. § 113 VwGO statuieren. Danach muss ein Kläger grundsätzlich die Verletzung eigener Rechte geltend machen (können) – die als verletzt gerügte Rechtsnorm muss also „drittschützend" sein, d. h. auch dem Schutz des Klägers dienen.[557] Dies ist jedoch keineswegs für alle der Vorschriften des UVPG anzunehmen. So können sich Dritte zwar als drittschützendes Recht auf das Bewertungsergebnis nach § 12 UVPG berufen, jedoch nur, soweit die Zulassungsentscheidung mit der Begründung angegriffen wird, dass die betreffende – materiell-rechtliche – Zulassungsnorm falsch angewendet worden sei.[558] Dies ist im Rahmen des § 12 UVPG dann anzunehmen, wenn das für das Bewertungsergebnis materielle Zulassungsrecht als solches drittschützend ist, was etwa im Anwendungsfall der Genehmigung von Windenergieanlagen bei der immissionsschutzrechtlichen Vorschrift des § 5 Abs. 1 S. 1 Nr. 1 BImSchG der Fall ist,[559] hingegen für die Vorsorgeanforderungen basierend auf § 5 Abs. 1 Nr. 2 BImSchG im Regelfall verneint wird.[560] 170

Auch für die rein verfahrensrechtliche Komponente des § 12 UVPG (z. B. die Abfolge der Bewertung im Anschluss an eine zusammenfassende Darstellung) wird regelmäßig davon ausgegangen, dass diese Vorschrift drittschützend ist[561] (zum dennoch erforderlichen Kausalitätsnachweis → Kap. 2 Rn. 172). Die Vorschriften über die Öffentlichkeitsbeteiligung gemäß §§ 9 ff. UVPG sollen ebenfalls drittschützend sein.[562] Hingegen wird die drittschützende Funktion von § 11 UVPG äußerst kontrovers beurteilt.[563] In jedem Fall ist damit genauestens zu prüfen, ob die jeweils betroffene Vorschrift überhaupt Drittschutz vermittelt. 171

Selbst wenn jedoch festgestellt werden kann, dass die gerügte Vorschrift gerade auch den Schutz des Klägers zum Inhalt hat, ist zu berücksichtigen, dass die Vorschriften des UVPG – mit Ausnahme des materiell-rechtlichen Teiles von § 12 UVPG im Hinblick auf das Bewertungsergebnis – fast ausschließlich reine Verfahrensregelungen enthalten. Für Verfahrensregeln vertritt das Bundesverwaltungsgericht im Allgemeinen in ständiger Rechtsprechung die Auffassung, dass ein Verstoß gegen reine Verfahrensvorschriften nur dann zur Aufhebung der Zulassungsentscheidung führen kann, wenn nach den Umständen des jeweiligen Einzelfalles die Möglichkeit besteht, dass die angegriffene Entscheidung ohne den Verfahrensfehler anders 172

---

[553] *Sangenstedt*, in: Landmann/Rohmer (Hrsg.), Umweltrecht, UVPG, § 3a Rn. 20.
[554] *Sangenstedt*, in: Landmann/Rohmer (Hrsg.), Umweltrecht, UVPG, § 3a Rn. 20, § 3c Rn. 15.
[555] Vgl. *Wulfhorst*, in: Landmann/Rohmer (Hrsg.), Umweltrecht, UVPG, § 11 Rn. 39; § 12 Rn. 58.
[556] I. d. F. der Bekanntmachung v. 19.3.1991 (BGBl. I S. 686), zuletzt geändert durch Art. 3 des Gesetzes v. 13.10.2016 (BGBl. I S. 2258).
[557] *Wulfhorst*, in: Landmann/Rohmer (Hrsg.), Umweltrecht, UVPG, § 12 Rn. 58; § 11 Rn. 41.
[558] *Wulfhorst*, in: Landmann/Rohmer (Hrsg.), Umweltrecht, UVPG, § 12 Rn. 58.
[559] *Wulfhorst*, in: Landmann/Rohmer (Hrsg.), Umweltrecht, UVPG, § 12 Rn. 56.
[560] *Agatz*, Windenergie-Handbuch, S. 49.
[561] *Wulfhorst*, in: Landmann/Rohmer (Hrsg.), Umweltrecht, UVPG, § 12 Rn. 56.
[562] *Wulfhorst*, in: Landmann/Rohmer (Hrsg.), Umweltrecht, UVPG, § 11 Rn. 41.
[563] *Wulfhorst*, in: Landmann/Rohmer (Hrsg.), Umweltrecht, UVPG, § 11 Rn. 41.

ausgefallen wäre („Kausalitätsrechtsprechung").[564] Dieser **Kausalitätsnachweis** dürfte häufig schwer fallen.

b) Rechtsschutz nach dem UmwRG

173 Gerade die Einschränkung auf drittschützende Rechte sowie die strikten Folgen der Kausalitätsrechtsprechung werden jedoch im Zusammenhang mit der Umweltverträglichkeitsprüfung und der UVP-Vorprüfung durch die Geltung des „Gesetzes über ergänzende Vorschriften zu Rechtsbehelfen in Umweltangelegenheiten nach der EG-Richtlinie 2003/35/EG" (Umwelt-Rechtsbehelfsgesetz – UmwRG)[565] zum Teil erheblich abgemildert, dies insbesondere dann, wenn man die jüngste Rechtsprechung zur europarechtskonformen Auslegung bzw. Anwendung der §§ 2 und 4 UmwRG beachtet.

173a Das UmwRG steht derzeit aufgrund noch immer vorhandener völker- und eurparechtlichen Verstößen erneut vor einer umfassenden Novellierung.[566] Neben der Umsetzung der EuGH-Rechtsprechung[567] greift die aktuelle Gesetzesänderung insbesondere auch den Beschluss zur Aarhus-Konvention vom 2.7.2014[568] auf. Neben der Erweiterung des Anwendungsbereichs des UmwRG sieht der Gesetzgeber in seinem aktuellen Gesetzesentwurf (UmwRG-E) insbesondere Änderungen der §§ 2 und 4 UmwRG vor, welche für die Abschwächung der strikten Folgen der Kausalitätsrechtsprechung die maßgeblichen Vorschriften darstellen.

174 In der aktuell gültigen Fassung des UmwRG[569] heißt es in § 2 und § 4 UmwRG:

§ 2 Rechtsbehelfe von Vereinigungen
(1) Eine nach § 3 anerkannte inländische oder ausländische Vereinigung kann, ohne eine Verletzung in eigenen Rechten geltend machen zu müssen, Rechtsbehelfe nach Maßgabe der Verwaltungsgerichtsordnung gegen eine Entscheidung nach § 1 Absatz 1 Satz 1 oder deren Unterlassen einlegen, wenn die Vereinigung
1. *geltend macht, dass eine Entscheidung nach § 1 Absatz 1 Satz 1 oder deren Unterlassen Rechtsvorschriften, die dem Umweltschutz dienen und für die Entscheidung von Bedeutung sein können, widerspricht,*
2. *geltend macht, in ihrem satzungsgemäßen Aufgabenbereich der Förderung der Ziele des Umweltschutzes durch die Entscheidung nach § 1 Absatz 1 Satz 1 oder deren Unterlassen berührt zu sein, und*
3. *zur Beteiligung in einem Verfahren nach § 1 Absatz 1 Satz 1 berechtigt war und sie sich hierbei in der Sache gemäß den geltenden Rechtsvorschriften geäußert hat oder ihr entgegen den geltenden Rechtsvorschriften keine Gelegenheit zur Äußerung gegeben worden ist*
[…]
(5) Rechtsbehelfe nach Absatz 1 sind begründet,
1. *soweit die Entscheidung nach § 1 Absatz 1 Satz 1 oder deren Unterlassen gegen Rechtsvorschriften verstößt, die dem Umweltschutz dienen und für die Entscheidung von Bedeutung sind,*
[…]
und der Verstoß Belange des Umweltschutzes berührt, die zu den Zielen gehören, die die Vereinigung nach ihrer Satzung fördert. Bei Entscheidungen nach § 1 Absatz 1 Nummer 1 muss zudem eine Pflicht zur Durchführung einer Umweltverträglichkeitsprüfung bestehen.

§ 4 Fehler bei der Anwendung von Verfahrensvorschriften
(1) Die Aufhebung einer Entscheidung über die Zulässigkeit eines Vorhabens nach § 1 Absatz 1 Satz 1 Nummer 1 und 2 kann verlangt werden, wenn
1. *eine nach den Bestimmungen des Gesetzes über die Umweltverträglichkeitsprüfung, nach der Verordnung über die Umweltverträglichkeitsprüfung bergbaulicher Vorhaben oder nach entsprechenden landesrechtlichen Vorschriften*

---

[564] BVerwGE 100, 238 (258 ff.); *VGH Kassel*, Beschl. v. 14.5.2012 – 9 B 1977/11; *Wulfhorst*, in: Landmann/Rohmer (Hrsg.), Umweltrecht, UVPG, § 11 Rn. 42.

[565] Gesetz über ergänzende Vorschriften zu Rechtsbehelfen in Umweltangelegenheiten nach der EG-Richtlinie 2003/35/EG (UmweltRechtsbehelfsgesetz – UmwRG) i.d.F. der Bekanntmachung v. 8.4.2013 (BGBl. I S. 753), zuletzt geändert durch Art. 1 des Gesetzes v. 20.11.2015 (BGBl. I S. 2069).

[566] Aktueller Gesetzesentwurf der Bundesregierung zur Anpassung des Umwelt-Rechtsbehelfsgesetz und anderer Vorschriften an europa- und völkerrechtlichen Vorgaben (Stand: 13.6.2016).

[567] *EuGH*, Urt. v. 15.10.2015 – C 137/14.

[568] Beschl. v. V/9 2014 der 5. Vertragsstaatenkonferenz zur Aarhus-Konvention v. 2.7.2014.

[569] Gesetz über ergänzende Vorschriften zu Rechtsbehelfen in Umweltangelegenheiten nach der EG-Richtlinie 2003/35/EG (UmweltRechtsbehelfsgesetz – UmwRG) i.d.F. der Bekanntmachung v. 8.4.2013 (BGBl. I S. 753), zuletzt geändert durch Art. 1 des Gesetzes v. 20.11.2015 (BGBl. I S. 2069).

a) erforderliche Umweltverträglichkeitsprüfung oder
b) erforderliche Vorprüfung des Einzelfalls über die UVP-Pflichtigkeit
weder durchgeführt noch nachgeholt worden ist.
2. eine erforderliche Öffentlichkeitsbeteiligung im Sinne von § 9 des Gesetzes über die Umweltverträglichkeitsprüfung oder im Sinne von § 10 des Bundes-Immissionsschutzgesetzes weder durchgeführt noch nachgeholt worden ist oder
3. ein anderer Verfahrensfehler vorliegt, der
   a) nicht geheilt worden ist,
   b) nach seiner Art und Schwere mit den in den Nummern 1 und 2 genannten Fällen vergleichbar ist und
   c) der betroffenen Öffentlichkeit die Möglichkeit der gesetzlich vorgesehenen Beteiligung am Entscheidungsprozess genommen hat; zur Beteiligung am Entscheidungsprozess gehört auch der Zugang zu den Unterlagen, die zur Einsicht für die Öffentlichkeit auszulegen sind.
Eine durchgeführte Vorprüfung des Einzelfalls zur Feststellung einer UVP-Pflichtigkeit, die nicht dem Maßstab des § 3a Satz 4 des Gesetzes über die Umweltverträglichkeitsprüfung genügt, steht einer nicht durchgeführten Vorprüfung nach Satz 1 Nummer 1 Buchstabe b gleich.
(1a) Für Verfahrensfehler, die nicht unter Absatz 1 fallen, gilt § 46 des Verwaltungsverfahrensgesetzes. Lässt sich durch das Gericht nicht ausklären, ob ein Verfahrensfehler nach Satz 1 die Entscheidung in der Sache beeinflusst hat, wird eine Beeinflussung vermutet.
(1b) Unberührt bleiben
1. § 45 Absatz 2 des Verwaltungsverfahrensgesetzes sowie
2. § 75 Absatz 1a des Verwaltungsverfahrensgesetzes und andere entsprechende Rechtsvorschriften zur Planerhaltung.
Auf Antrag kann das Gericht anordnen, dass die Verhandlung bis zur Heilung von Verfahrensfehlern im Sinne der Absätze 1 und 1a ausgesetzt wird, soweit dies im Sinne der Verfahrenskonzentration sachdienlich ist.
[...]
(3) Die Absätze 1 und 2 gelten auch für Rechtsbehelfe von Beteiligten nach § 61 Nr. 1 und 2 der Verwaltungsgerichtsordnung. Absatz 1 Satz 1 Nummer 3 ist mit der Maßgabe anzuwenden, dass die Aufhebung einer Entscheidung nur verlangt werden kann, wenn der Verfahrensfehler dem Beteiligten die Möglichkeit der gesetzlich vorgesehenen Beteiligung am Entscheidungsprozess genommen hat.

Gemäß § 2 Abs. 1 UmwRG können anerkannte Vereinigungen damit Rechtsbehelfe gegen Vorhaben einlegen, die dem UVPG unterliegen, wenn sie durch die Genehmigung in ihren satzungsgemäßen Aufgaben berührt sein können.[570] Voraussetzung für die Zulässigkeit (und auch für die Begründetheit, vgl. § 2 Abs. 5 UmwRG) eines solchen Rechtsbehelfs ist nach dieser Vorschrift, dass die Vereinigung geltend macht, dass eine dem Umweltschutz dienende Rechtsvorschrift verletzt wurde, die für die Genehmigungsentscheidung von Bedeutung ist. Dabei ist für Vereinigungen ausdrücklich des Wortlauts des § 2 Abs. 1 UmwRG eine Verletzung eigener Rechte nicht erforderlich. Der aktuelle Entwurf des UmwRG sieht außerdem die Streichung der Worte „dem Umweltschutz dienen" vor, da dies eine unzulässige Beschränkung des Rügerechts darstellt.[571]

175

Außerdem soll es zu einer Neufassung des § 2 Abs. 1 Nr. 3 UmwRG kommen, der in die (noch) in § 2 Abs. 3 UmwRG geregelte Präklusion auf Ebene der Zulässigkeit des Rechtsbehelfs eingreift. Aufgrund der Präklusionswirkung des § 2 Abs. 3 UmwRG sind Einwendungen von Vereinigungen dann ausgeschlossen, wenn sie nicht frist- und formgerecht im Rahmen von förmlichen Beteiligungsverfahren vorgebracht wurden.[572] Diese Präklusionswirkung ist jedoch nach der Rechtsprechung des EuGH vom 15.10.2015[573] unionsrechtswidrig und somit ersatzlos aus dem UmwRG zu streichen. Im UmwRG-E ist die Streichung des § 2 Abs. 3 UmwRG und eine entsprechende Anpassung des § 2 Abs. 1 Nr. 3 UmwRG entsprechend vorgesehen. Mit § 5 UmwRG-E soll allerdings durch die Regelung über eine missbräuchliche und unredliche erstmalige Geltendmachung von Einwendungen im Rechtsbehelfsverfahren eine Ausnahme vom Präklusionsverbot im Sinne der europarechtlichen Rechtsprechung beibehalten werden.

175a

Von § 2 Abs. 1 UmwRG werden sowohl materiell-rechtliche als auch verfahrensrechtliche (Umwelt)Vorschriften, wie solche des UVPG, erfasst. Allerdings gilt hierfür grundsätzlich die Notwendigkeit, dass die Rechtsvorschrift für die angegriffene Entscheidung von Bedeutung

176

---
[570] *Agatz*, Windenergie-Handbuch, S. 51.
[571] Vgl. Art. 9 Abs. 2 der Aarhus-Konvention v. 2.7.2014.
[572] *Agatz*, Windenergie-Handbuch, S. 49.
[573] *EuGH*, Urt. v. 15.10.2015 – C 137/14.

ist. Dieser **Kausalitätsnachweis** dürfte jedoch im Hinblick auf „bloße" Verfahrensfehler in der Regel schwer fallen (→ Kap. 2 Rn. 172) und entfällt nur für diejenigen Verfahrensfehler, die von § 4 UmwRG erfasst sind,[574] also für den Fall, dass eine UVP oder UVP-Vorprüfung fehlerhaft unterblieben ist.

177 Die eigenständige Rechtswirkung von § 4 Abs. 1 UmwRG besteht folglich darin, dass es im Falle einer nicht durchgeführten, aber objektiv gebotenen UVP oder UVP-Vorprüfung nicht mehr – wie sonst – auf die Frage ankommt, ob sich dieser Fehler in der Sache auf die angegriffene Genehmigungsentscheidung ausgewirkt hat.[575] Dabei wird jedoch die Möglichkeit einer Anfechtung auf der Grundlage eines Verstoßes gegen UVP-rechtliche Verfahrensvorschriften nicht etwa derart verkürzt, dass § 4 Abs. 1 UmwRG die Rüge sämtlicher weiterer entscheidungserheblichen Verfahrensvorschriften des UVPG sperren würde.[576] Die Anfechtbarkeit der Entscheidung wegen anderer Verfahrensmängel (dann aber mit dem Nachweis der Entscheidungserheblichkeit) wird durch § 4 UmwRG nämlich nicht ausgeschlossen.[577]

178 Gleiches gilt für eine zwar durchgeführte, nicht aber den Maßstäben des § 3a S. 4 UVPG genügenden UVP-Vorprüfung. Auch in diesem Fall kann allein aus diesem Grund die Aufhebung der Genehmigung verlangt werden. Der Gesetzgeber hat dies durch Einfügen des aktuellen § 4 Abs. 1 S. 2 UmwRG ausdrücklich geregelt.

179 Über § 4 Abs. 3 UVPG gelten die vorangegangenen Ausführungen zu § 4 auch für Individualkläger. Im Unterschied zu anerkannten Vereinigungen müssen Individualkläger (da § 4 Abs. 1 UmwRG nur eine Erleichterung im Hinblick auf die Begründetheit von Klagen, nicht aber für die Zulässigkeit enthält) gemäß § 42 Abs. 2 VwGO aber gleichwohl dartun (können), in eigenen Rechten verletzt zu sein (für Vereinigungen entfällt diese Forderung bereits wegen § 2 Abs. 1 UmwRG, → Kap. 2 Rn. 175).

179a Dies bestätigte auch der EuGH mit seiner Rechtsprechung.[578] Dem nationalen Gesetzgeber stehe es demnach frei, die Rechte, deren Verletzung ein Einzelner im Rahmen eines gerichtlichen Rechtsbehelfs gegen eine Entscheidung, Handlung oder Unterlassung im Sinne des Art. 11 UVP-Richtlinie geltend machen kann, auf individuelle (subjektiv-öffentliche) Rechte zu beschränken. Dem Individualkläger wird mit § 4 Abs. 3 UmwRG zwar eine selbstständig durchsetzbare Verfahrensposition eingeräumt, doch für die Klage- bzw. Antragsbefugnis bleibt es bei dem allgemeinen sich aus § 42 Abs. 2 VwGO ergebenden Erfordernis, dass durch die Zulassung eines UVP-pflichtigen Vorhabens eine Betroffenheit eigener Rechte zumindest als möglich erscheinen muss.[579]

VGH Mannheim, Beschl. v. 5.4.2016 – 3 S 373/16
„Für die Klage- oder Antragsbefugnis bleibt es jedoch bei dem allgemeinen sich aus § 42 Abs. 2 VwGO ergebenden Erfordernis, dass durch die Zulassung des Vorhabens eine Betroffenheit in eigenen Rechten zumindest als möglich erscheinen muss [...]. Denn weder der Gesetzeswortlaut noch die systematische Stellung des § 4 Abs. 3 UmwRG deuten darauf hin, dass die Berufung auf den in Rede stehenden Verfahrensfehler abweichend von § 42 Abs. 2 VwGO auch solchen Personen eröffnet werden soll, die nicht schon aufgrund einer möglichen Betroffenheit in einem materiellen Recht klage- und antragsbefugt sind. Das Unionsrecht gebietet keine abweichende Beurteilung."

179b Die Prüfungsmaßstäbe in der Begründetheitsprüfung bleiben bei Rechtsbehelfen von Umweltvereinigungen und sonstigen Personen gleich. D. h., auch der Private kann die Aufhebung der Genehmigung verlangen, sofern die Umweltverträglickeitsprüfung bzw. die UVP-Vorprüfung nicht durchgeführt worden ist oder die durchgeführte UVP-Vorprüfung nicht den Maßstäben des § 3a S. 4 UVPG entsprach. Für andere Verfahrensfehler nach § 4 Abs. 1 S. 1

---

[574] *VGH Kassel*, Beschl. v. 14.5.2012 – 9 B 1977/11; *Fellenberg/Schiller*, in: Landmann/Rohmer (Hrsg.), Umweltrecht, UmwRG, § 2 Rn. 32.
[575] *Fellenberg/Schiller*, in: Landmann/Rohmer (Hrsg.), Umweltrecht, UmwRG, § 4 Rn. 29.
[576] So aber: *VGH Kassel*, ZUR 2009, 87 (89 f.); *Wulfhorst*, in: Landmann/Rohmer (Hrsg.), Umweltrecht, UVPG, § 11 Rn. 43.
[577] *BVerwG*, NVwZ 2012, 448; *Fellenberg/Schiller*, in: Landmann/Rohmer (Hrsg.), Umweltrecht, UmwRG, § 4 Rn. 31 ff.
[578] *EuGH*, Urt. v. 16.4.2015 – C 570/13; Urt. v. 15.10.2015 – C 137/14.
[579] *VGH Mannheim*, Beschl. v. 6.7.2016 – 3 S 942/16; *VGH Mannheim*, Beschl. v. 5.4.2016 – 3 S 373/16.

Nr. 3 UmwRG soll es auch entsprechend der Neufassung des UmwRG dabei bleiben, dass eine Aufhebung der Entscheidung nur verlangt werden kann, wenn der Verfahrensfehler dem Beteiligten die Möglichkeit der gesetzlich vorgesehenen Beteiligung am Entscheidungsprozess genommen hat, da es nach Auffassung des EuGH dem Mitgliedstaat freistehe, auch im Rahmen der Begründetheitsprüfung die Aufhebung der Verwaltungsentscheidung von der Verletzung eines subjektiven Rechts auf Seiten des Klägers abhängig zu machen.[580]

Zu beachten sind im Rahmen einer Anfechtung nach dem UmwRG schließlich die Regelungen des § 4a UmwRG, insbesondere die Begründungsfrist von sechs Wochen ab Klageeingang und die Modifikation für das Eilrechtsverfahren nach § 80 Abs. 5 VwGO, welches mit der Maßgabe angewendet werden soll, dass eine Prüfung dahingehend stattfindet, ob ernstliche Zweifel an der Rechtmäßigkeit der Genehmigung bestehen. Auf die sonst nach § 80 Abs. 5 VwGO erforderliche Folgenabwägung kommt es nicht an. **180**

Sollten die Änderungen des aktuellen Entwurfs zum UmwRG jedoch in ihrer derzeitigen Form verabschiedet werden, so kommt es auch zu einer ersatzlosen Streichung des § 4a UmwRG, da dieser seinen Regelungszweck, nämlich die Erleichterung von umweltrechtlichen Rechtsbehelfsverfahren, nicht erreicht, sondern lediglich zu einiger Rechtsunsicherheit geführt hat. **180a**

c) Exkurs: Altruistische Verbandsklage

Ebenfalls noch im Fluss ist die Diskussion hinsichtlich der Frage, ob anerkannte Verbände über das Umweltrechtsbehelfsgesetz bei vorhandenem Kausalzusammenhang – auch über die umweltrechtlichen Vorschriften hinaus – Genehmigungsentscheidungen einer „Totalüberprüfung" unterziehen können. **181**

Dies wird zwar von der Literatur unter Hinweis auf die Zielstellung der den Vorschriften des Umweltrechtsbehelfsgesetzes zu Grunde liegenden europarechtlichen Materialien abgelehnt, weil dabei lediglich die Verwirklichung des Umweltschutzes im Raum bezweckt werde, wodurch sich eine davon losgelöste Totalprüfung durch Naturschutzverbände verbiete,[581] indessen scheint die neuere Rechtsprechung in diesem Zusammenhang dahin zu tendieren, den Begriff des Umweltbezugs relativ weit zu verstehen. So hatte etwa der VGH Kassel die regionalplanerischen Einwände eines Umweltverbands gegen eine immissionsschutzrechtliche Genehmigung für die Errichtung von Windenergieanlagen deshalb für zulässig und begründet erachtet, weil im Rahmen von Regionalplänen auch unionsrechtliches Umweltrecht umgesetzt würde.[582] Es ist folglich abzuwarten, inwieweit die fortlaufende Rechtsprechung sich hierzu positionieren wird. **182**

Die bevorstehende Novellierung des UmwRG bringt jedenfalls keine Klarheit, sondern verschärft nur noch einmal die Diskussion. Im UmwRG-E ist die Streichung des Halbsatzes „Rechtsvorschriften, die dem Umweltschutz dienen" in § 2 Abs. 1 Nr. 1 UmwRG vorgesehen. Begründet wird dies damit, dass diese Beschränkung nicht im Einklang mit der Aarhus-Konvention stehe. Denn Überprüfungsverfahren nach Art. 9 Abs. 2 Aarhus-Konvention sind nicht auf angebliche Verletzungen innerstaatlichen Rechts zu beschränken, das der Umwelt dient, sich auf die Umwelt bezieht oder den Umweltschutz fördert. Für eine solche Beschränkung gibt es im Übereinkommen keine Rechtsgrundlage.[583] Doch obwohl es zu dieser Streichung kommt, bleibt der so geöffnete Anwendungsbereich der Verbandsklage auch über die umweltrechtlichen Vorschriften hinaus nach wie vor eingeschränkt. Denn in § 2 Abs. 4 UmwRG-E ist vorgesehen, dass „der Verstoß Belange berührt, die zu den Zielen gehören, die die Vereinigung nach ihrer Satzung fördert". Dies hat zur Folge, dass die Rügebefugnis weiterhin generell auf umweltbezogene Vorschriften beschränkt bleibt, weil für eine Anerkennung als Umweltvereinigung nach § 3 Abs. 1 Nr. 1 UmwRG (ebenso § 3 Abs. 1 Nr. 1 UmwRG-E) erforderlich ist, dass die Vereinigung „vorwiegend die Ziele des Umweltschutzes fördert". **182a**

---

[580] *EuGH*, Urt. v. 15.10.2015 – C 137/14.
[581] *Fellenberg/Schiller*, in: Landmann/Rohmer (Hrsg.), Umweltrecht, UmwRG, § 2 Rn. 45 ff.
[582] *VGH Kassel*, Beschl. v. 14.5.2012 – 9 B 1918/11; *VGH Kassel*, BeckRS 2012, 51646.
[583] Begründung zum Gesetzesentwurf der Bundesregierung zur Anpassung des Umwelt-Rechtsbehelfsgesetzes und anderer Vorschriften an europa- und völkerrechtliche Vorgaben (Stand: 13.6.2016).

IV. Umgang mit konkurrierenden Anträgen/Prioritätsprinzip

183   Mitunter geschieht es, dass innerhalb der begrenzten Flächenpotenziale für Windenergieanlagen Konkurrenzen zwischen mehreren potenziellen Betreibern auftreten, bei denen bereits zum Zeitpunkt der jeweiligen Antragstellung für die Projekte feststeht, dass nicht alle geplanten Vorhaben auch verwirklicht werden können; sei es, weil die kumulierten unbeschränkten Auswirkungen aller geplanten Anlagen zu einer Überschreitung maßgeblicher immissionsschutzrechtlicher Grenzwerte[584] führen würde und durch eine Beschränkung etwa die Wirtschaftlichkeit des betreffenden Vorhabens in Frage stünde[585], sei es, weil sich etwa mehrere Anlagen gegenseitig negativ in ihrer Standsicherheit beeinflussen und aus diesem Grunde mindestens eines der Vorhaben nicht verwirklicht werden kann.[586]

184   In diesen Fällen ist sowohl für die Betreiber als auch für die Genehmigungsbehörden von existenzieller Bedeutung, wie mit derartigen Konkurrenzsituationen umzugehen ist.[587] Im Kern geht es also um die Frage, welcher der jeweils konkurrierenden Antragsteller „das Nachsehen" hat bzw. wer von welchen Folgen betroffen ist.

1. Feststellung der Konkurrenz

185   Bevor dargestellt werden soll, welche Folgen sich für welchen der Antragsteller an eine Konkurrenzsituation knüpfen, ist darauf hinzuweisen, dass nicht alle auf den ersten Blick als solche erscheinenden Lebenssachverhalte tatsächlich zu einer genehmigungsrechtlichen Konkurrenz der Antragsteller führen. Insofern sind die „echten" von den „unechten" **Konkurrenzsituationen**[588] sowohl in der hiesigen Darstellung als vor allem auch in der Genehmigungspraxis klar voneinander zu trennen. Dabei kann sich die Frage einer echten Konkurrenz sowohl auf materieller wie auch auf verfahrensrechtlicher Ebene ergeben:

a) Materieller Aspekt der Konkurrenz

186   Eine Konkurrenz liegt in materieller Hinsicht überhaupt nur dann vor, wenn die Zulassung des einen Vorhabens zwingend die Genehmigungsunfähigkeit oder lediglich betriebsbeschränkte Genehmigungsfähigkeit des Konkurrenzvorhabens nach sich zieht.[589] Die hiergegen zum Teil in der neueren Literatur[590] vorgetragenen Argumente haben bislang noch nicht dazu geführt,

---

[584] Man denke etwa an die Grenzwerte der sog. TA-Lärm (Sechste Allgemeine Verwaltungsvorschrift zum Bundes-Immissionsschutzgesetz „Technische Anleitung zum Schutz gegen Lärm" v. 26.8.1998 (GMBl. S. 503) zur Konkretisierung der zulässigen Schallauswirkungen i. S. d. § 3 Abs. 2 BImSchG.
[585] *OVG Koblenz*, NVwZ-RR 2015, 658; *VG Oldenburg*, Urt. v. 18.9.2013 – 5 A 2132/13.
[586] *OVG Koblenz*, BeckRS 2014, 50908; *VG Aachen*, BeckRS 2015, 43969; im Übrigen zu den vielfältigen Möglichkeiten von Konkurrenzen vgl.: *Sittig*, Das Prioritätsprinzip im deutschen Verwaltungsrecht bei der immissionsschutzrechtlichen Genehmigung für Windenergieanlagen, S. 21 ff.
[587] *Sittig*, Das Prioritätsprinzip im deutschen Verwaltungsrecht bei der immissionsschutzrechtlichen Genehmigung für Windenergieanlagen, S. 21.
[588] Vgl. zur Begriffsbildung: *Sittig*, Das Prioritätsprinzip im deutschen Verwaltungsrecht bei der immissionsschutzrechtlichen Genehmigung für Windenergieanlagen, S. 22 ff. m. w. N.
[589] Vgl: *OVG Weimar*, ZNER 2012, 443 (444); *OVG Lüneburg*, BeckRS 2012, 56053; *OVG Weimar*, Beschl. v. 2.9.2011 – 1 EO 367/11; *OVG Weimar*, Beschl. v. 1.6.2011 – 1 EO 21/11; *OVG Weimar*, Beschl. v. 1.6.2011 – 1 EO 340/11; *OVG Weimar*, ZNER 2011, 649 (650); *OVG Greifswald*, BauR 2008, 1562 ff.; *OVG Münster*, ZNER 2003, 349 (350); *OVG Münster*, BRS 63, Nr. 150 (2000); *VGH Kassel*, BRS 20, Nr. 117 (1968), S. 181 (2. Leitsatz); *OVG Koblenz*, NVwZ-RR 2015, 658; *OVG Koblenz*, BeckRS 2014, 50908; *VGH München*, BeckRS 2014, 52078; *VG Aachen*, BeckRS 2015, 43969; *VG Neustadt* (Weinstraße), BeckRS 2014, 48013; *VG Oldenburg*, Urt. v. 18.9.2013 – 5 A 2132/13; *Sittig*, Das Prioritätsprinzip im deutschen Verwaltungsrecht bei der immissionsschutzrechtlichen Genehmigung für Windenergieanlagen, S. 269 ff.; *Schütte*, NuR 2008, 142 (146).
[590] *Maslaton*, NVwZ 2013, 542 (544 ff.), die davon ausgeht, dass letztlich gar keine Konkurrenzsituation besteht, weil auch in diesem Falle jeder Antragsteller, dessen Vorhaben für sich genommen genehmigungsfähig ist, auch eine Genehmigung erhalten muss.

dass sich die derzeitige Rechtsprechung insoweit geändert hätte, sodass im Folgenden zunächst davon auszugehen ist, dass sich eine **echte Konkurrenzsituation** nach der o. g. Formel bestimmt. Zu den interessanten Folgen, die sich aus der insoweit abweichenden Literaturauffassung ergeben, ist am Ende nochmals (→ Kap. 2 Rn. 227 f.) einzugehen.

Zunächst gilt nach dem Maßstab der Rechtsprechung und der herrschenden Literatur: 187

> Windenergieanlagenvorhaben konkurrieren im Hinblick nur dann miteinander, wenn die Genehmigung einer Anlage direkte Folgen für die Genehmigung der jeweils anderen Anlage hat.

Hiervon abzugrenzen sind also von vornherein Fälle, in denen sich nicht erst die jeweils 188 geplanten Anlagen in der konkreten Konkurrenzsituation gegenseitig ausschließen oder in der Genehmigungsfähigkeit beschränken, sondern eine Genehmigung dieser Anlagen (jeweils für sich genommen) bereits an anderen Voraussetzungen scheitert.[591]

Zur Illustration einer Situation, in der nur vermeintlich eine Konkurrenz besteht, mag 189 folgender Beispielsfall[592] dienen:

Zwei zur Genehmigung beantragte Windenergieanlagen zweier unterschiedlicher Betreiber (Nabenhöhe: 100 m; Rotordurchmesser: 80 m; Gesamthöhe: 140 m) halten jeweils einen Abstand von nur 75 m zur Grundstücksgrenze und somit 150 m zueinander ein.

Dieser Fall ist zwar aus bauordnungsrechtlicher Sicht auffällig, da der erforderliche Abstand 190 möglicherweise nicht eingehalten wird, da sich die notwendigen (bauordnungsrechtlichen) Abstandsflächen der beiden Anlagen je nach geltendem Landesrecht überschneiden können.[593] Dies allein führt jedoch nicht automatisch auch zu einer realen Konkurrenzsituation, denn im Falle der Überschneidung der jeweils erforderlichen bauordnungsrechtlichen Abstandsflächen widersprechen die Anlagen nicht erst kumulativ, sondern bereits jeweils für sich genommen dem Abstandsflächenrecht (da sie beide für sich genommen bereits den notwendigen Abstand zur Grundstücksgrenze nicht einhalten).[594]

Die Anlagen sind daher im Falle einer Überschneidung der erforderlichen bauordnungs- 191 rechtlichen Abstände (z. B. in Sachsen-Anhalt) nicht erst gegenseitiges Realisierungshindernis füreinander, sondern bereits für sich genommen bauordnungsrechtlich nicht genehmigungsfähig.[595] Überschneiden sich die bauordnungsrechtlich erforderlichen Abstandsflächen beider Anlagen hingegen nicht (weil etwa wie in Sachsen die Abstandsforderung geringer ist), könnten beide Anlagen aus abstandsflächenrechtlicher Sicht problemlos nebeneinander genehmigt und realisiert werden; allerdings stellen in diesem Fall die Anlagen mit Blick auf die Standsicherheitsvorschriften (sog. Turbulenzabstände[596]) füreinander ein Realisierungshindernis dar und bilden damit eine **„echte Konkurrenz"**.

Maßgeblich für die Feststellung (und nachfolgende Lösung) von Konkurrenzfällen ist somit 192 zunächst, ob etwaige Konkurrenten mit den von ihnen geplanten Projekten überhaupt gegen-

---

[591] *VG Oldenburg*, Urt. v. 18.9.2013 – 5 A 2132/13; *Sittig*, Das Prioritätsprinzip im deutschen Verwaltungsrecht bei der immissionsschutzrechtlichen Genehmigung für Windenergieanlagen, S. 22 ff.

[592] Beispiel nach: *Rolshoven*, NVwZ 2006, 516 (516 ff.); *Sittig*, Das Prioritätsprinzip im deutschen Verwaltungsrecht bei der immissionsschutzrechtlichen Genehmigung für Windenergieanlagen, S. 22 f.

[593] *Sittig*, Das Prioritätsprinzip im deutschen Verwaltungsrecht bei der immissionsschutzrechtlichen Genehmigung für Windenergieanlagen, S. 23: In Sachsen ist gemäß § 6 Abs. 5 SächsBO ein Abstand von 0,4 x H erforderlich. Für Windenergieanlagen gilt gemäß Ziff. 6.4 VwVSächsBO: H = Nabenhöhe + sin 20° x Radius + (sin 90° – sin 20°) × Radius. Daraus ergibt sich im Beispiel ein notwendiger Abstand von 61,1 m. Demgegenüber sieht z. B. das Landesrecht in Sachsen-Anhalt gemäß § 6 Abs. 7 BauO LSA einen Abstand von 1 H vor, wobei als H = Nabenhöhe + Radius gilt. Im Beispiel ergibt sich als notwendiger bauordnungsrechtlicher Abstand demnach 140 m.

[594] *Sittig*, Das Prioritätsprinzip im deutschen Verwaltungsrecht bei der immissionsschutzrechtlichen Genehmigung für Windenergieanlagen, S. 23; *Rolshoven*, NVwZ 2006, 516 (516).

[595] *Sittig*, Das Prioritätsprinzip im deutschen Verwaltungsrecht bei der immissionsschutzrechtlichen Genehmigung für Windenergieanlagen, S. 23; *Rolshoven*, NVwZ 2006, 516 (516).

[596] *Sittig*, Das Prioritätsprinzip im deutschen Verwaltungsrecht bei der immissionsschutzrechtlichen Genehmigung für Windenergieanlagen, S. 24.

seitig ein Genehmigungs- oder Existenzhindernis schaffen. Dies wäre – wie gezeigt – z. B. nur dann der Fall, wenn die Vorhaben zwar einen ausreichenden bauordnungsrechtlichen Grenzabstand einhielten, hingegen die Standsicherheit nicht gewährleistet wäre, weil der sog. „**Turbulenzabstand**" der Anlagen zueinander nicht ausreichend groß ist. Nur dann ergäbe sich tatsächlich eine reale (Genehmigungs-) Konkurrenz zwischen beiden Windenergievorhaben, da die Errichtung beider Anlagen unter Standsicherheitsgesichtspunkten nicht möglich ist.[597] Denn die Errichtung einer der beiden Anlagen führt automatisch zur Standunsicherheit der anderen Anlage. Halten die Anlagen hingegen schon nicht die erforderlichen bauordnungsrechtlichen Abstände ein, sind sie bereits für sich genommen nicht genehmigungsfähig.

b) Verfahrensseitiger Aspekt der Konkurrenz

192a Verfahrensseitig ist für das Vorliegen einer echten Konkurrenzstiuation erforderlich, dass für die in Beziehung zueinander stehenden Vorhaben zumindest bereits Zulassungsanträge (Genehmigungsantrag oder Vorbescheidsantrag) gestellt worden sind. Ist für eines der „konkurrierenden" Vorhaben noch nicht einmal ein Zulassungsantrag gestellt worden, ist eine sachgerechte Auswahl (noch) nicht erforderlich[598], mit der Folge, dass eine echte Konkurrenz nicht besteht und mithin auch keine sachgerechte Konkurrenzlösung erforderlich ist.

192b Größere Probleme wirft indessen die Situation auf, in der materiell konkurrierende Vorhaben in unterschiedlichen Verfahren zu prüfen sind, wenn also ein Genehmigungsantrag auf einen Vorbescheidsantrag trifft. Mit Blick auf die Notwendigkeit einer materiellen Konkurrenz wird man zunächst davon ausgehen müssen, dass eine Konkurrenz nur dann existiert, wenn die (rechtliche oder tatsächliche) Unmöglichkeit einer kumulativen Realisierung beider Vorhaben auch tatsächlich Gegenstand beider Verfahren ist. Wenn zwei Vorhaben z. B. kumulativ zu einer nicht mehr hinnehmbaren Störung einer Wetterradaranlage führen und somit ein öffentlicher Belang i. S. d. § 35 Abs. 3 S. 1 Nr. 8 BauGB (vgl. hierzu oben Rn. 239 ff.) der kumulativen (nicht aber: jeweils einzelnen) Zulassung beider Vorhaben entgegenstehen würde, würde eine Konkurrenz nur dann anzunehmen sein, wenn sich der Vorbescheidsantrag (vgl. hierzu Kap. 1, Rn. 55) auch auf diesen Aspekt bezieht oder die mögliche Konkurrenzsituation Gegenstand der notwendigen sogenannten „positiven Gesamtprognose" wäre[599]. Ist etwa das Vorbescheidthema im o. g. Exempel der kumulativen Wetterradarunverträglichkeit beispielsweise nur auf bau*ordnungsrechtliche* oder luftverkehrsrechtliche Aspekte beschränkt, tritt im unmittelbaren Aufeinandertreffen der beiden Verfahren eine echte Konkurrenzsituation nicht auf, mit der Folge, dass beide Verfahren unabhängig voneinander durch die Behörde fortzuführen sind und sich im Nachgang auch keine prioritären Rechte ableiten lassen (etwa wenn der zunächst nur einen Vorbescheid beantragende Antragsteller sich im Anschluss um eine Vollgenehmigung bemüht).

192c Gleiches muss konsequenterweise gelten, wenn zwei Vorbescheidsanträge aufeinandertreffen, die unterschiedliche Themen zum Inhalt haben und bei denen ebenfalls die kumulative Genehmigungsunfähigkeit nicht bereits im Wege der vorläufigen positiven Gesamtprognose absehbar ist[600]. Auch in diesem liegt eine echte Konkurrenzsituation, also eine Situation, in welcher sich die Genehmigungsbehörde mit der Frage der sachgerechten Auswahl befassen muss, nicht vor.

192d In der bisherigen Rechtsprechung nicht eindeutig geklärt sind jedoch Fälle, in denen ein Genehmigungsantrag und ein Vorbescheidsantrag zweier Konkurrenten aufeinandertreffen, bei denen der die Konkurrenz auslösende Aspekt auch Teil des Vorbescheidsthemas ist. Dies wäre im o. g. Beispiel der kumulativen Wetterradarunverträglichkeit etwa der Fall, wenn der Vorbescheid auf die Klärung der bauplanungsrechtlichen Zulässigkeit eines verfolgten Vor-

---

[597] Für Sachsen ergibt sich die Notwendigkeit der Standsicherheit z. B. aus § 12 Abs. 1 S. 2 SächsBO; zur Konkurrenzwirkung zu geringer Turbulenzabstände: vgl.: *OVG Weimar*, ZNER 2012, 443 (444); *OVG Berlin*, Beschl. v. 4.2.2009 – 11 S 53/08, Rn. 4 ff.; *OVG Berlin*, Beschl. v. 4.2.2009 – 11 S 2/08, Rn. 3 f.; *OVG Lüneburg*, NVwZ-RR 2009, 546 (549); ferner: *Sittig*, Das Prioritätsprinzip im deutschen Verwaltungsrecht bei der immissionsschutzrechtlichen Genehmigung für Windenergieanlagen, S. 24 ff.
[598] *VG Neustadt* (Weinstraße), BeckRS 2014, 48013.
[599] *OVG Koblenz*, NVwZ-RR 2015, 658; *OVG Koblenz*, BeckRS 2014, 50908.
[600] Vgl.: *VG Oldenburg*, Urt. v. 18.9.2013 – 5 A 2132/13.

habens im Außenbereich abzielt. Dann besteht fraglos die Situation, in der beide Vorhaben materiell konkurrieren. Es fragt sich indessen, ob aufgrund der rechtlichen Eigentümlichkeit des Vorbescheids (vgl. hierzu Kap. 1, Rn. 55), dieser überhaupt geeignet ist, mit einem Vollgenehmigungsantrag zu konkurrieren.

Dafür spricht nach Meinung des ersten Senats des Oberverwaltungsgerichts Koblenz die Überlegung, dass ein Vorbescheid für ein nachfolgendes, für einen Konkurrenten betriebenes Genehmigungsverfahren Bindungswirkung erzeugen kann, weil ein nicht nichtiger Verwaltungsakt gemäß Art. 20 Abs. 3 und § 43 VwVfG Bindungswirkung eine sog. „Tatbestandswirkung" erzeugt[601]. D. h., dass die getroffene Regelung zu beachten und nachfolgenden Entscheidungen über Genehmigungsanträge als gegeben zu Grunde zu legen ist[602]. 192e

Der mit einer ähnlichen Frage in einem Eilverfahren früher befasste 8. Senat desselben Oberverwaltungsgerichts ist hingegen der Auffassung, dass der Regelungsgehalt eines Vorbescheids eine solche Sperrwirkung gegenüber einem konkurrierenden Genehmigungsvorhaben gerade nicht entfalten kann[603]: 192f

Der Vorbescheid stellt lediglich das Vorliegen einzelner Genehmigungsvoraussetzungen verbindlich fest und entfaltet Bindungswirkung nur im Hinblick auf ein späteres Genehmigungsverfahren in derselben Angelegenheit [...]. Der Vorbescheid beinhaltet keine Baufreigabe. Da die konkurrierenden Vorhaben sich aber lediglich hinsichtlich ihrer Realisierung ausschließen, worauf eventuell im Rahmen der Baufreigabeverfügung bei den (Voll-)Genehmigungen nach § 10 oder 9 BImSchG durch entsprechende Nebenbestimmungen Rücksicht zu nehmen ist, schließt die bloße Vorabfeststellung hinsichtlich einzelner Genehmigungsvoraussetzungen in einem Vorbescheid die Genehmigung eines parallelen Vorhabens nicht aus.

Bereits früher hatte das Oberverwaltungsgericht Weimar die Auffassung vertreten, dass jedenfalls ein sog „Standortvorbescheid" (bei dem der Prüfaufwand nahezu demjenigen eines Genehmigungsbescheids entspricht) eine echte Konkurrenz auch gegenüber einem Genehmigungsantrag hervorrufen könne, weil der Vorbescheidsantragsteller unter dem Gesichtspunkt der Verfahrensfairness darauf vertrauen dürfe, dass der von ihm betriebene Aufwand nicht durch das Vorziehen eines später anhängig gemachten Genehmigungsantrags entwertet werde.[604] Es erscheint inkonsequent, wenn der 8. Senat des Oberverwaltungsgerichts Koblenz in der o.g. Entscheidung mit Blick auf diese ältere Rechtsprechung ausführt, diese stünde seiner Auffassung von einer mangelnden Konkurrenzsituation nicht entgegen, weil seiner Entscheidung kein solcher umfänglicher Standortvorbescheid zu Grunde gelegen habe und auch kein Vertrauen der Vorbescheidsantragstellerin zu schützen sei, weil diese bewusst nur einen sehr eingeschränkten Planungsaufwand betrieben habe.[605] Da der Senat nämlich von der Maßgeblichkeit einer Konkurrenz nur im Zeitpunkt der Realisierung ausgeht bzw. bei den diese Realisierung unmittelbar ermöglichenden Verfügungen, dann ist es letztlich unerheblich, ob gegenüber einem Genehmigungsantrag ein Standortvorbescheid oder ein lediglich eingeschränkter Vorbescheid beantragt wird; die unmittelbaren Baufreigabeverfügungen sind in keiner der beiden Varianten enthalten. Es erscheint daher durchaus fraglich, ob und inwieweit die Auffassungen des 8. Senats des Oberverwaltungsgerichts Koblenz oder des Oberverwaltungsgerichts Weimar Bestand haben werden. Eine abschließende Klärung dieser in der Praxis gewichtigen Frage steht indessen noch aus. 192g

2. Lösung von Konkurrenzfällen

Auch für sachgerechte Lösung von Konkurrenzfällen hat sich bislang noch keine abschließende Rechtsauffassung herausgebildet. Dies gilt sowohl hinsichtlich der dogmatischen Grundlagen für eine behördliche Entscheidung in diesen Konkurrenzsituationen als auch hinsichtlich 193

---

[601] *OVG Koblenz*, NVwZ-RR 2015, 658.
[602] *OVG Koblenz*, NVwZ-RR 2015, 658.
[603] *OVG Koblenz*, BeckRS 2014, 50908.
[604] *OVG Weimar*, ZNER 2012, 443 (444); näher hierzu und auch zur Kritik an dieser Rechtsprechung vgl. *Maslaton*, Windenergieanlagen, 1. Aufl., Rn. 221 ff.
[605] *OVG Koblenz*, BeckRS 2014, 50908.

der maßgeblichen Anknüpfungstatsachen für einen Vorzug des einen Antragstellers gegenüber seinem Konkurrenten.

a) Prioritätsgrundsatz als Lösungsmodell

194   Zum Teil wird die Auffassung vertreten, dass in Konkurrenzsituationen, bei denen sich mehrere, für sich genehmigungsfähige Vorhaben, gegenseitig ausschließen, nach dem sog. allgemeinen verwaltungsrechtlichen **„Prioritätsgrundsatz"** zu verfahren sei, wonach derjenige zu bevorzugen sei, der sich früher um seine Genehmigung bei der Behörde bemüht hat.[606] Andernorts wird die Geltung eines solchen Prioritätsgrundsatzes im Immissionsschutzrecht jedoch auch angezweifelt, weil dessen Geltung nicht ausdrücklich durch das Bundes-Immissionsschutzgesetz angeordnet wird und das Prioritätsprinzip entweder schon keinen allgemeinen Rechtsgrundsatz bilde[607] oder aber ein solcher Rechtsgrundsatz allein nicht zum Ausschluss konkurrierender Betreiber führen könne[608].

> Ungeachtet der dogmatischen Streitigkeiten ist jedoch für die Praxis zunächst zu konstatieren, dass selbst wenn die Geltung des Prioritätsgrundsatzes durch die genannte Rechtsprechung angezweifelt oder abgelehnt wird, gleichwohl ein Vorrang zeitlich früherer Bewerber dem Grunde nach anerkannt wird, freilich unter der Einschränkung, dass eine andere behördliche Entscheidung im Sinne des Art. 3 Abs. 1 GG und Art. 20 Abs. 3 GG ein „willkürliches Vorziehen" bedeuten würde.[609]

195   Es wird jedoch zumindest in der Rechtsprechungspraxis bislang überwiegend davon ausgegangen, dass jedenfalls dann, wenn keine besonderen Umstände vorliegen, im Falle von Konkurrenzen der zeitlich frühere Bewerber den Vorrang gegenüber zeitlich nachrangigen Bewerbern erhalten soll.[610] Selbst wenn also die Rechtsprechung – mangels ausdrücklicher gesetzlicher Regelungen – den Prioritätsgrundsatz als solchen nicht akzeptiert, muss sich eine Behörde bei der Behandlung mehrerer sich gegenseitig ausschließender konkurrierender Genehmigungsanträge nach einhelliger Rechtsprechung dennoch zumindest an den Grundsätzen des Art. 3 Abs. 1 GG festhalten lassen. Nach Auffassung dieser Rechtsprechung wäre es im Regelfall[611] willkürlich, einem anderen als dem zeitlich früheren Bewerber den Vorrang

---

[606] *OVG Greifswald*, BauR 2008, 1562 (1566); *OVG Lüneburg*, BeckRS 1991, 08348; *VG Schwerin*, Beschl. v. 23.9.2010 – 7 B 362/10; *Sittig*, Das Prioritätsprinzip im deutschen Verwaltungsrecht bei der immissionsschutzrechtlichen Genehmigung für Windenergieanlagen, S. 313 f.; *Rolshoven*, NVwZ 2006, 516 (516 ff.); *Schütte*, NuR 2008, 142 (146).

[607] *VG Weimar*, Beschl. v. 17.1.2011 – 7 E 1029/10 We; bestätigt durch: *OVG Weimar*, ZNER 2011, 649 (649 f.); *VG Dessau*, BeckRS 2008, 32056, Leitsatz.

[608] So *Maslaton*, NVwZ 2013, 542 (544 ff.); aber auch *Rolshoven*, NVwZ 2006, 516 (520 f.).

[609] *OVG Koblenz*, NVwZ-RR 2015, 658; *VGH München*, BeckRS 2014, 52078; *OVG Koblenz*, BeckRS 2014, 50908; *OVG Weimar*, ZNER 2012, 443 (444); *OVG Lüneburg*, BeckRS 2012, 56053; *VG Weimar*, Beschl. v. 17.1.2011 – 7 E 1029/10 We; bestätigt durch: *OVG Weimar*, ZNER 2011, 649 (649 f.); *VG Schwerin*, Beschl. v. 23.9.2010 – 7 B 361/10; *OVG Greifswald*, BauR 2008, 1562 (1566); *OVG Lüneburg*, BeckRS 1991, 08348; *VG Dessau*, BeckRS 2008, 32056.

[610] *OVG Koblenz*, NVwZ-RR 2015, 658; *VGH München*, BeckRS 2014, 52078; *OVG Koblenz*, BeckRS 2014, 50908; *OVG Weimar*, ZNER 2012, 443 (444); *OVG Lüneburg*, BeckRS 2012, 56053; *OVG Greifswald*, BauR 2008, 1562 (1566); *VG Weimar*, Beschl. v. 17.1.2011 – 7 E 1029/10 We; bestätigt durch: *OVG Weimar*, ZNER 2011, 649 (649 f.); *Maslaton*, NVwZ 2013, 542 (543); *Sittig*, Das Prioritätsprinzip im deutschen Verwaltungsrecht bei der immissionsschutzrechtlichen Genehmigung für Windenergieanlagen, S. 83 ff.

[611] So: *VGH München*, BeckRS 2014, 52078 ohne die nähere Erläuterung möglicher Ausnahmen; vgl. aber auch: *OVG Greifswald*, BauR 2008, 1562 (1562 ff.), welches den Gesichtspunkt des Vertrauensschutzes in die Diskussion einbringt und darüber die Möglichkeit offen lässt, möglicherweise einen abweichenden Maßstab als das Prioritätsprinzip zu wählen. Allerdings hat *Sittig*, Das Prioritätsprinzip im deutschen Verwaltungsrecht bei der immissionsschutzrechtlichen Genehmigung für Windenergieanlagen, S. 222 ff. insoweit nachweisen können, dass bei richtigem Verständnis der Entscheidung und des zu Grunde liegenden Sachverhalts sich auch daraus keine zwingende Notwendigkeit für eine vom Prioritätsprinzip abweichende Beurteilung ergibt. Im Übrigen: *VG Oldenburg*, Urt. v. 18.9.2013 – 5 A 2132/13, welches z. B. auch die „Relevanz der Realisierbarkeit" als mögliches (aber u. U. nur unterstützendes) Unterscheidungskriterium nennt.

einzuräumen.⁶¹² In jedem Fall wird mithin durch die Rechtsprechung ein Vorrang des zeitlich früheren Antragstellers begründet. Denn auch der Gedanke des „allgemeinen verwaltungsrechtlichen Prioritätsprinzips" basiert letztlich auf den dahinter stehenden – verfahrensrechtlich ausgestalteten – Grundrechtspositionen. Im Fall von mehreren Anträgen, die sich gegenseitig ausschließen oder beeinträchtigen, sind demnach jedenfalls nach der bisherigen überwiegenden Rechtsprechungspraxis im Ergebnis prioritäre Erwägungen anzustellen, um zu klären, welcher von mehreren Bewerbern einen Vorrang erhält, wenn von vornherein feststeht, dass nicht alle Bewerber ihr Vorhaben werden realisieren können.

b) Maßgebliche Anknüpfungstatsachen für den Vorrang

Soweit demnach der Prioritätsgrundsatz im Immissionsschutzrecht für die Genehmigung von Windenergieanlagen Anwendung findet, fragt sich jedoch weiter, worin der zeitliche Anknüpfungspunkt für die prioritäre Entscheidung liegt oder anders gefragt, welche Tatsache berechtigt die Genehmigungsbehörde dazu, im Sinne des Prioritätsgrundsatzes einen Konkurrenten gegenüber einem anderen Konkurrenten vorzuziehen? **196**

Wie bereits oben ausgeführt, geht es bei der Anwendung des Prioritätsprinzips im Immissionsschutzrecht nach herrschender Auffassung um die Bevorzugung desjenigen (künftigen) Anlagenbetreibers, der sich zeitlich früher um die Genehmigung seines Vorhabens bemüht hat als sein Konkurrent. Im Rahmen der Genehmigungskonkurrenz, bei der jeder Antrag für sich genehmigungsfähig ist, die Vorhaben sich jedoch gegenseitig ausschließen, ist somit der maßgebliche Anknüpfungspunkt im spezifischen immissionsschutzrechtlichen Genehmigungsverfahren zu suchen.⁶¹³ Insoweit bieten sich als Anknüpfungspunkte für den Vorrang des zeitlich schnelleren Antragstellers grundsätzlich mehrere Stadien im immissionsschutzrechtlichen Genehmigungsverfahren an, nämlich v. a. die Zeitpunkte der „**Antragstellung**", der „**Entscheidungsreife**" und der „**Prüffähigkeit**". **197**

aa) Zeitpunkt der Antragstellung. Gemäß § 10 Abs. 1 BImSchG i. V. m. §§ 2, 3 ff. der 9. BImSchV ist im immissionsschutzrechtlichen Genehmigungsverfahren vom Vorhabenträger zunächst ein alle notwendige Angaben enthaltender schriftlicher Antrag bei der zuständigen Immissionsschutzbehörde einzureichen. **198**

Verfahrensseitig handelt es sich hierbei um den frühestmöglichen Zeitpunkt der Kenntnis der Behörde vom Vorhaben des Vorhabenträgers. Eingedenk der Anknüpfung des prioritären Anspruchs an ein früheres zeitliches „Bemühen" könnte man im Konkurrenzfall den Vorrang somit schlicht von der frühesten Antragstellung abhängig machen. Tatsächlich wird im Besonderen Verwaltungsrecht auch häufiger der schlichte Vorgang der **Antragstellung** als Vorrangkriterium für den Prioritätsgrundsatz gewählt. So richtet sich die Rangfolge der zu erteilenden Taxikonzessionen gemäß § 13 Abs. 5 PBefG ebenso nach der Reihenfolge der Antragstellung wie die Hochschulzulassung nach § 32 Abs. 2 Nr. 4 HRG.⁶¹⁴ **199**

Es ist jedoch zu berücksichtigen, dass sich die Materien, in denen von der Maßgeblichkeit allein der Antragstellung ausgegangen wird – wie etwa im Personenbeförderungsgesetz – von der des Immissionsschutzrechts eklatant unterscheiden. Denn die mit dem immissionsschutzrechtlichen Genehmigungsverfahren verbundenen Prognosen, Untersuchungen und Prüfungen **200**

---

⁶¹² *OVG Koblenz*, NVwZ-RR 2015, 658; *VGH München*, BeckRS 2014, 52078; *OVG Koblenz*, BeckRS 2014, 50908; *OVG Weimar*, ZNER 2012, 443 (444); *OVG Lüneburg*, BeckRS 2012, 56053; *OVG Greifswald*, BauR 2008, 1562 (1566); *VG Weimar*, Beschl. v. 17.1.2011 – 7 E 1029/10 We; bestätigt durch: *OVG Weimar*, ZNER 2011, 649 (649 f.); *Maslaton*, NVwZ 2013, 542 (543); *Sittig*, Das Prioritätsprinzip im deutschen Verwaltungsrecht bei der immissionsschutzrechtlichen Genehmigung für Windenergieanlagen, S. 83 ff.

⁶¹³ *Sittig*, Das Prioritätsprinzip im deutschen Verwaltungsrecht bei der immissionsschutzrechtlichen Genehmigung für Windenergieanlagen, S. 272 f.

⁶¹⁴ Vgl. *OVG Greifswald*, BauR 2008, 1562 (1562 ff.); *OVG Lüneburg*, BeckRS 1991, 08348; *VGH München*, BayVBl. 1962, 322 (322); *VGH München*, NJW 1962, 2219 (2219 ff.); *Sittig*, Das Prioritätsprinzip im deutschen Verwaltungsrecht bei der immissionsschutzrechtlichen Genehmigung für Windenergieanlagen, S. 284 ff.; *Ramsauer*, in: Kopp/Ramsauer (Hrsg.), VwVfG, § 22 Rn. 39; *Pünder*, in: Erichsen/Ehlers (Hrsg.), Allgemeines Verwaltungsrecht, § 14 Rn. 22.

sind deutlich vielzähliger und weitreichender als es – wenn überhaupt – beispielsweise bei einer Personenbeförderungsgenehmigung oder einer Hochschulzulassung der Fall wäre. Dieser Umstand wirkt sich notwendigerweise auch auf den mit den jeweiligen Anträgen verbundenen Umfang an Dokumentations- und Nachweispflichten und mithin auf die Intensität des notwendigen „Bemühens" aus, der im Rahmen von immissionsschutzrechtlichen Genehmigungsverfahren regelmäßig größer ausfällt. Diese ungleich größere Nachweisbeibringung im Immissionsschutzrecht hat zur Folge, dass der Zeitpunkt der Antragstellung und der Zeitpunkt der Genehmigung in der Regel sehr weit auseinander liegen, da oftmals bei Einreichung des Antragsformulars noch nicht sämtliche Gutachten vorhanden sind oder man sich gegebenenfalls zunächst mit der Behörde darüber abstimmen muss, welche Unterlagen überhaupt beizubringen sind (denn der Umfang der notwendigen Gutachten kann auch wiederum von Zwischenfeststellungen der Behörde abhängen, z. B. über die UVP-Pflichtigkeit des jeweiligen Vorhabens – und damit einhergehend über das anzuwendende Verfahren). Infolgedessen ließe sich im Immissionsschutzrecht bei Antragstellung, also zum frühen Zeitpunkt der Einreichung des Antragsformulars, keineswegs abschätzen, ob das beantragte Vorhaben jemals wird realisiert werden können.

201 Knüpft man demzufolge bereits hieran einen Vorrang, könnte dies dazu führen, dass eine Vielzahl von Betreibern mit völlig aussichtslosen Anträgen die Standorte für Windenergieanlagen quasi blockieren könnten. Aus diesem Grund wird in der rechtswissenschaftlichen Literatur und Rechtsprechung die Antragstellung im immissionsschutzrechtlichen Genehmigungsverfahren kaum als tragfähige Grundlage für einen prioritären Anspruch genannt.[615] Folglich gilt nach herrschender Auffassung:

Die bloße frühzeitige Antragstellung genügt für sich allein nicht, um dem betreffenden Vorhabenträger einen Vorrang gegenüber späteren Antragstellern zu vermitteln.

202 **bb) Zeitpunkt der Entscheidungsreife.** Vielmehr werden andere Anknüpfungspunkte vertreten, beziehungsweise diskutiert. So wird zum Teil die **„Entscheidungsreife"** eines Antrags (auch unter dem Begriff „Verbescheidungsfähigkeit") als maßgeblicher Zeitpunkt für den Vorrang genannt.[616]

203 Mit der **Entscheidungsreife** wird derjenige Zeitpunkt unmittelbar vor der behördlichen Entscheidung bezeichnet, in welchem die Behörde über alle Erkenntnisse verfügt, die sie für ihre Entscheidung benötigt.[617] Die Entscheidungsreife stellt folglich regelmäßig innerhalb des immissionsschutzrechtlichen Genehmigungsverfahrens den letztmöglichen Zeitpunkt vor der eigentlichen Entscheidung der Behörde dar und ist aufgrund dieser Nähe zur behördlichen End-Entscheidung der geeignetste Zeitpunkt, um die Möglichkeit von Verzögerungen durch noch erforderliche Zwischenschritte (→ Kap. 2 Rn. 198 ff.) größtenteils zu minimieren. Denn anders als bei der Antragstellung ist zum Zeitpunkt der Entscheidungsreife das Verfahren bereits soweit fortgeschritten, dass unmittelbar mit einer Entscheidung der Behörde gerechnet werden kann und muss. Zu diesem Zeitpunkt weiß die Genehmigungsbehörde alles, was für die Entscheidung notwendig ist.

---

[615] Vgl. etwa: *OVG Weimar*, ZNER 2012, 443, (443 ff.); *OVG Lüneburg*, Urt. v. 23.8.2011, BeckRS 2012, 56053; *VG Aachen*, BeckRS 2015, 43969; *VG Oldenburg*, Urt. v. 18.9.2013 – 5 A 2132/13, welches in diesem Zusammenhang vom „Alibiantrag" spricht; *VG Hamburg*, Urt. v. 19.6.2009 – 19 K 1782/08, Rn. 40; *OVG Greifswald*, Beschl. v. 28.3.2008 – 3 M 188/97, BauR 2008, 1562 (1566); *Sittig*, Das Prioritätsprinzip im deutschen Verwaltungsrecht bei der immissionsschutzrechtlichen Genehmigung für Windenergieanlagen, S. 284 ff.

[616] *VG Neustadt* (Weinstraße), BeckRS 2014, 48013; *VG Oldenburg*, Urt. v. 18.9.2013 – 5 A 2132/13.

[617] Vgl.: *Sittig*, Das Prioritätsprinzip im deutschen Verwaltungsrecht bei der immissionsschutzrechtlichen Genehmigung für Windenergieanlagen, S. 289 ff., *Klinski*, Rechtliche Probleme der Zulassung von Windkraftanlagen in der „ausschließlichen Wirtschaftszone" (AWZ), UBA-Texte 62/01, S. 67 f.; missverständlich als „Genehmigungsfähigkeit" bezeichnet: *OVG Greifswald*, BauR 2008, 1562 ff.; unklar: *VGH München*, NVwZ-RR 2007, 83 (84).

Eine solch späte Bewirkung eines Vorrangs kann jedoch ebenfalls zu Problemen im Hinblick 204
auf die Sachgerechtigkeit des Vorrangs führen.[618] Denn mit der Anknüpfung an einen derart
späten Zeitpunkt im Genehmigungsverfahren sind automatisch auch Verfahrensschritte enthalten, die allein in behördlicher Verantwortung durchzuführen sind, z. B. die Beteiligung
der Öffentlichkeit und der Träger der öffentlichen Belange.[619] Dabei hängt das weitere zügige
Fortschreiten des Genehmigungsverfahrens letztlich von behördeninternen Vorgängen ab, die
von dem Antragsteller nicht mehr beeinflussbar sind. Andererseits ist es vor dem Hintergrund
der Art. 3 Abs. 1 GG und 12 Abs. 1 GG jedoch erforderlich, dass trotz dieser – vom Antragsteller
grundsätzlich unbeeinflussbaren Behördenvorgänge – die **Chancengleichheit** aller Bewerber
gewahrt bleibt, wenn mit dem Zeitpunkt der Entscheidungsreife ein vorrangiger Anspruch
verbunden werden soll.[620] Von der Wahrung der Chancengleichheit kann in dieser Situation
aber nur ausgegangen werden, wenn alle anhängigen Verfahren durch die Behörde in gleicher
Weise und gleicher Geschwindigkeit betrieben werden, d. h., die Behörde darf keine Verfahrensverzögerungen zu Lasten einzelner Antragsteller verursachen.[621]

Diese extrem hohen Anforderungen dürften bereits in tatsächlicher Hinsicht zu Problemen 205
führen, wenn man bedenkt, dass gerade durch die notwendige Behörden- und Trägerbeteiligungen weitere Entscheidungsträger in das Genehmigungsverfahren eingebunden sind, die
außerhalb der direkten Einflusssphäre nicht nur des Antragstellers sondern sogar der Genehmigungsbehörde stehen.

> Infolgedessen dürfte auch der Zeitpunkt der „Entscheidungsreife" bzw. der „Verbescheidungsfähigkeit"
> für die Genehmigungspraxis zur Lösung von Konkurrenzen ungeeignet sein, da das erforderliche Maß
> an Chancengleichheit zwischen den Bewerbern durch die Genehmigungsbehörden kaum gewährleistet
> werden kann.

Auch die Rechtsprechung geht daher üblicherweise nicht davon aus, dass ein Vorrang 206
nach dem Prioritätsprinzip (bzw. nach dem Willkürverbot gem. Art. 3 Abs. 1, 20 Abs. 3 GG,
→ Kap. 2 Rn. 194 f.) an den Zeitpunkt der Entscheidungsreife geknüpft wird.[622]

cc) Zeitpunkt der Prüffähigkeit. Der weitaus größte Teil der Rechtsprechung, Literatur 207
und Praxis stellt wegen der Probleme, die sich aus den vorgenannten Anknüpfungspunkten
(Antragstellung und Entscheidungsreife) ergeben, auf den Zeitpunkt der **Vollständigkeit
der Antragsunterlagen** bzw. der „**Prüffähigkeit**" des Antrags ab.[623] Dies bezeichnet jenen

---

[618] *Sittig*, Das Prioritätsprinzip im deutschen Verwaltungsrecht bei der immissionsschutzrechtlichen Genehmigung für Windenergieanlagen, S. 291 f.

[619] *Sittig*, Das Prioritätsprinzip im deutschen Verwaltungsrecht bei der immissionsschutzrechtlichen Genehmigung für Windenergieanlagen, S. 291 f.

[620] BVerfGE 33, 303 (329 ff.); *Sittig*, Das Prioritätsprinzip im deutschen Verwaltungsrecht bei der immissionsschutzrechtlichen Genehmigung für Windenergieanlagen, S. 291 f.; *Voßkuhle*, Die Verwaltung 1999 (Bd. 32), 21 (39); *Klinski*, Rechtliche Probleme der Zulassung von Windkraftanlagen in der „ausschließlichen Wirtschaftszone" (AWZ), UBA-Texte 62/01, S. 65; *Dahlke*, NuR 2002, 472 (478).

[621] BVerfGE 33, 303 (329 ff.); *Sittig*, Das Prioritätsprinzip im deutschen Verwaltungsrecht bei der immissionsschutzrechtlichen Genehmigung für Windenergieanlagen, S. 291 f.; *Voßkuhle*, Die Verwaltung 1999 (Bd. 32), 21 (39); *Klinski*, Rechtliche Probleme der Zulassung von Windkraftanlagen in der „ausschließlichen Wirtschaftszone" (AWZ), UBA-Texte 62/01, S. 65; *Dahlke*, NuR 2002, 472 (478).

[622] Vgl. z. B.: *OVG Weimar*, ZNER 2012, 443 (444); *OVG Lüneburg*, BeckRS 2012, 56053; *VG Weimar*, Beschl. v. 17.1.2011 – 7 E 1029/10 We; bestätigt durch: *OVG Weimar*, ZNER 2011, 649 (649 f.); *VG Schwerin*, Beschl. v. 23.9.2010 – 7 B 361/10; *OVG Greifswald*, BauR 2008, 1562 (1566); *OVG Lüneburg*, BeckRS 1991, 08348; *VG Dessau*, BeckRS 2008, 32056.

[623] *OVG Koblenz*, NVwZ-RR 2015, 658; *VGH München*, BeckRS 2014, 52078; *OVG Koblenz*, BeckRS 2014, 50908; *OVG Weimar*, ZNER 2012, 443 (444); *OVG Lüneburg*, BeckRS 2012, 56053; *VG Weimar*, Beschl. v. 17.1.2011 – 7 E 1029/10 We; bestätigt durch: *OVG Weimar*, ZNER 2011, 649 (649 f.); *VG Schwerin*, Beschl. v. 23.9.2010 – 7 B 361/10; *OVG Greifswald*, Beschl. v. 24.2.2011 – 3 M 227, 228/10; *OVG Greifswald*, BauR 2008, 1562 (1562 ff.); *OVG Berlin*, ZfPR 2001, 266 (266 ff.); *VG Dessau*, BeckRS 2008, 32056; *Sittig*, Das Prioritätsprinzip im deutschen Verwaltungsrecht bei der immissionsschutzrechtlichen Genehmigung für Windenergieanlagen, S. 294 ff., m. w. N.; *Klinski*, Rechtliche Probleme der Zulassung

Zeitpunkt, in welchem die Behörde nach Beibringung sämtlicher erforderlicher Unterlagen und Informationen durch den Bewerber in die Lage versetzt wird, die weitere Prüfung der Unterlagen vorzunehmen.[624]

208 Während der Zeitpunkt der Antragstellung aus rechtspolitischer Sicht und Gründen der Rechtssicherheit untechnisch gesprochen als „zu früh" bezeichnet werden muss, um damit einen vorrangigen Anspruch eines Antragstellers zu begründen, erweist sich der Zeitpunkt der Entscheidungsreife als „zu spät", da dieser Zeitpunkt bereits Verfahrenshandlungen einschließt, auf die der Antragsteller kaum Einfluss haben kann.[625]

209 Hingegen sind im immissionsschutzrechtlichen Genehmigungsverfahren nach der Antragstellung die entsprechenden Unterlagen gemäß § 10 Abs. 3 BImSchG i. V. m. § 7 der 9. BImSchV durch die Behörde auf **Vollständigkeit** zu prüfen. Diese Prüfung hat in der Regel innerhalb eines Monats stattzufinden; die Frist kann in begründeten Ausnahmefällen um zwei Wochen verlängert werden. Wird im Rahmen dieser Vollständigkeitsprüfung festgestellt, dass die eingereichten Antragsunterlagen unvollständig oder mangelhaft sind, so fordert die Behörde i. d. R. gemäß § 10 Abs. 1 S. 3 BImSchG i. V. m. § 7 Abs. 1 S. 3 der 9. BImSchV den Vorhabenträger unter Setzung einer angemessenen Frist unverzüglich zur Mängelbeseitigung bzw. Vervollständigung der Unterlagen auf. Sind die Antragsunterlagen vollständig, so wird dies durch die Behörde dem Antragsteller in der Regel bescheinigt. Darauf folgt die ortsübliche Bekanntmachung des Vorhabens durch die Behörde, soweit dies erforderlich ist. Der Zeitpunkt der **Vollständigkeit der Antragsunterlagen** ist somit der letzte Zeitpunkt, der allein in der Einflusssphäre des Antragstellers liegt, bevor der weitere Verfahrensablauf von anderen behördlichen Handlungen abhängig wird. Gleichzeitig stellt dieser Zeitpunkt auch den letzten Verfahrensstatus dar, in welchem das förmliche und das vereinfachte Genehmigungsverfahren noch weitgehend parallel ablaufen. Aus Sicht der notwendigen **Chancengleichheit** ist daher der Zeitpunkt der Vollständigkeit der Antragsunterlagen als maßgeblicher Anknüpfungspunkt zu befürworten.[626]

> Aus diesem Grund ist im Ergebnis davon auszugehen, dass für einen Vorrang konkurrierender Genehmigungsanträge in der Praxis auf den Zeitpunkt der Prüffähigkeit der Anträge, also auf den Zeitpunkt, in dem der Bewerber sämtliche erforderlichen Unterlagen beigebracht hat, abzustellen ist.

210 Dieser Zeitpunkt erscheint aus rechtsdogmatischen Gründen im immissionsschutzrechtlichen Genehmigungsverfahren als der einzig sachgerechte Anknüpfungspunkt[627] und wird auch in der Rechtsprechung eindeutig favorisiert.[628]

---

von Windkraftanlagen in der „ausschließlichen Wirtschaftszone" (AWZ), UBA-Texte 62/01, S. 65 f.; *Schütte*, NuR 2008, 142 (146); *Rolshoven*, NVwZ 2006, 516 (522).

[624] *OVG Weimar*, ZNER 2012, 443 (444); *OVG Lüneburg*, BeckRS 2012, 56053; *VG Weimar*, Beschl. v. 17.1.2011 – 7 E 1029/10 We; bestätigt durch: *OVG Weimar*, ZNER 2011, 649 (649 f.); *VG Schwerin*, Beschl. v. 23.9.2010 – 7 B 361/10; *OVG Greifswald*, Beschl. v. 24.2.2011 – 3 M 227, 228/10; *OVG Greifswald*, BauR 2008, 1562 (1562 ff.); *OVG Berlin*, ZfPR 2001, 266 (266 ff.); *VG Dessau*, BeckRS 2008, 32056; *Sittig*, Das Prioritätsprinzip im deutschen Verwaltungsrecht bei der immissionsschutzrechtlichen Genehmigung für Windenergieanlagen, S. 294 ff. m. w. N.; *Klinski*, Rechtliche Probleme der Zulassung von Windkraftanlagen in der „ausschließlichen Wirtschaftszone" (AWZ), UBA-Texte 62/01, S. 65 f.; *Schütte*, NuR 2008, 142 (146); *Rolshoven*, NVwZ 2006, 516 (522).

[625] *Sittig*, Das Prioritätsprinzip im deutschen Verwaltungsrecht bei der immissionsschutzrechtlichen Genehmigung für Windenergieanlagen, S. 294.

[626] *Sittig*, Das Prioritätsprinzip im deutschen Verwaltungsrecht bei der immissionsschutzrechtlichen Genehmigung für Windenergieanlagen, S. 296 f., 299 ff.

[627] *Sittig*, Das Prioritätsprinzip im deutschen Verwaltungsrecht bei der immissionsschutzrechtlichen Genehmigung für Windenergieanlagen, S. 298 f.

[628] *OVG Koblenz*, NVwZ-RR 2015, 658; *OVG Koblenz*, BeckRS 2014, 50908; *VGH München*, BeckRS 2014, 52078; *OVG Lüneburg*, BeckRS 2012, 56053; *VG Weimar*, Beschl. v. 17.1.2011 – 7 E 1029/10 We; bestätigt durch: *OVG Weimar*, ZNER 2011, 649 (649 f.); *VG Neustadt* (Weinstraße), BeckRS 2014, 48013; *VG Aachen*, BeckRS 2015, 43969; *VG Schwerin*, Beschl. v. 23.9.2010 – 7 B 361/10; *OVG Greifswald*, Beschl. v. 24.2.2011 – 3 M 227, 228/10; *OVG Greifswald*, BauR 2008, 1562 ff.; *OVG Berlin*, ZfPR 2001, 266 (266 ff.); *VG Dessau*, BeckRS 2008, 32056; unentschieden insoweit: *OVG Weimar*, ZNER 2012, 443 (444).

Mithin hat sich als einzig sachgerechter Anknüpfungspunkt der Zeitpunkt der Prüffähigkeit 211
bzw. der Vollständigkeit der Antragsunterlagen herauskristallisiert und in der Rechtsprechung auch bereits zu einem gewissen Grad verfestigt. Für potenzielle Anlagenbetreiber ergibt sich hieraus die Notwendigkeit, ihr Vorhaben mit Blick auf eventuelle Konkurrenzsituationen möglichst zügig voranzutreiben und bereits frühzeitig sämtliche Gutachten und Einschätzungen, Bewertungen und Beschreibungen usw. der Genehmigungsbehörde vorzulegen oder auf Anforderung nachzureichen.

Ergänzend hierzu ist noch auf Folgendes hinzuweisen: Vor dem Hintergrund, dass die Vor- 212
schriften des immissionsschutzrechtlichen Genehmigungsverfahrens keine – von der Praxis gleichwohl häufig ausgestellte – ausdrückliche Vollständigkeitsbescheinigung, sondern in § 7 der 9. BImSchV lediglich die unverzügliche Mitteilung der Behörde vorsieht, für den Fall dass die Unterlagen unvollständig sind, kann es für die Frage der Vollständigkeit auf die in der Praxis häufig verwendete Vollständigkeitsbescheinigung insoweit nicht ankommen. Denn der Antrag wird nicht erst vollständig durch eine dahin lautende Erklärung der Behörde, sondern er ist es oder er ist es nicht. Vielmehr kommt es für die Frage des Vorrangs von konkurrierenden Genehmigungsanträgen nur darauf an, ob und wann die Antragsunterlagen in tatsächlicher Hinsicht, d. h. materiell vollständig waren.

c) Rechtsschutz

Wird der solcherart ausgelöste Vorrang durch die Behörde jedoch nicht erkannt oder aber ein 213
Konkurrent zu Unrecht vorgezogen, so gibt der Prioritätsgrundsatz dem zu Unrecht unterlegenen Konkurrenten nach der einschlägigen Rechtsprechung[629] eine geschützte Rechtsposition, die der Betreiber notfalls auch im Klagewege bzw. im einstweiligen Rechtsschutz durchsetzen kann.

Dabei ist zu berücksichtigen, dass der unterlegene Konkurrent doppelt betroffen ist, nämlich 214
zum einen als Dritter durch die zu Unrecht erteilte Genehmigung zu Gunsten seines Konkurrenten und zum anderen in der rechtswidrigen Ablehnung seines eigenen Genehmigungsantrags. Um seinen Prioritätsanspruch durchzusetzen und keinen Rechtsverlust zu riskieren, muss er somit in beiden Rechtsverhältnissen vorgehen.

Zum einen ist eine Anfechtungsklage gemäß § 42 Abs. 1, 1. Alt. VwGO (und – in denjenigen 215
Bundesländern, in denen dies durch Rechtsvorschriften vorgeschrieben ist – unter vorheriger Erhebung eines Anfechtungswiderspruchs) im Hinblick auf die erteilte Konkurrenzgenehmigung erforderlich, um diese zu beseitigen und somit die Möglichkeit einer eigenen Genehmigung wieder zu eröffnen. Die notwendige Anfechtungsbefugnis (vgl. § 42 Abs. 2 VwGO) resultiert dabei aus der Verletzung des prioritären (Genehmigungs-)Rechts für das eigene Vorhaben und damit mittelbar aus der Verletzung der materiellen Baufreiheit, da das eigene Vorhaben durch die Zulassung des Konkurrenzvorhabens vereitelt wird.

Zudem ist eine Verpflichtungsklage (§ 42 Abs. 1, 2. Alt. VwGO – ggf. mit vorherigem Ver- 216
pflichtungswiderspruch) im Hinblick auf den eigenen Genehmigungsantrag zu erheben, der in der Regel wegen der Ausreichung der Konkurrenzgenehmigung von der Genehmigungsbehörde abgelehnt wurde.

3. Priorität und Antragsänderungen

Nachträgliche **Antragsänderungen** eines zuvor bereits vollständigen Genehmigungs- 217
antrags dürften zu einem Verlust der zuvor erreichten Vorrangposition für das betreffende Vorhaben führen und auch dazu, dass sich der betreffende Antragsteller mit seinem (nunmehr

---

[629] *OVG Koblenz*, NVwZ-RR 2015, 658; *OVG Koblenz*, BeckRS 2014, 50908; *VGH München*, BeckRS 2014, 52078; *OVG Lüneburg*, BeckRS 2012, 56053; *VG Neustadt (Weinstraße)*, BeckRS 2014, 48013; *VG Aachen*, BeckRS 2015, 43969; *VG Weimar*, Beschl. v. 17.1.2011 – 7 E 1029/10 We; bestätigt durch: *OVG Weimar*, ZNER 2011, 649 (649 f.); *VG Schwerin*, Beschl. v. 23.9.2010 – 7 B 361/10; *OVG Greifswald*, Beschl. v. 24.2.2011 – 3 M 227, 228/10; *OVG Greifswald*, BauR 2008, 1562 ff.; *OVG Berlin*, ZfPR 2001, 266 (266 ff.); *VG Dessau*, BeckRS 2008, 32056; unentschieden insoweit: *OVG Weimar*, ZNER 2012, 443 (444).

geänderten) Vorhaben in der Rangfolge der bei der Genehmigungsbehörde vorliegenden Genehmigungsanträge „wieder hinten anstellen" muss.[630] Dies gilt jedenfalls dann, wenn – wie im Regelfall – durch die Änderungen die eingereichten Antragsunterlagen angepasst oder ergänzt werden und damit die Unterlagenvollständigkeit für das (nunmehr beantragte) Vorhaben quasi neu hergestellt werden muss.[631] Dies ist angesichts des o. g. Anknüpfungspunkts (Unterlagenvollständigkeit) und der notwendigen **Chancengleichheit** aller Antragsteller (Art. 3 Abs. 1 GG und Art. 14 Abs. 1 GG) für einen Vorrang sachgerecht. Nachträgliche Änderungen können erhebliche genehmigungsrechtliche Konsequenzen haben, wenn es sich um wesentliche Änderungen handelt, weil aufgrund von derartigen Änderungen im laufenden Genehmigungsverfahren auch die Antragsunterlagen entsprechend überarbeitet und den Anforderungen des § 7 der 9. BImSchV entsprechend im bearbeitungsfähigen (prüffähigen) Zustand eingereicht werden müssen. Gemäß § 4 Abs. 1 der 9. BImSchV sind dem Antrag die Unterlagen beizufügen, die zur Prüfung der Genehmigungsvoraussetzungen erforderlich sind.

> Vollständigkeit bedeutet also, dass sich die „**Prüffähigkeit**" auf das konkrete „Vorhaben", welches letztlich zur Entscheidung über die Genehmigungsfähigkeit durch die Behörde vom Antragsteller gestellt wird, bezieht. Eine erhebliche Änderung des eingereichten Genehmigungsantrags, gerade im Hinblick auf die beantragte Windenergieanlage als „bauliche Anlage", sowie die damit verbundenen sonstigen Konsequenzen (Änderung und Überarbeitung Schattenwurf, Schallimmissionen, Turbulenzgesichtspunkte, Standsicherheit etc.), führt im Ergebnis dazu, dass der Genehmigungsantrag entsprechend angepasst werden muss, um die Vollständigkeit und Prüffähigkeit der Unterlagen eben für diesen geänderten Genehmigungsantrag bzw. für das letztlich (endgültig) zur Genehmigung gestellte Vorhaben neu herzustellen.

218 Es ist also sowohl zu berücksichtigen, dass sich das Erfordernis der Vollständigkeit bzw. Prüffähigkeit somit immer nur auf das jeweils endgültig beantragte und zur Genehmigungsentscheidung durch die Behörde gestellte konkrete Vorhaben bezieht, als auch, dass erst ab dem Zeitpunkt der **Prüffähigkeit** des beantragten Vorhabens eine im Sinne des Prioritätsprinzips bevorzugte Stellung erwächst.

219 Anders könnte der Fall lediglich dann liegen, wenn die erforderlichen Antragsunterlagen durch die vorgenommene Änderung nicht berührt werden. Dies dürfte in der Praxis jedoch die wenigsten Fälle betreffen, da sich etwa veränderte Standorte, Ausmaße, Emissionen usw. immer auch auf die für die Genehmigung erforderlichen Nachweise auswirken.

220 Hierdurch ist auch eine „Umgehung" der strikten Vorrangregelungen, indem zunächst „pro forma"-Anträge gestellt und eventuell notwendige aber langwierigere Änderungen erst später vorgenommen werden, um so zunächst einen Vorrang zu begründen, der dann durch ein vollständig geändertes Vorhaben genutzt werden soll, praktisch ausgeschlossen.

> Die Änderung eines einmal gestellten Antrags wird folglich in der Regel zum Verlust des mit der Vollständigkeit des Antrags erlangten Rangs führen. Nach der Änderung wird sich der Antragsteller mit dem – nunmehr geänderten Antrag – wieder „hinten anstellen" müssen, sodass ursprünglich nachrangige Konkurrenten dann gegenüber dem Antragsteller mit dem geänderten Vorhaben vorrangige Positionen inne haben.

221–226 *einstweilen frei*

---

[630] *Sittig*, Das Prioritätsprinzip im deutschen Verwaltungsrecht bei der immissionsschutzrechtlichen Genehmigung für Windenergieanlagen, S. 310; *OVG Lüneburg*, BeckRS 2012, 56053; *OVG Weimar*, ZNER 2011, 649 (650), wenngleich der Senat hier die Rangfolgeproblematik allein am Willkürverbot festmacht und einen Prioritätsgrundsatz explizit ausschließt, ungeachtet dessen werden die grundsätzlichen Befunde, dass sich wesentliche Antragsänderungen auf die Rangfolge unter konkurrierenden Genehmigungsanträgen auswirken, übertragbar sein.

[631] *Sittig*, Das Prioritätsprinzip im deutschen Verwaltungsrecht bei der immissionsschutzrechtlichen Genehmigung für Windenergieanlagen, S. 309.

4. Folgen für den unterlegenen Konkurrenten

Schließlich bleibt die Frage, wie mit den nachrangigen Konkurrenten umzugehen ist. Insoweit wurde bereits darauf hingewiesen (→ Kap. 2 Rn. 194 f.), dass die einhellige Rechtsprechung bislang davon ausgeht, dass eine Konkurrenzsituation ohnehin nur dann besteht, wenn sich die konkurrierenden Anlagen gegenseitig in ihrer Genehmigungsfähigkeit ausschließen (etwa aus Turbulenzgesichtspunkten oder wegen kumulativer Überschreitung immissionsschutzrechtlicher Grenzwerte).[632] Ebenfalls wurde bereits darauf hingewiesen, dass sich diesbezüglich eine neue Auffassung in der Literatur abzeichnet, die davon ausgeht, dass das Prioritätsprinzip keinen „materiellen Ausschlussgrund" darstellt, sondern „ein Prinzip, mit dem lediglich entschieden wird, mit welcher von mehreren Antragsakten zu beginnen ist".[633]   227

Dieses unterschiedliche Verständnis führt zwangsläufig zu unterschiedlichen Folgen für den nachrangigen Antragsteller.[634] Während die Rechtsprechung (und die noch herrschende Literatur) zu dem Ergebnis kommt, dass der nachrangige Antragsteller in einer Genehmigungskonkurrenz keine oder allenfalls eine eingeschränkte Genehmigung erhalten kann, führt die Auffassung von *Maslaton* dazu, dass auch nachrangige Antragsteller eine unbeschränkte Genehmigung erhalten müssen. Auf der Grundlage dieser Literaturmeinung kann sich folglich auch ein nachrangiger Antragsteller in der Konkurrenzsituation gleichwohl um seine beantragte Genehmigung bemühen. Ob sich diese Literaturmeinung wird durchsetzen können, muss jedoch abgewartet werden.   228

V. Bauordnungsrecht

1. Abstandsflächenrecht

Windkraftanlagen sind bauliche Anlagen, von denen Wirkungen wie von Gebäuden auf benachbarte Grundstücke ausgehen können.   229

Nach dem Urteil des VGH in München[635] ist bei der Beurteilung, ob von einer Anlage Wirkungen wie von Gebäuden ausgehen, in erster Linie auf die körperliche bzw. optische Wirkung einer Anlage oder Einrichtung im Raum abzustellen, die auf das Bedürfnis der Nachbarn nach ausreichender Belichtung, Besonnung und Belüftung sowie nach ausreichendem Schutz vor optischer Beengung und Wahrung der Privatsphäre in gleicher Weise und Intensität einwirken kann wie ein Gebäude. Insoweit spielt die Größe einer Anlage eine wesentliche Rolle.[636] Daneben ist aber auch die Nutzung der Anlage zu berücksichtigen,[637] insbesondere ob von ihr gebäudetypische Auswirkungen wie Lärm ausgehen. Die optischen Auswirkungen einer Windenergieanlage werden durch ihren sich drehenden Rotor wesentlich verstärkt. Die Windenergieanlage wird durch den Rotor in ihren optischen Dimensionen deutlich vergrößert. Neben diesen optischen Beeinträchtigungen gehen von einer Windenergieanlage – und insbesondere von deren sich drehenden Rotoren – akustische Beeinträchtigungen aus, die als

---

[632] Vgl: *OVG Weimar*, ZNER 2012, 443 (444); *OVG Lüneburg*, BeckRS 2012, 56053; *OVG Weimar*, Beschl. v. 2.9.2011 – 1 EO 367/11; *OVG Weimar*, Beschl. v. 1.6.2011 – 1 EO 21/11; *OVG Weimar*, Beschl. v. 1.6.2011 – 1 EO 340/11; *OVG Weimar*, ZNER 2011, 649 (650); *OVG Greifswald*, BauR 2008, 1562 (1562 ff.); *OVG Münster*, ZNER 2003, 349 (350); *OVG Münster*, BRS 63, Nr. 150 (2000); *VGH Kassel*, BRS 20, Nr. 117 (1968), S. 181 (2. Leitsatz); *Sittig*, Das Prioritätsprinzip im deutschen Verwaltungsrecht bei der immissionsschutzrechtlichen Genehmigung für Windenergieanlagen, S. 269 ff.; *Schütte*, NuR 2008, 142 (146).
[633] *Maslaton*, NVwZ 2013, 542 (546 f.).
[634] Vgl. hierzu die Darstellung bei: *Sittig*, Das Prioritätsprinzip im deutschen Verwaltungsrecht bei der immissionsschutzrechtlichen Genehmigung für Windenergieanlagen, S. 240 ff.
[635] *VGH München*, Urt. v. 28.7.2009 – 22 BV 08.3427.
[636] Vgl. *VGH München*, Urt. v. 9.8.2007 – 25 B 05.1341 m.w.N.
[637] Vgl. *Dhom/Franz/Rauscher*, in Simon/Busse (Hrsg.), BayBO, Art. 6 Rn. 26.

gebäudetypische Störungen der Nachbarschaft angesehen werden können. Der Umstand, dass die Windenergieanlage vorliegend nicht in unmittelbarer Nähe von Wohnbebauung, sondern von einer solchen Bebauung deutlich abgesetzt geplant ist, ist für die Frage, ob eine Anlage Abstandsflächenpflichten auslöst, unerheblich.[638] Die vom Rotor bestrichene Fläche ist somit wegen ihrer **gebäudetypischen Wirkung** in die Berechnung der Abstandsfläche einzubeziehen.

230 In manchen Landesbauordnungen sind spezielle Berechnungen für die Tiefe der Abstandsflächen für Windenergieanlagen vorgegeben. Insgesamt sind die verwendeten **Berechnungsmodelle** nicht bundeseinheitlich. Bei der Aufstellung eines Bebauungsplans kann gem. § 9 Abs. 1 Nr. 2a BauGB eine von dem Bauordnungsrecht abweichende Tiefe der Abstandsfläche bestimmt werden.

231 Windenergieanlagen sind aufgrund ihrer Eigenart keine typischen baulichen Anlagen, wie sie das Abstandsflächenrecht vor Augen hat. In dieser Hinsicht ist der Auffassung des BayVGH[639] zu folgen, der trotz dem oben gesagten, an einer **atypischen Anlage** im Sinne des Abstandsflächenrechts festgehalten hat und die Möglichkeit einer **Abweichung** von den allgemeinen Vorgaben zur Abstandsflächenpflicht zugelassen hat.

Das Gericht argumentiert gerade mit den besonderen und andersartigen Wirkungen von Windenergieanlagen, der drehenden und folglich unruhig wirkenden Bewegung der Rotoren, der drehenden Gondel, um sich dem Wind anzupassen, ihrer optisch bedrängenden Wirkung und des variierenden Schattenwurfs in Abhängigkeit von Sonnenstand und Rotorblattstellung. Ein Schutz der Nachbarn vor Einbuße an Belichtung, Besonnung und Belüftung kann durch Anwendung irgendeines der verwendeten verschiedenen **Abstandsflächen-Berechnungsmodelle** für Windenergieanlagen nicht besser oder weniger gut erreicht werden. Die Abstandsfläche spielt vielmehr für die Einhaltung des Zwecks der Abstandsflächenpflicht bei Windenergieanlagen keine Rolle. Die Tiefen der berechneten Abstandsflächen sind zum Schutz des Nachbarn, gerade vor einer bedrängenden Wirkung, zu gering. Die erforderlichen Abstände der Windenergieanlagen zu Nachbarn ergeben sich indirekt über das dem § 35 Abs. 3 BauGB innewohnende und im Genehmigungsverfahren zu prüfende Rücksichtnahmegebot, das u. a. durch die Regelungen in § 5 Abs. 1 BImSchG konkretisiert wird (hinsichtlich Lärm-, Schattenwurf-, Lichtimmissionen). Für die Beurteilung der **optisch bedrängenden Wirkung** von Windenergieanlagen auf bewohnte Nachbargrundstücke wurden in der Rechtsprechung Anhaltswerte entwickelt. Danach ist von einer optisch bedrängenden Wirkung bei einem Abstand der zweifachen Gesamthöhe auszugehen. Dies sind bei den modernen Windenergieanlagen von knapp 200 m Gesamthöhe ca. 400 m. Die berechneten Abstandsflächen liegen deutlich unter diesen Abständen. Es gibt darüber hinaus kaum Grundstücke, die von Größe und Zuschnitt her die Einhaltung der eigentlich gebotenen Abstandsflächen für die im Außenbereich privilegierten Windenergieanlagen von heute üblichem Standard ermöglichen. Zudem ist zu berücksichtigen, dass Windenergieanlagen auf landwirtschaftlichen Flächen im Außenbereich betrieben werden. Eine zukünftige Wohnbebauung auf benachbarten Grundstücken ist aufgrund der Vorgaben des § 35 BauGB zum Schutz des Außenbereichs vor Bebauung und Bildung von Splittersiedlungen nicht zulässig. Die Umsetzung der Abstandsflächenpflicht wird als eine Beschränkung und Verteuerung des Ausbaus der erneuerbaren Energien erlebt. Die Abstandsflächenpflicht verschlechtert die Verhandlungsposition des Antragstellers, kostet ihn Geld für die Zustimmung der Besitzer benachbarter land- oder forstwirtschaftlich genutzter Grundstücke für die Beantragung von Befreiungen oder die Eintragung von Baulasten zur Absicherung der Abstandsflächen und erhöhen folglich auch den Verwaltungsaufwand ohne einen erkennbaren Gewinn oder Schutz im Sinne des Abstandsflächenrechts, also zum Schutz des Nachbarn vor den Auswirkungen der Windenergieanlagen. Vorzusehen ist daher eine bundeseinheitliche Regelung, dass die Abstandsflächenpflicht für Windenergieanlagen entfällt, und solange diese aussteht, sollten die Genehmigungsbehörden – soweit es die Landesbauordnungen zulassen – von den Ausnahmemöglichkeiten aufgrund dieser atypischen Anlagen Gebrauch machen.

---

[638] Vgl. *VGH München*, Urt. v. 12.3.1999, BayVBl 2000, 630.
[639] *VGH München*, Urt. v. 28.7.2009 – 22 BV 08.3427.

2. Standsicherheit (Turbulenzabstände)

Die Genehmigung von Errichtung und Betrieb von Windenergieanlagen unterliegt u. a. dem Bauordnungsrecht des jeweiligen Bundeslands. Jede bauliche Anlage muss standsicher sein und darf auch die **Standsicherheit** anderer baulicher Anlagen nicht gefährden.

Die Standsicherheit und Dauerhaftigkeit der Windenergieanlage wird in der Regel typengeprüft. Dies bietet sich an, da bauliche Anlagen oder Teile davon in gleicher Ausführung an mehreren Stellen errichtet oder verwendet werden sollen, ohne dass deren Standsicherheit jedes Mal bauaufsichtlich geprüft oder durch einen Prüfsachverständigen bescheinigt werden muss. Regelungen für die anzusetzenden Lasten und die konstruktive Ausbildung von Turm und Gründung sind in der Richtlinie des Deutschen Instituts für Bautechnik (DIBt-Richtlinie) für „Windenergieanlagen, Einwirkungen und Standsicherheitsnachweise für Turm und Gründung" (Reihe B, Heft 8) enthalten. Diese Richtlinie basiert auf DIN EN 61400-1 (früher IEC 61400) und spezifiziert Einwirkungen und zugehörige Sicherheitsbeiwerte für Turm und Gründung. Typenprüfungen gelten bundesweit und sind auf fünf Jahre befristet, können jedoch auch verlängert werden. Die **Typenprüfung** ist Teil der Antragsunterlagen. Fehlt eine Typenprüfung für einen beantragten Windenergieanlagentyp, so sind entsprechende Einzelnachweise erforderlich. Das heißt auch, dass nach Ablauf dieser Frist die Errichtung einer genehmigten Windenergieanlage nicht mehr zulässig ist, es sei denn, es wird der Genehmigungsbehörde eine verlängerte Typenprüfung oder eine statische Einzelberechnung vorgelegt.

Die Beurteilung der Maschine selbst ist nicht Gegenstand der DIBt-Richtlinie. Für die Sicherheitsanforderungen an die Maschine gilt DIN EN 61400-1. Darüber hinaus muss das Sicherheitssystem zwei oder mehrere Bremssysteme enthalten (mechanisch, elektrisch oder aerodynamisch), die geeignet sind, den Rotor aus jedem Betriebszustand in den Stillstand oder Leerlauf zu bringen. Mindestens ein Bremssystem muss in der Lage sein, das System auch bei Netzausfall in einem eigensicheren Zustand zu halten.

Zum Nachweis der Standsicherheit gehört in einem Genehmigungsverfahren ergänzend zur Typenprüfung ein **Baugrundgutachten** des Windenergieanlagestandorts, um die Gründung festzulegen.

Für die Integrität der Konstruktion sind die Windbedingungen die primär zu berücksichtigenden Einflussfaktoren. Die DIBt-Richtlinie 2012 verlangt in Kapitel 16 einen Nachweis der Standorteignung für Windparks. Der Nachweis umfasst sowohl die Einflüsse lokaler Turbulenzen (soweit die Mindestabstände nach Ziff. 7.3.3 der Richtlinie nicht eingehalten sind) als auch die generellen Standortwindbedingungen. Üblicherweise werden beide Nachweise in einer einzigen gutachterlichen Stellungnahme untersucht.

Kommt das **Standorteignungsgutachten** zu dem Ergebnis, dass eine Überschreitungen der effektiven Turbulenzintensität möglich ist, und eine standortspezifische **Lastrechnung** führt auch zur Überschreitung der zulässigen Werte, wird über eine modifizierende Auflage eine sektorielle Leistungsreduzierung bis hin zu einer Abschaltung der beantragten Windenergieanlage(n) im Bescheid festgelegt.

3. Eiswurf und Eisfall

An Rotorblättern von Windenergieanlagen kann es zur Eisbildung und somit zu **Eiswurf** (wegschleuderndes Eis im Betrieb der Anlagen) und **Eisfall** (tauendes, abrutschendes, verwehtes Eis im Stillstand der Anlagen) kommen. Je nach den Regelungen der Bundesländer ist die Prüfung, ob eine erhebliche Gefährdung durch Eiswurf und -fall von einer Windkraftanlage auf schutzwürdige Objekte ausgehen kann, z. B. von der beteiligten Baubehörde vorzunehmen.[640] Darüber hinaus wird der Aspekt von der allgemeineren Schutz- und Vorsorgepflicht des § 5 Abs. 1 Nr. 1 und 2 BImSchG aufgefangen. Sie besagt, dass Windenergieanlagen so zu errichten

---

[640] Z. B. in Hessen geregelt mit Erlass im Staatsanzeiger des Landes Hessen 2012 (693), Anlage 2.7/12 der DIBt-Richtlinie „Windenergieanlagen; Einwirkungen und Standsicherheitsnachweise für Turm und Gründung".

und zu betreiben sind, dass – neben schädlichen Umwelteinwirkungen – auch keine **sonstigen Gefahren** für die Allgemeinheit und die Nachbarschaft ausgehen dürfen.

238   Als Beurteilungsgrundlage dienen die in der Rechtsprechung anerkannten und in vielen Ländererlassen vorgegebenen Ergebnisse des EU-Forschungsprojekts „Windenergy Production in Cold Climates", des sog. „WECU-Projekts". Als Ergebnis durchgeführter Simulationen und der bisherigen Beobachtungen empfiehlt das „WECU-Gutachten" deshalb für Standorte, an denen mit hoher Wahrscheinlichkeit an mehreren Tagen im Jahr mit Vereisung gerechnet werden muss, einen Abstand von 1,5 x (Nabenhöhe + Rotordurchmesser) zu den nächsten gefährdeten Objekten einzuhalten.[641] Schützenswerte Objekte sind bewohnte Grundstücke, klassifizierte Straßen (Kreis-, Landes-, Bundesstraßen, Autobahnen), Schienenwege, Anlagen für den Wintersport etc. Die Wahrscheinlichkeit einer möglichen Gefährdung hängt ab von der Höhe der Windenergieanlage, vom Abstand Windenergieanlage zu schützenswertem Objekt sowie von Zeit und Häufigkeit der Frequention bzw. Nutzung des schützenswerten Objekts.

239   Zur Vorsorge und zum Schutz vor Gefahren durch Eiswurf erfolgt die Abschaltung der Anlagen mit Hilfe von durch Sachverständige auf Funktionssicherheit überprüften **Eisansatzerkennungssystemen** (z. B. Leistungskurvenverfahren, Labko-Sensor, Blade Control). Die Anlagen dürfen erst wieder in Betrieb genommen werden, wenn das Eis abgetaut ist. Ein vorheriges Anlaufen wird verhindert. Diese Systeme entsprechen dem Stand der Technik und werden, wenn der Antragsteller sie nicht selbst vorsieht, in einer Nebenbestimmung des Bescheids von der Genehmigungsbehörde gefordert. Über den Stand der Technik hinaus gibt es die Möglichkeit, Rotorblattheizungen einzusetzen, die während des Betriebs der Anlage den Eisansatz verhindern sollen oder die Stillstandszeit der Anlage verringern. Eine Forderung nach einer Rotorblattheizung im Betrieb durch die Genehmigungsbehörde ist im Regelfall nicht verhältnismäßig.

240   Die dem Regierungspräsidium Gießen vorliegenden Risikoanalysen von Sachverständigen in verschiedenen Genehmigungsverfahren für Windenergieanlagen mit einer Gesamthöhe von ca. 200 m zeigen, dass das Auftreffen von abrutschenden Eisstücken (**Eisfall**) auf dem Boden im Stillstand (oder Torkeln) der Windenergieanlage beinahe unabhängig von der Windgeschwindigkeit ist. Das abrutschende Eis trifft etwa im Bereich des Radius der Kipphöhe um die Windenergieanlage auf. Die bisherigen Studien betrachteten als schutzwürdige Objekte verschieden stark befahrende Landes- und Kreisstraßen (mit Parkplätzen). Sie zeigen ferner, dass die Trefferhäufigkeit von Eisstücken pro Jahr auf einen (vorbeifahrenden) Pkw oder Lkw im Bereich der Kipphöhe der Anlagen im Größenverhältnis von 10^{-6} bis 10^{-8} liegt, d. h., die Wahrscheinlichkeit eines Schadenseintritts ist sehr gering. Eine Zunahme der endogenen Sterblichkeit ist auszuschließen.

241   Eine Gefährdung für den Verkehr (Fahrzeuge, Spaziergänger, Langläufer) auf Wirtschaftswegen ist wegen der noch geringeren Frequention nicht zu befürchten. Die Genehmigungsbehörde wird als Vorsorgemaßnahme anordnen (Nebenbestimmung), dass Schilder in der Nähe der Windenergieanlage auf die mögliche Gefahr durch Eiswurf und Eisfall hinweisen.
In begründeten Einzelfällen, z. B. wenn der Rotor über einen Wirtschaftsweg ragen kann, ist es denkbar, dass die Genehmigungsbehörde die Ausrichtung des Rotors im Stillstand der Anlage parallel zum schutzwürdigen Objekt als weitere Vorsorgemaßnahme anordnen könnte.

242   Grundsätzlich ist bei der Einzelprüfung zu berücksichtigen, dass § 5 BImSchG nicht verlangt, dass jedes nur denkbare Risiko der Herbeiführung von schädlichen Umwelteinwirkungen ausgeschlossen sein muss. Risiken, die als solche erkannt sind, müssen mit hinreichender, dem Verhältnismäßigkeitsgrundsatz entsprechender Wahrscheinlichkeit ausgeschlossen sein. Dies kann mit den genannten Maßnahmen ausreichend erfolgen. Das normale **Lebensrisiko** wird durch die mögliche Restgefahr nicht überschritten (wie z. B. herabfallender Ast oder Eiszapfen von einem Baum oder Dachvorsprung).

---

[641] *OVG Koblenz*, Urt. v. 12.5.2011 – 1 A 11186/08, NVwZ-RR 2011, 759.

4. Brandschutz

Die hauptsächlichen Brandursachen von Windenergieanlagen liegen im Bereich des Maschinenhauses (Getriebe, Lager, Bremsen, Hydraulikaggregate etc.). Brennende Windenergieanlagen können von den Feuerwehren aufgrund der Masthöhen nur im unteren Turm- und im Fußbereich gelöscht werden. Darüber hinaus beschränkt sich ihre Aufgabe darauf, die Anlage kontrolliert abbrennen zu lassen, also die Umgebung vor einem sich ausbreitenden Brand zu schützen. 243

Mit den Bauvorlagen ist üblicherweise ein standort- und anlagenbezogenes **Brandschutzkonzept** bei der Genehmigungsbehörde einzureichen. Moderne Windenergieanlagen sind in der Regel so beschaffen, dass der Entstehung eines Brands der Anlage und der Brandausweitung auf die Umgebung vorgebeugt wird. Dazu werden nichtbrennbare Baustoffe verwendet. Die Anlagen sind mit Blitzschutzanlagen ausgestattet, haben eine Brandmeldetechnik und eine Brandfrüherkennung mit automatischer Abschaltung der Anlage und vollständiger Trennung von der Stützenergie. Feuerlöscher sind vorhanden. Es erfolgt eine regelmäßige, fachkundige Wartung und Instandhaltung. 244

Die zusätzliche Vorhaltung selbsttätiger **Feuerlöschanlagen** in Gondeln und Transformatoren in Waldstandorten ist noch nicht die Regel, kann aber abhängig vom Einzelfall von der Genehmigungsbehörde gefordert werden. Der Windenergieerlass Baden-Württemberg definiert, dass von einer erhöhten Wald- oder Moorbrandgefahr auszugehen sei, wenn größere zusammenhängende Gebiete mit einer Bewuchsstruktur an den Windkraftanlagenstandort angrenzen, die eine hohe Ausbreitungsgeschwindigkeit eines Brandes befürchten ließen.[642] Das Merkblatt Windenergieanlagen des *Fachausschusses Brandschutz beim Hessischen Ministerium des Innern und für Sport* (Stand 1.3.2013) ergänzt unter Ziffer 1, dass eine starke Ausdehnung eines Brands für dichtstehende Nadelholzreinbestände, vor allem bei Kiefer, und weiterhin bei trockenen, sandigen Standorten u. a. mit geringer Wasserversorgung bestünden. Am wenigsten seien Altholz-Mischbestände, Laubholz-Unterstand unter Nadelholzbeständen betroffen, die die Entzündungsgefahr vermindern. 245

VI. Umgang mit Schall- und Schattenwurfemissionen

1. Umgang mit Schallemissionen

Gemäß § 6 Abs. 1 Nr. 1 i. V. m. § 5 Abs. 1 Nr. 1 BImSchG sind Windenergieanlagen so zu errichten und zu betreiben, dass schädliche Umwelteinwirkungen und sonstige Gefahren, erhebliche Nachteile und erhebliche Belästigungen für die Allgemeinheit und die Nachbarschaft nicht hervorgerufen werden können. Was schädliche Umwelteinwirkungen sind, ist in § 3 Abs. 1 BImSchG legal definiert. Nach dieser Vorschrift sind schädliche Umwelteinwirkungen Immissionen, die nach Art, Ausmaß oder Dauer geeignet sind, Gefahren, erhebliche Nachteile oder erhebliche Belästigungen für die Allgemeinheit oder die Nachbarschaft herbeizuführen. Unter welchen Voraussetzungen die von einer Windenergieanlage ausgehenden **Geräuscheinwirkungen** in diesem Sinne schädlich sind, wird durch die auf der Grundlage von § 48 BImSchG erlassenen **TA Lärm** vom 26.8.1998 bestimmt. Die TA Lärm 1998 gilt für Anlagen, die als genehmigungsbedürftige oder nicht genehmigungsbedürftige Anlagen den Anforderungen des zweiten Teils des Bundes-Immissionsschutzgesetzes unterliegen (Nr. 1 Abs. 2 TA Lärm). 246

a) Regelungsqualität der TA-Lärm

Durch das Bundesverwaltungsgericht wurde solchen aufgrund von § 48 BImSchG erlassenen Verwaltungsvorschriften, soweit sie die unbestimmten Rechtsbegriffe des Gesetzes konkre- 247

---

[642] Windenergieerlass Baden-Württemberg, Gemeinsame Verwaltungsvorschrift des Ministeriums für Umwelt, Klima und Energiewirtschaft, des Ministeriums für Ländlichen Raum und Verbraucherschutz,

tisieren, eine auch im gerichtlichen Verfahren zu beachtende **Bindungswirkung** zuerkannt. Diese Verwaltungsvorschriften haben die Funktion, bundeseinheitlich einen gleichmäßigen und berechenbaren Gesetzesvollzug sicherzustellen und unterliegen daher als normkonkretisierende Verwaltungsvorschriften der revisionsgerichtlichen Überprüfung.[643]

248   Die **TA Lärm** konkretisiert hinsichtlich der Geräusche den unbestimmten Rechtsbegriff der schädlichen Umwelteinwirkungen. Daher kommt der TA Lärm eine im gerichtlichen Verfahren zu beachtende Bindungswirkung zu.[644] Die normative Konkretisierung des gesetzlichen Maßstabs für die Schädlichkeit von Geräuschen ist jedenfalls insoweit abschließend, als sie bestimmte Gebietsarten und Tageszeiten entsprechend ihrer Schutzbedürftigkeit bestimmten **Immissionsrichtwerten** zuordnet und das Verfahren der Ermittlung und Beurteilung der Geräuschimmissionen vorschreibt.[645] Eine einzelfallbezogene Beurteilung der Schädlichkeitsgrenze aufgrund tatrichterlicher Würdigung wird durch das normkonkretisierende Regelungskonzept nur insoweit zugelassen, als die TA Lärm insbesondere durch Kann-Vorschriften (z. B. Nr. 6.5 S. 3 und 7.2) und Bewertungsspannen (z. B. A 2.5.3) Spielräume eröffnet.[646]

b) Anwendung der TA-Lärm auf Windenergieanlagen

249   Nach Nr. 1 der TA Lärm gelten die Vorschriften der **TA Lärm** für Anlagen, die als genehmigungsbedürftige oder nicht genehmigungsbedürftige Anlagen den Anforderungen des Zweiten Teils des Bundesimmissionsschutzgesetzes unterliegen, Nr. 1 Abs. 2 TA Lärm. Damit ist die TA-Lärm auch auf Windenergieanlagen anwendbar. Sie sind insbesondere im Katalog der in Nr. 1 vom Anwendungsbereich der TA Lärm ausdrücklich ausgenommenen Anlagenarten nicht aufgeführt. In der Praxis der Verwaltungsbehörden und der Judikatur der Verwaltungsgerichte und Oberverwaltungsgerichte wird die generelle Eignung der Regelungen der TA Lärm für die von Windenergieanlagen verursachten **Geräuschimmissionen** nicht ernsthaft in Frage gestellt.[647]

c) Einhaltung der Immissionsrichtwerte

250   Nach Nr. 3.2.1 Abs. 1 der TA Lärm ist der Schutz vor schädlichen Umwelteinwirkungen durch Geräusche (§ 5 Abs. 1 Nr. 1 BImSchG) vorbehaltlich der Regelungen in den Abs. 2 bis 5 sichergestellt, wenn die Gesamtbelastung am maßgeblichen Immissionsort die **Immissionsrichtwerte** nach Nr. 6 nicht überschreitet. Für die Beurteilung der außerhalb von Gebäuden auftretenden Geräuschimmissionen – wie es bei Windenergieanlagen der Fall ist – gelten die in Nr. 6.1 TA Lärm festgelegten Werte.

251   Die **Immissionsrichtwerte** nach Nr. 6.1 TA Lärm werden sowohl nach der Tageszeit, in der die Geräusche auftreten, als auch nach dem Gebietscharakter und nach der Dauer einzelner kurzzeitiger Geräuschspitzen differenziert. Wird einer der einschlägigen Werte überschritten, liegen in der Regel schädliche Umwelteinwirkungen vor.[648]

252   Bei der Unterscheidung nach den Gebietstypen ist insbesondere zu beachten, dass die Immissionsrichtwerte in Nr. 6.1 TA Lärm nach sechs verschiedenen Baugebietstypen differenziert werden. Für die Bestimmung des einschlägigen Immissionsrichtwerts ist jeweils auf den **Gebietstyp** abzustellen, der an den für die Beurteilung maßgeblichen Immissionsorten anzutreffen ist. Nach Nr. 6.6 S. 1 TA Lärm ergibt sich die Art der in Nr. 6.1 bezeichneten Gebiete und Einrichtungen aus den Festlegungen in Bebauungsplänen. Damit wird in der Regelung der Nr. 6.6 S. 1 TA Lärm ausdrücklich festgelegt, dass lediglich die Festlegungen eines Bebauungsplans und

---

des Ministeriums für Verkehr und Infrastruktur und des Ministeriums für Finanzen und Wirtschaft v. 9.5.2012 – 64-4583/40, S. 33.
[643] *BVerwG*, Urt. v. 21.6.2001 – 7 C 21.00, BVerwGE 114, 342; *BVerwG*, Urt. v. 20.12.1999 – 7 C 15.98, BVerwGE 110, 216; *BVerwG*, Urt. v. 28.10.1998 – 8 C 16.96, BVerwGE 107, 338, 341.
[644] *BVerwG*, Urt. v. 29.11.2012 – 4 C 8/11.
[645] Vgl. *BVerwG*, Urt. v. 29.8.2007 – 4 C 2/07; *BVerwG*, Beschl. v. 8.11.1994 – 7 B 73.94.
[646] *BVerwG*, Urt. v. 29.8.2007 – 4 C 2/07.
[647] *BVerwG*, Urt. v. 29.8.2007 – 4 C 2.07 unter Hinweis auf den Überblick bei *Ohms*, DVBl 2003, 958.
[648] *Hansmann*, in: Landmann/Rohmer (Hrsg.), Umweltrecht, TA Lärm, Nr. 6 Rn. 7.

nicht die Darstellungen eines Flächennutzungsplans entscheidend sind. Außerdem greift die Regelung der Nr. 6.6 TA Lärm nur dann ein, wenn der Bebauungsplan (noch) wirksam ist.[649] Das ist dann nicht (mehr) der Fall, wenn eine Verwirklichung des Plans wegen einer neuen tatsächlichen Entwicklung in evidenter Weise auf unabsehbare Zeit ausgeschlossen ist und der Plan deshalb funktionslos geworden ist.[650]

Beziehen sich die Festsetzungen in einem Bebauungsplan nicht auf die in Nr. 6.1 TA Lärm 253 genannten Gebiete (Außenbereich nach § 35 BauGB) oder wurden für den maßgeblichen Immissionsort keine Festsetzungen in einem Bebauungsplan getroffen (unbeplanter Innenbereich nach § 34 BauGB), ist der Immissionswert nach Nr. 6.1 heranzuziehen, der der Schutzwürdigkeit des betroffenen Gebiets oder der Einrichtung am ehesten entspricht, Nr. 6.6 S. 2 TA Lärm.[651] Darstellungen eines Flächennutzungsplans haben nur Indizcharakter und nicht die gleiche Wirkung wie Bebauungspläne. Die Entscheidung darüber trifft die für die Genehmigung oder die Anordnung zuständige Behörde, im Streitfall das Verwaltungsgericht.[652]

d) Gemengelagen

In einer **Gemengelage** können gem. Nr. 6.7 TA Lärm die für die betroffenen Gebiete gel- 254 tenden Immissionsrichtwerte auf einen geeigneten Zwischenwert der für die aneinandergrenzenden Gebietskategorien geltenden Werte erhöht werden.

Nr. 6.7 TA Lärm enthält damit eine Regelung zur **Zwischenwertbildung** bei Gemengela- 255 gen von unterschiedlichen Nutzungen. Einerseits regelt diese Vorschrift, dass bei Gemengelagen unterschiedlicher Nutzungen Zwischenwerte zu bilden sind. Andererseits regelt sie lediglich die Gemengelagefälle bei aneinandergrenzenden Wohngebieten und gewerblich, industriell oder hinsichtlich ihrer Geräuschauswirkungen vergleichbar genutzten Gebieten. Da Windenergieanlagen nach § 35 Abs. 1 Nr. 5 BauGB privilegierte Außenbereichsvorhaben sind, stellt sich in diesem Zusammenhang die Frage, ob die Gemengelageregelung der TA Lärm auch in diesen Fällen zur Anwendung kommt. Allerdings stellt Nr. 6.7 der TA-Lärm einen Ausfluss des allgemeinen Rücksichtnahmegebots dar, das dazu führt, dass der Belästigte Nachteile hinnehmen muss, die er außerhalb eines solchen Grenzbereichs nicht hinzunehmen bräuchte. In der bundes- und oberverwaltungsgerichtlichen Rechtsprechung ist jedoch bereits durchgehend anerkannt, dass die Zwischenwertbildung aus der Pflicht zur gegenseitigen Rücksichtnahme resultiert, sodass die Regelung der Nr. 6.7 der TA-Lärm auch auf Gemengelagefälle eines Wohngebiets und des Außenbereichs entsprechend anwendbar ist.[653]

Für die Höhe des Zwischenwerts ist entsprechend Nr. 6.7 Abs. 2 TA Lärm die konkrete 256 **Schutzbedürftigkeit** des betroffenen Gebietes maßgeblich. Wesentliche Kriterien dafür sind danach die wechselseitige Prägung der Einwirkungsgebiete, die Ortsüblichkeit eines Geräuschs und die Frage, welche der unverträglichen Nutzungen zuerst verwirklicht wurde. Dementsprechend ist der Zwischenwert unter Berücksichtigung der **Immissionsrichtwerte** für die aneinandergrenzenden Gebietskategorien bzw. Grundstücke zu bilden.[654] Dabei darf er die Immissionsrichtwerte für Kern-, Dorf- und Mischgebiete nicht überschreiten, Nr. 6.7 Abs. 1 S. 2 TA Lärm. Eine rein pauschale rechnerische Ermittlung des Zwischenwerts (arithmetischer Mittelwert) wird jedoch nach der Rechtsprechung den Anforderungen des Gebots der gegenseitigen Rücksichtnahme nicht gerecht,[655] vielmehr ist immer eine Einzelfallprüfung erfor-

---

[649] *Hansmann*, in: Landmann/Rohmer (Hrsg.), Umweltrecht, TA Lärm, Nr. 6 Rn. 14.
[650] *BVerwG*, Urt. v. 29.4.1977 – IV C 39/75; *OVG Münster*, Urt. v. 18.2.2010 – 10 A 2472/08; *OVG Koblenz*, Urt. v. 2.9.2009 – 8 A 10291/09.
[651] *Hansmann*, in: Landmann/Rohmer (Hrsg.), Umweltrecht, TA Lärm, Nr. 6 Rn. 15.
[652] *Hansmann*, in: Landmann/Rohmer (Hrsg.), Umweltrecht, TA Lärm, Nr. 6 Rn. 15.
[653] *BVerwG*, Urt. v. 19.1.1989 – 7 C 77.87, BVerwGE 81, 197; *OVG Münster*, Beschl. v. 17.1.2012 – 8 A 1710/10; *VGH München*, Beschl. v. 25.10.2010 – 2 CS 10.2137; *VGH Kassel*, Urt. v. 30.10.2009 – 6 B 2668/09; *OVG Berlin*, Beschl. v. 27.10.2000 – 3 B 12/00; *VG Arnsberg*, Urt. v. 6.12.2012 – 7 K 218/11.
[654] *VGH Mannheim*, Beschl. v. 26.2.2004 – 10 S 951/03; *VGH München*, Beschl. v. 27.11.2008 – 1 ZB 06.594.
[655] *BVerwG*, Beschl. v. 12.9.2007 – 7 B 24/07; *BVerwG*, Beschl. v. 29.10.1984 – 7 B 149.84; *VGH München*, Beschl. v. 27.11.2008 – 1 ZB 06.594.

lich. Nach der Kommentarliteratur darf der erhöhte Immissionsrichtwert außerdem nicht den Immissionsrichtwert für das Gebiet mit der störenden Nutzung erreichen.[656]

257   In der Rechtsprechung wird insoweit ausdrücklich betont, dass der Schutzanspruch der an den Außenbereich grenzenden Wohnnutzungen auf das Vertrauen beschränkt ist, dass im Außenbereich keine mit der Wohnnutzung unverträgliche Nutzung entsteht.[657] Nach der Rechtsprechung des Bundesverwaltungsgerichts ist das Vertrauen eines Eigentümers eines Wohngrundstücks darauf beschränkt, dass er im Zusammenhang mit einer anders gearteten Nutzung benachbarter Grundstücke nicht mit einer Lärmbelastung rechnen muss, die über das Maß hinausgeht, das in einem ebenso dem Wohnen dienenden Misch- und Dorfgebiet zulässig ist.[658]

258   Nach der bundes- und oberverwaltungsrechtlichen Rechtsprechung kann mithin derjenige, der am Rande eines reinen Wohngebiets im Grenzbereich zum Außenbereich wohnt, nur solche Immissionen von außerhalb dieses Gebiets abwehren, die mit der Wohnnutzung nicht mehr verträglich sind. In der Regel nimmt die Rechtsprechung z. B. für den Lärmschutz von Grundstückseigentümern, deren Grundstücke in reinen Wohngebieten im Grenzbereich zum Außenbereich liegen, deshalb die Immissionsrichtwerte für ein allgemeines Wohngebiet als Zwischenwert an.[659] Für die erste Reihe der Wohnnutzung zum Außenbereich ist dies recht einfach, es wird i. d. R. (vorbehaltlich der geschilderten Einzelfallprüfung) ein Mittelwert der Richtwerte von den sich angrenzenden Gebieten festgelegt. Doch bereits die zweite Reihe der Wohnnutzung besitzt einen höheren Schutzstatus als die erste Reihe, so dass hier nicht der Zwischenwert wie in der ersten Reihe herangezogen werden kann. Der Zwischenwert muss demnach zugunsten dieser Wohnnutzung etwas herabgesetzt werden. Jedoch fordern weder die TA Lärm noch der hinter der Vorschrift zur Gemengelage stehende Grundgedanke der nachbarlichen Rücksichtnahme diesbezüglich eine Pauschalisierung. Der Zwischenwert für die zweite Reihe hängt somit immer vom Einzelfall ab. Für dessen Bewertung ist nach dem Wortlaut der TA Lärm insbesondere die Prägung des Gebiets entscheidend, sodass zwar auch insoweit ein Zwischenwert anzusetzen ist, aber im Vergleich zur „1. Reihe der Wohnbenutzung" ein angemessen herabgesetzter Zwischenwert. Einschlägige Rechtsprechung hierzu ist bislang nicht bekannt.

Die Entscheidung über die **Zwischenwertbildung** trifft die Behörde, die für die Entscheidung über einen Genehmigungsantrag zuständig ist.[660]

e) Berücksichtigung der Zusatzbelastung

259   Nr. 3.2.1 Abs. 2 und 3 TA Lärm sehen Irrelevanzregelungen hinsichtlich der Immissionsrichtwerte vor. Nach Nr. 3.2.1 Abs. 2 TA Lärm darf die Genehmigung für die zu beurteilende Anlage bzw. Anlagen auch bei einer Überschreitung der Immissionsrichtwerte auf Grund der **Vorbelastung** aus Gründen des Lärmschutzes nicht versagt werden, wenn der von der Anlage verursachte Immissionsbeitrag im Hinblick auf den Gesetzeszweck als nicht relevant anzusehen ist. Dies ist in der Regel der Fall, wenn die von der zu beurteilenden Anlage ausgehende **Zusatzbelastung** die Immissionsrichtwerte nach Nr. 6 an den maßgeblichen Immissionsorten um mindestens 6 dB (A) unterschreitet. Diese Regelung der TA Lärm regelt eine Genehmigungsfähigkeit bzw. die Zulässigkeit eines Vorhabens trotz Richtwertüberschreitung. Nach dem Willen des Gesetzgebers ist eine Ablehnung der Genehmigungsfähigkeit in solchen Fällen nicht immer gerechtfertigt, da die Prüfung der Schutzpflicht nach § 5 Abs. 1 S. 1 Nr. 1 BImSchG auch eine Kausalitätsprüfung erfordert und zudem die Erheblichkeit einer Belästigung bei einer

---

[656] *Hansmann*, in: Landmann/Rohmer (Hrsg.), Umweltrecht, TA Lärm, Nr. 6 Rn. 26.
[657] Vgl. *BVerwG*, Urt. v. 19.1.1989 – 7 C 77.87; *VGH Kassel*, Urt. v. 30.10.2009 – 6 B 2668/09; *OVG Münster*, Beschl. v. 17.1.2012 – 8 A 1710/10; *OVG Saarlouis*, Beschl. v. 11.9.2012 – 3 B 103/12.
[658] *BVerwG*, Beschl. v. 12.9.2007 – 7 B 24/07; *BVerwG*, Beschl. v. 18.12.1990 – 4 N 6.88.
[659] *BVerwG*, Urt. v. 19.1.1989 – 7 C 77.87; *OVG Saarlouis*, Beschl. v. 19.8.2002 – 2 W 5/02; *OVG Saarlouis*, Beschl. v. 11.9.2012 – 3 B 103/12; *OVG Lüneburg*, Beschl. v. 20.1.2004 – 1 LA 309/02; *VGH Kassel*, Beschl. v. 30.10.2009 – 6 B 2668/09.
[660] *Hansmann*, in: Landmann/Rohmer (Hrsg.), Umweltrecht, TA Lärm, Nr. 6 Rn. 26.

geringfügigen Überschreitung eines Immissionsrichtwerts entfallen kann. Die Gesetzgeber bzw. Vorschriftengeber stellen mithin auf die Kausalität ab. Wann die Kausalität fehlt, soll nach dem Zweck des BImSchG zu beurteilen sein. Hintergrund hierfür ist, dass das BImSchG keine naturwissenschaftliche, sondern eine qualitative Kausalitätsbetrachtung erfordert. Immissionsbeiträge, die zwar rechnerisch zu ermitteln sind, die aber weder ein Schadensrisiko noch die Erheblichkeit einer Belästigung oder eines Nachteils verändern können, sieht die TA Lärm im Hinblick auf den Schutzzweck des BImSchG als nicht relevant an.[661]

Um die behördliche Prüfung zu erleichtern, beschreibt Ziff. 3.2.1 Abs. 2 S. 2 TA Lärm einen Fall, bei dessen Vorliegen „in der Regel" davon ausgegangen werden kann, dass die zu betrachtende Anlage keinen relevanten Immissionsbeitrag leistet. Liegen die Voraussetzungen von S. 2 der Ziff. 3.2.1 Abs. 2 der TA Lärm vor, können nur im Einzelfall besonders gelagerte Umstände zu einer anderen Beurteilung führen. Es handelt sich mithin um ein Regelbeispiel, sodass bei einer Differenz von mehr als 6 dB (A) der Zusatzbelastung zum jeweils geltenden Immissionsrichtwert im Regelfall von einer Irrelevanz dieser Zusatzbelastung ausgegangen werden kann. 260

Nach der einschlägigen Kommentarliteratur und auch nach dem klaren Wortlaut des Gesetzes handelt es sich bei dem sog. **Irrelevanzkriterium** von 6 dB (A) zunächst sicherlich um den Regelfall. Wo es eine Regel gibt, gibt es aber auch Sonderfälle bzw. Ausnahmesituationen. Das heißt, von dieser Vorgabe der TA Lärm, wonach bei einem Unterschreiten des Immissionsrichtwerts durch die Zusatzbelastung um mehr als 6 dB (A) in der Regel von einer Irrelevanz auszugehen ist, ist mithin wiederum abzuweichen, sofern besondere Umstände vorliegen, die dafür sprechen, dass schädliche Umwelteinwirkungen dennoch vorliegen. Eine Relevanz kann also – obwohl dies vom Regelfall abweicht – unter besonderen Umständen vorliegen.[662] Jedenfalls einmal muss aber das 6 dB(A)-Irrelevanzkriterium zur Anwendung gelangen, sonst gäbe es keinen „Regelfall" mehr. 261

Für den Fall des „Zubaus von Windenergieanlagen" zu einem vorhandenen Bestandswindpark, welcher bereits als **Vorbelastung** die geltenden Immissionsrichtwerte deutlich überschreitet, wird insoweit die Auffassung vertreten, dass in einem solchen Fall besondere Umstände vorliegen, die ein Abweichen vom Regelfall begründen dürfen und müssen. Hintergrund hierfür ist das Argument, dass zu einem vorhandenen Bestand von Windenergieanlagen nach und nach weitere Windenergieanlagen hinzu gebaut werden könnten, sodass „eine Art Salamitaktik" angewandt werden könnte. Denn für jedes einzelne Windrad, was hinzutreten würde, könnte sich der Betreiber bzw. Antragssteller auf das **Irrelevanzkriterium** berufen. Im Ergebnis könnte man also eine kontinuierliche Erhöhung der Lärmbelastung wohl nicht verhindern. Insofern wird die Auffassung vertreten, dass das „Regelfall-Irrelevanz-Kriterium" [Zusatzbelastung liegt um mehr als 6 dB (A) unterhalb des Richtwerts] nur „einmalig von hinzukommenden Windenergieanlagen in Anspruch genommen werden kann". Man geht unter Zugrundelegung dieser Auffassung davon aus, dass der Gesamtbeurteilungspegel dann um ca. 1 dB (A) über dem Richtwert liegt.[663] 262

Die einschlägige Kommentarliteratur sowie die bereits zitierten Literaturfundstellen verlangen für das Hinzutreten weiterer neuer Windenergieanlagen – nach erstmaliger Anwendung des Irrelevanzkriteriums – strengere Kriterien, um eine Irrelevanz annehmen zu können. Als Maßstab hierfür wird beispielsweise empfohlen, die Grenze des Einwirkungsbereiches [Unterschreitung des Richtwerts um mehr als 10 dB (A)] heranzuziehen.[664] Dies würde zu einer nicht wahrnehmbaren Erhöhung der Gesamtbelastung führen.[665] 263

---

[661] *Hansmann*, in: Landmann/Rohmer (Hrsg.), Umweltrecht, TA Lärm, Nr. 3 Rn. 14.
[662] *Hansmann*, in: Landmann/Rohmer (Hrsg.), Umweltrecht, TA Lärm, Nr. 3 Rn. 15.
[663] *Agatz*, Windenergie-Handbuch, S. 78; *Hansmann*, in: Landmann/Rohmer (Hrsg.), Umweltrecht, TA Lärm, Nr. 3 Rn. 16.
[664] *Agatz*, Windenergie-Handbuch, S. 77; *Hansmann*, in: Landmann/Rohmer (Hrsg.), Umweltrecht, TA Lärm, Nr. 3 Rn. 15; Erlass für die Planung und Genehmigung von Windenergieanlagen und Hinweise für die Zielsetzung und Anwendung (Windenergie-Erlass) des Ministeriums für Klimaschutz, Umwelt, Landwirtschaft, Natur- und Verbraucherschutz des Landes Nordrhein-Westfalen vom 4.11.2015.
[665] *Agatz*, Windenergie-Handbuch, S. 77.

Tendenziell geht man in der Literatur mithin davon aus, dass jedenfalls bei Unterschreitung des Immissionsrichtwerts durch die Zusatzbelastung von mehr als 10 dB (A) die Irrelevanz stets gegeben ist.

Ferner soll nach der Regelung Nr. 3.2.1 Abs. 3 TA Lärm die Genehmigung wegen einer Überschreitung der **Immissionsrichtwerte** nach Nr. 6 TA Lärm aufgrund der Vorbelastung auch dann nicht versagt werden, wenn z. B. durch eine Auflage sichergestellt ist, dass diese Überschreitung nicht mehr als 1 dB (A) beträgt.

f) Untauglichkeit der Immissionswerte als Kontrollwerte

264 Zur Kontrolle der Einhaltung der Immissionsrichtwerte wird häufig im immissionsschutzrechtlichen Genehmigungsbescheid durch **Nebenbestimmungen** bestimmt, an einzelnen Immissionspunkten bestimmte Immissionswerte nicht zu überschreiten.

265 In seinem aktuellen Urteil vom 21.2.2013 (Az.: 7 C 22.11) hat das BVerwG entschieden, dass ein in einer Anlagengenehmigung festgesetzter Immissionswert für Schallimmissionen bei Windenergieanlagen nicht geeignet ist, die Funktion eines Kontrollwerts zu erfüllen.[666] Danach müssen **Kontrollwerte** einen unmittelbaren Anlagenbezug aufweisen. Dieser Funktion könnten nur Emissionswerte, nicht dagegen Immissionswerte, gerecht werden, weil nur Emissionswerte verlässliche Rückschlüsse auf Mängel des Anlagenbetriebs zulassen:

„Kontrollwerte müssen einen unmittelbaren Anlagenbezug aufweisen. Wie oben ausgeführt, dienen sie der Überwachung des Emissionsverhaltens der Anlage, für die sie festgesetzt werden. Dieser Funktion können nur Emissionswerte, nicht hingegen Immissionswerte gerecht werden, da nur erstere verlässliche Rückschlüsse auf Mängel des Anlagenbetriebs zulassen. Während Emissionswerte das Emissionsverhalten einer einzelnen Anlage in den Blick nehmen (vgl. § 3 Abs. 3 BImSchG), sind Immissionswerte auf die Immissionsbelastung eines konkreten Einwirkungsorts bezogen (vgl. § 3 Abs. 2 BImSchG). Auf die Zuordnung dieser Immissionen zu einer bestimmten Anlage kommt es insoweit grundsätzlich nicht an; geboten ist vielmehr eine summierende Betrachtung (vgl. Urteil vom 21. März 1996 – BVerwG 4 C 9.95 – BVerwGE 101, 1 [7] = Buchholz 406.25 § 41 BImSchG Nr. 12 S. 27). Emissionsausstoß und Immissionsbelastung stehen zwar nicht zusammenhanglos nebeneinander; die Stärke einer Emissionsquelle bildet aber nur einen unter vielen Faktoren, die die Immissionsbelastung eines Schutzobjekts bestimmen. Andere Emissionsquellen, die jeweiligen meteorologischen Verhältnisse, Geländeformationen oder bauliche Anlagen, die die Ausbreitung beeinflussen, stellen weitere Faktoren dar, von denen die Immissionsbelastung abhängt. All diese Faktoren können sich nach Erteilung der Anlagengenehmigung ändern. Dies zeigt, dass es an einer festen Relation zwischen Immissionswerten und Anlagenverhalten fehlt. Immissionswerte sind deshalb kein aussagekräftiger, verlässlicher Maßstab für einen ordnungsgemäßen Anlagenbetrieb. Sie erweisen sich mithin als ungeeignet, die Funktion von Kontrollwerten zu erfüllen."

g) Schallimmissionsprognosen und Abnahmemessungen

265a Die Erteilung einer immissionsschutzrechtlichen Genehmigung von WEA hat eine „auf der sicheren Seite" liegende Prognose vorauszugehen.[667] Für eine solche sichere Prognose sieht A.2 des Anhangs zur TA Lärm eine Ermittlung der Geräuschimmissionen durch die Regelungen der DIN ISO 9613-2 vor. Durch einen neuen Entwurf der LAI-Hinweise (Hinweise der Länderarbeitsgemeinschaft Immissionsschutz) soll es zu einer Änderung des aktuellen Prognosemessverfahrens nach DIN ISO 9613-2 kommen. Demnach soll das alternative Verfahren nach DIN ISO 9613-2 durch das sog. Interimsverfahren angepasst werden. Dies bedeutet letztlich eine Verschärfung der Prognosemessmethoden, da das Interimsverfahren u. a. eine neue, verminderte Berücksichtigung der Bodendämpfung vorsieht. Dieser LAI-Entwurf steht jedoch in deutlicher Kritik. Denn die Änderung des Prognosemessverfahrens basiert lediglich auf einer einzelnen Messkampagne (Uppenkamp-Studie), welche an nur einem Standort durchgeführt wurde und daher als nicht verallgemeinerungsfähig kritisiert wird. Mit der Uppenkamp-Studie ist kein gesicherter Erkenntnisstand ermittelt worden, sondern allenfalls ein Forschungsbedarf. Dies bestätigt auch die aktuelle Rechtsprechung.[668] In einem Urteil des OVG Münster heißt es:

---

[666] *BVerwG*, Urt. v. 21.2.2013 – 7 C 22.11.
[667] *OVG Münster*, Urt. v. 18.11.2002 – 7 A 2127/00.
[668] *VGH Mannheim*, Beschl. v. 23.2.2016 – 3 S 2225/15; *VGH München*, Beschl. v. 10.8.2015 – 22 ZB 15.1113 und Beschl. v. 18.2.2016 – 22 ZB 15.2412; danach entspricht das Verfahren nach DIN ISO 9613-2

VI. Umgang mit Schall- und Schattenwurfemissionen

OVG Münster, Beschl. v. 17.6.2016 – 8 B 1018/15
„Aufgrund des bisher erreichten Kenntnisstands ist jedoch [...] nicht davon auszugehen, dass das genannte Verfahren durch neue gesicherte Erkenntnisse überholt wäre und nach dem „alternativen Verfahren" erstellte Schallimmissionsprognosen nicht mehr verwertbar wären.
Die Bindungswirkung der TA Lärm einschließlich der über Ziffer A.2.3.4 des Anhangs zur TA Lärm anzuwendenden DIN ISO 9613-2 entfällt nur dann, wenn die in der TA Lärm enthaltenen Aussagen durch Erkenntnisfortschritte in Wissenschaft und Technik überholt sind und sie deshalb den gesetzlichen Anforderungen nicht mehr gerecht werden. Davon ist auch unter Berücksichtigung der Ergebnisse der Uppenkamp-Studie 2014 nicht auszugehen."

Sofern die Uppenkamp-Studie demnach tatsächlich die alleinige Grundlage der geplanten Änderung der Hinweise des LAI bildet, wurde damit oberverwaltungsgerichtlich erstmals festgestellt, dass allein der Entwurf der neuen LAI-Hinweise keine unmittelbaren Konsequenzen auf die Anwendbarkeit der TA Lärm und damit auf das im Genehmigungsverfahren heranzuziehende Prognoseverfahren hätte. Anders ist dies auch nicht bei einer förmlichen Beschlussfassung zu sehen. Denn die LAI-Hinweise haben generell lediglich Indizcharakter. Erst wenn die im aktuellen LAI-Entwurf vorgesehenen Änderungen als gesicherter Erkenntnisstand in Wissenschaft und Technik angesehen werden, entfällt die Bindungswirkung der TA-Lärm und die Behörden haben diesbezüglich eine Einschätzungsprärogative. Doch da die Länder ihren Behörden die Beschlüsse der LAI regelmäßig zur Anwendung empfehlen, wird sodann in der Verwaltungspraxis diese Empfehlung wohl auch Anwendung finden.

Typischerweise werden Emissionsmessungen als Nebenbestimmung in Genehmigungsbescheiden angeordnet. Doch in der Praxis kommt es immer häufiger vor, dass nicht nur die einmalige Emissionsmessung, sondern eine sich aller drei bzw. fünf Jahre wiederholende Emissionsmessung angeordnet wird. An der Zulässigkeit dieser sich wiederholenden Emissionsmessung als Nebenbestimmung im Genehmigungsbescheid bestehen jedoch erhebliche Zweifel. Denn Windenergieerlasse sehen zwar eine Abnahmemessung vor, die sicherlich auch berechtigt ist und für die es eine entsprechende Rechtsgrundlage gibt, doch eine wiederkehrende Durchführung dieser Schallimmissionsabnahmemessungen wird in den Windenergieerlassen gerade nicht gefordert.[669] Schließlich gibt es auch keine Rechtsgrundlage für eine solche Anordnung von Wiederholungsmessungen als Nebenbestimmung im Genehmigungsbescheid. Gemäß § 12 Abs. 1 S. 1 BImSchG sind Nebenbestimmungen zulässig, soweit sie zur Sicherstellung der Genehmigungsvoraussetzungen erforderlich sind. Erforderlich ist eine Nebenbestimmung aufgrund der Bindung der Verwaltung an Recht und Gesetz aber nur dann, wenn der in ihr normierte Inhalt selbst rechtmäßig ist. Dies ist bei der Anordnung einer sich regelmäßig wiederkehrenden Abnahmemessung bereits als Nebenbestimmung in der Genehmigung gerade nicht der Fall. Vielmehr hat die Entscheidung über eine Wiederholungsmessung durch gesonderten Bescheid nach Durchführung und Auswertung der ersten Messung stattzufinden. Denn ausweislich des § 28 S. 1 Nr. 2 BImSchG ist die Messanordnung der Wiederholungsmessung erst nach Ablauf von mindestens drei Jahren seit der letzten gleichartigen Ermittlung zulässig. D. h., eine Messanordnung kann erst dann erfolgen, wenn eine (Erst-)Messung durchgeführt wurde. Denn erst nach Durchführung der Erstmessung ist das „Zeitfenster", nach welchem sich der Ablauf der drei Jahre richtet, überhaupt eröffnet. Die Anordnung der Wiederholungsmessung ist keine verpflichtende Rechtsfolge des Betriebs einer immissionsschutzrechtlich genehmigten Anlage, sondern liegt im Ermessen der Behörde, die dieses erst dann rechtmäßig ausüben kann, wenn ihr überhaupt die ihrer Entscheidung zugrunde liegenden Tatsachen bekannt sind. § 28 S. 1 Nr. 2 BImSchG ist somit dahingehend auszulegen, dass eine wiederholende Messanordnung vor Inbetriebnahme der Anlage und Vorliegen der Erstmessungsergebnisse generell unzulässig ist.[670]

265b

---

dem Stand der Technik.
[669] Vgl. Erlass für die Planung und Genehmigung von Windenergieanlagen und Hinweise für die Zielsetzung und Anwendung (Windenergie-Erlass) des Ministeriums für Klimaschutz, Umwelt, Landwirtschaft, Natur- und Verbraucherschutz des Landes Nordrhein-Westfalen v. 4.11.2015.
[670] *VG Düsseldorf*, Urt. v. 21.11.1978 – 3 K 374/78; *VGH Mannheim*, Urt. v. 26.5.1977 – X 168/77.

2. Umgang mit Schattenwurfemissionen

266 Durch die Rotorbewegungen verursachen Windenergieanlagen periodischen Schattenwurf, der als Immission im Sinne des Bundes-Immissionsschutzgesetzes zu werten ist.[671] Gemäß § 6 Abs. 1 Nr. 1 i. V. m. § 5 Abs. 1 Nr. 1 BImSchG sind Windenergieanlagen so zu errichten und zu betreiben, dass schädliche Umwelteinwirkungen und sonstige Gefahren und damit erhebliche Nachteile und erhebliche Belästigungen für die Allgemeinheit und die Nachbarschaft nicht hervorgerufen werden können. Somit schützt das BImSchG nur vor erheblichen Belästigungen.

267 Nach den Hinweisen zur Ermittlung und Beurteilung der optischen Immissionen von Windenergieanlagen des LAI sind die an einem Immissionsort tatsächlich auftretenden bzw. wahrnehmbaren Immissionen, die nur bei bestimmten Wetterbedingungen auftreten können, von Relevanz. Eine Einwirkung durch zu erwartenden periodischen Schattenwurf wird danach als nicht erheblich belästigend angesehen, wenn die astronomisch maximal mögliche **Beschattungsdauer** unter kumulativer Berücksichtigung aller WEA-Beiträge am jeweiligen Immissionsort in einer Bezugshöhe von 2 m über Erdboden nicht mehr als 30 h pro Kalenderjahr und darüber hinaus nicht mehr als 30 min pro Kalendertag beträgt.[672]

268 Das OVG Lüneburg geht sogar davon aus, dass die Faustformel 30 h/a und 30 min/d „konservativ" ist und diese deswegen nicht rechtssatzartig angewendet werden darf. Ab einer bestimmten Entfernung werden die Schatten von dem für die Betrachtung maßgeblichen Durchschnittsbetrachter überhaupt nicht mehr als belästigend empfunden und sich bis zum Erreichen dieser Entfernung der Eindruck gleichwohl noch beachtlicher Schatten deutlich abmildert. Daher kann von dieser Faustformel nach oben abgewichen werden, weil die Schattenintensität mit zunehmender Entfernung nachlässt.[673]

268a Die zulässige Beschattungsdauer wurde auf die Wohnnutzung zugeschnitten, eine Abstufung des Richtwerts je nach Schutzanspruch, wie in der TA Lärm, ist hier nicht vorgesehen.[674] Jedoch können die Beurteilungsmaßstäbe nicht ohne Weiteres auf arbeitende Menschen übertragen werden, wie das OVG Hamburg entschied. Nach dessen Ansicht muss anhand einer Einzelfallentscheidung das zumutbare Maß unter Berücksichtigung der Schutzwürdigkeit sowie zumutbarer Ausweich- und Anpassungsmaßnahmen des Betroffenen festgelegt werden.[675]

269 Bei Überschreitung der Werte für die astronomisch maximal mögliche **Beschattungsdauer** kommen unter anderem technische Maßnahmen zur zeitlichen Beschränkung des Betriebs der WEA in Betracht. Eine wichtige technische Maßnahme stellt als Gegenstand von Auflagen und Anordnungen die Installierung einer Abschaltautomatik dar, die die Windenergieanlage außer Betrieb setzt, wenn das zulässige tägliche oder jährliche Beschattungskontingent ausgeschöpft ist.[676] Da der Wert von 30 h/a auf Grundlage der astronomisch möglichen Beschattung entwickelt wurde, wird für **Abschaltautomatiken** ein entsprechender Wert für die tatsächliche, reale Schattendauer, die meteorologische Beschattungsdauer, festgelegt. Dieser Wert liegt auf Grundlage der Ausarbeitung von *H.D. Freund*[677] bei 8 h/a.[678]

---

[671] *Länderausschuss für Immissionsschutz*, Hinweise zur Ermittlung und Beurteilung der optischen Immissionen von Windenergieanlagen, Stand: 13.3.2002.

[672] *Länderausschuss für Immissionsschutz*, Hinweise zur Ermittlung und Beurteilung der optischen Immissionen von Windenergieanlagen, Stand: 13.3.2002.

[673] *OVG Lüneburg,* Beschl. v. 15.3.2004 – 1 ME 45/04.

[674] *Agatz,* Windenergie-Handbuch, S. 94.

[675] *OVG Hamburg,* Beschl. v. 28.8.2000 – 2 Bs 180/00.

[676] *Länderausschuss für Immissionsschutz*, Hinweise zur Ermittlung und Beurteilung der optischen Immissionen von Windenergieanlagen, Stand: 13.3.2002.

[677] *Freund*, Effektive Einwirkzeit Tw des Schattenwurfs bei Tmax = 30 h/Jahr, Ausarbeitung Institut für Physik und Allgemeine Elektrotechnik, Fachhochschule Kiel (24.1.2001).

[678] *Länderausschuss für Immissionsschutz*, Hinweise zur Ermittlung und Beurteilung der optischen Immissionen von Windenergieanlagen, Stand: 13.3.2002.

Kapitel 3: Privatrechtliche Grundlagen

Übersicht

	Rn.
I. Grundstücksverträge für windenergetische Projekte	1
1. Grundstücksnutzungsverträge	1
a) Auf Grundstücksnutzungsverträge anzuwendendes Recht	3
b) Interessenlage der Projektbeteiligten bei Abschluss von WEA-Grundstücksnutzungsverträgen	34
c) Schriftformproblem	43
d) Allgemeine Geschäftsbedingungen (AGB)	94
e) Verhinderung des Übergangs des Eigentums an der Windenergieanlage und den weiteren Projektkomponenten auf den Grundstückseigentümer	182
f) Widerrufsrecht des Verbrauchers	193
g) Dingliche Sicherung und Baulasten	248
h) Stellung des landwirtschaftlichen Pächters	285
i) Gesetzliche Verbote	293
j) Sittenwidrigkeit	296
k) Störung der Geschäftsgrundlage	306
l) Wechsel des Eigentümers des Vertragsgrundstücks nach Abschluss des Grundstücksnutzungsvertrags	323
m) Insolvenz nach Abschluss des Grundstücksnutzungsvertrags	332
n) Zwangsversteigerung des Vertragsgrundstücks nach Abschluss des Grundstücksnutzungsvertrags	358
o) Konkurrenzsituation	370
2. Grundstückskaufverträge	378
a) Einführung	379
b) Formalien, Ablauf	382
c) Grundstückserwerb für WEA-Projekte vs. GrdstVG	396
d) Einseitige Kaufangebote	472
3. Nutzung kommunaler Grundstücke	486
4. Notweg- und Notleitungsrecht	495
a) Notwegrecht	496
b) Notleitungsrecht	510
5. Durchörterung nach § 905 S. 2 BGB	515
6. Enteignung	524
a) Rechtsgrundlage einer Enteignung	525
b) Enteignungsverfahren	539
c) Enteignungsvoraussetzungen	544
d) Energiewirtschaftliche Erforderlichkeit	553
e) Konkrete Enteignungsentscheidung	556
f) Vorzeitige Besitzeinweisung	568
II. Erwerb der Projektkomponenten, Errichtung des Standorts	580
1. Windenergieanlagen-Liefervertrag zwischen Hersteller und Erwerber	581
a) Rechtliche Einordnung	583
b) Ausgewählte Probleme	594
2. Errichtung des WEA-Standorts mittels Bauvertrags	668
a) Rechtliche Einordnung	670
b) Gegenüberstellung BGB-Werkvertrag – VOB/B-Bauvertrag	676
c) Einbeziehung der VOB/B und Inhaltskontrolle	725
d) Kündigung aus wichtigem Grund, § 648a BGB-E	732a
III. Wartungsverträge/Betriebsführungsverträge	733
1. Einleitung	733
2. Rechtliche Einordnung	735

		Rn.
3. Ausgewählte Probleme bei Wartungsverträgen/Betriebsführungs-		
verträgen		742
a) Verfügbarkeitsgarantien		744
b) Abnahme		748
c) Vertragsverletzung		749
IV. Versicherungsverträge		751
1. Einleitung		751
2. Zur WEA-Maschinenversicherung		753

Literaturübersicht: *Auktor,* Die Verjährung der Gewährleistungsrechte bei mangelhafter Nacherfüllung nach § 439 BGB, NJW 2003, 120; *Auktor/Mönch,* Nacherfüllung – nur noch auf Kulanz?, NJW 2005, 1687; *Bamberger/Roth* (Hrsg.), Beck'scher Online-Kommentar BGB, Stand 5/2014; *Battis/Krautzberger/Löhr* (Hrsg.), Baugesetzbuch – BauGB, Kommentar, 13. Aufl. 2016; *Beise,* Gewährleistungsprobleme bei Wartungsverträgen, DB 1979, 1214; *Böttcher* (Hrsg.), Handbuch Windenergie, Onshore-Projekte: Realisierung, Finanzierung, Recht und Technik, 2012; *Britz/Hellermann/Hermes* (Hrsg.), EnWG – Energiewirtschaftsgesetz, Kommentar, 3. Aufl. 2015; *Bub/Treier,* Handbuch der Geschäfts- und Wohnraummiete, 4. Aufl. 2014; *Cloppenburg,* Die Lieferung und Errichtung sowie Wartung von On- und Offshore-Windenergieanlagen, ZfBR-Sonderausgabe 2012, 3; *Danner/Theobald* (Hrsg.), Energierecht, Loseblatt-Kommentar, Stand März 2017 (92. EL); *Dauner-Lieb/Langen* (Hrsg.), BGB-Schuldrecht, 3. Aufl. 2016; *Ernst/Zinkahn/Bielenberg/Krautzberger,* Baugesetzbuch, Loseblatt-Kommentar, Stand Februar 2017 (124. EL); *Ganten/Jagenburg/Motzke,* Beck'scher VOB- und Vergaberechtskommentar, Vergabe- und Vertragsordnung für Bauleistungen Teil B, 3. Aufl. 2013; *Gern,* Deutsches Kommunalrecht, 4. Aufl. 2014; *Goecke/Gamon,* Windkraftanlagen auf fremdem Grund und Boden – Rechtliche Gestaltungsmöglichkeiten zur Absicherung des Betreibers und der finanzierenden Bank, WM 2000, 1309; *Günther,* Ausschluss von Mängelrechten – Schärfere Rügepflichten bei Solar- und Windenergieanlagen, NZBau 2010, 465; *Heinrichs,* Das Gesetz zur Änderung des AGB-Gesetzes, NJW 1996, 2190; *Heinrichs,* Die Entwicklung des Rechts der Allgemeinen Geschäftsbedingungen im Jahre 1996, NJW 1997, 1407; *Jauernig* (Hrsg.), Bürgerliches Gesetzbuch mit Allgemeinem Gleichbehandlungsgesetz (Auszug), Kommentar, 16. Aufl. 2015; *Kappler,* Vereinbarungen anlässlich der Inbetriebnahme einer Photovoltaikanlage auf fremdem Grund und Boden, ZNotP 2007, 257; *Kimpel,* Der Entwurf des gesetzlichen Bauvertragsrechts aus Sicht des gewerblichen Unternehmers, NZBau 2016, 734; *Kupczyk,* Begriff, Voraussetzungen und Rechtsfolgen der Abnahme, NJW 2012, 3353; *Leo,* Sind Schriftformheilungsklauseln in Gewerberaummietverträgen wirksam?, NZM 2006, 815; *Lindner-Figura/Opree/Stellmann* (Hrsg.), Geschäftsraummiete, 3. Aufl. 2012; *Messerschmidt/Voit* (Hrsg.), Privates Baurecht: Kommentar zu §§ 631 ff. BGB, 2. Aufl. 2012; *Mintgens,* Baurecht kompakt: Eine Einführung, 2009; *Netz, Joachim,* Grundstücksverkehrsgesetz. Praxiskommentar, 7. Aufl. 2015; *Orlowski,* Matthias, Übersicht und Stellungnahme zum Gesetzentwurf der Bundesregierung, ZfBR 2016, 419; *Ott,* Neues Werkvertrags- und Darlehensrecht, MDR 2002, 361; *Palandt* (Hrsg.), Bürgerliches Gesetzbuch mit Nebengesetzen, Kommentar, 75. Aufl. 2016; *Rixecker/Säcker/Oetker* (Hrsg.), Münchener Kommentar zum Bürgerlichen Gesetzbuch (MüKoBGB), 7. Aufl. 2017; *Säcker* (Hrsg.), Berliner Kommentar zum Energierecht, Recht und Wirtschaft, Bd. I, 3. Aufl. 2014; *Schmidt* (Hrsg.), Münchener Kommentar zum Handelsgesetzbuch: HGB Band 5: Viertes Buch, 4. Aufl. 2016; *Schneider/Theobald* (Hrsg.), Recht der Energiewirtschaft, Praxishandbuch, 4. Aufl. 2013; *Schumann,* Nach der Schuldrechtsreform: Technische Garantien im Anlagenbau, ZGS 2006, 290; *Streyl,* Alles vergeblich? Zur Rettung von Formverstößen durch qualifizierte Schriftformklauseln, NZM 2009, 261; *Spannowsky/Uechtritz* (Hrsg.), Beck'scher Online-Kommentar, BauGB, Stand 6/2014; *Ulmer/Brandner/Hensen,* AGB-Recht, Kommentar, 11. Aufl. 2011; *Voit,* Die Rechte des Bestellers bei Mängeln vor der Abnahme, BauR 2011, 1063; *Voss/Steinheber,* Schein oder Nicht-Schein – Zur Scheinbestandteilseigenschaft von Windenergieanlagen, ZfIR 2012, 337; *Vygen/Joussen,* Bauvertragsrecht nach VOB und BGB: Handbuch des privaten Baurechts, 5. Aufl. 2013; *Vygen/Wirth/Schmidt,* Bauvertragsrecht: Grundwissen, 6. Aufl. 2011; *Weber,* Sachenrecht II. Grundstücksrecht, 3. Aufl. 2012; *Wenzel,* Baulasten in der Praxis, 2. Aufl. 2012; *von Westphalen,* Die Novelle zum AGB-Gesetz, BB 1996, 2101; *von Westphalen,* AGB-Recht im Jahr 2010, NJW 2011, 2098; *von Westphalen,* AGB-Recht im Jahr 2012, NJW 2013, 2239; *Wichert,* Enteignung und Besitzeinweisung für energiewirtschaftliche Leitungsvorhaben, NVwZ 2009, 876; *Wichert,* Entschärfung des § 550 BGB durch Vertragsgestaltung: Anspruch auf Nachholung der Schriftform, ZMR 2006, 257; *Wiegand* (Red.), J. von Staudingers Kommentar zum Bürgerlichen Gesetzbuch mit Einführungsgesetz und Nebengesetzen, Neubearbeitung 2015; *Wilhelms,* Abwasserleitung über fremde Grundstücke, MDR 2006, 125; *Wolf/Eckert/Ball,* Handbuch des gewerblichen Miet-, Pacht- und Leasingrechts, 10. Aufl. 2009; *Zöller,* Zivilprozessordnung – ZPO, Kommentar, 31. Aufl. 2016

I. Grundstücksverträge für windenergetische Projekte

1. Grundstücksnutzungsverträge

Im Rahmen eines Windenergieprojekts ist es zumeist erforderlich, mehrere, z. T. auch viele verschiedene Grundstücke, die im Eigentum Dritter stehen, zu benutzen. In der Regel handelt es sich dabei um

- die Grundstücke, auf denen die WEA sowie Nebenanlagen (Trafostationen, Kranstell- bzw. Montageflächen etc.) errichtet, betrieben und ggf. ausgetauscht werden,
- die zur wegemäßigen Anbindung der Baugrundstücke erforderlichen Flächen (wobei die Ausbaustandards für die Errichtungsphase und für die anschließende Betriebsphase zu unterscheiden sind),
- die für den Netzanschluss (Kabeltrasse und Übergabestation/Umspannwerk) benötigten Grundstücke sowie
- Flächen zur Durchführung von Ausgleichs- und Ersatzmaßnahmen.

Das Recht zur Benutzung derartiger Grundstücke wird regelmäßig durch den Abschluss privatrechtlicher Nutzungsvereinbarungen mit den Grundstückseigentümern gesichert.

Die Bedeutung guter, rechtssicherer Verträge zur Grundstücksnutzung sollte nicht unterschätzt werden. Gerade bei Grundstücks-Poolverträgen finden sich nicht selten rechtliche Angriffspunkte, z. B. aus dem AGB-Recht. Leider halten auch viel zu häufig Grundstücksnutzungsverträge oder Nachträge zu diesen Verträgen die Kriterien der Schriftform gem. § 550 BGB nicht ein. Im Ergebnis kann hierdurch eine projektgefährdende oder gar -vereitelnde Situation entstehen, z. B. wenn der Grundstückseigentümer mit Erfolg die Unwirksamkeit des Vertrages feststellen lässt oder den Vertrag kündigt. Derartige Unsicherheiten sollten unbedingt vermieden werden; die in Einsatz gebrachten Grundstücksnutzungsvertragsmuster sollten daher, nicht nur mit Blick auf die sich stetig wandelnde Rechtsprechung zur Schriftform, von Zeit zu Zeit auf Gesetzes- und Rechtsprechungskonformität überprüft werden.

a) Auf Grundstücksnutzungsverträge anzuwendendes Recht

aa) Einführung zu den Vertragstypen Mietvertrag und Pachtvertrag; Vertrag sui generis. Grundstücksnutzungsverträge im Bereich von Windenergieprojekten tragen regelmäßig die Überschrift „**Mietvertrag**", „**Pachtvertrag**" oder „**Nutzungsvereinbarung**". Oft werden im Vertragstext die Begrifflichkeiten „Mietzins/Pachtzins" sowie „Mieter/Pächter" synonym verwendet, da in der Praxis oft nicht bekannt ist, in welcher rechtlichen Materie sich die Vertragspartner bei Abschluss derartiger Verträge bewegen. Deshalb soll hierzu wie folgt Stellung genommen werden:

Das deutsche Privatrecht sieht für die entgeltliche Überlassung eines Grundstücks auf Zeit alternativ die beiden schuldrechtlichen Vertragstypen **Miete** und **Pacht** vor. Im Einzelfall ist eine solche Einordnung manchmal nicht möglich; dann kann ein sog. **Vertrag sui generis** vorliegen.

Ob die Vertragsparteien im Einzelfall einen Miet- oder Pachtvertrag oder einen Vertrag sui generis geschlossen haben, richtet sich nicht nach den von ihnen verwendeten Bezeichnungen oder Begriffen, sondern nach dem objektiven Inhalt des Vertrags, insbesondere nach dem vereinbarten **Vertragszweck**. Falschbezeichnungen sind nach dem Grundsatz **falsa demonstratio non nocet** unschädlich.[679]

Die Frage, ob ein konkreter Grundstücksnutzungsvertrag rechtlich als Mietvertrag, Pachtvertrag oder Vertrag sui generis einzuordnen ist, ist von erheblicher Bedeutung. So wird z. B. bei der Auslegung einer Vertragsregelung oder bei Regelungslücken ergänzend der Gesetzestext zu dem Vertragstypus herangezogen – je nachdem, wie der Vertrag rechtlich einzuordnen ist. Handelt es sich bei dem Vertrag um einen Miet- oder Pachtvertrag, begegnet die ergänzende Heranziehung des Gesetzestextes in diesem Zusammenhang keinen Schwierigkeiten, da beide Vertragsarten gesetzlich geregelt sind. Ist der Vertrag jedoch im Ergebnis der Rechtsprüfung als

---

[679] Vgl. statt vieler: *BGH*, NJW 2008, 1658.

Vertrag sui generis anzusehen, ist also der Vertragsinhalt so weit von den geregelten Vertragstypen entfernt, dass eine Anlehnung an einen oder mehrere geregelte Vertragstypen nicht möglich ist, bleibt letztlich nur die unsichere Auslegung des Vertrages anhand der objektiven Interessenlage der Vertragsparteien, ausgehend von dem übereinstimmend gewollten Vertragszweck.[680]

4 Auf den Vertrag sui generis wird im Folgenden nicht weiter eingegangen, da, wie soeben ausgeführt, derartige Verträge stets einzelfallbezogen beurteilt werden müssen und für die ergänzende Vertragsauslegung gerade nicht auf gesetzliche Regelungen zurückgegriffen werden kann. Verträge sui generis kommen im Bereich windenergetischer Grundstücksnutzung z. B. bei rein schuldrechtlichen Verträgen zur Abstandsflächenübernahme oder zur Duldung der Rotorüberstreichung in Betracht[681], d. h. bei Verträgen, die keinen unmittelbaren bodenrechtlichen Bezug haben. Da die Auslegung derartiger Verträge im Fall von unklaren Regelungen oder Regelungslücken schwierig ist, sollte bei ihrer Ausgestaltung ein ganz besonderes Augenmerk darauf gelegt werden, dass alle Vereinbarungen zwischen den Parteien eindeutig und vollständig in dem Vertrag festgehalten sind.

5 Weiter zu den Vertragstypen „Mietvertrag" und „Pachtvertrag": Widmen wir uns zunächst der Frage, worin der gesetzliche Unterschied zwischen diesen beiden Vertragsarten besteht. Dies ist wie folgt zu beantworten: Ist der Grundstücksnutzer nach dem vereinbarten Vertragszweck nur zum **Gebrauch des Vertragsgegenstands** berechtigt, handelt es sich um einen Mietvertrag. Wird ihm hingegen über die Gebrauchsgewährung hinaus das **Recht zur Fruchtziehung** aus dem Vertragsgegenstand eingeräumt, handelt es sich um einen Pachtvertrag. Dies ergibt sich aus einer Gegenüberstellung der §§ 531 Abs. 1 S. 1 und 581 Abs. 1 S. 1 BGB:

> **§ 531 Abs. 1 S. 1 BGB:** „Durch den Mietvertrag wird der Vermieter verpflichtet, dem Mieter den Gebrauch der Mietsache während der Mietzeit zu gewähren."
>
> **§ 581 Abs. 1 S. 1 BGB:** „Durch den Pachtvertrag wird der Verpächter verpflichtet, dem Pächter den Gebrauch des verpachteten Gegenstands und den Genuss der Früchte, soweit sie nach den Regeln einer ordnungsgemäßen Wirtschaft als Ertrag anzusehen sind, während der Pachtzeit zu gewähren."

6 **bb) Recht zur Fruchtziehung als Abgrenzungskriterium.** Demzufolge liegt ein Pachtvertrag immer dann vor, wenn der Vertragsgegenstand dem Nutzer nicht nur zum Gebrauch übergeben, sondern ihm darüber hinaus gestattet wird, die Früchte aus dem Vertragsgegenstand zu ziehen.

7 Der Begriff „**Frucht**" ist in § 99 BGB definiert. Danach sind Früchte einer Sache gemäß § 99 Abs. 1 BGB „die Erzeugnisse der Sache und die sonstige Ausbeute, welche aus der Sache ihrer Bestimmung gemäß gezogen wird" (sog. **unmittelbare Sachfrüchte**). Erzeugnisse in diesem Sinne sind alle natürlichen Tier- und Bodenprodukte; sonstige Ausbeute sind z. B. Sand, Kohle, Mineralwasser.[682] Gemäß § 99 Abs. 2 BGB sind sodann Früchte eines Rechts „die Erträge, welche das Recht seiner Bestimmung gemäß gewährt, insbesondere bei einem Recht auf Gewinnung von Bodenbestandteilen die gewonnen Bestandteile". Hierzu zählen die Erträge aus Nießbrauch oder Pachtrecht sowie auch z. B. bei GmbH-Anteilen der Gewinn[683]. Nach § 99 Abs. 3 BGB sind Früchte schließlich auch „die Erträge, welche eine Sache oder ein Recht vermöge eines Rechtsverhältnisses gewährt" (sog. **mittelbare Sach- und Rechtsfrüchte**). Mittelbare Sachfrüchte sind z. B. bei Mietshäusern die Miete[684] oder bei Verpachtung eines Betriebs die Pacht[685].

8 Das Fruchtziehungsrecht des Nutzers als Abgrenzungskriterium zwischen Miet- und Pachtvertrag führt vor allem in den Fällen zu eindeutigen Ergebnissen, in denen das Grundstück kraft seiner konkreten Beschaffenheit ohne Weiteres geeignet und nach dem Vertrag bestimmt ist,

---

[680] *Becker*, in Dauner-Lieb/Langen, BGB-Schuldrecht, § 311 BGB Rn. 32.
[681] *LG Dessau*, Teilurt. v. 15.11.2013 – 3 O 39/13
[682] *Ellenberger*, in: Palandt (Hrsg.), BGB, § 99 Rn. 2.
[683] *BGH*, NJW 1995, 1027.
[684] RG 105, 409.
[685] BGHZ 63, 365.

Erträge zu erwirtschaften: So ist die Zurverfügungstellung von Ackerland zur Ziehung von Feldfrüchten Pacht. Umgekehrt ist die bloße Überlassung von Ödland regelmäßig Miete, da eine Fruchtziehung aus dem Grund und Boden nicht stattfindet.

In weniger eindeutigen Fällen entscheidet die Praxis aufgrund wertender Betrachtung der Einzelfallumstände. Danach soll es für die Annahme eines Pachtvertrags genügen können, wenn der Vertragspartner des Nutzers das **ertragstaugliche Inventar** auf dem Grundstück zur Verfügung stellt oder zu dessen Beschaffung „wesentlich" beiträgt, z. B. durch den Nachweis einer günstigen Bezugsquelle oder die Bereitstellung eines Anschaffungskredits.[686] Andererseits soll Miete anzunehmen sein, wenn **betriebsbezogenes Inventar** auf dem Grundstück vorhanden ist, der Nutzer dieses aber gesondert erwerben muss.[687] Im Schrifttum werden generell Art, Einrichtung und Ausstattung des Grundstücks,[688] Herkunft des Inventars, wirtschaftliche und funktionale Bedeutung des Inventars wie auch die etwaige Einheitlichkeit des Vorgangs der Überlassung von Grundstück und Inventar[689] als relevante Abgrenzungskriterien zwischen Miet- und Pachtvertrag angesehen.

Die Überlassung von Acker- oder Ödland zur Errichtung und zum Betrieb einer Windenergieanlage nebst Nebenanlagen, zur Anlegung von Erschließungswegen oder Kabeltrassen ist also jedenfalls dann als Mietvertrag einzuordnen, wenn der Vertragspartner des Nutzers nach dem Vertrag keine Leistungen zu erbringen hat, die über die bloße Zurverfügungstellung des Grundstücks hinausgehen.[690]

Ist der Grundstückseigentümer hingegen nach dem Vertrag z. B. verpflichtet, an der Beschaffung der WEA maßgeblich mitzuwirken/Gelder hierfür zur Verfügung zu stellen, oder verfügt das Grundstück bereits über wesentliche betriebsbezogene Ausstattungen wie z. B. ein geeignetes Fundament, dessen Benutzung durch das Nutzungsentgelt abgegolten wird, kann es sich möglicherweise um einen Pachtvertrag handeln. Die Überlassung eines Grundstücks mit betriebsfertiger WEA zum Zwecke des Betriebs derselben ist eindeutig Pacht.

cc) Konsequenzen der Einordnung als Miet- oder Pachtvertrag. Welche Konsequenzen ergeben sich nun für den konkreten Grundstücksnutzungsvertrag, nachdem man ihn als Miet- oder als Pachtvertrag eingeordnet hat, wodurch sind beide Vertragstypen gekennzeichnet, wo liegen die strukturellen gesetzlichen Unterschiede? Hierauf wird im Folgenden eingegangen.

(1) Charakteristika des Grundstücksmietvertrags. Der **Grundstücksmietvertrag** ist ein „Mietverhältnis über andere Sachen", sodass die Sondervorschriften der §§ 578-580a BGB vorrangig anzuwenden sind. In § 580a BGB sind z. B. besondere Kündigungsfristen für Grundstücksmietverträge geregelt.

Entsprechend der Systematik des BGB sind auf den Grundstücksmietvertrag sodann die allgemeinen Vorschriften über die Miete, d. h. die §§ 535-548 BGB, anzuwenden. Dies ist z. B. relevant bei Streitigkeiten über Mängel des Grundstücks, Mietminderung, für außerordentliche fristlose Kündigungen aus wichtigem Grund etc.

Schlussendlich ist auf § 578 Abs. 1 BGB hinzuweisen. Diese Vorschrift lautet:

§ 578 Abs. 1 BGB: „Auf Mietverhältnisse über Grundstücke sind die Vorschriften der §§ 550, 562 bis 562d, 566 bis 567b sowie 570 entsprechend anzuwenden."

Durch diese Verweisungsvorschrift finden auf den Grundstücksmietvertrag die dort genannten Paragraphen aus dem **Wohnraummietrecht** entsprechende Anwendung, mit erheblichen praktischen Auswirkungen (z. B. § 550 BGB: Form des Mietvertrags, §§ 562-562d BGB: Vermieterpfandrecht, § 566 BGB: Kauf bricht nicht Miete).

---

[686] *BGH*, NJW-RR 1991, 906 (907).
[687] *OLG Düsseldorf*, NJW-RR 1994, 399.
[688] *Reinstorf*, in: Bub/Treier (Hrsg.), Handbuch der Geschäfts- und Wohnraummiete, Kap. I. Rn. 14.
[689] *Sonnenschein/Veit*, in: Staudinger (2013), BGB, § 581 Rn. 29.
[690] siehe z. B. *BGH*, Urt. v. 17.7.2002 – XII ZR 86/01: ein Vertrag über die Zurverfügungstellung der für eine Breitbandkabelanlage erforderlichen Fläche nebst Gestattung von Wartung und Instandhaltung der Anlage ist ein Mietvertrag, Rn. 16 (bei juris).

16 **(2) Charakteristika des Grundstückspachtvertrags.** Hier ist zunächst auf die Sonderregelungen der §§ 581-584b BGB hinzuweisen. In diesen Vorschriften sind z. B. die Pflicht des Pächters zur Inventarerhaltung sowie ein gesonderter Tatbestand für die Kündigungsfrist des Pachtvertrags enthalten.

17 Sodann wird gemäß § 581 Abs. 2 BGB das Mietrecht auf Pachtverträge für entsprechend anwendbar erklärt, soweit sich nicht aus den §§ 582-584b BGB etwas anderes ergibt. Der Verweis gemäß § 581 Abs. 2 BGB in das Mietrecht bezieht sich auf jeden Fall auf die allgemeinen Regelungen zur Miete (§§ 535-548 BGB) sowie auf die den §§ 582-584b BGB nicht entgegenstehenden Vorschriften der Grundstücksmiete. Inwieweit der Verweis auch die Regelungen der Raummiete einbezieht, wird in der Kommentarliteratur unterschiedlich gesehen.[691]

18 **(3) Strukturelle Unterschiede zwischen Grundstücksmietrecht und Grundstückspachtrecht.** Angesichts der aufgezeigten gesetzlichen Strukturierung mit der jeweiligen Verweisung in das Mietrecht kann man zwar generell sagen, dass bei beiden Vertragstypen – Grundstücksmietvertrag und Grundstückspachtvertrag – weitgehend Regelungsgleichlauf besteht. Allerdings bestehen einige wichtige Unterschiede, z. B.:

19 Im Grundstücksmietrecht ist die Instandhaltung der Mietsache gemäß § 535 Abs. 1 S. 2 BGB Sache des Vermieters. Dieser ist also verpflichtet, die Mietsache in einem für den vertragsgemäßen Gebrauch tauglichen Zustand zu erhalten. Demgegenüber ist es im Grundstückspachtrecht gemäß § 582 Abs. 1 BGB Sache des Pächters, das ihm überlassene Inventar zu erhalten.

20 Die Fristen der **ordentlichen Kündigung** sind bei Grundstücksmietvertrag und Grundstückspachtvertrag sehr unterschiedlich geregelt (siehe § 580a bzw. § 584 Abs. 1 BGB).

21 Nur im Grundstücksmietrecht steht dem Mieter nach § 540 Abs. 1 S. 2 BGB bei Verweigerung der Erlaubnis zur Untervermietung ein Recht zur außerordentlichen Kündigung mit gesetzlicher Frist zu. Ein derartiges Kündigungsrecht schließt § 584a Abs. 1 BGB für den Grundstückspachtvertrag aus.

22 Nach Vertragsbeendigung schuldet der Grundstücksmieter bis zur Rückgabe des Grundstücks als **Nutzungsentschädigung** gemäß § 546a Abs. 1 BGB die vereinbarte Miete oder, nach Wahl des Vermieters, die ortsübliche Miete. Demgegenüber ist die vom Grundstückspächter bis zur Rückgabe geschuldete Nutzungsentschädigung gemäß § 584b S. 1 BGB zu schätzen, und zwar nach dem Verhältnis des Werts der nach Vertragsbeendigung gezogenen oder ziehbaren Nutzungen zum Wert der während eines ganzen Pachtjahres gewöhnlich gezogenen Nutzungen.

23 Nach alledem bleibt anzumerken, dass man sich bei der Erstellung/Verhandlung eines Grundstücksnutzungsvertrags darüber im Klaren sein muss, ob man sich im Bereich des Miet- oder des Pachtrechts befindet. Nur so ist gewährleistet, dass der Vertrag im Ergebnis rechtssicher und ausgewogen ist, zumal wenn, was im Rahmen der Vertragsfreiheit grundsätzlich zulässig ist, gesetzliche Regelungen durch den Vertrag abgeändert oder ausgeschlossen werden.

24 Nach dem oben Gesagten, dies soll hier nochmals zusammenfassend festgehalten werden, handelt es sich bei den Grundstücksnutzungsverträgen, die im Zusammenhang mit WEA-Projekten typischerweise abgeschlossen werden, bei denen also der Grundstückseigentümer außer der Zurverfügungstellung des Grundstücks keine weitere Leistung erbringt, um Grundstücksmietverträge (→ Kap. 3 Rn. 12 ff.).

25 **dd) Auslandsberührung.** In Kapitel 3 dieses Handbuchs werden die privatrechtlichen Rahmenbedingungen ausschließlich für Windenergieanlagen behandelt, die auf dem Staatsgebiet der Bundesrepublik Deutschland errichtet worden sind oder werden sollen. Inländische Windenergieanlagen können aber wegen eines ausländischen (Wohn-)Sitzes entweder des Anlagenbetreibers oder des Grundstückseigentümers **Auslandsberührung** haben. Hierauf soll im Folgenden kurz eingegangen werden.

26 **(1) Auslandsberührung zu Staaten der EU.** Besteht nach Maßgabe der obigen Ausführungen eine Auslandsberührung zu Staaten der Europäischen Union, ist grundsätzlich Art. 4 Abs. 1

---

[691] Z. B. *Weidenkaff*, in: Palandt (Hrsg.), BGB, § 581 Rn. 15: Demnach seien die Regelungen des Wohnraummietrechts nicht anwendbar. Differenzierend: *Hanke*, in: MüKoBGB, § 581, Rn. 21 ff.

lit. c) der Verordnung (EG) Nr. 593/2008 des Europäischen Parlaments und des Rates über das auf vertragliche Schuldverhältnisse anzuwendende Recht (nachfolgend: ROM I) einschlägig. Für Grundstücksnutzungsverträge ist danach bei einer Beteiligung von EU-Ausländern das Recht des Staates maßgeblich, in dem das Grundstück belegen ist. Auf solche Fälle ist mithin das deutsche Privatrecht anzuwenden.

Für Verträge mit Auslandsberührung zu **Dänemark** ist insoweit eine (scheinbare) Ausnahme zu machen, als Dänemark sich bislang nicht an ROM I beteiligt. Im Verhältnis zu dänischen Unternehmen oder Personen gilt aber weiterhin das – von ROM I ansonsten abgelöste – Europäische Übereinkommen über das auf vertragliche Schuldverhältnisse anzuwendende Recht vom 19. Juni 1980 (nachfolgend: EVÜ). Nach dessen Art. 4 Abs. 3 i. V. m. Abs. 1 S. 1 EVÜ gilt im Zweifel das Recht des Staates, in dem das Grundstück belegen ist. Grundstücksnutzungsverträge mit dänischen Vertragspartnern unterliegen also ebenfalls deutschem Privatrecht.

Allerdings geht eine zwischen den Vertragsparteien wirksam getroffene **Rechtswahl** gemäß Art. 4 Abs. 1 ROM I und gemäß Art. 4 Abs. 1 EVÜ der kollisionsrechtlichen Bestimmung des anzuwendenden nationalen Rechts vor. Den Vertragsparteien steht es gemäß Art. 3 ROM I und Art. 3 EVÜ grundsätzlich frei, durch Rechtswahl dasjenige nationale Recht zu bestimmen, das für die zwischen ihnen vereinbarte Grundstücksnutzung maßgebend sein soll. Eine solche Rechtswahl ist aber weder voraussetzungs- noch schrankenlos möglich. Vielmehr regeln die Artikel 3 Abs. 3-5, 10-13 ROM I und Art. 3 EVÜ sowohl förmliche Voraussetzungen für das wirksame Zustandekommen der Rechtswahl als auch materielle Einschränkungen für die Anwendung des gewählten Rechts. Danach können auch bei einer wirksamen Wahl ausländischen Rechts die zwingenden Vorschriften des deutschen Rechts anwendbar bleiben, wenn beide Vertragsparteien Inländer sind. Darüber hinaus gelten für Rechtswahlklauseln in AGB weitere Einschränkungen. Bei einer Rechtswahl ist also besondere Sorgfalt geboten.

Errichtet und betrieben werden Windenergieanlagen in aller Regel von natürlichen oder juristischen Personen, die gewerblich tätig, also **Unternehmer** im Rechtssinne des § 14 BGB und der Artikel 6 ROM I, 5 EVÜ sind. Ihre Vertragspartner, in aller Regel also die Grundstückseigentümer, können im Einzelfall aber **Verbraucher** im Rechtssinne sein (→ Kap. 3 Rn. 99 ff.). Dann sind besondere Schutzvorschriften zu beachten:

Auf Nutzungsverträge mit Verbrauchern ist gemäß Art. 6 ROM I vorrangig das im Staat des gewöhnlichen Aufenthalts des Verbrauchers geltende Recht anzuwenden, wenn der Unternehmer seine Tätigkeit in jenem Staat ausübt oder doch zumindest anbietet oder bewirbt.[692] Bei Nutzungsverträgen mit im Ausland residierenden Grundstückseigentümern kann mithin nicht deutsches Privatrecht, sondern das Recht des Aufenthaltsstaates des Grundstückseigentümers anzuwenden sein, wenn der Anlagenbetreiber dort seine Leistung anbietet oder, etwa auf einer Messe, einen Auftrag des Grundstückseigentümers annimmt. Zwar geht eine Rechtswahl der Vertragsparteien auch bei Verbraucherverträgen gemäß Art. 6 Abs. 2 S. 1 ROM I grundsätzlich vor. Die zwingenden Verbraucherschutzvorschriften der Rechtsordnung, die ohne die Rechtswahl anzuwenden wäre, bleiben gemäß Art. 6 Abs. 2 S. 2 ROM I aber anwendbar.

Für Ansprüche aus **Verschulden bei Vertragsverhandlungen** sind Art. 1 Abs. 2 lit. i) ROM I und Art. 12 Abs. 1 und 2 der Verordnung (EG) Nr. 864/2007 des Europäischen Parlamentes und des Rates über das auf außervertragliche Schuldverhältnisse anzuwendende Recht (nachfolgend: ROM II) sowie – im Verhältnis zu Dänemark – Art. 10 und 14 EVÜ zu beachten. Danach richten sich solche Ansprüche zwar grundsätzlich nach derjenigen Rechtsordnung, die auch für die vertraglichen Ansprüche einschlägig ist, im hier fraglichen Zusammenhang also regelmäßig nach deutschem Privatrecht. Der kollisionsrechtliche Begriff des Verschuldens bei Vertragsverhandlungen deckt sich aber nicht mit dem der culpa in contrahendo nach deutschem Recht. „Verschulden bei Vertragsverhandlungen" im kollisionsrechtlichen Sinn betrifft nur die Verletzung auf den konkreten Vertragsschluss bezogener Sorgfaltspflichten.[693] Hierzu dürften neben Aufklärungs-, Beratungs- und Informationspflichten weitere vertragsspezifische Verhaltenspflichten wie das Loyalitätsgebot zählen, weshalb das deutsche Privatrecht, insbesondere

---

[692] BGHZ 167, 83 (89).
[693] Thorn, in: Palandt (Hrsg.), Rom II, Art. 12 Rn. 2.

die §§ 311 Abs. 2, 280, 276-278, 249 ff. BGB auch für Ansprüche wegen unredlichen Abbruchs von Vertragsverhandlungen gelten dürfte.[694]

32 Außerhalb vertragsspezifischer Sorgfaltspflichten, etwa bei Personen- oder Sachschäden, die keinen spezifischen Bezug zum Vertragsschluss und seinem Inhalt aufweisen, bestimmen die deliktsrechtlichen Kollisionsnormen das anzuwendende Recht. Nach Art. 4 Abs. 1 ROM II ist auf solche Fälle grundsätzlich das Recht des Staates anzuwenden, in dem der Schaden eingetreten ist. Insoweit maßgeblich ist der Primärschaden, also die Verletzung des Körpers, der Gesundheit oder die Beschädigung der Sache. Haben Schuldner und Geschädigter ihren gewöhnlichen Aufenthalt zur Zeit der Primärschädigung in demselben Staat, ist gemäß Art. 4 Abs. 2 ROM II dessen Recht anzuwenden. Weist die deliktische culpa in contrahendo nach den Einzelfallumständen eine offensichtlich engere Verbindung zu einem anderen als dem nach Art. 4 Abs. 1 und 2 ROM II maßgeblichen Staat auf, ist gemäß Art. 4 Abs. 3 ROM II das Recht dieses anderen Staates anzuwenden.

33 **(2) Auslandsberührung zu anderen Staaten.** Zur Bestimmung der bei Auslandsberührung zu Staaten außerhalb der EU maßgeblichen Rechtsordnung wird auf die einschlägige Spezialliteratur verwiesen[695].

b) Interessenlage der Projektbeteiligten bei Abschluss von WEA-Grundstücksnutzungsverträgen

34 Gelungene Vertragsgestaltung ist die sachgerechte, umfassende und dauerhafte Sicherung der auf das Geschäft bezogenen Interessen. Zu bedenken sind dabei in erster Linie die Interessen der unmittelbar vertragsschließenden Parteien. Mittelbar zu bedenken sind jedoch auch immer die Interessen der weiteren mittelbar Beteiligten wie etwa der kreditgebenden Banken, der Genehmigungs- und Aufsichtsbehörden, der Hersteller und Lieferanten der Komponenten, der weiteren Grundstücksnutzer wie etwa der landwirtschaftlichen Pächter etc.

35 Allen Beteiligten nützt **Rechtssicherheit** als verbindlicher und dauerhafter Bestand vertraglicher Gestaltungen. Sie macht sowohl die Verwirklichung ihrer jeweiligen Interessen als auch die zuwiderlaufenden Gefahren (Risiken) kalkulierbar. Bereits der mit der Anlagenerrichtung verbundene erhebliche finanzielle Aufwand macht Planungssicherheit für den Anlagenbetreiber und die kreditgebende Bank praktisch unverzichtbar.

36 Die maßgeblichen Interessen des Eigentümers eines Grundstücks, das für ein WEA-Projekt zur Verfügung gestellt wird, sind üblicherweise darauf gerichtet, dass er ein angemessenes Entgelt erhält und dass dessen Zahlung rechtlich abgesichert ist. Weitere prinzipielle Interessen des Grundstückseigentümers sind die schonende Inanspruchnahme seines Grund und Bodens, eine angemessene Beschränkung seiner Haftung sowie die Sicherung der Wiederherstellung des ursprünglichen Zustands des Grundstücks nach Vertragsende.

37 Dem Anlagenbetreiber kommt es in erster Linie auf den wirtschaftlichen Erfolg der WEA, insbesondere eine möglichst rasche vollständige Amortisation seiner erheblichen Investitionen, an. Denn er trägt – vor allen anderen Beteiligten – das wirtschaftliche Risiko der WEA, insbesondere die Gefahr eines operativen Verlusts. Sein Betriebsinteresse umfasst nicht lediglich einen sowohl mit den verwaltungsrechtlichen Vorgaben übereinstimmenden als auch in technischer Hinsicht störungsfreien Betrieb. Der Anlagenbetreiber ist vielmehr – gerade auch im Verhältnis zum Grundstückseigentümer – auf Flexibilität in zeitlicher, räumlicher, technischer und persönlicher Hinsicht besonders angewiesen. Denn im Zeitpunkt der vertraglichen Standortsicherung stehen zumeist der genaue Aufstellungsort, der konkrete Anlagentyp, die Dauer des Verwaltungsverfahrens und der Realisierungsphase sowie das Datum der Inbetriebnahme noch nicht fest. Nach erfolgtem Betriebsbeginn kann sich die Notwendigkeit einer technischen Anpassung oder eines Austauschs der WEA oder einzelner Komponenten ergeben. Darüber hinaus werden die Projektverträge – bereits weil die **Finanzierungsbanken** der Betreiber dies regelmäßig fordern – üblicherweise so geschlossen, dass sie an einen Dritten übertragen werden

---

[694] *Thorn*, in: Palandt (Hrsg.), Rom II, Art. 12 Rn. 2.
[695] Nachweise dazu etwa bei *Thorn*, in: Palandt (Hrsg.), EGBGB, Einl. Art. 3, vor Rn. 1.

können. Schlussendlich ist auch der Anlagenbetreiber an einer angemessenen Beschränkung seiner Haftung interessiert.

Den kreditgebenden Banken ist vornehmlich an einer hinreichenden Kreditsicherung für den Fall der wirtschaftlichen Krise des Anlagenbetreibers oder des Grundstückseigentümers gelegen. Da die Errichtung einer WEA ohne Fremdmittel die Ausnahme bildet, liegt eine angemessene Berücksichtigung der Kreditsicherungsinteressen der Bank regelmäßig auch im Interesse der unmittelbar am Vertrag Beteiligten. Im Hinblick auf die mit einer Verwertung gebrauchter Windenergieanlagen verbundenen wirtschaftlichen Risiken kann sich das Sicherungsinteresse der Banken darauf erstrecken, eine Fortsetzung des Betriebs der Anlagen durch einen anderen, aus ihrer Sicht geeigneten Betreiber zu organisieren. 38

Das Interesse der Genehmigungs- und Aufsichtsbehörden richtet sich darauf, dass die Errichtung und der Betrieb der WEA in Übereinstimmung mit den verwaltungsrechtlichen Vorgaben erfolgen. Daran sind auch alle weiteren Beteiligten interessiert, da eine Versagung der Genehmigung oder Untersagung des Betriebs ihren wirtschaftlichen Erfolg unmittelbar beeinflussen kann. 39

Die durch das Windenergieprojekt betroffenen land- oder forstwirtschaftlichen Pächter sind, ebenso wie der Grundstückseigentümer, daran interessiert, dass die Errichtung und der Betrieb der WEA so eingerichtet werden, dass die land- bzw. forstwirtschaftliche Nutzung möglichst geschont werden und dass Schäden (z. B. Aufwuchsschäden in der Phase der Errichtung und des Rückbaus der WEA) ausgeglichen werden. 40

Je besser die Interessen aller Projektbeteiligten von vornherein bei der Gestaltung der Grundstücksnutzungsverträge für ein Windprojekt berücksichtigt werden – je ausgewogener die Verträge also sind – desto geringer ist ihre Anfälligkeit für nachträgliche rechtliche Auseinandersetzungen. Dies sollte bei den Vertragsverhandlungen immer berücksichtigt werden. 41

Im Folgenden wird auf einzelne rechtliche Probleme eingegangen, die im Zusammenhang mit Grundstücksnutzungsverträgen bei Windenergieprojekten besonders praxisrelevant sind. 42

c) Schriftformproblem

Immer wieder ergeben sich in der Praxis der WEA-Grundstücksnutzungsverträge Auseinandersetzungen im Zusammenhang mit dem in § 550 BGB statuierten sog. **Schriftformerfordernis**. Die Rechtsprechung hierzu entwickelt sich ständig; trotz der seit vielen Jahren sichtbaren Auflockerungstendenz der Rechtsprechung „stolpern" nach wie vor viele Verträge über die „Schriftformfalle". 43

Diese Vorschrift des § 550 BGB – wohlgemerkt aus dem Wohnraummietrecht – lautet wie folgt:

> „§ 550 BGB:
> Wird der Mietvertrag für längere Zeit als ein Jahr nicht in schriftlicher Form geschlossen, so gilt er für unbestimmte Zeit. Die Kündigung ist jedoch frühestens zum Ablauf eines Jahres nach Überlassung des Wohnraums zulässig."

Das Problem des Schriftformerfordernisses stellt sich sowohl für Grundstücksmietverträge als auch für Grundstückspachtverträge, denn auf beide Vertragstypen ist nach der überwiegenden Auffassung in Rechtsprechung und Literatur § 550 BGB entsprechend anwendbar. 44

Für Grundstücksmietverträge ergibt sich dies bereits aus dem ausdrücklichen Verweis in § 578 Abs. 1 BGB, wonach § 550 BGB entsprechend anzuwenden ist.

Für Grundstückspachtverträge findet sich zwar in § 581 BGB kein ausdrücklicher Verweis auf § 550 BGB; allerdings sind gemäß § 581 Abs. 2 BGB auf den Pachtvertrag, soweit sich nicht aus den §§ 582 bis 584b BGB etwas anderes ergibt, die Vorschriften über den Mietvertrag entsprechend anzuwenden und es herrscht überwiegend Einigkeit, dass § 550 BGB – wie ausgeführt eine Norm aus dem Wohnraummietrecht – durch den Verweis aus § 581 Abs. 2 BGB über § 578 Abs. 1 BGB entsprechend auch auf Grundstückspachtverträge angewendet werden kann.[696]

---

[696] *Schaub*, in: MüKoBGB, § 581 Rn. 482; a. A. *Weidenkaff*, in: Palandt (Hrsg.), BGB, § 581 Rn. 15.

45 Um die Schriftformproblematik zu verstehen, muss man sich zunächst Folgendes vergegenwärtigen: Gemäß § 542 Abs. 1 BGB kann ein Grundstücksmietvertrag von beiden Seiten mit der **gesetzlichen Kündigungsfrist** gekündigt werden, wenn die Vertragsparteien keine bestimmte **Vertragslaufzeit** vereinbart haben. Die Vorschrift lautet wie folgt:

> **§ 542 Abs. 1 BGB:**
> „Ist die Mietzeit nicht bestimmt, so kann jede Vertragspartei das Mietverhältnis nach den gesetzlichen Vorschriften kündigen."

Ein jederzeit durch den Vermieter bzw. Grundstückseigentümer ordentlich kündbarer Grundstücksnutzungsvertrag ist für den Anlagenbetreiber unbefriedigend, weil er keine ausreichende Planungssicherheit bietet. Er hat daher ein evidentes Interesse daran, dass im Vertrag eine feste längerfristige Laufzeit vereinbart wird. Denn für fest befristete Mietverträge gilt gem. § 542 Abs. 2 BGB, dass diese während der vereinbarten Laufzeit nur außerordentlich, also aus wichtigem Grund, gekündigt werden können.

46 Nach der Regelung des § 550 BGB gilt nun ein Mietvertrag, der für eine längere Zeit als ein Jahr nicht in schriftlicher Form geschlossen worden ist, für unbestimmte Zeit, sodass auf einen solchen Vertrag § 542 Abs. 1 BGB Anwendung findet und er jederzeit ordentlich gekündigt werden kann. Mit anderen Worten muss ein Mietvertrag, der auf längere Zeit als ein Jahr fest geschlossen werden soll, der **Schriftform** genügen. Genau dies gilt es bei der Gestaltung der Grundstücknutzungsverträge für windenergetische Projekte zu beachten.

47 Zu berücksichtigen ist in diesem Zusammenhang, dass ein Mietvertrag auch dann als „für eine längere Zeit als ein Jahr" geschlossen gilt, wenn eine Bindung auf mehr als ein Jahr auf andere Weise hergestellt wird, z.B. durch den **Verzicht auf bzw. den Ausschluss von Kündigungsrechten** über ein Jahr hinaus[697] oder die **Einräumung oder Ausübung**[698] **von Verlängerungsoptionen**.

48 Einen nur geringen Trost bietet hierbei die Regelung des § 550 S. 2 BGB: Nach dieser Vorschrift ist die Kündigung eines Mietvertrags, der der Schriftform nicht genügt, frühestens zum Ablauf eines Jahres nach **Überlassung der Mietsache** zulässig.

49 Es ist daher von ganz entscheidender Bedeutung, dass jeder Grundstücksnutzungsvertrag, auf dessen Grundlage ein Windenergieprojekt verwirklicht und betrieben werden soll, der Schriftform genügt, da nur so ausgeschlossen ist, dass die jeweilige Gegenpartei unter Berufung auf die o.g. Vorschriften den Vertrag vorfristig kündigt.

In diesem Zusammenhang ist darauf hinzuweisen, dass das Recht zur ordentlichen Kündigung auch nach langjähriger Durchführung des Vertrags grundsätzlich nicht verwirkt[699] und nur in ganz engen Ausnahmefällen die Berufung auf das Fehlen der Schriftform treuwidrig ist[700] (im Einzelnen: → Kap. 3 Rn. 84 ff.).

50 Zum Sinn und Zweck des Schriftformerfordernisses des § 550 BGB ist auszuführen, dass die Vertragspartner hierdurch vor unbedacht vereinbarten langfristigen Bindungen geschützt und die Beweisbarkeit ihrer langfristig geltenden Vereinbarungen erleichtert werden sollen.[701]

50a Gleichzeitig will das Schriftformgebot des § 550 BGB in erster Linie sicherstellen,

> „dass ein späterer Grundstückserwerber, der kraft Gesetzes auf Seiten des Vermieters in ein auf mehr als ein Jahr abgeschlossenes Mietverhältnis eintritt, dessen Bedingungen aus dem schriftlichen Vertrag ersehen kann."[702]

Ein etwaiger Grundstückserwerber soll sich also aus dem schriftlich abgeschlossenen Vertrag heraus zuverlässig über dessen Bestand und Inhalt unterrichten können, da er durch den

---

[697] *BGH*, Urt. v. 9.7.2008 – XII ZR 117/06.
[698] *KG* GE 2013, 808 (809).
[699] *BGH*, Urt. v. 5.11.2003 – XII ZR 134/02.
[700] *BGH*, Urt. v. 25.7.2007 – XII ZR 143/05.
[701] *BGH* Urt. v. 7.5.2008 – XII ZR 69/06.
[702] *BGH* Urt. v. 24.9.1997 – XII ZR 234/95.

Grundstückserwerb in diesen Vertrag eintritt, § 566 Abs. 1 BGB. Dabei bezweckt § 550 S. 1 BGB allerdings nicht, dem Grundstückserwerber darüber Gewissheit zu verschaffen, ob der Mietvertrag wirksam zustande gekommen ist und im Zeitpunkt des Eigentumsübergangs noch besteht. Maßgeblich ist vielmehr, dass der Grundstückserwerber aus dem schriftlichen Dokument die Pflichten ersehen kann, die aus dem Mietvertrag zu erfüllen sind.[703]

Schlussendlich ist darauf hinzuweisen, dass die Vorschrift des § 550 BGB nach allgemeiner Auffassung nicht abdingbar ist. 51

aa) Inhalt der Schriftform. Die Definition des Begriffs „**Schriftform**" in ihren verschiedenen Varianten findet sich in § 126 BGB; dieser gleichgestellt ist gemäß § 126 Abs. 3 BGB die in § 126a BGB definierte „elektronische Form". 52

Die Wahrung der Schriftform setzt gemäß § 126 Abs. 1 BGB zunächst voraus, dass die Vertragsparteien eigenhändig die **Vertragsurkunde** unterzeichnen. Dabei muss die Unterschrift den Vertragstext grundsätzlich räumlich abschließen. In diesem Zusammenhang ist unbedingt zu berücksichtigen, dass die Übermittlung eines unterschriebenen Schriftstücks per Telefax auf der Empfängerseite keine „eigenhändige" Unterschrift im o. g. Sinne erzeugt und demzufolge zur Wahrung der Schriftform nicht ausreichend ist, da diese den Zugang formgerecht errichteter Erklärungen voraussetzt.[704] 53

Andererseits müssen es nicht gerade die formgerecht errichteten Erklärungen sein, die den Vertragsschluss zustande bringen. Zur Wahrung der Schriftform ist es auch ausreichend, wenn die Bedingungen eines durch schlüssiges Verhalten, insbesondere durch tatsächlichen Vollzug bereits zustande gekommenen Nutzungsvertrags in einer nachträglich gemäß § 126 Abs. 1 und 2 BGB errichteten Urkunde enthalten sind.[705] Auch in dem Fall, dass der Abschluss eines Mietvertrages nicht den Anforderungen des § 126 Abs. 2 BGB entspricht, aber eine von beiden Parteien unterzeichnete Urkunde vorhanden ist, die inhaltlich vollständig die Bedingungen des später mündlich oder konkludent abgeschlossenen Mietvertrags enthält, ist nach einer neueren, aus Sicht der Autorin allerdings nicht überzeugenden Entscheidung des BGH[706] die Schriftform nach § 550 S. 1 BGB gewahrt. 54

Gemäß § 126 Abs. 2 S. 1 BGB müssen die Vertragsparteien ihre Unterschriften grundsätzlich auf ein und derselben **Vertragsurkunde** leisten. Eine Ausnahme von diesem Grundsatz statuiert § 126 Abs. 2 S. 2 BGB: Werden mehrere Ausfertigungen erstellt, genügt die Unterzeichnung der für die jeweils andere Partei bestimmten Ausfertigung. 55

Um das Schriftformerfordernis zu erfüllen, müssen aus der Vertragsurkunde alle formbedürftigen Bestandteile (→ Kap. 3 Rn. 59) des Nutzungsvertrags zu ersehen sein (**Grundsatz der Einheitlichkeit der Urkunde**). Unterzeichnet eine Vertragspartei den Vertragstext nur mit Änderungen, muss die andere Vertragspartei ihr Einverständnis mit diesen Änderungen durch Unterzeichnung auf derselben Urkunde erklären. Die auf einem anderen Schriftstück, etwa einem Begleitschreiben, erklärte Zustimmung genügt also grundsätzlich nicht.[707] 56

Im Sinne des o. g. Grundsatzes der Einheitlichkeit der Urkunde hatte der BGH zunächst das Erfordernis der festen körperlichen Verbindung der Urkunde, die sog. „**Körperlichkeitsrechtsprechung**", statuiert.[708] Durch die seit Jahren zu beobachtende sog. „**Auflockerungsrechtsprechung**" wurde das Erfordernis der festen körperlichen Verbindung dann für Urkunden, die aus mehreren Blättern bestehen, gelockert, und zwar in dem Sinne, dass es für die Wahrung der Schriftform der Urkunde nunmehr ausreicht, wenn die Einheit der Urkunde sich aus der fortlaufenden Paginierung der Seiten, der fortlaufenden Nummerierung der einzelnen Bestimmungen, der einheitlichen graphischen Gestaltung, dem inhaltlichen Zusammenhang des Textes oder vergleichbaren Merkmalen ergibt.[709] Wenn sich der vollständige Vertragsinhalt 57

---

[703] *BGH*, NZM 2004, 738 (740).
[704] BGHZ 121, 224 (229).
[705] *BGH*, NZM 2010, 319 Rn. 24.
[706] *BGH*, Urt. v. 17.6.2015 – XII ZR 98/13.
[707] *Wolf/Eckert/Ball*, Handbuch des gewerblichen Miet-, Pacht- und Leasingrechts, Rn. 119.
[708] BGHZ 50, 39, 42 = NJW 1968, 1229.
[709] BGHZ 136, 357 = NJW 1998, 58.

erst aus mehreren Urkunden ergibt, z. B. aus der Haupturkunde – dem Vertrag – und Anlagen, ist die Einheitlichkeit der Urkunde gemäß der „Auflockerungsrechtsprechung" des Bundesgerichtshofs gewahrt, wenn der Erwerber des Mietobjekts sich durch eine klare, unmissverständliche Bezugnahme in der Haupturkunde auf die Anlagen über Inhalt und Umfang der auf ihn übergehenden Rechte und Pflichten zuverlässig unterrichten kann. Dies ist z. B. dann der Fall, wenn die Einheit von Urkunde und Anlage(n) sich aus der Verweisung sowie aus Unterschriften oder Paraphen der Vertragspartner auf allen Blättern der Anlage zweifelsfrei ergibt oder die Anlage im Vertrag in sonstiger Weise so genau bezeichnet ist, dass ihre zweifelsfreie Zuordnung zum Vertrag möglich ist.[710]

58   Den Vertragsparteien ist daher dringend zu empfehlen, das Vorliegen solcher die Zugehörigkeit zu derselben Urkunde indizierenden Merkmale sicherzustellen. Insbesondere sollten alle Vertragsanlagen im Vertragstext eindeutig bezeichnet werden. Vorsorglich können zusätzlich alle Blätter einschließlich aller Anlagen, auf die der Vertragstext Bezug nimmt, paraphiert und unterzeichnet werden.

59   **bb) Umfang der Schriftform.** Dem Schriftformerfordernis unterliegt grundsätzlich der gesamte Vertragsinhalt. Allerdings wird ein Verstoß gegen das Schriftformerfordernis nur dann relevant, wenn wesentliche mietvertragliche Regelungen nicht schriftlich gefasst sind.[711] Hiermit sind auf jeden Fall die Komponenten gemeint, die den gesetzlichen Mindestinhalt eines Mietvertrags darstellen[712]:
- **Vertragsparteien**,
- **Mietgegenstand**,
- **Mietpreis**,
- **Dauer des Vertrags**[713].

Der Inhalt der hierzu getroffenen Vereinbarungen muss sich also grundsätzlich aus dem schriftlichen Vertrag selbst ergeben, relativiert durch die o. g. Grundsätze der „Auflockerungsrechtsprechung" des BGH (→ Kap. 3 Rn. 57).

59a   Hinzuweisen sei in diesem Zusammenhang auf die sog. **Nachforschungsrechtsprechung** des BGH. Demzufolge trifft den möglichen Grundstückserwerber die Pflicht, bei dem Mieter oder Vermieter nachzuforschen, wenn bestimmte wesentliche Vertragsvereinbarungen, z. B. der Vertragsbeginn, zwar im Vertrag nicht eindeutig geregelt sind, jedoch die Anknüpfungstatsachen sich hinreichend bestimmbar aus dem Vertrag ergeben. Dies ist beispielsweise der Fall, wenn im Vertrag geregelt ist, dass dessen Wirksamkeit „mit Übergabe der Mietsache" beginnen soll.[714]

60   Im Einzelfall kann eine bloße Bestimmbarkeit des Inhalts der Vereinbarung genügen, soweit eine Auslegung – auch unter Heranziehung außerhalb der Urkunde liegender, zur Zeit des Vertragsschlusses gegebener Umstände – die zweifelsfreie Bestimmung der Vertragsparteien, des Mietgegenstands, des Mietpreises oder der Dauer des Vertrags ermöglicht.[715] Eine derartige bloße Bestimmbarkeit des wesentlichen Vertragsinhalts begründet aber immer ein erhöhtes Formfehlerrisiko und damit die Gefahr einer vorzeitigen Kündigung des Vertrags unter Berufung auf die fehlende Schriftform.

61   Vor diesem Hintergrund ist z. B. bei der **Bezeichnung der Parteien** des Grundstücksnutzungsvertrags im Vertrag darauf zu achten, dass die Rechtsträger auf beiden Seiten korrekt bezeichnet werden. So müssen etwa bei einer **Erbengemeinschaft** als Vertragspartei nach der Rechtsprechung des BGH die (Mit-)Erben aus der Vertragsurkunde „bestimmbar" sein, da die Erbengemeinschaft als solche nicht rechtsfähig ist.[716] Dabei soll es genügen, wenn im Vertrag

---

[710] *BGH*, Urt. v. 11.12.2013 – XII ZR 137/12.
[711] *BGH*, NJW-RR 1992, 654.
[712] *BGH*, Urt. v. 25.11.2015 – XII ZR 114/14.
[713] BGHZ 176, 301 Rn. 18.
[714] *BGH*, NJW 2013, 3361.
[715] *BGH*, NZM 2006, 54.
[716] *BGH*, NZM 2006, 699.

lediglich die „Erbengemeinschaft nach X." als Vertragspartner bezeichnet wird und unter Hinzuziehung des Grundbuchs die Namen der Miterben bestimmt werden können.[717] Gleichwohl sollte vorsorglich jeder Miterbe sowohl im Vertragsrubrum als auch in der Unterschriftenzeile namentlich bezeichnet werden.

Bei der **Bezeichnung der Mietsache** geht es um den Gegenstand des Nutzungsvertrags, also die vermietete Grundfläche. Diese ist als solche im Vertrag genau anzugeben. Es besteht insoweit die Möglichkeit, ganze Flurstücke/Grundstücke zu vermieten oder auch nur Teile von Flurstücken/Grundstücken. In jedem Fall empfiehlt es sich, die Vertragsfläche mit ihren vollständigen Grundbuchdaten im Vertrag zu bezeichnen, um jegliche Missverständnisse auszuschließen (also Flurstück a Flur b Gemarkung c Grundbuchblatt d Grundbuch von e Grundbuchamt f). 62

Werden nur Teile von Flurstücken vermietet, müssen diese **Teilflächen** im Vertrag so genau bezeichnet sein, dass sie zur Zeit des Vertragsschlusses zweifelsfrei bestimmbar sind, insbesondere von anderen, nicht überlassenen benachbarten Flächen abgegrenzt werden können.[718] Dazu kann eine textliche Umschreibung verwendet, aber auch auf einen dem Vertragstext als Anlage beigefügten **Lageplan** Bezug genommen werden. Dieser Lageplan muss nicht maßstabsgetreu oder zeichnerisch einwandfrei sein. Entscheidend ist allein, dass er den räumlich abgegrenzten Teil der Erdoberfläche, der zur Nutzung überlassen werden soll, zweifelsfrei bestimmt;[719] Unschärfen im Detail sind unschädlich. Außerdem muss die Bezugnahme auf den Lageplan dem Grundsatz der Urkundeneinheitlichkeit entsprechen (→ Kap. 3 Rn. 56 ff.). Eine fehlende oder fehlerhafte Bezugnahme im Vertrag auf einen Lageplan oder die Nichtbeifügung eines Lageplans können bei der Überlassung von Teilflächen ebenfalls leicht zum Fehlen der Schriftform des Vertrags führen.[720] Die unklare Bezeichnung der Mietsache ist insbesondere bei Grundstücks-Poolverträgen in der Praxis ein häufiges Problem. 63

Der schriftliche Vertrag muss zudem, um der Schriftform zu genügen, eine Regelung zum **Nutzungsentgelt** (Miete oder Pacht) enthalten. Da auch insoweit **Bestimmbarkeit** genügt, ist eine konkrete Bezifferung im Vertrag grundsätzlich nicht erforderlich. Die Regeln zur Ermittlung der konkreten Miet- oder Pachthöhe müssen aber – wie auch die Vereinbarungen zur Fälligkeit[721] – im Nutzungsvertrag auf jeden Fall festgehalten sein. Hieran fehlt es z. B. bei unklaren oder in sich widersprüchlichen Nutzungsentgeltregelungen. Aus der Praxis ist insoweit zu berichten, dass nicht wenige Grundstücks-Poolverträge wegen „misslungener" Nutzungsentgeltregelungen das Schriftformerfordernis nicht erfüllen, etwa wenn im Vertrag – scheinbar – klare Maßstäbe zur Ermittlung der Nutzungsentgelthöhe vereinbart sind, zur Erläuterung auf das „Berechnungsmuster" in der Anlage verwiesen wird und die Berechnung in dieser Anlage dann Widersprüche zu den Regelungen im Vertragstext enthält. Oft sind auch die Verknüpfung zwischen ertragsabhängigem Nutzungsentgelt und festem Mindestnutzungsentgelt oder der Zeitraum, für den das Nutzungsentgelt zu zahlen ist, zu unbestimmt oder widersprüchlich im Vertrag geregelt und führen mithin dazu, dass den Verträgen die Schriftform fehlt. 64

Die erforderlichen Regelungen zur **Vertragslaufzeit** im Mietvertrag umfassen auch den Beginn der Nutzungszeit. Bei Verträgen der hier in Rede stehenden Art kommt dafür ein konkretes Datum (z. B. das Datum der Vertragsunterzeichnung), häufiger aber auch ein noch ungewisses künftiges Ereignis in Betracht, z. B. Übergabe der Vertragsfläche oder Baubeginn. Eine derartige Anknüpfung genügt, wenn sie mit eindeutigem Inhalt im Vertrag geregelt ist, nach der höchstrichterlichen Rechtsprechung dem Erfordernis der Bestimmbarkeit des beurkundeten Vertragsinhalts.[722] Der BGH[723] hat ergänzend angeführt, dass der Grundstückserwerber dem Nutzungsvertrag bei einer derartigen Anknüpfung immerhin die Kopplung des Vertragsbe- 65

---

[717] *BGH*, Beschl. v. 17.3.2015 – VIII ZR 298/14.
[718] *OLG Naumburg*, ZMR 2008, 371 (373).
[719] S. hierzu jüngst auch *BGH*, Urt. v. 30.4.2014 – XII ZR 146/12.
[720] *BGH*, NZM 2007, 127 Rn. 24; *BGH*, NZM 2010, 704 Rn. 23; *OLG Jena*, NZM 1999, 906 (907).
[721] *BGH*, NZM 2008, 84 Rn. 15.
[722] Z. B. *BGH*, Urt. v. 24.7.2013 – XII ZR 104/12.
[723] *BGH*, Urt. v. 24.7.2013 – XII ZR 104/12.

ginns an ein ungewisses künftiges Ereignis entnehmen kann und dadurch hinreichend gewarnt ist. Es könne ihm dann zugemutet werden, sich – im Sinne der Nachforschungsrechtsprechung – beim Verkäufer oder Mieter nach dem konkreten Vertragsbeginn zu erkundigen (→ Kap. 3 Rn. 59a).

66 Das gesetzliche Schriftformerfordernis gilt darüber hinaus auch für alle sonstigen Vereinbarungen, die nach dem Willen der Parteien von wesentlicher Bedeutung sind.[724] Allgemeine Aussagen dazu, wann eine Vereinbarung nach dem Willen der Parteien von wesentlicher Bedeutung ist, lassen sich schwerlich treffen. Wesentlich dürfte jedenfalls die Zusicherung von Eigenschaften der Mietsache sein, da sie den Inhalt der vertragswesentlichen Leistung des Vermieters maßgeblich bestimmt. Zum wesentlichen Vertragsinhalt dürften auch unproblematisch die Vereinbarungen zählen, die für die konkrete Vertragsfläche die Benutzung durch den Mieter maßgeblich sicherstellen sollen, z. B. Regelungen zur Errichtung / Benutzung von Kabeltrassen, Zuwegungen und Montageflächen sowie Festlegungen zur Unterlassung von Konkurrenzbebauung.

67 Gerade im Bereich der Windenergieplanung ist nach alledem in Anbetracht der mit einer vorzeitigen Kündigung von Grundstücksnutzungsverträgen für den betroffenen Nutzer verbundenen, erheblichen wirtschaftlichen Risiken dringend zu empfehlen, außerhalb der Vertragsurkunde allenfalls solche Vereinbarungen zu treffen, die eindeutig entweder nur von ganz untergeordneter Bedeutung sind oder für nicht mehr als ein Jahr gelten.

68 Zur **Unterzeichnung** von Grundstücksnutzungsverträgen, die wie ausgeführt nach § 126 BGB zur Herstellung der Schriftform erforderlich ist, an dieser Stelle folgende Hinweise:

69 **Juristische Personen** und Personengesellschaften werden gesetzlich durch ihre Organe vertreten, weshalb grundsätzlich eine Unterzeichnung durch diese Organe erforderlich ist. Besteht das **Vertretungsorgan** aus mehreren Personen und ordnet das Gesetz Gesamtvertretung durch alle Organmitglieder an (z. B. für die GbR: § 709 BGB, für die AG: § 78 Abs. 2 S. 1 AktG, für die GmbH seit dem 01.11.2008: § 35 Abs. 2 S. 1 GmbHG), müssen grundsätzlich auch alle Organmitglieder unterzeichnen. Falls nicht alle Organmitglieder unterzeichnen, müssen sie durch Vertretungszusatz kenntlich machen, dass sie auch in Vertretung der nicht unterzeichnenden Organmitglieder unterzeichnen.

69a Enthält allerdings das Rubrum des Mietvertrags keinerlei Angaben zur Vertretungsregelung der (Kapital-)Gesellschaft, sondern beispielsweise nur den allgemeinen Zusatz *„[Kapitalgesellschaft], vertreten durch den Vorstand"*, können nach einer neueren Entscheidung des BGH in diesem Fall keine Zweifel daran bestehen, dass die Unterzeichnung durch eine oder mehrere Personen stets für den gesamten Vorstand gelten soll, mithin auch ohne Vertretungszusatz.[725] In einem solchen Fall sei die Urkunde vollständig unterzeichnet, denn nach dem äußeren Anschein stimmen Vertragsrubrum und Unterschriften überein; dies genüge für die Wahrung der Schriftform. Die Prüfung der tatsächlichen Vertretungsverhältnisse anhand des Handelsregisters sei mithin für die Einhaltung der Schriftform in einem solchen Fall nicht mehr erforderlich.

69b Besonders gelagert ist auch der Fall, in dem der nicht näher erläuterten Unterschrift des allein unterzeichnenden Organmitglieds ein auf die Gesellschaft lautender Stempel beigedrückt wird. Der Stempelabdruck mache dann hinreichend deutlich, dass der Unterzeichnende für sich allein die Berechtigung zum Abschluss des fraglichen Geschäfts in Anspruch nehme, unabhängig davon, ob noch weitere Personen zur satzungsgemäßen Vertretung der Gesellschaft berufen sind.[726]

70 Zum Ausschluss jeglichen Risikos ist weiterhin vorsorglich zu empfehlen, dass bei Abschluss eines langfristigen Grundstücksnutzungsvertrags eine Stellvertretung stets durch einen Vertreterzusatz eindeutig gekennzeichnet und dabei auch deutlich gemacht wird, wer genau vertreten werden soll (also z. B.: „ Person x i. V. auch der weiteren Vorstandsmitglieder" oder „Person x i. V. für die Vorstände x und y").

---

[724] Vgl. statt vieler *BGH*, Urt. v. 22.12.1999 – XII ZR 339/97.
[725] *BGH*, Urt. v. 22.4.2015 – XII ZR 55/14, Rn. 22.
[726] *BGH,* NJW 2015, 2648.

cc) Änderungen und Ergänzungen durch Nachträge.
Änderungen oder Ergänzungen des schriftformbedürftigen Vertrages (nachfolgend: **Nachträge**) müssen ihrerseits die Schriftform wahren, sofern sie für mehr als ein Jahr gelten sollen und nicht nur *unwesentliche Vereinbarungen* betreffen.[727]

71

Inwieweit lediglich marginale Änderungen der Miethöhe in diesem Zusammenhang *unwesentliche Vereinbarungen* darstellen, war bislang äußerst umstritten und ist nunmehr vom BGH – ganz im Sinne seiner bisherigen, in diesem Zusammenhang restriktiven, Linie – entschieden worden[728]. Demzufolge soll die nachträgliche Änderung der Miethöhe stets eine wesentliche und dem Formzwang des § 550 BGB unterfallende Vertragsänderung darstellen, soweit sie für mehr als ein Jahr erfolgt und nicht jederzeit vom Vermieter widerrufen werden kann. Dies gilt völlig unabhängig davon, ob die Änderung der Miethöhe nach oben oder nach unten erfolgt; auch die Höhe der Änderung spielt keine Rolle (in dem zugrundeliegenden Fall ging es um eine Erhöhung der monatlichen Miete um lediglich 1,5 % bzw. 20 €).

71a

Nachträge sind im Hinblick auf das Schriftformerfordernis vor allem aus folgenden Gründen besonders „anfällig": Formfehler des Nachtrags „infizieren" grundsätzlich den ganzen Vertrag. Denn ein formfehlerhafter Nachtrag hat zur Folge, dass nicht mehr alle Vereinbarungen ordnungsgemäß schriftlich niedergelegt sind, die nach dem Willen der Vertragsparteien den Vertragsinhalt wesentlich mitbestimmen sollen.[729] Das bedeutet, dass der Vertrag insgesamt – auch hinsichtlich des für sich betrachtet formgerechten Ursprungsvertrags und etwaiger früherer formgerechter Nachträge – nicht bzw. nicht mehr der Schriftform genügt und demzufolge vorzeitig gekündigt werden kann.

72

Von dieser sehr weitreichenden Konsequenz will die Rechtsprechung nur dann absehen, wenn der formfehlerhafte Nachtrag in den Inhalt des Ursprungsvertrags in keiner Weise eingreift. Dann soll lediglich der formfehlerhafte Nachtrag wegen fehlender Schriftform vorzeitig kündbar sein. Die Rechtsprechung hat dies z. B. angenommen, wenn sich der Regelungsgehalt des Nachtrags in der Vereinbarung einer weiteren (schriftformbedürftigen) Vertragslaufzeit[730] oder des Eintritts eines weiteren Mieters in das Mietverhältnis erschöpft[731].

Die Erfahrung zeigt, dass sich die Vertragsparteien der Bedeutung des Schriftformerfordernisses zwar bei Begründung des Vertragsverhältnisses in der Regel bewusst sind. In der Phase der Vollziehung des Vertrages ist die Aufmerksamkeit aber häufig nicht mehr auf wirksame Vertragsschlüsse, sondern auf die rasche Lösung anstehender Probleme gerichtet. Der Schriftform bedürfen nach dem oben Gesagten aber auch als geringfügig empfundene Änderungen des wesentlichen Vertragsinhalts, etwa hinsichtlich des Umfangs der vermieteten Fläche, des Zeitpunkts des Vertragsbeginns oder der Höhe oder Fälligkeit des Entgelts. Derartige Fragen werden in der Praxis nicht selten durch Briefwechsel oder stillschweigende Zustimmung „geklärt". Die Beteiligten sind sich in solchen Fällen nicht darüber im Klaren, dass ein derartiges Verhalten zur Nichteinhaltung bzw. zum Verlust der Schriftform, bezogen auf den gesamten Vertrag, mit den aufgezeigten Konsequenzen führen kann.

73

Zur Einhaltung der Schriftform bei Nachträgen sodann folgender abschließender Hinweis: Da das Schutzbedürfnis des Grundstückserwerbers nicht schon dadurch beeinträchtigt wird, dass er sich seine Kenntnisse durch Einsicht in mehrere Urkunden verschaffen muss, kann der Nachtrag grundsätzlich in einer gesonderten, von den Vertragsparteien eigenhändig unterzeichneten Urkunde vereinbart werden. Diese Urkunde muss den Inhalt des geänderten oder ergänzten Ursprungsvertrags nicht wiederholen, und zwar auch nicht hinsichtlich seiner wesentlichen Bestandteile.[732] Der Nachtrag muss aber eindeutig auf den Ursprungsvertrag Bezug nehmen und zum Ausdruck bringen, dass und inwieweit genau dessen Inhalt im Übrigen fortgelten

74

---

[727] BGHZ 42, 333 (339).
[728] *BGH*, Urt. v. 25.11.2015 – XII ZR 114/14; NJW 2016, 311.
[729] BGHZ 50, 39 (43).
[730] BGHZ 50, 39 (43).
[731] BGHZ 65, 49 (54).
[732] *BGH*, WM 1969, 920 (921).

soll.[733] Soweit es sich um eine wiederholte Änderung oder Ergänzung des Ursprungsvertrags handelt, müssen auch alle früheren Nachträge ausdrücklich einbezogen und zum Bestandteil des nunmehr geänderten Vertrags erhoben werden.[734] Der BGH hat diese Grundsätze in seinem Urteil vom 11.12.2013, Az. XII ZR 137/12, noch einmal ausdrücklich klargestellt.

75 **dd) Änderung der Vertragsparteien nach Vertragsschluss.** Die o. g. Grundsätze zur Einhaltung der Schriftform gelten auch für jede Änderung der Vertragsparteien nach Abschluss des Mietvertrags: Sowohl der Eintritt weiterer Mieter oder Vermieter als auch die Auswechslung eines Mieters oder Vermieters bedürfen also grundsätzlich der Form des § 550 BGB. Dies gilt ausdrücklich auch dann, wenn im Mietvertrag vereinbart ist, dass eine oder beide Parteien den Vertrag auf Dritte übertragen dürfen. Auch die im Mietvertrag ggf. vorab erteilte Zustimmung einer Vertragspartei zu einer **Vertragsübertragung** der anderen Partei auf einen Dritten machen die Einhaltung der Schriftform für den Vertrag zwischen ausscheidendem und eintretendem Vertragspartner nicht entbehrlich.[735] Der schriftliche Eintritt einer Vertragspartei oder die Auswechslung der alten gegen eine neue Vertragspartei müssen auf den Ursprungsvertrag einschließlich aller Nachträge hinreichend eindeutig Bezug nehmen.[736]

76 Änderungen am Bestand der Vertragsparteien (**Vertragspartnerwechsel**) bedürfen zudem auch der **Zustimmung** aller anderen hieran beteiligten Vertragspartner. Allerdings sollen nicht sämtliche Zustimmungserklärungen dem Schriftformerfordernis des § 550 BGB unterliegen: Werden der Eintritt oder die Auswechslung des Mieters durch einen zwischen den Mietern geschlossenen Vertrag vereinbart, soll die Zustimmung des Vermieters gemäß § 182 Abs. 2 BGB formfrei möglich sein.[737] Nach anderer Auffassung soll der Umstand, dass die Person des Mieters für einen Grundstückserwerber von erheblicher Bedeutung ist, einer formfreien Zustimmung des Vermieters entgegenstehen.[738] Die Frage ist höchstrichterlich noch nicht entschieden.

77 Zu AGB-Vertragsklauseln, wonach der Vermieter die Zustimmung zu einer Übertragung des Vertrags von dem Mieter auf einen Dritten vorbehaltlos und unwiderruflich bereits mit Unterzeichnung des Vertrags erteilt → Kap. 3 Rn. 158 ff.

78 Höchstrichterlich nicht entschieden ist ferner der Fall, dass Eintritt oder Auswechslung zwischen Vermieter und neuem Mieter vereinbart werden. Da dem Schriftformerfordernis genügt wird, wenn der neue Mieter seine Mieterstellung durch dem § 550 BGB entsprechende Urkunden nachweisen kann, dürfte die Zustimmung des alten bzw. ausscheidenden Mieters nach § 182 Abs. 2 BGB formfrei möglich sein. Die Rechtsprechung jedenfalls lässt eine formfreie Zustimmung des neuen Mieters in dem Fall genügen, dass sein Eintritt oder seine Nachfolge zwischen Vermieter und altem bzw. ausscheidendem Mieter vereinbart worden ist.[739] Eine formfreie Zustimmung des Mieters genügt auch bei einer zwischen altem und neuem Vermieter vereinbarten Auswechslung des Vermieters.[740] Wird die Auswechslung des Vermieters zwischen dem Mieter und dem neuen Vermieter vereinbart, dürfte nach dem oben Gesagten eine formfreie Zustimmung des alten Vermieters genügen.

79 Angesichts der relativen Unübersichtlichkeit der Rechtslage ist den Vertragsparteien und auch den sonstigen Beteiligten an einem Vertragspartnerwechsel bei jeder Änderung oder Ergänzung größte Sorgfalt im Hinblick auf die Einhaltung der Schriftform, insbesondere auch hinsichtlich der hinreichenden Bezugnahme auf den Ursprungsvertrag und alle Nachträge, zu empfehlen.

---

[733] *BGH*, WM 1974, 453 (455).
[734] *BGH*, NJW-RR 1992, 654 (655).
[735] *BGH*, Urt. v. 29.11.1978 – VIII ZR 263/77, BGHZ 72, 394, NJW 1979, 369.
[736] *BGH*, Urt. v. 11.12.2013 – XII ZR 137/12.
[737] *BGH*, GE 2013, 416 (417); *OLG Düsseldorf*, ZMR 1988, 302 (306); *Wolf/Eckert/Ball*, Handbuch des gewerblichen Miet-, Pacht- und Leasingrechts, Rn. 132.
[738] *Heile*, in Bub/Treier (Hrsg.), Handbuch der Wohn- und Geschäftsraummiete, Kap. II Rn. 771.
[739] *BGH*, NJW-RR 2005, 958 (959); *BGH*, GE 2013, 416 (417).
[740] *BGH*, NJW 2003, 2158 (2160).

ee) Heilung des Schriftformmangels. Die Vertragsparteien können einen formfehlerhaft 80
abgeschlossenen Nutzungsvertrag mit dem Ergebnis „heilen", dass er insgesamt formgerecht
und deshalb nicht durch ordentliche Kündigung vorzeitig zu beenden ist. Ein formfehlerhafter
Ursprungsvertrag oder Nachtrag wird nämlich seinem ganzen Inhalt nach wirksam, wenn
ein formgerechter Nachtrag errichtet und darin auf den Ursprungsvertrag einschließlich aller
etwaigen früheren Nachträge zweifelsfrei Bezug genommen wird.[741]

Die Vertragsparteien sollten eine solche Heilung durch formgerechten Nachtrag stets in 81
Erwägung ziehen, wenn ihnen zweifelhaft erscheint, ob der Ursprungsvertrag und/oder die
Nachträge dem Schriftformerfordernis genügen.

Die Errichtung eines formgerechten Nachtrags ist allerdings, wie jeder Vertragsschluss, 82
grundsätzlich für alle Beteiligten ein Akt der Freiwilligkeit. Deshalb ist die Frage zu stellen,
ob die Vertragsparteien verbindlich verpflichtet werden können, die Schriftform des Vertrags
nachzuholen, wenn dem Ursprungsvertrag die Schriftform fehlt (z. B. weil keine bestimmte
oder bestimmbare Regelung zur Laufzeit des Vertrags getroffen worden ist (→ Kap. 3 Rn. 59,
65)). Auf diese Weise könnte das mit dem Fehlen der Schriftform verbundene Risiko einer
vorzeitigen Kündigung des Vertrags erheblich beschränkt werden.

Eine vertragliche Verpflichtung zu einer derartigen formgerechten Nachholung des Ver- 83
tragsschlusses ist jedenfalls dann wirksam möglich, wenn diese Verpflichtung nachträglich
durch eine in Kenntnis des Risikos eines Formfehlers im Einzelfall ausgehandelte **Individualvereinbarung** begründet wird.[742] Zur Möglichkeit, eine solche Verpflichtung schon im
Ursprungsvertrag zu begründen, siehe sogleich sowie → Kap. 3 Rn. 156.

ff) Treuwidrigkeit der Berufung auf den Schriftformmangel. Die Berufung einer Ver- 84
tragspartei auf eine nach § 550 BGB begründete Kündigungsmöglichkeit ist grundsätzlich nicht
treuwidrig, weil § 550 BGB in erster Linie die Interessen des am Vertragsschluss nicht beteiligten Grundstückserwerbers schützt. Eine Vertragspartei kann sich also grundsätzlich auch
noch Jahre nach Abschluss des Mietvertrags auf die fehlende Schriftform des Vertrags berufen
und mit dieser Begründung den Vertrag ordentlich kündigen.[743] Nach Ansicht des BGH ist die
Rechtsprechung, wonach die Berufung auf die Formnichtigkeit eines Vertrages treuwidrig
sein kann, wenn die betreffende Partei zuvor über einen längeren Zeitraum besondere Vorteile
aus dem nichtigen Rechtsgeschäft gezogen hat[744], auf Fälle des Fehlens der Schriftform nicht
anwendbar, da es einen Unterschied darstelle, ob der Vertrag von Anfang an nichtig oder nur
kündbar sei.[745]

Das in § 242 BGB bestimmte **Gebot von Treu und Glauben** verbietet allerdings in Aus- 85
nahmefällen eine **unzulässige Rechtsausübung**. Die unter Berufung auf den Formfehler
ausgesprochene vorzeitige Kündigung kann demzufolge als unzulässige Rechtsausübung unwirksam sein, wenn ihre Wirksamkeit zu einem schlechthin untragbaren Ergebnis führen
würde.[746] Das wird bei einer **Existenzgefährdung** des Kündigungsempfängers zumindest als
möglich angesehen.[747]

Positiv entschieden hat die Rechtsprechung die Treuwidrigkeit einer solchen Kündigung 86
bei schwerer Treupflichtverletzung des Kündigenden gegenüber dem Kündigungsempfänger.
Hier geht es um rechtlich erhebliche Umstände aus der Sphäre des Kündigenden. Ausgehend
von dem auf den Grundstückserwerber bezogenen Schutzzweck des § 550 BGB (→ Kap. 3
Rn. 50 f.) hat die Rechtsprechung eine wegen widersprüchlichen Verhaltens des kündigenden
Vermieters unzulässige Rechtsausübung angenommen, wenn dieser sich gegenüber dem Mieter
verpflichtet hatte, im Falle eines Grundstücksverkaufs für die Eintragung einer – im Grundbuch
zu verlautbarenden und deshalb für den Grundstückserwerber erkennbaren – Dienstbarkeit ein-

---

[741] *BGH*, NZM 2007, 443 (445).
[742] *BGH*, NZM 2005, 502 (504).
[743] *BGH*, Urt. v. 5.11.2003 – XII ZR 134/02.
[744] BGHZ 121, 224 u.a.
[745] *BGH*, Urt. v. 5.11.2003 – XII ZR 134/02.
[746] *BGH*, NZM 2006, 104 (105).
[747] Vgl. statt vieler *BGH*, Urt. v. 22.1.2014 – XII ZR 68/10.

zustehen.[748] Treuwidrig soll auch ein Kündigungsausspruch von Seiten derjenigen Vertragspartei sein, die durch den Inhalt eines formfehlerhaften Nachtrags zum als solchen formgerechten Ursprungsvertrag begünstigt wurde.[749]

87   Teilweise wird die Kündigung schon dann als treuwidrig angesehen, wenn es gerade der Kündigende war, der die formfehlerhafte Vertragsgestaltung zu verantworten hatte.[750] Dem dürfte in dieser Allgemeinheit nicht zuzustimmen sein. Die fahrlässige Verursachung eines Formfehlers bei der Vertragsgestaltung mag Schadensersatzpflichten auslösen können. Das Unwerturteil einer schweren Treupflichtverletzung ist aber nicht allein mit bloßem Vertretenmüssen im Sinne der §§ 276-279 BGB zu begründen. Dazu bedarf es vielmehr besonderer Umstände in der Person des Kündigenden, die die vorzeitige Kündigung gerade im Hinblick auf die bei der Vertragsgestaltung begangene Pflichtverletzung als schweren Verstoß gegen das Gebot redlichen Verhaltens erscheinen lassen. Das könnte beispielsweise in Fällen anzunehmen sein, in denen der Kündigende gerade im Hinblick auf die Fehlerfreiheit der Vertragsgestaltung besonderes Vertrauen in Anspruch genommen hat, etwa durch Geltendmachung besonderer eigener Sachkunde, z. B. als Rechtsanwalt.

88   Eine Treuwidrigkeit der unter Berufung auf den Schriftformfehler erklärten vorzeitigen Kündigung scheidet aus, soweit der Kündigungsempfänger **nicht schutzwürdig** ist. Insoweit geht es also um rechtlich erhebliche Umstände aus der Sphäre des Kündigungsempfängers. Mangelnde **Schutzwürdigkeit** des Kündigungsempfängers wird angenommen, wenn der Kündigungsempfänger den Formfehler kannte oder infolge grober Fahrlässigkeit nicht kannte.[751] Grob fahrlässige Unkenntnis soll sich in diesem Zusammenhang aus dem Umstand ergeben können, dass der Kündigungsempfänger beim Vertragsschluss durch einen Rechtsanwalt[752] oder einschlägig erfahrenen Juristen[753] vertreten war.

89   In der Praxis wird üblicherweise versucht, in WEA-Grundstücksnutzungsverträgen durch **Schriftformnachholungs- und -vorsorgeklauseln** den Vertragspartner zur Nachholung der Schriftform zu verpflichten und gleichzeitig die vorzeitige Kündigung wegen fehlender Schriftform des Vertrags auszuschließen. Beispielsweise wird hierzu folgende Regelung getroffen:[754]

„Alle Vereinbarungen, die zwischen den Parteien getroffen worden sind, sind in diesem Vertrag enthalten. Nachträgliche Änderungen und Ergänzungen dieses Vertrags bedürfen der Schriftform, auch die Abbedingung des Schriftformerfordernisses. Den Vertragsparteien sind die besonderen gesetzlichen Schriftformerfordernisse der §§ 550, 126 BGB bekannt. Sie verpflichten sich hiermit gegenseitig, auf jederzeitiges Verlangen einer Partei alle Handlungen vorzunehmen und Erklärungen abzugeben, die erforderlich sind, um dem gesetzlichen Schriftformerfordernis Genüge zu tun, und den vorliegenden Vertrag nicht unter Berufung auf die Nichteinhaltung der gesetzlichen Schriftform vorzeitig zu kündigen. Dies gilt nicht nur für den Abschluss des Ursprungsvertrags, sondern auch für alle Nachtrags-, Änderungs- und Ergänzungsverträge."

90   Hierzu ist wie folgt Stellung zu nehmen: Eine derartige Regelung, in einem Individualvertrag und in Kenntnis des Risikos eines Formfehlers zwischen den Vertragsparteien vereinbart, kann nach der hier vertretenen Auffassung eine Mitwirkungspflicht der Vertragsparteien am Zustandekommen eines der Schriftform entsprechenden Vertrags begründen und eine auf eben diesen Formfehler gestützte vorzeitige Kündigung treuwidrig machen.[755]

---

[748] *BGH*, WM 1967, 907 (908).
[749] BGHZ 65, 49, 55.
[750] *OLG Köln*, BeckRS 2005, 01650 und 00764.
[751] *OLG Brandenburg*, NZM 2008, 406 (407); *Lindner-Figura*, in: Lindner-Figura/Opree/Stellmann (Hrsg.), Geschäftsraummiete, Kap. 6 Rn. 104.
[752] *OLG Brandenburg*, NZM 2008, 406 (407).
[753] *Lindner-Figura*, in: Lindner-Figura/Opree/Stellmann (Hrsg.), Geschäftsraummiete, Kap. 6 Rn. 104.
[754] Beispiel in Anlehnung an *BGH*, Urt. v. 22.1.2014 – XII ZR 68/10.
[755] Ebenso *OLG Naumburg*, NJW 2012, 3587 (3588); *OLG Düsseldorf*, NZM 2005, 147 f. u. a., offengelassen in *BGH*, Urt. v. 22.1.2014 – XII ZR 68/10.

Allerdings kann dies nur im Verhältnis der ursprünglichen Vertragsparteien gelten; einen 91
Grundstückserwerber, der kraft Gesetzes (§ 566 Abs. 1 BGB) in den Vertrag eintritt, binden
diese Regelungen in keinem Fall – er kann also den Vertrag trotz derartiger Heilungsklauseln
unter Berufung auf die fehlende Schriftform kündigen, ohne sich treuwidrig zu verhalten und
ist auch nicht verpflichtet, am Zustandekommen eines der Schriftform entsprechenden Vertrags
mitzuwirken.[756] Eine Kündigung des Grundstückserwerbers kann dann nur aus anderen Gründen im Einzelfall treuwidrig sein, z. B. bei Existenzgefährdung des Kündigungsempfängers
(→ Kap. 3 Rn. 85).

Zu Schriftformnachholungs- und -vorsorgeklauseln in Allgemeinen Geschäftsbedingungen 92
→ Kap. 3 Rn. 156 f.

d) Allgemeine Geschäftsbedingungen (AGB)

aa) Überblick. Die §§ 305–310 BGB beschränken die vertragliche Gestaltungsfreiheit durch Re- 93
gelungen zur wirksamen Einbeziehung sowie zur Inhaltskontrolle von AGB. Die Bedeutung dieser
AGB-Regelungen und die hierzu ergangene Rechtsprechung werden oft unterschätzt. Nicht selten
ist Erstellern/Verwendern von Vertragswerken gerade im Bereich der Windenergie-Projektplanung gar nicht bewusst, dass sie sich in der rechtlichen Materie von AGB bewegen. Unwirksame
AGB-Klauseln können in ihrer Konsequenz ganze Projekte gefährden, da diese Klauseln und ggf.
die gesamten betroffenen Verträge „auf tönernen Füßen stehen". Die folgenden Ausführungen
sollen insbesondere dazu dienen, die Sensibilität gegenüber dem AGB-Recht zu fördern.

Die **Inhaltskontrolle** von AGB wurde von der Gesetzgebung, Literatur und Rechtspre- 94
chung zu einem komplexen Instrumentarium der Angemessenheitsprüfung vorformulierter
Vertragsbedingungen ausgebaut. Die Unangemessenheit einer Klausel wird anhand einer Generalklausel mit zwei Regelbeispielen (§ 307 Abs. 1 und 2 BGB) sowie durch Anwendung spezieller **Klauselverbote** mit (§ 308 BGB) und ohne Wertungsmöglichkeit (§ 309 BGB) beurteilt.

Den in den §§ 307–309 BGB errichteten Schranken liegt allgemein die Annahme zugrunde, 95
dass die Vorformulierung von Vertragsbedingungen durch eine Vertragspartei typischerweise –
zumindest auch – mit einer Verlagerung der rechtlichen und/oder wirtschaftlichen Risiken des
Geschäfts auf die andere Vertragspartei einhergeht. Eine in diesem Sinne einseitige Inanspruchnahme der Vertragsgestaltungsfreiheit wird als Funktionsdefizit der Privatautonomie bewertet.

Im konkreten Anwendungsfall wird zunächst geprüft, ob eine Klausel nach den §§ 305 96
Abs. 2, 305a, 305b, 305c Abs. 1 BGB wirksam in den Vertrag einbezogen ist. Ist dies der Fall,
wird die Klausel im ersten Schritt anhand der speziellen Klauselverbote des § 309 BGB, sodann
jenes des § 308 BGB geprüft. Im nächsten Schritt erfolgt die Wirksamkeitsprüfung nach den
weiter gefassten Tatbeständen des § 307 Abs. 2 BGB und schließlich nach dem generalklauselartigen Auffangtatbestand des § 307 Abs. 1 BGB. In dieser Reihenfolge werden die Vorschriften
daher im Folgenden vorgestellt.

Vorab wird angemerkt, dass die Unwirksamkeit vorformulierter Vertragsbedingungen für 97
die betroffenen Vertragsparteien insbesondere dann misslich ist, wenn die stattdessen eingreifenden gesetzlichen Vorschriften ihren auf das konkrete Geschäft bezogenen Interessen nicht
hinreichend Rechnung tragen. Dieses Risiko ist hoch, da die gesetzlichen Vorschriften abstrakt-generellen Charakter tragen und nicht lückenlos sind. Eine sorgfältige Prüfung und regelmäßige Anpassung vorformulierter Vertragsbedingungen ist daher unbedingt empfehlenswert,
um nach Möglichkeit zu vermeiden, dass einzelne Klauseln als unwirksam festgestellt werden.

bb) Persönlicher Anwendungsbereich
(1) Verbraucher. Die in den §§ 305–309 BGB getroffenen Bestimmungen zur Vereinbarung 98
und Inhaltskontrolle von AGB sind auf Verbraucher in vollem Umfang anzuwenden.

Verbraucher im Rechtssinn von § 310 BGB ist gemäß § 13 BGB: 99

> „jede natürliche Person, die ein Rechtsgeschäft zu Zwecken abschließt, die überwiegend weder ihrer gewerblichen noch ihrer selbständigen beruflichen Tätigkeit zugerechnet werden kann."

---

[756] *BGH*, Urt. v. 22.1.2014 – XII ZR 68/10; *BGH*, Urt. v. 30.4.2014 – XII ZR 146/12.

100 Hierzu ist Folgendes anzumerken: § 13 BGB wurde mit Wirkung vom 13.06.2014 im Zuge der Umsetzung der **Verbraucherrechterichtlinie** EU/2011/83 geändert. Die neue Fassung ist oben angegeben, in der vorher geltenden Fassung fehlte das Wort „überwiegend". Der seit dem 13.06.2014 geltende Wortlaut erfasst damit ausdrücklich einen größeren Kreis von Rechtsgeschäften, ganz im Sinne der mit dem Gesetz beabsichtigten **Verbesserung des Verbraucherschutzes** im Rahmen der Richtlinie.

101 Bezogen auf WEA-Grundstücksnutzungsverträge bzw. die Frage, ob der Grundstückseigentümer Verbraucher ist, gilt: Verbraucher sind grundsätzlich auch diejenigen natürlichen Personen, die lediglich ihren Grundbesitz verwalten. Das kann aber anders zu beurteilen sein, wenn die Grundbesitzverwaltung nach dem dazu betriebenen organisatorischen und zeitlichen Aufwand als planmäßiger Geschäftsbetrieb erscheint.[757] Dann ist auch die bloße Grundbesitzverwaltung ein Unternehmen im Rechtssinne.

102 Bei Abschluss eines Grundstücksnutzungsvertrags mit einem **Landwirt** im Zusammenhang mit einem Windenergieprojekt wird diese Abgrenzung besonders bedeutsam: In Bezug auf seinen landwirtschaftlichen Betrieb und die damit zusammenhängende Grundstücksnutzung wird ein Landwirt regelmäßig Unternehmer sein; bezüglich des Abschlusses von Grundstücksnutzungsverträgen zur windenergetischen Nutzung (Errichtung von Windenergieanlagen und Nebenanlagen, Verlegung von Kabeln etc.) wird er allerdings als Verbraucher einzustufen sein, wenn derartige Verträge gerade nicht zu seiner unternehmerischen Tätigkeit gehören (ausführlicher: → Kap. 3, Rn. 103 ff.).

103 **(2) Unternehmer. Unternehmer** im Rechtssinn des § 310 BGB ist gemäß § 14 BGB

„eine natürliche oder juristische Person oder eine rechtsfähige Personengesellschaft, die bei Abschluss eines Rechtsgeschäfts in Ausübung ihrer gewerblichen oder selbständigen beruflichen Tätigkeit handelt."

104 **Land- oder Forstwirte** sind Unternehmer im Rechtssinne der §§ 14, 310 BGB, soweit sie planmäßig und dauerhaft entgeltliche Leistungen am Markt anbieten.[758] Allerdings ist fraglich, ob der Land- oder Forstwirt gerade beim Abschluss von Nutzungsverträgen der hier in Rede stehenden Art Unternehmer im Rechtssinne ist. Er könnte, soweit er als natürliche Person handelt, auch Verbraucher im Sinne von § 13 BGB sein, weil er den Nutzungsvertrag überwiegend nicht zum Zweck seiner gewerblichen Tätigkeit als Land- oder Forstwirt abschließt. Die Vermietung oder Verpachtung von land- oder forstwirtschaftlichen Flächen zur land- oder forstwirtschaftlichen Nutzung mag als Nebengeschäft des Unternehmens Land- oder Forstwirtschaft zu beurteilen sein. Von der Vermietung oder Verpachtung zum Betrieb einer WEA lässt sich dies aber nicht sagen. Ein spezifisch land- oder forstwirtschaftlicher Bezug besteht nicht. Grund und Boden werden nicht für die Erzeugung von Feldfrüchten oder die Weidewirtschaft genutzt, sondern als Standort für eine Anlage zur Energiegewinnung. Der Land- oder Forstwirt unterscheidet sich insoweit nicht von einer beliebigen natürlichen Person, die lediglich ihren Grundbesitz verwaltet. Soweit es allein um den Inhalt des Geschäfts geht, ist der Abschluss eines Nutzungsvertrags der hier in Rede stehenden Art für den Land- oder Forstwirt also keine gewerbliche Tätigkeit. Insoweit ist der Land- oder Forstwirt grundsätzlich nicht Unternehmer, sondern Verbraucher.

105 Im Einzelfall kann sich dies allerdings anders darstellen. Vermittelt der organisatorische und zeitliche Aufwand angesichts der wirtschaftlichen Bedeutung und insbesondere der Häufigkeit derartiger Vertragsschlüsse den Eindruck eines planmäßigen Geschäftsbetriebs, dann kann der Land- oder Forstwirt auch für den Geschäftsbereich WEA Unternehmer im Sinne der §§ 14, 310 BGB sein.

106 Ist der Land- oder Forstwirt mit seinem land- oder forstwirtschaftlichen Betrieb nach §§ 3 Abs. 2, 2 S. 1 und 2 HGB als Kaufmann eingetragen, gelten von ihm abgeschlossene Geschäfte gemäß § 344 Abs. 1 HGB zwar als Handelsgeschäft. Diese handelsrechtliche Vermutung findet bei der Abgrenzung von Verbraucher- und Unternehmergeschäften nach den §§ 13 und 14

---

[757] *BGH*, NJW 2002, 368 (369).
[758] *Ellenberger*, in: Palandt (Hrsg.), BGB, § 14 Rn. 2.

BGB aber keine Anwendung, soweit es sich um eine natürliche Person handelt.[759] Ein nicht als Gesellschaft organisierter land- oder forstwirtschaftlicher Betrieb ist also nicht schon deshalb Unternehmer im Rechtssinn der §§ 14, 310 BGB, weil er im Handelsregister eingetragen ist.

Die Generalklausel und die Regelbeispiele des § 307 BGB sind uneingeschränkt auch bei der Verwendung von AGB-Klauseln gegenüber einem Unternehmer anzuwenden. **107**

Die Klauselkataloge der §§ 308 Nr. 1, 2–8 sowie 309 BGB finden hingegen bei der Stellung von AGB gegenüber Unternehmern keine direkte Anwendung, siehe § 310 Abs. 1 S. 1 und 2 BGB. Die höchstrichterliche Rechtsprechung spricht diesen speziellen Klauselverboten allerdings Indizwirkung dahingehend zu, dass eine von diesen Verboten abweichende Klausel auch im Verhältnis zu Unternehmern eine **unangemessene Benachteiligung** i. S. v. § 307 Abs. 1 BGB darstellen und damit im Einzelfall unwirksam sein kann[760], wobei in diesem Zusammenhang gem. § 310 Abs. 1 S. 2 BGB auf die im Handelsverkehr geltenden Gewohnheiten und Gebräuche angemessen Rücksicht zu nehmen ist. **108**

cc) Begriff der Allgemeinen Geschäftsbedingung. Gemäß § 305 Abs. 1 BGB sind Allgemeine Geschäftsbedingungen (AGB) **109**

> „alle für eine Vielzahl von Verträgen vorformulierten Vertragsbedingungen, die eine Vertragspartei (der Verwender) der anderen Vertragspartei bei Abschluss eines Vertrages stellt. Gleichgültig ist, ob die Bestimmungen einen äußerlich gesonderten Bestandteil des Vertrags bilden oder in die Vertragsurkunde selbst aufgenommen werden, welchen Umfang sie haben, in welcher Schriftart sie verfasst sind und welche Form der Vertrag hat. Allgemeine Geschäftsbedingungen liegen nicht vor, soweit die Vertragsbedingungen zwischen den Vertragsparteien im Einzelnen ausgehandelt sind."

(1) Für eine mehrfache Verwendung vorformulierte Vertragsbedingung. „Für eine Vielzahl von Verträgen vorformuliert" i. S. v. § 305 Abs. 1 BGB ist eine Allgemeine Geschäftsbedingung dann, wenn sie für eine **mehrfache Verwendung** – die Untergrenze liegt hier bei drei Verwendungen[761] – schriftlich aufgezeichnet oder auf sonstige Weise fixiert ist. Dabei soll es sogar genügen, dass eine Vertragsbedingung im Kopf des Verwenders gespeichert ist.[762] **110**

Irrelevant ist, wer die Klausel vorformuliert hat. Benutzt also eine Vertragspartei die von einem Dritten für eine mehrfache Verwendung vorformulierten Bedingungen, ist nicht erforderlich, dass die Partei selbst eine mehrfache Verwendung plant.[763] **110a**

Grundsätzlich hat der Vertragspartner des Verwenders darzulegen und zu beweisen, dass der Verwender die **Absicht einer Mehrfachverwendung** in Bezug auf die streitgegenständliche Klausel hatte. Die Rechtsprechung nimmt hier allerdings – zugunsten des Vertragspartners des Verwenders – einen **Beweis des ersten Anscheins** an, wenn die Gestaltung der Klausel bzw. des Vertragswerks für AGB typisch erscheint.[764] Damit reduzieren sich die Anforderungen an die Darlegungslast des Vertragspartners des Verwenders aber nicht auf Null; eine einfache Behauptung „ins Blaue hinein", der Verwender habe eine Mehrfachverwendung beabsichtigt, ist nicht ausreichend.[765] **111**

(2) … die eine Vertragspartei der anderen stellt. Das Tatbestandsmerkmal des „Stellens" der AGB i. S. v. § 305 Abs. 1 BGB bestimmt die Person des Verwenders, an die die wesentlichen Regeln des AGB-Rechts zum Schutz seines Vertragspartners anknüpfen. Da es bei der AGB-Kontrolle letztlich um die Verhinderung einer unangemessenen Risikoverlagerung geht, kommt es für das Stellen von AGB darauf an, von welcher Vertragspartei die Initiative zur Vereinbarung einer solchen Risikoverlagerung nach den tatsächlichen Umständen im konkreten Fall ausgegangen ist. Diese Vertragspartei ist Verwender, ohne dass es noch darauf ankäme, wer die fragliche Klausel verfasst oder beschafft hat. **112**

---

[759] *Ellenberger*, in: Palandt (Hrsg.), BGB, § 14 Rn. 2.
[760] *BGH,* Urt. v. 26.2.2016 – V ZR 208/14.
[761] *BGH,* NJW 1998, 2286.
[762] *BGH,* NJW 1988, 410, NJW 2001, 2635.
[763] *BGH,* NJW 2010, 1131.
[764] BGHZ 157, 102.
[765] So *von Westphalen*, NJW 2013, 2239 (2240) mit Verweis auf *OLG Hamm*, NJW 2013, 392 (393).

113 Gemäß § 310 Abs. 3 Nr. 1 BGB wird bei Verträgen zwischen einem Unternehmer und einem Verbraucher (**Verbraucherverträgen**) zugunsten des Verbrauchers widerleglich vermutet, dass der Unternehmer die AGB gestellt hat, er also Verwender im Sinne des AGB-Rechts ist. Der Unternehmer kann diese Vermutung durch den Beweis widerlegen, dass entweder der Verbraucher die AGB in den Vertrag eingeführt hat oder es sich nicht um AGB, sondern um eine Individualvereinbarung (→ Kap. 3 Rn. 114 ff.) handelt.

114 **(3) Keine AGB bei Vorliegen einer Individualvereinbarung.** Wird eine Klausel aufgrund eines freien Willensentschlusses beider Vertragsparteien Vertragsbestandteil, gibt es keinen Verwender im Sinne von § 305 Abs. 1 BGB. AGB liegen dann insoweit nicht vor, die Regeln der AGB-Inhaltskontrolle sind nicht anwendbar. Dies ergibt sich aus § 305 Abs. 1 Satz 3 BGB:

> **§ 305 Abs. 1 S. 3 BGB:**
> „Allgemeine Geschäftsbedingungen liegen nicht vor, soweit die Vertragsbedingungen zwischen den Vertragsparteien im Einzelnen ausgehandelt sind."

115 Eine derartige Individualvereinbarung setzt allerdings mehr als ein bloßes Verhandeln voraus; es muss zu einem wirklichen Aushandeln gekommen sein.[766] Die betreffende, von der gesetzlichen Risikoverteilung abweichende Vertragsbedingung muss gegenüber der hiervon benachteiligten Vertragspartei ernsthaft zur Disposition gestellt und dieser muss Gestaltungsfreiheit im Hinblick auf ihre Interessen eingeräumt worden sein.[767] Diese Feststellung wird in der Praxis an strenge Voraussetzungen geknüpft. Haben Verhandlungen über die von einer Partei vorgelegte Klausel nicht zu inhaltlichen – also nicht lediglich Formulierungen oder bloße Nebensächlichkeiten betreffenden – Änderungen des vorformulierten Textes geführt, kann ein Aushandeln im Rechtssinne nur ausnahmsweise angenommen werden. Ein solcher Ausnahmefall soll vorliegen können, wenn die andere Vertragspartei nach gründlicher Erörterung von der Sachgerechtigkeit der unveränderten Vertragsbedingung überzeugt ist[768] und diese deshalb als erwünscht in ihren Vertragsgestaltungswillen aufgenommen hat.[769]

116 Der dem Klauselverwender obliegende[770] Nachweis eines solchen Aushandelns ist nicht leicht zu führen. Es ist daher zu empfehlen, im Laufe der Vertragsverhandlungen veränderte Fassungen von Vertragsbedingungen, Verhandlungsprotokolle und begleitende Korrespondenz aufzubewahren, bis das Vertragsverhältnis beendet und vollständig abgewickelt ist.

117 **dd) Wirksame Einbeziehung Allgemeiner Geschäftsbedingungen in den Vertrag.** Die Regelungen zur wirksamen Einbeziehung von AGB (§§ 305 Abs. 2, 305a BGB) sind auf den Fall der verweisenden Bezugnahme auf ein außerhalb des eigentlichen Vertragstextes liegendes, vorformuliertes Regelwerk zugeschnitten. Dies kommt bei Grundstücksnutzungsverträgen im Zusammenhang mit Windenergieprojekten üblicherweise nicht vor. Vielmehr wird in diesem Bereich normalerweise ein einheitlicher Vertragstext ohne Bezugnahme auf gesonderte AGB geschaffen und von den Vertragsparteien abschließend unterzeichnet. Die Frage einer wirksamen Einbeziehung von außerhalb der Vertragsurkunde fixierten AGB in das Vertragsverhältnis stellt sich dann nicht. Sie wird deshalb hier auch nicht beleuchtet.

ee) Überraschende und mehrdeutige Klauseln, § 305c BGB

118 **(1) Überraschende Klauseln.** Gemäß § 305c Abs. 1 BGB werden

> „Bestimmungen in Allgemeinen Geschäftsbedingungen, die nach den Umständen, insbesondere nach dem äußeren Erscheinungsbild des Vertrags, so ungewöhnlich sind, dass der Vertragspartner des Verwenders mit ihnen nicht zu rechnen braucht, nicht Vertragsbestandteil."

---

[766] *BGH*, NJW 1991, 1679.
[767] *BGH*, NJW 2000, 1110 (1111).
[768] *BGH*, NJW 1988, 410.
[769] *Ulmer/Habersack*, in: Ulmer/Brandner/Hensen (Hrsg.), AGB-Recht, § 305 BGB Rn. 48.
[770] *BGH*, GE 2013, 612 (613).

Hinter dieser Regelung steht maßgeblich der Gedanke, dass der Vertragspartner auch bei 119
AGB darauf vertrauen dürfen muss, dass sich diese im Rahmen dessen halten, was bei Würdigung aller Umstände bei Verträgen dieser Art zu erwarten ist.[771]

Voraussetzung für die Anwendbarkeit von § 305c Abs. 1 BGB ist zum einen das Vorliegen 120
einer objektiv ungewöhnlichen Klausel. Die Ungewöhnlichkeit kann sich z. B. aus einer erheblichen Abweichung vom Gesetzesrecht[772] oder einem Widerspruch zum Verlauf der Vertragsverhandlungen[773] ergeben. Hinzukommen muss immer ein **Überraschungsmoment**, d. h. der Vertragspartner des Klauselverwenders darf, unter Berücksichtigung aller Begleitumstände der Vertragsverhandlungen und des Vertragsschlusses, mit dieser konkreten Klausel nicht gerechnet haben.[774] Der Klausel muss sozusagen ein Überrumpelungs- oder Übertölpelungseffekt innewohnen.[775] Abzustellen ist dabei stets auf den Erkenntnishorizont des typischerweise zu erwartenden Durchschnittskunden.[776]

Typische Praxisfälle sind unstrukturierte Verträge, bei denen wichtige Klauseln im Ver- 121
tragstext falsch eingeordnet und dadurch geradezu „versteckt" sind,[777] z. B. wenn Haftungsregelungen ohne gesonderte Kennzeichnung unter der Überschrift „Nutzungsentgelt" mit aufgenommen werden.

Ist eine Klausel im o. g. Sinne überraschend, wird sie nach dem eindeutigen Wortlaut von 122
§ 305c Abs. 1 BGB nicht Vertragsbestandteil. Sie wird dann also auch nicht auf ihre Wirksamkeit hin geprüft; sie wird schlicht als „nicht existent" betrachtet.

(2) Mehrdeutige Klauseln. § 305c Abs. 2 BGB setzt sich mit mehrdeutigen Klauseln ausein- 123
ander. Die – äußerst praxisrelevante – Regelung lautet wie folgt:

> **§ 305c Abs. 2 BGB:**
> „Zweifel bei der Auslegung Allgemeiner Geschäftsbedingungen gehen zu Lasten des Verwenders."

Die Prüfung einer mehrdeutigen Klausel nach Maßgabe von § 305c Abs. 2 BGB erfolgt in 124
zwei Schritten: Im ersten Schritt werden die einzelnen Auslegungsmöglichkeiten der Klausel ermittelt. Hierbei wird zunächst die kundenfeindlichste Auslegung[778] dahingehend bewertet, ob sie wirksam ist oder nicht. Ist sie unwirksam, zieht dies die Unwirksamkeit der Klausel nach sich. Ist sie wirksam, folgt der zweite Prüfungsschritt: Hierbei wird nun die kundenfreundlichste Auslegung ermittelt, und diese ist sodann für die Auslegung der Klausel rechtlich maßgeblich.[779]

ff) Klauselverbote ohne Wertungsmöglichkeit, § 309 BGB. § 309 BGB enthält einen 125
Katalog von Klauseln, die in Allgemeinen Geschäftsbedingungen unabhängig von einer richterlichen Wertung unwirksam sind. Die hier aufgezählten Klauseln verwenden also **keine unbestimmten Rechtsbegriffe**. Dies stellt den maßgeblichen Unterschied zum Klauselkatalog des § 308 BGB (→ Kap. 3 Rn. 135 ff.) dar.

Überwiegend stellen die Klauselverbote des § 309 BGB Konkretisierungen der in § 307 126
Abs. 2 BGB enthaltenen Rechtsgedanken dar, d. h. sie betreffen Klauseln, die mit wesentlichen Grundgedanken der Privatrechtsordnung nicht zu vereinbaren sind oder auf eine Aushöhlung von **Kardinalpflichten** oder -rechten hinauslaufen.[780]

In der Praxis besonders relevant ist das Klauselverbot des § 309 Nr. 7 BGB im Zusam- 127
menhang mit Grundstücksnutzungsverträgen, welches **Haftungsausschlussklauseln** betrifft

---

[771] *OLG Köln*, NJW 2006, 3358.
[772] *BGH*, NJW 1992, 1236.
[773] *BGH*, NJW 1992, 1236.
[774] *BGH*, NJW 2013, 1803.
[775] *BGH*, NJW 1990, 577.
[776] *BGH*, NJW-RR 2012, 1261.
[777] *BGH*, NJW 2010, 3152.
[778] *BGH*, NJW 2003, 1237.
[779] *BGH*, NJW 2008, 2172.
[780] *Grüneberg*, in: Palandt (Hrsg.), BGB, § 309 Rn. 2.

(→ Kap. 3 Rn. 128-134). Daneben ist auch die am 01.10.2016 in Kraft getretene Regelung des § 309 Nr. 13 BGB zur Zulässigkeit von Schrift- bzw. Textformvereinbarungen für Projektierer von besonderer Bedeutung (→ Kap. 3 Rn. 134a).

128 **(1) Klauselverbot nach § 309 Nr. 7 BGB.** Gem. § 309 Nr. 7 lit. a) BGB sind Klauseln unwirksam, die die Haftung für Schäden aus der Verletzung von Leben, Körper oder Gesundheit (**Personenschäden**) ausschließen oder begrenzen, welche auf einer fahrlässigen Pflichtverletzung des Verwenders oder einer vorsätzlichen oder fahrlässigen Pflichtverletzung eines gesetzlichen Vertreters oder Erfüllungsgehilfen des Verwenders beruhen.

129 Sodann sind nach § 309 Nr. 7 lit. b) BGB Klauseln unwirksam, die die Haftung für **sonstige Schäden** ausschließen oder begrenzen, die auf einer grob fahrlässigen Pflichtverletzung des Verwenders oder auf einer vorsätzlichen oder grob fahrlässigen Pflichtverletzung eines gesetzlichen Vertreters oder Erfüllungsgehilfen des Verwenders beruhen.

130 Die vorsätzliche Haftung des Verwenders wird in § 309 Nr. 7 lit. a) und b) BGB nicht gesondert erwähnt, da für diese bereits nach § 276 Abs. 3 BGB gilt, dass sie nicht im Voraus erlassen werden kann.

131 Zu der Frage, ob und inwieweit die Haftung für ein **grobes Verschulden** bei Sach- und Vermögensschäden dem Umfang nach beschränkt werden kann, hat der BGH vor kurzem eine wichtige Entscheidung getroffen.[781] Demnach ist es zulässig, wenn der Verwender seine Schadensersatzhaftung für **Sach- und Vermögensschäden** auf den „bei Vertragsabschluss vorhersehbaren und **vertragstypischen Schaden**" begrenzt. Andere Stimmen halten eine solche Begrenzung für unwirksam, weil der Verwender bei eigenem grobem Verschulden kaum schutzwürdig erscheint und grobes Verschulden seiner Erfüllungsgehilfen durch deren sorgfältige Auswahl deutlich eher vermeiden kann als die andere Vertragspartei.[782]

132 Die Haftung für **einfache Fahrlässigkeit** kann – außerhalb des freizeichnungsfesten Bereichs der Personenschäden – grundsätzlich durch Formularklausel bereits dem Grunde nach ausgeschlossen werden. Sofern solche Klauseln allerdings hiervon nicht die Haftung für die Verletzung von wesentlichen Vertragspflichten (zu diesen „Kardinalpflichten" → Kap. 3 Rn. 152 ff.) ausnehmen, sind sie nach § 307 Abs. 2 Nr. 2 BGB unwirksam, und zwar auch im unternehmerischen Geschäftsverkehr.[783] Für die Verletzung von Kardinalpflichten dürfte daher allein eine Beschränkung der Haftung auf vertragstypische vorhersehbare Schäden wirksam sein.[784]

133 Die verschuldensunabhängige Haftung des Vermieters für anfängliche Mängel des Grundstücks nach § 536a Abs. 1 1. Alt. BGB kann durch Formularklausel ausgeschlossen werden, und zwar auch bei Verträgen mit Verbrauchern.[785] Unwirksam ist dagegen eine formularmäßige Freizeichnung von der Gebrauchsgewährungspflicht des Vermieters, weil es sich um eine Kardinalpflicht im Sinne von § 307 Abs. 2 Nr. 2 BGB handelt.

134 In jedem Fall unwirksam ist – selbst bei Individualvereinbarungen – gemäß § 536d BGB eine Bestimmung, die die Haftung des Vermieters für **arglistig verschwiegene Mängel** ausschließt oder begrenzt. Dem arglistigen Verschweigen eines Mangels steht dabei das Vorspiegeln einer nicht vorhandenen Eigenschaft gleich.[786]

134a **(2) Klauselverbot nach § 309 Nr. 13 BGB.** Die Vereinbarung besonderer (Schrift-)Formklauseln verdient künftig ein besonderes Augenmerk. Mit der am 01.10.2016 in Kraft getretenen Regelung des § 309 Nr. 13 BGB gelten nunmehr für Verträge sowie Vertragsänderungen, die nach dem 30.09.2016 abgeschlossen worden sind, neue Anforderungen. Die Vorschrift lautet wie folgt:

---

[781] *BGH,* NJW 2013, 291.
[782] *Christensen,* in: Ulmer/Brandner/Hensen (Hrsg.), AGB-Recht, § 309 Nr. 7 BGB Rn. 46.
[783] BGHZ 89, 363 (368); *BGH,* NJW 1993, 335 (336).
[784] *Christensen,* in: Ulmer/Brandner/Hensen (Hrsg.), AGB-Recht, § 309 Nr. 7 BGB Rn. 46.
[785] *Weidenkaff,* in: Palandt (Hrsg.), BGB, § 536a Rn. 7.
[786] *Grünberg,* in: Palandt (Hrsg.), BGB, § 536d Rn. 1.

> **§ 309 Nr. 13 BGB** (Form von Anzeigen und Erklärungen)
> Auch soweit eine Abweichung von den gesetzlichen Vorschriften zulässig ist, ist in Allgemeinen Geschäftsbedingungen unwirksam
> Nr. 13 (Form von Anzeigen und Erklärungen)
> eine Bestimmung, durch die Anzeigen oder Erklärungen, die dem Verwender oder einem Dritten gegenüber abzugeben sind, gebunden werden
> a) an eine strengere Form als die schriftliche Form in einem Vertrag, für den durch Gesetz notarielle Beurkundung vorgeschrieben ist oder
> b) an eine strengere Form als die Textform in anderen als den in Buchstabe a genannten Verträgen oder
> c) an besondere Zugangserfordernisse

Bei AGB-Verträgen, die notariell beurkundungspflichtig sind (Grundstückskaufverträge **134b** etc.), darf für einseitige Anzeigen/Erklärungen des Vertragspartners des AGB-Klausel-Verwenders nunmehr also keine strengere Form als Schriftform (Definition der Schriftform: § 126 BGB) vereinbart werden.

In allen anderen AGB-Verträgen darf für derartige Erklärungen keine strengere Form als Textform (Definition der Textform: § 126b BGB) vereinbart werden.

In den Anwendungsbereich von § 309 Abs. 13 BGB fallen alle einseitigen, von dem Vertragspartner abzugebenden Willensäußerungen rechtsgeschäftlicher, geschäftsähnlicher oder rein tatsächlicher Art, insbesondere also Mahnungen, Fristsetzungen, Zustimmungs- oder Ablehnungserklärungen, Mängelanzeigen, Kündigungs- und Rücktrittserklärungen etc.[787] **134c**

In der Praxis hat diese Gesetzesänderung enorme Bedeutung. Insbesondere ist in Grund- **134d** stücksmietverträgen, die unter das AGB-Recht fallen und wenn der Grundstückseigentümer Verbraucher ist, darauf zu achten, dass nur noch die Vereinbarung der *Textform* für die o.g. einseitigen Erklärungen zulässig ist. Die übliche Klausel „Die Kündigung / Mahnung etc. ist nur wirksam, wenn sie schriftlich erfolgt." ist nicht mehr zulässig.

gg) Klauselverbote mit Wertungsmöglichkeit, § 308 BGB. Der Klauselkatalog des § 308 **135** BGB enthält – im Gegensatz zu dem soeben dargestellten § 309 BGB – unbestimmte Rechtsbegriffe. Die Feststellung der Unwirksamkeit einer Klausel erfordert hier also eine richterliche Wertung. Im Zusammenhang mit Grundstücksnutzungsverträgen für windenergetische Planungen sind die meisten der Klauselverbote des § 308 BGB nicht sonderlich relevant, deshalb hierzu nur kurz wie folgt:

Nach § 308 Nr. 2 BGB ist in Allgemeinen Geschäftsbedingungen insbesondere unwirksam **136** eine Bestimmung, durch die sich der Verwender für die von ihm zu bewirkende Leistung abweichend von Rechtsvorschriften eine unangemessen lange oder nicht hinreichend bestimmte Nachfrist vorbehält. Unter diesem Blickwinkel sind Klauseln problematisch, nach denen sich der Nutzer eine unangemessene Nachfrist zur Zahlung fälliger Nutzungsentgeltraten einräumt.

Gem. § 308 Abs. 5 BGB ist eine Bestimmung unwirksam, wonach unter bestimmten Um- **137** ständen eine Erklärung des Vertragspartners bei Vornahme oder Unterlassung einer bestimmten Handlung als von ihm abgegeben oder nicht abgegeben gilt. Da durch derartige Klauseln der Grundsatz „Schweigen ist keine Willenserklärung" abgeändert wird, sind sie nach Maßgabe von § 308 Abs. 5 BGB unwirksam. Dies sollte bei der Gestaltung von WEA-Grundstücksnutzungsverträgen unbedingt berücksichtigt werden. In der Praxis sind wir nicht selten mit insoweit kritischen Klauseln konfrontiert.

hh) Inhaltskontrolle, § 307 BGB
(1) Sachlicher Anwendungsbereich. AGB-Klauseln, die nicht nach § 308 BGB (→ Kap. 3 **138** Rn. 135 ff.) oder nach § 309 BGB (→ Kap. 3 Rn. 125 ff.) unwirksam sind, können nach § 307 BGB – der „Generalklausel für die richterliche Inhaltskontrolle" – unwirksam sein.

Gem. § 307 Abs. 3 S. 1 BGB unterliegen grundsätzlich nur solche AGB der **Inhaltskontrolle**, **139** durch die von Rechtsvorschriften abweichende oder diese ergänzende Regelungen vereinbart werden. Andere Bestimmungen können allerdings gemäß § 307 Abs. 3 S. 2 BGB nach § 307

---

[787] *Wurmnest*, in: MüKoBGB, § 309 Nr. 13, Rn. 3.

Abs. 1 S. 2 i. V. m. Abs. 1 S. 1 BGB unwirksam sein, d. h. wenn sie den Vertragspartner des Verwenders entgegen den Geboten von Treu und Glauben unangemessen benachteiligen, wobei eine unangemessene Benachteiligung sich auch daraus ergeben kann, dass die Bestimmung nicht hinreichend klar und verständlich, also nicht hinreichend transparent ist. Hierzu im Einzelnen:

140 (2) Generalklausel, § 307 Abs. 1 S. 1 BGB. Die Vorschrift lautet:

> „§ 307 Abs. 1 S. 1 BGB:
> Bestimmungen in Allgemeinen Geschäftsbedingungen sind unwirksam, wenn sie den Vertragspartner des Verwenders entgegen den Geboten von Treu und Glauben unangemessen benachteiligen."

141   Das Gebot von Treu und Glauben soll den in der Gemeinschaft herrschenden sozialethischen Wertvorstellungen Eingang in das Recht verschaffen.[788] Sein Regelungsgehalt ist ebenso wie der unbestimmte Rechtsbegriff „unangemessen" ausfüllungsbedürftig. Vor allem dies eröffnet den Gerichten einen weiten Beurteilungsspielraum.

142   Allgemein gilt eine Benachteiligung nach einer in der Rechtsprechung häufig verwendeten Formel als unangemessen, wenn der Verwender missbräuchlich seine eigenen Interessen auf Kosten der anderen Vertragspartei durchzusetzen versucht, ohne von vornherein auch deren Interessen zu berücksichtigen und ihr einen angemessenen Ausgleich zuzugestehen.[789]

143   Die Rechtsprechung hat zur Konkretisierung dieses Ansatzes einige Abwägungs- und Bewertungsrichtlinien herausgebildet. Dazu gehören

- die Maßgeblichkeit nicht der individuellen Verhältnisse der konkreten Vertragsparteien, sondern einer generalisierenden und typisierenden Betrachtungsweise.[790] Schon wegen der in der Regel bestehenden Mehrverwendungsabsicht muss es auf die typischen Interessen eines durchschnittlichen Vertragspartners ankommen. Allerdings sind hiervon abweichend bei Verträgen, bei denen ein Unternehmer einem Verbraucher die Vertragsbedingung stellt, nach § 310 Abs. 3 Nr. 3. BGB auch die den konkreten Vertragsschluss begleitenden Einzelfallumstände zu berücksichtigen;
- die Maßgeblichkeit des gesamten Vertragsinhalts, auch wenn die Inhaltskontrolle sich stets auf eine bestimmte Vertragsbedingung bezieht. Aus dem sachlichen Zusammenwirken der Klausel mit anderen Bedingungen des Vertrags können sich Wechselwirkungen in zwei Richtungen ergeben: Zum einen kann eine Benachteiligung in einem Punkt durch Vorteile aus dem übrigen Vertragsinhalt ausgeglichen werden (Kompensation). Zum anderen können mehrere für sich betrachtet unbedenkliche Benachteiligungen durch ihr Zusammenwirken zu einer unangemessenen Benachteiligung werden (Kumulation);[791]
- die rechtliche Anerkennung des Verwenderinteresses an der mit der Standardisierung von Vertragsbedingungen verbundenen Vereinheitlichung und Vereinfachung (Rationalisierung)[792]. Allerdings findet die Anerkennung des Standardisierungsinteresses ihre Grenzen an den schutzwürdigen Interessen des Vertragspartners. Danach ist abzuwägen, ob die mit der Standardisierung verbundenen Rationalisierungseffekte die dem Vertragspartner aus der Klausel erwachsenden Nachteile noch als zumutbar erscheinen lassen;[793]
- der Gedanke der Risikobeherrschung bei Klauseln, die ein bestimmtes Risiko auf den Vertragspartner abwälzen.[794] Insofern ist zunächst maßgeblich, welcher Vertragspartei das Risiko unter dem Gesichtspunkt der Verursachung zuzuordnen ist. Sodann ist zu fragen, ob die Verwirklichung dieses Risikos effektiver, einfacher und kostengünstiger durch Maßnahmen von Seiten des Verwenders oder seines Vertragspartners verhindert werden kann;[795]

---

[788] *Grünberg,* in: Palandt (Hrsg.), BGB, § 242 Rn. 6.
[789] BGHZ 143, 103 (104).
[790] BGHZ 98, 303 (308).
[791] *Fuchs,* in: Ulmer/Brandner/Hensen (Hrsg.), AGB-Recht, § 307 BGB Rn. 116.
[792] *BGH,* NJW 1981, 117 (118); *BGH,* NJW 1996, 988 (989).
[793] *BGH,* NJW 2010, 2719 Rn. 32.
[794] *BGH,* NJW 2005, 422 (424).
[795] *Lindner-Figura,* in: Lindner-Figura/Opree/Stellmann (Hrsg.), Geschäftsraummiete, Kap. 7 Rn. 114.

- der Gesichtspunkt der Versicherbarkeit eines Risikos, vor allem bei Klauseln zur Haftungsfreizeichnung. Danach kann eine Freizeichnung des Verwenders wirksam sein, wenn sich sein Vertragspartner gegen das Risiko versichern kann.[796] Umgekehrt kann eine Freizeichnungsklausel gerade deshalb unangemessen sein, weil es dem Verwender möglich ist, das seinem Vertragspartner drohende Schadensrisiko zu versichern.[797] In beiden Fällen ist aber zu prüfen, ob der Abschluss eines entsprechenden Versicherungsvertrags der Üblichkeit entspricht[798] und im Hinblick auf die Höhe der Versicherungsprämie auch zumutbar ist.[799]

(3) Transparenzgebot, § 307 Abs. 1 S. 2 BGB. Gem. § 307 Abs. 1 S. 2 BGB kann sich eine unangemessene Benachteiligung des Vertragspartners i. S. v. § 307 Abs. 1 S. 1 BGB durch eine AGB-Bestimmung auch daraus ergeben, dass diese nicht klar und verständlich ist. 144

AGB müssen demnach für einen durchschnittlich aufmerksamen und sorgfältigen Kunden hinreichend verständlich, bestimmt und klar sein. Dies stellt erhebliche Anforderungen an die Erstellung wirksamer Formularverträge, zumal Zweifel bei der Auslegung mehrdeutiger Klauseln gemäß § 305c Abs. 2 BGB zu Lasten des Verwenders gehen (→ Kap. 3 Rn. 123 f.). 145

Verständlichkeit bedeutet dabei, dass die aus der Bestimmung folgenden Rechte und Pflichten nach Art und Inhalt nachvollzogen werden können. Bestimmtheit fordert eine hinreichend konkrete Regelung des Umfangs dieser Rechte und Pflichten. Daran kann es etwa fehlen, wenn die Klausel bei Änderungsvorbehalten (z. B. Preiserhöhungsklausel) oder Leistungsbestimmungsrechten die tatbestandlichen Voraussetzungen und Grenzen der beiderseitigen Rechte und Pflichten nicht hinreichend konkretisiert.[800] 146

Unklar ist eine Gestaltung oder Formulierung, die objektiv geeignet ist, den Vertragspartner hinsichtlich der Bedeutung der Vertragsbedingung irrezuführen.[801] Wirtschaftliche Nachteile und Belastungen müssen soweit erkennbar sein, wie dies nach den Umständen gefordert werden kann.[802] 147

(4) Regelbeispiele für unangemessene Benachteiligung, § 307 Abs. 2 Nr. 1 und 2 BGB. § 307 Abs. 2 BGB ergänzt die Generalklausel des § 307 Abs. 1 BGB durch zwei Tatbestände: 148

> „§ 307 Abs. 2 BGB:
> Eine unangemessene Benachteiligung ist im Zweifel anzunehmen, wenn eine Bestimmung
> 1. mit wesentlichen Grundgedanken der gesetzlichen Regelung, von der abgewichen wird, nicht zu vereinbaren ist oder
> 2. wesentliche Rechte oder Pflichten, die sich aus der Natur des Vertrages ergeben, so einschränkt, dass die Erreichung des Vertragszwecks gefährdet ist."

Die dogmatische Einordnung des Verhältnisses zwischen § 307 Abs. 1 und Abs. 2 BGB ist nicht abschließend geklärt. Die Rechtsprechung jedenfalls wendet auch in Fällen, die zwanglos einem der beiden Tatbestände des § 307 Abs. 2 Nr. 1 und 2 BGB zuzuordnen wären, ausschließlich[803] oder zumindest auch[804] die Generalklausel des § 307 Abs. 1 BGB an. Das zeigt, dass es sowohl nach § 307 Abs. 1 als auch nach § 307 Abs. 2 BGB letztlich auf eine umfassende Abwägung der typischerweise beteiligten Interessen ankommt. Die Tatbestände des § 307 Abs. 2 BGB sind wegen ihrer konkreteren Fassung allerdings einfacher zu handhaben. 149

(a) § 307 Abs. 2 Nr. 1 BGB. Ob eine nach § 307 Abs. 2 Nr. 1 BGB unangemessene Abweichung von wesentlichen Grundgedanken der gesetzlichen Regelung vorliegt, richtet sich zunächst danach, ob die gesetzliche Regelung einem wesentlichen Schutzbedürfnis des Vertragspartners 150

---

[796] BGHZ 149, 89 (99).
[797] BGHZ 149, 89 (99).
[798] BGHZ 103, 316 (332).
[799] BGHZ 149, 89 (100).
[800] *BGH*, NJW 2000, 651 (652).
[801] *BGH*, NJW 2001, 292 (296).
[802] *BGH*, NJW 2011, 1801, Rn. 20.
[803] *BGH*, NJW-RR 2005, 1496 ff.
[804] *BGH*, NJW 2005, 1645 (1647).

dient. Die Rechtsprechung unterscheidet insofern Regelungen, die auf bloßen Zweckmäßigkeitserwägungen beruhen von solchen, die eine Ausprägung des Gerechtigkeitsgebots darstellen.[805] Zweckmäßigkeitsregelungen können durch AGB abbedungen werden, Gerechtigkeitsgebote im Regelfall nicht.

151   Gerechtigkeitsgebote sind Regelungen, die die Rechtsstellung des Vertragspartners des Verwenders im Hinblick auf die mit dem Vertrag verbundenen Risiken maßgeblich bestimmen. Dazu gehören im Mietrecht die Gebrauchsüberlassungspflicht des Vermieters[806] und der Grundsatz der Verschuldenshaftung für Beschädigung oder Verlust,[807] nicht aber die verschuldensunabhängige Haftung des Vermieters für anfängliche (schon zu Beginn des Mietverhältnisses bestehende) Mängel der Mietsache nach § 536a Abs. 1 1. Alt. BGB[808].

Gerechtigkeitsgebot ist ferner das Recht zur außerordentlichen Kündigung aus wichtigem Grund nach § 543 BGB,[809] nicht aber eine gleich lange Bindung von Vermieter und Mieter an einen langfristigen Mietvertrag[810]. Das OLG Hamburg[811] bewertet ein jederzeitiges Kündigungsrecht des Mieters bei 30-jähriger Bindung des Vermieters aber als unwirksam.

152 **(b) § 307 Abs. 2 Nr. 2 BGB.** § 307 Abs. 2 Nr. 2 BGB stellt darauf ab, ob nach der Natur des Vertrags wesentliche Rechte oder Pflichten so eingeschränkt werden, dass die Erreichung des Vertragszwecks gefährdet wird. Das zielt auf die Erhaltung des Äquivalenzverhältnisses von Leistung und Gegenleistung.[812] Wesentlich in diesem Sinne sind die sog. **Kardinalpflichten**. Das sind die Pflichten, die für die Erreichung des Vertragszwecks unentbehrlich sind und auf deren Erfüllung der Vertragspartner deshalb vertrauen darf.[813]

153   **Kardinalpflichten** sind zunächst die im Gegenseitigkeitsverhältnis stehenden **Hauptleistungspflichten**. Dazu gehören beim Mietvertrag die Pflicht des Vermieters nach § 535 Abs. 1 S. 1 BGB zur Gebrauchsüberlassung und die Pflicht des Mieters nach § 535 Abs. 2 BGB zur Zahlung des vereinbarten Mietzinses. Kardinalpflichten sind ferner das Minderungsrecht des Mieters bei Mängeln der Mietsache nach § 536 BGB[814] und das Kündigungsrecht des Mieters bei Mängeln der Mietsache[815].

Im Einzelfall können aber auch Nebenpflichten als Kardinalpflichten zu bewerten sein, wenn und soweit der Vertragspartner auf ihre Erfüllung angewiesen ist, um die Mietsache vertragsgemäß gebrauchen zu können. Dazu gehören der ungehinderte und gefahrlose Zugang zur Mietsache und das Fernhalten von Gefahren und Risiken, die den Mietgebrauch erheblich zu beeinträchtigen geeignet sind.[816]

154   Unangemessen sind jedenfalls Einschränkungen von Kardinalpflichten, die nach Art und Umfang unter Berücksichtigung der typischerweise beteiligten Interessen geeignet sind, die Erreichung des Vertragszwecks ernstlich zu gefährden. „Vertragszweck" in diesem Sinne ist vor allem der rechtliche oder wirtschaftliche Erfolg, den eine Vertragspartei mit der ihr versprochenen Leistung erstrebt.[817] Dieser Erfolg ist nicht erst dann ernstlich gefährdet, wenn seine Erreichung möglicherweise vereitelt wird.[818] Erforderlich ist aber eine zumindest nahe liegende Gefahr, dass zentrale Leistungsversprechen des Verwenders nicht oder nur eingeschränkt

---

[805] BGHZ 115, 38 (42).
[806] BGHZ 108, 1 (6).
[807] *BGH,* NJW 1992, 1761 (1762); BGHZ 114, 238 (240).
[808] *BGH,* NJW-RR 1991, 74 (75).
[809] *BGH,* NJW 2012, 1431, Rn. 27.
[810] *BGH,* NJW 2001, 3480 (3482) für Sonderkündigungsrecht des acht Jahre gebundenen Mieters bei zwanzigjähriger Bindung des Vermieters.
[811] *OLG Hamburg,* NJW-RR 1992, 75 (76).
[812] *Christensen,* in: Ulmer/Brandner/Hensen (Hrsg.), AGB-Recht, § 309 Nr. 7 BGB Rn. 43.
[813] BGHZ 149, 89 (96).
[814] *KG,* GE 2008, 52 (53); *BGH,* NJW 2008, 2254 Rn. 18 ff.
[815] *Christensen,* in: Ulmer/Brandner/Hensen (Hrsg.), AGB-Recht, S. 1481 Rn. 39.
[816] *Lindner-Figura,* in: Lindner-Figura/Opree/Stellmann (Hrsg.), Geschäftsraummiete, Kap. 7 Rn. 126.
[817] *BGH,* NJW 2005, 1774.
[818] *Coester,* in: Staudinger (2006), BGB, § 307 Rn. 279.

eingelöst werden müssen. Das ist auch dann der Fall, wenn die Haftung des Verwenders für vertragstypische vorhersehbare Schäden der anderen Vertragspartei ausgeschlossen oder begrenzt wird.[819]

(5) Einzelne Klauseln im Spannungsfeld von § 307 BGB
(a) Schriftformklauseln. Vgl. hierzu zunächst die Ausführungen zur Schriftformproblematik bei WEA-Grundstücksnutzungsverträgen nach § 550 BGB (→ Kap. 3 Rn. 43 ff.). 155

Sog. **Schriftformnachholungsklauseln** verpflichten die Vertragsparteien, alle für einen formgerechten Vertragsschluss erforderlichen Erklärungen oder Handlungen abzugeben oder vorzunehmen. Sie werden zum Teil ohne Weiteres[820] oder jedenfalls bei ausdrücklicher Beschränkung auf die Vertragsparteien[821] für wirksam, teils aber auch ohne Weiteres für unwirksam gehalten[822]. 156

Sog. **Schriftformvorsorgeklauseln** beschränken oder beseitigen das Recht, den Vertrag unter Berufung auf den Formfehler zu kündigen. Die Oberlandesgerichte halten derartige Klauseln für wirksam[823]; die Literatur differiert teilweise[824]. Der BGH hat die Frage der Wirksamkeit derartiger Klauseln bisher offengelassen und statuiert lediglich, dass sie im Fall des Wechsels des Grundstückseigentümers während des Vertragsverhältnisses, gegenüber Grundstückserwerbern in jedem Fall nach § 307 Abs. 1 und 2 Nr. 1 BGB unwirksam sind.[825] 157

(b) Klauseln zum Vertragspartnerwechsel. In Grundstücksnutzungsverträgen, die im Zusammenhang mit windenergetischen Vorhaben abgeschlossen werden, finden sich standardmäßig Klauseln, wonach jedenfalls der Nutzer berechtigt sein soll, den Vertrag mit allen Rechten und Pflichten jederzeit auf einen Dritten zu übertragen. In der Regel wird dies mit der Klausel verbunden, dass der Vermieter zu einer derartigen Übertragung bereits mit Unterzeichnung des Vertrags seine Zustimmung erklärt oder dass er einer derartigen Übertragung die Zustimmung zu erteilen hat und diese nur aus wichtigem Grund verweigern darf. Solche Regelungen sollen die Übertragbarkeit des Projekts ermöglichen und werden nicht zuletzt auch von der Finanzierungsbank des Nutzers vorgegeben, damit diese im Notfall „das Projekt an sich ziehen kann". 158

Die Rechtsprechung hält Klauseln zur Vertragsübernahme ohne ausdrückliche Zustimmung des anderen Vertragspartners für unwirksam, wenn dieser anderen Vertragspartei die Person ihres Vertragspartners nicht gleichgültig sein kann. Das soll bei der Inanspruchnahme persönlichen Vertrauens durch den Verwender oder dann der Fall sein, wenn die von ihm geschuldete Leistung im Hinblick auf Fachkunde, Solvenz oder Zuverlässigkeit einen personalen Einschlag hat.[826] Dabei wertet die Rechtsprechung eine langfristige Vertragsbindung oder eine Einseitigkeit des Vertragsübertragungsrechts als Indizien für eine Unangemessenheit der Vertragsübertragungsklausel.[827] 159

Ob eine formularmäßig ausbedungene zustimmungsfreie Vertragsübernahme eine unangemessene Benachteiligung der anderen Vertragspartei darstellt, ist danach nicht allgemein entschieden, sondern richterlicher Bewertung des konkreten Formularvertrags anheimgestellt. 160

Für Grundstücksnutzungsverträge der hier in Rede stehenden Art dürften bei der nach § 307 BGB vorzunehmenden Interessenabwägung folgende Gesichtspunkte zu berücksichtigen sein:

Auf Seiten des Grundstückseigentümers ist zunächst sein Interesse an einem solventen und zuverlässigen Anlagenbetreiber zu berücksichtigen. Das Kontinuitätsinteresse des Grundstücks- 161

---

[819] BGHZ 89, 363 (368); *BGH*, NJW 1993, 335 (336).
[820] *KG*, NZM 2007, 402; *Lindner-Figura*, in: Lindner-Figura/Opree/Stellmann (Hrsg.), Geschäftsraummiete, Kap. 6 Rn. 62.
[821] *OLG Düsseldorf*, NZM 2005, 147 (148); für Unwirksamkeit mangels Beschränkung auf Vertragsparteien jedenfalls *OLG Düsseldorf*, GE 2013, 744 (745); *Leo*, NZM 2006, 815 (816).
[822] *OLG Rostock*, NZM 2008, 646 (648); *Wolf/Eckert/Ball*, Handbuch des gewerblichen Miet-, Pacht- und Leasingrechts, Rn. 136; *Emmerich*, in: Staudinger (2011), BGB, § 550 Rn. 47.
[823] *OLG Naumburg*, NJW 2012, 3587; *OLG Düsseldorf*, NZM 2005, 147 u.a.
[824] *Gerber*, ZfIR 2008, 632; *Leo*, NZM 2006, 815 u.a.
[825] *BGH*, Urt. v. 22.1.2014 – XII ZR 68/10; *BGH*, Urt. v. 30.4.2014 – XII ZR 146/12.
[826] *BGH*, Urt. v. 9.6.2010 – XII ZR 171/08, MDR 2010, 1308, mit Verweis auf die st. Rspr. des BGH.
[827] *BGH* ebenda; zustimmend z.B. *Wurmnest*, in: MüKoBGB, § 309 Nr. 10 Rn. 9.

eigentümers bezieht sich dabei vor allem auf die Zahlung der vereinbarten Entgelte, die stetige und effektive, gleichzeitig schonende Nutzung seines Grund und Bodens, auf die Freihaltung von Haftungsschäden und einen zuverlässigen Rückbau der Windenergieanlage bei Vertragsende. Diese Interessen können auch im Falle einer Auswechslung des Anlagenbetreibers gewahrt werden. Im Falle eines erheblichen Zahlungsverzugs bleibt der Grundstückseigentümer durch das auch im Verhältnis zum neuen Anlagenbetreiber bestehende Recht zur außerordentlichen Kündigung aus wichtigem Grund nach § 543 BGB geschützt. An einer stetigen und effektiven Nutzung ist ein neuer Anlagenbetreiber im Zweifel nicht weniger interessiert als der Grundstückseigentümer oder der Verwender. Im Übrigen wird das wirtschaftliche Ergebnis einer Windenergieanlage weniger von persönlicher Fachkunde bei ihrem Betrieb als vielmehr durch die Wahl eines günstigen Standorts und eine standortgerechte Konfiguration der Windenergieanlage, vor allem aber durch die Windverhältnisse beeinflusst.

162 Der neue Anlagenbetreiber ist wegen der Identität des Vertragsverhältnisses ebenso wie sein Vorgänger zur schonenden Nutzung des Grundstücks und zum Rückbau der Windenergieanlage verpflichtet. Der personale Einschlag dürfte hinsichtlich schonenden Betriebs und Rückbaus eher gering sein. Die technischen Abläufe folgen hier wie auch bei der Anlagenwartung im Wesentlichen industrieller Standardisierung, sind also von der Person des Anlagenbetreibers weitgehend unabhängig. Sollte der Grundstücksnutzungsvertrag zum Rückbau allerdings eine Sicherung des Grundstückseigentümers – etwa durch eine Bürgschaft – vorsehen, müsste die Vertragsübernahme in der Klausel davon abhängig gemacht werden, dass der neue Anlagenbetreiber eine entsprechende Sicherheit stellt. Entsprechendes gilt für die Freihaltung von Haftungsschäden.

163 Soweit es um das Interesse des Anlagenbetreibers an einem solventen Vertragspartner geht, sind der Beständigkeit seiner Vertragspartnerwahl ohnehin Grenzen gesetzt. Der Grundstückseigentümer kann das Grundstück jederzeit zustimmungsfrei veräußern. Das Miet- oder Pachtverhältnis wird dann unter den in § 566 Abs. 1 BGB bestimmten Voraussetzungen mit dem Erwerber fortgesetzt; ergänzend findet sich in den WEA-Grundstücksnutzungsverträgen inzwischen standardgemäß die Verpflichtung des Grundstückseigentümers, bei Veräußerung des Vertragsgrundstücks während der Vertragslaufzeit den WEA-Grundstücksnutzungsvertrag in dem Veräußerungsvertrag auf den Grundstückserwerber zu übertragen, was eine zusätzliche Sicherheit bedeutet. Im Übrigen ist der Anlagenbetreiber schon mit Rücksicht auf das Sicherungsinteresse der kreditgebenden Bank regelmäßig gehalten, sein Nutzungsrecht dinglich zu sichern. Eine entsprechende beschränkte persönliche Dienstbarkeit (→ Kap. 3 Rn. 252 ff.) als dingliches Recht bleibt bei Übergang des Eigentums an der Vertragsfläche auf einen Dritten bestehen und kann dem neuen Eigentümer entsprechend entgegengehalten werden.

164 Ob aus Rücksicht auf die Bank oder das eigene Geschäftsmodell: Im einen wie im anderen Fall wird der Anlagenbetreiber kaum auf eine Vertragsübernahmeklausel verzichten können. Insofern wird die Erreichung des wirtschaftlichen Zwecks des Grundstücksnutzungsvertrags i. S. v. § 307 Abs. 2 Nr. 2 BGB durch eine von § 415 Abs. 1 BGB abweichende Vertragsübernahmeklausel nicht gefährdet, sondern überhaupt erst möglich.

165 Angesichts dieser Interessenlage sprechen bei WEA-Grundstücksnutzungsverträgen erhebliche Gründe für die Wirksamkeit von Vertragsübernahmeklauseln.

Zur Wirksamkeit im Einzelfall lassen sich allgemeine Aussagen allerdings schwerlich treffen. Die tendenziell großzügigere jüngere Rechtsprechung hat jedenfalls auch Kritik erfahren.[828] Die Wirksamkeit einer Vertragsübernahmeklausel dürfte jedenfalls wahrscheinlicher sein, wenn zugleich ein Widerspruchsrecht des Vertragspartners für den Fall begründeter Zweifel an der Bonität oder Zuverlässigkeit des in den Vertrag eintretenden Dritten vereinbart wird.

166 **(c) Gerichtsstandsklauseln.** Die Kosten, gelegentlich auch der Verlauf eines Rechtsstreits, können davon abhängen, vor welchem Gericht prozessiert wird. Eine sinnvolle Wahl des Gerichtsstands kann daher erhebliche Vorteile bieten.

---

[828] Z. B. *von Westphalen*, NJW 2011, 2098 (2102 f.).

Die Vorschrift des § 38 Abs. 1 ZPO lässt die – auch formularmäßige – Vereinbarung eines 167
internationalen, sachlichen oder örtlichen Gerichtsstands zu, wenn beide Vertragsparteien
entweder Kaufleute oder juristische Personen oder Sondervermögen des öffentlichen Rechts
sind. § 29 Abs. 2 ZPO enthält für eine Vereinbarung über den Erfüllungsort eine entsprechende
Regelung, da der Erfüllungsort einen besonderen Gerichtsstand begründen kann. Kaufmann
sind dabei nicht alle Unternehmer im Sinne von § 14 BGB, sondern nur Kaufleute im Sinne der
§§ 1 Abs. 1, 2, 3 Abs. 2, 5, 6 Abs. 1 und 2 HGB. Wie solche Kaufleute werden auch kaufmännisch auftretende Nichtkaufleute (nicht eingetragene Scheinkaufleute) behandelt, bei denen die
Vermutung des § 1 Abs. 2 HGB nicht widerlegt ist.[829] Wer wie ein Vollkaufmann aufgetreten
ist, muss den daraus folgenden Anscheinsbeweis erschüttern, also die ernsthafte Möglichkeit
dartun und beweisen, dass er tatsächlich lediglich ein minderkaufmännisches Kleingewerbe im
Sinne des § 1 Abs. 2 2. Alt HGB betreibt.

Gerichtsstandsklauseln, die nicht ausdrücklich auf den in den § 38 Abs. 1 ZPO genannten 168
Personenkreis beschränkt sind, behalten im Verhältnis zu solchen Personen ihre Wirksamkeit.[830]
Das Verbot geltungserhaltender Reduktion (→ Kap. 3 Rn. 180) steht nicht entgegen, weil sich
die Wirksamkeit einer Klausel nach den typischerweise betroffenen Interessen der beteiligten
Verkehrskreise beurteilt und deshalb eine Differenzierung nach unterschiedlichen Verkehrskreisen geboten sein kann.[831] Gerichtsstandsklauseln bleiben nach § 40 Abs. 2 S. 1 Nr. 2 ZPO im
Einzelfall insoweit ohne Wirkung, als nach dem Gesetz ein ausschließlicher Gerichtsstand begründet ist. Sie sind aber nach § 307 Abs. 2 Nr. 1 BGB insgesamt unwirksam, soweit sie gerade
für ausschließliche Gerichtsstände einen abweichenden Gerichtsstand vorsehen.[832]

Auch unter Kaufleuten unterliegen Gerichtsstandsklauseln der Inhaltskontrolle nach § 307 169
BGB. Der Verwender muss also ein berechtigtes Interesse an der konkreten Gerichtsstandswahl
haben. Das wird bei Wahl des allgemeinen Gerichtsstands (Wohnsitz oder Sitz) entweder des
Verwenders oder der anderen Vertragspartei angenommen.[833] Wirksam soll auch die Wahl
des für den Erfüllungsort oder den Ort des Vertragsschlusses zuständigen Gerichts sein.[834] Als
überraschend i. S. v. § 305c BGB und demzufolge unwirksam soll aber eine Gerichtsstandswahl
sein, wenn die Parteien einen abweichenden gemeinsamen Gerichtsstand haben.[835]

(d) Laufzeit- und Kündigungsklauseln. Grundstücksnutzungsverträge im Zusammenhang 170
mit Windenergieprojekten werden regelmäßig befristet geschlossen. Dies ist auch bei langfristigen Verträgen formularmäßig wirksam.

§ 544 BGB regelt für befristete Verträge ein außerordentliches Kündigungsrecht mit gesetz- 171
licher Frist. Da dieses Recht nur für Verträge mit einer festen Laufzeit von mehr als 30 Jahren
gilt und erst nach Ablauf von 30 Jahren ausgeübt werden kann, wird diese Norm als gesetzliches Leitbild der Zulässigkeit langfristiger Bindungen im Miet- und Pachtrecht verstanden.[836]
Langfristige Bindungen können deshalb grundsätzlich auch bei Nutzungsverträgen der hier in
Rede stehenden Art durch lange Festlaufzeiten, Verlängerungsoptionen, Kündigungsverzicht
oder eine Kombination dieser Möglichkeiten vereinbart werden.

Soweit dies durch Formularklausel geschieht, ist allerdings das Interesse der Vertragspartner 172
am Erhalt ihres wirtschaftlichen Selbstbestimmungsrechts zu berücksichtigen. Lange Vertragsbindungen sind deshalb gemäß § 307 BGB nur wirksam, wenn sie im Lichte berechtigter eigener
Interessen des Verwenders nicht als unangemessene Einschränkung der Dispositionsfreiheit der
anderen Vertragspartei erscheinen. Insoweit kommt für Nutzungsverträge der hier in Rede

---

[829] *Vollkommer*, in: Zöller (Hrsg.), ZPO, § 38 Rn. 18.
[830] *Heinrichs*, NJW 1997, 1407 (1412).
[831] BGHZ 110, 241 (244).
[832] BGH, NJW 1985, 320 (322) für Abweichung von gem. § 689 Abs. 2 S. 1 ZPO ausschließlichem
Gerichtsstand des gerichtlichen Mahnverfahrens.
[833] OLG Karlsruhe, NJW 1996, 2041; *Schmidt*, in: Ulmer/Brandner/Hensen (Hrsg.), AGB-Recht,
S. 1619 Rn. 4.
[834] OLG Hamburg, NJW-RR 1999, 1506 (1507).
[835] OLG Köln, ZIP 1989, 1068 (1069).
[836] BGH, NJW 2001, 3480 (3481).

stehenden Art in erster Linie das Amortisationsinteresse des Anlagenbetreibers in Betracht. Er muss sicherstellen, dass sich seine Investitionen in den Standort zumindest im Sinne eines Ausgleichs seiner Aufwendungen und Kosten zuzüglich eines angemessenen Unternehmergewinns „rechnen".

173   Da die Interessen der Mietvertragsparteien unterschiedlich ausgeprägt sein können, können auch unterschiedlich lange Bindungsdauern oder asymmetrische Kündigungsregelungen grundsätzlich durch Formularklausel wirksam vereinbart werden.[837] Solche Klauseln können aber nach § 307 Abs. 1 und 2 BGB unwirksam sein, wenn es für die ungleich lange Bindung keine hinreichenden sachlichen Gründe gibt. Die Rechtsprechung hat das in Fällen angenommen, in denen die asymmetrische Bindungsdauer ohne jeden sachlichen Grund ausbedungen wurde oder der Verteilung des wirtschaftlichen Risikos widersprach.

174   Vor diesem Hintergrund können Klauseln in WEA-Grundstücksnutzungsverträgen bedenklich sein, die für den Grundstückseigentümer z. B. bei Zahlungsverzug des Nutzers eine unangemessen lange Kündigungsfrist begründen oder durch die der Eigentümer sein Grundstück auf unangemessen lange Zeit für den Nutzer ohne Entgelt „reservieren" muss, er sich also in dieser Zeit nicht durch Kündigung von dem Vertrag lösen kann.

Im zuletzt genannten Fall ist natürlich zu berücksichtigen, dass die Planung von WEA-Vorhaben mit einem langen zeitlichen Vorlauf verbunden ist und während dieser Zeit nicht sicher feststeht, ob das Vorhaben tatsächlich realisiert werden kann. Jede Zahlung, die der Nutzer in dieser Phase leisten muss, hat er also im schlimmsten Fall „in den Sand gesetzt". Trotzdem ist auch das Interesse des Grundstückseigentümers nicht zu vernachlässigen, der mit Abschluss des Nutzungsvertrags gehindert ist, das Grundstück für Zwecke zu nutzen, die dem Vertragszweck entgegenstehen. Es muss also stets nach einer ausgewogenen Regelung gesucht werden.

175   **ii) Rechtsfolgen der Unwirksamkeit einer Allgemeinen Geschäftsbedingung.** Nach der allgemeinen Regel des § 139 BGB führt die teilweise Unwirksamkeit eines Rechtsgeschäfts im Zweifel dazu, dass das gesamte Rechtsgeschäft als unwirksam bewertet wird. Im Gegensatz hierzu bestimmt § 306 Abs. 1 BGB für den Fall der Unwirksamkeit einer AGB-Klausel, dass der Vertrag im Übrigen wirksam bleibt. Diese zum Fortbestand des Vertrags führende Regel ist ihrerseits nicht formularmäßig abdingbar.[838]

176   Eine Ausnahme vom Fortbestand der übrigen Vertragsbestimmungen lässt § 306 Abs. 3 BGB nur für den Fall zu, dass dies für eine Vertragspartei eine **unzumutbare Härte** darstellen würde. Die Rechtsprechung legt § 306 Abs. 3 BGB als Ausnahmevorschrift eng aus und nimmt Unzumutbarkeit nur an, wenn weder die gesetzlichen Vorschriften noch ergänzende Vertragsauslegung einen sinnvollen Vertragsrest begründen können.[839] Das dürfte bei Grundstücknutzungsverträgen kaum je der Fall sein, weil das dispositive Gesetzesrecht diesen Vertragstyp in den §§ 535 ff. BGB differenziert und umfassend ausgestaltet.

177   Führt die Unwirksamkeit einer Klausel zu einer regelungsbedürftigen Lücke in der fortbestehenden Vertragsordnung, richtet sich der Vertragsinhalt gemäß § 306 Abs. 2 BGB insoweit nach den gesetzlichen Vorschriften.

178   Fehlen gesetzliche Vorschriften oder sind die vorhandenen nicht geeignet, die regelungsbedürftige Lücke interessengerecht zu füllen, wird diese durch **ergänzende Vertragsauslegung** entsprechend den §§ 133, 157 BGB geschlossen.[840] Auf diese Weise soll an die Stelle der unwirksamen Formularklausel diejenige Regelung treten, die die Parteien bei Kenntnis der Unwirksamkeit unter sachgerechter Abwägung der beiderseitigen Interessen redlicherweise gewählt hätten.

---

[837] *BGH*, NJW 2001, 3480 (3481).
[838] *Lindner-Figura*, in: Lindner-Figura/Opree/Stellmann (Hrsg.), Geschäftsraummiete, Kap. 7 Rn. 171.
[839] BGHZ 130, 150 (156).
[840] BGHZ 90, 67 (75 f.); 137, 153 (157).

Dem liegt letztlich der Gedanke zugrunde, dass der anderen Vertragspartei durch den 179
ersatzlosen Wegfall einer Klausel keine Vorteile zuwachsen sollen, die die ursprüngliche Vertragsordnung einseitig zu ihren Gunsten verändern.[841]

Eine interessengerechte ergänzende Vertragsauslegung setzt allerdings voraus, dass hinreichende Anknüpfungspunkte für einen bestimmten hypothetischen Parteiwillen greifbar sind. Ergänzende Vertragsauslegung bedeutet im praktischen Ergebnis, dass im Streitfall die Gerichte entscheiden, was die Parteien redlicherweise gewollt hätten. Hierbei kann eine zutreffende und vollständige Umsetzung des Parteiwillens in den Vertragstext, in zweiter Linie auch eine insoweit aufschlussreiche Korrespondenz der Parteien hilfreich sein.

Die Unwirksamkeit der betroffenen Formularklausel ist grundsätzlich total. Eine Beschrän- 180
kung der Unwirksamkeit in dem Sinne, dass die Klausel mit dem gerade noch unbedenklichen Inhalt aufrechterhalten wird, ist ausgeschlossen (sog. **Verbot der geltungserhaltenden Reduktion**).

Eine scheinbare Ausnahme hiervon bilden die Fälle sachlich teilbarer Klauseln. Insbesondere 181
komplexere Klauseln können neben der unwirksamen Regelung auch inhaltlich unbedenkliche Bestimmungen enthalten. Der unbedenkliche Teil bleibt wirksam, sofern er sich bei objektiver Auslegung der Klausel sinnvoll und verständlich als selbstständige Regelung von dem unwirksamen Klauselrest trennen lässt.[842]

e) Verhinderung des Übergangs des Eigentums an der Windenergieanlage und den weiteren Projektkomponenten auf den Grundstückseigentümer

Wer eine Windenergieanlage auf einem fremden Grundstück errichtet und betreibt, hat ein 182
evidentes rechtliches Interesse daran, dass er Eigentümer der Windenergieanlage nebst allen Komponenten bleibt und das Eigentum nicht etwa von Gesetzes wegen und ungewollt auf den Eigentümer des Grundstücks übergeht. Ist die Windenergieanlage fremdfinanziert, besteht ein gleichlaufendes Interesse des Finanzierungsinstituts, wenn – wie dies der Regelfall ist – die Windenergieanlage an dieses sicherungsübereignet wurde. Dasselbe gilt für Netzanschlusskabel sowie weiteres Zubehör wie Trafo- und Übergabestationen.

Aufgrund der Bedeutung und der Konsequenzen dieser rechtlichen Problematik soll hierauf 183
wie folgt eingegangen werden:

aa) §§ 93, 94 BGB. Der rechtliche Grundansatz des Problems liegt in den §§ 93, 94 Abs. 1 184
BGB: Nach § 93 BGB werden Bestandteile einer Sache, die voneinander nicht getrennt werden können, ohne dass der eine oder der andere zerstört und in seinem Wesen verändert wird, als wesentliche Bestandteile dieser Sache definiert mit der Folge, dass diese nicht Gegenstand besonderer Rechte sein können. Gem. § 94 Abs. 1 BGB sind derartige **wesentliche Bestandteile eines Grundstücks** „die mit dem Grund und Boden fest verbundenen Sachen, insbesondere Gebäude (...)".

Eine feste Verbindung i. S. v. § 94 Abs. 1 BGB liegt insbesondere vor, wenn die mit dem 185
Grundstück verbundene Sache durch eine Trennung zerstört oder erheblich beschädigt würde. Auf die Festigkeit der Verbindung kann außerdem geschlossen werden, wenn die Trennung im Vergleich zum Wert des Bestandteils unverhältnismäßige Kosten verursachen würde.[843] Ob eine feste Verbindung vorliegt, ist im Wesentlichen eine Frage des Einzelfalls.[844]

Wegen ihrer besonderen Bedeutung werden in § 94 Abs. 1 BGB Gebäude als Beispiel für 186
wesentliche Bestandteile eines Grundstücks benannt. Wenn sie – was der Regel entspricht – in massiver Bauweise errichtet, mit ihrem Fundament in das Grundstück hineingebaut und dadurch mit diesem fest verbunden sind, sind sie rechtlich eindeutig wesentlicher Bestandteil des Grundstücks. Fertiggaragen aus Beton etwa werden selbst dann als wesentliche Bestandteile des Grundstücks angesehen, wenn sie ohne Fundament oder sonstige Verankerung aufge-

---

[841] BGHZ 90, 67 (75 f.); 137, 153 (157).
[842] *BGH*, NJW 2006, 1059 (1060).
[843] RGZ 158, 362 (374 f.).
[844] *BGH*, WM 1987, 47; NJW-RR 1994, 1300 f.

stellt sind, ihr Eigengewicht jedoch einer Verankerung gleichkommt.[845] Dagegen sollen Wellblechbaracken, die nur auf den Boden aufgesetzt sind und Fertighäuser, deren Verankerung im Fundament einfach zu lösen ist, kein wesentlicher Bestandteil des Grundstücks sein, wenn sie jederzeit zerlegt und an einem anderen Ort wieder aufgestellt werden können.[846]

187   Nach diesen Maßstäben lässt sich schlussfolgern, dass bei Windenergieanlagen jedenfalls das in den Erdboden hineingebaute **Fundament** wesentlicher Bestandteil des Grundstücks i. S. v. § 94 Abs. 1 BGB ist und es bezüglich aller anderen darauf errichteten Komponenten darauf ankommt, wie sie konkret mit dem Fundament verbunden sind.[847]

Nach Ansicht des OLG Koblenz[848] war die in dem zu entscheidenden Einzelfall zu betrachtende WEA insgesamt wesentlicher Bestandteil des Grundstücks. Dieser Ansicht folgte jüngst auch das FG Nürnberg, das in einem finanzgerichtlichen Verfahren eine WEA mit dem zugehörigen Transformator nebst der verbindenden Verkabelung als wesentlichen Bestandteil qualifizierte.[849]

188   Festzuhalten ist nach alledem, dass die Problematik „wesentlicher Bestandteil des Grundstücks" i. S. v. § 94 BGB sich bei Windenergieanlagen immer stellt. Angesichts der Rechtsfolge, die sich daraus ergeben würde, wenn eine WEA wesentlicher Grundstücksbestandteil ist, nämlich dass von Gesetzes wegen das Eigentum an der WEA dem Eigentümer des Grundstücks zusteht, auf dem sie errichtet ist (s. § 93 BGB → Kap. 3 Rn. 184 ff.), ist es unbedingt erforderlich, genau diese Rechtsfolge zu vermeiden. Dies ist mit Blick auf § 95 BGB wie folgt rechtlich unproblematisch möglich:

189   bb) § 95 BGB. Gem. § 95 BGB gehören solche Sachen nicht zu den Bestandteilen eines Grundstücks, die (1) **nur zu einem vorübergehenden Zweck** mit dem Grund und Boden verbunden sind **und/oder** die (2) **in Ausübung eines Rechts an einem Grundstück** von dem Berechtigten verbunden worden sind (sog. „Scheinbestandteile").

190   Hieraus ist für die Praxis Folgendes abzuleiten:
- Der „nur vorübergehende Zweck" der Verbindung der gesamten WEA einschließlich Fundament (wie auch die Einbringung von Kabeln, die Errichtung von Trafo- und Übergabestationen etc.) mit dem Grund und Boden muss klar und deutlich im Grundstücksnutzungsvertrag vereinbart werden. In diesem Sinne ist es wichtig, den bedingungslosen vollständigen Rückbau aller Komponenten nach Vertragsende zu regeln. Vor diesem Hintergrund sind etwaige Optionen zum Belassen der WEA, der Kabel etc. nach Ende des Nutzungsvertrags auf der Vertragsfläche (z. B. in Form einer Ankaufoption zugunsten des Grundstückseigentümers nach Vertragsende) prinzipiell problematisch und sollten unbedingt vermieden werden.
- „In Ausübung eines Rechts an einem Grundstück" handelt derjenige, dessen Grundbuchrecht eingetragen ist, bevor er die Sachen auf/in der Grundstücksfläche einbringt. Hierfür, d. h. für die Eintragung der Grundbuchrechte vor Baubeginn auf der Vertragsfläche, muss entsprechend gesorgt werden.

191   Lag bei Errichtung einer WEA oder der zugehörigen Komponenten – aus welchem Grunde auch immer – keine der Voraussetzungen des § 95 BGB vor (also weder eine vertragliche Vereinbarung des nur vorübergehenden Zwecks der Verbindung noch die Eintragung des Grundbuchrechts des Nutzers vor Errichtung der WEA bzw. der Komponenten) und ist die WEA bzw. sind die betreffenden Komponenten demzufolge wesentlicher Bestandteil des Grundstücks i. S. v. § 94 BGB geworden, stellt sich die Frage, ob eine nachträgliche „Umwandlung" in einen Scheinbestandteil i. S. v. § 95 BGB möglich ist.

Eine solche Möglichkeit wird in der Literatur kontrovers diskutiert und wurde von der Rechtsprechung bisher grundsätzlich abgelehnt.[850] Der BGH hat dies bisher nur für den Fall

---

[845] *OLG Düsseldorf*, BauR 1982, 164 (165).
[846] *LG Bochum*, DGVZ 1988, 156.
[847] S. hierzu auch *Voß/Steinheber*, ZfIR 2012, 337 (338 f.).
[848] *OLG Koblenz*, Urt. v. 21.9.2006 – 5 U 738/06.
[849] *FG Nürnberg*, Urt. v. 25.11.2015 – 3 K 387/14.
[850] *OLG Koblenz*, Urt. v. 21.9.2006 – 5 U 738/06.

anerkannt, dass Versorgungsleitungen im Rahmen einer Privatisierung in das Eigentum eines neuen Versorgungsträgers übergehen sollten und hierfür folgende Voraussetzungen benannt:
- eine veränderte Zweckbestimmung nebst dinglicher Einigung zwischen Grundstückseigentümer und dem Erwerber und
- ein berechtigtes Interesse an der veränderten Zweckbestimmung.[851]

Aufgrund der öffentlich-rechtlichen Überlagerung dieses vom BGH entschiedenen Falls und der damit einhergehenden Besonderheiten des Einzelfalls ist eine Generalisierung dieser Entscheidung allerdings abzulehnen.

Anzumerken ist hierzu abschließend, dass die Scheinbestandteilseigenschaft einer WEA nicht davon abhängt, ob die erwartete Lebensdauer der WEA die Laufzeit des schuldrechtlichen Nutzungsvertrags überschreitet oder nicht. Hierzu hat der BGH jüngst mit Urteil vom 7.4.2017, Az. V ZR 52/16, explizit für eine WEA, entschieden: 192

> „Eine Verbindung nur zu einem vorübergehenden Zweck i. S. d. § 95 Abs. 1 Satz 1 BGB ist nicht deshalb ausgeschlossen, weil die Sache für ihre gesamte (wirtschaftliche) Lebensdauer auf dem Grundstück verbleiben soll."

Mit diesem Urteil hat der BGH dankenswerterweise die bisher bestehende Unsicherheit beseitigt, ob in WEA-Grundstücksnutzungsverträgen vorsorglich darauf hingewiesen werden muss, dass die Lebensdauer der WEA die Laufzeit des Vertrages voraussichtlich überschreiten wird. Auch der Streit darüber, ob Vertragsverlängerungsoptionen in diesem Zusammenhang kritisch zu betrachten sind, ist hiermit erledigt. Es steht nun fest, dass es kein Problem darstellt, wenn von vornherein aus dem Vertrag ersichtlich ist, dass die WEA nebst Zubehör bestimmungsgemäß bis zum Ablauf ihrer wirtschaftlichen Lebensdauer auf der Vertragsfläche verbleibt.

f) Widerrufsrecht des Verbrauchers

Zum 13.6.2014 wurde das Verbrauchervertragsrecht gravierend geändert. „**Haustürgeschäfte**" gibt es seit diesem Tag nicht mehr; stattdessen wurde die Rechtsfigur des „**außerhalb von Geschäftsräumen geschlossenen Vertrags**" neu eingeführt. 193

Auf eine Darstellung der bis zum 13.6.2014 geltenden Rechtslage zu den „Haustürgeschäften" wird in dieser Auflage verzichtet; insoweit sei auf die Ausführungen im Rahmen der Erstauflage verwiesen (siehe dort: → Kap. 3 Rn. 227 ff.). 194

Hingewiesen sei an dieser Stelle lediglich auf die **Übergangsregelung**, die auf solche Haustürverträge Anwendung findet, die nach altem Recht, also vor dem 13.6.2014 geschlossen wurden und bei denen keine oder keine ordnungsgemäße Belehrung über das Bestehen des Widerrufsrechts erfolgte. Bei dieser Übergangsvorschrift handelt es sich um Art. 229 § 32 Abs. 3 EGBGB. Demnach erlischt bei Haustürgeschäften, die vor dem 13.6.2014 geschlossen wurden und bei denen keine ordnungsgemäße Belehrung erfolgte und aus diesem Grunde das Widerrufsrecht noch besteht, das Widerrufsrecht zwölf Monate und 14 Tage „nach vollständiger Erbringung der beiderseitigen Leistungen aus dem Vertrag" (…). Da bei WEA-Grundstücksnutzungsverträgen die beiderseitigen Leistungen aus dem Vertrag bestimmungsgemäß erst mit Betriebseinstellung und Rückbau der WEA enden, erlischt das Widerrufsrecht nach dieser Vorschrift solange nicht und besteht die Widerrufsproblematik damit für diese Verträge weiter fort.

Für **Verbraucherverträge**, die seit dem 13.6.2014 geschlossen wurden, gelten folgende Grundsätze: Wird ein Vertrag, der eine **entgeltliche Leistung eines Unternehmers** zum Gegenstand hat, mit einem Verbraucher (→ Kap. 3 Rn. 98 ff.) außerhalb von Geschäftsräumen geschlossen, so steht dem Verbraucher nach § 312g Abs. 1 BGB ein gesetzliches Widerrufsrecht zu. Der Unternehmer hat gegenüber dem Verbraucher diverse **Informationspflichten**. Im Falle eines ordnungsgemäß ausgeübten Widerrufs sind der Verbraucher und der Unternehmer an ihre auf den Vertragsschluss gerichteten Erklärungen nicht mehr gebunden (§ 355 Abs. 1 195

---

[851] BGHZ 165, 184 (188 f.).

BGB). Der Vertrag verliert dann ohne Weiteres seine Wirksamkeit und empfangene Leistungen sind grundsätzlich zurück zu gewähren (§§ 355, 357 BGB).

196–199 *einstweilen frei*

200 Die **Voraussetzungen des Verbraucherwiderrufsrechts** bei außerhalb von Geschäftsräumen geschlossenen Verträgen finden sich verstreut in den neuen gesetzlichen Bestimmungen.
Ausgangspunkt ist dabei die Vorschrift des § 312g Abs. 1 BGB, nach der einem Verbraucher bei außerhalb von Geschäftsräumen geschlossenen Verträgen und bei Fernabsatzverträgen ein Widerrufsrecht gemäß § 355 BGB zusteht. Diese Vorschrift findet nach § 312 Abs. 1 BGB nur auf Verbraucherverträge Anwendung, die eine entgeltliche Leistung des Unternehmers zum Gegenstand haben. Eine Definition von außerhalb von Geschäftsräumen geschlossenen Verträgen findet sich schließlich in der Vorschrift des § 312b BGB.

201 **(aa) Verbraucherverträge.** Erste Voraussetzung für das Entstehen des Verbraucherwiderrufsrechts ist das **Bestehen eines Verbrauchervertrags** i. S. d. § 310 Abs. 3 BGB. Dieser liegt vor, wenn ein Verbraucher und ein Unternehmer einen Vertrag miteinander schließen.

202 Im Zuge der Gesetzesänderung wurde der Verbraucherbegriff nach § 13 BGB erweitert, sodass nun jede natürliche Person Verbraucher ist, die ein Rechtsgeschäft zu Zwecken abschließt, die **überwiegend** weder ihrer gewerblichen noch selbstständigen beruflichen Tätigkeit zugerechnet werden kann (→ Kap. 3 Rn. 99 f.).

203 **(bb) Entgeltliche Leistung des Unternehmers.** Weitere Voraussetzung ist, dass eine „**entgeltliche Leistung des Unternehmers**" Vertragsgegenstand ist. Dieses Merkmal soll dahingehend zu verstehen sein, dass nur Verträge erfasst werden, bei denen der Unternehmer die für den Vertragstypus charakteristische Leistung erbringt,[852] insbesondere also die im Mittelpunkt des Vertrags stehende Ware verkauft oder Dienstleistung erbringt.
Verläuft das Austauschverhältnis entgegengesetzt – erbringt also der Verbraucher die für den Vertragstypus charakteristische Leistung, läge demnach keine entgeltliche Leistung des Unternehmers vor. Gestützt wird diese Ansicht auf die Überlegung, dass auch die Richtlinie 2011/83/EU (sog. Verbraucherrechterichtlinie), die mit den neuen gesetzlichen Regelungen umgesetzt worden ist, in der Definition des Kaufvertrags gemäß Art. 2 Nr. 5 und des Dienstleistungsvertrags gemäß Art. 2 Nr. 6 ein so gerichtetes „B2C" („**Business-to-Consumer**")-Austauschverhältnis annimmt.

204 Nach dieser Ansicht wären die hier behandelten Grundstücksnutzungsverträge, bei denen der Grundstückseigentümer (Verbraucher) sein Grundstück dem WEA-Projektierer (Unternehmer) zur Verfügung stellt und dieser hierfür ein Entgelt zahlt, **von den neuen Regelungen nicht mehr erfasst**, da es in diesen Verträgen der Verbraucher ist, der durch die Zurverfügungstellung seines Grundstücks die für den Vertragstypus charakteristische Leistung erbringt, sodass ein „C2B" („**Consumer-to-Business**")- Austauschverhältnis vorliegt.

205 Allerdings stellt sich die Frage, ob eine solche Auslegung im Einklang mit den Bestimmungen der Ausgangsrichtlinie 2011/83/EU steht.

206 Hiergegen spricht tendenziell der Wortlaut von Art. 3 Abs. 1 RL 2011/83/EU, wonach die Richtlinie unter den Bedingungen und dem Umfang, wie sie in ihren Bestimmungen festgelegt sind, für jegliche Verträge gilt, die zwischen einem Unternehmer und einem Verbraucher geschlossen werden.

207 In derselben Richtlinie ist aber in den schon angeführten Definitionen des Kaufvertrags und des Dienstleistungsvertrags eindeutig nur davon die Rede, dass der Unternehmer eine Sache übereignet bzw. eine Dienstleistung an den Verbraucher erbringt. Hiermit korrespondieren auch die in der Richtlinie festgelegten Informationspflichten des Unternehmers nach Art. 6 Abs. 1 RL 2011/83/EU, denn auch hier ist es der Unternehmer, der etwa über die wesentlichen Eigenschaften einer Ware oder Dienstleistung oder deren Preise informieren muss, weshalb also der Schluss nicht ungerechtfertigt erscheint, dass Kerngedanke auch der Richtlinie nur der

---

[852] BT-Drs. 17/13951, S. 72.

Schutz solcher Verbraucherverträge ist, bei denen der Unternehmer an den Verbraucher liefert und der Verbraucher lediglich eine Zahlung als Entgelt leistet.[853]

Nach alledem ist die Entwicklung der Rechtsprechung zu dieser Frage offen. Die überzeugenden Argumente (s. o.) sprechen dafür, dass die neuen Regelungen so auszulegen sind, dass sie auf Nutzungsverträge der hier maßgeblichen Art, bei denen also der Grundstückseigentümer (= Verbraucher) dem WEA-Projektierer (= Unternehmer) das betreffende Grundstück zur Verfügung stellt und hierfür ein Entgelt erhält, keine Anwendung finden. In diesem Fall hätte sich dann also die leidige Problematik „Widerrufsrecht" und „Belehrung über das Widerrufsrecht" für derartige Verträge, die ab dem 13.6.2014 geschlossen worden sind, endgültig erledigt. 208

Allerdings kann angesichts der zum Verbrauchsgüterkauf ergangenen Rechtsprechung des EuGH nicht völlig ausgeschlossen werden, dass der EuGH die Richtlinie im Sinne eines möglichst weitreichenden und effektiven Verbraucherschutzes versteht und damit auch anders gerichtete Austauschverhältnisse (nämlich „C2B") in den Wortlaut einbezieht. Dann würden die folgenden Ausführungen auch auf die hier in Rede stehenden Grundstücksnutzungsverträge Anwendung finden. 209

Letztlich muss in der derzeitigen Situation jeder WEA-Projektierer für sich entscheiden, wie er mit dem durch die o. g. Unsicherheit begründeten „Restrisiko" umgeht, ob er also vorsichtshalber weiterhin Widerrufsbelehrungen erteilt (deren Anforderungen sich dann nach den hier folgenden Ausführungen richten) oder ob er hiervon für Vertragsschlüsse ab dem 13.6.2014 absieht, weil er sich auf den Standpunkt stellt, dass der Anwendungsbereich der neuen Regelungen mangels „entgeltlicher Leistung des Unternehmers" nicht eröffnet ist. 210

Sofern sich ein WEA-Projektierer in dieser Situation dafür entscheidet, vorsichtshalber weiterhin Widerrufsbelehrungen zu erteilen, empfiehlt es sich, in einem Zusatz ausdrücklich klar zu stellen, dass kein vertragliches Widerrufsrecht eingeräumt werden soll, sondern die Belehrung lediglich für den Fall erfolgt, dass die künftige höchstrichterliche Rechtsprechung eine Belehrungspflicht bejaht. Zudem sollte das Muster-Widerrufsformular (→ Kapitel 3, Rn. 223) unter Berücksichtigung der Gestaltungshinweise Ziff. 1a und 6 verwendet werden, wobei sowohl der Text als auch die Formatierung unverändert übernommen werden sollten, um die **Gesetzlichkeitsfiktion** nach Art. 246a § 1 Abs. 2 S. 2 EGBGB zu begründen. Danach kann sich der Verbraucher dann nicht auf ggf. in der Muster-Widerrufsbelehrung vorhandene Belehrungsfehler berufen, wenn der Unternehmer das Muster-Widerrufsformular unverändert übernommen hat.

(cc) Außerhalb von Geschäftsräumen. Das neue Widerrufsrecht findet sodann nach den §§ 312g Abs. 1, 312b Abs. 1 BGB nur auf solche Verträge Anwendung, die außerhalb von Geschäftsräumen geschlossen wurden. Eine Definition von „außerhalb von Geschäftsräumen geschlossenen Verträgen" findet sich in der neuen Fassung des § 312b Abs. 1 BGB. 211

> **§ 312b Abs. 1 BGB:**
> „Außerhalb von Geschäftsräumen geschlossene Verträge sind Verträge,
> 1. die bei gleichzeitiger körperlicher Anwesenheit des Verbrauchers und des Unternehmers an einem Ort geschlossen werden, der kein Geschäftsraum des Unternehmers ist,
> 2. für die der Verbraucher unter den in Nummer 1 genannten Umständen ein Angebot abgegeben hat,
> 3. die in den Geschäftsräumen des Unternehmers oder durch Fernkommunikationsmittel geschlossen werden, bei denen der Verbraucher jedoch unmittelbar zuvor außerhalb der Geschäftsräume des Unternehmers bei gleichzeitiger körperlicher Anwesenheit des Verbrauchers und des Unternehmers persönlich und individuell angesprochen wurde, oder
> 4. die auf einem Ausflug geschlossen werden, der von dem Unternehmer oder mit seiner Hilfe organisiert wurde, um beim Verbraucher für den Verkauf von Waren oder die Erbringung von Dienstleistungen zu werben und mit ihm entsprechende Verträge abzuschließen."

Im Gegensatz zur alten Rechtslage ist nunmehr grundsätzlich unerheblich, wo ein Vertrag angebahnt wurde, entscheidend ist der Vertragsschluss bzw. die Angebotsabgabe des Verbrauchers außerhalb der Geschäftsräume. 212

---

[853] Vgl. BT-Drs. 17/13951, S. 72.

Einzige Ausnahmen hierzu sind die Vorschrift des § 312b Abs. 1 Nr. 3 BGB, nach der auch Vertragsschlüsse, die in den Geschäftsräumen des Unternehmers zustande kommen, erfasst werden, wenn der Verbraucher unmittelbar zuvor persönlich und individuell vom Unternehmer angesprochen wurde und die Vorschrift des § 312b Abs. 1 Nr. 4 BGB, wenn der Vertrag bei einem vom Unternehmer zum Verkauf bestimmten Ausflug zustande kam.

213 Der Verbraucher soll hierdurch vor der Ausnutzung von **Überraschungsmomenten** seitens des Unternehmers geschützt werden. Durch § 312b Abs. 1 S. 2 BGB besteht ein Widerrufsrecht weiterhin auch, wenn eine dritte Person im Auftrag oder im Namen des Unternehmers handelt.

214 Die früheren Haustürgeschäfte, also Geschäfte, die durch mündliche Verhandlungen am Arbeitsplatz oder im Bereich einer **privaten Wohnung** zustande kommen, sind auch weiterhin in den neuen Vorschriften inbegriffen. Im Gegensatz zur früheren Regelung werden jetzt aber auch Fälle erfasst, in denen der Verbraucher den Unternehmer zuvor für einen Besuch bestellt hat.[854]

215 Der Begriff der Geschäftsräume wird in § 312b Abs. 2 BGB definiert. Geschäftsräume sind danach unbewegliche Gewerberäume, in denen der Unternehmer seine Tätigkeit dauerhaft ausübt, aber auch bewegliche Gewerberäume, in denen die unternehmerische Tätigkeit gewöhnlich ausgeübt wird.

216 **(dd) Ausnahmetatbestände.** Ein Widerrufsrecht besteht auch bei Vorliegen der oben dargestellten Voraussetzungen nicht in jedem Fall, es gelten vielmehr zahlreiche Ausnahmebestimmungen, insbesondere folgende:

> „§ 312 Abs. 2 BGB:
> Von den Vorschriften der Kapitel 1 und 2 dieses Untertitels ist nur § 312a Absatz 1, 3, 4 und 6 auf folgende Verträge anzuwenden:
> 1. notariell beurkundete Verträge,
>   a) über Finanzdienstleistungen, die außerhalb von Geschäftsräumen geschlossen werden,
>   b) die keine Verträge über Finanzdienstleistungen sind; für Verträge, für die das Gesetz die notarielle Beurkundung des Vertrags oder einer Vertragserklärung nicht vorschreibt, gilt dies nur, wenn der Notar darüber belehrt, dass die Informationspflichten nach § 312d Absatz 1 und das Widerrufsrecht nach § 312g Absatz 1 entfallen,
> 2. Verträge über die Begründung, den Erwerb oder die Übertragung von Eigentum oder anderen Rechten an Grundstücken,"

217 Ist die auf den Vertragsschluss gerichtete Willenserklärung des Verbrauchers notariell beurkundet, entsteht nach dieser Vorschrift also kein Widerrufsrecht des Verbrauchers, wenn die **notarielle Beurkundung** gesetzlich vorgeschrieben ist oder – falls die notarielle Beurkundung nicht vorgeschrieben ist – wenn eine Belehrung des Notars über den Wegfall der Informationspflichten und des Widerrufsrechts erfolgt ist.

218 Hintergrund dieses Ausnahmetatbestands ist die – im Regelfall auch tatsächlich zutreffende – Erwägung, dass dem Verbraucher genügend Bedenkzeit bleibt, bis seine Willenserklärung notariell beurkundet wird (gem. § 17 Abs. 2a Nr. 2 BeurkG soll der Notar darauf hinwirken, dass der Verbraucher ausreichend Gelegenheit erhält, sich vorab mit dem Gegenstand der Beurkundung auseinander zu setzen) und dass er auch durch die in § 17 Abs. 1 BeurkG geregelte Belehrungspflicht des Notars hinreichend vor der Gefahr der Überforderung in seiner rechtsgeschäftlichen Entscheidungsfreiheit geschützt ist.[855]

219 Ein Problemfall in diesem Zusammenhang sind notariell beurkundete **Verbrauchervollmachten**, die außerhalb von Geschäftsräumen erteilt worden sind.[856] Insofern kann auf die Diskussion zu § 312 Abs. 1 BGB a. F. verwiesen werden, wo diese Frage kontrovers diskutiert wird.[857]

---

[854] *Michael*, in: Staudinger, Eckpfeiler des Zivilrechts, Rn. 39b.
[855] Vgl. Begründung, BT-Drs. 10/2876, S. 12 rechte Spalte.
[856] Sog. „haustürinitiierte Verbrauchervollmachten".
[857] S. z. B. Darstellung bei *Masuch,* in: MüKoBGB, § 312 Rn. 121 ff.

Weiterhin besteht ein Widerrufsrecht auch dann nicht, wenn Verträge über die Begründung, 220
den Erwerb oder die Übertragung von Eigentum oder anderen Rechten an Grundstücken
geschlossen werden.

Dieser Ausnahmetatbestand ist für die hier behandelten Verträge relevant, wenn – wie üblich
– nicht nur ein schuldrechtlicher Anspruch auf Nutzung des Grundstücks eingeräumt wird,
sondern auch dingliche Nutzungsrechte (üblicherweise beschränkte persönliche Dienstbarkeiten
mit korrespondierenden Vormerkungen) vereinbart werden. Bezogen auf diese Regelungen
besteht nach dem Wortlaut von § 312 Abs. 2 Nr. 2 BGB kein gesetzliches Widerrufsrecht des
Verbrauchers mehr.

Des Weiteren ist der Vollständigkeit halber auch auf die zahlreichen Ausnahmebestimmun- 221
gen der §§ 312g Abs. 2 und 3 und 312 Abs. 2 bis 6 BGB hinzuweisen, auf die hier aber nicht
weiter eingegangen werden muss, da sie nicht in unmittelbarem Zusammenhang mit den hier
dargestellten Nutzungsverträgen stehen.

(ee) Belehrungspflichten des Unternehmers. Liegt nach den genannten Maßgaben ein Ge- 222
schäft vor, das außerhalb von Geschäftsräumen geschlossen wurde, ist die **ordnungsgemäße
Belehrung des Verbrauchers** über sein Widerrufsrecht durch seinen Vertragspartner von
entscheidender Bedeutung. Sie bestimmt die Dauer der Widerrufsfrist, ihren Beginn und das
Erlöschen des Widerrufsrechts, wobei durch die Gesetzesänderung nun gem. § 356 Abs. 3 S. 2
BGB ein Widerrufsrecht auch bei fehlender oder nicht ordnungsgemäßer Belehrung spätestens
zwölf Monate und zwei Wochen nach Vertragsschluss bzw. einem sonstigen Tatbestand i. S. v.
§ 356 Abs. 2 BGB erlischt.

Nach Art. 246a § 1 Abs. 2 EGBGB ist der Unternehmer verpflichtet, den Verbraucher über 223
die Bedingungen, die Fristen und das Verfahren für die Ausübung des Widerrufsrechts nach
§ 355 Abs. 1 BGB sowie über folgendes **Muster-Widerrufsformular** (abgedruckt als Anlage 2
zu Art. 246a § 1 Abs. 2 EGBGB) zu informieren:

Anhang zu Artikel 2 Nummer 7

Anlage 2
(zu Artikel 246a § 1 Absatz 2 Satz 1 Nummer 1 und § 2 Absatz 2 Nummer 2)

Muster für das Widerrufsformular

Muster-Widerrufsformular
(Wenn Sie den Vertrag widerrufen wollen, dann füllen Sie bitte dieses Formular aus und senden
Sie es zurück.)
- An [hier ist der Name, die Anschrift und gegebenenfalls die Telefaxnummer und E-Mail-Adresse
  des Unternehmers durch den Unternehmer einzufügen]:
- Hiermit widerrufe(n) ich/wir (*) den von mir/uns (*) abgeschlossenen Vertrag über den Kauf der
  folgenden Waren (*)/die Erbringung der folgenden Dienstleistung (*)
- Bestellt am (*)/erhalten am (*)
- Name des/der Verbraucher(s)
- Anschrift des/der Verbraucher(s)
- Unterschrift des/der Verbraucher(s) (nur bei Mitteilung auf Papier)
- Datum

_____

(*) Unzutreffendes streichen.

Als Anlage 1 zu Art. 246a § 1 Abs. 2 EGBGB hat der Gesetzgeber sodann wiederum eine 224
Muster-Widerrufsbelehrung zur Verfügung gestellt, durch deren Ausfüllung der Unternehmer die Widerrufsbelehrung rechtssicher erteilen kann, siehe Art. 246a § 1 Abs. 2 S. 2 EGBGB.
Diese Muster-Widerrufsbelehrung hat folgenden Wortlaut:

Anhang zu Artikel 2 Nummer 7
Anlage 1
(zu Artikel 246a § 1 Absatz 2 Satz 2)

Muster für die Widerrufsbelehrung
bei außerhalb von Geschäftsräumen geschlossenen Verträgen
und bei Fernabsatzverträgen mit Ausnahme von Verträgen über Finanzdienstleistungen

Widerrufsbelehrung

Widerrufsrecht

Sie haben das Recht, binnen vierzehn Tagen ohne Angabe von Gründen diesen Vertrag zu widerrufen. Die Widerrufsfrist beträgt vierzehn Tage ab dem Tag [1].

Um Ihr Widerrufsrecht auszuüben, müssen Sie uns ([2]) mittels einer eindeutigen Erklärung (z. B. ein mit der Post versandter Brief, Telefax oder E-Mail) über Ihren Entschluss, diesen Vertrag zu widerrufen, informieren. Sie können dafür das beigefügte Muster-Widerrufsformular verwenden, das jedoch nicht vorgeschrieben ist. [3]

Zur Wahrung der Widerrufsfrist reicht es aus, dass Sie die Mitteilung über die Ausübung des Widerrufsrechts vor Ablauf der Widerrufsfrist absenden.

Folgen des Widerrufs

Wenn Sie diesen Vertrag widerrufen, haben wir Ihnen alle Zahlungen, die wir von Ihnen erhalten haben, einschließlich der Lieferkosten (mit Ausnahme der zusätzlichen Kosten, die sich daraus ergeben, dass Sie eine andere Art der Lieferung als die von uns angebotene, günstigste Standardlieferung gewählt haben), unverzüglich und spätestens binnen vierzehn Tagen ab dem Tag zurückzuzahlen, an dem die Mitteilung über Ihren Widerruf dieses Vertrags bei uns eingegangen ist. Für diese Rückzahlung verwenden wir dasselbe Zahlungsmittel, das Sie bei der ursprünglichen Transaktion eingesetzt haben, es sei denn, mit Ihnen wurde ausdrücklich etwas anderes vereinbart; in keinem Fall werden Ihnen wegen dieser Rückzahlung Entgelte berechnet. [4]

Gestaltungshinweise:

[1] Fügen Sie einen der folgenden in Anführungszeichen gesetzten Textbausteine ein:
a) im Falle eines Dienstleistungsvertrags oder eines Vertrags über die Lieferung von Wasser, Gas oder Strom, wenn sie nicht in einem begrenzten Volumen oder in einer bestimmten Menge zum Verkauf angeboten werden, von Fernwärme oder von digitalen Inhalten, die nicht auf einem körperlichen Datenträger geliefert werden: „des Vertragsabschlusses.";
b) im Falle eines Kaufvertrags: „, an dem Sie oder ein von Ihnen benannter Dritter, der nicht der Beförderer ist, die Waren in Besitz genommen haben bzw. hat.";
c) im Falle eines Vertrags über mehrere Waren, die der Verbraucher im Rahmen einer einheitlichen Bestellung bestellt hat und die getrennt geliefert werden: „, an dem Sie oder ein von Ihnen benannter Dritter, der nicht der Beförderer ist, die letzte Ware in Besitz genommen haben bzw. hat.";
d) im Falle eines Vertrags über die Lieferung einer Ware in mehreren Teilsendungen oder Stücken: „, an dem Sie oder ein von Ihnen benannter Dritter, der nicht der Beförderer ist, die letzte Teilsendung oder das letzte Stück in Besitz genommen haben bzw. hat.";
e) im Falle eines Vertrags zur regelmäßigen Lieferung von Waren über einen festgelegten Zeitraum hinweg: „, an dem Sie oder ein von Ihnen benannter Dritter, der nicht der Beförderer ist, die erste Ware in Besitz genommen haben bzw. hat."

[2] Fügen Sie Ihren Namen, Ihre Anschrift und, soweit verfügbar, Ihre Telefonnummer, Telefaxnummer und E-Mail-Adresse ein.

[3] Wenn Sie dem Verbraucher die Wahl einräumen, die Information über seinen Widerruf des Vertrags auf Ihrer Webseite elektronisch auszufüllen und zu übermitteln, fügen Sie Folgendes ein: „Sie können das Muster-Widerrufsformular oder eine andere eindeutige Erklärung auch auf unserer Webseite [Internet-Adresse einfügen] elektronisch ausfüllen und übermitteln. Machen Sie von dieser Möglichkeit Gebrauch, so werden wir Ihnen unverzüglich (z. B. per E-Mail) eine Bestätigung über den Eingang eines solchen Widerrufs übermitteln."

[4] Im Falle von Kaufverträgen, in denen Sie nicht angeboten haben, im Falle des Widerrufs die Waren selbst abzuholen, fügen Sie Folgendes ein: „Wir können die Rückzahlung verweigern, bis wir die Waren wieder zurückerhalten haben oder bis Sie den Nachweis erbracht haben, dass Sie die Waren zurückgesandt haben, je nachdem, welches der frühere Zeitpunkt ist."

[5] Wenn der Verbraucher Waren im Zusammenhang mit dem Vertrag erhalten hat:
f) Fügen Sie ein:
  – „Wir holen die Waren ab." oder
  – „Sie haben die Waren unverzüglich und in jedem Fall spätestens binnen vierzehn Tagen ab dem Tag, an dem Sie uns über den Widerruf dieses Vertrags unterrichten, an … uns oder an [hier sind gegebenenfalls der Name und die Anschrift der von Ihnen zur Entgegennahme der Waren ermächtigten Person einzufügen] zurückzusenden oder zu übergeben. Die Frist ist gewahrt, wenn Sie die Waren vor Ablauf der Frist von vierzehn Tagen absenden."
g) fügen Sie ein:
  – „Wir tragen die Kosten der Rücksendung der Waren.";
  – „Sie tragen die unmittelbaren Kosten der Rücksendung der Waren.";
  – Wenn Sie bei einem Fernabsatzvertrag nicht anbieten, die Kosten der Rücksendung der Waren zu tragen, und die Waren aufgrund ihrer Beschaffenheit nicht normal mit der Post zurückgesandt werden können: „Sie tragen die unmittelbaren Kosten der Rücksendung der Waren in Höhe von … EUR [Betrag einfügen].", oder, wenn die Kosten vernünftigerweise nicht im Voraus berechnet werden können: „Sie tragen die unmittelbaren Kosten der Rücksendung der Waren. Die Kosten werden auf höchstens etwa … EUR [Betrag einfügen] geschätzt." oder
  – Wenn die Waren bei einem außerhalb von Geschäftsräumen geschlossenen Vertrag aufgrund ihrer Beschaffenheit nicht normal mit der Post zurückgesandt werden können und zum Zeitpunkt des Vertragsschlusses zur Wohnung des Verbrauchers geliefert worden sind: „Wir holen die Waren auf unsere Kosten ab." und
h) fügen Sie ein: „Sie müssen für einen etwaigen Wertverlust der Waren nur aufkommen, wenn dieser Wertverlust auf einen zur Prüfung der Beschaffenheit, Eigenschaften und Funktionsweise der Waren nicht notwendigen Umgang mit ihnen zurückzuführen ist."
[6] Im Falle eines Vertrags zur Erbringung von Dienstleistungen oder der Lieferung von Wasser, Gas oder Strom, wenn sie nicht in einem begrenzten Volumen oder in einer bestimmten Menge zum Verkauf angeboten werden, oder von Fernwärme fügen Sie Folgendes ein: „Haben Sie verlangt, dass die Dienstleistungen oder Lieferung von Wasser/Gas/Strom/Fernwärme [Unzutreffendes streichen] während der Widerrufsfrist beginnen soll, so haben Sie uns einen angemessenen Betrag zu zahlen, der dem Anteil der bis zu dem Zeitpunkt, zu dem Sie uns von der Ausübung des Widerrufsrechts hinsichtlich dieses Vertrags unterrichten, bereits erbrachten Dienstleistungen im Vergleich zum Gesamtumfang der im Vertrag vorgesehenen Dienstleistungen entspricht."

Erfolgt eine ordnungsgemäße Belehrung über das Bestehen des Widerrufsrechts, beginnt die zweiwöchige **Widerrufsfrist** mit Vertragsschluss, soweit nichts anderes bestimmt ist (§ 355 Abs. 2 S. 2 BGB). Nach § 356 Abs. 3 BGB beginnt die Widerrufsfrist jedoch nicht, bevor der Unternehmer den Verbraucher entsprechend den Anforderungen des Artikels 246a § 1 Absatz 2 Satz 1 Nummer 1 oder des Artikels 246b § 2 Absatz 1 EGBGB unterrichtet hat. Bei nicht oder nicht ordnungsgemäßer Belehrung über das Widerrufsrecht erlischt dieses wie ausgeführt zwölf Monate und zwei Wochen nach Vertragsschluss bzw. bei Vorliegen eines sonstigen Tatbestands i. S. v. § 356 Abs. 2 BGB gemäß § 356 Abs. 3 S. 2 BGB. 225

Bei außerhalb von Geschäftsräumen geschlossenen Verträgen hat der Unternehmer sodann die gegenüber dem Verbraucher nach § 312d Abs. 1 BGB i. V. m. Art. 246a EGBGB bestehenden umfangreichen Informationspflichten zu erfüllen. Diese Informationen betreffen Angaben über die Identität des Unternehmers, die wesentlichen Produkteigenschaften, die Dauer des Vertrags, die Auflistung der Gesamtkosten etc. Im Einzelnen wird auf den Gesetzeswortlaut verwiesen. 226

Inwieweit man sich darauf berufen kann, dass bei Grundstücksnutzungsverträgen der hier behandelten Art Informationspflichten – mangels zu beschreibender Waren und Leistungen – nicht entstehen, ist offen, da es hierzu noch keine Rechtsprechung gibt. Nach der hier vertretenen Ansicht entstehen die Informationspflichten für diese Verträge bereits deshalb nicht, weil der Unternehmer keine entgeltliche Leistung erbringt (→ Kap. 3 Rn. 203 ff.).

(ff) Folgen des Widerrufs. Erfolgt der Widerruf fristgerecht, ist der Verbraucher an seine auf den Vertragsschluss gerichtete Erklärung nicht mehr gebunden. Der Nutzungsvertrag wandelt sich in diesem Fall in ein Rückabwicklungsverhältnis mit Wirkung *ex nunc,* d. h. nicht rückwirkend, sondern ab dem Zeitpunkt der Erklärung des Widerrufs. Gem. § 355 Abs. 3 S. 1 BGB 227 sind die empfangenen Leistungen nach erfolgtem Widerruf unverzüglich zurück zu gewähren; die Einzelheiten der Rückabwicklung regelt § 357 BGB.

228–247 *weggefallen*

g) Dingliche Sicherung und Baulasten

248 Regelmäßig erfolgt neben der rein schuldrechtlichen Sicherung der windenergetischen Grundstücksnutzung durch privatrechtlichen Nutzungsvertrag die dingliche Sicherung dieses Benutzungsrechts durch Eintragung in das Grundbuch des Vertragsgrundstücks. Eine derartige dingliche Sicherung wird üblicherweise explizit als Voraussetzung für die Auszahlung des Investitionsdarlehens seitens der Finanzierungsbank des Nutzers gefordert, wobei hier Unterschiede bestehen – z. T. wird die dingliche Sicherung sämtlicher für das Windenergieprojekt benötigter Flurstücke gefordert, z. T. wird bei besonders langen externen Kabeltrassen auf den Nachweis der dinglichen Sicherung verzichtet.[858]

249 Die **dingliche Sicherung** eines Grundstücksbenutzungsrechts ist in jedem Fall ratsam. Denn ein privatrechtliches Vertragsverhältnis besteht grundsätzlich lediglich zwischen den vertragsabschließenden Beteiligten (sog. Relativität der Schuldverhältnisse).[859] Das dingliche Recht zeichnet sich hingegen durch Wirksamkeit gegenüber jedermann aus (dazu im Einzelnen sogleich).

250 Auch wenn üblicherweise die Sicherung des Grundstücksbenutzungsrechts durch schuldrechtlichen Nutzungsvertrag **und** Eintragung von Grundbuchrechten erfolgt, ist darauf hinzuweisen, dass ein Grundbuchrecht nicht zwangsläufig eines zugrundeliegenden schuldrechtlichen Nutzungsvertrags bedarf. Ein Grundbuchrecht kann also auch isoliert in das Grundbuch eingetragen werden, was aus Sicht des Gesetzgebers sogar den Regelfall darstellt. Dies hat den Vorteil, dass grundsätzlich rechtliche Probleme des schuldrechtlichen Nutzungsvertrags oder auch eine vorzeitige Beendigung des Nutzungsvertrags nicht auf die Grundbucheintragung bzw. das dinglich gesicherte Nutzungsrecht „durchschlagen" und in diesen Zusammenhängen dann auch kein Anspruch auf Löschung der Grundbucheintragung sowie auf Beendigung der Grundstücksnutzung entsteht.

250a In der Praxis mittlerweile durchgesetzt hat sich nach unserem Eindruck folgende Regelung: Im Grundstücksnutzungsvertrag wird weiterhin vereinbart, dass die Grundbuchrechte zugunsten des Nutzers zur Absicherung seiner Rechte aus dem Grundstücksnutzungsvertrag eingetragen werden; es wird also zunächst ein Gleichlauf zwischen schuldrechtlichem Nutzungsvertrag und dinglichen Rechten hergestellt. Allerdings wird zugleich vereinbart, dass, falls der Grundstücksnutzungsvertrag im Fall der Insolvenz des Grundstückseigentümers oder bei Zwangsversteigerung des Vertragsgrundstücks durch den Ersteher auf der Grundlage der gesetzlichen Sonderkündigungsrechte (§ 111 InsO bzw. § 57a ZVG) gekündigt wird, das Nutzungsverhältnis sich allein auf der Grundlage der eingetragenen Grundbuchrechte fortsetzt und die Parteien in Ausübung dieser dinglichen Rechtsstellung sich in entsprechender Anwendung der Rechte und Pflichten aus dem – dann nicht mehr bestehenden – Grundstücksnutzungsvertrag behandelt werden. Eine solche Regelung, die als äußerst sachdienlich empfunden wird, dürfte wirksam sein; entgegenstehende Rechtsprechung ist bisher jedenfalls ersichtlich nicht ergangen.

251 Zwei Arten der dinglichen Grundstückssicherung sind für WEA-Projekte besonders üblich und geeignet: die **beschränkte persönliche Dienstbarkeit** und die **Grunddienstbarkeit.**

Diese Instrumente werden in der Regel für alle im Zusammenhang mit dem Windenergieprojekt benötigten Flächen und Nutzungen (Errichtung und Betreibung des WEA-Standorts, Errichtung und/oder Benutzung von Zuwegungen, Errichtung und Betreibung der Kabeltrasse, der Trafo- bzw. Übergabestation, Errichtung und Betreten von Montageflächen, Benutzung von Flächen als Rotorüberstreichfläche, Abstandsfläche, ggf. auch wirtschaftliche Freihaltefläche) eingesetzt. Möglich ist daneben die Eintragung einer öffentlich-rechtlichen Baulast (→ Kap. 3 Rn. 270 ff.).

---

[858] S. hierzu z. B. *Jenne/Rabenschlag*, in: Böttcher (Hrsg.), Handbuch Windenergie, Onshore-Projekte: Realisierung, Finanzierung, Recht und Technik, S. 51 f.

[859] *Grünberg*, in: Palandt (Hrsg.), BGB, Einl. vor § 241 Rn. 5.

Im Folgenden werden die beschränkte persönliche Dienstbarkeit und die Grunddienstbarkeit vorgestellt:

aa) Beschränkte persönliche Dienstbarkeit. Die **beschränkte persönliche Dienstbarkeit** ist in den §§ 1090 ff. BGB geregelt. Ihr gesetzlicher Inhalt ist in § 1090 BGB wie folgt definiert:

> „**§ 1090 BGB: Gesetzlicher Inhalt der beschränkten persönlichen Dienstbarkeit.**
> (1) Ein Grundstück kann in der Weise belastet werden, dass derjenige, zu dessen Gunsten die Belastung erfolgt, berechtigt ist, das Grundstück in einzelnen Beziehungen zu benutzen, oder dass ihm eine sonstige Befugnis zusteht, die den Inhalt einer Grunddienstbarkeit bilden kann (beschränkte persönliche Dienstbarkeit).
> Die Vorschriften der §§ 1020 bis 1024, 1026 bis 1029, 1061 finden entsprechende Anwendung."

Aus § 1090 Abs. 1 BGB ergibt sich, dass die beschränkte persönliche Dienstbarkeit – im Gegensatz zur Grunddienstbarkeit (→ Kap. 3 Rn. 258 ff.) – zugunsten eines jeden beliebigen Dritten eingetragen werden kann; eine Verknüpfung zwischen einem „herrschenden" und einem „dienenden" Grundstück findet hierbei also nicht statt.

Aufgrund des Verweises in § 1090 Abs. 2 BGB auf § 1027 BGB kann der Inhaber einer beschränkten persönlichen Dienstbarkeit aus eigenem Recht unmittelbar gegenüber Dritten, die ihn bei der Ausübung seiner Rechte stören, die Störungsbeseitigungs- und -Unterlassungsansprüche aus dem Eigentum (§ 1004 BGB) geltend machen (→ Kap. 3 Rn. 266).

Üblicherweise wird das Finanzierungsinstitut von dem Nutzer fordern, dass seine beschränkte persönliche Dienstbarkeit im ersten Rang (oder ausschließlich nach voreingetragenen Rechten, die die Ausübung der Dienstbarkeit nicht stören) eingetragen wird und unmittelbar im Rang danach – mit Gleichrang untereinander – eine inhaltsgleiche **Vormerkung** zugunsten des Finanzierungsinstituts sowie eine weitere inhaltsgleiche Vormerkung zugunsten eines Dritten. Beide Vormerkungen dienen dazu, denjenigen abzusichern, der anstelle des derzeitigen Grundstücksnutzers ggf. in den Nutzungsvertrag eintritt.

Die Eintragung der **Vormerkungen** ist erforderlich, da die beschränkte persönliche Dienstbarkeit grundsätzlich nicht übertragbar ist, § 1092 Abs. 1 BGB. Eine einzige Ausnahme gilt allerdings nach § 1092 Abs. 3 S. 1 BGB: Wenn der Inhaber der beschränkten persönlichen Dienstbarkeit eine juristische Person oder eine rechtsfähige Personengesellschaft ist und wenn der Inhalt der Dienstbarkeit darin besteht, „ein Grundstück für Anlagen zur Fortleitung von Elektrizität, Gas, Fernwärme, Wasser, Abwasser, Öl oder Rohstoffen einschließlich aller dazugehörigen Anlagen, die der Fortleitung unmittelbar dienen (…)" zu benutzen, ist die beschränkte persönliche Dienstbarkeit auf einen Dritten übertragbar. Festzuhalten ist, dass diese Ausnahme sich ausdrücklich lediglich auf Anlagen zur Fortleitung erstreckt; aufgrund des insoweit eindeutigen Wortlauts kommt eine analoge Anwendung dieser Regelung auf Anlagen zur Erzeugung nicht in Betracht.[860]

Hiervon unabhängig kann die Ausübung der beschränkten persönlichen Dienstbarkeit einem anderen überlassen werden, wenn die Überlassung durch den Grundstückseigentümer gestattet ist (§ 1092 Abs. 1 S. 2 BGB), wenn dies also mit dem Grundstückseigentümer vereinbart ist. Hierauf sollte unbedingt geachtet werden.

bb) Grunddienstbarkeit. Die **Grunddienstbarkeit** ist in den §§ 1018 ff. BGB geregelt. Ihr gesetzlicher Inhalt ist in § 1018 BGB wie folgt definiert:

> „**§ 1018 BGB. Gesetzlicher Inhalt der Grunddienstbarkeit.**
> Ein Grundstück kann zugunsten des jeweiligen Eigentümers eines anderen Grundstücks in der Weise belastet werden, dass dieser das Grundstück in einzelnen Beziehungen benutzen darf oder dass auf dem Grundstück gewisse Handlungen nicht vorgenommen werden dürfen oder dass die Ausübung eines Rechts ausgeschlossen ist, das sich aus dem Eigentum an dem belasteten Grundstück dem anderen Grundstück gegenüber ergibt (Grunddienstbarkeit)."

---

[860] OLG München, Beschl. v. 20.11.2012 – 34 Wx 91/12.

259 Die Vereinbarung einer Grunddienstbarkeit setzt demzufolge voraus, dass es ein Grundstück gibt, das belastet wird (sog. **„dienendes Grundstück"**) und ein Grundstück, für das diese Belastung einen Vorteil bietet (sog. **„herrschendes Grundstück"**). Anderenfalls ist die Grunddienstbarkeit unwirksam, s. hierzu § 1019 BGB.

260 Herrschendes und dienendes Grundstück müssen nicht benachbart sein. Es liegt allerdings in der Natur der Sache, dass eine gewisse räumliche Nähe in der Regel erforderlich sein wird, weil sich sonst kein Nutzen für das herrschende Grundstück ergeben kann.

261 Für das Vorliegen einer Nützlichkeit in diesem Sinne ist es erforderlich, aber auch ausreichend, dass die Grunddienstbarkeit dem jeweiligen Eigentümer im Hinblick auf die vereinbarte Benutzung des herrschenden Grundstücks einen wirtschaftlichen Vorteil vermittelt. Die Nützlichkeit des dienenden Grundstücks bestimmt sich dabei anhand eines objektiven Maßstabs, wobei diese nach dessen Lage, Beschaffenheit oder Zweckbestimmung – soweit sie sich aus der Dienstbarkeitsbestellung ergibt – zu beurteilen ist.[861]

262 Ein mittelbarer wirtschaftlicher Vorteil ist ausreichend, wobei unerheblich ist, ob der Vorteil für das herrschende Grundstück selbst, ein darauf befindliches Wohngebäude oder einen Gewerbebetrieb auf dem Grundstück besteht. Der Vorteil muss sich allerdings gerade aus der allgemeinen Grundstückssituation des herrschenden Grundstücks in Verbindung mit dem mit der Grunddienstbarkeitsbestellung verfolgten Zweck ergeben. Nicht ausreichend sind Vorteile nur für den Eigentümer persönlich sowie Vorteile nur für ein weiteres Grundstück des Eigentümers des herrschenden Grundstücks.[862]

263 Dient die Grunddienstbarkeit einem Gewerbebetrieb, muss das herrschende Grundstück für das Gewerbe besonders eingerichtet sein oder werden und von gewisser Dauer sein.[863]

264 Ein Vorteil für das herrschende Grundstück ist z.B. gegeben, wenn durch die Kabelverlegung die Energieversorgung des Grundstücks sichergestellt werden soll.[864]

265 Nach alledem wird in der Praxis die Grunddienstbarkeit dergestalt eingesetzt, dass eine Besicherung der Kabeltrassengrundstücke (als dienende Grundstücke) zugunsten des Grundstücks, auf dem die angeschlossene WEA errichtet wird (als herrschendes Grundstück) erfolgt. Darüber hinaus sind – je nach Einzelfall – aber durchaus auch weitere Konstellationen denkbar, in denen die Besicherung mittels Grunddienstbarkeit in Betracht kommt.

266 Die durch die Grunddienstbarkeit eingeräumten Rechte sind dinglicher Natur und wirken somit gegenüber jedermann. Deshalb stehen dem Berechtigten bei Beeinträchtigung der Grunddienstbarkeit gemäß § 1027 BGB die Abwehransprüche eines Eigentümers gegenüber Störern nach § 1004 BGB zu. Auch Schadensersatzansprüche nach § 823 Abs. 1 BGB kann der Eigentümer des herrschenden Grundstücks gegenüber Störern geltend machen.[865] Außerdem hat er gegen den Eigentümer des dienenden Grundstücks einen Schadensersatzanspruch aus § 280 Abs. 1 BGB, sollte der Eigentümer Pflichten aus der Grunddienstbarkeit verletzen.[866]

267 Die Grunddienstbarkeit entsteht wie alle dinglichen Rechte an einem Grundstück durch Einigung über die Belastung und deren Eintragung in das Grundbuch gemäß § 873 Abs. 1 BGB.

268 *einstweilen frei*

269 Die Errichtung eines Windenergieprojekts auf der Grundlage eingetragener Grunddienstbarkeiten hat den Effekt, dass die Anlagen, die auf dem dienenden Grundstück errichtet werden, per se nicht Bestandteil des Grundstücks werden, sondern sonderrechtsfähig bleiben. Daher kann der Eigentümer der Anlagen sie rechtssicher an den Kreditgeber sicherungsübereignen.[867]

270 **cc) Baulast.** In der Praxis erleben wir immer wieder, dass WEA-Projektierer, -Errichter oder -Betreiber in den verschiedensten Konstellationen mit der Rechtsfigur der **Baulast** konfrontiert werden. Aufgrund des engen zivilrechtlichen Bezugs der – eigentlich im öffentlichen Recht

---

[861] *BGH*, Urt. v. 17.3.1967 – V ZR 67/64.
[862] *Bassenge*, in: Palandt (Hrsg.), § 1019 BGB Rn. 2.
[863] BGHZ 44, 171 (174).
[864] *Kappler*, ZNotP 2007, 257 (259 f.).
[865] *Weber*, Sachenrecht, § 18 Rn. 21.
[866] *Weber*, Sachenrecht, § 18 Rn. 21.
[867] *Mayer*, in: Staudinger (2009), BGB, § 1018 Rn. 104a.

angesiedelten – Baulast sollen daher im Folgenden ihr Wesen und einige immer wiederkehrende Problematiken dargestellt werden.

Die Baulast ist im Einzelnen in den Bauordnungen der Bundesländer geregelt (mit Ausnahme von Bayern und Brandenburg, die diese Rechtsfigur nicht kennen[868]). 271

In der Sächsischen Bauordnung (SächsBO), dort § 83, findet sich z. B. die folgende Definition der Baulast:

> **§ 83 Baulasten, Baulastenverzeichnis**
> 1) Durch Erklärung gegenüber der Bauaufsichtsbehörde können Grundstückseigentümer öffentlich-rechtliche Verpflichtungen zu einem ihre Grundstücke betreffenden Tun, Dulden oder Unterlassen übernehmen, die sich nicht schon aus öffentlich-rechtlichen Vorschriften ergeben. Baulasten werden unbeschadet der Rechte Dritter mit der Eintragung in das Baulastenverzeichnis wirksam und wirken auch gegenüber Rechtsnachfolgern.
> 2) Die Erklärung nach Absatz 1 bedarf der Schriftform. Die Unterschrift muss öffentlich beglaubigt oder vor der Bauaufsichtsbehörde geleistet oder von ihr anerkannt werden.
> 3) Die Baulast geht durch schriftlichen Verzicht der Bauaufsichtsbehörde unter. Der Verzicht ist zu erklären, wenn ein öffentliches Interesse an der Baulast nicht mehr besteht. Vor dem Verzicht sollen der Verpflichtete und die durch die Baulast Begünstigten angehört werden. Der Verzicht wird mit der Löschung der Baulast im Baulastenverzeichnis wirksam.
> 4) Das Baulastenverzeichnis wird von der Bauaufsichtsbehörde geführt. In das Baulastenverzeichnis können auch eingetragen werden
>   1. andere baurechtliche Verpflichtungen des Grundstückseigentümers zu einem sein Grundstück betreffendes Tun, Dulden oder Unterlassen und
>   2. Auflagen, Bedingungen, Befristungen und Widerrufsvorbehalte.
> 5) Wer ein berechtigtes Interesse hat, kann in das Baulastenverzeichnis Einsicht nehmen oder sich Abschriften erteilen lassen."

Der Zweck der Baulast liegt darin, eine Grundstücksbebauung zu ermöglichen, die anderenfalls aufgrund von öffentlich-rechtlichen Hindernissen, die sich auf das Grundstück beziehen, nicht zulässig wäre. 272

Im Bereich der Planung von Windenergieprojekten spielen Baulasten zumeist als **Erschließungsbaulast** oder als **Vereinigungsbaulast** eine Rolle. Die Erschließungsbaulast sichert die Erschließung des Baugrundstücks durch Wegebaulasten an den für die Erschließung in Anspruch genommenen Grundstücken, während die Vereinigungsbaulast es ermöglicht, eine WEA grenzüberschreitend zu errichten, indem durch die Eintragung der Baulast zwei Grundstücke faktisch vereinigt werden. 273

Von erheblicher praktischer Bedeutung ist daneben die **Abstandsflächenbaulast**. Eine solche kommt immer dann in Betracht, wenn die von einer WEA einzuhaltende baurechtliche Abstandsfläche nicht vollständig auf dem Baugrundstück selbst liegt, sondern sich auch auf angrenzende Grundstücke erstreckt. In einem solchen Fall sichert eine Abstandsflächenbaulast auf dem betreffenden angrenzenden Grundstück, dass in einem bestimmten (bei Bestellung der Baulast konkret zu definierenden) Bereich das Grundstück von einer eigenen Bebauung freigehalten wird. Der Eigentümer des mit der Baulast belasteten Grundstücks stellt damit faktisch einen Teil dieses Grundstücks für die Realisierung des Bauvorhabens auf dem begünstigten Grundstück zur Verfügung. 274

Die SächsBO beispielsweise regelt dies in § 6 Abs. 2 Satz 2 i. V. m. § 2 Abs. 11 wie folgt:

> **§ 6 Abs. 2 Satz 2:** „Abstandsflächen (…) dürfen sich ganz oder teilweise auf andere Grundstücke erstrecken, wenn rechtlich gesichert ist, dass sie nicht überbaut werden."

---

[868] In Brandenburg wird anstelle der Eintragung einer Baulast in der Regel entweder die Bestellung von Grunddienstbarkeiten bzw. beschränkten persönlichen Dienstbarkeiten für die Bauaufsichtsbehörde oder eine schriftliche, gegenüber der Bauaufsichtsbehörde abzugebende Erklärung zur Übernahme von Abstandsflächen gefordert. In Bayern ist es hingegen üblich, zwei Dienstbarkeiten zu bestellen (eine Grunddienstbarkeit zugunsten des jeweiligen Grundstückseigentümers und eine beschränkte persönliche Dienstbarkeit für die Genehmigungsbehörde).

> **§ 2 Abs. 11:** „Eine rechtliche Sicherung liegt vor, wenn das zu sichernde Recht oder die rechtliche Verpflichtung als Grunddienstbarkeit (§ 1018 BGB) und als beschränkte persönliche Dienstbarkeit (§ 1090 BGB) zugunsten der Bauaufsichtsbehörde im Grundbuch eingetragen ist oder wenn dafür eine Baulast übernommen worden ist."

275 Die Baulast hat stets einen **öffentlich-rechtlichen Charakter** und begründet ein Rechtsverhältnis allein zwischen der Bauaufsichtsbehörde und dem Eigentümer des belasteten Grundstücks.[869] Damit ist sie ein öffentlich-rechtliches Sicherungsmittel. Aus diesem Grund ist die Baulast auch zwangsversteigerungs- und insolvenzfest.[870]

276 Die Baulast begründet nach alledem per se keine zivilrechtliche Befugnis zur Benutzung des mit der Baulast belasteten Grundstücks für ein bestimmtes Vorhaben. Hierfür ist in der Regel eine gesonderte privatrechtliche Nutzungsvereinbarung zwischen den Parteien, also zwischen dem Bauherrn des Vorhabens, zu dessen Gunsten die Baulast bestellt wird, und dem Eigentümer des Grundstücks, zu dessen Lasten die Baulast bestellt wird, erforderlich.

277 An dieser Stelle soll auf folgendes Problem hingewiesen werden: Aus keiner Rechtsvorschrift ergibt sich, dass die Sicherung baurechtlicher Abstandsflächen auf angrenzenden Flurstücken einer privatrechtlichen Nutzungsvereinbarung mit dem betreffenden Nachbarn bedarf; allein durch das Entfallen von baurechtlicher Abstandsfläche auf ein Grundstück findet nämlich eine Nutzung des Grundstücks im Sinne einer Miete oder Pacht nicht statt (→ Kap. 3 Rn. 5).

278 Problematisch stellt sich auch folgender Aspekt dar: In der Regel wird zwar eine Baulast nur auf der Grundlage einer privatrechtlichen Nutzungsvereinbarung bestellt, die auch ein Entgelt für die Baulast regelt. Auf eine einmal eingetragene Abstandsflächenbaulast kann sich jedoch in einem Baugenehmigungsverfahren auch jeder Dritte berufen, der mit dem Eigentümer des mit der Baulast belasteten Grundstücks keinen privatrechtlichen Nutzungsvertrag geschlossen hat und ihm deshalb auch kein Entgelt zu zahlen braucht. Dies wird in der Praxis z. T. bewusst missbräuchlich ausgenutzt. In diesem Fall kann der Eigentümer des mit der Baulast belasteten Grundstücks die Bauaufsichtsbehörde auch nicht etwa dazu zwingen, die Baulast zu löschen, da die Baulast nur durch einen schriftlichen Verzicht der Bauaufsichtsbehörde untergeht und dieser Verzicht nur zu erklären ist, wenn ein öffentliches Interesse an der Baulast nicht mehr besteht. Wird nun durch einen beliebigen Dritten ein Vorhaben unter Ausnutzung der Baulast errichtet, besteht erst recht ein öffentliches Interesse an der Baulast, womit die Bauaufsichtsbehörde rechtlich gehindert ist, auf die Baulast zu verzichten und diese zu löschen. Bei der Entscheidung über den Verzicht auf die Baulast darf die Bauaufsichtsbehörde weder prüfen noch berücksichtigen, ob das durch die Baulast begünstigte Vorhaben gerade dasjenige ist, zu dem ein privatrechtlicher Nutzungsvertrag zwischen dem Eigentümer des mit der Baulast belasteten Grundstücks und demjenigen, der in Ausnutzung der Baulast gebaut hat, besteht oder nicht.

279 Wenn der Bauherr des Vorhabens, zu dessen Gunsten die Baulast bestellt werden soll, und der Eigentümer des Grundstücks, zu dessen Lasten die Baulast bestellt werden soll, in einem privatrechtlichen Vertrag die Verpflichtung zur Bestellung einer Baulast ausdrücklich geregelt haben, besteht unproblematisch ein **zivilrechtlicher Anspruch** auf die Eintragung einer Baulast gegenüber dem Eigentümer des zu belastenden Grundstücks.[871]

Weigert sich der Schuldner, die Eintragung vorzunehmen, kann er auf dem Zivilrechtsweg aufgrund des Verpflichtungsgeschäfts auf Beantragung der Eintragung der Baulast verklagt werden. Wird er verurteilt, kann das Urteil nach Maßgabe des § 894 ZPO vollstreckt werden.[872]

280 In der Praxis geschieht es nicht selten, dass die Parteien vertraglich nur vereinbaren, dass der Grundstückseigentümer zur Sicherung der Abstandsfläche für eine WEA die Eintragung einer beschränkten persönlichen Dienstbarkeit in das Grundbuch zu veranlassen hat und dass daneben eine Pflicht zur Bestellung einer Baulast nicht vereinbart wird. In einem solchen Fall kann eine ergänzende Vertragsauslegung dazu führen, dass auch ohne ausdrückliche vertragli-

---

[869] *Wenzel*, Baulasten in der Praxis, Kap. 7 Rn. 1.
[870] *Wenzel*, Baulasten in der Praxis, Kap. 7 Rn. 4.
[871] *BGH*, Urt. v. 18.3.1994 – V ZR 159/92, Rn. 6.
[872] Vgl. *LG Stralsund*, Urt. v. 7.4.2011 – 6 O 203/10, Rn. 31.

che Regelung eine Pflicht zur Eintragung der Baulast besteht. Davon kann dann ausgegangen werden, wenn eine Interessenabwägung ergibt, dass nach dem Grundsatz von Treu und Glauben der Eigentümer des belasteten Grundstücks an der Mitwirkung der Eintragung verpflichtet ist, damit sein Vertragspartner das Nutzungsrecht wahrnehmen kann.[873]

Regelmäßig wird eine derartige Mitwirkungspflicht des Grundstückseigentümers aber zu verneinen sein, wenn bereits im Zeitpunkt des Vertragsschlusses oder der Eintragung der beschränkten persönlichen Dienstbarkeit die Notwendigkeit einer Doppelsicherung durch Dienstbarkeit und Baulast bekannt war.[874] 281

Wurde eine Baulast ohne Rechtsgrund im Baulastenverzeichnis eingetragen, etwa weil der Verpflichtungsvertrag nichtig ist, oder fällt der Rechtsgrund für die Eintragung der Baulast später weg, kann der belastete Eigentümer in bestimmten Fällen nach § 812 Abs. 1 S. 1 2. Alt. BGB die Rückgängigmachung der Baulasteintragung, mithin die Löschung aus dem Baulastenverzeichnis, von dem durch die Baulast Begünstigten verlangen. Nach der Rechtsprechung des BGH kann die Bestellung einer Baulast dazu führen, dass der durch die Baulast Begünstigte „etwas" im Sinne von § 812 Abs. 1 BGB erlangt hat, nämlich die Ermöglichung eines bestimmten Bauvorhabens, sodass die derart erwirkte Baulast Gegenstand eines bereicherungsrechtlichen Anspruchs sein kann.[875] 282

In einer derartigen Situation kann sich der durch die Baulast Begünstigte nicht ohne Weiteres darauf berufen, dass ihm die „Herausgabe der Baulast" unmöglich sei, weil eine Baulast ausschließlich durch Verzicht der Behörde untergehe und dieser Verzicht im Ermessen der Behörde stehe. Nach der o. g. Rechtsprechung des BGH ist der Anspruch auf „Herausgabe der Baulast" hier konkret darauf gerichtet, dass der aus der Baulast Begünstigte dafür Sorge zu tragen hat, dass die Behörde bei Ausübung pflichtgemäßen Ermessens auf die Baulast verzichtet.[876] 283

Wenn die Löschung der Baulast nicht in Betracht kommt, kann der Eigentümer des belasteten Grundstücks von dem durch die Baulast Begünstigten ggf. Wertersatz für die Vorteile fordern, die dem Begünstigten durch die Eintragung der Baulast erwachsen sind.[877] 284

h) Stellung des landwirtschaftlichen Pächters

Nicht selten ist ein Grundstück, auf dem im Zusammenhang mit einem Windenergieprojekt Nutzungen stattfinden sollen (Errichtung einer WEA, Anlegung von Montage- und Wegeflächen, Verlegung von Kabeln etc.), durch langfristigen Landpachtvertrag im Sinne der §§ 585 ff. BGB an einen landwirtschaftlichen Pächter verpachtet. In einem solchen Fall muss die Rechtsstellung des **landwirtschaftlichen Pächters** unbedingt bereits im Rahmen der Grundstückssicherung berücksichtigt werden, um die Projektrealisierung nicht zu gefährden. Aufgrund der erheblichen praktischen Bedeutung dieser Problematik soll auf Folgendes hingewiesen werden: 285

Der landwirtschaftliche Pächter ist aufgrund seines Landpachtvertrags Besitzer der Vertragsfläche, § 854 Abs. 1 BGB. Hieraus steht ihm prinzipiell ein eigenständiger Unterlassungsanspruch zu, und zwar gegen jeden, der ihn in seinem Besitz stört, § 858 Abs. 1 BGB. Dieser Anspruch greift dann, wenn der landwirtschaftliche Pächter seinen Besitz, so wie er ihm durch den Landpachtvertrag eingeräumt ist, ganz oder teilweise nicht mehr ausüben kann. 286

Wenn auf der betreffenden Fläche eine windenergetische Nutzung im o. g. Sinne stattfinden soll, ist genau dies im Regelfall eine Störung des Besitzes des landwirtschaftlichen Pächters, da die landwirtschaftliche Nutzung hierdurch nicht mehr uneingeschränkt möglich ist. Soweit also die Zustimmung des landwirtschaftlichen Pächters zu der windenergetischen Nutzung nicht vorliegt, kann er diese Nutzung, unter Berufung auf seinen Besitz, jedenfalls vorübergehend unterbinden (→ Kap. 3 Rn. 290 ff.). 287

In der Literatur wird z. T. darüber diskutiert, ob der Grundstückseigentümer gegen den landwirtschaftlichen Pächter einen Anspruch auf Zustimmung zur windenergetischen Nut- 288

---

[873] *BGH*, Urt. v. 3.2.1989 – V ZR 224/87, Rn. 16; *BGH*, Urt. v. 18.3.1994 – V ZR 159/92, Rn. 6.
[874] Vgl. *OLG Karlsruhe*, Urt. v. 29.8.1991 – 9 U 152/90, Rn. 24.
[875] *BGH*, Urt. v. 7.10.1994 – V ZR 4/94.
[876] *BGH*, Urt. v. 7.10.1994 – V ZR 4/94, Rn. 27.
[877] *BGH*, Urt. v. 7.10.1994 – V ZR 4/94, Rn. 24 f.

zung eines Teils der Vertragsfläche nach § 588 Abs. 2 S. 1 BGB hat. Nach dieser Vorschrift hat der Pächter **Maßnahmen zur Verbesserung der Pachtsache** zu dulden, es sei denn, dass die Maßnahme für ihn eine Härte bedeuten würde, die auch unter Würdigung der berechtigten Interessen des Verpächters nicht zu rechtfertigen ist. Gem. § 588 Abs. 2 S. 2 BGB hat der Verpächter die dem Pächter durch die Maßnahme entstandenen Aufwendungen und entgangenen Erträge in einem den Umständen nach angemessenen Umfang zu ersetzen.

Der Begriff der „die Pachtsache verbessernden Maßnahme" i. S. v. § 588 Abs. 2 BGB umfasst nach der Gesetzesbegründung[878] „alles, was zu einer objektiven Erhöhung des Gebrauchs- oder Substanzwertes der Pachtsache führt". In der Gesetzesbegründung werden beispielhaft angeführt die Anlage einer Dränung, die Errichtung von Wirtschaftswegen oder die Modernisierung von Ställen. Wenn die windenergetische Grundstücksnutzung nicht durch den Grundstückseigentümer erfolgt, sondern ausschließlich durch einen Dritten und der Grundstückseigentümer hiervon lediglich durch Einziehung von Nutzungsentgelten profitiert, dürfte sich die windenergetische Nutzung nicht als werterhöhend i. S. v. § 588 Abs. 2 BGB darstellen.

Einen durchsetzbaren Anspruch auf Zustimmung des landwirtschaftlichen Pächters zur windenergetischen Nutzung seiner Vertragsfläche hat der Grundstückseigentümer demzufolge aus dem Gesetz heraus generell nicht, sondern nur wenn er den Anspruch auf Erteilung der Zustimmung zuvor im Landpachtvertrag gesichert hat.

289 Besonders heikel wird die hier dargestellte Problematik, wenn sie sich erst bei Projektrealisierung offenbart, indem der land- bzw. forstwirtschaftliche Pächter unerwartet, gestützt auf den o. g. Unterlassungsanspruch, die Bauarbeiten auf dem Vertragsgrundstück mittels einstweiliger Verfügung stoppt.

290 In diesem Zusammenhang ist darauf hinzuweisen, dass weder der mit dem Grundstückseigentümer geschlossene windenergetische Nutzungsvertrag noch eine bestandskräftige Genehmigung zur Errichtung einer Windenergieanlage dem Genehmigungsinhaber ein zivilrechtliches Duldungsrecht gegen den land- bzw. forstwirtschaftlichen Pächter geben.

291 Allerdings ist derjenige Nutzer klar im Vorteil, der im Grundbuch mit einer Grunddienstbarkeit oder einer beschränkten persönlichen Dienstbarkeit eingetragen ist. Denn in § 1027 BGB – diese Vorschrift entstammt den Regelungen über die Grunddienstbarkeit, über den Veweis in § 1090 Abs. 2 BGB findet sie jedoch auch auf beschränkte persönliche Dienstbarkeiten Anwendung – ist geregelt:

> „Wird eine Grunddienstbarkeit beeinträchtigt, so stehen dem Berechtigten die in § 1004 BGB bestimmten Rechte zu."

Die Rechte des § 1004 BGB, auf die in § 1027 BGB verwiesen wird, sind das Recht auf Beseitigung von Beeinträchtigungen des Eigentums (hier: der Grunddienstbarkeit bzw. der beschränkten persönlichen Dienstbarkeit) sowie auf künftige Unterlassung derartiger Beeinträchtigungen.

292 Der landwirtschaftliche Pächter, der seinerseits keine grundbuchliche Berechtigung hat, ist in diesem Zusammenhang Störer. Inhaber von Grunddienstbarkeiten bzw. beschränkten persönlichen Dienstbarkeiten, die zur Errichtung von Windenergieanlagen etc. auf der Grundfläche berechtigen, können demzufolge aus eigenem Recht von den die Flächen bewirtschaftenden landwirtschaftlichen Pächtern fordern, die Störung der Ausübung der Grundbuchrechte, mithin die windenergetische Nutzung der Flächen, zu unterlassen.

Allerdings ist anzuraten, diesen Anspruch unbedingt vor Inbesitznahme gerichtlich titulieren zu lassen, um sich nicht in die Gefahr verbotener Eigenmacht, § 858 Abs. 1 BGB, zu bringen. Denn die Gefahr, dass der landwirtschaftliche Pächter, allein gestützt auf seinen Besitz (→ Kap. 3 Rn. 287), durch einstweilige Verfügung einen Baustopp erzwingt, besteht so lange, bis er gerichtlich zur Duldung der windenergetischen Nutzung verpflichtet worden ist.

---

[878] BT-Drs. 10/509, 19.

i) Gesetzliche Verbote

§ 4 Abs. 1 WiStG bewertet die Vereinbarung unangemessener Preise unter bestimmten Voraussetzungen als Ordnungswidrigkeit. Die Norm stellt ein Verbotsgesetz im Sinne von § 134 BGB dar. 293

Diese Verbotsnorm will eine Preisbildung verhindern, die durch Wettbewerbsbeschränkungen oder die Ausnutzung einer wirtschaftlichen Machtstellung oder eine Mangellage gestört ist. Verboten ist eine wegen solcher Marktstörungen unangemessene Preisvereinbarung für Gegenstände des lebenswichtigen Bedarfs, zu denen nach der oberinstanzlichen Rechtsprechung auch gewerblich zu nutzende Räume gehören können.[879] Ob auch unbebaute Grundstücke Gegenstand des lebenswichtigen Bedarfs sein können, ist höchstrichterlich noch nicht geklärt. Angesichts der relativen Vielzahl sowohl für die Errichtung von Windenergieanlagen geeigneter Grundstücke als auch von Errichtern und Betreibern solcher Anlagen dürfte eine ausgeglichene Marktlage bestehen. Marktstörungen der in § 4 Abs. 1 WiStG vorausgesetzten Art dürften daher allenfalls in besonderen Ausnahmefällen denkbar sein. 294

Rechtsfolge einer nach § 4 Abs. 1 WiStG ordnungswidrigen Preisvereinbarung ist nicht die Nichtigkeit des Vertrages oder auch nur der Preisvereinbarung. Vielmehr gilt der Vertrag mit der Maßgabe, dass der Preis auf den höchsten noch angemessenen Betrag vermindert ist.[880] 295

j) Sittenwidrigkeit

Gemäß § 138 Abs. 1 BGB sind Verträge nichtig, die gegen die guten Sitten verstoßen. Ein solcher Sittenverstoß setzt voraus, dass der Vertrag nach umfassender Würdigung seines Inhalts und Zwecks und der dafür maßgeblichen Beweggründe dem Anstandsgefühl aller billig und gerecht Denkenden zuwiderläuft.[881] 296

Dergleichen wird sich bei Nutzungsverträgen der hier in Rede stehenden Art kaum je aus einem Verstoß des Vertragsinhalts gegen grundlegende Wertungen der Rechts- und Sittenordnung ergeben. Seine praktische Bedeutung bezieht § 138 BGB im Zusammenhang mit Grundstücksnutzungsverträgen vielmehr aus dem Umstand, dass der Sittenverstoß auch aus einer gerichtlichen Bewertung des vereinbarten Preises als „grob ungerecht" hergeleitet werden kann. Eine solche Bewertung muss zwar gesetzliche Wertungen beachten. In ihrer Objektivität ist sie aber durch Beurteilungsspielräume des Gerichts nicht unerheblich eingeschränkt. 297

Die Praxis nimmt Sittenwidrigkeit im Sinne von § 138 Abs. 1 BGB bei Bewertung des Vertrags als sogenanntes **„wucherähnliches Rechtsgeschäft"** an. Diese Bewertung setzt voraus, dass zwischen der im Vertrag definierten Leistung und Gegenleistung ein **auffälliges Missverhältnis** besteht und mindestens ein weiterer Umstand hinzutritt, der den Vertrag bei einer Gesamtwürdigung der objektiven und subjektiven Merkmale als sittenwidrig erscheinen lässt.[882] 298

Als ein solcher weiterer Umstand kommt vor allem die verwerfliche Gesinnung des durch den Vertrag bevorteilten Vertragspartners in Betracht. Diese wird angenommen, wenn der wirtschaftlich oder intellektuell überlegene Vertragspartner die schwächere Lage des anderen Vertragspartners bewusst zu seinem Vorteil ausnutzt. Dem steht es gleich, wenn sich der Überlegene leichtfertig der Erkenntnis verschließt, dass sich die andere Vertragspartei nur wegen ihrer schwächeren Lage auf den Vertrag einlässt. 299

Ist der durch den Vertrag Benachteiligte ein Kaufmann im Sinne der §§ 1-6 HGB, begründet die damit gewöhnlich einhergehende Erfahrenheit im geschäftlichen Verkehr die widerlegliche Vermutung, dass der durch den Vertrag Begünstigte eine Unterlegenheit des Benachteiligten nicht in verwerflicher Weise ausgenutzt hat.[883] Für Unternehmer i. S. d. § 14 BGB, die nicht Kaufleute im handelsrechtlichen Sinn sind, dürfte diese Vermutung in gleicher Weise gelten, sofern sie nach den Umständen über eine kaufmannsähnliche Geschäftserfahrung verfügen. 300

---

[879] *OLG Stuttgart*, NJW 1953, 1566 (1567); *OLG Schleswig*, Beck RS 2008, 20158.
[880] *BGH*, NZM 2005, 944 (946).
[881] *BGH*, NJW 1990, 703 (704).
[882] BGHZ 146, 298 (301 f.).
[883] BGHZ 128, 255 (268); BGH NJW 2003, 2230 (2231).

301   Eine **verwerfliche Gesinnung** des durch den Vertrag bevorteilten Vertragspartners im oben genannten Sinne wird nach der Rechtsprechung[884] widerleglich vermutet, wenn nicht nur ein auffälliges, sondern ein **besonders grobes Missverhältnis zwischen Leistung und Gegenleistung** besteht. Das Missverhältnis ist in diesem Sinne besonders grob, wenn der tatsächliche Marktwert der Leistung mehr als 100 % über der im Vertrag vereinbarten Gegenleistung liegt. In einer solchen Situation wird also grundsätzlich vermutet, dass der durch den Vertrag bevorteilte Vertragspartner genau diese Ungleichgewichtigkeit von Leistung und Gegenleistung kannte und wollte; er muss dann im Falle einer gerichtlichen Auseinandersetzung diese gegen sich gerichtete Vermutung widerlegen. Dies gestaltet sich in der Praxis als schwierig, wenn der Betroffene ein branchenerfahrenes Unternehmen ist.

Eine Entlastung ist allerdings denkbar, wenn der Betroffene seinerzeit auf ein Wertgutachten vertraut hat[885] und dies entsprechend vor Gericht darlegen und beweisen kann. Gleiches gilt – allerdings nur bei relativ geringwertigen Vertragsgegenständen – wenn beiden Parteien bei Abschluss des Vertrags bewusst gewesen ist, dass die Ermittlung des Marktwerts der Leistung schwierig ist.[886]

302   Dreh- und Angelpunkt des Sittenwidrigkeitsurteils ist beim wucherähnlichen Rechtsgeschäft demzufolge der **Marktwert der Leistung,** welcher sich bei Rechten an Grundstücken nach der Immobilienwertermittlungsverordnung (ImmoWertV) ermitteln lässt. Die ImmoWertV kennt drei Wertermittlungsverfahren:

- das **Vergleichswertverfahren** einschließlich des Verfahrens zur Bodenwertermittlung (§§ 15 ff. ImmoWertV),
- das **Ertragswertverfahren** (§§ 17 ff. ImmoWertV) sowie
- das **Sachwertverfahren** (§§ 21 ff. ImmoWertV).

Zur Wertermittlung sind entweder eines oder mehrere dieser Verfahren heranzuziehen, wobei das bzw. die Verfahren insbesondere nach den Umständen des Einzelfalls zu wählen sind, § 8 Abs. 1 ImmoWertV.

302a   Lässt sich eine aussagekräftige Menge an Vergleichspreisen, bezogen auf den Stichtag der Wertermittlung, verlässlich feststellen, wird das Vergleichswertverfahren oft als die einfachste und zuverlässigste Methode angesehen.[887] Dann kann die Sittenwidrigkeit nicht mehr aus einem Missverhältnis hergeleitet werden, das sich erst bei Anwendung der Ertrags- oder der Sachwertmethode ergibt. An einer verwerflichen Gesinnung fehlt es nämlich, wenn der direkte Vergleich mit den auf dem maßgeblichen Markt tatsächlich erzielten Preisen zur Verneinung eines besonders groben Missverhältnisses führt. Der durch die Preisvereinbarung Bevorteilte muss nicht klüger oder rücksichtsvoller sein als vergleichbare Marktteilnehmer[888].

303   Den Parteien eines Grundstücksnutzungsvertrages zur windenergetischen Nutzung ist nach alledem zu empfehlen, sich vor Vertragsschluss über den marktüblichen Miet- bzw. Pachtzins möglichst zuverlässig und anhand von geeigneten Vergleichspreisen zu informieren.

Das gilt auch für die Entgelte, die in der Phase zwischen Vertragsschluss und Aufnahme des Vollbetriebs der Windenergieanlage gezahlt werden sollen (diese werden oft auch als „Reservierungsentgelt" bezeichnet). Da der Anlagenbetreiber in dieser Zeit noch keine oder nur geringe Einnahmen erzielt, wird er bestrebt sein, die Zahlung eines Nutzungsentgelts möglichst zu vermeiden. Dies ist im Hinblick auf ein möglicherweise rechtlich relevantes Missverhältnis zwischen Leistung und Gegenleistung nicht unbedenklich, zumal der Grundstückseigentümer bereits in dieser Phase über die betroffenen Flächen nicht mehr frei verfügen kann. Da eine solche Praxis möglicherweise als sittenwidrig qualifiziert werden könnte, sollte die Vereinbarung eines – angemessen verminderten – Nutzungsentgelts für die Zeit vor Aufnahme des Vollbetriebs zumindest ernsthaft erwogen werden.

---

[884] *BGH*, NJW 2001, 1127.
[885] *BGH*, NJW 2001, 1127 Rn. 36.
[886] *BGH*, NJW 2003, 283 (284).
[887] *BGH*, WM 2008, 967 Rn. 32.
[888] BGHZ 160, 8 (14).

Vorsicht bei der Preisgestaltung ist umso mehr geboten, als **Rechtsfolge** einer Bewertung 304
als wucherähnlich die Nichtigkeit ist (und zwar gemäß § 139 BGB grundsätzlich die Gesamtnichtigkeit des Vertrags). Die Rechtsfolge einer Sittenwidrigkeit geht mithin erheblich weiter als im Falle eines Verstoßes gegen § 4 Abs. 1 WiStG. Während jene Vorschrift nur dem unzulässigen Teil der Preisvereinbarung die rechtliche Grundlage entziehen will, lässt das der Sittenwidrigkeit innewohnende Unwerturteil eine Aufspaltung in einen anstößigen und einen nicht anstößigen Teil der Entgeltabrede nicht zu.[889] Im Falle einer Bewertung des Entgelts als sittenwidrig droht also, nicht anders als bei der vorzeitigen Kündigung, der endgültige Verlust des Vertrags und damit der Vertragsfläche.

Da die Nichtigkeit – anders als die nur für die Zukunft wirkende Kündigung – auf den 305
Zeitpunkt des Vertragsschlusses zurückwirkt, können sich bei der Nichtigkeit des Nutzungsvertrags außerordentlich schwiege Rückabwicklungsfragen ergeben. Die Rückabwicklung eines Anlagenstandorts und seines bisherigen Betriebs ist rechtlich und wirtschaftlich als außerordentlich heikel anzusehen.

k) Störung der Geschäftsgrundlage

Nach § 313 BGB kann die schwerwiegende **Störung der Geschäftsgrundlage** das außer- 306
ordentliche Recht einer Vertragspartei zur Anpassung, hilfsweise zur Kündigung des Vertrags begründen, wenn ihr das Festhalten am unveränderten Vertrag nicht zugemutet werden kann. Die Vorschrift lautet wie folgt:

> „**§ 313 BGB Störung der Geschäftsgrundlage**
> 1) Haben sich Umstände, die zur Grundlage des Vertrags geworden sind, nach Vertragsschluss schwerwiegend verändert und hätten die Parteien den Vertrag nicht oder mit anderem Inhalt geschlossen, wenn sie diese Veränderung vorausgesehen hätten, so kann Anpassung des Vertrags verlangt werden, soweit einem Teil unter Berücksichtigung aller Umstände des Einzelfalls, insbesondere der vertraglichen oder gesetzlichen Risikoverteilung, das Festhalten am unveränderten Vertrag nicht zugemutet werden kann.
> 2) Einer Veränderung der Umstände steht es gleich, wenn wesentliche Vorstellungen, die zur Grundlage des Vertrags geworden sind, sich als falsch herausstellen.
> 3) Ist eine Anpassung des Vertrags nicht möglich oder einem Teil nicht zumutbar, so kann der benachteiligte Teil vom Vertrag zurücktreten. An die Stelle des Rücktrittsrechts tritt für Dauerschuldverhältnisse das Recht zur Kündigung."

Da geschlossene Verträge grundsätzlich einzuhalten sind, ist bei der Prüfung von Vertrags- 307
anpassungs- oder Kündigungsrechten, die auf § 313 BGB gestützt werden, grundsätzlich Zurückhaltung geboten.[890] Bestands- und Anpassungsinteressen der Vertragsparteien sind unter Beachtung der gesetzlichen und vertraglichen Risikozuordnung und des Gebots von Treu und Glauben nach § 242 BGB abzuwägen, dessen gesetzliche Ausformung § 313 BGB ist.

aa) Begriff und Anwendungsbereich. Geschäftsgrundlage im Sinne von § 313 BGB sind 308
die bei Vertragsschluss zutage getretenen, der anderen Vertragspartei erkennbar gewordenen Vorstellungen einer oder beider Vertragsparteien über das Vorhandensein oder den künftigen Eintritt bestimmter Umstände, sofern der Geschäftswille der Vertragsparteien auf diesen Vorstellungen aufbaut.[891] Demzufolge geht es nicht um den in verbindliche Regelungen umgesetzten Inhalt des Geschäftswillens, sondern um die einer solchen Umsetzung gleichsam vorgelagerten Umstände, die dem Geschäftswillen als Motiv zugrunde liegen.

Aus diesem Grund können Umstände, die die Vertragsparteien zum Inhalt vertraglicher 309
Regelungen gemacht haben, nicht Geschäftsgrundlage sein.[892] Vertragsinhalt in diesem Sinne – und also nicht Geschäftsgrundlage – sind auch solche Bestimmungen, die sich nicht schon aus

---

[889] BGHZ 44, 158 (162).
[890] *Unberath*, in: Bamberger/Roth (Hrsg.), BeckOK BGB, § 313 Rn. 2; *Zöll*, in: Lindner-Figura/Opree/Stellmann (Hrsg.), Geschäftsraummiete, Kap. 8 Rn. 2.
[891] St. Rspr., etwa *BGH*, NJW 2012, 1718 Rn. 26.
[892] *BGH*, ZIP 1991, 1599 (1600).

dem Vertragstext, sondern erst aus dessen ergänzender Auslegung nach § 157 BGB ergeben. Nur wenn sich die eingetretene Änderung der Verhältnisse einer Beurteilung nach dem vertraglich formulierten oder durch ergänzende Auslegung ermittelten Willen der Vertragsparteien entzieht, ist der Weg zu einer Anpassung nach § 313 BGB eröffnet.[893]

310 Einer Anwendung des § 313 BGB gehen auch die miet- und pachtrechtlichen Gewährleistungsvorschriften vor. Soweit es um eine vom Anwendungsbereich der §§ 536 ff. BGB erfasste nachteilige Abweichung der Mietsache vom vertraglich vorausgesetzten Zustand geht, ist § 313 BGB daneben nicht anwendbar.[894]

311 Vorrangig sind auch die gesetzlichen Regelungen zur außerordentlichen Kündigung aus wichtigem Grund, insbesondere § 543 BGB[895] – und zwar schon deshalb, weil an die nach § 543 BGB vorausgesetzte Unzumutbarkeit der Vertragsfortsetzung weniger strenge Anforderungen zu stellen sind als an eine Kündigung wegen einer unzumutbaren Geschäftsgrundlagenstörung. Diese kommt nur in Betracht, wenn sie zur Vermeidung untragbarer, mit Recht und Gerechtigkeit schlechthin unvereinbarer Folgen unabweislich erscheint.[896] Die Regelung des § 543 BGB ist auch insoweit vorrangig, als sie – wenn auch unausgesprochen – voraussetzt, dass der wichtige Grund nicht aus der Sphäre des Kündigenden, sondern aus der seines Vertragspartners herrührt.[897]

312 **bb) Grundsätze.** § 313 BGB setzt eine schwerwiegende bzw. wesentliche **Änderung der Umstände** bzw. der Vorstellungen der Vertragsparteien hiervon voraus, die Geschäftsgrundlage geworden sind. Der genaue Verlauf der danach für eine tatbestandsmäßige Störung zu ziehenden Grenze kann nicht allgemein bestimmt werden; maßgeblich sind die Einzelfallumstände.[898]

313 Schwerwiegend bzw. wesentlich sollen Änderungen sein, bei denen nicht ernstlich zweifelhaft ist, dass zumindest eine Vertragspartei bei Kenntnis der Änderung den Vertrag nicht oder nicht so abgeschlossen hätte.[899]

314 Eine Anpassung oder Kündigung des Vertrags setzt außerdem voraus, dass der von der Geschäftsgrundlagenstörung betroffenen Vertragspartei das Festhalten am unveränderten Vertrag unzumutbar ist. Nach einer von der Rechtsprechung ständig verwendeten Formel erfordert das die Feststellung, dass das Festhalten am unveränderten Vertrag zu einem nicht mehr tragbaren Ergebnis führt.[900] Insoweit kommt es auf eine umfassende Abwägung der Einzelfallumstände an.[901]

315 Eine **Vorhersehbarkeit** der der Geschäftsgrundlagenstörung zugrunde liegenden Änderung weist das Risiko grundsätzlich der hiervon betroffenen Vertragspartei zu.[902] Das beruht auf dem Gedanken der Risikoübernahme: Wer es angesichts vorhersehbarer Änderungen der Geschäftsgrundlage unterlässt, durch vertragliche Regelungen Vorsorge zu treffen, übernimmt das Risiko damit verbundener Nachteile.[903]

316 Wenn allerdings beide Vertragsparteien davon ausgegangen sind, dass die objektiv vorhersehbare Änderung nicht eintreten werde,[904] spricht dies gegen die Risikozuordnung zu Lasten einer Partei.

---

[893] *BGH*, NJW 1982, 2236 (2237); *BGH*, NJW 2009, 1348 Rn. 12.
[894] *BGH*, NZM 2008, 462.
[895] *Unberath*, in: Bamberger/Roth (Hrsg.), BeckOK BGB, § 313 Rn. 23.
[896] *BGH*, NJW 2010, 1874 Rn. 24.
[897] *Weidenkaff*, in: Palandt (Hrsg.), BGB, § 543 Rn. 5.
[898] *Grüneberg*, in: Palandt (Hrsg.), BGB, § 313 Rn. 18.
[899] *Grüneberg*, in: Palandt (Hrsg.), BGB, § 313 Rn. 18; *Unberath*, in: Bamberger/Roth (Hrsg.), BeckOK BGB, § 313 Rn. 25; *Zöll*, in: Lindner-Figura/Opree/Stellmann (Hrsg.), Geschäftsraummiete, Kap. 8 Rn. 20.
[900] *BGH*, NJW 2012, 1718 Rn. 30.
[901] *Unberath*, in: Bamberger/Roth (Hrsg.), BeckOK BGB, § 313 Rn. 33.
[902] *BGH*, NJW 2002, 3695 (3698).
[903] *Unberath*, in: Bamberger/Roth (Hrsg.), BeckOK BGB, § 313 Rn. 30.
[904] BGHZ 112, 259 (261).

Eine Anpassung oder Kündigung scheidet grundsätzlich auch dann aus, wenn die betroffene 317
Vertragspartei die Änderung selbst bewirkt oder gar verschuldet hat.[905]

cc) Änderung des EEG als Störung der Geschäftsgrundlage. Störungen der Geschäfts- 318
grundlage können grundsätzlich kein Anpassungs- oder Kündigungsrecht begründen, wenn
dies der gesetzlichen oder vertraglichen Risikozuordnung widerspräche. Das ist etwa der Fall,
wenn die Geschäftsgrundlagenstörung dem Risikobereich derjenigen Vertragspartei zuzuordnen ist, die sich auf die Störung beruft.[906]

Insoweit gilt für Miet- und Pachtverträge folgende gesetzliche Risikozuordnung: Der 319
Vermieter hat die Risiken der Geldentwertung[907] und der Leistungserschwerung, der Mieter
jenes der Geldbeschaffung sowie das sogenannte Verwendungsrisiko zu tragen.[908] Das **Verwendungsrisiko** umfasst die Gefahr von für den Mieter ungünstigen Rechts-, Markt-, Umsatz-
oder Gewinnentwicklungen; und zwar grundsätzlich auch dann, wenn diese Entwicklungen
den geschäftlichen Erfolg des Mieters beeinträchtigen.[909]

Änderungen des EEG, die sich zu Lasten des WEA-Projektierers oder -Betreibers bzw. zu 320
Lasten der Rentabilität des Projekts auswirken, können demzufolge grundsätzlich kein Ver-
tragsanpassungs- oder Kündigungsrecht nach § 313 BGB für bestehende Grundstücksnutzungsverträge erzeugen. Derartige Gesetzesänderungen fallen unter den Begriff des Verwendungs-
risikos und damit in den Risikobereich des Mieters.

Anders sah es allerdings nach Ansicht des OLG Saarbrücken[910] in einem Fall aus, in dem die 321
Parteien einen Grundstücksnutzungsvertrag zur Errichtung einer Photovoltaikanlage (Freiflä-
chenanlage) geschlossen hatten, in dem die Vorstellung der Nutzerin klar zutage trat, dass der
in der Anlage produzierte Strom nach dem EEG 2009 in das Stromnetz eingespeist und nach
Maßgabe dieses Gesetzes vergütet wird. Aus Sicht des Gerichts schlug sich diese Vorstellung
der Stromverwertung auch hinreichend erkennbar in der Vergütungsregelung des Vertrags
nieder. Durch die EEG-Änderung vom 11.08.2010 entfiel die Vergütungsfähigkeit für die
Anlage komplett. Dadurch wurde die Wirtschaftlichkeit des Projekts zunichte gemacht. Der
Nutzer sprach aus diesem Grunde die außerordentliche Kündigung des Vertrags nach § 313
BGB aus. Der Vermieter trat der Kündigung entgegen. Das OLG Saarbrücken hat in diesem
Fall entschieden, dass die vertraglichen Regelungen der Parteien dazu geführt hätten, dass sich
der Grundstückseigentümer das Verwendungsrisiko des Nutzers zu Eigen gemacht habe. Es hat
daher die Wirksamkeit der Kündigung des Nutzers bestätigt.

Aus dieser zutreffenden Entscheidung ist zu schlussfolgern, dass die Vorstellungen des Nut- 322
zers zur Vermarktung des in der geplanten Anlage erzeugten Stroms im Vertrag offengelegt und
die Problematik von Änderungen des EEG nach Abschluss des Grundstücksnutzungsvertrags
im Vertrag geregelt werden sollten, z.B. durch Vereinbarung eines Rücktritts- oder Kündi-
gungsrechts oder Anpassungsregelungen hinsichtlich des Nutzungsentgelts.

In diesem Zusammenhang ist auch die Einführung der Ausschreibungspflicht durch das EEG 322a
2017 zu sehen – auch hierzu müssen im Vertrag die Vorstellungen des Nutzers, insbesondere zu
Zuschlagspreisen, offengelegt werden und es muss geregelt werden, wie sich der Vertragsinhalt
(Nutzungsentgelt etc.) bestimmten Situationen wie Verzögerungen bei der Realisierung aufgrund mehrerer erfolgloser Ausschreibungsrunden oder bestimmten Zuschlagspreisen anpassen
soll.

Stets muss bei derartigen Klauseln allerdings beachtet werden, dass diese sich am Transpa- 322b
renzgebot messen lassen müssen, soweit sie dem AGB-Recht unterfallen (→ Kap. 3 Rn. 93 ff.,
insb. zum Transparenzgebot → Kap. 3 Rn. 144 ff.). In der Praxis bereitet dies oft Probleme.

---

[905] *BGH*, NJW 2002, 3695 (3698); *BGH*, NJW 2005, 359 (362).
[906] *BGH*, NJW 2010, 1874 Rn. 24.
[907] *BGH*, NZM 2005, 144.
[908] *BGH*, NZM 2000, 492 (495).
[909] *BGH*, Urt. v. 17.3.2011 – XII ZR 108/08.
[910] *OLG Saarbrücken*, Urt. v. 4.10.2012 – 8 U 391/11.

l) Wechsel des Eigentümers des Vertragsgrundstücks nach Abschluss des Grundstücksnutzungsvertrags

323 Problematisch erweist sich in der Praxis oft der Fall eines Eigentümerwechsels an dem Vertragsgrundstück nach Abschluss des Grundstücksnutzungsvertrags durch Veräußerung auf der Grundlage eines entsprechenden schuldrechtlichen Vertrags (Kauf, Tausch, Schenkung, Erfüllung eines Vermächtnisses, Einbringung in eine Gesellschaft etc.).

324 Üblicherweise wird sich zwar im Grundstücksnutzungsvertrag, bereits weil die finanzierende Bank des Nutzers dies fordert, folgende (oder ähnliche) Regelung finden:

> Der Grundstückseigentümer verpflichtet sich für den Fall, dass er das Vertragsgrundstück veräußert, in den betreffenden Veräußerungsvertrag folgende Klausel aufzunehmen:
> *„Der Erwerber tritt in alle Verpflichtungen ein, die sich aus dem vorliegenden Grundstücksnutzungsvertrag sowie der auf seiner Grundlage eingetragenen dinglichen Sicherheiten und Vormerkungen gegenüber dem jeweiligen Berechtigten, insbesondere dem Grundstücksnutzer und dem finanzierenden Kreditinstitut, ergeben und verpflichtet sich, diese Verpflichtung mit der Pflicht zur Weitergabe auch seinem etwaigen Rechtsnachfolger aufzuerlegen."*

325 Wenn allerdings der Grundstückseigentümer sich hieran nicht hält, er also das Vertragsgrundstück an einen Dritten überträgt, ohne diesen im Übertragungsvertrag ausdrücklich an den Grundstücksnutzungsvertrag zu binden, stellt sich die Frage, ob der neue Grundstückseigentümer trotzdem an den Grundstücksnutzungsvertrag gebunden ist.

326 Diese Frage beantwortet die Vorschrift des § 566 BGB (diese Vorschrift aus dem Wohnraummietrecht ist aufgrund des ausdrücklichen Verweises in § 578 Abs. 1 BGB auf Grundstücksmietverträge entsprechend anwendbar):

> **„§ 566 BGB Kauf bricht nicht Miete**
> 1) Wird der vermietete Wohnraum nach der Überlassung an den Mieter von dem Vermieter an einen Dritten veräußert, so tritt der Erwerber anstelle des Vermieters in die sich während der Dauer seines Eigentums aus dem Mietverhältnis ergebenden Rechte und Pflichten ein.
> 2) Erfüllt der Erwerber die Pflichten nicht, so haftet der Vermieter für den von dem Erwerber zu ersetzenden Schaden wie ein Bürge, der auf die Einrede der Vorausklage verzichtet hat. Erlangt der Mieter von dem Übergang des Eigentums durch Mitteilung des Vermieters Kenntnis, so wird der Vermieter von der Haftung befreit, wenn nicht der Mieter das Mietverhältnis zum ersten Termin kündigt, zu dem die Kündigung zulässig ist."

327 § 566 Abs. 1 BGB wird in der Rechtsprechung in der Weise ausgelegt, dass zwischen dem Erwerber des Grundstücks und dem Mieter mit **Eigentumsübergang** kraft Gesetzes ein neues, mit dem alten inhaltsgleiches Mietverhältnis entsteht.[911] Dieses erstreckt sich auf alle Rechte und Pflichten aus dem Mietverhältnis, die im Zeitpunkt der Veräußerung bestehen und fällig werden oder erst entstehen.[912]

328 § 566 BGB kann in der Praxis zuweilen als „Rettungsanker" behilflich sein, wenn der Übergang des Grundstücksnutzungsvertrags in dem Übertragungsvertrag nicht vereinbart worden ist. Bei der Anwendung von § 566 BGB ist allerdings Folgendes zu beachten:

329 Zum einen greift § 566 BGB ausweislich des klaren Gesetzeswortlauts nur, wenn die Veräußerung des Grundeigentums nach der Überlassung der Mietsache an den Mieter erfolgt ist. **„Überlassung"** in diesem Sinne erfordert nach allgemeiner Auffassung, dass der Vermieter seine Überlassungspflicht aus § 535 Abs. 1 S. 1 und 2 BGB erfüllt und dem Nutzer den Besitz an dem Mietgegenstand eingeräumt hat. Nicht notwendig ist, dass der Mieter seinen Besitz durch Handlungen kenntlich macht, z. B. durch Einzäunung oder Schilder.[913]

Ist in einem Grundstücksnutzungsvertrag also beispielsweise vereinbart, dass die Überlassung des Vertragsgrundstücks erst mit Baubeginn der WEA erfolgt, greift bis zu diesem Zeitpunkt § 566 BGB nicht. Wenn die Veräußerung des Grundeigentums vor Überlassung der Mietsache an den Mieter erfolgt ist, geht der Mietvertrag nur auf den Erwerber über, wenn gem.

---
[911] *BGH*, NJW-RR 2010, 1309.
[912] *BGH*, NZM 2006, 696.
[913] BGHZ 65, 137 (140).

§ 567a BGB der Erwerber dem Vermieter gegenüber die Erfüllung der sich aus dem Mietverhältnis ergebenden Pflichten übernommen hat.

Zum anderen gehen nach § 566 BGB nur diejenigen Rechte und Pflichten auf den Erwerber 330 über, die Bestandteil des Mietvertrags sind oder auf einer Zusatzvereinbarung beruhen, die in unlösbarem Zusammenhang mit dem Mietvertrag steht. Vereinbarungen, die nur aus Anlass des Mietvertrags getroffen worden sind oder in nur wirtschaftlichem Zusammenhang mit ihm stehen, sind von § 566 BGB nicht umfasst.[914] Der Erwerber tritt demnach nicht in Rechte und Pflichten des bisherigen Grundstückseigentümers ein, die nicht unmittelbar im Mietverhältnis begründet sind, insbesondere nicht in solche, die sich auf etwas anderes als den Mietgegenstand, seine Überlassung und Rückgewähr sowie die Gegenleistung beziehen.[915]

Vor diesem Hintergrund dürften Regelungen, die den Grundstückseigentümer verpflichten, auch auf ihm gehörenden Grundstücken, die in einem gewissen Umkreis um das Vertragsgrundstück gelegen sind, Bebauungen/Bepflanzungen zu unterlassen, die den Betrieb/Ertrag der WEA auf der Vertragsfläche negativ beeinflussen, nicht nach § 566 BGB übergehen, da derartige Regelungen wohl nur in einem wirtschaftlichen Zusammenhang zum Mietvertrag über das Vertragsgrundstück stehen dürften, also nicht unmittelbar in diesem Mietverhältnis begründet sind. Etwas anderes dürfte nur gelten, wenn z. B. die Unterlassung derartiger Bebauungen/Bepflanzungen auf Nachbargrundstücken ausdrücklich durch Nutzungsentgelt abgegolten wird.

Ergänzend wird auf § 566 Abs. 2 BGB (→ Kap. 3 Rn. 326) hingewiesen. Nach dieser Rege- 331 lung haftet der bisherige Eigentümer bei einem Vertragsübergang nach § 566 Abs. 1 BGB in bestimmten Fällen wie ein Bürge für Vertragsverletzungen des Erwerbers.

m) Insolvenz nach Abschluss des Grundstücksnutzungsvertrags

Leider nicht selten tritt nach Abschluss eines Grundstücksnutzungsvertrags im Zusam- 332 menhang mit Windenergieprojekten bei dem Nutzer oder dem Grundstückseigentümer der Insolvenzfall ein. Im Folgenden soll deshalb kurz darauf eingegangen werden, wie ein Insolvenzverfahren abläuft und welche Konsequenzen dies für die am Vertrag Beteiligten hat.

aa) Ablauf eines Insolvenzverfahrens. Ein Insolvenzverfahren kann über das Vermögen 333 jeder natürlichen und jeder juristischen Person eröffnet werden; ferner über das Vermögen eines nicht rechtsfähigen Vereins, einer OHG, KG, Partnerschaftsgesellschaft, GbR, über einen Nachlass etc., § 11 InsO.

Das Insolvenzverfahren wird nur auf schriftlichen Antrag eröffnet; antragsberechtigt sind 334 der jeweilige **Gläubiger** und der **Schuldner** selbst, § 13 InsO. Die Eröffnung des Insolvenzverfahrens setzt voraus, dass ein Eröffnungsgrund gegeben ist.

Allgemeiner Eröffnungsgrund ist die **Zahlungsunfähigkeit**, wobei der Schuldner zah- 335 lungsunfähig ist, wenn er nicht in der Lage ist, die fälligen Zahlungspflichten zu erfüllen, § 17 Abs. 2 InsO. Beantragt der Schuldner selbst die Eröffnung des Insolvenzverfahrens, so ist auch die drohende Zahlungsunfähigkeit Eröffnungsgrund, § 18 Abs. 1 InsO.

Bei einer juristischen Person ist auch die **Überschuldung** Eröffnungsgrund, § 19 InsO. 336 Überschuldung liegt vor, wenn das Vermögen des Schuldners die bestehenden Verbindlichkeiten nicht mehr deckt, es sei denn, die Fortführung des Unternehmens ist nach den Umständen überwiegend wahrscheinlich, § 19 Abs. 2 InsO.

Gem. § 21 InsO kann das Insolvenzgericht nach Eingang eines Antrags auf Eröffnung eines 337 Insolvenzverfahrens vorläufige Maßnahmen anordnen, soweit es diese für erforderlich hält. Es kann insbesondere einen **vorläufigen Insolvenzverwalter** bestellen, dem Schuldner ein allgemeines Verfügungsverbot auferlegen oder anordnen, dass Verfügungen des Schuldners nur mit Zustimmung des vorläufigen Insolvenzverwalters wirksam sind und Maßnahmen der Zwangsvollstreckung gegen den Schuldner untersagen.

---

[914] *BGH*, NJW 2006, 1800.
[915] BGHZ 141, 160.

Wird ein sog. „**starker**" **vorläufiger Insolvenzverwalter** bestellt, so geht die Verwaltungs- und Verfügungsbefugnis über das Vermögen des Schuldners auf den vorläufigen Insolvenzverwalter über, § 22 InsO.

U.a. um Haftungsrisiken zu minimieren, die sich aus einem frühzeitigen Übergang der Verwaltungs- und Verfügungsbefugnis für den vorläufigen Verwalter ergeben, wird jedoch regelmäßig ein sog. „**schwacher**" **vorläufiger Insolvenzverwalter** bestellt, d.h., die Verwaltungs- und Verfügungsbefugnis verbleibt für die Dauer des Antragsverfahrens weiterhin beim Insolvenzschuldner, wobei jedoch meist zugleich angeordnet wird, dass Verfügungen des Schuldners nur mit Zustimmung des (schwachen) Insolvenzverwalters wirksam sind.

Insbesondere der starke vorläufige Insolvenzverwalter steht in Bezug auf diverse Rechte und Pflichten sowie insbesondere auch in Bezug auf seine Haftung gegenüber den Beteiligten dem eigentlichen Insolvenzverwalter gleich, siehe § 22 Abs. 2 Nr. 1 i. V. m. den §§ 56, 56a, 58-66 InsO.

Der vorläufige Insolvenzverwalter hat u.a. das Vermögen des Schuldners zu sichern und zu erhalten und zu prüfen, ob das Vermögen des Schuldners ausreicht, um die Kosten des Verfahrens zu decken; zusätzlich kann das Gericht ihn beauftragen, als Sachverständiger zu prüfen, ob ein Eröffnungsgrund vorliegt und welche Aussichten für die Fortführung des Unternehmens des Schuldners bestehen; er hat das Unternehmen, das der Schuldner betreibt, bis zur Entscheidung über die Eröffnung des Insolvenzverfahrens fortzuführen, soweit nicht das Insolvenzgericht einer Stilllegung zustimmt, um eine erhebliche Verminderung des Vermögens zu vermeiden, siehe im Einzelnen § 22 InsO.

338 Wenn das Vermögen des Schuldners voraussichtlich nicht ausreichen wird, um die Kosten des Verfahrens zu decken, weist das Insolvenzgericht den Antrag auf Eröffnung des Insolvenzverfahrens ab, § 26 Abs. 1 InsO. Sofern es sich bei dem Antragsteller um eine juristische Person oder rechtsfähige Personengesellschaft handelt, erfolgt zugleich von Amts wegen deren Löschung im Handelsregister, § 394 FamFG.

Sind die Verfahrenskosten voraussichtlich gedeckt, eröffnet das Insolvenzgericht durch Beschluss das Insolvenzverfahren, benennt einen Insolvenzverwalter und fordert gleichzeitig die Gläubiger auf, ihre Forderungen innerhalb einer bestimmten Frist anzumelden und dem Insolvenzverwalter unverzüglich mitzuteilen, welche Sicherungsrechte sie an beweglichen Sachen oder Rechten des Schuldners in Anspruch nehmen, §§ 27 f. InsO. Die Eröffnung des Insolvenzverfahrens wird im Grundbuch eingetragen bei Grundstücken, als deren Eigentümer der Schuldner eingetragen ist sowie u. U. auch bei den für den Schuldner eingetragenen Rechten an Grundstücken, § 32 Abs. 1 InsO.

339 Mit Eröffnung des Insolvenzverfahrens geht das Recht des Schuldners, das zur Insolvenzmasse gehörende Vermögen zu verwalten und über es zu verfügen, auf den Insolvenzverwalter über, § 80 InsO. Verfügungen des Schuldners über einen Gegenstand der Insolvenzmasse sind, mit engen Ausnahmen, nach Eröffnung des Insolvenzverfahrens unwirksam, § 81 InsO. Leistungen an den Schuldner nach Eröffnung des Insolvenzverfahrens, welche zur Insolvenzmasse zu leisten gewesen wären, sind nur dann schuldbefreiend, wenn der Leistende zur Zeit der Leistung die Eröffnung des Verfahrens nicht kannte, § 82 InsO.

340 Bei Eröffnung des Insolvenzverfahrens über das Vermögen des WEA-Eigentümers hat der Insolvenzverwalter mit der Eröffnung nach § 103 InsO bei beidseitig noch nicht voll erfüllten Verträgen das Recht, die Erfüllung des Vertrags durch die Insolvenzmasse zu wählen. Verweigert er die Erfüllung, kommt die weitere Erfüllung des Vertrags unmittelbar zum endgültigen Stillstand. Diese Folge ist aus Sicht der Finanzierungsbank des WEA-Eigentümers höchst unerwünscht. Vereinbarungen, die die Regelungen der §§ 103 ff. InsO ausschließen oder beschränken, sind allerdings gem. § 119 InsO unwirksam.

Deshalb ist es aus Sicht der Finanzierungsbank des WEA-Eigentümers üblicherweise unabdingbar, dass er im Grundstücksnutzungsvertrag ein Eintrittsrecht der Finanzierungsbank in den Vertrag hineinverhandelt, welches unabhängig von Willenserklärungen des Anlageneigentümers und demzufolge auch unabhängig von Willenserklärungen des Insolvenzverwalters ausgeübt werden kann. Eine solche Regelung ist unproblematisch wirksam, wenn sie sorgsam formuliert ist (→ Kap. 3 Rn. 357).

bb) Sonderregelungen für Miet-/Pachtverhältnisse. In § 109 InsO finden sich Sonderregelungen für den Fall, dass der Schuldner Mieter oder Pächter ist. Der Insolvenzverwalter kann nach dieser Vorschrift den bestehenden Miet- oder Pachtvertrag „ohne Rücksicht auf die vereinbarte Vertragsdauer oder einen vereinbarten Ausschluss des Rechts zur ordentlichen Kündigung" kündigen, regelmäßig mit einer Frist von drei Monaten zum Monatsende. War die Miet- oder Pachtsache bei Eröffnung des Insolvenzverfahrens noch nicht an den Schuldner überlassen, kann sowohl der Insolvenzverwalter als auch der andere Teil von dem Vertrag zurücktreten. Gem. § 112 InsO gilt sodann, dass ein Miet- oder Pachtverhältnis, das der Schuldner als Mieter oder Pächter eingegangen ist, von dem anderen Teil nach dem Antrag auf Eröffnung des Insolvenzverfahrens nicht kündigen kann wegen eines Verzugs mit der Entrichtung der Miete bzw. Pacht, der in der Zeit vor dem Eröffnungsantrag entstanden ist oder wegen einer Verschlechterung der Vermögensverhältnisse des Schuldners. 341

§ 110 InsO enthält Regelungen für den Fall, dass der Schuldner Vermieter oder Verpächter einer Sache ist. So ist die Einziehung von Miete bzw. Pacht, die für einen Zeitraum nach der Eröffnung des Insolvenzverfahrens erfolgt ist, nur insoweit wirksam, als sie sich auf die Miete bzw. Pacht bis einschließlich des Monats der Insolvenzeröffnung bezieht. 342

§ 111 InsO enthält die für WEA-Projekte auf gemieteten Grundstücken bedeutsamste Regelung: Wenn der Insolvenzverwalter ein Grundstück veräußert, das der Schuldner vermietet oder verpachtet hatte und tritt der Erwerber anstelle des Schuldners in das Miet- bzw. Pachtverhältnis ein, so kann der Erwerber das Miet- bzw. Pachtverhältnis unter Einhaltung der gesetzlichen Frist kündigen, allerdings nur für den ersten Termin, für den sie zulässig ist. 343

§ 111 InsO regelt nicht selbst den Eintritt in den Vertrag, sondern ist stattdessen als Verweis auf § 566 BGB zu verstehen (→ Kap. 3 Rn. 326 f.). 344

Vereinbarungen, durch die im Voraus die Anwendung der §§ 103-118 InsO ausgeschlossen oder beschränkt wird, sind unwirksam, s. § 119 InsO. Es handelt sich hierbei um eine absolute Unwirksamkeit, die im Prozess für und gegen die Masse von Amts wegen zu berücksichtigen ist. Gemäß dem Wortlaut des § 119 InsO sind nur diejenigen Vereinbarungen unwirksam, die **vor Eröffnung des Insolvenzverfahrens** getroffen worden sind. Nicht unter diese Vorschrift fallen demzufolge Vereinbarungen zwischen dem Vertragspartner und dem Insolvenzverwalter **nach Eröffnung des Insolvenzverfahrens**. In einzelnen Fällen kann es tatsächlich nützlich sein, diesen Freiraum zu nutzen und mit dem Insolvenzverwalter entsprechende Vereinbarungen zu treffen. 345

Zugleich ist auf die Möglichkeit von Regelungen zur Entkopplung von Grundstücksnutzungsvertrag und Grundbuchrecht nochmals hinzuweisen (→ Kap. 3 Rn. 250a).

cc) Insolvenzanfechtung. In den §§ 129 ff. InsO ist die **Insolvenzanfechtung** geregelt. Demzufolge kann der Insolvenzverwalter solche Rechtshandlungen, die vor Eröffnung des Insolvenzverfahrens vorgenommen worden sind und die Insolvenzgläubiger benachteiligen, in gewissen Fällen anfechten. 346

Nach Redaktionsschluss des vorliegenden Werks, nämlich am 5.4.2017, ist das *„Gesetz zur Verbesserung der Rechtssicherheit bei Anfechtungen nach der Insolvenzordnung und nach dem Anfechtungsgesetz"* vom 29.3.2017[916] in Kraft getreten. Die neuen Regelungen gelten für solche Insolvenzverfahren, die nach Inkrafttreten des Gesetzes eröffnet werden. Kernpunkte der gesetzlichen Neuregelungen bilden unter anderem die Herabsetzung der Anfechtungsfrist im Rahmen der Vorsatzanfechtung sowie Änderungen der diesbezüglichen Vermutungsregeln bei Zahlungsvereinbarungen (→ Kap. 3 Rn. 350). 346a

Anfechtbar ist z. B. nach § 130 Abs. 1 InsO (**„kongruente Deckung"**) eine Rechtshandlung, die einem Insolvenzgläubiger eine Sicherung oder Befriedigung gewährt oder ermöglicht hat, 347

---

[916] BGBl. 2017 Teil I Nr. 16, 654 ff.

1. wenn sie in den letzten drei Monaten vor dem Antrag auf Eröffnung des Insolvenzverfahrens vorgenommen worden ist, wenn zur Zeit der Handlung der Schuldner zahlungsunfähig war und wenn der Gläubiger zu dieser Zeit die Zahlungsunfähigkeit kannte oder
2. wenn sie nach dem Eröffnungsantrag vorgenommen worden ist und wenn der Gläubiger zur Zeit der Handlung die Zahlungsunfähigkeit oder den Eröffnungsantrag kannte.

Der Kenntnis der Zahlungsunfähigkeit oder des Eröffnungsantrags steht dabei die Kenntnis von Umständen gleich, die zwingend auf die Zahlungsunfähigkeit oder den Eröffnungsantrag schließen lassen, § 130 Abs. 2 InsO. Bei einer Person, die dem Schuldner zur Zeit der Handlung nahestand (Ehegatten, Lebenspartner, bestimmte Verwandte, siehe im Einzelnen § 138 InsO), wird vermutet, dass sie die Zahlungsunfähigkeit oder den Eröffnungsantrag kannte, § 130 Abs. 3 InsO.

348 Anfechtbar ist sodann nach § 131 Abs. 1 InsO („**inkongruente Deckung**") eine Rechtshandlung, die einem Insolvenzgläubiger eine Sicherung oder Befriedigung gewährt oder ermöglicht hat, die er nicht oder nicht in der Art oder nicht zu der Zeit zu beanspruchen hatte,
1. wenn die Handlung im letzten Monat vor dem Antrag auf Eröffnung des Insolvenzverfahrens oder nach diesem Antrag vorgenommen worden ist oder
2. wenn die Handlung innerhalb des zweiten oder dritten Monats vor dem Eröffnungsantrag vorgenommen worden ist und der Schuldner zur Zeit der Handlung zahlungsunfähig war oder
3. wenn die Handlung innerhalb des zweiten oder dritten Monats vor dem Eröffnungsantrag vorgenommen worden ist und dem Gläubiger zur Zeit der Handlung bekannt war, dass sie die Insolvenzgläubiger benachteiligte.

Auch hier steht der Kenntnis der Benachteiligung der Insolvenzgläubiger die Kenntnis von Umständen gleich, die zwingend auf die Benachteiligung schließen lassen; auch hier gilt bei einer Person, die dem Schuldner zur Zeit der Handlung nahestand (§ 138 InsO), die Vermutung, dass sie die Benachteiligung der Insolvenzgläubiger kannte, § 131 Abs. 2 InsO.

349 Weiterhin anfechtbar ist nach § 132 InsO („**unmittelbar nachteilige Rechtshandlung**") ein Rechtsgeschäft des Schuldners, das die Insolvenzgläubiger unmittelbar benachteiligt,
1. wenn es in den letzten drei Monaten vor dem Antrag auf Eröffnung des Insolvenzverfahrens vorgenommen worden ist, wenn zur Zeit des Rechtsgeschäfts der Schuldner zahlungsunfähig war und wenn der andere Teil zu dieser Zeit die Zahlungsunfähigkeit kannte oder
2. wenn es nach dem Eröffnungsantrag vorgenommen worden ist und wenn der andere Teil zur Zeit des Rechtsgeschäfts die Zahlungsunfähigkeit oder den Eröffnungsantrag kannte.

Auch hier steht der Kenntnis der Zahlungsunfähigkeit oder des Eröffnungsantrags die Kenntnis von Umständen gleich, die zwingend auf die Zahlungsunfähigkeit oder den Eröffnungsantrag schließen lassen. Ferner wird bei einer Person, die dem Schuldner zur Zeit der Handlung nahestand (§ 138 InsO), vermutet, dass sie die Zahlungsunfähigkeit oder den Eröffnungsantrag kannte, § 132 Abs. 3 InsO.

350 Nach § 133 Abs. 1 InsO („**vorsätzliche Benachteiligung**") ist eine Rechtshandlung anfechtbar, die der Schuldner in den letzten zehn Jahren vor dem Antrag auf Eröffnung des Insolvenzverfahrens oder nach diesem Antrag mit dem Vorsatz, seine Gläubiger zu benachteiligen, vorgenommen hat, wenn der andere Teil zur Zeit der Handlung den Vorsatz des Schuldners kannte. Diese Kenntnis wird vermutet, wenn der andere Teil wusste, dass die Zahlungsunfähigkeit des Schuldners drohte und dass die Handlung die Gläubiger benachteiligte.

Sofern die Rechtshandlung dem anderen Teil eine Sicherung oder Befriedigung gewährt oder ermöglicht hat, gilt für die seit dem 05.04.2017 eröffneten Neuverfahren (→ Kap. 3 Rn. 346a) nicht mehr eine Frist von zehn, sondern von lediglich vier Jahren, § 133 Abs. 2 InsO n. F.

Ferner gilt für die Gewährung einer Sicherung und Befriedigung Folgendes: Gem. § 133 Abs. 3 InsO n. F. tritt an die Stelle der drohenden Zahlungsunfähigkeit des Schuldners nach § 133 Abs. 1 S. 2 InsO die eingetretene, sofern die Rechtshandlung dem anderen Teil eine Sicherung oder Befriedigung gewährt oder ermöglicht, welche dieser in der Art und zu der Zeit beanspruchen konnte. Hatte der andere Teil mit dem Schuldner eine Zahlungsvereinbarung getroffen oder diesem in sonstiger Weise eine Zahlungserleichterung gewährt, wird künftig vermutet, dass er zur Zeit der Handlung die Zahlungsunfähigkeit des Schuldners nicht kannte, § 133 Abs. 3 InsO n. F.

Nach § 133 Abs. 3 InsO anfechtbar ist auch ein vom Schuldner mit einer nahestehenden Person (§ 138 InsO) geschlossener entgeltlicher Vertrag, durch den die Insolvenzgläubiger unmittelbar benachteiligt werden; die Anfechtung ist allerdings ausgeschlossen, wenn der Vertrag früher als zwei Jahre vor dem Eröffnungsantrag geschlossen worden ist oder wenn dem anderen Teil zur Zeit des Vertragsschlusses ein Vorsatz des Schuldners, die Gläubiger zu benachteiligen, nicht bekannt war.

Die §§ 134 und 135 InsO regeln die Insolvenzanfechtung bei Schenkungen sowie im Zusammenhang mit Gesellschafterdarlehen. 351

In § 143 InsO sind die Rechtsfolgen der Insolvenzanfechtung geregelt. Demnach muss 352 grundsätzlich das, was durch die anfechtbare Handlung aus dem Vermögen des Schuldners veräußert, weggegeben oder aufgegeben ist, zur Insolvenzmasse zurückgewährt werden, wobei die verschärfte Haftung des § 819 BGB greift. Mit der Rückgewährung des Erlangten lebt die Gegenforderung gegen den Schuldner wieder auf und kann entsprechend gegen die Insolvenzmasse geltend gemacht werden, § 144 InsO.

dd) Verwaltung und Verwertung der Insolvenzmasse. In den §§ 148 ff. InsO ist die Ver- 353 waltung und Verwertung der Insolvenzmasse geregelt. Gem. § 175 InsO hat der Insolvenzverwalter jede angemeldete Forderung in eine Tabelle einzutragen. Bezüglich jeder Forderung ist dann zu entscheiden, ob diese festgestellt oder bestritten wird. Soweit eine Forderung bestritten wird, steht es dem Gläubiger frei, die Feststellung dieser Forderung auf dem Gerichtsweg zu betreiben. Gläubiger erhalten sodann – gemäß der festgestellten Quote – Zahlungen des Insolvenzverwalters, soweit hinreichende Barmittel in der Insolvenzmasse vorhanden sind, § 187 InsO.

Wenn die Schlussverteilung abgeschlossen ist, wird das Insolvenzverfahren aufgehoben. 354 Anschließend können die Gläubiger ihre restlichen nicht oder nur teilweise befriedigten Forderungen gegen den Schuldner grundsätzlich unbeschränkt geltend machen oder, sofern ihre Forderungen festgestellt worden sind, aus der Eintragung in die Tabelle die Zwangsvollstreckung gegen den Schuldner betreiben.

In den meisten Fällen scheitert eine Vollstreckung jedoch nach der Beendigung des Insolvenz- 354a verfahrens. Handelt es sich bei dem Insolvenzschuldner um eine natürliche Person, wird oft die nach den §§ 286 InsO beantragte Restschuldbefreiung gewährt, mit der Folge, dass Insolvenzforderungen nicht mehr durchsetzbar sind, § 301 InsO. Handelt es sich bei dem Insolvenzschuldner um eine vermögenslose juristische Person, wird diese gem. § 394 Abs. 1 S. 2 FamFG von Amts wegen gelöscht, sodass die Forderungen mangels Anspruchsgegners gegenstandslos werden. Ob und inwieweit nach Abschluss des Insolvenzverfahrens der Gläubiger eine mit weiteren Kosten verbundene Vollstreckung Sinn macht, sollte daher sorgfältig geprüft werden.

ee) Rechtsfolgen für die Vertragsgestaltung. Der Fall der Insolvenz des Eigentümers des 355 Vertragsgrundstücks kann zwischen den Vertragsparteien im Grundstücksnutzungsvertrag nur ganz eingeschränkt geregelt werden, da die Regelungen in der InsO in Bezug auf die Rechtsstellung des Insolvenzverwalters und das Schicksal des Vertragsgrundstücks, wenn es zur Insolvenzmasse gehört, generell einer abweichenden vertraglichen Regelung nicht zugänglich sind.

So hat der BGH[917] eine insolvenzabhängige Lösungsklausel mit dem Wortlaut 356

„Der Vertrag endet auch ohne Kündigung automatisch, wenn der Kunde einen Insolvenzantrag stellt oder auf Grund eines Gläubigerantrages das vorläufige Insolvenzverfahren eingeleitet oder eröffnet wurde."

für unwirksam gem. § 119 InsO erklärt, da sie das Wahlrecht des Insolvenzverwalters nach § 103 InsO ausschließe und ermögliche, dass der Vertragspartner des Schuldners sich allein aufgrund dessen Insolvenz von einem für die Masse günstigen Vertrag lösen könne. „Schutz"

---

[917] *BGH*, NJW 2013, 1159.

vor Verfügungen des Insolvenzverwalters zu Lasten des Nutzers bieten z. B. isolierte Grundbuchrechte (→ Kap. 3 Rn. 250a).

357 Der Fall der Insolvenz des Grundstücksnutzers sollte (aus dem Blickwinkel des Grundstücksnutzers und seines Finanzierungsinstituts) im Grundstücksnutzungsvertrag dergestalt geregelt werden, dass der Grundstückseigentümer den Vertrag nicht kündigen darf und stattdessen ein Vertragseintrittsrecht der finanzierenden Bank oder – auf Weisung der Bank – der Vertragseintritt eines solventen Dritten erfolgt.

Im Hinblick auf das in § 307 BGB manifestierte Transparenzgebot (→ Kap. 3 Rn. 144ff.) müssen derartige Klauseln allerdings besonders sorgfältig formuliert werden.

n) Zwangsversteigerung des Vertragsgrundstücks nach Abschluss des Grundstücksnutzungsvertrags

358 Wird das Vertragsgrundstück nach Abschluss des Grundstücksnutzungsvertrags zwangsversteigert, ergeben sich hieraus für den Grundstücksnutzer erhebliche rechtliche Konsequenzen. Deshalb soll zunächst das Zwangsversteigerungsverfahren kurz vorgestellt werden:

aa) Ablauf des Zwangsversteigerungsverfahrens

359 **(1) Beschlagnahme.** Die Zwangsversteigerung eines Grundstücks ist, neben der Eintragung einer **Sicherungshypothek** für eine Forderung und der Zwangsverwaltung, eine Art der Vollstreckung in das unbewegliche Vermögen (s. § 866 Abs. 1 ZPO). Die Zwangsversteigerung ist, auf der Grundlage von § 869 ZPO, im Einzelnen im ZVG geregelt.

360 Die Zwangsversteigerung wird von dem Vollstreckungsgericht auf Antrag angeordnet, § 15 ZVG. Der Grundstücksnutzer ist im Zwangsversteigerungsverfahren Verfahrensbeteiligter, und zwar aus seiner Rechtsstellung als Mieter bzw. Pächter und aus seiner Rechtsstellung als im Grundbuch eingetragener Berechtigter, § 9 ZVG.

361 Der Beschluss, durch den die Zwangsversteigerung angeordnet wird, gilt zugleich als **Beschlagnahme** des Grundstücks. Die Beschlagnahme des Grundstücks erstreckt sich bereits wegen § 93 BGB zwangsläufig auf die wesentlichen Bestandteile des Grundstücks (→ Kap. 3 Rn. 184).

362 Die Beschlagnahme des Grundstücks in der Zwangsversteigerung erstreckt sich des Weiteren auch auf diejenigen Gegenstände, auf welche sich bei einem Grundstück die **Hypothek** erstreckt, § 20 ZVG (sog. hypothekarischer Haftungsverband). Sie erstreckt sich demzufolge u. a. auch auf **Zubehör** – allerdings mit Ausnahme der Zubehörstücke, die nicht in das Eigentum des Grundstückseigentümers gelangt sind (§ 1120 BGB). Zubehör sind nach § 97 BGB die beweglichen Sachen, die, ohne Bestandteil der Hauptsache zu sein, dem wirtschaftlichen Zweck der Hauptsache zu dienen bestimmt sind und zu ihr in einem dieser Bestimmung entsprechenden räumlichen Verhältnis stehen.

363 Wenn Windenergieanlagenprojekte – wie es dem Regelfall entspricht – auf Flächen errichtet werden, die zu dem Betrieb der WEA in keinem direkten wirtschaftlichen Bezug stehen, sind die WEA, nach Maßgabe der o. g. rechtlichen Ausführungen, rechtlich kein Zubehör und ist demzufolge die Zubehörhaftung in der Zwangsversteigerung ausgeschlossen. Sicherheitshalber sollte allerdings im Nutzungsvertrag die Zubehörhaftung ausgeschlossen werden.

364 **(2) Versteigerung/bestehen bleibende und erlöschende Rechte.** Im Versteigerungstermin wird grundsätzlich nur ein solches Gebot zugelassen, durch welches die dem Anspruch des Gläubigers (also desjenigen, der den Versteigerungsantrag gestellt hat) vorgehenden Rechte sowie die aus dem Versteigerungserlös zu entnehmenden Kosten des Verfahrens gedeckt werden („**geringstes Gebot**"), § 44 ZVG. Gem. § 45 ZVG ist ein Recht bei der Feststellung des geringsten Gebots insoweit, als es zur Zeit der Eintragung des Versteigerungsvermerks aus dem Grundbuch ersichtlich war, nach dem Inhalt des Grundbuchs zu berücksichtigen.

365 Ein Recht bleibt insoweit bestehen, als es bei der Feststellung des geringsten Gebots berücksichtigt und nicht durch Zahlung zu decken ist. Im Übrigen erlöschen die Rechte, § 52 ZVG.

366 Die übliche grundbuchliche Besicherung des Grundstücksbenutzungsrechts durch beschränkte persönliche Dienstbarkeit ist nicht „durch Zahlung zu decken". Sie bleibt also beste-

hen, wenn sie dem Anspruch des die Versteigerung betreibenden Gläubigers im Rang vorgeht und demzufolge im geringsten Gebot berücksichtigt ist.

Gem. § 57 ZVG findet u. a. § 566 BGB (→ Kap. 3 Rn. 326) Anwendung, wenn das Grundstück einem Mieter oder Pächter überlassen ist. Der Ersteher tritt demzufolge in das bestehende Miet- bzw. Pachtverhältnis ein. § 57a ZVG räumt dem Ersteher allerdings das Recht ein, das Miet- bzw. Pachtverhältnis unter Einhaltung der gesetzlichen Frist zu kündigen, wenn die Kündigung für den ersten Termin erfolgt, für den sie zulässig ist. Dieses Kündigungsrecht kann im Grundstücksnutzungsvertrag nicht ausgeschlossen oder beschränkt werden und stellt mithin eine potenzielle Gefahr für den Nutzer dar. 367

bb) Folgen für die Vertragsgestaltung. Die Vorschriften über den Ablauf und den Inhalt des Zwangsversteigerungsverfahrens sind zwingend, sie können also nicht wirksam durch Individualvereinbarung abbedungen werden. Es ist lediglich zu empfehlen, strikt darauf zu achten, dass sich die Zwangsversteigerung des Grundstücks nicht auf die vom Nutzer errichtete WEA nebst Zubehör erstreckt. Dies ist rechtlich unproblematisch möglich, wenn gewisse Regeln bei der Vertragsgestaltung und bei der Realisierung des Projekts eingehalten werden (→ Kap. 3 Rn. 189 ff.). 368

Außerdem ist darauf zu achten, dass die grundbuchliche Besicherung des Grundstücksnutzers in einem solchen Rang eingetragen wird, dass es ausgeschlossen ist, dass ein Gläubiger aus einem Recht besseren Ranges heraus die Zwangsversteigerung des Grundstücks betreibt. **Finanzierungsbanken** fordern insbesondere aus diesem Grunde zumeist die erstrangige Eintragung des Grundstücksnutzers. 369

Auch in diesem Zusammenhang ist nochmals auf die Möglichkeit einer Vertragsklausel zu verweisen, wonach sich die dingliche Vertragsbeziehung nach Ausübung des Sonderkündigungsrechts des Erstehers zwischen den Parteien fortsetzt (→ Kap. 3 Rn. 250a). 369a

o) Konkurrenzsituation

In der Praxis geschieht es leider nicht selten, dass es bei der Planung von WEA-Standorten zu Konkurrenzsituationen kommt: Auf ein und demselben Flurstück werden von mehreren Projektierern windenergetische Nutzungen geplant, die sich überschneiden und damit gegenseitig behindern oder gar ausschließen. Der bedauerliche Grund dieser Konkurrenzsituation liegt zumeist darin, dass die Errichtung von WEA nur auf sehr eng begrenzten Flächen planungsrechtlich zulässig ist (im Einzelnen: → Kap. 1). Zwischen konkurrierenden Planern werden daher oft sog. „Abgrenzungsvereinbarungen" geschlossen, um die Konflikte untereinander wirtschaftlich zu lösen. Z. T. wird allerdings bewusst die Rechtsstellung von Mitbewerbern aus bestehenden Grundstücksnutzungsverträgen ignoriert. 370

An dieser Stelle soll deshalb auf folgendes hingewiesen werden:

Wer bewusst in ein bestehendes Vertragsverhältnis „einbricht", indem er den Grundstückseigentümer dazu bringt, den bestehenden Vertrag mit dem Mitbewerber zu verletzen, macht sich u. U. gegenüber dem so geschädigten Mitbewerber nach § 826 BGB schadensersatzpflichtig. 371

§ 826 BGB hat folgenden Wortlaut: 372

> **„§ 826 BGB Sittenwidrige vorsätzliche Schädigung**
> Wer in einer gegen die guten Sitten verstoßenden Weise einem anderen vorsätzlich Schaden zufügt, ist dem anderen zum Ersatz des Schadens verpflichtet."

Nach § 826 BGB macht sich z. B. derjenige schadensersatzpflichtig, der einen Grundstückseigentümer dadurch zum Vertragsschluss mit ihm verleitet, dass er den Grundstückseigentümer von Schadensersatzansprüchen des anderen Nutzers aus dem bestehenden Vertragsverhältnis freistellt und dies in der konkreten Situation als Anwendung eines „verwerflichen Mittels zur Umstimmung des Vertragsschuldners" zu werten ist.[918] 373

---

[918] *BGH*, Urt. v. 2.6.1981 – VI ZR 28/80.

374 Nach Ansicht des OLG Stuttgart[919] setzt die **Verleitung zum Vertragsbruch** i. S. v. § 826 BGB ein Vertragsangebot von einem solchen Umfang oder mit solchen Konditionen voraus, dass der Anbieter aufgrund der davon ausgehenden Verlockung mit einer Annahme rechnen kann und der Anbieter weiß, dass der Annehmende damit einen rechtswirksamen Vertrag bricht oder zumindest mit der Möglichkeit eines wirksamen Vertrags rechnet und den Vertragsbruch bewusst in Kauf nimmt, zumindest aber leichtfertig den Gedanken verdrängt, in dem Vertrag sei eine ausschließliche Bindung des Vertragspartners enthalten.

375 In Bezug auf den Grundstückseigentümer, der einen Grundstücksnutzungsvertrag unterschreibt, der sich inhaltlich mit einem bereits bestehenden Vertrag überschneidet, ist auszuführen, dass beide Verträge trotzdem wirksam sind, vgl. § 311a Abs. 1 BGB. Allerdings kann der Grundstückseigentümer nur einem Nutzer gegenüber erfüllen; gegenüber dem anderen ist ihm die Erfüllung des Vertrags unmöglich, § 275 Abs. 1 BGB. Gegenüber demjenigen Nutzer, dessen Vertrag nicht erfüllt werden kann, macht sich der Grundstückseigentümer **schadensersatzpflichtig**, § 275 Abs. 4 i. V. m. § 280 Abs. 1 BGB. Dies gilt nur dann nicht, wenn er den doppelten Vertragsschluss und die hieraus folgende Unmöglichkeit der Vertragserfüllung gegenüber dem einen Nutzer nicht zu vertreten hat, was allerdings nur in absoluten Ausnahmefällen anzunehmen sein wird.

376 Gelegentlich gerät der an einen wirksamen Nutzungsvertrag gebundene Grundstückseigentümer auch dadurch in die Bredouille, dass er einen ihm vorgelegten, inhaltlich konkurrierenden neuen Grundstücksnutzungsvertrag mit einem Mitbewerber unterschreibt, der erst zu einem bestimmten zukünftigen Datum beginnen soll und ihm hierzu von dem betreffenden Mitbewerber erklärt wird, dass der derzeit bestehende Nutzungsvertrag doch bis zu diesem Zeitpunkt auslaufe oder beendet werden könne. Schenkt der Grundstückseigentümer dieser Erklärung Glauben, unterschreibt deshalb den ihm vorgelegten neuen Vertrag und kann der bestehende Nutzungsvertrag dann doch nicht bis zu dem Zeitpunkt des Beginns des neuen Vertrags wirksam beendet werden bzw. läuft er doch nicht zu diesem Zeitpunkt aus, gerät der Grundstückseigentümer in die unter → Kap. 3 Rn. 375 beschriebene Lage, dass zwei wirksame Verträge bestehen, von denen er nur einen erfüllen kann.

377 In der Regel wird dem Grundstückseigentümer in dieser Situation zu raten sein, dass er den zuerst abgeschlossenen Vertrag erfüllt, da der Mitbewerber, der ihm den neuen Vertrag vorgelegt hat, in der Situation nicht schutzwürdig sein dürfte und demzufolge auch keinen Schadensersatzanspruch gegen den Grundstückseigentümer wegen Nichterfüllung seines Vertrags haben dürfte.

2. Grundstückskaufverträge

378 Neben dem Abschluss eines Grundstücksnutzungsvertrags besteht rechtlich selbstverständlich auch die Möglichkeit, Grundstücke käuflich zu erwerben und so längerfristig für ein Windenergieprojekt zu sichern. Deshalb soll auf den Kaufvertrag im Folgenden kurz eingegangen werden.

a) Einführung

379 Der Kaufvertrag ist in den §§ 433 ff. BGB geregelt. Die Regelung des § 433 BGB statuiert die Hauptleistungspflichten der Vertragsparteien. Der Verkäufer schuldet gemäß § 433 Abs. 1 BGB hauptsächlich die Übereignung der Sache in mangelfreiem Zustand, der Käufer schuldet gem. § 433 Abs. 2 BGB den Kaufpreis und die Abnahme des Kaufgegenstands.

380 Der Vorteil eines Grundstückskaufvertrags liegt darin, dass der Erwerber, sobald er die Eigentümerstellung innehat, frei über das Grundstück verfügen kann (wobei allerdings darauf hinzuweisen ist, dass der Erwerber in bestehende Grundstücksnutzungsverträge nach § 566 BGB eintritt → Kap. 3 Rn. 326 f.). Der Kauf ist im Vergleich zu einem Miet- oder Pachtvertrag ein Vertragsverhältnis, das auf Abwicklung angelegt ist. Durch den Vollzug des im Kaufvertrag versprochenen

---

[919] *OLG Stuttgart*, Urt. v. 25.5.1977 – 2 U 39/77.

Eigentumserwerbs ist der Kauf abgeschlossen; eine darüber hinaus andauernde Rücksichtnahmepflicht auf die Interessen des (vormaligen) Grundstückseigentümers ist daher zu verneinen.

Nachteilig an einem Kauf ist jedoch, dass er endgültig ist, also bei vorzeitigem Scheitern oder bei Beendigung des Projekts das Eigentum und damit auch die einhergehenden Lasten an dem Grundstück bestehen bleiben. Außerdem bindet der Kauf zunächst üblicherweise wesentlich mehr Liquidität als ein Miet- bzw. Pachtvertrag, was in der Projektfinanzierung entsprechend dargestellt werden muss. 381

b) Formalien, Ablauf

Durch den Kaufvertrag wird der Verkäufer verpflichtet, das Grundstück zu übereignen. Mit dem Abschluss des Kaufvertrags wird aufgrund des Trennungs- und Abstraktionsprinzips hingegen noch nicht das Eigentum selbst übertragen: 382

Der Weg zum Erwerb eines Grundstücks vollzieht sich in drei Stufen. Zunächst ist ein Kaufvertrag über das Grundstück abzuschließen (→ Kap. 3 Rn. 384 ff.). Dann bedarf es einer dinglichen, also von dem Kaufvertrag zu unterscheidenden Einigung über die Übertragung des Grundstücks (Auflassung) → Kap. 3 Rn. 388 ff. Zuletzt ist die Eintragung dieser Einigung in das Grundbuch notwendig (→ Kap. 3 Rn. 391 ff.). 383

aa) Abschluss des Kaufvertrags. Gemäß der Vorschrift des § 311b Abs. 1 S. 1 BGB muss für den Kaufvertrag als Verpflichtungsgeschäft das spezielle Formerfordernis der **notariellen Beurkundung** erfüllt sein. Denn § 311b Abs. 1 S. 1 BGB schreibt vor, dass ein Vertrag, bei dem sich ein Teil verpflichtet, das Eigentum an einem Grundstück zu übertragen oder zu erwerben, der notariellen Beurkundung bedarf. Zwar kann das Fehlen dieses Formerfordernisses gemäß § 311b Abs. 1 S. 2 BGB geheilt werden, indem die Auflassung und die Eintragung in das Grundbuch erfolgen. Unter dem Gesichtspunkt der Rechtssicherheit ist trotzdem unbedingt die notarielle Beurkundung des Kaufvertrags zu empfehlen. 384

Wenn ein Kaufvertrag über ein Grundstück zwischen den Parteien geschlossen, aber nicht notariell beurkundet ist, ist der Vertragsschluss trotz eventuell vorhandenen Bindungswillens nichtig, § 125 BGB. Das bedeutet, dass keine der beiden Parteien tatsächlich an einen solchen Kaufvertrag gebunden ist. Wird der Vertrag nicht notariell beurkundet, kann der Verkäufer auch nicht erfolgreich verklagt werden, weder auf Übereignung des Grundstücks noch auf erneute Zustimmung zur Fassung eines der Formvorschrift (notarielle Beurkundung) entsprechenden Kaufvertrags. Lediglich in absoluten Ausnahmefällen kann es vorkommen, dass die Berufung auf die Formnichtigkeit eine unzulässige Rechtsausübung i. S. d. § 242 BGB darstellt.[920] 385

Unter § 311b Abs. 1 S. 1 BGB fallen auch alle Vorverträge, welche auf die Veräußerung eines Grundstücks abzielen. Diese werden erst mit Abschluss eines inhaltlich deckungsgleichen gültigen Hauptvertrages wirksam.[921] Auch ein Vorvertrag ist also letztlich nur dann wirksam und aus ihm können nur dann Rechte geltend gemacht werden, wenn er notariell beurkundet ist. 386

Der Abbruch von Vertragsverhandlungen, die auf den Abschluss eines formbedürftigen Vertrags gerichtet waren, löst grundsätzlich keine Schadensersatzansprüche aus, auch dann nicht, wenn es keinen triftigen Grund für den Abbruch gab; Ausnahmen kommen nur bei besonders schweren Treuepflichtverstößen in Betracht.[922] 386a

Durch § 311b Abs. 1 S. 1 BGB ergibt sich auch eine Besonderheit in Bezug auf Vollmachten der Vertragsparteien: Grundsätzlich unterliegen diese zwar nach § 167 Abs. 2 BGB nicht dem Formerfordernis des abzuschließenden Rechtsgeschäfts. Bei einer für den Vollmachtgeber unwiderruflichen Vollmacht, die zu einem Grundstückskauf ermächtigt, ist allerdings die notarielle Beurkundung erforderlich, denn bereits durch die Unwiderruflichkeit verpflichtet sich der Vollmachtgeber bindend zum Erwerb bzw. zur Veräußerung eines Grundstücks.[923] 387

---

[920] Instruktiv: BGH, Urt. v. 20.12.2001 – IX ZR 401/99, Rz. 22 aa) ff.
[921] BGHZ 82, 398, NJW 1982, 759.
[922] Vgl. OLG Naumburg, Urt. v. 3.4.2001 – 11 U 13/01.
[923] *Grüneberg*, in: Palandt (Hrsg.), BGB, § 311b Rn. 20.

388 **bb) Auflassung.** Die **Auflassung** bezeichnet die dingliche Einigung über die Übertragung des Eigentums an einem Grundstück. Sie ist in § 925 BGB geregelt und muss getrennt von dem Kauf betrachtet werden (→ Kap. 3 Rn. 382).

389 Auch für die Auflassung besteht eine spezielle Verfahrensvorschrift: Nach § 925 Abs. 1 BGB ist sie bei gleichzeitiger Anwesenheit beider Vertragsteile vor einer zuständigen Stelle zu erklären. Zuständig zur Entgegennahme der Auflassung sind seit der Änderung des § 925 BGB durch das BeurkG grundsätzlich nur noch die Notare, nicht mehr Grundbuchämter und Amtsgerichte.

390 Weder § 925 Abs. 1 S. 1 BGB noch eine andere gesetzliche Vorschrift statuiert allerdings für die Auflassung eine bestimmte Form; Schriftform oder notarielle Beurkundung sind insoweit also nicht erforderlich. Es genügt vielmehr jedes Erklärungsmittel, das die Einigung unmissverständlich ausdrückt.[924] Da allerdings nach § 29 Abs. 1 S. 1 GBO die Eintragung in das Grundbuch nur bei Nachweis der Eintragungsbewilligung aufgrund öffentlicher oder öffentlich beurkundeter Urkunden erfolgen soll, ist die notarielle Beurkundung der Auflassung im Endeffekt doch unumgänglich, sodass sie die übliche Form der Auflassung darstellt. Die notarielle Beurkundung der Auflassung hat zudem den Vorteil, dass hierdurch die dingliche Einigung für beide Parteien bis zur tatsächlichen Eintragung des Eigentumswechsels im Grundbuch bindend ist, § 873 Abs. 2 BGB.

391 **cc) Eintragung in das Grundbuch.** Der letzte Schritt zum Erwerb eines Grundstücks ist die **Eintragung** der Eigentumsübertragung in das **Grundbuch**. Dieses Erfordernis ergibt sich aus § 873 Abs. 1 BGB.

392 Bei dem Eintragungsverfahren sind die Vorschriften der GBO maßgeblich zu beachten. Die Eintragung wird demnach grundsätzlich nur aufgrund eines Antrags bei dem Grundbuchamt vorgenommen, § 13 Abs. 1 S. 1 GBO, wobei gem. § 13 Abs. 1 S. 2 GBO nur derjenige antragsberechtigt ist, „dessen Recht von der Eintragung betroffen wird oder zu dessen Gunsten die Eintragung erfolgen soll". Aufgrund der Regelung in § 15 Abs. 2 GBO kann der Antrag auch durch den Notar erfolgen, bei dem die Auflassung beurkundet wurde.

393 Für den Erwerber ist es grundsätzlich empfehlenswert, selbst den Antrag auf Eintragung zu stellen, denn § 31 GBO erlaubt die Rücknahme des Antrags nur durch den Antragsteller. Will der Erwerber des Grundstücks also sichergehen, dass die Eintragung auch wirklich erfolgt, sollte er diese Position für sich nutzen, statt sie dem Verkäufer zu überlassen.

394 Für die Antragstellung bedarf es wegen der §§ 20, 29 GBO der Einreichung der notariell beurkundeten Auflassungserklärung bei dem Grundbuchamt.

395 Auch wenn der Kaufvertrag und die notariell beurkundete Auflassung zu einer Bindung beider Parteien sowohl an das Verpflichtungsgeschäft als auch an das Verfügungsgeschäft führen, wird dadurch **keine Verfügungsbeschränkung** des Veräußerers begründet.[925] Das bedeutet, dass der Veräußerer rechtlich in der Lage ist und bleibt, weiterhin über das Grundstück frei zu verfügen, bis die Eintragung des Eigentumsübergangs im Grundbuch tatsächlich erfolgt ist. Der Veräußerer wird sich dann allerdings regelmäßig gegenüber denjenigen Vertragspartnern schadensersatzpflichtig machen, denen gegenüber er nicht erfüllen kann (vgl. → Kap. 3 Rn. 375 f.).

c) Grundstückserwerb für WEA-Projekte vs. GrdstVG

396 Nicht selten entscheiden Projektierer windenergetischer Vorhaben, die für das Projekt erforderlichen Grundflächen, jedenfalls zum Teil, eigentumsmäßig zu erwerben. Dies bindet zwar zunächst generell mehr Liquidität als die Anmietung von Flächen, kann aber mit Blick auf die Projektlaufzeit insgesamt die wirtschaftlich vorzuziehende Variante sein.

397 Bei der Veräußerung von Flächen im Zusammenhang mit Windenergieprojekten kann durch das ggf. bestehende Genehmigungserfordernis nach dem **Grundstücksverkehrsgesetz** (GrdstVG) Konfliktpotenzial entstehen. Die materielle Gesetzeslage ist nicht unkompliziert, insbesondere wenn neben dem GrdstVG auch das Reichssiedlungsgesetz (RSiedlG) Anwendung findet. Außerdem bestehen vielfältige behördliche sowie gerichtliche prozessuale Besonderhei-

---

[924] *Bassenge*, in: Palandt (Hrsg.), BGB, § 925 Rn. 3.
[925] *Weber*, Sachenrecht II. Grundstücksrecht, § 7 Rn. 33.

ten. Schließlich kann die Nichterteilung der Genehmigung nach dem GrdstVG für ein Projekt gravierende Auswirkungen haben.

Die Kenntnis von Struktur und Mechanismen des GrdstVG und des RSiedlG ist daher wichtig und erlaubt es, in der Praxis tragfähige Strategien für den Einzelfall zu entwickeln und nachteilige Entwicklungen zu vermeiden bzw. rechtzeitig gegenzusteuern.

aa) Anwendungsbereich des GrdstVG. Das GrdstVG gilt nach wie vor in allen Bundesländern mit Ausnahme Baden-Württembergs. Allerdings fällt seit der Föderalismusreform 2006 die Gesetzgebungsmaterie des landwirtschaftlichen Grundstücksverkehrs und Pachtwesens nicht mehr länger in die konkurrierende Gesetzgebung, sondern nunmehr in die ausschließliche Gesetzgebung der Länder nach Art. 70 GG. Damit können das GrdstVG und das RSiedlG von den Bundesländern durch Landesrecht ersetzt werden. Solange ein Bundesland von dieser Kompetenz keinen Gebrauch macht, gilt das GrdstVG uneingeschränkt fort, Art. 125a GG. Bisher hat lediglich Baden-Württemberg mit dem Agrarstrukturverbesserungsgesetz (ASVG)[926] vom 10.11.2009 das GrdstVG vollständig abgelöst; entsprechende Bestrebungen in Sachsen-Anhalt und Mecklenburg-Vorpommern scheiterten bisher.   397a

(1) Land- und forstwirtschaftliche Grundstücke, § 1 GrdstVG. Gem. § 1 Abs. 1 GrdstVG   398
gelten die hier maßgeblichen Vorschriften des Ersten Abschnitts des GrdstVG für „landwirtschaftliche und forstwirtschaftliche Grundstücke sowie für Moor- und Ödland, das in landwirtschaftliche oder forstwirtschaftliche Kultur gebracht werden kann." **Landwirtschaft** im Sinne des GrdstVG ist – dies ergibt sich aus § 1 Abs. 2 GrdstVG – „die Bodenbewirtschaftung und die mit der Bodennutzung verbundene Tierhaltung, um pflanzliche oder tierische Erzeugnisse zu gewinnen, besonders der Ackerbau, die Wiesen- und Weidewirtschaft, der Erwerbsgartenbau, der Erwerbsobstbau und der Weinanbau sowie die Fischerei in Binnengewässern."

Grundstück im Sinne von § 1 Abs. 1 GrdstVG ist nach allgemeiner Auffassung[927] das **Grundstück im rechtlichen Sinne**, also der im Bestandsverzeichnis des Grundblattes als „Grundstück" unter „Lfd. Nr. der Grundstücke" mit einer besonderen Nummer bezeichnete „räumlich abgegrenzte Teil der Erdoberfläche", ohne Rücksicht auf die im Grundbuch angegebene Art der Nutzung. Zur Beschreibung des Grundstücks dient seine katastermäßige Bezeichnung. Gem. § 1 Abs. 3 GrdstVG können auch Teile eines Grundstücks (hiermit sind insbesondere Flurstücke gemeint, wenn Grundstücke in mehrere Flurstücke aufgeteilt sind) Grundstück i. S. v. § 1 GrdstVG sein.   399

Ein Grundstück ist dann **landwirtschaftliches Grundstück**, wenn es sich nach seiner   400
natürlichen Beschaffenheit und Lage dazu eignet, landwirtschaftlichen Zwecken in dem in § 1 Abs. 2 GrdstVG genannten Sinne zu dienen. Darauf, ob es aktuell landwirtschaftlich genutzt wird oder nicht, soll es dabei nicht ankommen; vielmehr soll es ausreichen, dass das Grundstück durch normale landwirtschaftliche Bewirtschaftungsmaßnahmen wie Pflügen, Eggen, Düngen, Be- und Entwässerung in landwirtschaftliche Kultur gebracht werden kann.[928] Selbst Flächen, die noch nie landwirtschaftlich genutzt wurden, bei verständiger Betrachtung aber in Zukunft landwirtschaftlicher Nutzung zugeführt werden können, sollen landwirtschaftliche Grundstücke sein.[929] Landwirtschaftliches Grundstück ist auch die landwirtschaftliche **Hofstelle** mit all ihren Wohn- und Wirtschaftsgebäuden, jedenfalls solange sie nicht infolge wesentlicher baulicher Veränderungen für landwirtschaftliche Zwecke ungeeignet ist.[930]

Das landwirtschaftliche Grundstück verliert seine Eigenschaft als solches, wenn die land-   401
wirtschaftliche Nutzung dauerhaft aufgegeben und das Grundstück anderen, z. B. gewerblichen Zwecken zugeführt wird.

Auch wenn ein landwirtschaftliches Grundstück oder zumindest eine wesentliche Teilfläche   402
desselben in den räumlichen **Geltungsbereich eines Bebauungsplans** i. S. v. § 30 BauGB aufgenommen wird und darin nicht mehr als landwirtschaftliches Grundstück ausgewiesen

---

[926] Amtl. Titel: Gesetz über Maßnahmen zur Verbesserung der Agrarstruktur in Baden-Württemberg.
[927] *BGH*, Beschl. v. 9.3.2006 – 20 Ww 1/05.
[928] *BGH*, Beschl. v. 22.12.1988 – BLw 15/87, NJW 1989, 1223.
[929] *OLG Celle*, Beschl. v. 9.9.1957 – 7 WLw 31/57.
[930] *OLG Celle*, Beschl. v. 25.11.1963 – 7 WLw 72/63.

ist, soll dies per se dazu führen, dass es seine Eigenschaft als landwirtschaftliches Grundstück verliert.[931] Diese Ansicht ist allerdings aus dem Gesetzeswortlaut und der zur Eigenschaft eines Grundstücks als „landwirtschaftliches Grundstück" entwickelten Rechtsprechung, die stets auf die objektive Eignung der Fläche zur landwirtschaftlichen Bewirtschaftung abstellt, nicht herleitbar. Vielmehr dürfte in diesen Fällen allein auf § 4 Abs. 4 GrdStVG zurückzugreifen sein. Nach dieser Vorschrift ist eine Genehmigung nach dem GrdstVG nicht notwendig, wenn Grundstücke veräußert werden, die im räumlichen Geltungsbereich eines Bebauungsplans i. S. v. § 30 BauGB liegen, es sei denn, dass es sich um die Wirtschaftsstelle eines land- oder forstwirtschaftlichen Betriebs handelt oder um Grundstücke, die im Bebauungsplan als land- oder forstwirtschaftliche Grundstücke i. S. v. § 1 GrdstVG ausgewiesen sind. Damit besteht bei Grundstücken, die im Geltungsbereich eines Bebauungsplans i. S. v. § 30 BauGB liegen und die weder eine Wirtschaftsstelle eines land- oder forstwirtschaftlichen Betriebs sind noch als land- oder forstwirtschaftliche Flächen im Bebauungsplan ausgewiesen sind, ein Anspruch auf Erteilung eines Negativzeugnisses nach § 5 GrdstVG (→ Kap. 3 Rn. 410).

403 **Forstwirtschaftliche Grundstücke** i. S. v. § 1 Abs. 1 GrdstVG dürften jedenfalls vorliegen bei Waldgrundstücken i. S. v. § 2 Abs. 1 Bundeswaldgesetz (BWaldG). Demnach gelten als „Wald" mit Forstpflanzen bestockte, kahlgeschlagene oder verlichtete Grundflächen, Waldwege, Waldeinteilungs- und Sicherungsstreifen, Waldblößen und Lichtungen, Waldwiesen, Wildäsungsplätze, Holzlagerplätze sowie weitere mit dem Wald verbundene oder ihm dienende Flächen. Ansonsten gelten für forstwirtschaftliche Grundstücke die zu landwirtschaftlichen Grundstücken (→ Kap. 3 Rn. 400 f.) genannten Grundsätze.

404 Auf **Moor- und Ödlandflächen** finden die Vorschriften des GrdstVG gem. § 1 Abs. 1 GrdstVG nur Anwendung, wenn sie in land- oder forstwirtschaftliche Kultur gebracht werden können.

405 **(2) Genehmigungsbedürftige Veräußerungen, § 2 GrdstVG.** Gem. § 2 Abs. 1 GrdstVG bedürfen die rechtsgeschäftliche Veräußerung eines Grundstücks i. S. v. § 1 GrdstVG und der schuldrechtliche Vertrag hierüber der Genehmigung. Der Veräußerung eines Grundstücks stehen gem. § 2 Abs. 2 GrdstVG gleich:
1. die Einräumung und die Veräußerung eines Miteigentumsanteils an einem Grundstück,
2. die Veräußerung eines Erbanteils an einen anderen als einen Miterben, wenn der Nachlass im Wesentlichen aus einem land- oder forstwirtschaftlichen Betrieb besteht sowie
3. die Bestellung des Nießbrauchs an einem Grundstück.

406 Gem. § 2 Abs. 3 GrdstVG können die Länder u. a. bestimmen, dass die Veräußerung von Grundstücken bis zu einer bestimmten Größe keiner Genehmigung bedarf oder dass die Genehmigung in bestimmten Fällen über die in § 9 GrdstVG genannten Gründe hinaus versagt oder mit Nebenbestimmungen versehen darf. Hiervon haben einige Bundesländer Gebrauch gemacht. So gilt z. B. in **Baden-Württemberg** gem. § 1 Abs. 1 lit. b) Agrarstrukturverbesserungsgesetz (ASVG), dass die Vorschriften dieses Gesetzes nur Anwendung finden auf die rechtsgeschäftliche Veräußerung eines Grundstücks, welches land- oder forstwirtschaftlich genutzt wird oder nutzbar wäre und mindestens 1 ha groß ist; dient das Grundstück dem Weinbau oder Betrieben mit gartenbaulicher Erzeugung, beträgt die Mindestgröße 0,5 ha. In **Hessen** bedürfen gemäß § 1 des Gesetzes über die Genehmigungsfreiheit im Verkehr mit land- und forstwirtschaftlichen Grundstücken Veräußerungen von Grundstücken keiner Genehmigung nach § 2 GrdstVG, wenn diese kleiner als 0,25 ha und nicht bebaut sind. In **Mecklenburg-Vorpommern** gilt gem. § 1 des Ausführungsgesetzes zum Grundstücksverkehrsgesetz (AG M-V GrdstVG), dass die Veräußerung eines Grundstücks, dessen Größe weniger als 2 ha beträgt, keiner Genehmigung nach § 2 GrdstVG bedarf. Auch viele andere Bundesländer haben von der Ermächtigung des § 2 Abs. 3 GrdstVG Gebrauch gemacht und Sonderregelungen geschaffen, auf die hier aus Platzgründen nicht eingegangen werden kann.[932]

---

[931] *Netz*, Grundstücksverkehrsgesetz Praxiskommentar, S. 273.
[932] Ein vollständiger Überblick über die Landesregelungen findet sich bei *Netz*, Grundstücksverkehrsgesetz Praxiskommentar, S. 142 ff.

Der Erwerb von an sich die Freigrenzen einhaltenden und damit grds. genehmigungsfreien **406a** Grundstücksteilflächen gestaltet sich bisweilen als schwierig, da immer wieder seitens der Landesgenehmigungsbehörden der Übertragungsvertrag pauschal mit der Begründung für genehmigungspflichtig gehalten und abgelehnt wird, dass auf die Größe des Ausgangsgrundstücks abzustellen sei und/oder ein Umgehungsgeschäft vorläge. Das OLG Rostock hat dieser Praxis jüngst eine klare Absage erteilt.[933] Es hat klargestellt, dass die behördenseitig oft ignorierte Regelung des § 1 Abs. 3 GrdstVG, wonach ein Grundstück i. S. d. Gesetzes auch ein Teil eines Grundstücks ist, uneingeschränkt auch auf Erwerbsvorgänge Anwendung findet, womit im Grundsatz allein auf die Größe des veräußerten Teilgrundstücks abzustellen ist. Überdies darf die Genehmigungsbehörde nicht selbstständig Ermittlungen anstellen, sondern muss allein auf der Grundlage der ihr vorliegenden Erkenntnisquellen (die sich regelmäßig in den Verfahrensakten erschöpfen dürften) prüfen, ob eine Genehmigungspflicht gegeben ist. Erst wenn sich hiernach konkrete Anhaltspunkte für das Vorliegen eines Umgehungsgeschäfts[934] ergeben, darf die Genehmigungsbehörde eine Genehmigungspflichtigkeit annehmen und die Genehmigung versagen. Der Umstand, dass eine Teilfläche veräußert wird, bildet allein jedenfalls keinen entsprechenden Anhaltspunkt. Sind demnach keine entsprechenden Anhaltspunkte gegeben, muss die Genehmigungsbehörde die Genehmigung erteilen.

(3) Genehmigungsfreie Rechtsgeschäfte, § 4 GrdstVG. Die Genehmigung nach dem Grd- **407** stVG ist gem. § 4 GrdstVG u. a. nicht notwendig, wenn der Bund oder ein Land als Vertragsteil an der Veräußerung beteiligt ist (§ 4 Nr. 1 GrdstVG). Die Vorschrift ist nicht erweiternd anwendbar auf die mittelbare Bundesverwaltung, also rechtsfähige Körperschaften, Anstalten oder Stiftungen des öffentlichen Rechts.[935] Auch die BVVG GmbH und deren alleinige Gesellschafterin, die Bundesanstalt für vereinigungsbedingte Sonderaufgaben, sind mithin nicht von der Genehmigungsfreiheit des § 4 Nr. 1 GrdstVG erfasst.

Keiner Genehmigung bedarf gem. § 4 Nr. 3 GrdstVG eine Grundstücksveräußerung, wenn **408** sie der Durchführung eines **Flurbereinigungsverfahrens** dient.

Ebenfalls genehmigungsfrei ist gem. § 4 Nr. 4 GrdstVG die Veräußerung von Grundstücken, **409** die im räumlichen Geltungsbereich eines Bebauungsplanes i. S. v. § 30 BauGB liegen, es sei denn, dass es sich um die Wirtschaftsstelle eines land- oder forstwirtschaftlichen Betriebs oder um Grundstücke handelt, die im Bebauungsplan als land- oder forstwirtschaftliche Grundstücke ausgewiesen sind.

(4) Negativzeugnis nach § 5 GrdstVG. Nach § 5 GrdstVG hat die Genehmigungsbehörde auf **410** Antrag ein Zeugnis zu erteilen, wenn zur Veräußerung eines Grundstücks die Genehmigung nicht notwendig ist. Das Zeugnis steht gem. § 5 S. 2 GrdstVG rechtlich der Genehmigung gleich.

Die Bedeutung des Negativzeugnisses ergibt sich in der Praxis vor allem mit Blick auf § 7 **411** Abs. 1 GrdstVG. Nach dieser Vorschrift darf eine Rechtsänderung aufgrund einer genehmigungspflichtigen Veräußerung erst dann in das Grundbuch eingetragen werden, wenn gegenüber dem Grundbuchamt die Unanfechtbarkeit der Genehmigung nachgewiesen ist. Bei der Veräußerung von land- oder forstwirtschaftlichen Flurstücken i. S. v. § 1 GrdstVG erfolgt also die Eigentumsumtragung erst dann, wenn die bestandskräftige Genehmigung nach dem GrdstVG oder das besagte, der Genehmigung rechtlich gleichstehende bestandskräftige Negativzeugnis vorliegt.

Rechtliches Interesse an der Erteilung eines Negativzeugnisses kann auch bestehen, wenn die **412** Eigenschaft eines Kaufgrundstücks als land- oder forstwirtschaftliches Grundstück und damit die Frage im Streit steht, ob überhaupt der Anwendungsbereich des GrdstVG eröffnet ist. Das Negativzeugnis schafft dann rechtliche Klarheit; das Grundbuchamt ist an das bestandskräftige Negativzeugnis gebunden.

---

[933] *OLG Rostock*, 8.5.2015 – 3 W 94/14.
[934] Zu den Voraussetzungen eines Umgehungsgeschäfts siehe *Netz*, Grundstücksverkehrsgesetz Praxiskommentar, S. 345 f.
[935] *BGH*, Urt. v. 27.11.2009 – BLw 4/09.

413   Wenn die Genehmigungsbehörde die Ausstellung des Negativzeugnisses verweigert, können die Beteiligten binnen zwei Wochen nach Zustellung Antrag auf Entscheidung durch das nach dem Gesetz über das gerichtliche Verfahren in Landwirtschaftssachen zuständige Gericht stellen, § 22 Abs. 1 GrdstVG. Das Gericht erteilt dann, falls die Voraussetzungen des § 5 GrdstVG vorliegen, das Negativzeugnis, § 22 Abs. 3 GrdstVG.

bb) Genehmigungsverfahren nach dem GrdstVG

414   **(1) Zuständigkeit.** Zuständig zur Erteilung der Genehmigung nach dem GrdstVG ist die nach dem Landesrecht zuständige Behörde. In **Bayern** ist z. B. die Kreisverwaltungsbehörde Genehmigungsbehörde i. S. d. GrdstVG, Art. 1 Abs. 1 des Gesetzes zur Ausführung des Bundesgesetzes über Maßnahmen zur Verbesserung der Agrarstruktur und zur Sicherung land- und forstwirtschaftlicher Betriebe sowie des Bundesgesetzes über die Anzeige und Beanstandung von Landpachtverträgen (AGGrdstLPachtVG). In **Brandenburg** nehmen die Landkreise und kreisfreien Städte diese Aufgabe wahr, und zwar nach § 1 Abs. 1 der Verordnung zur Regelung von Zuständigkeiten nach dem Grundstücksverkehrsgesetz und dem Landpachtverkehrsgesetz (GrstLPZV). In **Mecklenburg-Vorpommern** sind gem. § 2 der Verordnung zur Durchführung des landwirtschaftlichen Bodenrechts (Bodenrechts-Durchführungsverordnung) die Ämter für Landwirtschaft die zuständigen Genehmigungsbehörden nach dem GrdstVG, in **Nordrhein-Westfalen** die Geschäftsführer der Kreisstelle der Landwirtschaftskammer, was sich aus § 5 Abs. 1 Nr. 2 der Verordnung zur Regelung von Zuständigkeiten und zur Übertragung von Ermächtigungen zum Erlass von Rechtsverordnungen für Bereiche der Agrarwirtschaft (ZustVOAgrarNRW) ergibt.[936]

415   Örtlich zuständig ist gem. § 18 Abs. 1 GrdstVG die Genehmigungsbehörde, in deren Bezirk die Hofstelle des Betriebs liegt, zu dem das Grundstück gehört. Ist keine Hofstelle vorhanden, so ist die Genehmigungsbehörde zuständig, in deren Bezirk die Grundstücke ganz oder zum größten Teil liegen.

416   Hält sich die Genehmigungsbehörde, bei der ein Genehmigungsantrag eingegangen ist, für örtlich unzuständig, hat sie die Sache unverzüglich, spätestens jedoch vor Ablauf eines Monats nach Eingang des Antrags, an die zuständige Genehmigungsbehörde abzugeben und den Antragsteller von der Abgabe zu unterrichten. Wird die Benachrichtigung nicht innerhalb dieser Frist zugestellt, gilt die Genehmigung als erteilt. Die Abgabeverfügung ist für die in ihr bezeichnete Genehmigungsbehörde bindend und für die Beteiligten unanfechtbar, § 18 Abs. 2 GrdstVG.

417   **(2) Antragsbefugnis.** Zur Stellung des Antrags auf Genehmigung sind die Vertragsparteien und derjenige, zu dessen Gunsten der Vertrag geschlossen worden ist, berechtigt. Hat ein Notar den Vertrag beurkundet, so gilt dieser als ermächtigt, die Genehmigung zu beantragen, § 3 Abs. 2 GrdstVG.

418   **(3) Frist zur Entscheidung über den Antrag/Fiktion der Genehmigungserteilung.** Die Genehmigungsbehörde hat die Entscheidung über die Genehmigung binnen eines Monats nach Eingang des Antrags und der Urkunde über das zu genehmigende Rechtsgeschäft zu treffen, § 6 Abs. 1 S. 1 GrdstVG. Kann die Prüfung des Antrags in dieser Zeit nicht abgeschlossen werden, so hat sie vor Ablauf der Frist dem Veräußerer einen Zwischenbescheid zu erteilen; hierdurch verlängert sich die Frist auf zwei Monate, § 6 Abs. 1 S. 2 GrdstVG. Auch wenn die Genehmigungsbehörde eine Erklärung über die Ausübung des Vorkaufsrechts nach § 12 herbeizuführen hat (→ Kap. 3 Rn. 460 f.), hat sie dem Veräußerer einen Zwischenbescheid zu erteilen; in dem Fall verlängert sich die Frist auf drei Monate, § 6 Abs. 1 S. 2 GrdstVG.

419   Die Genehmigung gilt als erteilt, wenn nicht binnen der in § 6 Abs. 1 GrdstVG (diese Frist kann bis zu drei Monate betragen) eine Entscheidung nach § 9 GrdstVG (→ Kap. 3 Rn. 422 ff.) oder im Falle des § 7 Abs. 2 RSiedlG eine Mitteilung über die Verlängerung der Frist zur Ausübung des Vorkaufsrechts an den Veräußerer zugestellt wird, § 6 Abs. 2 GrdstVG. Wurde

---

[936] Ein vollständiger Überblick über die Landesregelungen findet sich bei *Netz*, Grundstücksverkehrsgesetz Praxiskommentar, S. 142 ff.

das siedlungsrechtliche Vorkaufsrecht für ein landwirtschaftliches Grundstück nicht ausgeübt, obwohl dessen gesetzliche Voraussetzungen vorlagen, so kommt eine Einschränkung der Genehmigung nach dem Grundstücksverkehrsgesetz durch eine Veräußerungsauflage wegen einer ungesunden Verteilung von Grund und Boden auch dann nicht in Betracht, wenn die Genehmigungsbehörde den Vertrag pflichtwidrig dem Siedlungsunternehmen zur Entscheidung über die Ausübung des Vorkaufsrechts nicht vorgelegt hat.[937]

(4) Erster Prüfschritt: Vorliegen eines Genehmigungszwangs, § 8 GrdstVG. Nach Feststellung der örtlichen Zuständigkeit (→ Kap. 3 Rn. 414 f.) und der Genehmigungspflichtigkeit des vorgelegten Rechtsgeschäfts nach dem GrdstVG (→ Kap. 3 Rn. 405 f., 407 ff.) hat die Genehmigungsbehörde im ersten Schritt zu prüfen, ob ein Fall des § 8 GrdstVG vorliegt. Ist dies der Fall, besteht ein absoluter **Genehmigungszwang**. 420

Der einzige Fall des § 8 GrdstVG, der für einen Erwerber relevant sein dürfte, der weder Land- oder Forstwirt noch mit dem Veräußerer verheiratet, verwandt oder verschwägert ist, ist § 8 Nr. 1 GrdstVG. Demnach ist die Genehmigung zu erteilen, wenn eine Gemeinde oder ein Gemeindeverband an der Veräußerung beteiligt ist, das veräußerte Grundstück im Gebiet der beteiligten Gemeinde oder des beteiligten Gemeindeverbands liegt und durch einen Bauleitplan i. S. v. § 1 Abs. 2 BauGB nachgewiesen ist, dass das Grundstück für andere als die in § 1 GrdstVG bezeichneten Zwecke vorgesehen ist. 421

(5) Zweiter Prüfschritt: Vorliegen eines Versagungsgrunds nach § 9 GrdstVG. Die Genehmigungsbehörde hat sodann im zweiten Schritt gemäß § 19 GrdstVG die aufgrund von § 32 Abs. 3 des Gesetzes über das gerichtliche Verfahren in Landwirtschaftssachen (LwVfG) bestimmte land- und forstwirtschaftliche Berufsvertretungen zu hören und zu prüfen, ob ein Grund für die Versagung der Genehmigung vorliegt. Aus dieser Prüfung der Versagungsgründe ergeben sich in der Praxis die meisten Auseinandersetzungen der Beteiligten mit der Genehmigungsbehörde. 422

Die **Versagungsgründe** sind abschließend in § 9 GrdstVG aufgelistet. Die Genehmigungsbehörde darf dem eindeutigen Wortlaut von § 9 Abs. 1 GrdstVG gemäß die Genehmigung nur versagen oder durch Auflagen (§ 10 GrdstVG) oder Bedingungen (§ 11 GrdstVG) einschränken, wenn Tatsachen vorliegen, aus denen sich ergibt, dass 423

1. die Veräußerung eine ungesunde Verteilung des Grund und Bodens bedeutet oder
2. durch die Veräußerung das Grundstück oder eine Mehrheit von Grundstücken, die räumlich oder wirtschaftlich zusammenhängen und dem Veräußerer gehören, unwirtschaftlich verkleinert oder aufgeteilt würde oder
3. der Gegenwert in einem groben Missverhältnis zum Wert des Grundstücks steht.

Liegen keine Tatsachen im o. g. Sinne vor, die eine Versagung der Genehmigung oder die Erteilung der Genehmigung mit Auflagen oder Bedingungen rechtfertigen, ist die Genehmigung vorbehaltlos und ohne Auflagen oder Bedingungen zu erteilen. Das BVerfG hat bereits im Jahre 1967 festgehalten, dass die Beteiligten einen Anspruch auf Erteilung der Genehmigung haben, wenn kein Versagungsgrund vorliegt;[938] die Genehmigungsbehörde hat in diesem Fall also kein Ermessen. Auf die einzelnen Versagungsgründe des § 9 GrdstVG wird im Folgenden eingegangen. 424

(a) Ungesunde Verteilung des Grund und Bodens, § 9 Abs. 1 Nr. 1 GrdstVG. Gem. § 9 Abs. 1 Nr. 1 GrdstVG liegt ein Fall für die Versagung der Genehmigung oder Erteilung der Genehmigung unter Auflagen oder Bedingungen für eine Grundstücksveräußerung vor, wenn Tatsachen gegeben sind, aus denen sich ergibt, dass „die Veräußerung eine ungesunde Verteilung des Grund und Bodens bedeutet". 425

Nach der Rechtsprechung des BVerfG ist die Regelung des § 9 Abs. 1 Nr. 1 GrdstVG verfassungskonform und 426

---

[937] *OLG Frankfurt am Main*, Beschl. v. 23.11.2015 – 20 WLw 1/15.
[938] *BVerfG*, Beschl. v. 12.1.1967 – 1 BvR 169/63, BVerfGE 21, 73.

"dient schon seinem Wortlaut nach erkennbar dem Zweck, solche Veräußerungen land- oder forstwirtschaftlicher Grundstücke zu verhindern, die zu einer Verschlechterung der Agrarstruktur führen."[939]

427 Der BGH hält § 9 Abs. 1 GrdstVG in ständiger Rechtsprechung insbesondere dann für einschlägig, wenn

"ein landwirtschaftlich genutztes Grundstück an einen Nichtlandwirt oder einen nicht leistungsfähigen Nebenlandwirt veräußert wird, obwohl ein leistungsfähiger Landwirt die Fläche zur Aufstockung seines Betriebes dringend benötigt, er zum Erwerb bereit und in der Lage ist, das Land zu den Bedingungen des Kaufvertrages zu erwerben."[940]

428 Davon ausgehend, dass ein WEA-Projektierer, der Flächen für sein Projekt erwirbt, i.d.R. Nichtlandwirt ist, liegt ein Versagungsgrund nach § 9 Abs. 1 GrdstVG also dann vor, wenn nach den von der Genehmigungsbehörde ermittelten Tatsachen mindestens ein konkreter Landwirt vorhanden ist, der (gerade) diese Flächen zur **Betriebsaufstockung** dringend benötigt und der erwerbsbereit sowie auch in der Lage ist, den Kaufvertrag zu erfüllen.

429 Ein dringendes **Aufstockungsbedürfnis** setzt regelmäßig voraus, dass in der Person des erwerbswilligen und -fähigen Landwirts eine gesteigerte Notwendigkeit für den Erwerb nach wirtschaftlichen und agrarstrukturellen Gesichtspunkten zu bejahen ist.[941] Inwieweit das Verhältnis von **Eigenlandanteil** zu Pachtlandanteil für die Beurteilung des Aufstockungsbedürfnisses heranzuziehen ist, wird von der Rechtsprechung unterschiedlich beantwortet. Nach Auffassung des sich mit dieser Frage dezidiert auseinandersetzenden OLG Brandenburg[942] kann das Vorliegen eines dringenden Aufstockungsbedarfs eines landwirtschaftlichen Betriebs nicht schematisch nach dem Verhältnis des Eigenlandanteils zum Anteil des Pachtlandanteils beurteilt werden. Danach gäbe es weder einen Regelsatz, dass bei einem Eigenlandanteil von über 50 % ein dringender Aufstockungsbedarf grundsätzlich fehlt, noch, dass ein solcher bei einem Anteil von unter 50 % in der Regel besteht. Die Beurteilung der Frage, ob für einen konkreten Betrieb ein dringender Aufstockungsbedarf im Sinne einer gesteigerten Notwendigkeit besteht, dürfe die durchschnittliche Ausstattung vergleichbarer Betriebe in der maßgeblichen Region nicht außer Acht lassen. Demgegenüber wurde in der Rechtsprechung anderer Gerichte ein dringendes Aufstockungsbedürfnis bei einem Verhältnis zwischen Eigenlandanteil und Pachtfläche von 1:10[943] oder 1:4[944] – ohne nähere Begründung – bejaht.

430 Der Landwirt, der sein dringendes Erwerbsinteresse nach den o.g. Maßgaben bekundet hat, muss nach der zitierten BGH-Rechtsprechung auch gewillt und in der Lage sein, denjenigen Kaufpreis zu bezahlen, den die Parteien des Kaufvertrags vereinbart haben.[945] Auch dies muss er gegenüber der Genehmigungsbehörde mit einer Dichte und Ernsthaftigkeit darlegen, die es rechtfertigen, dies als Tatsache i.S.v. § 9 Abs. 1 GrdstVG der Genehmigungsentscheidung der Behörde zugrunde zu legen.

431 Etwas anderes kann nur gelten, wenn zugleich der Versagungsgrund des § 9 Abs. 1 Nr. 3 GrdstVG vorliegt, wenn also der im Kaufvertrag vereinbarte Kaufpreis in einem groben Missverhältnis zum Wert des Grundstücks steht (→ Kap. 3 Rn. 438 ff.). In dem Fall, in dem dann ohnehin die Genehmigung nach § 9 Abs. 1 Nr. 3 GrdstVG zu versagen wäre, soll es für den Versagungsgrund des § 9 Abs. 1 Nr. 1 GrdstVG genügen, wenn der **erwerbsbereite Landwirt** erklärt, dass er zum Erwerb der Fläche zum Preis von maximal 50 % oberhalb des Verkehrswerts bereit ist, anstelle des im Vertrag vereinbarten (hierüber liegenden) Kaufpreises,[946] nach anderer Ansicht soll in dem Fall bereits die Erklärung des Landwirts genügen, dass er bereit ist, zum Verkehrswert zu erwerben.[947]

---

[939] *BVerfG*, Beschl. v. 12.1.1967 – 1 BvR 169/63, BVerfGE 21, 73.
[940] *BGH*, Beschl. v. 28.11.2014 – BLw 4/13.
[941] *BGH*, Beschl. v. 26.4.2002 – BLw 2/02.
[942] *OLG Brandenburg*, Beschl. v. 20.6.2013 – 5 W (Lw) 5/12.
[943] *BGH*, Beschl. v. 29.11.1996 – BLw 10/96.
[944] *OLG Stuttgart*, Beschl. v. 29.10.1986 – 10 W Lw 26/84.
[945] So bereits *BGH*, Beschl. v. 25.5.1966 – BLw 4/66.
[946] Umkehrschluss aus *OLG Dresden*, Beschl. v. 26.7.2007 – W XV 1629/06.
[947] *OLG Koblenz*, Beschl. v. 22.7.2003 – 3 W 673/02.

Gem. § 9 Abs. 2 GrdstVG liegt eine ungesunde Verteilung des Grund und Bodens i. S. v. § 9 Abs. 1 Nr. 1 GrdstVG in der Regel dann vor, wenn die Veräußerung **Maßnahmen zur Verbesserung der Agrarstruktur** widerspricht. Welche Maßnahmen hiermit gemeint sind, ist im GrdstVG nicht erklärt. Offenbar sind hiermit auf jeden Fall die gem. § 5 Landwirtschaftsgesetz (LWG) von der Bundesregierung zu erstattenden Agrarpolitischen Berichte, die alle vier Jahre erscheinen, gemeint.[948] Ferner dürften hierunter auch einschlägige Maßnahmen der Raumordnung und Dorferneuerung zu fassen sein. 432

Von außerordentlicher Bedeutung ist § 9 Abs. 5 GrdstVG. Nach dieser Vorschrift gilt Folgendes: 433

> „**§ 9 Abs. 5 GrdstVG:**
> Liegen die Voraussetzungen vor, unter denen das Vorkaufsrecht nach dem Reichssiedlungsgesetz ausgeübt werden kann, so darf, wenn das Vorkaufsrecht nicht ausgeübt wird, die Genehmigung aus Absatz 1 Nr. 1 nur versagt oder durch Auflagen oder Bedingungen eingeschränkt werden, falls es sich um die Veräußerung eines land- oder forstwirtschaftlichen Betriebes handelt."

Ist Gegenstand des Kaufvertrages also „nur" eine land- oder forstwirtschaftliche Fläche i. S. v. § 1 GrdstVG und handelt es sich nicht um einen land- oder forstwirtschaftlichen Betrieb und liegen zugleich die Voraussetzungen des § 4 Abs. 1 RSiedlG vor, kann § 9 Abs. 1 Nr. 1 GrdstVG dem Vertrag nicht entgegengehalten werden, wenn das Vorkaufsrecht nicht bzw. nicht form- oder fristgerecht ausgeübt worden ist. Warum das Vorkaufsrecht nicht oder nicht form- oder fristgemäß ausgeübt wurde, ist hierbei irrelevant.[949] 434

(b) Unwirtschaftliche Verkleinerung von Flächen, § 9 Abs. 1 Nr. 2 GrdstVG. Der Versagungsgrund des § 9 Abs. 1 Nr. 2 GrdstVG greift, wenn durch die Veräußerung das Grundstück oder eine Mehrheit von Grundstücken, die räumlich oder wirtschaftlich zusammenhängen und dem Veräußerer gehören, unwirtschaftlich verkleinert oder aufgeteilt würde. 435

Hierdurch soll vor allem verhindert werden, dass durch das Veräußerungsgeschäft Grundflächen entstehen, bei denen die maschinelle Bewirtschaftung unter wirtschaftlichen oder tatsächlichen Gesichtspunkten nicht mehr möglich ist. 436

Gem. § 9 Abs. 3 GrdstVG liegt eine unwirtschaftliche Verkleinerung oder Aufteilung i. S. v. § 9 Abs. 1 Nr. 2 GrdstVG in der Regel dann vor, wenn durch die Veräußerung 437
1. ein selbstständiger landwirtschaftlicher Betrieb seine Lebensfähigkeit verlieren würde,
2. ein landwirtschaftliches Grundstück kleiner als ein Hektar wird,
3. ein forstwirtschaftliches Grundstück kleiner als dreieinhalb Hektar wird, es sei denn, dass seine ordnungsgemäße forstliche Bewirtschaftung gewährleistet erscheint,
4. in einem Flurbereinigungsverfahren zugeteilte oder anlässlich einer mit öffentlichen Mitteln geförderten Aufstockung oder Aussiedlung eines landwirtschaftlichen Betriebes erworbene Grundstücke in der Weise geteilt werden, dass die Teilung diesen Maßnahmen zur Verbesserung der Agrarstruktur widerspricht.

(c) Grobes Missverhältnis zwischen Gegenwert und Wert des Grundstücks, § 9 Abs. 1 Nr. 3 GrdstVG. Gem. § 9 Abs. 1 Nr. 3 GrdstVG darf die Genehmigung nur versagt oder durch Auflagen oder Bedingungen beschränkt werden, wenn der Gegenwert in einem groben Missverhältnis zum Wert des Grundstücks steht. 438

Die Frage, was unter dem Grundstückswert i. S. d. § 9 Abs. 1 Nr. 3 GrdstVG zu verstehen ist und wie dieser zu ermitteln ist, ist vom BGH jüngst in einem Grundsatzurteil[950] neu entschieden worden. Die bisherige Rechtsprechung des BGH[951], wonach für die Beurteilung des Missverhältnisses zwischen Wert und Gegenwert *der innerlandwirtschaftliche Verkehrswert* heranzuziehen 439

---

[948] *Netz*, Grundstücksverkehrsgesetz Praxiskommentar, S. 469. Der agrarpolitische Bericht für das Jahr 2015 ist auf der Homepage des Bundesministeriums für Ernährung und Landwirtschaft: www.bmel.de abrufbar.
[949] In diesem Sinne u. a. *OLG Düsseldorf*, Beschl. v. 9.11.1977 – 3 WLw 11/77.
[950] *BGH*, Beschl. v. 29.4.2016 BLw 2/12.
[951] *BGH*, Beschl. v. 3.6.1976 – BLw 16/75 – siehe hierzu die Vorauflage an gleicher Stelle.

war, wurde ausdrücklich aufgegeben. Unter dem Wert des Grundstücks i. S. d. § 9 Abs. 1 Nr. 3 GrdstVG ist nunmehr *der Marktwert* zu verstehen, der sich nach dem Preis bestimmt, den Kaufinteressenten – auch Nichtlandwirte – für das Grundstück zu zahlen bereit sind.

440   In dem streitgegenständlichen, durch den BGH entschiedenen Fall verkaufte die quasi-staatliche BVVG Bodenverwertungs- und -verwaltungs GmbH (BVVG) eine landwirtschaftliche Fläche an Nichtlandwirte. Der Verkauf erfolgte nach Durchführung einer öffentlichen Ausschreibung, bei der die Nichtlandwirte das Höchstgebot abgaben. Die GrdstVG-Genehmigungsbehörde versagte in der Folge die Genehmigung mit der Begründung, dass der vereinbarte Kaufpreis in einem groben Missverhältnis zu dem (innerlandwirtschaftlichen) Verkehrswert des verkauften Grundstücks gestanden habe. Während das Ausgangs- sowie das Beschwerdegericht[952] noch die Genehmigungsversagung bestätigten, legte der BGH schließlich dem EuGH die zentrale Frage vor, inwieweit die Versagung der Genehmigung des Kaufvertrags auf der Grundlage des § 9 Abs. 1 Nr. 3 GrdstVG in beihilferechtlicher Hinsicht zu bewerten ist, Art. 107 AEUV. Der EuGH[953] urteilte:

Art. 107 Abs. 1 AEUV ist dahin auszulegen, dass eine nationale Regelung wie die im Ausgangsverfahren in Rede stehende, die es zum Schutz der Interessen der landwirtschaftlichen Betriebe einer dem Staat zuzurechnenden Einrichtung verbietet, ein landwirtschaftliches Grundstück an den Höchstbietenden einer öffentlichen Ausschreibung zu verkaufen, wenn dessen Angebot nach Ansicht der zuständigen örtlichen Behörde in einem groben Missverhältnis zum geschätzten Wert des Grundstücks steht, nicht als staatliche Beihilfe qualifiziert werden kann, sofern die Anwendung dieser Regelung zu einem Preis führen kann, der möglichst nahe beim Marktwert des betroffenen landwirtschaftlichen Grundstücks liegt; dies zu prüfen ist Sache des vorlegenden Gerichts.

441   Danach ist eine europa- bzw. beihilferechtliche Zulässigkeit nur dann gegeben, wenn die Regelung des § 9 Abs. 1 Nr. 3 GrdstVG einen Preis erlaubt, der möglichst nah beim Marktwert des betroffenen Grundstücks liegt, womit der Marktwert als maßgebliches Kriterium für die Bestimmung des groben Missverhältnisses nunmehr vorgegeben wurde. Der BGH erweiterte den Anwendungsbereich dieser EuGH-Entscheidung und führte weiter aus[954], dass nicht nur – wie im streitgegenständlichen Fall die BVVG – bei Verkäufen durch staatliche Einrichtungen, sondern auch bei Verkäufen Privater nunmehr der Marktwert heranzuziehen sei, um eine sachlich nicht gerechtfertigte Ungleichbehandlung zu vermeiden, Art. 3 Abs. 1 GG.

442   Von außerordentlicher Bedeutung ist ferner § 9 Abs. 4 GrdstVG. Nach dieser Vorschrift darf die Genehmigung aus § 9 Abs. 1 Nr. 3 GrdstVG nicht versagt werden, wenn das Grundstück für andere als land- oder forstwirtschaftliche Zwecke veräußert wird.

443   Genau dieser Fall liegt vor, wenn ein Grundstück im Zusammenhang mit einem windenergetischen Projekt erworben wird. Der genaue Verwendungszweck für das Grundstück (Aufstellung einer WEA, Errichtung eines Umspannwerks, Durchführung von Ausgleichs- und Ersatzmaßnahmen, Sicherung von Abstandsflächen o. ä.) sollte daher im Kaufvertrag angegeben werden.

Allerdings ist zu berücksichtigen, dass es nicht allein darauf ankommt, dass der Erwerber rein subjektiv das Grundstück zu außerland- bzw. außerforstwirtschaftlichen Zwecken verwenden will. Vielmehr muss der Erwerber auch imstande sein, sein Vorhaben auszuführen; es darf jedenfalls nicht ausgeschlossen sein, dass er sein Vorhaben realisieren kann.[955] Das Vorhaben muss also gegenwärtig oder wenigstens in Kürze nach den öffentlich-rechtlichen Vorschriften zulässig sein.[956] Dies bereitet in der Praxis regelmäßig Schwierigkeiten, solange die WEA-Genehmigung noch nicht vorliegt.

Positiv hervorzuheben ist in diesem Zusammenhang das AG Mühlhausen, das zu einem Zeitpunkt, in dem die regionalplanerische Ausweisung des avisierten Windvorranggebiets noch nicht abgeschlossen und das Vorhaben damit noch nicht genehmigungsfähig war, mit Blick auf den üblichen „Wettlauf um Flächen für WEA-Projekte" geurteilt hat, dass bereits die

---

[952] *OLG Naumburg*, 31.7.2012 – 2 Ww 12/10.
[953] *EuGH*, Urt. v. 16.7.2015 – C-39/14.
[954] *BGH*, Beschl. v. 29.4.2016 – BLw 2/12.
[955] *OLG Karlsruhe*, Beschl. v. 26.9.1988 – 13 WLw 3/88.
[956] *BGH*, Beschl. v. 2.7.1968 – V BLw 9/68.

Chance, dass die regionalplanerische Ausweisung erfolgt und damit das Vorhaben realisierbar ist, ausreicht, um § 9 Abs. 4 GrdstVG zu bejahen.[957]

(d) § 9 Abs. 6 GrdstVG: Berücksichtigung allgemeiner volkswirtschaftlicher Belange.
Gem. § 9 Abs. 6 GrdstVG muss bei der Entscheidung über den Genehmigungsantrag   444

> „auch allgemeinen volkswirtschaftlichen Belangen Rechnung getragen werden, insbesondere wenn Grundstücke zur unmittelbaren Gewinnung von Roh- und Grundstoffen (Bodenbestandteile) veräußert werden."

Nach einem jüngeren Urteil des BGH[958] gilt diesbezüglich Folgendes: 445

> „Der Erwerb eines landwirtschaftlichen Grundstücks zur Errichtung einer Windkraftanlage kann nach § 9 Abs. 6 GrdstVG genehmigt werden, weil die Sicherung und der Ausbau einer die Umwelt schonenden Energieversorgung zu den zu berücksichtigenden allgemeinen volkswirtschaftlichen Belangen gehört."

Hervorzuheben an dieser Entscheidung ist insbesondere, dass Gegenstand der Veräußerung   446
ein Grundstück war, das nicht direkt zur Errichtung einer WEA verwendet werden sollte, auf dem also keine WEA errichtet werden sollte, sondern das Grundstück ausschließlich für den Nachweis der baurechtlich erforderlichen Abstandsfläche für eine WEA dienen sollte. Der BGH hat hierdurch zum Ausdruck gebracht, dass § 9 Abs. 6 GrdstVG weit auszulegen ist. Sehr zutreffend stellt er insoweit klar, dass nach § 9 Abs. 6 GrdstVG

> „in den Genehmigungsverfahren nach dem Grundstücksverkehrsgesetz auch die Belange anderer volkswirtschaftlich bedeutender Unternehmen zu berücksichtigen (sind), die wie Landwirte auf Flächen im Außenbereich angewiesen sind und nicht darauf verwiesen werden können, sich notwendige Grundstücke andernorts zu verschaffen."

Anzumerken ist zu der Entscheidung noch, dass der BGH es in diesem konkreten Fall als aus-   447
reichend erachtet hat, dem Erwerber als Auflage aufzugeben, dass der Erwerb des Grundstücks nur zeitlich begrenzt erfolgt, damit er Gelegenheit erhält, eine Dienstbarkeit zur Sicherung der Abstandsfläche zum Eintrag zu bringen (hierfür hielt der BGH drei Jahre für angemessen), und der Erwerber das Grundstück anschließend an einen Landwirt veräußern muss.
Vor dem Hintergrund dieser Entscheidung hat auch das Amtsgericht Rheinberg[959] dem Inte-   447a
resse eines Projektierers an dem Erwerb von Flächen zur Durchführung von Ausgleichsmaßnahmen Vorrang gegenüber dem Interesse eines Landwirts eingeräumt und wie folgt ausgeführt:

> „Es ist nicht Aufgabe des Genehmigungsverfahrens, eine Auswahl unter den nach dem Grundstücksverkehrsgesetz privilegierten Erwerbsinteressenten vorzunehmen. Einem Kaufvertrag, der – wie vorliegend – der Verwirklichung nach § 9 Abs. 6 GrdstVG zu berücksichtigender Belange dient, kann die Genehmigung nicht versagt werden, weil das einer anderen Strukturmaßnahme i. S. d. § 9 Abs. 1 Nr. 1, Abs. 2 GrdstVG entsprechende Erwerbsinteresse eines Dritten im konkreten Fall dringlicher erscheinen mag."

(e) Keine Versagung bei unzumutbarer Härte für den Veräußerer, § 9 Abs. 7 GrdstVG.
Gem. § 9 Abs. 7 GrdstVG soll die Genehmigung, auch wenn ihr Bedenken aus den in Absatz 1   448
genannten Gründen entgegenstehen, nicht versagt werden, wenn dies eine unzumutbare Härte für den Veräußerer bedeuten würde.
Diese Regelung, die das private Interesse des Veräußerers über das öffentliche Interesse an   449
der Verhinderung der Veräußerung stellt, ist sehr eng auszulegen. Wenn die Veräußerung an einen Nichtlandwirt erfolgen soll und zudem noch zu außerland- bzw. außerforstwirtschaftlichen Interessen, wird der Veräußerer im Regelfall ein derartiges Überwiegen seines privaten Interesses nicht darlegen können. Allerdings wird eine unzumutbare Härte bejaht, wenn (nur) der Versagungsgrund des § 9 Abs. 1 Nr. 3 GrdstVG vorliegt und der Veräußerer darlegen kann,

---

[957] *AG Mühlhausen*, Beschl. v. 21.5.2014 – Lw 14/12; vgl. auch *AG Rheinberg*, Beschl. v. 30.4.2014 – 18 Lw 24/13.
[958] *BGH*, Beschl. v. 15.4.2011 – BLw 12/10.
[959] *AG Rheinberg*, Beschl. v. 30.4.2014 – 18 Lw 24/13.

dass er den (überhöhten) Kaufpreis im persönlichen (z. B. zur Tilgung von Schulden) oder betrieblichen Interesse dringend benötigt.[960] Wenn er sich allerdings zunächst bewusst in eine schwierige finanzielle Situation hineinversetzt hat, um sich anschließend hierauf zu berufen, versagt ihm die Rechtsprechung die besondere Härte.[961]

450 **(f) Erteilung der Genehmigung unter Auflagen, § 10 GrdstVG.** Gem. § 9 Abs. 1 GrdstVG darf die Genehmigung nur versagt oder durch Auflagen oder Bedingungen eingeschränkt werden, wenn Tatsachen vorliegen, aus denen sich Gründe i. S. v. § 9 Abs. 1 GrdstVG ergeben. Wenn keine Gründe i. S. v. § 9 Abs. 1 GrdstVG vorliegen, ist die Genehmigung ohne Auflagen oder Bedingungen zu erteilen, worauf auch ein Anspruch der Beteiligten besteht.[962]

451 Ob die Genehmigungsbehörde bei Vorliegen von Gründen i. S. v. § 9 Abs. 1 GrdstVG die Genehmigung versagt oder mit Auflagen oder Bedingungen erteilt, hat sie nach pflichtgemäßem Ermessen zu entscheiden. Auflagen haben – wie auch Bedingungen – den Zweck, vorhandene Versagungsgründe i. S. v. § 9 Abs. 1 GrdstVG auszuräumen. Auflagen sind an den Erwerber gerichtet. Sie sind – im Gegensatz zu den Bedingungen – gesondert anfechtbar.

452 Die Aufzählung von **Auflagen** in § 10 GrdstVG ist abschließend. Demzufolge kann dem Erwerber zur Auflage gemacht werden,

> 1. „das erworbene Grundstück an einen Landwirt zu verpachten,
> 2. das erworbene Grundstück ganz oder zum Teil zu angemessenen Bedingungen entweder an einen Landwirt oder an ein von der Siedlungsbehörde zu bezeichnendes Siedlungsunternehmen zu veräußern,
> 3. an anderer Stelle binnen einer bestimmten, angemessenen Frist Land abzugeben, jedoch nicht mehr, als der Größe oder dem Wert des erworbenen Grundstücks entspricht,
> 4. zur Sicherung einer ordnungsgemäßen Waldbewirtschaftung einen Bewirtschaftungsvertrag mit einem forstlichen Sachverständigen oder einer Forstbehörde abzuschließen oder nach einem genehmigten Wirtschaftsplan zu wirtschaften."

453 Nicht nur bei der Entscheidung nach § 9 GrdstVG, sondern insbesondere auch bei der Anordnung von Auflagen oder Bedingungen hat die Genehmigungsbehörde zu beachten, dass das Genehmigungsverfahren nicht der Lenkung des landwirtschaftlichen Grundstücksverkehrs dient, sondern nur der Abwehr von Gefahren für die Agrarstruktur.[963]

454 Ein Beispiel für eine gelungene Veräußerungsauflage im Zusammenhang mit einem windenergetischen Projekt findet sich in dem geschilderten (→ Kap. 3 Rn. 445 ff.), vom BGH entschiedenen Fall.[964]

455 Gem. § 10 Abs. 2 GrdstVG kann die von einer Auflage betroffene Vertragspartei, in der Regel also der Erwerber, bis zum Ablauf eines Monats nach Eintritt der Unanfechtbarkeit der Entscheidung vom Vertrag zurücktreten.

456 **(g) Erteilung der Genehmigung unter Bedingungen, § 11 GrdstVG.** Der – ebenfalls abschließende – Katalog der **Bedingungen**, unter denen die Genehmigung bei Vorliegen von Gründen i. S. v. § 9 Abs. 1 GrdstVG erteilt werden kann, findet sich in § 11 GrdstVG. Demnach kann die Genehmigung

> „unter der Bedingung erteilt werden, dass binnen einer bestimmten Frist
> 1. die Vertragsparteien einzelne Vertragsbestimmungen, denen Bedenken aus einem der in § 9 aufgeführten Tatbestände entgegenstehen, in bestimmter Weise ändern,
> 2. der Erwerber das landwirtschaftliche Grundstück auf eine bestimmte Zeit an einen Landwirt verpachtet,
> 3. der Erwerber an anderer Stelle Land abgibt, jedoch nicht mehr, als es der Größe oder dem Wert des zu erwerbenden Grundstücks entspricht."

---

[960] *Netz*, Grundstücksverkehrsgesetz Praxiskommentar, S. 623, unter Verweis auf Literaturstimmen.
[961] *BGH*, Beschl. v. 5.7.1967 – BLw 10/67.
[962] *BVerfG*, Beschl. v. 12.1.1967, Az. 1 BvR 169/63.
[963] Vgl. statt vieler *AG Augsburg*, Beschl. v. 22.7.2008 – 5 XV 6/06.
[964] *BGH*, Beschl. v. 15.4.2011 – BLw 12/10.

Bedingungen zu Genehmigungen nach dem GrdstVG sind nur als aufschiebende Bedingungen möglich, d. h., die Wirkung der Genehmigung wird bis zum Eintritt der Bedingung aufgeschoben.

(6) Vorkaufsrecht des Siedlungsunternehmens, wenn die Genehmigung nach § 9 GrdstVG zu versagen wäre. Nach § 4 Abs. 1 RSiedlG hat das örtlich zuständige gemeinnützige **Siedlungsunternehmen** das **Vorkaufsrecht**, wenn

> ein landwirtschaftliches Grundstück oder Moor- und Ödland, das in landwirtschaftliche Kultur gebracht werden kann, in Größe von zwei Hektar aufwärts durch Kaufvertrag veräußert wird und die Veräußerung einer Genehmigung nach dem GrdstVG bedarf und die Genehmigung nach § 9 GrdstVG nach Auffassung der RSiedlG-Genehmigungsbehörde zu versagen wäre.

Ein Vorkaufsrecht des Siedlungsunternehmens entsteht also nach dieser Vorschrift nur dann, wenn es sich um die Veräußerung eines mindestens 2 ha großen Grundstücks i. S. v. § 1 GrdstVG handelt, diese der Genehmigung nach dem GrdstVG bedarf und nach Auffassung der RSiedlG-Genehmigungsbehörde die Genehmigung nach § 9 GrdstVG zu versagen wäre.

Dies führt zu folgendem Verfahrensgang: Die GrdstVG-Genehmigungsbehörde prüft, ob alle Voraussetzungen vorliegen, unter denen nach dem RSiedlG das Vorkaufsrecht ausgeübt werden kann (→ Kap. 3 Rn. 458 f.). Wenn sie dies bejaht, hat sie den Vertrag gem. § 12 GrdstVG der Siedlungsbehörde zur Herbeiführung einer Erklärung über die Ausübung des Vorkaufsrechts durch die vorkaufsberechtigte Stelle vorzulegen. Falls nicht, hat sie die Genehmigung zu versagen oder mit Auflagen oder Bedingungen zu erteilen.

Wenn die GrdstVG-Genehmigungsbehörde den Vertrag an die **Siedlungsbehörde** nach § 12 GrdstVG vorlegt, hat diese den Vertrag weiterzuleiten an den Vorkaufsberechtigten, also das gemeinnützige Siedlungsunternehmen, § 4 Abs. 1 RSiedlG. Dieses oder das nach § 4 Abs. 5 i. V. m. § 1 Abs. 1 S. 3 RSiedlG durch die Landesregierung bestimmte anderweitige Siedlungsunternehmen hat die Erklärung über die Ausübung oder Nichtausübung des Vorkaufsrechts an die Siedlungsbehörde weiterzuleiten. Diese hat wiederum die Erklärung über die Ausübung des Vorkaufsrechts an die GrdstVG-Genehmigungsbehörde mitzuteilen, welche sodann verpflichtet ist, diese Erklärung innerhalb der Frist des § 6 Abs. 1 GrdstVG an den Verpflichteten, also den Veräußerer, zuzustellen, § 6 Abs. 1 RSiedlG. Bei Versäumung dieser Frist ist die Ausübung des Vorkaufsrechts unwirksam, § 6 Abs. 2 RSiedlG, es sei denn, dass der Vorkaufsberechtigte von dem Eigentümer gehindert wurde, das Grundstück zu besichtigen, § 6 Abs. 2 i. V. m. § 7 RSiedlG.

Bei wirksamer Ausübung des Vorkaufsrechts kommt der Kaufvertrag zwischen dem Berechtigten und dem Verpflichteten unter den Bestimmungen zustande, welche der Verpflichtete mit dem Dritten (also dem im Kaufvertrag genannten Erwerber) vereinbart hat, § 464 Abs. 2 BGB. Aufgrund des Verweises in § 8 Abs. 1 RSiedlG sind sodann die §§ 465–468 BGB sinngemäß anzuwenden. Demnach ist z. B. eine Vereinbarung des Verpflichteten mit dem Dritten, durch welche der Kauf von der Nichtausübung des Vorkaufsrechts abhängig gemacht oder dem Verpflichteten für den Fall der Ausübung des Vorkaufsrechts der Rücktritt vorbehalten wird, dem Vorkaufsberechtigten gegenüber unwirksam, § 465 BGB.

cc) Gerichtliche Entscheidung, § 22 GrdstVG. Gem. § 22 Abs. 1 GrdstVG können die Beteiligten, wenn die Genehmigungsbehörde eine Genehmigung versagt oder unter Auflagen oder Bedingungen erteilt oder das Negativzeugnis nach § 5 oder § 6 Abs. 3 GrdstVG verweigert, binnen zwei Wochen nach Zustellung Antrag auf Entscheidung durch das zuständige Landwirtschaftsgericht stellen. Hat das Siedlungsunternehmen das Vorkaufsrecht nach § 4 RSiedlG ausgeübt, sind zugleich mit dem Antrag die hiergegen gerichteten Einwendungen zu erheben, § 10 RSiedlG.

Der Gang des Verfahrens richtet sich nach dem Gesetz über das gerichtliche Verfahren in Landwirtschaftssachen (LwVG), vgl. § 1 Nr. 2 und 3 LwVG. Aufgrund der Verweisung in § 9 LwVG finden die Vorschriften des Gesetzes über das Verfahren in Familiensachen und in den Angelegenheiten der freiwilligen Gerichtsbarkeit (FamFG) sinngemäß Anwendung, soweit das LvWG keine Regelungen trifft.

465 Wer Beteiligter im Verfahren nach § 22 GrdstVG ist, ergibt sich aus § 9 LwVG i. V. m. § 7 FamFG. Typischerweise sind Beteiligte eines derartigen Verfahrens die Parteien des Grundstückskaufvertrags, die Genehmigungsbehörde nach dem GrdstVG sowie ggf. die Siedlungsbehörde und das Siedlungsunternehmen nach dem RSiedlG. Weitere Beteiligte können sich im konkreten Einzelfall ergeben.

466 Örtlich zuständig ist das Amtsgericht, in dessen Bezirk die Hofstelle liegt, § 10 S. 1 LwVG. Ist eine Hofstelle nicht vorhanden, so ist das Amtsgericht örtlich zuständig, in dessen Bezirk die Grundstücke ganz oder zum größten Teil liegen oder die Rechte im Wesentlichen ausgeübt werden, § 10 S. 2 LwVG.

467 Das Gericht kann nach § 22 Abs. 3 GrdstVG in der Sache die Entscheidungen treffen, die auch die Genehmigungsbehörde treffen kann, was bereits bei der Stellung der konkreten Anträge an das Gericht entsprechend beachtet werden sollte. Nach § 22 Abs. 4 GrdstVG kann das Landwirtschaftsgericht auch, wenn die Genehmigungsbehörde eine Genehmigung mit Auflage erteilt hat und sich die Umstände, die für die Erteilung der Auflage maßgebend waren, wesentlich geändert haben, auf Antrag des durch die Auflage Beschwerten die Auflage ändern oder aufheben.

468 Gem. § 15 Abs. 1 LwVG hat das Gericht auf Antrag eines Beteiligten eine mündliche Verhandlung anzuordnen. Zu dieser sind dann die Beteiligten zu laden, § 15 Abs. 2 LwVG. Findet eine Beweisaufnahme statt, sind diverse Vorschriften der Zivilprozessordnung (ZPO) sinngemäß anzuwenden, § 15 Abs. 3 LwVG.

469 Das Landwirtschaftsgericht entscheidet über den Verfahrensantrag des Beteiligten durch Beschluss, § 9 LwVG i. V. m. § 38 FamFG. Gegen diesen Beschluss ist das Rechtsmittel der **Beschwerde** zulässig, § 9 LwVG i. V. m. den §§ 58 ff. FamFG. Voraussetzung ist, dass der Wert der Beschwerde 600 € übersteigt, § 9 LwVG i. V. m. § 61 Abs. 1 FamFG. Die Beschwerde ist innerhalb einer Frist von zwei Wochen ab schriftlicher Bekanntgabe des Beschlusses einzulegen, § 9 LwVG i. V. m. § 63 Abs. 2 Nr. 2 FamFG. Kann die schriftliche Bekanntgabe an einen Beteiligten nicht bewirkt werden, beginnt die Frist spätestens mit Ablauf von fünf Monaten nach Erlass des Beschlusses, § 63 Abs. 3 FamFG.

470 Bezüglich der **Verfahrenskosten** hat das Gericht nach § 44 Abs. 1 LwVG nach billigem Ermessen zu entscheiden, wer die Kosten zu tragen hat und wie sie zu verteilen sind. In der Praxis erlegt das Landwirtschaftsgericht hiernach zumeist die Gerichtskosten dem im Verfahren unterlegenen Beteiligten auf und entscheidet bezüglich der außergerichtlichen Kosten (dies sind insbesondere die Anwaltsgebühren), dass jede Partei diese Kosten für sich selbst tragen muss. Gem. § 9 LwVG i. V. m. § 81 Abs. 2 FamFG kann und soll das Gericht allerdings die Kosten des Verfahrens ganz oder teilweise einem Beteiligten auferlegen, wenn dieser durch grobes Verschulden Anlass für das Verfahren gegeben hat oder wenn der Antrag des Beteiligten von vornherein keine Aussicht auf Erfolg hatte und der Beteiligte dies erkennen musste. Leider machen die Gerichte von dieser Regelung in der Praxis regelmäßig keinen Gebrauch, obwohl man leider nicht selten den Eindruck hat, dass Genehmigungsbehörden die nach dem GrdstVG erforderliche Genehmigung leichtfertig oder willkürlich zu Unrecht verweigern. Durch eine Kostenentscheidung zulasten der Genehmigungsbehörde könnten die Gerichte hier tendenziell Achtungszeichen setzen. Hierauf sollte in derartigen Fällen auch durch entsprechende Antragstellung bzw. isolierte Kostenbeschwerden hingewirkt werden.

471 Die Kosten eines ohne Erfolg eingelegten Rechtsmittels soll das Gericht dem Beteiligten auferlegen, der es eingelegt hat, § 9 LwVG i. V. m. § 84 FamFG.

d) Einseitige Kaufangebote

472 Wie bereits ausgeführt, ist der endgültige Kauf mit Risiken verbunden, da zum Zeitpunkt des Vertragsschlusses meist noch nicht sicher ist, ob das konkrete Grundstück tatsächlich für ein Windenergieprojekt infrage kommt.

473 Vor diesem Hintergrund wird in der Praxis versucht, das Risiko zugunsten der potenziellen Käufer zu minimieren, indem der Verkäufer – meist eine Privatperson – sein Grundstück notariell zum Verkauf anbietet und sich an sein Angebot, meist unwiderruflich, für eine bestimmte Zeit bindet. Für den Käufer hat dies den Vorteil, dass er relevante Grundstücke sichert – damit

auch die Konkurrenz ausschließt – und eine Annahme des Angebots erst dann erklären kann, wenn er nach Abschluss der mehrjährigen Planungsphase Gewissheit hat, das konkrete Grundstück für sein Vorhaben zu benötigen.

Diese vertragliche Konstruktion, im Einzelnen sehr facettenreich und in der Branche durchaus bekannt, ist jedoch nicht ohne Risiko und bedarf einer professionellen rechtlichen Absicherung. 474

aa) Prüfung nach AGB-Grundsätzen. Je nach Gestaltung des konkreten Kaufangebots ist es denkbar, dass es sich bei den vertraglichen Vereinbarungen um **allgemeine Geschäftsbedingungen** (AGB) handelt. Sofern dies der Fall ist, unterliegt die Regelung der Bindung an das Angebot auf eine bestimmte Zeit der sog. Inhaltskontrolle nach §§ 307 ff. BGB. 475

Nach § 305 Abs. 1 BGB sind allgemeine Geschäftsbedingungen alle für eine Vielzahl von Verträgen vorformulierte Vertragsbedingungen, die eine Vertragspartei (Verwender) der anderen Vertragspartei bei Abschluss eines Vertrags stellt (→ Kap. 3 Rn. 109 ff.). 476

Gerade notariell beurkundete Vertragsangebote sind prädestiniert für mehrfache Verwendungen und stellen häufig Allgemeine Geschäftsbedingungen i. S. d. § 305 Abs. 1 BGB dar. 477

Von besonderer Relevanz – sofern es sich um Allgemeine Geschäftsbedingungen handelt – ist die Regelung in § 308 Nr. 1 BGB: 478

> „**§ 308 Abs. 1 BGB:**
> In Allgemeinen Geschäftsbedingungen ist insbesondere unwirksam
> 1. (Annahme- und Leistungsfrist)
> eine Bestimmung, durch die sich der Verwender unangemessen lange oder nicht hinreichend bestimmte Fristen für die Annahme oder Ablehnung eines Angebots oder die Erbringung einer Leistung vorbehält; ausgenommen hiervon ist der Vorbehalt, erst nach Ablauf der Widerrufsfrist nach § 355 Absatz 1 und 2 zu leisten."

Sinn und Zweck dieser Regelung, d. h. des Verbots unangemessen langer oder nicht hinreichend bestimmter Annahmefristen, ist die Verhinderung einer unzumutbaren Beschränkung der Dispositionsfreiheit.⁹⁶⁵ Gerade diese Dispositionsfreiheit ist dann elementar berührt, wenn sich der anbietende Verkäufer unwiderruflich an sein Angebot bindet und – wie in der Praxis häufig – für diese Bindung auch keinerlei finanziellen Ausgleich etwa in Gestalt einer „Reservierungsgebühr" erhält. 479

Grundsätzlich ist eine Frist, die sich der Verwender für die Annahme des von dem Kunden gemachten schriftlichen Angebots ausbedungen hat, dann unangemessen, wenn sie wesentlich länger als die in § 147 Abs. 2 BGB ⁹⁶⁶ bestimmte Frist ist – sie also den Zeitraum erheblich übersteigt, der auf den Postlauf des Angebots zum Verwender, auf eine angemessene Überlegungsfrist und auf den Rückweg der Antwort entfällt. Eine solche von § 147 Abs. 2 BGB abweichende Fristbestimmung ist nur dann wirksam, wenn der Verwender hieran ein schutzwürdiges Interesse hat, hinter dem das Interesse des Kunden am baldigen Wegfall seiner Bindung zurückstehen muss. Die beiderseitigen Interessen sind insoweit zu ermitteln, zu bewerten und gegeneinander abzuwägen.⁹⁶⁷ 480

bb) Entscheidung des Thüringer OLG. Die Frage der Unangemessenheit hatte das Thüringer OLG zu bewerten, wobei ein Kaufvertrag über ein Grundstück, auf dem eine Windenergieanlage errichtet werden sollte, unter Heranziehung der Grundsätze für AGB für nichtig erklärt wurde.⁹⁶⁸ 481

Das noch in der ersten Instanz obsiegende Unternehmen plante die Errichtung mehrerer WEA und versuchte daher im Vorfeld, die in Betracht kommenden Grundstücke günstig zu 482

---
⁹⁶⁵ *Wurmnest*, in: MüKoBGB, § 308 Nr. 1 Rn. 1.
⁹⁶⁶ § 147 Abs. 2 BGB: „Der einem Abwesenden gemachte Antrag kann nur bis zu dem Zeitpunkt angenommen werden, in welchem der Antragende den Eingang der Antwort unter regelmäßigen Umständen erwarten darf".
⁹⁶⁷ *Wurmnest*, in: MüKoBGB, § 308 Nr. 1 Rn. 5.
⁹⁶⁸ *OLG Jena*, Urt. v. 20.2.2012 – 9 U 230/11.

sichern. Anstatt die Grundstücke unmittelbar zu kaufen, ließ sich das Unternehmen, das im Notartermin selbst durch einen Vertreter ohne Vertretungsmacht vertreten war, von der privaten Grundstückseigentümerin ein Angebot zum Abschluss eines Kaufvertrags über das in Betracht kommende Grundstück unterbreiten. An dieses Angebot sollte sich die Grundstückseigentümerin unwiderruflich mehr als sechs Jahre gebunden fühlen; eine Verzinsung des Kaufpreises im Falle der Annahme oder eine anderweitige Kompensation für das Freihalten des Grundstücks wurde nicht vereinbart. Wenngleich das Angebot nach ca. acht Monaten angenommen wurde, gab das Thüringer OLG der Berufung der Grundstückseigentümerin statt, die festgestellt wissen wollte, dass der Grundstückskaufvertrag nichtig ist.

483 Das Thüringer OLG erklärte die Klausel mit der dort enthaltenen sechsjährigen Bindungsfrist wegen eines Verstoßes gegen § 308 Nr. 1 BGB für nichtig. Es führte aus, dass aufgrund der Nichtigkeit der Klausel die allgemeinen Regelungen des Allgemeinen Teils des BGB zur Wirksamkeit von Willenserklärungen zur Anwendung kommen. Entgegen der Ansicht des Ausgangsgerichts handelte es sich jedoch nicht um eine Erklärung unter Abwesenden im Sinne des § 147 Abs. 2 BGB, sondern vielmehr aufgrund des Auftretens eines vollmachtlosen Vertreters um eine Erklärung unter Anwesenden nach § 147 Abs. 1 BGB, die nur sofort angenommen werden konnte. Die viel später erklärte Annahme war daher unwirksam, da das Angebot zum Zeitpunkt der Annahme bereits erloschen war.

484 Das Gericht machte deutlich, dass es sich bei dem streitgegenständlichen notariellen Angebot um allgemeine Geschäftsbedingungen handelte, da es nicht erforderlich ist, dass die Klausel bereits in einer Vielzahl von Fällen verwandt wurde – es genügt vielmehr, dass beabsichtigt ist, die Klausel mehrfach zu verwenden, wenngleich dies in der Vergangenheit bislang nicht der Fall war. Da es sich bei den beteiligten Personen um einen Verbraucher und einen Unternehmer handelte, wurde unter Rückgriff auf die Regelungen des § 310 Abs. 3 Nr. 1 BGB vermutet, dass die Klausel vom Unternehmer gestellt wurde. Die Berufungsbeklagte war nicht in der Lage, unter Beweis zu stellen, dass sie die überlange Bindungsfrist ernsthaft zur Disposition stellte und somit ein Aushandeln stattgefunden hat.

485 Die im Rahmen des § 308 Nr. 1 BGB vorzunehmende Abwägung der Interessen der Verhandlungspartner berücksichtigte zwar den erheblichen zeitlichen Aufwand für das Unternehmen zur Errichtung einer WEA, stellte diesem jedoch die nicht hinreichende Kompensation der Grundstückseigentümerin gegenüber, die letztlich im Rahmen der Abwägung überwog.[969]

3. Nutzung kommunaler Grundstücke

486 **Kommunale Gebietskörperschaften** können die in ihrem Eigentum befindlichen Grundstücke für eine Vielzahl von Nutzungszwecken im Zusammenhang mit der Errichtung und dem Betrieb von WEA zur Verfügung stellen. So sind Grundstücke im Eigentum von Kommunen bzw. der öffentlichen Hand nicht nur als Baugrundstücke selbst von Interesse. Vielmehr können sie auch für Kabel- und Wegerechte, für die Übernahme von Abstandsflächen oder für naturschutzrechtliche Kompensationsmaßnahmen usw. zur Verfügung gestellt werden. In diesem Zusammenhang werden die Gemeinden grundsätzlich rein fiskalisch tätig.

487 Eine Besonderheit bei der **Veräußerung von Grundstücken der öffentlichen Hand** stellte in der Vergangenheit die Diskussion dar, ob sich die „Vergabe" solcher Grundstücke nach den Vorschriften des Gesetzes gegen Wettbewerbsbeschränkungen (GWB)[970] zu richten hat. Ausgelöst durch die Entscheidung des EuGH vom 18.1.2007 und die daran anschließende Rechtsprechung der deutschen Gerichte wurde zeitweilig eine massive Ausdehnung des Vergaberechts angenommen, die für die Vertragspraxis der öffentlichen Hand von erheblicher Bedeutung war und auf WEA-Vorhaben angesichts des hohen Investitionsvolumens unmittelbaren Einfluss hatte. Nach dieser ursprünglichen Rechtsprechung unterfielen eine Vielzahl von Grundstücksverträgen im – teilweise auch nur zeitlichen – Zusammenhang mit städtebaulichen Verträgen

---

[969] S. a. *BGH*, Urt. v. 11.6.2010 – V ZR 85/09.
[970] I. d. F. der Bekanntmachung v. 15.7.2005 (BGBl. I S. 2114), zuletzt geändert durch Gesetz v. 7.8.2013 (BGBl. I S. 3154).

unter Beteiligung der öffentlichen Hand dem Vergaberecht. Bei Missachtung dieses Regimes drohte die Nichtigkeit dieser Verträge und damit das Scheitern des gesamten Vorhabens.

Im Zuge der **Vergaberechtsnovelle** im Jahr 2009 legte das OLG Düsseldorf das Verfahren dem EuGH vor, um diese, maßgeblich von ihm selbst entwickelte Rechtsprechung überprüfen zu lassen. Der EuGH entschied mit Urteil vom 25.3.2010,[971] dass der Verkauf von Grundstücken der öffentlichen Hand jedenfalls dann, mangels „öffentlichen Bauauftrags", nicht dem Vergaberecht unterfällt, wenn die Bauleistung, die auf dem Grundstück vollzogen werden soll, der öffentlichen Hand als Grundstücksveräußerer und vermeintlicher „Auftraggeber" nicht wirtschaftlich zugute kommt, da die öffentliche Hand beim Verkauf lediglich in Ausübung von städtebaulichen Regelungszuständigkeiten handelt. 488

Allerdings unterliegt das Recht einer Gemeinde, ihr Eigentum, insbesondere aber kommunale Grundstücke zu veräußern bzw. zu vermieten/verpachten, gewissen **Beschränkungen** nach den einschlägigen Kommunalordnungen. So darf die Gemeinde beispielsweise nach der Sächsischen Gemeindeordnung Vermögensgegenstände im Grundsatz nur dann veräußern, wenn sie diese zur Erfüllung ihrer Aufgaben nicht benötigt. 489

> „§ 90 Abs. 1 SächsGemO:
> Die Gemeinde darf Vermögensgegenstände veräußern, wenn sie sie zur Erfüllung ihrer Aufgaben nicht braucht und Gründe des Wohls der Allgemeinheit nicht entgegenstehen."

Das bedeutet, dass die Gemeinde nicht frei über ihr Vermögen verfügen darf, sondern lediglich im Rahmen der Gesetze und somit **zum Wohle der Gemeinschaft**.[972] Dazu gehört vor allem auch, dass eine Veräußerung **nicht zu Lasten der Allgemeinheit** vollzogen wird. Deswegen konstituiert die SächsGemO – wie auch andere Landes-Kommunal-Vorschriften – den Grundsatz:

> „§ 90 Abs. 1 S. 2 SächsGemO:
> Vermögensgegenstände dürfen in der Regel nur zu ihrem vollen Wert veräußert werden."

Gleiches gilt für die Überlassung der Nutzung von Vermögensgegenständen der Gemeinden (vgl. § 90 Abs. 2 SächsGemO).

Als „**voller Wert**" gilt dabei nach gefestigter Rechtsprechung der **Verkehrswert**.[973] Demzufolge muss durch die veräußernde oder überlassende Gemeinde eine **Verkehrswertermittlung** durchgeführt werden. Dies geschieht in aller Regel durch ein Verkehrswertgutachten des **Gutachterausschusses für Grundstückswerte** oder eines öffentlich bestellten und vereidigten Sachverständigen, durch das auf eine öffentliche Ausschreibung eingegangene Höchstgebot oder bei unbebauten Grundstücken anhand des vom Gutachterausschuss für Grundstückswerte ermittelten Bodenrichtwerts. Bei der letzten Variante ist jedoch sicherzustellen, dass absehbare werterhöhende Maßnahmen oder Entwicklungen in die Wertermittlung einbezogen werden. Nur dann ist gewährleistet, dass eine kurz- und mittelfristig zu erwartende Wertsteigerung des Grundstücks hinreichend berücksichtigt wird.[974] 490

Mithin ist festzuhalten, dass für die **Ermittlung des Verkehrswerts** regelmäßig durchaus mehrere Ermittlungsmethoden zur Verfügung stehen und die Gemeinde – jedenfalls aus diesem Grund – nicht zwingend den Weg einer öffentlichen Ausschreibung beschreiten muss. Allerdings gilt es auch zu beachten, dass die Gemeinden nach den einschlägigen Vorschriften der Gemeindeordnungen bzw. Kommunalverfassungen zur sparsamen und wirtschaftlichen Haushaltsführung verpflichtet sind (vgl. § 72 Abs. 2 SächsGemO). Hieraus ergebe sich – so die mehr oder weniger verbindlichen Empfehlungen in den einzelnen Bundesländern – jedenfalls 491

---

[971] *EuGH*, Urt. v. 25.3.2010 – C-451/08.
[972] *Gern*, Deutsches Kommunalrecht, Rn. 705.
[973] *OVG Münster*, Urt. v. 5.8.1982 – 15 A 1634/81.
[974] Vgl. insoweit etwa die Verwaltungsvorschrift (VwV) des Sächsischen Innenministeriums über die Veräußerung kommunaler Grundstücke v. 22.3.2004.

bei Grundstücksverkäufen der Kommunen die grundsätzliche Pflicht zur Ausschreibung der zu veräußernden Grundstücke, um einen möglichst breiten Kreis von Interessenten zu erreichen.[975]

492 Von besonderer Bedeutung bei Grundstücksverträgen unter Beteiligung von Kommunen ist schließlich, dass eine Verknüpfung mit städtebaulichen Verträgen nach § 11 BauGB oder allgemein mit öffentlich-rechtlichen Verträgen nach §§ 54 ff. VwVfG tunlichst vermieden werden sollte. Für diese Verträge gilt es nämlich unter anderem das sog. **„Koppelungsverbot"** nach § 11 Abs. 2 BauGB bzw. § 56 Abs. 1 S. 2 VwVfG zu beachten. Danach muss die Gegenleistung des Vertragspartners in sachlichem Zusammenhang mit der (öffentlich-rechtlichen) Leistung der Kommune bzw. der Behörde stehen.[976] Um sich in diesem Zusammenhang nicht dem Vorwurf eines Verstoßes gegen das Koppelungsverbot auszusetzen, muss im Rahmen der Vertragsgestaltung insbesondere darauf geachtet werden, dass jeglicher Eindruck vermieden wird, die finanzielle Gegenleistung des Vertragspartners werde, ggf. trotz eines abweichenden Wortlauts, nicht für die Einräumung von Grundstücksrechten, sondern tatsächlich für die Aufstellung oder Änderung eines Bauleitplans geleistet.

493 Hierbei gilt es nämlich den Grundsatz von § 1 Abs. 3 S. 2 BauGB zu beachten:

„Auf die Aufstellung von Bauleitplänen und städtebaulichen Satzungen besteht kein Anspruch; ein Anspruch kann auch nicht durch Vertrag begründet werden."

494 Folglich hat ein potenzieller Anlagenbetreiber keinen Anspruch auf Aufstellung oder Änderung eines – erst recht nicht eines bestimmten, für ihn günstigen – Bauleitplans, sodass er hierfür auch keine Gegenleistung gewähren kann.

494a Scheitert die Aufstellung einer von der Gemeinde dem Projektierer in Aussicht gestellten Bauleitplanung aus von der Gemeinde zu vertretenden Gründen und hat der Projektierer im Vertrauen hierauf Investitionen getätigt, kommt gleichwohl eine Schadensersatzhaftung der Gemeinde nach zivilrechtlichen Grundsätzen in Betracht. Die Rechtsprechung des BGH billigt dem Dritten insofern unter bestimmten, engen Voraussetzungen einen derartigen Schadensersatzanspruch zu und hat hierfür drei Fallgruppen entwickelt:
- die „(konkludente) vertragliche Risikoübernahme"[977],
- die „öffentlich-rechtliche culpa in contrahendo"[978] sowie die
- Haftung nach Amtshaftungsgrundsätzen[979].

Inwieweit im Einzelfall eine Haftung nach den o. g. Grundsätzen in Betracht kommt, hängt maßgeblich davon ab, wie fortgeschritten die Verhandlungen zwischen der Projektgesellschaft und der Gemeinde zum Zeitpunkt des Scheiterns waren, in welchem Stadium sich die Bauleitplanung befunden hat und ob es bis dato bereits zu konkreten Vertragsschlüssen gekommen ist (bspw. Kooperationsverträge, Grundstücksnutzungsverträge bzgl. gemeindlicher Flächen etc.).

494b Eine Besonderheit gilt sodann für die Verlegung von Leitungen in öffentlichen Wegen einer Gemeinde. Hierzu hat der BGH in einem aufsehenerregenden Urteil entschieden[980]:

Die Weigerung einer Gemeinde, es einem Erzeuger von Strom aus Erneuerbaren Energien zu gestatten, eine Leitung, mit der der erzeugte Strom in das allgemeine Versorgungsnetz eingespeist werden soll, in den öffentlichen Verkehrswegen einer Gemeinde zu verlegen, kann den Missbrauch einer marktbeherrschenden Stellung nach § 19 GWB oder eine unbillige Behinderung oder Diskriminierung nach § 20 Abs. 1 GWB darstellen.

---

[975] Vgl. insoweit etwa die Nr. 6 der Verwaltungsvorschrift (VwV) des Sächsischen Innenministeriums über die Veräußerung kommunaler Grundstücke v. 22.3.2004; weniger detailliert Nr. 3 der Hinweise zur Veräußerung kommunaler Vermögensgegenstände des Bayerischen Staatsministeriums des Innern vom 15.5.1992, Az.: IB3-3036-29/5.
[976] BVerwGE 111, 162 (169).
[977] *BGH*, Urt. v. 1.12.1983 – III ZR 38/82.
[978] *BGH*, Urt. v. 8.6.1978 – III ZR 48/76.
[979] *BGH*, Urt. v. 18.5.2006 – III ZR 396/04.
[980] *BGH*, Urt. v. 11.11.2008 – KZR 43/07.

Der BGH hebt in der Entscheidung ausdrücklich hervor, dass Gemeinden grundsätzlich als Eigentümer der öffentlichen Wege eine **marktbeherrschende Stellung** i. S. v. § 19 GWB innehaben,

„weil für die Verlegung von Versorgungsleitungen im Hinblick auf die ansonsten damit verbundenen Nutzungseinschränkungen in erster Linie öffentliche Wegegrundstücke in Betracht kommen."

4. Notweg- und Notleitungsrecht

Bei Planung, Realisierung oder Betrieb eines Windenergieprojekts können sich Situationen ergeben, in denen eine vertragliche Sicherung der für die Zuwegung und den Netzanschluss erforderlichen Grundstücke nicht oder nicht mehr möglich ist. In diesen Fällen sollte geprüft werden, ob eine Benutzung der benötigten fremden Grundstücke mittels Notweg- bzw. Notleitungsrecht gegen den bzw. die betreffenden Grundstückseigentümer durchgesetzt werden kann. 495

a) Notwegrecht

Das **Notwegrecht** ist in den §§ 917, 918 BGB geregelt. Es gibt einem Eigentümer eines „verbindungslosen" Grundstücks, also einem Eigentümer eines Grundstücks, dem eine Verbindung zu einem öffentlichen Weg fehlt, ein **Benutzungsrecht** für fremde Grundstücke und ist mithin in rechtlicher Hinsicht für ihn eine gesetzliche Erweiterung des Inhalts seines Eigentums an dem „verbindungslosen" Grundstück. Für den Eigentümer eines mit einem Notweg belasteten **„Verbindungsgrundstücks"**, also eines Grundstücks, auf dem die Verbindung zwischen dem verbindungslosen Grundstück und dem öffentlichen Weg zur Verfügung zu stellen ist oder auch erst hergestellt wird, stellt sich das Notwegrecht hingegen als **Duldungspflicht**, als gesetzliche Beschränkung des Inhalts seines Grundstückseigentums dar.[981] 496

Das – nicht im Grundbuch eintragbare – Notwegrecht kann von besonderer praktischer Relevanz sein, wenn es um die Sicherung des WEA-Errichtungsverkehrs geht (Errichtung von Wegen, Nutzung und Ausbau vorhandener Wege etc.)

Neben dem Eigentümer eines „verbindungslosen" Grundstücks kann sich auch der Inhaber eines **grundstücksgleichen Rechts** (wie etwa eines Erbbaurechts – nicht ausreichend in diesem Zusammenhang sind beschränkte persönliche Dienstbarkeiten) an dem Grundstück auf das Notwegrecht berufen.[982] 497

Der Eigentümer kann hierneben auch Rechte seines Pächters / Mieters geltend machen; zugleich kann der Pächter/Mieter sich auf das vom Eigentümer abgeleitete Notwegrecht berufen, wenn das Notwegrecht eindeutig besteht.[983]

Die Voraussetzungen für das Entstehen eines Notwegrechts sind im Einzelnen in § 917 Abs. 1 BGB geregelt. Die Vorschrift lautet wie folgt: 498

> „§ 917 Abs. 1 BGB:
> Fehlt einem Grundstück die zur ordnungsmäßigen Benutzung notwendige Verbindung mit einem öffentlichen Wege, so kann der Eigentümer von den Nachbarn verlangen, dass sie bis zur Hebung des Mangels die Benutzung ihrer Grundstücke zur Herstellung der erforderlichen Verbindung dulden. Die Richtung des Notwegs und der Umfang des Benutzungsrechts werden erforderlichenfalls durch Urteil bestimmt."

Erste Voraussetzung für das Entstehen eines Notwegrechts ist nach dem o. g. Gesetzeswortlaut eine (tatsächlich oder rechtlich) **fehlende Verbindung** eines Grundstücks („verbindungsloses" Grundstück) zu einem öffentlichen Weg. Was ein öffentlicher Weg ist, beantwortet das jeweilige Recht des Bundeslandes, in dem die betreffenden Grundstücke gelegen sind. Aus welchem Grund eine Verbindung zu einem öffentlichen Weg fehlt oder weggefallen ist, ist in der Regel rechtlich unbeachtlich (→ Kap. 3 Rn. 507). 499

---

[981] *Bassenge*, in: Palandt (Hrsg.), BGB, § 917 Rn. 1.
[982] RG 79, 116.
[983] *BGH* NJW-RR 2014, 526.

500 Das Notwegrecht setzt weiter voraus, dass das verbindungslose Grundstück **ordnungsgemäß benutzt wird bzw. werden soll**. Ordnungsgemäß ist die Nutzung, wenn sie der Lage, Größe und der Wirtschaftsart des verbindungslosen Grundstücks entspricht. Dies liegt vor, wenn auf dem verbindungslosen Grundstück ein Bauvorhaben errichtet werden soll, für das eine bestandskräftige Baugenehmigung vorliegt.[984] Noch weiter geht das BVerwG mit der Feststellung, dass die Baugenehmigung verbindlich feststelle, dass das Vorhaben mit dem Baurecht überein stimme; bereits die Erteilung der Baugenehmigung löse „in Richtung auf die Entstehung des Notwegrechts gleichsam eine Automatik aus".[985]

501 An dieser Stelle sei darauf hinzuweisen, dass der Nachweis der ausreichenden wegemäßigen Erschließung nach § 35 Abs. 1 BauGB im Genehmigungsverfahren nicht durch Berufung auf das Notwegrecht geführt werden kann. Dies ergibt sich bereits daraus, dass das Notwegrecht, wie soeben ausgeführt, als maßgebliches Tatbestandsmerkmal die ordnungsgemäße Nutzung des verbindungslosen Grundstücks voraussetzt, mithin die Erteilung der erforderlichen Baugenehmigung. Das Notwegrecht ist daher in der Praxis nur dann von Bedeutung, wenn die BImSch-Genehmigung vorliegt und die Benutzung / der Ausbau von Wegen für den WEA-Errichtungsverkehr durchgesetzt werden sollen.

502 Das Notwegrecht ist in seinem Inhalt flexibel. Bei Nutzungsänderungen kann es angepasst werden, soweit die neue Nutzung ebenfalls ordnungsgemäß ist und infolge wirtschaftlicher oder technischer Entwicklungen zur Aufrechterhaltung eines rentablen Wirtschaftsbetriebs dient.[986]

503 Eine dritte Voraussetzung für das Entstehen eines Notwegrechts ist die **Notwendigkeit** der Benutzung gerade des in Anspruch genommenen „Verbindungsgrundstücks". Da das Notwegrecht das Eigentum an dem Verbindungsgrundstück belastet, wird an die Prüfung der Notwendigkeit ein besonders strenger Maßstab angelegt. Wenn eine andere Zuwegung vorhanden, aber unbequemer, teurer oder länger ist, entsteht deshalb grundsätzlich kein Notwegrecht.[987] Bei mehreren möglichen Verbindungen (Mehrheit von möglichen Wegen oder möglichen Verbindungsgrundstücken) muss dargelegt werden, dass gerade die Benutzung der konkreten Verbindung notwendig ist.

504 Die Notwendigkeit muss sowohl bezüglich der Art als auch bezüglich des Umfangs des verlangten Notwegs gegeben sein.[988] Grundsätzlich ist hierzu anzumerken, dass das Notwegrecht sowohl auf die Benutzung oder den Ausbau einer vorhandenen Zuwegung gerichtet sein kann als auch auf die erstmalige Errichtung einer Zuwegung oder die bloße Benutzung des Verbindungsgrundstücks/der Verbindungsgrundstücke. Notwendig ist insoweit immer das, was für die ordnungsgemäße Benutzung des verbindungslosen Grundstücks erforderlich ist (→ Kap. 3 Rn. 500).

505 Die letzte Voraussetzung für die Entstehung des Notwegrechts ist das **ausdrückliche Verlangen** durch den Eigentümer des verbindungslosen Grundstücks. Das Verlangen ist eine empfangsbedürftige Willenserklärung, die dem Eigentümer des Verbindungsgrundstücks zugehen muss.[989]

506 Das Notwegrecht entsteht zwar in seiner konkreten Ausgestaltung mit dem Vorliegen seiner Voraussetzungen (→ Kap. 3 Rn. 498 bis 505).[990] Allerdings ist die Ausübung des entstandenen Notwegrechts ohne Gestattung des unmittelbaren Besitzers des Verbindungsgrundstücks nach allgemeiner Auffassung in der Regel verbotene Eigenmacht (§ 858 Abs. 1 BGB); der Eigentümer des Verbindungsgrundstücks kann sich daher hiergegen zur Wehr setzen (Notwehrrecht, § 227 BGB). Wird also die Gestattung zur Benutzung eines Grundstücks als Zuwegung verweigert und liegen die Voraussetzungen für die Entstehung des Notwegrechts vor, muss das Notwegrecht grundsätzlich zunächst gerichtlich durchgesetzt werden, indem auf Duldung der Benutzung geklagt wird. Es ist dann die Aufgabe des Richters, durch Urteil den genauen Inhalt des Notwegrechts festzustellen.

---

[984] *BGH*, Urt. v. 7.7.2006 – V ZR 159/05.
[985] *BVerwG*, Urt. v. 11.5.1998 – 4 B 45/98.
[986] *Bassenge*, in: Palandt (Hrsg.), BGB, § 917 BGB Rn. 4.
[987] *BGH*, NJW 2006, 3426.
[988] *Bassenge*, in: Palandt (Hrsg.), BGB, § 917 BGB Rn. 4.
[989] BGHZ 1994, 160.
[990] RG 87, 424.

In Ausnahmefällen erkennt die Rechtsprechung allerdings an, dass eine Berufung auf das 506a
Notwegrecht auch ohne vorangegangenes Feststellungsverfahren zulässig ist. So hat das OLG
Karlsruhe[991] jüngst zugunsten des von uns vertretenen WEA-Projektierers im Eilverfahren
entschieden, dass er sich gegen den Grundstückseigentümer ohne vorherige Feststellung des
Notwegrechts auf § 917 BGB berufen darf, da zugleich die Voraussetzungen des § 904 BGB (**zivilrechtlicher Notstand**) vorlagen. Das Gericht ist unserer Rechtsauffassung gefolgt, wonach
unser Mandant auf die sofortige Benutzung des streitgegenständlichen Weges zwingend angewiesen war, da die Verweisung auf den Hauptsacherechtsweg zu einer enormen Verzögerung
des genehmigten Vorhabens geführt hätte, verbunden mit den typischen enormen Nachteilen
(EEG-Vergütungsabsenkung etc.) und zugleich der Grundstückseigentümer nicht schutzwürdig
war, da er keinen respektablen Grund für seine Verweigerungshaltung vorbringen konnte.

§ 918 BGB sieht einen **Ausschlusstatbestand** für das Notwegrecht vor. Es kann demnach 507
nicht geltend gemacht werden, wenn die bisherige Verbindung eines Grundstücks zu dem
öffentlichen Weg durch eine willkürliche Handlung des Eigentümers des betreffenden, verbin-
dungslos gewordenen Grundstücks aufgehoben wurde.

Der Berechtigte kann auf das Notwegrecht wirksam verzichten. Dies setzt voraus, dass der 507a
Verzicht im Grundbuch des durch den Verzicht belasteten Grundstücks eingetragen wird.[992]

Gemäß § 917 Abs. 2 BGB ist für die Dauer der Nutzung eines Grundstücks im Rahmen des 508
Notwegrechts eine **Notwegrente** zu entrichten. Zur Zahlung verpflichtet ist stets der Eigentümer des verbindungslosen Grundstücks (§ 917 Abs. 2 S. 2 i. V. m. § 913 Abs. 1 BGB), Berechtigter
ist der Eigentümer des Verbindungsgrundstücks. Die Höhe der Notwegrente richtet sich nach
dem Nachteil, der durch das Notwegrecht für das Verbindungsgrundstück entsteht, wobei auf
die Minderung des Verkehrswertes des Gesamtgrundstücks abzustellen ist.[993] Entsteht durch das
Notwegrecht kein derartiger Nachteil/keine derartige Wertminderung bei dem in Anspruch
genommenen Verbindungsgrundstück, ist auch keine Notwegrente zu zahlen.[994]

einstweilen frei 509

b) Notleitungsrecht

Ein WEA-Standort muss nicht nur wegemäßig angebunden sein, sondern es muss in der 510
Regel auch eine Kabelverbindung zum Netzanschlusspunkt hergestellt werden. In der Praxis
entsteht oft die Situation, dass Eigentümer von Grundstücken, durch die die Kabeltrasse gelegt
werden soll, ihre Grundstücke nicht mittels Nutzungsvertrags zur Verfügung stellen möchten.
In einem solchen Fall stellt sich die Frage, ob ggf. ein „**Notleitungsrecht**" aus § 917 BGB
hergeleitet werden kann.

Dies ist in Literatur und Schrifttum umstritten. Teilweise wird vertreten, dass § 917 BGB 511
direkt ein Notleitungsrecht hergibt.[995] Rechtsprechung[996] und Teile der Literatur[997] sehen eine
entsprechende Anwendbarkeit von § 917 BGB. Nach der Ansicht des BGH soll § 917 BGB nur
dann entsprechend herangezogen werden können, wenn es in dem betreffenden Bundesland
keine anderen Rechtsvorschriften über Leitungsrechte benachbarter Grundstücke im Sinne
von Art. 124 EGBGB[998] gibt.[999] Da die Länder zumeist derartige Rechtsvorschriften erlassen
haben, ist, wenn man der Ansicht des BGH folgt, der Anwendungsbereich von § 917 BGB für
Notleitungsrechte nur marginal.

---

[991] *OLG Karlsruhe,* Beschl. v. 11.5.2017 – 6 W 34/17.
[992] BGH V ZR 137/13.
[993] BGHZ 113, 32.
[994] *LG Aachen,* ZMR 83, 382.
[995] *Roth,* in: Staudinger (2009), BGB, § 917 BGB Rn. 4.
[996] *BGH,* NJW 1991, 176 (176).
[997] *Bassenge,* in: Palandt (Hrsg.), BGB, § 917 Rn. 1.
[998] Diese Vorschrift erlaubt den Bundesländern, Landesgesetze zu erlassen, welche „das Eigentum an
Grundstücken zugunsten der Nachbarn noch anderen als den im Bürgerlichen Gesetzbuch bestimmten
Beschränkungen unterwerfen".
[999] *BGH,* NJW 1991, 176 (176).

512 Kommt nach den obenstehenden Ausführungen ein Notleitungsrecht in Betracht, richten sich die Voraussetzungen sowie die gerichtliche Durchsetzung nach denselben Maßgaben wie das Notwegrecht (→ Kap. 3 Rn. 498 bis 505).

513 Einen Sonderfall stellen Leitungen bestimmter **Versorgungsunternehmen** dar, durch die Teilnehmer an das örtliche Versorgungsnetz angebunden werden. Für diese Fälle verneint der BGH die Anwendbarkeit von § 917 BGB vollständig. Grund dafür ist, dass es in diesen Bereichen Rechtsvorschriften gibt, die den Versorgungsunternehmen originär einen Anspruch gegen Grundstücksinhaber einräumen, die darauf gerichtet sind, dass diese Anschlüsse und Leitungen auf ihrem Grundstück zur Versorgung Dritter ohne Entgelt dulden müssen.[1000]

514 Auf § 12 Abs. 1 der Verordnung über Allgemeine Bedingungen für den Netzanschluss und dessen Nutzung für die Elektrizitätsversorgung in Niederspannung (Niederspannungsanschlussverordnung, NAV) soll in diesem Zusammenhang besonders hingewiesen werden. Nach dieser Vorschrift haben Anschlussnehmer, die Grundstückseigentümer sind, „für Zwecke der örtlichen Versorgung (Niederspannungs- und Mittelspannungsnetz) das Anbringen und Verlegen von Leitungen zur Zuleitung und Fortleitung von Elektrizität über ihre im Gebiet des Elektrizitätsversorgungsnetzes der allgemeinen Versorgung liegenden Grundstücke, ferner das Anbringen von Leitungsträgern und sonstigen Einrichtungen sowie erforderliche Schutzmaßnahmen unentgeltlich zuzulassen.

„Diese Pflicht betrifft nur Grundstücke,
1. die an das Elektrizitätsversorgungsnetz angeschlossen sind,
2. die vom Eigentümer in wirtschaftlichem Zusammenhang mit einem an das Netz angeschlossenen Grundstück genutzt werden oder
3. für die die Möglichkeit des Netzanschlusses sonst wirtschaftlich vorteilhaft ist."

Begünstigt wird durch diese Vorschrift allein der Netzbetreiber im Sinne der NAV; dieser ist gemäß der Definition in § 1 Abs. 4 NAV „der Betreiber eines Elektrizitätsversorgungsnetzes der allgemeinen Versorgung im Sinne des § 18 Abs. 1 S. 1 des Energiewirtschaftsgesetzes".

5. Durchörterung nach § 905 S. 2 BGB

515 Wenn bei der Planung einer Kabeltrasse zum Netzanschluss eines WEA-Standorts die Situation entsteht, dass Eigentümer einzelner Grundstücke den Abschluss eines Kabelverlegungsvertrags ablehnen, kann im Einzelfall eine **Durchörterung** dieser Grundstücke ohne oder gegen den Willen des betreffenden Grundstückseigentümers in Betracht kommen.

516 Der rechtliche Ansatz für eine solche Durchörterung findet sich in § 905 S. 2 BGB wie folgt:

> „§ 905 BGB. Begrenzung des Eigentums.
> Das Recht des Eigentümers eines Grundstücks erstreckt sich auf den Raum über der Oberfläche und auf den Erdkörper unter der Oberfläche. Der Eigentümer kann jedoch Einwirkungen nicht verbieten, die in solcher Höhe oder Tiefe vorgenommen werden, dass er an der Ausschließung kein Interesse hat."

517 § 905 S. 1 BGB erweitert das Herrschaftsrecht eines Grundstückseigentümers (diesem rechtlich gleichgestellt ist insoweit der Besitzer sowie der dinglich Berechtigte) über die bloße Erdoberfläche hinaus sowohl „nach unten" als auch „nach oben". Durch § 905 S. 2 BGB wird diese Erweiterung dadurch eingegrenzt, dass sie sich nur auf die Bereiche „unter und über dem Grundstück" bezieht, bezüglich derer der Grundstückseigentümer (bzw. Besitzer/dinglich Berechtigte) ein schutzwürdiges vermögensrechtliches oder immaterielles Interesse an einer ungestörten Nutzung des Grundstücks hat.

518 Wird die Kabeldurchörterung in einer Tiefe durchgeführt, in der der Grundstückseigentümer ein derartiges schutzwürdiges vermögensrechtliches oder immaterielles Interesse an ungestörter Grundstücksnutzung nicht hat, ist diese also nach § 905 S. 2 BGB zulässig. Allerdings sind die rechtlichen Hürden für eine solche Durchörterung sehr hoch; schließlich handelt es sich um die Einwirkung auf fremdes Eigentum.

[1000] *BGH*, Urt. v. 2.12.2011 – V ZR 119/11, BeckRS 2012, 03583, Rn. 18.

Insbesondere ist zu beachten, dass die Beweislast dafür, dass der Eigentümer des in Anspruch 519
genommenen Grundstücks in der Tiefe, in der die Durchörterung stattfindet bzw. stattfinden
soll, kein schutzwürdiges vermögensrechtliches oder immaterielles Interesse an einer ungestörten Grundstücksnutzung hat, bei demjenigen liegt, der durchörtern will.[1001] Daher sind
gründliche Voruntersuchungen in jedem Einzelfall unbedingt erforderlich.

Es ist ebenfalls darauf hinzuweisen, dass nicht nur die gegenwärtigen Interessen des Eigentümers 520
des in Anspruch genommenen Grundstücks zu berücksichtigen sind, sondern auch mehr oder weniger konkret absehbare künftige Interessen; insoweit reicht die Besorgnis künftiger Nutzungsbehinderung auf Seiten des in Anspruch genommenen Grundstückseigentümers aus, um ein berechtigtes
Ausschließungsinteresse zu begründen und demzufolge die Durchörterung zu unterbinden.[1002]

Schließlich muss natürlich eine Beschädigung von Leitungen, Rohren o. ä. in dem Grundstück, 521
das durchörtert wird, ausgeschlossen sein. Dies hat der Durchörternde zuverlässig sicherzustellen.

Ein Betreten oder Befahren der Erdoberfläche des Grundstücks, das durchörtert wird, ist von 522
§ 905 BGB ausdrücklich nicht gedeckt. Dies kann der Eigentümer des betreffenden Grundstücks
nach § 1004 Abs. 1 BGB ohne Weiteres verbieten. Start- und Zielgrube für die Durchörterung
müssen sich daher ausschließlich auf Grundstücken befinden, die der Durchörternde (z. B. aufgrund abgeschlossener Nutzungsvereinbarung) betreten bzw. befahren darf.

Für den speziellen Bereich von Durchörterungen für WEA-Projekte liegen inzwischen meh- 523
rere einschlägige Urteile vor. Beispielhaft sei auf das Urteil des LG Potsdam vom 18.10.2006,
Az. 52 O 53/06 hingewiesen. Das Gericht hat in dieser Entscheidung die Kabeldurchörterung
gegen die beklagte Gemeinde bestätigt. Die Durchörterung wurde dort in einer Tiefe von 5 m
vorgenommen; die beklagte Gemeinde konnte aus Sicht des Gerichts keine Gründe vortragen,
die geeignet waren, ein berechtigtes Ausschließungsinteresse anzunehmen. Mit Urteil vom
30.10.2008, Az. 2 O 379/06, hat das LG Neuruppin die Kabeldurchörterung unter Bahngleisen
in einer Tiefe von 13 Metern gehalten.

6. Enteignung

Vielfach werden sich die für ein Vorhaben zur Stromerzeugung aus Windenergie benö- 524
tigten Flächen nicht einvernehmlich mit dem jeweiligen Eigentümer rechtlich sichern lassen.
Weil aber die effektive Umsetzung der Energiewende ohne die Inanspruchnahme fremden
Grundeigentums nicht umzusetzen sein wird, stellt dies eines der gravierendsten Hindernisse
dar. Dabei hat die Praxis gezeigt, dass vor allem Gemeinden hier vielfach eine blockierende
Stellung einnehmen und auf diese Weise nicht wenige, unerwünschte Windenergievorhaben
zu verhindern suchen. Vor diesem Hintergrund stellt sich die Frage, ob nicht auf anderem Wege
ein Flächenzugriff sichergestellt werden kann. Eine rechtliche Möglichkeit könnte hierbei
der Weg über ein **Enteignungsverfahren** sein. Das Energiewirtschaftsgesetz[1003] sieht in den
§§ 44 ff. EnWG verschiedene Möglichkeiten der **Enteignung** von Grundeigentum zugunsten
bestimmter Energieversorgungsvorhaben vor.

a) Rechtsgrundlage einer Enteignung

Die rechtliche Voraussetzungen einer Enteignung im Hinblick auf Vorhaben, die der Ener- 525
gieversorgung dienen sollen, sind konkret in § 45 EnWG geregelt. Nach § 45 Abs. 1 EnWG gilt:

> „Die Entziehung oder die Beschränkung von Grundeigentum oder von Rechten am Grundeigentum
> im Wege der Enteignung ist zulässig, soweit sie zur Durchführung
> 2. eines Vorhabens nach § 43 oder § 43b Nr. 1 oder 2, für das der Plan festgestellt oder genehmigt ist,
> oder
> 3. eines sonstigen Vorhabens zum Zwecke der Energieversorgung
> erforderlich ist."

[1001] *BGH*, NJW 1981, 573.
[1002] *BGH*, Urt. v. 1.2.1994 – VI ZR 229/92.
[1003] Gesetz über die Elektrizitäts- und Gasversorgung v. 7.7.2005 (BGBl. I S. 1970, 3621) zuletzt geändert durch Art. 1 des Gesetzes v. 21.2.2013 (BGBl. I S. 346, nachfolgend: *EnWG*).

Im Hinblick auf Windenergieanlagen kommt als Rechtsgrundlage, weil es sich insoweit nicht um planfeststellungs- oder genehmigungsbedürftige Vorhaben handelt, für eine Enteignung allenfalls § 45 Abs. 1 Nr. 2 EnWG in Betracht.[1004]

526 **aa) Gegenständlicher Anwendungsbereich.** Für diesen Fall muss es sich bei dem Vorhaben, zu dessen Gunsten potenziell enteignet werden soll, um ein *„sonstiges Vorhaben zum Zwecke der Energieversorgung"* handeln. Unter sonstigen Vorhaben im Sinne von § 45 Abs. 1 Nr. 2 EnWG werden in Abgrenzung zu den planfeststellungs- und plangenehmigungsbedürftigen Leitungsvorhaben und ganz allgemein (sonstige) über- und unterirdische Leitungen, Umspannwerke, Transformatoren oder Maststandplätze verstanden. Als praktisch bedeutendster Fall gelten dabei Leitungen zur Einspeisung von Strom aus erneuerbaren Energien. Nicht hierunter fallen sollen hingegen nach Stimmen in der Literatur sowie der Rechtsprechung des Thüringer Oberlandesgerichtes die stromerzeugenden Energieerzeugungsanlagen selbst.[1005] Diese einschränkende Auffassung vermag jedoch – wie mit Urteil vom 12.3.2015 auch der BGH zutreffend feststellte[1006] – nicht zu überzeugen, denn sie verkennt, dass die Enteignungsgrundlage des § 45 Abs. 1 Nr. 2 EnWG hauptsächlich kleinteilige, **dezentrale Vorhaben** erfasst, bei denen eine Beschränkung des Anwendungsbereichs der Norm auf Leitungen – anders als im Fall von planfestgestellten Großleitungsanlagen – nicht sinnvoll und sachgerecht ist. Während nämlich Vorhaben nach § 45 Abs. 1 Nr. 1 EnWG einer Vielzahl großer zentraler Erzeugungsanlagen dient und damit auch nicht von der Existenz der einen oder anderen, singulären einspeisenden Anlage abhängig ist, dienen Leitungen im Fall dezentraler Stromerzeugung, wie etwa Windenergieanlagen, ausschließlich diesen Erzeugungsanlagen. Ohne Berücksichtigung dieser Erzeugungsanlagen wären die unstreitig von § 45 Abs. 1 Nr. 2 EnWG erfassten Leitungen gleichsam überflüssig. Zudem ist zu bedenken, dass § 45 Abs. 1 Nr. 2 EnWG dem Wortlaut nach gerade nicht auf Leitungen, sondern vielmehr auf „Vorhaben", also auf die Tätigkeit der Energieversorgung, abstellt. Diese Tätigkeit ist aber ohne die einzelnen Windenergieanlagen schlechterdings nicht denkbar, weshalb die weit besseren Argumente dafür streiten, dass auch für die Erzeugungsanlage selbst sowie mit dieser im engen Zusammenhang stehenden Gegenständen – wie etwa Zuwegungen – enteignet werden kann.

527 In der Praxis wird gerade im Hinblick auf Leitungsvorhaben, die dem Netzanschluss nur einer Anlage bzw. mehreren Anlagen zur Erzeugung von Strom aus erneuerbaren Energien nur eines Betreibers dienen sollen, mitunter entgegen gehalten, es handele sich nicht um ein Vorhaben zur *„leitungsgebundenen Versorgung"* der Allgemeinheit mit Energie, wie nach § 1 Abs. 1 EnWG erforderlich, weil nur der jeweils von der Enteignung Begünstigte auf die Leitungen Zugriff habe. Diese Argumentation dürfte jedoch im Ergebnis ins Leere gehen.[1007] Denn entgegen dem mit diesem Einwand erweckten Eindruck stellt die in § 1 Abs. 1 EnWG normierte Leitungsgebundenheit tatbestandlich nicht etwa lediglich einen Unterfall der Allgemeinnützlichkeit eines Vorhabens dar. Sie ist vielmehr vor allem dem Umstand geschuldet, dass etwa die Energieversorgung aus EE-Anlagen mangels anderer technischer Alternativen schon denknotwendig an die Nutzung von (Strom-) Leitungen gebunden ist und gerade nicht auf anderem Wege in das Netz der allgemeinen Stromversorgung gelangen kann.[1008] Fehlte die **Leitungsgebundenheit** nämlich, wäre eine Inanspruchnahme fremder Grundstücke und somit eine Enteignung überhaupt nicht erforderlich. Vor diesem Hintergrund dürften an der Einschlägigkeit der Rechtsnorm des § 45 Abs. 1 Nr. 2 EnWG keine durchschlagenden Bedenken bestehen.[1009]

[1004] *OLG Jena*, Urt. v. 30.12.3013 – Bl U 299/12.
[1005] Vgl. *Hermes*, in: Britz/Hellermann/Hermes (Hrsg.), EnWG, § 45 Rn. 25; *Wichert*, NVwZ 2009, 876 ff.; *OLG Jena*, Urt. v. 30.12.2013 – Bl U 299/12.
[1006] *BGH*, Urt. v. 12.3.2015 – III ZR 36/14.
[1007] So im Ergebnis auch *BGH*, Urt. v. 12.3.2015 – III ZR 36/14 sowie *OLG Jena*, Urt. v. 30.12.2013 – Bl U 299/12.
[1008] *Hellermann/Hermes*, in: Britz/Hellermann/Hermes (Hrsg.), EnWG, § 1 Rn. 20.
[1009] So im Ergebnis für die Enteignung zugunsten von Windenergieanlagen auch *OLG Jena*, Urt. v. 3.3.2010 – Bl U 687/08.

bb) **Persönlicher Anwendungsbereich.** Neben Fragen des gegenständlichen Anwendungsbereichs ist immer auch zu hinterfragen, ob im konkreten Einzelfall der persönliche Anwendungsbereich des § 45 Abs. 1 Nr. 2 EnWG eröffnet ist. Dies ist sowohl im Hinblick auf die Person des von der Enteignung Begünstigten als auch Belasteten zu überprüfen. 528

In beiderlei Hinsicht gibt § 45 Abs. 1 Nr. 2 EnWG zunächst keine Einschränkungen vor, sodass jedenfalls dem Wortlaut nach sowohl Private enteignet werden können als auch, dass zugunsten Privater enteignet werden kann.[1010] Ersteres ergibt sich schon aus der engen Anbindung von § 45 EnWG an das Grundrecht auf Eigentum nach Art. 14 GG sowie aus dem dieser Vorschrift zugrunde liegenden dogmatischen Regelungsansatz.[1011] 529

Auf der anderen Seite kann dann aber auch nur eine Person, der (grundrechtlich) geschütztes **Grundeigentum** zustehen kann, enteignet werden. Dies trifft jedoch in erster Linie auf Private zu. Es fragt sich daher, ob auch die öffentliche Hand, also Gemeinden oder Städte, enteignet werden kann. Nicht selten scheitern Windenergievorhaben nämlich am (politischen) Widerstand von Kommunen. Wenngleich sich Kommunen zwar nicht auf den grundrechtlichen Schutz ihres kommunalen Eigentums berufen können,[1012] besteht weitgehende Einigkeit, dass sie sich im Rahmen der energiewirtschaftlichen Enteignung gleichwohl auf einfachgesetzliches, fiskalisches Eigentum berufen können.[1013] Nicht erfasst sein müssten mit Blick auf die eigentumsrechtliche Anbindung des § 45 EnWG hingegen eigentlich **Pächter** der von der Enteignung betroffenen Flächen, denn diese sind streng genommen nicht Grundeigentümer. Allerdings hatte der BGH hierzu bereits in einer Entscheidung vom 27.05.1999 festgestellt, dass Pächter als Nutzungs- bzw. Nebenberechtigte jedenfalls am Enteignungsverfahren zu beteiligen sind, denn ihnen steht grundsätzlich eine Entschädigung für ihren „Substanzverlust" zu.[1014] Die Pflicht zur Beteiligung besteht nach Auffassung des OLG Jena sogar dann, wenn der Pächter der Baumaßnahme vorab zugestimmt haben sollte.[1015] 530

Etwas problematischer, weil in der einzelnen Ausprägung umstritten, ist hingegen die Frage, ob und unter welchen Voraussetzungen auch zugunsten Privater enteignet werden darf.[1016] Nach der Rechtsprechung des Bundesverfassungsgerichts ist es dem Grunde nach unerheblich, ob zugunsten eines Privaten oder der öffentlichen Hand enteignet wird.[1017] 531

Allerdings ist zu berücksichtigen, dass Enteignungen zum Vorteil bloßer Privatinteressen unzulässig sind. Mit Hilfe der Enteignung lassen sich Konflikte zwischen Privaten und ihren Interessen nämlich nicht lösen. Andererseits braucht ein Vorhaben aber nicht allein deshalb den notwendigen **Gemeinwohlbezug** zu verlieren, weil es auch den Gewinninteressen privater Unternehmen dient. Ausreichend ist insoweit, dass sich der Nutzen für die Allgemeinheit als mittelbare Folge der Unternehmenstätigkeit ergibt.[1018] Dies dürfte im Fall der Enteignung zugunsten von Windenergievorhaben ohne Weiteres der Fall sein, denn im Ergebnis wird der durchaus privatwirtschaftlich orientierte Anlagenbetreiber auch und vor allem im gesamtgesellschaftlichen Interesse an einer auf erneuerbaren Energien basierenden, klima- und umweltverträglichen Stromversorgung tätig. 532

Bei der Versorgung der Allgemeinheit mit Elektrizität handelt es sich dem Grunde nach zwar um eine ureigenste Aufgabe des Staates. Wenn und weil sich die Bundesrepublik Deutschland im Zuge der „**Energiewende**" allerdings dazu entschieden hat, diese Pflicht – welche ihre 533

[1010] *BGH*, Urt. v. 12.3.2015 – III ZR 36/14.
[1011] Vgl. *BGH*, Urt. v. 12.3.2015 – III ZR 36/14 sowie hierzu *Hermes*, in: Britz/Hellermann/Hermes (Hrsg.), EnWG, § 45 Rn. 14 ff.; *Theobald*, in: Danner/Theobald, Energierecht, 76. EL 2012, EnWG, § 45 Rn. 6 ff.
[1012] *BVerfG*, Beschl. v. 8.7.1982 – 2 BvR 1187/80 = BVerfGE 61, 82.
[1013] *OLG Jena*, Urt. v. 30.12.2013 – Bl U 299/12; *BVerwG*, Urt. v. 16.3.2006 – 4 A 1001.04, NVwZ 06, 1055; kritisch hierzu jedoch Greinacher in ER 2015, S: 235 (237).
[1014] *BGH*, Beschl. v. 27.5.1999 – III ZR 224-98, NJW 1999, 3488.
[1015] *OLG Jena*, Beschl. v. 26.2.1999 – BLW 807/98.
[1016] Weiterführend hierzu *Hermes*, in: Britz/Hellermann/Hermes (Hrsg.), EnWG, § 45 Rn. 14 ff.
[1017] *BVerfG*, Urt. v. 24.3.1987, NJW 1987, 1251 ff.; so im Ergebnis nun auch *BGH*, Urt. v. 12.3.2015 – III ZR 36/14.
[1018] *Theobald*, in: Danner/Theobald (Hrsg.), Energierecht, EnWG, § 45 Rn. 6 ff.

konkrete Ausgestaltung durch das EnWG erfahren hat – im zulässigen Rahmen teilweise auf Private zu übertragen, so ist es der Entscheidung des Gesetzgebers, beim Ausbau des Anteils der erneuerbaren Energien im Rahmen des EEG vornehmlich auf private Investoren zu setzen, immanent, dass diese Pflicht dann nicht primär von der öffentlichen Verwaltung selbst wahrgenommen wird. Ungeachtet dessen wird auch die (bisher fossile) Energieversorgung in Deutschland bereits jetzt zum weit überwiegenden Teil von Privaten sichergestellt.

534   Gerade die Einspeisung von Strom aus Windenergieanlagen auf Grundlage des EEG dient dabei der Versorgung der Allgemeinheit. Insoweit knüpft die aus § 19 EEG 2017 resultierende Pflicht des Netzbetreibers, den eingespeisten Strom nach den Vorgaben des Gesetzes zu fördern, denn auch ausdrücklich und ausschließlich an die Erzeugung von Strom. Insoweit ist das Tatbestandsmerkmal der Stromerzeugung zwingende Voraussetzung und damit Grundlage für ein wirtschaftliches Tätigwerden überhaupt. Dieser Umstand aber ist wiederum gewollter Ausfluss der Regelungen des EEG, mit denen der Gesetzgeber die Energieversorgung in Zukunft hauptsächlich sicherstellen will und mit Blick auf die bereits eingeleitete **Energiewende** auch sicherstellen muss.[1019]

535   Dass der Anlagenbetreiber gleichsam „nebenher" mit dem Betrieb seiner Windenergieanlage(n) auch ein eigenes, nämlich ein wirtschaftliches Interesse verfolgt, ist dabei letztlich irrelevant, denn dieses Individualinteresse geht im Ergebnis mit dem öffentlichen Interesse der Allgemeinheit an einer sicheren, preisgünstigen, umweltschonenden und stabilen Energieversorgung konform. Öffentliches Interesse und Privatinteresse sind in tatsächlicher Hinsicht sogar deckungsgleich. Das Bundesverwaltungsgericht hat vor diesem Hintergrund die überragende Bedeutung der privatwirtschaftlichen Energieversorgung für die Öffentlichkeit in ständiger Rechtsprechung richterweise jedenfalls schon mehrfach betont.[1020]

b) Enteignungsverfahren

aa) Formelle Fragen

536   **(1) Verfahren.** Die einzelnen Voraussetzungen für eine energiewirtschaftliche Enteignung ergeben sich aus dem jeweiligen Landesrecht.[1021] Zu berücksichtigen ist dabei im Hinblick auf das **Enteignungsverfahren** selbst, dass es sich hierbei nach § 45 Abs. 1 Nr. 2, Abs. 3 EnWG i. V. m. dem jeweiligen Landesrecht um ein zweistufiges Verfahren handelt.[1022]

537   **(2) Erste Stufe der Enteignung.** Die erste Stufe stellt eine durch die jeweils zuständige (Aufsichts-)Behörde zu treffende Feststellung (sog. **energiewirtschaftliche Bedarfsfeststellung**) über die generelle Zulässigkeit der Enteignung dar.

538   **(3) Zweite Stufe der Enteignung.** Auf der zweiten Stufe ist dann die konkrete Enteignungsentscheidung mit dem Zugriff auf ganz bestimmte Grundstücke angesiedelt. § 45 Abs. 3 EnWG ordnet diesbezüglich ausdrücklich an:

„Das Enteignungsverfahren wird durch Landesrecht geregelt."

Alle Bundesländer haben hierauf basierend entsprechende **Enteignungsgesetze** erlassen.

539   In rechtlicher Hinsicht ist die nach Landesrecht zuständige **Enteignungsbehörde** dabei nach ständiger Rechtsprechung des Bundesverwaltungsgerichts an die **energiewirtschaftliche Bedarfsfeststellung** der Aufsichtsbehörde gebunden.[1023]

540   Für das konkrete Enteignungsverfahren verweisen die landesrechtlichen Regelungen im Regelfall auf das Baugesetzbuch. So sieht etwa das sächsische Landesrecht in § 3 SächsEntEG vor:

[1019] Vgl. BT-Drs. 17/6071, S. 1.
[1020] BVerwGE 66, 248 (258); BVerwGE 72, 365 f.
[1021] Beispielhaft sei hier auf das Sächsische Enteignungs- und Entschädigungsgesetz v. 18.7.2001 i. d. F. v. 1.3.2012, SächsEntEG, verwiesen.
[1022] Instruktiv: *Pielow*, in : Säcker (Hrsg.), BerlKommEnR, Bd 1, EnWG, § 45 Rn. 17 ff. sowie *Hermes*, in: Schneider/Theobald (Hrsg.), Recht der Energiewirtschaft, § 10 Rn. 46 ff.
[1023] *BVerwG*, Urt. v. 17.1.1986 – 4 C 6/87, 4 C 7/87.

> „Die Enteignung ist nur nach Maßgabe der §§ 86, 87 Abs. 1 und 2 sowie §§ 90 bis 92 des Baugesetzbuches (BauGB) zulässig."

Nach den insoweit maßgeblichen Normen des BauGB gilt im Hinblick auf die Zulässigkeit einer Enteignung (insbes. § 87 BauGB): 541

> „(1) Die Enteignung ist im einzelnen Fall nur zulässig, wenn das Wohl der Allgemeinheit sie erfordert und der Enteignungszweck auf andere zumutbare Weise nicht erreicht werden kann.
> (2) Die Enteignung setzt voraus, dass der Antragsteller sich ernsthaft um den freihändigen Erwerb des zu enteignenden Grundstücks zu angemessenen Bedingungen, unter den Voraussetzungen des § 100 Abs. 1 und 3 unter Angebot geeigneten anderen Landes, vergeblich bemüht hat. Der Antragsteller hat glaubhaft zu machen, dass das Grundstück innerhalb angemessener Frist zu dem vorgesehenen Zweck verwendet wird."

bb) Zuständigkeiten. Die Zuständigkeiten für die Entscheidungen auf den einzelnen Stufen sind in der Regel unterschiedlichen Behörden zugeteilt. Nach § 45 Abs. 2 S. 3 EnWG steht insoweit jedoch nur fest: 542

> „Die Zulässigkeit der Entscheidung in den Fällen des Absatzes 1 Nummer 2 stellt die nach Landesrecht zuständige Behörde fest."

Welche Behörde im Einzelfall für die **Bedarfsfeststellung** zuständig ist, richtet sich also nach dem jeweils einschlägigen Landesrecht, welches insoweit auch nicht einheitlich geregelt ist. Mit Blick auf die vom BVerwG in ständiger Rechtsprechung angenommene Bindungswirkung der **Enteignungsbehörde** an die Bedarfsfeststellung wird zunächst deutlich, dass Enteignungsentscheidung und Bedarfsfeststellung im Regelfall wohl unterschiedlichen Behörden zugewiesen sein müssen. 543

c) Enteignungsvoraussetzungen

Die wohl maßgeblichste Enteignungsvoraussetzung stellt – wie bereits angesprochen – § 45 Abs. 1 EnWG a. E. auf. Demnach muss die Enteignung „*erforderlich*" sein. Nach nahezu einhelliger Auffassung ist dies der Fall, wenn das Vorhaben, zu dessen Gunsten enteignet werden soll, den in § 1 EnWG niedergelegten Zielen des Gesetzes gerecht wird.[1024] 544

aa) Sichere Energieversorgung – keine Sicherstellung der Energieversorgung durch fossile und atomare Energieträger. Nach nahezu unbestrittener und wissenschaftlich untermauerter Auffassung werden die noch verfügbaren Rohstoffreserven bei gleich bleibendem Bedarf der Weltwirtschaft in wenigen Jahrzehnten aufgebraucht sein.[1025] Hinzu kommt, dass der deutsche Gesetzgeber unter dem Eindruck der Atomkatastrophe von **Fukushima** von 2011 und auf massiven Druck der Öffentlichkeit hin die rechtlichen Grundlagen der Stromerzeugung und damit das Stromversorgungssystem schlechthin einer fundamentalen Neustrukturierung unterworfen und in ausdrücklicher Abkehr insbesondere von der atomaren Energieversorgung die erneuerbaren Energien zum Fundament künftiger Energieversorgung bestimmt hat. Weil überdies Windenergieanlagen Strom aus nach menschlichem Ermessen unerschöpflichen, regenerativen Quellen erzeugen, dürfte eine Sicherstellung der Stromversorgung durch derartige Anlagen durchaus anzunehmen sein. 545

bb) Preisgünstige Stromversorgung. Die Kosten für konventionelle Energieträger sind in den letzten Jahren massiv angestiegen. Allein in den letzten 20 Jahren haben sich beispielsweise die Kosten pro Tonne Steinkohle um ca. 75 % erhöht. Erdöl ist im vergleichbaren Zeitraum sogar um mehr als 300 % teurer geworden. Dies hatte zur Folge, dass die **Stromkosten** seit 1991 546

[1024] Vgl. hierzu *Theobald*, in: Danner/Theobald (Hrsg.), Energierecht, EnWG, § 45 Rn. 7.
[1025] Vgl. *Bundesanstalt für Geowissenschaften und Rohstoffe (BGR)*, „Reserven, Ressourcen und Verfügbarkeit von Energierohstoffen" – Kurzstudie 2009.

um 40 bis 50 % angestiegen sind[1026]. Die zu erwartende Verknappung fossiler Ressourcen wird diesen Effekt in den kommenden Jahren noch weiter massiv verstärken.

547 Demgegenüber ist heute schon belegbar, dass die Nutzung erneuerbarer Energien zu einer spürbaren Verringerung der tatsächlichen Stromkosten führen. Grund hierfür ist der sogenannte *„merit order effect"*. Wissenschaftlich fundierte Studien belegen, dass die Stromerzeugung aus erneuerbaren Energien erheblichen positiven Einfluss auf die Strompreise hat. Der *„merit order effect"* hatte bereits im Jahr 2006 nachweislich eine durchschnittliche Strompreisreduktion von 7,83 €/MWh zur Folge.[1027]

548 Zudem sind erneuerbare Energien in ihrem Vorkommen nicht begrenzt oder gar endlich, sodass Kostensteigerungen und eine damit einhergehende Mehrbelastung der Allgemeinheit, wie sie durch die Verknappung der fossilen Energieträger zu erwarten ist, nicht zu befürchten sind; dies insbesondere auch deshalb, weil durch den stetigen Ausbau der erneuerbaren Energien die hierfür erforderliche Technologie stets effektiviert und durch ihre massentaugliche Verbreitung im Ergebnis preisgünstiger wird. Insbesondere für den Bereich der Stromerzeugung aus solarer Strahlungsenergie hat sich dies längst bestätigt. Dort haben die Preise für die Erzeugung von Strom in den letzten Jahren ein solche Abwärtsentwicklung erfahren, dass mittlerweile nahezu **Netzparität** – also ein Zustand, bei dem aus Sicht des Endverbrauchers selbst produzierter Strom dieselben Kosten je Kilowattstunde verursacht, wie der Einkauf von einem Energieversorgungsunternehmen – hergestellt ist.[1028]

549 Vor diesem Hintergrund stellt sich ein Vorhaben zur Erzeugung von Strom aus Windenergie durchaus als zur unmittelbaren Sicherstellung einer preisgünstigen Versorgung der Allgemeinheit mit Elektrizität geeignet und erforderlich dar.

550 **cc) Umweltschonende Stromerzeugung.** Im Hinblick auf das Erfordernis der umweltschonenenden Stromerzeugung gilt es, sich zu vergegenwärtigen, dass die Realisierung einer nachhaltigen Energieversorgung nicht nur ein besonders bedeutsames Politikziel ist, sondern zugleich auch eine gesamtgesellschaftliche Notwendigkeit darstellt, denn die Energieversorgung künftiger Generationen ist unter Berücksichtigung der Belange des Naturschutzes, ökologischer Ziele, gleichzeitigem wirtschaftlichem Wachstum und Sozialverträglichkeit sowie unter Berücksichtigung der Elemente Wirtschaftlichkeit und Versorgungssicherheit sicherzustellen. Zu diesem Zweck hat der demokratisch legitimierte Gesetzgeber in relativ kurzer Zeit bereits zum zweiten Mal beschlossen, den Anteil erneuerbarer Energien an der Energieversorgung im Interesse des Umwelt- und Klimaschutzes sowie der Sicherung endlicher Ressourcen massiv zu steigern.[1029]

551 Demgegenüber sind im heutigen Energiesystem mit dem Abbau, der Förderung und dem Transport von Uran, Kohle, Erdgas und Erdöl schwerwiegende Eingriffe in das Ökosystem verbunden. Es werden langfristige und teilweise irreversible Eingriffe in Natur und Landschaft vorgenommen. Mit der Nutzung erneuerbarer Energien sind dagegen bei guter fachlicher Praxis und Stand der Anlagentechnik keine schwerwiegenden Eingriffe in das Ökosystem verbunden. Der Einsatz erneuerbarer Energien zur Stromerzeugung schont darüber hinaus die fossilen und nuklearen Energieressourcen und geht in der Regel mit deutlich geringeren Schadstoffemissionen einher.

552 Der Schutz von Klima und Umwelt, so verlangt es auch § 1 EnWG, soll durch eine nachhaltige Entwicklung der Energieversorgung ermöglicht werden. Das heutige System der Energieversorgung in Deutschland erfüllt die Anforderung der Nachhaltigkeit unstreitig nicht, da es im Wesentlichen auf begrenzt verfügbaren fossilen Energieträgern und der Kernenergie beruht. Der Wandel der Energieversorgungsstrukturen durch die Substitution fossiler Brennstoffe sowie

---

[1026] Energiedaten, nationale und internationale Entwicklung, Datensammlung des Bundesministeriums für Wirtschaft und Technologie v. 17.5.2010, Folie 26.
[1027] *Frauenhofer ISI*, „Analyse des Preiseffekts der Stromerzeugung aus erneuerbaren Energien auf die Börsenpreise im deutschen Stromhandel", Gutachten im Auftrag des Bundesministeriums für Umwelt, Naturschutz und Reaktorsicherheit (BMU) 2006, S. 19; vgl. auch beispielhaft BR-Drs. 105/11(B), S. 2.
[1028] BR-Drs. 105/11 (B), S. 2.
[1029] Vgl. BT-Drs. 16/8148 und BT-Drs. 17/6071.

der Kernenergie durch erneuerbare Energien trägt hingegen in gesteigertem Maße dazu bei, diese Probleme zu lösen.

d) Energiewirtschaftliche Erforderlichkeit

Das Bundesverwaltungsgericht hat den Begriff der „*Erforderlichkeit*" eines Vorhabens zum Zwecke der Energieversorgung i. S. v. § 45 Abs. 1 EnWG über die vorstehenden, in § 1 Abs. 1 EnWG verankerten Grundsätze hinaus in mittlerweile gefestigter Rechtsprechung weiter konkretisiert. Demnach ist die energiewirtschaftliche Erforderlichkeit dann gegeben, wenn eine **Versorgungslücke** geschlossen werden soll oder wenn es der **Versorgungssicherheit** dient. Dabei besteht eine Versorgungslücke schon dann, wenn der Energiebedarf in einem Versorgungsraum gegenwärtig oder in absehbarer Zeit nicht ausreichend gedeckt werden kann.[1030]

Inhaltlich ist die der Aufsichtsbehörde nachgeordnete nach Landesrecht zuständige Enteignungsbehörde nach der Rechtsprechung des Bundesverwaltungsgerichts an die skizzierte Einschätzung der Aufsichtsbehörde grundsätzlich gebunden. Soweit sich aber Mängel bei der **Bedarfsfeststellung** ergeben, sollen diese dabei auch auf das nachfolgende Enteignungsverfahren durchschlagen.[1031]

Inhaltlich hat sich die Bedarfsfeststellung nach Auffassung des BGH an den Grundsätzen des Eigentumsrechts aus Art. 14 GG zu orientieren. Demnach komme eine Enteignung grundsätzlich nur dann in Betracht, wenn sie zur Erfüllung der öffentlichen Aufgabe (hier: Versorgungszweck) unumgänglich erforderlich ist. Die Enteignung sei mithin ultima ratio. Sie sei etwa dann nicht zulässig, wenn der Zweck auch durch einen die Ziele des Gesetzes wahrenden (z. B. in Bezug auf Kostengünstigkeit oder Umweltschutz) rechtsgeschäftlichen Erwerb erreicht werden kann. Die bloße Sinnhaftigkeit, Nützlichkeit oder Geeignetheit genüge nicht. Deshalb sei die Erforderlichkeit stets im alternativen Vergleich zu begründen. Der BGH will an dieser Stelle vor allem prüfen: Gibt es weniger einschneidende Maßnahmen, die das gleiche Ziel erreichen? In diesem Fall sei eine Enteignung nicht erforderlich.[1032]

Die Versorgungssicherheit sei demnach etwa gefährdet, wenn der Ausfall einer Stromleitung (oder eines Kraftwerks) im Versorgungsraum nicht sicher beherrscht werden könne. Auch hier stelle sich die Frage, ob technische Alternativen zur Herstellung der Versorgungssicherheit ein Leitungsvorhaben überflüssig machten. Kann ein Energiebedarf im Wege der Durchleitung gedeckt werden, bedürfe es nicht des Neubaus einer Leitung. Dementsprechend sei eine umfassende Erforderlichkeitsprüfung unter Berücksichtigung der gesamten Versorgungssituation vorzunehmen, weshalb auch sämtliche Versorgungsalternativen in diese Prüfung mit einzubeziehen seien. Allein der Gesichtspunkt der dezentralen Versorgung könne die Erforderlichkeit einer Enteignung im Sinne des § 45 EnWG nicht rechtfertigen. Die dezentrale Versorgung ihrerseits könne jedoch von Bedeutung sein, wenn die Netzkapazitäten dadurch geschont würden und insbesondere eine Importgefährdung damit vermieden werden kann.[1033]

Diese Rechtsprechung verdient scharfe Kritik, denn sie setzt sich ohne Not und ohne belastbare Begründung in diametralen Widerspruch zur Rechtsprechung der ansonsten für Enteignungsfragen originär zuständigen und damit letztlich auch fachlich wesentlich versierteren Verwaltungsgerichte sowie vor allem des Bundesverfassungsgerichts und sie überspannt die Anforderungen an eine Enteignung bei weitem, was im Ergebnis dazu führen dürfte, dass § 45 EnWG künftig rein faktisch weitgehend ohne Funktion bleiben wird.[1034] Denn in Zeiten (jedenfalls temporären) Energieüberflusses wird sich gerade im Fall der nach Auffassung des BGH ebenfalls in die Betrachtung zu stellenden Stromimportmöglichkeit vielfach behaupten lassen, ein Trassenneubau sei (zumindest aktuell) entbehrlich. Dies dürfte aber in einer ganzen Reihe von Fällen zu einer erheblichen Abhängigkeit bestimmter Gebiete Deutschlands von anderen Regionen – dies zum Teil auch bundesländerübergreifend – führen. Zudem wird mit

---

[1030] *BVerwG*, Urt. v. 11.7.2000 – Az. 4 C 9/00.
[1031] *BVerwG*, Urt. v. 11.7.2002 – Az. 4 C 9.00, NJW 2003, 230.
[1032] Hierzu ausführlich *BGH*, Urt. v. 12.3.2015 – III ZR 36/14.
[1033] Hierzu ausführlich *BGH*, Urt. v. 12.3.2015 – III ZR 36/14.
[1034] Kritisch hierzu auch *Helmes*, Anm. in NVwZ 2017, 915 ff.; *Greinacher* in ER 2015, S: 235 (238 f.).

dieser Sichtweise erheblich vernachlässigt, dass der Prozess der Energiewende ein schrittweiser und Jahrzehnte andauernder ist. So erklärt sich der heute unter Umständen festzustellende bundesdeutsche Stromüberschuss unter anderem auch aus den noch vielfach vorhandenen Überkapazitäten an Braun- und Steinkohlekraftwerken sowie an Atomkraftwerken. Diese Erzeugungsanlagen sollen aber schrittweise und mittelfristig abgeschaltet, aus der ihnen zugrunde liegenden Erzeugungsart generell ausgestiegen werden. Dann aber wird es auch für Bundesländer wie Thüringen, die neben der regenerativen Stromerzeugung über kaum nennenswerte eigene Erzeugungskapazitäten verfügen, nur schwerlich möglich sein, den Import auf den kohlelastigen Nachbarländern Sachsen oder Niedersachsen auch in Zukunft fortzusetzen.

554d Vor diesem Hintergrund wäre es dringend angezeigt gewesen, im Einklang mit der bundesverfassungsgerichtlichen Rechtsprechung, die Enteignung bereits dann für erforderlich und deshalb auch für zulässig zu halten, wenn es zum Wohl der Allgemeinheit vernünftigerweise geboten ist, indem es einen substanziellen Beitrag zur Erreichung des Gemeinwohlziels leistet. Anders als vom BGH behauptet muss das konkrete Vorhaben seinerseits nämlich nicht gleichermaßen unverzichtbar für das Erreichen des gesetzlich vorgegebenen Gemeinwohlziels sein wie die einzelne Enteignungsmaßnahme im Hinblick auf das Vorhaben. Würde das Grundgesetz indes ein unabweisbares Bedürfnis für das jeweilige Vorhaben voraussetzen, stellte es nach Auffassung des BVerfG eine zumeist unerfüllbare Zulässigkeitsvoraussetzung für eine Enteignung und damit im praktischen Ergebnis ein weitgehendes Verbot der Enteignung auf. Denn es dürfte selten vorkommen, dass die mit einem konkreten Vorhaben wie der Trasse einer bestimmten Straße, Eisenbahnlinie oder Energieversorgungsleitung oder dem Abbau eines Rohstoffes an einer bestimmten Stelle verfolgten Gemeinwohlziele allein durch die Verwirklichung eben dieses Vorhabens erreicht oder jedenfalls wesentlich gefördert werden können.[1035]

554e Dies dürfte vor dem Hintergrund der Energiewende für Windenergieanlagen aber ohne Weiteres zutreffen, denn letztlich wird sich eine auch in Zukunft sichere Stromversorgung nur dann gewährleisten lassen, wenn bereits heute die Weichen gestellt werden. Aus diesem Grunde kommt es auch auf jede Kilowattstunde regenerativ erzeugten Stroms an.[1036] Die an dieser Stelle unterschwellig stets mitschwingende Befürchtung der Gegenmeinung, damit könne letztlich für jedes Vorhaben enteignet werden, ist demgegenüber völlig unbegründet, denn mit der Frage der Erforderlichkeit des Vorhabens und damit der grundsätzlichen Zulässigkeit einer Enteignung ist lediglich die erste Stufe des Enteignungsverfahrens beantwortet, auf der zweiten Stufe ist dann die konkrete Enteignungsentscheidung für den jeweiligen Einzelfall zu treffen. Mit diesen zusätzlichen Anforderungen ist sichergestellt, dass es gerade nicht zu dem befürchteten „Dammbruch" kommt.

555 Dabei gilt es zu berücksichtigen: Während die eigentliche Enteignungsentscheidung (Stufe 2) der Enteignungsbehörde gerichtlich voll überprüfbar ist, kann die erste Stufe der Enteignung, also die Feststellung des energiewirtschaftlichen Bedarfs, lediglich im Wege einer nachvollziehenden Abwägung und allein auf ihre Rechtmäßigkeit hin – also auf nur evidente Rechtsfehler – überprüft werden.[1037]

e) Konkrete Enteignungsentscheidung

556 Sind alle Formalien eingehalten und liegt auch eine positive Bedarfsfeststellung der Aufsichtsbehörde vor, so hängt die eigentliche Enteignungsentscheidung vom Vorliegen der übrigen Enteignungsvoraussetzungen ab. Hierzu sieht etwa § 3 SächsEntEG i. V. m. § 87 Abs. 1 BauGB diesbezüglich vor:

> „Die Enteignung ist im einzelnen Fall nur zulässig, wenn das Wohl der Allgemeinheit sie erfordert und der Enteignungszweck auf andere zumutbare Weise nicht erreicht werden kann."

[1035] Ausführlich dazu BVerfG, Urteil v. 17.12.2013 – Az. 1 BvR 3139/08; 1 BvR 3386/08.
[1036] Ähnlich *VGH München*, Beschl. v. 3.3.2008 – 22 CS 08.537.
[1037] *BVerwG*, Urt. v. 17.1.1986 – 4 C 6/87, 4 C 7/87; *OLG Jena*, Urt. v. 30.12.2013 – Bl U 299/12.

Dabei wird von der Rechtsprechung zum Teil vertreten, dass das Vorhaben, für das enteignet werden soll, auch rechtmäßig sein muss. Vor diesem Hintergrund setzt die konkrete Enteignungsentscheidung immer auch voraus, dass die stromerzeugende Anlage ordnungsgemäß genehmigt worden ist.[1038]

aa) Wohl der Allgemeinheit. Die Enteignung muss zudem zum **Wohl der Allgemeinheit** erforderlich sein.[1039] Das Kriterium des *„Wohls der Allgemeinheit"* ist dabei einfachgesetzliche Umsetzung des gleichlautenden und damit verfassungsrechtlich vorgegebenen Grundsatzes aus Art. 14 Abs. 3 S. 1 GG.[1040] Nach Auffassung des BGH sind die enteignungsrechtlichen Normen des EnWG daher jedenfalls im Lichte der grundrechtlichen Norm auszulegen; dies gleichermaßen für Private wie Personen des öffentlichen Rechts.[1041] 557

Bei dem Begriff des *„Wohls der Allgemeinheit"* selbst handelt es sich dem Grunde nach um keinen gesetzlich determinierten Begriff, sondern vielmehr um einen solchen, der auszulegen und inhaltlich mit bestimmten Wertungen aufzufüllen ist. Dabei ist zu beachten, dass bei einem derart volatilen Begriff stets und maßgeblich der gesellschaftliche und politische Diskussionsstand zu berücksichtigen sein wird. 558

Nach Meinung des BGH dient ein Vorhaben dabei nur dem Wohl der Allgemeinheit, wenn es gesetzmäßig also mit dem geltenden Recht vereinbar ist. Vor diesem Hintergrund bedingt das Erfodernis, dass eine Enteignung nur für ein Vorhaben zulässig ist, für das die notwendigen Gestattungen und Genehmigungen vorliegen oder bei dem es zumindest keinem ernsthaften Zweifel unterliegen kann, dass etwaige erforderliche Genehmigungen erteilt werden.[1042] Zwar sei der (bestandskräftige) Abschluss des immissionsschutzrechtlichen Genehmigungsverfahrens keine unabdingbare Voraussetzung für eine Enteignung, doch bedeute dies nicht, dass die Frage der Genehmigungsfähigkeit eines Vorhabens bei der Prüfung der Voraussetzungen für eine Enteignung vernachlässigt werden dürfe. Dabei sei vor allem in den Blick zu nehmen, dass eine Enteignung zugunsten eines privaten Dritten nur dann erfolgen darf, wenn gewährleistet ist, dass der im Allgemeininteresse liegende Zweck der Maßnahme erreicht und dauerhaft gesichert wird. Im Fall einer bestandskräftigen Genehmigung sei dies ohne Weiteres anzunehmen. Bei angefochtenen und „lediglich" für sofort vollziehbar erklärten Genehmigungen wiederum wäre dies nur dann erfüllt, wenn die Enteignungsbehörde eigenverantwortlich darüber befunden hätte, ob die gegen die Genehmigung im konkreten Einzelfall erhobenen Einwände durchgreifen; dies jedenfalls soweit solche Einwände im verwaltungsgerichtlichen Verfahren nicht bereits erörtert worden sind.[1043] Im Ergebnis wird sich damit eine Enteignung nur dann umsetzen lassen, wenn die zugrunde liegende Genehmigung materiell-rechtlich rechtmäßig oder wenigstens bestandskräftig ist. 558a

Ungeachtet dieser eher formalen Vorgaben hat sich gerade im Bereich der Energieversorgung herausgestellt, dass das bisherige, auf fossiler Basis gründende Versorgungssystem zu irreversiblen Umweltschäden – etwa durch eine massive Klimaerwärmung – führt und wegen der zunehmenden Verknappung fossiler Ressourcen und der damit unweigerlich einhergehenden Verteuerung von Energie in naher Zukunft eine erhebliche Belastung der Volkswirtschaft bedeuten wird. Auch die friedliche Nutzung von Atomenergie hat sich spätestens seit der Atomkatastrophe von **Fukushima** als untauglich erwiesen, die **Versorgungssicherheit** der Allgemeinheit dauerhaft zu gewährleisten. Unbestritten hat sich deshalb ein gesamtgesellschaftlicher Konsens herausgebildet, nachdem zum Schutz der Umwelt und insbesondere des weltweiten Klimas sowie im Hinblick auf die nicht beherrschbaren atomaren Gefahren aus Sicherheitserwägungen heraus, die künftige Energieversorgung ganz überwiegend aus erneuerbaren Energien sichergestellt werden soll. 559

[1038] *OLG Jena*, Urt. v. 3.3.2010 – Bl U 687/08).
[1039] Vgl. auch *BGH*, Urt. v. 12.3.2015 – III ZR 36/14.
[1040] Vgl. *Battis*, in: Battis/Krautzberger/Löhr (Hrsg.), BauGB, § 87 Rn. 7.
[1041] *BGH*, Urt. v. 12.3.2015 – III ZR 36/14.
[1042] *BGH*, Urt. v. 12.3.2015 – III ZR 36/14.
[1043] *BGH*, Urt. v. 12.3.2015 – III ZR 36/14.

560 Dieser Befund lässt sich in besonderem Maße durch einen Blick auf die Gesetzgebung auf völkerrechtlicher, gemeinschaftsrechtlicher, bundesrechtlicher und landesrechtlicher Ebene verifizieren. Der (jeweils) demokratisch legitimierte Gesetzgeber hat auf allen diesen Ebenen dem unbestreitbaren Bedürfnis der Allgemeinheit durch die Schaffung umfangreicher, die erneuerbaren Energien protegierender Regelungen Rechnung getragen. Damit spricht viel dafür, dass die Errichtung von Vorhaben zur Nutzung erneuerbarer Energien und insbesondere die Errichtung von Windenergieanlagen unbestreitbar im Interesse der Allgemeinheit liegt.

561 **bb) Verhältnismäßigkeit der Enteignung: Umfang der Enteignung.** Als Ausfluss der in § 45 Abs. 1 EnWG verankerten „Erforderlichkeit" hat die konkrete Enteignung das verfassungsrechtliche Übermaßverbot in modaler und quantitativer Hinsicht zu berücksichtigen.[1044]

562 Dem hat der sächsische Gesetzgeber durch § 3 SächsEntEG i. V. m. § 87 Abs. 1 S. 2 und § 92 Abs. 1 BauGB Rechnung getragen. Denn insbesondere nach § 92 Abs. 1 BauGB gilt:

> „Ein Grundstück darf nur in dem Umfang enteignet werden, in dem dies zur Verwirklichung des Enteignungszwecks erforderlich ist. Reicht eine Belastung des Grundstücks mit einem Recht zur Verwirklichung des Enteignungszwecks aus, so ist die Enteignung hierauf zu beschränken."

563 **cc) Keine Zweckerreichung auf andere zumutbare Weise.** Darüber hinaus darf der **Enteignungszweck**, im Regelfall die Ermöglichung des Netzanschlusses, etwa nach § 3 SächsEntEG i. V. m. § 87 Abs. 1 BauGB nicht auf andere Weise zu erreichen sein. Anders gewendet muss die Enteignung zum Schutze des Grundeigentums stets die Ultima Ratio bleiben.[1045]

564 Der **Zweck der Enteignung** lässt sich dabei nach der Rechtsprechung stets dann anderweitig verwirklichen, wenn ähnlich geeignete Grundstücke, insbesondere solche der öffentlichen Hand, zur Verfügung stehen.[1046]

565 Der Rückgriff auf andere Grundstücke muss aber für den die Enteignung Betreibenden auch zumutbar sein. Dies soll aber dann nicht mehr anzunehmen sein, wenn die hiermit verbundenen Mehraufwendungen den ansonsten zu entrichtenden Entschädigungsbetrag nicht unerheblich übersteigen.[1047]

566 Ob diese Auffassung in der vorstehenden Deutlichkeit und Konsequenz für energiewirtschaftliche Enteignungen unmodifiziert zutreffen kann, ist fraglich. Denn es ist zu berücksichtigen, dass typischerweise zugunsten eines Privaten enteignet werden soll, der zudem noch eigene wirtschaftliche Interessen verfolgt. Um an dieser Stelle dem hohen Stellenwert des (grundrechtlich) geschützten Eigentums angemessen Rechnung zu tragen, wird man deshalb wohl verlangen müssen, dass etwa zur Verfügung stehende Alternativen nicht völlig außer Verhältnis zu den mit einer Enteignung verbundenen Kosten stehen.

567 Um welchen konkreten kostenseitigen Betrag die einzelnen Alternativen die Kosten der Enteignungsentschädigung übersteigen müssen, lässt sich dabei nicht pauschal beantworten. Denn letztlich wird sich die Frage der Zumutbarkeit von Ersatzmaßnahmen stets als eine solche des Einzelfalls darstellen. Deshalb sind bei der Zumutbarkeitsprüfung immer auch die Interessen anderer Eigentümer und der Allgemeinheit zu berücksichtigen.[1048]

f) Vorzeitige Besitzeinweisung

568 Weil sich ein Enteignungsverfahren unter Umständen als sehr langwierig erweisen kann, dürfte im Regelfall auch die Durchführung eines Verfahrens über die **vorzeitige Besitzeinweisung** notwendig werden. Dies würde auch bereits vor der eigentlichen Entscheidung über die Enteignung die Möglichkeit eröffnen, auf die benötigten Grundstücke zuzugreifen und die notwendigen Kabel zu verlegen.

[1044] Statt vieler *Battis*, in: Battis/Krautzberger/Löhr (Hrsg.), BauGB, § 87 Rn. 4 sowie § 92 Rn. 1; *Runkel*, in: Ernst/Zinkahn/Bielenberg/Krautzberger (Hrsg.), BauGB, § 87 Rn. 57.
[1045] BVerwGE 2, 36; *BGH*, NJW 1986, 933 (934).
[1046] Vgl. *BVerfG*, NVwZ 2003, 727; *BVerwG*, NuR 2002, 746; *BGH*, VerwRspr 30, 188 (192).
[1047] S. *Runkel*, in: Ernst/Zinkahn/Bielenberg/Krautzberger (Hrsg.), BauGB, § 87 Rn. 64.
[1048] Vgl. *BGH*, Urt. v. 19.12.1966 – III ZR 62/66.

Das **vorzeitige Besitzeinweisungsverfahren** ist ein gegenüber dem zugrunde liegenden 569
Enteignungsverfahren selbstständiges behördliches Eilverfahren mit dem Ziel, dem Antragsteller in besonders dringlichen Fällen einen vorzeitigen Zugriff auf das vom Enteignungsverfahren betroffene Grundstück zur sofortigen Ausführung des beabsichtigten Vorhabens zu ermöglichen. Hauptanwendungsfall der vorzeitigen Besitzeinweisung sind Enteignungsverfahren, die auf die Entziehung des Grundeigentums gerichtet sind.[1049]

Die rechtliche Möglichkeit eines solchen Verfahrens ergibt sich im Regelfall aus dem einschlägigen Landesrecht, jedenfalls aus der üblichen Verweisung auf die Vorschriften des BauGB. Nach § 116 Abs. 1 und 3 BauGB ist hierzu normiert: 570

> „Ist die sofortige Ausführung der beabsichtigten Maßnahme aus Gründen des Wohls der Allgemeinheit dringend geboten, so kann die Enteignungsbehörde den Antragsteller auf Antrag durch Beschluss in den Besitz des von dem Enteignungsverfahren betroffenen Grundstücks einweisen. Die Besitzeinweisung ist nur zulässig, wenn über sie in einer mündlichen Verhandlung verhandelt worden ist.
> Durch die Besitzeinweisung wird dem Besitzer der Besitz entzogen und der Eingewiesene Besitzer. Der Eingewiesene darf auf dem Grundstück das von ihm im Enteignungsantrag bezeichnete Bauvorhaben ausführen und die dafür erforderlichen Maßnahmen treffen."

Wichtigste Voraussetzung für die Zulässigkeit einer vorzeitigen Besitzeinweisung ist entsprechend den vorstehenden Vorschriften, dass die sofortige Ausführung der beabsichtigten Maßnahme aus Gründen des **Wohls der Allgemeinheit** „*dringend*" geboten ist. Wann dies der Fall ist, lässt sich zwar dem Gesetz selbst nicht ohne Weiteres entnehmen, voraussetzen müssen wird man unter zeitlichem Blickwinkel aber ein gesteigertes öffentliches Interesse, das gerade durch die vorzeitige Besitzeinweisung gewahrt werden kann und muss. 571

Dagegen verlangt das Merkmal der **Dringlichkeit** nicht, dass das Vorhaben sinnvoll schlechterdings ausschließlich sofort verwirklicht werden kann und in diesem Sinne zeitlich engen Bindungen unterliegt.[1050] 572

Dabei lässt sich die besondere **Dringlichkeit** des Vorhabens durchaus mit der erheblichen energiewirtschaftlichen Bedeutung eines Vorhabens zur Erzeugung von Strom aus Windenergie rechtfertigen. Dies dürfte sich bereits mit dem Gesetzeszweck des EEG sowie der monatlichen Vergütungsdegression begründen lassen. Denn hieran wird ein hochrangiges Allgemeinwohlinteresse an einem möglichst schnellen Wandel hin zu einer nachhaltigen und klimaverträglichen Energieversorgung deutlich. In Anwendung dieser gesetzgeberischen Grundentscheidung zugunsten der beschleunigten Errichtung von Anlagen zur Erzeugung von Strom aus erneuerbaren Energien auf den konkreten Fall führt dies dazu, dass ein Abwarten der Hauptsacheentscheidung im Ergebnis nicht hingenommen werden kann, da anderenfalls der Gesamtheit der Bürger erhebliche Nachteile entstünden.[1051] 573

Nach bisher singulär gebliebener Ansicht des OLG Jena setzt die vorzeitige Besitzeinweisung jedoch tatbestandlich voraus, dass sie für ein Vorhaben erfolgt, für das auch enteignet werden kann. Sie dürfe demnach nur ergehen, wenn mit hoher Wahrscheinlichkeit zu erwarten ist, dass dem Enteignungsantrag entsprochen werden wird.[1052] 574

Demnach müssen auch für ein Verfahren der vorzeitigen Besitzeinweisung – jedenfalls im Rahmen einer inzidenten Prüfung – die oben dargelegten Voraussetzungen für eine Enteignung gegeben sein; dies trifft insbesondere auf das Vorliegen einer fehlerfreien Feststellung des energiewirtschaftlichen Bedarfs seitens der Aufsichtsbehörde zu.[1053] 575

Ungeachtet dessen ist die vorzeitige Besitzeinweisung nach Auffassung des OLG Jena nur dann dringend geboten, wenn ein Abwarten nicht hingenommen werden kann. Wenn also die sofortige Ausführung der Maßnahme bei Abwägung der Belange der Allgemeinheit und des Betroffenen unumgänglich ist, um die Gesamtheit der Bürger bzw. eine Vielzahl von Personen 576

[1049] S. hierzu *Petz*, in: Spannowsky/Uechteritz (Hrsg.), BeckOK BauGB, Einl. zu § 116.
[1050] *OVG Münster*, Beschl. v. 24.1.2008 – 20 B 1782/07.
[1051] Vgl. *VGH München*, Beschl. v. 3.3.2008 – 22 CS 08.537.
[1052] *OLG Jena*, Urt. v. 3.3.2010 – Bl U 687/08.
[1053] *OLG Jena*, Urt. v. 3.3.2010 – Bl U 687/08.

gegen wesentliche Nachteile zu schützen oder um ihnen wesentliche Vorteile zu erhalten, die verloren gingen, wenn die Maßnahme zu einem späteren Zeitpunkt ausgeführt wird.[1054]

577 Nach Auffassung des OLG Jena kann ein derartiges Bedürfnis jedoch nicht dem EEG entnommen werden. Dessen Grundkonzept sei es, privaten Investoren die nötige Planungs- und Investitionssicherheit für die Errichtung von Anlagen zur Stromerzeugung aus erneuerbaren Energien zu geben, um auf diese Weise mit Hilfe des privaten Sektors die erneuerbaren Energien deutlich auszubauen und so die in § 1 des Gesetzes verankerten – ökologischen – Ziele zu erreichen. Einen Rückschluss darauf, ob im Einzelfall die sofortige Ausführung einer bestimmten (Bau-)Maßnahme geboten ist, lasse dieses Gesetz hingegen nicht zu.[1055]

578 Ob diese Wertung – die wie gezeigt bislang ohnehin singulär geblieben ist – auch heute noch, nach dem Einleiten der **„Energiewende"** in den Jahren 2011/2012 und nach der Atomkatastrophe von **Fukushima**, gelten kann, ist höchst zweifelhaft. Denn der Gesetzgeber hat in Umsetzung eines gesamtgesellschaftlichen Konsenses nicht nur die Stromerzeugung aus Atomkraft spätestens zum Jahr 2021 gesetzlich verboten, sondern spätestens mit der zum 1.1.2012 in Kraft getretenen Novelle des EEG die Bedeutung der erneuerbaren Energien für das künftige Stromversorgungssystem nochmals deutlich hervorgehoben. Der Gesetzesbegründung zum EEG 2012 ist in diesem Zusammenhang ausdrücklich zu entnehmen:

> „[…] soll der Anteil der Stromerzeugung aus erneuerbaren Energien kontinuierlich erhöht werden und bis 2020 auf mindestens 35 Prozent, bis 2030 auf mindestens 50 Prozent, bis 2040 auf mindestens 65 Prozent und bis 2050 auf mindestens 80 Prozent steigen. Die Erreichung dieser Ziele setzt voraus, dass der Ausbau der erneuerbaren Energien in Deutschland konsequent und ambitioniert weiter vorangetrieben wird. Dies kann nur gelingen, wenn er nachhaltig und effizient erfolgt. Zugleich müssen die erforderlichen Weichenstellungen vorgenommen werden, um das Energieversorgungssystem auf diese hohen Anteile erneuerbarer Energien auszulegen. Das Erneuerbare-Energien-Gesetz (EEG) muss daher so weiterentwickelt werden, dass der Übergang der erneuerbaren Energien im Strombereich zu einem erwarteten Marktanteil von 35–40 Prozent innerhalb der laufenden Dekade gewährleistet wird. […]"[1056]

Dabei stellt die Novelle des EEG – das gilt uneingeschränkt auch nach in Krafttreten des EEG 2014 sowie des EEG 2017 – dem Willen des Gesetzgebers zufolge

> „[…] einen zentralen Baustein für die Transformation der Energieversorgung und für den Einstieg in das regenerative Zeitalter dar."[1057]

579 Vor diesem Hintergrund kann, anders als vom OLG Jena angenommen, sehr wohl davon ausgegangen werden, dass sich aus dem Regelungskontext des EEG die Dringlichkeit des Anschlusses einer oder mehrerer Windenergieanlagen an das Netz der allgemeinen Versorgung und damit auch die Notwendigkeit für eine vorzeitige Besitzeinweisung ergibt. Denn um die spätestens ab dem Jahr 2021 drohenden, massiven Versorgungslücken sicher zu schließen, muss der zügige Ausbau des Anteils der erneuerbaren Energien an der Stromversorgung bereits heute mit Nachdruck vorangetrieben werden. Dabei kommt es auf jede einzelne Kilowattstunde und somit auch auf jede einzelne Anlage zur Erzeugung von Strom aus erneuerbaren Energien an.[1058]

II. Erwerb der Projektkomponenten, Errichtung des Standorts

580 Nach der Grundstückssicherung wenden wir uns nun der Phase des Erwerbs der Projektkomponenten sowie der Standorterrichtung zu. Diese Themen können im Rahmen der vorliegenden Veröffentlichung nur angerissen werden. Bezüglich des Projektkomponentenerwerbs

---

[1054] *OLG Jena*, Urt. v. 3.3.2010 – Bl U 687/08.
[1055] *OLG Jena*, Urt. v. 3.3.2010 – Bl U 687/08.
[1056] BT-Drs. 17/6071, S. 1.
[1057] BT-Drs. 17/6071, S. 1.
[1058] Vgl. *VGH München*, Beschl. v. 3.3.2008 – 22 CS 08.537.

wird hier daher nur der Direkterwerbsvertrag der WEA behandelt, mit Schwerpunktsetzung auf das Mangelgewährleistungsrecht. Die in der Praxis z. T. auch relevante Delikthaftung des Herstellers wegen der Verletzung von Verkehrssicherungspflichten (durch In-Verkehr-Bringen eines fehlerhaften Produkts) nach § 823 BGB sowie die Haftung nach dem ProdHaftG können hier nicht beleuchtet werden. Bezüglich des Standorterrichtungsvertrags wird insbesondere auf rechtliche Unterschiede zwischen dem BGB-Werkvertragsrecht sowie dem VOB-Recht eingegangen. Im Einzelnen:

1. Windenergieanlagen-Liefervertrag zwischen Hersteller und Erwerber

In der Praxis differieren die von den einzelnen WEA-Herstellern vorgelegten **Windenergieanlagen-Lieferverträge** z. T. ganz erheblich. Generell ist anzumerken, dass aufgrund der Marktmacht der Hersteller ein Verhandeln über einzelne Inhalte der Verträge regelmäßig nur in Grenzen möglich ist. 581

Üblicherweise schuldet der Hersteller der WEA bei derartigen Lieferverträgen die Lieferung, Montage und Übereignung der WEA, ggf. nebst zusätzlichen Komponenten. Er gewährleistet häufig bestimmte Eigenschaften der WEA und stellt die notwendige Betriebssoftware zur Verfügung. Im Gegenzug schuldet der Erwerber die Vergütung für den Vertragsgegenstand. Er ist üblicherweise für die Errichtung der Zuwegung sowie des Netzanschlusses verantwortlich und muss selbstständig die notwendigen Genehmigungen für die Errichtung und den Betrieb der Anlage einholen. 582

a) Rechtliche Einordnung

Schwierig, aber von besonderer Relevanz, ist die Frage der rechtlichen Einordnung eines Windenergieanlagen-Liefervertrags zwischen Hersteller und Erwerber. In Betracht kommen grundsätzlich drei Vertragstypen, nämlich der **Werkvertrag** (§§ 631 ff. BGB), der **Kaufvertrag** (§§ 433 ff. BGB) sowie der **Werklieferungsvertrag**, auf den wegen der Verweisung in § 651 BGB das Kaufrecht Anwendung findet. Bevor auf diese Vertragstypen im Einzelnen eingegangen wird, soll auf Folgendes hingewiesen werden: 583

Im deutschen Vertragsrecht gilt der Grundsatz, dass die Vertragsparteien durch individuelle Vertragsvereinbarungen jegliche Fallkonstellationen privatautonom regeln können, ohne sich dabei überhaupt auf irgendeinen der im Gesetz vorgesehenen Vertragstypen stützen zu müssen. Allerdings kann das Problem der rechtlichen Einordnung eines Vertrags trotzdem relevant werden, nämlich dann, wenn eine Eventualität eintritt, die die Parteien nicht oder nicht wirksam geregelt haben. In diesem Fall muss die Lücke im Vertrag durch die gesetzlichen Vorschriften aufgefüllt werden, die den betreffenden Vertragstypus regeln.[1059] 584

Andererseits gilt, dass die Überschrift, mit der Parteien ihren Vertrag versehen (z. B. Kaufvertrag oder Werkvertrag), nicht dazu führen muss, dass sich das Gericht bei Streitigkeiten im Zusammenhang mit dem Vertrag hieran binden lässt. Möglich ist vielmehr, dass das Gericht zu dem Schluss gelangt, dass die Parteien ausgehend von ihrer Interessenlage einen ganz anderen Vertragstyp vereinbaren wollten. Dann wird das Gericht diesen Vertragstyp seiner Entscheidung zugrunde legen. Dieses Phänomen der Falschbezeichnung eines Vertrags wird als „falsa demonstratio non nocet" bezeichnet („Falschbezeichnung schadet nicht" → Kap. 3 Rn. 3). Bei der Frage, welchem gesetzlichen Vertragstyp ein konkreter Windenergieanlagen-Liefervertrag entspricht, ist demnach der Inhalt dieses Vertrags entscheidend heranzuziehen, nicht die Überschrift des Vertrags. 585

Beim **Werkvertrag** (§§ 631 ff. BGB) besteht die Hauptpflicht des Unternehmers gemäß § 631 Abs. 1 BGB in der Herstellung des versprochenen Werks, also in der entgeltlichen Wertschöpfung, dadurch, dass er durch seine Arbeitsleistung für den Besteller das vereinbarte Werk schafft. Die vertragstypische Leistung besteht in einem durch Arbeit oder Dienstleistung herbeizuführenden Erfolg. Der Werkvertrag zielt auf eine schöpferische Leistung des Unternehmers ab; es 586

[1059] *Ellenberger*, in: Palandt (Hrsg.), BGB, § 157 Rn. 4.

geht nicht einfach um den Austausch von Leistungen. Der Unternehmer hat ein zur Zeit des Vertragsabschlusses noch nicht vorhandenes Werk zu schaffen. Zum Wesen des Werkvertrags gehört es auch, dass die Erbringung der Werkleistung regelmäßig einige Zeit in Anspruch nimmt. Aus § 634a Abs. 1 Nr. 2 BGB ist zu entnehmen, dass ein Werkvertrag darauf gerichtet sein kann, ein Bauwerk zu errichten.

587 Beim **Kaufvertrag** (§§ 433 ff. BGB) besteht die Hauptpflicht des Verkäufers hingegen in der Übereignung einer bereits fertigen Sache in mangelfreiem Zustand. Der Käufer schuldet den Kaufpreis und die Abnahme des Kaufgegenstands nach § 433 Abs. 2 BGB. Die Herstellung des Kaufgegenstands, d. h. der Herstellungsprozess als solcher, rückt hier in den Hintergrund und ist keine Hauptpflicht im Kaufvertrag. Der Verkäufer darf sich – soweit im Kaufvertrag nichts anderes geregelt ist – auch Dritter zur Herstellung und Beschaffung der Kaufsache bedienen. Wenn als Nebenleistung zur Übereignung des Vertragsgegenstands dessen Montage vereinbart wird, ändert dies nichts am Rechtscharakter als Kaufvertrag, wenn die Montageleistung hinter dem Wert des eingesetzten Materials zurückbleibt, also nicht Schwerpunkt der Leistung ist.[1060]

588 Ein **Werklieferungsvertrag nach § 651 BGB** ist dadurch gekennzeichnet, dass die vertragliche Hauptpflicht des Unternehmers die Lieferung noch herzustellender oder zu erzeugender beweglicher Sachen ist. Auf einen solchen Vertrag findet aufgrund der Verweisungsvorschrift in § 651 S. 1 BGB das Kaufrecht Anwendung. Nur wenn die Leistungspflicht in der Lieferung nicht vertretbarer Sachen besteht, sind auf der Rechtsfolgenseite neben dem Kaufrecht auch einige werkvertragliche Vorschriften, zum Teil modifiziert, anwendbar (s. im Einzelnen § 651 S. 3 BGB). Serienmäßig produzierte Windenergieanlagen wie auch die einzelnen Komponenten, aus denen sie zusammengesetzt sind, sind allerdings keine nicht vertretbaren Sachen, sondern vertretbare Sachen i. S. v. § 91 BGB. Qualifiziert man also einen Windenergieanlagen-Liefervertrag als Werklieferungsvertrag i. S. d. § 651 BGB, greift der Verweis auf werkvertragliche Vorschriften in § 651 S. 3 BGB nicht.

589 Windenergieanlagen werden üblicherweise in Komponenten auf die Baustelle geliefert und erst dort zwischen- und endmontiert. Sie werden dann bestimmungsgemäß Scheinbestandteile des Grundstücks, also gerade nicht wesentlicher Bestandteil des Grundstücks (→ Kap. 3 Rn. 189 ff.); sie verlieren mithin ihre Eigenschaft als bewegliche Sache nicht. Demzufolge kann der Vertrag über den Erwerb einer WEA grundsätzlich als Werkvertrag, Kaufvertrag oder Werklieferungsvertrag nach § 651 BGB zu qualifizieren sein.

590 Nach hier vertretener Ansicht sind Windenergieanlagen-Lieferverträge – je nachdem, ob die Komponenten der vertragsgegenständlichen Windenergieanlage im Zeitpunkt des Abschlusses des Vertrags bereits hergestellt sind oder nicht – als **Kaufvertrag** oder als **Werklieferungsvertrag** einzuordnen,[1061] mithin nicht als Werkvertrag. Denn der Lieferant der WEA produziert die Anlagenteile serienmäßig und das Unternehmen ist darauf ausgelegt, diese serienmäßig hergestellten Anlagen zu veräußern. Auch für den Erwerber steht die Übergabe der fertig errichteten WEA im Vordergrund, nicht der Prozess der Herstellung der einzelnen Komponenten der Anlage. Die Zusammensetzung der einzelnen Komponenten der Anlage im Zuge der Aufstellung der Anlage vor Ort dient ebenfalls lediglich der Vorbereitung der vertragsgemäßen Übereignung der Gesamtanlage; eine hervorhebenswerte eigenständige Wertschöpfung durch den Aufbau der Anlage am Standort findet nicht statt. Zwar werden in Windenergieanlagen-Lieferverträgen oft Abschlagszahlungen vereinbart und in der Regel auch eine ausdrückliche Abnahme der Anlage nach Abschluss der Montage (und ggf. eines Probebetriebs) – also typische Tatbestände aus dem Werkvertragsrecht. Jedoch dürften derartige Vereinbarungen bei den hier behandelten Verträgen neben der Übereignung und der damit verbundenen Umsatzgenerierung nur als Nebenbestimmungen werkvertraglicher Art zu klassifizieren sein, die nicht dazu geeignet sind, das Gesamtgepräge des Vertrags zu ändern.

[1060] *Busche*, in: MüKoBGB, § 651 Rn. 7.
[1061] S. a. *OLG Frankfurt*, Urt. v. 25.08.2011 – 5 U 209/09 u. a; *Ott*, MDR 2002, 361 (363).

Mit zwei neueren Entscheidungen des BGH[1062] zeichnet sich im Übrigen eine Tendenz 591
dazu ab, den Anwendungsbereich des § 651 BGB bei herzustellenden Gegenständen sehr weit
zu fassen.

Nach anderer Ansicht (z. B. *Voit*[1063]) sei es hingegen angesichts der Interessenlage der Parteien 592
sachgerecht, Windenergieanlagen in diesem Zusammenhang wie ein Bauwerk zu behandeln,
welches wesentlicher Bestandteil des Grundstücks wird und Windenergieanlagen-Lieferverträge demzufolge dem Werkvertragsrecht zu unterstellen.

Das LG Hannover hat ebenfalls in einer Entscheidung[1064] zu einem Vertrag über die Lieferung 593
und Montage einer WEA einen Werkvertrag angenommen, wenn der Hersteller neben Lieferung
und Montage auch die Bauleitung schuldet. Weiteres Indiz für einen Werkvertrag sei daneben
auch ein gestaffelt zu zahlender Kaufpreis, der den für das Werkvertragsrecht typischen Abschlagszahlungen gleichkommen soll, sowie eine ausdrücklich vereinbarte Abnahme der WEA.

b) Ausgewählte Probleme

An dieser Stelle wird auf einige ausgewählte, praxisrelevante Probleme in Windenergiean- 594
lagen-Lieferverträgen eingegangen, wobei wie ausgeführt (→ Kap. 3 Rn. 590) hier zugrunde
gelegt wird, dass derartige Verträge entweder als Kaufvertrag einzuordnen sind oder als
Werklieferungsvertrag nach § 651 BGB mit dem dortigen Verweis auf das Kaufrecht (§ 651
S. 1 BGB), sodass im Endeffekt auf jeden Fall das Recht des Kaufvertrags Anwendung findet.

aa) Lieferzeit. In Windenergieanlagen-Lieferverträgen finden sich zur **Lieferzeit** oft Klauseln, 595
die nach Maßgabe des AGB-Rechts (→ Kap. 3 Rn. 93 ff.) bedenklich bzw. gar unwirksam sein
dürften. Es sollte daher ggf. diesbezüglich versucht werden, nachzuverhandeln. Rechtlich problematisch sind z. B. Regelungen, die unangemessen viele, in sich unklare Hürden für den Käufer
aufstellen, um den Verkäufer an einen bestimmten Liefertermin zu binden (z. B. Nachweis der
Projektfinanzierung, Vorliegen der BImSchG-Genehmigung für die WEA, Herstellung des
Fundaments, Herstellung der Tragfähigkeit der Zuwegungen für den Komponententransport).
Wenn zudem die Zuständigkeiten für die einzelnen Projektschritte zwischen den Vertragsparteien nicht klar geregelt sind (was z. B. oft im Zusammenhang mit dem Wegeausbau der Fall ist)
oder sich diesbezüglich im Zuge der Projektrealisierung Streitigkeiten zwischen den Parteien
ergeben, kann dies für den Projektierer zu essentiellen Problemen führen, da sich der Lieferant
dann gern auf den Standpunkt stellt, seine Lieferpflicht sei derzeit suspendiert und die vertraglich vereinbarte Lieferzeit sei deshalb von ihm nicht einzuhalten.

Rechtlich unbedenklich, wenn auch für den Erwerber oft zu unbefriedigenden Ergebnissen 596
führend, dürfte hingegen die übliche Klausel sein: „Der Termin für die betriebsbereite Erstellung der Windenergieanlage ist im III. Quartal des Jahres ….". Eine solche Klausel ist transparent,
da der Lieferzeitpunkt eindeutig spätestens der letzte Tag des betreffenden Jahresquartals ist.

bb) Gewährleistung. Wie bereits ausgeführt (→ Kap. 3 Rn. 587), besteht die Hauptleistungs- 597
pflicht des Verkäufers darin, dem Käufer den Kaufgegenstand frei von Sach- und Rechtsmängeln zu verschaffen. Kommt der Verkäufer dieser Pflicht nicht nach, ist also der Kaufgegenstand
mangelhaft, so stehen dem Käufer die Gewährleistungsrechte aus den §§ 437 ff. BGB zu:

> „**§ 437 BGB Rechte bei Mängeln**
> Ist die Sache mangelhaft, kann der Käufer, wenn die Voraussetzungen der Vorschriften vorliegen und
> soweit nicht ein anderes bestimmt ist,
> 1. nach § 439 Nacherfüllung verlangen,
> 2. nach den §§ 440, 323 und 326 Abs. 5 von dem Vertrag zurücktreten oder nach § 441 den Kaufpreis
>   mindern und
> 3. nach den §§ 440, 280, 281, 283 und 311a Schadensersatz oder nach § 284 Ersatz vergeblicher Auf-
>   wendungen verlangen."

[1062] *BGH*, NJW 2009, 2877; *BGH*, Urt. v. 9.2.2010 – X ZR 82/07, BeckRS 2010, 05468.
[1063] *Voit*, in: Bamberger/Roth (Hrsg.), BGB, § 651 Rn. 3.
[1064] *LG Hannover*, Urt. v. 22.1.2010 – 2 O 302/07, Rn. 57.

Die Gewährleistungsrechte werden im Einzelnen kurz dargestellt; in diesem Zusammenhang wird auf die üblichen Regelungen in Windenergieanlagen-Lieferverträgen eingegangen, durch die Gewährleistungsrechte abgeändert, beschränkt oder ausgeschlossen werden.

598 **(1) Voraussetzung für Gewährleistungsrechte: Vorliegen eines Mangels.** Gewährleistungsrechte entstehen, wenn der Kaufgegenstand mangelhaft ist. Die §§ 434, 435 BGB unterscheiden dabei zwischen einem Sach- und einem Rechtsmangel. Ein Mangel liegt vor, wenn die Ist-Beschaffenheit der Kaufsache von der Soll-Beschaffenheit abweicht. Die Ist-Beschaffenheit bezeichnet dabei den Zustand der Kaufsache bei Gefahrübergang.[1065] Der Begriff „Beschaffenheit" meint den tatsächlichen Zustand der Sache und umfasst auch die der Sache anhaftenden Eigenschaften, wie etwa das Herstellungsmaterial, die Haltbarkeit und den Verschleiß.[1066]

599 **(a) Sachmangel.** Die Regelung des § 434 BGB führt unterschiedliche **Arten von Sachmängeln** auf.

600 So liegt ein Sachmangel nach § 434 Abs. 1 S. 1 BGB vor, wenn der tatsächliche Zustand der Sache von der zwischen den Parteien **vereinbarten Beschaffenheit** abweicht. Vereinbart ist die Beschaffenheit, wenn sich aus dem Inhalt des Kaufvertrags ergibt, welchen Zustand die Kaufsache bei Gefahrübergang haben soll.

601 Soweit die Beschaffenheit nicht zwischen den Parteien ausdrücklich im Vertrag vereinbart ist, kann die Sache gemäß § 434 Abs. 1 S. 2 Nr. 1 BGB mit einem Sachmangel behaftet sein, wenn sie sich nicht für die nach dem Vertrag **vorausgesetzte Verwendung** eignet. Eine bestimmte Verwendung in diesem Sinne ist nach allgemeiner Auffassung von den Parteien vorausgesetzt, wenn der Käufer den Verkäufer vom Zweck des Kaufvertrags in Kenntnis setzt und der Verkäufer diesem Zweck zustimmt oder sich jedenfalls nicht dagegen verwahrt. Die Sache eignet sich dann zu der dem Vertrag vorausgesetzten Verwendung, wenn sie nach ihrem bestimmungsgemäßen Gebrauch genutzt werden kann, ohne dass die Eignung erschwert wird oder gar vollständig entfällt.[1067]

602 Wenn weder eine Beschaffenheitsvereinbarung (→ Kap. 3 Rn. 600) noch eine vertraglich vorausgesetzte Verwendung (→ Kap. 3 Rn. 601) vorliegt, kann der Auffangtatbestand des § 434 Abs. 1 S. 2 Nr. 2 BGB greifen. Demnach liegt ein Sachmangel vor, wenn sich der Kaufgegenstand nicht für die **gewöhnliche Verwendung** eignet und nicht eine Beschaffenheit aufweist, die bei Sachen der gleichen Art üblich ist und die der Käufer nach der Art der Sache erwarten kann. Der Kaufgegenstand eignet sich dann für seine gewöhnliche Verwendung, wenn er so genutzt werden kann, wie es den Verkehrskreisen entspricht, denen der Käufer angehört. Als richtungsweisende Formel kann hierbei gelten: Übliche Eigenschaften kann der Käufer immer erwarten, atypische Käufererwartungen müssen vereinbart werden.[1068]

602a Aus aktuellem Anlass muss darauf hingewiesen werden, dass Bestimmungen der BImSch-Genehmigung – z.B. zur Einhaltung bestimmter Schallleistungswerte – als solche den WEA-Lieferanten nicht binden, es sei denn, dass dies im WEA-Liefervertrag vereinbart worden ist. Bestimmungen in BImSch-Genehmigungen begründen weder eine Beschaffenheitsvereinbarung noch Anhaltspunkte für die nach dem Vertrag vorausgesetzte oder die gewöhnliche Verwendung im o.g. Sinne. Die Rechte und Pflichten der Vertragsparteien ergeben sich vielmehr lediglich aus den zwischen ihnen getroffenen Vereinbarungen.

603 Ein Sonderfall des Sachmangels nach § 434 Abs. 1 S. 2 Nr. 2 BGB ist die in § 434 Abs. 1 S. 3 BGB verankerte Haftung für **öffentliche Äußerungen** des Verkäufers, Herstellers oder seines Gehilfen über bestimmte Eigenschaften der Kaufsache, die der Käufer aufgrund der öffentlichen Äußerungen erwarten kann. Die Haftung entsteht nicht, wenn der Verkäufer die Äußerung weder kannte noch kennen musste. Sie entsteht auch dann nicht, wenn die Äußerung rechtzeitig berichtigt wurde oder keinen Einfluss auf die Kaufentscheidung hatte.

[1065] *Berger*, in: Jauernig (Hrsg.), BGB, § 434 Rn. 8.
[1066] *Weidenkaff*, in: Palandt (Hrsg.), BGB, § 434 Rn. 10.
[1067] *Weidenkaff*, in: Palandt (Hrsg.), BGB, § 434 Rn. 23.
[1068] *Berger*, in: Jauernig (Hrsg.), BGB, § 434 Rn. 14.

Wenn der Verkäufer gemäß Kaufvertrag die **Montage** der Kaufsache schuldet und durchführt, kann ein Sachmangel der Kaufsache gem. § 434 Abs. 2 S. 1 BGB auch darin liegen, dass diese Montage durch den Verkäufer oder dessen Erfüllungsgehilfen mangelhaft erfolgt. Die Montage ist dann mangelhaft, wenn sie entweder den geschlossenen Vereinbarungen nicht entspricht, wenn sie sich nicht für den vereinbarten oder gewöhnlichen Zweck eignet oder wenn schlimmstenfalls durch eine fehlerhafte Montage die Kaufsache unbrauchbar wird. 604

Soweit der Käufer bei einem zur Montage bestimmten Kaufgegenstand die Montage selbst durchführt, kann gem. § 434 Abs. 2 S. 2 BGB eine fehlerhafte **Montageanleitung** einen Sachmangel begründen. 605

Schließlich bestimmt § 434 Abs. 3 BGB, dass die **Lieferung einer anderen Sache** oder die **Lieferung einer zu geringen Menge** einem Sachmangel gleichstehen. 606

(b) Rechtsmangel. Der Kaufgegenstand ist gem. § 435 BGB frei von Rechtsmängeln, wenn Dritte in Bezug auf diesen keine oder nur die im Kaufvertrag übernommenen Rechte gegen den Käufer geltend machen können. Anders gesagt liegt ein **Rechtsmangel** vor, wenn ein Dritter aufgrund eines privaten oder eines öffentlichen Rechts das Eigentum, den Besitz oder den unbeschränkten Gebrauch der Sache beeinträchtigen kann.[1069] 607

Wurde beispielsweise bei einem Kaufvertrag über ein Grundstück, auf dem ein Windpark errichtet werden soll, ohne Wissen des Käufers ein Wegerecht für einen Dritten bestellt, so wird der Käufer durch dieses private Recht des Dritten in seiner Grundstücksnutzung beschränkt. 608

Ein Rechtsmangel liegt z.B. auch dann vor, wenn eine juristische Person des öffentlichen Rechts zu öffentlich-rechtlichen Eingriffen bezüglich des Kaufgegenstands befugt ist.[1070] 609

(c) Maßgeblicher Zeitpunkt für das Vorliegen des Mangels: Gefahrübergang. Maßgeblicher Zeitpunkt für das Vorliegen eines Mangels ist der Zeitpunkt des Gefahrübergangs. Dies ist in der Regel die Übergabe der Sache gemäß § 446 S. 1 BGB. Die Gefahr kann aber auch bereits mit Annahmeverzug nach den §§ 293 ff. BGB übergehen, ohne dass die Kaufsache übergeben worden ist. Der späteste Zeitpunkt für den Gefahrübergang ist die Ablieferung nach § 438 Abs. 2 2. Alt. BGB. 610

In Windenergieanlagen-Lieferverträgen wird in der Regel eine „Abnahme" nach Montage und ggf. ein Probebetrieb als Zeitpunkt für den Gefahrübergang und damit als maßgeblicher Moment für das Vorliegen eines Sachmangels bestimmt. 611

(2) Gewährleistungsrechte im Einzelnen
(a) Nacherfüllung. Liegt ein Mangel des Kaufgegenstands vor, kann der Käufer die Gewährleistungsrechte aus § 437 Nr. 1–3 BGB geltend machen. 612

Zunächst steht dem Käufer ein Anspruch auf **Nacherfüllung** gemäß den §§ 437 Nr. 1, 439 BGB zu. Dieser Anspruch steht in einem besonderen Rangverhältnis zu den weiteren Ansprüchen aus § 437 Nr. 2 und 3 BGB (Rücktritt, Minderung, Schadensersatz → Kap. 3 Rn. 623 ff.). Insofern bestehen die einzelnen Rechte zwar grundsätzlich unabhängig voneinander, jedoch verlangen Rücktritt, Minderung und Schadensersatz – im Gegensatz zur Nacherfüllung – grundsätzlich eine vorherige angemessene Fristsetzung zur Behebung des Mangels in Form einer Aufforderung zur Nacherfüllung. Man spricht deshalb vom **Vorrang der Nacherfüllung**.[1071] 613

Die beiden Arten der Nacherfüllung sind die Nachbesserung in eine mangelfreie Sache (etwa Reparatur) und die Lieferung einer mangelfreien Sache (Nachlieferung, Ersatzlieferung, Umtausch). Dabei räumt § 439 Abs. 1 BGB dem Käufer ein Wahlrecht bezüglich der Art der Nacherfüllung ein. Der Käufer hat dem Verkäufer zur Nacherfüllung eine angemessene Frist zu setzen. 614

Gemäß § 439 Abs. 3 BGB kann der Verkäufer allerdings die vom Käufer gewählte Art der Nacherfüllung verweigern, wenn sie nur mit unverhältnismäßig hohen Kosten möglich ist (**sog.** 615

[1069] *Weidenkaff*, in: Palandt (Hrsg.), BGB, § 435 Rn. 5.
[1070] *BGH*, NJW 1983, 275 m.w.N.
[1071] *Weidenkaff*, in: Palandt (Hrsg.), BGB ,§ 437 Rn. 4.

„**relative Unverhältnismäßigkeit**"). Wann ein solcher Fall vorliegt, ist jeweils im Einzelfall durch Abwägung zu bestimmen. Gemäß § 439 Abs. 3 S. 2 BGB spielen für die Abwägung insbesondere der Wert der Sache im mangelfreien Zustand, die Bedeutung des Mangels sowie die Frage, ob auf die andere, vom Verkäufer gewollte Art der Nacherfüllung ohne erhebliche Nachteile für den Käufer zurückgegriffen werden kann, eine Rolle.

616 Genaue Angaben, ab welcher Höhe des Mehraufwands die Verweigerung einer bestimmten Nacherfüllungsart erlaubt ist, können wegen der einzelfallbezogenen Abwägungskriterien kaum gemacht werden. Vertreten wird eine Spanne von 10 bis 20 % über dem Kaufpreis.[1072]

617 Beruft sich der Verkäufer auf relative Unverhältnismäßigkeit bezüglich der vom Käufer gewählten Art der Nachbesserung, verbleibt dem Käufer gem. § 439 Abs. 3 S. 3 BGB der Anspruch darauf, die andere Art der Nachbesserung zu fordern.

618 Der Verkäufer kann im Ausnahmefall allerdings beide Arten der Nacherfüllung gemäß § 439 Abs. 3 S. 1 und 3 BGB verweigern, wenn beide Varianten für ihn unverhältnismäßig hohe Kosten verursachen würden (sog. „**absolute Unverhältnismäßigkeit**"). Auch im Fall der absoluten Unverhältnismäßigkeit gibt es wegen der Abwägungskriterien kaum feste Richtwerte. Die Spannbreite reicht von 130 bis zu 200 % der den Sachwert übersteigenden Nacherfüllungskosten, die den Verkäufer zur Verweigerung der Nacherfüllung berechtigten.[1073]

619 Liegt ein Fall absoluter Unverhältnismäßigkeit vor, besteht im Ergebnis kein Anspruch des Käufers auf Nachbesserung. Er wird dann auf die weiteren Mängelrechte verwiesen.

620 Von Bedeutung ist, dass die Nacherfüllung für den Käufer kostenfrei zu sein hat. So legt § 439 Abs. 2 BGB fest, dass der Verkäufer die zum Zweck der Nacherfüllung erforderlichen Aufwendungen, insbesondere Transport-, Wege-, Arbeits- und Materialkosten, zu tragen hat. Da die Aufzählung des § 439 Abs. 2 BGB nicht abschließend ist, können auch andere Kosten darunter fallen, solange sie zum Zweck der Nacherfüllung angefallen sind und zwar unabhängig davon, ob es Kosten des Käufers oder des Verkäufers sind.[1074] So kann z. B. auch der Ersatz von Gutachter- oder Rechtsanwaltskosten ersetzt verlangt werden, wenn die Kosten notwendig waren, um die Nacherfüllung zu ermöglichen.[1075]

621 Zu beachten ist weiterhin, dass der Verkäufer bei Nachlieferung einer neuen mangelfreien Sache einen Anspruch gegen den Käufer auf **Rückgewähr** der mangelhaften Kaufsache nach den §§ 439 Abs. 4 i. V. m. 346 ff. BGB hat.

622 Ist die Nacherfüllung mangelhaft, weil bei Ersatzlieferung oder Nachbesserung die Sache denselben oder einen anderen Mangel hat oder entsteht durch die mangelhafte Nacherfüllung ein neuer Mangel an der Kaufsache, stehen dem Käufer nach allgemeiner Auffassung die Rechte aus § 437 BGB erneut zu, verbunden mit neuem Fristenlauf.[1076]

622a **Hinweis:** Im Rahmen der aktuellen Reform des Bauvertragsrechts und zur Änderung der kaufrechtlichen Mängelhaftung (→ Kap. 3, Rn. 671a) wird die Vorschrift des § 439 BGB mit Inkrafttreten ab 01.01.2018 dahingehend geändert werden, dass nach Abs. 2 folgender Abs. 3 eingeführt wird:

> **§ 439 Abs. 3 BGB-E Nacherfüllung**
> Hat der Käufer die mangelhafte Sache gemäß ihrer Art und ihrem Verwendungszweck in eine andere Sache eingebaut oder an eine andere Sache angebracht, ist der Verkäufer im Rahmen der Nacherfüllung verpflichtet, dem Käufer die erforderlichen Aufwendungen für das Entfernen der mangelhaften und den Einbau oder das Anbringen der nachgebesserten oder gelieferten mangelfreien Sache zu ersetzen."

Die bisherigen Absätze 3 und 4 werden mit Geltung der neuen Rechtslage ab dem 01. Januar 2018 unverändert in die Abs. 4 und 5 übernommen. Hintergrund dieser Änderung ist die Anpassung des Rechts der Mängelhaftung an die Rechtsprechung des EuGH.[1077] Durch die

---

[1072] *Berger,* in: Jauernig (Hrsg.), BGB, § 439 Rn. 30.
[1073] *Berger,* in: Jauernig (Hrsg.), BGB, § 439 Rn. 32-33.
[1074] *BGH,* NJW 1996, 389.
[1075] *BGH,* NJW-RR 1999, 813.
[1076] *OLG Düsseldorf,* NJW-RR 2005m 833; *Auktor,* NJW 2003, 120 f. m. w. N.
[1077] *EuGH,* Urt. v. 16.6.2011-C 65/09, NJW 2011, 2269.

Neuregelung wird die ausdehnende Anwendung des Nacherfüllungsanspruchs durch den EuGH für sämtliche Kaufverträge und für beide Arten der Nacherfüllung umgesetzt.[1078]

(b) Rücktritt. Wie bereits ausgeführt, ist der **Rücktritt** vom Kaufvertrag bei Vorliegen eines 623 Mangels der Kaufsache grundsätzlich nur und erst dann zulässig, wenn zuvor Nacherfüllung verlangt wurde und diese fehlgeschlagen ist (die Nacherfüllung gilt grundsätzlich nach dem erfolglosen zweiten Versuch als fehlgeschlagen, § 440 S. 2 BGB) oder wenn die Nacherfüllung vom Verkäufer ernsthaft verweigert wurde.

Wenn zur Nacherfüllung eine unangemessen kurze Frist gesetzt wurde (zum Erfordernis der 624 Setzung einer angemessenen Frist → Kap. 3 Rn. 613), ist für die Geltendmachung des Rücktritts auf das Ende einer angemessenen Frist zur Nacherfüllung abzustellen.

Ist nach den o. g. Maßstäben der Rücktritt vom Kaufvertrag zulässig, vollzieht sich dieser 625 nach den §§ 437 Nr. 2, 440, 323, 326 Abs. 5 BGB.

Die Rücktrittserklärung ist eine empfangsbedürftige Willenserklärung.[1079] Wird der Rück- 626 tritt erklärt, sind die empfangenen Leistungen zurückzugewähren und gezogene Nutzungen herauszugeben (§ 346 Abs. 1 BGB). Ist die Herausgabe nicht (mehr) möglich, kann nach § 346 Abs. 2 BGB unter bestimmten Voraussetzungen Wertersatz verlangt werden.

Bei Windenergieprojekten spielt der Rücktritt in der Praxis kaum eine Rolle, da angesichts 627 des enormen planerischen und finanziellen Aufwands das durch den Rücktritt entstehende Rückgewährschuldverhältnis keinen passenden Ausgleich für die Interessen der Beteiligten darstellt. Das Rücktrittsrecht des Käufers wird im Windenergieanlagen-Liefervertrag im Übrigen zumeist nach Erreichen bestimmter Projektsteps ausgeschlossen.

(c) Minderung. Statt zurückzutreten, kann der Käufer gemäß den §§ 437 Nr. 2, 441 BGB nach 628 fehlgeschlagener oder verweigerter Nacherfüllung den Kaufpreis mindern. Hat der Käufer bereits vor der Minderung den Kaufpreis vollständig entrichtet, räumt ihm § 441 Abs. 4 S. 1 BGB einen Rückerstattungsanspruch bzgl. des zu viel gezahlten Kaufpreises ein.

Die Erklärung der Minderung ist, wie die des Rücktritts, eine empfangsbedürftige Wil- 629 lenserklärung, die dem Verkäufer zugehen muss. Aus ihr muss sich der zu mindernde Betrag ergeben.

Abweichend vom Rücktritt bedarf es gem. § 441 Abs. 1 S. 2 BGB bei der Minderung keines 630 erheblichen Mangels, d. h., dass eine Minderung wegen eines Mangels auch dann geltend gemacht werden kann, wenn der Mangel den Wert der Kaufsache nicht erheblich mindert.

Die Berechnungsformel für den geminderten Wert der Sache ergibt sich aus § 441 Abs. 3 631 S. 1 BGB. Demnach ist bei der Minderung der Kaufpreis in dem Verhältnis herabzusetzen, in welchem zur Zeit des Vertragsschlusses der Wert der Sache in mangelfreiem Zustand zu dem wirklichen Wert gestanden haben würde.

Die Formel enthält vier Variablen:
- vereinbarter Kaufpreis,
- Wert der Sache (objektiver Verkehrswert) im mangelfreien Zustand,
- Wert der Sache (objektiver Verkehrswert) im mangelhaften Zustand,
- zu errechnender, geminderter Kaufpreis.

Zur Verdeutlichung soll folgendes Beispiel[1080] dienen: 632

Der Kaufpreis einer Sache wurde im Kaufvertrag in Höhe von EUR 1.000,00 vereinbart. Der objektive Verkehrswert dieser Sache beträgt im mangelfreien Zustand EUR 1.200,00. Ist die Sache aufgrund des Mangels nach objektivem Verkehrswert nur EUR 600,00 wert, so beträgt der geminderte Kaufpreis EUR 500,00 und zwar nach folgender Formel:

$$\frac{\text{obj. Verkehrswert der mangelfreien Sache}}{\text{Kaufpreis}} = \frac{\text{obj. Verkehrswert der mangelhaften Sache}}{\text{geminderter Kaufpreis}}$$

[1078] BT-Drs. 123/16, S. 39.
[1079] *Stadler*, in: Jauernig (Hrsg.), BGB, § 349 BGB, Rn. 1.
[1080] *Weidenkaff*, in: Palandt (Hrsg.), BGB, § 441 Rn. 12.

mithin

geminderter Kaufpreis = obj. Verkehrswert der mangelhaften Sache x Kaufpreis
obj. Verkehrswert der mangelfreien Sache

mithin

geminderter Kaufpreis = EUR 600,00 x EUR 1.000,00
EUR 1.200,00

mithin

geminderter Kaufpreis = **EUR 500,00**

633 **(d) Schadens- und Aufwendungsersatz.** Neben oder anstelle des Rücktritts oder der Minderung kann der Käufer wegen eines Mangels der Kaufsache auch **Schadensersatz** und/oder **Aufwendungsersatz** geltend machen. Dies erlauben die §§ 437 Nr. 3, 440, 280, 281, 283, 311a BGB für den Schadensersatz und die §§ 437 Nr. 3, 284 BGB für den Aufwendungsersatz. Zunächst zu den verschiedenen Schadensarten:

634 Schadensersatz kann gefordert werden für einen **Mangelschaden**. Ein solcher liegt vor, wenn aufgrund eines Mangels der Käufer schlechter gestellt wird, als wenn er eine mangelfreie Sache besitzen würde.[1081]

635 Weiterhin bildet der **Mangelfolgeschaden** eine ersatzfähige Position. Hierbei handelt es sich um einen Schaden, der aufgrund des Mangels der Sache eingetreten ist, aber selbst nach der Nacherfüllung (Behebung des Mangels) bestehen bleibt.[1082] Beschädigt etwa ein aufgrund eines technischen Defekts herabfallender Flügel der WEA das Fundament, so bleibt dieser Mangelfolgeschaden trotz Anbringens eines neuen Flügels bestehen.

636 **Verzugsschäden** (auch: „Verspätungs- oder Verzögerungsschaden") können ebenfalls geltend gemacht werden. Sie liegen dann vor, wenn die Sache nicht rechtzeitig in einem mangelfreien Zustand übergeben wird und daraus ein Schaden entsteht. Ein typisches Beispiel für Verzugsschäden ist der Nutzungsausfall. Kann z.B. eine WEA aufgrund von Mängeln nicht rechtzeitig in Betrieb genommen werden, kann kein Strom produziert und können damit keine Erträge generiert werden, was zu finanziellen Einbußen führt. In einem solchen Fall liegt ein Verzugsschaden vor.

637 In Abhängigkeit davon, welche Schadensart vorliegt, sind unterschiedliche Voraussetzungen für den Schadensersatzanspruch zu beachten. So setzt beispielsweise ein Anspruch auf Ersatz des Verzugsschadens gem. §§ 280 Abs. 2, 286 Abs. 1 S. 1 BGB in der Regel eine Mahnung bzw. den Verzug des Verkäufers voraus.

638 Zu beachten ist, dass sämtliche Schadensersatzansprüche ein Vertretenmüssen des Verkäufers voraussetzen, s. § 437 Nr. 3 i. V.m. § 280 Abs. 1 S. 2 BGB:

> „**§ 280 Abs. 1 BGB:**
> Verletzt der Schuldner eine Pflicht aus dem Schuldverhältnis, so kann der Gläubiger Ersatz des hierdurch entstandenen Schadens verlangen. Dies gilt nicht, wenn der Schuldner die Pflichtverletzung nicht zu vertreten hat."

639 Gemäß § 276 Abs. 1 BGB hat der Schuldner **Vorsatz** und **Fahrlässigkeit** zu vertreten, wenn eine strengere oder mildere Haftung weder bestimmt noch aus dem sonstigen Inhalt des Schuldverhältnisses zu entnehmen ist. „Andere Bestimmungen" i. S. v. § 276 Abs. 1 BGB sind beispielsweise die Haftung des Schuldners während des Verzugs nach § 287 S. 2 BGB, wonach der Schuldner während des Verzugs auch für Zufall haftet.

640 Die Parteien können aber auch einen von § 276 Abs. 1 BGB abweichenden Haftungsmaßstab vereinbaren. Die Garantie als verschuldensunabhängige Haftung (→ Kap. 3 Rn. 661 ff.) ist nur ein Beispiel hierfür. Ebenfalls möglich ist ein Ausschluss der Haftung für Fahrlässigkeit, wofür allerdings bestimmte AGB-rechtliche Beschränkungen bestehen (→ Kap. 3 Rn. 132).

[1081] *Weidenkaff*, in: Palandt (Hrsg.), BGB, § 437 Rn. 34.
[1082] *Weidenkaff*, in: Palandt (Hrsg.), BGB, § 437 Rn. 35.

Schließlich kann der Käufer statt Schadensersatz ggf. **Aufwendungsersatz** nach den §§ 437 Nr. 3, 284 BGB fordern. Dieser Anspruch umfasst die Aufwendungen, die im Vertrauen auf eine mangelfreie Sache vorgenommen wurden, wegen des Mangels aber teilweise oder vollständig nutzlos geworden sind.[1083] Die Voraussetzungen für den Aufwendungsersatzanspruch entsprechen denen des Schadensersatzes statt der Leistung nach § 281 BGB.[1084]

(3) Ausschluss der Gewährleistung. Die Gewährleistung kann gesetzlich oder vertraglich (durch AGB oder individualvertraglich) ausgeschlossen sein. Neben einem vertraglichen Gewährleistungsausschluss etwa durch AGB (siehe hierzu → Kap. 3 Rn. 127 ff.) ist ferner der gesetzliche Ausschlussgrund nach § 442 Abs. 1 S. 1 BGB zu beachten, wonach die Rechte des Käufers ausgeschlossen sind, wenn dieser den Mangel bei Vertragsschluss kannte.

Ist dem Käufer ein Mangel infolge grober Fahrlässigkeit unbekannt geblieben, kann der Käufer Rechte wegen dieses Mangels nur geltend machen, wenn der Verkäufer den Mangel arglistig verschwiegen oder eine Garantie für die Beschaffenheit der Sache übernommen hat, § 442 Abs. 1 S. 2 BGB.

Praktische Schwierigkeiten bereitet in diesem Zusammenhang die **Rügeobliegenheit** des Käufers nach § 377 HGB: Nach § 377 Abs. 1 HGB hat der Käufer bei einem beiderseitigen Handelsgeschäft die Ware unverzüglich nach Ablieferung durch den Verkäufer zu untersuchen. Zeigt sich ein Mangel, muss er diesen unverzüglich bei dem Verkäufer anzeigen, wobei nach § 377 Abs. 4 HGB die rechtzeitige Absendung der Anzeige genügt. Zeigt sich ein Mangel erst später (sogenannter verdeckter Mangel), muss gemäß § 377 Abs. 2, 3 HGB die Anzeige unverzüglich nach der Entdeckung erfolgen. Geschieht die Anzeige nicht wie vorgeschrieben, so legt § 377 Abs. 2 HGB fest, dass die Ware als genehmigt gilt. Gewährleistungsrechte können dann nur geltend gemacht werden, wenn der Verkäufer den Mangel arglistig verschwiegen hat (§ 377 Abs. 5 HGB).

Bei der Lieferung einer WEA ist bereits fraglich, was unter dem „Zeitpunkt der Ablieferung" i. S. v. § 377 Abs. 1 HGB zu verstehen ist. Abgeliefert i. S. v. § 377 HGB gilt die Sache, wenn der Verkäufer sie aus seiner Verfügungsgewalt entlässt und in den Machtbereich des Käufers abgibt. Die Abgabe muss so erfolgen, dass der Käufer den Kaufgegenstand untersuchen kann.[1085] Wird, wie bei der Lieferung einer WEA üblich, die Montage und Einweisung in ein Betriebssystem geschuldet, so ist die Ablieferung erst dann gegeben, wenn beides vorgenommen worden ist. Auch der Zeitpunkt des erfolgreichen Abschlusses eines Probelaufs kann als Ablieferung in Betracht kommen.[1086] Hieran zeigt sich, dass die Regelung des § 377 HGB auf Kaufverträge, die technisch hochkomplexe Anlagen zum Gegenstand haben, nicht zugeschnitten ist. Denn bei Windenergieanlagen kann eine Mängelerkennung meist nur mithilfe umfangreicher Testläufe durchgeführt werden. Hinzu kommt, dass meist Spezialisten für die genaue Überprüfung benötigt werden.[1087] Wegen dieser Komplexität ist es weiterhin schwierig, zwischen verdeckten Mängeln und solchen Mängeln, die sofort erkennbar sind, zu unterscheiden.[1088]

Um diese Probleme beherrschbar zu machen, empfiehlt es sich, im Windenergieanlagen-Liefervertrag Regelungen zur Abänderung der Rügefrist sowie zum konkreten Zeitpunkt der Ablieferung i. S. v. § 377 HGB zu treffen (und zwar möglichst nach Abschluss eines erfolgreichen Probebetriebs).

(4) Beweislast bei Gewährleistungsansprüchen. Bezüglich der **Beweislast** bei der Geltendmachung von Gewährleistungsansprüchen ist festzuhalten, dass der Käufer nach Annahme der Kaufsache gemäß der allgemeinen Regel des § 363 BGB den Mangel der Kaufsache zu beweisen hat, wenn der Verkäufer dessen Vorliegen bestreitet. Außerdem muss der Käufer beweisen, dass der behauptete Mangel bereits bei Gefahrübergang vorgelegen hat, was sich in der Praxis häufig als schwierig erweist.

[1083] *Weidenkaff*, in: Palandt (Hrsg.), BGB, § 437 Rn. 41.
[1084] *Grüneberg*, in: Palandt (Hrsg.), BGB, § 284 Rn. 4.
[1085] *Grunewald*, in: MüKoHGB, § 377 Rn. 43.
[1086] *Grunewald*, in: MüKoHGB, § 377 Rn. 23.
[1087] *Günther*, NZBau 2010, 465 (468 ff.).
[1088] *Günther*, NZBau 2010, 465 (468).

648 Verweigert der Käufer indes bei der angebotenen Übergabe die Annahme der Kaufsache wegen angeblicher Mangelhaftigkeit, so muss der Verkäufer beweisen, dass zu diesem Zeitpunkt die zur Übergabe angebotene Kaufsache mangelfrei war.[1089]

649 Anders ist die Beweislast geregelt beim Verbrauchsgüterkauf, wenn also ein Verbraucher von einem Unternehmer eine bewegliche Sache kauft (§ 474 Abs. 1 S. 1 BGB). In einem solchen Fall greift gem. § 476 BGB eine **Beweislastumkehr** zu Lasten des Unternehmers (Verkäufers) wie folgt:

> „**§ 476 BGB Beweislastumkehr**
> Zeigt sich innerhalb von sechs Monaten seit Gefahrübergang ein Sachmangel, so wird vermutet, dass die Sache bereits bei Gefahrübergang mangelhaft war, es sei denn, diese Vermutung ist mit der Art der Sache oder des Mangels unvereinbar."

650 Nach einem jüngeren Urteil des EuGH[1090] gilt diese Vermutung nunmehr in zweierlei Hinsicht: Zum einen wird vermutet, dass das Schadensbild tatsächlich aus einem (Grund-)Mangel der Kaufsache resultiert; zum anderen wird vermutet, dass dieser (Grund-)Mangel bereits zum Zeitpunkt des Gefahrübergangs vorlag. Demgegenüber vertrat der BGH bisher die Position, dass die Regelung des § 476 BGB lediglich eine Vermutung dahingehend erlaubt, dass der (vom Käufer zunächst zu beweisende) Mangel bereits zum Zeitpunkt des Gefahrübergangs vorlag. Nicht selten gehen Projektierer irrig davon aus, dass § 476 BGB auf ihren Vertrag anwendbar sei. Wie ausgeführt, greift diese Vorschrift jedoch nur bei Verträgen zwischen Unternehmer und Verbraucher.

651 (5) **Verjährung.** Die **Verjährung** der Gewährleistungsansprüche ist in § 438 BGB geregelt. Ob demnach für WEA eine fünfjährige oder eine zweijährige Verjährungsfrist greift, hängt davon ab, ob man die Anlage als Bauwerk i. S. v. § 438 Abs. 1 Nr. 2 BGB definiert (dann fünf Jahre Gewährleistung) oder nicht (dann zwei Jahre Gewährleistung). Im Hinblick auf WEA ist hierzu noch keine höchstrichterliche Entscheidung ergangen.

652 Ein Bauwerk wird definiert als eine mit dem Erdboden fest verbundene unbewegliche Sache, die durch Material und Arbeit hergestellt wurde.[1091] Das LG Hannover hat in einer Entscheidung die streitgegenständliche WEA in ihrer Gesamtheit als Bauwerk in diesem Sinne angesehen.[1092] Überwiegend wird allerdings davon ausgegangen, dass Windenergieanlagen in ihren Einzelteilen so leicht vom Fundament zu demontieren sind, dass nicht von einem Bauwerk gesprochen werden kann. Nur bei dem Fundament selbst soll § 438 Abs. 1 Nr. 2a BGB Anwendung finden; das Fundament soll also als Bauwerk gelten.

Diese Abgrenzungsthematik entfaltet Relevanz bei vertraglichen Klauseln, die die gesetzliche Gewährleistungsfrist abändern. Bei Unwirksamkeit der Klausel greift – wenn der Vertrag im Übrigen aufrecht erhalten bleibt – die Gesetzeslage (→ Kap. 3 Rn. 175)

653 § 438 Abs. 2 BGB bestimmt, dass die Ablieferung der Sache der maßgebliche Zeitpunkt für den Verjährungsbeginn ist. Wann eine Kaufsache als abgeliefert gilt, bestimmt sich grundsätzlich danach, ob eine Hol-, Bring- oder Schickschuld vorliegt. In aller Regel wird ein Windenergieanlagen-Liefervertrag eine Bringschuld statuieren, mit der Folge, dass eine Ablieferung erst mit der tatsächlichen Übergabe durch Annahme des Käufers zu bejahen ist. Ist der Verkäufer darüber hinaus zur Montage einzelner Komponenten oder der gesamten Anlage verpflichtet, so gilt die Ablieferung grundsätzlich erst mit deren Vollzug als erfolgt.

654 Gemäß den §§ 438 Abs. 4, 5 und 218 BGB ist die Ausübung der Rücktritts- oder Minderungserklärung an die Verjährungsfrist gebunden, sodass sie nach Ablauf der Frist nicht mehr ausgeübt werden können, sofern sich der Verkäufer auf die Verjährung beruft. Allerdings kann der Käufer auch nach Ablauf der Verjährungsfrist die Kaufpreiszahlung nach § 438 Abs. 4 S. 2 BGB verweigern, wenn die Voraussetzungen des Rücktritts im Übrigen vorliegen. Verweigert

---

[1089] *Weidenkaff*, in: Palandt (Hrsg.), BGB, § 434 Rn. 59.
[1090] *EuGH* v. 4.6.2015 – Rs C-497/13, NJW 2015, 2237.
[1091] *Weidenkaff*, in: Palandt (Hrsg.), BGB, § 438 Rn. 9.
[1092] Vgl. *LG Hannover*, Urt. v. 22.1.2010 – 2 O 302/07, Rn. 67.

der Käufer die Zahlung, kann der Verkäufer gem. § 438 Abs. 4 S. 3 BGB zurücktreten und gem. § 346 Abs. 1 BGB die Herausgabe der Kaufsache verlangen.

Abweichend von § 438 Abs. 1 Nr. 2 und Abs. 2 BGB verlängert sich die Verjährungsfrist, wenn der Verkäufer den Mangel arglistig verschwiegen hat. Dann gilt nach § 438 Abs. 3 BGB grundsätzlich die regelmäßige Verjährungsfrist. Möglich ist zum Beispiel, dass der Käufer bei einem versteckten Mangel erst Jahre nach der Ablieferung Kenntnis von dem Mangel erlangt. Hat der Verkäufer den Mangel arglistig verschwiegen, so beginnt erst ab dem Ende des Jahres der Kenntniserlangung die dreijährige Verjährungsfrist des § 199 Abs. 1 BGB zu laufen, wodurch der Käufer besser geschützt wird. 655

Wird innerhalb der Verjährungsfrist ein Mangel geltend gemacht, kann der Fall eintreten, dass trotz erfolgter Nacherfüllung der Mangel bestehen bleibt oder aber der Mangel später erneut auftritt. Dieses Phänomen wird auch als mangelhafte Nacherfüllung bezeichnet.[1093] Bei einer mangelhaften Nacherfüllung stehen dem Käufer erneut die Gewährleistungsrechte vollständig zu; auch Nacherfüllung kann der Käufer erneut verlangen.[1094] Ist etwa das Getriebe einer WEA mangelhaft und wird es repariert oder ausgetauscht, kann der Anlagenbetreiber erneut Nachbesserung verlangen, sollte der Schaden weiterhin bestehen oder erneut auftreten. 656

Einigkeit besteht dahingehend, dass mit einem Anerkenntnis der Mangelgewährleistungsansprüche durch den Verkäufer die Verjährung nach § 212 Abs. 1 Nr. 1 BGB neu beginnt.[1095] Für das Anerkenntnis genügt jedes Verhalten des Verkäufers, bei dem dieser aus Sicht des Käufers in dem Bewusstsein handelt, zur Nacherfüllung verpflichtet zu sein. Das kann auch durch ein rein tatsächliches Verhalten geschehen, benötigt also keine mündliche oder schriftliche Vereinbarung.[1096] Davon zu unterscheiden ist allerdings die Nacherfüllung aus Kulanz.[1097] 657

Liegt ein Anerkenntnis nicht vor, verhandeln aber die Parteien über die Nacherfüllung, kann regelmäßig von einer Hemmung der Verjährungsfrist nach § 203 BGB ausgegangen werden. Der Begriff der Verhandlungen i. S. d. § 203 BGB ist weit auszulegen. Nach der Rechtsprechung des BGH genügt für ein Verhandeln jeder Meinungsaustausch über den Anspruch oder seine tatsächlichen Grundlagen zwischen dem Berechtigten und dem Verpflichteten, sofern nicht sofort und eindeutig jeder Ersatz abgelehnt wird.[1098] Verhandlungen schweben schon dann, wenn der in Anspruch Genommene Erklärungen abgibt, die dem Geschädigten die Annahme gestatten, der Verpflichtete lasse sich auf Erörterungen über die Berechtigung von Ansprüchen ein. Nicht erforderlich ist, dass dabei eine Vergleichsbereitschaft oder eine Bereitschaft zum Entgegenkommen signalisiert wird. Überprüft der Unternehmer/Verkäufer aufgrund einer Rüge einverständlich das Werk/den Kaufgegenstand auf Mängel, entsteht eine unter § 203 BGB fallende Verhandlungssituation. 658

Liegen die Voraussetzungen des § 203 BGB und insbesondere ein „Verhandeln" vor, wird der Zeitraum, währenddessen die Verhandlungen laufen und die Verjährung gehemmt ist, nicht in die Verjährungsfrist mit eingerechnet (§ 209 BGB). Beendet ist die Hemmung z. B., wenn die Fortsetzung der Verhandlungen von einer Seite endgültig verweigert wird.[1099] Dann muss der Käufer anderweitig verjährungshemmend tätig werden, z. B. durch einen Antrag auf Durchführung eines selbstständigen Beweisverfahrens, Erhebung einer Klage, Einleitung eines Mahnverfahrens etc. (siehe im Einzelnen § 204 Abs. 1 Ziff. 1–14 BGB). Dem Käufer kommt in diesem Zusammenhang die Vorschrift des § 203 S. 2 BGB zugute, wonach die Verjährung frühestens drei Monate nach dem Ende der Hemmung eintritt. 658a

Oft besteht in einem späteren Prozess Streit darüber, ob verjährungshemmende Verhandlungen i. S. d. § 203 BGB geführt worden sind sowie über den oftmals nicht (mehr) durch Schrift- 658b

---

[1093] *Weidenkaff*, in: Palandt (Hrsg.), BGB, § 438 Rn. 16a.
[1094] *Auktor/Mönch*, NJW 2005, 1686 (1687), *Weidenkaff*, in: Palandt (Hrsg.), BGB, § 438 Rn. 16a.
[1095] OLG Celle, NJW 2006, 2643 (2644); *Busche*, in: MüKoBGB, § 438 Rn. 41; *Auktor/Mönch*, NJW 2005, 1686 (1687).
[1096] *Auktor/Mönch*, NJW 2005, 1686 (1687).
[1097] *Busche*, in: MüKoBGB, § 438 Rn. 41; *Auktor/Mönch*, NJW 2005, 1686 (1687).
[1098] BGH, 26.10.2006 – VII ZR 194/05.
[1099] *Ellenberger*, in: Palandt (Hrsg.), BGB, § 203 Rn. 4.

stücke nachweisbaren Inhalt der in diesem Zusammenhang geführten Kommunikation. Kann der insoweit beweisbelastete Käufer entsprechende Verhandlungen nicht nachweisen, ergeht eine Beweislastentscheidung zu seinen Ungunsten.

Vor diesem Hintergrund sollte der Käufer jeglichen diesbezüglich geführten Schrift- und E-Mail-Verkehr aufbewahren und den Inhalt (fern-)mündlicher Gespräche, insbesondere bei Vor-Ort-Terminen, schriftlich protokollieren und von dem Verkäufer bestätigen lassen.

659 **cc) Garantievereinbarung und deren Abgrenzung.** Besonderheiten bei einem Windenergieanlagen-Liefervertrag sind vor allen Dingen die als „**Garantievereinbarungen**" oder auch „**Beschaffenheitsvereinbarungen**" bezeichneten Regelungen. In diesen Vertragsklauseln sagt der Hersteller dem Besteller zumeist eine bestimmte Eigenschaft der WEA zu, wie beispielsweise eine bestimmte Leistungskennlinie oder einen bestimmten emissionsrelevanten Schallleistungspegel (vgl. hierzu jedoch → Kap. 3 Rn. 602), wobei teilweise (entgegen der gesetzlichen Konzeption) die Begriffe synonym verwendet werden.

660 Denn die als solche bezeichneten Garantien sind oftmals keine Garantien im Sinne des Gesetzes, da sie fallbezogen mit anderen Rechtsfolgen ausgestaltet sind, als es das Gesetz vorsieht. Vielmehr handelt es sich dabei in der Regel um sogenannte unselbstständige Garantien, die an das Gewährleistungsrecht anknüpfen und es gegenüber dem Käufer sogar verschärfen.[1100]

661 Zur echten Garantie im Sinne des Gesetzes folgende Anmerkungen: Das Gesetz unterscheidet gemäß § 443 Abs. 1 BGB zwischen der Beschaffenheitsgarantie und der Haltbarkeitsgarantie.

662 Bei der **Beschaffenheitsgarantie** handelt es sich um die Zusage einer bestimmten Eigenschaft der Anlage bei Gefahrenübergang.[1101] Darunter würde zum Beispiel auch die Zusage fallen, dass eine WEA einen bestimmten Lärmpegel nicht überschreitet.

663 Demgegenüber bezeichnet die **Haltbarkeitsgarantie** eine Eigenschaft, die für eine gewisse Dauer zugesichert wird.[1102] Verspricht der Hersteller, dass die WEA für drei Jahre einen vertraglich festgelegten Lärmpegel nicht überschreiten wird, so handelt es sich dabei also um eine Haltbarkeitsgarantie.

664 Die Garantie wird durch die Bedingungen der Garantieerklärung ausgestaltet. So wird in den Bedingungen der genaue Sachmangel festgelegt, für den **verschuldensunabhängig** eingestanden werden soll. Die versprochenen Leistungen bei Eintritt des Garantiefalls werden darin beschrieben und die Garantiefrist bestimmt. Auch können notwendige Handlungen des Käufers festgelegt werden, wie die schriftliche Anzeige der Schadensmeldung.[1103] Folge der Garantie ist gemäß § 443 Abs. 1 BGB, dass dem Käufer im **Garantiefall** die Rechte aus der Garantie zustehen und zwar gegenüber demjenigen, der die Garantie versprochen hat. Wichtig ist, dass die Rechte aus der Garantie dem Käufer unbeschadet der gesetzlichen Gewährleistungsrechte zustehen, s. § 443 Abs. 1 BGB.

665 Entspricht die Anlage nicht der garantierten Beschaffenheit, liegt ein Garantiefall vor. Dann kann der Käufer die Rechte aus der Garantie gegenüber dem Garantiegeber geltend machen. Das kann er sogar dann, wenn kein Verschulden des Verkäufers zu dem Garantiefall geführt hat, da die Garantie verschuldensunabhängig ist (→ Kap. 3 Rn. 664). Der Käufer hat im Moment des Garantiefalls die Wahl, ob er seine aus der Garantie versprochenen Rechte oder die Rechte aus der Gewährleistung in Anspruch nimmt oder ob er die Rechte nebeneinander geltend macht.

666 Rechtsfolge einer versprochenen Haltbarkeitsgarantie ist nach § 443 Abs. 2 BGB auch, dass während der Geltungsdauer der Haltbarkeitsgarantie vermutet wird, dass ein in dieser Zeit auftretender Sachmangel die Rechte aus der Garantie begründet. Die Vorschrift führt mithin zu einer **Beweislastumkehr**. Der Käufer muss nach dieser Vorschrift bei Eintritt des Garantiefalls lediglich beweisen, dass eine Garantieerklärung abgegeben wurde, dass deren Bedingungen eingetreten sind und dass die Frist der Haltbarkeitsgarantie noch nicht überschritten ist. Gelingt dem Käufer diese Beweisführung, kann er sich auf die gesetzliche Vermutung berufen, der

---

[1100] *Leidig*, in: Messerschmidt/Voit (Hrsg.), Privates Baurecht, § 651 BGB Rn. 173.
[1101] *Weidenkaff*, in: Palandt (Hrsg.), BGB, § 443 Rn. 3.
[1102] *Weidenkaff*, in: Palandt (Hrsg.), BGB, § 443 Rn. 3.
[1103] *Weidenkaff*, in: Palandt (Hrsg.), BGB, § 443 Rn. 18.

Mangel beruhe auf dem Zustand der Sache zur Zeit des Gefahrenübergangs. Um diese Vermutung nun entkräften zu können, muss der Verkäufer bzw. der Garantiegeber beweisen, dass der Käufer den Kaufgegenstand nicht sachgemäß gebraucht oder behandelt hat oder ein zufälliges von außen wirkendes Ereignis den Sachmangel herbeigeführt hat.[1104]

In den vorbenannten Rechtsfolgen liegt auch der Grund, weshalb es sich bei den üblichen Klauseln in Windenergieanlagen-Lieferverträgen zumeist nicht um Garantien i. S. v. § 443 BGB handelt, sondern um sog. unselbstständige Garantien. In den Verträgen werden zumeist lediglich die gesetzlichen Vorschriften zur Gewährleistung abgeändert, teilweise auch zum Nachteil des Käufers. Statt dem Käufer eine gesonderte Rechtsposition einzuräumen, die ihm im Garantiefall mehr Gestaltungsmöglichkeiten an die Hand geben würde, ändern die Klauseln also lediglich die durch das Gesetz eingeräumten Gewährleistungsrechte ab. 667

dd) Rückgriff des Verkäufers. Unter Geltung der bisherigen Rechtslage waren die Fallkonstellationen problematisch, in denen der Unternehmer (mangelhaftes) Material kaufte und dies bei einem Dritten einbaute. Gegenüber dem Dritten (Käufer) ist der Unternehmer zum Ausbau des mangelhaften und zum Einbau von neuem mangelfreien Material verpflichtet. Dem Unternehmer steht aber nur dann ein Regressanspruch gegen seinen Lieferanten zu, wenn der Letztverkauf ein B2C-Geschäft darstellt. Denn gemäß § 478 Abs. 2 BGB kann der Unternehmer beim Verkauf einer neu hergestellten Sache von seinem Lieferanten Ersatz der Aufwendungen verlangen, die er *im Verhältnis zum Verbraucher* nach § 439 Abs. 2 BGB zu tragen hatte. 667a

Auch hier setzt die zum 01. Januar 2018 in Kraft tretende Änderung der kaufrechtlichen Mängelhaftung an (→ Kap. 3 Rn. 671a). § 445a BGB-E trifft folgende Regelung:

> „§ 445a BGB-E Rückgriff des Verkäufers
> 1. Der Verkäufer kann beim Verkauf einer neu hergestellten Sache von dem Verkäufer, der ihm die Sache verkauft hatte (Lieferant), Ersatz der Aufwendungen verlangen, die er im Verhältnis zum Käufer nach § 439 Absatz 2 und 3 sowie § 475 Absatz 4 und 6 zu tragen hatte, wenn der vom Käufer geltend gemachte Mangel bereits beim Übergang der Gefahr auf den Verkäufer vorhanden war.
> 2. Für die in § 437 bezeichneten Rechte des Verkäufers gegen seinen Lieferanten bedarf es wegen des vom Käufer geltend gemachten Mangels der sonst erforderlichen Fristsetzung nicht, wenn der Verkäufer die verkaufte neu hergestellte Sache als Folge ihrer Mangelhaftigkeit zurücknehmen musste oder der Käufer den Kaufpreis gemindert hat.
> 3. Die Absätze 1 und 2 finden auf die Ansprüche des Lieferanten und der übrigen Käufer in der Lieferkette gegen die jeweiligen Verkäufer entsprechende Anwendung, wenn die Schuldner Unternehmer sind.
> 4. § 377 des Handelsgesetzbuchs bleibt unberührt."

Nach der künftigen Rechtslage besteht somit eine Regressmöglichkeit hinsichtlich der Ein- und Ausbaukosten auch für B2B-Geschäfte und zudem normiert § 445a Abs. 3 BGB-E eine Regresskette bis zum Hersteller. Dies stärkt die Position des (einbauenden) Letztverkäufers enorm.

2. Errichtung des WEA-Standorts mittels Bauvertrags

Die vertragsrechtliche Gestaltung der Errichtung eines WEA-Standorts ist in der Praxis vielseitig. Sie ist insbesondere davon abhängig, inwieweit der Bauherr an der Planung und Errichtung beteiligt ist. Teilweise führen WEA-Hersteller selbst die Planung und Bauleitung durch. Oft werden auch ein Generalunternehmer oder ein Generalübernehmer einbezogen. Ein **Generalunternehmer** zeichnet sich dadurch aus, dass er selbst den Großteil der Arbeiten bei der Standorterrichtung ausführt und nur für einzelne Gewerke Subunternehmer beauftragt. In Abgrenzung hierzu übernimmt der **Generalübernehmer** die Planungs- und Ingenieurleistungen für ein Bauvorhaben und beauftragt Subunternehmer mit der Herstellung des Anlagenstandorts, ohne eigene Handwerker zu beschäftigen. 668

Der Erwerb der WEA-Komponenten kann ebenfalls unterschiedlich ausgestaltet sein. So kann der Bauherr selbst den WEA-Liefervertrag mit dem Hersteller abschließen und mit der 669

[1104] *Weidenkaff*, in: Palandt (Hrsg.), BGB, § 443 Rn. 25.

Planung und Errichtung des Windparks im Übrigen eine oder mehrere andere Firmen beauftragen. In einem solchen Fall entstehen einige oder mehrere unterschiedliche Vertragsverhältnisse des Bauherrn.

Der Generalunternehmer kann auch den WEA-Liefervertrag mit dem Hersteller selbst abschließen. Dann ist der Generalunternehmer dem Bauherrn regelmäßig zur kompletten Planung und Errichtung des WEA-Standorts und zur Eigentumsübertragung an der WEA nebst allen Komponenten verpflichtet („schlüsselfertig").

a) Rechtliche Einordnung

670 Die rechtliche Einordnung eines Vertrags zur Errichtung eines WEA-Standorts hängt maßgeblich von dem gewählten Vertragsmodell ab, sodass es sich immer um eine Einzelfallbeurteilung handelt.

671 Je nach Ausgestaltung kann der Vertrag Elemente eines **Werkvertrags**, eines **Kaufvertrags** oder eines **Werklieferungsvertrags** enthalten (zur Abgrenzung → Kap. 3 Rn. 586, 588). Aber auch Elemente eines Dienstvertrags oder eines Geschäftsbesorgungsvertrags können Gegenstand der vertraglichen Ausgestaltung sein.[1105]

671a In diesem Zusammenhang soll auf das am 9.3.2017 vom Deutschen Bundestag verabschiedete „**Gesetz zur Reform des Bauvertragsrechts und zur Änderung der kaufrechtlichen Mängelhaftung**" hingewiesen werden. Die maßgeblichen Neuregelungen in der hier dargestellten Fassung werden mit Wirkung zum 1.1.2018 in Kraft treten.[1106]

671b Hintergrund der Gesetzesreform sind gravierende Regelungslücken. Bisher gibt es – bis auf die Regelung des § 648a BGB – keine originären gesetzlichen Regelungen zum Bauvertragsrecht im BGB. Das Bauvertragsrecht hat sich jedoch zu einer komplexen Spezialmaterie mit einer umfangreichen Rechtsprechung entwickelt. Es herrscht weitgehend Einigkeit, dass das geltende Werkvertragsrecht dieser Entwicklung auf Grund seiner allgemeinen Regelungen nicht gerecht wird.[1107]

671c Mit der Gesetzesreform (→ Kap. 3 Rn. 674a) wird der „**Bauvertrag**" im BGB künftig gesetzlich legal definiert und ein eigenes Regelungsregime erfahren. Systematisch bilden die Vorschriften der §§ 650a – h BGB-E das zweite Kapitel „Bauvertrag" in dem Unterkapitel 1 „Werkvertrag". Im ersten Kapitel (§§ 631 – 650 BGB-E) mit dem Titel „Allgemeine Vorschriften" werden die allgemeinen Regelungen zum Werkvertragsrecht zusammengefasst. Die mit dem **Kapitel 3** geplante Einführung eines Verbraucherbauvertrags ist im Rahmen der Errichtung einer WEA nicht relevant und bleibt bei der folgenden Darstellung daher außer Betracht.

671d Mit Einführung des § 650a BGB-E wird der Bauvertrag wie folgt definiert:

> „**§ 650a Bauvertrag**
> (1) Ein Bauvertrag ist ein Vertrag über die Herstellung, die Wiederherstellung, die Beseitigung oder den Umbau eines Bauwerks, einer Außenanlage oder eines Teils davon. Für den Bauvertrag gelten ergänzend die folgenden Vorschriften dieses Kapitels.
> (2) Ein Vertrag über die Instandhaltung eines Bauwerks ist ein Bauvertrag, wenn das Werk für die Konstruktion, den Bestand oder den bestimmungsgemäßen Gebrauch von wesentlicher Bedeutung ist."

671e Ausweislich der Begründung zum Gesetzentwurf wird an den Begriff des Bauwerks angeknüpft, wie er bisher in § 634a Absatz 1 Nummer 2 verwendet wurde. Zur Auslegung des Bauwerksbegriffs wird in der Regel die zu § 634a Absatz 1 Nummer 2 BGB bzw. der Vorgängernorm des § 638 BGB a. F. ergangene Rechtsprechung herangezogen werden können. Zum anderen wird auf den Begriff der Außenanlage Bezug genommen, der sich in der bis zum 01.01.2018 geltenden Fassung des § 648a BGB wiederfindet.[1108]

672 Will der Anlagenbetreiber etwa nur eine einzelne WEA bauen und ist er selbst für die Genehmigung, den Netzanschluss und die Zuwegung verantwortlich, sodass der Lieferant nur

---

[1105] *Cramer*, in: Messerschmidt/Voit (Hrsg.), Privates Baurecht, Teil C Rn. 2.
[1106] BR-Drs. 199/17.
[1107] BT-Drs. 123/16.
[1108] BT-Drs. 123/16, S. 56.

noch die Montage und Übereignung der Anlage schuldet, dürfte regelmäßig ein Werklieferungsvertrag nach § 651 BGB vorliegen.

Wird dagegen ein Windpark geplant und schließt der Anlagenbetreiber dafür mit dem WEA-Hersteller einen Liefervertrag ab und beauftragt daneben einen Generalunternehmer mit der weiteren Standorterrichtung (Zuwegung, Netzanschluss, Trafostation, Übergabestation, Koordinierung der einzelnen Gewerke etc.), wird der Generalunternehmervertrag in der Regel als Werkvertrag (bzw. „Bauvertrag", siehe Kap. 3 Rn. 671a ff. BGB-E) zu werten sein. 673

Die vollständige Darstellung und Erörterung der hier aufgeführten unterschiedlichen Vertragsmodelle kann im Umfang dieses Buches nicht stattfinden. Die folgenden Ausführungen beschränken sich daher auf eine Darstellung und Gegenüberstellung der am häufigsten auftretenden Vertragstypen nach dem BGB-Werkvertragsrecht sowie dem Recht der VOB/B. 674

Die folgende Darstellung bezieht sich auf die VOB/B 2016, die verbindlich zum 18.04.2016 eingeführt worden ist.[1109] Die VOB/B 2012 wurde dabei im Wesentlichen übernommen. Neben diversen Änderungen redaktioneller Art gegenüber der VOB/B 2012 wurden – inhaltlich – lediglich die vertragsrechtlichen Vorschriften der Art. 71 und 73 der Richtlinie 2014/24/EU (Richtlinie über die öffentliche Auftragsvergabe) in die neue Fassung mit aufgenommen. 675

b) Gegenüberstellung BGB-Werkvertrag – VOB/B-Bauvertrag

Das BGB-Werkvertragsrecht ist in den §§ 631 ff. BGB geregelt. Es handelt sich mithin um in einem förmlichen Gesetzgebungsverfahren zustande gekommenes Bundesrecht. 676

Die VOB/B – die korrekte und vollständige Bezeichnung lautet „Teil B der Vergabe- und Vertragsordnung für Bauleistungen" – ist hingegen ein Regelwerk, das vom Deutschen Vergabe- und Vertragsausschuss für Bauleistungen (DVA) geschaffen wurde. Der DVA ist ein nicht rechtsfähiger Verein, dessen satzungsmäßige Aufgaben u. a. darin bestehen, Grundsätze für die Vergabe und Abwicklung von öffentlichen Bauaufträgen zu erarbeiten und weiterzuentwickeln. Vorrangig besteht der Verein aus öffentlichen Auftraggebern, kommunalen Spitzenverbänden sowie Spitzenorganisationen der Bauwirtschaft. 677

Die VOB/B bildet mithin kein Gesetz, sondern eine Sammlung von Regelungen, die rechtlich als Allgemeine Geschäftsbedingungen zu qualifizieren sind.[1110] Im Hinblick auf die AGB-rechtliche Inhaltskontrolle ist die VOB/B ggf. privilegiert gem. § 310 Abs. 1 S. 3 BGB. Sie wird nur und insoweit Vertragsbestandteil, wie dies zwischen den Parteien ausdrücklich vereinbart wird. 678

Die Regelungen der VOB/B sollen den Bauvertrag so ausgestalten, dass er den speziellen Belangen dieses Vertragstypus in der Praxis gerecht wird.[1111] 679

Die VOB/B ist ausschließlich für geschuldete **Bauleistungen** konzipiert worden. Daher findet sie nach höchstrichterlicher Rechtsprechung[1112] nicht auf **Planungsleistungen** Anwendung, wenn sie als Ganzes vereinbart wird.[1113] Dies gilt selbst dann, wenn Planungs- und Bauleistungen in einem Vertrag festgehalten werden. Daher sollte bei einem Generalunternehmervertrag, der sowohl Planungs- als auch Bauleistungen beinhaltet, die VOB/B vorsorglich und klarstellend ausschließlich für die Bauleistungen einbezogen werden.[1114] 680

Für einen Vertrag zur Errichtung eines WEA-Standorts sind zumeist weder die Vorschriften des BGB-Werkvertragsrechts noch die VOB/B als Ganzes geeignet, um den von den Parteien gewollten Vertragsinhalt vollständig interessengerecht auszugestalten. Daher werden oftmals nur einzelne Vorschriften der VOB/B im Vertrag ergänzend vereinbart. Welche VOB-Regelungen dabei für Anlagenerrichtungsverträge von Vorteil sind, kann nicht pauschal beantwortet werden. Es kommt vielmehr auf die Interessen der Parteien im Einzelfall an. 681

[1109] Einführungserlass des Bundesministeriums für Umwelt, Naturschutz, Bau und Reaktorsicherheit v. 7.4.2016, Az.: B I 7-81063.6/1.
[1110] *Busche*, in: MüKoBGB, § 631 Rn. 126.
[1111] *Busche*, in: MüKoBGB, § 631 Rn. 147.
[1112] *BGH*, NJW 1988, 142.
[1113] *Busche*, in: MüKoBGB, § 631 Rn. 147; kritisch dazu *Miernik*, NZBau 2004, 409.
[1114] *Vygen/Wirth/Schmidt*, Bauvertragsrecht, Kap. 3 Rn. 8.

682 Für die Vertragsgestaltung ist es notwendig, die wesentlichen Unterschiede zwischen den VOB/B und dem BGB-Werkvertrag zu kennen. Diese können aufgrund der Fülle der Regelungen nicht umfassend innerhalb des hier vorgegebenen Rahmens vorgestellt werden. Daher beziehen sich die weiteren Darstellungen auf die für Anlagenerrichtungsverträge relevantesten Regelungen und Unterscheidungen.

683 **aa) Leistungsbeschreibung, Vergütung und Abänderungsrecht.** Die Bauleistung in ihrer Art und ihrem Umfang muss sowohl nach dem BGB-Werkvertragsrecht als auch nach den VOB/B durch den jeweiligen Vertrag festgelegt werden.[1115]

684 § 1 Abs. 1 S. 2 VOB/B enthält gegenüber dem BGB-Werkvertragsrecht die Besonderheit, dass bei Einbeziehung der VOB/B auch die Allgemeinen Technischen Vertragsbedingungen für Bauleistungen der VOB/C anzuwenden sind.

685 Bezeichnet wird die Festlegung der Bauleistung durch die sogenannte Leistungsbeschreibung. Ihr kommt ein hoher Stellenwert im Vertrag zu, was sich aus § 1 Abs. 2 VOB/B ergibt.[1116] Neben der Festlegung des Umfangs spielt die Leistungsbeschreibung auch eine große Rolle für die Mängelgewährleistung und die Abnahmepflichten.[1117] Auch die Vergütung muss vertraglich festgehalten werden, wofür es unterschiedliche Modelle gibt.

So kann zum einen ein **Einheitspreisvertrag** abgeschlossen werden. Hierbei wird die zu erbringende Bauleistung in Positionen aufgeteilt. Die Vergütung ergibt sich dann aus dem Mengenansatz der jeweiligen Positionen und dem für die Positionen angeführten Einheitspreis, der von dem Auftragnehmer bestimmt wird.[1118] Um keine Streitigkeiten bei der Abrechnung zwischen den Parteien bezüglich der vorgenommenen Arbeiten aufkommen zu lassen, sollte ein gemeinsames Aufmaß erstellt werden.[1119]

Eine weitere Möglichkeit ist der **Pauschalvertrag**. Insoweit kann unterschieden werden zwischen Detail-Pauschalvertrag und Global-Pauschalvertrag. Bei dem Detail-Pauschalvertrag wird eine pauschale Vergütung festgelegt auf der Grundlage eines detaillierten Leistungsverzeichnisses, das die Einheitspreise enthält.[1120] Der Global-Pauschalvertrag wird üblicherweise in Verbindung mit einem funktionalen Leistungsverzeichnis abgeschlossen. Wird ein Global-Pauschalvertrag abgeschlossen, ist nicht nur der Preis, sondern auch die Leistung des Auftragnehmers pauschalisiert. Er trägt also nicht mehr nur ein Mehrmengenrisiko (wie bei dem Detail-Pauschalvertrag), sondern er muss alle notwendigen Leistungen durchführen, die für die Errichtung der Anlage notwendig sind, ohne dass er dafür weitere Vergütungen erhält.[1121]

An dieser Stelle ist auch das Problem der „**Schlüsselfertigkeitsklausel**" anzusiedeln. Eine solche Klausel sieht vor, dass der Auftragnehmer alle Leistungen zu erbringen hat, die zur Herstellung eines schlüsselfertigen und funktionsfähigen Bauwerks erforderlich sind. Das gilt bei der Klausel selbst dann, wenn die jeweiligen Leistungen nicht ausdrücklich Teil der Vertragsgrundlage geworden sind.[1122] In AGB ist eine solche Schlüsselfertigkeitsklausel wegen der starken Belastung des Auftragnehmers unwirksam. Allerdings kann sie individualvertraglich vereinbart werden. Da aber die Auftragnehmerbelastung so außergewöhnlich hoch ist, wird die Klausel regelmäßig eng ausgelegt.[1123]

686 Der Unterschied bei der vereinbarten Vergütung zwischen den VOB/B und dem BGB-Werkvertragsrecht wird relevant, wenn eine Änderung des Leistungsumfangs notwendig wird.

687 Nach den geltenden BGB-Vorschriften kann eine Änderung des vertraglichen Inhalts (sowohl bzgl. der Bauleistung als auch der Vergütung) ausschließlich durch einen erneuten Vertrag vor-

---

[1115] *Vygen/Wirth/Schmidt*, Bauvertragsrecht, Kap. 3 Rn. 9.
[1116] *Vygen/Wirth/Schmidt*, Bauvertragsrecht, Kap. 3 Rn. 11.
[1117] *Jenne/Rabenschlag*, in: Böttcher (Hrsg.), Handbuch Windenergie, Onshore-Projekte: Realisierung, Finanzierung, Recht und Technik, S. 106.
[1118] *Vygen/Wirth/Schmidt*, Bauvertragsrecht, Kap. 4 Rn. 13.
[1119] *Vygen/Wirth/Schmidt*, Bauvertragsrecht, Kap. 4 Rn. 15.
[1120] *Vygen/Wirth/Schmidt*, Bauvertragsrecht, Kap. 4 Rn. 20.
[1121] *Vygen/Wirth/Schmidt*, Bauvertragsrecht, Kap. 4 Rn. 22.
[1122] *Richter*, in: Messerschmidt/Voit (Hrsg.), Privates Baurecht, Teil D Rn. 230.
[1123] *Richter*, in: Messerschmidt/Voit (Hrsg.), Privates Baurecht, Teil D Rn. 231 f.

genommen werden.¹¹²⁴ Dies ist äußerst unflexibel bei komplexen Langzeitverträgen, denen ein Bauvertrag zur Errichtung eines WEA-Standorts zumeist angehört. Dieses unflexible System wird durch die VOB/B abgeändert. Sie erlaubt nicht nur eine Anpassung des Vertrags bei Unzumutbarkeit (§ 2 Abs. 7 VOB/B), sondern räumt dem Auftraggeber auch ein eigenes Abänderungsrecht ein (§ 1 Abs. 3 VOB/B). Danach kann der Auftraggeber verbindlich durchsetzbar die Änderung der Bauleistung vornehmen. Die Interessen des Auftragnehmers werden dadurch gewahrt, dass er die für die Änderung anfallende Mehrvergütung geltend machen kann (§ 2 Abs. 5 und 6 VOB/B) und Fristverlängerungen für die Ausführung nach § 6 VOB/B möglich sind.¹¹²⁵

687a Ein bisher nur im Rahmen der VOB/B vorgesehenes Abänderungsrecht (→ Kap. 3 Rn. 687) ist mit **Änderung des Bauvertragsrechts zum 1.1.2018** (→ Kap. 3 Rn. 671a ff.) nunmehr auch für Bauverträge außerhalb der VOB/B vorgesehen: Die Regelung des § 650b BGB-E regelt das einseitige Anordnungsrecht des Bestellers nebst Vergütungsanpassung nach § 650 c BGB-E (zum Vergütungsanspruch → Kap. 3 Rn. 687c). Die Regelung des § 650b BGB-E lautet:

> **§ 650b Änderung des Vertrages; Anordnungsrecht des Bestellers**
> (1) Begehrt der Besteller
> 1. eine Änderung des vereinbarten Werkerfolgs (§ 631 Absatz 2) oder
> 2. eine Änderung, die zur Erreichung des vereinbarten Werkerfolgs notwendig ist,
>
> streben die Vertragsparteien Einvernehmen über die Änderung und die infolge der Änderung zu leistende Mehr- oder Mindervergütung an. Der Unternehmer ist verpflichtet, ein Angebot über die Mehr- oder Mindervergütung zu erstellen, im Falle einer Änderung nach Satz 1 Nummer 1 jedoch nur, wenn ihm die Ausführung zumutbar ist. Macht der Unternehmer betriebsinterne Vorgänge für die Unzumutbarkeit einer Anordnung nach Absatz 1 Satz 1 Nummer 1 geltend, trifft ihn die Beweislast hierfür. Trägt der Besteller die Verantwortung für die Planung des Bauwerks oder der Außenanlage, ist der Unternehmer nur dann zur Erstellung eines Angebots über die Mehr- oder Mindervergütung verpflichtet, wenn der Besteller die für die Änderung erforderliche Planung vorgenommen und dem Unternehmer zur Verfügung gestellt hat. Begehrt der Besteller eine Änderung, für die dem Unternehmer nach § 650c Abs. 1 S. 2 kein Anspruch auf Vergütung für vermehrten Aufwand zusteht, streben die Parteien nur Einvernehmen über die Änderung an; Satz 2 findet in diesem Fall keine Anwendung.
> (2) Erzielen die Parteien binnen 30 Tagen nach Zugang des Änderungsbegehrens beim Unternehmer keine Einigung nach Absatz 1, kann der Besteller die Änderung in Textform anordnen. Der Unternehmer ist verpflichtet, der Anordnung des Bestellers nachzukommen, einer Anordnung nach Absatz 1 Satz 1 Nummer 1 jedoch nur, wenn ihm die Ausführung zumutbar ist. Absatz 1 Satz 3 gilt entsprechend.
> (3) Zum Erlass einer einstweiligen Verfügung ist es nach Beginn der Bauausführung nicht erforderlich, dass der Verfügungsgrund glaubhaft gemacht wird, wenn zuvor unter Beiziehung eines Sachverständigen versucht worden ist, die Streitigkeit einvernehmlich beizulegen. Die Kosten des Sachverständigen sind von beiden Vertragsparteien je zur Hälfte zu tragen.

687b Die Regelung des § 650b BGB-E ist primär auf die Einigung der Parteien ausgerichtet; scheitert diese, steht dem Auftraggeber ein einseitiges Anordnungsrecht zu. Der Auftragnehmer muss der Anordnung aber nur bei Zumutbarkeit der Änderung nachkommen. Die Ausgestaltung des Zumutbarkeitskriteriums bleibt Rechtsprechung und Literatur überlassen.

687c Bestehen weiterhin Streitigkeiten über das Anordnungsrecht nach § 650b Abs. 1 BGB-E, sieht § 650d BGB-E erleichterte Bedingungen für eine einstweilige Verfügung vor, um Baustillstände und Liquiditätsengpässe soweit als möglich zu vermeiden.¹¹²⁶

687d Zu beachten ist insbesondere auch das Textformerfordernis in Abs. 2 S. 1: Die Anordnung des Bestellers per E-Mail ist somit nicht ausreichend.

687e Die Höhe des Vergütungsaufwands für den infolge einer Anordnung des Bestellers nach § 650b Abs. 2 BGB-E vermehrten oder verminderten Aufwand ist nach den tatsächlich erforderlichen Kosten mit angemessenen Zuschlägen für allgemeine Geschäftskosten, Wagnis und

---

¹¹²⁴ *Merkens*, in: Messerschmidt/Voit (Hrsg.), Privates Baurecht, § 645 BGB Rn. 11 f.; *Motzke*, in: Ganten/Jagenburg/Motzke (Hrsg.), VOB, Einl. Rn. 243; a.A.: *Peters*, NZBau 2012, 615 (619), der in § 645 Abs. 1 BGB in bestimmten Grenzen ein Recht zur Anweisung des Bestellers auch bezüglich des Leistungsumfangs sieht und die Vergütung nach § 632 BGB herleitet.
¹¹²⁵ *Motzke*, in: Ganten/Jagenburg/Motzke (Hrsg.), VOB, Einl. Rn. 243.
¹¹²⁶ BT-Drs. 18/11437, S. 49.

Gewinn zu ermitteln, § 650c Abs. 1 S. 1 BGB-E. Der Auftragnehmer kann zur Berechnung der geänderten Vergütung auf die Ansätze in der Urkalkulation zurückgreifen, § 650c Abs. 2 S. 1 BGB-E. Tut er dies, wird vermutet, dass die auf Basis der Urkalkulation fortgeschriebene Vergütung der Vergütung nach Abs. 1 entspricht, § 650c Abs. 2 S. 2 BGB-E.

688 **bb) Behinderung und Unterbrechung der Ausführung.** Können **Ausführungsfristen** aufgrund bestimmter Umstände durch den Auftragnehmer nicht eingehalten werden, kann dies zu erheblichen finanziellen Einbußen auf beiden Seiten führen.

689 Das BGB-Werkvertragsrecht hält für diesen Fall keine explizite Regelung parat. Vielmehr muss im BGB-Werkvertragsrecht auf die Grundsätze der allgemeinen Leistungsstörung zurückgegriffen werden, insbesondere sind die Vorschriften über den Schadensersatz und den Rücktritt wegen Verzugs zu nennen.[1127]

689a Eine Änderung der bestehenden Gesetzeslage nach dem BGB-Werkvertragsrecht wird sich auch im Zuge der geplanten Reform des Bauvertragsrechts nicht ergeben, der Gesetzesentwurf sieht diesbezüglich keine Regelungen vor.[1128]

690 § 6 VOB/B hingegen ist eine spezielle Vorschrift, die für mehrere denkbare Fälle der Bauzeitstörung greift. § 6 Abs. 1 VOB/B begründet für den Auftragnehmer zunächst die Pflicht, eine Baubehinderung anzuzeigen. Immer dann, wenn sich der Auftragnehmer in seiner ordnungsgemäßen Ausführung der Leistung behindert glaubt, hat er die Behinderung dem Auftraggeber unverzüglich schriftlich anzuzeigen. Eine Ausnahme von diesem Grundsatz erlaubt § 6 Abs. 1 S. 2 VOB/B nur, wenn dem Auftraggeber offenkundig die Tatsachen und deren hindernde Wirkung bekannt waren. Die Anzeige ist für den Auftragnehmer maßgeblich. Denn er kann Schadensersatz- oder Vertragsstrafensprüche, die sich aus der Behinderung ergeben, nur dann geltend machen, wenn er die Anzeige vorgenommen hat.[1129]

691 Positiv für den Auftragnehmer ist sodann § 6 Abs. 2 VOB/B. Die Vorschrift enthält einen Anspruch auf **Verlängerung der Ausführungsfristen**. Der Anspruch ist unter anderem für die Fälle vorgesehen, bei denen die Behinderung durch einen Umstand aus dem Risikobereich des Auftraggebers (§ 6 Abs. 2 Nr. 1a VOB/B) oder durch höhere Gewalt (§ 6 Abs. 2 Nr. 1c VOB/B) verursacht worden ist. Wegen § 6 Abs. 1 S. 2 VOB/B kann er sich allerdings nur dann auf die Fristverlängerung berufen, wenn er die Behinderung unverzüglich schriftlich angezeigt hat.

692 Eine solche Regelung kennt das BGB-Werkvertragsrecht nicht (→ Kap. 3 Rn. 689 f.). Im BGB-Werkvertragsrecht muss der Anspruch auf **Verlängerung der Ausführungsfristen** aus dem Grundsatz von Treu und Glauben hergeleitet werden.[1130] Allerdings sind die Grundsätze nach Treu und Glauben zumeist nur wenig präzise, sodass durch § 6 Abs. 2 VOB/B größere Sicherheit gegeben ist.

693 § 6 Abs. 5 VOB/B regelt den Fall, dass die Bauausführung für voraussichtlich längere Dauer unterbrochen bleiben muss. In einer solchen Situation kann der Auftragnehmer die bereits ausgeführten Leistungen abrechnen. Er kann die Kosten vergütet verlangen, die bereits entstanden sind, aber Teil der noch nicht ausgeführten Leistung waren. Je nachdem, wer die Behinderung zu vertreten hat, gewährt § 6 Abs. 6 VOB/B dem anderen Vertragspartner einen Schadensersatzanspruch wegen Behinderung. **Entgangener Gewinn** wird aber anders als im allgemeinen Leistungsstörungsrecht des BGB-Werkvertrags nur bei Vorsatz oder grober Fahrlässigkeit zugestanden.

694 Dauert die Unterbrechung länger als drei Monate, kann jeder Vertragspartner den Vertrag schriftlich kündigen (§ 6 Abs. 7 S. 1 VOB/B). Die Abrechnung nach der Kündigung erfolgt nach § 6 Abs. 5 VOB/B. Hat der Auftragnehmer die Unterbrechung nicht zu vertreten, kann er auch die Kosten der Baustellenräumung vergütet verlangen, soweit sie nicht bereits in der Vergütung für die bereits erbrachten Leistungen enthalten sind (§ 6 Abs. 7 S. 2 VOB/B).

[1127] *Vygen/Wirth/Schmidt*, Bauvertragsrecht, Kap. 7 Rn. 8.
[1128] krit. hierzu: *Kimpel*, Der Entwurf des gesetzlichen Bauvertragsrechts aus Sicht des gewerblichen Unternehmers, NZBau 2016, 734.
[1129] *Vygen/Joussen*, Bauvertragsrecht nach VOB und BGB: Handbuch des privaten Baurechts, Rn. 536.
[1130] *Vygen/Joussen*, Bauvertragsrecht nach VOB und BGB: Handbuch des privaten Baurechts, Rn. 509.

cc) Verteilung der Gefahr. Im BGB-Werkvertrag liegt die **Vergütungsgefahr** wie auch die **Leistungsgefahr** vor der Abnahme bei dem Auftragnehmer (§ 644 Abs. 1 S. 1 BGB). Vergütungsgefahr bedeutet, dass der Auftragnehmer keinen Anspruch auf Vergütung hat, wenn die bestellte Sache bei ihm vor der Abnahme untergegangen ist oder sich verschlechtert hat. Leistungsgefahr bedeutet, dass der Auftragnehmer erneut das Werk zu erstellen hat, wenn es bei ihm vor der Abnahme untergegangen ist oder beschädigt wurde.[1131] Eine Ausnahme bildet § 644 Abs. 1 S. 2 BGB für den Fall, dass sich der Auftraggeber in Verzug der Abnahme befand. 695

§ 12 Abs. 6 i. V. m. § 7 Abs. 1 VOB/B trifft diesbezüglich eine anderweitige Regelung: Bei Beschädigungen oder Zerstörung durch höhere Gewalt, Krieg, Aufruhr oder andere objektiv unabwendbare vom Auftragnehmer nicht zu vertretende Umstände hat der Auftragnehmer einen Anspruch auf Vergütung der bisher erbrachten Leistung nach § 6 Abs. 5 VOB/B. Grund für die Abweichung zu § 644 Abs. 1 BGB ist, dass Bauwerke zumeist auf fremdem Boden errichtet werden und nicht in dem Betrieb des Auftragnehmers, wie es dem BGB-Werkvertrag zugrunde liegt. Der Auftragnehmer eines VOB/B-Bauvertrags hat also aus Sicht des Gesetzgebers auf die Umstände weniger Einfluss, als es nach BGB-Werkvertragsrecht üblich ist. Diesem Umstand will § 7 VOB/B Rechnung tragen.[1132] Ausgleichen kann man die für den Auftraggeber nachteilige Vorschrift durch eine Bauwesenversicherung.[1133] 696

dd) Gewährleistungsrechte vor Abnahme. Ob im BGB-Werkvertrag dem Auftraggeber bei bereits erkennbaren Mängeln des Werks vor der **Abnahme** der umfangreiche Gewährleistungskatalog nach § 634 BGB zusteht, ist mit Urteil des BGH vom 19.1.2017[1134] nun höchstrichterlich entschieden. Die werkvertraglichen Mängelrechte stehen nach Auffassung des BGH dem Auftraggeber erst **nach Abnahme** des Werks zu. Ausnahmsweise bestehen Mängelrechte **ohne Abnahme** dann, wenn das Vertragsverhältnis in ein Abrechnungsverhältnis übergegangen ist, etwa wenn der Auftraggeber unter keinen Umständen mehr mit dem Auftragnehmer zusammenarbeiten will.[1135] Die Rechte des Auftraggebers vor Abnahme werden nach Ansicht des BGH ausreichend durch das allgemeine Leistungsstörungsrecht gewahrt (Rücktritt oder Schadensersatz wegen Verzugs). 697

Unverändert bleibt dagegen die Rechtslage bei Einbeziehung der VOB/B. § 4 Abs. 7 VOB/B räumt dem Auftraggeber einen Neuherstellungsanspruch ein. Ist bei der Ausführung bereits erkennbar, dass die Bauleistung mangelhaft oder vertragswidrig ist, muss der Auftragnehmer sie auf eigene Kosten durch eine mangelfreie ersetzen. Der Auftraggeber kann dem Auftragnehmer eine angemessene Frist zur Beseitigung des Mangels (also zur **Neuherstellung**) setzen und erklären, dass er den Vertrag nach fruchtlos abgelaufener Frist kündigt, § 4 Abs. 7 S. 3 i. V. m. § 8 Abs. 3 Nr. 1 VOB/B. Folge der fruchtlosen Fristsetzung ist dann ein Recht zur Kündigung des Auftraggebers nach § 8 Abs. 3 Nr. 1 VOB/B. Die Kündigung kann auch auf einen in sich abgeschlossenen Teil beschränkt werden. Nach erfolgter Kündigung für den gekündigten Teil kann dann ein Dritter mit den Ausführungen der Arbeiten beauftragt werden (§ 8 Abs. 3 Nr. 2 VOB/B). Das schließt eine Selbstvornahme bei entsprechender Einbeziehung der VOB aus.[1136] 698

Zusätzlich gewährt § 4 Abs. 7 S. 2 VOB/B dem Auftraggeber einen der Höhe nach unbeschränkten Schadensersatzanspruch, wenn aus dem Mangel oder der Vertragswidrigkeit dem Auftraggeber ein Schaden entsteht und der Auftragnehmer den Schaden zu vertreten hat.[1137] 699

Der Gesetzgeber räumt dem VOB/B-Bauherrn nach alledem in der Herstellungsphase eine besonders starke Position ein. Hier reihen sich auch die Rechte aus § 5 Abs. 4 VOB/B ein. Danach kann der Auftraggeber bei verzögertem Beginn oder bei unzulänglicher Beschickung der Baustelle durch den Auftragnehmer nach angemessener Fristsetzung ebenfalls den Vertrag nach 700

[1131] *Jenne/Rabenschlag*, in: Böttcher (Hrsg.), Handbuch Windenergie, Onshore-Projekte: Realisierung, Finanzierung, Recht und Technik S. 113.
[1132] *Busche*, in: MüKoBGB, § 644 Rn. 16.
[1133] *Busche*, in: MüKoBGB, § 644 Rn. 19.
[1134] BGH v. 19.1.2017-VII ZR 301/13=BeckRS 2017,101777.
[1135] BGH v. 19.2.2017, in: NJW-Spezial 2017, 140.
[1136] *Vygen/Joussen*, Bauvertragsrecht nach VOB und BGB: Handbuch des privaten Baurechts, Rn. 533.
[1137] *Busche*, in: MüKoBGB, § 634 Rn. 100.

§ 8 Abs. 3 VOB/B vollständig oder teilweise kündigen. Ihm steht zusätzlich ein Schadensersatzanspruch gemäß § 6 Abs. 6 VOB/B zu.[1138]

701 **ee) Abnahme.** Auch die **Abnahme** wird durch die VOB/B abweichend von dem BGB-Werkvertragsrecht geregelt. Während die Abnahme nach § 271 Abs. 1 BGB sofort fällig ist, wenn der Auftragnehmer sie verlangt (sofern keine andere Vereinbarung getroffen wurde), sieht § 12 Abs. 1 VOB/B eine Abnahmefrist von zwölf Werktagen nach Abnahmeverlangen vor. Eine andere Abnahmefrist kann auch nach den VOB/B vereinbart werden (Öffnungsklausel).[1139]

702 Eine wichtige Abweichung zum BGB-Werkvertragsrecht findet sich in § 12 Abs. 2 VOB/B. Diese Vorschrift räumt dem Auftragnehmer einen Anspruch auf Abnahme abgeschlossener Teile der Leistung ein. Abgeschlossen ist ein Teil dann, wenn er selbstständig und für sich allein funktionsfähig ist.[1140] Nach BGB-Werkvertragsrecht kann eine Teilabnahme hingegen nur dann verlangt werden, wenn sie zwischen den Parteien vereinbart wurde.[1141]

703 Sowohl die VOB/B (§ 12 Abs. 5 Nr. 1 VOB/B) als auch das BGB-Werkvertragsrecht (§ 640 Abs. 1 S. 3 BGB) sehen die Möglichkeit einer **fiktiven Abnahme** vor. Während § 641 Abs. 1 S. 3 BGB etwas schwammig die fiktive Abnahme für den Zeitpunkt nach Ablauf einer durch den Unternehmer gestellten angemessenen Frist bestimmt, enthält § 12 Abs. 5 Nr. 1 VOB/B genaue Angaben zum Zeitpunkt der fiktiven Abnahme (→ Kap. 3 Rn. 705 ff.).

Damit die Abnahmefiktion greift, muss das Werk abnahmereif, also frei von wesentlichen Mängeln, sein.[1142]

703a Die Regelungen des Werkvertragsrechts zur Abnahme haben sich zwar grundsätzlich bewährt, als unzureichend wird jedoch die Regelung zur fiktiven Abnahme in § 640 Abs. 1 S. 3 BGB empfunden.[1143]

Mit der **Bauvertragsreform** (→ Kap. 3 Rn. 671a ff.) wird es künftig gemäß § 640 Abs. 2 S. 1 BGB-E einer Abnahme gleichstehen, wenn der Unternehmer dem Besteller nach Fertigstellung des Werks eine angemessene Frist zur Abnahme gesetzt hat und der Besteller die Abnahme nicht innerhalb dieser Frist unter Angabe mindestens eines Mangels verweigert hat.

703b Für **Bauverträge** wird die neue Regelung zur fiktiven Abnahme in § 640 Abs. 2 BGB-E durch § 650g BGB-E ergänzt, der eine Regelung zur Zustandsfeststellung für den Fall enthält, dass die Abnahme verweigert wird.

704 § 12 Abs. 4 VOB/B regelt die **förmliche Abnahme**. Bei komplexen Bauvorhaben ist sie regelmäßig so ausgestaltet, dass beide Parteien einen gemeinsamen Termin wahrnehmen, um etwaige Mängel gemeinsam im Abnahmeprotokoll festhalten zu können.[1144]

705 § 12 Abs. 5 Nr. 2 VOB/B sieht vor, dass eine Abnahme auch dann als erfolgt gilt, wenn die Abnahme zwar nicht verlangt wurde, aber der Auftraggeber die Leistung in Benutzung genommen hat. Die Fiktion tritt dann sechs Werktage nach Beginn der Benutzung ein. Etwas anderes gilt, wenn die Parteien eine förmliche Abnahme ausdrücklich vereinbart haben; dann scheidet eine Abnahmefiktion aus.

706 **ff) Gewährleistungsrechte nach Abnahme.** § 13 VOB/B regelt die **Mängelgewährleistungsansprüche** bei Bauleistungen. Die Vorschrift weicht in erheblicher Weise von denen des BGB-Werkvertragsrechts ab.

707 Die Definition des Mangelbegriffs in der VOB/B entspricht zwar grundsätzlich dem des BGB-Werkvertrags. Durch § 13 Abs. 1 S. 2 VOB/B wird der Begriff aber erweitert. So muss das Bauwerk, um mangelfrei zu sein, den anerkannten Regeln der Technik entsprechen.[1145]

[1138] *Motzke*, in: Ganten/Jagenburg/Motzke (Hrsg.), VOB, § 6 Rn. 244.
[1139] *Vygen/Joussen*, Bauvertragsrecht nach VOB und BGB: Handbuch des privaten Baurechts, Rn. 539.
[1140] *Busche*, in: MüKoBGB, § 640 Rn. 55.
[1141] *Vygen/Joussen*, Bauvertragsrecht nach VOB und BGB: Handbuch des privaten Baurechts, Rn. 512.
[1142] *Busche*, in: MüKoBGB, § 640 Rn. 58.
[1143] BT-Drs. 123/16, S. 50.
[1144] *Kupczyk*, NJW 2012, 3353 (3354).
[1145] *Busche*, in: MüKoBGB, § 633 Rn. 39.

708 Der Katalog der Gewährleistungsrechte im BGB-Werkvertragsrecht (§ 634 BGB) gleicht dem des Kaufrechts im Wesentlichen, sodass weitestgehend auf die Ausführungen zur Gewährleistung im Kaufrecht verwiesen werden kann (→ Kap. 3 Rn. 597 ff.). Dem Auftraggeber im BGB-Werkvertragsrecht steht allerdings – im Unterschied zu dem Erwerber nach Kaufrecht – nach fruchtlos abgelaufener Frist zur Nacherfüllung ein Recht zur **Selbstvornahme** zu (§§ 634 Nr. 2, 637 BGB). Nimmt der Auftraggeber die Mangelbeseitigung selbst vor, kann er auch nach § 637 Abs. 1 BGB die dafür erforderlichen Aufwendungen zurückverlangen. Sogar ein Vorschuss für die erforderlichen Aufwendungen kann gemäß § 637 Abs. 3 BGB verlangt werden. Bezüglich der Selbstvornahme (§ 13 Abs. 5 Nr. 2 VOB/B) und der Nacherfüllung (§ 13 Abs. 5 Nr. 1 VOB/B) gleichen die VOB/B dem BGB-Werkvertragsrecht, auch wenn unterschiedliche Formulierungen genutzt werden.[1146]

709 Das in § 13 Abs. 5 Nr. 1 VOB/B niedergelegte Schriftformerfordernis für die Mängelanzeige ist nicht konstitutiv. Die Anzeige kann also auch mündlich vorgenommen werden. Die Schriftform dient lediglich einer Beweisfunktion[1147]. Sie ist aber notwendig, wenn der Auftraggeber eine Gewährleistungsverlängerung herbeiführen will, die in § 13 Abs. 5 Nr. 1 S. 2 VOB/B vorgesehen ist.[1148]

710 Das Recht zur Minderung wird durch § 13 Abs. 6 VOB/B für Bauleistungen beschränkt. Im BGB-Werkvertragsrecht kann sie unmittelbar nach erfolgloser Nacherfüllung vom Auftraggeber verlangt werden. Nach der VOB/B darf sie nur dann erfolgen, wenn die Nacherfüllung unzumutbar oder unmöglich ist oder wenn sie einen unverhältnismäßig hohen Aufwand erfordern würde und daher vom Auftragnehmer verweigert wird. Sind diese hohen Anforderungen nicht erreicht, hat der Auftraggeber gemäß VOB/B nur ein Recht auf Nacherfüllung und Selbstvornahme.[1149]

711 Auch das Recht auf Schadensersatz wird durch die VOB/B erheblich abgeändert. Der Auftragnehmer haftet nach § 13 Abs. 7 Nr. 1 VOB/B bei schuldhaft verursachten Mängeln für Verletzungen des Lebens, des Körpers oder der Gesundheit. Wurde der Mangel grob fahrlässig oder vorsätzlich verursacht, haftet er jedoch für alle daraus entstehenden Schäden (§ 13 Abs. 7 Nr. 2 VOB/B). Einen weitergehenden Schadensersatzanspruch hat der Auftraggeber nach § 13 Abs. 7 Nr. 3 S. 1 VOB/B nur, wenn der schuldhaft verursachte Mangel wesentlich ist und die Gebrauchsfähigkeit des Bauwerks erheblich beeinträchtigt wird.

Schadensersatz wegen Mangelfolgeschäden spricht § 13 Abs. 7 Nr. 3 S. 2 VOB/B nur unter engen Voraussetzungen zu, etwa wenn der Mangel auf einem Verstoß gegen die anerkannten Regeln der Technik beruht (§ 13 Abs. 7 Nr. 3 S. 2a VOB/B).

712 Die Möglichkeit des Rücktritts schließt § 13 VOB/B vollständig aus.[1150] Stattdessen ermöglichen die Regelungen der VOB/B eine Kündigung des Vertrags (§§ 8, 9 VOB/B). Die Kündigung führt bei Bauleistungen meist zu einer interessengerechteren Lösung als der Rücktritt, bei dem alle empfangenen Leistungen zurückgewährt werden müssten. Sie sollte daher bei Anlagenerrichtungsverträgen mit in den Vertrag einbezogen werden.[1151]

713 Zuletzt enthält § 13 Abs. 3 VOB/B eine Haftungsverschärfung für den Auftragnehmer. Hat der Auftragnehmer Bedenken wegen der Leistungsbeschreibung, der Anordnung des Auftraggebers, der vom Auftraggeber gelieferten oder vorgeschriebenen Baustoffe bzw. Bauteile oder wegen der Beschaffenheit der Vorleistung anderer Unternehmer, ist er nach § 4 Abs. 3 VOB/B zur Mitteilung verpflichtet. Kommt er der Mitteilung nicht nach und ist ein entstandener oder entstehender Mangel hierauf zurückzuführen ist, haftet der Auftragnehmer für diesen Mangel. Hintergrund der Regelung ist, dass die Beantwortung der Frage erleichtert werden soll, wem der Mangel zuzurechnen ist.[1152] Durch § 13 Abs. 3 VOB/B kommt daher zum Ausdruck, dass in einem solchen Fall der Auftragnehmer eine Pflicht verletzt hat und daher für den daraus entstehenden Mangel einzustehen hat.[1153]

[1146] *Busche*, in: MüKoBGB, § 634 Rn. 101 f.
[1147] *Busche*, in: MüKoBGB, § 634 Rn. 101.
[1148] *Voit*, in: Messerschmidt/Voit (Hrsg.), Privates Baurecht, VOB Teil B, § 13 Rn. 27.
[1149] *Busche*, in: MüKoBGB, § 638 Rn. 21.
[1150] *Vygen/Joussen*, Bauvertragsrecht nach VOB und BGB: Handbuch des privaten Baurechts, Rn. 515.
[1151] *Cloppenburg*, ZfBR-Sonderausgabe 2012, 3 (12).
[1152] *Busche*, in: MüKoBGB, § 364 Rn. 117.
[1153] *Busche*, in: MüKoBGB, § 364 Rn. 116.

714 **gg) Verjährung der Gewährleistungsrechte.** Der BGB-Werkvertrag sieht in § 634a Abs. 1 Nr. 2 BGB für Bauwerke und Werke, deren Erfolg in der Erbringung von Planungs- und Überwachungsleistungen besteht, eine fünfjährige Verjährungsfrist vor.[1154] Sie beginnt nach § 634a Abs. 2 BGB mit der Abnahme. Innerhalb der Verjährungsfrist muss der Auftraggeber verjährungshemmende Schritte i. S. d. §§ 203 ff. BGB unternehmen, um den Eintritt der Verjährung zu vermeiden (siehe hierzu auch → Kap. 3 Rn. 657 ff.).

715 Die VOB/B trifft für Bauleistungen zahlreiche von den BGB-Vorschriften abweichende Regelungen, die teilweise den Auftraggeber und teilweise den Auftragnehmer begünstigen. So verjähren Mängelansprüche für Bauwerke nach § 13 Abs. 3 Nr. 1 VOB/B innerhalb von vier Jahren. Bei anderen Werken, deren Erfolg in der Herstellung, Wartung oder Änderung einer Sache besteht, beträgt die Verjährungsfrist zwei Jahre. Ebenfalls zwei Jahre Verjährungsfrist schreibt die VOB bei von Feuer berührten Teilen von Feuerungsanlagen vor, mit Ausnahme von feuerberührten und abgasdämmenden Teilen von industriellen Feuerungsanlagen, bei denen die Verjährungsfrist nur ein Jahr beträgt (§ 13 Abs. 4 Nr. 1 VOB/B). Eine weitere Ausnahme von der Vier-Jahres-Regel macht § 13 Abs. 4 Nr. 2 VOB/B. Danach gilt eine Verjährungsfrist von zwei Jahren für Teile von maschinellen und elektrotechnischen/elektronischen Anlagen, bei denen die Wartung Einfluss auf Sicherheit und Funktionsfähigkeit hat. Voraussetzung für die zwei Jahre ist aber, dass der Auftraggeber sich bei diesen der Wartung bedürfenden Teilen des Bauwerks entschieden hat, die Wartung nicht dem Auftragnehmer für die Dauer der Verjährungsfrist zu übertragen. Sowohl § 13 Abs. 4 Nr. 1 als auch Nr. 2 VOB/B lassen andere vertragliche Vereinbarungen zu. Die Verjährungsfrist beginnt nach § 13 Abs. 4 Nr. 3 VOB/B mit der gesamten Abnahme oder mit der Teilabnahme für in sich abgeschlossene Teile der Leistung.

716 Eine für den Auftraggeber praktisch äußerst wichtige Besonderheit enthält § 13 Abs. 5 Nr. 1 S. 2 VOB/B. Demnach gilt, dass mit schriftlicher Anzeige eines Mangels innerhalb der Gewährleistungsfrist ein Beseitigungsanspruch entsteht, der nach Ablauf von zwei Jahren verjährt (sollte die Frist aus § 13 Abs. 4 VOB/B nicht länger sein). Die Einleitung verjährungshemmender Schritte wie Klageerhebung, Einleitung eines Mahnverfahrens oder eines Selbstständigen Beweisverfahrens etc. ist demzufolge – im Unterschied zum BGB-Werkvertragsrecht – nicht erforderlich, um den Eintritt der Verjährung zu vermeiden. Entdeckt der Auftraggeber eines VOB/B-Bauvertrags also unmittelbar vor Ablauf der Gewährleistungsfrist einen Mangel an seinem Bauwerk und zeigt er diesen innerhalb der Gewährleistungsfrist gegenüber dem Auftragnehmer an, so besitzt er einen Beseitigungsanspruch von weiteren zwei Jahren, der über die Vier-Jahres-Regelung nach § 13 Abs. 4 VOB/B hinausreicht. Außerdem beginnt nach der Abnahme der Mängelbeseitigungsleistung eine Verjährungsfrist von weiteren zwei Jahren zu laufen (§ 13 Abs. 5 Nr. 1 S. 3 VOB/B). Allerdings gelten die Regelungen immer nur für den ersten Fall der Mängelanzeige. Wird der gleiche Mangel später noch einmal angezeigt, wird die Verjährung dadurch nicht verlängert.[1155]

Abweichend von Absatz 4 gelten die gesetzlichen Verjährungsfristen nach § 634a BGB, soweit sich der Auftragnehmer im Fall von § 13 Abs. 7 Nr. 3 VOB/B durch eine Versicherung geschützt hat, sich hätte schützen können oder soweit ein besonderer Versicherungsschutz vereinbart wurde.[1156]

717 Andere Ansprüche als die Gewährleistungsansprüche nach der Abnahme verjähren nach den allgemeinen Verjährungsfristen nach den §§ 195 ff. BGB, so zum Beispiel die Mängelansprüche vor der Abnahme nach § 4 Abs. 7 i. V. m. § 8 Abs. 3 VOB/B[1157] oder Schadensersatzansprüche aus Delikt.[1158]

[1154] Eine Ausnahme davon macht § 634a Abs. 3 BGB, wenn der Auftragnehmer den Mangel arglistig verschwiegen hat. Es gelten dann die allgemeinen Verjährungsfristen mit der Ausnahme, dass bei Bauwerken und Planungs- oder Überwachungsleistungen die Verjährung nicht vor Ablauf von fünf Jahren eintritt.
[1155] *Vygen/Joussen*, Bauvertragsrecht nach VOB und BGB: Handbuch des privaten Baurechts, Rn. 541.
[1156] *Busche*, in: MüKoBGB, § 634a Rn. 69.
[1157] *Busche*, in: MüKoBGB, § 634a Rn. 70.
[1158] *Busche*, in: MüKoBGB, § 634a Rn. 69.

hh) Abschlagszahlungen und Schlussrechnung. Die VOB/B bietet dem Auftragnehmer einen erheblichen Vorteil, wenn es um den Anspruch auf **Abschlagszahlungen** geht. Während der BGB-Werkvertrag für Abschlagszahlungen nach § 632a Abs. 1 BGB immer einen Wertzuwachs bei dem Auftraggeber fordert, kann der Auftragnehmer nach § 16 Abs. 1 VOB/B Abschlagszahlungen unabhängig von einem Wertzuwachs verlangen.[1159] Ausschlaggebend ist vielmehr der Leistungsstand.[1160] Nach § 16 Abs. 1 Nr. 13 VOB/B werden die Abschlagszahlungen binnen 18 Werktagen nach Zugang der erforderlichen Aufstellung fällig.

Mit der **Bauvertragsreform** (→ Kap. 3 Rn. 671a ff.) ist ein inhaltlicher Gleichlauf des BGB-Bauvertragsrechts mit der Regelung des § 16 Abs. 1 VOB/B geplant, unter anderem da die Ermittlung der Höhe des „Wertzuwachses" nach § 632a Abs. 1 S. 1 BGB in der Praxis häufig zu Streitigkeiten führte. Die neue Regelung des § 632a Abs. 1 S. 1 BGB-E soll die Berechnung und Überprüfung der Abschlagsforderung erleichtern. Die Sätze 1 und 2 des § 632a BGB werden durch folgende Regelungen, die ab 1.1.2018 gelten, ergänzt:

> „**§ 632a BGB-E Abschlagszahlungen**
> Der Unternehmer kann von dem Besteller Abschlagszahlungen in Höhe des Wertes der von ihm erbrachten und nach dem Vertrag geschuldeten Leistungen verlangen. Sind die erbrachten Leistungen nicht vertragsgemäß, kann der Besteller die Zahlung eines angemessenen Teils des Abschlags verweigern. Die Beweislast für die vertragsgemäße Leistung verbleibt bis zur Abnahme beim Unternehmer."

Künftig bemisst sich die Abschlagszahlung somit nicht mehr an dem Wertzuwachs bei dem Besteller, sondern nach dem Wert der vom Unternehmer erbrachten und nach dem Vertrag geschuldeten Leistung. Dies bedeutet eine enorme Erleichterung für den Werkunternehmer, birgt jedoch auch das Risiko, dass der vom Besteller gezahlte Abschlag den gleichzeitig erfolgten Wertzuwachs im Einzelfall geringfügig übersteigt. Mit den folgenden Abschlagszahlungen sollte sich dies nach Auffassung des Gesetzgebers jedoch wieder ausgleichen.[1161] Dies ist bedenklich, da der Unternehmer zwischenzeitlich seine Leistungsfähigkeit verlieren kann oder wenn der Vertrag vorzeitig (durch Kündigung, → Kap. 3 Rn. 732a) endet und ein Ausgleich dann ausbleibt.[1162]

Sowohl § 632a Abs. 1 BGB als auch § 16 Abs. 1 VOB/B sehen **Abschlagszahlungen** für den Fall vor, dass der Auftraggeber wahlweise Eigentum oder Sicherheit an angefertigten oder bereitgestellten Bauteilen sowie an auf der Baustelle angelieferten Stoffen und Bauteilen erhalten hat. Dies wird auch nach der Bauvertragsreform entsprechend fortgelten (→ Kap. 3 Rn. 718a).

Für den VOB-Auftraggeber von Vorteil ist die Regelung in § 16 Abs. 3 VOB/B, da durch sie die Fälligkeit der Vergütung abweichend vom BGB-Werkvertrag zeitlich nach hinten verschoben wird.

Nach dem BGB-Werkvertragsrecht wird die Vergütung, soweit nichts anderes vereinbart ist, mit Abnahme fällig (§ 641 Abs. 1 BGB). Das Erfordernis einer **Schlussrechnung** kennt das BGB-Werkvertragsrecht bisher nicht.

Zum 1.1.2018 tritt jedoch die Regelung des § 650g BGB-E in Kraft (zur Bauvertragsreform → Kap. 3, Rn. 671a), welche in Abs. 4 die Schlussrechnung nun auch für **Bauverträge** normiert:

> „**§ 650g BGB-E Zustandsfeststellung bei Verweigerung der Abnahme; Schlussrechnung**
> Die Vergütung ist zu entrichten, wenn
> 1. der Besteller das Werk abgenommen hat oder die Abnahme nach § 641 Abs. 2 entbehrlich ist, und
> 2. der Unternehmer dem Besteller eine prüffähige Schlussrechnung erteilt hat.
> Die Schlussrechnung ist prüffähig, wenn sie eine übersichtliche Aufstellung der erbrachten Leistungen enthält und für den Besteller nachvollziehbar ist. Sie gilt als prüffähig, wenn der Besteller nicht innerhalb von 30 Tagen nach Zugang der Schlussrechnung begründete Einwendungen gegen ihre Prüffähigkeit erhoben hat."

[1159] *Busche*, in: MüKoBGB, § 632a Rn. 31.
[1160] *Vygen/Joussen*, Bauvertragsrecht nach VOB und BGB: Handbuch des privaten Baurechts, Rn. 518.
[1161] BT-Drs. 123/16, S. 49.
[1162] *Orlowski*, ZfBR 2016, 419, 420.

722   Bei dem VOB-Vertrag ist neben der Abnahme ebenfalls eine **Schlussrechnung** notwendig. Dadurch soll das Abrechnungswesen transparenter werden.[1163] § 16 Abs. 3 Nr. 1 VOB/B legt daher fest, dass der Anspruch auf Schlusszahlung erst alsbald nach Prüfung und Feststellung der vom Auftragnehmer vorgelegten Schlussrechnung fällig wird. Die maximale Zeitspanne für die Prüfung beträgt zwei Monate nach Zugang der Schlussrechnung. Wird die darauf folgende Schlusszahlung von dem Auftragnehmer vorbehaltlos angenommen, sind weitere Nachforderungen des Auftragnehmers ausgeschlossen, wenn er über die Schlusszahlung schriftlich unterrichtet und auch auf die Ausschlusswirkung hingewiesen wurde (§ 16 Abs. 3 Nr. 2 VOB/B). Auch ausgeschlossen werden nach § 16 Abs. 3 Nr. 4 VOB/B früher gestellte, unerledigte Forderungen, wenn der Auftragnehmer sie nicht nochmals vorbehalten hat. Für den Auftragnehmer positiv ist allerdings, dass der Auftraggeber sich nicht mehr auf die fehlende Prüfbarkeit der Schlussrechnung berufen kann, wenn die zweimonatige Prüfungsfrist abgelaufen ist, ohne dass in der Zeit begründete Einwendungen gegen die Prüfbarkeit der Schlussrechnung von dem Auftraggeber erhoben worden sind.

723   **ii) Sicherheiten für die Vertragsparteien.** Gem. § 648 BGB kann der Unternehmer eines Bauwerks für seine Forderungen aus dem Vertrag die Einräumung einer **Sicherungshypothek** am Baugrundstück des Bestellers verlangen. Darüber hinaus kann er Zahlungssicherheit i. H. v. 10 % des zu sichernden Vergütungsanspruchs gem. § 648a BGB fordern. Gesonderte Sicherheiten für den Auftraggeber sieht das BGB-Werkvertragsrecht nicht vor, konform gehend mit der Gefahrtragungsregelung des § 644 BGB, wonach der Unternehmer bis zur Abnahme des Werks hierfür die Gefahr trägt.

723a Die Regelung des § 648 BGB wird mit Geltung der neuen Reform zum 01. Januar 2018 aufgehoben. Die Rechtslage bleibt gleichwohl unverändert, da die bauvertraglichen Bestimmungen des § 648 Abs. 1 BGB sich künftig in § 650d BGB-E finden werden. Für die Auslegung der §§ 647a, 650d BGB-E kann daher auf die bisherige Rechtsprechung und Literatur zurückgegriffen werden; die Vorschrift des § 650e BGB-E entspricht im Wesentlichen § 648a BGB.

724   § 17 VOB/B geht hingegen davon aus, dass die Parteien im Bauvertrag vereinbaren, dass der Unternehmer eine Sicherheit gegenüber dem Auftraggeber zu leisten hat, und zwar zur Sicherung der vertragsgemäßen Ausführung der Bauleistung und der Mängelansprüche des Bauherrn. Hierzu trifft § 17 VOB/B weiterführende Regelungen. Soweit nicht anders vereinbart, kann nach § 17 Abs. 2 VOB/B eine **Sicherheitsleistung durch Hinterlegung oder Bankbürgschaft** erfolgen. Letzteres ist bei Bauverträgen zur Errichtung von Windenergieanlagen die gängige Form. Wichtig ist, dass der Auftraggeber gemäß § 17 Abs. 4 S. 3 VOB/B keine Bürgschaft fordern kann, die den Bürgen zur Zahlung auf erstes Anfordern verpflichtet.

c) Einbeziehung der VOB/B und Inhaltskontrolle

725   Die VOB/B, als Sammlung allgemeiner Vertragsbedingungen für die Ausführung von Bauleistungen, kann ihrerseits als **AGB** in den Vertrag einbezogen werden.[1164] AGB sind nach Maßgabe des § 305 Abs. 1 S. 1 BGB alle für eine Vielzahl von Verträgen vorformulierten Vertragsbedingungen, die eine Vertragspartei (der sogenannte Verwender) der anderen Vertragspartei bei Abschluss eines Vertrags stellt (→ Kap. 3 Rn. 109 ff.). Wollen hingegen beide Parteien unabhängig voneinander die VOB/B in den Vertrag einbeziehen, sind sie gerade nicht von einer Seite gestellt. Die Vorschriften der § 305 ff. BGB sollen in diesem Fall keine Anwendung finden.[1165]

726   Bezüglich der Einzelheiten zur wirksamen Einbeziehung von AGB sowie zur inhaltlichen Wirksamkeit von AGB wird auf → Kap. 3 Rn. 117 ff. verwiesen. Es soll ergänzend nur Folgendes angemerkt werden:

727   Gemessen werden die aus der VOB/B in den Anlagenerrichtungsvertrag übernommenen Klauseln am Werkvertragsrecht der §§ 631 ff. BGB. Sie stellen im Rahmen der AGB-Inhalts-

---

[1163] *Motzke*, in: Ganten/Jagenburg/Motzke (Hrsg.), VOB, Einl. Rn. 145.
[1164] *Vygen/Wirth/Schmidt*, Bauvertragsrecht, Kap. 2 Rn. 38.
[1165] *Vygen/Wirth/Schmidt*, Bauvertragsrecht, Kap. 2 Rn. 39.

kontrolle das gesetzliche Leitbild für die VOB/B dar.[1166] Die Inhaltskontrolle findet dabei ausschließlich in Bezug auf Klauseln statt, die den Verwender begünstigen. Klauseln zu Gunsten des Gegners sind nicht Teil der Inhaltskontrolle und bleiben daher bestehen.[1167] Grund dafür ist, dass sich nur der Vertragspartner des Klauselverwenders auf den Schutz der AGB-Kontrolle berufen kann.[1168]

Eine Besonderheit ist die Privilegierung, die § 310 Abs. 1 S. 3 BGB für die VOB/B vorsieht. Wird demzufolge die VOB/B bei einem Vertrag gegenüber einem Unternehmer, einer juristischen Person des öffentlichen Rechts oder einem öffentlich-rechtlichen Sondervermögen **als Ganzes** vereinbart, findet **keine gerichtliche Inhaltskontrolle einzelner Vertragsbestimmungen** statt. Voraussetzung dafür ist aber, dass die VOB/B ohne inhaltliche Abweichungen insgesamt einbezogen wird. Bereits die kleinste Abweichung zerstört das Privileg, lediglich sprachliche Umformulierungen sind jedoch unschädlich.[1169] 728

Strittig ist in diesem Zusammenhang, ob es sich bei der Nutzung der sogenannten Öffnungsklauseln in der VOB/B auch um eine Abweichung handelt. In den Öffnungsklauseln werden inhaltliche Abweichungen von der VOB/B ausdrücklich zugelassen.[1170] Diese Frage ist bisher noch nicht höchstrichterlich entschieden worden. Gegen die Wertung als Abweichung spricht zwar, dass die Öffnungsklauseln gerade eine Sondervereinbarung erlauben. Dafür spricht jedoch, dass auch durch die Nutzung der Öffnungsklauseln das sonst ausgewogene Vertragsgefüge aus dem Gleichgewicht geraten kann,[1171] so etwa, wenn die Mängelverjährungsfristen über Gebühr ausgedehnt und damit der Auftraggeber gegenüber dem Auftragnehmer eine zu starke Rechtsposition erlangt. Daher scheint die Ansicht tragbar, dass es sich auch bei Öffnungsklauseln um entsprechende Abweichungen handelt. 729

Da bei einem Anlagenerrichtungsvertrag zumeist die VOB/B in ihrer Gesamtheit kaum für die jeweiligen Parteiinteressen passt, ist es in der Regel unumgänglich, nur einzelne VOB/B-Regelungen in den Vertrag mit einzubeziehen. Einige von ihnen werden auch abgeändert werden müssen, um den Vertrag dem jeweiligen Projekt anpassen zu können. Daher muss aufgrund von § 310 Abs. 1 S. 3 BGB immer mit einer Inhaltskontrolle nach dem AGB-Recht gerechnet werden; wenn die VOB/B-Regelungen einseitig gestellt werden. 730

In Literatur und Rechtsprechung werden zahlreiche isolierte VOB-Regelungen in Bauverträgen für unwirksam gehalten. So zum Beispiel das Änderungsrecht und die Schlusszahlungseinrede.[1172] Um der für den Verwender nachteiligen Folge der Unwirksamkeit zu entgehen, bietet es sich daher an, alle aus der VOB/B entnommenen Regelungen, die in den Anlagenerrichtungsvertrag übernommen werden sollen, individuell zu besprechen und nachweislich zur Disposition zu stellen. Denn die Individualabrede genießt nach § 305b BGB Vorrang vor den AGB, sodass im Einzelnen ausgehandelte Regelungen nicht dem Regime des AGB-Rechts unterfallen (→ Kap. 3 Rn. 114 f.). 731

Bei einer Einbeziehung von VOB/B-Regelungen in andere Verträge als Werkverträge, insbesondere in Kaufverträge und Werklieferungsverträge nach § 651 BGB, ist Vorsicht geboten. Die VOB/B unterfällt bei Einbeziehung in andere als Werkverträge jedenfalls nicht der unter → Kap. 3 Rn. 728 genannten Privilegierung, selbst wenn sie als Ganzes vereinbart wird.[1173] 732

d) Kündigung aus wichtigem Grund, § 648a BGB-E

Das Recht zur Kündigung ist im geltenden Werkvertragsrecht nicht geregelt. Für Werkverträge, die auf eine längere Erfüllungszeit ausgelegt sind, wie z. B. der Bauvertrag, hat die 732a

---

[1166] *Voit*, in: Messerschmidt/Voit (Hrsg.), Privates Baurecht, VOB Teil B vor § 1 Rn. 10.
[1167] *Vygen/Wirth/Schmidt*, Bauvertragsrecht, Kap. 2 Rn. 46.
[1168] *Vygen/Wirth/Schmidt*, Bauvertragsrecht, Kap. 2 Rn. 2.
[1169] *Voit*, in: Messerschmidt/Voit (Hrsg.), Privates Baurecht, VOB Teil B vor § 1 Rn. 4.
[1170] *Busche*, in: MüKoBGB, § 631 Rn. 156.
[1171] *Busche*, in: MüKoBGB, § 631 Rn. 156.
[1172] *Richter*, in: Messerschmidt/Voit (Hrsg.), Privates Baurecht, Teil D Rn. 206 f.; *Vygen/Wirth/Schmidt*, Bauvertragsrecht, Kap. 2 Rn. 47.
[1173] *Leidig*, in: Messerschmidt/Voit (Hrsg.), Privates Baurecht, § 651 BGB Rn. 5.

Rechtsprechung aus § 314 BGB ein Kündigungsrecht hergeleitet; beim „einfachen Werkvertrag" ist dieses Recht bisher nicht anerkannt.

732b Dies ändert sich mit der neuen Rechtslage ab 1.1.2018: § 648a BGB-E sieht künftig für alle **Werkverträge einschließlich Bauverträge** ein **Kündigungsrecht aus wichtigem Grund** vor. Gemäß § 648a Abs. 1 S. 1 BGB-E können beide Vertragsparteien den Vertrag aus wichtigem Grund ohne Einhaltung einer Kündigungsfrist kündigen. Nach S. 2 liegt ein wichtiger Grund vor, wenn dem kündigenden Teil unter Berücksichtigung aller Umstände des Einzelfalls und unter Abwägung der beiderseitigen Interessen die Fortsetzung des Vertragsverhältnisses bis zur Fertigstellung des Werks nicht zugemutet werden kann.

732c Hierin ist eine Anlehnung an § 314 BGB zu sehen; Regelbeispiele für einen wichtigen Grund führt § 648a BGB-E jedoch nicht an. Der Gesetzgeber verweist in seiner Gesetzesbegründung insofern auf die bislang zu § 314 BGB ergangene Rechtsprechung.[1174] Dies ist insofern unbefriedigend, als der Gesetzgeber die Gelegenheit verstreichen lässt, klarzustellen, ob die Zahlungsunfähigkeit, die Beantragung des Insolvenzverfahrens, seine Eröffnung oder die Ablehnung der Eröffnung mangels Masse (vgl. § 8 Abs. 2 Nr. 1 VOB/B) einen wirksamen Kündigungsgrund darstellen.[1175]

III. Wartungsverträge/Betriebsführungsverträge

1. Einleitung

733 Nach der Inbetriebnahme einer WEA ist für den Betreiber in erster Linie wichtig, dass die Anlage die höchstmögliche wirtschaftliche Leistung bei größtmöglicher technischer Verfügbarkeit auf die gesamte vorgesehene Betriebsdauer erbringt. In der Regel schließt der Betreiber daher in seinem eigenen Interesse einen **Wartungsvertrag/Vertrag über die technische Betriebsführung** mit dem Hersteller der WEA oder einem anderen Fachunternehmen ab. Üblicherweise wird der Abschluss eines Wartungsvertrags auch von der WEA-Maschinenversicherung vorausgesetzt (→ Kap. 3 Rn. 759).

734 *(entfallen)*

2. Rechtliche Einordnung

735 Die rechtliche Natur von Wartungsverträgen/Betriebsführungsverträgen wird unterschiedlich gesehen. Z. T. wird das Werkvertragsrecht[1176] und z. T. das Dienstvertragsrecht[1177] für einschlägig gehalten. Zu diesen beiden Vertragstypen:

736 Der **Werkvertrag** zeichnet sich nach § 631 Abs. 1 BGB dadurch aus, dass der Auftragnehmer sich hierdurch verpflichtet, ein vereinbartes Werk herzustellen. Gem. § 631 Abs. 2 BGB kann Gegenstand eines Werkvertrags ausdrücklich auch ein durch Dienstleistung herbeizuführender Erfolg sein. Maßgeblich für den Charakter eines Werkvertrags ist stets, dass nicht die Art und Weise der Leistung, sondern der Eintritt des vertraglich vereinbarten Erfolgs zur Erfüllung des Vertrags führt und erst dafür der vereinbarte Werklohn zu zahlen ist.

737 Dem **Dienstvertrag** fehlt diese rechtliche Bedeutung des Leistungserfolgs. Ein Erfolg ist im Dienstvertragsrecht nicht geschuldet, sondern nur die Leistung des vereinbarten Dienstes, § 611 Abs. 1 BGB.

738 Ob ein Wartungsvertrag/Betriebsführungsvertrag hiernach als Werkvertrag oder Dienstvertrag einzuordnen ist, bestimmt sich nicht nach den Bezeichnungen im Vertrag (→ Kap. 3 Rn. 3, 585), sondern nach dem konkreten Vertragsinhalt. In der Regel finden sich demnach im

---

[1174] BT-Drs 123/16, S. 52.
[1175] *Orlowski*, ZfBR 2016, 419, 423.
[1176] BGHZ 91, 316, 320; *OLG Frankfurt*, ZIP 1983, 702.
[1177] *Beise*, DB 1979, 1214 f.

Wartungsvertrag/Betriebsführungsvertrag sowohl werkvertragliche als auch dienstvertragliche Elemente, die dann – soweit im Vertrag nicht abweichend geregelt – nach den jeweils einschlägigen Vorschriften zu behandeln sind. Eine Orientierung bieten die in der DIN 31051:2003-6 enthaltenen Definitionen. Demnach können unter dem Oberbegriff „Instandhaltung" die Unterbegriffe „Inspektion", „Wartung" und „Instandsetzung" unterschieden werden:

„**Inspektion**" ist dabei die Prüfung und Bewertung des tatsächlichen Zustands der Anlage, also das Prüfen, Messen und Beurteilen. Diese Bezeichnungen zielen tendenziell auf bloße Tätigkeiten des Erkennens und damit auf eine Einordnung als Dienstleistung i. S. d. Dienstvertragsrechts ab. 739

„**Wartung**" wird als Erhaltung des Sollzustands durch Maßnahmen wie Reinigung, Konservierung, Schmierung, Nachstellung und Ergänzung beschrieben. Bei derartigen Formulierungen liegt die Annahme eines gewissen Erfolgsmoments und somit auch einer Einordnung als Werkvertrag nahe. Tatsächlich haben einzelne Gerichte eine werkvertragliche Mängelhaftung für den Fall schlechter/ fehlender Wartung bejaht.[1178] Diese Einordnung ist allerdings nicht zwingend; im Einzelfall wird für die konkret betroffene Wartungsmaßnahme zu entscheiden sein, ob diese eher werk- oder dienstvertraglicher Natur ist. 740

Leichter fällt dagegen die Einordnung der „**Instandsetzung**". Gemäß der o. g. Norm wird hierunter die Wiederherstellung des Sollzustands durch Reparatur und Austausch von Komponenten verstanden. Hier soll also zielgerichtet ein bestimmter Zustand der Anlage geschaffen werden. Dies spricht für die Einordnung als Werkvertrag.[1179] Die Beschaffung der Austauschkomponenten, die ihrerseits als Kaufvertrag einzustufen ist, tritt demgegenüber in den Hintergrund und führt zu keiner anderen rechtlichen Bewertung. 741

3. Ausgewählte Probleme bei Wartungsverträgen/Betriebsführungsverträgen

Wartungsverträge/Betriebsführungsverträge werden regelmäßig als Standardverträge von dem betreffenden Leistungserbringer angeboten; bei Wartungsverträgen ist dies zumeist der Hersteller der Anlage. Dem Erwerber einer Windenergieanlage ist anzuraten, den Wartungsvertrag zeitgleich mit dem Anlagenliefervertrag zu verhandeln, da zu diesem Zeitpunkt der Verhandlungsspielraum gegenüber dem Hersteller tendenziell noch am höchsten ist. 742

Im Allgemeinen ist die Bereitschaft der Leistungserbringer, die von ihnen vorgelegten Verträge im Detail zu verhandeln, allerdings eher gering. Deshalb wird an dieser Stelle nur in der gebotenen Kürze auf einige ausgewählte Probleme eingegangen. 743

a) Verfügbarkeitsgarantien

Üblicherweise bieten die Hersteller von Windenergieanlagen ihren Kunden bei Abschluss eines Wartungsvertrags eine **Garantie der technischen Verfügbarkeit** an. Diese bezieht sich auf die liefervertragsgegenständliche Anlage. Dabei übernimmt der Anbieter dafür die Haftung, dass die vertragsgegenständliche Anlage für einen bestimmten zeitlichen Prozentsatz eines Betriebsjahrs technisch zur Produktion von Strom in der Lage ist. Anderenfalls erhält der Vertragsnehmer einen Ersatz für den entgangenen Erlös. 744

Rechtlich sind derartige Verfügbarkeitsgarantien nicht als „echte" Garantien im Sinne des Kauf- bzw. Werkvertragsrechts einzuordnen. Bei der Auslegung derartiger vertraglicher Bestimmungen kann also nicht ergänzend auf das Garantierecht des BGB (§§ 443, 639) zurückgegriffen werden. 745

Problematisch an Verfügbarkeitsgarantien ist in der Praxis die Berechnung des entgangenen Erlöses bei einer Unterschreitung des vereinbarten zeitlichen Prozentsatzes in einem Betriebsjahr. Zum Teil sind die Regelungen im Vertrag hierzu unklar, insbesondere wenn zur Ermittlung der theoretisch in einem Jahr zur Verfügung stehenden Stundenzahl diverse Zeiträume abgezogen werden, wie Netzabschaltungen, planmäßige Wartungsarbeiten, Behördenanweisungen o. ä. Die Berechnungsformeln in manchen Verträgen dürften, soweit das 746

[1178] Z. B. *OLG Düsseldorf*, NJW-RR 1988, 441.
[1179] BGHZ 91, 316, 320.

AGB-Recht Anwendung findet, unter dem Blickwinkel des Transparenzgebots (→ Kap. 3 Rn. 144 ff.) problematisch sein.

747 Ein anderes Problem stellt sich manchmal, wenn die betreffende Windenergieanlage gerade in windstarken Zeiten ausfällt. Erreicht die Anlage dann trotzdem – über das Jahr gesehen – die vereinbarte Verfügbarkeitszeit, fallen die windstarken Ausfallzeiten völlig „unter den Tisch"; wenn dies wiederholt passiert, kann die Wirtschaftlichkeit des Standorts gefährdet sein. Es bleibt dann nur die Möglichkeit, ggf. wegen Schlechterfüllung des Wartungsvertrags Schadensersatzansprüche herzuleiten.

b) Abnahme

748 Wie bereits ausgeführt (→ Kap. 3 Rn. 738 ff.), können bestimmte Regelungen im Wartungsvertrag/Betriebsführungsvertrag dem Werkvertragsrecht unterfallen. Der Betreiber sollte in diesem Fall darauf bestehen, dass eine **förmliche Abnahme** vereinbart wird. Soweit Leistungen des Wartungsvertrags/Betriebsführungsvertrags nicht dem Werkvertragsrecht unterfallen, sollte zumindest darauf geachtet werden, dass diese angekündigt und protokolliert werden und dass dem Betreiber die Protokolle unaufgefordert ausgehändigt werden. Bereits im Vertrag sollte geregelt werden, dass rechtzeitig vor Auslaufen des Vertrags eine gemeinsame Überprüfung der Anlage unter Hinzuziehung eines Sachverständigen stattfindet, um den Wartungszustand der Anlage zu kontrollieren. Dies dient der Vermeidung von Streitigkeiten.

c) Vertragsverletzung

749 Bezüglich der **werkvertraglichen Regelungen** im Wartungsvertrag/Betriebsführungsvertrag wird auf die Ausführungen in → Kap. 3 Rn. 676 ff. verwiesen.

750 Bezüglich der **dienstvertraglichen Komponenten** gilt, dass bei einer Vertragsverletzung durch den Dienstverpflichteten ein Recht zur außerordentlichen Kündigung bestehen kann (§ 626 BGB). Außerdem kann ein Schadensersatzanspruch gem. § 280 Abs. 1 BGB i. V. m. dem Vertrag entstehen. Ein Recht zur Minderung des Dienstlohns ergibt sich aus dem Gesetz hingegen nicht. Für Ansprüche wegen Verletzung dienstvertraglicher Pflichten aus dem Wartungsvertrag/Betriebsführungsvertrag gelten die allgemeinen Verjährungsfristen der §§ 195 ff. BGB, d. h. grundsätzlich drei Jahre, beginnend mit dem Schluss des Jahres, in dem der Anspruch entstanden ist, der Gläubiger von den anspruchsbegründenden Umständen und der Person des Schädigers Kenntnis erlangt hat oder hätte erlangen müssen.

IV. Versicherungsverträge

1. Einleitung

751 Ohne ausreichendes Risiko- und Versicherungsmanagement ist die Gefahr groß, dass sich die Errichtung/der Betrieb einer WEA zu einem Verlustgeschäft entwickelt. Neben den Risiken, die im Zusammenhang mit Planung, Errichtung und Betrieb der Anlage[1180] entstehen können, ist leider auch das Risiko von Serienschäden bei Windenergieanlagen in der Praxis immer wieder relevant. Aus Sicht des Betreibers ist es generell zunächst von maßgeblicher Bedeutung, dass Art und Umfang seiner Versicherung(en) mit der vertraglichen/gesetzlichen Haftung seiner Vertragspartner (Lieferant/Errichter der WEA, Planungsbüro, Subunternehmer, Betriebsführer etc.) abgestimmt ist. Sodann ist es für den Betreiber wichtig, dass er die eigene Haftung gegenüber Dritten (aus Umwelthaftung, Verkehrssicherungspflichten etc.) durch geeignete Versicherungen weitest möglich reduziert. Schließlich muss der Betreiber im

---

[1180] Eine aufschlussreiche beispielhafte Aufzählung häufiger Schäden an Windenergieanlagen findet sich bei *Kottke*, in: Böttcher (Hrsg.), Handbuch Windenergie, Onshore-Projekte: Realisierung, Finanzierung, Recht und Technik, S. 270 f.

eigenen Interesse darauf achten, dass sämtliche zeitlichen Phasen des Projekts, insbesondere auch ein etwaiger Probebetrieb, versichert sind und dass alle Komponenten des Projekts, die er versichern möchte, auch tatsächlich vom Versicherungsvertrag umfasst sind (WEA einschließlich Fundament, parkinterne und parkexterne Verkabelung, Transformatoren, Schaltanlagen, Übergabestationen, Umspannwerke).

Typische Risiken, die im Zusammenhang mit Windenergieanlagen üblicherweise versichert werden, sind   **752**
- in der Phase der Planung und Errichtung der WEA:
  – Versicherungsschutz für Vermögensschäden aufgrund von Planungsfehlern durch Abschluss einer Planungshaftpflichtversicherung (Abschluss erfolgt durch den Planer),
  – Absicherung des Sachschadensrisikos durch Abschluss einer Montageversicherung; diese kann entweder vom Auftraggeber/Besteller oder vom Auftragnehmer (Generalunternehmer oder Einzelunternehmer) abgeschlossen werden,
  – Absicherung des Haftpflichtrisikos als Bauherr durch Abschluss einer Bauherrenhaftpflichtversicherung; Versicherungsnehmer ist hier der Auftraggeber bzw. der Projekteigentümer
- in der Phase des Betriebs einer WEA:
  – Absicherung des Sachschadensrisikos (Schäden durch Bedienungsfehler, Ungeschicklichkeit, Bauteilversagen, Konstruktions-, Material- oder Ausführungsfehler, Versagen von Mess-, Regel- oder Sicherheitseinrichtungen, Kurzschluss, Überspannung, Sturm, Blitzeinschlag, Brand, Hagel, Vereisung, Einbruchdiebstahl etc.) durch Abschluss einer Maschinenversicherung, regelmäßig in Form einer Allgefahrenversicherung
  – Absicherung des Ertragsausfalls aufgrund eines o. g. Sachschadens durch Abschluss einer Betriebsunterbrechungsversicherung,
  – Absicherung des Haftpflichtrisikos als WEA-Betreiber einschließlich der Umwelthaftpflicht durch Abschluss einer Betreiberhaftpflichtversicherung.

2. Zur WEA-Maschinenversicherung

In der Praxis sind Auseinandersetzungen zwischen WEA-Betreiber und Versicherung im Bereich der **Maschinenversicherung** (und hieraus folgend auch im Bereich der **Betriebsunterbrechungsversicherung**) am häufigsten anzutreffen. Deshalb soll hierauf im Folgenden eingegangen werden. Bezüglich der weiteren Versicherungsarten sowie weiterer Einzelheiten wird auf die vorhandene Fachliteratur verwiesen.   **753**

Den WEA-Maschinenversicherungsverträgen werden üblicherweise Deckungskonzepte zugrunde gelegt, die auf den Allgemeinen Bedingungen für die Maschinenversicherung von stationären Maschinen (AMB) sowie den Allgemeinen Bedingungen für die Maschinen- und Kaskoversicherung von fahrbaren und transportablen Geräten (ABMG) basieren. Hierneben werden in zusätzlichen Besonderen Vereinbarungen die Spezifika der betreffenden versicherten WEA geregelt, üblicherweise wiederum unter partiellem Verweis auf Allgemeine Versicherungsbedingungen und durch eine Modifikation der o. g. AMB bzw. ABMG. Ergänzend werden üblicherweise im Versicherungsvertrag Regelungen des Versicherungsvertragsgesetzes (VVG) modifiziert. Die Vertragswerke sind dadurch regelmäßig umfangreich und enthalten eine Vielzahl von Verweisen; trotzdem empfiehlt es sich unbedingt, die von der Versicherung vorgelegten Regelungen sorgfältig und im Gesamtzusammenhang zu lesen und einzelfallgerechte Lösungen zu verhandeln, wenn auch der Verhandlungsspielraum gegenüber dem Versicherungsunternehmen üblicherweise begrenzt ist.   **754**

Wie bereits ausgeführt, wird die WEA-Maschinenversicherung üblicherweise als Allgefahrenversicherung abgeschlossen. Versichert sind dann grundsätzlich alle unvorhersehbaren Schäden, die nicht explizit in den Versicherungsbedingungen ausgeschlossen sind. Unvorhergesehen in diesem Sinne sind Schäden, die der Versicherungsnehmer weder rechtzeitig vorhergesehen hat noch mit dem für den Betrieb erforderlichen Fachwissen hätte vorhersehen können, wobei regelmäßig nach den Versicherungsbedingungen nur grobe Fahrlässigkeit schadet.   **755**

Böhlmann-Balan

756 In der Praxis entstehen nicht selten Streitigkeiten zwischen Betreiber und Versicherung, wenn gleichartige Schäden an einer bestimmten Komponente eines bestimmten WEA-Typs auftreten, oftmals erst Jahre nach Ende der Gewährleistung (sog. **Serienschäden**). Streitig ist dann regelmäßig, ob sich dieser Schaden für den Betreiber der konkret betroffenen WEA als zufälliges, unvorhergesehenes Schadensereignis darstellt (und damit dem Versicherungsschutz unterliegt) oder ob dieser Schaden, da er an anderen WEA desselben Typs bereits aufgetreten ist und der Mangel daher bekannt war oder hätte bekannt sein können, für den Betreiber vorhersehbar gewesen ist (und damit aus dem Versicherungsschutz herausfällt). Da oft unklar ist, zu welchem Zeitpunkt derartige Serienmängel bzw. Serienschäden für den Versicherungsnehmer vorhersehbar werden, entfacht sich hieran in der Regel der Streit zwischen Betreiber und Versicherer. Ein weiterer Streitpunkt ist in diesem Zusammenhang, ob und wann ein Betreiber bei Verdacht auf einen Serienmangel verpflichtet ist, Maßnahmen einzuleiten, um einen Schadenseintritt aufgrund dieses Mangels zu vermeiden.

757 Der Versicherungsnehmer ist im Sinne einer Obliegenheit verpflichtet, bei Eintritt eines Versicherungsfalls nach Möglichkeit für die Abwendung und Minderung des Schadens zu sorgen (s. § 82 Abs. 1 VVG) und dem Versicherer sämtliche zur Feststellung des Versicherungsfalls oder des Umfangs der Leistungspflicht des Versicherers erforderlichen Auskünfte zu erteilen (s. § 31 Abs. 1 VVG). In der Praxis stellt dies leider nicht selten ein Problem dar, wenn man hierzu auf den WEA-Hersteller angewiesen ist und dieser insolvent oder aus sonstigen Gründen nicht mehr greifbar ist.

758 Regelmäßig wird im Versicherungsvertrag ein Selbstbehalt pro Schadensfall von der Entschädigungsleistung abgezogen. Die Höhe des Selbstbehalts differiert regelmäßig in Abhängigkeit von der individuellen Risikosituation. Üblicherweise kann der Betreiber auch entscheiden, ob er den Selbstbehalt – gegen Erhöhung der Versicherungsprämie – reduziert und umgekehrt.

759 Üblicherweise formulieren die Versicherungen die regelmäßige Wartung der WEA gemäß den Richtlinien und Empfehlungen des Herstellers als grundsätzliche Bedingung für den Versicherungsschutz oder auch als Obliegenheit des Versicherungsnehmers. Zum Teil wird sogar der Abschluss eines Vollwartungsvertrags gefordert, soweit ein solcher vom Hersteller angeboten wird.

760 Weiterhin findet sich in den Versicherungsverträgen regelmäßig eine Klausel zur zustandsorientierten Instandhaltung; diese orientiert sich an den vom Sachverständigenbeirat des Bundesverbands WindEnergie e. V. (BWE) im Jahre 2012 verabschiedeten „**Grundsätzen für die Prüfung zur zustandsorientierten Instandhaltung von Windenergieanlagen**".[1181]

[1181] Veröffentlicht auf der Homepage des BWE (www.wind-energie.de).

Kapitel 4: Gesetzliches Förderungssystem für den Betrieb von Windenergieanlagen

Übersicht

	Rn.
I. Grundprinzipien des EEG	1
II. Netzanschluss, Kapazitätserweiterung	10
1. Netzanschluss	10
a) Unverzüglicher Anschluss	13
b) Vorrangiger Anschluss	18
c) Anschluss am technisch und wirtschaftlich günstigsten Netzverknüpfungspunkt nach § 8 Abs. 1 S. 1 EEG 2017	21
d) Reservierung von Anschlusskapazitäten	31
e) Wahl des Netzverknüpfungspunkts durch den Anlagenbetreiber	34
f) Letztzuweisungsrecht des Netzbetreibers nach § 8 Abs. 3 EEG 2017	36
g) Offenlegung von Netz- und Anlagendaten nach § 8 Abs. 5 und 6 EEG 2017	39
h) Praxistipp: Prozessschritte zum Netzanschluss von Windenergieprojekten	45
2. Technische Vorgaben zum Netzanschluss	56a
a) Genereller Regelungsgehalt – Keine Anschlussvoraussetzung	56b
b) Anwendungsbereich und Detailregelungen der Norm	56d
c) Technische Einrichtungen zur ferngesteuerten Reduzierung der Einspeiseleistung	56f
d) Besondere Vorgaben für Windenergieanlagen – SDLWindV	56h
e) Rechtsfolgen bei Verstoß gegen die Vorgaben des § 9 EEG 2017	56n
3. Erweiterung von Netzkapazitäten	57
a) Maßnahmen zur Erweiterung der Netzkapazitäten nach § 12 Abs. 1 und 2 EEG 2017	59
b) Zeitpunkt des Anspruchs auf Erweiterung der Netzkapazität	66
c) Wirtschaftliche Zumutbarkeit von Netzausbaumaßnahmen nach § 12 Abs. 3 EEG 2017	73
4. Abnahme- und Einspeisemanagement	79
a) Stromabnahme gemäß § 11 EEG 2017	79
b) Einspeisemanagement gem. § 14 EEG 2017	103
c) Härtefallregelung gemäß § 15 EEG 2017	150
III. Ausschreibungen für Windenergieanlagen an Land	167
1. Allgemeines	167
a) Politischer und europarechtlicher Hintergrund des Ausschreibungsverfahrens	168
b) Funktionsweise des Ausschreibungsverfahrens im Überblick	172
2. Ausschreibungspflicht	175
a) Anlagen ≤ 750 kW (Bagatellgrenze)	177
b) „Übergangsanlagen"	184
c) Pilotwindenergieanlagen	199
d) Bestandsanlagen	204
3. Allgemeine Ausschreibungsbestimmungen	205
a) Gebotstermine	207
b) Ausschreibungsvolumen	210
c) Höchstwert	214
d) Formatvorgaben und Festlegungen der BNetzA	221
4. Teilnahmevoraussetzungen	224
a) Teilnahmeberechtigter Personenkreis	225
b) Formelle und materielle Gebotsanforderungen	228

	Rn.
c) Anzahl der zulässigen Gebote	235
d) Sicherheit und Gebühr	240
e) Bindungswirkung und Rücknahme von Geboten	254
5. Zuschlagsverfahren	258
a) Ablauf des Zuschlagsverfahrens und Zuschlagserteilung	258
b) Besondere Zuschlagsvoraussetzungen im Netzausbaugebiet	272
c) Der Zuschlag und seine Wirkung	277
6. Realisierungsfrist und Pönalen	293
a) Realisierungsfrist	293
b) Pönalen	299
7. Finanzielle Förderung	309
a) Förderanspruch	309
b) Förderhöhe	310
c) Förderdauer, -beginn und -ende	316
d) Ausschreibung und Eigenverbrauch	319
8. Sonderregelung für Bürgerenergiegesellschaften	321
a) Begriff der Bürgerenergiegesellschaft	322
b) Erleichterte Teilnahmebedingungen	324
c) Bestimmung des Zuschlagswerts	326
d) Zuordnungsentscheidung und Realisierungsfrist	328
9. Rechtsschutz im Ausschreibungsverfahren	331
IV. Zahlungsanspruch nach dem EEG	**336**
1. Allgemeine Fördervoraussetzungen	337
a) Anspruchsberechtigung	338
b) Förderpflicht des Netzbetreibers	340
c) Zwischenspeicherung von Windstrom	347
2. Auszahlungen der Förderung nach EEG	351
a) Fälligkeit und Abschlagszahlungen	352
b) Aufrechnung der finanziellen Förderung	357
c) Datenlieferung, Verjährung und Rückforderung	362
d) Doppelvermarktungs- und Kumulierungsverbot	365
e) Nachweisführung und Informationspflichten	366
3. Berechnung der gesetzlichen Förderhöhe	369
a) Inbetriebnahme der Windenergieanlage	370
b) Degression der Förderung und Anlagenregister	375
c) Förderbeginn und -dauer	397
d) Messwesen und gemeinsame Messeinrichtung	400
e) Verringerung der Förderung bei negativen Strompreisen	403
4. Direktvermarktung im Sinne des EEG	408
a) Sinn und Zweck der Direktvermarktung	408
b) Funktionsweise der Strommärkte	415
c) Allgemeine Voraussetzungen der Direktvermarktung	432
d) Formen der Direktvermarktung	444
e) Direktvermarktungsvertrag	458
f) Öffnung des Regelenergiemarktes	483
g) Regionalnachweise	483a
5. Einspeisevergütung nach dem EEG	484
a) Einspeisevergütung für kleine Anlagen	485
b) Ausfallvergütung	487
c) Gemeinsame Bestimmungen für die Einspeisevergütung	492
6. Gesetzliche Bestimmung der Förderung	497
a) Windenergie an Land bis 2018	498
b) Kleinwindanlagen	504
c) Windenergie auf See bis 2020	506
V. Direktverbrauch außerhalb des EEG	**510**
1. Allgemeines	510
2. Überschusseinspeisung nach dem EEG	513
3. Anlagenbetreiber als Energieversorger	515

Richter

	Rn.
a) Energieversorgungsunternehmen im Sinne des EnWG	516
b) Elektrizitätsversorgungsunternehmen im Sinne des EEG	518
c) Pflichten eines Energieversorgungsunternehmens	521
d) Netzbetreiber im Sinne des EnWG	525
4. Strompreisbestandteile	544
a) Netzentgelte	546
b) Konzessionsabgaben	553
c) KWKG-Umlage	559
d) Weitere Umlagen auf Netzentgelte	562
e) EEG-Umlage	564
f) Stromsteuer	577
VI. Verfahren, Clearingstelle EEG, BNetzA	**583**
1. Allgemeines	583
2. Clearingstelle EEG	586
a) Funktion der Clearingstelle EEG	587
b) Verfahren vor der Clearingstelle EEG	592
c) Rechtswirkung der Verfahren	600
3. Bundesnetzagentur	602
a) Funktion der Bundesnetzagentur im EEG	603
b) Verfahren vor der Bundesnetzagentur nach dem EnWG	607
c) Rechtswirkung des Verfahrens	610
4. Ordentlicher Gerichtsweg	613
a) Gerichtsstand	613
b) Verfahrenserleichterung durch das EEG	617
c) Rechtsschutz in der Ausschreibung	621a

Literaturübersicht: *Antonow,* Neues aus dem Energierecht – das EEG 2017, NJ 2016, 372; *Altrock/Oschmann/Theobald* (Hrsg.), EEG – Erneuerbare-Energien-Gesetz, Kommentar, 4. Aufl. 2013; *Altrock/Oschmann/Theobald* (Hrsg.), EEG – Erneuerbare-Energien-Gesetz, Kommentar, 3. Aufl. 2011; *Bartsch/Hartmann/Wagner,* Das Marktstammdatenregister nach §§ 111e/f EnWG – Ziele, Inhalte und betroffene Marktakteure, IR 2016, 197; *Bauer,* Die Weiterentwicklung der Clearingstelle im EEG 2012, ZUR 2012, 39; *Bausch,* Die Stromsteuerbefreiung gemäß § 9 Abs. 1 bis Nr. 3 StromStG für EEG-Anlagen, CuR 2014, 63; *Boemke/Uibeleisen,* Update: Erste Änderung des EEG 2017 und des WindSeeG, NVwZ 2017, 286; *Böhlmann-Balan/Herms/Leroux,* Neuer Wind für Bürgerbeteiligung?! – Zu den jüngsten Rechtsentwicklungen für die Bürgerbeteiligung im Windenergiebereich ‚ER 2016, 241; *Böhmer/Weißenborn* (Hrsg.), Erneuerbare Energien – Perspektiven für die Stromerzeugung, 2. Aufl. 2009; *Bongartz/Jatzke/Schröer-Schallenberg* (Hrsg.), Energiesteuer, Stromsteuer, Zolltarif: EnergieStG, StromStG, Loseblatt-Kommentar, Stand 7/2014 (9. EL); *Brahms,* Die Integration der Erneuerbaren Energien im Strommarkt – die Direktvermarktung zwischen Mindestvergütung und freiem Markt, 2016; *Brahms,* Die Novelle des Kraft-Wärme-Kopplungsgesetzes 2016, ER 2015, 229; *Brahms,* Stromspeicher im EEG 2014, ER 2014, 235; *Brahms/Maslaton,* Der Regierungsentwurf des Erneuerbare-Energien-Gesetzes 2014, NVwZ 2014, 760; *Brahms/Richter,* Der EEG-Netzverknüpfungspunkt in der Rechtsprechung des BGH, ER 2014, 47; *Breuer,* Zur Bereitstellung von Regelleistung im Rahmen der Direktvermarktung nach dem EEG 2012, REE 2012, 17; *Britz/Hellermann/Hermes* (Hrsg.), EnWG – Energiewirtschaftsgesetz, Kommentar, 3. Aufl. 2015; *Britz/Hellermann/Hermes* (Hrsg.), EnWG – Energiewirtschaftsgesetz, Kommentar, 2. Aufl. 2010; *Buchmüller,* Regionale Grünstromkennzeichnung – ein neues Geschäftsfeld für Stromversorger, EWeRK 2016, 301; *Danner/Theobald,* Energierecht, Loseblatt-Kommentar, Stand 5/2014 (80. EL); *Danner/Theobald,* Energierecht, Loseblatt-Kommentar, Stand 9/2013 (78. EL); *Danner/Theobald* (Hrsg.), Energierecht, Loseblatt, Stand 1/2012 (73. EL); *Filipowicz,* Auswirkungen des Messstellenbetriebsgesetzes auf die Zählpunktverwaltung beim Verteilnetzbetreiber, EWeRK 2016, 59; *Frenz,* Bürgerenergiegesellschaften, ER 2016, 194; *Frenz*(Hrsg.), EEG II – Anlagen und Verordnungen, Kommentar, 1. Aufl. 2016; *Frenz/Müggenborg/Cosack/Ekardt* (Hrsg.), EEG – Erneuerbare-Energien-Gesetz, Kommentar, 4. Aufl. 2015; *Frenz/Müggenborg* (Hrsg.), EEG – Erneuerbare-Energien-Gesetz, Kommentar, 3. Aufl. 2013; *Frenz/Müggenborg* (Hrsg.), EEG – Erneuerbare-Energien-Gesetz, Kommentar, 2. Aufl. 2012; *Frenz/Müggenborg* (Hrsg.), EEG – Erneuerbare-Energien-Gesetz, Kommentar, 1. Aufl. 2010; *Friedrich/Meißner* (Hrsg.), Kommentar zur EnergieStG, StromStG, Loseblatt-Kommentar, 2. Aufl., Stand 4/2001 (4. EL); *Gabler/Metzenthin* (Hrsg.), EEG-Praxiskommentar, Loseblatt-Kommentar, Stand 9/2012; *Gawel,* Die EEG-Umlage: Preisregelung oder Sonderabgabe, DVBl. 2013, 409; *Gerstner* (Hrsg.), Grundzüge des Rechts der Erneuerbaren Energien, 2013; *Geiger,* Paradigmenwechsel bei der Förderung von Windenergieanlagen an Land, REE 2016, 197; *Giesberts/Reinhardt* (Hrsg.), Beck'scher Onlinekommentar Umweltrecht, 43. Edition (Stand: 1.5.2017); *Goldhammer*, Zulässiger „Energiesoli" oder verfassungswidriger Eingriff?, NVwZ-Extra 8/2013, 1; *Grabmayr/Münchmeyer/Pause/ Stehle/Müller*, Förderung erneuerbarer Energien und EU-Beihilferahmen – Insbesondere eine Untersuchung des Entwurfs der Generaldirektion Wettbewerb der EU-Kommission zu „Leitlinien für Umwelt- und Energiebeihilfen für die Jahre 2014-2020", Würzburg, 3/2014; *Grebe/Boewe* (Hrsg.), Beck'scher Online-Kommentar EEG, Stand 5/2014 (Ed. 2); *Hahn/Naumann*, Erneuerbare Energien zwischen Einspeisevergütung und Systemintegration, NJOZ 2012, 361; *Hahn/Naumann*, Eigenvermarktung und Selbstverbrauch durch Dritte nach dem EEG – Praktische und rechtliche Fragen der Veräußerung selbsterzeugten Solarstroms, ZUR 2011, 571; *Herz/Valentin*, Die Vermarktung von Strom aus Photovoltaik- und Windenergieanlagen, EnWZ 2013, 16; *Herz/Valentin*, Direktvermarktung, Direktlieferung und Eigenversorgung nach dem EEG 2014, EnWZ 2014, 358; *Jacobshagen*, Energieeffizienz in der Energieerzeugung – Die Novelle des Kraft-Wärme-Kopplungsgesetzes, ZUR 2008, 449; *Jacobshagen/Kachel/Baxmann*, Geschlossene Verteilernetze und Kundenanlagen als neuer Maßstab der Regulierung, IR 2012, 2; *Jarass* (Hrsg.), Bundes-Immissionsschutzgesetz, Kommentar, 11. Aufl. 2015; *Kersting*, Die Projektfinanzierung eines Offshore-Windparks, BKR 2011, 57; *Khazzoum/Kudla/Reuter* (Hrsg.), Energie und Steuern, 1. Aufl. 2011; *Kment* (Hrsg.), Energiewirtschaftsgesetz, 1. Aufl. 2015; *Kopp/Ramsauer*, Verwaltungsverfahrensgesetz – VwVfG, Kommentar, 17. Aufl. 2016; *Krafzyck/Heine*, EEG-Umlagepflicht für Contractoren, CuR 2010, 8; *Leinenbach*, Wann stellt die Lohnverstromung eine vom EEG-Belastungsausgleich ausgenommene „Eigenerzeugung" dar?, IR 2010, 221; *Landmann/Rohmer*, Umweltrecht – UmweltR, Loseblatt-Kommentar, 82. Ergänzungslieferung (Stand 01.01.2017); *Loibl/Maslaton/von Bredow/Walter* (Hrsg.), Biogasanlagen im EEG, 3. Aufl. 2013; *Loibl/Maslaton/von Bredow/Walter* (Hrsg.), Biogasanlagen im EEG, 2. Aufl. 2012; *Macht/Nebel*, Das Eigenverbrauchsprivileg des EEG 2014 im Kontext des EU-Beihilfeverfahrens und der Umwelt- und Energiebeihilfeleitlinien, 2014, 765; *Maslaton*, Windrechtsfibel, 2. Aufl. 2011; *Maslaton*, Das verwaltungsrechtliche Prioritätsprinzip bei „konkurrierenden" Genehmigungen von Windenergieanlagen als materielle Entscheidungsgrundlage?!, NVwZ, 2013, 542; *Maslaton/Kupke*, Rechtliche Rahmenbedingungen des Repowerings von Windenergieanlagen, 2005; *Maslaton/Urbanek*, Rechtsschutzmöglichkeiten Dritter im Ausschreibungsverfahren nach EEG 2017, ER 2017, 15; *Mikešic/Strauch*, Die Clearingstelle-EEG – Alternative Streitbeilegung auf dem Gebiet des Rechts der Erneuerbaren Energien, ZUR 2009, 531; *Möhlenkamp/Milewski*, EnergieStG/StromStG, Kommentar, 1. Aufl. 2012; *Müggenborg*, Diskriminierungsfreier Netzzugang und EEG-Belastungsausgleich bei Stromnetzen in Industrieparks, NVwZ 2010, 940; *Müller/Kahl/Sailer*, Das neue EEG 2014 – Systemwechsel beim weiteren Ausbau der Erneuerbaren Energien, ER 2014, 139; *Münchmeyer/Kahles/Pause*, Erfordert das europäische Beihilferecht die Einführung von Ausschreibungsverfahren im EEG?, Würzburger Berichte zum Umweltenergierecht Nr. 5 vom 17.07.2014; *Ortmann/Prokrant/Lüdemann*, Das neue Messstellenbetriebsgesetz, EnWZ 2016, 339; *Panknin*, EEG-umlagefreie Eigenerzeugung – Status quo und Ausblick, EnWZ 2014, 13; *Palandt* (Begr.), Bürgerliches Gesetzbuch: BGB, Kommentar, 76. Aufl. 2017; *Posser/Wolf* (Hrsg.), Beck'scher Onlinekommentar, VwGO, 41. Edition (Stand: 1.4.2017); *Reshöft/Schäfermeier* (Hrsg.), Erneuerbare-Energien-Gesetz, Handkommentar, 4. Aufl. 2014; *Reshöft* (Hrsg.), Erneuerbare-Energien-Gesetz, Handkommentar, 3. Aufl. 2009; *Richter*, Der Begriff der Anlage im Umwelt- und Energierecht, 2012; *Rixecker/Säcker/ Oetker*, Münchener Kommentar zum BGB, 6. Aufl. 2012; *Risse/Haller/Schilling*, Die Haftung des Netzbetreibers für die Anbindung von Offshore-Windenergieanlagen, NVwZ 2012, 592; *Ruttloff*, Eigenversorgung durch Bestandsanlagen unter dem EEG 2.0 – wie weit reicht der Bestandsschutz, NVwZ 2014, 1128; *Sachsenhauser*, Zur Fälligkeit von regelmäßigen Zahlungen an Anlagenbetreiber nach dem Erneuerbaren-Energien-Gesetz, IR 2013, 26; *Säcker* (Hrsg.), Berliner Kommentar zum Energierecht, 3. Aufl. 2014; *Säcker* (Hrsg.), Berliner Kommentar zum Energierecht, 3. Aufl. 2015, Sonderband EEG 2014; *Säcker* (Hrsg.), Berliner Kommentar zum Energierecht, 2. Aufl. 2010; *Salje* (Hrsg.), Erneuerbare-Energien-Gesetz 2012, Kommentar, 6. Aufl. 2012; *Salje* (Hrsg.), Erneuerbare-Energien-Gesetz 2009, Kommentar, 5. Aufl. 2009; *Salje* (Hrsg.), Energiewirtschaftsgesetz, Kommentar, 2006; *Schaller*, Geschlossene Verteilnetze und Kundenanlagen – neue Kategorien im EnWG, ZNER 2011, 406; *Scholtka/Baumbach*, Die Entwicklung des Energierechts in den Jahren 2010 und 2011, NJW 2012, 2704; *Schneider/Theobald* (Hrsg.), Recht der Energiewirtschaft, Praxishandbuch, 4. Aufl. 2013; *Schneider/Theobald* (Hrsg.), Recht der Energiewirtschaft, Praxishandbuch, 2. Aufl. 2008; *Schöne* (Hrsg.), Vertragshandbuch Stromwirtschaft, 1. Aufl. 2007; *Schütte/ Horstkotte/Veihelmann*, Zweifelsfragen zur Konzessionsabgabe in der Kommunalfinanzierung, LKV 2012, 454; *Schulz*, Einführung in das Recht der Wegenutzungsverträge der Strom- und Gaswirtschaft, LKRZ 2012, 41; *Schwintowski*, Kundenanlagen das unbekannte Wesen, EWeRK 2/2012, 43; *Sittig*, Das Prioritätsprinzip im deutschen Verwaltungsrecht bei der immissionsschutzrechtlichen Genehmigung für Windenergieanlagen, 2013; *Stelter*, Die Freiflächenausschreibungsverordnung – Pilotprojekt für die zukünftige Förderung der Erzeugung von Strom aus erneuerbaren Energien, EnWZ 2015, 147; *Todorovic*, Clearingstelle EEG, Votum vom 10. August 2016, 2016/13: Ein immissionsschutzrechtlicher Vorbescheid ist keine Genehmigung im Sinne des § 100 Abs. 3 EEG 2014, EWeRK 2016, 370 *Wernsmann*, Anm. zum Urt. OLG Naumburg, Urt. v. 13.12.2012 – Az.: 2 U 51/12, ER 2013, 85; *Wiederholt/Bode/Reuter*, Rückenwind für den Ausbau der Offshore-Windenergie?, NVwZ 2012, 1207; *Wieser*, Energiespeicher als zentrales Element eines intelligenten Energieversorgungsnetzes – Rechtliche Einordnung, ZUR, 2011, 240; *Wilke*, Örtliche Energieversorgung und auslaufende Konzessionsverträge, NordOeR 2011, 431; *Wustlich*, Das Erneuerbare-Energien-Gesetz 2014, NVwZ 2014, 1113

I. Grundprinzipien des EEG

Die Windenergie ist unter den erneuerbaren Energieträgern seit langem unangefochtener Spitzenreiter. Etwa 40 Prozent des gegenwärtig aus erneuerbaren Energien erzeugten Stroms, der seinerseits gemessen am Gesamtstromverbrauch Anfang 2016 bereits mehr als ein Drittel ausmachte, stammt aus Windenergieanlagen.[1182] Damit stellt sich die Windenergie sozusagen als Motor der **Energiewende** dar. Diese durchaus erfreulichen Zahlen lassen sich im Wesentlichen auf ein politisches Instrument zurückführen: auf das Gesetz für den Vorrang Erneuerbarer Energien,[1183] kurz EEG, das mittlerweile in seiner sechsten Fassung vorliegt und zuletzt zum 1.1.2017 grundlegend novelliert worden ist.[1184] Das EEG hat sich in den mehr als 16 Jahren seines Bestehens gleichsam als das zentrale Fundament des Übergangs in ein regeneratives Zeitalter bei der Energieerzeugung erwiesen. Trotz bislang sechs zum Teil gravierender Novellen hat das EEG durch bis dato stabile **Fördervoraussetzungen** einen verlässlichen wirtschaftlichen Rahmen für den Ausbau der Nutzung erneuerbarer Energien vorgegeben. 1

Neben den auf den reinen Ausbau bezogenen Zahlen stellt die durch das EEG geförderte Erneuerbare-Energien-Branche aus diesem Grunde mittlerweile auch einen beträchtlichen Wirtschaftsfaktor dar. So wurden etwa im Jahr 2013 allein mehr als 7 Milliarden Euro in Windenergievorhaben investiert. Insgesamt waren Ende 2013 ca. 370.000 Menschen direkt im Erneuerbare-Energien-Sektor beschäftigt.[1185] Angesichts dieser Zahlen sowie vor dem Hintergrund des stetig fortschreitenden **Klimawandels** ist es kein Wunder, dass der vom EEG primär verfolgte Zweck an sich mittlerweile gesellschaftlich wie politisch dem Grunde nach unumstritten ist.[1186] Insbesondere mit Blick auf den Klimaschutz hat sich das EEG erfolgreicher als jedes andere bisher von der Politik ersonnene und in der Praxis umgesetzte Instrument erwiesen. Allein im Jahr 2015 wurden mehr als 170 Millionen Tonnen CO_2 durch Erneuerbare-Energien-Anlagen vermieden.[1187] 2

Den Blick auf das Gesetz selbst und insbesondere auf seine einzelnen Regelungen gerichtet, ist weiterhin festzustellen, dass die vorstehend kurz dargestellte Entwicklung vor allem dadurch 3

[1182] Erneuerbare Energien in Zahlen, Statistik der AGEE Stat, Stand 2/2016, abrufbar im Internet unter: http://www.erneuerbare-energien.de/EE/Redaktion/DE/Downloads/zeitreihen-zur-entwicklung-der-erneuerbaren-energien-in-deutschland-1990-2015.pdf?__blob=publicationFile&v=6; zuletzt abgerufen am 2.8.2016.

[1183] V. 21.7.2014 (BGBl. I S. 1066), zuletzt geändert durch Art. 4 des Gesetzes v. 22.7.2014 (BGBl. I S. 1218) – nachfolgend EEG 2014.

[1184] Vgl. insoweit BT-Drs. 18/8860, 18/8972, 18/9096; BR-Drs 355/16 ((B)).

[1185] Endbericht – Beschäftigung durch erneuerbare Energien in Deutschland: Ausbau und Betrieb, heute und morgen, im Auftrag des BMWi, Stand 3/2015, abrufbar im Internet unter: http://www.bmwi.de/BMWi/Redaktion/PDF/Publikationen/Studien/beschaeftigung-durch-erneuerbare-energien-in-deutschland,property=pdf,bereich=bmwi2012,sprache=de,rwb=true.pdf, zuletzt abgerufen am 2.8.2016.

[1186] Vgl. § 1 Abs. 1 EEG 2012 sowie ausführlich hierzu: *Richter*, Der Begriff der Anlage im Umwelt- und Energierecht, S. 113 ff.

[1187] Erneuerbare Energien in Zahlen, Statistik der AGEE Stat, Stand 2/2016, abrufbar im Internet unter: http://www.erneuerbare-energien.de/EE/Redaktion/DE/Downloads/zeitreihen-zur-entwicklung-der-erneuerbaren-energien-in-deutschland-1990-2015.pdf?__blob=publicationFile&v=6; zuletzt abgerufen am 2.8.2016.

vorgezeichnet war und noch immer ist, dass der Gesetzgeber die im Jahr 2000 noch vorgefundenen monopolartigen Strukturen auf dem Stromsektor durch die Schaffung gesetzlicher Ansprüche des Anlagenbetreibers gegen den Netzbetreiber aufgebrochen hat. Zentrales Element des EEG ist nämlich seit jeher, dass ein potenzieller Anlagenbetreiber dem Grunde nach weder auf den guten Willen des jeweiligen Netzbetreibers noch darauf angewiesen ist, mit diesem eine vertragliche Übereinkunft über den Anschluss seiner Anlage oder über die Vergütung des erzeugten Stroms zu treffen. Nach der insoweit eindeutigen Vorschrift des § 7 Abs. 1 EEG 2017 dürfen Netzbetreiber die Erfüllung ihrer Pflichten aus dem EEG nämlich gerade nicht vom Abschluss eines Vertrags abhängig machen. Diese durchaus als komfortabel zu beschreibende Situation verschafft dem Anlagenbetreiber über die weiteren im EEG verankerten direkten Ansprüche gegen den Netzbetreiber die Möglichkeit, seine Anlage sehr zeitnah an das Netz des Netzbetreibers anschließen zu können.[1188] Darüber hinaus hat der Netzbetreiber, an dessen Netz die jeweilige Anlage angeschlossen ist, den in der Anlage erzeugten Strom auch **vorrangig physikalisch abzunehmen**, zu übertragen und zu verteilen.[1189]

4   Das unter wirtschaftlichen Gesichtspunkten wohl wesentlichste Element des **gesetzlichen Schuldverhältnisses** zwischen Anlagenbetreibern und Netzbetreibern war der bis zum 31.7.2014 in den §§ 16 ff. EEG 2012 geregelte Vergütungsanspruch. Demnach war der in einer Windenergieanlage erzeugte Strom mindestens nach Maßgabe des Gesetzes zu vergüten. Abweichungen von diesen Mindestvergütungen waren nach § 4 Abs. 2 EEG 2012/§ 7 Abs. 2 EEG 2014 nur unter sehr strengen Voraussetzungen möglich und dem Grunde nach nicht frei aushandelbar.

5   Dieses Förderkonzept, das seit Schaffung des ersten EEG im Jahr 2000 in seinen Grundfesten bis Mitte 2014 unverändert geblieben war, hat gleichsam den Weg für die heutige Bedeutung der erneuerbaren Energien und insbesondere der Windenergie geebnet. Trotz der unverkennbaren und unbestreitbaren Erfolge beim Ausbau der erneuerbaren Energien, vor allem im Bereich der Stromversorgung, wurde dem Fördersystem des EEG mehr und mehr massive Kritik entgegengebracht, die vor allem darin begründet lag, dass die Kosten für den Ausbau des Anteils der erneuerbaren Energien an der Stromversorgung nicht von den primär verpflichteten Netzbetreibern, sondern im Endeffekt von der Allgemeinheit zu tragen sind. Neben den vorstehend angesprochenen Ansprüchen des Anlagenbetreibers regelt das EEG nämlich auch, wie die an den jeweiligen Anlagenbetreiber **ausgeschütteten Vergütungen gewälzt und umgelegt werden**.[1190] Aufgrund eines massiven Verfalls des Börsenstrompreises und einer Fülle an Ausnahmeregelungen im Hinblick auf Teilnahmepflicht an der Finanzierung der Energiewende ist in den letzten Jahren die **EEG-Umlage**, die letztlich die Lücke zwischen Börsenstrompreis und ausgeschütteter Vergütung schließen soll, exorbitant angestiegen. Vor diesem Hintergrund überrascht es nicht, dass dem althergebrachten Fördersystem des EEG der Vorwurf der Überforderung entgegengebracht wurde.[1191]

6   Dabei hatte der Gesetzgeber bereits im Rahmen des EEG 2009 und verstärkt im EEG 2012 versucht, Anlagen zur Erzeugung von Strom aus erneuerbaren Energien weg aus einem reinen staatlichen Fördersystem durch das Instrument der **Direktvermarktung** näher an den freien Markt und damit näher an die Wirtschaftlichkeit heranzuführen.[1192] Vor allem die Windenergiebranche hatte hiervon regen Gebrauch gemacht. Etwa 75 % aller Windenergieanlagen

---

[1188] Nach § 8 Abs. 1 EEG 2017 sind Netzbetreiber verpflichtet, Anlagen zur Erzeugung von Strom aus erneuerbaren Energien unverzüglich vorrangig an ihr Netz anzuschließen. Zu den Einzelheiten des Netzanschlusses und der hiermit verbundenen Ansprüche der Anlagenbetreiber gegen den Netzbetreiber → Kap. 4 Rn 10.

[1189] Vgl. § 11 EEG 2014, ausführlich hierzu → Kap. 4 Rn. 79.

[1190] Zum Ausgleichsmechanismus EEG → Kap. 4 Rn. 565.

[1191] Vgl. hierzu etwa das Eckpunktepapier der Bundesregierung zur Novellierung des EEG im Jahr 2014, abrufbar im Internet unter: http://www.bmwi.de/BMWi/Redaktion/PDF/E/eeg-reform-eckpunkte,property=pdf,bereich = bmwi2012,sprache=de,rwb=true.pdf, zuletzt abgerufen am: 11.2.2014 sowie Gesetzesbegründung zum EEG 2014, BT-Drs. 18/1304.

[1192] Ausführlich zur Direktvermarktung → Kap. 4 Rn. 408 ff.

befinden sich nach Auskunft des Bundesverbands Windenergie (BWE) gegenwärtig in der Direktvermarktung.[1193] Den rasanten Anstieg der EEG-Umlage konnte allerdings auch das Instrument der Direktvermarktung nicht spürbar bremsen.

Die im Jahr 2013 neu gewählte Bundesregierung, bestehend aus CDU/CSU und SPD, hatte dies zum Anlass genommen, eine (erste) grundlegende Reform des EEG auf den Weg zu bringen. Nach dem am 27.6.2014 vom Deutschen Bundestag beschlossenen „Gesetz zur grundlegenden Reform des Erneuerbare-Energien-Gesetzes"[1194] sollten bezeichnenderweise primär Ausmaß und Geschwindigkeit des Kostenanstiegs für die Umsetzung der Energiewende spürbar gebremst werden.[1195] Zu diesem Zweck war seit dem 1.8.2014 eine verpflichtende Direktvermarktung für alle Anlagen mit einer installierten Leistung größer 500 kW vorgeschrieben. Seit dem Jahr 2016 sind sogar alle Anlagen mit einer installierten Leistung von mehr als 100 kW zur Direktvermarktung verpflichtet. Schon hierin war ein fundamentaler Systemwechsel zu erblicken, denn die bis dahin festen und garantierten Vergütungssätze waren eines der zentralen Elemente des EEG und wesentliches Kriterium für die Finanzierung von Erneuerbare-Energien-Projekten durch Banken. Diese grundlegende Änderung im Fördersystem des EEG, die über ein Mehr an Marktorientierung zu einer Verringerung der Kosten für den Ausbau der erneuerbaren Energien führen sollte, wirkte sich deshalb auch massiv auf die weitere Entwicklung insbesondere auch der Windenergiebranche aus, denn von den neuen Regelungen zur **verpflichtenden Direktvermarktung** erfasste ab Inkrafttreten des EEG 2014 dem Grunde nach nahezu alle neuen Onshore-Windenergievorhaben.[1196]

Im Übrigen wurde der bis dahin an sich unbegrenzt mögliche Zubau durch verschärfte Vorgaben zur jährlichen Vergütungsabsenkung[1197] über einen sogenannten „atmenden Deckel" auf 2.500 MW (netto) im Jahr indirekt beschränkt. Hierzu hatte der Gesetzgeber seinerzeit erstmals einen **verbindlichen Ausbaupfad** in das Gesetz aufgenommen,[1198] bei dessen Überschreitung die bislang feste **Degression der Fördersätze** erheblich anstieg. Verkomplizierte sich schon allein dadurch die Finanzierbarkeit von Windenergievorhaben, deren Verwirklichung von der ersten Planung bis zur endgültigen Inbetriebnahme nicht selten drei oder mehr Jahre in Anspruch nimmt, zum Teil erheblich, so hat der Gesetzgeber durch die erneute Novellierung des EEG zum 01.01.2017 zu weiteren massiven wirtschaftlichen Unsicherheiten gesorgt, in dem er nämlich durch die Einführung einer verpflichtenden Ausschreibung für nahezu alle praxisgängigen Onshore-Windenergieanlagen nunmehr zu einer direkten Mengen- und Zubausteuerung übergegangen ist. Mit Einführung einer an die erfolgreiche Teilnahme am Ausschreibungsverfahren gekoppelten, kontingentierten Förderung steht für den einzelnen Anlagenbetreiber bzw. -projektierer künftig aber mehr denn je in den Sternen, ob sich sein Invest überhaupt noch lohnen wird bzw. realisieren lässt.

Das **Ausschreibungsmodell**, ist – wie in der Vergangenheit schon sehr oft – zunächst am Beispiel der Freiflächen-Photovoltaik erprobt[1199] und mit dem EEG 2017 unter anderem auch auf die Onshore-Windenergie ausgedehnt worden. Nach dem Willen des Gesetzgebers sollten damit die Zahlungen, die die erneuerbaren Energien für den Betrieb ihrer Anlagen benötigen, wettbewerblich ermittelt werden. Dies ermögliche, so das Kalkül des Gesetzgebers, zugleich eine bessere Steuerung des Ausbaus und eine Abstimmung mit der Netzausbauplanung, verbessere die Planungssicherheit für die anderen Akteure der Stromwirtschaft und entspreche dem

---

[1193] S. Internetauftritt des BWE unter: http://www.wind-energie.de/infocenter/meldungen/2013/vom-spotmarkt-bis-zur-regelenergie-bwe-fachtagung-windenergie, zuletzt abgerufen am: 11.2.2011.
[1194] Vgl. BT-Drs. 18/1304 und BT-Drs. 18/1891.
[1195] Eckpunktepapier der Bundesregierung zur Novellierung des EEG im Jahr 2014, abrufbar im Internet unter: http://www.bmwi.de/BMWi/Redaktion/PDF/E/eeg-reform-eckpunkte,property=pdf,bereich=bmwi2012,sprache=de,rwb=true.pdf, zuletzt abgerufen am: 11.2.2014.
[1196] Mit Ausnahme der Kleinwindanlagen, ausführlich → Kap. 4 Rn. 485 und Rn. 508.
[1197] Ausführlich zu der im Gesetz verankerten Vergütungsdegression → Kap. 4 Rn. 375.
[1198] Vgl. § 3 Nr. 1 EEG 2014.
[1199] Vgl. die umfangreiche Kommentierung hierzu von *Leutritz/Herms/Richter*, in: Frenz (Hrsg.), EEG II, 1. Aufl. 2016, FFAV, §§ 1 – 39.

Ansatz der Europäischen Kommission für eine marktnähere Förderung der erneuerbaren Energien.[1200] Eine Förderung nach dem EEG soll künftig damit dem Grund nach nur noch derjenige erhalten können, der auch einen Zuschlag im Rahmen einer Ausschreibungsrunde erhalten hat. Dabei ist maßgebliches Zuschlagskriterium allein die Höhe der künftig beanspruchbaren Förderung, womit auch Ziel und Kalkül des Gesetzgebers an dieser klar auf der Hand liegen: Senkung der Förderkosten. Auch die Kehrseite eines solchen Systems wird man aber im Auge zu behalten haben. Denn ein derart immenser Kostendruck wird tendenziell monopolistische Strukturen fördern, weil gerade größere Investorengesellschaften anfangs unter Umständen auch zu defizitären Bedingungen wirtschaften können, um eine Marktbereinigung zu erreichen. Ob dies langfristig den Zielen des EEG und der Energiewende gerecht und für die nötige Akzeptanz der Windenergie in der Bevölkerung sorgen wird, darf wohl bezweifelt werden.

9a Inhaltlich[1201] wurde mit dem EEG 2017 für alle Windenergieanlagen mit einer installierten Leistung von mehr als 750 kW – ausgenommen Prototypen – eine verpflichtende Teilnahme an einer von der Bundesnetzagentur durchgeführten Ausschreibung eingeführt, wobei grundsätzlich nach dem Prinzip der „späten Ausschreibung" verfahren werden soll. Die Teilnahme an den Ausschreibungen setzt also im Regelfall das Vorliegen einer BImSch-Genehmigung voraus. Eine Ausnahme von diesem Grundsatz gilt lediglich für Bürgerenergiegesellschaften; diese brauchen zunächst nur ein Windgutachten vorzulegen und werden auch im Übrigen im Rahmen der Ausschreibung durchaus privilegiert behandelt.[1202] Im Rahmen des EEG 2017 ist der Gesetzgeber überdies – nachdem er im EEG 2014 zwischenzeitlich ein zweistufiges Modell präferiert hatte – wieder zum einstufigen Referenzertragsmodell zurückgekehrt, wobei die im Rahmen der Gebotsabgabe grundsätzlich gebotenen Werte (geboten wird auf die künftig zu gewährende Marktprämie, also auf den anzulegenden Wert[1203]) in Abhängigkeit von der Standortqualität mit einem Gütefaktor mulitpliziert werden. Diese Korrekturfaktoren wurden so gewählt, dass ein deutschlandweiter Ausbau unterstützt und gleichzeitig windhöffigere Standorte stärker angereizt werden.[1204]

II. Netzanschluss, Kapazitätserweiterung

1. Netzanschluss

10 § 8 EEG 2017 regelt die **Anschlusspflicht des Netzbetreibers** gegenüber dem Erzeuger von Strom aus erneuerbaren Energien. Netzbetreiber im Sinne des EEG und insoweit zur Umsetzung der Anschlusspflicht des § 8 EEG 2017 verpflichtet, sind unabhängig von der Spannungsebene Betreiber des Netzes der allgemeinen Versorgung (vgl. § 3 Nr. 36 EEG 2017), in deren Netzgebiet der technisch und wirtschaftlich günstigste Netzverknüpfungspunkt der EEG-Stromerzeugungsanlage hergestellt werden soll. Der Anschlussanspruch richtet sich dabei nur gegen den Betreiber des Netzes, das der Allgemeinheit zur Elektrizitätsbelieferung zur Verfügung steht. Es kann sich sowohl um ein Verteilnetz als auch um ein Übertragungsnetz handeln. Der Anschlusspflicht des § 8 EEG 2017 unterliegt z. B. nicht der Betreiber eines geschlossenen Verteilernetzes nach § 110 EnWG oder der Betreiber einer Kundenanlage i. S. d. § 3 Nr. 24a und Nr. 24b EnWG. Allerdings kann ein Durchleitungsanspruch zum Netz der allgemeinen Versorgung bestehen, wenn die Stromerzeugungsanlage an das Netz eines Dritten angeschlossen ist und der Strom mittels kaufmännisch-bilanzieller Weitergabe durch dieses Netz hindurch in ein Netz der allgemeinen Versorgung geleitet werden soll (vgl. § 11 Abs. 2 EEG 2017). In diesem Fall hat der Netzbetreiber nach § 11 Abs. 1 EEG den erzeugten Strom ebenfalls abzunehmen,

---

[1200] BT-Drs. 18/8860, S. 1 ff.
[1201] Vgl. zum Ganzen BT-Drs. 18/8860, S. 149 ff. als ersten Überblick.
[1202] Verweis → Ausschreibung.
[1203] Verweis → Vergütungssystem.
[1204] BT-Drs. 18/8860, S. 150.

Klauß

zu übertragen und zu verteilen. Sofern der Anlagenbetreiber den Zahlungsanspruch nach § 19 EEG 2017 in Verbindung mit § 21 EEG 2017 geltend macht, hat der Netzbetreiber den Strom auch kaufmännisch abzunehmen und damit den Zahlungsanspruch zu erfüllen. Regelmäßig ist dies der Fall bei einem Anschluss an ein geschlossenes Verteilernetz nach § 110 EnWG, das seinerseits wiederum mit einem Netz der allgemeinen Versorgung verbunden ist.

Nach § 8 EEG 2017 haben die Betreiber von Anlagen zur Erzeugung von Strom aus erneuerbaren Energien und aus Grubengas einen Anspruch auf **unverzüglichen vorrangigen Anschluss** ihrer Stromerzeugungsanlage an das Netz der allgemeinen Versorgung. Dabei beschränkt sich die Anschlusspflicht auf technisch geeignete Netze. So ist ein Netz z. B. dann technisch nicht geeignet, wenn die anzuschließende Einspeiseleistung unter Berücksichtigung fachlicher Kriterien nicht zu der gewünschten Spannungsebene passt. Die Anlage muss zum Zeitpunkt der Geltendmachung des Anschlussanspruchs nach § 8 Abs. 1 EEG 2017 noch nicht errichtet und anschlussbereit sein (sog. Einspeisewilliger). Voraussetzung für das Bestehen des Anschlussanspruchs ist allerdings, dass sich das Projekt hinreichend konkretisiert hat, sodass der Netzbetreiber davon ausgehen kann, dass die geplante Stromerzeugungsanlage tatsächlich errichtet wird. Dazu muss der Anlagenbetreiber dem Netzbetreiber entsprechende Nachweise vorlegen. Dies kann auch eine Baugenehmigung oder die Genehmigung nach dem BImSchG sein.[1205]

11

§ 8 Abs. 1 EEG 2017 regelt im Einzelnen die Voraussetzungen für die Anschlusspflicht des Netzbetreibers der allgemeinen Versorgung.

12

a) Unverzüglicher Anschluss

Der Anschluss der Stromerzeugungsanlage an das öffentliche Netz hat durch den dieses Netz betreibenden Netzbetreiber **unverzüglich** zu erfolgen. Nähere Details, was unter „unverzüglich" zu verstehen ist, regelt das EEG nicht. Insoweit ist auf die allgemeine zivilrechtliche Regelung des § 121 Abs. 1 Satz 1 BGB abzustellen. Danach bedeutet „unverzüglich", ohne schuldhaftes Zögern.[1206] Schuldhaftes Verzögern ist dem Netzbetreiber dann vorzuwerfen, wenn die Verzögerung nach § 276 BGB bewusst und gewollt erfolgte oder zumindest dann, wenn der Netzbetreiber die Verzögerung unter Verletzung der im Verkehr erforderlichen Sorgfalt zu verantworten hat.

13

Das heißt nicht, dass der Netzbetreiber jedes Netzanschlussbegehren sofort innerhalb weniger Tage umzusetzen hat. Es kommt nicht nur darauf an, dass der Anlagenbetreiber seinerseits alles Erforderliche getan hat, dass eine Verbindung seiner Stromerzeugungsanlage mit dem öffentlichen Netz erfolgen kann. Es reicht demnach nicht, dass der Anlagenbetreiber die zur Anlagenerrichtung und Kabelverlegung notwendigen Grundstücksbenutzungsrechte eingeholt, die Stromerzeugungsanlage errichtet und die Verbindungsleitungen zum öffentlichen Netz geschaffen hat. Es müssen auch auf Seiten des Netzbetreibers die erforderlichen Voraussetzungen geschaffen sein, um eine Stromeinspeisung in das öffentliche Netz zu ermöglichen. Welche Voraussetzungen dies im Einzelnen sind, muss wiederum anhand des Einzelfalls bestimmt werden. Die Pflichten des Netzbetreibers und auch unvermeidbare Gegebenheiten, wie z. B. Bestellzeiten von Betriebsmitteln bei erforderlichen Baumaßnahmen, sind zu berücksichtigen. In diesem Zusammenhang kann es auch durchaus sein, dass zunächst **Netzausbaumaßnahmen** erforderlich sind, die mehrere Wochen und ggf. auch Monate, in Hochspannung sogar mehrere Jahre, andauern können, bis der Anschluss der Stromerzeugungsanlage und die Stromeinspeisung in das öffentliche Netz ermöglicht werden können. Gleichwohl kann der Netzanschluss dann immer noch unverzüglich im Sinne des § 8 Abs. 1 EEG 2017 erfolgt sein, solange dem Netzbetreiber keine Untätigkeit oder schuldhafte Verzögerung der von ihm oder seiner von ihm beauftragten Errichtungs- und Erfüllungsgehilfen vorgenommenen Maßnahmen nachgewiesen werden kann. Dazu gehört im Zweifel auch der zwischen den Beteiligten erforderliche Informationsaustausch.

14

[1205] *Altrock*, in: Altrock/Oschmann/Theobald (Hrsg.), EEG, 3. Aufl. 2011, § 5 Rn. 30.
[1206] Vgl. BT-Drs. 16/8148, S. 41; *Altrock*, in: Altrock/Oschmann/Theobald (Hrsg.), EEG, 3. Aufl. 2011, § 5 Rn. 43.

15 Der Netzbetreiber hat alle ihm zumutbaren und möglichen Maßnahmen vorzunehmen, um den Anschluss der Stromerzeugungsanlage an das öffentliche Netz realisieren zu können. Regelmäßig ist der Netzbetreiber bestrebt, die geplante Stromerzeugungsanlage schnellstmöglich an sein Netz anzuschließen. Oftmals hat er das dazu erforderliche **Anschlussverfahren** allerdings nicht allein zu verantworten. Insbesondere können behördliche Genehmigungsverfahren oder Bestellzeiten von Betriebsmitteln durch den Netzbetreiber nicht beeinflusst werden und zu Verzögerungen des Anschlussprozesses führen. Solange der Netzbetreiber alles ihm Mögliche und Zumutbare unternimmt, um die Stromerzeugungsanlagen schnellstmöglich an sein Netz anzuschließen, ist er zum Anschluss erst verpflichtet, sobald alle dafür erforderlichen Voraussetzungen geschaffen wurden.

16 **Praxistipp:** Hat der Netzbetreiber mit den für einen nötigen Netzausbau erforderlichen Planungen oder mit der Beantragung ggf. notwendiger Genehmigungen zügig begonnen und hat die weitere Bearbeitung des Anschlussvorhabens im regulären Ablauf zu keinen vom Netzbetreiber verschuldeten Verzögerungen geführt, sind spätere Schadenersatzforderungen des Anlagenbetreibers aufgrund einer späteren Inbetriebnahme der Stromerzeugungsanlage ausgeschlossen. Nur dann, wenn dem Netzbetreiber der Vorwurf gemacht werden kann, dass er nach einer ihm zumutbaren Prüffrist und Vorbereitungszeit die erforderliche Bestellung notwendiger Betriebsmittel nicht oder verschuldet verspätet ausgelöst hat, kann dies im Einzelfall zu etwaigen Schadenersatzansprüchen führen.

17 Nur dann, wenn der Netzbetreiber schuldhaft den Netzanschluss verzögert und der Anlagenbetreiber dies nachweist, kann der Anlagenbetreiber gegenüber dem Netzbetreiber ggf. einen Schadensersatzanspruch nach § 280 BGB geltend machen.

b) Vorrangiger Anschluss

18 Der Anschluss von EEG-Stromerzeugungsanlagen an das öffentliche Netz muss **vorrangig vor anderen Stromerzeugungsanlagen** erfolgen.[1207] Das bedeutet, dass im Falle von Kapazitätsengpässen immer zuerst die Anlagen mit einer Stromerzeugung aus erneuerbaren Energien an das Netz angeschlossen werden müssen, bevor der Anschluss einer nichtprivilegierten Stromerzeugungsanlage gewährt wird. Nichtprivilegierte Anlagen müssen nachrangig, d.h. ggf. auch erst nach Abschluss eines Netzausbaus angeschlossen werden.[1208]

19 Zwischenzeitlich hat der Gesetzgeber auch eine Privilegierung von **Kraft-Wärme-Kopplungs-Anlagen** vorgesehen. EEG- und KWK-Stromerzeugungsanlagen sind seit dem EEG 2009 gleichrangig.[1209] Mit den gesetzlichen Änderungen des KWKG aus dem Jahr 2009 wurde zunächst in der Praxis vielfach vertreten, dass die Gleichrangigkeit nur für die Stromabnahmeverpflichtung des Netzbetreibers gelten sollte, nicht jedoch für die Anschlusspflicht.[1210] Mit den Neuregelungen des KWK-Gesetzes aus dem Jahr 2012 ist nunmehr aber klargestellt, dass KWK-Anlagen den EEG-Anlagen auch hinsichtlich der gesetzlichen Anschlusspflicht durch den Netzbetreiber gleichgestellt sind. Dies bestimmt § 3 Abs. 1 S. 2 KWKG[1211], der die entsprechende Anwendung des § 8 EEG für den Anschluss von KWK-Anlagen vorsieht. Insoweit sind in Bezug auf die Vorrangigkeit des Netzanschlusses sowohl EEG- als auch KWK-Anlagen privilegierte Anlagen. Etwas anderes ergibt sich auch nicht aus den gesetzlichen Neuregelungen des EEG 2017.

20 Im Falle der Konkurrenz von zwei oder mehreren privilegierten Stromerzeugungsanlagen ist zuerst die Anlage an das Netz anzuschließen, die zuerst fertig gestellt wurde und anschlussbereit ist und nicht die Anlage, die zuerst einen Antrag auf Netzanschluss gestellt hat.[1212] In der Praxis

---

[1207] Vgl. Wortlaut des § 8 Abs. 1 S. 1 EEG.
[1208] Vgl. auch *Cosack*, in: Frenz/Müggenborg/Cosack/Ekardt (Hrsg.), EEG, 4. Aufl. 2015, § 8 Rn. 23 ff.
[1209] BT-Drs. 17/8801, S. 16.
[1210] BT-Drs. 16/8305, S. 26; *Bönning*, in: Loibl/Maslaton/von Bredow/Walter (Hrsg.), Biogasanlagen im EEG, 3. Aufl. 2013, § 5 Rn. 7.
[1211] Kraft-Wärme-Kopplungsgesetz v. 21.12.2015 (BGBl. I S. 2498), zuletzt geändert durch Art. 9 des Gesetzes v. 13.10.2016 (BGBl. I S. 2258).
[1212] So auch: *Cosack*, in: Frenz/Müggenborg/Cosack/Ekardt (Hrsg.), EEG, 4. Aufl. 2015, § 5 Rn. 23.

kommt es allerdings weniger auf die Fertigstellung der Anlage und deren Anschlussbereitschaft an, sondern auf das bei dem jeweiligen Netzbetreiber übliche Reservierungsverfahren.[1213]

c) Anschluss am technisch und wirtschaftlich günstigsten Netzverknüpfungspunkt nach § 8 Abs. 1 S. 1 EEG 2017

Die Regelung des § 8 Abs. 1 EEG 2017 sieht vor, dass der Anschluss der Stromerzeugungsanlage an der Stelle im Netz des Netzbetreibers zu erfolgen hat, die im Hinblick auf die **Spannungsebene geeignet** ist und die in der **Luftlinie die kürzeste Entfernung zum Standort der Anlage** aufweist. Dies soll dann nicht gelten, wenn **dieses oder ein anderes Netz einen technisch und wirtschaftlich günstigeren Verknüpfungspunkt aufweist**. Diese gesetzliche Regelung bedeutet nicht, dass in jedem Fall ausgehend von der Stromerzeugungsanlage der nächstgelegene Punkt zum Netz des Netzbetreibers gemeint ist. Der Anlagenbetreiber kann sich anhand der Entfernungskriterien seiner Anlage zum öffentlichen Netz seinen Netzverknüpfungspunkt nicht selbst bestimmen bzw. verlangen, dass der Netzbetreiber diesen Netzverknüpfungspunkt unter jeden Umständen zur Verfügung stellen muss. 21

Der Netzbetreiber der allgemeinen Versorgung, an dessen Netz die Stromerzeugungsanlage angeschlossen werden soll, ist verpflichtet, für diese und den begehrten Anschlusswunsch des Anlagenbetreibers den **technisch und wirtschaftlich günstigsten Netzverknüpfungspunkt** zu ermitteln. Denn der Netzbetreiber ist nach § 1 Abs. 1 EnWG unter anderem verpflichtet, jederzeit ein sicheres und preisgünstiges Netz zu betreiben. Insoweit obliegt ihm die Verantwortung dafür, dass alle an sein Netz angeschlossenen Anlagen (sowohl Einspeise- als auch Strombezugsanlagen) keine Schäden und Überlastungen verursachen, um so die Netzsicherheit jederzeit zu gewährleisten. 22

Darüber hinaus ist nicht jedes Netz gleich geeignet, alle Einspeiseleistungen aufzunehmen. Die **technische Eignung des Netzes** ergibt sich zum einen aus der Spannungsebene und zum anderen aus der vor vor Ort zur Verfügung stehenden Leitungskapazität, die durch die bereits an das Netz angeschlossenen Stromerzeugungsanlagen maßgeblich beeinflusst wird. Nicht jede Anlagenleistung kann z. B. im Niederspannungsnetz des Netzbetreibers angeschlossen werden, auch wenn dort der nächstgelegene Netzverknüpfungspunkt mit dem Netz der allgemeinen Versorgung ist. Gerade Windenergieanlagen benötigen aufgrund der Höhe ihrer Einspeiseleistung jeder einzelnen Anlage regelmäßig mindestens einen Anschluss im Mittelspannungsnetz des zuständigen Netzbetreibers. Immer häufiger bedarf es aber auch eines Anschlusses im Hoch- oder Höchstspannungsnetz, um die Einspeiseleistung der Windenergieanlagen in das öffentliche Netz aufnehmen und entsprechend übertragen zu können. Die Entfernung zwischen Standort der Stromerzeugungsanlage und dem geeigneten Netzverknüpfungspunkt zum öffentlichen Netz muss daher nicht immer die kürzeste Entfernung sein. Es ist vielmehr von dem anschlussverpflichteten Netzbetreiber der technisch und wirtschaftlich günstigste Netzverknüpfungspunkt zu ermitteln, der ggf. auch in einer anderen Spannungsebene oder auch im Netz eines anderen Netzbetreibers liegen kann. Im letzteren Fall hat der andere Netzbetreiber den technisch und wirtschaftlich günstigsten Netzverknüpfungspunkt zu ermitteln. 23

Schon der BGH hat in seiner Entscheidung aus dem Jahr 2007 zum EEG 2004 ausgeführt, dass es dann nicht auf die kürzeste Entfernung der Stromerzeugungsanlage zum Netz der allgemeinen Versorgung ankommt, wenn entweder ein anderes Netz oder ein anderer Punkt in demselben Netz einen technisch und wirtschaftlich günstigeren Netzverknüpfungspunkt aufweist.[1214] 24

Dafür ist ein **gesamtwirtschaftlicher Kostenvergleich** durchzuführen. Im Rahmen dieses gesamtwirtschaftlichen Kostenvergleichs sind unabhängig davon, ob die Kostentragungspflicht beim Anlagenbetreiber oder beim Netzbetreiber liegt, die jeweiligen Gesamtkosten miteinander zu vergleichen, die bei den verschiedenen Ausführungsmöglichkeiten für den Anschluss der betreffenden Stromerzeugungsanlagen sowie für den Netzausbau anfallen würden.[1215] Es sind 25

[1213] Näheres → Kap. 4 Rn. 31.
[1214] *BGH*, Urt. v. 18.7.2007 – VIII ZR 288/05, NJW-RR 2007, 1645 ff.
[1215] So *BGH*, Urt. v. 18.7.2007 – VIII ZR 288/05, NJW-RR 2007, 1645 ff.

demnach für alle in Betracht kommenden Netzanschlussvarianten jeweils separat die Kosten des Netzanschlusses, die vom Anlagenbetreiber nach § 16 Abs. 1 EEG 2017 zu tragen sind, zu ermitteln und ebenso die vom Netzbetreiber nach § 17 EEG 2017 zu tragenden Kosten für die Erweiterung der Netzkapazität bzw. der dem Netzbetrieb dienenden Betriebsmittel. In dem Kostenvergleich sind aber nicht nur die Anschluss- und Netzausbaukosten zu berücksichtigen, sondern auch die einmaligen und laufenden Kosten für die Durchführung der Stromeinspeisung (z. B. Messpreise).[1216] Mittelbare Kosten, z. B. die Kosten der Übertragungsverluste für längere Netzanschlussleitungen oder Umspannverluste, dürfen ausweislich der Gesetzesbegründung nicht im Kostenvergleich berücksichtigt werden.[1217] Hingegen sind ggf. zu erwartende Entschädigungszahlungen nach § 15 EEG 2017 zu berücksichtigen, wenn ein Netzausbau zu erwarten ist, der längere Zeit dauern würde und daher mit einer zeitweisen Reduzierung der Einspeiseleistung im Rahmen des Einspeisemanagements des Netzbetreibers nach § 14 Abs. 1 EEG 2017 zu rechnen ist. Die Ergebnisse der jeweils ermittelten Kosten sind dann einander gegenüberzustellen.

26 Im Ergebnis des Kostenvergleichs kann sich herausstellen, dass der Ausbau des Netzes kostengünstiger ist als die Aufwendungen, die der Anlagenbetreiber hätte, wenn er seine Stromerzeugungsanlage ohne Ausbau des Netzes an einem weiter entfernten Punkt im öffentlichen Netz anschließen würde. Für die Unverzüglichkeit des Netzanschlusses bedeutet dies allerdings, dass der Anschluss der Stromerzeugungsanlage erst dann realisiert werden kann, wenn der Netzausbau abgeschlossen ist. Solange der Netzbetreiber seinen in diesem Zusammenhang erforderlichen Maßnahmen nachkommt und diese nicht schuldhaft unterlässt oder verzögert, kann ihm ein Verstoß gegen die von § 8 Abs. 1 S. 1 EEG 2017 vorgesehene unverzügliche Anschlusspflicht nicht vorgeworfen werden. Insoweit besteht auch keine Schadenersatzpflicht des Netzbetreibers für entgangene Einspeisevergütung aufgrund zeitlich verzögerten Netzanschlusses und Stromeinspeisung.

27 An der grundsätzlichen Betrachtungsweise zur Ermittlung des **technisch und wirtschaftlich günstigsten Netzverknüpfungspunkts** hat sich auch durch die zwischenzeitlichen Novellierungen des EEG nichts geändert. Bereits in den ersten Fassungen des EEG war die Ermittlung des Netzverknüpfungspunkts anhand der volkswirtschaftlich geringsten Gesamtkosten vorgesehen.[1218] Ausweislich der Gesetzesbegründungen hat der Gesetzgeber stets hervorgehoben, dass der volkswirtschaftlich günstigste Netzverknüpfungspunkt zu ermitteln ist und an der bisherigen Rechtspraxis keine Änderungen beabsichtigt sind.[1219] Hintergrund für diese Sichtweise ist die vom Gesetzgeber gewünschte Minimierung der volkswirtschaftlichen Gesamtkosten, um die Allgemeinheit nicht mit unnötigen Kosten zu belasten und das EEG finanzierbar zu halten. Auch das EEG 2017 hält an dieser grundsätzlichen Sichtweise des Gesetzgebers uneingeschränkt fest, sodass die von den Netzbetreibern in der Praxis angewendeten Kriterien zur Ermittlung der Netzverknüpfungspunkte auch weiterhin anzuwenden sind.

28 In der Vergangenheit wurde in Rechtsprechung und Literatur die Diskussion geführt, ob der in § 5 Abs. 1 S. 1 EEG 2009 bzw. EEG 2012 verwendete Begriff des „technisch und wirtschaftlich günstigeren Verknüpfungspunkts in einem anderen Netz" so zu verstehen ist, dass der Netzbetreiber im Zusammenhang mit der Ermittlung des technisch und wirtschaftlich günstigsten Netzverknüpfungspunkts berechtigt ist, auch einen technisch und wirtschaftlich günstigeren Verknüpfungspunkt in demselben Netz, z. B. in einer von ihm betriebenen höheren Spannungsebene, zu ermitteln.[1220]

[1216] *BGH*, Urt. v. 10.11.2004 – VIII ZR 391/03, NJW-RR 2005, 565 ff.; zu den zu berücksichtigenden Kosten: *Bönning*, in: Loibl/Maslaton/von Bredow/Walter (Hrsg.), Biogasanlagen im EEG, 3. Aufl. 2013, § 5 Rn. 21 f.

[1217] BR-DrS 157/14 S. 172 (Einzelbegründung zu § 8 Abs. 1).

[1218] BT-Drs. 15/2864, S. 33 (Einzelbegründung zu § 4 Abs. 2).

[1219] BT-Drs. 16/8148, S. 41 (Einzelbegründung zu § 5 Abs. 1).

[1220] Diese Frage ablehnend: *OLG Hamm*, Urt. v. 3.5. 2011 – I-21 U 94/10 und Urt. v. 14.6.2011 – I-21 U 163/10, *Bönning*, in: Reshöft (Hrsg.), EEG, 3. Aufl., § 5 Rn. 24 ff.; *Bönning*, in: Loibl/Maslaton/von Bredow/Walter, Biogasanlagen im EEG, 2. Aufl., S. 287, 292 ff.; *Brahms/Richter*, RE 2013, 47 ff.; für eine Einbe-

Mit dieser Thematik hatte sich dann auch der BGH auseinanderzusetzen.[1221] In seiner 29
Entscheidung vom 10.10.2012 hat sich der BGH der Auffassung angeschlossen, dass die in § 5
Abs. 1 Satz 1 EEG 2009 enthaltene, an einer gesamtwirtschaftlichen Betrachtung orientierte
Ausnahmeregelung nicht nur auf diejenigen Fälle anzuwenden ist, in denen sich der mögliche
Alternativanschlusspunkt in einem anderen Netz befindet als der **Verknüpfungspunkt mit
der kürzesten Entfernung** zur Anlage. Dies ergebe sich aus dem zu eng gefassten Wortlaut
des § 5 Abs. 1 S. 1 EEG 2009, der dahingehend auszulegen ist, dass auch bei alternativen Anschlusspunkten innerhalb desselben Netzes eine gesamtwirtschaftliche Betrachtung anzustellen
ist. Auch die Gesetzgebungsgeschichte der Norm sowie der Grundsatz der Gleichbehandlung
aller Anlagenbetreiber beziehungsweise Netzbetreiber führe zu dieser Auslegung des § 5 Abs. 1
S. 1 EEG 2009.[1222] Dies ist auch auf das EEG 2012 übertragbar.[1223]

Der Gesetzgeber hat daran anschließend die Rechtsprechung des BGH aus dem Jahr 2012 30
aufgegriffen und im Wortlaut des § 8 Abs. 1. S. 1 EEG 2014 klargestellt, dass für die gesamtwirtschaftliche Betrachtung auch alternative Anschlusspunkte innerhalb desselben Netzes
heranzuziehen sind.[1224] Das EEG 2017 enthält diesbezüglich keine Neuerungen, sondern hält
an der Klarstellung aus § 8 Abs. 1 S. 1 EEG 2014 fest. Insoweit sind die in diesem Zusammenhang von den Netzbetreibern entwickelten Planungsgrundsätze auch weiterhin anzuwenden.

d) Reservierung von Anschlusskapazitäten

Zu berücksichtigen ist, dass für die Ermittlung des technisch und wirtschaftlich günstigsten 31
Netzverknüpfungspunkts durch den Netzbetreiber die Netzsituation zum Zeitpunkt des gestellten Anschlussbegehrens maßgeblich ist. Bedingt dadurch, dass insbesondere in größeren Netzen
täglich weitere Anschlussbegehren durch andere Einspeisewillige gestellt werden können, ist es
möglich, dass der einem potenziellen Anlagenbetreiber mitgeteilte Netzverknüpfungspunkt bis
zur tatsächlichen Realisierung des Einspeiseprojekts geändert werden muss, weil zwischenzeitlich andere EEG-Projekte schneller zur Realisierung gekommen sind und für diese Anlagen eine
vorrangige Anschlussverpflichtung besteht. Gerade in den Netzgebieten, wo die vorhandenen
Leitungskapazitäten nahezu ausgeschöpft sind und ein weiterer Zubau erst nach einem ggf.
erforderlichen Netzausbau möglich wird, ist es für die betroffenen Einspeisewilligen für die
Sicherung des benannten Netzverknüpfungspunkts von großer Bedeutung, Netzkapazitäten
reservieren zu können.

Das EEG enthält zur **Reservierung von Netzkapazitäten** keine Regelung. Auch ein Pri- 32
oritätsverhältnis von EEG-Anschlussprojekten ist dem EEG nicht zu entnehmen.[1225] Vielmehr
wird lediglich der Anschlussanspruch nach § 8 Abs. 1 EEG 2017 geregelt. Im Ergebnis bedeutet
dies, dass der Netzbetreiber zwar einen Netzverknüpfungspunkt benennen muss, sobald der
Einspeisewillige ein entsprechendes Anschlussbegehren stellt. Werden bis zur Realisierung
des Einspeiseprojekts dieses Einspeisewilligen aber weitere Anschlussvorhaben beim Netzbetreiber angefragt, die schneller realisiert werden können, muss der Netzbetreiber formal
nach den gesetzlichen Regelungen betrachtet diesen schnelleren Anschlussprojekten vorrangig
den Anschluss gewähren. Der Netzbetreiber hat der zuerst anschlussbereiten EEG-Anlage

---

ziehung eines anderen möglichen Verknüpfungspunkts innerhalb desselben Netzes: *Altrock*, in: Altrock/
Oschmann/Theobald (Hrsg.), EEG, 3. Aufl. 2011, § 5 Rn. 27, 53, 58; BDEW, Energie-Info, Fragen und
Antworten zum EEG 2009 – Netzanschluss und Netzausbau, 2. Aufl., S. 12 f.; *Cosack*, in: Frenz/Müggenborg (Hrsg.), EEG, 1. Aufl. 2010, § 5 Rn. 44 f.; *Salje* (Hrsg.), EEG 2012, 6. Aufl. 2012, § 5 Rn. 16 (analoge
Anwendung); *Weißenborn*, in: Böhmer/Weißenborn (Hrsg.), Erneuerbare Energien – Perspektiven für die
Stromerzeugung, 2. Aufl. 2009, S. 261, 271 f.; gleiches gilt für die Clearingstelle EEG, Empf. v. 29.9.2011
– Az.: 2011/1 (http://www.clearingstelle-eeg.de/empfv/2011/1, S. 18 ff., zuletzt abgerufen am: 17.7.2013).
[1221] *BGH*, Urt. v. 10.10.2012 – VIII ZR 362/11, NVwZ 2013, 90 ff.
[1222] *BGH*, Urt. v. 10.10.2012 – VIII ZR 362/11, NVwZ 2013, 90 ff.
[1223] Zu den rechtlichen Durchsetzungsmöglichkeiten: *Brahms/Richter*, ER 2013, 47 (48).
[1224] BT-Drs. 18/1304, S. 177 (Einzelbegründung zu § 8 Abs. 1).
[1225] Vgl. *Cosack*, in: Frenz/Müggenborg/Cosack/Ekardt (Hrsg.), EEG, 4. Aufl. 2015, § 8 Rn. 23, zum
Prioritätsprinzip allgemein: *Sittig*, Das Prioritätsprinzip im deutschen Verwaltungsrecht bei der immissionsschutzrechtlichen Genehmigung für Windenergieanlagen, 2013; *Maslaton*, NVwZ 2013, 542 ff.

vorrangig den Anschluss zu gewähren. Dies gilt zwischenzeitlich auch für KWK-Anlagen, da der Gesetzgeber des EEG 2009 KWK-Anlagen den EEG-Anlagen gleichgestellt hat.[1226] Im Ergebnis kann dies dazu führen, dass dem zuerst anfragenden Einspeisewilligen die gewünschte Einspeiseleistung an dem ursprünglich benannten Netzverknüpfungspunkt nicht mehr zur Verfügung gestellt werden kann, wenn die Anlage tatsächlich realisiert wird, da die vorhandenen Betriebsmittel des Netzbetreibers nicht mehr ausreichen, um sowohl das vorrangige als auch das nachrangige Einspeiseprojekt zu berücksichtigen. Dieser Umstand führt dazu, dass potenzielle Anlagenbetreiber selbst mit Benennung des Netzverknüpfungspunkts keine Planungssicherheit haben.[1227]

33   In der Praxis versuchen die Netzbetreiber dieses Problem durch sogenannte Reservierungsverfahren zu lösen. Regelmäßig werden daher für sogenannte Erstanfragen ohne das Vorliegen entsprechender Baugenehmigungen oder sonstiger bauplanungsrechtlicher Voraussetzungen im Ergebnis einer ersten **Netzverträglichkeitsprüfung** unverbindliche Netzverknüpfungspunkte benannt (sog. Tagesaussagen). Damit kommt der Netzbetreiber seiner Verpflichtung nach § 8 Abs. 1 EEG 2017 uneingeschränkt nach. Konkretisieren sich die Planungen und kann der Einspeisewillige erste Planungsunterlagen vorlegen (z. B. Baugenehmigung), kann nach erneuter Netzverträglichkeitsprüfung der ermittelte Netzverknüpfungspunkt für eine gewisse Dauer dem Einspeisewilligen reserviert werden. Innerhalb der Reservierungsdauer erfolgt regelmäßig der Projektfortgang. Anderenfalls steht die reservierte Einspeisekapazität nach dem vorgegebenen Zeitablauf anderen Einspeiseprojekten wieder zur Verfügung. Diese Verfahrensweise verschafft sowohl Netzbetreibern als auch den Einspeisewilligen Planungssicherheit, mit der sowohl der sichere Netzbetrieb gewährleistet als auch die Einspeiseprojekte der Einspeisewilligen vorangebracht werden können. Im Rahmen des EEG 2017 werden die Netzbetreiber ihre Reservierungsverfahren im Hinblick auf die Ausschreibungsverfahren und damit zusammenhängenden Fristen anpassen müssen. Die Reservierungszeiträume können in Abhängigkeit von der Zuschlagserteilung und deren Wirksamkeit verlängert werden.

e) Wahl des Netzverknüpfungspunkts durch den Anlagenbetreiber

34   Nach § 8 Abs. 2 EEG sind Anlagenbetreiber berechtigt, einen anderen technisch geeigneten Netzverknüpfungspunkt zu wählen, wenn sie mit dem vom Netzbetreiber nach § 8 Abs. 1 EEG technisch und wirtschaftlich günstigsten Netzverknüpfungspunkt nicht einverstanden sind oder zwei Netzverknüpfungspunkte mit nur geringfügig voneinander abweichenden Kosten in Betracht kämen. Bereits mit der Gesetzesbegründung zur Vorgängerregelung des § 5 Abs. 2 EEG 2009 ist Voraussetzung für die **Zulässigkeit des Wahlrechts**, dass es sich mit Blick auf die Spannungsebene um einen geeigneten Netzverknüpfungspunkt handelt und die Ausübung des Wahlrechts nicht rechtsmissbräuchlich (§ 242 BGB) ist.[1228] Demnach kann der Anlagenbetreiber jedenfalls nicht die Spannungsebene wählen, in der er angeschlossen werden möchte. Dies stellte der Gesetzgeber in der Gesetzesbegründung zu § 8 Abs. 2 EEG 2014 klar und hat auch im EEG 2017 diesbezüglich keine Änderungen vorgesehen. Seit dem EEG 2014 wird das Wahlrecht des Anlagenbetreibers nach § 8 Abs. 2 EEG 2017 somit beschränkt, wenn infolge der Ausübung dem Netzbetreiber nicht unerhebliche Mehrkosten entstehen. Damit greift der Wortlaut des § 8 Abs. 2 EEG 2014/2017 die Rechtsprechung des BGH aus dem Jahr 2012[1229] auf.[1230] Nicht definiert wird allerdings die konkrete Erheblichkeitsschwelle, wann der Netzbetreiber den gewünschten Netzverknüpfungspunkt ablehnen kann.

35   In seiner Entscheidung vom 10.10.2012[1231] hat der BGH bereits ausgeführt, dass der Anlagenbetreiber nach § 5 Abs. 2 EEG 2009 den räumlich nächstgelegenen Netzverknüpfungspunkt wählen kann, wenn der vom Netzbetreiber nach § 5 Abs. 1 S. 1 EEG 2009 bestimmte

---

[1226] Vgl. § 4 Abs. 1 S. 2 KWKG, § 8 Abs. 1 S. 2 EEG 2012.
[1227] Vgl. auch: *Altrock*, in: Altrock/Oschmann/Theobald (Hrsg.), EEG, 3. Aufl. 2011, § 5 Rn. 38.
[1228] BT-Drs. 16/8148, S. 41.
[1229] *BGH*, Urt. v. 10.10.2012 – VIII ZR 362/11, NVwZ 2013, 90 ff.
[1230] BT-Drs. 18/1304, S. 119 (Einzelbegründung zu § 8 Abs. 2).
[1231] *BGH*, Urt. v. 10.10.2012 – VIII ZR 362/11, NVwZ 2013, 90 ff.

Netzverknüpfungspunkt ein weiter entfernter Punkt ist. Allerdings schränkt der BGH dieses Wahlrecht des Anlagenbetreibers insoweit ein, als dass er eine rechtsmissbräuchliche Ausübung des Wahlrechts annimmt, wenn die hierdurch dem Netzbetreiber entstehenden Kosten nicht nur unerheblich über den Kosten eines Anschlusses an dem gesamtwirtschaftlich günstigsten Verknüpfungspunkt liegen.[1232] Würden aber erheblich höhere Kosten entstehen, kann der vom Anlagenbetreiber gewählte Netzverknüpfungspunkt nur dann realisiert werden, wenn er die dem Netzbetreiber entstehenden Mehrkosten übernimmt. Anderenfalls ist die Stromerzeugungsanlage an dem nach § 5 Abs. 1 S. 1 EEG 2009 ermittelten technisch und wirtschaftlich günstigsten Netzverknüpfungspunkt an das Netz anzuschließen. Diese Grundsätze waren sowohl auf § 5 Abs. 1 S. 1 EEG 2012 übertragbar als auch auf § 8 Abs. 2 EEG 2014. Da das EEG 2017 in diesem Punkt keine Änderung erfahren hat, gelten die Ausführungen des BGH aus dem Jahr 2012 auch unter Anwendung des EEG 2017 uneingeschränkt fort.

f) Letztzuweisungsrecht des Netzbetreibers nach § 8 Abs. 3 EEG 2017

Abweichend von dem nach § 8 Abs. 1 S. 1 EEG 2017 ermittelten technisch und wirtschaftlich günstigsten Netzverknüpfungspunkt sowie dem vom Anlagenbetreiber nach § 8 Abs. 2 EEG 2017 wählbaren Netzverknüpfungspunkt kann der Netzbetreiber nach § 8 Abs. 3 EEG 2017 der Stromerzeugungsanlage einen anderen Netzverknüpfungspunkt zuweisen (sog. **Letztzuweisungsrecht**). Dies hat zur Folge, dass letztendlich der Netzbetreiber bestimmen kann, an welchem Netzverknüpfungspunkt die Stromerzeugungsanlage an das öffentliche Netz angeschlossen wird. Diese Regelung ist für den Anlagenbetreiber nicht nachteilig, denn über § 16 Abs. 2 EEG 2017 hat der Netzbetreiber die aus der Zuweisung des Netzverknüpfungspunkts dem Anlagenbetreiber resultierenden Mehrkosten zu tragen. Von dieser Kostentragungspflicht sollen alle Nachteile des Anlagenbetreibers erfasst sein, die ihm durch die Zuweisung des Netzverknüpfungspunkts entstehen. Dies sind z. B. die höheren Kosten für die Erstellung der Anschlussleitung oder geringere Einspeisevergütung aufgrund höherer Leistungsverluste zwischen Stromerzeugungsanlage und Netzverknüpfungspunkt.[1233] 36

Nicht eindeutig geregelt ist die Frage, welche Kosten dem Anlagenbetreiber als Mehrkosten zu erstatten sind. Ausgehend vom Sinn und Zweck des EEG, nämlich Anschlüsse von EE-Anlagen an das öffentliche Netz mit den geringsten volkswirtschaftlichen Kosten zu realisieren, können sich die Mehrkosten nur auf Zusatzkosten erstrecken, die dem Anlagenbetreiber entstehen, wenn ihm der Netzbetreiber abweichend vom technisch und wirtschaftlich günstigsten Netzverknüpfungspunkt nach § 8 Abs. 1 EEG 2017 einen anderen Punkt zuweist. Der Netzbetreiber würde sein Wahlrecht nur dann wahrnehmen, wenn dem Anlagenbetreiber durch die Benennung des Netzverknüpfungspunkts keine Einspeiseverluste entstehen würden, die vom Netzbetreiber zu ersetzen wären, denn diese Kosten würde der Netzbetreiber weder über die Netzentgelte noch über den Belastungsausgleich ersetzt bekommen. Allenfalls würde der Netzbetreiber über § 8 Abs. 3 EEG 2017 den von ihm ursprünglich nach § 8 Abs. 1 EEG 2017 benannten technisch und wirtschaftlich günstigsten Netzverknüpfungspunkt benennen. 37

Eingeschränkt wird dieses Zuweisungsrecht allerdings durch die Zumutbarkeit der Anschlussrealisierung für den Anlagenbetreiber. Das bedeutet: ist der Netzanschluss an dem vom Netzbetreiber zugewiesenen Netzverknüpfungspunkt z. B. technisch nicht möglich oder würde der Anlagenbetreiber dafür keine behördliche Genehmigung bekommen,[1234] so wäre die Zuweisung rechtsmissbräuchlich. Darüber hinaus darf der Netzbetreiber dem Anlagenbetreiber nur einen solchen Netzverknüpfungspunkt zuweisen, an dem die Stromabnahme sichergestellt ist. Demnach dürfen an dem Netzverknüpfungspunkt keine Maßnahmen des Einspeisemanagements erfolgen, sofern diese auf Netzengpasssituationen des eigenen Netzes und im Sinne des § 14 EEG 2017 beruhen. Davon zu unterscheiden sind allerdings Maßnahmen zur Gewährleistung der Netz- und Systemsicherheit nach § 13 EnWG sowohl hinsichtlich des eigenen als 38

[1232] So auch: *Altrock*, in: Altrock/Oschmann/Theobald (Hrsg.), EEG, 3. Aufl. 2011, § 5 Rn. 72 f.
[1233] *Bandelow*, in: Gabler/Metzenthin (Hrsg.), EEG, § 5 Rn. 23.
[1234] Vgl. BT-Drs. 16/8148, S. 41.

auch des vorgelagerten Netzes oder betriebsbedingte Maßnahmen wie Wartungsarbeiten oder Störungsbeseitigungen. Diese Maßnahmen nach § 13 EnWG bleiben unberührt.

g) Offenlegung von Netz- und Anlagendaten nach § 8 Abs. 5 und 6 EEG 2017

39   Netzbetreiber haben Einspeisewilligen nach Eingang ihres Netzanschlussbegehrens unverzüglich[1235] einen genauen Zeitplan für die Bearbeitung des **Netzanschlussbegehrens** zu übermitteln, vgl. § 8 Abs. 5 EEG 2017. Diese gesetzliche Verpflichtung beruht auf der Anpassung des nationalen Rechts zur Förderung erneuerbarer Energien an die europäische Richtlinie EE-RL 2009[1236]. In diesem Zeitplan sind anzugeben:
1. in welchen Arbeitsschritten das Netzanschlussbegehren bearbeitet wird und
2. welche Informationen die Einspeisewilligen aus ihrem Verantwortungsbereich den Netzbetreibern übermitteln müssen, damit die Netzbetreiber den Verknüpfungspunkt ermitteln oder ihre Planungen nach § 12 EEG 2017 durchführen können.

Das EEG verpflichtet den Netzbetreiber nicht, dem Anlagenbetreiber diese Informationen höchstpersönlich zu übermitteln. Da es sich hierbei vielmehr um allgemeingültige Informationen handelt, die für jedes Einspeisebegehren im öffentlichen Netz bedeutend sind, kann der Netzbetreiber diese auch allgemeingültig formulieren und z. B. auf seiner Internetseite für jedermann abrufbar darstellen. Eine individuelle Information jedes einzelnen Einspeisewilligen ist in diesem Fall entbehrlich und führt nicht zu einer Pflichtverletzung des § 8 Abs. 5 EEG 2017.

40   § 8 Abs. 6 EEG 2017 verpflichtet den Netzbetreiber außerdem, dem Einspeisewilligen innerhalb von acht Wochen nach Eingang der vollständigen Antragsunterlagen weitere folgende Informationen zu übermitteln:
1. den technisch und wirtschaftlich günstigsten Netzverknüpfungspunkt für sein Vorhaben,
2. auf Antrag die für die Ermittlung des Netzverknüpfungspunkts erforderlichen Netzdaten,
3. einen Zeitplan über die unverzügliche Herstellung des Netzanschlusses,
4. einen nachvollziehbaren und detaillierten Kostenvoranschlag über die dem Anlagenbetreiber entstehenden Netzanschlusskosten und
5. die zur Erfüllung der Pflichten nach § 9 Abs. 1 und 2 EEG 2017 erforderlichen Informationen.

Auf Antrag des Einspeisewilligen hat ihm der Netzbetreiber die zur Ermittlung des **Netzverknüpfungspunkts relevanten Netzdaten** zur Verfügung zu stellen. Diese Netzdaten müssen geeignet sein, dass der Einspeisewillige den vom Netzbetreiber ermittelten Netzverknüpfungspunkt nachprüfen kann. Aufgrund der Tatsache, dass der Gesetzgeber in § 8 Abs. 5 und 6 EEG 2017 den Auskunftsanspruch dem Einspeisewilligen zubilligt und nicht definiert, wer Einspeisewilliger im Sinne des EEG sein soll, lässt darauf schließen, dass auch bereits Investoren in der ersten Planungsphase berechtigt sind, vom Netzbetreiber die relevanten Daten verlangen zu können.[1237] Dies soll für die Investoren bereits in der Planungsphase eine gewisse Sicherheit schaffen. Allerdings müssen bereits die Grunddaten für die Anlage feststehen, d. h., es muss eine gewisse Planreife für das Projekt vorliegen. Der Netzbetreiber kann nur dann einen Netzverknüpfungspunkt ermitteln und den Einfluss der Anlage auf sein Netz abschätzen, wenn ihm die für die Ermittlung des Netzverknüpfungspunkts erforderlichen Anlagendaten vorgelegt werden. Es ist allerdings nicht erforderlich, dass der Einspeisewillige zu diesem Zeitpunkt bereits Anträge zur Genehmigung des von ihm geplanten Vorhabens gestellt hat oder auch etwaige Baugenehmigungen bereits vorliegen. Andererseits darf es sich bei der gegenüber dem Netzbetreiber gestellten Anfrage nicht nur um eine Pauschalanfrage handeln, um die Chancen für mögliche Investitionen auszuloten. Für derartige Anfragen begründet § 8 Abs. 6 EEG 2017 keine Auskunftspflicht des Netzbetreibers. Dies würde auch bereits daran scheitern, dass der

---

[1235] Vgl. → Kap. 4 Rn. 80.
[1236] Richtlinie 2009/28/EG des Europäischen Parlaments und des Rates v. 23.4.2009 zur Förderung der Nutzung von Energie aus erneuerbaren Quellen und zur Änderung und anschließenden Aufhebung der Richtlinien 2001/77/EG und 2003/30/EG.
[1237] Vgl. *Altrock*, in: Altrock/Oschmann/Theobald (Hrsg.), EEG, 3. Aufl. 2011, § 5 Rn. 93 f.

Netzbetreiber nach § 8 Abs. 6 EEG 2017 lediglich verpflichtet ist, die für die Planung und Investitionsaufwendungen erforderlichen Daten zu übermitteln. Es muss sich also um zwingend notwendige Daten handeln. Dies ist aber nicht der Fall, wenn der Anfragende selbst noch kein konkretes Anschlussprojekt hat, also weder der Standort der Anlage bekannt ist noch die zu errichtende Einspeiseleistung.

Liegt die Planungsreife für das Anschlussprojekt vor und verlangt der potenzielle Anlagenbetreiber vom Netzbetreiber die Offenlegung, bestehen zwischen beiden häufig unterschiedliche Auffassungen, welche Daten der Netzbetreiber herausgeben muss. Regelmäßig verlangen Anlagenbetreiber sehr umfassende Angaben, um selbst eine Berechnung eines geeigneten Netzverknüpfungspunkts vornehmen zu können. Der Netzbetreiber hingegen meint, dass bereits mit einfacheren Daten die gesetzliche Pflicht erfüllt ist.[1238] 41

Es geht nicht darum, dass der Anlagenbetreiber mit dem in § 8 Abs. 6 EEG 2017 formulierten Anspruch auf Herausgabe von Netzdaten in die Lage versetzt werden soll, durch die Herausgabe von kompletten Netzplänen das gesamte Netz des Netzbetreibers nachzuberechnen. Dies wäre auch nicht zweckmäßig, da das Netz des Netzbetreibers ständigen Veränderungen unterliegt. Eine heute dargestellte Netzsituation kann im ungünstigsten Fall bereits am nächsten Tag nicht mehr den dann bestehenden Gegebenheiten entsprechen. Tatsächlich bilden die dem Anlagenbetreiber herausgegebenen Netzdaten nur die zu diesem Zeitpunkt bestehende Netzsituation ab. Solange ein potenzieller Anlagenbetreiber noch nicht über **eine Reservierung von Einspeisekapazitäten** für sein Anschlussprojekt verfügt, was in diesem Projektstadium des § 8 Abs. 6 EEG 2017 regelmäßig der Fall ist, kann jede neu hinzukommende Reservierung von Einspeisekapazitäten oder auch jede Neuanmeldung von Anschlussvorhaben zu einer Änderung der Netzsituation und damit zu veränderten Netzdaten führen. Insoweit soll die in § 8 Abs. 6 EEG formulierte Pflicht des Netzbetreibers zur Netzdatenherausgabe auch nur eine Orientierungshilfe sein. Sinn und Zweck des § 8 Abs. 6 EEG 2017 ist, dass der Anlagenbetreiber in die Lage versetzt wird, die Eignung des oder der benannten Netzverknüpfungspunkte nachprüfen und daran anknüpfend die ihm entstehenden Investitionen abschätzen zu können. Es geht nicht darum, dass er selbst einen für ihn günstigen Netzverknüpfungspunkt ermitteln kann, um dann den Netzbetreiber zu verpflichten, die geplante Stromerzeugungsanlage genau an diesem vom Einspeisewilligen ermittelten Netzverknüpfungspunkt anzuschließen. Die Planungshoheit für das Netz der allgemeinen Versorgung liegt allein bei dem dieses Netz betreibenden Netzbetreiber. 42

Weitergehende Informationen, insbesondere die Offenlegung von **Betriebs- und Geschäftsgeheimnissen**, darf der Netzbetreiber dem Einspeisewilligen nicht übermitteln. Ansonsten würde der Netzbetreiber gegen § 17 UWG, § 242 BGB sowie § 291 StGB verstoßen. Die Bestimmungen des Datenschutzgesetzes müssen vom Netzbetreiber stets beachtet werden. Um welche Daten es sich dabei im konkreten Fall handelt, ist einzelfallbezogen zu bewerten. Insbesondere dürfen keine konkreten Anlagen- und Betreiberdaten anderer Einspeiseprojekte sowie Genehmigungsstadien Dritten übermittelt werden. Dabei ist auch konkret im jeweiligen Einzelfall zu ermitteln, ob ein Geheimhaltungsinteresse besteht und ob die Interessen des betroffenen Einspeisewilligen überwiegen. 43

Eine Gebühr darf der Netzbetreiber für die Offenlegung der Netzdaten nicht erheben. Aus Sicht des Gesetzgebers handelt es sich um einen relativ geringen Aufwand für den Netzbetreiber. Darüber hinaus gehöre es zu dessen ureigenen Aufgaben, Netzdaten zur Ermittlung von Netzsituationen vorzuhalten.[1239] 44

[1238] So auch die BDEW-Stellungnahme zum Hinweisverfahren 2013/20 der Clearingstelle EEG v. 25.6.2013.
[1239] BT-Drs.15/2864, S. 35, (Einzelbegründung zu § 4 Abs. 4).

Klauß

h) Praxistipp: Prozessschritte zum Netzanschluss von Windenergieprojekten

45 Beispielhaft wird nachfolgend dargestellt, wie sich die Realisierung von Anschlussprojekten in der Praxis bei einem Netzbetreiber bewährt hat[1240].

46 **Schritt 1: Anmeldung des Anschlussprojekts beim Netzbetreiber**
Im ersten Schritt ist die Erzeugungsanlage zum Anschluss an das Netz des Netzbetreibers anzumelden. Unerheblich ist in diesem Zusammenhang, von wem die Anmeldung erfolgt. Dies kann unter anderem der Anlagenerrichter sein, aber auch der zukünftige Anlagenbetreiber oder eine Projektentwicklungsgesellschaft. Wichtig ist jedoch, dass die Anmeldung alle wesentlichen Angaben zum konkreten Vorhaben beinhaltet, insbesondere die Daten zur Erzeugungsanlage selbst. Dabei werden in den meisten Fällen formalisierte Vordrucke durch den Netzbetreiber bereitgestellt, die anlagenspezifische Angaben in der Regel mittels Datenblättern zum Anschluss von Erzeugungsanlagen erheben sowie alle weiteren notwendigen Unterlagen benennen, die an den Netzbetreiber zu übergeben sind.

47 Zusammengefasst beinhalten diese notwendigen Unterlagen insbesondere für Windenergieanlagen folgende Sachverhalte:
- ausgefülltes Formular zur Anmeldung zum Netzanschluss,
- ausgefülltes Formular zum Anschluss von Erzeugungsanlagen (Datenblatt),
- Übersichtsplan (Maßstab ca. 1:10.000) und Lageplan (Maßstab ca. 1: 500) mit Kennzeichnung des Aufstellungsorts der Erzeugungsanlage(n) einschl. der Grundstücksgrenzen
- technische Unterlagen des Herstellers der Anlagen, z. B.:
  – Datenblätter/Prüfprotokolle zu Antriebsmaschine, Generator und ggf. der Wechselrichter bzw. Frequenzumrichter,
  – bei Wechsel- bzw. Frequenzumrichtern das Prüfprotokoll der zu erwartenden Oberschwingungen und zwischenharmonischen Ströme,
  – bei Wechselrichtern die Konformitätserklärung zur Nennscheinleistung und maximalen Ausgangsscheinleistung,
  – bei Windenergieanlagen ein Auszug aus dem Prüfbericht „Bestimmung der elektrischen Eigenschaften – Netzverträglichkeit" entsprechend TR 3 der FGW e. V. und zugehörige Herstellerbescheinigung, Anlagengutachten gemäß SDLWindV.
- Außerdem ist die Verpflichtung zur Teilnahme am Einspeisemanagement gemäß § 14 EEG zu beachten, deren Einhaltung rechtzeitig sicherzustellen ist.

48 Bei allen Maßnahmen zur Errichtung oder Änderung des Netzanschlusses und zum Anschluss einer Erzeugungsanlage am Netz sind die geltenden technischen Regelungen des Netzbetreibers sowie die branchenüblichen technischen Standards [1241] einzuhalten. Diese Regelungen sind überwiegend auf den Internetseiten des Netzbetreibers veröffentlicht oder sie sind branchenüblich bekannt, sodass sich eine separate Veröffentlichung erübrigt. Im Zweifel wird der Netzbetreiber alle geltenden technischen Vorgaben dem Einspeisewilligen auf Nachfrage zur Verfügung stellen.

49 **Schritt 2: Prüfung der Netzanschluss-/Einspeisemöglichkeit**
Sobald die in Schritt 1 genannte Anmeldung beim Netzbetreiber vollständig (d. h. mit den benannten Unterlagen) vorliegt, prüft der Netzbetreiber die Anschlussmöglichkeit der geplanten Erzeugungsanlage unter Berücksichtigung der gegebenen Netzverhältnisse, der Anlagenleistung, der Betriebsweise und der zu erwartenden Netzrückwirkungen der Erzeugungsanlage. Diese Prüfung beinhaltet die Ermittlung
- eines geeigneten Netzanschluss- bzw. Netzverknüpfungspunkts,[1242]
- einer technischen Anschlusslösung,

[1240] Anschlüsse über kaufmännisch bilanzielle Weitergabe sind im Einzelfall und abweichend vom beschriebenen Prozess abwickelbar.
[1241] Z. B. technische Anschlussbedingungen (TAB).
[1242] Hier ist zu empfehlen, dass auf später mögliche oder zu erwartende Abschaltungen nach § 14 EEG hingewiesen wird.

Klauß

- der voraussichtlichen Anschlusskosten (Grobkostenabschätzung) und
- der konkreten technischen Bedingungen zum Netzanschluss.

Das Ergebnis wird im Rahmen einer sogenannten „Netztechnischen Stellungnahme" dem Einspeisewilligen schriftlich mitgeteilt.

Unter vom Netzbetreiber festgelegten Voraussetzungen (Beurteilung der **Planungsreife**) 50 kann dieser den von ihm ermittelten technisch und wirtschaftlich günstigsten Netzverknüpfungspunkt für eine bestimmte Zeitdauer reservieren. Damit wird die für das angefragte Anschlussprojekt erforderliche Einspeisekapazität am ermittelten Netzanschlusspunkt vorgehalten und in dem betreffenden Zeitraum anderen Anschlussprojekten nicht zur Verfügung gestellt. Bei der Beurteilung der Planungsreife wird anhand der baurechtlichen Genehmigungspflicht unterschieden in genehmigungspflichtige und nicht genehmigungspflichtige Vorhaben.[1243]

Sofern für die betreffende Erzeugungsanlage keine baurechtliche Genehmigungspflicht 51 besteht, kann die Planungsreife des Vorhabens nur anhand der Fertigstellung der Anlage, dem Errichtungsbeginn der Anlage und der Auftrags- und Lieferbestätigung des Herstellers/Lieferanten der Anlage (einschl. Liefertermin) bewertet werden.

Bei baugenehmigungspflichtigen Erzeugungsanlagen kann die **Planungsreife** auch am 52 jeweiligen behördlichen Genehmigungsstand abgeleitet werden. Diese sind insbesondere bei Windenergieanlagen durch das Vorliegen folgender Unterlagen belegbar:

Gesetzlicher Vorrang	Planungsreife	Genehmigungspflichtig
EEG-Anlagen und KWKG-Anlagen vor sonstigen Anlagen	1	positiver Bauvorbescheid
		B-Plan (Satzungsbeschluss)
		Vorbescheid gem. BImSchG
	2	Baugenehmigung oder Teilbaugenehmigung
		Genehmigung oder Teilgenehmigung nach BImSchG
	3	Errichtungsbeginn
		Fertigstellung

Sofern das Vorhaben eine vorgenannte Planungsreife erreicht hat, wird dem Einspeisewilligen eine zeitlich befristete Reservierung angeboten. Die Reservierung wird verbindlich, wenn der Einspeisewillige den Netzverknüpfungspunkt und die Anschlusslösung innerhalb einer konkret bestimmten Frist bestätigt. Die Reservierung kann verlängert werden, wenn die Erzeugungsanlage die nächsthöhere Planungsreife innerhalb der Reservierungsfrist erreicht. An dieser Stelle wird auch das gesetzlich vorgeschriebene Ausschreibungsverfahren zu berücksichtigen sein.

Schritt 3: Angebot zum Netzanschluss 53

Nachdem die notwendigen Detailabstimmungen zum Netzanschluss abgeschlossen sind, wird in der Regel durch den Netzbetreiber ein **verbindliches Anschlusskostenangebot** unterbreitet. Dafür benötigt der Netzbetreiber folgende Unterlagen:
- Lageplan der Anschlussanlage und der Erzeugungsanlage(n),
- Angaben zur Anschlussanlage (u. a. Baukörper, elektrische Anlage einschließlich Schutztechnik),
- Angabe zu den Schutzeinrichtungen der Erzeugungsanlage (Art, Fabrikat, Schaltung, Funktion und Gerätebeschreibung sowie ggf. Konformitätserklärungen bzw. Unbedenklichkeitsbescheinigungen),
- Angaben zum Kundennetz (Typ, Länge und Querschnitt – außer Hausinstallationen),
- Nachweis zur Einhaltung des geforderten cos phi,
- Nachweis zur Erdschlusskompensation des Kundennetzes (nicht bei Anschluss in Niederspannung).

[1243] Windenergieanlagen sind i. d. R. immer genehmigungspflichtig, sofern es sich nicht um Kleinwindenergieanlagen handelt.

54 Schritt 4: Herstellung und Inbetriebnahme des Netzanschlusses

Nach Bestätigung des Anschlusskostenangebots und Vorliegens der erforderlichen Genehmigungen wird in gegenseitiger Abstimmung mit der Erstellung des Netzanschlusses begonnen. Nach dessen Fertigstellung erfolgt die Inbetriebnahme der Übergabestelle.[1244]

55 Anschließend erfolgen der Einbau der Mess- und Zähleinrichtungen und die Inbetriebnahme des Netzanschlusses. Anschlussnehmer bzw. Anschlussnutzer/Anlagenbetreiber erhalten daraufhin die Bestätigung zum Netzanschlussverhältnis bzw. die Bestätigung zum **Anschlussnutzungsverhältnis** und der Einspeisung. Dabei sei darauf hingewiesen, dass zur Erforderlichkeit von Einspeiseverträgen und deren Ausgestaltung sowie zu wesentlichen Inhalten umfangreiche Literaturquellen existieren.[1245]

56 Schritt 5: Inbetriebnahme und technische Abnahme der Erzeugungsanlage

Die Inbetriebnahme der Erzeugungsanlage wird durch den Anlagenbetreiber und den Anlagenerrichter im Inbetriebnahmenachweis[1246] dokumentiert und dem Netzbetreiber übermittelt.[1247] Dies ist bei einer Privilegierung der betreffenden Erzeugungsanlage nach dem EEG wichtig für vergütungsrelevante Fragen.

2. Technische Vorgaben zum Netzanschluss

56a Der Frage, an welchem konkreten Punkt eine Windenergieanlage an das öffentliche Strom(-verteil)netz anzuschließen ist, ist gleichsam zwangsläufig die Frage nachgelagert, unter welchen (technischen) Voraussetzungen dies zu geschehen hat. Das derzeit geltende EEG 2017 sieht hierzu in den §§ 9 und 10 detaillierte Regelungen vor. Ohne an dieser Stelle bereits den Inhalt der Regelungen bewerten zu müssen, wird hieraus deutlich, dass die Windenergieanlagen nicht beliebig an das öffentliche Stromnetz angeschlossen werden können, sondern dass sie bestimmte Vorgaben zu berücksichtigen haben.

a) Genereller Regelungsgehalt – Keine Anschlussvoraussetzung

56b Während sich § 10 EEG 2017 vor allem mit der konkreten Ausführung des Netzanschlusses selbst befasst, sind in § 9 grundsätzliche technische Vorgaben an die Erzeugungsanlagen selbst normiert. Gemäß § 9 Abs. 1 S. 1 EEG 2017 gilt generell:

„*Anlagenbetreiber und Betreiber von KWK-Anlagen müssen ihre Anlagen mit einer installierten Leistung von mehr als 100 Kilowatt mit technischen Einrichtungen ausstatten, mit denen der Netzbetreiber jederzeit*
1. die Einspeiseleistung bei Netzüberlastung ferngesteuert reduzieren kann und
2. die Ist-Einspeisung abrufen kann."

Vergleichbare Vorschriften enthielten sämtliche Gesetzesfassungen seit dem 01.01.2009. Der Gesetzgeber hatte die Vorschrift seinerzeit im Zusammenhang mit den Regelungen des Einspeisemanagements angeführt und vor allem damit begründet, dass es den Netzbetreibern gerade bei voller Auslastung des Netzes ausnahmsweise erlaubt sein müsse vom gesetzlich geregelten Anschlussvorrang abzuweichen, um dauerhaft die Sicherheit und Funktionsfähigkeit des Netzes zu gewährleisten.[1248]

56c Wenngleich die gesetzessystematische Stellung des § 9 EEG 2017 direkt im Anschluss an die Frage der Bestimmung des Netzanschlusses in § 8 EEG 2017 einen anderen Schluss nahelegt,

---

[1244] Z.B. Transformatorenstation, Umspannwerk.
[1245] *Schmidt/Klauß/Rohrberg*, in: Schöne (Hrsg.), Vhb StromWi, 1. Aufl. 2007, Kap. 5. D.; *Lehnert*, in: Altrock/Oschmann/Theobald (Hrsg.), EEG, 3. Aufl. 2011, § 4 Rn. 48 ff.; *Salje* (Hrsg.), EEG 2012, 6. Aufl. 2012, § 4 Rn. 3 ff.
[1246] I.d.R. existieren hierzu Formulare der Netzbetreiber, die verwendet werden können und in denen alle relevanten Informationen dokumentiert werden können.
[1247] Verantwortlich hierfür ist im eigenen Interesse der Anlagenbetreiber, um die notwendigen Informationen für eine zeitnahe und reibungslose Aufnahme der Vergütungszahlungen an den Netzbetreiber zu übermitteln.
[1248] BT-Drs. 16/8148, S. 42.

handelt es sich bei den in § 9 EEG 2017 niedergelegten Maßgaben nicht um Anschlussvoraussetzungen im eigentlichen Sinne.[1249] Das bedeutet also, dass entgegen der vielfachen Annahme und geübten Praxis Netzbetreiber bei Verstoß gegen die technischen Vorgaben den tatsächlichen Netzanschluss nicht grundsätzlich verweigern dürfen. Eine solche Befugnis ergibt sich weder aus § 9 EEG 2017 noch aus Vorschriften, welche diese Norm flankieren (vgl. etwa § 52 EEG 2017). Zwar hatte der Gesetzgeber bei Einführung der Norm im Jahr 2009 die Vorschrift zunächst in der Tat noch mit *„Anschlussvoraussetzungen"* überschreiben wollen.[1250] Seit ihrem Inkrafttreten ist die Vorschrift aber mit *„Technischen Vorgaben"* betitelt, was ihrem eigentlichen Charakter als Ordnungsvorschrift im Ergebnis auch wesentlich näher kommen dürfte. Denn letztlich werden in der Regelung lediglich Forderungen an die Anlagentechnik aufgestellt, zu deren Umsetzung der jeweilige Anlagenbetreiber verpflichtet ist. Hält er diese Pflicht nicht ein, so muss er mit einer drastischen Reduzierung des Förderanspruchs rechnen; vgl. § 52 EEG 2017. Damit dürfte es sich aber allenfalls um eine Art Obliegenheit, keinesfalls jedoch um eine echte Anschlussvoraussetzung handeln.

b) Anwendungsbereich und Detailregelungen der Norm

56d Von der grundsätzlichen Verpflichtung zur Bereithaltung von Fernsteuerungseinrichtungen sind dem eindeutigen Gesetzeswortlaut nach zunächst alle Anlagen mit einer installierten elektrischen Leistung von mehr als 100 kW und damit dem Grunde nach wohl alle gängigen Windenergieanlagen erfasst. Die Vorschrift dient damit der technischen Absicherung des in § 14 EEG 2017 geregelten Einspeisemanagements.[1251] In den weiteren Absätzen der Vorschrift werden sodann energieträgerspezifische Anforderungen aufgestellt. So ist in Absatz 6 die grundsätzliche Vorgabe normiert, dass Windenergieanlagen den Vorschriften der Systemdienstleistungsverordnung Wind (SDLWindV) zu entsprechen haben.

56e Im Hinblick auf die Fernsteuerungseinrichtungen nach Absatz 1 ist darauf hinzuweisen, dass gemäß § 9 Abs. 1 S. 2 EEG 2017 mehrere Anlagen, die über einen gemeinsamen Netzverknüpfungspunkt in das öffentliche Netz einspeisen und damit auch eine gemeinsame Regelungseinrichtung nutzen dürfen. Hintergrund dieser Regelung war ein entsprechendes Urteil des Kammergerichts Berlin vom 9.7.2012, das eine solche Möglichkeit ohne ausdrückliche gesetzliche Regelung noch abgelehnt hatte.[1252] Weil das Gericht die Revision zum BGH nicht gelassen hatte, sah sich der Gesetzgeber offensichtlich dazu genötigt, eine entsprechende Klarstellung in das Gesetz aufzunehmen.[1253]

c) Technische Einrichtungen zur ferngesteuerten Reduzierung der Einspeiseleistung

56f Nach der Grundvorgabe des § 9 Abs. 1 S. 1 EEG 2017 sind also alle Anlagen mit einer installierten Leistung von mehr als 100 kW dazu verpflichtet, Einrichtungen zur ferngesteuerten Reduzierung der Einspeiseleistung (Nummer 1) sowie über Abrufung der Ist-Einspeisung (Nummer 2) bereit zu halten. Entgegen der ursprünglichen Regelung im EEG 2009 (vgl. § 6 Abs. 1 EEG 2009) muss es sich definitiv um technische Einrichtungen handeln, auf die allein der Netzbetreiber Zugriff hat. Die frühere Möglichkeit, dass auch personelle Vorkehrungen – etwa durch eine rund um die Uhr besetzte Leitwarte – getroffen werden konnten, hat der Gesetzgeber bereits mit Inkrafttreten des EEG 2012 abgeschafft.

56g Der Sache nach muss es sich um ferngesteuerte Einrichtungen handeln, mithilfe derer sich die Einspeiseleistung der betroffenen Windenergieanlagen bei Netzüberlastung direkt reduzieren lässt. In der Praxis werden hier üblicherweise Rundsteuerempfänger in Verbindung mit fern auslesbaren Zählern sowie Synchronous-Modularmeter mit Grid-Modul oder Fernwerktechnik

---

[1249] Missverständlich insoweit *Cosack* in: Frenz/Müggenborg/Ekardt/Cosack, Kommentar zum EEG, 5. Aufl. 2015, § 9 Rn. 1.
[1250] Vgl. den Gesetzesentwurf zum EEG 2009, BT-Drs. 16/8148, S. 5, 7 und 42.
[1251] Vgl. hierzu auch *Cosack* in: Frenz/Müggenborg/Ekardt/Cosack, Kommentar zum EEG, 5. Aufl. 2015, § 9 Rn. 6.
[1252] *KG Berlin*, Beschl. v. 9.7.2012, Az.: 23 U 71/12.
[1253] BT-Drs. 18/3404, S. 120 f.

eingesetzt.[1254] Darüber hinaus müssen die Windenergieanlagen gemäß Nummer 2 der Vorschrift auch über Einrichtungen verfügen, mit denen jederzeit die Ist-Einspeisung abgerufen werden kann. Auch hier muss es sich um technische Einrichtungen handeln, sodass betriebliche Vorkehrungen – etwa eine Ablesung durch das Betriebspersonal – ebenfalls nicht ausreichend sind. Nach dem Willen des Gesetzgebers muss in Übereinstimmung mit der energiewirtschaftlichen Praxis eine viertelstundescharfe Ablesung möglich sein.[1255] Vor diesem Hintergrund wird man davon ausgehen müssen, dass die Daten online zu übermitteln sind.[1256] Dabei dürfte die Entscheidung über das verwendete Datenformat beim Anlagenbetreiber als Verpflichteten liegen, wobei mit Rücksicht auf den generell geltenden Grundsatz von Treu und Glauben (§ 242 BGB) keine in der Praxis unüblichen Datenformate verwendet werden dürfen.[1257] Basierend auf dieser Verpflichtung geht auch folgerichtig die Frage der Kostentragung einher. Grundsätzlich hat der Anlagenbetreiber deshalb die Kosten für die Installation der Einrichtungen gemäß § 9 Abs. 1 EEG 2017 zu tragen.[1258]

d) Besondere Vorgaben für Windenergieanlagen – SDLWindV

56h Gemäß § 9 Abs. 6 EEG 2017 gilt als besondere Vorgabe für Onshore-Windenergieanlagen, die noch vor dem 1.7.2017 in Betrieb genommen worden sind, Folgendes:

> *[Betreiber von Windenergieanlagen an Land] müssen sicherstellen, dass am Verknüpfungspunkt ihrer Anlage mit dem Netz die Anforderungen der Systemdienstleistungsverordnung erfüllt werden.*

Die gesetzliche Ermächtigung zur Schaffung einer solchen Verordnung hat der Gesetzgeber aktuell in § 95 Nr. 5 EEG 2017 verankert. Von dieser Ermächtigung, die schon das EEG 2009 dem Grunde nach inhaltsgleich in dem damaligen § 64 Abs. 1 EEG 2009 enthalten hatte, hat die Bundesregierung bereits unter dem 3.7.2009 durch Schaffung einer „Verordnung zu Systemdienstleistungen durch Windenergieanlagen"[1259] Gebrauch gemacht. Die Verordnung ist im Zuge der jeweiligen Novellierungen des EEG jeweils fortgeführt worden. Wesentliche inhaltliche Änderungen sind abseits redaktioneller Anpassungen allerdings nicht erfolgt.[1260]

56i Im Anwendungsbereich des EEG 2014 war die Geltungsdauer der SDLWindV bis zum 31.12.2016 begrenzt. Dies ist durch das EEG 2017 bis auf den 1.7.2017 verlängert worden; vgl. § 9 Abs. 6 EEG 2017. Wenngleich die aktuelle Regelung ihrem Wortlaut nach sämtliche vor dem 1.7.2017 in Betrieb genommene Anlagen dazu verpflichtet, die Vorgaben der SDLWindV einzuhalten, gilt die Vorschrift gemäß den in § 100 Abs. 2 Nr. 10 b EEG 2017 in Verbindung mit den insoweit anwendbaren Vorschriften des EEG 2009, dass sämtliche Anlagen, die vor dem 1.1.2012 in Betrieb genommen worden sind, die Vorgaben der aktuellen SDLWindV grundsätzlich – auch nach Inkrafttreten des EEG 2017 – nicht einzuhalten haben. Der früher für eine mehr oder weniger freiwillige Auf- bzw. Umrüstung in Aussicht gestellte SDL-Bonus,[1261] der dazu anreizen sollte, dass auch ältere Anlagen die Vorgaben der SDLWindV einhalten, war schon zum 1.1.2015 ausgelaufen.

56j Für alle Anlagen, die ab dem 1.7.2017 in Betrieb genommen werden, gilt die SDLWindV – sofern sie nicht abermals verlängert wird – somit nicht mehr. Dies ist auch nicht weiter verwunderlich, so war die SDLWindV seinerzeit doch vor allem als Übergangsinstrument gedacht und sollte von Anfang an perspektivisch durch allgemein anerkannte Normen des Forums

---

[1254] Vgl. *Scholz* in Säcker, Berliner Kommentar zum EEG 2014, Sonderband Energierecht, EEG, § 9 Rn. 16.

[1255] BT-Drs. 16/8148, S. 42.

[1256] Vgl. *Scholz* in Säcker, Berliner Kommentar zum EEG 2014, Sonderband Energierecht, EEG, § 9 Rn. 16.

[1257] Vgl. hierzu BT-Drs. 16/8148, S. 43.

[1258] *Salje*, EEG-Kommentar, 7. Aufl. 2015, § 9 Rn. 7.

[1259] Systemdienstleistungsverordnung v. 3.7.2009 (BGBl. I S. 1734), zuletzt geändert durch Art. 10 des Gesetzes v. 13.10.2016 (BGBl. I S. 2258), nachfolgend: SDLWindV.

[1260] Vgl. BT-Drs. 18/1304, S. 309.

[1261] Vgl. hier die Ausführungen unter Kapitel 4, III, 7 b in der Vorauflage.

Klauß

Netztechnik des VDE abgelöst werden.[1262] Dementsprechend ist auch für den Bereich der Systemdienstleistungen durch Windenergieanlagen damit zu rechnen, dass sehr zeitnah technische Anwendungsrichtlinien veröffentlicht werden, zumal ab dem 27.4.2019 der europäische Netzcodex für Erzeugungsanlagen ohnehin angewendet werden muss. Es ist daher damit zu rechnen, dass der Gesetzgeber im Rahmen der anstehenden Novelle des Energiewirtschaftsgesetzes (EnWG), die ab dem 1.7.2017 vermeintlich auftretende Gesetzeslücke schließen wird. Bereits mit Datum vom 26.9.2016 hatte das zuständige Bundesministerium für Wirtschaft und Energie (BMWi) einen ersten Entwurf einer Verordnung zum Nachweis von elektronischen Eigenschaften von Energieanlagen (NELEV) vorgelegt, der jedenfalls die Nachweiserbringung hinsichtlich der von Windenergieanlagen zu leistenden Systemdienstleistungen regeln sollte. Bis zum Redaktionsschluss war diese Verordnung allerdings nicht in Kraft getreten.

Entsprechend der gesetzlichen Ermächtigung regelt die SDLWindV im Wesentlichen die Anforderungen für Alt- und Neuanlagen an das Verhalten der Anlagen im Fehlerfall, an die Spannungshaltung und Blindleistungsbereitstellung, an die Frequenzhaltung, an das Nachweisverfahren, an den Versorgungswiederaufbau und für die Erweiterung bestehender Windparks. Dabei ist darauf hinzuweisen, dass sich die Anforderungen an Alt- und Neuanlagen in den einzelnen Details durchaus unterscheiden können.[1263] **56k**

(Neu-)Anlagen, die an das Mittelspannungsnetz angeschlossen werden sollen, müssen dabei nach § 2 SDLWindV am Netzverknüpfungspunkt einzeln oder gemeinsam mit anderen Anlagen oder durch zusätzliche technische oder betriebliche Einrichtungen die Anforderungen der technischen Richtlinie des Bundesverbands der Energie- und Wasserwirtschaft „Erzeugungsanlagen am Mittelspannungsnetz", Ausgabe Juni 2008 (Mittelspannungsrichtlinie 2008)[1264] erfüllen. Für Anlagen am Hoch- und Höchstspannungsnetz gelten gem. § 3 SDLWindV die Anforderungen des „TransmissionCodes 2007 – Netz- und Systemregeln der deutschen Übertragungsnetzbetreiber", Ausgabe Version 1.1 August 2007 (TransmissionCode 2007).[1265] **56l**

Grundsätzlich ist der Nachweis, dass die vorstehenden Voraussetzungen der §§ 2 bis 4 SDLWindV in Verbindung mit den Anlagen 1 und 2 (diese enthalten weitere Vorgaben und technische Einzelheiten) zur Verordnung am Netzverknüpfungspunkt eingehalten werden, nach § 6 Abs. 1 SDLWindV durch die Vorlage von Einheitenzertifikaten nach dem Verfahren des Kapitels 6.1 der Mittelspannungsrichtlinie 2008 und durch das Gutachten eines Sachverständigen dem Netzbetreiber gegenüber zu erbringen. **56m**

e) Rechtsfolgen bei Verstoß gegen die Vorgaben des § 9 EEG 2017

Wie oben bereits ausgeführt, handelt es sich bei den Vorgaben in § 9 EEG 2017 nicht um echte Anschlussvoraussetzungen, ohne deren Vorliegen die Netzbetreiber dazu berechtigt wären, die Anlagen nicht ans Netz anzuschließen bzw. bereits angeschlossene Anlagen wieder vom Netz zu trennen. Vielmehr hat sich der Gesetzgeber dazu entschieden, die Einhaltung der Vorgaben des § 9 EEG 2017 über (zum Teil gravierende) wirtschaftliche Sanktionen sicherzustellen. So hat er in § 52 Abs. 2 Nr. 1 EEG 2017 bei einem Verstoß gegen die Vorgaben des § 9 EEG 2017 eine Verringerung des für die Förderung nach dem EEG maßgeblichen anzulegenden Werts auf den Monatsmarktwert vorgesehen, was im Fall der Direktvermarktung faktisch zu einer Reduzierung der Förderung auf Null führt. Diese gesetzliche Rechtsfolge greift sowohl bei Verstößen gegen die Pflicht zur Bereithaltung von Fernsteuereinrichtungen und Einrichtungen zur Abrufung der Ist-Einspeisung nach § 9 Abs. 1 EEG 2017 sowie bei einem Verstoß nach § 9 Abs. 6 EEG 2017 einzuhaltenden Vorgaben der SDLWindV. Auf ein Verschulden des Anlagenbetreibers kommt es dabei der gesetzlichen Regelung zufolge nicht an. Die Dauer der Sanktion greift für die Dauer des Gesetzesverstoßes, also so lange wie der Anlagenbetreiber die technischen Einrichtungen nach Absatz 1 nicht einhält oder gegen die Vorgaben der SDLWindV verstößt. **56n**

[1262] BT-Drs. 18/1304, S. 123.
[1263] Vgl. hierzu *Schomerus*, in: Frenz/Müggenborg (Hrsg.), EEG, 3. Aufl. 2013, § 64 Rn. 9 ff.
[1264] BAnz. Nr. 67a v. 6.5.2009.
[1265] BAnz. Nr. 67a v. 6.5.2009.

56 Sollten während dieser Zeit gleichwohl Strommengen zum Zwecke der Förderung eingespeist worden sein, so stehen dem Anlagenbetreiber diesbezüglich nach einhelliger und zuletzt auch vom BGH bestätigter Rechtsprechung unter keinem erdenklichen Gesichtspunkt Ersatzansprüche – auch nicht nach den Grundsätzen der ungerechtfertigten Bereicherung – zu.[1266] Denn nach Auffassung des BGH haben die Sanktionsvorschriften abschließenden Charakter, weshalb sämtliche Vorschriften zum Wertersatz von Gesetzes wegen ausgeschlossen seien. Anlagenbetreiber, die den Strom aus ihrer Anlage direkt vermarkten, sind dementsprechend auf den Markterlös limitiert, den sie von ihrem Direktvermarkter erhalten. Anlagen in der Mindestvergütung erhalten lediglich den Monatsmarktwert vom Netzbetreiber. Diese Rechtsprechung mag zwar zurecht heftig kritisiert werden können, sie macht aber sehr deutlich, dass die Anlagenbetreiber tunlichst gehalten sind, die Vorgaben des § 9 EEG 2017 stets einzuhalten.

3. Erweiterung von Netzkapazitäten

57 Neben der Anschlusspflicht ist der Netzbetreiber nach § 12 Abs. 1 EEG 2017 verpflichtet, **auf Verlangen** der Einspeisewilligen unverzüglich sein Netz entsprechend dem **Stand der Technik zu optimieren**, zu verstärken und auszubauen. Dieser Verpflichtung muss der Netzbetreiber nur dann nicht nachkommen, wenn ihm die erforderlichen Maßnahmen **wirtschaftlich unzumutbar** sind, vgl. § 12 Abs. 3 EEG 2017. Dabei ist § 11 Abs. 2 EnWG entsprechend anzuwenden. Weiterhin besteht die Verpflichtung nicht, wenn der Anlagenbetreiber an einem anderen Netzverknüpfungspunkt angeschlossen wurde und deshalb der Anspruch auf Anschluss erfüllt wurde.

58 Ausgehend vom Wortlaut des § 12 Abs. 1 EEG 2017 ist der Netzbetreiber zur Netzertüchtigung verpflichtet, um EE-Anlagen an das öffentliche Netz anschließen und damit die größtmögliche Menge von Strom aus erneuerbaren Energien aufnehmen zu können. Mit der gesetzlichen Regelung des § 12 Abs. 1 EEG 2017 soll es dem Netzbetreiber nicht möglich sein, den Zubau weiterer Anlagen zur Erzeugung von Strom aus erneuerbaren Energien abzulehnen, wenn die vorhandenen Netzkapazitäten dafür nicht ausreichen. Der Netzbetreiber hat dafür Sorge zu tragen, dass genügend Einspeisekapazitäten zur Verfügung stehen, sodass jede EE-Anlage an das Netz angeschlossen werden kann. Noch das EEG 2004 ging dabei davon aus, dass die gesetzlich geregelte Netzausbaupflicht sehr selten vorkommen und daher nur eine Ausnahme sein wird und die vorhandenen Netzkapazitäten ausreichend vorhanden sind.[1267] Allerdings entspricht dies nicht mehr den Tatsachen. Zwischenzeitlich sind so viele EE-Anlagen am Netz der allgemeinen Versorgung angeschlossen, dass es zeitweise zu **Netzüberlastungen** kommt. Die vorhandenen Netzkapazitäten sind durch die Vielzahl der in den vergangenen Jahren angeschlossenen Windenergieanlagen sowie großen Solarparks in einigen Netzregionen derart ausgeschöpft, dass Maßnahmen zur Erweiterung der Netzkapazitäten unumgänglich sind und teilweise auch Voraussetzung dafür sind, dass weitere EE-Anlagen an das Netz angeschlossen werden können. Insoweit ist die Erweiterung von Netzkapazitäten eine wesentliche Herausforderung für die Energiewende und den weiteren Zubau von EEG-Stromerzeugungsanlagen.

a) Maßnahmen zur Erweiterung der Netzkapazitäten nach § 12 Abs. 1 und 2 EEG 2017

59 Die Netzertüchtigung selbst kann durch die in § 12 Abs. 1 EEG 2017 genannten drei Arten erfolgen, nämlich durch **Netzoptimierung**, **Netzverstärkung** oder **Netzausbau**. Ausweislich der Begründung zum EEG 2009 sind Netzoptimierung und Netzverstärkung Unterformen des Netzausbaus, sie stellen ein Minus gegenüber dem Netzausbau dar.[1268] Das bedeutet, dass der Netzausbau selbst noch deutlich über Netzverstärkung und Netzoptimierung hinausgeht und noch weitergehende Maßnahmen erfordert. Verlangt ein Anlagenbetreiber von dem Netzbetreiber eines Netzes der allgemeinen Versorgung einen Netzausbau nach § 12 Abs. 1 EEG 2017,

---

[1266] Vgl. *BGH*, Urt. v. 18.11.2015 – Az. VIII ZR 304/14.
[1267] BT-Drs. 15/2864, S. 34 (Einzelbegründung zu § 4 Abs. 2).
[1268] So auch BT-Drs. 16/8148, S. 45 (Einzelbegründung zu § 9 Abs. 1).

Klauß

so obliegt dem Netzbetreiber die Entscheidung, welche Maßnahmen von ihm ergriffen werden, um den gesetzgeberischen Auftrag zu erfüllen. Dabei muss es sich nicht um einen Netzausbau im eigentlichen Sinne handeln. Vielmehr können auch Maßnahmen der Netzoptimierung oder Netzverstärkung kumulativ oder alternativ vorgenommen werden. Es muss jedenfalls das gesetzgeberische Ziel erreicht werden, die größtmögliche Menge von Strom aus erneuerbaren Energien in das Netz aufzunehmen und damit dem Anlagenbetreiber, der den Netzausbau verlangt hat, den Anschluss seiner Stromerzeugungsanlage an das Netz und die Stromeinspeisung zu ermöglichen.

Dabei soll im Rahmen der Erweiterung von Netzkapazitäten an die Verpflichtungen nach dem Energiewirtschaftsgesetz angeknüpft werden. Nach § 11 Abs. 1 EnWG sind Betreiber von Energieversorgungsnetzen verpflichtet, ein sicheres, zuverlässiges und leistungsfähiges Energieversorgungsnetz diskriminierungsfrei zu betreiben, zu warten und bedarfsgerecht zu optimieren, zu verstärken und auszubauen. Einschränkbar sind diese Verpflichtungen des Netzbetreibers lediglich dann, wenn die erforderlichen Maßnahmen dem Netzbetreiber nicht zumutbar sind. Während in § 11 Abs. 1 EnWG der Netzbetreiber sehr allgemein an seine Pflicht zur Erweiterung der Netzkapazität erinnert wird und er damit selbst bestimmen kann, wann und wie die Optimierung, Verstärkung oder der Ausbau vorgenommen wird, geht § 12 Abs. 1 EEG noch weiter. So bestimmt § 12 Abs. 1 S. 1 EEG 2017, dass der Netzbetreiber seine Verpflichtungen unverzüglich zu erfüllen hat.[1269] Des Weiteren muss der Netzausbau sämtliche für den Betrieb des Netzes notwendigen technischen Einrichtungen sowie die im Eigentum des Netzbetreibers stehenden oder in sein Eigentum übergehenden Anschlussanlagen umfassen, vgl. § 12 Abs. 2 EEG 2017. Unabhängig davon hat der Netzbetreiber aber auch das Kriterium des preisgünstigen Netzbetriebs nach § 1 EnWG zu beachten. Diese allgemeingültige Verpflichtung gilt grundsätzlich auch für die Anwendung des EEG. Daraus ergeben sich wiederum das Recht und die Pflicht für den Netzbetreiber zunächst die Maßnahmen vorzunehmen, die die geringsten Kosten verursachen und gleichwohl das gesetzgeberische Ziel erreichen. Insoweit können Einspeisewillige vom Netzbetreiber nur die Maßnahmen verlangen, die zwingend notwendig sind, um seine Anlage an das Netz anzuschließen.[1270]

60

Was unter Netzoptimierung, Netzverstärkung und Netzausbau im Einzelnen zu verstehen ist und wie sich die Begrifflichkeiten voneinander unterscheiden, regelt weder das EnWG noch das EEG. Gleichwohl haben sich in der Praxis verschiedene Maßnahmen herausgebildet, die entsprechend zugeordnet werden können.[1271] So fallen unter **Netzoptimierungsmaßnahmen** alle diejenigen Maßnahmen, die zu einer besseren Auslastung des Netzes und der vorhandenen Netzkapazitäten führen, ohne dass dazu vorhandene Betriebsmittel durch neue leistungsstärkere Betriebsmittel ersetzt werden müssen. Zu den **Netzverstärkungsmaßnahmen** gehört der Austausch von Netzbetriebsmitteln, um damit höhere Netzkapazitäten zu erreichen. Als Beispiel ist der Tausch von Freileitungen mit einem höheren Leitungsquerschnitt zu nennen. Dabei wird aber nicht die gesamte Netzstruktur in einem bestimmten Netzgebiet neu konzipiert oder verändert, sondern es werden lediglich netzabschnittsweise bestimmte Betriebsmittel getauscht. Der **Netzausbau** im eigentlichen Sinne wiederum umfasst alle Maßnahmen, die in die eigentliche Struktur des Netzes eingreifen und dessen Substanz grundlegend verändern, so z.B. der Leitungszubau auf neuen Trassen. Welche Maßnahme der Netzbetreiber im Endeffekt realisiert, obliegt seiner Entscheidungshoheit und seiner gesetzlichen Verantwortung zum Netzbetrieb, vgl. § 11 Abs. 1 EnWG. Ausgehend von der gesetzlichen Vorgabe in § 1 EnWG, nach der die Energieversorgung preisgünstig zu erfolgen hat, wird der Netzbetreiber also zunächst die kurzfristig realisierbaren Maßnahmen mit den geringsten Kosten vornehmen. Regelmäßig handelt es sich dabei um Maßnahmen der Netzoptimierung oder Netzverstärkung.

61

[1269] Vgl. → Kap. 4 Rn. 80.
[1270] Es kann kein Anschluss an einem bestimmten Netzverknüpfungspunkt verlangt werden, sondern nur an dem Punkt, der die volkswirtschaftlich geringsten Kosten verursacht.
[1271] *Wustlich*, in: Altrock/Oschmann/Theobald (Hrsg.), EEG, 3. Aufl. 2011, § 9 Rn. 18 ff.; *Salje* (Hrsg.), EEG 2009, 5. Aufl. 2009, § 9 Rn. 8 ff.

62 Die Verpflichtung des Netzbetreibers zur Erweiterung seiner vorhandenen Netzkapazitäten ist allerdings beschränkt auf die Maßnahmen, die dem aktuellen Stand der Technik entsprechen und tatsächlich zu einer Erweiterung von Netzkapazitäten führen können. In der Branche ist umstritten, welche Maßnahmen vom Netzbetreiber verlangt werden können.

63 Maßnahmen, die dem Stand der Technik entsprechen, sind in Korrespondenz mit § 49 Abs. 1 EnWG diejenigen, die dazu dienen, dass die zu errichtenden und zu betreibenden Energieerzeugungsanlagen die **technische Sicherheit** gewährleisten. Dies wird vermutet, wenn bei Anlagen zur Erzeugung, Fortleitung und Abgabe von Elektrizität die technischen Regeln des Verbands der Elektrotechnik Elektronik Informationstechnik e.V. eingehalten worden sind, vgl. § 49 Abs. 2 EnWG. Unter **anerkannten Regeln der Technik** sind die auf Erkenntnissen und Erfahrungen beruhenden geschriebenen und ungeschriebenen Regeln zu verstehen, die eingehalten werden müssen, um Gefahren auszuschließen, die in den betreffenden Fachkreisen bekannt sind und als richtig anerkannt werden.[1272] Da das EEG ein Gesetz ist, das ständigem Wandel unterliegt und auch in der Branche ständig neue Entwicklungen zu erwarten sind, können auch solche Maßnahmen bereits dem Stand der Technik entsprechen. Auch wenn für diese noch keine langjährigen praktischen Erfahrungen vorliegen, können sie aber gleichwohl in der Fachwelt als fortschrittliche Verfahren anerkannt sein.

64 Einzelne in Betracht kommende Maßnahmen nennt insoweit die Gesetzesbegründung zur Änderung des § 9 Abs. 1 EEG 2009,[1273] z. B.:
- Anwendung der saisonalen Fahrweise auf allen Netzebenen,
- Einsatz lastflusssteuernder Betriebsmittel,
- Einsatz von Hochtemperaturleiterseilen bis 150 °C,
- Anwendung des Freileitungs-Monitorings auf der 110-kV-Ebene.

Da der in § 12 Abs. 1 EEG 2017 normierte Anspruch auf **Erweiterung der Netzkapazität** faktisch über § 17 EEG 2017 mit der Kostentragungspflicht durch den Netzbetreiber verbunden ist, entsteht häufig Streit zwischen Anlagen- und Netzbetreibern, wer die Kosten zu tragen hat. Anschlusskosten sind vom Anlagenbetreiber zu tragen, Netzausbaukosten gehören in den Verantwortungsbereich des Netzbetreibers. § 12 Abs. 2 EEG 2017 beschreibt dazu Abgrenzungskriterien, die jedoch auch nicht in jedem Fall zu einer eindeutigen Kostenaufteilung führen. Nach § 12 Abs. 2 EEG 2017 hat der Netzbetreiber die Verantwortung und damit die Kostentragungspflicht für:
- sämtliche für den Betrieb des Netzes notwendige technische Einrichtungen,
- im Eigentum des Netzbetreibers stehende Einrichtungen oder
- in sein Eigentum übergehende Anschlussanlagen.

65 Für den Gesetzgeber ist die Verantwortung und Kostentragung an zwei Grundkriterien abzugrenzen. Dies ist zum einen die Aufgabe des Netzbetriebs nach § 1 EnWG und zum anderen das Eigentum der Betriebsmittel. Der Netzbetreiber trägt somit die Verantwortung für alle diejenigen Betriebsmittel, die der Funktionsfähigkeit des Netzes dienen und dafür sowie für den störungsfreien Netzbetrieb unentbehrlich sind (netzinterne Maßnahmen).[1274] Hinzu kommen Anlagenteile der Anschlussanlage, die im Eigentum des Netzbetreibers stehen oder in dessen Eigentum übergehen, z. B. Anschlussleitungen, die ursprünglich als ausschließliche Einspeiseleitung für einen Anlagenbetreiber errichtet wurden, an die zu einem späteren Zeitpunkt aber weitere EE-Anlagen angeschlossen werden. In diesem Fall würde die ursprüngliche Anschlussleitung zum Netz der allgemeinen Versorgung.

b) Zeitpunkt des Anspruchs auf Erweiterung der Netzkapazität

66 Wann der Netzbetreiber seine Verpflichtung zur **Erweiterung der Netzkapazität** zu erfüllen hat, ist gesetzlich nicht vorgegeben. Geregelt wird zwar, dass der Einspeisewillige vom Netzbetreiber die Erweiterung der Netzkapazität verlangen kann. Es wird aber nicht

---
[1272] *Wiemer*, in: Gabler/Metzenthin (Hrsg.), EEG, § 9 Rn. 29.
[1273] BT-Drs.16/8148, S. 45 (Einzelbegründung zu § 9 Abs. 1).
[1274] S. a. *Wustlich*, in: Altrock/Oschmann/Theobald (Hrsg.), EEG, 3. Aufl. 2011, § 9 Rn. 27.

Klauß

definiert, wer Einspeisewilliger ist und ab welchem Zeitpunkt die Realisierung zu erfolgen hat. Ausweislich der Begründung zu § 9 EEG 2009 hat der Gesetzgeber aber bewusst auf die Übernahme einer entsprechenden Regelung des § 4 Abs. 3 S. 3 EEG 2004 in das EEG 2009, EEG 2012, EEG 2014 und nun auch in EEG 2017 verzichtet.[1275] Nach § 4 Abs. 2 S. 3 EEG 2004 musste bei genehmigungsbedürftigen Anlagen (z. B. nach BImSchG) die Genehmigung vorliegen oder zumindest eine Teilbaugenehmigung oder ein Bauvorbescheid, um den Netzbetreiber zu Netzausbaumaßnahmen zu verpflichten.

Mit Blick auf den Begriff des Anlagenbetreibers nach § 3 Nr. 2 EEG 2017 muss der **Einspeisewillige** eine Person sein, die zwar noch keine Anlage zur Erzeugung von Strom aus erneuerbaren Energien betreibt, er muss den Anschluss einer solchen und die Stromeinspeisung aus dieser jedoch ernsthaft beabsichtigen.[1276] Folglich wird der Zeitpunkt der Ausbaupflicht vorverlagert.[1277] Eine solche Absicht kann zumindest bei demjenigen angenommen werden, der bereits ein gewisses unternehmerisches Risiko eingegangen ist.[1278] So soll gerade bei genehmigungspflichtigen Anlagen auch schon vor Erteilung der Genehmigungen ein Ausbauanspruch bestehen. 67

In der Praxis ist es allerdings recht schwierig für den Netzbetreiber zu entscheiden, ob etwaige Projekte tatsächlich zur Realisierung kommen werden, sodass ein von ihm vorgenommener Netzausbau nicht ins „Blaue" hinein vorgenommen wird und damit quasi ins Leere läuft. Unter dem Blickwinkel der in § 1 EnWG geregelten Verpflichtung zum Betrieb eines preisgünstigen Energieversorgungsnetzes wäre es nicht vereinbar, kostenaufwändige, jedoch nicht notwendige Netzausbaumaßnahmen vorzunehmen. Insoweit muss es dem Netzbetreiber gleichwohl der gesetzlichen Regelungen möglich sein, gewisse Planungsstadien abzufragen und sich auch Unterlagen vorlegen zu lassen, aus denen sich Ernsthaftigkeit des Vorhabens und Realisierungsabsicht ergibt. Dies kann bei Windenergieanlagen z. B. regelmäßig mit einer Genehmigung zur Errichtung der Anlage nach dem BImSchG belegt werden. 68

Diese grundsätzliche Vorgehensweise der Netzbetreiber steht auch im Einklang mit den gesetzlichen Regelungen bzw. der Begründung zu § 9 EEG 2009. Denn der Anspruch auf Erweiterung der **Netzkapazität wird durch das Unzumutbarkeitskriterium** eingeschränkt. Jedenfalls dann, wenn die Planungen für die Errichtung der Eigenerzeugungsanlage nicht mehr unverbindlich sind und weiter konkretisiert wurden, indem z. B. Aufträge für Detailplanungen vergeben wurden oder Herstellungsverträge unterzeichnet wurden, kann der Netzbetreiber den Netzausbauanspruch des Einspeisewilligen mit dem Argument der Unzumutbarkeit nicht ablehnen. Insoweit muss es dem Netzbetreiber möglich sein, entsprechende Unterlagen und Nachweise vom Einspeisewilligen zu verlangen. 69

Steht dem Einspeisewilligen ein Anspruch auf Erweiterung der Netzkapazität zu, muss der Netzbetreiber diesen Anspruch allerdings erst dann vornehmen, wenn er dazu von dem Einspeisewilligen aufgefordert wird. Der Einspeisewillige muss also ausdrücklich vom Netzbetreiber verlangen, dass dieser die Optimierung, Verstärkung oder den Ausbau des Netzes vornimmt, um den Anschluss der Stromerzeugungsanlage des Einspeisewilligen an sein Netz und die Stromeinspeisung realisieren zu können. Er kann allerdings nicht vom Netzbetreiber verlangen, dass dieser sein Netz ausbaut, um den Einspeisewilligen einen Netzanschluss an den von ihm gewünschten Netzverknüpfungspunkt zu gestatten. Kann der Netzbetreiber nach Vornahme einer **Netzverträglichkeitsprüfung** und Abwägung aller in Betracht kommenden Kosten einen technisch und wirtschaftlich günstigen Punkt in seinem Netz benennen, geht ein Verlangen des Einspeisewilligen zur Erweiterung der Netzkapazität ins Leere. Diesem Verlangen muss der Netzbetreiber nicht entsprechen. Der Anspruch des Einspeisewilligen auf Ausbau des Netzes nach § 12 EEG 2017 ist insoweit stets nachrangig gegenüber dem Anschlussanspruch nach § 8 Abs. 1 EEG 2017. 70

[1275] BT-Drs. 16/8148, S. 45 (Einzelbegründung zu § 9 Abs. 1).
[1276] *BGH*, Urt. v. 18.7.2007 – VIII ZR 288/05, ZNER 2007, 318 (320).
[1277] BT-Drs. 16/8148, S. 45 (Einzelbegründung zu § 9 Abs. 1).
[1278] Vgl. auch: *Wustlich*, in: Altrock/Oschmann/Theobald (Hrsg.), EEG, 3. Aufl. 2011, § 9 Rn. 41 ff.

71 Problematisch erscheint es in diesem Zusammenhang, wenn der Netzbetreiber auf Wunsch des Einspeisewilligen sein Netz ausbaut, die Einspeiseanlage oder die beantragte Einspeiseleistung, für die der Netzausbau erforderlich war, dann aber nicht zur Realisierung kommt. In diesem Fall entstehen ggf. Schadensersatzansprüche des Netzbetreibers gegenüber dem den Netzausbau verlangenden Einspeisewilligen, weil Aufwendungen getätigt wurden, die im Ergebnis nutzlos waren.

72 Kann der Netzbetreiber keinen Netzverknüpfungspunkt in seinem Netz benennen oder wäre ein Netzausbau volkswirtschaftlich günstiger als der Anschluss der Stromerzeugungsanlage an einem weiter entfernteren Netzverknüpfungspunkt im Netz des Netzbetreibers und verlangt der Einspeisewillige eine Erweiterung der Netzkapazität, ist der Netzbetreiber auf dieses Verlangen hin verpflichtet, den Anspruch auf Erweiterung der Netzkapazität **unverzüglich** zu erfüllen.[1279] Das bedeutet für den Netzbetreiber, er muss mit den Maßnahmen zur Erweiterung der Netzkapazität unmittelbar beginnen und er muss auch alles ihm Zumutbare und Mögliche tun, damit die Maßnahmen ohne Verzögerungen abgeschlossen werden können und die Stromerzeugungsanlage des Einspeisewilligen an das Netz angeschlossen werden kann. Unverzüglich bedeutet dabei aber nicht, dass der Netzbetreiber innerhalb kürzester Zeit die Erweiterung der Netzkapazität abgeschlossen haben muss. Auch der Beginn der für die Erweiterung der Netzkapazität üblichen Planungen und Berechnungen entspricht bereits einem unverzüglichen Handeln. Kommt es zu Verzögerungen, die nicht in der Sphäre des Netzbetreibers liegen, z. B. durch Bearbeitungsstaus bei Behörden oder die sich nachträglich herausstellende Notwendigkeit von zusätzlichen Genehmigungen, so sind diese „Zusatzzeiten" nicht vom Netzbetreiber zu verantworten. In diesem Fall ist es dem Netzbetreiber rechtlich nicht möglich, den gesetzlichen Anspruch auf Erweiterung der Netzkapazität zu einem früheren Zeitpunkt zu realisieren. Er ist dann gegenüber dem Einspeisewilligen auch nicht zu Schadenersatzzahlungen verpflichtet, z. B. für entgangene Einspeisevergütungen, die durch spätere Inbetriebnahmen der Stromerzeugungsanlagen und spätere Stromeinspeisungen entstanden sein können.

c) Wirtschaftliche Zumutbarkeit von Netzausbaumaßnahmen nach § 12 Abs. 3 EEG 2017

73 Der Anspruch auf Erweiterung der Netzkapazitäten besteht nur dann, wenn die damit verbundenen Maßnahmen dem Netzbetreiber **wirtschaftlich zumutbar** sind. Diese Handlungsgrenze sah bereits das EEG 2000 vor[1280] und wurde in den folgenden EEG-Novellierungen fortgesetzt. Daher entspricht der heutige § 12 Abs. 3 EEG 2017 auch im Wesentlichen § 4 Abs. 2 S. 2 EEG 2004. Allerdings wurde die Beweislast mit den Neuregelungen des EEG 2009 umgekehrt. Musste im EEG 2000 und EEG 2004 noch der Anlagenbetreiber nachweisen, dass dem Netzbetreiber die Erweiterung der Netzkapazität zumutbar ist, so trägt seit dem EEG 2009 der Netzbetreiber die Verantwortung für den Nachweis der Unzumutbarkeit der Kapazitätserweiterung, wenn er sich darauf berufen möchte und die Erweiterung der Netzkapazität ablehnt. Hieraus folgt, dass die wirtschaftliche Zumutbarkeit der Kapazitätserweiterung gesetzlich vermutet wird. Es besteht allerdings die Möglichkeit für den Netzbetreiber, diese gesetzliche Vermutung zu widerlegen.[1281]

74 Wann eine Erweiterung der Netzkapazität dem Netzbetreiber konkret nicht mehr zumutbar ist, regelt das EEG nicht. Nach der Gesetzesbegründung ist die wirtschaftliche Zumutbarkeit eine Ausprägung des Verhältnismäßigkeitsgrundsatzes.[1282] Insofern ist das Kriterium der Unzumutbarkeit ein auslegungsbedürftiger unbestimmter Rechtsbegriff, der nach den konkreten Umständen des Einzelfalls zu ermitteln ist. Im Rahmen der dafür vorzunehmenden Abwägung ist den Interessen des Anlagenbetreibers und denjenigen des Netzbetreibers gebührend Rech-

---

[1279] Zur Unverzüglichkeit → Kap. 4 Rn. 80 und *Salje* (Hrsg.), EEG 2009, 5. Aufl. 2009, § 9 Rn. 28.
[1280] BT-Drs. 14/2776, S. 36 (Einzelbegründung zu § 3).
[1281] *Wiemer*, in: Gabler/Metzenthin (Hrsg.), EEG, § 9 Rn. 35.
[1282] BT-Drs. 15/2357, S. 25; *Wustlich*, in: Altrock/Oschmann/Theobald (Hrsg.), EEG, 3. Aufl. 2011, § 9 Rn. 32.

nung zu tragen.[1283] Dabei ist neben Sinn und Zweck des Gesetzes auch zu berücksichtigen, dass dem EEG das Prinzip der Minimierung der volkswirtschaftlichen Gesamtkosten zu Grunde liegt. Der Netzbetreiber ist nach § 8 Abs. 1 EEG 2017 verpflichtet, den volkswirtschaftlich günstigsten Netzverknüpfungspunkt zu ermitteln. Dabei sind auch die Kosten für einen etwaigen Netzausbau zu berücksichtigen. Davon ausgehend ist dem Netzbetreiber eine Erweiterung der Netzkapazität grundsätzlich zumutbar, wenn durch die Netzkapazitätserweiterung die Gesamtkosten der Anbindung der Eigenerzeugungsanlage an das öffentliche Netz unabhängig von der jeweiligen Kostentragungspflicht geringer sind als eine Anbindung an einer anderen (ggf. weiter entfernteren) Stelle des Netzes, an der das Netz ohne vorherige Kapazitätserweiterung technisch geeignet ist.[1284]

Im Ergebnis bedeutet dies, auch wenn der Netzbetreiber dem Einspeisewilligen einen Netzverknüpfungspunkt in seinem Netz benennen kann, dieser Punkt bei dem Einspeisewilligen aber zu höheren Kosten führen würde, als ein möglicher Netzausbau an einem näheren Netzverknüpfungspunkt, muss der Netzbetreiber diesen Umstand bei der Ermittlung des Netzverknüpfungspunkts berücksichtigen. Der Netzbetreiber muss ggf. zu dem Ergebnis kommen, dass ein Netzausbau volkswirtschaftlich kostengünstiger ist. Dann ist die Erweiterung der Netzkapazität dem Netzbetreiber grundsätzlich zumutbar und er muss dem Einspeisewilligen den näheren Netzverknüpfungspunkt zuweisen. In dem Kosten-Varianten-Vergleich sind aber auch mögliche Einspeiseverluste zu berücksichtigen, die durch ein späteres Anbinden der Erzeugungsanlage an das Netz entstehen, nämlich bedingt durch die zunächst vorzunehmende Erweiterung der Netzkapazität. 75

Mit der Gesetzesbegründung zu § 4 Abs. 2 S. 2 EEG 2004 hat der Gesetzgeber versucht, einen Zumutbarkeitsmaßstab zu entwickeln. Verhältnismäßig und dem Netzbetreiber zumutbar soll ein Ausbau insbesondere dann sein, wenn die Kosten des Ausbaus 25 % der Kosten der Errichtung der Stromerzeugungsanlage nicht überschreiten.[1285] Begründet wurde dies damit, dass der Wert des Stroms, der aus einer Erzeugungsanlage geliefert werden kann, in der Regel näherungsweise in einem festen Verhältnis zu den Investitions- und Betriebskosten der Anlage steht, die Investitionskosten und erwarteten Betriebsaufwendungen etwa für den Brennstoffeinsatz der Erzeugungsanlage aber zu Projektbeginn sicherer abzuschätzen sind als das gesamte Vergütungsvolumen, ist die Bezugnahme auf die Höhe dieser Kosten der Anlage ein geeigneter Anhaltspunkt für die Beurteilung der wirtschaftlichen Zumutbarkeit.[1286] 76

Auf den ersten Blick erscheint das 25-%-Kriterium zwar nachvollziehbar, es ist jedoch für sich allein betrachtet nur eine Orientierungshilfe und wenig praxistauglich. Die Unzumutbarkeit des Netzausbaus ist ein unbestimmter Rechtsbegriff, der anhand des Einzelfalls und einer Verhältnismäßigkeitsbetrachtung zu bewerten ist. Die Investitionskosten der Stromerzeugungsanlage und die Kosten des Netzausbaus sind dabei sicherlich zu berücksichtigen. Sie können aber nicht allein für die Bewertung ausschlaggebend sein. Eine starre Kostenbetrachtung wäre gerade in den Fällen unbillig, in denen die Kosten des Netzausbaus nur geringfügig über dem 25-%-Kriterium liegen. Insoweit sind im Rahmen der Verhältnismäßigkeitsprüfung weitere Kriterien zu berücksichtigen, z. B. weitere anzuschließende Anlagen, die Einspeiseleistung der Stromerzeugungsanlage, die noch vorzunehmende Vergütungsdauer oder auch der Nutzen der Stromerzeugungsanlage für die Allgemeinheit.[1287] Gerade in den beispielhaft genannten Fällen wäre die Verpflichtung des Netzbetreibers zur Erweiterung der Netzkapazität ein Eingriff in die Rechte des Netzbetreibers aus Art. 12 und 14 GG und damit nicht verhältnismäßig. In die Abwägung ist auch einzubeziehen, ob ein Netzausbau und die damit verbundenen Kosten vermieden werden können, wenn zeitweise die Stromerzeugungsanlage über das Einspeisemanagement abgeregelt wird. So kann sich im Rahmen der Verhältnismäßigkeitsprüfung ergeben, 77

[1283] *Wustlich*, in: Altrock/Oschmann/Theobald (Hrsg.), EEG, 3. Aufl. 2011, § 9 Rn. 32.
[1284] *Wiemer*, in: Gabler/Metzenthin (Hrsg.), EEG, § 9 Rn. 35.
[1285] BT-Drs. 15/2864, S. 34 (Einzelbegründung zu § 4).
[1286] BT-Drs. 15/2864, S. 34 (Einzelbegründung zu § 4).
[1287] S. a. *Wiemer*, in: Gabler/Metzenthin (Hrsg.), EEG, § 9 Rn. 41.

dass dem Anlagenbetreiber zumutbar ist, Einspeiseverluste zu akzeptieren, wenn im Gegenzug dazu aufwendige Netzausbaumaßnahmen vermieden werden.

78   Abschließend ist somit festzustellen, dass pauschale Lösungen, z. B. auch anhand des 25-%-Kostenkriteriums der Gesetzesbegründung, nicht zielführend sind und im Ergebnis zu einer Unverhältnismäßigkeit führen können, wenn keine Einzelfallprüfung vorgenommen wird, bei der volks- und betriebswirtschaftliche Belange der Beteiligten berücksichtigt und gegeneinander abgewogen werden.

4. Abnahme- und Einspeisemanagement

a) Stromabnahme gemäß § 11 EEG 2017

79   Für den in der Windenergieanlage erzeugten Strom ist der Netzbetreiber verpflichtet, den Strom in Gänze, wie er dem Netzbetreiber am Netzverknüpfungspunkt angeboten wird, abzunehmen. Dem könnten Gründe wegen des Vorbehalts der Erfüllung von § 14 EEG 2017[1288] und/oder § 11 Abs. 3 und 4 EEG 2017[1289] entgegenstehen. Gleichzeitig steht die Gesamtabnahme nicht unter der Bedingung einer Vergütungsverpflichtung gemäß §§ 19–21c, ggf. i. V. m. § 40 ff. EEG 2017. Sie besteht somit bei

- jeder nach EEG 2017 denkbaren Vergütungskonstellation, bei bestimmten Verstößen ggf. mit dem Vergütungssatz Null, sowie auch
- wenn die Anlage nach Ablauf der Vergütungsdauer nach § 25 EEG 2017, also derzeit nach 20 Jahren zzgl. Inbetriebnahmejahr bzw. nach Ausschreibungen gemäß EEG 2017 ohne Inbetriebnahmejahr, weiterhin einspeist.

> Für den gesamten angebotenen Strom aus Anlagen, die nicht die Voraussetzungen zur Teilnahme am Einspeisemanagement nach § 9 EEG erfüllen, reduziert sich die Förderung nach § 52 Abs. 2 Nr. 1 EEG 2017 auf den Monatsmarktwert.

80   **aa) Gebot der Unverzüglichkeit.** Die Abnahme des gesamten angebotenen Stroms hat vom Netzbetreiber unverzüglich, d. h. ohne schuldhaftes Zögern, zu erfolgen. Die praktische Bedeutung dessen ist gering, da aus technisch/physikalischen Gründen eine Abnahme entweder sofort oder gar nicht erfolgt. Bedeutsamer ist die Unverzüglichkeit der Herstellung des Netzanschlusses gemäß § 8 Abs. 1 EEG 2017.[1290]

81   Das Vorhandensein der technischen Einrichtungen zur Umsetzung des Einspeisemanagements ist nicht Voraussetzung für die Inbetriebnahme und damit der Herstellung des Netzanschlusses durch den Netzbetreiber. Das Fehlen dieser Einrichtungen bewirkt „nur" die Abnahme des erzeugten Stroms unter Vorbehalt[1291] und die Reduzierung der Vergütungszahlung.[1292]

82   Dessen ungeachtet kann es sein, dass Netzbetreiber auf Grund der besonderen Netzsituation in ihren **technischen Anschlussbedingungen** (kurz: TAB) das Vorhandensein der entsprechenden Technik als Voraussetzung für eine Herstellung des Netzanschlusses verlangen, sofern dies durch die Anwendung von § 10 Abs. 2 EEG 2017 gerechtfertigt ist.

83   **bb) Vorbehalt des § 14 EEG 2017.** Die vorrangige[1293] Abnahme des angebotenen Stroms durch den Netzbetreiber, an dessen Netz die Windenergieanlage ggf. auch über kaufmännisch bilanzielle Weitergabe[1294] angeschlossen ist (Anschlussnetzbetreiber), steht unter dem Vorbehalt, dass dieser die Möglichkeit hat, im Bedarfsfall die Maßnahmen gemäß § 14 EEG 2017 (**Einspeisemanagement**) umzusetzen.

[1288] Vgl. → Kap. 4 Rn. 83.
[1289] Vgl. → Kap. 4 Rn. 95.
[1290] Vgl. → Kap. 4 Rn. 80.
[1291] Vgl. → Kap. 4 Rn. 83.
[1292] Vgl. → Kap. 4 Rn. 79.
[1293] Vgl. → Kap. 4 Rn. 91.
[1294] Vgl. → Kap. 4 Rn. 95.

Das heißt, dass die Pflicht zur Abnahme des angebotenen EE-Stroms während der Maßnahmen nach § 14 EEG 2017 für den Netzbetreiber nicht besteht.

Bei einer Verweigerung von Anlagenbetreibern ist es dem Netzbetreiber aufgegeben, die Abnahme dieses Stroms nachrangig einzuordnen. Das hat in der Praxis die Folge, dass die zugehörigen Erzeugungsanlagen bei Bedarf vor EE- bzw. KWK-Anlagen vom Netz zu trennen sind. Bei Nichtvorhandensein der durch das Einspeisemanagement geforderten Technik kann dies ggf. durch direkte Abschaltung des Netzanschlusses erfolgen. 84

Außerdem ergibt sich aus § 52 Abs. 2 Nr. 1 EEG 2017 die zusätzliche Konsequenz, dass die Vergütung der Anlage so lange auf den Monatsmarktwert reduziert wird, wie der jeweilige Anlagenbetreiber gegen die gesetzlichen Vorschriften verstößt. 85

Da die installierte Leistung von Windenergieanlagen in aller Regel die gesetzliche Leistungsgrenze gemäß § 9 Abs. 1 EEG 2017 von 100 kW übersteigt, besteht dieser Vorbehalt in nahezu allen praktisch vorkommenden Anlagen. 86

Der Vorbehalt des § 14 EEG 2017 greift nur dann, wenn 87
1. in dem in Frage kommenden Netzbereich (einschließlich dem nachgelagerten Netz) die größtmögliche Erzeugungsmenge aus EE- bzw. KWK-Anlagen abgenommen wird und die Kapazität des Netzbereichs zur Abnahme des insgesamt erzeugten Stroms nicht ausreicht oder
2. eine Gefährdung der Systemsicherheit[1295] im Netzbereich oder einem direkt oder indirekt vorgelagerten Netzbereich vorliegt und der abnahmeverpflichtete Netzbetreiber von einem direkt oder indirekt vorgelagerten Netzbetreiber zur Mitwirkung bei der Beseitigung dieses Zustands aufgefordert wurde.[1296]

Die für die Erfüllung von § 14 EEG 2017 erforderlichen technischen Voraussetzungen können im Rahmen der **technischen Anschlussbedingungen** des jeweiligen Netzbetreibers oder innerhalb der für den Netzanschluss zwischen Anschlussnehmer und Netzbetreiber vereinbarten Vertrags- oder Vereinbarungsverhältnisse verankert sein. Dabei kann der jeweilige Netzbetreiber die für seinen jeweils betroffenen Netzbereich erforderliche Gerätetechnik vorgeben. 88

Mehrere Windenergieanlagen, die mittels eines internen Windparknetzes über einen gemeinsamen Netzverknüpfungspunkt an das Netz der allgemeinen Versorgung angeschlossen sind, können, in Analogie zu der in diesen Fällen üblichen gemeinsamen Messeinrichtung[1297], mit einer (bei größeren Parks ggf. mit mehreren) gemeinsamen technischen Einrichtungen nach § 9 EEG 2017 ausgerüstet werden. 89

Betriebliche Einrichtungen im Sinne des EEG 2009 genügen dem derzeit geltenden EEG 2017 nicht. Die technischen Einrichtungen zur Erfüllung der Erfordernisse zur Zahlung einer Managementprämie sind von den Einrichtungen für die Erfüllung von § 14 EEG 2017 abzugrenzen.[1298] 90

cc) Stromabnahme unter Beachtung des Vorrangigkeitsprinzips. Der EE-Strom ist vom **abnahmeverpflichteten Netzbetreiber vorrangig** gegenüber anderweitig erzeugtem Strom abzunehmen.[1299] Demnach hat EE-Strom hinsichtlich seiner Abnahmezusage einen höheren Rang als anderer Strom. KWK-Strom ist hingegen gleichrangig dem EEG-Strom abzunehmen. Das bewirkt, dass evtl. erforderliche Maßnahmen des Einspeisemanagements gemäß § 14 EEG 2017 erst dann greifen dürfen, wenn zuvor alle auf andere Art stromerzeugenden Anlagen[1300] nicht mehr in das jeweilige Netz einspeisen bzw. dies lediglich aus Gründen der Aufrechterhaltung der Systemsicherheit in eingeschränkter Weise noch erfolgt.[1301] 91

[1295] Vgl. §§ 13 ff. EnWG.
[1296] Vgl. → Kap. 4 Rn. 116.
[1297] Vgl. § 24 Abs. 4 EEG 2017.
[1298] Vgl. → Kap. 4 Rn. 113.
[1299] Vgl. § 11 Abs. 1 S. 1 EEG 2017.
[1300] D. h. alle Nicht-EEG- oder Nicht-KWK-Anlagen.
[1301] Vgl. → Kap. 4 Rn. 116.

92 Zusätzlich ergibt sich innerhalb des EEG 2017 eine Privilegierung für Solarstromanlagen mit einer installierten Leistung von bis zu 100 kW.[1302] Demnach sind derartige Anlagen, sofern sie dem Einspeisemanagement unterliegen, nachrangig zu regeln. Die Regelung bedeutet für Windenergieanlagen, dass diese ggf. vor kleinen Solarstromanlagen abzuschalten sind.

93 Das Vorrangprinzip ist dabei netzübergreifend einzuhalten. D. h., es ist nicht nur innerhalb des Netzbereichs, in welchem der Engpass vorliegt, sondern auch in den ggf. nachgelagerten Netzen zu beachten und umzusetzen.

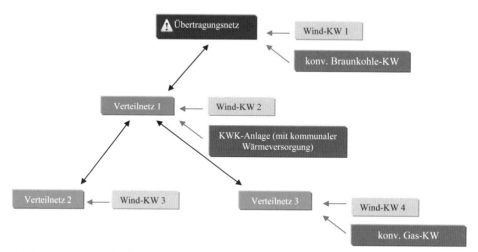

Bei einem Netzengpass im Übertragungsnetz sind zuerst die konventionellen Anlagen anzusteuern. Wegen der netztopologischen Nähe zum Engpass[1303] ist das im Beispiel hier deshalb das Braunkohlekraftwerk. Danach ist das Gaskraftwerk, welches an Verteilnetz 3 angeschlossen ist, zu regeln. Anschließend folgen die Windkraftwerke 1–4 (untereinander entsprechend ihrer netztopologischen Wirksamkeit auf den konkreten Engpass). Zuletzt folgen die KWK-Anlagen.[1304]

KWK-Anlagen sind gemäß § 11 Abs. 1 EEG 2017 sowie auch über § 3 Abs. 2 KWKG hinsichtlich der Abnahme des angebotenen Stroms gleichrangig gegenüber EEG-Anlagen zu betrachten.[1305]

94 Für Windenergieanlagen bedeutet das, dass KWK-Anlagen im Falle der Erforderlichkeit von Maßnahmen des Einspeisemanagements nicht bereits aus den Gesetzen heraus vorher zu reduzieren bzw. abzuschalten sind[1306], wie das noch in früheren Fassungen von EEG bzw. KWKG bis zum Jahr 2009 vorgesehen war.

95 **dd) Kaufmännisch-bilanzielle Weitergabe.** Für Windenergieanlagen, die nicht direkt mit dem Netz der allgemeinen Versorgung verbunden sind, gelten die vorgenannten Bedingungen in gleicher Weise.

> Windenergieanlagen, deren technischer Netzverknüpfungspunkt nicht in einem Netz der allgemeinen Versorgung liegt und die den Strom indirekt mittels kaufmännisch-bilanzieller Weitergabe in ein Netz der allgemeinen Versorgung einspeisen, haben die gleichen Rechte und Pflichten wie direkt angeschlossene Anlagen.

96 Es kommt nicht auf die Art des Netzes an, an welchem die Erzeugungsanlage tatsächlich angeschlossen ist. Windenergieanlagen, die lediglich über ein internes Windparknetz an das Netz

---

[1302] Vgl. § 14 Abs. 1 S. 2 EEG 2017.
[1303] Vgl. → Kap. 4 Rn. 138.
[1304] Zur Nachrangigkeit von KWK-Strom → Kap. 4 Rn. 129.
[1305] Vgl. BNetzA, Leitfaden zum EEG-Einspeisemanagement (Version 1.0) Ziffer 1.
[1306] Zur Einordnung untereinander → Kap. 4 Rn. 125.

der allgemeinen Versorgung angeschlossen sind, gelten als direkt angeschlossene Erzeugungsanlagen und fallen somit nicht unter den Sachverhalt der kaufmännisch-bilanziellen Weitergabe.

ee) Ausnahmen der Abnahmeverpflichtung. In § 11 Abs. 3 EEG 2017 ist bei **vertraglicher Vereinbarung** gegenüber den ansonsten gesetzlich vorgegebenen und nicht verhandelbaren Konditionen die Möglichkeit vorgesehen, zur besseren Integration der Anlage in das Netz ausnahmsweise vom Abnahmevorrang abzuweichen. Sie ist ebenso eine Ausnahme vom Abnahmevorrang wie das Einspeisemanagement nach § 14 EEG 2017.[1307]

Damit besteht die theoretische Möglichkeit, per Vertrag von der Verpflichtung zur vorrangigen Stromabnahme abzuweichen. Dadurch könnten diese Anlagen ggf. abweichend in das Einspeisemanagement einbezogen werden. Diese Möglichkeit bezieht sich allein auf angeschlossene Anlagen, sodass hierdurch der Netzanschluss nicht beeinträchtigt werden kann.[1308] Allerdings steht ein solcher Vertrag unter der Bedingung, dass die wirtschaftlichen Ausgleichszahlungen im Falle einer Reduzierung/Abschaltung der betroffenen Anlage (Entschädigungen) keinesfalls höher sein dürfen als der übliche Härtefallausgleich gemäß § 15 EEG 2017. Diese Regelung ergibt sich daraus, dass der Netzbetreiber bei der späteren Anerkennung der entstehenden Kosten durch die Bundesnetzagentur nur die mindestens erforderlichen Aufwendungen anerkannt bekommt.

In der Folge läuft die Möglichkeit einer ausnahmsweisen vertraglichen Vereinbarung wirtschaftlich praktisch ins Leere, weil Netzbetreiber aus den vorgenannten Gründen eine solche Vereinbarung nur anbieten werden, wenn deren wirtschaftliche Konditionen (bzgl. Entschädigungshöhe) schlechter sind als die reine Anwendung der gesetzlichen Vorgaben. Dies ergibt jedoch aus Sicht der Anlagenbetreiber kaum Gestaltungsspielraum.

ff) Abgabe durch den aufnehmenden Netzbetreiber. Der Netzbetreiber, an dessen Netz die Anlage, ggf. auch über kaufmännisch-bilanzielle Weitergabe, angeschlossen ist,[1309] ist zunächst dazu verpflichtet, die erzeugte Energie von der Windenergieanlage abzunehmen.[1310]

Gegenüber dem aufnehmenden Netzbetreiber ist, sofern dieser nicht bereits selbst Übertragungsnetzbetreiber ist, anschließend der jeweils vorgelagerte oder der nächstgelegene inländische Übertragungsnetzbetreiber zur Abnahme verpflichtet. Dies gilt auch dann, wenn temporär in der Regelzone des jeweiligen Übertragungsnetzbetreibers auf Grund von geringer Nachfrage ein Überangebot von EE-Strom vorliegen sollte. Die bereits genannten Vorbehalte[1311] und Ausnahmen[1312] gelten in diesem Verhältnis ebenso.

gg) Dauer der Abnahme. Entgegen der Vergütungsdauer, welche gesetzlich begrenzt ist[1313] besteht die Abnahmeverpflichtung für den in der Windenergieanlage erzeugten Strom nicht zeitlich begrenzt und besteht somit auch über die vorgenannte Dauer hinaus.

b) Einspeisemanagement gem. § 14 EEG 2017

Auf Grund der zwischenzeitlich in Deutschland erreichten Fortschritte bei der Installation von Erzeugungs- und insbesondere von Windenergieanlagen kommt es immer häufiger zu Situationen, in denen eine geringe Nachfrage nach Strom auf der einen Seite und eine hohe Erzeugung auf der anderen Seite zusammentreffen.[1314] Dies führt in einigen Netzbereichen bereits zur Richtungsumkehr der Energieflüsse und in der weiteren Folge dort zu Engpässen.

[1307] Vgl. *Salje* (Hrsg.), EEG 2012, 6. Aufl. 2012, § 8 Rn. 15.
[1308] BT-Drs. 16/8148, S. 44.
[1309] Aufnehmender Netzbetreiber/Anschlussnetzbetreiber.
[1310] Ausnahmen → Kap. 4 Rn. 97.
[1311] Vorbehalte → Kap. 4 Rn 83.
[1312] Ausnahmen → Kap. 4 Rn. 97.
[1313] Vgl. § 25 EEG 2017.
[1314] Hieraus entsteht die Notwendigkeit des Einspeisemanagements gemäß § 14 EEG 2017, um damit das technisch notwendige Gleichgewicht von Abnahme und Erzeugung von Energie zu gewährleisten.

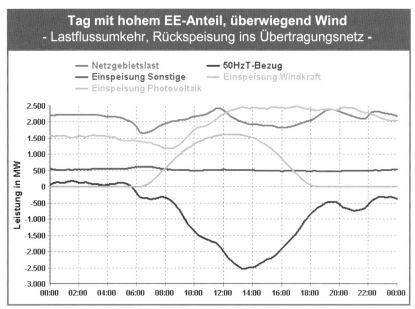

Sonntag, 24. März 2013,
maximale Rückspeisung 2.529 MW

Im Netzbereich eines großen Verteilnetzbetreibers kommt es bereits zu Rückspeiseleistungen in die vorgelagerte Übertragungsnetzebene, die in ihrer Höhe über der maximalen Bezugsleistung in diesem Bereich liegen. Während dieser Zeiten sind sowohl im Verteilernetz als auch im Übertragungsnetz regelmäßig Reduzierungen der Energieerzeugung im Rahmen des Einspeisemanagements nach § 14 EEG 2017 erforderlich.

104 Zusätzlich kann es auch zu Bilanzungleichgewichten zwischen prognostiziertem und tatsächlichem Erzeugungsverlauf kommen, wenn die den Prognosen zu Grunde liegenden Wettervorhersagen sowie Marktbedingungen und die tatsächlich eintretenden Verhältnisse voneinander abweichen.

Eine heranziehende Wetterfront wird am Vortag so vorhergesagt, dass ab 12.00 Uhr des Folgetages bei mittlerem Wind langsam ansteigende Erzeugungsmengen erwartet werden. Tatsächlich entwickelt sich jedoch eine Wettererscheinung mit Starkwind. Dies führt zum einen dazu, dass die Wetterfront bereits ab 10.00 Uhr im Netzgebiet wirksam wird, weil sie schneller als erwartet heranzieht. Zum anderen ist die Energieerzeugung auf Grund der höher als erwarteten Windgeschwindigkeiten deutlich größer. Damit ist das vorher prognostizierte und eingeplante Bilanzgleichgewicht nicht nur in seiner Höhe, sondern auch im zeitlichen Verlauf stark verändert.

105 Regelungen wegen eines auftretenden Bilanzungleichgewichts sind nicht Regelungsgegenstand des Einspeisemanagements im Sinne des § 14 EEG 2017. Sie fallen daher auch nicht unter eine mögliche Härtefallregelung gemäß § 15 EEG 2017[1315], da hier die §§ 13, 13a, 14 EnWG anzuwenden sind.[1316]

106 **aa) Erstreckungssphäre der Maßnahmen (betroffene Anlagen).** Zunächst ist festzuhalten, dass die jeweiligen Netzbetreiber dafür verantwortlich sind, dass eine

„möglichst sichere, preisgünstige, verbraucherfreundliche, effiziente und umweltverträgliche leitungsgebundene Versorgung der Allgemeinheit mit Elektrizität" …, „die zunehmend auf erneuerbaren Energien beruht",[1317]

[1315] Vgl. → Kap. 4 Rn. 116.
[1316] Informationen zum Vorliegen derartiger Fälle werden vom verursachenden Netzbetreiber der jeweiligen Maßnahme im Rahmen der entsprechenden Informationspflicht bereitgestellt.
[1317] Vgl. § 1 Abs. 1 EnWG.

sichergestellt wird.¹³¹⁸ Allerdings bleiben die

"Verpflichtungen nach dem Erneuerbare-Energien-Gesetz und nach dem Kraft-Wärme-Kopplungsgesetz" … "vorbehaltlich des § 13, auch in Verbindung mit § 14, unberührt."¹³¹⁹

Bezogen auf das EEG 2017 bleibt weiterhin zu beachten, dass EE- und KWK-Anlagen zunächst untereinander gleichrangig sind, also bzgl. der Betroffenheit zunächst keinen Vorteil untereinander genießen. Gleichwohl sind sie auf Grund des Vorrangs von Strom aus EE und KWK grundsätzlich nachrangig gegenüber anderen¹³²⁰ Anlagen in die erforderlichen Maßnahmen einzubeziehen. 107

In § 14 Abs. 1 EEG 2017 ist eine klare Regelung gefunden worden, die folgende Aspekte in einer festgelegten Reihenfolge abzuarbeiten vorgibt. 108

Nr. 1: Die Regelung von Anlagen ist dann zulässig, wenn ohne sie in diesem oder dem jeweils vorgelagerten Netzbereich ein Netzengpass entstünde. Das heißt, zuerst muss bei der Auswahl der zu steuernden Anlagen geprüft werden, ob die jeweilige Anlage auch tatsächlichen Einfluss auf einen eventuellen Engpass im Netz hat. 109

Es wäre also unzulässig, eine Anlage in Brandenburg zu regeln, wenn in Bayern ein Netzengpass besteht, weil hier eine direkte elektrische Wirksamkeit der Anlage auf den Engpass i. d. R. nicht gegeben ist.

In Verbindung mit den Zielen des § 1 Abs. 1 EnWG ergibt sich zusätzlich, dass bei sonstiger Gleichrangigkeit darüber hinaus die Anlagen mit einer höheren elektrischen Wirksamkeit vorrangig gegenüber den Anlagen mit niedrigerer elektrischer Wirksamkeit in die Maßnahmen einzubeziehen sind.¹³²¹ 110

Nr. 2: Die Regelung von Anlagen ist dann zulässig, wenn EE- und KWK-Anlagen nachrangig einbezogen werden (hieraus ergibt sich im Umkehrschluss der Vorrang für den Verbleib von EE- und KWK-Strom im Netz). Daraus folgt, dass zunächst sonstige Anlagen (nicht EE oder KWK) in Einspeisemanagement-Maßnahmen zu integrieren sind. Eine Ausnahme besteht nur dann, wenn diese ggf. einzubeziehenden sonstigen Anlagen zur Aufrechterhaltung der Sicherheit und Zuverlässigkeit des Elektrizitätsversorgungssystems erforderlich sind.¹³²² 111

Nr. 3: Einspeisemanagement-Maßnahmen sind erst zulässig, wenn durch den jeweiligen Netzbetreiber vorher die im betroffenen Netzbereich verfügbaren Daten über die Ist-Einspeisung abgerufen wurden. 112

Bevor Anlagen zur Umsetzung von Einspeisemanagement ausgewählt werden, muss die aktuelle Situation im Netzbereich durch die verfügbaren Ist-Daten bestätigt werden. Dies geschieht i. d. R. durch Betriebsmesswerte, die stetig auf den vorhandenen Leitstellen der Netzbetreiber anstehen, und/oder durch aktuell abrufbare Zähldaten.

Unabhängig von den vorstehenden Bedingungen sind Einspeisemanagement-Maßnahmen in jedem Fall erst dann zulässig, wenn zuvor alle Möglichkeiten gemäß § 13 Abs. 1 EnWG ausgeschöpft wurden.

bb) Abgrenzung von Steuerungen zum Erhalt der Marktprämie. Für die Inanspruchnahme der Marktprämie ist nach § 20 Abs. 1 Nr. 3 EEG 2017 Voraussetzung, dass die Anlage fernsteuerbar im Sinne von § 20 Abs. 2 EEG 2017 ist. Noch unter dem EEG 2012 war die **Fernsteuerbarkeit** lediglich Voraussetzung für die Inanspruchnahme einer erhöhten Managementprämie nach der Managementprämienverordnung. Danach konnte sich für Strom aus Windenergie und solarer Strahlungsenergie die Managementprämie erhöhen, wenn die Anlagenbetreiber nachwiesen, dass dem im Rahmen der Direktvermarktung¹³²³ aufnehmenden 113

---

¹³¹⁸ Dabei ist gemäß § 14 Abs. 1 Nr. 2 EEG 2017 sicherzustellen, dass ein größtmöglicher Anteil von EE-Strom im Netz verbleibt.
¹³¹⁹ Vgl. § 2 Abs. 2 EnWG, s. hierzu auch → Kap. 4 Rn. 116.
¹³²⁰ Nicht EE und nicht KWK.
¹³²¹ S. → Kap. 4 Rn. 125.
¹³²² Vgl. → Kap. 4 Rn. 116.
¹³²³ Teil 3a EEG 2012.

Stromhändler die Befugnis eingeräumt wurde, jederzeit die jeweilige Ist-Einspeisung abzurufen und die Einspeiseleistung zu steuern sowie die technischen Einrichtungen zur Umsetzung der beiden vorgenannten Sachverhalte vorhanden waren und genutzt werden konnten. Die Managementprämienverordnung trat zum 1.8.2014 außer Kraft.[1324] Die dort enthaltenen Regelungen zur Fernsteuerbarkeit übernimmt nunmehr weitestgehend § 20 Abs. 2 EEG 2017.[1325]

114 Dadurch soll es für die Stromhändler möglich sein, auf negative Preisimpulse durch Reduzierung der Einspeiseleistung zu reagieren und damit die Bereitstellung der Energie entsprechend der Nachfrage am Markt (Strombörse) zu beeinflussen. Es handelt sich hier um einen ausschließlich marktbasierten Mechanismus, der unabhängig und entkoppelt von ggf. netztechnischen Randbedingungen abläuft. Deshalb darf dadurch das Recht des Netzbetreibers zum Einspeisemanagement nicht beschränkt werden.

115 Ob und wie eine gemeinsame Nutzung der technischen Einrichtungen gemäß § 9 Abs. 1 EEG auch zur Erlangung der Marktprämie herangezogen werden kann, ist bilateral (ggf. trilateral) zwischen Netzbetreiber und Anlagenbetreiber (sowie ggf. Stromhändler) zu regeln. Die Zustimmung des Netzbetreibers zu dieser Fremdnutzung kann nicht erzwungen werden, weil dadurch undefinierte Zustände eintreten und so die Regelungsfähigkeit des Netzes und damit letztlich dessen Sicherheit gefährdet werden kann. Insoweit hat der Gesetzgeber auch in § 20 Abs. 4 EEG 2017 vorgesehen, dass die Fernsteuerbarkeit der Anlagen durch den Direktvermarktungsunternehmer nicht die Befugnis des Netzbetreibers zum Einspeisemanagement beschränken darf.

116 **cc) Abgrenzung von Maßnahmen nach §§ 13, 13a, 14 EnWG.** Übertragungsnetzbetreiber sind berechtigt und verpflichtet, eine die **Sicherheit oder Zuverlässigkeit des Elektrizitätsversorgungssystems** verursachende Gefährdung oder Störung innerhalb der jeweiligen Regelzone durch 1. netzbezogene und 2. marktbezogene Maßnahmen gemäß § 13 Abs. 1 EnWG zu beseitigen.

117 Wenn dies nicht oder nicht rechtzeitig möglich ist, besteht weiterführend nach § 13 Abs. 2 EnWG die Verpflichtung, sämtliche Stromeinspeisungen, -transite und -abnahmen an die Erfordernisse anzupassen bzw. anpassen zu lassen.[1326] Sowohl bei den Maßnahmen nach § 13 Abs. 1 als auch Abs. 2 EnWG sind die Verpflichtungen des § 11 Abs. 1 EEG 2017 (Vorrang von EEG und KWKG) einzuhalten.[1327] Für Verteilnetzbetreiber gilt dies gemäß § 14 Abs. 1 EnWG entsprechend.

118 Wenn zu einem Zeitpunkt die (Netz-)Situation die Einhaltung des Vorrangs von Strom aus EE- und KWK-Anlagen nicht ermöglicht, kann davon ausnahmsweise abgewichen werden. Dieser Fall liegt insbesondere dann vor, wenn auf die tatsächliche (Mindest-)Einspeisung bestimmter Anlagen aus netztechnischen Gründen nicht verzichtet werden kann (netztechnisch erforderliches Minimum), vgl. § 13 Abs. 3 S. 4 und 5 EnWG.

Zur Aufrechterhaltung der erforderlichen Netzparameter wird eine gesicherte Mindesteinspeisung von beispielsweise 100 MW benötigt. Im Netzbereich sind konventionelle Anlagen mit einer Leistung von 300 MW und EE-Anlagen mit einer Leistung von 1000 MW am Netz. Durch einen drohenden Netzengpass besteht der Bedarf, 500 MW Erzeugungsleistung abzuregeln. Entgegen dem sonst üblichen Verfahren (zuerst 300 MW konventionelle Erzeugung und danach 200 MW aus EE-Anlagen abzuregeln) wäre wegen des erforderlichen netztechnischen Minimums sicherzustellen, dass 100 MW konventionelle Erzeugung am Netz verbleiben. Demnach wären 200 MW konventionelle und 300 MW EE-Leistung abzuregeln.

119 Ist es erforderlich, eine derartige Ausnahme wirksam anwenden zu müssen, so besteht die Verpflichtung, diese Handlung der Regulierungsbehörde unverzüglich anzuzeigen und die maßgeblichen Gründe nachzuweisen (§ 13 Abs. 3 S. 6 EnWG).

[1324] BGBl. 2014 I S. 1066 (1132).
[1325] Vgl. BT-Drs. 18/1304, S. 208 ff. (Einzelbegründung zu § 34).
[1326] Vgl. *Breuer*, REE 2012, 17 (19 ff.).
[1327] Vgl. § 13 Abs. 2a S. 1 EnWG, → Kap. 4 Rn. 91.

Entgangene Einnahmen infolge der Umsetzung von Maßnahmen nach §§ 13, 14 EnWG sind nicht zu entschädigen. Sofern betroffene Anlagen jedoch unter die Festlegungen des § 13a EnWG fallen, besteht bei Anpassung der jeweiligen Wirkleistungs- oder Blindleistungseinspeisung ein Anspruch auf angemessene Vergütung.

dd) Abgrenzung von Maßnahmen bei Wartung, Instandhaltung, Störung. Maßnahmen des Einspeisemanagements sind immer dann zu ergreifen und umzusetzen, wenn ein bestehender oder drohender Netzengpass vorliegt. Ist die zu Grunde liegende Ursache in einer **Wartung oder Instandhaltung** bzw. in einer kurzfristigen Störung innerhalb des Netzbereichs zu finden, dann fallen die erforderlichen Regelungen nicht unter das Einspeisemanagement gemäß § 14 EEG 2017. Deshalb können diese Maßnahmen auch nicht über die Härtefallregelung gemäß § 15 EEG 2017 entschädigt werden. Unter Wartungs- bzw. Instandhaltungsmaßnahmen sind auch die zu deren Vorbereitung erforderlichen Schaltmaßnahmen im Netz und damit ggf. einhergehende unvermeidbare kurzzeitige Unterbrechungen des betroffenen Netzanschlusses zu zählen. 120

Die technischen Einrichtungen zur ferngesteuerten Reduzierung der Einspeiseleistung von Erzeugungsanlagen im Sinne des § 9 Abs. 1 EEG 2017 werden i. d. R. nicht für Reduzierungs- und/oder Abschaltmaßnahmen bei Wartung, Instandhaltung bzw. Störung eingesetzt. 121

ee) Vorankündigung von Maßnahmen. Sofern die Anpassungen von Stromeinspeisungen vorhersehbar sind, besteht für den Anschlussnetzbetreiber die Verpflichtung, soweit wie möglich vorab zu informieren. Die ggf. betroffenen Anlagenbetreiber[1328] sowie die betroffenen Betreiber von Elektrizitätsverteilernetzen und Stromhändler (§ 13 Abs. 2 S. 2 EnWG) werden dabei allgemein im Internet mit Angabe der betroffenen Region oder des betroffenen Netzknotens benachrichtigt. Eine individuelle Information ist hier nicht vorgesehen. Dabei gilt für die vorhersehbaren Regelungen gemäß § 14 EEG 2017, dass diese Information spätestens am Vortag, ansonsten unverzüglich zu erfolgen hat und Angaben zum erwarteten Zeitpunkt, dem Umfang und der Dauer der Regelung enthält.[1329] 122

Vorhersehbar sind die hier in Frage stehenden Anpassungen dann, wenn die verfügbaren und prognostizierten Einspeise- und Abnahmeverläufe sowie die voraussichtlichen Netzzustände dies vermuten lassen. Wegen der vielen unsicheren Faktoren haben diese Vorankündigungen rein informatorischen Charakter und sind nicht geeignet, gesicherte Rückschlüsse auf die tatsächlich eintretenden Gegebenheiten, insbesondere bezogen auf Aussagen zur Betroffenheit von Einzelanlagen, abzuleiten. Vorankündigungen werden deshalb derzeit maximal auf bekannte Engpassgebiete bezogen und sind nur mit relativ groben Zeitangaben möglich. Um die Relevanz der Vorankündigungen besser einzuordnen empfiehlt es sich, diese nur bei einer Eintrittswahrscheinlichkeit größer 50 % anzugeben. 123

In welcher Weise die vorgenannten Informationen an die Betroffenen übermittelt werden, lässt der Gesetzgeber offen. Aus praktischen Gründen können diese jedoch in allgemeinem Charakter gehalten sein und in geeigneter Weise veröffentlicht werden. 124

Bewährt hat sich die Veröffentlichung auf den jeweiligen Internetseiten durch den zuständigen Netzbetreiber. Der Einsatz des Internet-Nachrichtenformats RSS[1330] kann dabei durch die Nutzung der sog. RSS-Feeds[1331] ermöglichen, dass jeder einzelne potenzielle Interessent selbst entscheiden kann, ob er persönlich und automatisch über vorliegende oder geänderte Vorankündigungen von Maßnahmen informiert werden möchte.

[1328] Vgl. § 14 Abs. 2 EEG 2017.
[1329] Unabhängig davon sollten geplante Unterbrechungen (z. B. für Wartung und Instandhaltung) mit angemessenem Zeitraum vorher ausgetauscht werden, um ggf. in diesen Zeiten weitere Maßnahmen des jeweils anderen Partners zu ermöglichen.
[1330] RSS = Really Simple Syndication.
[1331] Englisch to feed – im Sinne von füttern, einspeisen, zuführen.

334 Kapitel 4: Gesetzliches Förderungssystem für den Betrieb von Windenergieanlagen

125 **ff) Betroffenheit der Erzeugungsanlagen untereinander (Abschaltreihenfolge).** Mit dem EnWG wird festgelegt, dass bei Maßnahmen zur Aufrechterhaltung der Netz- und Systemsicherheit sowie auch beim Einspeisemanagement nach § 14 EEG 2017 insbesondere die sachlich-energiewirtschaftlichen Grundsätze (Sicherheit, Preisgünstigkeit, Verbraucherfreundlichkeit, Effizienz sowie Umweltverträglichkeit der Elektrizitätsversorgung)[1332] zu beachten sind. Präzise gesetzliche Vorgaben, die sowohl dem Vorrangprinzip des EEG 2017 sowie des KWKG als auch den sachlich-energiewirtschaftlichen Grundsätzen des EnWG entsprechen, existieren derzeit nicht.

126 Deshalb ist es sinnvoll, unter Berücksichtigung der vorgenannten Kriterien, eine Rangfolge der einzelnen Erzeugungsanlagen abzuleiten, auf deren Basis im Bedarfsfall eine Reduzierung von Einspeisungen vorgenommen werden kann.[1333] Dazu liegen bereits verschiedene Betrachtungs- und Weiterentwicklungsstufen vor,[1334] die nachfolgend auf aktuellem Stand dargestellt werden.

127 **(1) Nach Art der Erzeugungsanlage.** Für eine Unterscheidung der Einspeiseanlagen sind gesetzliche Grundlagen (EnWG, EEG, KWKG) heranzuziehen. Dabei sind zunächst signifikant unterscheidbare sachlich-energiewirtschaftliche Grundsätze zu definieren und anschließend den einzelnen Kategorien des EnWG[1335] zuzuordnen. Zusätzlich ist zu betrachten, ob bei einer ggf. abzuleitenden Reduzierung der Einspeiseleistung ein relevanter Leistungsbeitrag der Anlagen zu erwarten ist oder eventuelle technische Hinderungsgründe vorliegen.

128 Aufgrund der Verschiedenartigkeit der Einspeiseanlagen kann eine Einordnung hinsichtlich der eingesetzten Primärenergiearten und des Anlagenaufbaus in folgende Arten vorgenommen werden (Auflistung hier ohne Bedeutung für deren Reihenfolge):

Sonstige (z. B. nicht EEG-Wasser)	Sonstige Erzeugungsanlagen ohne gesetzlichen Vergütungsanspruch
SSEA-Spitzenstrom	Spitzenstromerzeugungsanlagen ohne gesetzlichen Vergütungsanspruch
konventionelle Kraftwerke (ohne KWK)	konventionelle Kraftwerke ohne gesetzlichen Vergütungsanspruch
Müll-/thermische Abfallentsorgung (ohne KWK)	Abfallbeseitigungsanlagen (Müllverbrennung) ohne gesetzlichen Vergütungsanspruch
Müll-/thermische Abfallentsorgung (mit überwiegend biogenem Anteil ohne KWK)	Abfallbeseitigungsanlagen (Müllverbrennung) ohne gesetzlichen Vergütungsanspruch, es besteht nachweislich ein überwiegend biogener Anteil im verwerteten Abfall, es besteht keine Nutzung der Abwärme in KWK
Müll-/thermische Abfallentsorgung (mit überwiegend biogenem Anteil mit KWK)	Abfallbeseitigungsanlagen (Müllverbrennung) ohne gesetzlichen Vergütungsanspruch, es besteht nachweislich ein überwiegend biogener Anteil im verwerteten Abfall, es besteht eine Nutzung der Abwärme in KWK
BHKW-kommunale Wärmeversorgung	Erzeugungsanlagen zur vorrangigen Wärmeversorgung mit BAFA-Zulassung (bzw. Antrag) gemäß KWKG
IKW-Prozesswärme	Erzeugungsanlagen mit nachgelagerten/Industrieprozessen mit BAFA-Zulassung (bzw. Antrag) gemäß KWKG
Wind	Windenergieanlagen mit Vergütungsanspruch nach EEG

[1332] Vgl. § 1 Abs. 1 EnWG.
[1333] Die resultierende Abschaltreihenfolge gilt sowohl für Regelungen gemäß EEG 2017 als auch gemäß EnWG.
[1334] *Schmidt/Klauß/Rohrberg*, in: Schöne (Hrsg.), Vhb StromWi, 1. Aufl. 2007, Kap. 5.D.3., BDEW/VKU-Praxis-Leitfaden für unterstützende Maßnahmen von Stromnetzbetreibern, Berlin, 12.10.2012.
[1335] S. a. → Kap. 4 Rn. 125.

Wasser ohne Schwallbildung	Wasserkraftanlagen mit Vergütungsanspruch nach EEG
Wasser mit Schwallbildung	Wasserkraftanlagen, bei denen durch eine Reduzierung der Einspeisung in das Stromnetz eine Schwallbildung und damit eine Gefahr für Leib und Leben entstehen kann, mit Vergütungsanspruch nach EEG
Geothermie	Geothermieanlagen mit Vergütungsanspruch nach EEG
Solar	Photovoltaikanlagen mit Vergütungsanspruch nach EEG
kleine (unter 100 kW) Solar	Photovoltaikanlagen unter 100 kWp mit Vergütungsanspruch nach EEG
Biomasse ohne KWK	Erzeugungsanlagen auf der Basis von Biomasse (z. B. Biogas) mit Vergütungsanspruch nach EEG
Biomasse mit KWK	Erzeugungsanlagen auf der Basis von Biomasse (z. B. Holz) und nachgelagerter Wärmenutzung mit Vergütungsanspruch nach EEG
Deponie,- Klär,- Grubengas	Erzeugungsanlagen auf der Basis von Deponie-, Klär,- Grubengas mit Vergütungsanspruch nach EEG

Durch die bestehende Vorrangigkeit von EE- und KWK-Anlagen entsteht im Umkehrschluss **129** eine Nachrangigkeit für Anlagen ohne gesetzlichen Anspruch auf Einspeisevergütung (ogA)[1336], wodurch sich die nachfolgende Unterscheidung der Einspeiseanlagen ergibt.
- EE-Anlagen (grün)
- KWK-Anlagen (rot)
- ogA-Anlagen (grau)

Auch Anlagen, die keine Vergütung nach dem EEG 2017 oder Zuschläge nach dem KWKG erhalten, sind u. U. als Anlagen nach EEG 2017 bzw. KWKG zu führen (entsprechende Anwendung). Dies ist z. B. im Falle der Direktvermarkung oder nach Ablauf der gesetzlichen Förderungsdauer so, wenn der Strom trotzdem aus EE oder in KWK erzeugt wird. Ausgenommen sind jedoch Anlagen, die ihren Anspruch auf vorrangige Abnahme des von ihnen erzeugten Stroms oder vorrangigen Netzzugang verloren haben (z. B. nach § 9 Abs. 7 EEG 2017).

Nach § 14 Abs. 1 S. 2 EEG 2017 sind Photovoltaikanlagen mit einer installierten Leistung bis 100 kW i. S. d. § 9 Abs. 2 EEG 2017 nachrangig gegenüber allen übrigen Anlagen zu regeln.

Um eine sichere Versorgung mit Elektrizität, vor allem mit Blick auf die bestehenden **130** Engpasssituationen absichern zu können, müssen die Einspeiseanlagen insbesondere eine hohe Flexibilität in der Reaktion auf gestellte Anforderungen gewährleisten. Für den sicheren Netzbetrieb ist eine gute Plan- und Verfügbarkeit der Leistungsbereitstellung von großem Vorteil. Darüber hinaus ist es von Bedeutung, die mit der Stromerzeugung unmittelbar verbundenen Prozesse (z. B. gesicherte Prozesswärmebereitstellung) zu betrachten. Danach ergeben sich zur Bewertung folgende relevante Einzelbestandteile:
- Abfahrgeschwindigkeit (Fähigkeit, die erforderliche Reaktionsgeschwindigkeit zu erbringen),
- Verbundprozess (existieren ein nachgelagerter/verbundener/vorrangiger Prozess und hiermit verbundene Risiken?),
- Einspeisecharakteristik (stochastisch/planbar),
- Gefahren für die öffentliche Sicherheit (z. B. durch nachgewiesene Schwallbildung bei Wasserkraft).

[1336] Nicht EE und nicht KWK.

131　Um eine Einschätzung der Preisgünstigkeit führen zu können, sind die letztlich gegenüber der Allgemeinheit anzusetzenden **Stromgestehungskosten** zu untersuchen. Außerdem sind ggf. auftretende sekundäre Kosten, die z. B. durch Bilanzkreisabweichungen entstehen, zu berücksichtigen. Ein wesentlicher Aspekt ist darüber hinaus die Wälzung[1337] von Entschädigungszahlungen infolge der Reduzierungen.

Somit ergeben sich die Einzelbestandteile:
- preisgünstige Erzeugung (Wie hoch sind die Stromgestehungskosten/zu zahlenden Strompreise?),
- sekundäre Kosten (Entstehen bei der Regelung weitere Kosten – z. B. infolge Fahrplanabweichung?),
- Rückwirkung auf Netzentgelte durch in Ansatz zu bringende Entschädigungen.

132　Bei der Bewertung der **Verbraucherfreundlichkeit** ist zu beachten, dass z. B. betroffene Betreiber von Einspeiseanlagen (insbesondere Industrie-Kraftwerke) dargestellt hatten[1338], dass mit der Anwendung des Einspeisemanagements u. U. ganze Industriestandorte infrage zu stellen sind. Neben dieser mittelbaren Wirkung ist für ogA-Anlagen außerdem zu bewerten, wie hoch die resultierende direkt entgehende Einspeisevergütung liegen wird. Hierfür sind keine Entschädigungen zu zahlen.

Daraus ergeben sich die Einzelbestandteile:
- Gefahr für Arbeitsplätze (Besteht bei Einbeziehung ins Einspeisemanagement eine Gefahr für die Arbeitsplätze?),
- entgangene Einspeisevergütung (absolut entstehende direkte Vergütungsausfälle – ohne Entschädigung).

133　Durch die Aufrufe zur Leistungsreduzierung im Rahmen des Einspeisemanagements kann es zu unterschiedlichen zusätzlichen Kosten für die Anfahr- und Abfahrvorgänge, z. B. durch erhöhten Materialverschleiß oder erhöhte Brennstoffkosten infolge eines ungünstigeren Wirkungsgrads, kommen. Darüber hinaus ist auch der technische Wirkungsgrad der Energieerzeugung im Allgemeinen zu betrachten.

Daraus leiten sich folgende Einzelbestandteile ab:
- Abfahr-/Anfahrkosten (Materialverschleiß, höherer Brennstoffeinsatz),
- effiziente Erzeugung (Einschätzung des Wirkungsgrads (η) der Erzeugungsanlage).

134　Zur Bewertung der **Umweltverträglichkeit** ist hier z. B. zu betrachten, ob durch die Abschaltung ein positiver oder negativer Beitrag zum CO_2-Haushalt erbracht werden kann. In diesem Zusammenhang ist auch zu bewerten, ob die infolge der ggf. erforderlichen Regelung nicht mehr vorhandene Wärmeerzeugung ersetzbar ist.

Einzelbestandteile:
- umweltverträgliche Erzeugung (z. B. CO_2-Emissionen),
- Wärmeerzeugung ersetzbar (Ist die vorhandene Wärmeerzeugung anderweitig ersetzbar?).

135　Als zusätzliches Kriterium ist zu betrachten, ob bei einer Reduzierung der Anlagen ein relevanter Leistungsbeitrag zu erwarten ist. Dies ist notwendig, um die relativ große Anzahl kleinster Erzeugungsanlagen (Solaranlagen) bei Bedarf gesondert betrachten zu können. Diese Untersuchung ist deshalb sinnvoll, weil diese Anlagen durch fehlende Einspeiseleistung bei Schwachlastmomenten (Dunkelheit) kaum effektive Beiträge zur Stabilität des gesamten Prozesses liefern.

136　Bei der Bewertung aller genannten Kriterien erhält man für jede einzelne Art der Erzeugungsanlage ein unterschiedliches Gesamtergebnis. Die Sortierung der Ergebnisse ergibt dann die Abschaltreihenfolge aller Erzeugungsanlagen. Zur technischen Umsetzung können die Erzeugungsanlagen in Gruppen zusammengefasst werden:

[1337] Berücksichtigung der entstehenden Kosten in den Netzentgelten des jeweiligen Netzbetreibers, gemäß § 15 Abs. 2 EEG 2017.

[1338] Seinerzeit noch unter dem EEG 2004, also einer Zeit ohne Härtefallregelung.

- Gruppe 1: Sonstige (z. B. nicht EEG-Wasser), Müll-/thermische Abfallentsorgung, SSEA-Spitzenstrom, konventionelle Kraftwerke,
- Gruppe 2: Wasser ohne Schwallbildung, Wind, Geothermie, Deponie-, Klär- und Grubengas, Biomasse ohne KWK,
- Gruppe 3: Solar, BHKW – kommunale Wärmeversorgung, Wasser mit Schwallbildung, Biomasse mit KWK, IKW – Prozesswärme,
- Gruppe 4: kleine Solaranlagen (unter 100 kW).

Im Bedarfsfall wäre daher beginnend mit Gruppe 1 die Leistung der Einspeiseanlagen zu reduzieren. Sind die Leistungen der Einspeiseanlagen einer Gruppe maximal reduziert (Einspeiseleistung = 0) und erfordert die jeweilige Netzsituation eine weitere Reduzierung, werden die Einspeiseanlagen der nächsten Gruppe zur Reduzierung aufgerufen.[1339]   137

(2) Einordnung nach Wirksamkeit auf den jeweiligen Netzengpass. Bei der Auswahl der potenziell von einer Regelung der Einspeiseleistung betroffenen Anlagen, sind der zu dieser Regelung führende Netzengpass und dessen wirksame Bewirtschaftung zu betrachten.[1340] Demnach sind diejenigen Anlagen vorrangig zu regeln, die gegenüber anderen Anlagen eine deutlich höhere direkte netztechnische Wirksamkeit auf den **Netzengpass** aufweisen.   138

Die netztechnische Wirksamkeit ist dabei im Einzelfall von der konkreten Netzsituation abhängig. Netzbetreiber müssen deshalb den im Netz denkbaren Engpässen netztechnische Regionen mit abnehmender Wirksamkeit zuordnen, um die Rechte der Erzeuger bestmöglich zu wahren. Bei der Auswahl der Erzeugungsanlagen werden im Bedarfsfall dann diese Regionen in der Reihenfolge ihrer Wirksamkeit[1341] betrachtet. Vor der Betrachtung der dadurch entstehenden Regionen ist jedoch die Auswahl der Erzeugungsanlagen nach deren Art[1342] zu treffen.   139

gg) Technische Umsetzung der Reduzierungsanforderung. Ausgehend von einer kontinuierlichen Überwachung der im jeweiligen Netzbereich potenziell vorliegenden Netzengpässe wird im Fall einer drohenden bzw. vorliegenden Gefährdung zunächst die aktuelle Situation ermittelt. Dazu erfolgen zuerst der Abruf der Ist-Einspeisungen in diesem Netzbereich sowie die Ermittlung der potenziell zur Beseitigung dieser Gefährdung geeigneten Erzeugungsanlagen. Letzteres kann durch die Berücksichtigung der Daten innerhalb einer speziellen Datenbank aller im Netzbereich angeschlossenen Erzeugungsanlagen geschehen. Mit Hilfe dieser Daten kann bestimmt werden, welche Erzeugungsanlagen unter Berücksichtigung der Wirksamkeit auf den Engpass, in welcher Reihenfolge und mit welcher Leistung in die Maßnahmen einbezogen werden müssen.   140

(1) Umsetzung per Funkrundsteuerung. Für die Ansteuerung der einzelnen Anlagen hat sich in der Praxis der Einsatz der Europäischen **Funkrundsteuerung** (EFR) bewährt. Dabei wird die Reduzierungsanforderung letztlich über einen Langwellensender übermittelt. Die Anforderung enthält in sich die Codierung des Empfängers. Das Funksignal, das zunächst „an alle" gesendet wird, kann durch die in jedem Empfangsgerät programmierten Geräteparameter beim Empfang als für dieses Gerät zutreffend erkannt werden. Dadurch ist sichergestellt, dass die tatsächlich für die Regelung vorgesehenen Anlagen angesteuert werden. Diese Technik arbeitet nur unidirektional, d. h., eine Rückmeldung über den erfolgreichen Empfang oder die Umsetzung der Reduzierungsanforderung ist nicht automatisch möglich.   141

Der Einsatz der EFR-Technik ist die bislang kostengünstigste Lösung. Dabei stellt das betriebsbereite Empfangsgerät einschließlich der nachgelagerten Umsetzung innerhalb der   142

[1339] Die Reduzierungen erfolgen dabei unabhängig von der Netzebene (→ Kap. 4 Rn. 91), an welche die Erzeugungsanlage angeschlossen ist und ebenso unabhängig davon, ob die Anlage direkt oder über kaufmännisch-bilanzielle Weitergabe Strom in das Netz einspeist.
[1340] S. a. → Kap. 4 Rn. 106.
[1341] Beginnend mit der höchsten.
[1342] S. a. → Kap. 4 Rn. 127.

Erzeugungsanlage die Realisierung der Pflichten des Anlagenbetreibers gemäß § 9 Abs. 1 Nr. 1 EEG 2017 dar. Dieser Teil der Umsetzung steht deshalb im Eigentum des Anlagenbetreibers.[1343]

143   Die EFR-Technik lässt sich in vier unterschiedlichen Stufen[1344] ansteuern. Diese Stufen werden i. d. R. auf die jeweilige am Netzverknüpfungspunkt der Anlage bestehende maximale Einspeiseleistung der Erzeugungsanlage bezogen.

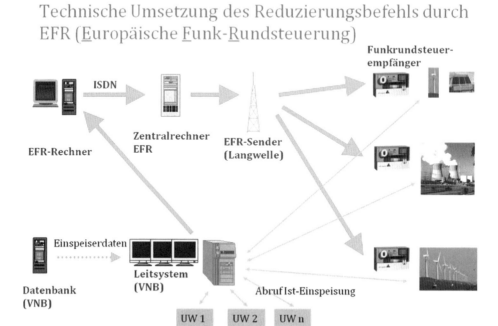

144   **(2) Fernwirktechnik.** Bei größeren Erzeugungsanlagen wie insbesondere Windenergieanlagen führen die genannten Stufen der EFR-Technik zu relativ großen absoluten Leistungsbeträgen. Hier kann der Einsatz der **Fernwirktechnik** (FWT) eine sinnvolle Alternative bieten, da nicht nur diskrete Stufen, sondern nahezu jeder beliebige Zielwert vorgegeben werden kann.

145   Vorteile der FWT sind:
- Rückmeldung über erfolgreiche Übermittlung der Reduzierungsanforderung möglich,
- aktuelle Messwertabfrage kontinuierlich realisierbar,
- Erweiterbarkeit für Aspekte der Systemdienstleistungsverordnung.

Nachteile der FWT ist der vergleichsweise hohe Preis der Empfangstechnik.[1345]

[1343] Damit ist der Anlagenbetreiber auch für die ständige Betriebsbereitschaft der in seinem Eigentum stehenden technischen Einrichtung selbst verantwortlich.
[1344] In den Intervallen: 100%, 60%, 30%, 0%.
[1345] Gegenüber EFR ist Faktor 10 und darüber hinaus möglich.

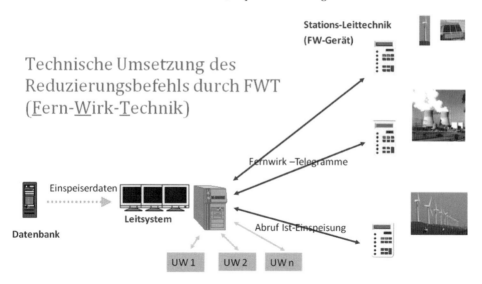

hh) Veröffentlichung von Maßnahmen. Netzbetreiber sind auf konkretes Verlangen hin verpflichtet, innerhalb von vier Wochen Nachweise über die Erforderlichkeit der Maßnahme vorzulegen.[1346] Für die Umsetzung der **Veröffentlichungspflichten**[1347] der Netzbetreiber gibt es in den vorliegenden Gesetzen keine konkreten Vorgaben. In den meisten Fällen werden diese Veröffentlichungen auf den Internetseiten des jeweiligen Netzbetreibers, an dessen Netz die Anlage angeschlossen ist, vorgenommen. 146

Die Veröffentlichung muss dabei jedoch Angaben zu den tatsächlichen Zeitpunkten (z. B. Beginn, Dauer), den Umfang (z. B. betroffener Netzbereich, angesteuerte Maximalleistung) sowie Gründe enthalten.[1348] 147

ii) Analyse der Mitwirkung betroffener Anlagen. Nach der erfolgten Umsetzung von Reduzierungsmaßnahmen ist durch den Netzbetreiber in geeigneter Weise zu prüfen, ob die jeweiligen Anlagenbetreiber die angeforderte Reaktion umgesetzt haben. Dabei können die mittels Ansteuerbefehls vorgegebenen Reduzierungsstufen und die tatsächlichen Ist-Werte der Einspeisung verglichen und überprüft werden. Aus Effizienzgründen kann die dargestellte Analyse der Mitwirkung der betroffenen Anlagen stichprobenartig erfolgen. 148

Diese Notwendigkeit der Prüfung ergibt sich aus § 9 Abs. 1 EEG 2017 in Verbindung mit dem Verstoßszenario in § 52 Abs. 2 Nr. 1 EEG 2017. Daraus geht hervor, dass im Falle der Nichtbefolgung der vom Netzbetreiber angeforderten Reduzierung die regelmäßige Einspeisevergütung für die Dauer des Verstoßes, d. h. von deren Feststellung bis zur nachgewiesenen Abstellung des Verstoßes, auf den Monatsmarktwert zu reduzieren ist. 149

c) Härtefallregelung gemäß § 15 EEG 2017

Die Netzbetreiber sind nach Einspeisemanagementmaßnahmen gemäß § 15 Abs. 1 EEG 2017 verpflichtet, Anlagenbetreiber, die deshalb nicht einspeisen konnten, zu entschädigen. 150

aa) Verursacherprinzip. Die Kosten der Entschädigung hat derjenige Netzbetreiber zu tragen, in dessen Netz die Ursache der Regelung lag.[1349] Der Anlagenbetreiber erhält die Entschädigung gem. § 15 Abs. 1 S. 3 EEG 2017 von dem Netzbetreiber, an dessen Netz die Anlage angeschlossen ist. Dieser hat, sofern die Ursache nicht in seinem Netz lag, einen Rückerstattungsanspruch gegenüber dem verantwortlichen Netzbetreiber. Die noch in § 12 Abs. 1 S. 4 EEG 2012 normierte 151

[1346] Vgl. § 14 Abs. 3 EEG 2017.
[1347] Prognostizierte (vorangekündigte) und durchgeführte Maßnahmen.
[1348] Vgl. § 14 Abs. 3 EEG 2017.
[1349] Vgl. § 15 Abs. 1 S. 3 EEG 2017.

gesamtschuldnerische Haftung von verursachendem Netzbetreiber und Anschlussnetzbetreiber wurde bereits mit EEG 2014 aufgehoben.[1350]

152 In den genannten Kosten sind deshalb durch den verursachenden Netzbetreiber sowohl die direkten Entschädigungszahlungen an die betroffenen Anlagenbetreiber als auch sämtliche indirekt beim Anschlussnetzbetreiber entstehenden Kosten durch den verursachenden Netzbetreiber grundsätzlich zu tragen. Diese könnten z. B. die Kosten für die erforderlichen Nachweise, für Datenverarbeitung sowie entstehende Personalkosten beinhalten.

> Anschlussnetzbetreiber müssen vom verursachenden Netzbetreiber so gestellt werden, als ob die Regelung nicht stattgefunden hätte.

153 Da jedoch nur der Anschlussnetzbetreiber über alle erforderlichen Daten und Angaben zur Bestimmung der Härtefallregelung verfügt, insbesondere Angaben zu 95 % oder 100 % Entschädigung, Zeitpunkt, Dauer und Stufe der Regelung, tatsächliche Betroffenheit der Einzelanlage, aktuell geltendem Vergütungssatz etc. wird derzeit in der Praxis folgende Verfahrensweise erprobt:
- Anforderung von Reduzierungsmaßnahmen durch verursachenden Netzbetreiber 1 (NB1) an Anschlussnetzbetreiber 2 (NB2),
- Reduzierungsbefehl gegenüber dem Anlagenbetreiber (AB) durch NB2,
- NB2 stellt die angeforderte Gesamtreduzierung pauschal bei NB1 in Rechnung,
- AB beansprucht die jeweilige Entschädigung gegenüber NB2,
- NB2 zahlt Entschädigung an AB aus,
- NB2 stellt NB1 die an AB gezahlte Entschädigung in Rechnung. NB1 zahlt vorläufige Entschädigung an NB2 aus,
- Jahresendabrechnung (Ausgleichszahlung des Differenzbetrags) durch AB gegenüber NB2 (wenn erforderlich, z. B. bei unterjähriger Abschlagszahlung und Ausgleich 1-%-Kriterium, bei Biomasseanlagen),
- NB2 erstellt gegenüber NB1 eine Jahresendabrechnung, in deren Wirkung die unterjährige und die tatsächlich konkret gezahlte Entschädigung ausgeglichen wird. Zusätzliche Aufwendungen, die infolge der Maßnahmen von NB1 bei NB2 entstehen, werden ebenfalls berücksichtigt (s. o.).

> Die Abwicklung darf nicht dazu führen, dass der ausführende Anschlussnetzbetreiber wegen der Auszahlung der Entschädigungszahlungen an betroffene Anlagenbetreiber, finanzielle Nachteile tragen muss, weil der verursachende Netzbetreiber nur direkte Kosten der Entschädigung ersetzt.

154 Die genannte Jahresendabrechnung sollte bei Überschreitung von sinnvollen Bagatellgrenzen durch geeignete Nachweise (z. B. Testierung durch einen Wirtschaftsprüfer) bestätigt werden. Die Nachweise müssen die üblichen Qualitäten, welche auch an andere Nachweise vom Gesetzgeber im EEG 2017 gestellt werden, erfüllen.[1351]

155 **bb) Höhe der Härtefallentschädigung.** Die **Härtefallentschädigung gemäß § 15 EEG 2017** umfasst die während der Maßnahmen entgangenen Einnahmen, ggf. zuzüglich zusätzlich entstandener oder abzüglich ersparter Aufwendungen. Letztere entstehen bei Windenergieanlagen nicht oder sind vernachlässigbar.

Die entgangenen Einnahmen werden nur dann zu 100 % entschädigt, wenn diese mehr als 1 % der realisierten Einnahmen des jeweiligen Kalenderjahrs ausmachen. Ist dies nicht der Fall, beträgt die Entschädigungshöhe je Abregelung lediglich 95 % der entgangenen Einnahmen.[1352]

156 Offen lässt das EEG 2017 wie auch dessen Vorläufer jedoch, wie die Höhe der Entschädigung konkret zu ermitteln ist. Aus diesem Grund haben sich die unterschiedlichen Verbände der

---

[1350] BT-Drs. 18/1304, S. 187 (Einzelbegründung zu § 15).
[1351] Vgl. → Kap. 4 Rn. 163.
[1352] Gilt gemäß § 100 Abs. 2 Nr. 10 EEG 2017 für Anlagen mit Inbetriebnahme ab 1.1.2012, ältere Anlagen erhalten immer 100 % Härtefallentschädigung.

betroffenen Branchen[1353] mit dieser Thematik befasst und eine gemeinsame Empfehlung[1354] veröffentlicht. Diese Empfehlung basiert derzeit noch auf dem EEG 2009, ist aber entsprechend anwendbar. Korrespondierend zur genannten Verbändeempfehlung besteht außerdem ein Leitfaden der BNetzA zur Ermittlung von Entschädigungszahlungen.[1355] Die konkrete Vorgehensweise, die zu verwendenden Berechnungsformeln und zu beachtenden Randbedingungen sind im Leitfaden der BNetzA[1356] enthalten.

Die Höhe der Härtefallentschädigung ergibt sich demnach aus der Differenz einer unterstellten Einspeisung, die ohne Eingriff des Netzbetreibers möglich gewesen wäre, und der dennoch innerhalb dieser Zeit verbliebenen Einspeisung. Der Betrag kann dabei entweder pauschal oder exakt (spitz) ermittelt werden. In beiden Fällen sind mehr oder weniger starke Vereinfachungen und Annahmen notwendig. Die Wahl zwischen den beiden Berechnungsverfahren erfolgt durch den Anlagenbetreiber jeweils für ein ganzes Kalenderjahr automatisch mit der ersten im jeweiligen Kalenderjahr vollzogenen Abrechnung. 157

Im Pauschalverfahren ist es grundsätzlich denkbar und auch sinnvoll, dass der Netzbetreiber diese Berechnung anbietet und bei entsprechender Zustimmung durch den Anlagenbetreiber als Gutschrift ausreicht. Eine gesetzliche Verpflichtung dazu existiert jedoch nicht. 158

(1) Pauschalverfahren. Das pauschale Verfahren zur Ermittlung der Härtefallentschädigung sieht vor, dass unter Berücksichtigung weniger Ausgangsdaten eine einfache und sehr leicht nachvollziehbare Ableitung der Entschädigungshöhe vorgenommen werden kann. 159

Verkürzt dargestellt wird bei diesem Verfahren der letzte Leistungswert vor Beginn der Reduzierungsmaßnahme (P_0) auch während dieser Zeit als mögliche Einspeisung unterstellt und davon die verbliebene Erzeugungsleistung (P_{red}) abgezogen. 160

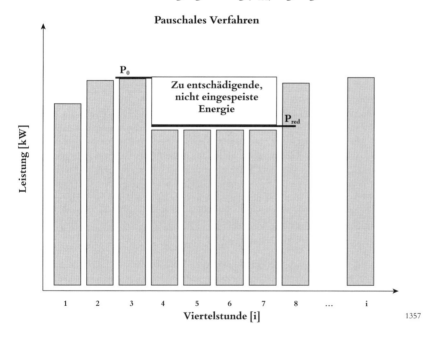

[1357]

[1353] U. a. Bundesverband Erneuerbare Energie e. V., Bundesverband Windenergie e. V., Bundesverband der Energie- und Wasserwirtschaft e. V.
[1354] Titel: „Ermittlung von Entschädigungszahlungen nach § 12 Abs. 1 EEG 2009".
[1355] BNetzA, Leitfaden zum EEG-Einspeisemanagement – Abschaltrangfolge, Berechnung von Entschädigungszahlungen und Auswirkungen auf die Netzentgelte, Version 1.0 v. 29.3.2011.
[1356] Ebenda.
[1357] Ebenda.

161 **(2) Spitzabrechnungsverfahren.** Bei Anwendung des **Spitzabrechnungsverfahrens** wird unter Nutzung der Windgeschwindigkeitsmessung der einzelnen Windenergieanlage auf die elektrische Einspeiseleistung rückgerechnet und dadurch eine genauere Ermittlung der Ausfallarbeit ermöglicht.

162 Um aus der Windgeschwindigkeitsmessung die theoretische Einspeiseleistung der Anlage berechnen zu können, sind die zertifizierte Leistungskennlinie der konkret vorliegenden Anlage, die Standort- und Windverhältnisse (z. B. Richtung, Verschattung durch benachbarte Anlagen, …) im Moment der Reduzierungsmaßnahme zu berücksichtigen. Diese Methode ist gegenüber dem Pauschalverfahren deutlich aufwändiger.

163 **(3) Erforderliche Nachweise.** In jedem Fall ist der Anlagenbetreiber derjenige, der seine Ansprüche auf übersichtliche und für den Netzbetreiber leicht nachvollziehbare Art und Weise berechnen und geltend machen muss. Bei Anwendung eines Gutschriftenverfahrens durch den Netzbetreiber im Rahmen des Pauschalverfahrens gilt dies entsprechend. Bei Anwendung des Spitzabrechnungsverfahrens liegen dem Netzbetreiber die erforderlichen Ausgangsdaten zur Berechnung nicht vollständig vor. Deshalb kommt es hier in besonderem Maße darauf an, dass die darauf basierenden Rechnungslegungen mit ausreichenden und übersichtlichen sowie nachvollziehbaren Darstellungen untersetzt werden.

164 Die Rechtmäßigkeit und Korrektheit dieser Abrechnungen des Anlagenbetreibers sollten durch einen unabhängigen Dritten (z. B. Wirtschaftsprüfer) bestätigt werden. Mindestens ist jedoch eine Erklärung des Anlagenbetreibers notwendig, mittels welcher er verbindlich erklärt, dass
- der aktuell geltende Leitfaden der BNetzA angewandt wurde,[1358]
- Störungszeiten der Anlage während der Maßnahmen nicht vorlagen oder aus der Rechnungslegung herausgerechnet wurden,
- Übertragungsverluste in der sonst üblichen Größenordnung Berücksichtigung fanden,
- weitere Ansprüche bzgl. der Härtefallregelung im betrachteten Zeitraum nicht bestehen und
- im Falle der späteren Feststellung von Berechnungsfehlern, der Aufrechnung mit zukünftigen Einspeisevergütungen zugestimmt wird.

Dies verringert in beiderseitigem Interesse die Bearbeitungszeit wesentlich.

165 Für die spätere transparente Darstellung der ausgezahlten und in die jeweiligen Netzentgelte des verursachenden Netzbetreibers zu wälzenden Kosten ist deren Höhe ebenfalls geeignet nachzuweisen. Diese Nachweisführung sollte den üblichen Anforderungen des EEG 2017, insbesondere im § 14 Abs. 3 S. 2 EEG 2017, genügen. Dem folgend muss der Nachweis einem sachkundigen Dritten Auskunft und Gewissheit geben, dass die in die Wälzung eingebrachten Entgelte in Gänze korrekt ermittelt wurden. Eine anlagenscharfe Darstellung ist hierbei nicht zwingend erforderlich, weil die Kosten, insbesondere bei den betroffenen Netzbetreibern, dadurch unnötig negativ beeinflusst würden bzw. einzelnen Anlagen nicht zugeordnet werden könnten. Dessen ungeachtet wird in der Praxis häufig eine anlagenscharfe Zuordnung der Beträge durchgeführt, um bei deren Berücksichtigung in der Systematik der ansonsten durchgeführten Vergütungsabrechnungen konsistent zu bleiben.

> Für die Nachweisführung der ausgezahlten Entschädigungen genügt prinzipiell eine summarische Bestätigung der Auszahlungsbeträge durch einen unabhängigen Dritten (z. B. Wirtschaftsprüfer oder vereidigter Buchprüfer). Die Auszahlungsbeträge sollten dabei nach den jeweils verursachenden Netzbetreibern gegliedert und getrennt ausgewiesen werden.

166 **cc) Erforderlichkeit und Nichtvertretbarkeit/Kostenwälzung.** Netzbetreiber können die ihnen im Rahmen der **Härtefallentschädigung entstehenden Kosten** bei der Ermittlung der Netzentgelte in Ansatz bringen.[1359] Diese Möglichkeit besteht jedoch nur dann, wenn die

---

[1358] Soweit die jeweilige Energieart dort beschrieben wurde; ansonsten Verbändeempfehlung „Ermittlung von Entschädigungszahlungen nach § 12 Abs. 1 EEG 2009" oder eine sachgerechte Regelung des Anschlussnetzbetreibers.
[1359] Vgl. § 15 Abs. 2 EEG 2017.

jeweilige Maßnahme erforderlich war und er sie nicht zu vertreten hatte. Ein Verschulden des Netzbetreibers liegt nicht vor, wenn er alle Möglichkeiten zur Optimierung, zur Verstärkung und zum Ausbau des Netzes ausgeschöpft hat.[1360] Für die Berücksichtigung der entstehenden Kosten im Rahmen der Netzentgelte stellt die BNetzA verschiedene Bedingungen, Nachweis- und Berichtspflichten.[1361]

dd) Bilanzieller Ausgleich bei Einspeisemanagementmaßnahmen. Kosten für Abweichungen, die innerhalb der Bilanzkreisbewirtschaftung entstehen, die in der Folge von Einspeisemanagementmaßnahmen begründet sind, entstehen i. d. R. nicht direkt beim Betreiber der jeweiligen Erzeugungsanlage sondern, sofern die Vermarktung der Erzeugungsmengen im Wege der Direktvermarktung durch einen Dritten erfolgt, bei dem Bilanzkreisverantwortlichen dieser Direktvermarktungsmengen. Da eine Härtefallentschädigung nur direkte Kosten des Anlagenbetreibers abbilden kann, bleibt es eine wesentliche Aufgabe des Bilanzkreisverantwortlichen, entstehende bilanzielle Ausgleichsvorgänge umzusetzen und deren Kosten innerhalb der Bilanzkreisbewirtschaftung abzubilden. 166a

Um diese Marktaufgabe bestmöglich zu unterstützen, sollten Netzbetreiber über die Verpflichtung des § 14 Absatz 2 EEG 2017 hinaus die Vorankündigungen unverzüglich nach Eintritt relevanter Änderungen, spätestens jedoch etwa 60 Minuten vor dem vermuteten Eintritt von Regelungsbedarfen, aktualisieren.

Unterstützend können hier Planungsdaten der Direktvermarkter und/oder Anlagenbetreiber zu einer möglichst hohen Qualität der Vorhersagen beitragen.

III. Ausschreibungen für Windenergieanlagen an Land

1. Allgemeines

Mit der Novellierung des EEG zum 01.01.2017 hat sich der Gesetzgeber dazu entschlossen, das bisher tradierte Fördersystem, in dem die Höhe der Förderung gesetzlich festgelegt war, komplett neu zu strukturieren und die Förderhöhe – nachdem er dies anhand der PV-Freiflächenanlagen bereits seit 2015 erprobt hatte[1362] – fortan grundsätzlich wettbewerblich, nämlich durch Ausschreibung, zu ermitteln[1363]. Demnach ist für neu in Betrieb genommene Windenergieanlagen an Land künftig grundsätzlich die erfolgreiche Teilnahme am im EEG verankerten Ausschreibungsverfahren die wohl wesentlichste Fördervoraussetzung. Eine Förderung nach dem bisherigen System, die für kleine Anlagen bis zu einer installierten elektrischen Leistung von 750 kW durchaus noch möglich ist, kommt mit Blick auf die gängige Anlagengröße für Windenergieanlagen[1364] grundsätzlich nicht mehr in Betracht. 167

a) Politischer und europarechtlicher Hintergrund des Ausschreibungsverfahrens

Seit Schaffung des EEG im Jahr 2000 ist der Anteil der erneuerbaren Energien an der Stromerzeugung kontinuierlich gestiegen. Insbesondere in den letzten Jahren hat der Ausbau der erneuerbaren Energien einen sprunghaften Anstieg erfahren und belief sich im Jahr 2016 bereits auf einen Anteil von 31,7 % am Bruttostromverbrauch.[1365] Nach den gesetzlichen Zielvorgaben des § 1 Abs. 2 EEG 2017 soll der Anteil in den nächsten Jahren auch weiterhin massiv steigen 168

[1360] Vgl. § 15 Abs. 2 EEG 2017.
[1361] BNetzA, Leitfaden zum EEG-Einspeisemanagement – Abschaltrangfolge, Berechnung von Entschädigungszahlungen und Auswirkungen auf die Netzentgelte, Version 2.1 v. 7.3.2014.
[1362] Vgl. hierzu die Kommentierung der Freiflächenausschreibungsverordnung (FFAV) von *Leutritz/Herms/Richter,* in: Frenz (Hrsg.), EEG II, FFAV §§ 1-39.
[1363] Vgl. nur BT-Drs. 18/8832, S. 1 ff.
[1364] Ausgenommen sind hier Kleinwindanlagen, siehe dazu Kapitel 5.
[1365] Vgl. BMWi, Zeitreihen zur Entwicklung der erneuerbaren Energien in Deutschland, Stand: 2/2017, Tabelle 2, online abrufbar unter: http://www.erneuerbare-energien.de/EE/Redaktion/DE/Downloads/

und schließlich im Jahr 2050 bei mindestens 80 % liegen. Kehrseite dieser Entwicklung und vor allem des kontinuierlichen Ausbaus der erneuerbaren Energien in den vergangen Jahren war, dass auch die mit der Förderung einhergehenden finanziellen Belastungen für die Stromverbraucher immer weiter anstiegen.[1366] Zudem haben mit der zunehmenden Stromerzeugung aus erneuerbaren Energien, insbesondere auch aus fluktuierenden Energiequellen wie Wind und Sonne, die Herausforderungen für das bestehende Stromversorgungssystem zugenommen.[1367]

169 Dies führte – durch die gesellschaftliche und politische Diskussion bestärkt – zu einem Umdenken des Gesetzgebers hinsichtlich der Ausgestaltung des Fördermechanismus. Der gesetzgeberische Wille ist dabei deutlich auf eine stärkere Integration der erneuerbaren Energien in die Strommärkte und das Energieversorgungssystem gerichtet. Der Prozess für eine marktnähere Ausgestaltung des Fördersystems wurde bereits mit dem EEG 2012 und der Einführung der optionalen Direktvermarktung eingeleitet und durch das EEG 2014 mit der verpflichtenden Direktvermarktung sowie dem Bekenntnis zur künftigen Ausschreibung der Förderung und einem ersten Pilotausschreibungsverfahren für PV-Freiflächenanlagen fortgeführt. Die mit dem EEG 2017 nunmehr vollzogene grundlegende Umstellung auf Ausschreibungen bildete aus Sicht des Gesetzgebers lediglich den nächsten konsequenten Schritt auf dem Weg zu mehr Marktnähe und Wettbewerb bei den erneuerbaren Energien.[1368] Durch die Umstellung des Fördersystems auf Ausschreibungen erhofft sich der Gesetzgeber eine gezielte Mengensteuerung des weiteren Ausbaus und somit eine leichtere Koordinierung mit dem Netzausbau sowie mehr Planungssicherheit für alle Akteure der Stromwirtschaft.[1369] Zudem sollen mittels wettbewerblicher Ermittlung der Förderung die Gesamtförderkosten möglichst gering gehalten werden.[1370]

170 Hinzu kommt, dass es sich beim EEG 2017 ebenso wie bei den Vorgängergesetzen nach Auffassung der Europäischen Kommission um Beihilfen im Sinne der europarechtlichen Vorgaben des Art. 107 AEUV handelt.[1371] Die Auffassung der Europäischen Kommission wurde mit Urteil vom 10.5.2016 durch das Gericht der Europäischen Union (EuG) bestätigt.[1372] Die Einordnung einer staatlichen Maßnahme als Beihilfe hat zur Folge, dass die entsprechende Maßnahme von der Europäischen Kommission zu notifizieren ist. Bis zur beihilferechtlichen Genehmigung durch diese besteht für die Maßnahmen ein Durchführungsverbot. Grundsätzlich steht der Kommission ein Ermessensspielraum zu. Für die Beurteilung von Beihilfen im Bereich des Umweltschutzes und Energiesektors hat die Europäische Kommission sich selbst Leitlinien auferlegt. In den am 9.4.2014 verabschiedeten **Leitlinien für staatliche Umweltschutz- und Energiebeihilfen 2014-2020 (UEBLL)**[1373] hat die Kommission dementsprechend Kriterien aufgestellt, anhand derer sie die Vereinbarkeit mit dem Binnenmarkt

---

zeitreihen-zur-entwicklung-der-erneuerbaren-energien-in-deutschland-1990-2016.pdf?__blob=publicationFile&v=12 (Stand: 7/2017).

[1366] So war zuletzt ein Anstieg der EEG-Umlage von 6,354 ct/kWh im Jahr 2016 auf 6,880 ct/kWh im Jahr 2017 zu verzeichnen.

[1367] Allein 2015 konnten 4.722 GWh Strom aus erneuerbaren Energieträgern nicht in das Stromversorgungssystem integriert werden und mussten von den Netzbetreibern abgeregelt werden, vgl. BNetzA, EEG in Zahlen 2015, online abrufbar unter: https://www.bundesnetzagentur.de/SharedDocs/Downloads/DE/Sachgebiete/Energie/Unternehmen_Institutionen/ErneuerbareEnergien/ZahlenDatenInformationen/EEGinZahlen_2015.xlsx?__blob=publicationFile&v=4 (Stand: 7/2017).

[1368] Vgl. BT-Drs. 18/8860, S. 146.

[1369] Vgl. BT-Drs. 18/8860, S. 146.

[1370] Vgl. BT-Drs. 18/8860, S. 147.

[1371] Vgl. zum EEG 2012 Beschl. (EU) 2015/1585 v. 25.11.2014, Az. C(2014) 8768 final, ABl. L 250/122 v. 25.9.2015; zum EEG 2014 Beschl. (EU) v. 24.7.2014, Az. C(2014) 5081.

[1372] Vgl. *EuG*, Urt. v. 10.5.2015, Rs. T-47/15 – Die Bundesregierung hat hiergegen allerdings am 19.7.2016 Rechtsmittel zum EuGH eingelegt, über das bei Redaktionsschluss noch nicht entschieden war (Deutschland / Kommission, Rechtssache C-405/16 P); Die Bundesregierung geht nach wie vor davon aus, dass es sich bei den aufgrund des EEG begründeten Zahlungsflüssen nicht um staatliche Beihilfen, sondern um eine ausschließlich aus privaten Mitteln durch die EEG-Umlage finanzierte und nicht haushaltswirksame Förderung handelt.

[1373] ABl. EU 2014/C 200/01 v. 28.6.2014.

bemisst. Danach sind Betriebsbeihilfen zur Förderung von Strom aus erneuerbaren Energiequellen grundsätzlich nur (noch) mit dem Binnenmarkt vereinbar, wenn diese ab 1.1.2016 als Marktprämie im Rahmen der Direktvermarktung und spätestens ab 1.1.2017 im Rahmen von – vorzugsweise technologieneutralen – Ausschreibungen gewährt werden.[1374] Ausnahmen vom Direktvermarktungserfordernis lassen die Leitlinien lediglich für Demonstrationsanlagen sowie Erzeugungsanlagen unter 500 kW zu; für Windenergieanlagen gilt ein gesonderter Grenzwert von 3 MW bzw. drei Erzeugungseinheiten.[1375] Vom Ausschreibungserfordernis kann ebenfalls bei Demonstrationsvorhaben sowie Anlagen mit grundsätzlich weniger als 1 MW abgesehen werden. Für Windenergieanlagen gilt auch hier ein abweichender Grenzwert von 6 MW bzw. sechs Erzeugungseinheiten.[1376]

Die Leitlinien selbst entfalten keine Außenwirkung, sondern binden nur die Europäische Kommission selbst.[1377] Allerdings kommt ihnen – obwohl zum Teil Zweifel an ihrer Rechtmäßigkeit bestehen[1378] – rein faktische Wirkung zu. Nicht zuletzt vor diesem Hintergrund hat der Gesetzgeber – ungeachtet des noch nicht abschließend geklärten Beihilfecharakters des EEG – bereits die rechtliche Ausgestaltung des EEG 2014 (Einführung der verpflichtenden Direktvermarktung) sowie nunmehr des EEG 2017 (Einführung der Ausschreibungspflicht) vorsorglich an diesen Leitlinien orientiert und von der Europäischen Kommission genehmigen lassen, um der Gefahr einer Rückforderung etwa beihilferechtlich unzulässig gewährter EEG-Vergütungen vorzubeugen.[1379]

b) Funktionsweise des Ausschreibungsverfahrens im Überblick

Ausschreibungen sind ein wettbewerbliches Instrument, um den kosteneffizientesten bzw. -günstigsten Anbieter einer Ware oder Dienstleistung zu ermitteln. Das EEG definiert **Ausschreibungen** in § 3 Nr. 4 EEG 2017 legal als *„ein transparentes, diskriminierungsfreies und wettbewerbliches Verfahren zur Bestimmung des Anspruchsberechtigten und des anzulegenden Werts"*. D.h. im Rahmen der EEG-Ausschreibungen werden sowohl die Höhe der finanziellen Förderung als auch der Förderberechtigte wettbewerblich bestimmt. Anlagenbetreiber, deren Anlagen der Ausschreibungspflicht unterfallen, können einen Anspruch auf Zahlungen nach dem EEG 2017 nur noch nach erfolgreicher Teilnahme an einem Ausschreibungsverfahren geltend machen. Folglich hat nicht mehr jeder Marktteilnehmer, der eine Anlage errichten und betreiben will, per se einen Anspruch auf finanzielle Förderung des erzeugten und in das öffentliche Netz eingespeisten Stroms. Vielmehr muss sich der künftige Anlagenbetreiber zunächst im Ausschreibungsverfahren einen Zuschlag für die geplante Anlage sichern. Damit wird der Erhalt eines Zuschlags zur zentralen Fördervoraussetzung.

Mit der Durchführung und Überwachung des Ausschreibungsverfahrens ist gem. § 22 Abs. 1 EEG 2017 die Bundesnetzagentur (BNetzA) betraut. Zur Ermittlung der Anspruchsberechtigten sowie der Höhe des Zahlungsanspruchs führt die Behörde pro Kalenderjahr mehrere Ausschreibungsrunden durch. Die Ausschreibungen erfolgen dabei; grundsätzlich technologiespezifisch,

---

[1374] Vgl. Leitlinien für staatliche Umweltschutz- und Energiebeihilfen 2014-2020 (ABl. EU 2014/C 200/01), Ziff. 124 ff.
[1375] Vgl. Leitlinien für staatliche Umweltschutz- und Energiebeihilfen 2014-2020 (ABl. EU 2014/C 200/01), Ziff. 125.
[1376] Vgl. Leitlinien für staatliche Umweltschutz- und Energiebeihilfen 2014-2020 (ABl. EU 2014/C 200/01), Ziff. 127.
[1377] Vgl. *Grabmayr/Münchmeyer/Pause/Stehle/Müller*, Förderung erneuerbarer Energien und EU-Beihilferahmen – Insbesondere eine Untersuchung des Entwurfs der Generaldirektion Wettbewerb der EU-Kommission zu „Leitlinien für Umwelt- und Energiebeihilfen für die Jahre 2014-2020", Würzburg, 3/2014, S. 11, online abrufbar unter: http://stiftung-umweltenergierecht.de/wp-content/uploads/2016/03/stiftungumweltenergierecht_wuestudien_02_beihilferahmen.pdf (Stand: 7/2017).
[1378] Vgl. etwa *Münchmeyer/Kahles/Pause*, Würzburger Berichte zum Umweltenergierecht Nr. 5 vom 16.7.2014, S. 7 ff., abrufbar unter: http://stiftung-umweltenergierecht.de/wp-content/uploads/2016/03/stiftungumweltenergierecht_wueberichte_05_beihilferecht-erfordernis-ausschreibungen.pdf (Stand: 7/2017); *Kahles/Merkel/Pause*, ER Sonderheft 1/2014, S. 21 f.
[1379] Vgl. dazu BT-Drs. 18/8860, S. 156 f.

d. h. für jede auszuschreibende Erzeugungstechnologie wird ein separates Ausschreibungsverfahren durchgeführt. Im Vorfeld jeder Ausschreibungsrunde gibt die BNetzA das für den jeweiligen Gebotstermin geltende Ausschreibungsvolumen in Form der zu installierenden Anlagenleistung bekannt. Das Ausschreibungsvolumen orientiert sich dabei grundsätzlich am politisch festgelegten und in § 4 EEG 2017 verankerten Ausbaupfad. Geboten wird auf den anzulegenden Wert, welcher die Grundlage für die Ermittlung des späteren Zahlungsanspruchs bildet. Dazu werden einmalig verdeckte Gebote abgegeben, wobei jeder Bieter auch mehrere (Teil-)Gebote abgeben kann. Für jedes Gebot ist eine finanzielle Sicherheitsleistung zu hinterlegen, um strategisches Bieterverhalten auszuschließen. Die Höhe der Sicherheit bemisst sich nach der jeweiligen Gebotsmenge. Zuschlagskriterium ist einzig der angegebene Gebotswert, d. h. der anzulegende Wert, zu dem der Bieter die Errichtung und den Betrieb seiner Anlage angeboten hat. Zudem gilt ein sog. Höchstwert. Dieser ist gesetzlich festgelegt und stellt den maximal zulässigen Gebotswert dar. Die Zuschlagserteilung erfolgt durch die BNetzA ausgehend vom niedrigsten Gebot in aufsteigender Reihenfolge, bis das Ausschreibungsvolumen ausgeschöpft ist. Die Zuschläge werden dabei projektbezogen erteilt und sind nicht übertragbar. Der Zuschlagswert bestimmt sich grundsätzlich nach dem sog. Gebotspreisverfahren (auch „Pay-as-bid-Verfahren" genannt). Dabei entspricht der Zuschlagswert jeweils dem individuellen Gebotswert des Einzelnen und demnach dem im Gebot angegebenen anzulegenden Wert.

174 Mit Erhalt des Zuschlags haben die bezuschlagten Bieter Zeit, ihre Anlage(n) innerhalb der gesetzlich vorgesehen Frist zu realisieren. Mit fristgerechter Errichtung und Inbetriebnahme der Anlage(n) entsteht der Anspruch auf die gesetzliche Vergütung des Stroms nach Maßgabe der übrigen Bestimmungen des EEG 2017 (→ zum EEG-Zahlungsanspruch Kap. 4 Rn. 336 ff.). Bei Nicht- bzw. nicht fristgerechter Realisierung wird eine Strafzahlung fällig. Zudem erlischt nach Ablauf der Realisierungsfrist der Zuschlag, womit die wesentlichste Anspruchsvoraussetzung für eine Zahlung nach dem EEG 2017 entfällt. Um einen Zahlungsanspruch geltend machen zu können, müsste das Ausschreibungsverfahren in diesem Fall vielmehr erneut durchlaufen werden.

2. Ausschreibungspflicht

175 Zur Teilnahme an der Ausschreibung sind, soweit das EEG 2017 keine Ausnahmen vorsieht, zunächst alle Windenergieanlagen an Land verpflichtet. D. h. bei Windenergieanlagen an Land werden der Förderberechtigte und die Förderhöhe grundsätzlich durch Ausschreibungen ermittelt. Der Zahlungsanspruch nach § 19 Abs. 1 EEG 2017 (→ hierzu im Einzelnen Kap. 4 Rn. 309 ff.) für den in der jeweiligen Anlage erzeugten Strom besteht damit nur, wenn der künftige Anlagenbetreiber zuvor erfolgreich an einer Ausschreibung teilgenommen hat, und auch nur solange und soweit für die jeweilige Anlage ein von der BNetzA erteilter Zuschlag wirksam, also nicht nach § 35a EEG 2017 entwertet worden oder nach § 36e EEG 2017 erloschen ist.

176 Von dem Erfordernis zur Teilnahme an Ausschreibungen sind jedoch gem. § 22 Abs. 2 S. 2 EEG 2017 Anlagen unterhalb der **Bagatellgrenze**, sog. **Übergangsanlagen** und im Rahmen des gesetzlich bestimmten Umfangs **Pilotwindenergieanlagen an Land** ausgenommen. Für diese Anlagen bemisst sich die Höhe des Zahlungsanspruchs gem. § 22 Abs. 6 EEG 2017 weiterhin nach dem gesetzlich bestimmten anzulegenden Wert anhand der §§ 46–46b EEG 2017 (→ dazu unter Kap. 4 Rn. 369 ff.). Ebenfalls nicht dem Ausschreibungserfordernis unterfallen gem. § 100 Abs. 1 Nr. 1 EEG 2017 sog. **Bestandsanlagen**, also Anlagen, die bereits vor dem 1.1.2017 in Betrieb genommen worden sind.

a) Anlagen ≤ 750 kW (Bagatellgrenze)

177 Das Erfordernis zur Teilnahme an Ausschreibungen richtet sich zunächst nach der installierten Anlagenleistung. Windenergieanlagen an Land mit einer installierten Leistung bis einschließlich 750 kW (**Bagatellgrenze**) sind gem. § 22 Abs. 2 S. 2 Nr. 1 EEG 2017 von den Ausschreibungsverfahren ausgenommen. Diese Ausnahme steht nicht zur Disposition des Anlagenbetreibers, sondern gilt zwingend. Damit besteht – anders als bei den sog. Übergangsan-

lagen (→ dazu unter Kap. 4 Rn. 198) – für Windenergieanlagen an Land, die der Bagatellgrenze unterfallen, keine Option, sich durch Verzicht auf den gesetzlich festgelegten Zahlungsanspruch freiwillig dem Ausschreibungsregime zu unterwerfen.[1380] Dadurch will der Gesetzgeber ein „Rosinenpicken" verhindern.[1381]

Die Bagatellgrenze von 750 kW erfasst letztlich im Wesentlichen das Marktsegment der sog. Kleinwindanlagen (→ zum Begriff unter Kap. 6 Rn. 1 ff.). Eine Einschränkung des Wettbewerbs aufgrund dieser Ausnahme befürchtet der Gesetzgeber nicht, da der Marktanteil an neuen Anlagen mit einer installierten Leistung von bis zu 750 kW sehr gering ist.[1382] 178

Für die Bemessung der 750 kW ist auf die Vorschrift des § 24 EEG 2017 zur **Anlagenaddition** abzustellen.[1383] Das heißt, unter Umständen sind mehrere Bagatellanlagen leistungsseitig zu addieren, sodass alle Anlagen oder zumindest die zuletzt in Betrieb gesetzte Anlage trotz Unterschreitens der Bagatellgrenze bei isolierter Betrachtung an der Ausschreibung teilnehmen muss. 179

Bereits die Vorgängervorschriften zu § 24 EEG 2017 (§ 32 EEG 2014 und § 19 EEG 2009/2012) enthielten eine Regelung zur Anlagenaddition, allerdings galten diese nur in den Fällen, in denen die Vergütungshöhe in Abhängigkeit der Bemessungsleistung bzw. installierten Leistung ausgestaltet war. Der Gesetzgeber wollte durch die Einführung der Anlagenadditionsvorschrift insbesondere die rechtsmissbräuchliche Umgehung der für die Vergütungshöhe geltenden Leistungsschwellen durch Errichtung mehrerer kleiner Anlagen anstelle einer großen Anlage (sog. Anlagensplitting) verhindern.[1384] Mangels leistungsgestaffelter Vergütungssätze fanden die Vorgängervorschriften auf Windenergieanlagen allerdings keine Anwendung.[1385] Etwas anderes galt seit 2014 nur für die Bestimmung des Anwendungsbereichs der Vorschrift zur Förderung in Zeiten negativer Preise (§ 24 EEG 2014), durch die ausnahmsweise eine entsprechende Anwendung der Anlagenadditionsvorschrift auch auf Windenergieanlagen angeordnet war.[1386] 180

Nunmehr erfolgt eine Anlagenaddition jedoch nicht mehr nur zur Bestimmung der Vergütung, sondern auch zum Zweck der Bestimmung der Anlagengröße nach § 22 EEG 2017. Dies ergibt sich ausdrücklich aus dem Wortlaut des § 24 Abs. 1 S. 1 EEG 2017: 181

§ 24 Abs. 1 S. 1 EEG 2017:
Mehrere Anlagen sind unabhängig von den Eigentumsverhältnissen zum Zweck der Ermittlung des Anspruchs nach § 19 Absatz 1 und zur Bestimmung der Größe der Anlage nach § 21 oder § 22 für den jeweils zuletzt in Betrieb gesetzten Generator als eine Anlage anzusehen, wenn
1. *sie sich auf demselben Grundstück, demselben Gebäude, demselben Betriebsgelände oder sonst in unmittelbarer räumlicher Nähe befinden,*
2. *sie Strom aus gleichartigen erneuerbaren Energien erzeugen,*
3. *für den in ihnen erzeugten Strom der Anspruch nach § 19 Absatz 1 in Abhängigkeit von der Bemessungsleistung oder der installierten Leistung besteht und*
4. *sie innerhalb von zwölf aufeinanderfolgenden Kalendermonaten in Betrieb genommen worden sind.*

Damit soll wohl eine *„Flucht aus der Ausschreibungspflicht"* durch Errichtung mehrerer kleiner (Bagatell-)Anlagen statt einer großen Anlage verhindert werden. Für Windenergieanlagen an Land bedeutet dies, dass nach § 24 Abs. 1 S. 1 EEG 2017 mehrere Anlagen leistungsseitig zu addieren sind, wenn sie sich in unmittelbarer räumlicher Nähe zueinander befinden und innerhalb von zwölf aufeinanderfolgenden Kalendermonaten in Betrieb genommen worden sind. Im 182

[1380] Vgl. auch BT-Drs. 18/8860, S. 203.
[1381] Vgl. BT-Drs. 18/8860, S. 203.
[1382] Vgl. BT-Drs. 18/8860, S. 197; s. dazu auch IE Leipzig, Vorbereitung und Begleitung der Erstellung des Erfahrungsberichts 2014 gemäß § 65 EEG im Auftrag des BMWi, Vorhaben IIe Stromerzeugung aus Windenergie, Wissenschaftlicher Bericht, 7/2014, S. 37 ff., online abrufbar unter: https://www.clearingstelle-eeg.de/files/zwischenbericht-vorhaben-2e.pdf (Stand: 7/2017).
[1383] Vgl. BT-Drs. 18/8860, S. 200.
[1384] Vgl. BT-Drs. 16/8148, S. 50.
[1385] Vgl. dazu BT-Drs. 16/8148 S. 51.
[1386] Vgl. *Ekardt/Hennig*, in: Frenz/Müggenborg/Cosack/Ekardt (Hrsg.), EEG, 4. Aufl. 2015, § 24 Rn. 18.

Ergebnis kann dies dazu führen, dass durch die leistungsseitige Anlagenaddition die Bagatellgrenze von 750 kW überschritten wird und damit die Ausnahmeregelung des § 22 Abs. 2 Nr. 2 EEG 2017 nicht einschlägig ist. Ein Förderanspruch nach § 19 Abs. 1 EEG 2017 besteht dann nur bei erfolgreicher Teilnahme am Ausschreibungsverfahren. Allerdings soll die leistungsseitige Addition ausweislich des Wortlauts von § 24 Abs. 1 S. 1 EEG 2017 nur für den zuletzt in Betrieb gesetzten Generator gelten. Nur für die Bestimmung der Anlagengröße der zuletzt in Betrieb gesetzten Windenergieanlage ist die addierte Gesamtanlagengröße zugrundezulegen.[1387] Demgemäß unterfiele(n) nur die Windenergieanlage(n) der Ausschreibungspflicht, durch die die Bagatellgrenze überschritten wird.

Beispiel: Auf einem Grundstück wird zunächst eine Windenergieanlage (WEA 1) mit einer installierten Leistung von 500 kW in Betrieb genommen. Nur fünf Monate später wird auf demselben Grundstück eine zweite Windenergieanlage (WEA 2) ebenfalls mit einer installierten Leistung von 500 kW in Betrieb genommen. Da die Voraussetzungen des § 24 Abs. 1 S. 1 EEG 2017 erfüllt sind, sind für die Bestimmung der Anlagengröße nach § 22 EEG 2014 die installierte Leistung von WEA 1 und WEA 2 (je 500 kW) zu addieren, sodass sich eine (Gesamt-)Leistung von 1.000 kW ergibt und mithin die Bagatellgrenze des § 22 Abs. 2 Nr. 1 EEG 2017 von 750 kW überschritten ist. Allerdings gilt die Anlagenzusammenfassung nur für den zuletzt in Betrieb gesetzten Generator, vorliegend also für WEA 2. Damit würde im Ergebnis für WEA 2 eine Ausschreibungspflicht bestehen, wohingegen für WEA 1 weiterhin ein Zahlungsanspruch nach Maßgabe des gesetzlich bestimmten anzulegenden Werts besteht.

183 Ist die Anlagenleistung mehrerer Windenergieanlagen nach § 24 Abs. 1 S. 1 EEG 2014 zu addieren, führt dies zu weiteren praktischen Anwendungsfragen und -problemen:

- Zum einen kann es in der Praxis zu einer Diskrepanz zwischen der Ausschreibungspflicht und der Ausschreibungsanforderungen kommen, wenn wie im obigen Beispiel die (geplante) installierte Leistung der die Bagatellgrenze überschreitenden und somit ausschreibungspflichtigen Windenergieanlage geringer ist als die generell für Windenergieanlagen an Land nach § 30 Abs. 2 EEG 2017 geltende Mindestgebotsmenge von 750 kW. Denn Gebote, die die Mindestgebotsmenge nicht einhalten, sind gem. § 33 Abs. 1 Nr. 1 EEG 2017 zwingend vom Zuschlagsverfahren auszuschließen.
- Ferner bedarf eine 100-kW-Anlage auch wenn sie zur Überschreitung der Bagatellgrenze führt wohl keiner BImSch-Genehmigung, sodass es an einer weiteren Teilnahmevoraussetzung für das Ausschreibungsverfahren fehlen dürfte.

Hierbei dürfte es sich offenkundig um ein gesetzgeberisches Versehen handeln, da die möglichen Folgen einer Anlagenaddition nicht berücksichtigt wurden. Wie dies rechtlich zu behandeln ist, muss als offen bezeichnet werden. Die praktische Bedeutung dieser Fallgestaltungen dürfte gleichwohl allenfalls marginal sein.

b) „Übergangsanlagen"

184 Ausgenommen von der Pflicht zur Teilnahme an der Ausschreibung sind gem. § 22 Abs. 2 Nr. 2 EEG 2017 überdies Anlagen mit einer Inbetriebnahme bis zum 31.12.2018, soweit sie bereits vor dem 01.01.2017 nach dem BImSchG genehmigt worden sind. Mit der Regelung des § 22 Abs. 2 Nr. 2 EEG 2017 will der Gesetzgeber den langen Planungs- und Realisierungszeiträumen bei Windenergieanlagen an Land Rechnung tragen und überführt mit dieser Vorschrift die bereits in § 102 Nr. 3 EEG 2014 enthaltene Übergangsbestimmung in das neue Recht.[1388] Um bereits unter Geltung der alten Rechtslage getätigte Investitionen nicht zu entwerten und um Planungs- und Investitionsunsicherheiten bei den Projektierern zu verhindern, sind Windenergieanlagen an Land, deren Planungs- und Realisierungsphase sich mit der Einführung von Ausschreibungen durch das EEG 2017 überschneidet, nach Maßgabe des § 22 Abs. 2 Nr. 2 EEG 2017 vom Ausschreibungsverfahren ausgenommen. Dazu müssen die Voraussetzungen des § 22 Abs. 2 Nr. 2 EEG 2017 kumulativ vorliegen.

[1387] Vgl. *Schumacher*, in: Säcker (Hrsg.), Berliner Kommentar zum Energierecht, 3. Aufl. 2015, Sonderband EEG 2014, § 32 Rn. 46.
[1388] Vgl. BT-Drs. 18/8860, S. 196 f.

aa) Wesen und maßgeblicher Zeitpunkt der „Genehmigungserteilung". Die Anlage muss 185 zunächst vor dem 1.1.2017 nach dem Bundes-Immissionsschutzgesetz (BImSchG) genehmigt worden sein. Dabei ergibt sich weder aus dem Gesetz noch der Gesetzesbegründung, auf welches Momentum konkret abzustellen ist. Als frühester Genehmigungszeitpunkt in Betracht käme der Zeitpunkt der schriftlichen Ausfertigung und Unterzeichnung der Genehmigung durch die Behörde. Allerdings dürfte es der Genehmigung zu diesem Zeitpunkt mangels Bekanntgabe an den Adressaten[1389] wohl noch an ihrer rechtlichen Existenz fehlen und es sich mithin um ein reines Verwaltungsinternum ohne rechtliche Bedeutung handeln.[1390] Daher dürfte vielmehr auf den Zeitpunkt abzustellen sein, in dem die Genehmigung Wirksamkeit erlangt, also den Moment, in dem die Genehmigung gegenüber dem Betroffenen bekanntgegeben wird.[1391] Hierfür spricht auch der von der Vorschrift verfolgte Zweck, das Vertrauen in gesicherte Rechtspositionen zu schützen. Denn ein schutzwürdiges Vertrauen kann sich dem Grunde nach erst bilden, wenn der Betroffene von seiner Rechtsposition, d.h. der Erteilung der Genehmigung Kenntnis erlangt hat und diese Rechtsposition materiell-rechtlich überhaupt entstanden ist. Dies wird in der Regel aber erst im Zeitpunkt der Bekanntgabe der Fall sein. Solange es aber an einer Bekanntgabe der Genehmigung i.S.v. § 41 VwVfG fehlt, existiert sie von Rechts wegen schlechterdings überhaupt nicht. Es ist daher – auch unter EEG-seitigen Gesichtspunkten – nicht ersichtlich, weshalb es auch in solchen Situationen eines besonderen Schutzes bestimmter Erwartungshaltungen auf Seiten der Betreiber/Bieter bedürfen sollte.[1392] Sicher wird man zuzugestehen haben, dass das Abstellen auf die (förmliche) Bekanntgabe in Teilen auch zu willkürlichen Benachteiligungen und sachwidrigen Ergebnissen führen kann, etwa wenn die Genehmigung auf dem Postwege verloren geht oder wenn behördeninterne Unzulänglichkeiten für eine verzögerte Zustellung gesorgt haben. Dennoch ändert dies nichts an dem Umstand, dass das EEG an dieser Stelle auf das Fachrecht abstellt, weshalb eine Anlage erst dann als genehmigt gelten kann, wenn die behördliche Entscheidung materielle Wirkung entfaltet.

bb) Änderungen der Genehmigung ab dem 1.1.2017. In der Praxis ergeben sich nach Ge- 186 nehmigungserteilung indes sehr häufig Anlässe oder Gründe, wegen derer die bereits erteilte Genehmigung nachträglich zu ändern ist. So können es etwa externe Änderungen der bau(planungs)rechtlichen Rahmenbedingungen, Lieferengpässe oder nachträgliche Angriffe Dritter gegen die Genehmigung erforderlich machen, dass die Anlage selbst oder die genehmigte Betriebsweise angepasst oder geändert werden müssen. Gänzlich unproblematisch dürfte dies sein, wenn auch die Änderungsgenehmigung noch vor dem 1.1.2017 erteilt und die Anlage dann auf dieser Grundlage auch errichtet worden ist. Erfolgt eine Änderung indes erst nach dem 31.12.2016, so fragt sich, ob dies Auswirkungen auf die Einstufung der betroffenen Anlagen als Übergangsanlage haben kann.[1393]

Grundsätzlich wird man zur Beantwortung dieser Frage zunächst am Gesetzeswortlaut 187 anzusetzen haben, denn dieser markiert nach ständiger höchstrichterlicher Rechtsprechung die Grenze der zulässigen Auslegung.[1394] Demnach kommt es darauf an, dass die maßgeblichen Windenergieanlagen noch vor dem 1.1.2017 nach dem BImSchG genehmigt worden sind. Weitere Vorgaben die Genehmigung betreffend enthält das Gesetz nicht. Insbesondere wird nicht verlangt, dass die Genehmigung rechtmäßig oder gar bereits bestandskräftig sein, also in ihrer endgültigen Form vorliegen muss. Gleichwohl lässt der Gesetzeswortlaut sich durchaus weit und eng auslegen, sodass hieraus letztlich keine eindeutigen Schlüsse gezogen werden können.[1395] Vor allem lässt sich aus der bloßen Verwendung der Formulierung „*genehmigt worden ist*" nicht

---

[1389] Vgl. hierzu § 41 VwVfG.
[1390] Vgl. *Kopp/Ramsauer*, VwVfG, 17. Aufl. 2016, § 43 Rn. 4; a.A. Clearingstelle EEG, Hinweis v. 30.5.2017 – Az. 2017/06, Rn. 42 ff.
[1391] Vgl. *Kopp/Ramsauer*, VwVfG, 17. Aufl. 2016, § 43 Rn. 5.
[1392] A.A. Clearingstelle EEG, Hinweis v. 30.5.2017 – Az. 2017/06, Rn. 44.
[1393] Vgl. für die Einzelheiten hier Clearingstelle EEG, Hinweis v. 30.5.2017 – Az. 2017/06.
[1394] BVerfGE 54, 277 (299); BVerwGE 90, 267 (269).
[1395] Vgl. insoweit auch Clearingstelle EEG, Hinweis v. 30.5.2017 – Az. 2017/06, Rn. 7 ff.

zweifelsfrei ableiten, ob hier auf die Ursprungsgenehmigung oder auf die Änderungsgenehmigung abgestellt wird.[1396] Vor diesem Hintergrund wird man die Norm weiter auszulegen haben.

188 Bedenkt man dabei, dass § 22 Abs. 2 EEG 2017 auf „die Anlage" abstellt, so wird an dieser Stelle zweierlei zu konstatieren sein: Zum einen dürfte es sich hier um die Anlage im Sinne des EEG handeln und nicht primär um das nach dem BImSchG genehmigte Vorhaben.[1397] Hieraus könnte zu schließen sein, dass keine in den Anwendungsbereich des § 22 Abs. 2 EEG 2017 gehörende Anlage vorliegt, wenn etwas anderes errichtet wird als zunächst zum Stichtag genehmigt. Jegliche Änderung des Anlagentyps oder der Leistung wäre demnach schädlich. Zum anderen aber dürfte für die Frage, wann die Anlage genehmigt worden ist und wie weit die Genehmigung auch hinsichtlich nachträglicher Änderungen reicht, allein das Fachrecht, hier das BImSchG, maßgeblich sein;[1398] dies zumal es sich beim EEG um keine Materie handelt, die auch nur ansatzweise Maßstäbe dafür bereit hielte, wann und wie eine Anlage genehmigt wird.

189 Vor diesem Hintergrund wird man insbesondere die genehmigungsseitigen Besonderheiten zu berücksichtigen haben. Demnach besteht die Möglichkeit einer bloßen Änderungsanzeige nach § 15 BImSchG, einer Änderungsgenehmigung nach § 16 BImSchG oder einer völligen Neugenehmigung nach § 4 BImSchG. Sowohl § 15 als auch § 16 BImSchG setzen dabei ihrerseits voraus, dass eine Genehmigung bereits vorliegt. Soweit sich eine Änderung im Sinne der §§ 15, 16 BImSchG als nicht wesentlich im Hinblick auf die Umwelteinwirkungen der Windenergieanlage erweist (also vor allem hinsichtlich der Schall- und Schattenemissionen), wird im Regelfall eine Änderungsanzeige nach § 15 BImSchG genügen. Mit Blick auf den insoweit eindeutigen Wortlaut der Norm können derartige Änderungen den Status einer Anlage als Übergangsanlage nicht tangieren, denn die Windenergieanlage kann auch weiterhin unproblematisch auf Grundlage der fristgerecht erteilten BImSch-Genehmigung errichtet und betrieben werden. Dementsprechend dürfte im Einzelfall sogar eine Leistungserhöhung möglich sein.

190 Soweit sich die Änderungen aber (nachteilig) auf die von der Anlage verursachten Umwelteinwirkungen auswirken, wird im Regelfall eine Änderungsgenehmigung nach § 16 BImSchG nötig sein. Änderungsgenehmigungen fußen ihrerseits jedoch stets auf einer bereits erteilten Genehmigung nach § 4 BImSchG. Die Änderungsgenehmigung tritt damit dem Grunde nach nur ergänzend, ggf. umgestaltend, zur Erstgenehmigung hinzu.[1399] Von einer Änderungsgenehmigung ist schließlich die Neuerrichtung bzw. die Neugenehmigung strikt abzugrenzen. Eine solche wird immer dann nötig, wenn die künftig zu schaffende Anlage gerade nicht mehr als veränderte Fortsetzung einer bereits bestehenden oder geplanten Anlage bewertet werden kann, z. B. dann, wenn eine genehmigte Anlage an einem völlig anderen Standort neu aufgebaut werden soll oder wenn durch die Änderung der Charakter der Gesamtanlage so verändert wird, dass sich die Genehmigungsfrage einschließlich der Standortfrage völlig neu stellt.[1400] Dies dürfte aber ein Fall sein, in dem auch EEG-seitig nicht mehr davon ausgegangen werden kann, dass noch eine hinreichende Identität zu der stichtagsgerecht genehmigten Anlage vorliegt – ungeachtet dessen dürfte die maßgebliche Genehmigung in einem solchen Fall ohnehin stets nach dem 31.12.2016 erteilt worden sein. Der Fall der Änderungsgenehmigung nach § 16 BImSchG liegt damit im rechtlichen Grenzbereich zwischen der bloßen, für die Einstufung nach § 22 Abs. 2 EEG 2017 unschädlichen Änderungsanzeige und der in jedem Fall relevanten Neugenehmigung.

191 An dieser Stelle wird zum Teil vorgetragen, dass Ausgangsgenehmigung und Änderungsgenehmigung letztlich einen einheitlichen Genehmigungstatbestand darstellen und – bei ent-

---

[1396] Vgl. insoweit *Geiger*, REE 2016, 197 (199).
[1397] Vgl. hierzu grundsätzlich *Richter*, Der Begriff der Anlage im Umwelt- und Energierecht, S. 189 ff.; ebenso Clearingstelle EEG, Hinweis v. 30.5.2017 – Az. 2017/06, Rn. 11.
[1398] Vgl. insoweit Clearingstelle EEG, Hinweis v. 30.5.2017 – Az. 2017/06.
[1399] Vgl. *Jarass* (Hrsg.), BImSchG, 11. Aufl. 2015, § 16 Rn. 1; *Büge/Ziegler*, in: Giesberts/Reinhart (Hrsg.), BeckOK UmweltR, 43. Ed (1/2017), BImSchG § 16 Rn. 6.
[1400] Vgl. *Büge/Ziegler*, in: Giesberts/Reinhart (Hrsg.), BeckOK UmweltR, 43. Ed. (1/2017), BImSchG § 16 Rn. 10; *Reidt/Schiller*, in: Landmann/Rohmer (Hrsg.), Umweltrecht, 82. EL 2017, BImSchG § 16 Rn. 33.

sprechender Ausnutzung – auch erst gemeinsam zur Grundlage der Anlagenerrichtung und des Anlagenbetriebs werden.[1401] So gesehen würde bei einer Änderung der Genehmigung erst nach dem 31.12.2016 die genehmigungsseitige Grundlage für den Anlagenbetrieb erst nach dem Stichtag für Übergangsanlagen geschaffen, weshalb eine Anwendbarkeit von § 22 Abs. 2 EEG 2017 ausscheiden könnte. Es gilt jedoch auch zu beachten, dass im Fall der Änderungsgenehmigung stets auf die ursprüngliche Genehmigung „*aufgesattelt*" wird. Deshalb muss auch nicht mehr das gesamte Prüfprogramm durchlaufen werden. Vielmehr sind schon dem Wortlaut des § 16 Abs. 1 BImSchG nach nur die potenziellen nachteiligen Umweltauswirkungen der Änderung auf ihre Gesetzeskonformität hin zu überprüfen. Während sich also im Fall einer Neugenehmigung nach § 4 BImSchG die Genehmigungsfrage völlig neu stellt, kann im Fall einer Änderungsgenehmigung größtenteils auf die bereits abgearbeiteten Ergebnisse des Genehmigungsverfahrens zurückgegriffen werden. Damit spricht aber durchaus einiges dafür, auch im Fall der Änderungsgenehmigung auf die Erteilung der Ursprungsgenehmigung abzustellen, denn diese stellt letztlich das Fundament der behördlichen Erlaubnis dar.

Für diese Auslegung sprechen letztlich auch Sinn und Zweck des § 22 Abs. 2 EEG 2017, der seinerseits eng an die vergleichbare Übergangsvorschrift des § 102 Nr. 2 EEG 2014 angelehnt ist.[1402] Diese Norm hatte der Gesetzgeber seinerzeit wie folgt begründet: „*Die Wahl des Stichtags greift vor allem in Positionen derjenigen Anlagenbetreiber ein, die bereits einen Antrag auf Genehmigung oder Zulassung gestellt haben, deren Anlagen aber nicht rechtzeitig zum 23. Januar 2013 genehmigt oder zugelassen waren.*"[1403] Und weiter heißt es: „*Wer bis zu diesem Zeitpunkt über die erforderliche Genehmigung zur Errichtung und zum Betrieb der Anlage verfügt, ist in seinem Vertrauen auf den Fortbestand der seiner Planung zugrunde gelegten Förderbedingungen grundsätzlich schützenswert. Hingegen können Anlagenbetreiber nicht darauf vertrauen, keine Änderungen der rechtlichen Rahmenbedingungen hinnehmen zu müssen, wenn die Anlage bis zu diesem Zeitpunkt noch nicht genehmigt worden ist und damit noch keine Sicherheit besteht, ob das Vorhaben in der geplanten Form überhaupt realisierbar ist.*"[1404] Damit kam und kommt es aus Sicht des EEG maßgeblich darauf an, ob der betreffende Anlagenbetreiber zum hier entscheidenden Stichtag (31.12.2016) eine schützenswerte Position inne hat oder nicht. Irrelevant dürfte hierbei sein, wie belastbar diese Position letztlich ist, denn schon dem Wortlaut des Gesetzes nach kommt es für die Anwendbarkeit von § 22 Abs. 2 EEG 2017 – wie bereits erwähnt – nicht darauf an, dass bzw. ob die Anlage auf Basis einer bestandskräftigen bzw. letztverbindlichen Genehmigung errichtet und in Betrieb genommen werden kann.

Würde man die Norm demgegenüber derart restriktiv auslegen, dass bei einer Genehmigungserteilung vor dem 01.01.2017 und einer Änderungsgenehmigung erst nach diesem Stichtag sämtliche bis dahin vorgenommenen Verfahrensschritte als rechtliches „*Nullum*" zu behandeln wären, so wäre ein Großteil der bereits vor dem 1.1.2017 getätigten und vom Gesetzgeber unstreitig unter Schutz gestellten Investitionen (siehe oben) sinnwidrigerweise frustriert.[1405] An dieser Stelle gilt es überdies zu bedenken, dass sich in der Praxis sehr häufig die Notwendigkeit einer nachträglichen Änderung der Ursprungsgenehmigung ergibt[1406] und dass es sich insoweit gleichsam um ein „Massenphänomen" handelt. Dabei reichen etwaige Änderungen – die zudem keineswegs nur vom Anlagenbetreiber herrühren müssen, sondern auch von Dritten veranlasst sein können – von der bloßen Anpassung bestimmter naturschutzrechtlicher Auflagen über Fragen der konkreten Betriebsweise (Abschaltzeiten) bis hin zur Änderung des Anlagentyps. Nur in den seltensten Fällen dürften dabei die Ziele des EEG überhaupt tangiert werden.[1407] Weil es aber nicht Aufgabe des EEG sein kann, jeden immissionsschutzrechtlichen

---

[1401] So etwa *Geiger*, REE 2016, 197 (200).
[1402] Vgl. BT-Drs. 18/8860, S. 197.
[1403] BT-Drs. 18/1304, S. 180.
[1404] BT-Drs. 18/1304, S. 105.
[1405] Ähnlich im Ergebnis *Geiger*, REE 2016, 197 (200) sowie Clearingstelle EEG, Hinweis v. 30.5.2017 – Az. 2017/06, Rn. 36 ff.
[1406] Vgl. Clearingstelle EEG, Hinweis v. 30.5.2017 – Az. 2017/06, Rn. 36.
[1407] *Geiger*, REE 2016, 197 (198, 200).

Einzelfall[1408] einer zweiten vertieften Prüfung zu unterziehen – dafür gibt schon der Gesetzeswortlaut nichts her –, sprechen im Ergebnis aus teleologischer Sicht die besseren Argumente dafür, eine Anwendbarkeit des § 22 Abs. 2 EEG 2017 auch in Fällen, in denen eine vor dem 1.1.2017 erteilte BImSch-Genehmigung nach dem 31.12.2016 über § 16 BImSchG geändert wird, grundsätzlich zu bejahen.

194   Dies dürfte mit Blick auf den Gesetzeswortlaut, der wie gezeigt einen klaren Anlagenbezug herstellt, jedenfalls für solche Änderungen gelten, die lediglich den zuvor genehmigten Anlagenbetrieb betreffen (z. B. Wegfall von Betriebseinschränkungen). Sofern jedoch der Anlagentyp oder die konkrete Konstruktion der zum 31.12.2016 genehmigten Anlage geändert werden soll, könnten an diesem Ergebnis durchaus Zweifel aufkommen. In der zum 1.1.2017 in Kraft getretenen Novelle des EEG kommt deutlich zum Ausdruck, dass der Gesetzgeber ein nach seiner Auffassung nicht mehr gewünschtes, weil nicht marktorientiertes Fördersystem abschaffen wollte. Vertrauensschutz sollten mit Blick auf die langen Realisierungszeiten und die eher kurzfristige Gesetzesänderung vor allem solche Anlagen genießen, die einem besonders kosten- und zeitaufwendigen Genehmigungsverfahren unterworfen sind. Geschützt werden dabei bei Lichte betrachtet nicht primär die Anlage, sondern vor allem die mit der konkreten Anlage künftig erzielbaren Förderansprüche, die ja auch Grundlage der wirtschaftlichen Kalkulation des Anlagenbetreibers gewesen sind und der Refinanzierung der Investitionskosten dienen sollten. Dies zum Maßstab genommen, dürften Änderungen an der Anlage, die jenseits des Wegfalls bloßer Betriebsbeschränkungen zu einer Steigerung des potenziellen (maximalen) Anlagenertrags führen könnten, nicht mehr zulässig sein.

195   Hierfür spricht letztlich auch ein systematischer Vergleich zu Anlagen, die zwingend an der Ausschreibung teilnehmen müssen. Bei solchen Anlagen sind nachträgliche Änderungen der Genehmigung im Wege von § 16 BImSchG nämlich von Gesetzes wegen ausdrücklich zulässig und damit gerade nicht per se ausgeschlossen; vgl. § 36f Abs. 2 EEG 2017. Sollte der Anlagenbetreiber aber im Zuge nachträglicher Änderungen die installierte Leistung der Anlage steigern, so verbleibt es nach dem in Satz 2 der Vorschrift ausdrücklich formulierten Willen des Gesetzgebers gleichwohl bei der zuvor bezuschlagten Leistung der Anlage. Der künftig möglicherweise überschießende Teil wird nicht gefördert.[1409] Diese gesetzgeberische Wertung wird man auch bei Übergangsanlagen nach § 22 Abs. 2 EEG 2017 – zumindest entsprechend – zu berücksichtigen haben. Zwar unterscheiden sich Ausschreibung und gesetzliche Förderung strukturell, doch gilt für beide Fälle im Ergebnis, dass der Gesetzgeber eine nachträgliche Erweiterung des zu einem bestimmten Zeitpunkt (31.12.2016 bzw. Zuschlagserteilung) rechtlich gesicherten Leistungsumfangs der Anlage nicht – auch nicht marginal – zulassen wollte. Aus § 36f Abs. 2 EEG 2017 wird dabei aber auch deutlich, dass etwaige Leistungssteigerungen nicht zwingend dazu führen, dass die bis dato gesicherte Rechtsposition völlig entwertet würde. Auch im Fall von Übergangsanlagen spricht daher einiges dafür, dass Leistungssteigerungen jedenfalls insoweit unerheblich sind, als sie schlicht nicht gefördert werden. Demgegenüber dürfte es unter diesem Gesichtspunkt jedenfalls unproblematisch sein, wenn sich die installierte Leistung und damit auch die Ertragschancen der Anlage verringern.

196   **cc) Registrierung der Genehmigung.** Zudem muss die BImSch-Genehmigung vor dem 1.2.2017 mit allen erforderlichen Angaben an das Register i. S. v. § 6 EEG 2017 gemeldet worden sein. Gem. § 6 EEG 2017 hat die Meldung, bis die BNetzA das sog. Marktstammdatenregister eingerichtet hat, an das Anlagenregister nach der Anlagenregisterverordnung (AnlRegV) zu erfolgen. Dies gilt insbesondere auch für vor dem 1.3.2015 erteilte Genehmigungen, die aufgrund laufender Klageverfahren bislang noch nicht ausgenutzt werden konnten, aber bislang nicht der Registrierungspflicht nach § 4 Abs. 1 AnlRegV unterlagen.

[1408] Auf die von der Clearingstelle EEG erörterten Einzelfälle dürfte es daher nicht entscheidend ankommen. Vgl. insoweit Clearingstelle EEG, Hinweis v. 30.5.2017 – Az. 2017/06, Rn. 56 ff.
[1409] BT-Drs. 18/8832, S. 214.

Schließlich muss die Anlage vor dem 01.01.2019 in Betrieb genommen worden sein. Ist eine 197
dieser Voraussetzungen nicht gegeben, handelt es sich nicht um eine privilegierte Übergangsanlage mit der Folge, dass der anzulegende Wert zwingend per Ausschreibung zu ermitteln ist.

Liegen die vorstehenden Voraussetzungen sämtlich vor, sind diese Anlagen grundsätzlich bis 198
Ende 2018 nicht zur Teilnahme an Ausschreibungen verpflichtet, aber auch nicht berechtigt.[1410]
Die Höhe des Zahlungsanspruchs für diese Anlagen richtet sich dann nach dem gesetzlich bestimmten anzulegenden Wert. Etwas anderes gilt lediglich dann, wenn – entgegen § 22 Abs. 2 Nr. 2 lit. c EEG 2017 – der **Verzicht auf den gesetzlich festgelegten Zahlungsanspruch** erklärt wurde. Damit hat der Gesetzgeber die Möglichkeit eröffnet, sich freiwillig dem Ausschreibungsregime zu unterwerfen. Der Verzicht setzt eine schriftliche Erklärung gegenüber der BNetzA voraus. Zur Abgabe der Erklärung ist ausweislich des Gesetzeswortlauts nur der Genehmigungsinhaber der Genehmigung nach BImSchG berechtigt. Zudem kann der Verzicht nur zeitlich begrenzt bis einschließlich 28.02.2016 ausgeübt werden.[1411] Dies verhindert „Rosinenpicken" und gewährt einen Überblick über die zur Teilnahme an Ausschreibungen berechtigten Windenergieanlagen.

c) Pilotwindenergieanlagen

Gem. § 22 Abs. 2 Nr. 3 EEG 2017 sind schließlich auch **Pilotwindenergieanlagen an Land** 199
mit einer installierten Leistung von insgesamt bis zu 125 MW pro Jahr von den Ausschreibungen ausgenommen. Damit will der Gesetzgeber die Entwicklung neuer Anlagen erleichtern und zugleich den Forschungs- und Entwicklungsstandort Deutschland stärken.[1412]

Der **Begriff der *„Pilotwindenergieanlagen an Land"*** ist in § 3 Nr. 37 EEG 2017 legal defi- 200
niert und umfasst sog. Prototypen (lit. a) und sog. Forschungswindenergieanlagen (lit. b). Die im EEG 2017 geltende Legaldefinition ist strikt von dem im Rahmen der SDLWindV verwendeten Begriff des Prototyps zu unterscheiden.[1413]

Sog. **Prototypen** i. S. v. § 3 Nr. 37 lit. a EEG 2017 zeichnen sich dadurch aus, dass sie wesentli- 201
che technische Weiterentwicklungen oder Neuerungen, insbesondere bei der Generatorleistung, dem Rotordurchmesser, der Nabenhöhe, dem Turmtypen oder der Gründungsstruktur aufweisen und einer Typenprüfung oder einer Einheitenzertifizierung bedürfen, die zum Zeitpunkt der Inbetriebnahme noch nicht erteilt ist und erst nach der Inbetriebnahme einer Anlage erteilt werden kann. Der Nachweis, dass die vorgenannten Voraussetzungen erfüllt sind, ist durch die Bestätigung eines nach DIN EN ISO/IEC 17065:20132 akkreditierten Zertifizierers zu führen, vgl. § 22a Abs. 2 EEG 2017. Allerdings ist der Anwendungsbereich des § 3 Nr. 37 lit. a EEG 2017 in zweierlei Hinsicht begrenzt: So sind nur die ersten zwei als Pilotwindenergieanlagen an das Register gemeldeten Windenergieanlagen eines Typs erfasst. Das heißt, je neuem Prototyp können maximal zwei Anlagen als Pilotwindenergieanlagen betrieben werden und von der Ausnahmeregelung profitieren. Zudem dürfen diese Anlagen in Anlehnung an die Umweltschutz- und Energiebeihilfeleitlinien der EU-Kommission[1414] jeweils nur eine installierte Leistung von maximal 6 MW aufweisen. Dass auch die an den begrenzten Anwendungsbereich gestellten Anforderungen eingehalten sind und eine Pilotwindenergieanlege i. S. v. § 3 Nr. 37 lit. a EEG 2017 vorliegt, ist im Übrigen durch die Eintragung im Register nachzuweisen.

Sog. **Forschungswindenergieanlagen** i. S. v. § 3 Nr. 37 lit. b EEG 2017 sind Anlagen, die 202
vorwiegend zu Zwecken der Forschung und Entwicklung errichtet werden und mit denen eine wesentliche, weit über den Stand der Technik hinausgehende Innovation erprobt wird. Kenn-

---

[1410] Vgl. BT-Drs. 18/8860, S. 197.
[1411] Nach Mitteilung der BNetzA gingen zum Stichtag Verzichtserklärungen für 52 Genehmigungen mit einer installierten Leistung von etwa 475 MW ein, vgl. https://www.bundesnetzagentur.de/DE/Sachgebiete/ElektrizitaetundGas/Unternehmen_Institutionen/ErneuerbareEnergien/Ausschreibungen/Wind_Onshore/Wind_Onshore_node.html (Stand: 7/2017).
[1412] Vgl. BT-Drs. 18/8860, S. 198.
[1413] Vgl. auch BT-Drs. 18/8860, S. 185.
[1414] Leitlinien für staatliche Umweltschutz- und Energiebeihilfen 2014-2020 (ABl. C 200/1 v. 28.6.2014), Ziff. 127.

zeichnend ist, dass es sich um ein Vorhaben zur Demonstration einer völlig neuen Technologie handelt.[1415] Insofern geht die Definition auf den in den Umwelt- und Energiebeihilfeleitlinien der Europäischen Kommission verwendeten Begriff der Demonstrationsvorhaben zurück.[1416] Der Nachweis, dass eine Pilotwindenergieanlage i. S. v. § 3 Nr. 37 lit. b EEG 2017 vorliegt, ist durch eine entsprechende Bescheinigung des BMWi zu erbringen. Das BMWi entscheidet auf Antrag des Anlagenbetreibers und anhand der von diesem eingereichten Unterlagen nach billigem Ermessen über den Charakter als Forschungswindenergieanlage.[1417] Neben diesen Anforderungen sieht die Definition keine weiteren zahlen- oder größenmäßigen Beschränkungen des Anwendungsbereichs für Forschungswindenergieanlagen vor. Eine entsprechende Meldung der Anlage an das Anlagenregister als Pilotwindenergieanlage an Land ist aber auch hier obligatorisch.

203   Um Missbrauch zu verhindern, ist die Ausnahme für Pilotwindenergieanlagen an Land auf höchstens 125 MW pro Jahr begrenzt.[1418] Dabei erfasst die Mengenbegrenzung alle Pilotwindenergieanlagen, die an Land errichtet werden, auch solche, die später auf See eingesetzt, aber zunächst an Land getestet werden sollen.[1419] Die Einhaltung der 125-MW-Grenze wird durch § 22a Abs. 1 EEG 2017 umgesetzt. Entsprechend dem sog. „Windhund-Prinzip" besteht der Zahlungsanspruch auf Grundlage des gesetzlich bestimmten anzulegenden Werts nur für die im jeweiligen Jahr ersten 125 MW der als in Betrieb genommen gemeldeten Pilotwindenergieanlagen an Land. Für alle übrigen Pilotwindenergieanlagen an Land, durch deren Inbetriebnahme die 125-MW-Grenze überschritten wird, kann in dem Jahr kein Förderanspruch geltend gemacht werden, sondern erst im nächsten Kalenderjahr. Die betroffenen Anlagenbetreiber können ihren Zahlungsanspruch dann im Folgejahr vorrangig und in der zeitlichen Reihenfolge ihrer Meldung im Register geltend machen, solange die 125-MW-Grenze nicht erneut überschritten wird. Damit die zeitliche Verzögerung des Föderanspruchs nicht zulasten der Förderdauer geht, deren Beginn grundsätzlich an die Inbetriebnahme der Anlage knüpft, enthält § 22a Abs. 1 S. 4 EEG 2017 eine abweichende Sonderregelung. Danach beginnt der Förderzeitraum von 20 Kalenderjahren im Falle, dass die Pilotwindenergieanlage an Land nicht gleich im Inbetriebnahmejahr zum Zuge kommt, erst, wenn der Anlagenbetreiber den Anspruch geltend machen darf. Über die Überschreitung der 125-MW-Grenze informiert die BNetzA die Anlagenbetreiber und Netzbetreiber, an deren Netz die Anlagen angeschlossen sind.

d) Bestandsanlagen

204   Grundsätzlich gelten die Regelungen des EEG 2017 auch für bestehende Windenergieanlagen, es sei denn, in den Übergangsvorschriften ist etwas anderes geregelt. Insofern finden nach § 100 Abs. 1 Nr. 1 EEG 2017 bestimmte Regelungen für Anlagen, die vor dem 01.01.2017 – also vor dem Inkrafttreten des EEG 2017 – in Betrieb genommen worden sind, keine Anwendung. Das betrifft im Wesentlichen die Vorschriften, die im Zusammenhang mit der Einführung der Ausschreibungen stehen.[1420] Unter anderem sind die §§ 22, 22a, 27a bis 36i sowie 55 und 55a EEG 2017, die die EEG-Vergütung im Hinblick auf Ausschreibungen sowie das Ausschreibungsverfahren im Allgemeinen und im Speziellen für Windenergieanlagen an Land regeln, auf diese Anlagen nicht anwendbar. Vielmehr gelten anstelle dieser die Bestimmungen des EEG 2014 fort. Damit sind sog. **Bestandsanlagen** – d. h. Anlagen mit Inbetriebnahme vor dem

---

[1415] BT-Drs. 18/9096, S. 359.
[1416] Vgl. Leitlinien für staatliche Umweltschutz- und Energiebeihilfen 2014-2020 (ABl. C 200/1 v. 28.6.2014), Ziff. 45; s.a. BT-Drs. 18/9096, S. 359.
[1417] Vgl. BT-Drs. 18/9096, S. 361.
[1418] BT-Drs. 18/8860, S. 197.
[1419] BT-Drs. 18/8860, S. 198.
[1420] BT-Drs. 18/8860, S. 260.

01.01.2017 – von den Ausschreibungen ausgenommen. Der Zeitpunkt der Inbetriebnahme richtet sich grundsätzlich nach § 3 Nr. 30 EEG 2017.[1421]

3. Allgemeine Ausschreibungsbestimmungen

Die BNetzA gibt nach § 29 Abs. 1 EEG 2017 jeweils fünf bis acht Wochen vor dem jeweiligen Gebotstermin die für diesen Termin geltenden allgemeinen Ausschreibungsbestimmungen auf ihrer Internetseite bekannt. Dabei muss die Bekanntmachung mindestens Angaben zum Gebotstermin, dem Ausschreibungsvolumen, dem Höchstwert sowie den geltenden Formatvorgaben und Festlegungen der BNetzA enthalten. 205

Die Bekanntmachungen der einzelnen Angaben erfolgen ausweislich § 29 Abs. 2 EEG 2017 *„ausschließlich im öffentlichen Interesse"*. Damit sind die Bekanntmachungen offenbar lediglich informationeller Natur und als schlicht hoheitliches Handeln und mangels Regelungswirkung nicht als Verwaltungsakt oder Allgemeinverfügung zu qualifizieren.[1422] Dies wird deutlich, wenn man bedenkt, dass die nach § 29 Abs. 1 EEG 2017 bekannt zu machenden Angaben ihrem Inhalt nach ohnehin gesetzlich festgelegt sind[1423], sodass der BNetzA an dieser Stelle auch keine Regelungskompetenz zukommt. Maßgeblich ist diese rechtliche Einstufung für die Rechtsschutzmöglichkeiten des Einzelnen bei vermeintlich fehlerhaften Bekanntmachungen, wobei im Rahmen des Ausschreibungsverfahrens der Rechtsschutz (→ s. dazu Kap. 4 Rn. 331 ff.) ohnehin gesondert geregelt ist. 206

a) Gebotstermine

Die **Gebotstermine** für die Ausschreibung von Windenergieanlagen an Land sind in § 28 Abs. 1 EEG 2017 verbindlich festgelegt. In der Einführungsphase (2017-2019) ist zunächst ein enger getakteter Ausschreibungsturnus von in der Regel drei Monaten vorgesehen. Erster Gebotstermin ist der 1. Mai 2017. Für das Jahr 2017 ergeben sich damit noch zwei weitere Gebotstermine zum 1. August und zum 1. November. In den Jahren 2018 und 2019 erfolgen dann jährlich vier Ausschreibungen, jeweils zu den Gebotsterminen 1. Februar, 1. Mai, 1. August und – abweichend vom Drei-Monats-Turnus –[1424] 1. Oktober. Durch die in der Einführungsphase höhere Ausschreibungsfrequenz und den damit einhergehenden geringeren Abständen zwischen den einzelnen Gebotsterminen will der Gesetzgeber zunächst bestehenden Unsicherheiten über die tatsächliche Wettbewerbssituation Rechnung tragen und den Beteiligten die Chance für Lernprozesse geben.[1425] 207

Um jedoch sowohl langfristig den Verwaltungsaufwand als auch das Risiko für implizite Gebotsabsprachen zu minimieren, erfolgen ab dem Jahr 2020 nur noch drei Ausschreibungsrunden pro Kalenderjahr; dann in einem Turnus von vier Monaten. Festgelegte Gebotstermine sind ab 2020 jeweils der 1. Februar, der 1. Juni und der 1. Oktober eines Jahres. 208

Begrifflich ist der „Gebotstermin" gem. § 3 Nr. 25 EEG 2017 der Kalendertag, an dem die Frist für die wirksame Abgabe von Geboten für die jeweilige Ausschreibungsrunde abläuft.[1426] Gebote, die nach Ablauf des Gebotstermins bei der BNetzA eingehen, können daher im Zuschlagsverfahren nicht berücksichtigt werden, vgl. § 32 Abs. 1 EEG 2017. Sollte einer der gesetzlich festgelegten Gebotstermine auf einen Samstag, Sonntag oder gesetzlichen Feiertag fallen, so verschiebt sich die Frist für die Gebotsabgabe gemäß der allgemeinen Fristenregelung des § 31 VwVfG i. V. m. § 193 BGB auf den nächsten Werktag. Konkret betrifft dies zunächst 209

[1421] Abweichendes kann sich für ältere Bestandsanlagen aus den Übergangsbestimmungen des § 100 EEG 2017 ergeben.
[1422] Vgl. *Kopp/Ramsauer*, VwVfG, 17. Aufl. 2016, § 35 Rn. 88 ff.
[1423] Die Gebotstermine für die Ausschreibungen von Windenergieanlagen sowie das jeweils auszuschreibende Volumen etwa finden sich abschließend in § 28 Abs. 1 und 1a EEG 2017 geregelt.
[1424] Damit erfolgt die letzte Ausschreibungsrunde im Jahr parallel zum Ausschreibungstermin für Solaranlagen, vgl. § 28 Abs. 2 EEG 2017; BT-Drs. 18/9096 S. 361.
[1425] Vgl. BT-Drs. 18/8860, S. 201.
[1426] Vgl. auch BT-Drs. 18/8860, S. 185.

die Gebotstermine am 1.5., da es sich hierbei um einen bundeseinheitlichen Feiertag (Tag der Arbeit) handelt. Zudem sind auch nicht bundeseinheitliche, also regionale gesetzliche Feiertage zu beachten, allerdings nur diejenigen am Sitz der Behörde, bei der die Handlung vorzunehmen ist. Dass der Tag ein gesetzlicher Feiertage am Ort des Absenders ist, genügt hingegen nicht.[1427] Da die Gebote am Dienstsitz der BNetzA am Standort Bonn abzugeben sind, sind mithin zusätzlich die gesetzlichen Feiertage in Nordrhein-Westfalen zu berücksichtigen. Das betrifft in erster Linie den stets auf den 1.11. eines Jahres fallenden Feiertag Allerheiligen.

Beispiel für die Fristberechnung
Der Gebotstermin 1.5.2017 fällt auf einen bundeseinheitlichen gesetzlichen Feiertag (Tag der Arbeit), daher verschiebt sich die Abgabefrist für das Gebot auf den nächsten Werktag. Der 01.05.2017 ist ein Montag. Der nächste Werktag ist Dienstag. Abgabefrist für das Gebot ist somit Dienstag, der 02.05.2017.

b) Ausschreibungsvolumen

210   Das **Ausschreibungsvolumen** bezeichnet die Summe der neu zu installierenden Leistung, für die der Anspruch auf Zahlung einer Marktprämie zu einem Gebotstermin ausgeschrieben wird, vgl. § 3 Nr. 5 EEG 2017. Es dient dem Gesetzgeber als Instrument der direkten Mengen- und Ausbausteuerung. Bereits vor Realisierung der Projekte wird die Zubaumenge auf das Ausschreibungsvolumen begrenzt. Damit kann der Ausbau an über das EEG vergüteten Windenergieanlagen grundsätzlich nicht größer sein als das Ausschreibungsvolumen. Das jährliche Ausschreibungsvolumen orientiert sich dabei an dem gesetzlich vorgegebenen Ausbaupfad des § 4 EEG 2017. Für die Jahre 2017 bis 2019 ergibt sich so für Windenergieanlagen an Land ein jährliches Ausschreibungsvolumen von insgesamt 2.800 MW. Ab dem Kalenderjahr 2020 beträgt das jährliche Ausschreibungsvolumen dann 2.900 MW.

211   Die Verteilung des jährlichen Ausschreibungsvolumens auf die einzelnen Gebotstermine ergibt sich aus § 28 Abs. 1 EEG 2017 und gestaltet sich wie folgt:

Kalenderjahr	Ausschreibungstermin	Ausschreibungsvolumen	Bemerkungen
2017	01.05.	800 MW	Bundesweiter Feiertag (Tag der Arbeit); Verschiebung der Frist zur Gebotsabgabe auf Di, den 02.05.2017
	01.08.	1.000 MW	
	01.11.	1.000 MW	Regionaler Feiertag in NRW (Allerheiligen); Verschiebung der Frist zur Gebotsabgabe auf Do, den 02.11.2017
2018/2019	01.02.	700 MW	
	01.05.	700 MW	Bundesweiter Feiertag (Tag der Arbeit); Verschiebung der Frist zur Gebotsabgabe auf Mi, den 02.05.2018 bzw. Do, den 02.05.2019
	01.08.	700 MW	
	01.10.	700 MW	
ab 2020	01.02.	1.000 MW	
	01.06.	950 MW	Ggf. beweglicher Feiertag! z.B. 01.06.2020 (Pfingstmontag), Verschiebung der Frist zur Gebotsabgabe auf Di, den 02.06.2020
	01.10.	950 MW	

Tabelle: Übersicht über die Ausschreibungstermine und -volumina

212   Damit der vorgesehene Ausbaupfad für Windenergie an Land stets eingehalten wird, hat der Gesetzgeber in § 28 Abs. 1a EEG 2017 für die Ausschreibungen ab 2018 einen **Mechanismus**

[1427] Vgl. *Kopp/Ramsauer*, VwVfG, 17. Aufl. 2016, § 31 Rn. 30.

zur Anpassung des Ausschreibungsvolumens geregelt. Danach verringert sich das Ausschreibungsvolumen gem. § 28 Abs. 1a S. 1 EEG 2017
- um die installierte Leistung der Windenergieanlagen an Land, die bei einer grenzüberschreitenden Ausschreibung einen Zuschlag erhalten haben und im Bundesgebiet errichtet werden sollen (Nr. 1),
- um die installierte Leistung der Windenergieanlagen an Land, die in der gemeinsamen Ausschreibung mit PV-Anlagen einen Zuschlag erhalten haben (Nr. 2), und
- um die installierte Leistung der Pilotwindenergieanlagen an Land, die im Rahmen der Ausnahmeregelung nach § 22 Abs. 2 Nr. 3 EEG 2017 errichtet worden sind und im Vorjahr erstmals ihren Vergütungsanspruch geltend machen durften (Nr. 3).

Demgegenüber erhöht sich das Ausschreibungsvolumen gem. § 28 Abs. 1a S. 2 EEG 2017 jeweils um das Ausschreibungsvolumen für Windenergieanlagen an Land, für das im vorangegangenen Kalenderjahr keine Zuschläge erteilt werden konnten. Dies ist der Fall, wenn die Summe der abgegebenen Gebote hinter dem Ausschreibungsvolumen zurückbleibt. Hingegen keine Berücksichtigung finden Gebotsmengen, die nachträglich gem. § 35a EEG 2017 entwertet werden, z.B. weil die Anlage nicht fristgerecht realisiert wird oder Zuschläge wieder aufgehoben werden.

Die Anpassung des Ausschreibungsvolumens erfolgt anhand einer rückblickenden Betrachtung. Erstmalig zum 28.02.2018 und dann jährlich stellt die BNetzA fest, in welchem Umfang das Ausschreibungsvolumen anzupassen ist. Dazu hat die Behörde zunächst die Differenz der installierten Leistung nach § 28 Abs. 1a S. 1 und S. 2 EEG 2017 für das jeweils vorangegangene Kalenderjahr zu bilden. Der so gebildete Differenzwert, um den sich das Ausschreibungsvolumen entweder erhöht oder verringert, ist gleichmäßig auf die nächsten drei noch nicht bekannt gemachten Ausschreibungen zu verteilen. Der BNetzA kommt dabei keinerlei Ermessensspielraum zu, vielmehr hat die Anpassung von Rechts wegen entsprechend dem vorstehend beschriebenen Mechanismus zu erfolgen. Die BNetzA ist in diesem Fall allein mit dem Vollzug des Gesetzes betraut.[1428] 213

c) Höchstwert

Für jeden Ausschreibungstermin hat die BNetzA im Vorfeld auch den geltenden **Höchstwert** bekannt zu machen, vgl. § 29 Abs. 1 Nr. 3 EEG 2017. Der Höchstwert bezeichnet den maximal zulässigen Gebotswert des jeweiligen Gebotstermins. Gebote, deren Gebotswert den für den jeweiligen Gebotstermin geltenden Höchstwert überschreitet, sind gem. § 33 Abs. 1 Nr. 4 EEG 2017 zwingend vom weiteren Ausschreibungsverfahren auszuschließen. Über den Höchstwert erfolgt vonseiten des Gesetzgebers eine höhenmäßige Deckelung der Gebotswerte und damit schließlich auch der gesetzlichen Förderung. Hintergrund der Regelung ist die Absicht des Gesetzgebers, auch im Falle eines Marktversagens, also bei fehlendem bzw. unzureichendem Wettbewerb, eine Kostensteigerung zu verhindern.[1429] 214

Der Höchstwert wird technologiespezifisch bestimmt und entsprechend dem Gebotswert in Cent je Kilowattstunde (ct/kWh) mit zwei Nachkommastellen angegeben. Für Windenergieanlagen an Land ist er in § 36b EEG 2017 gesetzlich normiert. Entsprechend dem einstufigen Referenzertragsmodell (→ s. dazu Kap. 4 Rn. 311 ff.) bezieht sich der Höchstwert – ebenso wie der Gebotswert – stets auf den sog. 100-Prozent-Referenzstandort. Für die Gebotstermine im Kalenderjahr 2017 ist der Höchstwert von Gesetzes wegen auf 7,00 ct/kWh festgelegt. 215

Ab dem Kalenderjahr 2018 erfolgt vor jedem Gebotstermin eine **Anpassung des Höchstwerts** nach § 36b Abs. 2 EEG 2017. Dabei wird der Höchstwert jeweils auf Basis der drei vorangegangenen Ausschreibungsrunden ermittelt. Er errechnet sich aus dem Durchschnitt der Gebotswerte des jeweils höchsten noch bezuschlagten Gebots (Grenzgebot) der letzten drei 216

[1428] So bereits für die entsprechende Vorschrift in § 4 FFAV vgl. *Leutritz/Herms/Richter*, in: Frenz (Hrsg.), EEG II, FFAV § 4 Rn. 3 ff.
[1429] Vgl. BT-Drs. 18/8860, S. 180.

Gebotstermine zuzüglich eines Sicherheitsaufschlags in Höhe von 8%. Der sich so ergebende Wert ist auf zwei Nachkommastellen zu runden.

Berechnungsformel:

$$\text{Höchstwert} = \frac{\text{Grenzgebot des letzten Gebotstermins} + \text{Grenzgebot des vorletzten Gebotstermins} + \text{Grenzgebot des vorvorletzten Gebotstermins}}{3} \times 1{,}08$$

217　Der Sicherheitszuschlag von 8% soll gewährleisten, dass die Ausbauziele auch erreicht werden, wenn die Kosten einer Windenergieanlage z. B. aufgrund von Inflation oder steigender Zinsen leicht ansteigen.[1430] Zumindest in der Theorie, nämlich für den Fall, dass die Gebotswerte der Grenzgebote stets weniger als 8% unter dem jeweils geltenden Höchstwert liegen, ermöglicht der Sicherheitszuschlag auch einen kontinuierlichen moderaten Anstieg des Höchstwerts. Ob sich diese Möglichkeit allerdings realisiert, erscheint sehr fraglich. Die bisher durchgeführten Ausschreibungen für Windenergieanlagen an Land haben jedenfalls gezeigt, dass die Grenzgebote erheblich unterhalb des geltenden Höchstwerts lagen.[1431]

218　Abweichend von § 36b Abs. 2 EEG 2017 kann der Höchstwert auch durch **Festlegung der BNetzA** angepasst werden. Die Ermächtigungsgrundlage dafür findet sich in § 85a EEG 2017. Eine Anpassung des Höchstwerts ist sowohl nach unten als auch nach oben zulässig, allerdings nur innerhalb des durch § 85a Abs. 1 und 2 EEG 2017 gesetzlich vorgegebenen Rahmens. Danach darf eine Anpassung durch die BNetzA nur erfolgen, wenn sich bei den letzten drei vor Einleitung des Festlegungsverfahrens durchgeführten Ausschreibungen gemeinsam oder jeweils für sich betrachtet Anhaltspunkte ergeben haben, dass der Höchstwert zu hoch oder zu niedrig ist. Für die Beurteilung dessen sind die in § 1 EEG 2017 niedergelegten (Ausbau-)Ziele sowie der in § 2 Abs. 4 EEG normierte Grundsatz der Kosteneffizienz zu berücksichtigen. D. h. der Höchstwert muss sich daran messen lassen, dass er einerseits nicht so ambitioniert ist, dass er einem stetigen Ausbau der Windenergie – auch mit Blick auf die gesetzgeberischen Ausbauziele – entgegensteht. Andererseits darf er aber auch nicht so hoch bemessen sein, dass dadurch die Förderkosten unnötig in die Höhe getrieben werden. Vielmehr soll ein kontinuierlicher Ausbau zu möglichst geringen Kosten erfolgen. Ihre Festlegung zu den Höchstwerten hat die BNetzA unter Angabe der tragenden Gründe nach § 85a Abs. 3 S. 2 EEG 2017 sowohl in ihrem Amtsblatt als auch auf ihrer Internetseite zu veröffentlichen. Von einer Einholung von Stellungnahmen – wie sie § 67 Abs. 2 EnWG ermöglicht – soll die Behörde im Rahmen des Festlegungsverfahrens gem. § 85a Abs. 3 S. 1 aber möglichst absehen; auch eine mündliche Verhandlung findet nicht statt. Nach Auffassung des Gesetzgebers erscheint eine Konsultation nicht sinnvoll, da die betroffenen Akteure im Zweifelsfall zu große Eigeninteressen hätten und zudem eine Konsultation mit erheblichem Zeitaufwand verbunden wäre. Dies würde dem mit der Festlegungskompetenz zugunsten der BNetzA verfolgten Zweck, möglichst schnell auf Entwicklungen reagieren zu können, entgegenstehen.[1432]

d) Formatvorgaben und Festlegungen der BNetzA

219　**aa) Formatvorgaben der BNetzA.** Die BNetzA wird über § 30a Abs. 1 EEG 2017 ermächtigt, für das Ausschreibungsverfahren verbindliche **Formatvorgaben** zu treffen. Dies kann z. B. in Form von Formularvordrucken geschehen, welche die Bieter bei der Gebotsabgabe zu verwenden haben. Dabei liegt es im Ermessen der Behörde, ob und in welcher Form sie von der Ermächtigung Gebrauch macht. Sofern sie jedoch Formatvorgaben trifft, muss die BNetzA diese gem. § 29 Abs. 1 Nr. 4 EEG 2017 vor dem Gebotstermin, für den diese gelten sollen, auf

---

[1430] BT-Drs. 18/8860, S. 209.
[1431] Vgl. die Übersicht über die beendeten Ausschreibungen auf dem Internetseite der BNetzA: www.bundesnetzagentur.de (Stand: 9/2017).
[1432] Vgl. BT-Drs. 18/8860, S. 251.

ihrer Internetseite bekannt geben. Zu beachten ist, dass die Formatvorgaben von Ausschreibungstermin zu Ausschreibungstermin variieren können. Daher kommt es maßgeblich darauf an, welche Formatvorgaben die Behörde für den jeweiligen Gebotstermin bekannt gemacht hat, insbesondere welche Formularvordrucke sie für die betreffende Ausschreibungsrunde freigegeben hat. Die jeweils geltenden Formatvorgaben sind dann zwingend von den Bietern zu beachten. Gebote, die nicht den Formatvorgaben entsprechen, sind gem. § 33 Abs. 1 Nr. 1 i. V. m. § 30a EEG 2017 vom Zuschlagsverfahren auszuschließen. Dadurch wird eine Standardisierung des Ausschreibungsverfahrens möglich, ohne die ein massentaugliches Verfahren nicht durchführbar wäre.[1433]

bb) Festlegungen der BNetzA. Die BNetzA ist gem. §§ 85 Abs. 2 und 85a Abs. 1 EEG 2017 ermächtigt, im Zusammenhang mit dem Ausschreibungsverfahren **Festlegungen nach § 29 EnWG** zu treffen. Bereits im Rahmen der Pilotausschreibungen für PV-Freiflächenanlagen verfügte die BNetzA über umfangreiche Festlegungsbefugnisse.[1434] Sie sollen es der Behörde ermöglichen, schnell auf strategisches Bieterverhalten zu reagieren und das Ausschreibungsdesign entsprechend anzupassen.[1435] Ferner dienen Festlegungen der Standardisierung.[1436] Mittels Festlegungen kann die BNetzA gestaltenden Einfluss auf das Ausschreibungsverfahren nehmen, ohne dass dadurch eine Änderung des Gesetzes erforderlich wird. Es obliegt dabei der BNetzA zu entscheiden, ob sie von einer der nach § 85 Abs. 2 oder § 85a Abs. 1 EEG 2017 bestehenden Festlegungsbefugnisse Gebrauch macht (sog. Entschließungsermessen).[1437] Demgegenüber sind die rechtlichen Voraussetzungen, Inhalte und Maßstäbe der Festlegung tatbestandlich eng gebunden.[1438] Entschließt sich die Behörde dazu, eine Festlegung zu erlassen, hat sie stets die Ziel- und Zwecksetzung des § 1 EEG 2017[1439] sowie den Umfang und die Reichweite der Ermächtigungsnorm zu berücksichtigen. Danach bestimmt sich der zulässige Inhalt der Festlegung.

Die das Ausschreibungsverfahren betreffenden Festlegungskompetenzen sind im Einzelnen in § 85 Abs. 2 Nr. 4 bis Nr. 11 und § 85a EEG 2017 geregelt. Hinsichtlich der Ausschreibung von Windenergieanlagen an Land kann die BNetzA demnach zu folgenden Aspekten Festlegungen treffen:
- zu den Gebotsanforderungen (→ dazu Kap. 4 Rn. 227 ff.), § 85 Abs. 2 Nr. 4 EEG 2017
- zu den Ausschlussgründen (→ dazu Kap. 4 Rn. 263), § 85 Abs. 2 Nr. 6 EEG 2017
- zu Anforderungen und Nachweisen, die der Netzbetreiber vom Anlagenbetreiber zum Nachweis des Vorliegens der Anspruchsvoraussetzungen verlangen muss, § 85 Abs. 2 Nr. 8 EEG 2017
- zur Ermittlung des Zuschlagswerts, insb. zu einer Umstellung auf ein Einheitspreisverfahren, § 85 Abs. 2 Nr. 9 EEG 2017
- zum Höchstwert (→ dazu Kap. 4 Rn. 214 ff.), § 85a EEG 2017.

Sofern die BNetzA auf Grundlage von § 85 Abs. 2 oder § 85a EEG 2017 eine Festlegung nach § 29 Abs. 1 EnWG trifft, hat sie diese gem. § 74 EnWG auf ihrer Internetseite sowie im Amtsblatt der Behörde zu veröffentlichen. Betrifft die Festlegung das Gebotsverfahren oder Zuschlagsverfahren, gilt § 29 Abs. 1 Nr. 5 EEG 2017, wonach die Bekanntmachung fünf bis acht Wochen vor dem jeweiligen Gebotstermin auf der Internetseite der BNetzA zu erfolgen

---

[1433] Vgl. BT-Drs 18/8860, S. 204.
[1434] Vgl. § 35 FFAV (zum 31.12.2016 außer Kraft getreten).
[1435] Amtl. Begründung zur FFAV, S. 91 [zu § 35 FFAV].
[1436] *Schmidt-Preuß*, in: Säcker (Hrsg.), Berliner Kommentar zum Energierecht, 3. Aufl. 2014, Bd. 1, EnWG § 29 Rn. 10.
[1437] Vgl. *Ehricke/Frenz*, in: Frenz/Müggenborg/Cosack/Ekardt (Hrsg.), EEG, 4. Aufl. 2015, § 85 Rn. 56; *Mengering*, in: Säcker (Hrsg.), Berliner Kommentar zum Energierecht, 3. Aufl. 2015, Sonderband EEG 2014, § 85 Rn. 46.
[1438] *Schmidt-Preuß*, in: Säcker (Hrsg.), Berliner Kommentar zum Energierecht, 3. Aufl. 2014, Bd. 1, EnWG § 29 Rn. 61.
[1439] Vgl. § 85 Abs. 2, Einleitungssatz bzw. § 85a Abs. 1 EEG 2017.

hat. Dabei handelt es sich bei der Veröffentlichung auf der Internetseite der BNetzA um eine ortsübliche Bekanntmachung i. S. d. § 41 Abs. 4 VwVfG.[1440]

222 Nach wohl überwiegender Auffassung in der Literatur[1441] und nach Ansicht des BGH[1442] handelt es sich bei einer Festlegung nach § 29 Abs. 1 EnWG um eine Allgemeinverfügung i. S. v. § 35 S. 2 VwVfG. Demgemäß haben Festlegungen Verwaltungsakt-Qualität und entfalten letztlich Bindungswirkung zwischen Behörde und Adressaten.[1443] Die von der BNetzA getroffenen Festlegungen sind somit zwingend von den Adressaten zu beachten. Soweit die Festlegung die Gebotsabgabe betrifft, führt deren Nichtbeachtung zum Ausschluss des Gebots vom Zuschlagsverfahren, vgl. § 33 Abs. 1 Nr. 6 EEG 2017. Ungeachtet der Bindungswirkung kann die Behörde eine Festlegung nach den Maßgaben des § 29 Abs. 2 EnWG nachträglich ändern. Zudem entfällt die Bindungswirkung, wenn die BNetzA die Festlegung nach §§ 48 ff. VwVfG zurücknimmt oder widerruft.

223 Rechtsschutz gegenüber Festlegungen der BNetzA besteht nach Maßgabe des § 85 Abs. 3 S. 1 EEG 2017 i. V. m. §§ 75 ff. EnWG. Danach ist die Beschwerde statthafter Rechtsbehelf.[1444] Örtlich und sachlich zuständiges Beschwerdegericht ist der Kartellsenat des OLG Düsseldorf.[1445] Gegen Entscheidungen des Beschwerdegerichts wiederum ist die Rechtsbeschwerde zum BGH statthaft, soweit das OLG Düsseldorf diese ausdrücklich zugelassen hat, vgl. § 86 EnWG. Im Fall der Nichtzulassung der Rechtsbeschwerde ist nach § 87 EnWG die Nichtzulassungsbeschwerde zum BGH möglich.

4. Teilnahmevoraussetzungen

224 Bei dem Ausschreibungsverfahren handelt es sich – wie bereits die vorstehenden Ausführungen gezeigt haben – um ein streng formalisiertes Verfahren. Dabei sind die allgemeinen Teilnahmevoraussetzungen in §§ 30-31 EEG 2017 geregelt. Die energieträgerspezifischen Voraussetzungen für die Teilnahme an Ausschreibungen für Windenergieanlagen an Land ergeben sich aus § 36 EEG 2017. Für Bürgerenergiegesellschaften gelten zum Teil gesonderte Bestimmungen (→ dazu Kap. 4 Rn. 321 ff.). Eine Missachtung der Vorgaben führt zum Gebotsausschluss nach § 33 Abs. 1 EEG 2017 (→ dazu Kap. 4 Rn. 263). Ferner hat die BNetzA die Möglichkeit, zum einen per Festlegung (→ dazu Kap. 4 Rn. 220 ff.) nach § 85 Abs. 2 Nr. 4 EEG 2017 von den gesetzlichen Vorgaben abweichende bzw. ergänzende Anforderungen an die Gebote und Bieter zu stellen und zum anderen gem. § 30a Abs. 1 EEG 2017 verbindliche Formatvorgaben (→ dazu Kap. 4 Rn. 219) u. a. für die Gebotsabgabe vorzuschreiben. Auch deren Missachtung führt zum Gebotsausschluss nach § 33 Abs. 1 Nr. 1 bzw. Nr. 6 EEG 2017.

a) Teilnahmeberechtigter Personenkreis

225 Anders als noch die FFAV für die Pilotausschreibung von PV-Freiflächenanlagen[1446] enthält das EEG 2017 weder eine Legaldefinition des Begriffs „Bieter" noch bestimmt es den zur Teilnahme an Ausschreibungen berechtigten Personenkreis näher. Lediglich aus § 30 Abs. 1 Nr. 1 EEG 2017 ergibt sich implizit, dass als Bieter sowohl natürliche Personen als auch juristische

---

[1440] *OLG Düsseldorf*, Beschl. v. 20.3.2006 – VI-3 Kart 155/06 (V), 3 Kart 155/06, Rn. 23 [juris], NJW-RR 2006, 1353 (1354).

[1441] Vgl. *Wahlhäuser*, in: Kment (Hrsg.), EnWG, 1. Aufl. 2015, § 29 Rn. 24 ff.; *Schmidt-Preuß*, in: Säcker (Hrsg.), Berliner Kommentar zum Energierecht, 3. Aufl. 2014, Bd. 1, EnWG § 29 Rn. 48 m. w. N.; *Selter*, EnWZ 2015, 147 (152); a. A. *Britz*, in: Britz/Hellermann/Hermes (Hrsg.), EnWG, 3. Aufl. 2015, § 29 Rn. 10 ff.

[1442] Vgl. *BGH*, Beschl. v. 29.4.2008 – KVR 28/07, Tz. 8 ff.

[1443] Vgl. *Ehricke/Frenz*, in: Frenz/Müggenborg/Cosack/Ekardt (Hrsg.), EEG, 4. Aufl. 2015, § 85 Rn. 65; siehe auch *Kopp/Ramsauer*, VwVfG, 17. Aufl. 2016, § 35 Rn. 157 ff. m. w. N.

[1444] *Schmidt-Preuß*, in: Säcker (Hrsg.), Berliner Kommentar zum Energierecht, 3. Aufl. 2014, Bd. 1, EnWG § 29 Rn. 59.

[1445] Vgl. §§ 75 Abs. 4, 106 EnWG i. V. m. §§ 91, 92 GWB i. V. m. § 2 Kartellsachen-Konzentrations-VO des Landes Nordrhein-Westfalen i. d. F. v. 27.9.2005 (GV. NRW 2005, 820).

[1446] Vgl. § 2 Nr. 4 und § 6 Abs. 1 FFAV (zum 31.12.2016 außer Kraft getreten).

Personen und rechtsfähige Personengesellschaften in Betracht kommen. Mit rechtsfähigen Personengesellschaften dürften – wie bereits im Sinne der FFAV[1447] – auch hier insbesondere die Gesellschaft bürgerlichen Rechts (GbR), die offene Handelsgesellschaft (oHG) und die Kommanditgesellschaft (KG) gemeint sein.[1448] Dies scheint vor allem auch mit Blick auf den in § 2 Abs. 3 S. 2 EEG 2017 verankerten Grundsatz, auch im Rahmen von Ausschreibungen die Akteursvielfalt beizubehalten, geboten. Hingegen nicht zur Teilnahme an Ausschreibungen berechtigt sind nicht rechtsfähige Personenvereinigungen. Sie können mangels Rechtsfähigkeit schon nicht als solches Träger von Rechten und Pflichten sein.

Weitere Anforderungen an die Person des Bieters stellt das Gesetz nicht, insbesondere verlangt es keine gesonderten Nachweise hinsichtlich der Zuverlässigkeit des Bieters oder dessen Bonität. Vielmehr sollen eine hohe Realisierungsrate und die Ernsthaftigkeit der Gebote über die materiellen Präqualifikationsanforderungen und zu hinterlegenden Sicherheitsleistungen sowie die Pönalen gewährleistet werden.[1449]

b) Formelle und materielle Gebotsanforderungen

aa) Allgemeine Mindestgebotsangaben. Jedes Gebot muss die gesetzlich geforderten **Mindestangaben** enthalten. Welche das sind, ergibt sich aus § 30 Abs. 1 EEG 2017. Ein Gebot muss demnach enthalten:

- **Angaben zur Person des Bieters** (§ 30 Abs. 1 Nr. 1 EEG 2017)
  Zunächst sind im Gebot die Kontaktdaten (Name, Anschrift, Telefonnummer und E-Mail-Adresse) des Bieters anzugeben. Sofern es sich bei dem Bieter um eine rechtsfähige Personengesellschaft oder juristische Person handelt, muss das Gebot ferner noch Angaben zum Sitz der Gesellschaft sowie zu dem Bevollmächtigten, der zur Vornahme von Handlungen für die Gesellschaft berechtigt ist, enthalten. Werden bei der Gesellschaft mindestens 25 % der Stimmrechte oder des Kapitals von anderen rechtsfähigen Personengesellschaften oder juristischen Personen gehalten, so sind auch deren Name und Sitz mitzuteilen.
- **Angabe des Energieträgers** (§ 30 Abs. 1 Nr. 2 EEG 2017)
  Da die Ausschreibungen technologiespezifisch erfolgen und die BNetzA sowohl die Ausschreibungen für Windenergieanlagen an Land als auch für Solar- und Biomasseanlagen durchführt, ist im Gebot der Energieträger anzugeben, auf den sich das Gebot bezieht.
- **Angabe des Gebotstermins** (§ 30 Abs. 1 Nr. 3 EEG 2017)
  Die BNetzA führt mehrere Ausschreibungsrunden pro Jahr durch. Um das Gebot der richtigen Ausschreibungsrunde zuordnen zu können, ist daher der Gebotstermin (→ dazu Kap. 4 Rn. 207 ff.) anzugeben, für den das Gebot abgegeben wird.[1450]
- **Angabe der Gebotsmenge und des Gebotswerts** (§ 30 Abs. 1 Nr. 4 und 5 EEG 2017)
  Die Gebotsmenge und der Gebotswert bilden den Kern des Gebots. Die Gebotsmenge ist die zu installierende Leistung, für die der Bieter sein Gebot abgibt, vgl. § 3 Nr. 24 EEG 2017. Sie ist in Kilowatt (kW) und ohne Nachkommastelle anzugeben. Der Gebotswert entspricht dem anzulegenden Wert, vgl. § 3 Nr. 25 EEG 2017. Er ist in Cent je Kilowattstunde (ct/kWh) mit zwei Nachkommastellen anzugeben. Der Gebotswert darf sich bei Windenergieanlagen an Land nicht auf den anzulegenden Wert für die konkrete Anlage, sondern muss sich gem. § 30 Abs. 1 Nr. 5 EEG 2017 auf den anzulegenden Wert der Anlage am Referenzstandort mit einem Ertrag von 100 % beziehen.[1451] Der konkrete anzulegende Wert für die jeweilige Anlage wird erst im Nachhinein durch den Netzbetreiber gem. § 36h EEG 2017 ermittelt (→ zum einstufigen Referenzertragsmodell Kap. 4 Rn. 311 ff.).

[1447] Vgl. Amtl. Begründung zur FFAV, S. 66 [Einzelbegründung zu § 6 FFAV].
[1448] Ausführlich zum Begriff des Bieters im Rahmen der FFAV, der hier wohl entsprechend gelten dürfte, vgl. *Leutritz/Herms/Richter*, in: Frenz (Hrsg.), EEG II, 1. Aufl. 2016, FFAV § 2 Rn. 19 ff.
[1449] Vgl. BT-Drs. 18/8860, S. 209.
[1450] Vgl. auch BT-Drs. 18/8860, S. 203.
[1451] Vgl. auch BT-Drs. 18/8860, S. 203.

- **Angabe des Anlagenstandorts** (§ 30 Abs. 1 Nr. 6 EEG 2017)
  Der Bieter muss in seinem Gebot bereits den künftigen Standort der Anlage genau angeben. Neben dem Bundesland und dem Landkreis ist auch die aktuelle Bezeichnung der Flurstücke einschließlich der Gemeinde, der Gemarkung sowie der Flur- und Flurstücknummern anzugeben.[1452] Hintergrund ist, dass die Gebote projektbezogen abgegeben werden und sich auch die späteren Zuschläge auf genau dieses Projekt beziehen und an diesen Standort gebunden sind.[1453] Die Übertragung des Zuschlags auf eine andere Fläche ist bei Windenergieanlagen an Land schon aufgrund der vorhabenbezogenen Genehmigung nach BImSchG nicht möglich, vgl. § 36f Abs. 1 EEG 2017.[1454]
- **Angabe des Übertragungsnetzbetreibers** (§ 30 Abs. 1 Nr. 7 EEG 2017)
  Im Gebot ist auch der Übertragungsnetzbetreiber zu benennen, der für das Netz, an das die Anlage angeschlossen werden soll, regelverantwortlich ist.[1455] Dieser ist im Fall einer Pönale nach § 55 EEG 2017 (→ s. dazu Kap. 4 Rn. 299 ff.) von der BNetzA über seinen Anspruch zu informieren.

228 Die vorstehend genannten Angaben müssen vollständig sein. Enthält das Gebot eine dieser Angaben nicht, so ist es gem. § 33 Abs. 1 Nr. 1 EEG 2017 zwingend vom Zuschlagsverfahren auszuschließen. Hingegen führt allein die inhaltliche Fehlerhaftigkeit einer Angabe noch nicht zum Ausschluss des Gebots.[1456] Vielmehr hat die BNetzA bei vorsätzlich oder grob fahrlässig falschen Angaben und Nachweisen nach pflichtgemäßem Ermessen zu entscheiden, ob das Gebot vom Zuschlagsverfahren auszuschließen ist.[1457]

229 **bb) Genehmigung nach Bundesimmissionsschutzgesetz.** Neben den allgemeinen Anforderungen gilt im Bereich der Windenergieanlagen an Land überdies die gesonderte Voraussetzung, dass eine Teilnahme an Ausschreibungen nur möglich ist, wenn das geplante Vorhaben bereits immissionsschutzrechtlich genehmigt worden ist (→ dazu Kap. 2 Rn. 1 ff.).[1458] Durch diese **materielle Präqualifikationsanforderung** soll eine hinreichend hohe Realisierungswahrscheinlichkeit und größtmögliche Transparenz über die Wettbewerbssituation sichergestellt werden.[1459] Insbesondere die bis zur Erteilung der Genehmigung nach BImSchG bereits getätigten Vorlaufkosten sind ein starker Indikator für die Ernsthaftigkeit der Realisierungsabsicht des Bieters. Ausschließlich für Bürgerenergiegesellschaften gelten abweichende Teilnahmevoraussetzungen (→ dazu Kap. 4 Rn. 324 ff.).

230 Damit das Gebot zum Zuschlagsverfahren zugelassen wird, muss die **Genehmigung nach BImSchG** für alle Anlagen, auf die sich das Gebot bezieht, spätestens drei Wochen vor dem jeweiligen Gebotstermin vorliegen, vgl. § 36 Abs. 1 Nr. 1 EEG 2017. Dabei ist es möglich, in einem Gebot mehrere Genehmigungen, z. B. für benachbarte Projekte, zusammenzuführen oder nur für einzelne von der Genehmigung umfasste Anlagen ein Gebot abzugeben.[1460] Zu beachten ist, dass dies im Gebot entsprechend kenntlich gemacht werden muss und im Falle der Zusammenführung mehrerer Genehmigungen die gesetzlich geforderten Angaben und Nachweise für alle gebotsrelevanten Genehmigungen beigefügt werden müssen.

[1452] BT-Drs. 18/8860, S. 203.
[1453] BT-Drs. 18/8860, S. 203.
[1454] Ausschließlich für Solaranlagen gilt eine Ausnahme nach § 54 Abs. 2 EEG 2017.
[1455] BT-Drs. 18/8860, S. 203.
[1456] Vgl. zur entsprechenden Vorschrift der FFAV *Leutritz/Herms/Richter*, in: Frenz (Hrsg.), EEG II, 1. Aufl. 2016, FFAV § 10 Rn. 8.
[1457] Vgl. § 34 Nr. 1 EEG 2017.
[1458] Lediglich baurechtlich genehmigte bzw. genehmigungsbedürftige Anlagen sind damit vom Ausschreibungsverfahren rein faktisch ausgeschlossen. Dies dürfte aber dem Umstand geschuldet sein, dass ohnehin nur Anlagen mit einer installierten elektrischen Leistung von mehr als 750 kW an der Ausschreibung teilnehmen können, vgl. § 22 Abs. 2 EEG 2017. Anlagen über dieser Leistungsgrenze dürften mit Blick auf ihre Höhe aber regelmäßig auch BImSch-pflichtig sein.
[1459] Vgl. BT-Drs. 18/8860, S. 209.
[1460] Vgl. BT-Drs. 18/8860, S. 209.

Die Teilnahme an einer Ausschreibung setzt zudem nach § 36 Abs. 1 Nr. 2 EEG 2017 die **Registrierung der Windenergieanlage(n) im Register** voraus. Spätestens drei Wochen vor dem Gebotstermin müssen die Anlagen mit allen erforderlichen Daten als genehmigt an das Register i. S. v. § 3 Nr. 39 EEG 2017 gemeldet worden sein. Es handelt sich hierbei um eine Stichtagsregelung für die Teilnahme an der Ausschreibung; die Meldefristen des Registers (v. a. nach Inbetriebnahme der Anlagen) bleiben davon unberührt. 231

Im Zusammenhang mit der Genehmigung nach dem BImSchG muss das Gebot neben den allgemeinen Angaben (→ s. dazu Kap. 4 Rn. 227) zudem zwingend folgende **Angaben und Nachweise** enthalten: 232

- **Angabe der Registernummer** (§ 36 Abs. 2 Nr. 1 EEG 2017)
  Anzugeben ist die Nummer, unter der die Genehmigung nach BImSchG an das Register gemeldet worden ist. Alternativ kann dem Gebot eine Kopie der Registermeldung beigefügt werden.
- **Angaben zur Genehmigung nach BImSchG** (§ 36 Abs. 2 Nr. 2 EEG 2017)
  Das Gebot muss Angaben zum Aktenzeichen der Genehmigung nach BImSchG sowie zur Genehmigungsbehörde einschließlich der Anschrift der Behörde enthalten. Sofern nur für einen Teil der von der Genehmigung umfassten Anlagen ein Gebot abgegeben werden soll, ist dies kenntlich zu machen und die betreffenden Anlagen sind zu benennen.
- **Eigenerklärung des Bieters** (§ 36 Abs. 3 Nr. 1 EEG 2017)
  Der Bieter muss dem Gebot eine Eigenerklärung beifügen, im Rahmen derer er erklärt, dass die Genehmigung nach BImSchG auf ihn ausgestellt ist bzw. wenn dies nicht der Fall ist, er das Gebot mit Zustimmung des Genehmigungsinhabers abgibt. Formale Anforderungen an die Eigenerklärung stellt das Gesetz nicht, insbesondere ist der Erklärungsgehalt nicht durch weitere Nachweise zu plausibilisieren. Allerdings können ggf. Formatvorgaben der BNetzA nach § 30a Abs. 1 EEG 2017 zu beachten sein; im Regelfall hält die BNetzA hierfür einen Formularvordruck vor.
- **Eigenerklärung des Inhabers der Genehmigung nach BImSchG** (§ 36 Abs. 3 Nr. 2 EEG 2017)
  Der Inhaber der Genehmigung nach BImSchG muss eine Eigenerklärung abgeben, dass für die Anlage(n), auf die sich das Gebot bezieht, nicht schon aus einer früheren Ausschreibung ein wirksamer Zuschlag besteht. In formaler Hinsicht gilt auch hier das schon zur Eigenerklärung des Bieters gesagte. Hervorzuheben ist, dass es sich ausweislich des Gesetzeswortlauts um eine Eigenerklärung des Genehmigungsinhabers handeln muss. Dies ist insbesondere zu beachten, wenn Bieter und Genehmigungsinhaber nicht personenidentisch sind.

Auch hier führen die Nichteinhaltung der Anforderungen bzw. unvollständige Angaben und Nachweise gemäß § 33 Abs. 1 Nr. 2 EEG 2017 zum Ausschluss des Gebots von Zuschlagsverfahren. In der Praxis werden jedoch die vorstehenden Informationen sämtlich in den von der BNetzA zur Verfügung gestellten und zwingend zu verwendenden Formularen[1461] abgefragt, sodass das Fehlerpotential bei der Gebotsabgabe verhältnismäßig gering ist, wenn die Formulare vollständig ausgefüllt werden. Zu beachten ist, dass stets die aktuellen, für den jeweiligen Gebotstermin bekannt gegebenen Formulare zu verwenden sind.

cc) Gebotsumfang. Um zum Zuschlagsverfahren zugelassen zu werden, muss das Gebot eine Gebotsmenge von mindestens 750 kW aufweisen. Gebote, die die **Mindestgebotsgröße** nicht einhalten, sind nach § 33 Abs. 1 Nr. 1 EEG 2017 vom Zuschlagsverfahren auszuschließen. Dadurch werden kleinere Anlagen, mit einer installierten Leistung von weniger als 750 kW vom Ausschreibungsverfahren ausgeschlossen (→ dazu Kap. 4 Rn. 177 ff.). Dies kann in der Praxis jedoch durchaus zu Diskrepanzen im Hinblick auf die Vorschrift zur Anlagenzusammenfassung führen (→ dazu Kap. 4 Rn. 183). 233

Anders als für PV-Freiflächenanlagen[1462] und Biomasseanlagen[1463] ist die zulässige Gebotsmenge nach oben hin nicht beschränkt. Es gibt also keine **Maximalgebotsgröße**, sodass im 234

[1461] Online abrufbar auf der Internetseite der BNetzA unter: www.bundesnetzagentur.de.
[1462] S. § 37 Abs. 3 EEG 2017.
[1463] S. § 39 Abs. 4 EEG 2017.

Rahmen der Ausschreibung auch Gebote für Windparks mit zehn, 20 oder mehr Windenergieanlagen abgegeben werden können.

c) Anzahl der zulässigen Gebote

235   Die Abgabe mehrerer Gebote ist grundsätzlich zulässig. Insofern gestattet das Gesetz es dem Bieter ausdrücklich, **in einer Ausschreibungsrunde mehrere Gebote** für unterschiedliche Anlagen abzugeben, vgl. § 30 Abs. 3 S. 1 EEG 2017. Das ermöglicht es zum einen insbesondere professionellen Projektierern, mehrere Projekte parallel voranzutreiben und für diese zeitgleich Gebote abzugeben. Zum anderen besteht auch die Möglichkeit, ein einheitliches Projekt, beispielsweise einen aus mehreren Anlagen bestehenden Windpark, in mehrere Teillose mit unterschiedlichen Gebotsmengen und Gebotswerten aufzuteilen und dadurch das Zuschlagsrisiko zu streuen und ggf. die Förderhöhe zu optimieren. Bieter, die diese Möglichkeit nutzen, müssen ihre Gebote gem. § 30 Abs. 3 S. 2 EEG 2017 nummerieren und eindeutig kennzeichnen, welche Nachweise zu welchem Gebot gehören, damit diese und die Zuschläge dem jeweiligen Gebot eindeutig zugeordnet werden können.[1464] Gleiches gilt für die zu leistende Sicherheit und Gebühr, auch diese sind für die eindeutige Zuordenbarkeit mit der jeweiligen Nummer des Gebots zu kennzeichnen.

236   Darüber hinaus besteht auch die Möglichkeit, ein einheitliches Projekt in **mehrere (Teil-) Gebote über verschiedene Ausschreibungsrunden** aufzuteilen. Der Gesetzgeber erachtet es insoweit auch als zulässig, zunächst nur Gebote für einen Teil der von der Genehmigung nach BImSchG abgedeckten Anlagenzahl abzugeben und für die übrigen Anlagen erst später, ggf. kurz vor deren Inbetriebnahme, die noch benötigten Zuschläge zu ersteigern.[1465] Auch dadurch besteht für die Bieter die Möglichkeit, das Bieterrisiko über mehrere Ausschreibungsrunden zu streuen.[1466]

237   Rein faktisch findet die Möglichkeit zur Abgabe mehrerer Gebote in derselben Ausschreibungsrunde oder in verschiedenen Ausschreibungsrunden ihre Grenze dort, wo für ein und dieselbe Anlage mehrere Gebote eingereicht werden. So muss der Inhaber der Genehmigung nach BImSchG durch Eigenerklärung schon bei Gebotsabgabe bestätigen, dass für die Anlage(n), auf die sich das Gebot bezieht, kein wirksamer Zuschlag aus einer früheren Ausschreibung besteht, vgl. § 36 Abs. 3 Nr. 2 EEG 2017. Der Bieter soll demnach gerade nicht die Möglichkeit haben, bei steigenden Zinsen und Materialkosten einen bereits bestehenden Zuschlag verfallen zu lassen und für die Anlage erneut zu einem höheren Gebotswert zu bieten.[1467] Demgemäß ist die BNetzA berechtigt, nach § 36d EEG 2017 solche Gebote vom Zuschlagsverfahren auszuschließen, die sich auf eine Windenergieanlage beziehen, für die noch ein wirksamer Zuschlag aus einer vorhergehenden Ausschreibungsrunde besteht.

238   Darüber hinaus kann die Behörde nach § 33 Abs. 2 EEG 2017 Gebote ausschließen, wenn der begründete Verdacht besteht, dass der Bieter auf dem im Gebot angegebenen Standort gar keine Anlage plant. Den Missbrauchsverdacht begründende Anhaltspunkte liegen insoweit vor, wenn an dem angegebenen Standort bereits eine Anlage in Betrieb genommen worden ist, für den angegebenen Standort in derselben Ausschreibung ein weiteres Gebot abgegeben worden ist oder für diesen aus einer vorhergehenden Ausschreibung noch ein wirksamer Zuschlag besteht. Der Verdacht lässt sich ausräumen, wenn es sich um ein **Repoweringprojekt** handelt oder zu einer bereits errichteten bzw. geplanten Anlage weitere Anlagen hinzu gebaut werden sollen.[1468] Ein Ausschluss solcher Gebote ist nicht zulässig, vgl. § 33 Abs. 2 S. 2 EEG 2017. Allerdings empfiehlt es sich in einem solchen Fall dringend, dass der Bieter dem Gebot einen entsprechenden Hinweis beifügt.

[1464] Vgl. BT-Drs. 18/8860, S. 204.
[1465] Vgl. BT-Drs. 18/8860, S. 204 und 209.
[1466] Vgl. BT-Drs. 18/8860, S. 204.
[1467] Vgl. auch BT-Drs. 18/8860, S. 310 f.
[1468] Vgl. BT-Drs. 18/8860, S. 206.

d) Sicherheit und Gebühr

aa) Sicherheitsleistung. Neben der materiellen Präqualifikationsanforderung nach § 36 EEG 2017 – also dem Nachweis über die immissionsschutzrechtliche Genehmigung nach BImSchG – müssen die Bieter zudem noch eine **Sicherheit nach § 31 i. V. m. § 36a EEG 2017** hinterlegen.[1469] Die Sicherheit soll zum einen die Ernsthaftigkeit der Gebote sicherstellen und damit die Realisierungswahrscheinlichkeit erhöhen.[1470] D. h. die Pflicht zur Sicherheitsleistung soll gewährleisten, dass nur Bieter an der Ausschreibung teilnehmen, die tatsächlich die Absicht haben, ein Projekt zu realisieren.[1471] Zum anderen dient die Sicherheit ausweislich § 31 Abs. 1 S. 2 EEG 2017 der Absicherung möglicher Pönalen nach § 55 EEG 2017 (→ s. dazu Kap 4. Rn. 299 ff.), wenn das Projekt verzögert oder gar nicht realisiert wird. Damit will der Gesetzgeber der Gefahr begegnen, dass sich die Bieter in die Insolvenz flüchten, um den Pönalen zu entgehen.[1472]

239

Für die **Form** der Sicherheitsleistung sieht § 31 Abs. 3 EEG 2017 zwei mögliche Sicherungsmittel vor, die in einem Alternativitätsverhältnis zueinander stehen. Andere als die dort vorgesehenen Sicherungsmittel sind nicht zulässig, die Regelung ist insoweit als abschließend zu betrachten.

240

Ein zulässiges Sicherungsmittel und wohl in der Praxis der Hauptanwendungsfall ist gem. § 31 Abs. 3 Nr. 1 EEG 2017 die **Bürgschaft**. Sie ist zugunsten des regelverantwortlichen Übertragungsnetzbetreibers zu bestellen. Dies ergibt sich schon aus dem Sinn und Zweck der Sicherheit, mögliche Pönalforderungen des Übertragungsnetzbetreibers abzusichern. Die Bürgschaft muss den gesetzlichen Anforderungen nach § 31 Abs. 3 Nr. 1 und Abs. 4 EEG 2017 genügen. Dabei kann zwischen inhaltlichen und formalen Anforderungen unterschieden werden.

241

Was den inhaltlichen Erklärungsgehalt betrifft, so muss die Bürgschaft unwiderruflich, unbedingt und unbefristet sein. Sie darf also keine zeitlichen oder inhaltlichen Einschränkungen enthalten. Der Bürge muss auf die Einrede der Vorausklage nach § 771 BGB sowie die Einrede der Aufrechenbarkeit und Anfechtbarkeit nach § 770 BGB verzichtet haben. D. h. der Bürge darf den Übertragungsnetzbetreiber im Bürgschaftsfall weder zunächst auf die Inanspruchnahme des Bieters verweisen noch darf er sich darauf berufen, der Bieter könne das abgegebene Gebot noch anfechten oder mit eigenen Ansprüchen gegenüber dem Übertragungsnetzbetreiber aufrechnen. In formaler Hinsicht muss die Bürgschaft die Schriftform nach § 126 BGB wahren und in deutscher Sprache verfasst sein. Darüber hinaus sind auch für die Bürgschaftserklärung die geltenden Formatvorgaben der BNetzA zu berücksichtigen, sofern die Behörde solche nach § 29 Abs. 1 Nr. 4 EEG 2017 auf ihrer Internetseite bekannt gemacht hat. Die Nichteinhaltung geltender Formatvorgaben der BNetzA hat den zwingenden Gebotsausschluss zur Folge, vgl. § 33 Abs. 1 Nr. 1 EEG 2017.

242

Dabei stellt das Gesetz auch Anforderungen an die Person des Bürgen. Bürge kann gem. § 31 Abs. 4 S. 2 EEG 2017 nur ein in der EU oder in einem EWR-Staat zugelassenes Kreditinstitut oder zugelassener Kreditversicherer sein. Bürgschaften von anderen Personen, etwa privaten Geldgebern oder sonstigen Investoren, sind damit ausgeschlossen. Die den vorstehenden Maßgaben entsprechende Bürgschaftserklärung ist fristgerecht an die BNetzA zu übergeben. Offen lässt das Gesetz, welche Rechtsfolge die Nichteinhaltung der gesetzlichen – insbesondere der inhaltlichen – Anforderungen nach § 31 Abs. 3 Nr. 1 und Abs. 4 EEG 2017 hat. Im Zweifelsfall ist davon auszugehen, dass die Sicherheit in diesem Fall nicht wirksam bestellt worden ist.[1473]

243

Alternativ zur Bürgschaft kann die Sicherheit durch **Zahlung eines Geldbetrags** bewirkt werden, vgl. § 31 Abs. 3 Nr. 2 EEG 2017. Er ist fristgerecht auf das von der BNetzA eingerichtete Verwahrkonto, auf dem die Sicherheitsleistungen treuhänderisch zugunsten der Bieter

244

[1469] Die hier maßgebliche Vorschrift des § 31 Abs. 3 EEG 2017 ist offenkundig an die Regelungen zur Sicherheitsleistung in der FFAV angelehnt und weitestgehend inhaltsgleich. Aus diesem Grunde sei an dieser Stelle auf die ausführliche Kommentierung bei *Leutritz/Herms/Richter*, in: Frenz (Hrsg.), EEG II, 1 Aufl. 2016, FFAV 16 Rn. 1 ff. verwiesen.
[1470] BT-Drs. 18/8860, S. 209.
[1471] BT-Drs. 18/8860, S. 205.
[1472] Vgl. BT-Drs. 18/8860, S. 205.
[1473] Vgl. hierzu auch *Leutritz/Herms/Richter*, in: Frenz (Hrsg.), EEG II, 1 Aufl. 2016, FFAV 16 Rn. 10.

und Übertragungsnetzbetreiber verwahrt werden, zu überweisen. Die Behörde ist berechtigt, die Sicherheit solange einzubehalten, bis die Voraussetzungen für eine Rückgabe an den Bieter nach § 55a EEG 2017 vorliegen (→ dazu Kap. 4 Rn. 249) oder der Übertragungsnetzbetreiber entsprechend den Voraussetzungen des § 55 Abs. 7 EEG 2017 die ersatzweise Befriedigung seiner Strafzahlungsforderungen aus der hinterlegten Sicherheit verlangt (→ dazu Kap. 4 Rn. 306). Eine Verzinsung des als Sicherheit hinterlegten Geldbetrags erfolgt nicht.

245   Unabhängig von der Form der Sicherheit muss der Bieter die Sicherheit gem. § 31 Abs. 2 EEG 2017 so **kennzeichnen**, dass sie eindeutig dem Gebot, auf das sie sich bezieht, zugeordnet werden kann. Relevant ist dies insbesondere, wenn ein Bieter zu einem Gebotstermin mehrere Gebote abgibt. Dann sind die Gebote gem. § 30 Abs. 3 S. 2 EEG 2017 durchzunummerieren, wobei sich die entsprechende Nummerierung auch in der Bürgschaftserklärung bzw. bei der Überweisung im Verwendungszweck wiederfinden sollte. Ist eine eindeutige Zuordnung bis zum Gebotstermin nicht möglich, kann die Behörde das entsprechende Gebot vom Zuschlagsverfahren ausschließen, vgl. § 33 Abs. 1 S. 2 EEG 2017. Die BNetzA ist damit gerade nicht verpflichtet, wohl aber berechtigt,[1474] den Urheber uneindeutiger Überweisungen zu ermitteln.

246   Die **Frist** zur Leistung der Sicherheit ergibt sich aus § 31 Abs. 1 S. 1 EEG 2017. Danach muss die Sicherheit bis zum jeweiligen Gebotstermin geleistet werden. D. h. die Sicherheit muss an dem Kalendertag, an dem die Frist für die Abgabe von Geboten abläuft, spätestens 24 Uhr eingegangen sein. Die Fristberechnung richtet sich an dieser Stelle abermals nach den allgemeinen Regelungen. Demnach verlängert sich für den Fall, dass der Gebotstermin auf einen Sonn- oder Feiertag fällt, die Frist auf den nächsten Werktag, vgl. § 31 VwVfG i. V. m. § 193 BGB.[1475] Je nach Form der Sicherheitsleistung sind für die Rechtzeitigkeit die Post- bzw. Banklaufzeiten zu berücksichtigen. Die fristgerechte Absendung der Bürgschaftserklärung bzw. Anweisung der Überweisung reichen nicht aus, maßgeblich ist der Zeitpunkt des Zu- bzw. Eingangs bei der BNetzA.

247   Die **Höhe der Sicherheit** bestimmt sich nach § 36a EEG 2017. Sie errechnet sich aus der Gebotsmenge in Kilowatt multipliziert mit 30 Euro pro Kilowatt zu installierender Leistung.

Beispiel:
Für ein Gebot mit einer Gebotsmenge von 2.500 kW ist eine Sicherheit i.H.v. 75.000 Euro (= 2.500 kW x 30 €/kW) zu leisten.

248   Bei nicht fristgerechter oder unvollständiger Leistung der Sicherheit ist das Gebot gem. § 33 Abs. 1 S. 1 Nr. 3 EEG 2017 vom Zuschlagsverfahren auszuschließen. Für Bürgerenergiegesellschaften gilt bezüglich der Frist und Höhe der Sicherheit die Sonderregelung des § 36g Abs. 2 EEG 2017 (→ dazu Kap. 4 Rn. 325).

249   Die BNetzA verwahrt die Sicherheiten zur Absicherung etwaiger Strafzahlungsforderungen der Übertragungsnetzbetreiber. Tritt ein Strafzahlungsfall nicht ein oder leistet der Bieter unmittelbar auf die jeweilige Strafzahlungsforderung des Übertragungsnetzbetreibers, hat die BNetzA die für das jeweilige Gebot hinterlegte Sicherheit zurückzugeben. Die **Erstattung der Sicherheit** hat dabei unverzüglich, d. h. ohne schuldhaftes Zögern, zu erfolgen, wenn nach § 55a Abs. 1 EEG 2017 einer der folgenden Rückgabegründe vorliegt:
- Der Bieter hat das betreffende Gebot nach § 30a Abs. 3 EEG 2017 vor Ablauf der Gebotsfrist zurückgenommen.
- Der Bieter hat für das betreffende Gebot keinen Zuschlag nach § 32 EEG 2017 erhalten.
- Der Bieter hat für das betreffende – bereits bezuschlagte – Gebot eine nach § 55 EEG 2017 fällige Pönale direkt an den regelverantwortlichen Übertragungsnetzbetreiber geleistet.

Ferner ist die Sicherheit zurückzugeben, wenn eine Pönale nicht mehr zu erwarten ist.[1476] Das ist gem. § 55a Abs. 2 Nr. 2 EEG 2017 der Fall, wenn der Netzbetreiber gegenüber der

---

[1474] Vgl. BT-Drs. 18/8860, S. 207.
[1475] Siehe hierzu auch die Kommentierung zur Sicherheitsleistung nach der FFAV bei *Leutritz/Herms/Richter*, in: Frenz (Hrsg.), EEG II, 1. Aufl. 2016, FFAV 7 Rn. 6.
[1476] BT-Drs. 18/8860, S. 236.

BNetzA die im Register eingetragenen Angaben für die betreffende Windenergieanlage an Land bestätigt hat.

bb) Gebühr nach Ausschreibungsgebührenverordnung. Die BNetzA ist berechtigt, im Zusammenhang mit der Durchführung von Ausschreibungen eine (Verwaltungs-)**Gebühr nach der Ausschreibungsgebührenverordnung** (AusGebV) zu erheben, vgl. § 1 Abs. 1 AusGebV. Die gebührenpflichtige Handlung sowie die Höhe der Gebühr ergeben sich dabei aus dem Gebührenverzeichnis der Anlage 1 zur Ausschreibungsgebührenverordnung. Danach beträgt die Gebühr für die Durchführung des Zuschlagsverfahrens nach § 32 EEG 2017 für Windenergieanlagen an Land aktuell 522,00 Euro. Allerdings ist die BNetzA gem. § 3 AusGebV ermächtigt, durch Rechtsverordnung im Einvernehmen mit dem BMWi die gebührenpflichtigen Tatbestände sowie die Gebührensätze zu ändern. 250

Die Gebühr ist als Vorauszahlung zu leisten. D. h. die Gebühr muss spätestens bis zum Gebotstermin vollständig geleistet worden sein, also auf dem von der BNetzA eingerichteten Konto eingegangen sein. Dabei ist auch an dieser Stelle für die Rechtzeitigkeit der Überweisung die individuelle Banklaufzeit zu beachten. Eine nicht fristgerechte oder nicht vollständige Leistung der Gebühr führt gem. § 33 Abs. 1 S. 1 Nr. 3 EEG 2017 zum zwingenden Gebotsausschluss. Die Gebühr kann, sofern die Sicherheit nicht als Bürgschaft gestellt wird, auch zusammen mit der Sicherheitsleistung als eine Zahlung (Gebühr i.H.v. 522,00 Euro + Sicherheit) auf das Konto der BNetzA überwiesen werden.[1477] 251

Eine **Ermäßigung der Gebühr** sieht § 2 AusGebV für den Fall vor, dass das Gebot nach § 33 EEG 2017 vom Zuschlagsverfahren ausgeschlossen (§ 2 Nr. 2 AusGebV) oder im Rahmen des Zuschlagsverfahrens nach § 32 EEG 2017 nicht bezuschlagt worden ist (§ 2 Nr. 3 AusGebV). Dies dürfte damit zu begründen sein, dass in diesen Fällen der Verwaltungsaufwand bei der BNetzA weitaus geringer ist als bei Geboten, die einen Zuschlag erhalten. Die Höhe der Ermäßigung beträgt ein Viertel der Ausgangsgebühr. Mithin hat die BNetzA dem Bieter in den vorbezeichneten Fällen – ausgehend vom aktuellen Gebührensatz (522,00 Euro) – einen Betrag in Höhe von 130,50 Euro zurückzuerstatten. 252

Mehrprojektbieter, also Bieter, die in einer Ausschreibungsrunde mehrere Gebote abgeben, müssen für jedes abgegebene Gebot die Gebühr in Höhe von 522,00 Euro leisten; das bedeutet pro Gebot eine Zahlung. Für die eindeutige **Zuordenbarkeit** zu dem jeweiligen Gebot sollte die Gebühr – ebenso wie die Sicherheitsleistung[1478] – entsprechend gekennzeichnet werden. Denn kann die BNetzA die Gebühr nicht eindeutig einem Gebot zuordnen, droht nach § 33 Abs. 1 S. 2 EEG 2017 der Ausschluss des Gebots vom Zuschlagsverfahren. 253

e) Bindungswirkung und Rücknahme von Geboten

Gebote müssen innerhalb der **Gebotsfrist**, d. h. gem. § 30a Abs. 2 EEG 2017 spätestens am jeweiligen Gebotstermin (→ dazu Kap. 4 Rn. 207 ff.), bis 24.00 Uhr der BNetzA zugegangen sein, um überhaupt zum Zuschlagsverfahren zugelassen zu werden.[1479] Der Gesetzestext stellt maßgeblich auf den Zeitpunkt des Zugangs ab, die bloße rechtzeitige Absendung des Gebots genügt damit nicht.[1480] Gebote, die nicht innerhalb der Gebotsfrist zugehen, sind nach § 33 Abs. 1 Nr. 1 EEG 2017 vom Zuschlagsverfahren auszuschließen. Allerdings kommt bei unverschuldetem Fristversäumnis eine Wiedereinsetzung in den vorherigen Stand gem. § 32 VwVfG in Betracht. Insoweit dürfte es sich bei der Fristenregelung des § 30a Abs. 2 EEG 2017 – anders als etwa bei § 36g Abs. 3 S. 1 EEG 2017 (rechtzeitige Zuordnung des Zuschlags zu genehmigten Windenergieanlagen durch Bürgerenergiegesellschaften) – nicht um eine materielle Ausschlussfrist handeln.[1481] 254

[1477] Bei Redaktionsschluss sahen die Formularvordrucke der BNetzA für die erste Gebotsrunde Windenergieanlagen an Land dies sogar zwingend vor.
[1478] Vgl. § 31 Abs. 2 EEG 2017.
[1479] Vgl. auch BT-Drs. 18/8860, S. 204.
[1480] Vgl. zur gleichlautenden Regelung des § 6 Abs. 5 S. 1 FFAV auch *Stelter*, EnWZ 2015, 147 (149).
[1481] Vgl. zur vergleichbaren Regelung des § 6 Abs. 5 S. 4 FFAV *Leutritz/Herms/Richter*, in: Frenz (Hrsg.), EEG II, 1. Aufl. 2016, FFAV § 6 Rn. 41 f.

255   Bieter sind gem. § 30a Abs. 4 EEG 2017 an ihre Gebote, die sie fristgerecht abgegeben und nicht zurückgenommen haben, gebunden und zwar bis ihnen von der BNetzA mitgeteilt wird, dass ihr Gebot keinen Zuschlag erhalten hat. Erst dann erlischt die Bindungswirkung. Entsprechendes gilt, wenn die BNetzA dem Bieter den Ausschluss des Gebots mitteilt. Damit können Bieter ihre Gebote nach Ablauf der Gebotsfrist nicht mehr zurücknehmen.[1482]

256   Eine **Rücknahme des Gebots** ist demnach nur bis zum jeweiligen Gebotstermin zulässig, vgl. § 30a Abs. 3 EEG 2017. Maßgeblich ist auch hier der rechtzeitige Zugang der Mitteilung bei der BNetzA. Wird das Gebot wirksam zurückgenommen, entfällt dessen Bindungswirkung. Soweit bereits geleistet, ist die Sicherheit von der BNetzA unverzüglich zurückzuerstatten, vgl. § 55a Abs. 1 Nr. 1 EEG 2017.

257   Zur Gebotsrücknahme bedarf es einer **Rücknahmeerklärung** des Bieters, vgl. § 30a Abs. 3 S. 2 EEG 2017. Diese Erklärung darf nicht unter eine Bedingung gestellt oder vom Eintritt einer Frist abhängig gemacht werden und muss der Schriftform nach § 126 BGB genügen. Von dem Schriftformerfordernis kann die BNetzA nach § 30a Abs. 5 EEG 2017 absehen, wenn sie das Ausschreibungsverfahren ganz oder teilweise auf ein elektronisches Verfahren umstellt. Zudem sind – sofern von der BNetzA für den jeweiligen Gebotstermin bekanntgemacht – für die Rücknahmeerklärung nach § 30a Abs. 1 geltende Formatvorgaben zu berücksichtigen. Eine Rücknahmeerklärung, die nicht den gesetzlichen Anforderungen entspricht, dürfte unwirksam sein und damit nicht zum Erlöschen der Bindungswirkung des Gebots führen.

5. Zuschlagsverfahren

a) Ablauf des Zuschlagsverfahrens und Zuschlagserteilung

258   Der Ablauf des Zuschlagsverfahrens selbst ist in § 32 EEG 2017 gesetzlich geregelt und von der BNetzA entsprechend der dortigen Maßgaben für jede Ausschreibungsrunde durchzuführen. Im Rahmen des Zuschlagsverfahrens werden diejenigen Gebote ermittelt, die einen Zuschlag erhalten. Es umfasst somit den Zeitraum von der Öffnung der Gebote über die eigentliche Zuschlagserteilung bis hin zur Registrierung der bezuschlagten Gebote und untergliedert sich in folgende fünf Schritte:

259   **aa) Schritt 1: Öffnung der Gebote.** Das Zuschlagsverfahren beginnt damit, dass die BNetzA die fristgerecht eingegangenen Gebote nach dem Gebotstermin öffnet, vgl. § 33 Abs. 1 S. 2 EEG 2017. Nicht fristgerecht bei der BNetzA zugegangene Gebote finden keine Berücksichtigung im Zuschlagsverfahren, sondern sind sogleich nach § 33 Abs. 1 Nr. 1 EEG 2017 vom weiteren Verfahren auszuschließen; einer weiteren Prüfung dieser bedarf es an der Stelle nicht.

260   **bb) Schritt 2: Sortierung der Gebote.** Nach der Öffnung der Gebotsumschläge sortiert die BNetzA die Gebote. Hauptkriterium ist der im jeweiligen Gebot angegebene Gebotswert; die angegebene Gebotsmenge ist hingegen zunächst von nachrangiger Bedeutung. Dabei sind die Gebote entsprechend ihrem Gebotswert in aufsteigender Reihenfolge zu ordnen. Mit dem niedrigsten Gebotswert ist zu beginnen (§ 32 Abs. 1 S. 3 Nr. 1 EEG 2017). Lediglich wenn Gebote denselben Gebotswert aufweisen, ist auf die angegebene Gebotsmenge abzustellen. Gebote mit identischem Gebotswert sind anhand der Gebotsmenge in aufsteigender Reihenfolge, beginnend mit der niedrigsten Gebotsmenge, zu sortieren (§ 32 Abs. 1 S. 3 Nr. 2 Alt. 1 EEG 2017). Die Regelung soll insbesondere kleine und mittlere Unternehmen (KMU) und sonstige kleine Bieter begünstigen und damit einen Beitrag zum Erhalt der Akteursvielfalt leisten.[1483]

261   Sind sowohl Gebotswert als auch Gebotsmenge identisch, entscheidet das Los über die Reihenfolge (§ 32 Abs. 1 Nr. 2 Alt. 2 EEG 2017). Eine Losentscheidung ist dann nicht erforderlich, wenn die Reihenfolge für die Zuschlagserteilung ohne Bedeutung ist. Dies ist der Fall, wenn entweder jedes der Gebote einen Zuschlag erhält, oder keines der Gebote bezuschlagt wird.[1484]

[1482] BT-Drs. 18/8860, S. 205.
[1483] Vgl. BT-Drs. 18/8860, S. 206.
[1484] Vgl. auch BT-Drs. 18/8860, S. 206.

cc) Schritt 3: Prüfung der Zulässigkeit der Gebote. Des Weiteren prüft die BNetzA die **Zulässigkeit der Gebote**, vgl. § 32 Abs. 1 S. 4 EEG 2017. Zum Zuschlagsverfahren zuzulassen und damit zulässig sind alle Gebote, die nicht wegen eines in §§ 33 oder 34 EEG 2017 aufgeführten Grundes ausgeschlossen worden sind. Die BNetzA ist dabei nicht verpflichtet, die Gebote umfassend zu prüfen; bereits die Feststellung eines Ausschlussgrundes genügt, um das Gebot vom weiteren Zuschlagsverfahren auszuschließen.[1485] Allerdings ist die Behörde nicht daran gehindert für mehr Rechtssicherheit, weitere bzw. alle Ausschlussgründe zu prüfen. Auch wenn es an einer ausdrücklichen gesetzlichen Regelung fehlt, dürfte die BNetzA analog § 35 Abs. 3 EEG 2017 verpflichtet sein, die ausgeschlossenen Bieter über den Ausschlussgrund zu unterrichten, schon um diesen die Möglichkeit der Inanspruchnahme von Rechtsschutz zu eröffnen.[1486]

262

Die in Betracht kommenden **Ausschlussgründe** sind in §§ 33 und 34 EEG 2017 geregelt, wobei diese als abschließend zu betrachten sind.[1487] § 33 EEG 2017 regelt zunächst den **Gebotsausschluss**. Die Entscheidungsbefugnis der BNetzA ist dabei unterschiedlich ausgestaltet. Stellt die Behörde den Verstoß gegen eine der gesetzlich verbindlichen Maßgaben positiv fest, so ist das Gebot zwingend vom weiteren Verfahren auszuschließen. Die Entscheidung der BNetzA ist insoweit gebunden. Solche zwingend zum Ausschluss des Gebots führenden Verstöße liegen gem. § 34 Abs. 1 S. 1 EEG 2017 vor, wenn

263

- die allgemeinen und energieträgerspezifischen Gebotsanforderungen und Formatvorgaben nicht bzw. nicht vollständig eingehalten worden sind (zu beachten sind hier die Vorgaben der §§ 30, 30a sowie 36 bis 36d EEG 2017 (→ dazu insb. auch Kap. 4 Rn. 227 ff.)),
- die Sicherheitsleistung bzw. die Gebühr nicht fristgerecht bzw. unvollständig geleistet worden ist (→ dazu auch Kap. 4 Rn. 239 ff.),
- der im Gebot angegebene Gebotswert den für die jeweilige Ausschreibung festgelegten Höchstwert (→ vgl. dazu auch Kap. 4 Rn. 214) überschreitet,
- das Gebot Bedingungen, Befristungen oder sonstige Nebenabreden enthält oder
- das Gebot nicht den für die Gebotsabgabe bekanntgemachten Festlegungen der BNetzA entspricht.

Demgegenüber ist für den Fall, dass dem Gebot die Sicherheit bzw. Gebühr nicht eindeutig zuordenbar ist, der Gebotsausschluss nicht zwingende Folge. Vielmehr steht es im pflichtgemäßen Ermessen der BNetzA, bei uneindeutigen Überweisungen den Urheber zu ermitteln, wenn bis zum Gebotstermin ausreichend Zeit dafür verbleibt.[1488] Im Zweifel aber geht eine nicht eindeutig zuordenbare Überweisungen zu Lasten des jeweiligen Bieters.

264

Ferner kann die BNetzA im Rahmen einer Ermessensentscheidung Gebote gem. § 33 Abs. 2 EEG 2017 ausschließen, wenn der begründete Verdacht besteht, dass der Bieter keine Anlage auf dem im Gebot angegebenen Standort plant. Ein solcher Verdacht dürfte vor allem in den unter § 33 Abs. 2 Nr. 1 bzw. 2 EEG 2017 genannten objektiv unterlegten Fällen, welchen mithin hinsichtlich einer etwa fehlenden Realisierungsabsicht Indizienwirkung zukommt, begründet sein. Demnach kommt ein Ausschluss grundsätzlich in Betracht, wenn auf den im Gebot angegebenen Flurstücken bereits eine Anlage in Betrieb genommen worden ist (Nummer 1) oder die im Gebot angegebenen Flurstücke ganz oder teilweise mit den in einem anderen Gebot in derselben Ausschreibung angegebenen Flurstücken übereinstimmen oder für die angegebenen Flurstücke bereits aus einer vergangenen Ausschreibungsrunde ein (noch) wirksamer Zuschlag besteht (Nummer 2).[1489] Ein Gebotsausschluss ist jedoch auch bei Vorliegen der vorgenannten objektiven Anhaltspunkte nicht in jedem Fall gerechtfertigt. Dies gilt insbesondere dann, wenn sich das Gebot auf ein Repoweringprojekt oder eine Anlagenerweiterung bezieht. In diesen Fällen ist ein Gebotsausschluss nach § 33 Abs. 2 S. 2 EEG 2017 unzulässig.

265

[1485] Vgl. BT-Drs. 18/8860, S. 206.
[1486] Eine Mitteilungspflicht ergibt sich insoweit auch implizit aus § 30a Abs. 4 EEG 2017.
[1487] Vgl. zu den entsprechenden Regelungen der FFAV *Leutritz/Herms/Richter*, in: Frenz (Hrsg.), EEG II, 1. Aufl. 2016, FFAV § 10 Rn. 6 und § 11 Rn. 6.
[1488] Vgl. BT-Drs. 18/8860, S. 206.
[1489] Vgl. auch BT-Drs. 18/8860, S. 206.

266   Ungeachtet dessen hat die BNetzA angesichts der schwerwiegenden wirtschaftlichen Folgen eines Ausschlusses nach hiesigem Dafürhalten bei ihrer Entscheidung schon aus verfassungsrechtlichen Gründen eine Abwägung aller Umstände vorzunehmen und insbesondere die Schwere des Missbrauchs sowie dessen Auswirkungen für das Ausschreibungsergebnis zu berücksichtigen.[1490]

267   Neben dem bloßen Gebotsausschluss kann die BNetzA auch den jeweiligen Bieter selbst von der betreffenden und künftigen Ausschreibungsrunden ausschließen. Der **Bieterausschluss** ist in § 34 EEG 2017 geregelt und betrifft diejenigen Ausschlussgründe, die in der Person des Bieters liegen und auf ein persönlich vorwerfbares Fehlverhalten zurückzuführen sind. An dieser Stelle wird es aber schon mit Blick auf den empfindlichen grundrechtlichen Eingriff einer Ausschlussentscheidung in die Freiheit, sich wirtschaftlich betätigen zu können, auf eine exakte Bestimmung der auszuschließenden Person ankommen. Insoweit ist zwischen dem potenziell auszuschließenden Bieter und der Person, der ein gewisses sanktionsbewehrtes Verhalten (dazu sogleich) vorgeworfen wird, strikte Identität zu fordern. Aus diesem Grund verbietet sich etwa eine Konzernbetrachtung. Auch die Neugründung ähnlich firmierender Projektgesellschaften dürfte den erforderlichen Zusammenhang unterbrechen.[1491]

268   Konkret sind Bieter vom Zuschlagsverfahren auszuschließen, die
- in der jeweils laufenden oder in vorangegangenen Ausschreibungen vorsätzlich oder grob fahrlässig Gebote unter falschen Angaben oder unter Vorlage falscher Nachweise abgegeben haben,
- mit anderen Bietern Absprachen über die Höhe der Gebotswerte in der laufenden oder in einer vorangegangenen Ausschreibungsrunde getroffen haben oder
- mehrmals Zuschläge aus mindestens zwei vorangegangenen Ausschreibungen vollständig verfallen ließen.

Dies ermöglicht es der BNetzA, strategisch motiviertes Verhalten zu sanktionieren. Auch hier hat die BNetzA – wegen der weitreichenden Folgen für den jeweiligen Bieter – über den Bieterausschluss nach pflichtgemäßem Ermessen unter umfassender Abwägung aller Umstände und unter Berücksichtigung der Schwere des Verstoßes sowie dessen Auswirkungen für das Ausschreibungsergebnis zu entscheiden.[1492]

269   Im Falle eines Ausschlusses hat der Bieter die Möglichkeit, gegen die Entscheidung der BNetzA Rechtsmittel zum OLG Düsseldorf einzulegen. Das Rechtsschutzbegehren darf sich dabei allerdings nicht bloß auf die Zulassung des Gebots zum Zuschlagsverfahren richten, sondern muss vielmehr die Erteilung eines Zuschlags zum Ziel haben. Daher hat die Einlegung eines gerichtlichen Rechtsbehelfs nur Aussicht auf Erfolg, wenn dem betreffenden Gebot in der Ausschreibung auch tatsächlich ein Zuschlag hätte erteilt werden müssen (→ ausführlicher zum Rechtsschutz im Ausschreibungsverfahren Kap. 4 Rn. 331 ff.).[1493]

270   **dd) Schritt 4: Zuschlagserteilung.** Die **Zuschlagserteilung** bildet den Kern des Zuschlagsverfahrens. Die BNetzA erteilt allen zum Zuschlagsverfahren zugelassenen und nicht nach §§ 33, 34 EEG 2017 ausgeschlossenen Geboten entsprechend ihrer Reihenfolge einen Zuschlag im Umfang der jeweiligen Gebotsmenge; und zwar bis zur Erreichung der **Zuschlagsgrenze** (vgl. § 33 Abs. 1 S. 4 EEG 2017). Die Zuschlagsgrenze bildet das Gebot, durch welches das Ausschreibungsvolumen erstmals erreicht oder überschritten wird. Dieses **Grenzgebot** wird ausweislich des Gesetzeswortlauts sowie der Gesetzesbegründung noch in vollem Umfang bezuschlagt – auch wenn dadurch das Ausschreibungsvolumen überschritten wird.[1494] Eine Zuschlagserteilung für nur einen Teil der angegebenen Gebotsmenge ist von Gesetzes wegen

---

[1490] BT-Drs. 18/8860, S. 206.
[1491] Ausführlich hierzu *Leutritz/Herms/Richter*, in: Frenz (Hrsg.), EEG II, 1. Aufl. 2016, FFAV § 11 Rn. 4 f. m. w. N. zur inhaltlich vergleichbaren Vorschrift der FFAV.
[1492] Vgl. BT-Drs. 18/8860, S. 207.
[1493] Vgl. insoweit auch *Leutritz/Herms/Richter*, in: Frenz (Hrsg.), EEG II, 1. Aufl. 2016, FFAV § 11 Rn. 3.
[1494] Vgl. BT-Drs. 18/8860, S, 206.

nicht vorgesehen und damit unzulässig. Alle weiteren Gebote oberhalb der Zuschlagsgrenze erhalten keinen Zuschlag.

Beispiel:
Das Ausschreibungsvolumen von 800 MW ist durch bereits bezuschlagte Gebote mit einer installierten Leistung von insgesamt 795 MW ausgeschöpft. Das nächste zu bezuschlagende Gebot (Grenzgebot) umfasst acht Windenergieanlagen mit einer installierten Leistung von je 3 MW. Obwohl auch die Bezuschlagung von nur zwei Anlagen aus diesem Gebot theoretisch denkbar wäre, wird das Grenzgebot in vollem Umfang bezugschlagt. Die bezuschlagte installierte Leistung liegt damit insgesamt bei 819 MW.

Sollte sich zu einem Gebotstermin kein hinreichender Wettbewerb einstellen und die Summe der Gebotsmengen aller abgegeben und zum Zuschlagsverfahren zugelassenen Gebote das Ausschreibungsvolumen nicht überschreitet, so sind selbstverständlich alle zulässigen Gebote zu bezuschlagen.

Der **Zuschlagswert** bestimmt sich grundsätzlich nach dem **Gebotspreisverfahren**, vgl. § 3 Nr. 51 EEG 2017.[1495] D. h. der Zuschlagswert entspricht dem jeweils im Gebot angegegebenen individuellen Gebotswert. Er bildet die Grundlage für die Bestimmung des anzulegenden Werts und damit die Ermittlung der Förderhöhe (→ dazu Kap. 4 Rn. 310 ff.) 270a

ee) Schritt 5: Registrierung der bezuschlagten Gebote. Abschließend hat die BNetzA für alle Gebote, die einen Zuschlag erhalten haben, jeweils die vom Bieter übermittelten Angaben und Nachweise sowie den jeweiligen Zuschlagswert zu erfassen. Zudem vergibt die Behörde für jedes bezuschlagte Gebot eine eindeutige Zuschlagsnummer, vgl. § 35 Abs. 1 Nr. 2 lit. c EEG 2017. Diese dient der leichteren Identifizierung der einzelnen Zuschläge. 271

b) Besondere Zuschlagsvoraussetzungen im Netzausbaugebiet

Besondere Zuschlagsvoraussetzungen gelten gem. § 36c EEG 2017 für das sog. **Netzausbaugebiet**, welches dadurch gekennzeichnet ist, dass die Übertragungsnetze in diesem Gebiet durch den Zubau von Windenergieanlagen besonders stark belastet sind. Um in der Übergangsphase, in der die Übertragungsnetze noch nicht hinreichend ausgebaut sind, einer weiteren Belastung und Verschärfung bestehender Netzengpässe vorzubeugen, wird der Zubau neuer Windenergieanlagen in diesem Gebiet vorübergehend mengenmäßig begrenzt.[1496] Die im Netzausbaugebiet neu zu errichtende Kapazität an Windenergieanlagen ist pro Jahr auf 58 % der installierten Leistung gedeckelt, die im Jahresdurchschnitt in den Jahren 2013 bis 2015 in diesem Gebiet in Betrieb genommen worden ist. 272

Das Netzausbaugebiet wird durch die §§ 10 ff. der Erneuerbare-Energien-Ausführungsverordnung (kurz: EEAV)[1497] näher bestimmt. Diese legen auch die Obergrenze für die im Netzausbaugebiet höchstens zu erteilenden Zuschläge und die Verteilung der daraus folgenden jährlichen Ausschreibungsmengen auf die einzelnen Ausschreibungsrunden fest. Das landkreisscharf festgesetzte Netzausbaugebiet umfasst dabei gem. § 10 EEAV 273

- im Land Schleswig-Holstein die Kreise Dithmarschen, Herzogtum Lauenburg, Nordfriesland, Ostholstein, Pinneberg, Plön, Rendsburg-Eckernförde, Schleswig-Flensburg, Segeberg, Steinburg und Stormarn sowie die kreisfreien Städte Flensburg, Kiel, Lübeck und Neumünster;
- im Land Niedersachsen die Landkreise Cuxhaven, Harburg, Lüneburg, Osterholz, Rotenburg (Wümme), Stade, Ammerland, Aurich, Cloppenburg, Emsland, Friesland, Leer,

---

[1495] Abweichendes git für Bürgerenergiegesellschaften nach § 36g Abs. 5 EEG 2017 (→ dazu Kap. 4 Rn. 326 f.).
[1496] Vgl. BT-Drs. 18/8860, S. 209 f.
[1497] Verordnung zur Ausführung der Erneuerbare-Energien-Verordnung (EEAV) v. 22.2.2010 (BGBl. I S. 134), zuletzt geändert durch Artikel 1 der Verordnung vom 20. Februar 2017 (BGBl. I S. 294). Die §§ 10 ff. EEAV gelten zunächst befristet bis zum 31.12.2020. Eine inhaltliche Änderung der Verordnung ist nur zu den in § 36c Abs. 7 EEG 2017 gesetzlich bestimmten Zeitpunkten, mithin erstmalig zum 1.1.2020, möglich.

Oldenburg, Vechta, Wesermarsch und Wittmund sowie die kreisfreien Städte Delmenhorst, Emden, Oldenburg und Wilhelmshaven,
- im Land Mecklenburg-Vorpommern die Landkreise Mecklenburgische Seenplatte, Rostock, Vorpommern-Rügen, Nordwestmecklenburg, Vorpommern-Greifswald, Ludwigslust-Parchim sowie die kreisfreien Städte Rostock und Schwerin sowie
- die Städte Bremen, Bremerhaven und Hamburg.

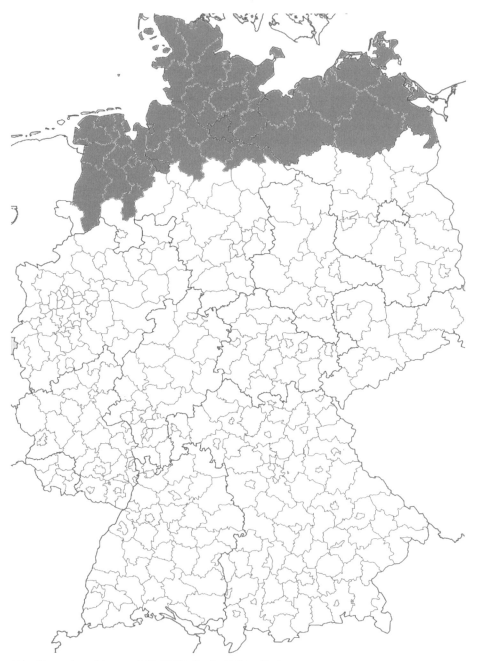

Abb.: Netzausbaugebiet gem. § 10 EEAV; Quelle: Wikipedia.de

In den Jahren 2017 bis 2020 dürfen gem. § 11 EEAV in diesem Gebiet jährlich maximal 274
Zuschläge in einem Umfang von 902 MW an zu installierender Leistung (Obergrenze) an
Windenergieanlagen an Land erteilt werden, wobei sich die jährlich zulässige Zubaumenge
gleichmäßig auf alle Ausschreibungstermine eines Kalenderjahrs verteilt. Im Rahmen des
Zuschlagsverfahren werden die Gebote, die sich auf Standorte im Netzausbaugebiet beziehen,
zunächst entsprechend ihrem Gebotswert – und hilfsweise ihrer Gebotsmenge – in die normale
Reihung gem. § 32 Abs. 1 S. 3 EEG 2017 aufgenommen. Allerdings erteilt die Bundesnetzagentur diesen Geboten nur einen Zuschlag in dem Umfang ihrer Gebotsmenge, bis die für das
Netzausbaugebiet festgelegte Obergrenze erstmalig durch einen Zuschlag erreicht oder überschritten wird. Weitere Gebote für Windenergieanlagen an Land, die in dem Netzausbaugebiet
errichtet werden sollen, werden bei der weiteren Zuschlagserteilung nicht mehr berücksichtigt.
Vielmehr übergeht die BNetzA diese Gebote und erteilt stattdessen dem nächstteureren Gebot,
das sich auf eine Windenergieanlage außerhalb des Netzausbaugebiets bezieht, den Zuschlag, bis
die generell für diese Ausschreibungsrunde geltende Zuschlagsgrenze erreicht ist. Im Ergebnis
führt dies dazu, dass sich die Förderung neuer Windenergieanlagen insoweit verteilt, da
Gebote bezuschlagt werden, die ohne Berücksichtigung der Belegenheit im Netzausbaugebiet
oberhalb der Zuschlagsgrenze gelegen hätten.

Wird in einer einzelnen Ausschreibungsrunde die zuschlagsfähige Leistung im Netzaus- 275
baugebiet nicht erreicht, wird diese Differenz gleichmäßig als zusätzliche Quote auf die im
Kalenderjahr verbleibenden Gebotstermine aufgeteilt (vgl. § 12 Satz 2 EEAV). Für den Fall,
dass im letzten Gebotstermin eines Kalenderjahres ein solcher Überhang verbleibt, sieht die
Verordnung jedoch keine Übertragung der Gebotsmengen auf das folgende Kalenderjahr vor.

Beispiel: Im Gebotstermin 01.05.2017 werden für Windenergieanlagen im Netzausbaugebiet insgesamt
Gebote mit einer installierten Leistung von 280 MW abgegeben und auch bezuschlagt. Die nicht bezuschlagte Leistung von 21 MW wird gleichmäßig auf die Folgetermine verteilt, sodass zum 01.08.2017 und
zum 01.11.2017 jeweils 311,5 MW (statt 301 MW) auf Netzausbaugebiete entfallen.

c) Der Zuschlag und seine Wirkung

aa) Rechtsnatur des Zuschlags. Beim Zuschlag handelt es sich um einen **Verwaltungsakt** 276
i. S. d. § 35 S. 1 VwVfG.[1498] Er ist gem. § 22 Abs. 1 EEG 2017 konstitutive Voraussetzung für die
Geltendmachung des Zahlungsanspruchs nach § 19 EEG 2017 und „sichert" dem Bieter für eine
bestimmte Gebotsmenge einen bestimmten Zuschlagswert, nach dem sich die Förderhöhe bemisst. Damit entfaltet der Zuschlag nicht nur Wirkung gegenüber dem Bieter (später Anlagenbetreiber), sondern auch gegenüber dem Netzbetreiber, an dessen Netz die Windenergieanlage
an Land angeschlossen ist **(Verwaltungsakt mit Drittwirkung)**. Der Zuschlag ist insofern
zum einen Voraussetzung für die Entstehung und Geltendmachung eines Zahlungsanspruchs
und wirkt grundsätzlich für die Vergütungsdauer von 20 Jahren **(Dauerverwaltungsakt)**.
Zum anderen geht damit auch die Verpflichtung zur Errichtung einer Windenergieanlage
einher, da andernfalls eine Pönale nach § 55 Abs. 1 bzw. Abs. 2 EEG 2017 fällig wird. Insofern
enthält der Verwaltungsakt sowohl begünstigende als auch belastende Elemente, die jedoch
untrennbar miteinander verbunden sind, sodass die Zuschlagsentscheidung insgesamt als begünstigender Verwaltungsakt zu werten ist.[1499]

Der Zuschlag wird **projektbezogen** erteilt.[1500] Folglich ist der Zuschlag der Windener- 277
gieanlage bzw. den Windenergieanlagen an Land, auf die sich die im Gebot angegebene Genehmigung nach BImSchG bezieht, verbindlich und dauerhaft zugeordnet, vgl. § 3f Abs. 1 S. 1
EEG 2017. Die Übertragung des Zuschlags auf andere Windenergieanlagen, die nicht von der
im Gebot angegebenen Genehmigung umfasst sind, ist ebenso wie die Übertragung des Zuschlags (→ dazu Kap. 4 Rn. 289 ff.) auf eine andere Genehmigung gem. § 36f Abs. 1 S. 2 EEG

[1498] Vgl. BT-Drs. 18/8860, S. 207.
[1499] Vgl. ausführlich zu Verwaltungsakten mit „Mischwirkung" *Kopp/Ramsauer*, VwVfG, 17. Aufl.
2016, § 48 Rn. 72.
[1500] Vgl. BT-Drs. 18/8860, S. 211.

2017 unzulässig. Letzteres gilt ausweislich der Gesetzesbegründung auch, wenn sich die neu erwirkte Genehmigung auf denselben Standort bezieht und sämtliche Parameter identisch zur ursprünglichen Genehmigung sind.[1501]

278 Indes ist eine **Änderung der BImSch-Genehmigung** nach erfolgter Zuschlagserteilung in der Praxis nicht auszuschließen. Dies hat der Gesetzgeber jedoch bedacht und für diesen Fall in § 36f Abs. 2 EEG 2017 eine Regelung getroffen. Danach bleibt der Zuschlag bei nachträglicher Änderung der ursprünglichen Genehmigung auf die geänderte Genehmigung bezogen. Eine Genehmigungsänderung ist damit auch nach Zuschlagserteilung, grundsätzlich ohne Verlust des Vergütungsanspruchs möglich. Allerdings liegen etwaige Änderungen der genehmigten Gesamtleistung in der Risikosphäre des Bieters.[1502] Denn der Umfang des Zuschlags (Gebotsmenge), d. h. die bezuschlagte installierte Leistung, bleibt weiterhin unverändert und wird nicht an eine genehmigungsrechtlich geänderte Gesamtleistung angepasst. Bei einer nachträglichen genehmigungsrechtlichen Erhöhung der Gesamtleistung bleibt der Zuschlag und mithin der spätere Förderanspruch auf die bezuschlagte Gebotsmenge beschränkt. Für den Strom, der dem die bezuschlagte Leistung überschießenden Leistungsanteil entspricht, besteht kein Vergütungsanspruch nach § 19 Abs. 1 i. V. m. § 22 Abs. 1 EEG 2017. Für den gleichsam umgekehrten Fall, dass die genehmigte Gesamtleistung hinter der ursprünglichen Genehmigung und damit der bezuschlagten Leistung zurückbleibt, kann dies wiederum zu Pönalen nach § 55 Abs. 1 S. 1. Nr. 1 EEG 2017 führen. Eine gewisse Flexibilität räumt die vorgesehene Bagatellgrenze von 5 % ein.[1503] Bleibt die installierte Leistung der in Betrieb genommenen Windenergieanlage(n) maximal 5 % hinter der bezuschlagten Leistung zurück, fällt keine Pönale an. Wird diese Bagatellgrenze jedoch überschritten, richtet sich die Höhe der Pönale nach § 55 Abs. 1 S. 1 EEG 2017 (→ ausführlicher zu den Pönalen Kap. 4 Rn. 299 ff.). Entsprechendes gilt gem. § 55 Abs. 2 S. 1 Nr. 1 EEG 2017 auch für Bürgerenergiegesellschaften.

279 **bb) Bekanntgabe der Zuschläge und deren rechtliche Wirkung.** Damit die erteilten Zuschläge Wirksamkeit erlangen, bedürfen sie der Bekanntgabe gegenüber den Beteiligten, für die sie bestimmt sind bzw. die von ihnen betroffen sind, nach § 43 Abs. 1 S. 1 VwVfG. Die Bekanntgabe der Zuschlagsentscheidung erfolgt dabei durch die BNetzA. § 35 EEG 2017 regelt die Form und den Inhalt der Bekanntgabe näher. Demnach erfolgt die Bekanntgabe der Zuschlagsentscheidung auf der Internetseite der BNetzA. Es handelt sich insoweit um eine **öffentliche Bekanntgabe** i. S. d. § 41 Abs. 4 S. 1 VwVfG.[1504] Dementsprechend greift hier auch die **Bekanntgabefiktion** des § 35 Abs. 2 EEG 2017, wonach der Zuschlag eine Woche nach der Veröffentlichung auf der Internetseite als bekanntgegeben anzusehen ist. Insofern ist zu unterscheiden zwischen dem Zeitpunkt der tatsächlichen Veröffentlichung der Zuschlagsentscheidung auf der Internetseite der BNetzA und dem eigentlichen Zeitpunkt der Bekanntgabe, ab welchem die Verwaltungsakte wirksam sind. Diese Unterscheidung ist unter anderem relevant für die in § 36e EEG 2017 verankerte Realisierungsfrist, die allein an die Bekanntgabe des Zuschlags und eben nicht an dessen tatsächliche Veröffentlichung auf der Internetpräsenz der Bundesnetzagentur abhebt (dazu ausführlich sogleich). Der nach § 35 Abs. 3 EEG 2017 darüber hinaus angeordneten unverzüglichen Unterrichtung der bezuschlagten Bieter über die Zuschlagserteilung und den Zuschlagswert kommt insofern wohl nur ein rein informatorischer Charakter zu.

280 Eine gesonderte Information der erfolglosen Bieter, d. h. derjenigen, die keinen Zuschlag erhalten haben, ist hingegen von Gesetzes wegen nicht ausdrücklich geregelt,[1505] ergibt sich jedoch implizit aus der Bindefrist der Gebote nach § 30a Abs. 4 EEG 2017. Auch der Gesetz-

---

[1501] Vgl. BT-Drs. 18/8860, S. 211.
[1502] Vgl. auch BT-Drs. 18/8860, S. 211.
[1503] BT-Drs. 18/8860, S. 211.
[1504] Demnach dürfte die BNetzA von der schriftlichen Bekanntgabe der Zuschlagsentscheidung gegenüber jedem einzelnen der Beteiligten entbunden sein. Stattdessen erhalten die jeweiligen Beteiligten durch die öffentliche Bekanntgabe die Möglichkeit, vom Inhalt des Verwaltungsakts Kenntnis zu erlangen. Auf dessen tatsächliche Kenntnisnahme, d. h. den Zugang, kommt es jedoch nicht an.
[1505] Anders noch § 35 Abs. 3 Referentenentwurf zum EEG 2016 vom 14.4.2016.

geber geht im Rahmen der Gesetzesbegründung vom Bestehen einer Informationspflicht aus.[1506] Insofern wird schon aufgrund der für die unterlegenen Bieter daran anknüpfenden Rechtsschutzmöglichkeiten eine Mitteilungspflicht der BNetzA auch gegenüber diesen – ggf. in analoger Anwendung des § 35 Abs. 3 EEG 2017 – anzunehmen sein.

Die BNetzA hat im Rahmen der öffentlichen Bekanntgabe nach § 35 Abs. 1 EEG 2014 die wesentlichen Ergebnisse der jeweiligen Ausschreibungsrunde bekanntzumachen.[1507] Damit auch eindeutig bestimmt ist, auf welche Ausschreibungsrunde sich die Bekanntmachung bezieht, sind zunächst der Gebotstermin der Ausschreibungsrunde sowie der Energieträger, für den die Zuschläge erteilt werden, anzugeben. Ferner ist insbesondere der Name des Bieters zu veröffentlichen, um klarzustellen, wer einen Zuschlag erhalten hat und für wen der Verwaltungsakt öffentlich bekannt gegeben wird.[1508] Dies beinhaltet auch die Angabe des geplanten Anlagenstandorts (einschließlich Bundesland, Landkreis, Gemeinde, Gemarkung und Flurstücken), die Nummer des Gebots (sofern der Bieter mehrere Gebote abgegeben hat) und die von der BNetzA zu vergebende eindeutige Zuschlagsnummer. Darüber hinaus sind die bezuschlagten Mengen, der niedrigste und höchste bezuschlagte Gebotswert sowie der mengengewichtete durchschnittliche Zuschlagswert zu veröffentlichen, sodass Transparenz darüber besteht, in welcher Größenordnung sich die Zuschläge bewegen.[1509]

281

Mit der Bekanntgabe der Zuschlagsentscheidung werden die Zuschläge wirksam. Sie binden die Beteiligten und entfalten darüber hinaus Tatbestands- und Feststellungswirkung, insbesondere gegenüber dem jeweils zuständigen Netzbetreiber.[1510] Daneben sind mit der Bekanntgabe der Zuschläge einige weitere gewichtige **Rechtswirkungen** verbunden. Für Bieter mit einem Zuschlag für eine Windenergieanlage an Land ist dies in erster Linie die **Realisierungsfrist** (→ dazu ausführlicher Kap. 4 Rn. 293 ff.). Ferner ist der Zeitpunkt der Bekanntgabe maßgeblich für die Frage, ob und ggf. in welcher Höhe **Pönalen** nach § 55 Abs. 1 EEG 2017 zu leisten sind. Denn erste Strafzahlungen fallen bereits an, wenn die Windenergieanlage an Land später als 24 Monate[1511] nach der Bekanntgabe des Zuschlag in Betrieb genommen wird (→ s. dazu ausführlicher Kap. 4 Rn. 303 f.).

282

cc) Wirksamkeitsdauer und Entwertung von Zuschlägen. Da es sich bei einem Zuschlag um einen Verwaltungsakt handelt, richtet sich die **Dauer seiner Wirksamkeit**, soweit das EEG 2017 keine spezialgesetzliche Regelung trifft, nach den allgemeinen Bestimmungen des Verwaltungsrechts, insbesondere § 43 Abs. 2 VwVfG. Danach bleibt ein Zuschlag so lange und so weit wirksam, wie er nicht zurückgenommen, widerrufen, anderweitig aufgehoben oder durch Zeitablauf oder auf andere Weise erledigt ist.

283

Somit verliert ein Zuschlag seine Wirksamkeit, wenn er durch die BNetzA zurückgenommen bzw. widerrufen wird. Maßgebliche rechtliche Grundlage für die **Rücknahme** bzw. den **Widerruf** bilden die allgemeinen Bestimmungen des Verwaltungsverfahrensgesetzes, insb. die §§ 48 ff. VwVfG.[1512] Dabei endet die Wirksamkeit des Zuschlags, wenn die Rücknahme bzw. der Widerruf gegenüber dem Bieter wirksam wird.[1513] Als actus contrarius handelt es sich auch bei der Rücknahme bzw. dem Widerruf um einen Verwaltungsakt i. S. d. § 35 S. 1 VwVfG, der gem. § 43 Abs. 1 S. 1 VwVfG in der Regel mit seiner Bekanntgabe gegenüber dem Betroffenen Wirksamkeit erlangt.[1514] In welchem Umfang und von welchem Zeitpunkt an die Wirksamkeit des Zuschlags entfällt, hängt davon ab, ob die BNetzA den Zuschlag ganz oder teilweise und

284

[1506] Vgl. BT-Drs. 18/8860, S. 208.
[1507] Vgl. BT-Drs. 18/8860, S. 207.
[1508] BT-Drs. 18/8860, S. 207.
[1509] Vgl. BT-Drs. 18/8860, S. 207.
[1510] Vgl. allgemein zur Bindungs- sowie Tatbestands- und Feststellungswirkung von Verwaltungsakten *Kopp/Ramsauer*, VwVfG, 17. Aufl. 2016, § 43 Rn. 14 ff.
[1511] Abweichendes gilt für bezuschlagte Gebote von Bürgerenergiegesellschaften nach § 55 Abs. 2 i. V. m. § 36g Abs. 1 EEG 2017.
[1512] Vgl. auch BT-Drs. 18/8860, S. 208.
[1513] Vgl. *Kopp/Ramsauer*, VwVfG, 17. Aufl. 2016, § 43 Rn. 40a.
[1514] Vgl. *Kopp/Ramsauer*, VwVfG, 17. Aufl. 2016, § 43 Rn. 40a.

mit Wirkung für die Zukunft oder auch die Vergangenheit aufhebt. Die Entscheidung darüber liegt grundsätzlich im Ermessen der Behörde.[1515]

285 Die Wirksamkeit eines Zuschlags entfällt darüber hinaus auch in Fällen, in denen er sich **durch Zeitablauf oder in sonstiger Weise erledigt** hat. § 36e Abs. 1 EEG 2017 regelt insofern im Sinne einer spezialgesetzlichen Erlöschensklausel, dass der Zuschlag grundsätzlich erlischt, soweit die Windenergieanlage an Land nicht innerhalb der dreißigmonatigen Realisierungsfrist in Betrieb genommen worden ist.[1516] Ferner endet die Wirksamkeit durch Zeitablauf, wenn die gesetzlich bestimmte Vergütungsdauer von zwanzig Jahren nach § 25 EEG 2017 abgelaufen ist.[1517] Zudem kann die Wirksamkeit des Zuschlags infolge von Gegenstandslosigkeit entfallen. Dies ist z. B. aufgrund der Projektbezogenheit des Zuschlags der Fall, wenn die Windenergieanlagen, auf die sich der Zuschlag bezieht, noch vor Ende der Vergütungsdauer endgültig stillgelegt werden.

286 Hingegen kommt eine Erledigung durch Rückgabe des Zuschlags seitens des Bieters nicht in Betracht. Denn für Zuschläge, die sich auf Windenergieanlagen an Land beziehen, besteht – anders als für Solaranlagen erteilte Zuschläge (vgl. § 37d Abs. 1 EEG 2017) – **keine Rückgabemöglichkeit**. Grund dafür ist die Befürchtung des Gesetzgebers, dass die Pönale im Falle der Nichtrealisierung nach § 55 Abs. 1 bzw. Abs. 2 EEG 2017 zu gering ist, um eine Rückgabe von Geboten aus rein strategischen Gründen zu verhindern.[1518] Schon bei einem leichten Anstieg der Zuschlagspreise könnte sich den Befürchtungen des Gesetzgebers zufolge eine Rückgabe des Zuschlags verbunden mit der Abgabe eines neuen Gebots lohnen. Daher hat der Gesetzgeber von einer solchen Rückgabemöglichkeit für Windenergieanlagen an Land abgesehen.[1519]

287 Mit dem Wirksamkeitsverlust des Zuschlags sind verschiedene **Rechtsfolgen** verbunden: So besteht **kein Anspruch auf eine finanzielle Förderung** des Stroms nach § 19 Abs. 1 EEG 2017. Entweder entsteht dieser erst gar nicht oder er entfällt (ggf. auch rückwirkend) zu dem Zeitpunkt, zu dem die Wirksamkeit des Zuschlags endet. Denn der Förderanspruch setzt gem. § 22 Abs. 1 EEG 2017 gerade die Wirksamkeit des Zuschlags voraus und besteht für die der Ausschreibungspflicht unterfallenden Anlagen nur für die Dauer und in dem Umfang, wie der für diese erteilte Zuschlag auch wirksam ist.

288 Zuschläge, die ihre Wirksamkeit verloren haben, sind von der BNetzA zu entwerten. Die **Entwertung der Zuschläge** selbst ist dabei nicht konstitutiv für das Entfallen der Wirksamkeit, sondern dient vor allem der Dokumentation des Wirksamkeitsverlusts.[1520] Die Fälle, in denen ein Zuschlag zu entwerten ist, sind in § 35 Abs. 1 EEG 2017 geregelt. Sie sind identisch mit den Konstellationen, in denen ein Zuschlag seine Wirksamkeit verliert. Demgemäß hat die BNetzA Zuschläge für Windenergieanlagen an Land zu entwerten, soweit sie infolge der Nichteinhaltung der Realisierungsfrist erlöschen (§ 35a Abs. 1 Nr. 1 EEG 2017), von der BNetzA zurückgenommen bzw. widerrufen werden (§ 35a Abs. 1 Nr. 3 EEG 2017) oder durch Zeitablauf oder in sonstiger Weise ihre Wirksamkeit verlieren (§ 35a Abs. 1 Nr. 4 EEG 2017). Der BNetzA kommt insoweit kein Ermessen zu, vielmehr ist die Behörde verpflichtet, die Zuschläge zu entwerten, wenn einer der vorstehenden Fälle vorliegt. Der Zuschlag kann dabei vollständig oder auch nur teilweise zu entwerten sein. Der konkrete Umfang der zu entwertenden Gebotsmengen richtet sich nach dem Umfang, in dem der Zuschlag seine Wirksamkeit verliert. Dies ergibt sich schon aus der in § 35a Abs. 1 EEG 2017 verwendeten Formulierung „soweit". Die Entwertung ist mit der Leistung einer **Pönale** verbunden, sofern die gem. § 55 Abs. 1 S. 1 Nr. 1 bzw. Abs. 2 S. 1 Nr. 2 EEG 2017 vorgesehene Bagatellgrenze von 5% überschritten wird (→ ausführlicher zu den Pönalen Kap. 4 Rn. 299 ff.).[1521]

[1515] Vgl. § 48 Abs. 1 bzw. § 49 Abs. 3 VwVfG.
[1516] Für Bürgerenergiegesellschaften gilt nach § 36g Abs. 3 S. 1 EEG 2017 eine abweichende Realisierungsfrist.
[1517] Vgl. auch BT-Drs. 18/8860, S. 208.
[1518] BT-Drs. 18/8860, S. 208.
[1519] BT-Drs. 18/8860, S. 208.
[1520] Vgl. BT-Drs. 18/8860, S. 208.
[1521] Auch hierin sieht sich die Möglichkeit einer Teilentwertung nach § 35a Abs. 1 EEG 2017 bestätigt, da die Vorschrift voraussetzt, dass auch eine Entwertung nur von Teilmengen eines Zuschlags möglich ist.

dd) Übertragbarkeit von Zuschlägen auf Dritte. Wie dargestellt, sind Zuschläge gem. 289
§ 36f Abs. 1 EEG 2017 den Windenergieanlagen an Land, auf die sich die in dem Gebot angegebene Genehmigung bezieht, verbindlich und dauerhaft zugeordnet. Eine **Übertragung** auf andere Anlagen oder andere Genehmigungen scheidet damit ausdrücklich aus. Dies wirft die Frage auf, ob der Zuschlag mitsamt der ihm zugeordneten BImSch-Genehmigung auf Dritte (z. B. Projektgesellschaften) übertragen werden kann. Sowohl der Wortlaut des § 36f Abs. 1 EEG 2017 als auch die entsprechende Gesetzesbegründung[1522] legen zunächst lediglich eine Projektbezogenheit nahe, nicht dagegen die Bindung des Zuschlags an die Person des Bieters, was den Umkehrschluss zulässt, dass eine Übertragung der Genehmigung als solche nicht reglementiert werden sollte. Dem stehen auch Sinn und Zweck der Regelung nicht entgegen. Der Gesetzgeber beabsichtigt damit ausweislich der Gesetzesbegründung eine hohe Realisierungswahrscheinlichkeit, da eine projektbezogene Kalkulation vorgenommen werden kann und der Bieter somit bereits bei Abgabe des Gebots alle rechtlichen und wirtschaftlichen Bedingungen kennt.[1523] Daran ändert sich jedoch nichts, wenn die Anlage bzw. Genehmigung nach Erteilung des Zuschlags auf einen Dritten übertragen wird. Sowohl der Wortlaut wie auch Sinn und Zweck der Vorschrift sprechen demnach dafür, dass der Zuschlag zwar nicht losgelöst, wohl aber gemeinsam mit der zugehörigen Genehmigung auf einen Dritten übertragen werden kann.

Hierfür lassen sich auch die Entstehungsgeschichte sowie der Regelungszusammenhang 290
fruchtbar machen. So war in der Freiflächenausschreibungsverordnung (FFAV), auf die das Ausschreibungsdesign des EEG 2017 im Wesentlichen zurückgeht,[1524] die rechtsgeschäftliche Übertragung von Zuschlägen durch den Bieter auf Dritte ausdrücklich für unwirksam erklärt worden (§ 17 Abs. 1 FFAV). Von einer solchen Regelung hat der Gesetzgeber des EEG 2017 dagegen abgesehen, obwohl ihm offenkundig bewusst war, dass sich diese Frage stellt. Für Solaranlagen ergibt sich ein solches Verbot des Handels mit Zuschlägen dagegen auch heute noch aus dem Regelungszusammenhang des EEG 2017. Anders als bei Windenergieanlagen berechtigt bei Solaranlagen noch nicht der bloße Zuschlag zum Erhalt einer finanziellen Förderung. Vielmehr bedarf es nach Inbetriebnahme der Anlage der Ausstellung einer Zahlungsberechtigung. Hierfür ist es nach § 38a Abs. 1 Nr. 1 EEG 2017 erforderlich, dass der Bieter – also derjenige, der das Gebot abgegeben und den Zuschlag erhalten hat – im Zeitpunkt der Antragstellung Anlagenbetreiber ist. Dies impliziert das Verbot, den Zuschlag bis zur Ausstellung der Zahlungsberechtigung auf eine dritte Person zu übertragen.

Ein solches ausdrückliches Erfordernis der Personenidentität von Bieter und Anlagenbetreiber enthält das Gesetz in Bezug auf Windenergieanlagen gerade nicht. Dies lässt sich mit dem 291
unterschiedlichen Ausschreibungsdesign bei Solaranlagen einerseits und Windenergieanlagen andererseits erklären. Bei Solaranlagen kann das Gebot bereits in einem sehr frühen Planungsstadium abgegeben und gemäß § 54 Abs. 2 EEG 2017 der Zuschlag nachträglich auf einen anderen Anlagenstandort übertragen werden. Die Bindung des Zuschlags an eine bestimmte Anlage tritt demgemäß erst mit Ausstellung der Zahlungsberechtigung ein, § 38a Abs. 4 EEG 2017. Um einer freien Handelbarkeit von Zuschlägen – die vom Gesetzgeber nicht gewollt ist – entgegenzuwirken, wurde dementsprechend eine Bindung an die Person des Bieters vorgesehen, bis die Zahlungsberechtigung ausgestellt ist.

Bei Windenergieanlagen tritt die Bindung an die Anlage bzw. die zugrunde liegende Genehmigung jedoch bereits mit Zuschlagserteilung ein. Vor diesem Hintergrund bedarf es – 292
anders als bei Solaranlagen, bei denen dies auch ausdrücklich geregelt ist – keines spezifischen Bieterbezugs. Auch dies spricht im gesamten Regelungszusammenhang dafür, dass bei Windenergieanlagen nach Erteilung des Zuschlags die Genehmigung und der daran haftende Zuschlag auf eine dritte Person übertragen werden können.

[1522] Vgl. BT-Drs. 18/8860, S. 212.
[1523] Vgl. BT-Drs. 18/8860, S. 212.
[1524] Vgl. BT-Drs. 18/8860, S. 5.

6. Realisierungsfrist und Pönalen

a) Realisierungsfrist

293 Für die Umsetzung seines Projekts steht dem Bieter von Gesetzes wegen nur ein zeitlich befristeter Zeitraum zur Verfügung. Gemäß § 36e Abs. 1 EEG 2017 muss die Windenergieanlage an Land grundsätzlich innerhalb von längstens 30 Monaten nach der öffentlichen Bekanntgabe des Zuschlags in Betrieb genommen worden sein (absolute **Realisierungsfrist**). Erste Strafzahlungen können allerdings bereits dann anfallen, wenn die Inbetriebnahme später als 24 Monate nach der öffentlichen Bekanntgabe erfolgt. Ausschließlich für Bürgerenergiegesellschaften gilt an dieser Stelle eine längere Realisierungsfrist (→ zur Sonderregelung für Bürgerenergiegesellschaften Kap. 4 Rn. 330).

294 Maßgeblicher Zeitpunkt für die Bemessung der Realisierungsfrist ist nicht die Veröffentlichung der Zuschläge auf der Internetseite der BNetzA, sondern der Zeitpunkt der Bekanntgabe, der sich gemäß der Bekanntgabefiktion des § 35 Abs. 2 EEG 2017 bestimmt.

295 Die **Nichteinhaltung der Realisierungsfrist** führt zum Erlöschen des Zuschlags, soweit das bezuschlagte Projekt nicht realisiert worden ist. Der Zuschlag verliert damit im Umfang der nicht realisierten Gebotsmengen seine Wirksamkeit und ist auch insoweit nach § 35a Abs. 1 Nr. 1 EEG 2017 von der BNetzA zu entwerten. Damit besteht für die entwerteten Gebotsmengen zum einen kein Anspruch auf EEG-Vergütung nach § 19 Abs. 1 EEG 2017, zum anderen ist für die entwerteten Gebotsmengen eine Pönale nach Maßgabe des § 55 Abs. 1 S. Nr. 1 EEG 2017 zu leisten.

Beispiel: Der Bieter erhält für sein Projekt, welches aus zwei Windenergieanlagen mit einer geplanten installierten Leistung von jeweils 2,5 MW bestehen soll, einen Zuschlag für die erforderliche Gebotsmenge von 5 MW. Der Zuschlag wird am 04.05.2017 nach § 35 Abs. 1 EEG 2017 auf der Internetseite der BNetzA veröffentlicht und gilt mithin gemäß § 35 Abs. 2 EEG 2017 am 11.05.2017 als bekannt gegeben. Damit endet die 30-monatige Realisierungsfrist am 11.11.2019. Bis zu diesem Stichtag ist aufgrund genehmigungsrechtlicher Probleme jedoch nur eine der beiden geplanten Windenergieanlagen mit einer installierten Leistung von 2,5 MW errichtet und in Betrieb genommen. D. h. für die nicht errichtete Windenergieanlage erlischt der Zuschlag im Umfang von 2,5 MW. In diesem Umfang ist nun nach § 35a Abs. 1 Nr. 1 EEG 2017 der erteilte Zuschlag zu entwerten. Selbst wenn die zweite Windenergieanlage später noch errichtet werden sollte, kann auf Grundlage des bisherigen Zuschlags kein Föderanspruch mehr geltend gemacht werden, vielmehr müsste für diese Anlage ein neues Gebot abgegeben und bezuschlagt werden. Darüber hinaus ist für die entwerteten Gebotsmengen von 2,5 MW eine Pönale gem. § 55 Abs. 1 S. 1 Nr. 1 i. V. m. S. 2 Nr. 3 EEG 2017 in Höhe von 75.000 € (= 2.500 kW x 30 €/kW) zu entrichten.

296 Unter den engen Voraussetzungen des § 36e Abs. 2 EEG 2017 ist eine einmalige **Verlängerung der Realisierungsfrist** möglich. Die Verlängerung muss vonseiten des Bieters bei der BNetzA beantragt werden. Der Antrag ist dabei noch vor Ablauf der eigentlichen (absoluten) Realisierungsfrist, d. h. innerhalb von 30 Monaten nach Bekanntgabe des Zuschlags zu stellen. Formale Anforderungen an den Antrag auf Fristverlängerung stellt das Gesetz nicht. Sofern die BNetzA allerdings entsprechende Formatvorgaben nach § 30a Abs. 1 EEG 2017 erlassen hat, sind diese zwingend zu beachten. Die BNetzA hat dem fristgerechten Antrag auf Verlängerung stattzugeben, sofern die in § 36e Abs. 2 S. 1 EEG 2017 gesetzlich normierten Voraussetzungen vorliegen. Es handelt sich insoweit um eine gebundene Entscheidung der Behörde.[1525] Demnach ist die Realisierungsfrist zwingend zu verlängern, wenn gegen die im bezuschlagten Gebot angegebene BImSchG-Genehmigung nach der Gebotsabgabe ein Rechtsbehelf Dritter (erfasst sind insofern nach dem ausdrücklichen gesetzgeberischen Willen insbesondere auch außergerichtliche Rechtsbehelfe wie z. B. Widersprüche) eingelegt[1526] und die sofortige Vollziehbarkeit der betreffenden Genehmigung in diesem Zusammenhang durch die zuständige (Genehmigungs-)Behörde oder gerichtlich angeordnet worden ist. Dies soll etwaigen Projektverzögerungen für den Fall, dass die Genehmigung nach BImSchG durch Dritte angegriffen wird, Rechnung tragen. Im Umkehrschluss bedeutet dies aber auch, dass im Zeitpunkt der Gebotsabgabe bereits

---

[1525] BT-Drs. 18/8860, S. 211.
[1526] Vgl. BT-Drs. 18/10209, S. 106.

angefochtene Genehmigungen nicht zur Verlängerung der Realisierungsfrist berechtigen. Dies leuchtet zumindest ein Stück weit ein, denn Bieter, die sich mit einer bereits von Dritten angegriffenen Genehmigung an der Ausschreibung beteiligen, müssen von vornherein damit rechnen, ihre Anlage(n) nicht bzw. nur erheblich verzögert in Betrieb nehmen zu können. Dies wiederum ist aber nicht das Ziel des Gesetzgebers, dem vor allem an einem kontinuierlichen, möglichst gleichmäßigen und damit planbaren Zubau gelegen ist. Mit Blick auf die nicht unerheblichen, drohenden Strafzahlungen ist daher unter wirtschaftlichen Gesichtspunkten dringend anzuraten, sich die Teilnahme an der Ausschreibung in einem solchen Fall genauestens zu überlegen.

Praxistipp: Bieter sollten sich daher unmittelbar vor Gebotsabgabe bei der Genehmigungsbehörde informieren, ob gegen die Genehmigung ein Rechtsbehelf eingelegt worden ist.

Anders als die Entscheidung über das „Ob" der Gewährung liegt die Bestimmung der zeitlichen Dauer, für die die Verlängerung gewährt wird, im Ermessen der BNetzA.[1527] Von Gesetzes wegen soll die Verlängerung gem. § 36e Abs. 2 S. 2 EEG 2017 in der Regel maximal für die Dauer der Gültigkeit der Genehmigung gewährt werden. D. h. grundsätzlich kann auch ein kürzerer Verlängerungszeitraum gewährt werden, insbesondere wenn der Bieter nur eine kürzere Verlängerung beantragt.[1528] Der Wortlaut lässt jedoch in Ausnahmefällen auch eine Verlängerung über die Gültigkeit der immissionsschutzrechtlichen Genehmigung hinaus dem Grunde nach zu. Dies könnte relevant sein, wenn die Gültigkeit der Genehmigung selbst knapp bemessen ist; allerdings bleiben genehmigungsrechtliche Erfordernisse einer gegebenenfalls erforderlichen Verlängerung der immissionsschutzrechtlichen Genehmigung selbst hiervon unberührt. 297

Rechtlich relevant ist die Verlängerung der Realisierungsfrist indes nur für den Zeitpunkt, zu dem der Zuschlag erlischt, falls das bezuschlagte Projekt bis dahin nicht realisiert wurde. Sie hat dagegen keine Auswirkungen auf den Anfall von Pönalen. Zudem geht eine verlängerte Realisierungsfrist zulasten der Fördererdauer. Diese beginnt gemäß § 36i EEG 2017 spätestens 30 Monate nach der Bekanntgabe des Zuschlags an den Bieter. Im Ergebnis verkürzt sich damit die Fördererdauer um den Zeitraum, um den die Anlage „verspätet" in Betrieb genommen wird. 298

Beispiel: Der Bieter erhält für sein Projekt, welches aus zwei Windenergieanlagen mit einer geplanten installierten Leistung von jeweils 2,5 MW bestehen soll, einen Zuschlag für die erforderliche Gebotsmenge von 5 MW. Der Zuschlag wird am 04.05.2017 nach § 35 Abs. 1 EEG 2017 auf der Internetseite der BNetzA veröffentlicht und gilt mithin gemäß § 35 Abs. 2 EEG 2017 am 11.05.2017 als bekannt gegeben. Damit endet die 30-monatige Realisierungsfrist am 11.11.2019. Aufgrund genehmigungsrechtlicher Probleme wurde nun fristgerecht ein Antrag auf Verlängerung der Realisierungsfrist gestellt und die Frist bis zum 31.12.2021 verlängert. Beide Anlagen werden am 12.01.2021 in Betrieb genommen. Die Fördererdauer beginnt gleichwohl am 12.11.2019 und endet am 11.11.2039. Infolge der späteren Realisierung geht dem Betreiber somit die finanzielle Förderung für 14 Monate verloren.

b) Pönalen

Die im EEG vorgeschriebenen Ausschreibungen zielen primär darauf ab, den Zubau der erneuerbaren Energien mengenmäßig zu steuern, indem die Menge an maximal neu zu errichtender Anlagenleistung bereits vorab durch das Ausschreibungsvolumen festgelegt ist.[1529] Dies hat zur Folge, dass der Zubau der nach EEG 2017 förderfähigen Anlagen grundsätzlich nicht größer sein kann als die ausgeschriebene und bezuschlagte Menge. Eine derartige Mengensteuerung ist jedoch mit dem Risiko verbunden, dass das Ausbauziel des § 4 Nr. 1 EEG 2017 verfehlt wird, sofern nicht alle bezuschlagten Projekte tatsächlich realisiert werden. Um dem zu begegnen, hat der Gesetzgeber im EEG 2017 verschiedene Maßnahmen implementiert. Zum einen sollen bereits die Teilnahmevoraussetzungen, insbesondere das grundsätzliche Genehmigungser- 299

[1527] BT-Drs. 18/8860, S. 211.
[1528] Vgl. BT-Drs. 18/8860, S. 211.
[1529] Vgl. BT-Drs. 18/8860, S. 156.

fordernis nach dem BImSchG, eine hohe Realisierungswahrscheinlichkeit gewährleisten.[1530] Zum anderen sollen Strafzahlungen die Ernsthaftigkeit und Verbindlichkeit des Bieterverhaltens sicherstellen.[1531] Über diese **Pönalen** will der Gesetzgeber einen wirtschaftlichen Anreiz setzen, die bezuschlagte Anlagenleistung zeitnah und möglichst vollständig zu realisieren.[1532] Damit die Pönalen auch eine hinreichende Wirkung entfalten, sind sie durch die bereits bei der Gebotsabgabe zu entrichtende Sicherheit abgesichert. So können Bieter eventuellen Pönalzahlungen insbesondere nicht durch Flucht in die Insolvenz der Projektgesellschaft entgehen.[1533]

300   In Bezug auf Windenergieanlagen an Land unterscheidet das Gesetz dem Grunde nach zwei Fälle, die eine Pönale nach sich ziehen können: die (teilweise) Nichtrealisierung und die verzögerte Inbetriebnahme des bezuschlagten Projekts. Die Strafzahlung ist durch den Bieter zu leisten. Dabei besteht die Pflicht zur Leistung der Pönale **verschuldensunabhängig**. Es kommt also nicht darauf an, ob der Bieter den Eintritt der Bedingungen, die ihn zur Leistung einer Pönale verpflichten, zu vertreten hat, sodass vor allem der mit dem Angriff Dritter gegen die BImSch-Genehmigung verbundene Zeitverlust zum Anfall der Pönale führen kann.

301   Gläubiger der Pönalforderung ist der jeweils regelverantwortliche Übertragungsnetzbetreiber, also der Übertragungsnetzbetreiber, in dessen Regelzone der vom Bieter in seinem Gebot angegebene Standort der geplanten Windenergieanlage liegt.[1534]

302   Die **Nicht- bzw. nicht vollständige Realisierung** wird gem. § 55 Abs. 1 S. 1 Nr. 1 EEG 2017 sanktioniert, wenn mehr als 5 % der Gebotsmenge eines bezuschlagten Gebots für Windenergieanlagen an Land nach § 35a EEG 2017 entwertet werden. Das betrifft insbesondere die Fälle, in denen die Realisierungsfrist abgelaufen ist oder die BNetzA den Zuschlag aufgehoben hat. Entwertungen im Umfang einer **Bagatellgrenze von 5 %** bleiben jedoch sanktionslos. Bleibt also die tatsächliche installierte Leistung der Windenergieanlage(n) nur geringfügig (≤ 5 %) hinter der gebotenen Leistung zurück, besteht keine Pflicht zur Leistung einer Pönale. Die Bagatellgrenze soll dem Bieter eine gewisse Flexibilität im Hinblick auf die bezuschlagte Gesamtleistung einräumen,[1535] indem kleinere „Reste" der bezuschlagten Gebotsmenge nicht zu Pönalen führen.[1536] Allerdings wirkt die Bagatellgrenze nicht im Sinne eines sanktionslosen Freibetrags. Vielmehr ist bei Überschreitung der 5 %-Grenze für die gesamte entwertete Gebotsmenge die Pönale zu leisten. Die Höhe der Strafzahlung bestimmt sich nach § 55 Abs. 1 S. 1 Nr. 3 EEG 2017 und beträgt 30 Euro je entwertetem Kilowatt der Gebotsmenge.

303   Die **verzögerte Realisierung** des Projekts wird gem. § 55 Abs. 1 S. 1 Nr. 2 EEG 2017 sanktioniert, wenn die bezuschlagte Windenergieanlage erst mehr als 24 Monate nach der öffentlichen Bekanntgabe des Zuschlags in Betrieb genommen wird.[1537] Wird die Realisierungsdauer von 24 Monaten hingegen nicht überschritten, ist keine Pönale zu leisten.

304   Maßgeblich für die Bestimmung der Realisierungsdauer ist zum einen der Zeitpunkt der öffentlichen Bekanntmachung nach § 35 Abs. 2 EEG 2017, nach dem sich der Fristbeginn bestimmt, und zum anderen der Zeitpunkt der Inbetriebnahme der Windenergieanlage nach § 3 Nr. 30 EEG 2017 (→ dazu Kap. 4 Rn. 370), der das Ende der Realisierungsphase markiert. Die Höhe der Pönale richtet sich nach § 55 Abs. 1 S. 2 EEG 2017 und ist in Abhängigkeit der Realisierungsdauer ausgestaltet. Die Strafzahlung fällt umso höher aus, je später das Projekt realisiert wird. Die zeitliche Staffelung der Pönale gestaltet sich dabei wie folgt:
- Für die innerhalb der ersten 24 Monate nach der öffentlichen Zuschlagsbekanntgabe in Betrieb genommene Anlagenleistung fällt keine Pönale an.

[1530] Vgl. BT-Drs. 18/8860, S. 209.
[1531] BT-Drs. 18/8860, S. 235.
[1532] Vgl. BT-Drs. 18/8860, S. 235.
[1533] Vgl. BT-Drs. 18/8860, S. 217.
[1534] Vgl. BT-Drs. 18/8860, S. 236.
[1535] Vgl. BT-Drs. 18/8860, S. 212.
[1536] Vgl. BT-Drs. 18/8860, S. 235.
[1537] Diese Frist ist von der absoluten Realisierungsfrist des § 36e Abs. 1 EEG 2017 zu unterscheiden, bei deren Versäumnis der Zuschlag endgültig erlischt und zu entwerten ist.

- Hingegen beträgt die Pönale 10 Euro je Kilowatt multipliziert mit der Anlagenleistung, die erst im 25. und 26. Monat nach der öffentlichen Bekanntgabe in Betrieb genommen wird.
- Sie erhöht sich auf 20 Euro je Kilowatt für die Anlagenleistung, die erst im 27. und 28. Monat nach der der öffentlichen Bekanntgabe in Betrieb genommen wird.
- Für die Anlagenleistung, die erst ab dem 29. in Betrieb genommen wird, beträgt die Pönale – ebenso wie bei vollständiger Nichtrealisierung – 30 Euro je Kilowatt.

Wird die Anlage jedoch erst nach Ablauf des 30. auf die Bekanntgabe des Zuschlags folgenden Monats realisiert, fällt nicht nur eine Pönale in Höhe von 30 Euro je Kilowatt an, sondern erlischt zudem grundsätzlich auch der Zuschlag nach § 30e Abs. 1 EEG 2017.

Die **Leistung der Pönale** hat per Überweisung des entsprechenden Geldbetrags auf ein Geldkonto des regelverantwortlichen Übertragungsnetzbetreibers zu erfolgen, vgl. § 55 Abs. 6 EEG 2017. Leistungserfüllung tritt dabei erst mit der Gutschrift auf dem Konto des Gläubigers ein.[1538] Um die Zahlung dem Bieter und dem Gebot, für das die Strafzahlung erfolgt, eindeutig zuordnen zu können, ist bei der Überweisung die entsprechende Zuschlagsnummer anzugeben. Hat der Bieter die fällige Pönale geleistet, ist ihm gem. § 55a Abs. 1 Nr. 3 EEG 2017 von der BNetzA unverzüglich die hinterlegte Sicherheit zurückzuerstatten. 305

Eine **Frist** zur Zahlung der Pönale ist von Gesetzes wegen nicht bestimmt. Vor diesem Hintergrund wird man unter Rückgriff auf den in § 271 Abs. 1 BGB normierten Grundsatz von der sofortigen Fälligkeit ausgehen dürfen. Ungeachtet dessen hat der regelverantwortliche Übertragungsnetzbetreiber nach § 55 Abs. 7 EEG 2017 die Möglichkeit, sich aus der bei der BNetzA für das Gebot hinterlegten Sicherheit zu befriedigen, sollte der Bieter nicht leisten. Die Möglichkeit der ersatzweisen **Befriedigung aus der Sicherheit** erspart es dem Übertragungsnetzbetreiber, die Pönalforderung erst im Wege der Klage gegenüber dem Bieter geltend machen zu müssen.[1539] Auf die hinterlegte Sicherheit darf der Übertragungsnetzbetreiber aber erst zugreifen, wenn der Bieter seiner Leistungspflicht nicht spätestens mit Ablauf des zweiten auf die Entwertung der Gebotsmengen folgenden Kalendermonats nachkommt. Indem das Gesetz an dieser Stelle auf die Entwertung der Gebotsmengen abstellt, sind vom Wortlaut her nur die Fälle erfasst, in denen einzelne oder mehrere Windenergieanlagen gar nicht bzw. nicht innerhalb der absoluten Realisierungsfrist von 30 Monaten in Betrieb genommen werden und der Zuschlag daher nach § 35a EEG 2017 zu entwerten ist. Hingegen wäre danach bei einer nur verzögerten Inbetriebnahme (innerhalb der absoluten Realisierungsfrist) eine ersatzweise Befriedigung aus der Sicherheit nicht zulässig. Ein Grund dafür, dass der Übertragungsnetzbetreiber in diesen Fällen nicht auf die Sicherheit zugreifen können soll, ist nicht ersichtlich, insofern kann es sich nur um ein Versehen des Gesetzgebers handeln. § 55 Abs. 7 EEG 2017 dürfte auf diese Fälle demnach analog anzuwenden sein. 306

Die BNetzA ist gem. § 55 Abs. 8 EEG 2017 verpflichtet, dem jeweiligen regelverantwortlichen Übertragungsnetzbetreiber die für die Inanspruchnahme der Pönalen erforderlichen Angaben mitzuteilen. Nur so erhalten die Übertragungsnetzbetreiber die notwendigen Informationen, um ihren Anspruch auf Strafzahlungen gegenüber dem jeweiligen Bieter geltend machen zu können.[1540] Die Mitteilungspflicht der BNetzA besteht dabei von Amts wegen. Mitzuteilen sind u. a. die nach § 32 Abs. 2 EEG 2017 registrierten Gebotsangaben, der Zeitpunkt der Bekanntgabe des Zuschlags, die Höhe der hinterlegten Sicherheit sowie das Erlöschen bzw. die Aufhebung des Zuschlags. Die Mitteilung hat seitens der BNetzA unverzüglich, d. h. ohne schuldhaftes Zögern, zu erfolgen. Mangels Benennung eines konkreten zeitlichen Bezugspunkts dürfte dem Sinn und Zweck der Mitteilungspflicht entsprechend dabei wohl auf den Zeitpunkt abzustellen sein, zu dem sich der Pönalanspruch dem Grunde und der Höhe nach bestimmen lässt.[1541] 307

[1538] *Grünberg*, in: Palandt, BGB, 76. Aufl. 2017, § 362 Rn. 10.
[1539] Vgl. so schon zur vergleichbaren Regelung der FFAV *Leutritz/Herms/Richter*, in: Frenz (Hrsg.), EEG II, 1. Aufl. 2016, FFAV § 30 Rn. 25.
[1540] Vgl. auch BT-Drs. 18/8860, S. 236.
[1541] Vgl. so schon zur vergleichbaren Regelung der FFAV *Leutritz/Herms/Richter*, in: Frenz (Hrsg.), EEG II, 1. Aufl. 2016, FFAV § 33 Rn. 20.

308 Die Einnahmen aus den Pönalen verbleiben nicht beim jeweiligen Übertragungsnetzbetreiber, sondern sind als solche nach § 3 Abs. 3 Nr. 10 EEV[1542] in den bundesweiten Belastungsausgleich einzustellen und dem EEG-Konto gutzuschreiben. Insofern fließen die Strafzahlungen in die Refinanzierung des Ausbaus der erneuerbaren Energien ein und wirken sich letztlich senkend auf die EEG-Umlage aus.

7. Finanzielle Förderung

a) Förderanspruch

309 Wurde für eine Windenergieanlage im Rahmen der Ausschreibung ein Zuschlag erteilt und die Anlage vor Ablauf der (ggf. verlängerten) Realisierungsfrist errichtet, besteht für den in das Netz eingespeisten Strom ein **Zahlungsanspruch** nach § 19 Abs. 1 EEG 2017. Für diesen Zahlungsanspruch gelten die allgemeinen Regelungen, insbesondere hinsichtlich der sonstigen Fördervoraussetzungen (→ dazu ausführlich Kap. 4 Rn. 337 ff.). Regelfall der finanziellen Förderung ist die Marktprämie im Rahmen der geförderten Direktvermarktung (→ dazu ausführlich Kap. 4 Rn. 408 ff.), nur ausnahmsweise wird Einspeisevergütung in Ausnahmefällen (→ dazu Kap. 4 Rn. 487 ff.) in Betracht kommen.

b) Förderhöhe

310 Die konkrete **Förderhöhe** richtet sich grundsätzlich nach dem durch Ausschreibung ermittelten anzulegenden Wert, also dem Zuschlagswert. Der Zuschlagswert bestimmt sich nach dem **Gebotspreisverfahren** und entspricht dem im Gebot angegebenen Gebotswert.[1543] Allerdings kann bei Windenergieanlagen an Land der Zuschlagswert nicht mit dem anzulegenden Wert gleichgesetzt werden. Vielmehr ist hier die Vorschrift des § 36h EEG 2017 zu beachten, wonach der Netzbetreiber den anzulegenden Wert zunächst anhand des Zuschlagswerts und eines Korrekturfaktors berechnen muss. Hintergrund ist, dass sich der Gebotswert – und damit auch der Zuschlagswert – bei Windenergieanlagen an Land nicht auf den anzulegenden Wert für die konkrete Anlage bezieht, sondern auf einen **Referenzstandort** mit einem Ertrag von 100 % (→ zum Gebotswert Kap. 4 Rn. 227). Dementsprechend muss der bezuschlagte Wert vor Auszahlung der Förderung zunächst auf den konkreten Anlagenstandort umgerechnet werden.

311 Hierzu hat der Gesetzgeber ein sog. **einstufiges Referenzertragsmodell** neu in das Gesetz eingeführt. Während bisher das Verhältnis des konkreten Standortertrags zum Ertrag des Anlagentyps an einem Referenzstandort für die Dauer der erhöhten Anfangsvergütung maßgeblich war (→ zum sog. zweistufigen Referenzertragsmodell Kap. 4 Rn. 499 ff.), kommt im Rahmen der Ausschreibung über die gesamte Förderdauer nunmehr ein einheitlicher Vergütungssatz zum Tragen, dessen Höhe sich jedoch wiederum am Verhältnis des Standortertrags zum Referenzertrag orientiert.[1544] Der sich so ergebende Wert entspricht nach Aussage des Gesetzgebers grob kalkuliert den bisherigen Fördersätzen nach dem zweistufigen Referenzertragsmodell im Sinne einer Mischkalkulation.[1545]

312 Der Zuschlagswert gibt dabei zunächst die Förderhöhe an einem Standort mit einem Gütefaktor von 100 % (Referenzstandort) wieder, wobei der Gütefaktor die Standortqualität einer Windenergieanlage, insbesondere mit Blick auf die spezifische Windhöffigkeit, beschreibt.[1546] Das Gesetz sieht dementsprechend für Standorte mit einem abweichenden Gütefaktor zwischen 70 % und 150 % des Referenzertrags **Korrekturfaktoren** vor, mit denen der Zuschlagswert zu multiplizieren ist, um den spezifischen anzulegenden Wert zu ermitteln. Die Angabe der

---

[1542] Verordnung zur Durchführung des Erneuerbare-Energien-Gesetzes und des Windenergie-auf-See-Gesetzes (Erneuerbare-Energien-Verordnung – EEV) i. d. F. v. 17.2.2015 (BGBl. I S. 146), zuletzt geändert durch Art. 11 des Gesetzes vom 22.12.2016 (BGBl. I S. 3106).

[1543] Abweichendes gilt für Bürgerenergiegesellschaften gem. § 36g Abs. 5 EEG 2017 (→ dazu Kap. 4 Rn. 326 f.)

[1544] Vgl. BT-Drs. 18/8860, S. 214.

[1545] Vgl. BT-Drs. 18/8860, S. 150.

[1546] Vgl. BT-Drs. 18/8860, S. 214.

sog. Stützwerte erfolgt in Dezimalschritten, zwischen denen linear zu interpolieren ist, vgl. § 36h Abs. 1 Satz 3 EEG 2017. Unterhalb eines Gütefaktors von 70% sowie oberhalb eines Gütefaktors von 150% erfolgt gemäß § 36h Abs. 1 Satz 4 EEG 2017 keine weitere Anpassung. Trotz gleichen Zuschlagswerts erhalten damit windschwache Binnenlandstandorte einen höheren anzulegenden Wert als windhöffige Küstenstandorte. Dies soll die Vergleichbarkeit der Gebote sicherstellen und einen wirtschaftlichen Betrieb von Windenergieanlagen im gesamten Bundesgebiet ermöglichen.[1547]

					Zuschlagswert					
Gütefaktor in %	60	70	80	90	100	110	120	130	140	150
Korrekturfaktor	1,29	1,29	1,16	1,07	1,00	0,94	0,89	0,85	0,81	0,79
Anzulegender Wert in ct/kWh	7,74	7,74	6,69	6,42	6,00	5,64	5,34	5,10	4,86	4,74
	8,39	8,39	7,54	6,96	6,50	6,11	5,79	5,53	5,27	5,14
	9,03	9,03	8,12	7,49	7,00	6,58	6,23	5,95	5,67	5,53

Tabelle: Gütefaktoren und Korrekturfaktoren[1548]

Der Gütefaktor für den konkreten Anlagenstandort ist dem Netzbetreiber durch Vorlage eines **Gutachtens**, das den allgemein anerkannten Regeln der Technik entspricht,[1549] nachzuweisen. Erst ab diesem Zeitpunkt besteht der Förderanspruch nach § 19 Abs. 1 EEG 2017, vgl. § 36h Abs. 3 Nr. 1 EEG 2017. Um keine Förderansprüche zu verlieren, sollte der Anlagenbetreiber daher den Nachweis gegenüber dem Netzbetreiber spätestens am Tag vor der Inbetriebnahme erbringen.[1550] Auf dieser Grundlage ermittelt der Netzbetreiber den anzulegenden Wert durch Multiplikation des Zuschlagswerts mit dem entsprechenden Korrekturfaktor.

Beispiel: Der Anlagenbetreiber verfügt über einen Zuschlag für eine Windenergieanlage mit einem Zuschlagswert von 6,37 ct/kWh. Vor Inbetriebnahme weist er dem Netzbetreiber seinen Gütefaktor durch Gutachten nach.

Variante 1: Das Gutachten weist einen Gütefaktor von 75% aus.
Korrekturfaktor = 1,29 + (1,16 − 1,29)/(0,8−0,7) × (0,75 − 0,7)= 1,225
Anzulegender Wert = 6,37 ct/kWh × 1,225 = 7,80 ct/kWh

Variante 2: Das Gutachten weist einen Gütefaktor von 102% aus.
Korrekturfaktor = 1,00 + (0,94 − 1,00)/(1,1−1,0) × (1,02 − 1,0) = 0,988
Anzulegender Wert = 6,37 ct/kWh × 0,988 = 6,29 ct/kWh

Auf diese Weise erfolgt die Ermittlung des anzulegenden Werts nicht nur einmalig im Zeitpunkt der Inbetriebnahme. Vielmehr wird der anzulegende Wert aller fünf Jahre überprüft und jeweils mit Wirkung ab Beginn des sechsten, elften und 16. auf die Inbetriebnahme folgenden Jahres anhand des konkreten Standortertrags angepasst, § 36h Abs. 2 Satz 1 EEG 2017. Hierzu muss der Anlagenbetreiber jeweils binnen vier Monaten nach Ablauf der 5-Jahres-Zeiträume ein erneutes Gutachten mit dem angepassten Gütefaktor auf der Grundlage des tatsächlichen Standortertrags in den fünf vorangegangenen Jahren vorlegen. Wird die Frist versäumt, entfällt der Vergütungsanspruch so lange, bis der Anlagenbetreiber dem Netzbetreiber ein entsprechendes Gutachten übermittelt.

Dabei wird im 5-Jahres-Rhythmus nicht nur der anzulegende Wert für die folgenden fünf Jahre neu berechnet, sondern es werden auch in den vergangenen Jahren erfolgte **Mehr- oder Minderzahlungen** in eingeschränktem Umfang ausgeglichen. So müssen nach § 36h Abs. 2 Satz 2 EEG 1017 zu viel oder zu wenig geleistete Zahlungen erstattet werden, wenn der tatsächliche Gütefaktor von dem zuvor prognostizierten um mehr als zwei Prozentpunkte abweicht.

[1547] Vgl. BT-Drs. 18/8860, S. 2.
[1548] Quelle: BT-Drs. 18/8860, S. 214.
[1549] Dies ist nach §§ 36h Abs. 4 Satz 2, 36g Abs. 1 Satz 2 EEG 2017 dann der Fall, wenn das Gutachten die Technischen Richtlinien für Windenergieanlagen der „FGW e. V. − Fördergesellschaft Windenergie und andere Erneuerbare Energien" einhält und von einer nach DIN EN ISO IEC 17025 für die Anwendung dieser Richtlinien akkreditierten Institution erstellt worden ist.
[1550] So auch BT-Drs. 18/8860, S. 215.

Ansprüche des Netzbetreibers auf Rückzahlung sind dabei zu verzinsen,[1551] während Nachforderungsansprüche des Anlagenbetreibers unverzinst bleiben.

c) Förderdauer, -beginn und -ende

316 Der im Rahmen der Ausschreibung erworbene Zahlungsanspruch nach § 19 Abs. 1 EEG 2017 besteht gem. § 25 S. 1 EEG 2017 für die Dauer von 20 Jahren. In diesem Zeitraum wird die Förderung in Form der Marktprämie (oder ggf. zeitweise der Einspeisevergütung) gewährt. Voraussetzung ist, dass die Anlage tatsächlich Strom erzeugt, diesen physikalisch in das Netz der allgemeinen Versorgung einspeist und auch die übrigen Fördervoraussetzungen (→ dazu ausführlich Kap. 4 Rn. 337 ff.) erfüllt sind. Anders als bei Anlagen, deren anzulegender Wert gesetzlich bestimmt wird, verlängert sich der Förderzeitraum nicht (mehr) um das Rumpf-Inbetriebnahmejahr.

317 Die auf 20 Jahre bestimmte Förderdauer beginnt gem. § 25 S. 3 EEG 2017 grundsätzlich mit dem Zeitpunkt der Inbetriebnahme der Windenergieanlage (→ dazu ausführlich Kap. 4 Rn. 370 ff.). Abweichend davon beginnt die Förderdauer gem. § 36i EEG 2017 im Fall einer Verlängerung der Realisierungsfrist jedoch spätestens 30 Monate nach der Bekanntgabe des Zuschlags an den Bieter[1552] – und zwar auch dann, wenn die Windenergieanlage zu diesem Zeitpunkt noch nicht in Betrieb genommen worden ist. Damit verkürzt sich der tatsächliche Vergütungszeitraum in solchen Fällen rein faktisch um den Zeitraum der verspäteten Inbetriebnahme.

318 Das Ende des Förderanspruchs ergibt sich implizit aus dem Zeitpunkt des Förderbeginns und der Förderdauer und bestimmt sich nach der Fristenregelung der §§ 187 Abs. 1, 188 Abs. 2 Alt. 1 BGB.

d) Ausschreibung und Eigenverbrauch

319 Anders als bei Windenergieanlagen, die der gesetzlichen Förderung unterliegen, ist der Förderanspruch für Anlagen, deren anzulegender Wert durch Ausschreibung ermittelt worden ist, daran geknüpft, dass während der gesamten Förderdauer **kein Eigenverbrauch** des erzeugten Stroms erfolgt (§ 27a Satz 1 EEG 1017). Wird hiergegen verstoßen, verringert sich nach § 52 Abs. 1 Nr. 4 EEG 2017 der anzulegende Wert für das gesamte Kalenderjahr auf null. Eine Eigenversorgung in diesem Sinne setzt nach § 3 Nr. 19 EEG 2017 Personenidentität zwischen dem Anlagenbetreiber und dem Letztverbraucher voraus. Im Umkehrschluss dürfte dies bedeuten, dass die Stromlieferung an personenverschiedene Dritte außerhalb des öffentlichen Netzes sanktionslos zulässig ist. In diesen Fällen ist jedoch die Pflicht zur Entrichtung der EEG-Umlage nach § 60 Abs. 1 Satz 1 EEG 2017 zu beachten.

320 § 27a Satz 2 EEG 2017 enthält eine Reihe von **Ausnahmen**, in denen die Eigenversorgung abweichend vom oben genannten Grundsatz ausnahmsweise zulässig ist. Hierbei sind in erster Linie der Stromverbrauch der Anlage oder anderer Anlagen (einschließlich Neben- und Hilfsanlagen), die über denselben Verknüpfungspunkt mit dem Netz verbunden sind, sowie physikalisch bedingte Netzverluste zu nennen. Dies kann etwa der Betriebsstrom für andere Anlagen im Windpark sein, aber auch der für die Befeuerung notwendige Stromverbrauch.[1553]

> **Praxistipp:** Obwohl der Eigenverbrauch in diesen Fällen nicht zu einer Vergütungsreduzierung führt, kann er die Pflicht zur Zahlung der **EEG-Umlage** nach sich ziehen, insbesondere soweit der Strom an personenverschiedene Betreiber von Windenergieanlagen im selben Windpark geliefert wird. Der Gesetzgeber weist insoweit ausdrücklich darauf hin, dass die in § 27a Satz 2 EEG 2017 formulierten Ausnahmen weiter reichen als die Privilegierungstatbestände der §§ 61 ff. EEG 2017.[1554]

[1551] Der Zinssatz beträgt 1 Prozentpunkt über dem am ersten Tag des Überprüfungszeitraums geltenden Euro Interbank Offered Rate-Satz für die Beschaffung von Zwölfmonatsgeld von ersten Adressen in den Teilnehmerstaaten der Europäischen Währungsunion, vgl. § 36h Abs. 2 S. 3 EEG 2017.

[1552] Für Bürgerenergiegesellschaften ist gem. § 36i EEG 2017 abweichend davon der Zeitpunkt der Bekanntgabe der Zuordnungsentscheidung maßgeblich (→ s. dazu Kap. 4 Rn. 328 f.).

[1553] Vgl. BT-Drs. 18/8860, S. 202.

[1554] Vgl. BT-Drs. 18/8860, S. 201 f.

Darüber hinaus ist die Eigenversorgung in solchen Zeiten nicht förderschädlich, in denen die Einspeiseleistung bei Netzüberlastung reduziert wird oder in denen negative Preise im Sinne des § 51 Abs. 1 EEG 2017 auftreten. Dies ermöglicht es beispielsweise, den Strom in Power-to-Heat-Einrichtungen einzusetzen, und kann als erster Beitrag zur gesetzlichen Verankerung einer politisch gewünschten **Sektorenkopplung** angesehen werden.

8. Sonderregelung für Bürgerenergiegesellschaften

Um die Akteursvielfalt zu erhalten und auch der Bürgerenergie eine Chance zur Teilnahme am Ausschreibungsverfahren zu geben, sieht § 36g EEG 2017 Sonderregelungen für sog. Bürgerenergiegesellschaften[1555] vor. Grund sind die bereits im Gesetzgebungsverfahren vorgebrachten Befürchtungen, kleinere Akteure könnten durch die Umstellung des Fördersystems auf Ausschreibungen benachteiligt werden. Insbesondere bei der Ausschreibung von Windenergieanlagen an Land wurde in dem Erfordernis einer immissionsschutzrechtlichen Genehmigung (sog. späte Ausschreibung) und dem damit verbundenen Kostenrisiko ein Beteiligungshemmnis für Bürgerenergiegesellschaften gesehen. Dem begegnete der Gesetzgeber mit der Einführung von besonderen Auschreibungsbestimmungen für Bürgerenergiegesellschaften.[1556] Nach § 36g EEG 2017 können sich Bürgerenergiegesellschaften zu erleichterten Bedingungen am regulären Ausschreibungsverfahren beteiligen. Auf die Einführung eines separaten Ausschreibungsverfahrens ausschließlich für Bürgerenergiegesellschaften hat der Gesetzgeber hingegen verzichtet.

a) Begriff der Bürgerenergiegesellschaft

Die Sonderregelungen des § 36g EEG 2017 finden ausschließlich auf Bürgerenergiegesellschaften i. S. d. Gesetzes Anwendung. Der Begriff der Bürgerenergiegesellschaft ist im Hinblick auf das gesetzgeberische Ziel, ausschließlich tatsächlich schutzbedürftige lokal verankerte Bürgerenergiegesellschaften zu privilegieren,[1557] eng gefasst. Als **Bürgerenergiegesellschaft** im Sinne des EEG 2017 gilt eine Gesellschaft – unabhängig von ihrer Rechtsform –, daher nur, sofern sie die Anforderungen nach § 3 Nr. 15 lit. a bis c EEG 2017 erfüllt. Hiernach muss die Gesellschaft aus mindestens zehn natürlichen Personen als stimmberechtigten Mitgliedern oder stimmberechtigten Anteilseignern bestehen (lit. a). Die Volljährigkeit der Mitglieder ist nicht gefordert, allerdings sind bei der Beteiligung Minderjähriger die zivilrechtlichen Vorschriften der §§ 104 ff. BGB zu beachten. Weiterhin müssen mindestens 51 % der Stimmrechte bei natürlichen Personen liegen, die seit mindestens einem Jahr in der kreisfreien Stadt oder dem Landkreis, in dem die geplante Windenergieanlage errichtet werden soll, ihren Wohnsitz haben (lit. b). Hat eine natürliche Person mehrere Wohnsitze, so ist der nach §§ 21 oder 22 BMG gemeldete Hauptwohnsitz maßgeblich. Schließlich darf kein Mitglied und Anteilseigner der Gesellschaft mehr als 10 % der Stimmrechte an der Gesellschaft halten (lit. c). Dies soll für eine breite Verteilung der Stimmrechte sorgen und eine Konzentration bei nur einem oder wenigen Akteuren verhindern.[1558] An die Rechtsform der Bürgerenergiegesellschaft stellt das Gesetz keine besonderen Anforderungen. Es kann daher jede zulässige Gesellschaftsform gewählt werden.[1559]

Das Gesetz lässt ausdrücklich auch den **Zusammenschluss von mehreren juristischen Personen oder Personengesellschaften** zu einer Gesellschaft zu. Eine Bürgerenergiegesellschaft kann damit auch nur aus zwei oder mehreren juristischen Personen bzw. Personengesellschaften bestehen. Jedoch muss jede dieser Gesellschaften für sich den Anforderungen nach

---

[1555] Zu verschiedenen rechtlichen Aspekten der Bürgerenergie vgl. eingehend *Böhlmann-Balan/Herms/Leroux*, ER 2016, 241 ff.
[1556] Siehe BT-Drs. 18/8860, S. 212 f.
[1557] Vgl. BT-Drs. 18/8860, S. 185.
[1558] Vgl. BT-Drs. 18/8860, S. 185.
[1559] Auch die eingetragene Genossenschaft (e. G.) kann als Rechtsform gewählt werden, vgl. BT-Drs. 18/8860, S. 185.

§ 3 Nr. 15 lit. a bis c EEG 2017 genügen. Nur dann gilt auch die durch den Zusammenschluss entstehende neue Gesellschaft ihrerseits als Bürgerenergiegesellschaft.

323 Umgehungsgeschäfte und sog. Strohmanngeschäfte zur Umgehung der Anforderungen, beispielsweise Verträge zur Übertragung von Anteilen oder Stimmrechten nach Gebotsabgabe, sind unzulässig. Verträge oder sonstige Absprachen von Mitgliedern oder Anteilseignern der Bürgerenergiegesellschaft, die vor der Inbetriebnahme der Windenergieanlage(n) eingegangen worden sind und die Mitglieder bzw. Anteilseigner zur Übertragung von Anteilen, Stimmrechten oder zur Gewinnabführung nach der Inbetriebnahme verpflichten, bedürfen von Gesetzes wegen gem. § 36g Abs. 6 S. 1 EEG 2017 der Zustimmung der Bürgerenergiegesellschaft. Die Erteilung der Zustimmung ist untersagt, wenn die vertragliche Vereinbarung oder anderweitige Absprache dazu führen würde, dass die an eine Bürgerenergiegesellschaft gestellten Voraussetzungen des § 3 Nr. 15 EEG 2017 nicht mehr erfüllt wären bzw. umgangen würden. Vom Zustimmungserfordernis ausgenommen sind jedoch Verträge mit Banken oder anderen Kreditinstituten, die nur der Finanzierung der Projekte dienen und eine entsprechende Übertragung im Fall des Kreditausfalls und eine reine Zinszahlung vorsehen.[1560]

b) Erleichterte Teilnahmebedingungen

324 Bürgerenergiegesellschaften können unter erleichterten Bedingungen am Ausschreibungsverfahren teilnehmen. § 36g Abs. 1 EEG 2017 ermöglicht die Gebotsabgabe für bis zu sechs Windenergieanlagen an Land mit einer zu installierenden Leistung von insgesamt nicht mehr als 18 MW bereits **vor Erteilung der immissionsschutzrechtlichen Genehmigung**. Ausreichend hierfür ist die Vorlage eines Windgutachtens für den geplanten Anlagenstandort, das den allgemein anerkannten Regeln der Technik entspricht.[1561] Zudem muss eine Eigenerklärung abgegeben werden, wonach weder die Gesellschaft noch eines ihrer stimmberechtigten Mitglieder selbst oder als stimmberechtigtes Mitglied einer anderen Gesellschaft in den letzten zwölf Monaten vor Gebotsabgabe einen Zuschlag für eine Windenergieanlage an Land erhalten hat. Hiermit soll der künstlichen Aufspaltung größerer Projekte mit mehr als 18 MW bzw. sechs Windenergieanlagen auf verschiedene Bürgerenergiegesellschaften, an denen (zumindest teilweise) dieselben Personen/Gesellschaften beteiligt sind, entgegengewirkt werden.[1562] Darüber hinaus muss die Gesellschaft entweder Eigentümerin der Standortfläche sein, auf der die Windenergieanlage(n) errichtet werden soll(en), oder das Gebot mit Zustimmung des Eigentümers abgeben, was wiederum durch Eigenerklärung nachzuweisen ist.

325 Erleichterungen in finanzieller Hinsicht enthält § 36g Abs. 2 EEG 2017, wonach die zu hinterlegende **Sicherheit** in Höhe von insgesamt 30 Euro je Kilowatt zu installierender Leistung (§ 36a EEG 2017) aufgeteilt wird in eine Erstsicherheit von 15 Euro je kW, die bei Gebotsabgabe zu entrichten ist, sowie eine Zweitsicherheit in Höhe von weiteren 15 Euro je kW, die innerhalb von zwei Monaten nach Erteilung der immissionsschutzrechtlichen Genehmigung fällig wird. Damit wird das finanzielle Risiko von Bürgerenergiegesellschaften für den Fall, dass nach Erhalt eines Zuschlags die immissionsschutzrechtliche Genehmigung endgültig nicht erteilt wird, verringert. Ob dies allerdings genügt, um die Akteursvielfalt zu wahren, darf kritisch hinterfragt werden.

325a **Moratorium**
Nach Redaktionsschluss hat der Gesetzgeber kurzfristig noch eine Gesetzesänderung beschlossen, wonach die Sonderregelungen des § 36g EEG 2017 ausschließlich für die Gebotstermine 01.02. und 01.05.2018 weitestgehend außer Kraft gesetzt werden.

Anlass boten die unerwarteten Ergebnisse der ersten Ausschreibungsrunde (Gebotstermin 01.05.2017)[1563]. In dieser war eine hohe Beteiligung und zugleich auch Erfolgsquote von Bürgerenergiegesellschaften

---

[1560] BT-Drs. 18/10668, S. 142.
[1561] Zu weiteren Einzelheiten vgl. *Frenz*, ER 2016, S. 194 ff.
[1562] Vgl. BT-Drs. 18/8860, S. 213: Ausschluss von Missbrauchs- und Umgehungsmöglichkeiten.
[1563] Vgl. zu den nachfolgenden Ausführungen im Einzelnen BNetzA, Hintergrundpapier – Ergebnisse der Ausschreibung für Windenergieanlagen an Land v. 1.5.2017, Stand: 19.6.2017, Bonn, online

zu verzeichnen, die von der Sonderregelung des § 36g Abs. 1 EEG 2017 Gebrauch gemacht hatten. Von den eingereichten Geboten entfielen gemessen am Gebotsvolumen 71% (1.523 MW) auf Bürgerenergiegesellschaften i. S. d. § 3 Nr. 15 EEG 2017, wovon wiederum 96% sich auf Projekte bezogen, für die zum Zeitpunkt der Gebotsabgabe noch keine Genehmigung nach BImSchG vorlag. Im Rahmen des Zuschlagsverfahrens gingen lediglich fünf der 70 erteilten Zuschläge an „reguläre" Bieter, die übrigen Zuschläge und damit 96% (ca. 775 MW von 807 MW) des Zuschlagsvolumens konnten Bürgerenergiegesellschaften auf sich vereinen. Über 90% (742 MW) des erteilten Zuschlagsvolumens bezog sich dabei auf zum Zeitpunkt der Gebotsabgabe noch nicht genehmigte Projekte. Hingegen kamen bereits nach BImSchG genehmigte Projekte mit einem Gesamtvolumen von über 600 MW nicht zum Zug.

Das als Ausnahmefall angedachte Privileg der Bürgerenergiegesellschaften, sich bereits in einem frühen Projektstadium (vor Erteilung der BImSchG-Genehmigung) an den Ausschreibungen beteiligen zu können, stellte in der ersten Ausschreibungsrunde somit letztlich den Regelfall dar. Der Mechanismus der sog. späten Ausschreibung bereits endgenehmigter Projekte, der eine hohe Realisierungsrate sicherstellen soll,[1564] wurde weitestgehend ausgehebelt. Dies birgt zunächst die Gefahr, dass der vom Gesetzgeber angestrebte Ausbaupfad nicht realisiert wird, da zu befürchten steht, dass bei weitem nicht alle der bezuschlagten, aber noch nicht genehmigten Projekte auch (in vollem Umfang) eine Genehmigung erhalten.[1565] Hinzu kommt die für Projekte von Bürgerenergiegesellschaften gewährte längere Realisierungsdauer von 54 statt 30 Monaten, welche den Zubau verzögern und damit zu einem industriepolitischen Fadenriss führen könnte.[1566]

Der Gesetzgeber reagierte hierauf kurzfristig und führte folgenden § 104 Abs. 8 EEG 2017 ein:

„*In den Ausschreibungen für Windenergieanlagen an Land zu den Gebotsterminen 1. Februar 2018 und 1. Mai 2018 ist § 36g Absatz 1, 3 und 4 nicht anzuwenden. § 36g Absatz 2 ist mit der Maßgabe anzuwenden, dass die Zweitsicherheit erst zwei Monate nach Bekanntgabe der Zuschläge nach § 35 Absatz 2 zu entrichten ist.*"[1567]

Im Einzelnen bedeutet dies, dass sich Bürgerenergiegesellschaften an diesen Gebotsterminen – wie die übrigen Bieter auch – nur mit einem bereits immissionsschutzrechtlich genehmigten Projekt an der Ausschreibung beteiligen können. Gebote ohne BImSchG-Genehmigung werden nicht zugelassen.[1568] Zudem gilt auch die reguläre Realisierungsfrist des § 36e Abs. 1 EEG 2017, wonach die Windenergieanlagen innerhalb von 30 Monaten nach Zuschlagsbekanntgabe in Betrieb zu nehmen (→ zur verlängerten Realisierungsfrist Kap. 4 Rn. 330) sind. Die bisher bestehende Größenbeschränkung für privilegierte Bürgerenergieprojekte auf maximal sechs Anlagen mit insgesamt maximal 18 MW installierter Leistung entfällt hingegen für die beiden Gebotstermine 1. Februar 2018 und 1. Mai 2018. Beibehalten wird indes die Aufteilung der Sicherheitsleistung in eine Erst- und eine Zweitsicherheit, wobei letztere gemäß der Reglung in § 104 Abs. 8 EEG 2017 innerhalb von zwei Monaten nach Zuschlagsbekanntgabe bei der Bundesnetzagentur zu hinterlegen ist. Als wesentlichstes Privileg erhalten bleibt überdies die Anwendung des sog. Einheitspreisverfahrens zur Bestimmung des Zuschlagswerts nach § 36g Abs. 5 EEG 2017 (→ dazu Kap. 4 Rn. 326 f.). Dieser bestimmt sich bei Bürgerenergiegesellschaften mithin grundsätzlich auch für die Gebotstermine 01. Februar und 01. Mai 2018 nach dem in der jeweiligen Gebotsrunde höchsten noch bezuschlagten Gebotswert.

Die Aussetzung der Sonderregelungen des § 36 Abs. 1, 3 und 4 EEG 2017 ist zunächst zeitlich begrenzt, d. h. die vorstehenden Änderungen gelten zunächst nur für die Gebotstermine 01.02. und 01.05.2018. Für die Gebotstermine des Jahres 2017 gelten die Privilegierungen des § 36g EEG 2017 uneingeschränkt. Dies soll es dem Gesetzgeber ermöglichen, die Auswirkungen der Sonderregelungen des § 36g EEG 2017 zu evaluieren, um anschließend auf Grundlage dessen über eine Anpassung der Regelung zu entscheiden.[1569]

---

abrufbar unter: https://www.bundesnetzagentur.de/SharedDocs/Downloads/DE/Sachgebiete/Energie/Unternehmen_Institutionen/ErneuerbareEnergien/EEG_Ausschreibungen_2017/Hintergrundpapiere/Hintergrundpapier_OnShore_01_05_2017.pdf?__blob=publicationFile&v=2 (Stand: 7/2017).

[1564] Vgl. BT-Drs. 18/8860, S. 209.
[1565] Vgl. BT-Drs. 18/12728, S. 16 f.
[1566] So BT-Drs. 18/12728, S. 17.
[1567] Gesetzestext i. d. F. des Gesetzes vom 17.7.2017 (BGBl. I S. 2532).
[1568] Vgl. BT-Drs. 18/12988, S. 40.
[1569] Vgl. BT-Drs. 18/12988, S. 40.

c) Bestimmung des Zuschlagswerts

326 Der Zuschlagswert, der für die Höhe der finanziellen Förderung der bezuschlagten Windenergieanlagen maßgeblich ist, bestimmt sich – abweichend von der generell geltenden Preisregel „pay-as-bid" – nach dem sog. **Einheitspreisverfahren**, vgl. § 36g Abs. 5 EEG 2017. Die Förderhöhe für alle in einem Gebotstermin bezuschlagten Gebote von Bürgerenergiegesellschaften entspricht demnach dem Zuschlagswert des höchsten noch bezuschlagten Gebots (Grenzgebot). Hiervon profitieren auch solche Bürgerenergiegesellschaften, die sich erst nach Erteilung der immissionsschutzrechtlichen Genehmigung am Ausschreibungsverfahren beteiligen, solange bei der Gebotsabgabe die Eigenerklärungen für Bürgerenergiegesellschaften (§ 36g Abs. 1 Nr. 3 EEG 2017) sowie eine Eigenerklärung über die Gemeindebeteiligung beigebracht werden. Dies dürfte selbst dann gelten, wenn die Bürgerenergiegesellschaft mit erteilter BImSch-Genehmigung ein Gebot für ein Projekt mit mehr als sechs Anlagen bzw. 18 MW abgibt.[1570]

327 Um Umgehungsgeschäfte zur Ausnutzung dieses Privilegs zu verhindern, hat der Gesetzgeber noch vor Inkrafttreten des EEG 2017 mit einer sog. Korrekturnovelle[1571] nachgesteuert und für den Erhalt des erhöhten Zuschlagswerts zur Voraussetzung erhoben, dass die Anforderungen an eine Bürgerenergiegesellschaft gemäß § 3 Nr. 15 EEG 2017 ununterbrochen bis zum Ende des zweiten auf die Inbetriebnahme folgenden Kalenderjahres erfüllt sein müssen. Dies ist dem Netzbetreiber innerhalb von zwei Monaten nach Ablauf der Frist durch Eigenerklärung nachzuweisen, anderenfalls gilt rückwirkend auf den Zeitpunkt der Inbetriebnahme der (niedrigere) Zuschlagswert. Entfallen die Voraussetzungen für eine Bürgerenergiegesellschaft bereits in den ersten Betriebsjahren vor Ablauf der Frist und wird dies dem Netzbetreiber fristgerecht nachgewiesen, gilt bis zu diesem Zeitpunkt für die finanzielle Förderung der Einheitspreis und danach der im Gebot angegebene Zuschlagswert. Nach Ablauf der Bindefrist kommt es auf die Einhaltung der Anforderungen des § 3 Nr. 15 EEG 2017 nicht mehr an, das Projekt kann dann – auch mit dem erhöhten anzulegenden Wert – frei veräußert werden.

d) Zuordnungsentscheidung und Realisierungsfrist

328 Der erteilte Zuschlag ist zunächst nur an den im Gebot benannten Landkreis gebunden, § 36g Abs. 3 Satz 1 EEG 2017. Das eröffnet Bürgerenergiegesellschaften in den Landkreisgrenzen eine flexible Umplanung und Standortverschiebung. Dies trägt dem Umstand Rechnung, dass noch keine immissionsschutzrechtliche Genehmigung vorliegt und damit noch nicht abschließend feststeht, ob sich der vorgesehene Standort z. B. mit Blick auf naturschutzrechtliche Vorgaben überhaupt realisieren lässt.[1572] Die endgültige und dauerhafte Zuordnung zu einer BImSch-Genehmigung erfolgt erst durch die **Zuordnungsentscheidung** der BNetzA, die von der Bürgerenergiegesellschaft innerhalb von zwei Monaten nach Erteilung der immissionsschutzrechtlichen Genehmigung beantragt werden muss. Bei Versäumnis der Antragsfrist erlischt der Zuschlag, § 36g Abs. 3 Satz 3 EEG 2017.

329 Die Zuordnungsentscheidung setzt zwingend voraus, dass die Anforderungen an die Bürgerenergiegesellschaft gemäß § 3 Nr. 15 EEG 2017 von der Gebotsabgabe bis zur Antragstellung ununterbrochen vorlagen und im Übrigen keine Verträge oder Absprachen zur Umgehung dieser Voraussetzungen geschlossen bzw. getroffen wurden. Zudem sieht das Gesetz auf dieser Ebene eine Gemeindebeteiligung vor: Die Gemeinde, in der die geplante Anlage errichtet werden soll, oder eine Gesellschaft, an der die Gemeinde zu 100 % beteiligt ist, muss eine finanzielle Beteiligung von 10 % an der Bürgerenergiegesellschaft halten bzw. diese muss ihr zumindest angeboten worden sein. Das Angebot ist formfrei möglich.[1573] Diese Zuordnungsvoraussetzungen sind bei Antragstellung durch Eigenerklärung nachzuweisen.

330 Die (absolute) **Realisierungsfrist** für Bürgerenergiegesellschaften verlängert sich gemäß § 36g Abs. 3 Satz 1 EEG 2017 um 24 Monate, also auf insgesamt 54 Monate ab der öffentlichen

---

[1570] Vgl. hierzu *Böhlmann-Balan/Herms/Leroux*, ER 2016, 241 (245).
[1571] Vgl. BT-Drs. 18/10668.
[1572] Vgl. BT-Drs. 18/8860, S. 213.
[1573] Vgl. BT-Drs. 18/9096, S. 362.

Bekanntgabe des Zuschlags. Der Zeitpunkt der Zuordnungsentscheidung, der im Extremfall nur wenige Monate nach Zuschlagserteilung liegen kann, hat dagegen auf die Dauer der Realisierungsfrist keine Auswirkungen.[1574] Allerdings kommt nach der Zuordnungsentscheidung eine Verlängerung der Realisierungsfrist gemäß § 36e Abs. 2 EEG 2017 in Betracht.

9. Rechtsschutz im Ausschreibungsverfahren

Im bisherigen Fördersystem des EEG waren Fragen des Rechtsschutzes traditionell im privatrechtlichen gesetzlichen (Schuld-)Verhältnis zwischen Anlagenbetreiber und Netzbetreiber zu verorten.[1575] Durch Einführung eines behördlich überwachten und durchgeführten Ausschreibungsverfahrens, das gleichsam den konstitutiven Zugang zur Förderung nach dem EEG 2017 darstellt, hat sich dies nunmehr ein Stück weit gewandelt, denn durch die Versagung oder Erteilung eines Zuschlags im Wege eines Verwaltungsakts (→ zur Rechtsnatur des Zuschlags siehe Kap. 4 Rn. 276) wird die BNetzA hoheitlich tätig. Dies wirft geradezu zwangsläufig die Frage auf, wie insbesondere unterlegene Bieter ihren nach Art. 19 Abs. 4 GG verfassungsrechtlich verbürgten Anspruch auf effektiven Rechtsschutz wahren und durchsetzen können. Grundsätzlich wäre hier wohl zunächst an das Beschreiten des Verwaltungsrechtswegs zu denken. Allerdings enthält das EEG 2017 in § 83a Abs. 1 eine Sonderregelung für den **Rechtsschutz im Ausschreibungsverfahren** und durch den Verweis auf die Regelungen im EnWG in § 85 Abs. 3 EEG 2017 eine Sonderzuweisung zu den Zivilgerichten, konkret zum OLG Düsseldorf, vgl. § 75 Abs. 4 EnWG. Damit einher geht künftig eine Konzentration der die Ausschreibung betreffenden EEG-seitigen Gerichtsverfahren, was auf der einen Seite zu einer durchaus wünschenswerten Vereinheitlichung der Rechtsprechung führen könnte, auf der anderen Seite aber auch nicht von der Hand zu weisende Nachteile mit sich bringt. Denn mit der erstinstanzlichen Zuständigkeit des OLG Düsseldorf wird den Bietern im Vergleich zum „herkömmlichen" Rechtsweg eine Tatsacheninstanz genommen. Dies wiederum hält das Bundesverfassungsgericht aber grundsätzlich für zulässig, weil der Grundsatz des effektiven Rechtsschutzes nichts darüber aussage, wie viele Instanzen zu gewähren sind.[1576]

Nach § 83a Abs. 1 EEG 2017 sind gerichtliche Rechtsbehelfe, die sich unmittelbar gegen eine Ausschreibung oder unmittelbar gegen einen erteilten Zuschlag richten, nur mit dem Ziel zulässig, die BNetzA zur Erteilung eines (zusätzlichen) Zuschlags zu verpflichten.[1577] Damit wird der gewährte Rechtsschutz auf das Rechtsmittel der Verpflichtungsbeschwerde nach § 75 Abs. 1 EnWG beschränkt. Insbesondere will der Gesetzgeber damit Feststellungsklagen bezüglich der Rechtswidrigkeit der Ausschreibung oder Verpflichtungsklagen auf Unterlassung einer Ausschreibung ausschließen.[1578] Ebenfalls ausdrücklich ausgeschlossen ist gem. § 83a Abs. 2 S. 2 EEG 2017 auch die Anfechtung eines Zuschlags durch Dritte. Ein klagender Bieter kann somit weder die Aufhebung des zugunsten eines anderen Bieters erteilten Zuschlags (negative Konkurrentenklage),[1579] noch eine eigene Zuschlagserteilung anstelle des anderen Bieters (verdrängende Konkurrentenklage)[1580] erwirken. Damit ist die Möglichkeit einer Konkurrentenklage im klassischen Sinne ausgeschlossen.[1581] Dies hielt der Gesetzgeber mit Blick auf die anderenfalls drohenden, zum Teil sehr langwierigen Gerichtsverfahren und die damit einherge-

---

[1574] Vgl. BT-Drs. 18/8860, S. 213.
[1575] Vgl. hierzu *Richter*, Der Begriff der Anlage im Umwelt- und Energierecht, S. 12 Fn. 46.
[1576] Ausführlich hierzu und mit weiteren Nachweisen *Leutritz/Herms/Richter*, in: Frenz (Hrsg.), EEG II, 1. Aufl. 2016, FFAV § 39 Rn. 2.
[1577] So auch *Maslaton/Urbanek*, ER 2017, 15 (16).
[1578] Vgl. BT-Drs. 18/8860, S. 248.
[1579] S. ausführlicher zur negativen Konkurrentenklage im Verwaltungsrecht *Schmidt-Kötters*, in: Posser/Wolf (Hrsg.), BeckOK VwGO, 41. Ed. (Stand: 1.4.2017), § 42 Rn. 96.
[1580] S. ausführlicher zur verdrängenden Konkurrentenklage im Verwaltungsrecht *Schmidt-Kötters*, in: Posser/Wolf (Hrsg.), BeckOK VwGO, 41. Ed. (Stand: 1.4.2017), § 42 Rn. 97.
[1581] Vgl. zum Ganzen auch die Kommentierung zur inhaltlich gleichlautenden Regelung des § 39 FFAV, auf die auch die Gesetzesbegründung zum EEG 2017 Bezug nimmt (vgl. BT-Drs. 18/8860, S. 248), bei *Leutritz/Herms/Richter*, in: Frenz (Hrsg.), EEG II, 1. Aufl. 2016, FFAV § 39 Rn. 1 ff.

hende (wirtschaftliche) Unsicherheit auf Seiten der (eigentlich) bereits bezuschlagten Bieter und vor allem im Hinblick auf das generelle Ziel eines kontinuierlichen und planbaren Ausbaus der erneuerbaren Energien (vgl. §§ 1 Abs. 2 und 4 EEG) für nicht hinnehmbar.[1582] Ausgeschlossen sind letztlich auch „Zwischenrechtsbehelfe" gegen einzelne Maßnahmen der BNetzA wie etwa gegen den Ausschluss eines Gebots oder Bieters vom Zuschlagsverfahren.[1583]

333 Zulässig ist einzig die auf die Erteilung eines eigenen Zuschlags gerichtete Verpflichtungsbeschwerde. Diese ist nur statthaft, wenn und soweit der Beschwerdeführer substantiiert darlegt, dass er einen Anspruch auf die begehrte Entscheidung,[1584] also auf den Zuschlag, hat. Für den Beschwerdeführer, der im Ausschreibungsverfahren nicht berücksichtigt wurde, bedeutet dies, dass die Verpflichtungsbeschwerde nur dann zum Erfolg führt, wenn der Bieter darlegen kann, dass er im Zuschlagsverfahren nach § 32 EEG 2017 ohne den von ihm gerügten Rechtsverstoß einen Zuschlag erhalten hätte, vgl. § 83a Abs. 1 S. 2 EEG 2017. Rechtsmittel, die sich allein gegen solche Verfahrensfehler richten, die sich im Ergebnis nicht auf die Zuschlagsentscheidung ausgewirkt haben, sollen damit ausgeschlossen werden, da es in dem Fall schon an der Verletzung eines subjektiven Rechts fehle.[1585] Wurde ein Bieter etwa zu Unrecht nach § 34 EEG 2017 vom Zuschlagsverfahren ausgeschlossen, lag der von ihm gebotene Gebotswert aber oberhalb des Grenzgebots (→ zum Begriff siehe Kap. 4 Rn. 216) oder lagen einzelne Präqualifikationsvoraussetzungen nach § 36 EEG 2017 nicht vor, so wird er allein gestützt auf den rechtswidrigen Ausschluss im Ergebnis keinen Erfolg haben.

334 Hat die Verpflichtungsbeschwerde des Rechtsbehelfsführers indes Erfolg, so hat die BNetzA dem Rechtsbehelfsführer/Bieter gem. § 83a Abs. 1 S. 3 EEG 2017 nach Eintritt der Rechtskraft der gerichtlichen Entscheidung über das für die jeweilige Ausschreibungsrunde bestimmte Ausschreibungsvolumen hinaus einen (zusätzlichen) Zuschlag zu erteilen.[1586] Die BNetzA kann somit einer entsprechenden Verurteilung des Gerichts nachkommen, ohne die Bestandskraft der übrigen erteilten Zuschläge in Frage stellen zu müssen.[1587] Der Gesetzgeber ermöglicht der BNetzA somit, ausnahmsweise die strenge Kontingentierung der Ausschreibungsmenge zu durchbrechen und dem Interesse der erfolgreichen Bieter am Bestand ihres Zuschlags einen Vorrang einzuräumen.[1588]

335 Im Ergebnis führt dies zu einer Erhöhung des Gesamtfördervolumens.[1589] Sofern im Rahmen des Gerichtsverfahrens Zweifel an der Rechtmäßigkeit einer Zuschlagsentscheidung gegenüber einem anderen Bieter entstehen sollten, liegt es im Ermessen der BNetzA, zu prüfen, ob die Rücknahme von Zuschlägen angezeigt ist.[1590] Die Aufhebung von Zuschlägen richtet sich dabei – mangels spezialgesetzlicher Regelung und ausweislich § 35a Abs. 1 EEG 2017 – nach den allgemeinen verwaltungsrechtlichen Vorschriften der §§ 48, 49 VwVfG.[1591]

[1582] BT-Drs. 18/8860, S. 249.
[1583] BT-Drs. 18/8860, S. 249 sowie ausführlich *Leutritz/Herms/Richter*, in: Frenz (Hrsg.), EEG II, 1. Aufl. 2016, FFAV § 39 Rn. 6.
[1584] Vgl. *Hanebeck*, in: Britz/Hellermann/Hermes (Hrsg.), EnWG, 3. Aufl. 2015, § 75 Rn. 10.
[1585] Vgl. BT-Drs. 18/8860, S. 249.
[1586] So auch *Maslaton/Urbanek*, ER 2017, 15 (16).
[1587] Vgl. BT-Drs. 18/8860, S. 249.
[1588] Vgl. BT-Drs. 18/8860, S. 249; so auch *Maslaton/Urbanek*, ER 2017, 15 (16).
[1589] Denn anders als nach § 4 Abs. 2 Nr. 2 FFAV oder § 18 Abs. 2 WindSeeG, verringert sich das Ausschreibungsvolumen der nächsten Gebotsrunde(n) nicht um die Summe der Gebotsmengen der Gebote, denen auf Grund eines erfolgreichen gerichtlichen Rechtsbehelfs über das Ausschreibungsvolumen einer Ausschreibung hinaus Zuschläge erteilt worden sind; eine vergleichbare Regelung fehlt dem EEG 2017.
[1590] BT-Drs. 18/8860, S. 249.
[1591] Vgl. *Maslaton/Urbanek*, ER 2017, 15 (16).

IV. Zahlungsanspruch nach dem EEG

Das EEG differenziert seit jeher zwischen allgemeinen Vergütungsvoraussetzungen, die sich auf alle Erneuerbare-Energien-Anlagen beziehen, und besonderen Vergütungsvoraussetzungen. Diese Regelungssystematik hat der Gesetzgeber auch in das EEG 2017 überführt. Unabhängig davon, ob die Voraussetzungen eines **Zahlungsanspruchs** bzw. einer finanziellen Förderung[1592] erfüllt sind, besteht der Anspruch auf Anschluss der Windenergieanlage und auf die Abnahme- und Verteilpflicht des Stroms durch den Netzbetreiber.[1593] Das EEG 2017 ordnet zunächst die Geltung auch für Bestandsanlagen mit Inbetriebnahme im zeitlichen Anwendungsbereich der vorangegangenen Fassungen des EEG an, vgl. § 100 Abs. 1 EEG 2017. Aus Gründen des Bestandsschutzes werden jedoch gerade die bisherigen Vergütungsvorschriften weiterhin für anwendbar erklärt.[1594]

336

1. Allgemeine Fördervoraussetzungen

Die allgemeinen Voraussetzungen für die finanzielle Förderung, die sich in die Einspeisevergütung und die Marktprämie unterteilt, sind in den §§ 19 ff. EEG 2017 geregelt. Insoweit wird zunächst eine Unterteilung nach der Art der Vermarktung des Stroms getroffen. Im EEG 2017 wurde eine neue systematische Aufteilung zwischen der im Wege der Ausschreibung ermittelten Förderhöhe in den §§ 28 ff. EEG 2017 und der gesetzlichen Festlegung der Förderung in den §§ 44 ff. EEG 2017 vorgenommen. Ab einer installierten Leistung von 750 kW$_{el}$ kann eine finanzielle Förderung nur noch dann in Anspruch genommen werden, wenn an der Ausschreibung erfolgreich teilgenommen wurde. Die nach dem EEG durch den Netzbetreiber zu zahlende finanzielle Förderung bildet neben der Netzanschlusspflicht sowie der Abnahme- und Verteilungspflicht durch den Netzbetreiber eine der tragenden Säulen für den Erfolg des EEG. Ob hingegen die Durchführung von Ausschreibungen für Windenergieanlagen zukünftig ebenfalls als Erfolg gewertet werden kann, kann kritisch hinterfragt werden. Die Förderpflicht für den eingespeisten Strom aus einer Windenergieanlage ist Gegenstand des nach § 7 Abs. 1 EEG 2017 vorgesehenen gesetzlichen Schuldverhältnisses zwischen dem Anlagenbetreiber und dem Netzbetreiber.

337

a) Anspruchsberechtigung

Wer gegenüber dem Netzbetreiber als Anspruchsinhaber im Sinne des § 19 Abs. 1 EEG 2017 anzusehen ist, bestimmt sich nach der Definition des **Anlagenbetreibers** in § 3 Nr. 2 EEG 2017, die unverändert sowohl aus dem EEG 2012 als auch dem EEG 2014 übernommen wurde.[1595] Anlagenbetreiber ist derjenige, der unabhängig vom Eigentum der Anlage, diese für die Erzeugung von Strom nutzt. Zur Bestimmung des Anlagenbetreibers werden als Kriterien insbesondere das wirtschaftliche und unternehmerische Risiko und die Verfügungsbefugnis über den Betrieb der Anlage herangezogen.[1596] Dem Netzbetreiber ist im Zweifel anzuraten, eine genaue Prüfung durchzuführen, wer als Anlagenbetreiber anzusehen ist, bevor er eine

338

[1592] Auch wenn der Begriff der „finanziellen Förderung" im EEG 2017 durch den Gesetzgeber nicht weiter verwendet wird (Vgl. BT-Drs. 18/8860, S. 238), wird er nachfolgend als Oberbegriff der Einspeisevergütung und Marktprämie zur Vereinfachung anstelle der Begrifflichkeit „Zahlungsanspruch" verwendet.
[1593] Sog. großer Anwendungsbereich des EEG, der seine Begründung darin hat, dass der Gesetzgeber zwar nach der Richtlinie 2009/28/EG v. 23.4.2009 dazu verpflichtet ist, den Netzanschluss jeder Erzeugungsanlage, die erneuerbare Energien einsetzt, zu ermöglichen. Jedoch sollte nicht jede Erneuerbare-Energien-Anlage in den Genuss der Mindestvergütung gelangen.
[1594] Vgl. BT-Drs. 18/8860, S. 260.
[1595] Vgl. BT-Drs. 18/8860, S. 182; BT-Drs. 18/1304, S. 166.
[1596] Vgl. *Reshöft*, in: Reshöft/Schäfermeier (Hrsg.), EEG, 4. Aufl. 2014, § 3 Rn. 45; *Ekardt*, in: Frenz/Müggenborg (Hrsg.), EEG, 3. Aufl. 2013, § 3 Rn. 20.

Auszahlung veranlasst. Sollten Zweifel bestehen, müsste der Netzbetreiber die Parteien auffordern, entsprechende Nachweise[1597] beizubringen und ggf. die finanzielle Förderung für den bereits eingespeisten Strom zu hinterlegen. Ansonsten bestünde die Gefahr, dass er eine doppelte Zahlung veranlassen müsste, ohne ggf. den Verlust z. B. aufgrund einer Insolvenz in die EEG-Umlage einstellen zu können.

339 Der **Netzbetreiber** als Anspruchsgegner ist ebenfalls im Gesetz definiert. Netzbetreiber sind gemäß § 3 Nr. 36 EEG 2017 Betreiber von Netzen aller Spannungsebenen für die allgemeine Versorgung mit Elektrizität. Die Definition wurde ebenfalls seitens des Gesetzgebers unverändert aus dem EEG 2012 und dem EEG 2014 übernommen.[1598] Netzbetreiber von Netzen, die gerade nicht der allgemeinen Versorgung dienen, sind mithin nicht betroffen. Wann ein Netz der allgemeinen Versorgung vorliegt, hängt u. a. von der Netzebene ab.[1599] Betreiber von Direktleitungen, Kundenanlagen und geschlossenen Verteilnetzen sind von der Vergütungspflicht nicht betroffen, sondern der Strom wird im Wege der kaufmännisch-bilanziellen Durchleitung im Sinne des § 11 Abs. 2 EEG 2017 dem Netzbetreiber im Sinne des EEG angeboten.[1600] Durch die Möglichkeit der kaufmännisch-bilanziellen Durchleitung sollen gerade volkswirtschaftliche Kosten der Verlegung weiterer, paralleler Leitungen vermieden werden. Der Anlagenbetreiber hat bei einer für ihn günstigeren Anschlussvariante an das Netz, welches nicht Netz der allgemeinen Versorgung ist, mit diesem Netzbetreiber einen eigenständigen Infrastrukturnutzungsvertrag zu schließen und die Kosten bis zum Netzverknüpfungspunkt zu tragen.

b) Förderpflicht des Netzbetreibers

340 Während im EEG 2012 eine Abweichung von der Mindestvergütung nach § 16 Abs. 1 S. 1 EEG 2012 zulasten des Anlagenbetreibers ausgeschlossen war, soweit dieser sich nicht selbst für eine der Direktvermarktungsformen der §§ 33a ff. EEG 2012 entschieden hatte,[1601] hat der Gesetzgeber für den Großteil aller Windenergieanlagen mit einer Inbetriebnahme nach dem 01.08.2014 die **verpflichtende Direktvermarktung** vorgesehen.

341 Der Gesetzgeber gibt in § 19 Abs. 1 EEG 2017 die nach dem EEG 2017 möglichen Vermarktungsformen vor, die als zentrale Norm der finanziellen Förderung nach dem EEG 2017 ausgestaltet ist.[1602] Entweder kommt die Direktvermarktung unter Inanspruchnahme der Marktprämie nach § 20 EEG oder der **Einspeisevergütung** nach § 21 EEG 2017 zum Tragen. Die Einspeisevergütung kann entweder im Rahmen der Ausfallvergütung oder für kleine Windenergieanlagen in Anspruch genommen werden. Das noch im EEG 2012 vorherrschende Prinzip der optionalen Direktvermarktung wird nur noch im Rahmen der Einspeisevergütung für Kleinanlagen weiter verfolgt. Im EEG bildet die Direktvermarktung gegenüber der Einspeisevergütung, wie sich bereits aus dem Grundsatz des § 2 Abs. 2 EEG 2017 ableitet, die Regel.[1603]

342 Wenn der Netzbetreiber hingegen eine Vergütung oder Förderung willentlich oberhalb der finanziellen Förderung zahlt, so kann dieser die Mehrzahlungen nicht in den EEG-Belastungsausgleich einstellen. Die gesetzlich angeordnete Förderhöhe zugunsten des Anlagenbetreibers, kann nicht durch den Netzbetreiber beispielsweise durch Abrechnungsentgelte verringert werden, da diese Pflicht unmittelbar dem Netzbetreiber zugewiesen ist. Dies wäre als ein Verstoß gegen die finanzielle Förderung und das gesetzliche Schuldverhältnis zu werten.[1604]

[1597] Nachweise in Form von Kaufverträgen, Pachtverträgen, Genehmigungen, Grundbuchauszügen, Anmeldung zum Anlagenregister der BNetzA etc.
[1598] Vgl. BT-Drs. 18/1304, S. 170.
[1599] Vgl. weiterführend: *Reshöft*, in: Reshöft/Schäfermeier (Hrsg.), EEG, 4. Aufl. 2014, § 3 Rn. 68.
[1600] Vgl. BT-Drs. 16/8148, S. 44; *Schäfermeier*, in: Reshöft/Schäfermeier (Hrsg.), EEG, 4. Aufl. 2014, § 8 Rn. 14.
[1601] Vgl. zur Direktvermarktung → Kap. 4 Rn. 408 ff.
[1602] Vgl. BT-Drs. 18/1304, S. 188.
[1603] Vgl. BT-Drs. 18/1304, S. 188; *Brahms*, Die Direktvermarktung im EEG – zwischen Mindestvergütung und freiem Markt, S. 317 ff.
[1604] Vgl. Clearingstelle EEG, Empfehlung v. 21.6.2012 – Az.: 2012/6, Rn. 114 f., abrufbar unter: www.clearingstelle-eeg/empfv/2012/6.

Jedoch setzt bereits das Entstehen der Förderpflicht das Erfüllen unterschiedlicher Voraussetzungen unabhängig von den erzeugungsspezifischen Vergütungsvoraussetzungen voraus. § 19 Abs. 1 EEG 2017 fordert die ausschließliche Nutzung von erneuerbaren Energien. Dieses Kriterium ist unzweifelhaft bei Strom aus Windenergieanlagen erfüllt.[1605] Ferner besteht ein Förderanspruch zugunsten des Anlagenbetreibers nur für den Strom, der nach § 11 EEG 2014 tatsächlich am Netzverknüpfungspunkt abgenommen worden ist. Der **Eigenverbrauch oder Direktverbrauch** des Stroms z. B. für die Befeuerung der Windenergieanlage durch den Anlagenbetreiber ist bereits nicht nach dem EEG förderfähig.

343

Vielfach finden sich in den Netzanschlussverträgen zwischen dem Anlagenbetreiber und dem Netzbetreiber Klauseln, die eine pauschale Herabsetzung der gemessenen Strommengen für Leitungs- und Umspannverluste vorsehen. Grundsätzlich dürfte eine entsprechende Klausel als zulässige Konkretisierung der Pflichten nach dem EEG zu verstehen sein und würde insbesondere nicht gegen das Recht der allgemeinen Geschäftsbedingungen der §§ 307 ff. BGB verstoßen[1606], jedoch sollte im Einzelfall und gerade bei kurzen Distanzen zwischen Windenergieanlage und Netzverknüpfungspunkt eine Messung der tatsächlichen Leitungs- und Umspannverluste vorgenommen werden. Sollten nur geringere Verluste gemessen werden, so muss der Vertrag aufgrund der vorgeschriebenen Förderung durch den Netzbetreiber angepasst werden. Fraglich könnte in diesem Zusammenhang das Zusammenspiel mit dem neu eingeführten § 11 Abs. 2 S. 2 EEG 2017 sein, der bestimmt, dass bei einer kaufmännisch-bilanziellen Einspeisung durch ein nicht dem Netz der allgemeinen Versorgung zugehörende Netz der Strom zum Zwecke des Gesetzes so zu behandeln sei, als wenn er unmittelbar eingespeist worden sei. Insoweit soll im EEG 2017 eine Klarstellung erzielt werden, dass der Strom nicht nur kaufmännisch sondern auch physikalisch, d. h. im Wege einer Fiktion, als in das Netz eingespeist gilt.[1607] Bei einer kaufmännisch-bilanziellen Durchleitung dürften daher – wie auch bisher – pauschale Abzüge der eingespeisten Strommenge zwischen der Windenergieanlage und dem Netzverknüpfungspunkt nicht zulässig sein.

344

Im Zusammenhang mit der Förderpflicht des Netzbetreibers ist auch auf eine kritisch zu betrachtende Entscheidung des OLG Naumburg[1608] hinzuweisen, die insoweit auch weiterhin für Anlagen mit Inbetriebnahme vor dem 1.8.2014 zu berücksichtigen ist. Sofern der Netzbetreiber und der Anlagenbetreiber über die finanzielle Förderung streiten und der Netzbetreiber aufgrund dieses Umstands die Vergütung für den Strom nicht zahlt, kann der Anlagenbetreiber nach Auffassung des Gerichts zur Verbesserung der Einnahmesituation nicht in die sonstige Direktvermarktung wechseln, ohne nicht den Vergütungsanspruch bzw. den Schadensersatzanspruch zu gefährden. Sofern der Anlagenbetreiber dennoch in die Direktvermarktung wechselt, verliert er den Schadensersatzanspruch aufgrund fehlender eigener Leistungstreuepflicht. Diese kaum nachvollziehbare Entscheidung hat in der Literatur zu Recht Kritik erfahren.[1609] In Ansehung dieser Rechtsprechung ist jedoch bis zu einer endgültigen Entscheidung eines anderen bzw. höheren Gerichts dem Anlagenbetreiber zu raten, möglichst bei Streit über die Vergütungszahlungen nicht in die sonstige Direktvermarktung zu wechseln.

345

Als Grundvoraussetzung für einen Förderanspruch auf die **Marktprämie** hat der Gesetzgeber nunmehr in § 20 Abs. 1 Nr. 2 EEG 2017 geregelt, dass der Anlagenbetreiber dem Netzbetreiber das Recht einräumen muss, den geförderten Strom als „Strom aus erneuerbaren Energien oder Grubengas" zu kennzeichnen. Auffällig ist zunächst, dass seitens des Anlagenbetreibers eine aktive Handlung gegenüber dem Netzbetreiber verlangt wird und nicht bei jeder Inanspruchnahme der Marktprämie dieses Recht automatisch auf den Netzbetreiber übergeht. Vor diesem Hintergrund hat der Anlagenbetreiber unaufgefordert und zur besseren Rechtssicherheit schriftlich dem Netzbetreiber dieses Recht einzuräumen. Durch diese Neu-

346

[1605] Vgl. zum Ausschließlichkeitsprinzip: *BGH*, Urt. v. 6.11.2013 – VIII ZR 194/12, NVwZ 2014, 962.
[1606] So auch zur formularmäßigen Vereinbarung von Blindarbeitsentgelten; *BGH*, Urt. v. 6.4.2011 – VIII ZR 31/09, BeckRS 2011, 12172.
[1607] Vgl. BT-Drs. 18/8860, S. 191.
[1608] Vgl. *OLG Naumburg*, Urt. v. 13.12.2012 – 2 U 51/12, BeckRS 2013, 01887.
[1609] Vgl. *Wernsmann*, RE 2013, 85 ff.

regelung soll die Grünstromeigenschaft des Stroms nicht verloren gehen und im Rahmen des Wälzungsmechanismus den EEG-umlagepflichtigen Energieversorgungsunternehmen zur Verfügung gestellt werden.[1610]

c) Zwischenspeicherung von Windstrom

347   Die Volatilität von Wind- und Sonnenstrom führt insbesondere am Strommarkt zu besonderen Preisschwankungen. In Kombination mit fossilen, zumeist wenig flexiblen Stromerzeugungsanlagen, wie Strom- und Kohlekraftwerken, können für die Abnahme des Stroms sogar negative Strompreise an der Börse entstehen.[1611] Sofern **Stromspeicher** zwischen der Windenergieanlage und dem Netzverknüpfungspunkt installiert werden, könnte auf Preissignale an der Strombörse teilweise reagiert und hierdurch insgesamt eine höhere Wirtschaftlichkeit der Windenergieanlage erreicht werden. Ferner könnte so auch beim Einspeisemanagement nach § 14 EEG oder Drosselung auf Grundlage der §§ 13 und 14 EnWG der Wind zur Erzeugung von Strom genutzt werden.

348   Das EEG sieht nach wie vor keine unmittelbare Förderung entsprechender Stromspeicher vor.[1612] Im Rahmen der Anlagendefinition des § 3 Nr. 1 S. 2 EEG 2017 stellen auch solche Anlagen eine Einrichtung zur Erzeugung von Strom aus erneuerbaren Energien dar, die ausschließlich Strom aus erneuerbaren Energien aufnehmen und in elektrische Energie umwandeln.[1613] Hierdurch stellt der Gesetzgeber klar, dass der Umwandlungsprozess zur Stromspeicherung nicht selbstständig auf erneuerbaren Energie beruhen, sondern ausschließlich der erzeugte und dann zwischengespeicherte Strom die Qualitätsanforderung erfüllen muss.[1614] In der Folge gilt auch der aus dem Speicher wieder entnommene Strom als EEG-Strom, wobei fraglich ist, wie das Kriterium der „Ausschließlichkeit" zu werten ist. Formal betrachtet würde jede Zwischenspeicherung von Strom, der aus dem Netz der allgemeinen Versorgung stammt, dazu führen, dass der Anwendungsbereich des EEG nicht mehr eröffnet wäre und die allgemeinen Regelungen des EnWG zum Tragen kämen.

349   Weiterhin stellt der Gesetzgeber in § 19 Abs. 3 S. 1 EEG 2017 klar[1615], dass die Verpflichtung zur Vergütung auch dann besteht, wenn der Strom vor der Einspeisung in das Netz der allgemeinen Versorgung zwischengespeichert worden ist. Eine Festlegung dahingehend, welche Art von Speichertechnologie eingesetzt werden muss, damit der Zahlungsanspruch erhalten bleibt, ist nicht geregelt, sodass der Tatbestand technologieoffen ausgestaltet ist. Somit sind beispielsweise auch Speichergase vom Tatbestand erfasst.[1616] Gleichwohl wird geregelt, dass sich der Vergütungsanspruch nur auf die Strommenge bezieht, die tatsächlich dem Netzbetreiber am Netzverknüpfungspunkt angeboten wird. Das bedeutet, dass die entsprechenden Speicherverluste aufgrund der Zwischenspeicherung nicht nach dem EEG förderfähig sind.[1617] Durch diese Regelung wird auch zum Ausdruck gebracht, dass im vorgenannten Beispiel der Betreiber des mittelständischen Unternehmens mit angeschlossener Windenergieanlage für den selbst verbrauchten Strom keine EEG-Förderung erhält.

350   Zudem regelt der Gesetzgeber auch, dass die Vergütungshöhe sich danach richtet, welche Vergütung bzw. Förderung der Netzbetreiber bei unmittelbarer Einspeisung in das Netz hätte zahlen müssen, vgl. § 19 Abs. 3 S. 3 EEG 2017. Hierbei könnte gerade die Nutzung eines Speichers für einen Windpark mit Windenergieanlagen, die über unterschiedliche Inbetrieb-

---

[1610] Vgl. BT-Drs. 18/1304, S. 188.
[1611] Vgl. hierzu Preisbildung an der Strombörse → Kap. 4 Rn. 408 ff.
[1612] Vgl. BT-Drs. 16/6071, S. 66. Auch im EEG 2014 hält der Gesetzgeber an dieser Regelung fest, vgl. BT-Drs. 18/1304, S. 189; *Boewe/Bues*, in: Greb/Boewe (Hrsg.) Beck'OK zum EEG, 5. Ed. Stand. 1.4.2016, § 19 Rn. 46
[1613] Zum Anlagenbegriff allgemein: *Richter*, Der Begriff der Anlage im Umwelt- und Energierecht, 2012, S. 117 ff.
[1614] Vgl. *Wieser*, ZUR 2011, S. 240 (242).
[1615] Vgl. BT-Drs. 16/6071, S. 66.
[1616] Die Gesetzesbegründung nennt als Speicher: Pumpspeicherkraftwerke, Druckluftspeicher, Batteriespeicher.
[1617] Vgl. *Boewe/Bues*, in: Greb/Boewe (Hrsg.) Beck'OK zum EEG, 5. Ed. Stand. 1.4.2016, § 19 Rn. 44.

nahmezeitpunkte und daher Vergütungshöhen verfügen, als kritisches Anwendungsgebiet betrachtet werden.[1618] Ausgehend vom Grundsatz, dass der Anlagenbetreiber den Nachweis für die Vergütungsvoraussetzungen gegenüber dem Netzbetreiber nachzuweisen hat, müssten auch der jeweils im Speicher zwischengespeicherte und zu einem späteren Zeitpunkt in das Netz der allgemeinen Versorgung eingespeiste Strom zunächst exakt gemessen und dann etwaige Speicherverluste quotal angerechnet werden.[1619] Keine Aussage wird innerhalb der Regelung dazu getroffen, ob die Einspeisung des Stroms in den Stromspeicher einen Eigenversorgungsvorgang darstellt und in der Folge die EEG-Umlage zumindest anteilig zu entrichten wäre.[1620]

2. Auszahlungen der Förderung nach EEG

Nachfolgend werden die wesentlichen, die Vergütungszahlungen betreffenden Modalitäten zwischen dem Netzbetreiber und dem Anlagenbetreiber beleuchtet. Sie treffen hierbei zumeist auf erneuerbare Energien im Allgemeinen wie auch auf Windenergie im Speziellen zu. 351

a) Fälligkeit und Abschlagszahlungen

Grundsätzlich tritt die **Fälligkeit** des Förderanspruchs mit der Einspeisung des Stroms in das Netz der allgemeinen Versorgung ein, sodass der Anlagenbetreiber sofort die Vergütung verlangen könnte, vgl. § 271 BGB.[1621] Neben der Einspeisung wird die Kenntnisnahme der Einspeisung durch den Netzbetreiber zur Voraussetzung gemacht[1622], sodass erst mit einer entsprechenden Rechnungsstellung oder Übermittlung bzw. Mitteilung der eingespeisten Strommengen die Fälligkeit der Vergütungsforderung eintritt. Diesen Befund hat der Gesetzgeber in § 26 Abs. 2 Satz 1 EEG 2017 bestätigt. 352

In § 16 Abs. 1 S. 3 EEG 2012 hatte der Anlagenbetreiber einen gesetzlich geregelten Anspruch auf Zahlung von monatlichen Abschlägen in angemessenem Umfang. Im Anwendungsbereich des EEG 2009 war der Anspruch auf Abschlagszahlungen noch nicht geregelt, jedoch hatte sich bereits eine Praxis herausgebildet.[1623] Zwar wurde im EEG 2012 eine entsprechende Anspruchsgrundlage auf Abschlagszahlungen festgelegt, jedoch enthielt die Regelung keine ausdrücklichen Aussagen zu den Auszahlungsmodalitäten. 353

Aufgrund dieses Umstands hatte die Clearingstelle EEG ein entsprechendes Empfehlungsverfahren eingeleitet, in dem insbesondere geregelt wurde, dass die Abschlagszahlung im auf die Einspeisung folgenden Monat zu erfolgen hat. Ein konkretes Datum für die Zahlung sei dem Gesetz nicht zu entnehmen, weshalb die Clearingstelle EEG empfahl, als Zeitpunkt der Fälligkeit den 15. des Folgemonats zu wählen.[1624] Das OLG München kam zu der Auffassung, dass aufgrund Fehlens konkreter Regelungen am 10. Werktag des auf die Einspeisung folgenden Monats der Abschlag fällig sei.[1625] Die Empfehlung der Clearingstelle hat der Gesetzgeber in § 26 Abs. 1 EEG 2017 bestätigt. 354

Eine wesentliche Aussage der genannten Empfehlung der Clearingstelle EEG betrifft die Nachweispflichten zum Erhalt der Abschlagszahlungen, wobei zwischen Nachweisen zur erstmaligen Inanspruchnahme der Vergütung sowie einmaligen und fortlaufenden Nachweis- 355

[1618] So auch: *Wieser*, ZUR 2011, S. 240 (243).
[1619] Keine Regelung enthält das EEG für die Technologie Power to gas, soweit das Gas in das Erdgasnetz eingespeist wird und erst an anderer Stelle durch ein BHKW wieder in Strom und Wärme umgewandelt wird. Eine vergleichbare Regelung findet sich bisher nur für die Nutzung von Biomethan, vgl. § 27c Abs. 1 Nr. 2 EEG 2012.
[1620] Vgl. zur Eigenversorgung im EEG → Kap. 4 Rn. 568 ff.
[1621] Offen gelassen, soweit eine vertragliche Vereinbarung über die Fälligkeit besteht, die einer AGB-Prüfung standhält, *LG Paderborn*, Urt. v. 21.9.2010 – 6 O 41/10, BeckRS 2011, 00085.
[1622] Vgl. *Lehnert*, in: Altrock/Oschmann/Theobald (Hrsg.), EEG, 3. Aufl. 2011, § 16 Rn. 32 f.
[1623] Vgl. BT-Drs. 17/6071, S. 65; *OLG Dresden*, Urt. v. 25.9.2012 – 9 U 1021/12, BeckRS 2013, 05665; *LG Bayreuth*, Urt. v. 7.12.2010 – 32 O 123/10, BeckRS 2011, 08758.
[1624] Vgl. Clearingstelle EEG, Empfehlung v. 21.6.2012 – Az.: 2012/6, Rn. 18 ff.; weiterführend: *Sachsenhauser*, IR 2013, 26 ff.
[1625] Vgl. *OLG München*, Urt. v. 6.2.2014 – 14 U 1823/13.

pflichten zu unterscheiden ist. Für Windenergieanlagen ist das insbesondere für den **SDL-Bonus** von entscheidender Bedeutung. Erst wenn der entsprechende Nachweis gegenüber dem Netzbetreiber erbracht wird, besteht ein Anspruch auf Abschlagszahlung für den Bonus. Die noch im EEG 2009 geregelte Verpflichtung zur Beibringung eines 60 -% -Gutachtens nach § 29 Abs. 3 und Abs. 4 EEG 2009 muss ebenfalls vor Inanspruchnahme der Abschlagszahlungen erbracht werden.

356   Darüber hinaus hat die Clearingstelle EEG darüber zu befinden, wie eine Abschlagszahlung in angemessenem Umfang genauer bestimmt werden kann. Für Windenergieanlagen und Photovoltaikanlagen stellt sie fest, dass durch die vorgenannte Nachweisführung in Verbindung mit den Messdaten für den monatlich eingespeisten Strom nicht lediglich ein Abschlag gezahlt wird, sondern bereits ein vollständiger Vergütungsanspruch im Sinne des § 16 Abs. 1 EEG 2012 geltend gemacht wird.[1626] Anders ist dies im Rahmen der Direktvermarktung zur Inanspruchnahme der Marktprämie im Sinne des § 19 Abs. 1 Nr. 1 EEG zu bewerten, da die heranzuziehenden Börsenpreise erst nachträglich berechnet werden können.[1627] Es bleibt mithin festzuhalten, dass der Förderanspruch aufgrund der genauen Messdaten nach § 16 Abs. 1 EEG 2012 i. V. m. § 100 Abs. 1 Nr. 3. a) EEG zum 15. des auf die Einspeisung folgenden Monats zu entrichten ist. Der Gesetzgeber führt zudem an, dass diese durch die Clearingstelle EEG aufgestellten Grundsätze auch weiterhin Geltung entfalten.[1628] Ergänzt und klargestellt hat der Gesetzgeber in § 26 Abs. 2 Satz 2 EEG 2017, dass im Zeitraum von der Inbetriebnahme der Anlage bis zur ersten Verpflichtung zur Datenlieferung nach § 71 EEG 2017 Abschlagszahlungen beansprucht werden können.[1629] Erstmalig nach der Verpflichtung zur Datenübermittlung kann eine Hemmung der Abschlagszahlung eintreten.

b) Aufrechnung der finanziellen Förderung

357   Nach dem allgemeinen Zivilrecht wäre grundsätzlich eine **Aufrechnung sich gegenüberstehender Forderungen** zwischen Anlagenbetreiber und Netzbetreiber nach den §§ 387 ff. BGB möglich mit der Folge eines gegenseitigen Erlöschens der Ansprüche.[1630] Als Ansprüche des Netzbetreibers gegenüber dem Anlagenbetreiber kommen insbesondere Kosten für den Netzanschluss, die Mess- und Verrechnungskosten sowie die Rückforderung zu viel gezahlter finanzieller Förderung in Betracht.[1631]

358   Zugunsten des Anlagenbetreibers hat der Gesetzgeber in § 27 EEG 2017 ein Aufrechnungsverbot geregelt. Demnach ist eine Aufrechnung mit Förderansprüchen im Sinne des § 19 EEG 2017 des Anlagenbetreibers nur zulässig, soweit die Forderung unbestritten oder rechtskräftig festgestellt worden ist. Sinn und Zweck der Regelung ist es, der natürlichen Monopolstellung des Netzbetreibers zu begegnen. Dieser könnte ansonsten durch überhöhte Gegenforderungen das Prozessrisiko insgesamt auf den Anlagenbetreiber abwälzen.[1632] Das Aufrechnungsverbot schützt die Ansprüche des Anlagenbetreibers auf die bereits durch den Netzbetreiber entrichtete Förderung und erfasst daher sowohl die Einspeisevergütung als auch entsprechende Boni sowie die Marktprämie. Andere Forderungen seitens des Anlagenbetreibers sind nicht vom Aufrechnungsverbot erfasst, insoweit sei insbesondere auf die Härtefallregelung bei Vornahme des Einspeisemanagements verwiesen.[1633] Im Verhältnis der Abschlagsrechnungen und der Endabrechnung kommt das Aufrechnungsverbot ebenso nicht in Betracht.[1634]

[1626] Vgl. insgesamt: Clearingstelle EEG, Empfehlung v. 21.6.2012 – Az.: 2012/6, abrufbar unter: https://www.clearingstelle-eeg.de/empfv/2012/6.
[1627] S.a. → Kap. 4 Rn. 408 ff.
[1628] Vgl. BT-Drs. 18/8860, S. 201.
[1629] Vgl. BT-Drs. 18/8860, S. 201.
[1630] Vgl. *Reshöft*, in: Reshöft/Schäfermeier (Hrsg.), EEG, 4. Aufl. 2014, § 22 Rn. 7.
[1631] Vgl. *Reshöft*, in: Reshöft/Schäfermeier (Hrsg.), EEG, 4. Aufl. 2014, § 22 Rn. 11.
[1632] Vgl. BT-Drs. 16/8148, S. 53; *Reshöft*, in: Reshöft (Hrsg.), EEG, 3. Aufl. 2009, § 22 Rn. 2.
[1633] Vgl. *Reshöft*, in: Reshöft/Schäfermeier (Hrsg.), EEG, 4. Aufl. 2014, § 22 Rn. 11.
[1634] Vgl. *OLG Koblenz*, Hinweisbeschl. v. 27.5.2013 – 3 U 1153/12, BeckRS 2013, 10820.

Unbestritten im Sinne der Regelung sind solche Forderungen, die der Netzbetreiber nicht 359
ausdrücklich dem Grunde und der Höhe nach anerkennt oder aber in angemessener Frist nach
Geltendmachung seitens des Anlagenbetreibers nicht zurückweist.[1635] Der BGH wendet das
Aufrechnungsverbot auch konsequent an, indem er darauf verweist, dass eine Aufrechnung
gegen die Vergütung auch dann nicht möglich ist, wenn die Gegenforderung bereits entscheidungsreif ist. Allein die Entscheidungsreife steht einer rechtskräftigen Entscheidung nicht
gleich.[1636]

Die Reichweite des Aufrechnungsverbots ist gerade für den zuletzt genannten **Rückforde-** 360
rungsanspruch durch die EEG-Novelle 2012 infrage gestellt worden. Der Gesetzgeber hat an
systematisch nicht nachvollziehbarer Stelle im § 35 Abs. 4 S. 4 EEG 2012 geregelt, dass der Netzbetreiber im Verhältnis zum Anlagenbetreiber gerade eine Überzahlung einer ungerechtfertigten Vergütung verpflichtend zurückfordern muss und hierfür das Aufrechnungsverbot des § 22
Abs. 1 EEG 2012 nicht gelte. Die Gesetzesbegründung verweist darauf, dass die Rückforderung
seitens des Netzbetreibers nur effektiv betrieben werde könne, wenn das Aufrechnungsverbot
nicht gelte.[1637] Mithin kann der Netzbetreiber nunmehr unter Berufung auf § 35 Abs. 4 S. 4
EEG 2012 mit dem Anspruch auf zu viel gezahlte Förderung, dessen rechtliche Grundlage wohl
nach h. M. dem Bereicherungsrecht entspringt,[1638] aufrechnen und der Anlagenbetreiber muss
gegen den Netzbetreiber seine Forderungen durchsetzen. Diese Regelung hat der Gesetzgeber
in § 57 Abs. 5 S. 3 und 4 EEG fortgeführt.

Diese Regelung führt im Ergebnis dazu, dass das Aufrechnungsverbot des § 27 Abs. 1 EEG 361
2017 als weitestgehend inhaltsleer zu betrachten ist und dass der Netzbetreiber nunmehr in aller
Regel die Aufrechnung erklären wird, sofern Streit über das Erfüllen der Vergütungsvoraussetzungen besteht. Der Anlagenbetreiber ist dann stets darauf verwiesen, den Gerichtsweg zu
beschreiten und das Prozessrisiko zu tragen. Der Schutz des § 27 Abs. 1 EEG bleibt nach dem
Wortlaut des § 57 Abs. 5 S. 4 EEG insoweit erhalten, als andere Forderungen als der Rückforderungsanspruch zu viel gezahlter Vergütung durch den Netzbetreiber gegen den Förderanspruch
des Anlagenbetreibers nach § 19 Abs. 1 EEG aufgerechnet werden sollte.

c) Datenlieferung, Verjährung und Rückforderung

Die **Verjährung der Ansprüche** des Anlagenbetreibers auf die Vergütung fand im 362
EEG 2009 keine konkrete Ausgestaltung. Zum Teil wurde vertreten, dass die Datenlieferungspflichten des § 46 EEG 2009 bis zum 28.2. des auf die Lieferung folgenden Jahres gleichzeitig
dem Netzbetreiber das Recht auf Erheben der Einrede der Verjährung zubillige.[1639] Der Gesetzgeber hat die Rechtsfolgen einer nicht rechtzeitigen Übermittlung der Daten nach § 71 EEG
dahingehend aufgelöst, dass bis zur Datenübermittlung der Anspruch auf finanzielle Förderung
nicht fällig wird und der Anspruch auf Abschläge entfällt, vgl. § 26 Abs. 2 Satz 1 EEG 2017.
Nach Übermittlung der Daten kann der Anlagenbetreiber auch wieder die Abschlagszahlungen vom Netzbetreiber beanspruchen.[1640] Sofern ein Anlagenbetreiber seiner Verpflichtung
zur Datenlieferung nicht nachkommt, wird die Auszahlung der Förderung bei Vorliegen der
entsprechenden Voraussetzungen in der Regel vom Abschluss eines Rechtsanwaltsvergleichs
abhängig gemacht, damit der auszahlende Netzbetreiber die Förderung entsprechend wälzen
kann, vgl. § 62 Abs. 1 Nr. 6 EEG 2017.

Aufgrund des Umstands, dass das Verhältnis zwischen dem Netzbetreiber und dem Anlagen- 363
betreiber als **gesetzliches Schuldverhältnis** ausgestaltet ist und eine ausdrückliche Regelung

---

[1635] Vgl. *Reshöft*, in: Reshöft/Schäfermeier (Hrsg.), EEG, 3. Aufl. 2014, § 22 Rn. 17; *Wurmnest*, in: MüKoBGB, 6. Aufl. 2012, § 309 Rn. 7.
[1636] *BGH*, Urt. v. 6.4.2011 – VIII ZR 31/09, BeckRS 2011, 12172.
[1637] Vgl. BT-Drs. 17/6071, S. 82.
[1638] Vgl. *BGH*, Urt. v. 21.5.2008 – VIII ZR 308/07, BeckRS 2008, 15045; *BGH*, Urt. v. 16.3.2011 – VIII ZR 48/12, BeckRS 2011, 08037.
[1639] Vgl. Clearingstelle EEG, Hinweis v. 26.4.2010 – Az.: 2009/28, abrufbar unter: http://www.clearingstelle-eeg.de/files/2009-28_Hinweis.pdf .
[1640] Vgl. BT-Drs. 18/1304, S. 289.

im EEG 2009 fehlte, wurde in der Literatur auf die allgemeinen Verjährungsregelungen der §§ 194 ff. BGB verwiesen und auch gerichtlich bestätigt.[1641] Mithin muss gerade in Streitfällen über die Vergütung nach dem EEG der Anlagenbetreiber darauf bedacht sein, seine Forderungen rechtzeitig geltend zu machen bzw. die Verjährung zu hemmen. Grundsätzlich beginnt die Regelverjährung von drei Jahren am Ende des Jahres der Einspeisung, vgl. § 199 Abs. 1 BGB.

Soweit ein Anlagenbetreiber beispielsweise mit dem Netzbetreiber über das Vorliegen der Voraussetzungen für den Repoweringbonus nach § 30 EEG für die Windstromeinspeisung aus dem Jahr 2010 streitet, so muss er bis spätestens 31.12.2013 eine Klage eingereicht haben, um sich nicht der Einrede der Verjährung ausgesetzt zu sehen. Anders kann die Situation bewertet werden, wenn Verhandlungen zwischen den Parteien geführt wurden, die unter Umständen zu einer Hemmung der Verjährungsfrist führen.

364 Im EEG 2012 hat der Gesetzgeber im Rahmen des Ausgleichsmechanismus erstmalig den Begriff der Verjährung ausdrücklich in das Gesetz aufgenommen und in § 57 Abs. 5 EEG überführt. Geregelt wird, dass der **Rückforderungsanspruch** im Ausgleichsmechanismus zwischen Übertragungsnetzbetreiber und Netzbetreiber für zu viel gezahlte Vergütungen mit dem Ablauf des 31. Dezember des zweiten auf die Einspeisung folgenden Kalenderjahres verjährt.[1642] Weiterhin sieht § 57 Abs. 5 S. 4 EEG 2017 vor, dass dies auch im Verhältnis zwischen Anlagenbetreiber und Netzbetreiber gelte. Aufgrund der ausdrücklichen Beschränkung auf den Rückforderungsanspruch des Netzbetreibers gegen den Anlagenbetreiber, kann sich lediglich der Anlagenbetreiber entsprechend auf die Verjährung berufen.[1643] Für einen Anspruch gegen den Netzbetreiber verbleibt es zumindest nach dem Wortlaut der Vorschrift bei den allgemeinen zivilrechtlichen Regelungen der Verjährung.

364a Eine Neuregelung hat der Gesetzgeber im Hinblick auf die **Entscheidungen der Clearingstelle EEG** getroffen. Soweit nach § 57 Abs. 5 Satz 2 EEG 2017 eine Auszahlung der Förderung in Übereinstimmung mit dem Ergebnis eines Verfahrens der Clearingstelle EEG erfolgt und die Rückforderung auf der Anwendung einer nach der Zahlung in anderer Sache ergangenen höchstrichterlichen Entscheidung beruht, kann der Netzbetreiber gegenüber dem Übertragungsnetzbetreiber die Einrede der Übereinstimmung mit der Entscheidung der Clearingstelle EEG erheben. Hierdurch sind Empfehlungsverfahren, Hinweisverfahren, Voten und Schiedsverfahren erfasst. Diese Einrede kann im Verhältnis zum auszahlenden Netzbetreiber auch die Anlagenbetreiber erheben. Hierdurch soll das Vertrauen der Anlagenbetreiber und der Netzbetreiber auf die Entscheidungen der Clearingstelle EEG erhöht werden, da nach der Gesetzesbegründung für den Zeitraum bis zur abweichenden Entscheidung des BGH keine Zahlung zurückgefordert werden kann.[1644] Der Wortlaut des Gesetzes geht noch darüber hinaus, da die Einrede bis zur Beendigung des Rechtsverhältnisses mit der Anlage erhoben werden kann. Insoweit dürfte hiervon der gesamte Förderzeitraum erfasst sein.

d) Doppelvermarktungs- und Kumulierungsverbot

365 Generell gilt, dass Strommengen nicht doppelt veräußert werden dürfen. Das sog. **Doppelvermarktungsverbot**, welches seinen Anknüpfungspunkt in § 80 EEG 2017 findet, soll u. a. eine als missbräuchlich empfundene doppelte Förderung von EEG-Strom ausschließen.[1645] Das bedeutet, dass erneuerbare Energien, die bereits eine Förderung entweder in Form der Einspeisevergütung oder der Marktprämie erhalten, nicht durch eine weitergehende „grü-

---

[1641] Vgl. *OLG Naumburg*, Urt. v. 22.12.2011 – 2 U 89/11, BeckRS 2012,02517; *Lehnert*, in: Altrock/Oschmann/Theobald (Hrsg.), EEG, 3. Aufl. 2013, § 16 Rn. 35.

[1642] Zur Herleitung einer Anspruchsgrundlage: *OLG Schleswig*, Urt. v. 21.6.2016 – Az.: 3 U 108/15, BeckRS 2016, 12001.

[1643] Auch die Gesetzesbegründung (BT-Drs. 17/6071, S. 82) weist auf eine Abweichung von den Regelungen des allgemeinen Zivilrechts hin, sodass entgegen der Auffassung der Clearingstelle EEG in § 46 EEG keine Verjährungsvorschrift zu erblicken war.

[1644] Vgl. BT-Drs. 18/8860, S. 237.

[1645] Vgl. *Kahle*, in: Reshöft/Schäfermeier (Hrsg.), EEG, 4. Aufl. 2014, § 56 Rn. 1; *Kröger*, in: Danner/Theobald (Hrsg.), Energierecht, 89. EL 5/2016, § 80 Rn. 1.

ne" Vermarktung des Stroms einen darüber hinausgehenden Mehrwert erzielen können.[1646] Der Letztverbraucher soll nicht einerseits die EEG-Umlage und andererseits dann noch für Grünstrom zusätzlich zahlen müssen. Hieraus folgt sogleich, dass die Anlage, die gerade keine finanzielle Förderung nach dem EEG erhält, auch entsprechende **Herkunftsnachweise** nach der HkNV[1647] im Sinne des § 79 EEG 2017 beanspruchen darf, vgl. § 80 Abs. 2 EEG 2017. Ausgenommen hiervon sind die **Regionalnachweise** nach § 79a Abs. 1 Nr. 1 EEG 2017, die für bereits nach der Marktprämie geförderten Strom beansprucht werden können. Die regionale Grünstromkennzeichnung kann optional für bereits geförderten Strom, der ganz oder anteilig in Postleizahlgebieten in einem Umkreis von 50 km, in dem der Letztverbraucher den Strom verbraucht, beansprucht werden.[1648] Ferner regelt der Gesetzgeber, dass bei etwaigen Verstößen gegen dieses gesetzliche Verbot sich der anzulegende Wert und mithin die Förderung nach dem EEG auf null reduziert, vgl. § 52 Abs. 2 Nr. 5 EEG 2017.

Im EEG 2017 neu eingeführt hat der Gesetzgeber das **Kumulierungsverbot** in § 80a EEG 2017, welches es verbietet, Investitionszuschüsse durch den Bund, das Land oder ein Kreditinstitut, an dem der Bund oder das Land beteiligt sind, zeitgleich für die Zahlungen aus der Vermarktung des in den Anlagen erzeugten Stroms in Anspruch zu nehmen. Durch diese Regelung soll den europäischen Vorgaben folgend die Kumulation unterschiedlicher Förderungen ausgeschlossen werden.[1649] Das Kumulierungsverbot hat seine Ausformung auch gerade dadurch gefunden, dass keine Stromsteuerbefreiung zeitgleich mit der Förderung nach dem EEG in Anspruch genommen werden darf[1650], bzw. nach § 53c EEG der gewährte Steuervorteil im Hinblick auf die Förderung nach dem EEG in Abzug gebracht wird.[1651]

365a

e) Nachweisführung und Informationspflichten

Die Nachweisführung betrifft die rechtssichere Übermittlung der Nachweise für das Bestehen eines Förderanspruchs des Netzbetreibers bzw. etwaiger **Informationspflichten** und Mitwirkungspflichten. § 71 EEG bringt daher für alle Anlagenbetreiber die Verpflichtung zum Ausdruck, die für die Endabrechnung des Vorjahres erforderlichen Daten zur Verfügung zu stellen. Neben den spezialgesetzlichen Informationspflichten des § 71 EEG für Anlagenbetreiber gilt, dass auch aus Gründen der Transparenz alle Beteiligten, d. h. sowohl Anlagenbetreiber, Netzbetreiber oder Energieversorgungsunternehmen, die erforderlichen Informationen für den bundesweiten Ausgleich zur Verfügung zu stellen haben.[1652] Der zusätzliche Verweis in § 70 S. 2 EEG auf die entsprechende Anwendung des § 62 EEG bedeutet, dass auch solche Energiemengen, die erst durch eine gerichtliche Entscheidung o. ä. erwirkt worden sind, ebenso mitzuteilen und ggf. bei der nächsten Abrechnung zu berücksichtigen sind.[1653]

366

Im Grundsatz muss der Anlagenbetreiber gegenüber dem Netzbetreiber alle Fördervoraussetzungen nachweisen, um die Förderungen des EEG in Anspruch nehmen zu können. Die besonderen Informationspflichten für Anlagenbetreiber postuliert insbesondere § 71 EEG,[1654] nachdem die Anlagenbetreiber dazu verpflichtet sind, den Netzbetreibern
2. bis zum 28. Februar eines Jahres die für die Endabrechnung des Vorjahres erforderlichen Daten anlagenscharf zur Verfügung zu stellen,

367

[1646] Vgl. *Hahn/Naumann*, NJOZ 2012, 361 (363); *Kahle*, in: Reshöft (Hrsg.), EEG, 4. Aufl. 2014, § 56 Rn. 1.
[1647] Herkunftsnachweisverordnung v. 28.11.2011 (BGBl. I S. 2447), die durch Art. 18 des Gesetzes v. 22.12.2016 (BGBl. I S. 3106) geändert worden ist.
[1648] Vgl. BT-Drs. 18/8860, S. 243 f.; hierzu ausführlich: *Buchmüller*, in: EWeRK 2016, 301 ff.
[1649] Vgl. BT-Drs. 18/8860, S. 247.
[1650] Vgl. *Antonow*, NJ 2016, 372 (375 f.).
[1651] Vgl. *Boemke/Uibeleisen*, NVwZ 2017, 286 (287).
[1652] Vgl. *Sellmann*, in: Reshöft/Schäfermeier (Hrsg.), EEG, 4. Aufl. 2014, § 45 Rn. 5.
[1653] Vgl. *Sellmann*, in: Reshöft/Schäfermeier (Hrsg.), EEG, 4. Aufl. 2014, § 45 Rn. 9.
[1654] Die Rechtsnatur ist umstritten. Hierbei wird zum Einen vertreten, dass durch den Netzbetreiber die Einrede der Verjährung geltend gemacht werden könnte, und zum Anderen, dass es sich um eine Obliegenheitsverletzung handelt, die lediglich dazu führt, dass erst im nächsten Abrechnungszeitraum die Vergütung berücksichtigt werden kann, zur Verjährung → Kap. 4 Rn. 362.

3. mitzuteilen, ob und inwieweit für den in der Anlage erzeugten Strom eine Steuerbegünstigung nach § 9 Abs. 1 Nr. 1 oder Nr. 3 StromStG in Anspruch genommen wurde und Regionalnachweise ausgestellt worden seien.

Die Neuregelung in Nr. 2 soll sicherstellen, dass die Netzbetreiber nachvollziehen können, ob die Anforderungen für den Zahlungsanspruch auch tatsächlich erfüllt werden.[1655] Eingeführt wurde hierbei, dass die Daten „anlagenscharf" zur Verfügung gestellt werden müssen. Dies dürfte gerade bei Windparks bedeuten, dass auch für jede Windenergieanlage die Daten ermittelt und dem Netzbetreiber mitgeteilt werden müssen. Bei Biomasseanlagen sind weitere Angaben mitzuteilen, vgl. § 71 Nr. 3 EEG. Der Standort und die installierte Leistung der Anlage, die ursprünglich nach § 46 Nr. 1 EEG 2012 an den Netzbetreiber übermittelt werden sollten, werden durch das Meldeverfahren zum Anlagenregister nach § 6 EEG i. V. m. AnlRegV ersetzt.[1656]

368 Neben dem Inhalt der Nachweise ist auch fraglich, wie bestenfalls die Übermittlung der Daten und Informationen zu erfolgen hat. Das EEG enthält zuweilen besondere Anforderungen, da für die Übermittlung die durch den Netzbetreiber vorgehaltenen Systeme verwendet werden sollen. Daneben finden sich jedoch keine speziellen Regelungen.[1657] Insoweit kann auf die zivilrechtlichen und zivilprozessualen Vorschriften Rückgriff genommen werden, da im Falle eines Rechtsstreits die Nachweisführung insbesondere durch schriftliche Nachweise zu erfolgen hat.[1658] Daher empfiehlt es sich, die erforderlichen schriftlichen Nachweise gegenüber dem Netzbetreiber vorab via Fax und im Nachgang via Einwurfeinschreiben an den Netzbetreiber zu übermitteln. Durch ein solches Vorgehen kann zumeist sichergestellt werden, dass die Information auch rechtzeitig in den Empfangsbereich des Netzbetreibers gelangt.

3. Berechnung der gesetzlichen Förderhöhe

369 Die Berechnung der Förderung hängt von unterschiedlichen Faktoren ab, wobei das EEG 2017 die Förderhöhe maßgeblich durch die Ausschreibung[1659] bestimmt. Nachfolgend wird die Bestimmung der gesetzlich festgelegten Förderhöhe nach den §§ 40 ff. EEG, d. h. Anlagen mit einer installierten Leistung bis einschließlich 750 kW$_{el}$, dargestellt. Insbesondere kommt es hierbei auf den Zeitpunkt der Inbetriebnahme an, der für die Festlegung der Förderhöhe entscheidend ist. Die Höhe der gesetzlich festgelegten Zahlungsansprüche unterliegt der Degression. Ferner befindet sich das EEG aufgrund der Entwicklung des Markts und der technischen Gegebenheiten in einem ständigen Wandel, was dazu führt, dass das Gesetz in mehrjährigen Abständen umfänglich erneuert wird. Somit spielt auch die anwendbare Gesetzesfassung eine entscheidende Rolle für die Wirtschaftlichkeit einer Windenergieanlage bzw. eines Windparks.

a) Inbetriebnahme der Windenergieanlage

370 Wesentlich für die Frage, in welcher Höhe eine EEG-Vergütung für den Strom aus erneuerbaren Energien besteht und ebenfalls für die Anwendbarkeit der jeweiligen Gesetzesfassung, ist die **Inbetriebnahme** im Sinne des § 3 Nr. 30 S. 1 EEG. Daneben ist die Inbetriebnahme bei Windenergieanlagen auch für die Anfangsvergütung von entscheidender Bedeutung.[1660] Der Gesetzgeber hat somit festgelegt, dass im Zeitpunkt der Inbetriebnahme alle wesentlichen In-

---

[1655] Vgl. BT-Drs. 18/8860, S. 241.
[1656] Vgl. BT-Drs. 18/1304, S. 246.
[1657] Vgl. § 27c Abs. 1 Nr. 2 EEG 2012 bzw. § 47 Abs. 6 Nr. 2 EEG, nach dem ein Massebilanzsystem für den Gasabtausch zwischen aus dem Erdgasnetz entnommenem Erdgas und an anderer Stelle eingespeistem Biomethan zu führen ist.
[1658] Im Hinblick auf die Inbetriebnahme von PV-Modulen war auch der Zeugenbeweis nach §§ 373 ff. ZPO, dass ein PV-String-Strom erzeugt und mittels einer Glühbirne der Verbrauch nachgewiesen wurde, durch die Clearingstelle EEG als maßgeblich angesehen worden, Clearingstelle EEG, Hinweis v. 25.6.2010 – Az.: 2010/1, Rn. 122.
[1659] Verweise Ausschreibung→ Kap. 4 Rn. xxxx
[1660] Vgl. *Salje* (Hrsg.), EEG 2012, 6. Aufl. 2012, § 29 Rn. 20.

vestitionen in die Erneuerbare-Energien-Anlage getätigt wurden und deshalb dieser Zeitpunkt für die Bemessung der Vergütungshöhe entscheidend sei. Neue Fassungen eines Gesetzes sollen nur dann Anwendung finden, wenn ein Anreiz für besonders neuartige Anforderungen auch im Hinblick auf die Ziele des EEG erforderlich ist.[1661]

Der Gesetzgeber hat in § 3 Nr. 30 EEG die Inbetriebnahme für alle Erzeugungsanlagen definiert: 371

> „Inbetriebnahme" ist die erstmalige Inbetriebsetzung der Anlage nach Herstellung der technischen Betriebsbereitschaft der Anlage ausschließlich mit erneuerbaren Energien oder Grubengas; die technische Betriebsbereitschaft setzt voraus, dass die Anlage fest an dem für den dauerhaften Betrieb vorgesehenen Ort und dauerhaft mit dem für die Erzeugung von Wechselstrom erforderlichen Zubehör installiert wurde; der Austausch des Generators oder sonstiger technischer oder baulicher Teile nach der erstmaligen Inbetriebnahme führt nicht zu einer Änderung des Zeitpunkts der Inbetriebnahme.

Die Definition wurde im EEG 2017 unverändert übernommen.[1662] Die Inbetriebnahme der Anlage setzt gerade nicht voraus, dass ein Netzanschluss an das Netz der allgemeinen Versorgung erfolgt ist. Dies beruht auf der Erwägung, dass der Gesetzgeber dem Netzbetreiber gerade keinen Einfluss auf die zu zahlende Vergütungshöhe geben wollte.[1663] Die weitergehende Definition der technischen Betriebsbereitschaft wurde vorrangig für Photovoltaikanlagen bereits mit der sogenannten PV-Novelle in das Gesetz integriert. Der Gesetzgeber stellte seit dem EEG 2014 wieder auf die Inbetriebnahme ausschließlich mit erneuerbaren Energien ab.[1664] Die Auswirkungen beschränken sich hierbei jedoch zumeist auf Biogas- und Biomethananlagen.

Die Inbetriebnahme setzt die technische Betriebsbereitschaft zeitlich vor der erstmaligen Erzeugung von Strom voraus.[1665] In Bezug auf Windenergieanlagen hat die Regelung bisher wenig rechtliche Schwierigkeiten bereitet, da zumeist die technische Betriebsbereitschaft erst durch die vollständige Installation der Windturbine auf dem Turm und die nachfolgende erstmalige Erzeugung von Strom zu einer entsprechenden, die Vergütungshöhe fixierenden Inbetriebnahme führt.[1666] Sollte eine bereits einmalig in Betrieb gesetzte Windenergieanlage andernorts innerhalb Deutschlands wieder errichtet werden, so könnte überlegt werden, ob dieses als neue Inbetriebnahme der Anlage gilt. Dagegen spricht aber der Förderzweck des EEG, da gerade keine anlagenspezifischen Investitionskosten bei einer wiederholten Errichtung durch den Anlagenbetreiber aufgerufen werden.[1667] Die Verwendung von gebrauchten Anlagenteilen bei einer Neuerrichtung dürfte – soweit eine missbräuchliche Umgehung nicht vorliegt – nicht angenommen werden.[1668] 372

Da die Inbetriebnahme die **technische Betriebsbereitschaft** der Anlage vorsieht, lässt sich anhand des Anlagenbegriffs nach § 3 Nr. 1 EEG eine Abgrenzung finden. Anlage ist danach jede Einrichtung zur Erzeugung von Strom aus erneuerbaren Energien und Grubengas. Diese eher weite Definition schränkte der Gesetzgeber in der Begründung zum EEG 2009 entsprechend ein: 373

> „Nach diesem weiten Anlagenbegriff zählen neben Generator beispielsweise auch dessen Antrieb (also Motor, Rotor oder Turbine), Fermenter, Gärrestbehälter, unterirdische geothermische Betriebseinrichtungen, Staumauern oder Türme von

---

[1661] Vgl. BT-Drs. 15/2327, S. 42.
[1662] Vgl. BT-Drs. 18/8860, S. 186.
[1663] Vgl. BT-Drs. 16/8148, S. 39.
[1664] Vgl. BT-Drs. 18/1304, S. 169.
[1665] Weiterführend zum Inbetriebnahmebegriff: *Koch*, in: Loibl/Maslaton/von Bredow/Walter (Hrsg.), Biogasanlagen im EEG, 3. Aufl. 2013, S. 87 ff.
[1666] So bereits zum EEG 2004 *LG Erfurt*, Urt. v. 22.3.2007 – 3 O 1705/06, BeckRS 2008, 13065.
[1667] Nicht dagegen spricht die Regelung zur dauerhaften Installation an einem Ort, da es sich hierbei um ein subjektives Element handelt, welches erst dann infrage steht, wenn bereits bei der ursprünglichen Inbetriebnahme feststand, dass binnen eines Jahres die Anlage versetzt wird (vgl. BT-Drs. 17/8877, S. 17 f.).
[1668] Die Förderung nach § 5 Abs. 1 Nr. 1 KWKG hat im Gegensatz hierzu eine ausdrückliche Regelung getroffen, die gerade für die Zuschlagsberechtigung eine Verwendung von fabrikneuen Hauptbestandteilen voraussetzt.

Windenergieanlagen zur Anlage. Infrastruktureinrichtungen wie Wechselrichter, Netzanschluss, Anschlussleitungen, eine Stromabführung in gemeinsamer Leitung, Transformatoren, Verbindungswege und Verwaltungseinrichtungen sind jedoch vom Anlagenbegriff nicht erfasst, da diese Einrichtungen nicht der Stromerzeugung dienen."[1669]

Dies vor Augen geführt, sind – soweit anderweitig die erstmalige Stromerzeugung dargestellt werden kann – auch bei einem Windpark mithin alle Trafostationen, Umspannwerke etc. für die Inbetriebnahme i. S. d. § 3 Nr. 20 EEG nicht erforderlich.[1670] Auch können unterschiedliche Inbetriebnahmezeitpunkte innerhalb eines Windparks vorliegen, die auch über eine gemeinsame Messeinrichtung gemäß § 24 Abs. 3 EEG abgerechnet werden können.

374 Weiterhin hat der Gesetzgeber an systematisch richtiger Stelle in § 3 Nr. 30 3. HS EEG geregelt, dass der **Austausch des Generators** oder sonstiger technischer oder baulicher Teile nicht zu einer erneuten Inbetriebnahme führt. Präzisierend nimmt der Gesetzgeber auf Windenergieanlagen in der Gesetzesbegründung wie folgt Bezug:

„Er [der 3. HS] hat zur Folge, dass auch der Austausch einzelner Teile nicht zu einer Neuinbetriebnahme der Anlage führt. Wird z. B. die Gondel einer Offshore-Anlage wegen eines Defekts ausgetauscht, hat dies keine Neuinbetriebnahme zur Folge."[1671]

Zudem setzt die technische Betriebsbereitschaft voraus, dass die Anlage fest an dem für den dauerhaften Betrieb vorhergesehenen Ort und dauerhaft mit dem für die Erzeugung von Wechselstrom erforderlichen Zubehör installiert wurde.

b) Degression der Förderung und Anlagenregister

375 Die beschriebene Inbetriebnahme ist insbesondere maßgeblich für die Förderungshöhe und für die Anwendbarkeit des EEG in seiner jeweiligen Fassung. Die Vergütungen und Boni sanken gegenüber den in den §§ 23 ff. EEG 2012 festgelegten Vergütungshöhen jährlich zum 1.1. für Strom aus Windenergie für Offshore-Windenergieanlagen ab dem 1.1.2018 um 7,0 % und für Onshore-Windenergieanlagen ab dem 1.1.2013 um 1,5 %. Diese Regelung der **Degression** hat der Gesetzgeber im novellierten EEG 2014 grundlegend überarbeitet und, vergleichbar mit dem „atmenden Deckel" für Photovoltaikanlagen, eine sich dem Zubau von Windenergieanlagen anpassende Degression ausgestaltet.[1672] Diese Regelung hat der Gesetzgeber in § 46a EEG überführt.[1673] Damit die Degression auf den anzulegenden Wert in Abhängigkeit vom Zielkorridor berechnet werden kann, hat der Gesetzgeber eine Pflicht zur Anmeldung der Windenergieanlage in § 6 EEG aufgenommen und hierzu eine **Anlagenregisterverordnung** (kurz: *AnlRegV*)[1674] erlassen.

376 **aa) Degression des anzulegenden Wertes.** Sinn und Zweck der Degression liegen insbesondere darin, dem technologischen und wirtschaftlichen Fortschritt bei der Errichtung und Investition in Erneuerbare-Energien-Anlagen Rechnung zu tragen und so einer Überförderung vorzubeugen.[1675] Im Verhältnis zum EEG 2009 ist im EEG 2012 die Degression für Onshore-Windenergieanlagen von 1,0 % auf 1,5 % angehoben worden. Die Degression führte langfristig betrachtet dazu, dass die Vergütung nach § 16 Abs. 1 i. V. m. §§ 29 ff. EEG 2012 dauerhaft unterhalb des am Strommarkt gehandelten Strompreis liegt. In diesem Fall würden die Anlagenbetreiber selbstständig aus dem EEG-Vergütungssystem ausscheiden.

377 Der anzulegende Wert abzüglich der im Zeitpunkt der Inbetriebnahme der Windenergieanlage anwendbaren Degression gilt für die gesamte Förderdauer. Die Degression im EEG 2017 richtet sich nach dem in § 4 EEG festgelegten **Ausbaupfad**.[1676] Danach soll die installierte

---

[1669] BT-Drs. 16/8148, S. 38.
[1670] Zur strittigen Frage, ob im Rahmen des Repowerings auch das Fundament zur Anlage gehört; *Richter*, in: Maslaton (Hrsg.), Windenergieanlagen, 1. Aufl. 2015, Kap. 4 Rn. 346 ff.
[1671] BT-Drs.17/6071, S. 61.
[1672] Vgl. BT-Drs. 18/1304, S. 197.
[1673] Vgl. BT-Drs. 18/8860, S. 229.
[1674] Anlagenregisterverordnung in der Fassung v. 18.10.2016 (BGBl. I, S. 2343).
[1675] Vgl. *Sommerfeldt*, in: Reshöft/Schäfermeier (Hrsg.), EEG, 4. Aufl. 2014, § 20 Rn. 2.
[1676] Vgl. auch: *Müller/Kahl/Sailer*, ER 2014, 139 f.; *Wustlich*, NVwZ 2014, 1113 (1115 f.).

Leistung der Windenergieanlagen an Land pro Jahr um 2.800 MW (brutto) in den Jahren 2017 bis 2019 steigen. Ab dem Jahr 2020 sollen 2.900 MW pro Jahr an Zubau realisiert werden. Die im EEG 2014 noch verwendete Bezeichnung „netto" sollte ausweislich der Gesetzesbegründung dahingehend verstanden werden, dass zurückgebaute Windenergieanlagen vom tatsächlichen Zubau abgezogen werden und diese so ermittelte neu installierte Leistung für die Berechnung der Degression maßgeblich ist.[1677] Nach der Neudefinition ist mithin der Rückbau von Windenergieanlagen an Land bei der Ermittlung der Erreichung der Ziele nicht mehr zu berücksichtigen.

In § 46a Abs. 1 EEG legt der Gesetzgeber zunächst fest, dass der in § 46 Abs. 1 und Abs. 2 EEG festgelegte anzulegende Wert zum 1. März, zum 1. April, zum 1. Mai, 1. Juni, 1. Juli und zum 1. August 2017 um jeweils 1,05 Prozent gegenüber dem vorangegangenen Kalendermonat sinkt. Hierbei bleibt der Zubau von Windenergieanlagen außer Betracht, da der Gesetzgeber von einem weiterhin über dem Ausbaupfad liegenden Zubau ausgeht.[1678] Im Anschluss hieran erfolgt eine vierteljährliche Degression in Abhängigkeit des Zubaus zum Ausbaukorridor. Diese Degression erfolgt zum 1.10.2017, 1.1.2018, 1.4.2018, 1.7.2018 und 1.10.2018 und sieht zunächst eine Grunddegression von 0,4 Prozent gegenüber dem jeweils vorangegangenen Kalendermonat vor. Im Anschluss hieran, d.h. ab dem 1.1.2019, richtet sich der anzulegende Wert nach § 46b EEG, wobei unter Rückgriff auf die Ergebnisse der Ausschreibung ein Durchschnittswert des Vorjahres zugrunde gelegt wird.[1679]

378

Diese Grunddegression wird in Ansehung des Zubaus im Bezugszeitraum des § 46a Abs. 5 EEG nivelliert. Der Bezugszeitraum umfasst zwölf Monate, die bereits fünf Monate vor dem Degressionsschritt nach § 46a Abs. 1 EEG abgeschlossen sind. Der Zubau in diesem Zeitfenster ist maßgeblich für die dann anhand der in § 46a Abs. 2 und Abs. 3 EEG geregelten Staffelung zu berechnende Degression. Bei Überschreitung des Zielkorridors von bis zu 200 MW wird eine Degression von 0,5 % auf den anzulegenden Wert angerechnet, die maximal bei einer Überschreitung von 1.000 MW auf 2,4 % steigt. Gleichzeitig hat der Gesetzgeber auch eine Verringerung der Degression in Abs. 3 EEG vorgesehen, wenn der Zielkorridor unterschritten wird. Bei einer Unterschreitung von 400 MW beträgt die Degression null. Sollte sogar ein noch geringerer Zubau, der 600 oder gar 800 MW unter dem Brutto-Ziel von 2.400 MW liegt, im Bezugszeitraum realisiert werden, kann der anzulegende Wert sich gemäß § 46a Abs. 4 EEG sogar um 0,2 % respektive 0,4 % erhöhen.

379

Für **Offshore-Windenergieanlagen** bleibt es gemäß § 47 Abs. 5 EEG bei einer gesetzlich festgelegten Degression des anzulegenden Wertes in den ersten zwölf Monaten nach Inbetriebnahme[1680] von 0,5 ct/kWh zum 1.1.2018 sowie 1,0 ct/kWh zum 1.1.2020. Im Folgejahr, d.h. ab dem 1.1.2021 richtet sich die Bestimmung der Höhe der Marktprämie nach dem WindSeeG[1681].[1682] Diese richtet sich dann auch maßgeblich nach einem ausdifferenzierten Ausschreibungsverfahren. Für die Förderung im Wege des sogenannten Stauchungsmodells für Windenergieanlagen auf See im Sinne des § 47 Abs. 3 EEG verringert sich der anzulegende Wert, die in den Jahren 2018 und 2019 in Betrieb genommen werden, um 1,0 ct/kWh. Diese gegenüber der Windenergie an Land langsamere Degression soll einen kontinuierlichen Ausbau gewährleisten und Kostensenkungspotenziale berücksichtigen.[1683]

380

bb) Anlagenregister für Windenergieanlagen. Im EEG 2014 hat der Gesetzgeber die Pflicht aufgenommen, die in Betrieb gesetzten Windenergieanlagen in das **Anlagenregister** anzumelden. Das Anlagenregister wird durch die Bundesnetzagentur errichtet und betrieben. Für die

381

[1677] Vgl. BT-Drs. 18/1304, S. 164.
[1678] Vgl. auch: *Müller/Kahl/Sailer*, ER 2014, 139 f.; *Wustlich*, NVwZ 2014, 1113 (1115 f.).
[1679] Vgl. BT-Drs. 18/8860, S. 229.
[1680] Beachtlich ist hierbei, dass unter Umständen auch bereits die Betriebsbereitschaft für eine Inbetriebnahme im Sinne des EEG genügt, vgl. § 47 Abs. 7 EEG.
[1681] Gesetz zur Entwicklung und Förderung von Windenergie auf See (WindSeeG) in der Fassung v. 18.10.2016 (BGBl. I, S. 2310).
[1682] Vgl. BT-Drs. 18/8860, S. 230.
[1683] Vgl. BT-Drs. 18/8860, S. 229.

Anmeldepflicht des Anlagenbetreibers ist es unerheblich, ob dieser die finanzielle Förderung nach dem EEG in Anspruch nimmt oder ob sie in Anspruch genommen werden könnte[1684], vgl. § 6 Abs. 3 EEG. Die Einzelheiten der Registrierungspflichten ergeben sich aus der AnlRegV.[1685] Der Sinn und Zweck des Anlagenregisters soll in der Förderung der Integration des Stroms aus erneuerbaren Energien in das Elektrizitätsversorgungssystem, der Überprüfung der vorrangigen verpflichtenden Direktvermarktung, des gesetzlichen Ausbaupfads und der Degression der Förderung zu suchen sein. Ferner soll das Register den bundesweiten Ausgleichsmechanismus erleichtern und der Erfüllung nationaler, europäischer und internationaler Berichtspflichten dienen. Vorgesehen ist darüber hinaus, dass das Anlagenregister in ein **Marktstammdatenregister** nach § 111e EnWG überführt wird, in dem auch andere energiewirtschaftliche Daten zusammengeführt werden.[1686] Dieses Register soll gegenüber dem bisherigen Anlagenregister auch bisher nicht erfasste Anlagen erfassen und hierdurch eine umfassende Datenbank der Erzeugungsanlagen geschaffen werden.[1687]

382 **(1) Zur Registrierung verpflichtete Anlagenbetreiber.** Zunächst verweist § 6 Abs. 3 EEG darauf, dass die Verpflichtung zur Registrierung dem Anlagenbetreiber obliegt. Insoweit ist bereits aus diesem Grund der Verweis auf die Definition des Anlagenbetreibers in § 3 Nr. 2 EEG gegeben, die durch § 2 Nr. 1 AnlRegV aufgegriffen, jedoch für Photovoltaikfreiflächenanlagen und zu deren europäischen Anforderungen an die Ausschreibung des anzulegenden Werts nach § 2 Abs. 5 EEG noch erweitert wurde.

383 Die Verpflichtung, Angaben an die BNetzA zu machen, trifft hierbei nicht nur solche Anlagen, die nach dem 31.7.2014, d. h. mit Inkrafttreten des EEG 2014, in Betrieb genommen worden sind, sondern es werden auch Verpflichtungen für Bestandsanlagen in § 6 AnlRegV statuiert. Als **Bestandsanlagen** erfasst werden alle Anlagen, die bereits vor dem 1.8.2014 in Betrieb genommen worden sind, unabhängig davon, welche Fassung des EEG auf diese Anwendung findet. Die Registrierungspflicht besteht, wenn die installierte Leistung erhöht oder verringert wird oder die Anlage endgültig stillgelegt wird. Wie jedoch der Begriff der Stilllegung zu definieren ist, lassen sowohl das EEG als auch die AnlRegV offen.[1688] Ferner sieht § 6 Abs. 1 Nr. 3 AnlRegV einen Spezialtatbestand für Windenergieanlagen vor, wenn bei Windenergieanlagen an Land fünf Jahre nach ihrer Inbetriebnahme für die Verlängerung der Anfangsvergütung die Inbetriebnahme im zeitlichen Anwendungsbereich des EEG 2012 lag oder die Verlängerung nach dem 31.12.2009 und vor dem 1.1.2012 veranlasst wurde. Anlagen, die im zeitlichen Anwendungsbereich des EEG 2000 oder des EEG 2004 in Betrieb genommen worden sind, sind mithin von der Registrierungspflicht bei Inanspruchnahme der Anfangsvergütung ausgenommen. Die Meldung an die BNetzA aufgrund der Verlängerung der Anfangsvergütung hat gemäß § 6 Abs. 3 Nr. 2 EEG innerhalb von drei Monaten nach Verlängerung zu erfolgen. Da der Referenzertrag zur Berechnung der Verlängerung erst nach dem Ablauf von fünf Betriebsjahren ermittelt werden kann[1689], ist eine Bestimmung des exakten Zeitpunkts zur Übermittlung zumindest nach dem Wortlaut der Vorschrift nicht möglich, sodass wohl erst nach Vorlage entsprechender Referenzertragsgutachten und deren Übermittlung an den Netzbetreiber vom Beginn der Frist von drei Monaten gesprochen werden kann.

384 Für Bestandsanlagen sieht der Gesetzgeber zeitgleich eine **Übergangsbestimmung** in § 16 Abs. 3 AnlRegV vor, nach der zunächst die Netzbetreiber die Betreiber von Anlagen, die an ihr Netz angeschlossen sind, darüber zu informieren haben, dass der Anlagenbetreiber die Anlage in den Fällen des § 6 Abs. 1 AnlRegV registrieren lassen muss. Insoweit gelten alle durch den Anlagenbetreiber bis zum 1.7.2015 übermittelten Informationen als rechtzeitig übermittelt,

---

[1684] Vgl. BT-Drs. 18/1304, S. 173.
[1685] *Wustlich,* NVwZ 2014, 1113 (1116).
[1686] Das Marktstammdatenregister trat am 1.7.2017 auf Grundlage der Marktstammdatenregisterverordnung (kurz: MaStRV) in Kraft.
[1687] Vgl. hierzu ausführlich: *Bartsch/Hartmann/Wagner,* IR 2016, 197 ff.
[1688] So bereits: Clearingstelle EEG, Stellungnahme zum EEG 2014 und AnlRegV v. 12.3.2014, Rn. 186 ff.; abrufbar unter: https://www.clearingstelle-eeg.de/eeg2014/urfassung/material.
[1689] Vgl. *Schomerus,* in: Frenz/Müggenborg (Hrsg.), EEG, 3. Aufl. 2013, § 29 Rn. 56.

sodass kein Entfallen der finanziellen Förderung droht. Eine Rechtsfolge für den Fall, dass eine Benachrichtigung seitens des Netzbetreibers unterblieben ist, hat der Verordnungsgeber nicht vorgesehen. Dem Grunde nach findet die AnlRegV auch ohne Benachrichtigung seitens des Netzbetreibers Anwendung auf die entsprechende Anlage, sodass gleichsam der Entfall der finanziellen Förderung droht, da der Anlagenbetreiber selbst dazu berufen ist, sich über die aktuelle Rechtslage zu informieren. Die angeordneten Rechtsfolgen in § 52 EEG bei Pflichtverletzungen durch die Betreiber von Bestandsanlagen stehen angesichts des vom Gesetzgeber verfolgten Zwecks einer besseren Datenlage über Bestandsanlagen[1690] nach wie vor außer Verhältnis.

(2) Pflichtangaben nach § 6 Abs. 3 EEG. Die Anlagenbetreiber müssen nach § 6 Abs. 3 EEG mindesten die in § 111 f.Nr. 6 a) bis d) EnWG genannten Daten übermitteln. Hierzu gehören u. a. **Angaben zu ihrer Person** und ihre Kontaktdaten, Daten zu dem Standort der Anlage, dem Energieträger, aus dem der Strom erzeugt wird und die installierte Leistung der Anlage. Nach § 6 Abs. 3 EEG ist zudem die Angabe, ob für den in der Anlage erzeugten Strom eine finanzielle Förderung in Anspruch genommen werden soll, an das Anlagenregister zu übermitteln. Die Begrifflichkeit „mindestens" deutet an, dass es sich hierbei nicht um eine abschließende Auflistung der beizubringenden Informationen handelt. Insoweit wird gemäß § 6 Abs. 5 EEG konkretisierend auf die AnlRegV zurückgegriffen, in deren § 3 die Registrierung von Anlagen dargestellt wird:

385

(2) Anlagenbetreiber müssen die folgenden Angaben übermitteln:
4. ihren Namen, ihre Anschrift, ihre Telefonnummer und ihre E-Mail-Adresse,
[…]
5. den Standort und, sofern vorhanden, den Namen der Anlage,
6. sofern vorhanden, die Zugehörigkeit der Anlage zu einem Anlagenpark und dessen Namen,
7. den Energieträger, aus dem der Strom erzeugt wird,
8. die installierte Leistung der Anlage,
9. die Angabe, ob sie für den in der Anlage erzeugten Strom oder die Bereitstellung installierter Leistung Zahlungen des Netzbetreibers aufgrund der Ansprüche nach § 19 oder § 50 des Erneuerbare-Energien-Gesetzes in Anspruch nehmen wollen,
10. die Angabe, ob der in der Anlage erzeugte Strom vollständig oder teilweise vom Anlagenbetreiber oder einem Dritten in unmittelbarer Nähe zur Anlage verbraucht und dabei nicht durch das Netz durchgeleitet werden soll,
11. das Datum der Inbetriebnahme der Anlage,
12. bei genehmigungsbedürftigen Anlagen die Angabe der Genehmigung oder Zulassung, mit der die Anlage nach § 4 Absatz 1 registriert worden ist,
[…]
12. bei Windenergieanlagen
  a) die Nabenhöhe,
  b) den Rotordurchmesser,
  c) den Hersteller der Anlage sowie den Anlagentyp,
  d) die Standortgüte, wenn es sich um eine Windenergieanlage an Land handelt; zu diesem Zweck sind aus dem Gutachten nach § 36h Absatz 4 des Erneuerbare-Energien-Gesetzes die folgenden Angaben zu übermitteln:
    aa) die mittlere Windgeschwindigkeit auf Nabenhöhe in Meter pro Sekunde,
    bb) Formparameter und Skalenparameter der Weibull-Verteilung der Windverhältnisse auf Nabenhöhe und
    cc) das Verhältnis des zu erwartenden Ertrags zum Referenzertrag nach der Anlage 2 zum Erneuerbare-Energien-Gesetz,
  e) die Angabe, ob es sich um eine Windenergieanlage an Land handelt, die eine bestehende Windenergieanlage ersetzt, einschließlich der Bestätigung, dass die endgültige Stilllegung der ersetzten Anlage nach § 5 Absatz 1 oder § 6 Absatz 2 Satz 2 an das Anlagenregister übermittelt worden ist,
  f) die Angabe, ob es sich bei der Windenergieanlage um eine Pilotwindenergieanlage handelt
    aa) nach § 3 Nummer 3 des Erneuerbare-Energien-Gesetzes oder
    bb) nach § 3 Nummer 6 des Windenergie-auf-See-Gesetzes,
  g) die Küstenentfernung und die Wassertiefe des Standorts der Windenergieanlage auf See,

---

[1690] Vgl. Begründung zur AnlRegV v. 4.8.2014, S. 49.

Weiterhin sind nach § 5 Abs. 2 AnlRegV ebenfalls die Änderung der installierten Leistung sowie die **Stilllegung einer Anlage** nebst Datum durch den Anlagenbetreiber zu übermitteln. Auch kann die BNetzA gemäß § 14 Nr. 1 AnlRegV noch weitere Angaben der Anlagenbetreiber durch Festlegung einfordern, sofern dies zum Zwecke des § 6 Abs. 1 EEG erforderlich ist. Die vorgenannten Daten sind innerhalb von drei Wochen nach der Inbetriebnahme der Anlage oder Änderung an die BNetzA zu übermitteln, vgl. § 3 Abs. 3 AnlRegV.

386 Im Hinblick auf den Standort der Windenergieanlagen sind insbesondere die genaue Adresse bzw. das Flurstück, das Bundesland, der Ortsname und die Postleizahl anzugeben. Bei Offshore-Windenergieanlagen soll die Angabe des Windparks ausreichend sein.[1691] Gleichwohl ist auch hier zu empfehlen, besonders exakt die Angaben für den Netzbetreiber aufzubereiten, um eventuellen Widersprüchen zu begegnen. Die installierte Leistung ist gesetzlich in § 3 Nr. 31 EEG definiert. Danach handelt es sich hierbei um die elektrische Wirkleistung, die die Anlage bei bestimmungsgemäßem Betrieb ohne zeitliche Einschränkungen unbeschadet kurzfristiger geringfügiger Abweichungen technisch erbringen kann. Die Blindleistung der Anlage ist hierbei jedoch nicht zu berücksichtigen.[1692] Es wird zumeist auf die vom Hersteller bescheinigte Nennleistung des Generators, speziell der Windturbine, zurückgegriffen werden können.[1693]

387 Kritisch zu betrachten ist die Fülle der bereitzustellenden Informationen durch die Anlagenbetreiber. Insbesondere kann in Frage gestellt werden, inwieweit alle Angaben erforderlich sind, um den maßgeblichen Zwecken des Anlagenregisters zu entsprechen.[1694] Im Hinblick auf die Angabe nach § 3 Abs. 2 Nr. 3 AnlRegV, die gerade bei Windenergieanlagen von besonderer Bedeutung sein kann, lässt der Verordnungsgeber offen, ab wie vielen Anlagen von einem Anlagenpark und in welcher räumlichen Belegenheit noch von einem Park ausgegangen werden kann.[1695] Da in der AnlRegV auch Bezug auf Genehmigungen genommen wird, könnte Nr. 1.6 der Anlage 1 zum UVPG bzw. Nr. 1.6 der Anlage zur 4. BImSchV herangezogen werden, auch wenn in diesem Zusammenhang von einer Windfarm gesprochen wird. Eine Erforderlichkeit dieser Angabe kann diesseitig nicht erkannt werden.[1696]

388 Als Besonderheit für **genehmigungsbedürftige Anlagen** ist drei Wochen nach der Bekanntgabe der Genehmigung der Anlage eine Registrierung gemäß § 4 Abs. 1 AnlRegV durch den Anlagenbetreiber zu veranlassen, wenn die Genehmigung erst nach dem 28.02.2015 erfolgte. Der Sinn und Zweck dieser Verpflichtung wird an einer besseren Vorhersehbarkeit des zu erwartenden Zubaus für die Netzbetreiber und den Gesetzgeber liegen.[1697] Genehmigungsbedürftig sind nach dem Definitionskatalog des § 2 AnlRegV solche Anlagen, deren Betrieb einer Genehmigung nach § 4 BImSchG oder Zulassung nach einem anderen Bundesgesetz bedarf. Üblicherweise wird gerade bei Windenergieanlagen eine Genehmigung sowohl zur Errichtung als auch zum Betrieb zeitgleich beantragt und beschieden. Insoweit lässt der Wortlaut offen, ob bei separaten Anträgen lediglich die Genehmigung zum Betrieb der Anlage gemeint ist. Anlagen, die nach landesrechtlichen Regelungen wie z. B. durch eine Baugenehmigung zu genehmigen sind, sind von der Verpflichtung nicht erfasst. Die im Falle einer genehmigungsbedürftigen Anlage zu übermittelnden Angaben sind in § 4 Abs. 2 AnlRegV aufgelistet. Insoweit sind bei Windenergieprojekten stets zwei Registrierungen zu veranlassen, die Registrierung der Genehmigung nach § 4 Abs. 1 AnlRegV und die Registrierung nach der Inbetriebnahme der Anlage nach § 3 AnlRegV.

[1691] Vgl. BT-Drs. 16/8148, S. 68.
[1692] Vgl. BT-Drs. 17/6071, S. 61.
[1693] Vgl. BT-Drs. 17/6071, S. 61.
[1694] Allein die angeführte Transparenz und damit einhergehende Akzeptanz für die Energiewende vermag nicht zu überzeugen, so aber: *Wustlich*, NVwZ 2014, 1113 (1116).
[1695] So bereits: Clearingstelle EEG, Stellungnahme zum EEG 2014 und AnlRegV v. 12.3.2014, Rn. 188 f., abrufbar unter: https://www.clearingstelle-eeg.de/eeg2014/urfassung/material.
[1696] Auch die Begründung zur AnlRegV verweist jedoch nur in Zusammenhang mit der Registrierungspflicht für genehmigungsbedürftige Anlagen nach § 4 AnlRegV auf die Anlage zur 4. BImSchV, S. 46.
[1697] Vgl. Begründung zur AnlRegV v. 4.8.2014, S. 46.

(3) Durchführung und Rechtsfolgen der Registrierung. Das **Registrierungsverfahren** 389
wird in § 7 AnlRegV geregelt und zunächst festgelegt, dass die BNetzA zur Durchführung der Registrierung berufen ist und die Anlagenbetreiber zur Erfüllung ihrer Pflichten die bereitgestellten Formularvorlagen zu nutzen haben. Nach Eingang der Daten hat die BNetzA dem Anlagenbetreiber den Eingang sowie das Datum des Eingangs zu bestätigen, wenn zumindest die Daten nach § 2 Nr. 1, 2, 4, 5 und 6 AnlRegV übermittelt worden sind. Des Weiteren hat die BNetzA für jede registrierte Anlage eine eindeutige Kennziffer zuzuordnen. Im Rahmen des Verfahrens zur Registrierung ist die BNetzA auch dazu berechtigt, an die örtlich zuständigen Netzbetreiber heranzutreten, um die übermittelten Daten zu ergänzen. Der Netzbetreiber ist gemäß § 7 Abs. 3 S. 3 AnlRegV innerhalb eines Monats nach Eingang der Anfrage der BNetzA zur Prüfung und Bestätigung der Daten verpflichtet. Ausdrücklich weist der Verordnungsgeber darauf hin, dass die Registriert-Eintragung der Anlage nach der AnlRegV keine verbindliche Auskunft darüber gibt, ob auch eine finanzielle Förderung nach § 19 EEG beansprucht werden kann.

Als Rechtsfolge einer nicht erfolgten bzw. nicht mit den erforderlichen Angaben versehenen 390
Registrierung zum Anlagenregister sieht § 52 Abs. 1 S. 1 Nr. 1 EEG vor, dass solange sich der anzulegende Wert auf null verringert, soweit auch die jährliche Meldung nach § 71 EEG nicht erfolgt ist. Wenn zumindest eine Meldung nach § 71 EEG erfolgt ist, entfällt der Förderanspruch nach dem EEG 2017 nicht mehr vollständig, sondern der anzulegende Wert verringert sich um 20 Prozent. Dies gilt entsprechend, solange eine Erhöhung der installierten Leistung nicht an die BNetzA gemeldet wurde, gleichwohl aber die jährliche Meldung erfolgt ist, vgl. § 52 Abs. 3 Nr. 2 EEG. Der Zeitraum der Verringerung des anzulegenden Werts gilt bis zu dem Zeitpunkt, in dem die erforderlichen Angaben zum Anlagenregister vorgenommen worden sind. Für den Zeitraum des Verstoßes gegen die Meldepflicht entfällt jedoch der Anspruch auf die finanzielle Förderung nach § 19 EEG insgesamt und endgültig.[1698]

Neben der Rechtsfolge des Entfallens oder einer Verringerung der finanziellen Förderung 391
liegt zudem eine **Ordnungswidrigkeit** i. S. d. § 15 AnlRegV vor, sollte der Anlagenbetreiber seinen Pflichten zur vollständigen Abgabe der Angaben nicht nachgekommen sein. Sollten die erforderlichen Angaben zur Registrierung nicht veranlasst worden sein, so kann die BNetzA mit einer Geldbuße von bis zu 50.000 € ahnden. Die beiden Sanktionsmechanismen sollen eine hohe Datenqualität des Anlagenregisters sicherstellen,[1699] wobei gerade die zusätzliche Ahndung im Wege von Ordnungswidrigkeiten als zu weitreichend bezeichnet werden kann. Insoweit sollte hiervon, gerade angesichts der doch nicht stets eindeutigen Informationsanforderung, nur in restriktivem Maße Gebrauch gemacht werden.

cc) Anwendbares Recht bei Inbetriebnahme/Übergangsbestimmungen. Die Inbetrieb- 392
nahme kann aber gleichermaßen als Anknüpfungspunkt für die Anwendbarkeit des jeweils zu beachtenden EEG sein. Die **Übergangsbestimmungen** regeln, welche Vorschriften des EEG auch auf die Altanlagen Anwendung finden. Während zwischen dem EEG 2009 und dem EEG 2012 eine Parallelität der anzuwendenden Fassung bestand, hat der Gesetzgeber in den §§ 100 ff. EEG 2014 versucht, einen einheitlichen Rechtsrahmen zu schaffen. Auch das EEG 2017 findet grundsätzlich auf alle Anlagen Anwendung, es sei denn, dass in den Regelungen der §§ 100 ff. EEG etwas anderes für Bestandsanlagen bestimmt ist. Insbesondere werden die Höhe und der Umfang der finanziellen Förderung für Bestandsanlagen in der Regel fortgeführt, um den Vertrauensschutz zugunsten der Investitionen in erneuerbare Energien zu erhalten.[1700] Ferner wird für solche Anlagen, die erst nach dem Inkrafttreten einer neuen Fassung des EEG in Betrieb genommen, aber bereits erheblichen Investitionen getätigt wurden, Regelungen getroffen, die die alte Gesetzesfassung für anwendbar erklärten. Dies wird in der Regel bei Windenergieanlagen an das Vorliegen einer BImSch-Genehmigung als subjektives Recht vor dem Inkrafttreten des eigentlichen Gesetzes geknüpft.

[1698] Vgl. *OLG Schleswig*, Urt. v. 21.6.2016 – Az.: 3 U 108/15, BeckRS 2016, 12001.
[1699] Vgl. *Wustlich*, NVwZ 2014, 1113 (1116).
[1700] Vgl. BT-Drs. 18/1304, S. 274; *Brahms*, Die Direktvermarktung im EEG – zwischen Mindestvergütung und freiem Markt, S. 430.

393 Um den **Vertrauensschutz** auszulösen, nimmt der Gesetzgeber in zeitlicher Hinsicht auf Umstände Bezug, die das Vertrauen in die Weitergeltung des EEG in seiner bestehenden Fassung erschüttern können. Im Rahmen der letzten Photovoltaiknovelle wurde die erste Veröffentlichung eines Gesetzentwurfs als verfassungsrechtlich unbedenklich eingestuft.[1701] Insoweit könnte bereits zeitlich weit vor dem Inkrafttreten eines neuen Gesetzes der Vertrauensschutz entfallen sein und mithin die Wirtschaftlichkeit von Erneuerbare-Energien-Anlagen beeinflussen. Für die Projektierung von Windenergieanlagen bedeutet dies, dass der zeitliche Anwendungsbereich des EEG zwingend zu beachten ist, wenn die Förderung für die Wirtschaftlichkeit unbedingt erforderlich ist. Es empfiehlt sich, die politischen Geschehnisse zu beobachten und auch bereits Gesetzentwürfe zu prüfen, sollte sich die Planungsphase unter Umständen noch in die Länge ziehen oder die Inbetriebnahme nicht mehr rechtzeitig realisiert werden können. Gleichermaßen ist die Handhabe des Gesetzgebers kritisch zu würdigen. In einem Gesetzentwurf kann der generelle Entschluss des Gesetzgebers erkannt werden, den derzeitigen Rechtsrahmen ändern zu wollen, wozu er rechtlich legitimiert ist. Der erste Gesetzentwurf oder aber eine Pressemitteilung sind noch nicht dazu geeignet, dem Projektierer definitive Rechtsfolgen aufzuzeigen, die bei weiterer Verfolgung des Windprojekts eingehalten werden müssen bzw. ob weiterhin eine Vergütungspflicht in entsprechender Höhe für den eingespeisten Strom besteht.[1702]

394 **(1) Bestandsanlagen mit Inbetriebnahme bis 31.12.2011.** § 100 Abs. 2 Nr. 10 EEG 2014 wurde in § 100 Abs. 3 Nr. 10 EEG überführt und ordnet zunächst an, dass für diese Bestandsanlagen mit einer Inbetriebnahme vor dem 1.1.2012 der § 66 EEG 2012 zur Anwendung gerät, jedoch nicht allgemein das EEG 2009 weiterhin anwendbar sein soll. Hintergrund ist die Abschaffung der Parallelität der Gesetzesfassungen des EEG 2009 und des EEG 2012. Bei der vorgenannten Vorschrift handelt es sich um die Grundnorm für alle Bestandsanlagen mit einer Inbetriebnahme bis einschließlich 31.12.2012. Auch für diese Anlagen soll nach dem Grundsatz des § 100 Abs. 1 das EEG 2017 zur Anwendung geraten, wobei die Vergütungsvorschriften gemäß § 100 Abs. 2 Nr. 10 c) EEG unangetastet bleiben.[1703] Das Kumulierungsverbot des § 80a EEG[1704], d. h. der zeitgleichen Inanspruchnahme einer finanziellen Förderung nach dem EEG und einer Stromsteuerbefreiung, findet auf Anlagen mit einer Inbetriebnahme vor dem 1.12.2012 gemäß § 100 Abs. 1 S. 8 EEG keine Anwendung.

395 Aus der Verweisungskette des § 100 Abs. 2 Nr. 10 EEG soll sich ergeben, dass für Anlagen, die im zeitlichen Anwendungsbereich des EEG 2004, d. h. bis zum 31.12.2008 in Betrieb genommen worden sind, ebenfalls die vergütungsrelevanten Vorschriften erhalten bleiben.[1705] Gleichwohl wird in Bezug auf die technischen Vorgaben auf § 6 EEG 2009 verwiesen unter der Einschränkung der nachträglichen Pflichten nach § 66 Abs. 1 Nr. 1 bis Nr. 3 EEG 2012. Dies bedeutet, dass insbesondere die technischen Einrichtungen für Anlagen mit einer Leistung über 100 kW vorgehalten werden müssen. Anwendung findet jedoch § 9 Abs. 1 S. 2 EEG 2014, nach dem es auch für Bestandsanlagen genügt, wenn eine technische Einrichtung für mehrere Anlagen an einem Verknüpfungspunkt bereitgestellt wird, vgl. § 100 Abs. 2 Nr. 10 b) aa) EEG. Des Weiteren sind die Rechtsfolgen bei Verstößen weiterhin nach § 16 Abs. 6 EEG 2012 umzusetzen.

396 **(2) Bestandsanlagen mit Inbetriebnahme bis 31.7.2014.** Für Windenergieanlagen, die nach dem 31.12.2011 und vor dem 1.8.2014 in Betrieb genommen wurden, d. h. im zeitlichen Anwendungsbereich des EEG 2012, wird die bisher in § 100 Abs. 1 EEG 2014 vorgesehene Übergangsbestimmung in § 100 Abs. 2 EEG überführt.[1706] Insoweit findet dem Grunde nach auf diese Windenergieanlagen auch das EEG 2017 Anwendung, wobei eine Vielzahl der bisherigen Regelungen des EEG 2012 aufgrund des Ausnahmekatalogs fortgeführt wird.[1707] In

---

[1701] Vgl. *BVerfG*, Beschl. v. 23.9.2010 – 1 BvQ 28/10, NVwZ-RR 2010, 905 (907).
[1702] So auch: *Todorovic*, EWeRK 2016, 370 (378); a. A. *Goldhammer*, NVwZ-Extra 8/2013, S. 3.
[1703] Vgl. BT-Drs. 18/1891, S. 210.
[1704] Vgl. → Kap. 4 Rn. 365a.
[1705] Vgl. BT-Drs. 18/1891, S. 210.
[1706] Vgl. BT-Drs. 18/8066, S. 260.
[1707] Vgl. BT-Drs. 18/1304, S. 274 und BT-Drs. 18/8066, S. 260.

den nachfolgenden Nummerierungen werden insbesondere solche Regelungen des EEG 2012 aufgezählt, die auch weiterhin auf diese Bestandsanlagen Anwendung finden. Die Ausnahme des § 100 Abs. 2 EEG, die auf die erstmalige Inbetriebnahme unter ausschließlicher Nutzung von erneuerbaren Energien oder Grubengas abstellt, auch wenn die fossile Inbetriebnahme bereits vor dem 31.7.2011 vollzogen wurde, wird bei Windenergie wohl nicht zu Anwendung geraten. Von Relevanz ist § 100 Abs. 2 Nr. 4 EEG, der regelt, dass die bei der Inbetriebnahme geltenden Fördersätze weiterhin Geltung entfalten,[1708] sowie § 100 Abs. 2 Nr. 8 a) und b) EEG, der den Aufschlag auf den anzulegenden Wert für fernsteuerbare Windenergieanlagen in der Direktvermarktung zum Gegenstand hat. Auch hat der Gesetzgeber von einer Anwendung der Verringerung der Förderung bei negativen Strompreisen abgesehen[1709], da dies nicht europarechtlich gefordert wurde.[1710] Diese Regelung findet sich aber allgemein in § 100 Abs. 1 S. 4 EEG. Auch für Windenergieanlagen mit einer Inbetriebnahme im zeitlichen Anwendungsbereich des EEG 2012 ist eine Überprüfung der Anfangsförderung nach § 46 Abs. 3 EEG vorgesehen.[1711] § 100 Abs. 4 EEG entspricht insoweit der Regelung des § 100 Abs. 3 S. 1 EEG 2014, in welchem bei Erteilung einer immissionsschutzrechtlichen Genehmigung vor dem 23.1.2014 noch die Regelungen des EEG 2012 zur Anwendung gerieten, wenn die Anlage nach dem 31.7.2014 und vor dem 1.1.2015 in Betrieb genommen worden ist.

(3) Bestandsanlagen mit Inbetriebnahme bis 31.12.2016. Für Anlagen, die im zeitlichen Anwendungsbereich des EEG 2014, d. h. in der Zeit vom 1.8.2014 bis einschließlich 31.12.2016 in Betrieb genommen worden sind, regelt § 100 Abs. 1 EEG das anzuwendende Recht. Es gilt grundsätzlich das EEG 2017. Nach § 100 Abs. 1 Nr. 1 EEG sind aber alle Vorschriften mit Bezug zur Ausschreibung nicht anwendbar.[1712] Auch gilt insbesondere die Anlage 2 des EEG 2014 mit den Regelungen zum **Referenzertrag** für Bestandsanlagen fort.[1713]

396a

Anwendbar ist hingegen die Neuregelung des § 46 Abs. 3 EEG, nach welcher zehn Jahre nach Inbetriebnahme der Anlage, spätestens aber ein Jahr vor dem Ende der Anfangsförderung der Standortertrag zu überprüfen und die Dauer der Förderung entsprechend anzupassen ist. Ferner findet die Verbesserung bei fehlender Meldung zum Anlagenregister Anwendung. Wenn eine Meldung nach § 71 EEG durch den Anlagenbetreiber erfolgt ist und in der Folge sich der anzulegende Wert nur um 20 Prozent verringert und nicht gänzlich der Förderanspruch entfällt, ist diese Regelung bereits für Strom, der nach dem 31.12.2015 eingespeist wurde, gemäß § 100 Abs. 1 S. 5 EEG zugunsten der Anlagenbetreiber anwendbar. Dies gilt jedoch nur, soweit nicht bereits durch ein Gericht hierüber zu entscheiden war. Der Anspruch auf die Marktprämie, ermittelt aus dem um 20 % verringerten anzulegenden Wert, wird erst am 1.1.2017 fällig, vgl. § 100 Abs. 1 S. 7 EEG. Die Regelung zum Entfall der Förderung bei negativen Strompreisen nach § 51 EEG[1714] findet auf Anlagen, die bereits vor dem 1.1.2016 in Betrieb gesetzt wurden gemäß § 100 Abs. 1 S. 4 EEG keine Anwendung.

(4) Bestandsschutz aufgrund einer BImSch-Genehmigung. Die bisher in den Übergangsbestimmungen geregelten Bestimmungen für das Auslösen des Bestandsschutzes aufgrund der Erteilung einer BImSch-Genehmigung hat der Gesetzgeber aus dem § 102 EEG 2014 vergleichbar in § 22 Abs. 2 Nr. 2 EEG für die Anwendbarkeit der Ausschreibung geregelt. Insoweit führt der Gesetzgeber die gesetzliche Bestimmung der Höhe der Förderung nach § 46 EEG auch fort. Von der Notwendigkeit der Teilnahme an einer Ausschreibung ist auch nach dem Inkrafttreten des EEG 2017 abzusehen, wenn die Anlagen vor dem 1.1.2017 bereits genehmigt waren, die

396b

[1708] Vgl. zur weiteren Anwendbarkeit des SDL-Bonus und des Repoweringbonus: *Richter*, in: Maslaton (Hrsg.), Windenergieanlagen, 1. Aufl. 2015, Kap. 4 Rn. 344.
[1709] Vgl. → Kap. 4 Rn. 403 ff.
[1710] Vgl. BT-Drs. 18/1891, S. 209.
[1711] Vgl. BT-Drs. 18/8860, S. 260.
[1712] Vgl. BT-Drs. 18/8860, S. 260.
[1713] Vgl. zur Anlage 2 EEG 2014: *Maslaton*, in: Frenz (Hrsg.) EEG-Kommentar II., 1. Aufl. 2016, Anlage 2 Rn. 1 ff.
[1714] Vgl. → Kap. 4 Rn. 403 ff.

Genehmigung mit allen erforderlichen Angaben an das Anlagenregister bis zum 01.02.2017 gemeldet worden ist und der Genehmigungsinhaber vor dem 01.03.2017 durch schriftliche Erklärung gegenüber der Bundesnetzagentur unter Bezugnahme auf die Meldung an die BNetzA nicht auf den gesetzlichen Zahlungsanspruch verzichtet hat. Problematisch waren in der Vergangenheit Fragestellungen, ob eine **Änderung der Genehmigung**, bspw. zum Austausch des geplanten Anlagentyps, den Vertrauensschutz entfallen ließ. Die Clearingstelle EEG hatte hierzu vertreten, dass der Vertrauensschutz bestehen bliebe, wenn es sich um keine wesentliche Änderung handele. Dies wäre jedoch insbesondere dann der Fall, wenn die Leistung erhöht würde.[1715] Allein die Erteilung eines Vorbescheides für die Errichtung einer Windenergieanlage dürfte grundsätzlich nicht genügen, um einen ausreichenden Vertrauenstatbestand i. S. d. § 22 Abs. 2 Nr. 2 EEG zu begründen.[1716] Bisher ebenfalls nicht rechtlich abschließend geklärt ist, ob die Genehmigung vor dem Stichtag dem Anlagenbetreiber zugegangen sein muss.[1717]

c) Förderbeginn und -dauer

397 **Förderbeginn und -dauer** richten sich nach § 25 EEG. Den Vergütungsbeginn markierte noch im EEG 2012 der Zeitpunkt, in dem der Generator erstmals Strom ausschließlich aus erneuerbaren Energien erzeugt und, als zweite Voraussetzung, diesen in das Netz nach § 8 Abs. 1 oder Abs. 2 EEG 2012 eingespeist hat. In § 22 S. 2 EEG 2014 nahm der Gesetzgeber Bezug auf den Zeitpunkt der Inbetriebnahme der Anlage, soweit keine abweichende Regelung im EEG vorgesehen ist. Im EEG 2017 wird lediglich auf die Inbetriebnahme der Anlage abgestellt, vgl. § 25 Satz 1 EEG.

398 Bei Windenergieanlagen wird die erstmalige Rotation zum Antrieb des Generators den Zeitpunkt der erstmaligen Erzeugung von Windstrom darstellen. Die Voraussetzung der Einspeisung in das Netz hat der Gesetzgeber nicht wieder aufgenommen, da diese keine eigenständige Bedeutung habe.[1718] Zwar ist nach wie vor eine tatsächliche Einspeisung in das Netz erforderlich, um die finanzielle Förderung beanspruchen zu können, jedoch hat selbige keine Auswirkung auf den Förderbeginn oder die Förderdauer.

399 Die Vergütungsdauer beläuft sich auf 20 Jahre bei Anlagen, deren anzulegender Wert im Wege der Ausschreibung ermittelt wird, vgl. § 25 Satz 2 EEG. Insoweit ergibt sich eine Änderung im Hinblick auf die Förderdauer, da das Inbetriebnahmejahr nicht anteilig einbezogen wird.[1719] Sofern der anzulegende Wert gesetzlich bestimmt wird, so verlängert sich die Förderdauer bis 31.12. des 20. Jahres des Beginns der Zahlung. Hierbei verbleibt es – zwar sprachlich anders – bei der bestehenden Rechtslage. Die Förderdauer soll ein hohes Maß an Planungssicherheit für den Anlagenbetreiber vermitteln.[1720] Der Beginn der Zahlungsfrist ist, soweit das Gesetz keine abweichenden Regelungen trifft, die Inbetriebnahme der Anlage. Soweit der anzulegende Wert im Rahmen der Ausschreibung ermittelt wird, beginnt die Förderdauer spätestens 30 Monate nach der Bekanntgabe des Zuschlags an den Bieter bzw. nach der Bekanntgabe der Zuordnungsentscheidung, vgl. § 36i EEG. Hierbei ist unerheblich, ob ggf. eine Verlängerung zur Realisierung der Windenergieanlagen gewährt wurde. Sofern aufgrund vom Netzbetreiber verschuldeter Verzögerung der Netzanschluss nicht erfolgt, hat dies keine Auswirkungen auf die Förderdauer. Die nicht mögliche Einspeisung und die entgangene Förderung sind in der Folge als Schadenersatzanspruch geltend zu machen.

d) Messwesen und gemeinsame Messeinrichtung

400 Der Gesetzgeber hatte dem Anlagenbetreiber die **Messzuständigkeit** zugewiesen, vgl. § 10 Abs. 1 S. 1 EEG. Dem Anlagenbetreiber stand daher ein Wahlrecht zu, wer für ihn die Messung

---

[1715] Vgl. *Clearingstelle EEG*, Empfehlung v. 30.4.2015 – Az.: 2014/27, Rn. 54.
[1716] Vgl. *Clearingstelle EEG*, Votum v. 10.8.2016 – Az.: 2016/13; kritisch: *Todorovic*, EWeRK 2016, 370 ff.
[1717] Vgl. *Clearingstelle EEG*, Eröffnungsbeschluss v. 8.2.2017 – Az.: 2017/6.
[1718] Vgl. BT-Drs. 18/1304, S. 193.
[1719] Vgl. BT-Drs. 18/8860, S. 201.
[1720] Vgl. BT-Drs. 16/8148, S. 52.

vornimmt.[1721] Auch kann der Anlagenbetreiber dem Netzbetreiber die Ergebnisse der Messung so mitteilen, dass diese Daten zur Berechnung der Förderung nach dem EEG genügen.[1722] Durch das Gesetz zur Digitalisierung der Energiewende wurde in § 10a EEG neu geregelt, dass für den Messstellenbetrieb das MsbG[1723] anzuwenden ist. Das MsbG bezweckt u. a. die Ausstattung mit intelligenten Messsystemen im Wege eines sogenannten Rollouts, um bspw. einen ansonsten notwendigen Netzausbau zu vermeiden.[1724] **Intelligente Messsysteme** verfügen über ein Smart-Meter-Gateway mittels welchem eine moderne Messeinrichtung zur Erfassung von elektrischer Energie in ein Kommunikationsnetz eingebunden ist. Gegenüber der bisherigen Regelung im EEG wird in § 3 Abs. 1 MsbG dem grundzuständigen Messstellenbetreiber die Messzuständigkeit zugewiesen. Der grundzuständige Messstellenbetreiber wird in der Regel der vorgelagerte Netzbetreiber sein.[1725]

Soweit der Anlagenbetreiber als Anschlussnehmer einen Dritten als den grundzuständigen Messstellenbetreiber wählen möchte, so wird dies durch § 5 MsbG gewährleistet. Der Dritte muss hierzu jedoch einen einwandfreien **Messstellenbetrieb** im Sinne des § 3 Abs. 2 MsbG gewährleisten. Nach Maßgabe des § 10a Satz 2 EEG kann auch der Anlagenbetreiber Messstellenbetreiber sein, wobei dieser ebenso die Anforderungen des MsbG einzuhalten hat. Neben den hierzu mit dem grundzuständigen Netzbetreiber zu schließenden Verträgen müssen hierzu die Anforderungen an den Messstellenbetrieb eingehalten werden, wozu u. a. Einbau, Betrieb und Wartung der Messstelle und ihrer Messeinrichtungen und Messsysteme sowie die Gewährleistung einer mess- und eichrechtskonformen Messung entnommener, verbrauchter und eingespeister Energie einschließlich der Messdatenaufbereitung und form- und fristgerechten Datenübertragung zählen. Ferner sind der technische Betrieb der Messstelle und die hohen Anforderungen an die Datensicherheit zu erfüllen. Übergangsregelungen enthält das MsbG nicht, weshalb die Clearingstelle EEG u. a. ein Empfehlungsverfahren eingeleitet hat[1726] und eine unverbindliche Handlungsempfehlung unter Beteiligung mehrerer Verbände und Institutionen veröffentlicht hat.[1727]
 400a

Der sogenannte Rollout der digitalen Messsysteme hat durch den grundzuständigen Messstellenbetreiber zu erfolgen, soweit die technische Möglichkeit des Einbaus von intelligenten Messsystemen besteht und dies auch wirtschaftlich vertretbar ist. Die Verpflichtung besteht u. a. für Anlagenbetreiber mit einer installierten Leistung von über 7 kW. Ein Einbau dieser Messsysteme soll nicht um jeden Preis erfolgen, weshalb für Anlagenbetreiber mit einer Leistung bis einschließlich 100 kW Preisobergrenzen in § 31 Abs. MsbG festgelegt wurden.[1728] Bei Anlagenbetreibern mit einer Leistung von über 100 kW ist eine Ausstattung mit einem intelligenten Messsystem ab 2020 innerhalb von acht Jahren an entsprechenden Zählpunkten vorgesehen, wenn dies wirtschaftlich vertretbar ist. Für den Messstellenbetrieb darf nur ein angemessenes Entgelt jährlich in Rechnung gestellt werden.
 400b

Gerade bei mehreren Windenergieanlagen, die über ein Umspannwerk oder eine Trafostation den Windstrom in das Netz der allgemeinen Versorgung einspeisen, ist fraglich, wie die Messung des Stroms erfolgen muss. Grundsätzlich ist wiederum der Anlagenbetreiber gegenüber dem Netzbetreiber dazu verpflichtet, zu messen, welche Strommengen zu welcher Förderhöhe zu zahlen sind. Auch bei unterschiedlichen Inbetriebnahmedaten der Windenergieanlagen eines Windparks muss der Anlagenbetreiber den Nachweis der jeweiligen Strommengen erbringen.
 401

[1721] Vgl. *Reshöft*, in: Reshöft/Schäfermeier (Hrsg.), EEG, 4. Aufl. 2014, § 19 Rn. 54.
[1722] Vgl. *BGH*, Beschl. v. 26.2.2013 – EnVR 10/12, NVwZ-RR 2013, 608 ff.
[1723] Messstellenbetriebsgesetz v. 29.8.2016 (BGBl. I S. 2034), das durch Art. 15 des Gesetzes v. 22.12.2016 (BGBl. I S. 3106) geändert worden ist.
[1724] Vgl. BT-Drs. 18/7555, S. 1 f.
[1725] Vgl. hierzu insgesamt: *Ortmann/Prokrant/Lüdemann*, EnWZ 2016, 339 ff.
[1726] Vgl. Clearingstelle EEG, Eröffnungsbeschluss zum Empfehlungsverfahren Az: 2016/26, abrufbar unter: https://clearingstelle-eeg.de/empfv/2016/26, zuletzt abgerufen am: 30.12.2016.
[1727] Vgl. Clearingstelle EEG, Handlungsempfehlung für EEG-Anlagen zum Inkrafttreten des MsbG v. 20.7.2016, abrufbar unter: https://clearingstelle-eeg.de/sonstiges/3177, zuletzt abgerufen am 30.12.2016.
[1728] Vgl. BT-Drs. 18/7555, S. 91.

Für die erforderliche Messung mehrerer Windenergieanlagen enthält § 24 Abs. 3 EEG eine Vereinfachung:

> (3) Anlagenbetreiber können Strom aus mehreren Anlagen, die gleichartige erneuerbare Energien oder Grubengas einsetzen, über eine gemeinsame Messeinrichtung abrechnen. In diesem Fall ist für die Berechnung der Einspeisevergütung oder Marktprämie bei mehreren Windenergieanlagen an Land die Zuordnung der Strommengen zu den Windenergieanlagen im Verhältnis des jeweiligen Referenzertrags nach Anlage 2 Nummer 2 maßgeblich; [...].

Durch diese Regelung wollte der Gesetzgeber insbesondere volkswirtschaftlich unsinnige Kosten vermeiden, auch wenn ihm bekannt war, dass es durchaus zu Ungenauigkeiten aufgrund von Abschattungseffekten von Windenergieanlagen in Windparks kommen könnte.[1729] Ob eine gemeinsame Messeinrichtung genutzt wird, entscheiden allein der oder die Anlagenbetreiber.[1730] Der Netzbetreiber hat kein Widerspruchsrecht.

402 Da die Windenergie im EEG über einen anderen Vergütungsmechanismus als die übrigen erneuerbaren Energien verfügt, bedurfte es in § 24 Abs. 3 EEG einer Anpassung anhand der Referenzerträge für die Anfangsförderung. Hierbei kommt diese Anpassung jedoch nur zum Tragen, wenn unterschiedliche Anlagentypen mit unterschiedlichen Referenzerträgen betrieben werden.[1731] Sofern nur ein Teil der Windenergieanlagen die Anfangsvergütung nach dem EEG in Anspruch nimmt und ein weiterer Teil der Windenergieanlagen sich in der Direktvermarktung befindet, ist zwingend auf das Vorhalten einer separaten Messeinrichtung zu achten.[1732] Anlagenbetreiber dürfen den Strom nur direkt vermarkten und über eine Messeinrichtung abrechnen, wenn alle Windenergieanlagen direkt vermarktet werden oder für den gesamten Strom die Einspeisevergütung beansprucht wurde. Sollten nun mehrere Anlagenbetreiber eines Windparks sich nicht darauf einigen können, insgesamt in die Direktvermarktung zu wechseln bzw. einzelne in die Ausfallvergütung fallen, ist eine Nachrüstung der Messeinrichtungen erforderlich, um den Vergütungsanspruch bzw. die Förderung in der Direktvermarktung nicht zu gefährden. In jedem Fall empfiehlt es sich, mit dem vorgelagerten Netzbetreiber ein Messkonzept zu vereinbaren, in dem auch eine Zuordnung von virtuellen Zählpunkten für einzelne oder mehrere Windenergieanlagen erfolgt.[1733]

e) Verringerung der Förderung bei negativen Strompreisen

403 Neu in das EEG 2014 hat der Gesetzgeber eine Regelung aufgenommen, die zu einem Förderungsausfall für den Anlagenbetreiber führt, wenn in Zeiten **negativer Strompreise** an der Strombörse EPEX Spot SE eine Einspeisung durch den Anlagenbetreiber stattfindet. Der Gesetzgeber will sich zu einer solchen Regelung aufgrund der novellierten Umweltbeihilferichtlinie[1734] verpflichtet gesehen haben.[1735] Dies sieht vor, dass eine Förderung von erneuerbaren Energien im Falle von negativen Strompreisen zu unterbleiben habe, damit sie als zulässige Beihilfe[1736] qualifiziert werden könne. Die Regelung wurde unter Berücksichtigung des Strommarktgesetzes in § 51 EEG überführt.[1737]

[1729] Vgl. *Reshöft*, in: Reshöft/Schäfermeier (Hrsg.), EEG, 4. Aufl. 2014, § 19 Rn. 56.
[1730] Vgl. *Reshöft*, in: Reshöft/Schäfermeier (Hrsg.), EEG, 4. Aufl. 2014, § 19 Rn. 56; *Ekardt/Hennig*, in: Frenz/Müggenborg (Hrsg.), EEG, 3. Aufl. 2013, § 19 Rn. 36.
[1731] Vgl. *Reshöft*, in: Reshöft/Schäfermeier (Hrsg.), EEG, 4. Aufl. 2014, § 19 Rn. 66.
[1732] Vgl. BT-Drs. 18/1304, S. 196.
[1733] Vgl. *Brahms*, Die Direktvermarktung im EEG – zwischen Mindestvergütung und freiem Markt, S. 375; unter Berücksichtigung des MsbG: *Filipowicz*, EWeRK 2016, 59 (62).
[1734] EU-Kommission, Leitlinien für staatliche Umweltschutz- und Energiebeihilfen 2014-2020 (2014/C 200/01).
[1735] Vgl. BT-Drs. 18/1891, S. 193, kritisch: *Macht/Nebel*, NVwZ 2014, 765 ff.; *Brahms*, Die Direktvermarktung im EEG – zwischen Mindestvergütung und freiem Markt, S. 331 ff.
[1736] Auffällig ist, dass die EU-Kommission insoweit auch bei einer Einspeisevergütung bzw. Förderung nicht mehr von einer Preisregelung ausgeht, sondern diese bisher als nicht vom Beihilferecht erfasste Regelung neu qualifiziert.
[1737] Vgl. BT-Drs. 18/8860, S. 233.

§ 51 Abs. 1 EEG sieht vor, dass für den Zeitraum, in dem für die Stundenkontrakte in der 404
Preiszone Deutschland/Österreich an der Strombörse mindestens auf sechs aufeinander folgenden Stunden ohne Unterbrechung negative Strompreise erzielt werden, ein Förderanspruch nach dem EEG nicht besteht. Insoweit wird ausdrücklich bestimmt, dass der anzulegende Wert auf null zu setzen ist, sodass aus Sicht des Anlagenbetreibers lediglich die Entgelte seitens des Direktvermarktungsunternehmers oder des Dritten verbleiben. Ausweislich der Gesetzesbegründung genügt es für den Neubeginn der Anforderung eines sechsstündig zusammenhängenden negativen Stundenkontrakts, dass die Kette aneinandergereihter Stunden aufgrund eines Preises oberhalb oder gleich null an der Strombörse durchbrochen wird.[1738] Neu im EEG 2017 wurde eine allgemeine Definition der **Strombörse** in § 3 Nr. 43a EEG aufgenommen, die auf das größte Handelsvolumen für Stundenkontrakte für die Preiszone Deutschland/Österreich im Spotmarkt Bezug nimmt.[1739]

Sollte in einem Kalendermonat der Fall des § 51 Abs. 1 EEG eintreffen, so ist der Anlagen- 405
betreiber verpflichtet, bei der Datenübermittlung nach § 71 Nr. 1 EEG, d. h. der alljährlichen Mitteilung bis zum 28.2. eines Jahres neben den für die Endabrechnung des Vorjahres erforderlichen Daten die Strommengen mitzuteilen, die im Zeitraum der negativen Strompreise in das Netz der allgemeinen Versorgung eingespeist wurden, vgl. § 51 Abs. 2 HS 1 EEG. Diese Meldepflicht besteht ausschließlich für solche Anlagen, die sich im Zeitpunkt des Auftretens der negativen Strompreise in der Ausfallvergütung befinden, da für diese nach den gesetzlichen Regelungen keine Bilanzierungspflicht in einem Bilanzkreis besteht.[1740]

Der Wortlaut der Vorschrift betreffend der **Meldepflicht** ist nicht ganz exakt, da lediglich 406
geregelt wird, dass bei einmaligem Auftreten der sechsstündigen negativen Strompreise an der Strombörse für alle Zeiträume, in denen negative Strompreise für die Stundenkontrakte ohne Unterbrechung erzielt wurden, eine Meldung der in diesem Fall eingespeisten Strommengen zu erfolgen hat. Richtigerweise kann es aber nur auf die Zeiträume ankommen, die gemeldet werden müssen, in denen gerade der Fall des § 52 Abs. 1 EEG eingetreten ist. Sollte der Anlagenbetreiber der Meldepflicht nicht nachkommen, verringert sich die Ausfallvergütung pauschal um 5 % pro Kalendertag, in dem dieser Zeitraum ganz oder teilweise liegt. Ausweislich der Gesetzesbegründung zum EEG 2014 soll der letzte Halbsatz dazu führen, dass bei einem negativen Preis im Sinne des § 52 Abs. 1 EEG über 24:00 Uhr hinweg, sich der Vergütungsanspruch des Anlagenbetreibers auf die Ausfallvergütung für den gesamten Kalendermonat sogar um 10 % verringert.[1741]

Der Gesetzgeber sieht jedoch Ausnahmen dieser Verpflichtungen vor. Zunächst hat der 407
Gesetzgeber in § 51 Abs. 3 Nr. 1 EEG vorgesehen, dass die Verringerung der Förderung bei negativen Strompreisen dann nicht in Betracht komme, wenn die Anlage vor dem 1.1.2016 in Betrieb genommen wurde. Folglich sind für alle Erneuerbare-Energien-Anlagen mit einer Inbetriebnahme noch bis zum 31.12.2015 diese Regelungen unbeachtlich. Zudem sollen Windenergieanlagen mit einer installierten Leistung von weniger als 3 MW oder sonstige Anlagen mit einer Leistung von weniger als 500 kW nicht von der Regelung des § 51 Abs. 1 EEG ebenso wenig wie Demonstrationsprojekte betroffen sein. Ausdrücklich wurde in der Gesetzesbegründung darauf hingewiesen, dass für Windenergieanlagen die Anlagenadditionsvorschrift des § 24 EEG nicht zum Tragen kommt, da diese gerade in Windparks in der Regel sich in unmittelbar räumlicher Nähe zueinander befinden würden.[1742] Gleichwohl beließ der Gesetzgeber innerhalb des Gesetzestextes die Formulierung, dass § 24 Abs. 3 Nr. 1 EEG 2014 entsprechende Anwendung fände. Ob die für Photovoltaikanlagen durch die Clearingstelle EEG im Hinblick auf die Anforderung „*sonst in unmittelbar räumlicher Nähe*" entwickelten Grundsätze zur Anwendung geraten könnten[1743], kann aufgrund des unterschiedlichen Energieträgers durchaus kritisch betrachtet werden.

[1738] Vgl. BT-Drs. 18/1891, S. 193.
[1739] Vgl. BT-Drs. 18/10209, S. 105.
[1740] Vgl. BT-Drs. 18/1891, S. 193.
[1741] Vgl. BT-Drs. 18/1891, S. 194.
[1742] Vgl. BT-Drs. 18/8860, S. 233.
[1743] Vgl. *Clearingstelle EEG*, Empfehlung v. 14.4.2009 – Az.: 2008/49.

4. Direktvermarktung im Sinne des EEG

a) Sinn und Zweck der Direktvermarktung

408 Der im EEG geregelte Vorrang der Einspeisung und die garantierte Einspeisevergütung haben seit dem Jahr 2000 zu einer hohen Sicherheit für Investitionen in erneuerbare Energien geführt. Entsprechend erfolgte in den vergangenen 10 Jahren ein rasanter Ausbau regenerativer Energien durch private Investoren. Daraus resultieren mehrere Probleme:

409 Zum einen stößt der Ausbau erneuerbarer Energien in immer mehr Regionen an die Grenzen der Netzkapazität. Zum anderen versteht sich der überwiegende Teil der Investoren als Kapitalanleger und nicht als Stromerzeuger im klassischen Sinne. Entsprechend besteht deren Interesse darin, so viele vergütungsfähige kWh wie möglich zu erzeugen, unabhängig davon, ob dafür ein Bedarf besteht oder welchen Marktwert diese besitzen. In der Folge wurden die Energiemengen gemäß EEG durch die Übertragungsnetzbetreiber (nachfolgend: ÜNB) vermarktet, die nach EnWG eigentlich nicht als Händler agieren sollen[1744] und darüber hinaus auch nicht über die nötigen Informationen und Daten für eine effiziente Vermarktung verfügen. Dies führte

a) neben den Einspeisevergütungen für die Anlagenbetreiber zu unnötig hohen Integrationskosten, die die EEG-Umlage belasten;
b) dazu, dass Stromerzeugung und Interesse am erzeugten Strom auseinanderfielen und
c) zur Gefahr einer systematischen Marktverschließung, da bereits ein Fünftel des deutschen Gesamtbedarfs ohne privatwirtschaftliches Preisinteresse in den Handelsmarkt geschoben wurde.

D. h., der Aufbau erneuerbarer Energien wurde privatwirtschaftlich organisiert, die wirtschaftliche Wirkung der Vermarktung der erzeugten Mengen sozialisiert.

410 Um dem entgegenzuwirken, wurden durch den Gesetzgeber seit dem EEG 2009 verschiedene Formen und Möglichkeiten der Direktvermarktung geschaffen. Diese unterscheiden sich darin, dass sie entweder die Nachfrage nach erneuerbaren Energien anreizen („**Grünstromprivileg**"), oder aber das selbstständige Agieren der Erzeuger an den Stromhandelsmärkten oder bei der Versorgung von Kunden („**Marktprämienmodell**", „**Sonstige Direktvermarktung**") bewirken. Das Marktprämienmodell hat sich dabei als das wirksamste Mittel gezeigt, da es alle bestehenden und geplanten EEG-Anlagen, unabhängig von der Höhe der Einspeisevergütung, erreicht und die Möglichkeit bietet, Mehrerlöse zu erzielen. Dies greift der Gesetzgeber nunmehr im EEG 2014 auf und regelt die Marktprämie als maßgebliche Förderung. Das Grünstromprivileg wird zunächst – auch aufgrund europarechtlicher Bedenken – nicht fortgeführt.

411 Um die Investitionssicherheit auch weiterhin zu gewährleisten, wurde die Direktvermarktung dabei gesetzlich zunächst als Option ausgestaltet[1745]. D. h., die Anlagenbetreiber hatten die Möglichkeit, zwischen der gesetzlichen Einspeisevergütung und den verschiedenen Formen der Direktvermarktung zu wechseln. Das tun sie naturgemäß nur dann, wenn dies mit einem wirtschaftlichen Vorteil verbunden ist. Auf den ersten Blick führt die Direktvermarktung also zu Zusatzkosten im Rahmen der EEG-Kostenwälzung. Tatsächlich erreicht der Gegensetzgeber z. B. durch das Marktprämienmodell jedoch, dass

a) die zu wälzenden Integrationskosten limitiert werden und planmäßig sinken;
b) ein System des Datenaustauschs entsteht, das zu einer hohen Transparenz der aktuellen Produktion erneuerbarer Energien im Markt und in den Netzen führt;
c) die Prognostizierbarkeit v. a. fluktuierender Erzeugung verbessert und die Vorhaltung zusätzlicher, teurer Regelleistung vermieden wird;
d) insbesondere die Anlagenbetreiber regelbarer erneuerbarer Energien Erzeugerbewusstsein entwickeln und, angetrieben durch die Möglichkeit der Erlösverbesserung in den Stromhandelsmärkten, ihr Erzeugungsverhalten zielgerichtet ändern und nennenswert in die Flexibilisierung ihrer Anlagen investieren.

[1744] Vgl. Teil 4 Rn. 245.
[1745] Verpflichtend war die Direktvermarktung für Biogasanlagen mit einer elektrischen Leistung über 750 kW bei einer Inbetriebnahme bereits ab dem 1.1.2014, vgl. § 33c Abs. 3 EEG 2012.

An den vorgenannten Wirkungen ändert auch die Tatsache nichts, dass viele Anlagenbetreiber die Chancen und Risiken einer Direktvermarktung gegen die Zahlung garantierter Mehrerlöse auf erfahrene Stromhändler übertragen. Letztere agieren dann anstelle der Erzeuger mit gleichem Interesse im Markt und erreichen durch die Aggregation vieler Anlagen eine hohe Kosteneffizienz in der Vermarktung. Die nunmehr eingeführte verpflichtende Direktvermarktung stellt ausweislich der in § 2 EEG formulierten Grundsätze die vorrangige Vermarktungsform des EEG dar.[1746] Die dadurch bewirkte Änderung der faktischen Position des Anlagenbetreibers ist zu beobachten. 412

b) Funktionsweise der Strommärkte

aa) Liberalisierung der Strommärkte. Der Begriff Strommarkt steht synonym für die Möglichkeit einer Vielzahl von Stromanbietern und Stromverbrauchern, Strom frei nach eigenem Ermessen und im Wettbewerb zueinander zu kaufen und zu verkaufen. Möglich wurde dies erst mit der **Liberalisierung der Energiemärkte** gegen Ende der neunziger Jahre des letzten Jahrhunderts. Deren Ziel war es, innerhalb der Energiewirtschaft so viele Wertschöpfungsstufen wie möglich wettbewerblich zu organisieren.[1747] Diese sind: 413

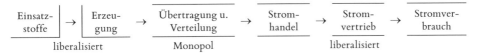

Wertschöpfungsstufen und Marktsituation in der Energiewirtschaft

Die wesentliche rechtliche Grundlage der Liberalisierung der Energiemärkte in Deutschland ist das Energiewirtschaftsgesetz (EnWG) von 1998 mit seinen Novellierungen. Dessen Einhaltung und Umsetzung überwacht seit 2005 die Bundesnetzagentur (BNetzA).

bb) Prinzip der Trennung von Netzbetrieb und Energiehandel. Der Betrieb von Stromleitungsnetzen stellt ein Monopol dar, da Strom nur leitungsgebunden transportiert werden kann und ein paralleler Leitungsbau durch verschiedene Betreiber weder sinnvoll noch erforderlich ist. Wäre ein Energieversorger gleichzeitig Netzbetreiber, könnte er theoretisch seine Energie günstiger durchleiten und hätte Wettbewerbsvorteile gegenüber konkurrierenden Unternehmen. Um einen neutralen Netzbetrieb zu gewährleisten, sieht das Energiewirtschaftsgesetz (EnWG) vor, alle Netzaktivitäten strikt von den Erzeugungs-, Handels- und Versorgungsaktivitäten zu trennen („**Unbundling**", zu Deutsch: **Entflechtung**).[1748] Diese klare Trennung war und ist für ein Gelingen der Liberalisierung zwingend erforderlich und macht den netzübergreifenden Handel und Vertrieb erst möglich. Netzbetreiber beschränken sich danach ausschließlich auf die Sicherstellung der Netzstabilität sowie die Zuordnung aller eingespeisten oder verbrauchten Energiemengen zu den in ihrem Netzgebiet tätigen Marktakteuren (Bilanzierung). Alle Marktakteure müssen dabei gleich behandelt und es muss ihnen diskriminierungsfreier Zugang zum Netz gewährt werden. Für alle gelten zudem die gleichen Kosten für die Nutzung des Netzes, welche transparent auszuweisen sind und durch die BNetzA bestätigt werden müssen. Entsprechend schließt ein Verteilnetzbetreiber mit jedem in seinem Netzgebiet tätigen Marktakteur einen gleichlautenden Händlerrahmenvertrag ab. Marktakteure können damit den Zugang zu jedem Verteilnetz einmalig regeln, die Kosten der Netznutzung als auch den für alle Wettbewerber geltenden Kostenblock kalkulieren und damit ohne Beschränkung durch Netzgrenzen bundesweit beim Kauf und Verkauf von Energiemengen agieren. 414

Zur Durchsetzung dieser Regelungen sind die Netzbetreiber der Aufsicht einer Regulierungsbehörde unterworfen. Das kann je nach Zuständigkeitsbereich die Bundesnetzagentur 415

[1746] So auch: *Wustlich*, NVwZ 2014, 1113 (1117).
[1747] Vgl. weiterführend: *Schmidt-Preuß*, in: Säcker (Hrsg.), Energierecht, 2. Aufl. 2010, Einl. B. EnWG, Rn. 62 ff.
[1748] Das EnWG sieht Maßnahmen zur buchhalterischen, informationellen, organisatorischen und gesellschaftsrechtlichen Entflechtung vor.

oder die jeweilige Landesregulierungsbehörde sein. Zu den wichtigsten Aufgaben der Regulierungsbehörden zählen die Missbrauchsaufsicht, die Überwachung der Vorschriften zur Entflechtung der Netzbereiche (Unbundling) und zur Systemverantwortung der Versorgungsnetzbetreiber sowie die Festlegungen im Rahmen der Anreizregulierung.

416   cc) **Bilanzkreismodell.** Entsprechend der Zielsetzung für das Unbundling wurde ein **Bilanzierungsmodell** entwickelt und implementiert, nach dem ein Marktteilnehmer in jedem Übertragungsnetz beim ÜNB ein oder mehrere Bilanzierungskonten führt und diesem alle Verbrauchs- und Einspeisestellen (Zählmesspunkte), die er vertraglich gebunden hat, ebenso zuordnet wie alle Handelsgeschäfte, die mit anderen Bilanzkonten bestehen[1749]. Die Bilanz aller einem solchen Konto zugeordneten Aktivitäten muss dabei stets ausgeglichen, das heißt die Summe aller Käufe und Verkäufe muss zu jedem Zeitpunkt null sein. Ursache dafür ist, dass Strom nicht in nennenswertem Umfang speicherbar ist.

417   Entsprechende **Fahrpläne** sind am Vortag der Lieferung an den ÜNB zu übermitteln und können bis einen Tag nach der Lieferung noch beliebig oft angepasst werden. Fahrpläne für Erzeugung und Verbrauch werden dabei als Prognosen behandelt, denen nach vollzogener Lieferung die an den Zählmesspunkten gemessenen Werte gegenübergestellt werden[1750]. Dabei auftretende Differenzen sind Ausgleichsenergie und werden vom ÜNB zu Ausgleichsenergiekosten abgerechnet. Fahrpläne auf der Basis von Handelsgeschäften unterliegen keinen physischen Schwankungen und verursachen entsprechend keine Ausgleichsenergie. Sie stellen vielmehr feststehende Transaktionen zwischen den Energiebilanzen der Marktakteure dar. Jeder Marktakteur kann damit alle seine Aktivitäten innerhalb einer Regelzone zusammenfassen oder in beliebig viele Einzelbilanzen aufteilen.

418   dd) **Stromhandel und Stromvertrieb.** Auch wenn die beiden Begriffe „Stromhandel" und „Stromvertrieb" häufig synonym benutzt und verstanden werden, so verkörpern sie doch zwei völlig unterschiedliche Elemente der Wertschöpfungskette.

419   (1) **Stromvertrieb.** Unter **Stromvertrieb** versteht man den Verkauf von Strom durch Versorger an Letztverbraucher auf der Basis individueller, bilateraler Verträge. Darüber hinaus fällt darunter auch der Kauf von Strom (sogenannter Beschaffungsvertrieb) durch Versorger und Händler bei Erzeugern, sofern diese nicht im Großhandelsmarkt aktiv sind. Die Händler und Versorger befinden sich im Vertrieb im direkten Wettbewerb zueinander und versuchen sich über den Preis und eine Vielzahl von Stromversorgungs- oder Stromvermarktungsprodukten zu unterscheiden. Hierbei spielen häufig die Herkunft des Stroms sowie die Form der Preisbildung eine wesentliche Rolle.

420   (2) **Stromhandel.** Unter **Stromhandel** hingegen versteht man alle Aktivitäten von Erzeugern, Versorgern, Händlern und Verbrauchern im Zusammenhang mit dem Kauf oder Verkauf von Strom auf dem Großhandelsmarkt für Strom. Auf diesem zentralen Marktplatz handeln die Marktteilnehmer auf der Basis standardisierter Verträge standardisierte Produkte zu transparenten, für alle sichtbaren Preisen, in denen sich das jeweilige Verhältnis von Angebot und Nachfrage widerspiegelt.

421   Die Preistransparenz ermöglicht es jedem Marktteilnehmer, zu jedem Zeitpunkt den Wert seines Portfolios bzw. seiner offenen Positionen zu bestimmen und sein Risiko zu bewerten. Das Vorhandensein sogenannter **Market Maker** (Händler, die zu jedem Zeitpunkt ein Kauf- oder Verkaufsangebot stellen) gewährleistet, dass jeder Marktteilnehmer zu jedem Zeitpunkt Energie kaufen und verkaufen kann. Im Gegensatz zum Stromvertrieb ist ein Marktteilnehmer im Stromhandelsmarkt damit zu jedem Zeitpunkt handlungsfähig und unabhängig von jedwe-

---

[1749] Britz, in: Britz/Hellermann/Hermes (Hrsg.), EnWG-Kommentar, 2. Aufl. 2010, § 20 Rn. 108 ff.; de Wyl/Thole/Bartsch, in: Schneider/Theobald (Hrsg.), Recht der Energiewirtschaft, 4. Aufl. 2013, § 16 Rn. 410 ff.

[1750] Vgl. hierzu: de Wyl/Müller-Kirchenbauer/Thole, in: Schneider/Theobald (Hrsg.), Recht der Energiewirtschaft, 4. Aufl. 2013, § 16 Rn. 246 ff.

IV. Zahlungsanspruch nach dem EEG

den individuellen Kundeninteressen. Er ist allerdings an den sich jeweils bildenden Marktpreis gebunden.

Marktteilnehmer, die im Stromvertrieb miteinander konkurrieren, befinden sich im Stromhandelsmarkt nicht im Wettbewerb zueinander. Jeder reagiert für sich auf die Marktpreisentwicklungen, agiert in Abhängigkeit von seiner Markteinschätzung und handelt auf Handelsplattformen bilateral mit jedem, der zu diesem Zeitpunkt ein entsprechendes Angebot stellt oder annimmt. Um dabei das Risiko des Ausfalls von Gegenparteien zu vermeiden und zugleich die verschiedenen Stromhandelsaktivitäten zu bündeln, werden immer mehr Handelsgeschäfte über die Strombörse abgewickelt.

ee) Stromhandelsmarkt. Der **Stromhandelsmarkt** untergliedert sich in verschiedene Teilmärkte, die hinsichtlich des Zeitpunkts der Erfüllung der gehandelten Kontrakte gestaffelt sind. So kann beispielsweise Strom für Jahre im Voraus verkauft werden oder für die nächste Stunde. Die Intention der Handelsgeschäfte ist dabei sehr unterschiedlich. Dient der langfristige Handel in der Regel der Preisabsicherung, so werden im kurzfristigen Handel Differenzen in der Energiebilanz, meist aufgrund von Prognoseabweichungen oder technischen Störungen, ausgeglichen. Sowohl im lang- als auch im kurzfristigen Handel kann der Strom börslich, z. B. an der **European Power Exchange** (EPEX) oder bilateral gehandelt werden (OTC-Handel).

(1) Terminmarkt. Im **Terminmarkt** werden Lieferkontrakte für einen Zeitraum in der Zukunft (z. B. die nächsten Jahre) zu einem heute bekannten Preis abgeschlossen. Diese Kontrakte dienen der Preisabsicherung. Ihre Erfüllung (Lieferung und Bezahlung) erfolgt zum vereinbarten Zeitpunkt in der Zukunft. Preisabsicherungen über Termingeschäfte schaffen hinsichtlich einer unbestimmten und schwankenden Marktpreisentwicklung Planungssicherheit und sind deshalb für viele Marktteilnehmer von existenzieller Bedeutung[1751]. So können Erzeuger durch den zielgerichteten, langfristigen Verkauf von Energiemengen die Deckung ihrer Vollkosten sicherstellen, während große Verbraucher durch langfristige Energiekäufe ihre Stromkosten begrenzen. Stromversorger hingegen müssen langfristig Strompreise absichern, um ihren Kunden wiederum langfristig feste Preise für die Versorgung anbieten zu können. Im Gegensatz zum sehr physischen und kostenorientierten Spotmarkt basiert die Preisbildung im Terminmarkt in starkem Maße auf den Erwartungen der Marktteilnehmer an die künftige Entwicklung der Marktpreise sowie deren maßgeblichen Einflussfaktoren und ist damit grundsätzlich spekulativ.

Neben den vorgenannten Marktteilnehmern mit physischem Interesse am Strom ist der Terminmarkt daher auch Betätigungsfeld für spekulative Marktteilnehmer (zumeist international agierende Handelshäuser und Investmentbanken). Vor allem in Zeiten starker Marktpreisschwankungen oder regulatorischer Veränderungen gehen sie zielgerichtet Handelspositionen ein mit dem Ziel, diese vor dem Zeitpunkt der Erfüllung mit Gewinn wieder zu schließen. Da auf diese Weise die gleiche physische Position vor ihrer Erfüllung zwischen verschiedenen Marktteilnehmern oft mehrfach gehandelt wird, übersteigt das im Terminmarkt gehandelte Volumen inzwischen den physischen Gesamtbedarf in Deutschland um ein Vielfaches. Im Terminmarkt werden in der Regel die standardisierten Produkte „Base" (Grundlast) und „Peak" (Spitzenlast) als Monats-, Quartals- oder Jahresprodukt gehandelt. Bilateral ist jedoch auch der Handel spezifischer Lastprofile möglich.

(2) Spotmarkt. Spothandelsgeschäfte sind kurzfristige Kontrakte mit einem Erfüllungshorizont im Bereich weniger Minuten bis Tage. Sie dienen im Gegensatz zu Termingeschäften nicht der Preisabsicherung, sondern dem Ausgleich offener Positionen (Differenz zwischen Lang- und Kurzfristprognosen) sowie der zielgerichteten Portfoliooptimierung[1752]. Letztere ist vor allem dann von Bedeutung, wenn die eigene Position physisch beeinflusst werden kann. So kann beispielsweise ein regelbares Kraftwerk bei hohen Spotmarktpreisen seine Erzeugungsleistung

---

[1751] *Zenke/Dessau*, in: Schneider/Theobald (Hrsg.), Recht der Energiewirtschaft, 4. Aufl. 2013, § 13 Rn. 39 ff.
[1752] *Zenke/Dessau*, in: Schneider/Theobald (Hrsg.), Recht der Energiewirtschaft, 4. Aufl. 2013, § 13 Rn. 38.

in einzelnen Stunden erhöhen und damit zusätzliche Erlöse generieren. Es kann jedoch ebenso bei niedrigen Spotmarktpreisen seine Erzeugungsleistung in einzelnen Stunden verringern und damit zur Erfüllung bestehender Lieferverpflichtungen die eigenen Erzeugungskosten durch den Zukauf billigerer Marktenergie substituieren.

427 Durch den Ausbau der fluktuierenden Erzeugung aus Windenergie und Photovoltaik ist das Spothandelsvolumen deutlich angewachsen. Da diese Technologien nur kurzfristig prognostizierbar sind, wird der übergroße Anteil der durch sie erzeugten Energiemengen im Spothandel vermarktet. Bei hoher Wind- und/oder hoher PV-Erzeugung in Verbindung mit vergleichsweise unflexiblen Großkraftwerken führt das stundenweise zu einem deutlichen Überangebot an Energie und zu sehr niedrigen und teilweise negativen Preisen. Letzteres bedeutet, dass die Abnahme von Strom vergütet wird. In den Sommermonaten hat die Präsenz der PV-Erzeugung inzwischen dazu geführt, dass der üblicherweise bestehende preisliche Mehrwert der Spitzenlast gegenüber der Grundlast praktisch aufgehoben wurde. Der Spothandel kann börslich oder bilateral erfolgen und unterteilt sich in folgende Segmente:

428 **(a) Day-ahead-Handel.** Der Handel für den Folgetag erfolgt üblicherweise börslich im Rahmen einer täglich an der European Power Exchange (EPEX) um 12:00 Uhr stattfindenden Stundenauktion. Hierbei haben die Marktteilnehmer die Möglichkeit, limitierte und unlimitierte Gebote abzugeben. Die Ergebnisse werden unmittelbar nach der Durchführung der Auktion veröffentlicht. Bilaterale **Day-ahead-Handelsgeschäfte** sind grundsätzlich möglich und auch üblich. Da sie sich jedoch zumeist direkt auf die börsliche Auktion beziehen, nehmen auch diese Mengen *de facto* an der börslichen Auktion teil.

429 **(b) Intraday-Handel.** Der **Intradaymarkt** ist Teil des Spothandels und folgt zeitlich auf den Day-ahead-Markt. Er ermöglicht kurzfristige Geschäfte innerhalb eines Tages, börslich bis zu 30 Minuten und bilateral bis zu 5 Minuten vor Beginn der Lieferung.[1753] Gehandelt werden üblicherweise einzelne Stunden oder Stundenblöcke. Die Liquidität des Marktes schwankt derzeit noch stark, nimmt aber systematisch zu. Handelsgeschäfte im Intraday-Markt sind zumeist die Folge physischer Abweichungen vom Day-ahead-Fahrplan, welche wiederum aus Prognosefehlern oder technischen Störungen bei Erzeugern oder Verbrauchern resultieren. Entsprechend spielen Intraday-Geschäfte insbesondere bei der Bewirtschaftung von Windenergieportfolios eine große Rolle.

430 **ff) Ausgleichsenergiemarkt.** Differenzen zwischen Prognosen und tatsächlicher Erzeugung bzw. tatsächlichem Verbrauch, die nicht durch Handelsgeschäfte im Intraday-Markt ausgeglichen wurden, werden durch den ÜNB durch **Ausgleichsleistungen** gemäß § 3 Nr. 1 EnWG glattgestellt. Hierzu kommt auf der Basis des Bilanzkreisvertrags für jede Viertelstunde automatisch ein Kauf- oder Verkaufsvertrag zwischen dem ÜNB und dem Bilanzkreisverantwortlichen zum veröffentlichten Ausgleichsenergiepreis zustande. Der Ausgleichsenergiepreis pro Viertelstunde ist dabei auf der Kauf- und Verkaufsseite gleich. Er bildet sich in Abhängigkeit davon, wie viel positive oder negative Regelleistung durch den ÜNB mit welchen Kosten aktiviert wurde. Die Preisbildung wird von der BNetzA überwacht.

431 **gg) Markt für Systemdienstleistungen.** Die ÜNB sind verpflichtet, die Stabilität des Netzes zu gewährleisten und dazu Systemdienstleistungen bereitzustellen. Um die Leistungsbilanz von Erzeugung und Verbrauch fortlaufend ausgleichen zu können, benötigen sie Primär- und Sekundärregelleistung sowie Minutenreserveleistung.[1754] Da sie aufgrund des Unbundlings selbst jedoch über keinerlei Erzeugungs- oder sonstige Regelkapazität verfügen, müssen sie diese über eine gemeinsame Auktion, den sogenannten Regelenergiemarkt, beschaffen. Hierzu wird der Bedarf für die einzelnen Regelleistungsarten ausgeschrieben.[1755] Alle Marktteilnehmer,

---

[1753] *Zenke/Dessau*, in: Schneider/Theobald (Hrsg.), Recht der Energiewirtschaft, 4. Aufl. 2013, § 13 Rn. 35.
[1754] Vgl. hierzu ausführlich *Breuer*, in: REE 2012, 17 (19 ff.).
[1755] Vgl. *de Wyl/Soetebeer*, in: Schneider/Theobald (Hrsg.), Recht der Energiewirtschaft, 4. Aufl. 2013, § 11 Rn. 36.

IV. Zahlungsanspruch nach dem EEG

deren technische Einheiten für die Erbringung von Regelleistung präqualifiziert wurden, sind berechtigt, Angebote für die ausgeschriebene Regelleistung abzugeben. Erfolgreiche Anbieter erhalten ein Leistungsentgelt für die Vorhaltung der Regelleistung im Gebotszeitraum sowie einen Energiepreis für den Fall der Inanspruchnahme der Regelleistung durch den ÜNB.

c) Allgemeine Voraussetzungen der Direktvermarktung

Im Rahmen der Direktvermarktung veräußert der Betreiber einer EEG-Anlage als Erzeuger (Lieferant) den produzierten Strom nicht mehr zu einem gesetzlich festgelegten Preis pro Kilowattstunde an den Netzbetreiber, sondern direkt an Dritte (Abnehmer), wie z. B. Stromhändler, Energieversorgungsunternehmen, Einzelverbraucher etc. 432

Die **Definition der Direktvermarktung** hat der Gesetzgeber innerhalb des Definitionskataloges des § 3 Nr. 16 EEG aufgenommen. Danach liegt eine Direktvermarktung im Sinne des EEG bei einer Veräußerung von Strom aus erneuerbaren Energien oder Grubengas an Dritte vor, es sei denn, der Strom wird in unmittelbarer räumlicher Nähe zur Anlage verbraucht und nicht durch ein Netz durchgeleitet. Mit dem letzten Halbsatz wird der sogenannte Direktverbrauch abgegrenzt, für den keine finanzielle Förderung nach dem EEG beansprucht werden kann.[1756] Beim Lieferanten und beim Abnehmer muss es sich um **verschiedene** Personen handeln[1757]. Sind beide Personen hingegen identisch, handelt es sich nicht um eine Direktvermarktung, sondern um einen Fall des Eigenverbrauchs.

aa) Zahlung von Marktprämie und Einspeisevergütung nach dem EEG

Für den direkt vermarkteten Strom müssen grundsätzlich die Voraussetzungen der besonderen Förderbestimmungen bestehen. 433
Wird beispielsweise ein Windpark über eine gemeinsame Messeinrichtung zur Inanspruchnahme der Marktprämie direkt vermarktet, muss für alle Anlagen dieses Windparks ein Vergütungsanspruch nach § 34 EEG 2014 oder § 19 EEG 2017 bestehen.

Der Zahlungsanspruch auf die Marktprämie oder Einspeisevergütung steht Betreibern von Anlagen zu, in denen ausschließlich erneuerbare Energien oder Grubengas eingesetzt werden, soweit die jeweiligen Voraussetzungen erfüllt sind. 434

Der Anspruch auf Zahlung besteht nur insoweit, als kein vermiedenes Netzentgelt und keine Steuervergünstigung in Anspruch genommen werden.

bb) Nicht-Inanspruchnahme vermiedener Netzentgelte sowie keine Stromsteuervergünstigung. Für den direkt vermarkteten Strom dürfen gemäß § 19 Abs. 2 Nr. 1 EEG keine vermiedenen Netzentgelte[1758] gegenüber dem Netzbetreiber geltend gemacht werden. Die Regelung entspricht § 33 Abs. 2 Nr. 1 b) EEG 2012.[1759] Eine doppelte Förderung von Strom aus erneuerbaren Energien soll hierdurch verhindert werden.[1760] 435

Exkurs Vermiedene Netzentgelte: Den Betreibern von dezentralen Erzeugungsanlagen steht nach § 18 StromNEV ein Entgelt für die dezentrale Einspeisung von Strom zu, zahlbar vom Betreiber des Elektrizitätsverteilungsnetzes, in welches die Anlage einspeist. Diese Vergütung muss in ihrer Höhe den Netznutzungsentgelten entsprechen, die der Netzbetreiber sonst für die Nutzung der vorgelagerten Netze und für die Umspannung des Stroms aus „zentraler Einspeisung" hätte zahlen müssen, aufgrund der jeweiligen Einspeisung der dezentralen Anlage tatsächlich jedoch vermeiden konnte[1761]. Bei einer Vergütung der Stromeinspeisung dieser Anlage nach dem EEG wird das Entgelt jedoch nicht gewährt.

Der Anspruch auf Marktprämie besteht auch nur, soweit keine Steuerbegünstigung nach § 9 Absatz 1 Nummer 1 oder Nummer 3 des Stromsteuergesetzes für den Strom, der durch ein

---

[1756] Vgl. hierzu ausführlich unter Teil 4 Rn. 510.
[1757] Vgl. *Ekardt/Henning*, in: Frenz/Müggenborg (Hrsg.), EEG-Kommentar, 3. Aufl. 2013, § 33a Rn. 8.
[1758] Nach § 18 Abs. 1 Satz 1 StromNEV.
[1759] Vgl. BT-Drs. 18/1304, S. 207.
[1760] BT-Drs. 17/6071, S. 79.
[1761] Vgl. *Theobald/Zenke*, in: Schneider/Theobald (Hrsg.), Recht der Energiewirtschaft, 2. Aufl. 2008, § 12 Rn. 36.

Netz durchgeleitet wird, in Anspruch genommen wird. Ansonsten ist von einer Überförderung auszugehen, da die anzulegenden Werte so kalkuliert sind, dass sie die Kosten des Anlagenbetreibers für die Anlagen voll decken. Zudem ist eine Kumulierung, die zu einer Überförderung führt, aus beihilferechtlichen Gründen problematisch. Der Anlagenbetreiber muss sich daher entscheiden, ob er entweder eine Zahlung nach dem EEG oder eine Begünstigung nach § 9 Absatz 1 Nummer 1 oder Nummer 3 StromStG in Anspruch nimmt. Die Neuregelung in § 53c EEG 2017 sieht nun vor, dass eine gewährte Stromsteuerbefreiung von dem anzulegenden Wert der finanziellen Förderung in Abzug zu bringen ist.

436 **cc) Einrichtung zur Fernsteuerung.** Die Anlage muss fernsteuerbar im Sinne des § 20 Abs. 1 Nr. 3 EEG sein. Hierdurch soll sichergestellt werden, dass die Fahrweise der direkt vermarkteten Anlagen an die jeweilige Marktlage angepasst werden kann.[1762] Die Regelung des § 20 Abs. 2 EEG greift zunächst die bereits im EEG 2012 enthaltene Anforderung zum Vorhalten technischer Einrichtungen auf, mit denen der Netzbetreiber die Einspeiseleistung jederzeit abrufen und bei Netzüberlastung ferngesteuert reduzieren kann. Anlagenbetreiber, die aufgrund der Rechtslage unter dem EEG 2009 (Systemdienstleistungsverordnung (SDLWindV) vom 3.7.2009) noch keine Verpflichtung zu einer entsprechenden Nachrüstung hatten, müssen nunmehr ebenfalls entsprechende technische Einrichtungen vorhalten, sofern sie in den Genuss der Förderung durch die Marktprämie gelangen wollen.[1763] Die Anforderungen an die Fernsteuerbarkeit müssen bei Neuanlagen vor dem Beginn des zweiten auf die Inbetriebnahme der Anlage folgenden Kalendermonats erfüllt sein.

437 Auch das EEG 2017 bleibt bei der im EEG 2014 neu aufgenommenen Regelung, dass dem **Direktvermarktungsunternehmer** im Sinne des § 3 Nr. 17 EEG oder einer anderen Person, an die der Strom veräußert wird, seitens des Anlagenbetreibers die Befugnis eingeräumt wird, die jeweilige Ist-Einspeisung abzurufen und die Einspeiseleistung in einem Umfang zu reduzieren, der für eine bedarfsgerechte Einspeisung des Stroms erforderlich und nach den genehmigungsrechtlichen Vorgaben nachweislich ausgeschlossen ist.

Es muss im Rahmen der Kommunikation zwischen dem Direktvermarktungsunternehmen und der Anlage sichergestellt sein, dass die geltenden Schutzniveaus eingehalten werden.

Ob bei Einbaupflicht eines intelligenten Messsystems auch die Fernsteuerung darüber erfolgen muss, hängt davon ab, ob EEG bzw. MsbG dies vorsieht.

Das EEG 2017 stellt gemäß § 9 Abs. 8 Satz 2 EEG 2017 ausdrücklich klar, dass die Abrufung der Ist-Einspeisung und die ferngesteuerte Abregelung nach den Absätzen 1 und 2 nicht über ein intelligentes Messsystem erfolgen müssen.

Der Einsatz eines intelligenten Messsystems ist gemäß § 20 Abs. 3 EEG dann vorgesehen, wenn mit dem intelligenten Messsystem kompatible und sichere Fernsteuerungstechnik, die über die zur Direktvermarktung notwendigen Funktionalitäten verfügt und gegen angemessenes Entgelt am Markt vorhanden ist

- bei Anlagen, bei denen spätestens bei Beginn des zweiten auf die Inbetriebnahme der Anlage folgenden Kalendermonats ein intelligentes Messsystem eingebaut ist,
- bei Anlagen, bei denen nach Beginn des zweiten auf die Inbetriebnahme der Anlage folgenden Kalendermonats ein intelligentes Messsystem eingebaut worden ist, spätestens fünf Jahre nach diesem Einbau, und
- bei Anlagen, bei denen ein Messsystem nach § 19 Absatz 5 des Messstellenbetriebsgesetzes eingebaut ist, mit dem der Einbau nach Ablauf der Frist nach Nummer 2 erfolgt.

Für bereits verbaute Messsysteme besteht nach § 19 Abs. 5 MsbG Bestandsschutz für acht Jahre nach Einbau, wenn der Einbau bis zu dem Zeitpunkt erfolgt ist, an dem das BSI die technische Möglichkeit des Einbaus von intelligenten Messsystemen festgestellt hat, mindestens jedoch bei Einbau bis 31.12.2016.

[1762] Vgl. BT.-Drs. 18/1304, S. 207.
[1763] Vgl. BT-Drs. 17/6071, S. 79.

Ob Steuerungslösungen Teil eines Messsystems sind bzw. ohne ein Messsystem nicht funktionstüchtig sind, entscheidet, ob einerseits dieser Bestandsschutz und andererseits die sich daran anschließende Austauschpflicht faktisch auch für die Steuerungslösung gelten.

Der Gesetzgeber stellt klar, dass durch die Nutzung der Einrichtung seitens des Direktvermarktungsunternehmers oder einer anderen Person nicht das Recht des Netzbetreibers zum Einspeisemanagement nach § 14 EEG beschränkt werden darf. Der Gesetzgeber räumt damit der Systemstabilität Vorrang vor Markthandlungen ein.[1764]

Im Detail sind jedoch konkrete Fragestellungen offen, weshalb die Clearingstelle EEG am 30.9.2016 ein Empfehlungsverfahren zu dem Thema „Anwendungsfragen des MsbG für EEG-Anlagen, Teil 1" eingeleitet hat.

dd) Kennzeichnung. Zudem ist nunmehr gemäß § 20 Abs. 1 Nr. 2 vorgesehen, dass der Anlagenbetreiber dem Netzbetreiber das Recht überlässt, diesen Strom als „Strom aus erneuerbaren Energien oder aus Grubengas, finanziert aus der EEG-Umlage" zu kennzeichnen. Die Anforderung wurde aus dem bisherigen § 19 Absatz 1 Nummer 1 EEG 2014 verschoben. Der Zusatz „finanziert aus der EEG-Umlage" ersetzt die bisherige Formulierung „gefördert nach dem Erneuerbare-Energien-Gesetz". Diese Änderung resultiert daraus, dass der Begriff der finanziellen Förderung nach § 5 Nummer 15 EEG 2014 aufgehoben und durch den Verweis auf die Zahlung nach § 19 Absatz 1 EEG 2017 ersetzt wird, soweit Marktprämie und Einspeisevergütung gemeint sind, und durch den Anspruch auf Zahlung nach § 51 EEG 2017 ersetzt wird, soweit Zahlungen für die installierte Leistung gemeint sind.

437a

ee) Bilanzkreiszuordnung und Leistungsmessung. Direkt vermarkteter Strom ist gemäß § 20 Abs. 1 Nr. 4a, 4b EEG viertelstündlich in einem speziell für die Vermarktungsform der Marktprämie einzurichtenden **Bilanz- oder Unterbilanzkreis** zu bilanzieren, in dem ausschließlich auf dieselbe Art und Weise direkt vermarkteter Strom bilanziert wird. Die Ist-Einspeisung der Anlage ist in viertelstündlicher Auflösung zu messen und zu bilanzieren. Sinn und Zweck der Regelung ist es, dass einem vom Gesetzgeber befürchteten Missbrauch vorgebeugt wird.[1765] Ausnahmsweise kann auch Strom, der nicht den Anforderungen der Marktprämie entspricht, in den Bilanzkreis eingestellt werden, wenn weder der Anlagenbetreiber noch der Direktvermarktungsunternehmer dies zu vertreten haben. Weder der Anlagenbetreiber noch das Direktvermarktungsunternehmen sollen dies zu vertreten haben, wenn der Anlagenbetreiber der Obliegenheit nachgekommen ist, einen Bilanz- oder Unterbilanzkreis zu benennen, in dem die Ausgleichsenergiemengen einzustellen sind.[1766] Der Fall, dass einer der Anlagenbetreiber seien Anforderungen für die Inanspruchnahme der Marktprämie nicht nachgekommen ist, wird von der Ausnahmeregelung nicht erfasst.

438

ff) Gemeinsamer Zählpunkt. Speisen mehrere Anlagen über einen gemeinsamen Netzverknüpfungspunkt ein und werden über eine **gemeinsame Messeinrichtung** (Zählpunkt des Netzbetreibers) abgerechnet, dürfen diese Anlagen gemäß § 52 EEG 2017 nur einheitlich direktvermarktet werden bzw. gerade nicht zeitgleich auch die Ausfallvergütung in Anspruch nehmen. Wenn darüber hinaus von fünf Windenergieanlagen in Direktvermarktung zwei dem Anlagenbetreiber A und drei dem Anlagenbetreiber B gehören, und beide bei unterschiedlichen Direktvermarktern in Vermarktung sind, so kann diese Hürde in der Praxis durch die Einrichtung virtueller Zählpunkte am Netzanschlusspunkt genommen werden. Darüber hinaus könnte ein Windenergieanlagenbetreiber gegenüber dem anderen im Fall der ggf. notwendigen Inanspruchnahme der Ausfallvergütung zur zusätzlichen Installation einer Messeinrichtung genötigt sein.[1767]

439

[1764] Vgl. BT-Drs. 18/1304, S. 210.
[1765] Vgl. BT-Drs. 17/6071, S. 79 sowie BT-Drs. 18/1304, S. 207.
[1766] Vgl. BT-Drs. 18/1304, S. 208.
[1767] Vgl. *Hinsch/Holzapfel*, in: Loibl/Maslaton/von Bredow/Walter (Hrsg.), Biogasanlagen im EEG, 3. Aufl. 2013, § 21 Rn. 41.

440 Im Gegensatz zur Direktvermarktung nach EEG 2009 ist eine Direktvermarktung einzelner Anlagen, die über eine gemeinsame Messeinrichtung abgerechnet werden, wenn überhaupt, dann nur in der Form der anteiligen (= prozentualen) Direktvermarktung möglich. Sofern der Strom anlagenbezogen vermarktet werden soll, ist die Installation einer anlagenbezogenen Messeinrichtung erforderlich.

441 **gg) Vorschriften bei der An- und Ummeldung der Direktvermarktung.** Ein Wechsel zwischen EEG-Vergütung und Direktvermarktung oder zwischen verschiedenen Formen der Direktvermarktung ist jeweils nur zum ersten Kalendertag eines Monats möglich, vgl. § 21c EEG. Ergo beträgt der Mindestaufenthalt in einer Vermarktungsoption einen vollen Kalendermonat; kleinere Direktvermarktungszeiträume sind nicht möglich. Dies gilt insoweit auch für Bestandsanlagen. Der Wechsel zwischen Direktvermarktungsunternehmen ist hingegen nach der Neuregelung des § 21b Abs. 4 EEG jederzeit möglich. Auch kann der Anlagenbetreiber jederzeit in den sogenannten Direkt- oder Eigenverbrauch wechseln. Hierbei handelt es sich lediglich um eine Klarstellung der bisherigen Rechtslage.

442 Beim Wechsel zwischen EEG-Vergütung und Direktvermarktung oder zwischen verschiedenen Formen der Direktvermarktung sind entsprechende **Meldefristen** gegenüber dem Netzbetreiber einzuhalten. Die Anmeldung beim Netzbetreiber zur Direktvermarktung – bzw. der Wechsel innerhalb der unterschiedlichen Formen oder retour in die Mindestvergütung für Bestandsanlagen oder kleine Anlagen nach § 21 EEG – muss mindestens einen Kalendermonat vor Lieferbeginn erfolgen. Das bedeutet: Soll eine Anlage ab dem 1. März in Direktvermarktung sein, muss die Anmeldung bis zum 31. Januar beim Netzbetreiber erfolgen.

443 In der fristgerecht eingereichten Meldung an den Netzbetreiber wird die Form der Direktvermarktung im Sinne des § 20 Abs. 1 EEG, in die gewechselt wird, ebenso angegeben wie der Bilanzkreis im Sinne des § 3 Nr. 9 EEG i. V. m. § 3 Nr. 10a EWG, dem der direkt vermarktete Strom zugeordnet werden soll. Diese beiden Angaben entfallen bei einem Wechsel in die Einspeisevergütung im Sinne der §§ 37 ff. EEG. Spätestens seit dem 1.1.2013 sind diese Meldungen in einem einheitlichen, automatisierten Verfahren und Format an den Netzbetreiber zu übermitteln.[1768]

> **Voraussetzungen für die Direktvermarktung im Überblick:**
> - Förderanspruch der Anlage nach EEG,
> - Verzicht auf vermiedene Netzentgelte,
> - keine Steuerbefreiung,
> - Viertelstündliche Messung und Bilanzierung der Ist-Leistung,
> - Ausstattung mit technischen Einrichtungen zur Fernsteuerung sowie Einräumung der Nutzungsbefugnis an den Direktvermarktungsunternehmer oder eine andere Person,
> - Bilanzkreiszuordnung,
> - Besonderheit bei gemeinsamem Zählpunkt mehrerer Anlagen,
> - An- bzw. Ummeldung der Direktvermarktung.

d) Formen der Direktvermarktung

444 Mit der Gesetzesnovelle des EEG 2012 konnte der Anlagenbetreiber seine monatlich erzeugte EEG-Strommenge nicht nur über die gesetzlich vorgeschriebenen Einspeisevergütungen gem. §§ 16 bis 33 EEG 2012 an den zuständigen Netzbetreiber veräußern, sondern auch weitere Möglichkeiten zur Vermarktung des Stroms wählen und darüber hinaus den Strom an Dritte verkaufen. Der Gesetzgeber hatte im EEG 2012 (§ 33b) drei verschiedene Formen der Direktvermarktung vorgesehen, wovon lediglich die Marktprämie im Sinne des § 20 EEG und die sonstige Direktvermarktung nach § 21a EEG übernommen wurden.

445 **aa) Marktprämie.** Das Marktprämienmodell wurde im EEG 2012 eingeführt, um die Erzeugung und Vermarktung von Strom aus erneuerbarer Energie besser am Markt zu integrieren.

[1768] Gemäß den am 29.10.2012 von der Bundesnetzagentur festgelegten „Marktprozessen für Einspeisestellen (Strom)" – Az.: BK6-12-153.

Die Marktprämie soll Anlagenbetreiber motivieren, ihren Strom direkt zu vermarkten. Erneuerbare Energien werden so unter Marktbedingungen mit konventionell erzeugtem Strom wettbewerbsfähig.

Stromerzeuger werden so zu Stromhändlern: Die Anlagenbetreiber vermarkten ihre Energie direkt über die Strombörse auf dem freien Energiemarkt. Sie erzielen für ihren Strom den regulären, schwankenden Marktpreis. Dieser Erlös lag zumeist unter dem geförderten Abnahmepreis des EEG 2012. Die Marktprämie enthielt bezogen auf den Marktpreis[1769] einen Risikopuffer und entspricht der Differenz zwischen der Einspeisevergütung und dem monatlich veröffentlichten technologiespezifischen Referenzmarktwert (RW). Der Erzeuger konnte potenziell also mindestens so viele Einnahmen in der Direktvermarktung zur Inanspruchnahme der Marktprämie erwarten wie in der Einspeisevergütung. Der anzulegende Wert, der als Maßstab zur Förderung nach dem EEG herangezogen wird, stellt nunmehr keine tatsächlich erzielbare Förderung dar.[1770]

446

Zusätzlich war die Zahlung einer **Managementprämie**[1771] als integrierter Bestandteil der Marktprämie an den Anlagenbetreiber und als Ausgleich für die ihm durch den Wechsel in die Direktvermarktung entstehenden Kosten vorgesehen. Die Managementprämie sollte nach Auffassung des Gesetzgebers die Kosten für die Börsenzulassung, Handelsanbindung, Abrechnung sowie IT-Struktur abdecken, vgl. Ziff. 1.1 Anlage 4 zum EEG 2012. Die Managementprämie soll nunmehr bereits in den anzulegenden Wert eingepreist sein.[1772]

447

Zwar ist die Direktvermarktung von Strom aus erneuerbaren Energien durch die börsentypischen Preisschwankungen nunmehr riskanter, jedoch wird durch die gleitende Marktprämie in ihrer aktuellen Ausprägung das Handelsrisiko für Anlagenbetreiber ausgeglichen. Jedoch wird die Marktprämie gemäß § 19 EEG nur für den tatsächlich eingespeisten Strom gezahlt, wodurch ein Gleichlauf mit der festen Einspeisevergütung angestrebt wird[1773].

448

Die Direktvermarktung bietet Anlagenbetreibern die vielversprechende Aussicht auf Zusatzerlöse: Verkauft ein Anlagenbetreiber seinen Windstrom über dem Monatsmittelwert des Marktpreises von Strom an der EPEX, erhält er dennoch die volle Marktprämie. Die Marktprämie wird von dem Netzbetreiber kalendermonatlich und rückwirkend gezahlt. Dazu ziehen die VNB die veröffentlichten Referenzmarktwerte[1774] zur anlagenscharfen Berechnung der Marktprämie heran.

449

Berechnung der Marktprämie

Marktprämie (MP) = Anzulegender Wert − Monatsmarktwert

wobei für Windenergieanlagen der tatsächliche Monatsmittelwert des Marktwerts von Strom aus Windenergieanlagen am Spotmarkt herangezogen wird, vgl. Ziff. 2.2.2 der Anlage 1 zum EEG

Die meisten Anlagenbetreiber übernehmen die Rolle des Direktvermarkters[1775] nicht selbst, sondern verkaufen ihren Strom an Stromhändler, die zwischen Erzeuger und Markt vermitteln und Handelsrisiken übernehmen. Die Gründe sind oft dieselben: Einzelne Anlagen sind oftmals zu klein, um effizient die erzeugte Energie direkt zu vermarkten. Vielen Anlagenbetreibern fehlt es außerdem an Erfahrung auf dem Strombörsenparkett. Sie sehen die Gefahr, für ihren

450

[1769] Der Marktpreis MW$_{EPEX}$ bezieht sich auf den monatlich ermittelten durchschnittlichen Börsenpreis für Strom an der EPEX Spot SE in Leipzig. Dieser wird bei Energie, die aus Wind und Sonne gewonnen wird, um einen Faktor korrigiert, der den jeweiligen Marktwert an der Börse reflektiert.
[1770] Ähnlich: *Wustlich*, NVwZ 2014, 1113 (1117).
[1771] Die Prämie reflektiert u. a. notwendige Kosten für die Börsenzulassung, die Handelsanbindung, die Transaktionen für die Erfassung der Ist-Werte und deren Abrechnung, für Prüfungsgebühren bei Banken, für die IT-Infrastruktur, das Personal und Dienstleistungen, für die Erstellung der Prognosen und für Abweichungen der tatsächlichen Einspeisung von der Prognose.
[1772] Vgl. BT-Drs. 18/1304, S. 195.
[1773] Vgl. BT-Drs. 17/6071, S. 80.
[1774] Vgl. www.netztransparenz.de/de/Referenzmarktwerte.htm.
[1775] Der Gesetzgeber geht selbst davon aus, dass der Anlagenbetreiber zumindest teilweise auch Direktvermarktungsunternehmer sein kann, vgl. BT-Drs. 18/1304, S. 167.

Strom eine niedrigere Vergütung als die EEG-Vergütung zu erhalten, wenn sie für ihren Strom an der Börse einen niedrigeren Preis erzielen als den Monatsmarktwert von Strom aus Windenergie. Dieses Risiko übernimmt üblicherweise vertraglich der Direktvermarkter.[1776]

451 **bb) Grünstromprivileg.** Der Gesetzgeber hat § 95 Nr. 6 EEG 2014, wodurch das Grünstromprivileg im Rahmen einer Verordnung möglich gewesen wäre, nunmehr aufgehoben. Damit gehört das Grünstromprivileg der Geschichte an.

Ebenso wie das Marktprämienmodell verfolgte auch das **Grünstromprivileg** im Sinne der § 33b Nr. 2 i. V. m. § 39 EEG 2012 das Ziel, einen wirtschaftlichen Anreiz zur Direktvermarktung von Energie aus regenerativen Quellen zu setzen und deren Marktintegration voranzutreiben. Der Anlagenbetreiber verkaufte den Strom hierbei an ein Energieversorgungsunternehmen, welches die Voraussetzungen des Grünstromprivilegs erfüllt. Durch das Grünstromprivileg kann das Versorgungsunternehmen, welches lediglich eine reduzierte oder keine EEG-Umlage zahlen muss, den Anlagenbetreibern einen höheren Strompreis für den Bezug bezahlen.[1777] Der Anlagenbetreiber musste die Wirtschaftlichkeit allein über den erzielten Stromverkaufspreis sicherstellen.

452 Elektrizitätsversorgungsunternehmen mussten gegenüber dem Übertragungsnetzbetreiber nur eine verringerte EEG-Umlage abführen, wenn dieser seine Kunden mit mindestens 50% Strom aus EEG-Anlagen versorgt. Gleichzeitig musste der Strom zu mindestens 20% aus Wind- und Photovoltaikanlagen stammen[1778]. Die eingesparte EEG-Umlage konnte das Elektrizitätsversorgungsunternehmen zum Kauf von EEG-Strom, der teurer als der Marktpreis ist, verwenden. Im Rahmen des EEG 2012 wurde die Ermäßigung (Befreiung) auf maximal 2 ct/kWh gedeckelt. Umgangssprachlich bezeichnet der Begriff *Grünstromprivileg* die teilweise Befreiung von Stromversorgern von der EEG-Umlage, wenn sie eine bestimmte Quote an Grünstrom erfüllen. Die Anforderungen für die Inanspruchnahme des Grünstromprivilegs wurden durch das EEG 2012 gegenüber dem EEG 2009 erheblich verschärft. Sie lassen sich in Portfoliovorgaben und Mitteilungspflichten des EVU und Mitteilungspflichten des Anlagenbetreibers unterteilen. Die wesentlichen Vorgaben waren hierbei durch das Elektrizitätsversorgungsunternehmen zu erfüllen.

453 **cc) Sonstige Direktvermarktung.** Die **sonstige Direktvermarktung** umfasst als Auffangtatbestand alle anderen Formen der Direktvermarktung, die sich der Marktprämie nicht zuordnen lassen und für die das EEG kein spezielles Förderinstrument vorsieht[1779]. Die sonstige Direktvermarktung im EEG 2017 entspricht insoweit § 17 EEG 2009 bzw. § 33b Nr. 3 EEG 2014. Von dieser Möglichkeit werden vor allem Anlagenbetreiber Gebrauch machen, deren erzeugter Strom nicht die Anforderungen an die Marktprämie nach § 20 EEG erfüllen oder von denen die Einspeisevergütung nach § 16 EEG 2012 nicht mehr beansprucht werden kann. Insoweit kann der Anlagenbetreiber die Vermarktung des Stroms mit Herkunftsnachweisen nach § 79 EEG unter Beachtung des Doppelvermarktungsverbots[1780] als „Strom aus sonstigen Erneuerbaren Energien" betreiben.

454 Eine finanzielle Förderung durch das EEG findet im Rahmen der sonstigen Direktvermarktung nicht statt. Der erzeugte Strom kann als „Grünstrom" verkauft werden. Der Anlagenbetreiber kann gemäß § 79 EEG Herkunftsnachweise von der zuständigen Behörde verlangen.

454a Anlagenbetreiber, die für den eingespeisten Strom ihrer EEG Anlagen keine Zahlung nach § 19 oder § 50 EEG in Anspruch nehmen, können für den erzeugten und ins Netz eingespeisten Strom Herkunftsnachweise (HKN) gemäß § 79 Abs. 1 EEG beantragen. HKN sind Zertifika-

---

[1776] Siehe auch Teil 4 Rn. 458 ff.
[1777] Vgl. *Wustlich*, in: Altrock/Oschmann/Theobald (Hrsg.), EEG-Kommentar, 4. Aufl. 2013, § 39 Rn. 1.
[1778] Beide Quoten müssen über das Kalenderjahr gesehen und jeweils im Durchschnitt in acht von zwölf Monaten erfüllt werden. Der in das Stromportfolio eingebrachte Grünstrom muss nachweislich tatsächlich an Endkunden geliefert werden (§ 39 Abs. 1 Nr. 1 EEG 2012).
[1779] Vgl. BT-Drs. 17/6071, S. 78.
[1780] Nach § 80 EEG.

te, die ausweisen, dass eine Megawattstunde (MWh) Strom unter Verwendung erneuerbarer Energiequellen erzeugt wurde. Sie werden damit ausschließlich für Kennzeichnungs- und Transparenzzwecke ausgegeben. Sie sind kein Qualitätssiegel.

Die gesamte Abwicklung des Handels – von der Ausstellung des elektronischen Dokuments (HKN), deren Übertragung, Import, Export und Entwertung – erfolgt durch das deutsche Herkunftsnachweisregister (HKNR) beim Umweltbundesamt (UBA). Vergleichbar mit einem Online-Banking-System erhält der Erzeuger einen Herkunftsnachweis auf sein Konto beim UBA für jede MWh erneuerbaren Strom gutgeschrieben und kann diesen HKN übertragen. Der Herkunftsnachweis wird nach der Lieferung des Stroms an den Verbraucher/in für die Stromkennzeichnung von Ökostrom verwendet und entwertet. Der Preis für Herkunftsnachweise bildet sich durch Angebot und Nachfrage und unabhängig vom Preis des Stroms.

Ein HKN hat eine Laufzeit von zwölf Monaten und wird spätestens nach Ablauf von zwölf Monaten nach Erstellung entwertet.

Weiterhin können Anlagenbetreiber die vermiedenen Netzentgelte nach § 18 StromNEV für die dezentrale Einspeisung von Strom verlangen und auch am Handel mit Grünstromzertifikaten uneingeschränkt teilnehmen.

dd) Mischform: Anteilige Direktvermarktung. Gemäß § 21b Abs. 2 EEG ist auch eine **anteilige Direktvermarktung** weiterhin möglich. Danach kann der Anlagenbetreiber im Rahmen der Mitteilung gegenüber dem Netzbetreiber festlegen, ob er den in seiner Anlage erzeugten Strom nur zu einem Teil in einer Direktvermarktungsformen vermarkten und für den übrigen Teil des Stroms die Mindestvergütung nach dem EEG in Anspruch nehmen möchte, oder ob er den Strom auf mehrere Vermarktungsformen aufteilen möchte. 455

Bei Anlagen, die über eine gemeinsame Messeinrichtung abgerechnet werden, gilt der angegebene Prozentsatz[1781] einheitlich für alle Anlagen, die über diese gemeinsame Messeinrichtung abgerechnet werden. 456

Wird beispielsweise ein Windpark zu 70% in Form der Marktprämie direkt vermarktet, so bezieht sich dieser Prozentsatz auf den von allen Anlagen dieses Windparks eingespeisten Strom. Die Summe der prozentualen Anteile aller drei Formen der Direktvermarktung und ggf. der prozentuale Anteil, der sich in der Einspeisevergütung befindet, darf 100% nicht überschreiten. Die Genauigkeit der prozentualen Anteile beträgt 0,1%.

Voraussetzung ist jedoch auch hier, dass dem Netzbetreiber vorab konkrete Prozentsätze mitgeteilt werden, welche anschließend jederzeit (viertelstündlich[1782]) nachweislich eingehalten werden müssen. Bei Nichteinhalten der Prozentsätze verringert sich der anzulegende Wert gemäß § 52 Abs. 1 Nr. 3 EEG. 457

e) Direktvermarktungsvertrag

Die Direktvermarktung zum Zweck der Inanspruchnahme der Marktprämie (§§ 19 ff. EEG 2017) ist der im EEG 2017 vorgesehene Regelfall für die finanzielle Vergütung. Die Anlagenbetreiber sind mithin verpflichtet, den erzeugten Strom direkt zu vermarkten, soweit nicht die Ausnahmetatbestände der Einspeisevergütung vorliegen. Die Vermarktung der Energie bedarf nicht nur der Erfahrung, sondern auch der Fähigkeit, durch Bilanzkreise am Markt teilzunehmen. Anlagenbetreiber können mit einem **Direktvermarkter einen Vertrag über die Lieferung** von Strom durch den Anlagenbetreiber und dessen Einbringung in den Bilanzkreis des Direktvermarkters schließen. Die angemessene Ausgestaltung dieses Vertragsverhältnisses, welches das Gesetz weitgehend den Vertragsparteien überlässt, ist entscheidend für den Erfolg der Direktvermarktung. In diesem Kapitel soll daher auf die wichtigsten Aspekte des Direktvermarktungsertrags eingegangen werden. 458

Direktvermarktungsverträge regeln die Veräußerung von Strom aus erneuerbaren Energieanlagen an Dritte und enthalten damit Kaufvertrags- und, je nach Vereinbarung, Geschäftsbesorgungselemente. Die unterschiedlichen Arten der Direktvermarktung – das Marktprä- 459

[1781] Vgl. § 33d EEG 2012.
[1782] Vgl. BT-Drs. 17/6071, S. 80.

mienmodell sowie die sonstige Direktvermarktung – wurden bereits im vorangegangen Kapitel detailliert dargelegt. Zugleich ist die Nutzung aller Zusatzerlöspotenziale aus Märkten zwingend an eine Form der Direktvermarktung gebunden. Je nach Wahl der Direktvermarktungsform sowie der Vereinbarungen definieren sich die Rechte und Pflichten der Vertragsparteien. In erster Linie müssen jedoch die Voraussetzungen der Direktvermarktung erfüllt sein.[1783] Da die sonstige Direktvermarktung nur für sehr niedrig vergütete EEG-Anlagen wirtschaftlich ist, wird nachfolgend die vertragliche Ausgestaltung der Rechte und Pflichten im **Marktprämienmodell** fokussiert.

460 **aa) Rechte und Pflichten im Marktprämienmodell.** Nach dem EEG ist grundsätzlich der Anlagenbetreiber als Adressat des Gesetzes gegenüber dem Netzbetreiber dazu verpflichtet, die Voraussetzungen der Direktvermarktung zu erfüllen. Rechte und Pflichten können die Vertragspartner allerdings frei vereinbaren. Regelmäßig überträgt daher der Anlagenbetreiber neben weiteren Pflichten dem Direktvermarkter die Pflicht, die Ummeldung zu übernehmen und den Strom in den Bilanzkreis des Direktvermarkters zu bilanzieren.

461 **(1) Anlagenbetreiber.** Der Anlagenbetreiber ist verpflichtet, dem Direktvermarkter den in seinen Erzeugungsanlagen produzierten Strom zu liefern. Haben die Parteien vereinbart, dass der Direktvermarkter auch die Ummeldung und den Wechsel übernimmt, ist hierzu die Mitwirkung des Anlagenbetreibers notwendig. Er muss dem Direktvermarkter eine entsprechende Vollmacht erteilen und dem Direktvermarkter alle relevanten Daten zur Meldung zur Verfügung stellen. Gleichzeitig wird der Direktvermarkter zukünftig auch dazu bevollmächtigt werden, gegenüber dem Netzbetreiber namens und in Vollmacht des Anlagenbetreibers das Recht einzuräumen, den geförderten Strom als „Strom aus Erneuerbaren Energien oder aus Grubengas" kennzeichnen zu dürfen.

462 Die **Stromlieferpflicht** erfüllt der Erzeuger durch die Einspeisung der von seinen Windkraftanlagen produzierten elektrischen Energie in das Netz des vorgelagerten Netzbetreibers, an das die Erzeugungsanlagen angeschlossen sind.

463 Zur Reduzierung der Einspeiseleistung – wozu die Vertragsparteien im Rahmen der Anforderungen des § 20 Abs. 1 Nr. 3 i. V. m. § 20 Abs. 2 EEG verpflichtet werden –, ist der Anlagenbetreiber verpflichtet, dem Direktvermarkter die Berechtigung einzuräumen, die Einspeiseleistung ferngesteuert zu reduzieren. Die dafür notwendige technische Ausstattung der Windkraftanlage hat der Anlagenbetreiber zudem auch bereitzustellen, soweit nicht im Direktvermarktungsvertrag etwas anderes vereinbart wurde. Der Anlagenbetreiber hat dem Direktvermarkter die Meldung von Ausfällen sowie gegebenenfalls die Bereitstellung von Onlinedaten zu gewährleisten.

464 **(2) Direktvermarkter.** Der Direktvermarkter oder eine andere Person hat den ins Netz eingespeisten Strom bilanziell abzunehmen und dem Anlagenbetreiber zu vergüten. Daneben können mit dem Direktvermarkter eine Vielzahl weiterer Pflichten vereinbart werden.

- Abnahme des Stroms,
- Ummeldung der Anlagen zur Direktvermarktung in Bilanzkreis und zum Vertragsende ins EEG zurück,
- Durchführung der Windprognose,
- Zahlung eines fest vereinbarten Vergütungssatzes,
- Stellung einer Sicherheit,
- Übernahme der EiSMan-Abrechnung,
- Meldungen gemäß REMIT[1784].

[1783] Vgl. hierzu Teil 4 Rn. 432 ff.
[1784] Verordnung (EU) Nr. 1227/2011 über die Integrität und Transparenz des Energiegroßhandelsmarkts.

(a) Ummeldungen. In der Regel übernimmt der Direktvermarkter die Ummeldung in die 465
Direktvermarktung bzw. zwischen den verschiedenen Direktvermarktungsformen bzw. den
Wechsel ins EEG zurück. Die Ummeldung kann jeweils nur zum 1. eines Monats zum nächsten
Monat erfolgen gemäß § 21c Abs. 1 EEG.

§ 21c Abs. 1 EEG:
*„Anlagenbetreiber müssen dem Netzbetreiber vor Beginn des jeweils vorangegangenen Kalendermonats mitteilen,
wenn sie erstmals Strom in einer Veräußerungsform nach § 21b Absatz 1 Satz 1 veräußern oder wenn sie zwischen den
Veräußerungsformen wechseln."*

Etwas Anderes gilt nur, wenn der Anlagenbetreiber in die Ausfallvergütung wechseln möchte. In diesem Fall kann die Meldung zum Wechsel an den Netzbetreiber bis zum fünftletzten Werktag des Vormonats erfolgen. Auch wurden in Direktvermarktungsverträgen Regelungen aufgenommen, nach denen das Direktvermarktungsunternehmen die Rückmeldung in die Einspeisevergütung vorzunehmen hatte, wie es für Bestandsanlagen auch weiterhin zweckmäßig ist.

Besonders unmittelbar nach Inkrafttreten des EEG 2012 war die Angst vor Sanktionen von 466
Ummeldefehlern groß, weil das Gesetz an einigen Stellen Lücken aufwies. Mittlerweile hat sich
das durch die Vereinheitlichung der Ummeldeverfahren, die Erfahrung in der Praxis und vor
allem durch Entscheidungen der Bundesnetzagentur egalisiert.[1785]

Dies wurde auch durch den veröffentlichten Beschluss der Bundesnetzagentur (BNetzA) un- 467
termauert. Abgesehen davon, dass damit einheitliche Ummeldeformulare und auch Formulare
zur Bestätigung der Ummeldung durch den Netzbetreiber (binnen 8 Tagen nach Ummeldung)
vorgesehen waren, stellte die BNetzA auf Seite 18 des Beschlusses zu Ummeldefehlern fest:

*[…] „1.7.2. Umgang mit fehlerhaften An- oder Abmeldungen
In der von den Verbänden zur Verfügung gestellten und konsultierten Geschäftsprozessfassung war als offener Dissens
die Frage benannt, welche Auswirkung die in § 33d Abs. 5 EEG niedergelegte Regelung hat, wonach bei einem Verstoß
unter anderem gegen die Wechselfristen des § 33d Abs. 2 EEG ein Wegfall der Marktprämie, ein Wegfall der verringerten
EEG-Umlage bzw. auch ein Wegfall sonstiger Vergütungsansprüche angeordnet wird. Vor diesem Hintergrund wurde die Frage aufgeworfen, ob die hier festzulegenden Wechselprozesse aufgrund ihrer Prüfsystematik überhaupt vorsehen
dürfen, dass Netzbetreiber Anmeldungen mit falscher Vorlauffrist gleich nach Eingang automatisiert abweisen können,
was faktisch zu einem Leerlaufen der von § 33d Abs. 5 EEG intendierten Sanktionen führt, oder ob dem vorgenannten
Sanktionsmechanismus des EEG ein eigener Anwendungsbereich eröffnet bleiben muss.
Im Rahmen der Konsultation schlossen sich alle Teilnehmer, die sich zu dieser Thematik geäußert haben, der Auffassung
an, dass eine automatisierte Abweisung verfristeter Anmeldungen beim Netzbetreiber als vorzugswürdig erachtet wird.
Diese Auffassung teilt auch die Beschlusskammer."*

Für die Wechselprozesse ist in § 21c Abs. 3 EEG festgelegt, dass 468

*„Soweit die Bundesnetzagentur eine Festlegung nach § 85 Absatz 3 Nummer 3 getroffen hat, müssen Anlagenbetreiber
für die Übermittlung von Mitteilungen nach den Absätzen 1 und 2 das festgelegte Verfahren und Format nutzen."*

Ein entsprechender Beschluss zur Anpassung der Festlegung „Marktprozesse für Einspeisestellen (Strom)" an das EEG 2014 wurde mit BK6-14-110 am 29. Januar 2015 getroffen und mithin konkretisiert und damit die Unsicherheiten beendet.[1786] Die Beschlusskammern 6 und 7 der Bundesnetzagentur haben zudem am 20.12.2016 ihre Festlegungen zur Anpassung der elektronischen Marktkommunikation an die Erfordernisse des Gesetzes zur Digitalisierung der Energiewende getroffen[1787].

Außerdem sieht § 21 b Abs. 4 Nr. 1 EEG zugunsten des Anlagenbetreibers die Möglichkeit vor, jederzeit den Direktvermarktungsunternehmer zu wechseln. Für Fälle dieser Art muss der Prozess Lieferbeginn daher von der Monatsfrist abweichende Fristenregelungen vorsehen. Dieser prozessuale Mechanismus kommt in dieser Form auch im Lieferbeginn-Prozess für Entnahmestellen zum Einsatz und hat sich nach Überzeugung der Kammer in den vergangenen

---
[1785] Beschl. v. 29.10.2012, BK6-12-153.
[1786] Beschl. v. 29.1.2015, BK6-14-110.
[1787] Beschl. v. 20.12.2016, BK6-16-200 und Az.: BK7-16-142.

Jahren bewährt. Es lag daher nahe, auch die dort verwendete Meldefrist von 10 Werktagen zur Beibehaltung von Synergien zu übernehmen.

469 **(b) Regelungen zur Fernsteuerung.** Bei einer Neuinbetriebnahme der Windkraftanlage muss gemäß § 21 EEG die **Fernsteuerbarkeit** vor dem Beginn des zweiten auf die Inbetriebnahme der Anlage folgenden Kalendermonats eingehalten werden. Sollte bereits vor Inbetriebnahme der Erzeugungsanlage der Direktvermarktungsvertrag geschlossen werden, ist von beiden Vertragsparteien sicherzustellen, dass die Anforderungen des § 21 EEG eingehalten sind. Im Zweifelsfall wird sich der Direktvermarkter das Recht vorbehalten, die Erzeugungsanlage aus dem Bilanzkreis abzumelden, um nicht die finanzielle Förderung der anderen in diesem Bilanzkreis geführten Erzeugungsanlagen zu gefährden.

470 Vereinbarungen zur ferngesteuerten Reduzierung sind bei neu abzuschließenden Direktvermarktungsverträgen nunmehr integriert.

471 Der Betreiber räumt dem Direktvermarkter/Dritten die Befugnisse ein, die zum Online-Abruf der jeweiligen IST-Einspeiseleistung sowie zur ferngesteuerten Leistungsreduzierung zwingend erforderlich sind.

Die Haftungsfrage für die technische Umsetzung des Signals trägt in der Regel der Betreiber.

472 Zu vereinbaren sind auch die Art der Bestimmung sowie die Höhe der Vergütung der Ausfallarbeit, d. h. der nicht produzierten Strommenge und die Art und Weise, wie und wann diese Information dem Betreiber zur Verfügung gestellt wird.

„Die Bestimmung der reduzierten Strommenge erfolgt analog dem Pauschalverfahren, das für das Einspeisemanagement von der BNetzA entwickelt wurde."

„Die Vergütung der abgeregelten (nicht produzierten) Strommenge erfolgt zu einem Vertragspreis in Höhe von EEG plus X."

Außerdem werden Festlegungen getroffen, wer den Nachweis gegenüber dem Netzbetreiber führt, dass die WEA (bzw. die Anlage, der Zählpunkt) durch die Installation fernsteuerbar ist und wer die Anmeldung bzw. die Einreichung der Unterlagen zum Nachweis der Fernsteuerbarkeit beim VNB übernimmt.

473 Wichtige Punkte, die zur Fernsteuerung im Vertrag geregelt werden sollten:

- Einbauverpflichtung der Fernsteuerung,
- Einräumung der Rechte/Befugnisse und Pflichten zum Fernsteuern,
- Beschreibung der entsprechend installierten technischen Einrichtung zur Fernsteuerung sowie zum Abruf der Ist-Einspeiseleistung,
- Regelung, wie entsprechend den technischen Möglichkeiten der Erzeugungsanlage und den vertraglich abgestimmten Vorgaben zu reduzieren ist,
- Haftungsfragen für technische Umsetzung,
- Art der Bestimmung und Höhe der Vergütung der Ausfallarbeit,
- Nachweisführung, Anmeldung und Dokumentation gegenüber dem Netzbetreiber.

474 **(c) Vorrang beim Abregeln von Windenergieanlagen.** Immer wieder stellen sich Betreiber diese Frage, welche Netzbetreiber wie Direktvermarkter weitestgehend schon im Konsens beantworten: Erfolgt zum gleichen Zeitpunkt sowohl eine marktbezogene Leistungsreduzierung durch den Direktvermarkter als auch eine Leistungsreduzierung durch den Netzbetreiber (z. B. Einspeisemanagement), so setzt sich das Signal mit der niedrigeren Vorgabe (also das der weiter gehenden Reduzierung) durch.

Wenn zum Beispiel der Netzbetreiber einen Windpark auf 70 % seiner Leistung reduziert, ist eine Reduzierung des Direktvermarkters um weitere 40 % – auf 30 % der Leistung – zeitgleich möglich.

Diese Auslegung ist auch im Sinne des § 20 Abs. 4 EEG.

„Die Nutzung der technischen Einrichtungen zur Abrufung der Ist-Einspeisung und zur ferngesteuerten Regelung der Einspeiseleistung sowie die Befugnis, diese zu nutzen, dürfen das Recht des Netzbetreibers zum Einspeisemanagement nach § 14 nicht beschränken."

Für die spätere Abrechnung der Ausfallarbeit ist es deshalb wichtig, dass die Fernsteuerlösung zusätzlich zu den Regelvorgaben des Direktvermarkters auch die des Netzbetreibers mitschreibt.

Die ursprüngliche Einführung der MaPrV und die Verpflichtung zur Fernsteuerbarkeit zeigt deutlich, dass Anlagen zukünftig verbrauchsabhängig betrieben und besser in das bestehende Netz eingebunden werden sollen. 475

(d) Abrechnung und Vergütung. Eine der Hauptleistungspflichten des Direktvermarkters ist die Abrechnung sowie Vergütung des gelieferten Stroms. Die Abrechnung und Auszahlung des Monatsmarktwerts[1788] zuzüglich eines Mehrwerts (sog. Vermarktungszuschlag) obliegt dem Direktvermarkter. Der Monatsmarktwert wird monatlich für jede Technologie ermittelt und durch die Übertragungsnetzbetreiber im Folgemonat veröffentlicht. Dies führt dazu, dass die Abrechnung erst im Monat nach Lieferung der Energie erfolgen kann. Auch die Höhe der Marktprämie wird rückwirkend für jeden Kalendermonat berechnet. Gegebenenfalls sind bei Messfehlern weitere Korrekturen notwendig. Dies folgt dem von der Bundesnetzagentur festgelegten Verfahren nach MaBiS[1789]. Demnach kann eine Korrektur bis zum Ende des 7. Monats nach dem Liefermonat erfolgen. 476

Das Marktprämienmodell zeichnet sich dadurch aus, dass der Anlagenbetreiber die Stromproduktion außerhalb des EEG zum Marktpreis vermarktet. Die Marktprämie erhält der Anlagenbetreiber nicht vom Direktvermarkter, sondern von seinem Verteilnetzbetreiber (VNB), von dem er vorher auch die Einspeisevergütung erhalten hat. Durch die Zahlung von Referenzmarktwert (durch den Direktvermarkter) und Marktprämie (durch den VNB) erhält der Betreiber für jede eingespeiste kWh einen Betrag in Höhe der Einspeisevergütung im Sinne des EEG. Die Höhe des Mehrwerts ist mit dem Direktvermarkter auszuhandeln. 477

bb) Sicherheiten. Die Vergütung erfolgt erst nach Lieferung des Stroms, d.h. bei Ausfall des Direktvermarkters behält der Anlagenbetreiber zwar den Anspruch auf die Vergütung, trägt aber im Übrigen das Risiko des Ausfalls des Direktvermarkters. Das Risiko eines Zahlungsausfalls des Direktvermarkters ist damit nicht von der Hand zu weisen. Aus diesem Grund sollte zwischen den Vertragsparteien eine Sicherheit vereinbart werden. Hierbei kommen **Bürgschaften** von Banken, Garantien oder Patronatserklärungen in Betracht. Die Höhe der Sicherheit sollte danach bemessen sein, wie hoch das Ausfallrisiko einzuschätzen ist. Zu berücksichtigen sind hierbei insbesondere die Höhe der zu erwartenden Markprämie und die Möglichkeit, bis wann der Anlagenbetreiber Kenntnis von Umständen erhält, die ihn zu einer Kündigung des Direktvermarktungsvertrags berechtigen. 478

(1) Ausfallrisiko des Direktvermarktungsunternehmers. Das Ausfallrisiko des Direktvermarkters ist jedoch zeitlich begrenzt und bezüglich der Vergütung äußerst gering. Das Ausfallrisiko betrifft letztlich den Monatsmarktwert sowie den Vermarktungszu- bzw. -abschlag, und dies maximal für 2 Monate. Abgesehen davon, dass der Anlagenbetreiber selbst eine Ummeldung vornehmen kann, ist auch der Direktvermarkter zumeist vertraglich verpflichtet, die Anlagen des Betreibers nach einer Kündigung ebenfalls in das Einspeisevergütungsregime umzumelden. Die Ummeldung wird also in jedem Fall im Monat des Zahlungsverzugs vorgenommen werden. Die Ummeldung entfaltet nach den standardisierten Regelungen des VNB zum 1. Tag des übernächsten der Ummeldung folgenden Monats Wirkung bzw. kann im Fall der Ausfallvergütung des § 21 Abs. 1 Nr. 1 EEG kurzfristiger erfolgen, jedoch mit dem Risiko geringerer Einnahmen. Es ist damit also sichergestellt, dass der Anlagenbetreiber von Bestandsanlagen spätestens nach 2 Monaten wieder die volle Einspeisevergütung vom VNB erhält bzw. dass durch die Ausfallvergütung sogar nur ein geringeres Risiko droht. 479

[1788] Energieträger- und systemspezifischer Referenzmarktwert. Zur Berechnung siehe Teil 4 Rn. 276 ff.
[1789] „Marktregeln für die Durchführung der Bilanzkreisabrechnung Strom (MaBiS)", zum 1.4.2011 vollständig in Kraft getreten; diese regeln den Austausch bilanzierungsrelevanter Stamm- und Bewegungsdaten im Rahmen der Bilanzkreisabrechnung sowie die Abwicklung der Bilanzkreisabrechnung als solches.

Staake

480 Im Falle des Zahlungsausfalls stehen dem Anlagenbetreiber, sofern vertraglich vereinbart, folgende Rechte zur Seite:
- außerordentliche Kündigung,
- sofortige Rückmeldung in die Einspeisevergütung beim VNB,
- Befriedigung aus den gestellten Sicherheiten.

Dieses Ausfallrisiko wird in der Praxis durch Bankbürgschaften abgesichert. An einem Beispiel erläutert bedeutet das Folgendes:

Der Direktvermarktungsunternehmer zahlt den vom Betreiber im Juli gelieferten Strom Anfang August nicht. Der Anlagenbetreiber kündigt sofort und meldet seine Bestandswindkraftanlage im August um. Die Meldung ist wirksam ab dem 01.09. Der Betreiber erhält für Juli und August sein Geld, das er vom Direktvermarkter beanspruchen kann, also den Monatsmarktwert zzgl. Vermarktungszuschlag aus der Sicherheit. Die Marktprämie bekommt er vom VNB, soweit sichergestellt ist, dass die Pflichten der Direktvermarktung weiterhin durch den Direktvermarkter abgesichert werden. Durch die nunmehr kürzeren Wechselfristen in § 21b EEG und den jederzeit möglichen Wechsel zu einem anderen Direktvermarktungsunternehmer verringert sich das Risiko.

481 **(2) Interesse der finanzierenden Banken.** Die Windkraftanlagen sind in der Regel bankenfinanziert, wobei sich die finanzierende Bank zukünftige Vergütungsansprüche vom Anlagenbetreiber zur Sicherung abtreten lässt. Wechselt der Anlagenbetreiber in die Direktvermarktung, ist mithin die Zustimmung der finanzierenden Bank notwendig. Die finanzierende Bank hat ein Interesse daran, dass durch den Direktvermarktungsvertrag die Vergütung sichergestellt ist, die der Anlagenbetreiber nach EEG erhalten würde. Auch sollte sich der Geschäftsführer einer Gesellschaft, die eine Bestandsanlage betreibt, vorab rechtlich absichern, ob er gesellschaftsrechtlich im Rahmen seiner Geschäftsführungsbefugnis einen Wechsel aus der Einspeisevergütung veranlassen darf.

482 **cc) Steuern.** Die Marktprämie ist kein steuerliches Entgelt im Sinne von § 10 UStG, weshalb darauf keine Umsatzsteuer zu entrichten ist[1790]. Eine entsprechende Aussage findet sich schon in der Gesetzesbegründung zum EEG 2012. Durch Erlass vom 6.11.2012 hat das Bundesministerium der Finanzen diese Sichtweise ausdrücklich bestätigt: Die Markt- und Flexibilitätsprämie sind echte nicht steuerbare Zuschüsse und daher nicht umsatzsteuerpflichtig.

f) Öffnung des Regelenergiemarktes

483 Neben der Direktvermarktung steht dem Anlagenbetreiber zukünftig auch der Markt der Systemdienstleistungen offen. Die vier Übertragungsnetzbetreiber haben mit dem Leitfaden zur Präqualifikation von Windenergieanlagen zur Erbringung von Minutenreserveleistung im Rahmen einer Pilotphase Kriterien festgelegt, wie Windenergieanlagen Regelenergieleistungen liefern können. Gemäß dem Leitfaden zur Präqualifikation von Windenergieanlagen zur Erbringung von Minutenreserveleistung, der bereits veröffentlicht ist, werden in einer Pilotphase, die nunmehr bis zum 31.12.2018 verlängert wurde,[1791] Erfahrungen zum Verhalten der Windenergieanlagen bei der Erbringung von Systemdienstleistungen getestet. Bevor eine Erzeugungsanlage Systemdienstleistungen erbringen kann, ist diese zu präqualifizieren, d. h. zum Regelenergiemarkt zuzulassen. Für Windenergieanlagen strebt der ÜNB zunächst die Zulassung für Minutenreserveleistung an. Dies eröffnet den Anlagenbetreibern die Öffnung des Systemdienstleistungsmarktes und damit eine zusätzliche Vermarktungsmöglichkeit der Flexibilität, die derzeit mit einem ein Leistungsentgelt für die Vorhaltung der Regelleistung im Gebotszeitraum sowie einen Energiepreis für den Fall der Inanspruchnahme der Regelleistung durch den ÜNB vergütet werden.

Für den Nachweis der Minutenreserveerbringung kommt das Nachweisverfahren „mögliche Einspeisung" zur Anwendung. Das unter anderem in den Niederlanden, Belgien und Dänemark verwendete Verfahren „Fahrplan" soll vorerst nicht verwendet werden. Das Verfahren „mögli-

---

[1790] Vgl. BT-Drs. 17/6071, S. 97.
[1791] Vgl. Leitfaden zur Präqualifikation von Windenergieanlagen zur Erbringung von MRL in der Pilotphase vom 04.09.2017.

che Einspeisung" greift als Referenzwert grundsätzlich die mögliche Einspeisung der Anlage, d. h. den vom Anbieter anhand einer Schätzung aktuell ermittelten Leistungswert der Anlage, der unter Ausnutzung des aktuellen Windangebots und der technischen Verfügbarkeit erreicht werden könnte, auf. Das Konzept zur Bestimmung der möglichen Einspeiseleistung muss dem zuständigen Übertragungsnetzbetreiber dargelegt werden.

g) Regionalnachweise

Der Gesetzgeber hat als Instrument der Steigerung der Akzeptanz der Energiewende vor Ort gemäß § 79a EEG die Möglichkeit einer regionalen Grünstromkennzeichnung vorgesehen. Das ermöglicht Stromlieferanten, ihren Kunden Strom einer ganz konkreten, mit der Marktprämie geförderten Anlage aus der Region zuordnen zu können. Diese Zuordnung erfolgt mittels sogenannter Regionalnachweise. Ein Regionalnachweis ist ein elektronisches Dokument, das konkret die regionale Herkunft des Stroms aus erneuerbaren Energien nachweist. Während Herkunftsnachweise (HKN) nur in der sonstigen Direktvermarktung, also für Strom aus Erneuerbaren Energieanlagen ohne Förderung, ausgestellt werden, können Regionalnachweise nur für erneuerbaren Energien-Strom angeboten werden, der mit Marktprämie gefördert wird. Für jede produzierte Kilowattstunde Strom wird ein Regionalnachweis ausgestellt. Der Regionalnachweis ist allein entlang der Stromhandelskette übertragbar[1792]. Das Gesetz sieht mithin eine vertragliche Kopplung der Regionalnachweise an den Strom und keine freie Handelbarkeit wie bei den Herkunftsnachweisen vor. Wie diese Kopplung konkret ausgestaltet werden wird, bleibt abzuwarten. Die gesamte Abwicklung des Handels erfolgt durch das deutsche Regionalnachweisregister (RNR) beim Umweltbundesamt (UBA).

483a

Um die regionale Nähe zu gewährleisten, hat der Gesetzgeber hinsichtlich der Regionalität bereits sehr detaillierte Vorgaben in § 79a Abs. 6 EEG gemacht. Dabei umfasst die Region des belieferten Letztverbrauchers alle Postleitzahlengebiete, die sich ganz oder teilweise im Umkreis von 50 Kilometern um das Postleitzahlengebiet befinden, in der der Letztverbraucher den Strom verbraucht. Das Umweltbundesamt bestimmt und veröffentlicht für jedes Postleitzahlengebiet, in dem Strom verbraucht wird, welche weiteren Postleitzahlengebiete zu der Region gehören.

Ein Regionalnachweis hat eine Laufzeit von vierundzwanzig Monaten und wird spätestens nach Ablauf von vierundzwanzig Monaten nach Erstellung entwertet.

5. Einspeisevergütung nach dem EEG

Bis zum EEG 2014 hatte der Anlagenbetreiber in der Regel einen Anspruch auf die **Einspeisevergütung** für den in das Netz der allgemeinen Versorgung eingespeisten Strom vom Netzbetreiber, vgl. § 16 Abs. 1 i. V. m. §§ 23 bis 33 EEG 2012. Die Förderung im Wege der Einspeisevergütung bildet seit dem EEG 2014 die Ausnahme. Ausgangspunkt für die finanzielle Förderung ist hierbei wiederum § 19 EEG.[1793] Der Ausnahmecharakter der beiden Vergütungsoptionen ergibt sich hierbei bereits aus den Grundsätzen nach § 2 Abs. 2 i. V. m. § 19 Abs. 1 Nr. 2 EEG, nach dem Strom aus erneuerbaren Energien und aus Grubengas zum Zwecke der Marktintegration direkt vermarktet werden soll.[1794] Es wird im Rahmen dieser Förderung nach § 21 EEG zwischen der Einspeisevergütung für kleine Anlagen und der Einspeisevergütung in Ausnahmefällen unterschieden, wobei für beide Vergütungsarten die Voraussetzungen des § 21 Abs. 3 EEG einzuhalten sind.[1795]

484

a) Einspeisevergütung für kleine Anlagen

Der Gesetzgeber hat eine Regelung für die **Einspeisevergütung von kleinen Anlagen** in § 21 Abs. 1 Nr. 1 EEG verankert. Ab einer installierten Leistung von über 100 kW kann keine Einspeisevergütung mehr beansprucht werden. Die bisher in § 37 EEG 2014 vorgesehene Differenzierung, nach der bei Inbetriebnahmen im Zeitfenster vom 1.8.2014 bis

485

[1792] Vgl. BT-Drs. 18/8860, S. 245
[1793] Vgl. BT-Drs. 18/1304, S. 188.
[1794] Vgl. BT-Drs. 18/1304, S. 161.
[1795] Vgl. *Müller/Kahl/Sailer*, RE 2014, 139 (141).

einschließlich 31.12.2015 und einer installierten Leistung von höchstens 500 kW weiterhin die Einspeisevergütung durch den Netzbetreiber für die Förderdauer des EEG zu entrichten war, ist aufgrund des Zeitablaufs nicht weitergeführt worden. Diese Anlagen sind über die Übergangsbestimmungen geschützt. Bei Inbetriebnahmen von Anlagen nach dem 31.12.2015 besteht ein Anspruch des Anlagenbetreibers auf die Einspeisevergütung nur noch für Anlagen mit einer installierten Leistung von höchstens 100 kW, die nunmehr von § 21 Abs. 1 Nr. 1 EEG erfasst sind. Anlagen mit einer höheren Leistung können lediglich die Förderung in Form der Marktprämie im Rahmen der Direktvermarktung in Anspruch nehmen. Da eine Untergrenze einer installierten Leistung für die Möglichkeit der Inanspruchnahme der Marktprämie nicht geregelt ist und § 19 Abs. 1 EEG zwischen den Förderformen ein „oder" vorgesehen hat, ist die Direktvermarktung für kleine Anlagen im oben genannten Sinne optional.[1796]

486   Aufgrund des Umstandes, dass im Rahmen der Neugestaltung der Marktprämie die im EEG 2012 noch separat ausgewiesene Managementprämie nunmehr in den anzulegenden Wert für jeden einzelnen Energieträger integriert wurde, wird bei der Inanspruchnahme der Einspeisevergütung dieser anzulegende Wert für Windenergieanlagen gemäß § 53 Satz 1 Nr. 2 EEG um 0,4 ct/kWh abgesenkt. Die Managementprämie verfolgte den Zweck, die Kosten der Handelsanbindungen an den Strommarkt zu kompensieren,[1797] welche im Rahmen der Einspeisevergütung jedoch nicht zu berücksichtigen sind.[1798]

b) Ausfallvergütung

487   Die **Einspeisevergütung in Ausnahmefällen** nach § 38 EEG 2014 stellt eine Option für diejenigen Erzeugungsanlagen dar, die aus der Direktvermarktung gleichwohl eine Einspeisevergütung verlangen können. Hierbei war zunächst auffällig, dass der Gesetzgeber zwar die Norm mit den Ausnahmefällen betitelt, gleichermaßen jedoch in den Abs. 1 und 2 keine Ausnahmefälle oder Notfallsituation[1799] definierte. Die Einspeisevergütung in Ausnahmefällen wurde in § 21 Abs. 1 Nr. 2 EEG überführt, wobei der Umfang der Förderung angepasst wurde.[1800]

488   Nach wie vor könnte fraglich sein, ob der Anlagenbetreiber bei Ausfall des Direktvermarktungsunternehmers gegenüber dem Netzbetreiber nachweisen muss, dass die in der Gesetzesbegründung angegeben Umstände vorliegen. Insoweit müsste der Netzbetreiber sowohl rechtlich als auch wirtschaftlich bewerten, ob ein Ausnahmefall vorliegt, wobei dies einen unverhältnismäßig hohen Prüfumfang beanspruchen würde und aufgrund der geringen Vergütungshöhe sowie der kurzfristigen Wechselmöglichkeiten des Anlagenbetreibers eine missbräuchliche Inanspruchnahme ausgeschlossen erscheint.[1801] Zudem sind für den Wechsel in die Ausfallvergütung und aus dieser heraus kurze Fristen zur Anzeige an den Netzbetreiber in Abweichung zu sonstigen Wechseln geregelt.[1802]

489   Die Höhe der Ausfallvergütung ist in § 19 Abs. 1 Nr. 2 Satz 2 i. V. m. § 53 Satz 2 EEG geregelt. Diese ermittelt sich aus dem anzulegenden Wert abzüglich der jeweils für die Windenergieanlage einschlägigen Degression abzüglich weiterer 20 %. Das bedeutet für den Anlagenbetreiber, dass dieser für den eingespeisten Strom lediglich 80 % des anzulegenden Werts beanspruchen kann, sodass ein „freiwilliger" Wechsel bereits aufgrund der geringen Vergütung als unattraktiv bezeichnet werden kann.[1803] Insbesondere auch aufgrund des möglichen Wechsels zwischen Direktvermarktungsunternehmern ohne Wahrung von Fristen wird vorrangig durch den Anlagenbetreiber versucht werden, ein anderes Direktvermarktungsunternehmen zu beauftragen,

---

[1796] Vgl. BT-Drs. 18/8860, S. 194.
[1797] Vgl. *Hinsch/Reshöft*, in: Reshöft/Schäfermeier (Hrsg.), EEG, 4. Aufl. 2014, § 33g Rn. 5.
[1798] Vgl. BT-Drs. 18/1304, S. 211.
[1799] Vgl. BT-Drs. 18/1304, S. 211.
[1800] Vgl. BT-Drs. 18/8860, S. 195.
[1801] So auch: *Müller/Kahl/Sailer*, RE 2014, 139 (140); *Brahms*, Die Direktvermarktung im EEG – zwischen Mindestvergütung und freiem Markt, S. 382 ff.
[1802] Vgl. auch: *Wustlich*, NVwZ 2014, 1113 (1117).
[1803] Vgl. BT-Drs. 18/1304, S. 212.

bevor der Wechsel in die Ausfallvergütung angedacht wird. Ferner wurde im Rahmen der Novelle der Umfang der Ausfallvergütung auf die Dauer von bis zu drei aufeinander folgenden Kalendermonaten und insgesamt bis zu sechs Kalendermonate pro Jahr begrenzt. Für Zeiträume, die darüber hinausgehen, verringert sich der anzulegende Wert gemäß § 52 Abs. 1 Satz 1 Nr. 3 EEG auf den Monatsmarktwert.

§ 100 Abs. 1 EEG 2014 sah grundsätzlich für Bestandsanlagen keine Abweichungen vor, sodass Bestandsanlagen aus dem EEG 2012 und den vorangegangenen Fassungen ebenfalls die Ausfallvergütung beanspruchen können. Die Problematik für Bestandsanlagen liegt gerade auch darin, dass ein unmittelbarer Verweis auf die Wechselvorschrift des § 33d EEG 2012 in den Übergangsbestimmungen nicht enthalten ist und somit die Regelung für den Wechsel zwischen den Veräußerungen nach § 20 EEG 2014 auch für Bestandsanlagen zu beachten ist. Die Übergangsbestimmung enthält jedoch keine Möglichkeit, in die Einspeisevergütung zurück zu wechseln. Allein aus dem Umstand, dass in § 100 Abs. 1 Nr. 6 EEG 2014 auf die entsprechende Anwendbarkeit der Einspeisevergütung für kleine Anlagen nach § 37 EEG 2014 verwiesen wird, kann unter Bildung einer Analogie die Wechselmöglichkeit zurück in die Einspeisevergütung konstruiert werden. Der Hinweis in der Gesetzesbegründung auf die weiterhin bestehende Optionalität[1804] findet sich bei exakter Betrachtung des Gesetzes nicht. Ferner sieht nunmehr das EEG 2017 gerade nicht vor, dass § 21 EEG keine Anwendung auf Bestandsanlagen findet, sodass die Beschränkungen des Umfangs der Ausfallvergütung sich nicht auf Anlagen mit Inbetriebnahme vor dem 1.1.2017 auswirken dürften.

490

c) Gemeinsame Bestimmungen für die Einspeisevergütung

aa) Andienungspflicht. Der Gesetzgeber hatte in § 21 Abs. 2 EEG 2012 und in § 39 Abs. 2 EEG 2014 die Vergütungspflicht zudem daran geknüpft, dass der Anlagenbetreiber den Strom nur unter bestimmten Voraussetzungen selbst oder durch einen Dritten verbraucht. Ansonsten entfiel der Anspruch des Anlagenbetreibers auf die Einspeisevergütung für den überschüssigen Strom aus erneuerbaren Energien. Für Bestandsanlagen bleibt diese Voraussetzung auch erhalten. Die Andienungspflicht ist als Gegenstück der Direktvermarktung zu verstehen, um ein „Rosinenpicken" durch das kurzzeitige Ausscheiden aus dem EEG zu unterbinden.[1805] Diese Regelung hat der Gesetzgeber nunmehr für die Einspeisevergütung und die Ausfallvergütung in § 21 Abs. 3 EEG 2014 übernommen.[1806]

491

Diese sog. **Andienungspflicht** des Anlagenbetreibers als Gegenstück der Abnahmepflicht seitens des Netzbetreibers bedingt, dass eine anderweitige Veräußerung nur im Rahmen der Direktvermarktung möglich ist. Soweit der Anlagenbetreiber den Strom nicht im Rahmen des § 21 Abs. 3 EEG veräußert, verliert er für den gesamten Monat, in dem die Voraussetzungen nicht erfüllt sind, den Vergütungsanspruch für den überschüssigen Strom, vgl. § 52 Abs. 1 Nr. 3 EEG. Daneben muss der Strom in unmittelbar räumlicher Nähe zur Anlage verbraucht werden und nicht durch ein Netz der allgemeinen Versorgung durchgeleitet werden.

492

Im Einzelnen kann der Anlagenbetreiber den Strom also selbst verbrauchen oder an Dritte veräußern, wenn er für die Stromlieferung weder das Netz der allgemeinen Versorgung in Anspruch nimmt noch außerhalb der unmittelbar räumlichen Nähe verbraucht wird (sog. Direktverbrauch). Das Netz der allgemeinen Versorgung ist innerhalb des § 3 Nr. 35 EEG definiert, sodass die Voraussetzung immer dann erfüllt ist, wenn das Netz nicht der allgemeinen Versorgung dient. Dies kann insbesondere dann angenommen werden, wenn es sich um eine Direktleitung im Sinne des § 3 Nr. 12 EnWG oder eine Kundenanlage im Sinne des § 3 Nr. 24 EnWG handelt.[1807] Es empfiehlt sich hier im Einzelfall eine Prüfung, ab welcher Anzahl von Abnehmern und Ausdehnung die Netzqualität im Sinne des EEG erreicht wird und welche Pflichten nach dem EnWG bei der Belieferung Dritter zu beachten sind.

493

[1804] Vgl. BT-Drs. 18/1304, S. 275 f.
[1805] Vgl. BT-Drs. 16/8148, S. 49; *Ekardt/Hennig*, in: Frenz/Müggenborg (Hrsg.), EEG, 3. Aufl. 2013, § 16 Rn. 23.
[1806] Vgl. BT-Drs. 18/8860, S. 195.
[1807] Vgl. zur Netzqualität → Kap. 4 Rn. 526 ff.

494 Das EEG 2009 enthielt demgegenüber noch eine erhebliche Vereinfachung, dass bei der unmittelbaren Eigenversorgung auch das Netz der allgemeinen Versorgung in Anspruch genommen werden konnte. Diese Möglichkeit hat der Gesetzgeber jedoch ab dem 1.7.2012 auch für Bestandsanlagen gemäß § 66 Abs. 6 EEG 2012 i. V. m. § 100 Abs. 1 Nr. 10 EEG 2014 ausgeschlossen mit der Folge, dass eine Inanspruchnahme des Netzes der allgemeinen Versorgung zur Belieferung mit Strom grundsätzlich zum Entfallen des Vergütungsanspruchs für den überschüssigen, nicht selbst verbrauchten Strom führt. Insoweit muss jedoch zwischen der Andienungspflicht und der Verpflichtung zur Abführung der EEG-Umlage zwingend unterschieden werden.

495 Daneben muss auch das Kriterium des Stromverbrauchs in unmittelbarer räumlicher Nähe zur Anlage erfüllt sein. Hierbei handelt es sich um einen auslegungsbedürftigen Rechtsbegriff. Ob die räumliche Nähe mithin im Einzelfall erfüllt ist, kann von unterschiedlichen Faktoren abhängen, wobei hier rechtlich ungeklärt ist, welche Kriterien in die Bewertung einzubeziehen sind.[1808] Der Begriff der „unmittelbaren räumlichen Nähe" wird zwar vielfach im EEG verwendet, hat aber jeweils unterschiedliche Ziele. Im Rahmen der Andienungspflicht, die gerade nicht nach den einzelnen Erzeugungsarten unterscheidet, könnte neben der räumlichen Distanz auch gerade die Anlagenleistung oder auch das bestehende Netz als Kriterium herangezogen werden. Der Rückgriff auf starre Distanzen von bspw. 500 Metern ist im Gesetz nicht vorgesehen und dürfte nicht zielführend sein.

Beispielsweise könnte gerade bei dem Stromverbrauch aus einer Windenergieanlage, die ggf. auf dem Industriegelände eines mittelständischen Unternehmens errichtet wurde und dieses Unternehmen den Strom aus der Windenergieanlage bezieht, die Eigenversorgung genutzt werden und die Andienungspflicht erfüllt sein. Die Vergütungsvoraussetzungen wären erfüllt, wenn das Industrieunternehmen diesen Windstrom bezieht und soweit der Unternehmer gerade nicht den Strom über das Netz der allgemeinen Versorgung[1809] für die Belieferung seines Unternehmens in Anspruch nimmt. Dieser Unternehmer wird seiner Andienungspflicht gerecht und hat gegen den Netzbetreiber einen Anspruch auf die Vergütung der überschüssigen Strommengen. Demgegenüber ist jedoch noch keine Aussage darüber getroffen, welche Strompreisbestandteile ggf. an wen zu entrichten sind.[1810]

496 **bb) Keine Teilnahme am Regelenergiemarkt.** Zudem ist es dem Anlagenbetreiber im Rahmen der Einspeisevergütung verboten, den Strom als **Regelenergie** anzubieten. Diese Regelung findet ihre Entsprechung in § 21 Abs. 2 Satz 2 EEG. Regelenergie wird dazu eingesetzt, kurzfristige Schwankungen der Stromeinspeisung oder des Strombedarfs auszugleichen, die nicht durch entsprechende Zukäufe oder Verkäufe am Strommarkt gedeckt werden können. Hierbei erstreckt der Gesetzgeber im EEG 2017 dieses Verbot sowohl auf die negative als auch die positive Regelenergie, wobei entgegen den Darstellungen der Gesetzesbegründung[1811] es sich nicht allein um eine „Klarstellung" handeln kann. Beispielsweise wird bei negativer Regelenergie aufgrund einer unvorhergesehenen Übereinspeisung bzw. bei Abfall des Strombedarfs eine Erzeugungsanlage abgeregelt, um die Spannung im Netz zu halten. Sofern eine Windenergieanlage sich in der Ausfallvergütung befindet, könnte sie ihre Kapazität regeln, ohne dass hierdurch der finanzielle Förderanspruch gefährdet wäre, und für die Bereitstellung der Kapazität am Regelenergiemarkt zusätzlich Einnahmen generieren. Dies ist vom Gesetzgeber nicht gewollt.[1812] Sofern sich die Windenergieanlage in der Direktvermarktung befindet, steht dieses Verbot einer Teilnahme am Regelenergiemarkt nicht entgegen.

[1808] Vgl. *Hahn/Naumann*, ZUR 2011, 571 (575).
[1809] Es ist im Einzelfall zu prüfen, welche Teile des Netzes bereits dem Netz der allgemeinen Versorgung im Sinne des § 3 Nr. 7 EEG 2012 zuzuordnen sind bzw. ob das Netz nicht bereits der allgemeinen Versorgung dient.
[1810] Vgl. zu den Strompreisbestandteilen → Kap. 4 Rn. 544.
[1811] Vgl. BT-Drs. 18/8860, S. 195.
[1812] Vgl. BT-Drs. 17/6071, S. 66.

6. Gesetzliche Bestimmung der Förderung

Dem Grunde nach soll die gesetzlich vorgesehene finanzielle Förderung regenerativer Energieproduktion sicherstellen, dass ein wirtschaftlicher Betrieb im Verhältnis zur fossilen Erzeugung von Strom möglich ist.[1813] Selbst wenn der Strom aus Windenergieanlagen in der Direktvermarktung zur Inanspruchnahme der Marktprämie vermarktet wird – sofern die Mindestvergütung bei Bestandsanlagen beansprucht werden kann – bleibt die berechnete Vergütungshöhe für die Bemessung des anzulegenden Werts von Relevanz. Die besonderen Vergütungsvoraussetzungen und -mechanismen für Strom aus Windenergieanlagen, weichen wesentlich von der Vergütungsstruktur der anderen erneuerbaren Energien ab. Die Letztgenannten erhalten standortunabhängig und für die gesamte Förderungsdauer einen gleichbleibenden anzulegenden Wert je in das Netz eingespeister Kilowattstunde.[1814] Die in § 46 EEG geregelte spezifische Förderung findet allein auf Windenergieanlagen an Land mit einer Inbetriebnahme in den Jahren 2017 und 2018 Anwendung, soweit deren anzulegender Wert nicht im Wege der Ausschreibung ermittelt wurde.[1815] Ab 2019 bestimmt sich die Förderung einheitlich nach § 46b EEG, d. h. anhand der durchschnittlichen Ergebnisse der Ausschreibungen des Vorjahres.

497

a) Windenergie an Land bis 2018

Die Förderungsdauer bei Strom aus Windenergie variiert je Ertragskraft am jeweiligen Standort im Rahmen der **Anfangsförderung**.[1816] Dies spiegelt sich dann auch in der Aufteilung von Standorten an Land (sog. Onshore-Windenergie) und solchen Standorten, die mindestens drei Seemeilen gemäß § 3 Nr. 49 EEG i. V. m. § 3 Nr. 7 WindSeeG von der Küstenlinie entfernt liegen (sog. Offshore-Windenergie), wider. Neben der Grund- und der Anfangsförderung hat der Gesetzgeber sowohl eine Sonderregelung für Kleinwindanlagen und in den früheren Fassungen des EEG einen Repoweringbonus als auch den Systemdienstleistungsbonus vorgesehen.[1817]

498

aa) Anfangsförderung. Zunächst bestimmt § 46 Abs. 2 S. 1 EEG, dass für den Zeitraum von fünf Jahren nach der Inbetriebnahme der Windenergieanlage eine Anfangsförderung besteht und eine höherer anzulegender Wert heranzuziehen ist. Hierbei kommt es auf den Stichtag der Inbetriebnahme der Windenergieanlage und nicht auf das Inbetriebnahmejahr an, sodass exakt fünf Jahre nach Inbetriebnahme die Anfangsförderung ausläuft.[1818] Der im Gesetz vorgegebene anzulegende Wert in Höhe von 8,38 ct/kWh (Anfangswert) unterliegt ebenso wie der Grundwert der Degression und muss daher in Abhängigkeit vom Inbetriebnahmejahr der Windenergieanlage reduziert werden. Der Anfangswert ist bei jeder Windenergieanlage durch den Netzbetreiber für den Zeitraum von fünf Jahren bei der Berechnung der finanziellen Förderung zu Grunde zu legen.

499

Die Anfangsförderung verlängert sich jedoch gegenüber den genannten fünf Jahren um je zwei Monate für jede 0,36 %, um die der Ertrag der Anlage 130 % des **Referenzertrags** unterschreitet. Dieser Referenzertrag ist gesetzlich definiert und errechnet sich anhand einer Referenzanlage, die sich nach der Anlage 2 zum EEG in der am 31.12.2016 geltenden Fassung, d. h. der Fassung des EEG 2014, ermittelt.[1819] Als zweite Stufe der Berechnung wird für Anlagen, die unterhalb von 100 % des Referenzertrags liegen, zusätzlich je 0,48 % des Referenzertrages eine Verlängerung der Förderung um einen Monat gewährt. Gegenüber der Förderung im EEG 2012 fallen mithin bei der Wirtschaftlichkeitsbetrachtung einer Windenergieanlage zwei Aspekte ins Gewicht. Einerseits sind Windenergieanlagen verpflichtend in der Direktvermarktung und

500

[1813] Vgl. *Kahle*, in: Reshöft/Schäfermeier (Hrsg.), EEG, 4. Aufl. 2014, § 56 Rn. 1.
[1814] Eine Ausnahme gilt insoweit für Biogasanlagen, bei denen die Höchstbemessungsleistung den Förderanspruch begrenzt, vgl. § 101 Abs. 1 EEG.
[1815] Vgl. BT-Drs. 18/8860, S. 228.
[1816] Vgl. BT-Drs. 15/2327, S. 31.
[1817] Vgl. *Richter*, in: Maslaton (Hrsg.), Windenergieanlagen, 1. Aufl. 2015, Kap. 4 Rn. 344 ff.
[1818] Vgl. *Reshöft/Kahle*, in: Reshöft/Schäfermeier (Hrsg.), EEG, 4. Aufl. 2014, § 29 Rn. 29.
[1819] Vgl. hierzu: *Maslaton*, in: Frenz (Hrsg.), EEG-Kommentar II, 1. Aufl. 2016, Anlage 2 Rn. 1 ff.

andererseits hat der Gesetzgeber aufgrund der Entwicklung der Kostenstruktur[1820] die Berechnung der Dauer der Anfangsförderung erheblich für mittelgute Standorte verschlechtert.[1821] Für die Ermittlung der Förderung im Rahmen der Ausschreibung stellt der Gesetzgeber von einem zweistufigen auf ein einstufiges Referenzertragsmodell um, die eine Vergleichbarkeit der Gebote gewährleisten soll.[1822]

500a Bei der Berechnung ist gerade § 11 Abs. 2 EEG zu berücksichtigen. Bei einer kaufmännisch-bilanziellen Durchleitung des Stromes gilt dieser als physikalisch am Netzverknüpfungspunkt eingespeist. In der Gesetzesbegründung weist der Gesetzgeber ausdrücklich darauf hin, dass diese Fiktion mit all ihren Rechtsfolgen gelten solle, wobei insbesondere auf das Kumulierungsverbot mit einer Stromsteuerbefreiung hingewiesen wird.[1823] Hieraus können sich unter Umständen auch Änderungen für die Ermittlung der Anfangsvergütung ergeben. Zehn Jahre nach der Inbetriebnahme, spätestens aber ein Jahr vor Ende der verlängerten Anfangsförderung, wird der Referenzertrag überprüft und die Dauer der Anfangsförderung ggf. angepasst, vgl. § 46 Abs. 3 EEG; dies gilt auch für Anlagen mit einer Inbetriebnahme nach dem 31.12.2011 und vor dem 01.01.2017, vgl. § 100 Abs. 1 S. 3 EEG.

501 Im Rahmen der Ermittlung des Referenzertrages findet eine Vergleichsbetrachtung statt,[1824] um eine durchschnittliche Förderung an jedem Standort zu gewährleisten.[1825] Ursprünglich sah § 29 Abs. 3 EEG 2009 noch vor, dass Anlagen mit einem Referenzertrag unter 60 % der Referenzanlage keine Vergütung erhalten. Der Gesetzgeber war der Auffassung, dass solche windschwachen Standorte nicht für die Windenergiegewinnung genutzt werden sollten. Diese Auffassung hat der Gesetzgeber nunmehr aufgegeben, da aufgrund der zusätzlichen Einnahmemöglichkeiten, z.B. in Form der Direktvermarktung, diese Standorte doch wirtschaftlich für Windenergie genutzt werden könnten.[1826] Folglich findet auf Anlagen mit einem entsprechenden Referenzertrag die Anfangsvergütung für die gesamte Vergütungsdauer Anwendung.

502 **bb) Grundförderung.** Während die Anfangsförderung durch den Netzbetreiber nach den vorgenannten Grundsätzen zu zahlen ist, besteht kein zusätzlicher Anspruch auf die **Grundförderung**. Diese ist erst nach Ablauf der ggf. verlängerten Anfangsförderung zu zahlen.[1827] Bei Anlagen mit einem Referenzertrag von weniger als 60 % bzw. bei Kleinwindanlagen kommt die Grundvergütung nicht zur Anwendung. Die Grundvergütung beträgt 4,66 ct/kWh abzüglich der einschlägigen Degression im Zeitpunkt der Inbetriebnahme der Windenergieanlage und wird dann bis zum Ablauf der Vergütungsdauer entrichtet.

503 Bei steigenden Strompreisen wird sich bei einer Vielzahl von Anlagen bei Auslaufen der Anfangsvergütung die Frage stellen, ob diese Anlagen in der Direktvermarktung ohne finanzielle Förderung vermarktet werden sollten, wobei insbesondere in der Form der sonstigen Direktvermarktung oder dezentralen Vermarktung[1828] Mehrwerte erzielt werden können oder tatsächlich die Grundförderung beansprucht werden wird.

b) Kleinwindanlagen

504 Für **Kleinwindanlagen** mit einer installierten elektrischen Leistung von bis zu 50 kW hat der Gesetzgeber eine Sonderregelung in § 46 Abs. 4 EEG vorgesehen. Danach gelten diese Anlagen als Anlagen mit einem Referenzertrag von 70 %.[1829] Daraus folgt für diese Kleinwindanlagen, dass diese grundsätzlich für die gesamte Förderdauer von 20 Jahren nebst Inbetrieb-

---

[1820] Vgl. BT-Drs. 18/1304, S. 221.
[1821] Vgl. *Wustlich*, NVwZ 2014, 1113 (1117).
[1822] Vgl. BT-Drs. 18/8860, S. 210.
[1823] Vgl. BT-Drs. 18/8860, S. 191.
[1824] Vgl. *Reshöft/Kahle*, in: Reshöft/Schäfermeier (Hrsg.), EEG, 4. Aufl. 2014, § 31 Rn. 33.
[1825] Vgl. BT-Drs. 16/8148, S. 57; *Reshöft/Kahle*, in: Reshöft/Schäfermeier (Hrsg.), EEG, 4. Aufl. 2014, § 31 Rn. 33.
[1826] Vgl. BT-Drs. 17/6071, S. 75.
[1827] Vgl. *Kahle/Reshöft*, in Reshöft/Schäfermeier (Hrsg.), EEG, 4. Aufl. 2014, § 29 Rn. 28 f.
[1828] Vgl. zur dezentralen Vermarktung → Kap. 4 Rn. 510 ff.
[1829] Im EEG 2014 wurde dieser Wert noch mit 75 % festgelegt.

nahmejahr die Anfangsvergütung erhalten. Zudem werden Kleinwindanlagen wohl zumeist die Einspeisevergütung nach § 21 Abs. 1 Nr. 1 EEG beanspruchen können, sodass für diese Anlagen eine Direktvermarktung nach wie vor optional ist. Der Gesetzgeber ist selbst der Auffassung, dass diese Windenergieanlagen sich allein aufgrund der EEG-Vergütung nicht wirtschaftlich betreiben lassen, sodass sie voraussichtlich zur Eigenversorgung installiert werden.[1830] Es erübrigt sich daher, gegenüber dem aufnehmenden Netzbetreiber entsprechende Ertragsgutachten beizubringen.[1831]

Im Rahmen der Einspeisevergütung dieser Anlagen ist vorgesehen, dass § 21 Abs. 3 EEG Anwendung findet, sodass nur bei Einhalten der Voraussetzungen der Andienungspflicht der Überschussstrom nach dem EEG vergütet wird.[1832] Eine Anlage, die mithin nur über eine elektrische Leistung von bis zu 50 kW verfügt, muss keine entsprechende Referenzertragsberechnung gegenüber dem Netzbetreiber nachweisen,[1833] sondern es genügt, wenn die elektrische Leistung bei Inbetriebnahme ggf. durch technische Datenblätter belegt wird.

505

c) Windenergie auf See bis 2020

Offshore-Windenergieanlagen haben eine eigenständige Regelung in § 47 EEG erfahren, die insbesondere dem Umstand Rechnung trägt, dass die Investitionskosten dieser Windenergieanlagen im Wesentlichen abhängig von der Entfernung zur Küste sowie der Meerestiefen sind.[1834] Da diese Regelung den Übergang zum WindSeeG ermöglichen soll, wird bereits in § 47 Abs. 1 EEG festgelegt, dass diese nur zum Tragen kommt, wenn der Anlagenbetreiber vor dem 1.1.2017 eine unbedingte Netzanbindungszusage nach § 118 Abs. 12 EnWG oder Anschlusskapazitäten nach § 17d Abs. 3 EnWG, in der Fassung vom 31.12.2016 erhalten hat. Ferner muss die Inbetriebnahme der Windenergieanlagen vor dem 1.1.2021 erfolgt sein, wobei der Zeitpunkt der Betriebsbereitschaft entscheidend ist, wenn die Netzanbindung nicht zum Fertigstellungstermin realisiert ist, vgl. § 47 Abs. 7 EEG. Insoweit wird bereits begonnenen Projekten ein Vertrauensschutz gewährt.[1835] Die weitere Voraussetzung für einen Zahlungsanspruch nach § 50 Abs. 5 EEG, dass Offshore-Windenergieanlagen nicht in aufgrund des Bundes- oder Landesnaturschutzes geschützten Teils von Natur und Landschaft, Gebieten von gemeinschaftlicher Bedeutung oder als europäische Vogelschutzgebiete errichtet wurden, hat der Gesetzgeber nicht in das EEG 2017 überführt.

506

Die Regelung des § 47 Abs. 2 EEG enthält vergleichbar der Onshore-Windenergie eine Unterscheidung zwischen Anfangswert und Grundwert, wobei die Dauer des Zahlungsanspruchs nicht vom Referenzertrag, sondern von der Entfernung von der Küstenlinie bzw. von der Meerestiefe abhängig ist.[1836] Der anzulegende Wert beträgt im Rahmen der Anfangsförderung 15,40 ct/kWh (Anfangswert), der in den ersten zwölf Jahren nach der Inbetriebnahme bei der Berechnung der finanziellen Förderung zugrunde zu legen ist. Der Zeitraum für die Anfangsvergütung verlängert sich für jede über zwölf Seemeilen hinausgehende volle Seemeile, d. h. ab der 13. Seemeile, um einen halben Monat. Gleiches gilt für jeden vollen Meter, der über 20 m Wassertiefe hinausgeht, um 1,7 Monate.[1837] Für die Bestimmung der Küstenlinie hat der Gesetzgeber die bisherige Regelung aus der Definition für Offshore-Windenergie in § 47 Abs. 2 S. 3 EEG inhaltsgleich überführt.[1838]

507

Zusätzlich kann der Anlagenbetreiber optional bei Inbetriebnahmen vor dem 1.1.2020 ein sogenanntes Stauchungsmodell in Anspruch nehmen, vgl. § 47 Abs. 3 EEG.[1839] Die Regelung

508

[1830] Vgl. BT-Drs. 17/6071, S. 75.
[1831] Vgl. BT-Drs. 18/8860, S. 229.
[1832] Vgl. zur Andienungspflicht → Kap. 4 Rn. 491 ff.
[1833] Vgl. BT-Drs. 17/6071, S. 75.
[1834] Vgl. BT-Drs. 17/6071, S. 75.
[1835] Vgl. BT-Drs. 18/8860, S. 230.
[1836] Der sog. Sprinterbonus nach § 31 Abs. 2 S. 2 EEG 2009 wurde in die Anfangsförderung integriert.
[1837] Vgl. BT-Drs. 17/6071, S. 75.
[1838] Vgl. BT-Drs. 18/8860, S. 239.
[1839] Zu den Einzelheiten: *Kersting*, BKR 2011, 57 (58 f.).

wurde inhaltsgleich aus dem EEG 2014 übernommen.[1840] Das **Stauchungsmodell** soll die schnellere Refinanzierung von Windparks ermöglichen.[1841] Gegenüber dem regulären Anfangswert kann der Anlagenbetreiber für einen Förderzeitraum von acht Jahren nach Inbetriebnahme mit einem erhöhten Anfangswert von 19,40 ct/kWh abzüglich der jeweils anwendbaren Degression die finanzielle Förderung bemessen. Die erhöhte Anfangsförderung ist dann allein für acht Jahre durch den Netzbetreiber zu zahlen. Soweit sich die Anfangsförderung aufgrund der Entfernung zur Küstenlinie oder der Meerestiefe verlängert, so gilt für diese Verlängerung der anzulegende Wert von 15,40 ct/kWh abzüglich der einschlägigen Degression. Somit erfolgt eine dreistufige Vergütung, die aus einer erhöhten Anfangsförderung im Sinne des § 47 Abs. 3 EEG, einer verlängerten Anfangsförderung gemäß § 47 Abs. 2 S. 2 EEG sowie einer Grundförderung nach § 47 Abs. 1 Satz 1 EEG besteht.

509   Offshore-Windenergieanlagen wird seitens des Gesetzgebers ein Privileg eingeräumt, da gerade der Netzanschluss eine besondere Herausforderung darstellt und die wirtschaftlichen Risiken ausreichend berücksichtigt werden sollen.[1842] Nach § 47 Abs. 4 EEG verlängert sich die Anfangsförderung – unabhängig davon, ob das Stauchungsmodell zur Anwendung gerät – für den Zeitraum der Störung, wenn die Einspeisung aus einer Offshore-Windenergieanlage länger als sieben aufeinanderfolgende Tage nicht möglich ist und der Netzbetreiber dies nicht zu vertreten hat. Hierbei kommt es nicht darauf an, ob der unverzügliche Netzanschluss nicht erfolgen kann oder aber der Netzanschluss nachträglich gestört wird. Insbesondere solche Störungen dürften hiervon erfasst sein, die ihren Grund in den besonderen Witterungs- oder Meeresbodenverhältnissen finden und bei gebotener Sorgfalt nicht vorher hätten erkannt werden können. Dies entledigt den Netzbetreiber nicht von seiner Pflicht, den Netzanschluss unverzüglich (wieder) herzustellen. Die Schwierigkeiten, die beim Netzanschluss entstehen können, hat der Gesetzgeber auch wegen der hohen Haftungsrisiken insbesondere in der Änderung der §§ 17a ff. EnWG einfließen lassen.[1843]

V. Direktverbrauch außerhalb des EEG

1. Allgemeines

510   Ziel dieses Kapitels ist die Darstellung der Vermarktungsmöglichkeiten des durch Windenergie erzeugten Stroms neben der Netzeinspeisung ohne Inanspruchnahme einer finanziellen Förderung nach dem EEG. Hier wird besonders ein Augenmerk auf den Eigenverbrauch des Stroms, die Rechte und Pflichten als Energieversorgungsunternehmen sowie auf die Qualifikation der unterschiedlichen Netzarten gelegt. Die Brisanz des Themas ergibt sich neben der Diskussion um die Energiepolitik der Bundesregierung besonders aus der EEG-Umlagebelastung des Eigenverbrauchs. Gerade dieser Eigenverbrauch galt in der Vergangenheit als verlässliches Rechtsinstitut, das besonders Industriebetriebe zu Eigenverbrauchern hat werden lassen.

511   Die **Eigenversorgung** heutiger Prägung macht die Betriebe weniger abhängig vom Strommarkt und den gemeinhin veranschlagten Abgaben und Umlagen, die mit dem Strombezug einhergehen. Dass Betriebe vermehrt in Standortnähe ihren Strom selbst erzeugen, hat neben dem Imagegewinn einer auf erneuerbaren Energien fußenden Eigenenergieversorgung also auch handfeste wirtschaftliche Gründe. Ein gutes Beispiel liefert hierfür ein bekannter Autobauer, der für die Produktion seiner neuen Elektrofahrzeugserie in seinem Werk nahe Leipzig vier Windenergieanlagen installieren ließ, und so große Teile seiner Produktion mit Strom aus erneuerbaren Energien bestreiten kann. Wirtschaftlich interessant werden die Möglichkeiten durch die Effizienzsteigerung der Anlagen und die auf breiter Front gestiegenen Energieprei-

---

[1840] Vgl. BT-Drs. 18/8860, S. 230.
[1841] Vgl. BMU, EEG-Erfahrungsbericht 2011 v. 6.6.2011, S. 7.
[1842] Vgl. BT-Drs. 17/6071, S. 76.
[1843] Weiterführend: *Wiederholt*, NVwZ 2012, 1207 ff.; *Schilling/Risse*, NVwZ 2012, 592 ff.

se. Unter dem Stichwort Netzparität wird heute produzierter Windstrom bereits unter den durchschnittlichen Strompreisen für Privathaushalte und mittelständische Gewerbebetriebe produziert.

Neben der wirtschaftlichen Betrachtungsweise der Eigenenergieerzeugung spielen wie angesprochen auch Faktoren wie Nachhaltigkeit und das Image des Betreibers eine gewichtige Rolle. Gerade im Hinblick auf das nachhaltige und verantwortungsvolle Wirtschaften eines Unternehmens lassen sich die imagefördernden Aspekte des lokal erzeugten Stroms nicht vernachlässigen. Auch kann ein so verbessertes Image in nicht unerheblichem Maße zur Akzeptanz der Windenergieanlagen in der öffentlichen Meinung führen. 512

2. Überschusseinspeisung nach dem EEG

Die Frage nach einer möglichen **Überschusseinspeisung** stellt sich stets dann, wenn die Kapazität der Erzeugungsanlage oberhalb des tatsächlichen Verbrauchs des vor Ort befindlichen Letztverbrauchers liegt. In diesem Fall ist zu prüfen, ob für den überschüssigen Strom eine Förderung nach § 19 EEG in Anspruch genommen werden kann. Hierbei ist zwischen Bestandsanlagen mit einem Vergütungsanspruch und solchen Anlagen, die sich in der verpflichtenden Direktvermarktung nach § 19 Abs. 1 Nr. 1 EEG befinden, zu unterscheiden. Weiterhin müssen auch kleine Anlagen im Sinne des § 21 Abs. 1 Nr. 1 EEG darauf bedacht sein, ggf. für die Überschusseinspeisung die Einspeisevergütung oder auch die Ausfallvergütung beanspruchen zu können.[1844] 513

Im Rahmen der Einspeisevergütung nach § 21 EEG wurde bereits dargestellt, unter welchen Voraussetzungen die Möglichkeit besteht, für den nicht örtlich verbrauchten Strom aus Windenergieanlagen eine Vergütung nach dem EEG zu erhalten. Für Anlagenbetreiber ergeben sich unterschiedliche Varianten. Einerseits kann der gesamte Strom vor Ort entweder selbst verbraucht oder an einen Dritten geliefert werden (sogenannte **Direktlieferung**). Andererseits kann der Strom auch ohne das EEG am Strommarkt vermarktet werden. 514

3. Anlagenbetreiber als Energieversorger

Betreiber einer Windenergieanlage werden sich regelmäßig die Frage stellen, ob ihre Anlage oder ihr Windpark und die damit verbundene Stromlieferung die Tür zur Regulierung durch das EnWG aufstößt und sie mitunter durch den Betrieb ihres Windparks zum Energieversorgungsunternehmen (nachfolgend: *EVU*) werden. Wichtig in diesem Zusammenhang ist zunächst aber, die Begrifflichkeiten auseinanderzuhalten. Neben den EVU aus dem EnWG hat der Gesetzgeber durch das EEG den Begriff des Elektrizitätsversorgungsunternehmens (nachfolgend: *EltrVU*) geprägt. 515

a) Energieversorgungsunternehmen im Sinne des EnWG

Energieversorgungsunternehmen sind gemäß § 3 Nr. 18 EnWG „natürliche oder juristische Personen, die Energie an andere liefern, ein Energieversorgungsnetz betreiben oder an einem Energieversorgungsnetz als Eigentümer Verfügungsbefugnis besitzen". Hierbei kommt es nicht darauf an, dass das Unternehmen hauptsächlich die Energieversorgung vornimmt, sodass auch bei einer Energieversorgung im Nebenbetrieb die Qualifizierung als EVU möglich ist.[1845] Da bei einer Eigenversorgung gerade kein Liefervorgang stattfindet, fallen Eigenversorger nicht unter die Definition des Energieversorgungsunternehmens des EnWG.[1846] Energie im Sinne des EnWG sind insoweit lediglich die leitungsgebundenen Energien Strom und Gas, vgl. § 3 Nr. 14 EnWG. In der Folge sind alle Konzepte vom EnWG bereits nicht erfasst, bei denen 516

[1844] Vgl. → Kap. 4 Rn. 491 ff.
[1845] Vgl. *Theobald*, in: Danner/Theobald (Hrsg.), Energierecht, Stand 4/2014 (80. EL), EnWG § 3 Rn. 145 f.
[1846] Vgl. *Theobald*, in: Danner/Theobald (Hrsg.), Energierecht, Stand 4/2014 (80. EL), EnWG § 3 Rn. 148.

eine Eigenversorgung mit dem Strom aus Windstrom stattfindet. Ferner ist bei Umwandlung in andere Energieformen wie Gas oder Wärme ggf. der Umwandlungsvorgang als Verbrauch im Sinne des EEG anzusehen, berühren jedoch – sofern das Netz der allgemeinen Versorgung nicht für die Durchleitung genutzt wird – nicht den Anwendungsbereich des EnWG.[1847]

517 Eingeschränkt wird dieser weite Begriff des Energieversorgungsunternehmens aber durch den Nachsatz, dass der „Betrieb einer **Kundenanlage** oder einer Kundenanlage zur betrieblichen Eigenversorgung den Betreiber nicht zum Energieversorgungsunternehmen macht". Insoweit könnte auch bereits der Windenergieanlagenbetreiber, der den Strom an den Netzbetreiber oder an den Direktvermarktungsunternehmer bis zum Netzverknüpfungspunkt liefert, als EVU zu qualifizieren sein. Die Lieferung seitens des Anlagenbetreibers bis zum Netzverknüpfungspunkt erfolgt jedoch hierbei zumeist über eine Direktleitung oder eine Kundenanlage mittels eines eigens oder durch eine Infrastrukturgesellschaft betriebenen Umspannwerks. Insoweit stellt sich die Frage gerade für die Infrastrukturgesellschaft, ob diese Netzbetreiberin wird und hierdurch ggf. auch eine Pflicht zum diskriminierungsfreien Netzanschluss von Windenergieanlagen Dritter entsteht. Ferner führt allein der Betrieb einer Eigenanlage im Sinne des § 3 Nr. 13 EnWG, d. h. zur Deckung des Eigenbedarfs bspw. in Form eines Notstromaggregats, nicht zu Qualifizierung als EVU.[1848]

517a Bei Erzeugungsanlagen mit geringer Einspeisung, d. h. mit einer elektrischen Leistung bis einschließlich 500 kW, führt die Qualifizierung als Anlagenbetreiber im Sinne des EEG und die Direktvermarktung nicht dazu, dass auf diese Anlagen die Unbundlingvorschrift des § 10 Abs. 1 EnWG gemäß § 117a S. 1 Nr. 1 EnWG zur Anwendung gerät. Diese Ausnahmeregelung kommt jedoch nicht für vertikal integrierte und mit diesen Unternehmen verbundene Unternehmen in Betracht.

b) Elektrizitätsversorgungsunternehmen im Sinne des EEG

518 Die Definition des **Elektrizitätsversorgungsunternehmens aus dem EEG** wird an diese Definition angelehnt. In § 5 Nr. 20 EEG wird jedoch darauf abgestellt, dass eine Lieferung von „*Elektrizität an Letztverbraucherinnen oder Letztverbraucher*"[1849] vorgenommen wird. Der weitere Begriff der Lieferung an „andere" aus der Definition in § 3 Nr. 18 EnWG ist hier nicht anzuwenden, gleichwohl nimmt der EEG-Gesetzgeber auf das EnWG Bezug.[1850] Insoweit ist jedoch auch die Gaslieferung, die im Übrigen vom EnWG als leitungsgebundene Energieversorgung in dessen Anwendungsbereich fällt, vom EEG nicht erfasst. Es kommt auf eine Lieferung von Strom nach dem EEG an. Die Lieferung von Wärme oder anderen Nutzenergien ist ebenso wie im EnWG hiervon nicht erfasst. Die Annahme einer Nutzenergielieferung bedingt jedoch, dass der Lieferant der Nutzenergie über die Verbrauchseinrichtung, die ggf. den selbst erzeugten Strom verbraucht, sowohl an der Stromerzeugungsanlage als auch an der Umwandlungseinrichtung für die Nutzenergie die tatsächliche Sachherrschaft ausübt.[1851]

519 Sinn und Zweck der Definition in Abweichung zum § 3 Nr. 18 EnWG besteht darin, dass die Bereichsausnahme für den Betrieb von Kundenanlagen oder Kundenanlagen zur betrieblichen Eigenversorgung nicht zur Anwendung gerät. Auf diese Weise soll sichergestellt werden, dass auch in den vorgenannten Fallkonstellationen die EEG-Umlage durch das versorgende Elektrizitätsversorgungsunternehmen an den ÜNB abgeführt wird.[1852] Ansonsten würde im Rahmen des § 60 EEG keine Lieferung seitens eines EltrVU in einer Kundenanlage vorliegen und mithin

---

[1847] Vgl. *Theobald*, in: Danner/Theobald (Hrsg.), Energierecht, Stand 4/2014 (80. EL), EnWG § 3 Rn. 102.
[1848] Vgl. *Schex,* in: Kment (Hrsg.), EnWG-Kommentar, 1. Aufl. 2015, § 3 Rn. 25.
[1849] Vgl. BT-Drs. 17/6071, S. 60; *Böhme*, in: Greb/Boewe (Hrsg.), BeckOK EEG, Stand 5/2014 (Ed. 2), § 3 Nr. 2d Rn. 2.
[1850] Vgl. BT-Drs. 17/6071, S. 60.
[1851] Vgl. *OLG Hamburg*, Urt. v. 12.8.2014 – 9 U 198/13, BeckRS 2014, 16421.
[1852] Vgl. BT-Drs. 17/6071, S. 60; *Böhme*, in: Gerb/Boewe (Hrsg.), BeckOK EEG, Stand 5/2014 (Ed. 2), § 3 Nr. 2d Rn. 3.

ein Anspruch auf die EEG-Umlage nicht bestehen.[1853] Eine exakte Deckungsgleichheit der beiden Definitionen ist nicht anzunehmen. Auch Betreiber von Energieversorgungsnetzen oder deren Eigentümer dürften sinnvollerweise nicht vom EEG erfasst sein.[1854]

Die Frage, ob der Anlagenbetreiber als EltrVU zu qualifizieren ist, ist immer dann von besonderem Interesse, wenn der Strom nicht selbst verbraucht, sondern an Dritte geliefert wird. Ein ausschlaggebendes Kriterium der Norm ist die Lieferung von Strom an Letztverbraucher.[1855] Der Begriff des Letztverbrauchers war nicht selbstständig im EEG definiert, sodass ein Rückgriff auf die Definition des § 3 Nr. 25 EnWG zulässig war.[1856] Der Gesetzgeber hat auch den Begriff des Letztverbrauchers im EEG 2014 aufgenommen und in § 3 Nr. 20 EEG überführt. Danach ist Letztverbraucher jede natürliche oder juristische Person, die den Strom verbraucht. Dieser soll der Begriffsdefinition des EnWG entsprechen, der aber aufgrund der Neuregelung der Eigenversorgung im EEG 2014 modifiziert werden musste.[1857] Der Begriff des Letztverbrauchers ist im EEG mithin weiter gefasst als im EnWG[1858], was seine Begründung in der unterschiedlichen Zielsetzung der Norm, insbesondere dem Beitrag zum Wälzungsmechanismus der EEG-Umlage, findet. 520

c) Pflichten eines Energieversorgungsunternehmens

Als Grundnorm gibt bereits § 2 Abs. 1 EnWG vor, dass das EVU im Rahmen der Vorschriften des EnWG zu einer Versorgung im Sinne des § 1 EnWG verpflichtet ist. EVU sind daher berufen, insbesondere eine möglichst sichere, preisgünstige, verbraucherfreundliche, effiziente und umweltverträgliche leitungsgebundene Versorgung der Allgemeinheit mit Elektrizität und Gas, die zunehmend auf erneuerbaren Energien beruht, zu gewährleisten. Bei dieser Verpflichtung des § 2 Abs. 2 EnWG handelt es sich jedoch lediglich um eine Klarstellung denn um eine konkrete Verpflichtung von EVU, bestimmte Maßnahmen zu ergreifen.[1859] Die Verpflichtungen zur Entflechtung, dem sog. Unbundling der §§ 6 ff. EnWG, werden nachfolgend nicht betrachtet. Diese sind gerade beim Betrieb von Windenergieanlagen durch vertikal integrierte EVU beachtlich. 521

Zunächst ist die **Anzeigepflicht** des EVU zu der Aufnahme und der Beendigung der Tätigkeit sowie zu Änderungen ihrer Firma nach § 5 EnWG beachtlich. Die Durchführung eines Genehmigungsverfahrens ist nicht vorgesehen.[1860] Damit eine entsprechende Verpflichtung zur Anzeige besteht, muss das EVU Haushaltskunden mit Energie beliefern. Haushaltskunden sind solche Letztverbraucher, die Energie überwiegend für den Eigenverbrauch im Haushalt nutzen oder deren Jahresverbrauch für den Eigenverbrauch für berufliche, landwirtschaftliche oder gewerbliche Zwecke einen Umfang von 10.000 kWh nicht übersteigt, vgl. § 3 Nr. 22 EnWG. Folglich fallen unter den Begriff nicht nur Privathaushalte, sondern jede Art von Eigenverbrauch auch von kleineren gewerblichen oder freiberuflichen Letztverbrauchern.[1861] Im Hinblick auf die Verbrauchsgrenze von 10.000 kWh ist eine seriöse Schätzung unter Berücksichtigung von Vergleichsgruppen, die sich insbesondere an den Verbräuchen der zurückliegenden Jahre auf Grundlage von Energieabrechnungen zu orientieren hat, angezeigt.[1862] 522

Wiederum hat der Gesetzgeber innerhalb der Anzeigepflicht eine Ausnahme vorgesehen, wenn der Energieversorger eine Belieferung innerhalb einer Kundenanlage vornimmt. In- 523

[1853] Vgl. *Reshöft*, in: Reshöft/Schäfermeier (Hrsg.), EEG, 4 Aufl. 2014, § 3 Rn. 64.
[1854] Vgl. *Ekardt/Hennig*, in: Frenz/Müggenborg (Hrsg.), EEG, 3. Aufl. 2013, § 3 Rn. 36.
[1855] Vgl. BT-Drs. 18/1304, S. 170; OLG Hamburg, Urt. v. 12.8.2014 – 9 U 198/13, BeckRS 2014, 16421.
[1856] Vgl. *OLG Hamburg*, Urt. v. 12.8.2014 – 9 U 198/13, BeckRS 2014, 16421; *OLG Hamm*, Urt. v. 28.9.2010 – 19 U 30/10, BeckRS 2010, 25535.
[1857] Vgl. BT-Drs.18/1304, S. 170.
[1858] Vgl. *OLG Hamburg*, Urt. v. 12.8.2014 – 9 U 198/13, BeckRS 2014, 16421.
[1859] So auch: *Theobald*, in: Danner/Theobald (Hrsg.), Energierecht, Stand 4/2014 (80. EL), § 2 Rn. 8; *Salje*, EnWG, § 2 Rn. 9.
[1860] Vgl. *Schex*, in: Kment (Hrsg.), EnWG-Kommentar, 1. Aufl. 2015, § 5 Rn. 1.
[1861] Vgl. ausführlich: *Boesch*, in: Säcker (Hrsg.), BerlKommEnR, 3. Aufl. 2014, EnWG, § 3 Rn. 102 ff.
[1862] Vgl. *Säcker*, in: Säcker (Hrsg.), BerlKommEnR, 3. Aufl. 2014, EnWG, § 5 Rn. 16; *Schex*, in: Kment (Hrsg.), EnWG-Kommentar, 1. Aufl. 2015, § 5 Rn. 2.

soweit erfolgt ein Gleichlauf von Netzbetrieb und Energiebelieferung, da der Gesetzgeber keine Bedenken im Hinblick auf eine etwaige Verzerrung des Wettbewerbs hatte. Indessen ist jedoch bei der Versorgung aus Windenergieanlagen zu differenzieren. Versorgt der Betreiber ausschließlich gewerbliche oder industrielle Kunden mit Energie, so besteht keine Verpflichtung zur Anzeige im Sinne des § 5 EnWG. Wenn eine Versorgung innerhalb einer Kundenanlage stattfindet, können sowohl Haushaltskunden als auch gewerbliche Kunden versorgt werden, ohne dass eine Anzeigepflicht gegenüber der BNetzA besteht. Beachtlich ist, dass die Aufnahme der Energielieferung ohne Anzeige sowohl mit einem Ordnungsgeld als auch mit einer Untersagung der Versorgung durch die BNetzA sanktioniert werden kann.

524 § 5a EnWG sieht weitergehend vor, dass Energieversorgungsunternehmen umfassend Daten zu speichern haben. Adressat in Abweichung zur Anzeigepflicht sind hierbei alle EVU, die Energie an Kunden verkaufen. Die Speicherung hat hierbei über einen Zeitraum von fünf Jahren zu erfolgen und soll sämtliche mit Großhandelskunden und Transportnetzbetreibern im Rahmen von Energieversorgungsverträgen erfolgende Transaktionen erfassen. Die BNetzA, das Bundeskartellamt und die Landeskartellbehörde können die Herausgabe der Daten verlangen.

d) Netzbetreiber im Sinne des EnWG

525 Wichtig für eine mögliche Qualifikation als EVU ist nach § 3 Nr. 18 Alt. 2 EnWG aber auch, dass solche Unternehmen als EVU zu qualifizieren sind, die ein Netz, also mehre miteinander verbundene Versorgungsleitungen nebst Zubehör, für die allgemeine Versorgung betreiben.[1863] An dieser Stelle bietet es sich an, die unterschiedlichen Netzarten darzulegen, da auch gerade bei der Errichtung von Windparks nebst Umspannwerk und unterschiedlichen Betreibern sich die Frage stellen dürfte, ob Vorschriften des EnWG und zusätzlich des EEG zu beachten sind. Sofern die Windparkinfrastruktur als Netz der allgemeinen Versorgung zu qualifizieren wäre, würde der Betreiber aufgrund des gesetzlichen Schuldverhältnisses des EEG automatisch Anspruchsgegner bspw. für andere Anlagenbetreiber, deren Windenergieanlagen dann u.a. vorrangig an das Netz angeschlossen und das Netz eventuell sogar durch den Infrastrukturbetreiber ausgebaut werden müsste.

526 **aa) Energieversorgungsnetz im Sinne des § 3 Nr. 16 EnWG.** Ein **Energieversorgungsnetz** im Sinne des § 3 Nr. 16 EnWG liegt vor, wenn Elektrizitäts- und Gasversorgungsnetze über eine oder mehrere Spannungsebenen oder Druckstufen reichen, mit Ausnahme von Kundenanlagen im Sinne des § 3 Nr. 24a und 24b EnWG. Die Kundenanlagen sollen explizit vom regulierten Netz ausgenommen sein.[1864] Der Begriff der Energieversorgungsnetze im Sinne des § 3 Nr. 16 EnWG ist im Übrigen aber weit auszulegen. Dies auch unter dem Gesichtspunkt, Netze möglichst der Aufsicht des EnWG zu unterstellen.[1865] Indes wird der eigentliche Begriff des Netzes nicht unmittelbar im Gesetz definiert, vielmehr setzt das Gesetz diesen voraus. So muss der Begriff des Netzes unter Zuhilfenahme der energiewirtschaftlichen Bestimmungen und der Zielsetzung des Gesetzes bestimmt werden.[1866]

527 Der Begriff der Versorgung wird wiederum durch Gesetz in § 3 Nr. 36 EnWG definiert. Folglich handelt es sich dabei um die Erzeugung oder Gewinnung von Energie zur Belieferung von Kunden, den Vertrieb von Energie an Kunden und den Betrieb eines Energieversorgungsnetzes. Mindestvoraussetzung für die Annahme eines Energieversorgungsnetzes ist gerade, dass über eine Elektroanlage nachgelagerte Letztverbraucher versorgt werden[1867], auch wenn alle vorgelagerten Stufen des Energieversorgungssystems ebenfalls vom Wortlaut erfasst sind.[1868]

[1863] Vgl. *Theobald*, in: Danner/Theobald (Hrsg.), Energierecht, Stand 4/2014 (80. EL), EnWG § 3 Rn. 152.
[1864] Vgl. *Boesch*, in: Säcker (Hrsg.), BerlKommEnR, 3. Aufl. 2014, EnWG, § 3 Rn. 58.
[1865] *BGH*, Beschl. 18.10.2011 – EnVR 68/10; *OLG Stuttgart*, Urt. v. 27.5.2010 – 202 EnWG 1/10; *Salje*, EnWG, § 3 Rn. 97.
[1866] *BGH*, Beschl. 18.10.2011 – EnVR 68/10; *Salje*, EnWG, § 3 Rn. 128.
[1867] Vgl. *BGH*, Beschl. 18.10.2011 – EnVR 68/10; *OLG Stuttgart*, Urt. v. 27.5.2010 – 202 EnWG 1/10; *Theobald*, in: Danner/Theobald (Hrsg.) Energierecht, Stand 1/2012 (73. EL), EnWG § 3 Rn. 127.
[1868] Vgl. *Boesch*, in: Säcker (Hrsg.), BerlKommEnR, 3. Aufl. 2014, EnWG, § 3 Rn. 178.

Allerdings setzt der Begriff des Versorgungsnetzes nicht zwingend voraus, dass eine Vielzahl an Letztverbrauchern an ein Netz angeschlossen ist.[1869] Der Begriff des Energieversorgungsnetzes bezieht sich ferner auf alle spezielleren Netzbegriffe des EnWG.[1870]

bb) Direktleitung im Sinne des § 3 Nr. 12 EnWG. Die **Direktleitung** ist als „kleinste" Möglichkeit eines Energieversorgungsnetzes im Sinne des § 3 Nr. 12 EnWG zu betrachten. Das Gesetz definiert zwei Arten von Direktleitungen in Elektrizitätsnetzen. Zunächst wird eine Direktleitung als eine Leitung definiert, die einen einzelnen Produktionsstandort mit einem einzelnen Kunden verbindet. Ferner ist eine Direktleitung ebenfalls eine Leitung, die einen Elektrizitätserzeuger und ein Elektrizitätsversorgungsunternehmen zum Zweck der direkten Versorgung mit ihrer eigenen Betriebsstätte sowie mit Tochterunternehmen oder Kunden verbindet.[1871] Diese Definition soll eine Abgrenzung zum Verbundnetz schaffen und hebt gerade hervor, dass eine Direktleitung nicht Bestandteil des Netzes der allgemeinen Versorgung und mithin der Regulierung durch das EnWG sein kann.[1872] Über den Gesetzeswortlaut hinaus wird vertreten, dass nicht nur die Versorgung eines einzelnen Kunden in den Anwendungsbereich des § 3 Nr. 12 EnWG fällt, sondern dass auch mehrere Kunden, wenn auch in begrenzter Anzahl, mit Strom beliefert werden können, ohne dass die Qualifizierung als Direktleitung gefährdet wäre.[1873] Die Direktleitung dürfte als Unterfall einer Kundenanlage von den Verpflichtungen des EnWG weitestgehend ausgenommen sein. Hierbei ist es nicht erforderlich, dass zwingendermaßen auch eine neue Leitung errichtet wird, sondern es besteht die Möglichkeit durch eine aufgrund einer schuldrechtlichen Ausschließlichkeitsvereinbarung beruhenden Umwidmung einer Direktleitung diese aus dem Netzverbund zu entlassen.[1874]

528

Indes darf am Endpunkt einer Direktleitung keine Rückanbindung an das Verbundnetz bestehen. Zudem wird davon ausgegangen, dass es wesentlich für eine Direktleitung ist, dass es sich um eine zusätzliche Leitung handelt, die ohne Beeinträchtigung des restlichen Netzes hinweggedacht werden kann.[1875] Unerheblich ist jedoch, ob der Letztverbraucher neben der Direktleitung noch zusätzlich Strom aus dem Verbundnetz bezieht. Zum geschlossenen Verteilnetz im Sinne des § 110 EnWG liegt der Unterschied zur Direktleitung darin, dass es bei der Direktleitung gerade nicht auf die Versorgung eines zusammenhängenden Gebiets ankommt.[1876] Daher werden auch Verbindungskabel, die miteinander verbunden sind, nicht pauschal als Versorgungsnetz qualifiziert. So entschied jedenfalls das OLG Dresden in einem Sachverhalt, in dem es um insgesamt vier Verbindungskabel ging. Das Gericht nahm nicht an, dass es sich um ein Versorgungsnetz im Sinne des § 3 Nr. 18 EnWG handelte, sondern nach wie vor eine Direktleitung vorlag.[1877] Im Gegensatz dazu stellte das OLG Stuttgart klar, dass das zur Verfügungstellen eines Netzes bei gleichzeitiger Abrechnung des Stroms, der zudem nicht selbst erzeugt, sondern vielmehr von einem dritten Energieversorgungsunternehmen bezogen wurde, gerade nicht mehr von einer Direktleitung ausgegangen werden kann. In dem betrachteten Fall handelte es sich um die Elektrizitätsversorgung eines Campingplatzes für Wohnwagen.[1878] In der Regel dürfte daher bei der Versorgung eines Industriekunden durch eine oder mehrere Windenergieanlagen bereits der Tatbestand einer Direktleitung erfüllt sein.

529

cc) Kundenanlage im Sinne des § 3 Nr. 24a EnWG. Die Vorschriften des EnWG werden in der Regel nicht zur Anwendung geraten, wenn eine **Kundenanlage** im Sinne des § 3 Nr. 24a

530

[1869] Vgl. *Boesche*, in: Säcker (Hrsg.), BerlKommEnR, 2. Aufl. 2010, EnWG, § 3 Rn. 42.
[1870] Vgl. *Hellermann*, in: Britz/Hellermann/Hermes (Hrsg.), EnWG, § 3 Rn. 32.
[1871] Vgl. *Boesche*, in: Säcker (Hrsg.), BerlKommEnR, 2. Aufl. 2010, EnWG, § 3 Rn. 22.
[1872] Vgl. *Hellermann*, in: Britz/Hellermann/Hermes (Hrsg.), EnWG, § 3 Rn. 25; *Salje*, EnWG, § 3 Rn. 55.
[1873] Vgl. *Hellermann*, in: Britz/Hellermann/Hermes (Hrsg.), EnWG, § 3 Rn. 25; *Theobald*, in Danner/Theobald (Hrsg.), Energierecht, Stand 1/2012 (73. EL), EnWG, § 3 Rn. 77.
[1874] Vgl. *OLG Düsseldorf*, Beschl. v. 30.4.2015 – Az.: VI-5 Kart. 9/14 (V), BeckRS 2015, 10692.
[1875] Vgl. *BGH*, Beschl. v. 18.10.2011 – Az.: EnVR 68/10, BeckRS 2012, 08875; *Salje*, EnWG, § 3 Rn. 56.
[1876] Vgl. *Boesche*, in: Säcker (Hrsg.), BerlKommEnR, 2. Aufl. 2010, EnWG, § 3 Rn. 24.
[1877] Vgl. *OLG Dresden*, Urt. v. 14.3.2002 – 7 U 1579/01.
[1878] Vgl. *OLG Stuttgart*, Beschl. v. 27.5.2010 – 202 EnWG 1/10.

EnWG vorliegt. Erfüllt die Anlage die Kriterien einer Kundenanlage nicht, muss der Betreiber die einschlägigen Voraussetzungen des Energiewirtschaftsgesetzes erfüllen und unterliegt der ex-ante Regulierung durch die BNetzA.[1879] Der Betreiber der Kundenanlage selbst ist dazu gehalten zu prüfen, ob die Voraussetzungen für die Ausnahmen nach § 3 Nr. 24a und 24b EnWG vorliegen. Wer die Anforderungen des EnWG erfüllen muss, unterliegt auch den Grundsätzen für Geschäftsprozesse und Kundenwechsel. Für Marktprozesse und Bilanzkreise gelten die von der BNetzA entwickelten MaBiS-Grundsätze und für die Wechselprozesse im Messwesen die sog. WIM-Grundsätze.

531   Zur Abgrenzung von anderen Versorgungsnetzen wird darauf abgestellt, ob die Kundenanlagen (Familienhäuser, Industriebetriebe oder Industrieparks) für den Betrieb und das Aufrechterhalten des Netzes der allgemeinen Versorgung erforderlich sind. Sofern der mittels der Kundenanlage versorgte Netzbereich hinweggedacht werden kann und gleichwohl das Netz der allgemeinen Versorgung funktionsfähig bleibt, spricht dies – vergleichbar der Darstellung zur Direktleitung – in der Regel zugunsten der Annahme eines nicht vom EnWG regulierten Netzbereichs.[1880] Um einer eventuellen Überregulierung durch das EnWG bei Betrieb eines eigenen Netzes und der damit verbundenen Lieferung von Strom vorzubeugen, hat der Gesetzgeber die Vorschriften zu Kundenanlagen (§ 3 Nr. 24a EnWG) und Kundenanlagen zur betrieblichen Eigenversorgung (§ 3 Nr. 24b EnWG) entwickelt.[1881]

532   Hierbei ist die Kundenanlage als Ausnahme des § 3 Nr. 18 EnWG innerhalb des Definitionskatalogs des § 3 EnWG definiert. Beide Varianten der Ausnahme sind an teilweise unterschiedliche Voraussetzungen geknüpft. Was zuvor lediglich in der Literatur umrissen wurde, ist nunmehr im EnWG legal definiert worden.[1882] So handelt es sich nach § 3 Nr. 24a EnWG um eine Kundenanlage bei einer Energieanlage zur Abgabe von Energie,
a. die sich auf einem räumlich zusammengehörenden Gebiet befindet,
b. mit einem Energieversorgungsnetz oder mit einer Erzeugungsanlage verbunden ist,
c. für die Sicherstellung eines wirksamen und unverfälschten Wettbewerbs bei der Versorgung mit Elektrizität und Gas unbedeutend ist und
d. jedermann zum Zwecke der Belieferung der angeschlossenen Letztverbraucher im Wege der Durchleitung unabhängig von der Wahl des Energielieferanten diskriminierungsfrei und unentgeltlich zur Verfügung gestellt wird.

Hier ist besonderes Augenmerk darauf zu legen, dass sowohl innerhalb des § 3 Nr. 24a EnWG als auch im Rahmen des § 3 Nr. 24b EnWG die Voraussetzungen jeweils kumulativ vorliegen müssen. Dies ergibt sich insbesondere aus dem Wort „und" am Ende der Aufzählung.

533   Als Ausnahmetatbestand zu einem eigenständigen Energieversorgungsunternehmen nach § 3 Nr. 18 EnWG ist allerdings zu einer restriktiven Auslegung zu tendieren, da die eigentliche Schutzfunktion des EnWG nicht gänzlich unterlaufen werden darf. Denn gerade in Bezug auf die Schutzfunktion gibt § 1 Abs. 2 EnWG vor, dass die Regulierung durch das EnWG der Sicherung eines wirksamen und unverfälschten Wettbewerbs und der Sicherung eines langfristig angelegten leistungsfähigen und zuverlässigen Betriebs von Energieversorgungsanlagen dient. Für Kundenanlagen und Kundenanlagen zur betrieblichen Eigenversorgung muss daher bestimmt werden, wo das regulierte Netz beginnt und welche Betreiber von Anlagen sich den Regulierungsanforderungen zu stellen haben.[1883]

534   Die **Energieanlage** selbst ist in § 3 Nr. 15 EnWG legal definiert. Danach handelt es sich um eine Energieanlage bei Anlagen zur Erzeugung, Speicherung, Fortleitung oder Abgabe von

---

[1879] Vgl. *Schwintowski*, EWeRK 2/2012, 43.
[1880] Vgl. *BGH*, Beschl. v. 18.10.2011 – Az.: EnVR 68/10, BeckRS 2012, 08875; *Schwintowski*, EWeRK 2/2012, 44.
[1881] Vgl. BT-Drs. 17/6072, S. 51; *BGH*, Beschl. v. 18.10.2011 – Az.: EnVR 68/10, BeckRS 2012, 08875; *Schaller*, ZNER 2011, 406 (411); *Theobald/Zenke/Ochsenfahrt*, in: Schneider/Theobald (Hrsg.), Recht der Energiewirtschaft, 2. Aufl. 2008, § 14 Rn. 7.
[1882] Vgl. *Theobald*, in: Danner/Theobald (Hrsg.), Energierecht, Stand 1/2012 (73. EL), EnWG, § 3 Rn. 126.
[1883] Vgl. BT-Drs. 17/6072, S. 51.

Energie, soweit sie nicht lediglich der Übertragung von Signalen dienen. Ferner bedarf der Begriff der *unmittelbar räumlichen Nähe* der näheren Bestimmung. Gerade in diesem Zusammenhang handelt es sich um einen auslegungsbedürftigen Rechtsbegriff. Die räumliche Nähe kann nach Auffassung der BNetzA angenommen werden, wenn die betreffende Infrastruktur sich hinsichtlich der räumlichen Ausdehnung nicht nur auf ein Gebäude beschränkt, sondern auch, wenn sie sich außerhalb von Gebäuden über ein größeres Grundstück – unabhängig davon, in wessen Eigentum es steht – erstreckt. Die BNetzA spricht hierbei auch von „*einer gewissen räumlichen Zusammengehörigkeit*".[1884] Dies wurde von der BNetzA bereits für eine ca. 24 ha große Insel bejaht[1885], für das S-Bahnnetz in Berlin wiederum verneint.[1886] Jüngst hatte die Regulierungskammer Hessen entschieden, dass auch bei einem zusammenhängenden Gebäudekomplex selbst bei einer Straßenquerung die unmittelbare Räumlichkeit noch gegeben sei.[1887] Bei einem zusammenstehenden Windpark, der sich über mehrere Grundstücke mit seiner Infrastruktur erstreckt, dürfte in der Regel von einem räumlichen Zusammenhang auszugehen sein. Kritischer dürften mehrere, weiter verteilte Windparks zu bewerten sein, die über ein Umspannwerk in das Netz einspeisen.

Schließlich gilt das sehr weit gefasste Kriterium, dass die entsprechende Energieanlage keinerlei Bedeutung für die Sicherstellung eines *wirksamen und unverfälschten Wettbewerbs* bei der Versorgung mit Elektrizität und Gas hat. Der Gesetzgeber hat als einschränkende Regelung auf die Größenordnung der anzunehmenden Verfälschung für andere Marktteilnehmer abgestellt. So schreibt er in der Gesetzesbegründung, dass es insbesondere um die Anzahl der angeschlossenen Letztverbraucher geht, was für ihn bedeutet, dass je „*größer die Anzahl der an eine Energieanlage unmittelbar oder mittelbar angeschlossenen Letztverbraucher ist, desto mehr deutet dieses Merkmal auf das Vorliegen eines Energieversorgungsnetzes hin. […]*". Auch die Menge der durchgeleiteten Energie ist für den Gesetzgeber entscheidend. Hier werden aber keine Schwellenwerte für Mengen festgelegt, sondern nur als Anhaltspunkt gewertet, dass je „*kleiner die Energiemenge ist, desto eher kann angenommen werden, dass die Anlage unbedeutend für die Sicherstellung des Wettbewerbs ist.*" Letztlich stellt der Gesetzgeber auf eine Gesamtschau der Merkmale ab und zieht sofern notwendig noch weitere Umstände hinzu, wie beispielsweise „*die zwischen dem Betreiber und den angeschlossenen Letztverbrauchern geschlossenen Verträge oder das Vorhandensein einer größeren Anzahl weiterer angeschlossener Kundenanlagen.*"[1888] Maßgeblich kommt es daher darauf an, dass die gelieferten Strommengen in der potenziellen Kundenanlage den Strommengen der vorgelagerten Netzebene gegenüber gestellt werden.[1889]

Letztlich ist für die Qualifizierung als Kundenanlage zwingend erforderlich, dass die Kundenanlage unentgeltlich zur Verfügung gestellt wird. Dies impliziert, dass gerade kein Nutzungsentgelt erhoben wird. Möglich wäre indes, dass die Kosten in ein Pauschalentgelt einkalkuliert werden, sofern dies nicht als missbräuchlich anzusehen ist.[1890] Auch legt der BGH besonderen Wert darauf, dass den an das Netz angeschlossenen Letztverbrauchern die Wahlfreiheit ihres Stromlieferanten zusteht und für die Nutzung der Kundenanlage keine Netzentgelte erhoben werden. Von Bedeutung ist insbesondere, dass der Letztverbraucher die freie Wahl des ggf. günstigeren Lieferanten haben soll.[1891]

dd) Kundenanlage zur betrieblichen Eigenversorgung. Des Weiteren ist an dieser Stelle auf den zweiten Ausnahmetatbestand nach § 3 Nr. 24b EnWG einzugehen, einer **Kundenanlage**

[1884] Vgl. *BNetzA*, Beschl. v. 7.11.2011 – Az.: BK6-10-208, S. 11; BT-Drs. 17/6072, S. 51.
[1885] Vgl. *BNetzA*, Beschl. v. 7.01.2013 – Az.: BK6-12-152.
[1886] Vgl. *BNetzA*, Beschl. v. 25.10.2012 – Az.: BK6-11-145; *Schex*, in: Kment (Hrsg.), EnWG-Kommentar, 1. Aufl. 2015, § 3 Rn. 53.
[1887] Vgl. Regulierungskammer Hessen, Urt. v. 18.10.2016 – Az.: 75 S40#011 RHK 170/2016.
[1888] BT-Drs. 17/6072, S. 51; *Schaller*, ZNER 2011, 406 (411).
[1889] Vgl. Regulierungskammer Hessen, Urt. v. 18.10.2016 – Az.: 75 S40#011 RHK 170/2016.
[1890] BT-Drs. 17/6072, S. 95 f.; *Jacobshagen/Kachel/Baxmann*, IR 2012, 2 (3).
[1891] Vgl. *BGH*, Beschl. v. 12.11.2013 – EnVZ 11/13, BeckRS 2013, 21745; BGH, Beschl. v. 18.10.2011 – Az.: EnVR 68/10, BeckRS 2012, 08875; so auch: *OLG Düsseldorf*, Beschl. v. 16.1.2013 – VI-3 Kart 163/11 (V), BeckRS 2013, 08240.

zur betrieblichen Eigenversorgung, welche als Spezialfall der Kundenanlage ebenfalls nicht als reguliertes Netz zu qualifizieren ist.[1892] Eine Kundenanlage zur betrieblichen Eigenversorgung, die wie die soeben besprochene Kundenanlage vom regulierten Netz ausgenommen ist, liegt nach § 3 Nr. 24b EnWG dann vor, wenn es sich um Energieanlagen zur Abgabe von Energie handelt,
a. die sich auf einem räumlich zusammenhängenden Betriebsgebiet befinden,
b. mit einem Energieversorgungsnetz oder mit einer Energieerzeugungsanlage verbunden sind,
c. fast ausschließlich dem betriebsnotwendigen Transport von Energie innerhalb des eigenen Unternehmens oder zu verbundenen Unternehmen oder fast ausschließlich dem der Bestimmung des Betriebs geschuldeten Abtransport in ein Energieversorgungsnetz dienen und
d. jedermann zum Zwecke der Belieferung der angeschlossenen Letztverbraucher im Wege der Durchleitung unabhängig von der Wahl des Energielieferanten diskriminierungsfrei und unentgeltlich zur Verfügung gestellt wird.

Der Unterschied zur soeben behandelten Kundenanlage liegt insbesondere in Lit. a) und c). Dem Kriterium eines räumlich zusammenhängenden Betriebsgebiets ist anders als in § 3 Nr. 24a EnWG ein weiterer Maßstab zugrunde gelegt. Dies beschreibt der Gesetzgeber in seiner Gesetzesbegründung dergestalt, dass *„das räumlich zusammengehörende Betriebsgebiet sich über weite Flächen erstrecken kann und nicht nur kleine Betriebsgelände erfassen soll."*[1893]

538 Der Gesetzgeber zielt mithin auf räumlich weite, aber zusammenhängende Gewerbegebiete ab, die der Gesetzgeber als ein „Betriebsgebiet" begreift. Ausschlaggebend ist hier, dass es sich gerade nicht um eine lose Ansammlung von Gebäuden handelt, sondern die Gebäude aufgrund ihres Charakters als Betriebsgebiet konzipiert wurden, auch wenn sich das Betriebsgebiet *„über weite Flächen erstreckt."*[1894] Die Querung von Straßen o. ä. dürfte der Qualifizierung nicht entgegenstehen, soweit Arbeitsabläufe sich auch über die Straße hinweg vollziehen.[1895] Gerade in diesen Gebieten sollen die Energieanlagen der Regulierung nicht unterworfen sein, wenn sie ausschließlich dem betriebsnotwendigen Transport von Energie innerhalb des eigenen Unternehmens oder zu verbundenen Unternehmen dienen,[1896] wobei auf die Definition der verbundenen Unternehmen im Sinne des § 17 AktG Rückgriff genommen werden dürfte.[1897] Anders als bei der Kundenanlage nach § 3 Nr. 24a EnWG kommt es bei der vorliegenden Art der Kundenanlage nicht auf die Menge der durchgeleiteten Energie an. Nach dem Willen des Gesetzgebers sollen Konstellationen erfasst werden, *„in denen die Energiemenge sehr hoch sein kann"*. Vielmehr wird hier darauf abgestellt, dass *„der Energietransport fast ausschließlich der betrieblichen Eigenversorgung und damit dem Betriebszweck dient."*[1898]

539 **ee) Geschlossenes Verteilernetz im Sinne des § 110 EnWG.** Das **geschlossene Verteilernetz** im Sinne des § 110 Abs. 2 EnWG bildet eine weitere zu betrachtende Netzvariante. Auf die zahlreichen Gerichtsverfahren, die die ehemals als Objekt- bzw. Arealnetze bezeichneten Netze zum Gegenstand hatten[1899], reagierte der Gesetzgeber mit einer neuen Fassung des § 110 EnWG. Der Gesetzgeber sieht dem Grunde nach keine Veranlassung, warum Flughäfen, Pflegeheime oder Einkaufszentren durch das EnWG erfasst sein sollten. Aus seiner Sicht soll allein eine zivilrechtliche Kontrolle der Verträge genügen.[1900] Dies liegt mitunter daran, dass

---
[1892] Vgl. *Schex*, in: Kment (Hrsg.), EnWG-Kommentar, 1. Aufl. 2015, § 3 Rn. 63.
[1893] BT-Drs. 17/6072, S. 51.
[1894] BT-Drs. 17/6072, S. 51.
[1895] Vgl. *Schex*, in: Kment (Hrsg.), EnWG-Kommentar, 1. Aufl. 2015, § 3 Rn. 64.
[1896] Vgl. *Schaller*, ZNER 2011, 406 (411).
[1897] Aktiengesetz v. 6.9.1965 (BGBl. I S. 1089), das zuletzt durch Art. 5 des Gesetzes v. 10.5.2016 (BGBl. I S. 1142) geändert worden ist.
[1898] BT-Drs. 17/6072, S. 51.
[1899] Vgl. *EuGH*, Urt. v. 22.5.2008 – C-439/06.
[1900] *Theobald/Zenke/Ochsenfahrt*, in: Schneider/Theobald (Hrsg.), Recht der Energiewirtschaft, 2. Aufl. 2008, § 14 Rn. 3.

geschlossene Verteilernetze nicht der allgemeinen Versorgung dienen, sondern lediglich auf einem zusammenhängenden Betriebsgebiet die Versorgung sicherstellen. Somit nehmen sie nach Willen des Gesetzgebers eine privilegierte Stellung gegenüber anderen Netzen der allgemeinen Versorgung ein.[1901]

Bei geschlossenen Verteilnetzen nach § 110 EnWG erfolgt die Qualifizierung durch die Regelungsbehörde nur, wenn kein Letztverbraucher mit der Energie für den Eigenverbrauch im Haushalt über das Netz versorgt wird bzw. nur, wenn diese über eine geringe Anzahl von solchen Letztverbrauchern verfügen, die in einem besonderen Verhältnis zum Betreiber des Netzes stehen (§ 110 Abs. 2 S. 2 EnWG). Folglich liegt nach § 110 Abs. 2 EnWG ein geschlossenes Verteilernetz vor, wenn die Regulierungsbehörde feststellen kann, dass ein Energieversorgungsnetz vorliegt, mit dem Energie zum Zwecke der Ermöglichung der Versorgung von Kunden in einem geografisch begrenzten Industrie- oder Gewerbegebiet oder einem Gebiet verteilt wird, in dem Leistungen gemeinsam genutzt werden und wenn 540

a. Tätigkeit oder Produktionsverfahren der Anschlussnutzer dieses Netzes aus konkreten technischen oder sicherheitstechnischen Gründen verknüpft sind oder
b. mit dem Netz in erster Linie Energie an den Netzeigentümer oder Netzbetreiber oder an mit diesen verbundenen Unternehmen verteilt wird.

Aufgrund der Vielzahl der möglichen Konstellationen in entsprechenden geschlossenen Verteilernetzen ist die Feststellung, dass ein ebensolches Netz im Sinne des § 110 Abs. 2 EnWG vorliegt, eine Einzelfallentscheidung.[1902]

Zwingendermaßen ist jedoch darauf zu achten, dass ein Antrag vor Aufnahme des Betriebs des geschlossenen Verteilernetzes gestellt wird.[1903] Es ist jedoch darauf hinzuweisen, dass nach Antragstellung bis zur Entscheidung durch die BNetzA eine Fiktionswirkung eintritt, nach der die Anlage als geschlossenes Verteilernetz gilt, vgl. § 110 Abs. 3 S. 3 EnWG. Auch § 110 Abs. 2 EnWG bezieht sich auf die Verteilung von Energie zum Zwecke der Versorgung von Kunden in einem geografisch begrenzten Industrie- oder Gewerbegebiet. Im Vordergrund des EnWG steht der Schutz des Letztverbrauchers, was sich letztlich gerade an § 110 Abs. 2 S. 2 EnWG zeigt. Nur wenn gerade die Schutzbedürftigkeit nicht infrage steht, kommt eine Qualifizierung als geschlossenes Verteilernetz in Betracht. 541

Die Rechtsfolge einer Qualifizierung als geschlossenes Verteilernetz ist, dass eine Vielzahl von Vorschriften des EnWG durch den Betreiber nicht zu erfüllen sind. Hierzu zählt § 110 Abs. 1 EnWG nicht anwendbare Vorschriften des EnWG auf, wobei hier nicht alle Gesetze und Vorschriften abschließend genannt werden.[1904] Insbesondere die Regelungen zum Netzzugang, die Verpflichtung zur Meldung des Netzbetriebs und die Vorschriften zur Entflechtung bleiben bestehen. Bspw. ist der Betreiber eines geschlossenen Verteilernetzes nach § 28 i. V. m. § 2 Nr. 21 KWKG[1905] in den Umlagemechanismus für die KWKG-Umlage einbezogen.[1906] 541a

ff) Netz der allgemeinen Versorgung. Abschließend wird das **Netz der allgemeinen Versorgung** im Sinne des § 3 Nr. 17 EnWG betrachtet. Diese Kategorie unterliegt in vollem Umfang der Regulierung durch das EnWG und sieht sich folglich einem ganzen Strauß an Pflichten ausgesetzt. Hierzu gehören insbesondere die Anforderungen zur Entflechtung von Netzbetrieb und Stromlieferung und die damit einhergehenden Transparenzverpflichtungen des Netzbetreibers im Sinne der §§ 6 ff. EnWG. 542

§ 3 Nr. 17 EnWG definiert Energieversorgungsnetze der allgemeinen Versorgung als solche, die der Verteilung von Energie an Dritte dienen und von ihrer Dimensionierung nicht von vornherein nur auf die Versorgung bestimmter, schon bei der Netzerrichtung feststehender 543

[1901] Vgl. *Müggenborg*, NVwZ 2010, 940.
[1902] Vgl. *Müggenborg*, NVwZ 2010, 940.
[1903] Vgl. *BGH*, Beschl. v. 18.10.2011 – EnVR 68/10, BeckRS 2012, 08875.
[1904] Vgl. *Schex*, in: Kment (Hrsg.), EnWG-Kommentar, 1. Aufl. 2015, § 110 Rn. 3.
[1905] Kraft-Wärme-Kopplungsgesetz v. 21.12.2015 (BGBl. I S. 2498), das durch Art. 1 des Gesetzes v. 22.12.2016 (BGBl. I S. 3106) geändert worden ist.
[1906] Vgl. hierzu: *Brahms*, ER 2015, 229 (234 f.).

oder bestimmbarer Letztverbraucher ausgelegt sind, sondern grundsätzlich für die Versorgung jedes Letztverbrauchers offen stehen. Hier dient die Vorschrift insbesondere der Abgrenzung von Energieversorgungsnetzen von geschlossenen Verteilernetzen. Es kommt folglich darauf an, dass zum Zeitpunkt der Errichtung das betreffende Netz nicht darauf angelegt ist, nur eine Ansiedlung in einem bestimmten Gewerbe- oder Industriegebiet zu versorgen und dementsprechend dimensioniert ist.[1907]

4. Strompreisbestandteile

544   Betreiber von Windenergieanlagen, die den von ihnen erzeugten Strom nicht einem Netzbetreiber andienen, sondern diesen selbst verbrauchen oder Dritten zuleiten, nutzen gerade die verringerten **Strompreisbestandteile,** um eine höhere Wirtschaftlichkeit der Anlage bzw. des Konzepts zu ermöglichen. Denn gerade im Zusammenhang mit der Vermarktung des durch Windenergie erzeugten Stroms außerhalb des EEG wird die Thematik interessant, gilt doch die Vermeidung oder Reduzierung von einigen Bestandteilen als zentrale Motivation der Eigen- bzw. Direktvermarktung von Strom. Bei der Umsetzung entsprechender Projekte ist stets darauf zu achten, welchen Strompreis der Letztverbraucher oder Eigenversorger bisher zu entrichten hat bzw. ob er bereits Ausnahmetatbestände für Umlagen oder Steuern erfüllt. Es empfiehlt sich daher stets, die Stromabrechnungen und Lastgangdaten der vorangegangenen Jahre zu prüfen.

545   Neben den eigentlichen Erzeugungskosten, zu denen auch die Kosten für den Vertrieb hinzuzurechnen sind, setzt sich der Strompreis aus einer Vielzahl von Abgaben und Umlagen zusammen. Nachstehend werden daher die Netzentgelte, die Konzessionsabgaben, die Stromsteuer und die Umlage nach § 19 Abs. 2 S. 2 StromNEV, die Erneuerbare-Energien-Gesetz-Umlage (kurz: *EEG-Umlage*), die Kraft-Wärme-Kopplung-Gesetz-Umlage (kurz: *KWK-Umlage*), die Offshore-Haftungsumlage sowie die seit dem 1.1.2014 zu erhebende Umlage für abschaltbare Lasten dargestellt.

a) Netzentgelte

546   Der rechtliche Rahmen für die Entrichtung der **Netzentgelte** ist im EnWG festgelegt. So haben nach § 20 Abs. 1 EnWG Betreiber von Energieversorgungsnetzen zunächst jedermann nach sachlich gerechtfertigten Kriterien diskriminierungsfrei Netzzugang zu gewähren. Im Gegenzug zum Netzzugang fallen Netzentgelte an. Die Rechtsgrundlage für die Erhebung von Netzentgelten ist in der Stromnetzentgeltverordnung[1908] (nachfolgend: *StromNEV*) zu finden.

547   **aa) Ermittlung der Netzentgelte.** Die auflaufenden Kosten der Netznutzung werden im Rahmen einer sog. Kostenwälzung bis zum Letztverbraucher verteilt (§ 14 StromNEV). Hierbei soll die Kostenzuteilung einer Netz- oder Umspannebene auf die Netznutzer nach Möglichkeit verursachungsgerecht verteilt werden, vgl. § 16 Abs. 1 S. 1 StromNEV. Umfasst wird durch das Netzentgelt die Bereitstellung der Netzinfrastruktur unter Einschluss sämtlicher vorgelagerten Netze bis zur Höchstspannungsebene. Die von Netznutzern zu entrichtenden Netzentgelte sind gemäß § 17 Abs. 1 S. 1 StromNEV in ihrer Höhe unabhängig von der räumlichen Entfernung zwischen dem Ort der Einspeisung elektrischer Energie und dem Ort der Entnahme. Nach § 17 Abs. 2 S. 1 StromNEV bemisst sich die konkrete Höhe des Netzentgelts je Entnahmestelle nach dem Jahresleistungspreis in Euro pro Kilowatt und einem Arbeitspreis in Cent pro Kilowattstunde.

548   Bei den in dieser Gestaltung nach § 17 StromNEV geregelten Netzentgelten handelt es sich um eine abschließende Regelung der Netzentgelte (§ 17 Abs. 8 StromNEV), wobei lediglich die Entnahme und nicht die Einspeisung entgeltpflichtig ist. Entnahme bedeutet hierbei die tat-

---

[1907] Vgl. *Theobald,* in: Danner/Theobald (Hrsg.) Energierecht, Stand 1/2012 (73. EL), EnWG, § 3 Rn. 132.
[1908] Stromnetzentgeltverordnung v. 25.7.2005 (BGBl. I S. 2225), die durch Art. 8 des Gesetzes v. 22.12.2016 (BGBl. I S. 3106) geändert worden ist.

sächliche physikalische Entnahme von Strom aus dem Netz. Das Netzentgelt schließt aber nicht nur die Entnahme aus dem Hausnetz des Letztverbrauchers bzw. die Nutzung des Hausnetzes, sondern die Nutzung aller vorgelagerten Netz- und Umspannebenen mit ein. Die Netzentgelte fallen jedoch nur an, wenn eine tatsächliche physikalische Entnahme stattfindet.[1909]

Welche Bestandteile Gegenstand des Jahresleistungsentgelts sind, ergibt sich nach § 17 Abs. 4 StromNEV aus den abschnittsweise festgelegten Arbeitspreisen einer Netz- oder Umspannebene eines Netzbetreibers in EUR/kW als Produkt der Gesamtjahreskosten und der jeweiligen Anfangswerte der Geradengleichung der Gleichzeitigkeitsfunktion. Das Arbeitsentgelt wiederum wird aus dem Produkt des jeweiligen Arbeitspreises und der im Abrechnungsjahr jeweils entnommenen Leistung in kWh gebildet. Die Entnahmestelle als Anknüpfungspunkt für das zu entrichtende Arbeitsentgelt ist in § 2 Nr. 3 StromNEV legal definiert. Nach der Vorschrift handelt es sich um den Ort der Entnahme elektrischer Energie aus einer Netz- oder Umspannebene durch einen Letztverbraucher, einen Weiterverteiler oder die jeweils nachgelagerte Netz- oder Umspannebene. 549

bb) Befreiung von den Netzentgelten nach § 19 Abs. 2 StromNEV. Allerdings bietet § 19 Abs. 2 StromNEV Ausnahmetatbestände für die Erhebung von Netzentgelten besonderer Letztverbraucher. Diese Ausnahmen kommen zum Tragen, sofern ein besonders großer Strombezug entweder durch ein Unternehmen oder durch eine entsprechende Betriebsgesellschaft als Energieversorgungsunternehmen vorliegt. Die Befreiung darf nicht weniger als 20 % des veröffentlichten Netzentgelts betragen. Die ursprüngliche Möglichkeit der vollständigen Befreiung von den Netzentgelten war mit der Verordnungsermächtigung des EnWG nicht in Einklang zu bringen, sodass der Gesetzgeber diese Ausnahme ändern musste.[1910] Auch die im Nachgang ergangene Novelle des § 19 StromNEV wurde durch den BGH als nichtig bewertet[1911], weshalb im Rahmen des Strommarktgesetzes die Ermächtigungsgrundlage in § 24 EnWG erweitert[1912] und mithin nachträglich eine wohl ausreichende Rechtsgrundlage geschaffen wurde. Ein individuelles Netzentgelt bleibt bei einer Benutzungsstundenzahl von 7000 Stunden an einer Abnahmestelle und einem Stromverbrauch von 10 Gigawattstunden nach Genehmigung durch die Bundesnetzagentur (§ 19 Abs. 2 S. 2 StromNEV) weiterhin möglich. Indes hatte die Bundesnetzagentur festgestellt, dass gerade keine Befreiung in einem geschlossenen Verteilnetz stattfinden kann, da der Ausgleichsanspruch durch Verweis auf den Umlagemechanismus des KWKG nur für die Netzbetreiber von allgemeinen Versorgungsnetzen vorgesehen ist.[1913] Dies dürfte aufgrund der Neufassung der Definition des Netzbetreibers in § 2 Nr. 21 KWKG unter Einbeziehung der geschlossenen Verteilernetze nun nicht mehr zutreffend sein. 550

Zur Refinanzierung der nicht eingenommenen Netzentgelte wurde eine weitere, durch den Letztverbraucher zu entrichtende Umlage nach § 19 Abs. 2 S. 2 StromNEV vorgesehen. Durch den besonderen Privilegierungstatbestand steigen die Netzentgelte für die übrigen Netznutzer.[1914] Der Umlagemechanismus des KWKG findet im Rahmen der Aufteilung der Belastung gemäß § 19 Abs. 2 S. 7 2. HS StromNEV entsprechend Anwendung, wobei für einzelne Verbrauchergruppen eine Abweichung gegenüber den Ausnahmetatbeständen im KWKG vorgesehen ist. In der Folge kann bei einem tatsächlichen Eigenverbrauch keine Umlage im Sinne des § 19 Abs. 2 StromNEV seitens des vorgelagerten Netzbetreibers gegenüber dem Anlagenbetreiber erhoben werden.[1915] Zudem sind auch bei einer Belieferung von Strom aus Windenergieanlagen die entsprechenden Entgelte, auch wenn der Verbraucher von den Entgelten nur teilweise betroffen wäre, nicht abzuführen, wenn eine Kundenanlage, eine Direktleistung oder ein geschlossenes Verteilernetz zur Belieferung genutzt wird. 551

[1909] *BGH*, Beschl. 27.3.2012 – EnVR 8/11, ZUR 2012, 616; *de Wyl/Müller-Kirchenbauer/Thole*, in: Schneider/Theobald (Hrsg.), Recht der Energiewirtschaft, 2. Aufl. 2008; § 15 Rn. 333.
[1910] Vgl. beispielsweise *OLG Nürnberg*, Beschl. v. 14.5.2013 – 1 Kart 1518/12, BeckRS 2013, 09445.
[1911] Vgl. *BGH*, Urt. v. 12.4.2016 – Az.: EnVR 25/13, BeckRS 2016, 09760.
[1912] Vgl. BT-Drs. 18/8915, S. 38.
[1913] Vgl. *BNetzA*, Beschl. v. 14.12.2011 – Az.: BK8-11-024.
[1914] Vgl. *Scholtka/Baumbach*, NJW 2012, 2704 (2705).
[1915] Vgl. *Herz/Valentin*, EnWZ, 2013, 16 (20); *Jacobshagen/Kachel/Baxmann*, IR 2012, 1 (7).

552 **cc) Gesonderte Netzentgelte nach § 19 Abs. 3 StromNEV.** Sofern allerdings ein Netznutzer sämtliche in einer Netz- oder Umspannebene genutzten Betriebsmittel ausschließlich selbst nutzt, ist gemäß § 19 Abs. 3 StromNEV zwischen diesem Betreiber dieser Netz- oder Umspannebene und dem Netznutzer für diese singulär genutzten Betriebsmittel gesondert ein angemessenes Entgelt festzulegen. Einschlägig wäre dies in Fällen, in denen beispielsweise Direktleitungen von den Windenergieanlagen eines Windparks zu den ortsansässigen Unternehmen ausschließlich zum Stromtransport zwischen Erzeugungsanlage und etwaig ortsansässigen Unternehmen genutzt werden würden. Um diese Fallgruppen aber voneinander abgrenzen zu können, ist festzustellen, ob im entsprechenden Einzelfall tatsächlich eine Direktleitung vorliegt oder ob es sich um ein eigenständiges Netz im Sinne des EnWG handelt.

b) Konzessionsabgaben

553 **Konzessionsabgaben** sind nach § 48 Abs. 1 S. 1 EnWG Entgelte, die Energie- versorgungsunternehmen für die Einräumung des Rechts zur Benutzung öffentlicher Verkehrswege für die Verlegung und den Betrieb von Leitungen, die der unmittelbaren Versorgung von Letztverbrauchern im Gemeindegebiet mit Energie dienen, entrichten. Die Konzessionsabgaben sind gemäß § 48 Abs. 3 EnWG in der vereinbarten Höhe abzuführen in dem Umfang, wie das Wegerecht nach § 46 Abs. 1 EnWG eingeräumt wurde. Folglich handelt es sich bei den Konzessionsabgaben um Entgelte für die Einräumung eines Wegerechts durch die jeweilige Gemeinde.[1916]

554 Ursprünglich lag der Zweck der Entgelte neben dem Recht zur Verlegung von Versorgungsleitungen darin, dass einem Energieversorgungsunternehmen die ausschließliche Versorgung einer Gemeinde übertragen wird. Dies bedeutet mithin den Verzicht auf eine eigene oder anderweitige Versorgung im Gemeindegebiet. Dies ist nicht mehr zwingend. Vielmehr hat sich die Gemeinde zusätzlich beim Abschluss von Konzessionsverträgen an den Zielen des § 1 EnWG zu orientieren und kann nicht mehr allein auf die eigenen fiskalischen Interessen abstellen.[1917] Soweit jedoch zur Stromlieferung keine öffentlichen Wege genutzt werden, z.B. durch eine Verringerung des Strombezugs an der Entnahmestelle, so sind auch gerade in der vermiedenen Höhe keine Konzessionsabgaben zu entrichten.

555 Es findet aber auch, sofern keine ausschließliche Versorgung angeboten wird, § 48 EnWG i.V.m. der Konzessionsabgabenverordnung[1918] (hiernach: *KAV*) Anwendung. Anspruchsinhaber ist nach § 46 Abs. 1 EnWG das Energieversorgungsunternehmen, das die öffentlichen Verkehrswege zur Versorgung von Letztverbrauchern nutzt.[1919] Ferner wird zwischen qualifizierten und einfachen Konzessionsabgaben unterschieden. Solche nach § 46 Abs. 1 EnWG einfachen Wegenutzungsverträge unterliegen dabei nicht den Restriktionen des § 46 Abs. 2 EnWG, der ausschließlich auf Energieversorgungsnetze der allgemeinen Versorgung Anwendung findet. Gemeinden können hier die Konzessionen nur für eine Laufzeit von 20 Jahren vergeben. Einfache Wegenutzungsverträge haben insbesondere Durch- oder Stichleitungen zum Gegenstand.[1920]

556 Schlussendlich werden die Konzessionsabgaben vom Netzbetreiber auf den Letztverbraucher umgelegt, wobei die Höhe danach variiert, ob es sich um einen Sonderkunden oder einen Tarifkunden handelt. Die zulässigen Höchstgrenzen, die eine Gemeinde für die Nutzung verlangen kann, ergeben sich aus der KAV. Sollten keine öffentlichen Wege zur Verlegung von Stromleitungen in Anspruch genommen werden, so kann man im Umkehrschluss davon ausgehen, dass keine Konzessionsabgaben durch die Letztverbraucher an den vorgelagerten Netzbetreiber zu

---

[1916] *Kermel*, in: Säcker (Hrsg.), BerlKommEnR, 2. Aufl. 2010, Bd. 1, EnWG, § 48 Rn. 8; *Schütte/Horstkotte/Veihelmann*, LKV 2012, 454 (455).

[1917] Vgl. *BVerwG*, DVBl. 1966, 338 (339); *OLG Schleswig*, Urt. v. 22.11.2012 – 14 O Kart. 83/10; *Wilke*, NordOeR 2011, 431; *Kermel*, in: Säcker (Hrsg.), BerlKommEnR, 2. Aufl. 2010, Bd. 1, EnWG, § 48 Rn. 14.

[1918] Konzessionsabgabenverordnung v. 9.1.1992 (BGBl. I S. 12, 407), die zuletzt durch Art. 3 Absatz 4 der Verordnung v. 1.11.2006 (BGBl. I S. 2477) geändert worden ist.

[1919] Vgl. *Kermel*, in: Säcker (Hrsg.), BerlKommEnR, 2. Aufl. 2010, Bd. 1, EnWG, § 48 Rn. 23.

[1920] *Wilke*, NordOeR 2011, 431, *Schulz*, LKRZ 2012, 41 (45).

entrichten sind.[1921] Bei Nutzung privater Wege zur Durchleitung von Strom kann gleichwohl seitens des Grundstückseigentümers ein Entgelt verlangt werden.

Indes biete die KAV die Möglichkeit einer Verringerung der Konzessionsabgaben. So bestimmt § 2 Abs. 1 KAV, dass Konzessionsabgaben nur in Centbeträgen je gelieferter Kilowattstunde vereinbart werden dürfen. Im zweiten Absatz werden dann die Höchstbeträge aufgeführt, die die jeweilige Gebietskörperschaft in Abhängigkeit von der Art des Stroms und der Anzahl der Einwohner vom Nutzer des Wegerechts verlangen kann. Bei der Belieferung von etwaigen Sondervertragskunden ist ferner nach § 2 Abs. 3 Nr. 1 KAV vorgesehen, dass ein Höchstbetrag von 0,11 ct/kWh nicht überschritten werden darf. 557

Diese Verringerung ist indes nur für **Sondervertragskunden** vorgesehen. Der Sondervertragskunde ist in § 1 Abs. 4 KAV legal definiert. Danach handelt es sich um Sondervertragskunden im Sinne der Verordnung, wenn es sich nicht um Tarifkunden handelt. Tarifkunden sind im Gegenzug Kunden, die auf der Grundlage von Verträgen nach §§ 36 und 38 sowie § 115 Abs. 2 und § 116 EnWG beliefert werden. Bei Tarifkunden handelt es sich mithin zumeist um Letztverbraucher, die aufgrund von standardisierten Verträgen den Strom beziehen. 558

c) KWKG-Umlage

Die Förderung für den Einsatz der Kraft-Wärme-Kopplungstechnik nach dem KWKG wird im Wege eines Umlagemechanismus auf die Letztverbraucher umgelegt. Gemäß § 26 Abs. 1 KWKG sind Netzbetreiber dazu berechtigt, die Kosten für die nach dem KWKG erforderlichen Ausgaben bei der Berechnung der Netzentgelte als Aufschlag in Ansatz zu bringen (**KWKG-Umlage**). Auch wenn Netzentgelte nicht in Ansatz gebracht werden, ist der Netzbetreiber berechtigt, die Kosten des KWKG bei dem Gesamtpreis für den Strombezug entsprechend in Ansatz zu bringen. Die Höhe der KWKG-Umlage wird hierbei durch die ÜNB ermittelt und zum 25.10. eines Kalenderjahres für das Folgejahr festgelegt. Wie auch im EEG sind **stromkostenintensive Unternehmen** teilweise von der KWKG-Umlage befreit, vgl. § 27 KWKG. 559

Innerhalb des KWKG findet sich wiederum eine Legaldefinition für den Begriff des Netzbetreibers, die grundsätzlich einen Rückgriff auf das EnWG ausschließt. Der zwingende Charakter des KWKG gegenüber dem EnWG ergibt sich aus § 2 EnWG, der vorgibt, dass die Pflichten nach KWKG durch das EnWG nicht berührt werden. Beim KWKG und dem EEG handelt es sich gegenüber dem EnWG um Spezialgesetze.[1922] Nach § 2 Nr. 21 KWKG sind Netzbetreiber Betreiber von Netzen aller Spannungsebenen für die allgemeine Versorgung mit Elektrizität sowie Betreiber von geschlossenen Verteilernetzen. Gegenüber dem Umlagemechanismus sind mithin Netzbetreiber von geschlossenen Verteilernetzen in den Umlagemechanismus einbezogen. Diese erst im KWKG 2016 eingeführte Regelung erfolgte wohl aufgrund einer vorangegangenen Rechtsprechung des BGH[1923], der geschlossene Verteilnetzbetreiber nicht vom Umlagemechanismus erfasst sah.[1924] 560

Hierbei wird in der Literatur vertreten, dass Netze, die nicht darauf ausgerichtet sind, die Allgemeinheit zu versorgen, bereits nicht von der KWKG-Umlage erfasst sind. Dies beruht auf der vorgenannten Definition des Netzbetreibers.[1925] Es sind auch solche Strommengen nicht zu berücksichtigen, die im Wege der Eigenerzeugung selbst verbraucht werden. Angesetzt werden nur Strommengen, die tatsächlich mittelbar durch das eigene Netz an den Letztverbraucher geliefert werden.[1926] Insoweit bleibt festzuhalten, dass nur für den Strom, der an der Abnahmestelle entnommen wird, auch die KWK-Umlage zu entrichten ist. Bei einer Belieferung aus Windenergieanlagen durch eine Direktleitung oder eine Kundenanlage im Sinne des EnWG 561

[1921] Vgl. *Herz/Valentin*, EnWZ, 2013, 16 (20).
[1922] Vgl. *Hellermann*, in: Britz/Hellermann/Hermes (Hrsg.), EnWG, § 2 Rn. 11.
[1923] Vgl. *BGH*, Urt. v. 16.12.2014 – Az.: EnZR 81/13, BeckRS 2015, 01979.
[1924] Vgl. *Brahms*, ER 2015, 229 (235).
[1925] Vgl. *Herz/Valentin*, EnWZ, 2013, 16 (20); *Jacobshagen/Kachel/Baxmann*, IR 2012, 2 (7).
[1926] Vgl. *Topp*, in: Säcker (Hrsg.), BerlKommEnR, 2. Aufl. 2010, Bd. 2, KWKG, § 9 Rn. 14; *Jacobshagen*, ZUR 2008, 449 (457); *Herz/Valentin*, EnWZ, 2013, 16 (20).

sind daher bei der Wirtschaftlichkeitsberechnung solcher Eigen- bzw. Direktversorgungen die KWK-Umlage für den noch zusätzlich aus dem Netz bezogenen Strom einzubeziehen.

d) Weitere Umlagen auf Netzentgelte

562   Seit dem 1. Januar 2014 ist ein weiterer Bestandteil zum Strompreis über die **Abgabe für Abschaltbare Lasten** nach § 18 AbLaV[1927] hinzugekommen, der ebenfalls novelliert wurde. Um die Versorgungssicherheit im Stromnetz zu gewährleisten muss es möglich sein, die Last großer Stromverbraucher bei Spannungsschwankungen im Netz und somit angenommener „Blackout-Gefahr", vorübergehend vom Netz zu nehmen. Die hierdurch entstandenen Verluste werden den Stromverbrauchern über eine Entschädigung durch die Übertragungsnetzbetreiber erstattet.[1928] Diese durch die Entschädigungszahlungen entstandenen Kosten werden nunmehr durch die „Abschalt-Umlage" auf den Letztverbraucher gemäß den Vorgaben der §§ 26 ff. KWKG gewälzt, wobei die Ausnahmen für bestimmte Verbrauchergruppen nicht zum Tragen kommen.

563   Zudem wird auch eine Umlage für den verspäteten Netzanschluss von Offshore-Windparks auf die Letztverbraucher erhoben. Die **Offshore-Haftungsumlage** soll die verzögerte Netzanbindung, deren Grund in technischen Komplikationen, der kostspieligen Finanzierung des Netzanschlusses und der unklaren Rechtslage zu suchen ist, beschleunigen.[1929] Der Offshore-Ausgleich im Verhältnis zwischen den Übertragungsnetzbetreibern findet nur statt, soweit Netzentgelte erhoben werden, vgl. § 17 f. Abs. 5 EnWG. Bei einer Eigenversorgung bzw. bei Direktverbrauch ohne Inanspruchnahme des Netzes der allgemeinen Versorgung ist nicht von einem Anfall dieser Umlage auszugehen.

e) EEG-Umlage

564   Die EEG-Umlage ist seit geraumer Zeit in die Kritik geraten und in der Politik wird diese regelmäßig als Kostentreiber der Stromkosten angeführt. Die **EEG-Umlage** wird unmittelbar durch die Stromeinspeisung aus erneuerbaren Energien bedingt und ist letztlich eine Umlage, die durch den Letztverbraucher zu tragen ist. Die Umlage wird jährlich bemessen und unterlag in der Regel in den vergangenen Jahren einer Steigerung. Auch aufgrund dieses Umstands wurde mit dem EEG 2014 die EEG-Umlage auf die Eigenversorgung erstmals geregelt, die viel Kritik erfahren hat.[1930] Die Regelungen zur EEG-Umlage auf die Eigenversorgung wurden im Rahmen des Änderungsgesetzes zum EEG[1931] vollständig neu strukturiert und auf die §§ 61a bis 61k EEG verteilt. Hierbei wurde ausweislich der Gesetzesbegründung maßgeblich auf den unverbindlichen Leitfaden[1932] der BNetzA zur Eigenversorgung[1933] Rückgriff genommen.[1934] Die Übertragbarkeit der Erwägungen aus dem **Leitfaden der BNetzA** auf die neue Gesetzeslage sollte jedoch stets und im Einzelfall geprüft werden.

565 **aa) Ausgleichsmechanismus.** Der **Ausgleichsmechanismus des EEG** kann mitunter als Zentralelement der Energiewende verstanden werden. Einfach umschrieben stellt er die Wälzung der durch die Investition in erneuerbare Energien entstehenden Mehrkosten vom Anla-

---

[1927] Verordnung zu abschaltbaren Lasten v. 16.8.2016 (BGBl. I S. 1984), die durch Art. 9 des Gesetzes v. 22.12.2016 (BGBl. I S. 3106) geändert worden ist.
[1928] Vgl. hierzu: *Brahms*, Die Direktvermarktung im EEG – zwischen Mindestvergütung und freiem Markt, S. 91 f.
[1929] Vgl. *Wiederholt*, NVwZ 2012, 1207.
[1930] Vgl. *Brahms/Maslaton,* NVwZ 2014, 760 ff.; *Gawel*, DVBl. 2013, 409 ff.; *Ruttloff*, NVwZ 2014, 1128 ff.
[1931] Gesetz zur Änderung der Bestimmungen zur Stromerzeugung aus Kraft-Wärme-Kopplung und zur Eigenversorgung v. 22.12.2016, BGBl. I, S. 3106.
[1932] Vgl. zur Rechtsnatur des Leitfadens: *Ruttloff/Lippert*, NVwZ 2015, 1716 (1716).
[1933] *BNetzA*, Leitfaden zur Eigenversorgung, 7.2016, abrufbar unter: https://www.bundesnetzagentur.de/DE/Sachgebiete/ElektrizitaetundGas/Unternehmen_Institutionen/ErneuerbareEnergien/Eigenversorgung/Eigenversorgung-node.html, zuletzt abgerufen am: 6.1.2017.
[1934] Vgl. BT-Drs. 18/10209, 62.

genbetreiber über den Netzbetreiber auf den Letztverbraucher dar. Anders ausgedrückt können nach § 60 Abs. 1 EEG Übertragungsnetzbetreiber von Elektrizitätsversorgungsunternehmen, die Strom an Letztverbraucher liefern, anteilig zu dem jeweils von dem Elektrizitätsversorgungsunternehmen an den Letztverbraucher gelieferten Strom die Kosten für die erforderlichen Ausgaben nach Abzug der erzielten Einnahmen und nach Maßgabe der AusglMechV verlangen.

Die ehemals dazu erlassene Ausgleichsmechanismusverordnung wurde in Erneuerbare-Energien-Verordnung (kurz: *EEV*)[1935] unbenannt. Ermittelt wird die Umlage u. a. aus Prognosewerten, vgl. § 3 Abs. 1 EEV. So wird die Differenz zwischen den prognostizierten Einnahmen für das folgende Kalenderjahr und den prognostizierten Ausgaben für das folgende Kalenderjahr sowie die Differenz zwischen den tatsächlichen Einnahmen und den tatsächlichen Ausgaben zum Zeitpunkt der Festlegung der EEG-Umlage berechnet.[1936] Die eigentliche Umlage wird dann aus den Prognosewerten des Folgejahres und den Abweichungen des vergangenen Jahres zwischen den tatsächlichen Einnahmen und Ausgaben bestimmt. 566

bb) Entstehung der EEG-Umlage. Verpflichtete der Zahlung der EEG-Umlage sind die Elektrizitätsversorgungsunternehmen, die Strom an Letztverbraucher liefern. Die Belastung des Letztverbrauchers erfolgt schließlich nur im Rahmen vertraglicher Vereinbarungen mit dem Stromlieferanten.[1937] Der Sinn und Zweck der EEG-Umlage wird darin gesehen, die Kosten für den Strom aus erneuerbaren Energien verursachungsgerecht im Verhältnis zum Verbrauch umzulegen.[1938] Das bedeutet zunächst, dass bei jedem Liefervorgang eines Elektrizitätsversorgungsunternehmens im Sinne des § 5 Nr. 20 EEG[1939] an einen Letztverbraucher die EEG-Umlage durch das Versorgungsunternehmen abzuführen ist. Von dieser Regel werden für stromkostenintensive Unternehmen Ausnahmen in den Regelungen der § 60a i. V. m. §§ 63 ff. EEG vorgesehen.[1940] 567

cc) Eigenversorgung im Sinne des EEG. Die **Eigenversorgung** mit Strom hat der Gesetzgeber angesichts der Steigerungen der EEG-Umlage in den Vorjahren erstmalig im EEG 2014 mit der anteiligen oder vollständigen EEG-Umlage belegt und diesen Mechanismus im EEG 2017 fortentwickelt. Die EEG-Umlageverpflichtung besteht daher mit wenigen Ausnahmen für jede Kilowattstunde, die erzeugt wird.[1941] Zur Begründung führt der Gesetzgeber an, dass die Sonderrolle der Eigenversorgung und die Ungleichbehandlung mit anderen Letztverbrauchern zu Wettbewerbsverzerrungen führten.[1942] Aus diesem Grunde werden Eigenversorger, die ausdrücklich in § 5 Nr. 19 EEG legal definiert werden, Elektrizitätsversorgungsunternehmen gleichgestellt. Die gesetzliche Definition sieht wörtlich vor: 568

„Eigenversorgung" [ist] der Verbrauch von Strom, den eine natürliche oder juristische Person im unmittelbaren räumlichen Zusammenhang mit der Stromerzeugungsanlage selbst verbraucht, wenn der Strom nicht durch ein Netz durchgeleitet wird und diese Person die Stromerzeugungsanlage selbst betreibt."

Neu eingeführt hat der Gesetzgeber eine Definition für die in Bezug gesetzte **Stromerzeugungsanlage**, die im EEG 2014 noch nicht konkretisiert war.[1943] Nach § 3 Nr. 24 EEG ist eine Stromerzeugungsanlage jede technische Einrichtung, die unabhängig vom eingesetzten Ener- 569

[1935] Erneuerbare-Energien-Verordnung v. 17.2.2015 (BGBl. I S. 146), die durch Art. 11 des Gesetzes v. 22.12.2016 (BGBl. I S. 3106) geändert worden ist.
[1936] *Hendrich/Ahnsehl*, in: Gerstner (Hrsg.), Grundzüge des Rechts der Erneuerbaren Energien, 2013, S. 602.
[1937] *Hendrich/Ahnsehl*, in: Gerstner (Hrsg.), Grundzüge des Rechts der Erneuerbaren Energien, 2013, S. 603.
[1938] BT-Drs. 14/2776, S. 20; BT-Drs. 15/2864, S. 49; *Altrock*, in: Altrock/Oschmann/Theboald (Hrsg.), EEG, 4. Aufl. 2013, § 34 Rn. 15.
[1939] Vgl. zur Qualifizierung als Elektrizitätsversorgungsunternehmen → Kap. 4 Rn. 339.
[1940] Vgl. zu den stromkostenintensiven Unternehmen: *Geipel/Uibeleisen*, NJOZ 2014, 1641 ff.
[1941] Zur kritischen Frage, ob die EEG-Umlage auf die Eigenstromerzeugung finanzverfassungsrechtlich zulässig ist: *Brahms/Maslaton*, NVwZ 2014, 760 ff., *Wustlich*, NVwZ 2014, 1113 (1121).
[1942] Vgl. BR-Drs. 157/14 S. 228.
[1943] Vgl. *Brahms*, ER 2014, 235 (238).

gieträger direkt Strom erzeugt, wobei im Fall von Solaranlagen jedes Modul eine eigenständige Stromerzeugungsanlage ist. Durch diese Definition sollen insbesondere Bestandsschutzregelungen unter Berücksichtigung eines engen Anlagenbegriffs erfasst werden.[1944] Unstreitig dürfte jedoch jede Windenergieanlage zumindest auch unter den Begriff der Stromerzeugungsanlage zu subsumieren sein, wobei im Windpark jede einzelne Windenergieanlage und nicht deren Gesamtheit wohl als Stromerzeugungsanlage im Sinne des EEG zu qualifizieren wäre.

570 Fraglich ist gleichwohl auch nach der Definition des Eigenverbrauchs geblieben, wie die Eigenversorgung tatsächlich ausgestaltet sein muss. Insoweit hatte bereits der BGH darüber zu befinden, ob die EEG-Umlage auch für den Fall zur Anwendung gerät, dass der Strom innerhalb eines Konzernunternehmens, jedoch ohne Inanspruchnahme des Netzes der allgemeinen Versorgung geliefert wird. Dies hat der BGH bereits zum EEG 2004 vertreten und seitdem ist die **Personenidentität** eine der wesentlichsten Voraussetzungen der Eigenversorgung.[1945] Ein Liefervorgang ist mithin auch bei Belieferung über eine Kundenanlage, eine Direktleitung oder ein geschlossenes Verteilernetz anzunehmen, wenn zwischen Verbraucher und Anlagenbetreiber keine Personenidentität besteht. Anlagenbetreiber ist dabei derjenige, der das wirtschaftliche Risiko des Anlagenbetriebs trägt.[1946] Betreibermehrheiten sind in der Regel nicht mit dem Betreiber der einzelnen Stromerzeugungsanlage identisch, sodass die EEG-Umlage aufgrund des Entstehens einer Gesellschaft bürgerlichen Rechts (kurz: *GbR*) und durch die Lieferung von der GbR an den jeweiligen Gesellschafter vollständig anfallen dürfte.[1947]

570a Verbraucher müsste insoweit derjenige sein, der die umgewandelte Energie tatsächlich nutzt bzw. das wirtschaftliche Risiko an der Verbrauchseinrichtung trägt. In der Literatur wird insoweit vertreten, dass im Wege eines **Pacht- und Betriebsführungsmodells** die Personenidentität durch die Verlagerung des wirtschaftlichen Risikos des Anlagenbetriebs hergestellt werden kann.[1948] Bei einem sogenannten **Scheibenpachtmodell**, bei dem gerade nur eine virtuelle Zuordnung der Leistung eines Kraftwerks erfolgt und mithin die eine notwendige tatsächliche Sachherrschaft und das wirtschaftliche Risiko des Betriebs der Anlage nicht im Sinne des EEG sauber zugeordnet werden kann[1949], hat der Gesetzgeber in den Übergangsbestimmungen für Bestandsanlagen, die bereits vor dem Inkrafttreten des EEG 2014 realisiert wurden, nachträglich eine Fiktion als Eigenversorgungsvorgang für bereits praktizierte Scheibenpachtmodelle eingeführt und einen Rückforderungsanspruch ausgeschlossen. In § 104 Abs. 4 Satz 2 EEG wird bestimmt, dass ein anteiliges vertragliches Nutzungsrecht des Letztverbrauchers an einer bestimmten Erzeugungskapazität der Stromerzeugungsanlage als eigenständige Stromerzeugungsanlage gelte. Im Umkehrschluss dürfte diese in den Übergangsbestimmungen getroffene Regelung gegen eine Übertragbarkeit solcher Scheibenpachtmodelle zur Vermeidung der EEG-Umlage im EEG 2017 und den folgenden Fassungen des EEG sprechen.

571 Im EEG 2014 hat der Gesetzgeber in der Definition der Eigenversorgung aufgenommen, dass gegenüber der Regelung in § 37 Abs. 3 EEG 2012 nicht mehr das Netz der allgemeinen Versorgung zur Eigenstromversorgung genutzt werden kann. Das bedeutet, dass bei einer Eigenversorgung über ein solches Netz die vollständige EEG-Umlage durch den Anlagenbetreiber an den Übertragungsnetzbetreiber zu entrichten ist. Insoweit ist aber eine Durchleitung des Stroms durch eine Direktleitung, eine Kundenanlage, eine Kundenanlage zur betrieblichen Eigenversorgung oder durch ein geschlossenes Verteilernetz unschädlich.[1950]

571a Gleichzeitig muss die Eigenversorgung auch in **unmittelbarer räumliche Nähe** zur Stromerzeugungsanlage erfolgen. Hierbei handelt es sich um einen auslegungsbedürftigen und im Einzelfall zu prüfenden Rechtsbegriff, wobei in der Gesetzesbegründung auf die Rechtspre-

---

[1944] Vgl. BT-Drs. 18/10209, S. 105; siehe bereits zum EEG 2014: *Ruttloff/Lippert*, NVwZ 2015, 1716 (1717).
[1945] Vgl. BT-Drs. 18/1304, S. 83; *Ruttloff*, NVwZ 2014, 1128 (1129); *Brahms*, ER 2014, 235 (237).
[1946] Vgl. BT-Drs. 18/1304, S. 235 sowie → Kap. 4 Rn. 338.
[1947] Ähnlich: *BNetzA*, Leitfaden zur Eigenversorgung, Stand: 7.2016, S. 29.
[1948] Vgl. nur *Panknin*, EnZW 2013, 13 ff.
[1949] Zutreffend: *LG Heidelberg*, Teilurt. v. 28.12.2015 – Az.: 11 O 15/15 KfH, BeckRS 2016, 03639.
[1950] Vgl. zur Netzqualität → Kap. 4 Rn. 525 ff.

chung zur dezentralen Stromerzeugung im Zusammenhang mit der Stromsteuerbefreiung nach § 9 StromStG abgestellt wurde.[1951] Jedoch müsste gegenüber der „räumlichen Nähe" in § 37 Abs. 3 EEG 2012 die „unmittelbare räumliche Nähe" i. S. d. § 5 Nr. 19 EEG restriktiver auszulegen sein. Die BNetzA hatte in ihrem Leitfaden, ohne eine ausreichende rechtliche Begründung hierfür, eine sehr restriktive Sichtweise favorisiert und stellt auf eine qualifizierte räumlich-funktionale Nähebeziehung ab. Bereits unterbrechende Elemente wie Straßen, Schienen oder Bauwerke sollen diesem Kriterium entgegenstehen.[1952] Diese Begründung überzeugt nicht und ist insbesondere mit dem Hintergrund der Regelung nicht in Einklang zu bringen, da insbesondere größere Stromerzeugungsanlagen, wie bspw. Windenergieanlagen, stets von einer Eigenversorgung ausgeschlossen wären. Maßgeblich dürfte nach diesseitiger Auffassung auf die Netzdichte abzustellen sein, da volkswirtschaftlich unsinnige Doppelleitungen vermieden werden sollen. Wenn also bereits ein Netz vorhanden ist und nur unter Umgehung dieses Netzes eine neue Leitung errichtet wird, deren Baukosten im Zweifel höher lägen als der Netzanschluss, so dürfte dies gegen die Annahme einer unmittelbar räumlichen Nähe sprechen.

dd) Meldeerfordernisse und Prinzip der Zeitgleichheit. Die **Meldeerfordernisse**, die im EEG 2014 und in der AusglMechV verortet waren, hat der Gesetzgeber neu im EEG 2017 und der EEV strukturiert und zusammengefasst. Die Meldeerfordernisse ergeben sich maßgeblich aus § 61 f. und § 74a Abs. 2 Satz 2 EEG. Erfolgt eine entsprechende Meldung nicht rechtzeitig zum 28.02. des auf die Eigenversorgung folgenden Kalenderjahres, so erhöht sich die EEG-Umlage um zusätzlich 20%. Bei einer Mitteilung gegenüber dem ÜNB hat die Mitteilung bis zum 31.05. des auf die Eigenversorgung folgenden Kalenderjahres zu erfolgen. Grundsätzlich hat eine Meldung an die Übertragungsnetzbetreiber dann zu erfolgen, wenn neben einer Eigenversorgung auch eine Direktversorgung erfolgt. Im Übrigen erfolgt die Meldung an den vorgelagerten Netzbetreiber, vgl. § 61h Abs. 2 EEG. 572

Im Übrigen sind gemäß § 74a Abs. 1 EEG folgende Angaben an den Netzbetreiber bzw. Übertragungsnetzbetreiber zu übermitteln, soweit diese nicht bereits mitgeteilt oder offenkundig sind: 572a

1. *die Angabe, ob und ab wann ein Fall des § 61 Absatz 1 Nummer 1 oder Nummer 2 vorliegt,*
2. *die installierte Leistung der selbst betriebenen Stromerzeugungsanlagen,*
3. *die Angabe ob und auf welcher Grundlage die EEG-Umlage sich verringert oder entfällt und*
4. *Änderungen, die für die Beurteilung, ob die Voraussetzungen eines Entfallens oder einer Verringerung der EEG-Umlage weiterhin vorliegen, relevant sind oder sein können, sowie der Zeitpunkt, zu dem die Änderungen eingetreten sind.*

Die Angaben in Nr. 2 dürften in der Regel bereits bei Netzanschluss der Anlage an den Netzbetreiber übermittelt worden sein. Allein wenn die Information an den Übertragungsnetzbetreiber zu übermitteln ist, dürfte diese Mitteilung bei der ersten Meldung notwendig sein. Ferner sind nach § 74a Abs. 2 EEG alle für die Endabrechnung erforderlichen Angaben zur Verfügung zu stellen. Es sind mithin alle Strommengen und Messdaten ggf. unter Darlegung des Messkonzepts zur Verfügung zu stellen. Die Anforderung bezieht sich daher auf die erzeugten, die selbst verbrauchten und die eingespeisten Strommengen. Zusätzliche Informationen müssen nach Abs. 3 dann bereitgestellt werden, wenn die jeweilige Befreiung von der EEG-Umlage mehr als 500.000 EUR beträgt.

Weiterhin bestimmt § 61h EEG, dass für die Eigenversorgung und die Meldung der entsprechenden Verbrauchszahlen eine geeichte Messeinrichtung vorgehalten werden muss. Daneben wird auch vom Gesetzgeber eine Zeitgleichheit zwischen Eigenerzeugung und Eigenverbrauch in jedem 15-Minuten-Intervall verlangt. Hierbei müssen zusätzliche Messeinrichtungen, wie beispielsweise Lastgangmessungen, nur vorgehalten werden, wenn nicht technisch bereits sichergestellt ist, dass der Strom zeitgleich verbraucht wird.[1953] Für das Prinzip der Zeitgleichheit bezieht sich der Gesetzgeber darauf, dass diese Anforderung – auch wenn nicht im EEG 573

[1951] Vgl. BT-Drs. 17/6071, S. 83.
[1952] Vgl. *BNetzA*, Leitfaden zur Eigenversorgung, Stand: 7.2016, S. 36.
[1953] Vgl. zu entsprechenden Messkonzepten: *Clearingstelle EEG*, Empfehlung v. 30.3.2012 – Az.: 211/2/2.

2012 gesetzlich geregelt – bereits dem geltenden Recht im EEG entsprach.[1954] Es muss daher gerade bei mehreren Anlagenbetreibern und Letztverbrauchern darauf geachtet werden, dass in jedem 15-Minuten-Intervall die Erzeugung dem Verbrauch des jeweiligen Anlagenbetreibers entspricht. Hierbei dürften gerade Modelle mit einer Gesellschaft bürgerlichen Rechts kritisch zu betrachten sein, soweit keine entsprechende Messung erfolgt.

574 **ee) Vollständiger oder anteiliger Entfall der EEG-Umlage.** In §§ 61a ff. EEG sind mehrere Tatbestände aufgeführt, bei denen die EEG-Umlage vollständig oder anteilig entfällt. Hierbei wird zwischen Regelungen für Bestandsanlagen und allgemeinen Ausnahmeregelungen unterschieden. Bei Neuanlagen sind solche Strommengen nicht von der EEG-Umlage erfasst, die der Anlagenbetreiber in Neben- und Hilfsanlagen zur Stromerzeugungsanlage verwendet, vgl. § 61a Nr. 1 EEG. Hierbei wird für diesen **Kraftwerkseigenverbrauch** keine EEG-Umlage erhoben, wobei in Anlehnung an das Stromsteuerrecht nicht der Betriebsverbrauch, wie bspw. Schalt- und Umspannanlagen sowie der Stillstandseigenverbrauch, erfasst sein soll.[1955] Hiervon dürften alle Strommengen einer Windenergieanlage erfasst sein, die während des Betriebs selbst erzeugt und verbraucht werden. Auch der Verbrauch innerhalb der Trafostation bzw. des Umspannwerks dürfte, soweit die weiteren Voraussetzungen der Eigenversorgung erfüllt sind, ebenfalls ohne EEG-Umlage verbraucht werden können.

574a Ferner sind auch solche Eigenversorgungsprojekte nicht von der EEG-Umlage erfasst, die weder direkt noch mittelbar mit dem Netz der allgemeinen Versorgung verbunden sind, d. h. sich vollständig autark versorgen können, vgl. § 61a Nr. 2 EEG. Insoweit müsste geprüft werden, inwieweit beispielsweise Industriestandorte mit Windenergieanlagen vollständig autark versorgt werden können. Dies wird sich wohl nur durch Speicher oder Kombikraftwerke realisieren lassen. Insoweit kommt bei Windenergieanlagen auch § 61 Nr. 3 EEG in Betracht, jedoch muss sich der Eigenversorger vollständig aus der Anlage mit erneuerbaren Energien versorgen und für den überschüssigen Strom keine Förderung nach dem EEG in Anspruch nehmen. Dies ist gerade dann problematisch, wenn die Windenergieanlage keinen Strom produziert. Auch hat die Clearingstelle EEG an diesen Ausnahmetatbestand hohe Anforderungen geknüpft.[1956]

575 Daneben sind auch sogenannte **Bestandsanlagen** von der EEG-Umlage befreit. Die Bestandsanlagen werden in den §§ 61c bis 61 f. EEG systematisch neu geregelt.[1957] Die Voraussetzungen müssen insgesamt vorliegen, damit es sich um eine Bestandsanlage handelt. Hierbei differenziert der Gesetzgeber zwischen Bestandsanlagen mit der Darstellung einer Eigenversorgung vor dem Inkrafttreten des EEG 2014 und älteren Bestandsanlagen, die bereits vor dem EEG 2012 umgesetzt waren. Hieraus folgt für ältere Bestandsanlagen, dass die Möglichkeit verbleibt, dass das Netz der allgemeinen Versorgung genutzt wird, soweit der Verbrauch in räumlicher Nähe zur Stromerzeugungsanlage erfolgt, vgl. § 61d Abs. 1 EEG. Der Vertrauensschutz für diese Stromerzeugungsanlagen bleibt weitestgehend erhalten. Änderungen ergeben sich insoweit, als bei einer Erneuerung, Erweiterung oder Ersetzung nach dem 31.12.2017 die EEG-Umlage in Höhe von 20% abzuführen ist. Demgegenüber neu geregelt hat der Gesetzgeber in § 61 f. EEG die Möglichkeit einer Rechtsnachfolge für Bestandsanlagen. Diese Regelung ist aber allein auf eine Gesamtrechtsnachfolge im Wege der Erbschaft nach § 1922 BGB beschränkt[1958] und wird daher für Windenergieanlagen in der Regel nicht zur Anwendung geraten. Jede andere Veräußerung dürfte in der Regel zur Anwendbarkeit der anteiligen EEG-Umlage führen, soweit nicht bspw. auf Ebene des Gesellschaftsrechts eine andere Option gewählt würde.

575a Im Übrigen verbleibt es beim anteiligen Anfall der EEG-Umlage in Höhe von 40%, wenn und soweit Strom aus einer Erneuerbaren-Energien-Anlage oder einer hocheffizienten KWK-Anlage erzeugt und im Rahmen der Eigenversorgung verbraucht wird. Insoweit können neu in Betrieb genommene Windenergieanlagen lediglich von einem anteiligen Entfall

---

[1954] Vgl. BT-Drs. 18/1304, S. 239.
[1955] Vgl. BT-Drs.18/1304, S. 237.
[1956] Vgl. *Clearingstelle EEG*, Empfehlung v. 2.6.2015 – Az.: 2014/13.
[1957] Vgl. hierzu auch: *Boemke/Uibeleisen*, NVwZ 2017, 286 (287 f.).
[1958] BT-Drs. 18/10668, S. 166.

der EEG-Umlage profitieren. Sobald jedoch die Höhe des anzulegenden Wertes für den eingespeisten Strom im Wege der Ausschreibung ermittelt wurde, dürfte auch diese Möglichkeit aufgrund des Verbots der Durchführung der Eigenversorgung nach § 27a Satz 1 EEG nicht in Betracht kommen. Bei diesen Windenergieanlagen kommt allein eine Optimierung des Windparkeigenverbrauchs in Betracht, ggf. unter Einsatz von **Stromspeichern**, die nunmehr von der bisherigen Doppelbelastung mit der EEG-Umlage[1959] nach § 61k EEG befreit wurden.[1960]

f) Stromsteuer

aa) Anfall der Stromsteuer. Ferner ist unter den Strompreisbestandteilen **die Stromsteuer** nach § 5 Stromsteuergesetz (kurz: *StromStG*) aufzuführen. Aktuell beträgt die Stromsteuer 20,50 EUR je MWh gemäß § 5 Abs. 1 S. 1 StromStG. Grundsätzlich entsteht die Steuer nach Satz 2 dadurch, dass vom im Steuergebiet ansässigen Versorger geleisteter Strom durch Letztverbraucher im Steuergebiet aus dem Versorgungsnetz entnommen wird oder aber dadurch, dass der Versorger dem Versorgungsnetz Strom zum Selbstverbrauch entnimmt. Dieser zweite Satz zielt also explizit auf Eigenerzeuger und den Fall ab, dass die Stromsteuer auch dann entsteht, wenn der Strom zum Selbstverbrauch entnommen wird. 576

Versorger ist derjenige, der den Strom leistet. Die Leistung im Sinne des StromStG bezeichnet eine rechtsgeschäftliche Verfügung des Leistenden, die aufgrund einer zwischen dem Leistenden und dem Empfänger bestehenden schuldrechtlichen Beziehung erbracht wird. Letztverbraucher ist in diesem Zusammenhang derjenige, der Strom aus dem Versorgungsnetz zum eigenen Gebrauch entnimmt. Daraus folgt auch, dass sich die Begriffe Versorger und Letztverbraucher gegenseitig ausschließen. Ein Versorger kann also nicht gleichzeitig Letztverbraucher sein. Eigenerzeuger indes ist derjenige, der den Strom zum Selbstverbrauch erzeugt.[1961] Es kommt somit nicht darauf an, ob der Strom durch den Kunden selbst oder ggf. durch einen Dritten entnommen wird, da sowohl der Eigen- als auch der Drittverbrauch vom Steuertatbestand des § 5 StromStG erfasst ist. 577

bb) Befreiung von der Stromsteuer. Indes kennt auch das StromStG Befreiungstatbestände. So ist der Strom nach § 9 Abs. 1 StromStG unter folgenden Voraussetzungen von der Steuer befreit: 578
1. wenn dieser aus einem ausschließlich mit Strom aus erneuerbaren Energieträgern gespeisten Netz oder einer entsprechenden Leitung entnommen wird,
2. der zur Stromerzeugung entnommen wird,
3. der in Anlagen mit einer elektrischen Nennleistung von bis zu zwei Megawatt erzeugt wird und
   a. vom Betreiber der Anlage als Eigenerzeuger im räumlichen Zusammenhang zu der Anlage zum Selbstverbrauch entnommen wird oder
   b. von demjenigen, der die Anlage betreibt oder betreiben lässt, an Letztverbraucher geleistet wird, die den Strom im räumlichen Zusammenhang zur der Anlage entnehmen.

Die Befreiungstatbestände des § 9 Abs. 1 StromStG bedürfen dabei einer eingehenden Erläuterung.

(1) Befreiung von Grünstrom. § 9 Abs. 1 Nr. 1 StromStG setzt zunächst voraus, dass das Netz ausschließlich mit Strom aus erneuerbaren Energieträgern gespeist wird. Strom aus erneuerbaren Energieträgern ist in § 2 Nr. 7 StromStG legal definiert. Hierbei handelt es sich um Strom, der ausschließlich aus Wasserkraft, Windkraft, Sonnenenergie, Erdwärme, Deponiegas, Klärgas oder aus Biomasse erzeugt wird, ausgenommen Strom aus Wasserkraftwerken mit einer installierten Generatorleistung über zehn Megawatt. Netz ist der Verbund von Anlagen zur Übertragung und Verteilung elektrischer Energie. Leitung ist die Einrichtung zur Stromübertragung, 579

[1959] Vgl. *Brahms*, ER 2014, 235 (238 ff.).
[1960] Vgl. *Boemke/Uibeleisen*, NVwZ 2017, 286 (288).
[1961] *Stein/Thoms/Führer* (Hrsg.), Energiesteuern in der Praxis, 2010, S. 166.

also z. B. das Kabel.¹⁹⁶² Es dürfte nach dem im Befreiungstatbestand aufgeführten Ausschließlichkeitskriterium kein sog. Graustrom in das Netz hinzukommen. Das Bundesfinanzministerium (BMF) hat diese Voraussetzung entschärft und für zulässig erklärt, dass die Voraussetzung noch gegeben ist, wenn der Strom aus erneuerbaren Energien erst innerhalb des Eigennetzes oder einer entsprechenden Leitung vor Ort der Erzeugung mit Strom aus anderen Energieträgern vermischt wird.¹⁹⁶³ Die Steuerbefreiung bleibt jedoch erhalten, auch wenn der Strom nur zeitweise ausschließlich aus erneuerbaren Energien hergestellt wurde, so lange die erzeugte Energiemenge aus dem jeweiligen Energieträger eindeutig ermittelt werden kann.¹⁹⁶⁴ Sofern sich mithin unterschiedliche Anlagenbetreiber in einem Windpark gegenseitig mit Strom aus den Windenergieanlagen beliefern, könnte dieser Ausnahmetatbestand zum Tragen kommen.

579a **(2) Strom zur Stromerzeugung.** Des Weiteren ist Strom von der Stromsteuer befreit, der zur Stromerzeugung aus dem Netz entnommen wird. Hierbei wird an diese Regelung ein restriktiver Anknüpfungspunkt zugrunde gelegt. Hervorzuheben ist hierbei jedoch, dass es sich bei der Stromsteuer um eine Letztverbrauchersteuer handelt und erst durch die Einspeisung des Stroms in das Netz der allgemeinen Versorgung eine Lieferung an Letztverbraucher ermöglicht wird. Insoweit wurde durch den BFH entschieden, dass auch der Strombezug aus dem Netz für den Betrieb der Wechselrichter nach § 9 Abs. 1 Nr. 2 StromStG i. V. m. § 12 Abs. 1 Nr. 1 StromStV von der Stromsteuer befreit ist.¹⁹⁶⁵ Dies gilt auch unabhängig davon, ob der Strom erst durch ein anderes Netz, welches nicht ein Netz der allgemeinen Versorgung darstellt, durchgeleitet wurde. Zwingend ist jedoch auch hier auf die Personenidentität zwischen dem Stromerzeuger und dem Verbraucher zu achten.¹⁹⁶⁶ Sofern der Infrastrukturbetreiber der Windparkinfrastruktur nicht zeitgleich der Betreiber der Windenergieanlage ist, kann der Strombezug aus dem Netz der allgemeinen Versorgung – auch wenn dieser für die Einspeisung erforderlich sein sollte – nicht von der Stromsteuer befreit werden.

580 **(3) Befreiung von dezentralen Erzeugungsanlagen.** Darüber hinaus kommt bei Windenergieanlagen mit einer Leistung von unter 2 MW die Möglichkeit des § 9 Abs. 1 Nr. 3 StromStG in Betracht. Zur Bestimmung der Leistung von Erzeugungsanlagen wird auf den Nennwert abgestellt. Dies hat der Gesetzgeber mit § 12b Abs. 1 StromStV klar vorgegeben. Hier gelten nämlich alle unmittelbar miteinander verbundenen Stromerzeugungseinheiten an einem Standort als eine Anlage im Sinne des § 9 Abs. 1 Nr. 3 StromStG.¹⁹⁶⁷ Auch unterschiedliche Standorte von Erzeugungsanlagen sind von der Vorschrift als eine Anlage erfasst (§ 12b Abs. 2 StromStV), nämlich dann, wenn diese zentral gesteuert würden, der Betreiber gleichzeitig Eigentümer der Stromerzeugungseinheiten ist, er die alleinige Entscheidungsgewalt über die Einheiten besitzt und der erzeugte Strom zumindest teilweise zur Einspeisung in das Versorgungsnetz vorgesehen ist. Zur weiteren Beurteilung der Nennleistung führt der Bundesfinanzhof ferner aus, dass auch der Strom dazu gehöre, der in Neben- oder Hilfsanlagen verbraucht würde. Es ist hier laut Bundesfinanzhof auch nicht auf die Angaben des Anlagenherstellers abzustellen, sondern vielmehr ist der Begriff funktionsbezogen auszulegen. Insofern ist der Anlagenbegriff des Bundesfinanzhofs auch ein anderer als der im EEG oder im KWKG.¹⁹⁶⁸

581 Als zweites Kriterium ist ferner der räumliche Zusammenhang i. S. d. § 9 Abs. 1 Nr. 3 StromStG näher zu betrachten. Dieser ist anhand von Sinn und Zweck des Gesetzes auszulegen. Hierzu hatte sich der Bundesfinanzhof ebenfalls bereits geäußert und ließ es sich zudem nicht

---

¹⁹⁶² Vgl. *Friedrich*, in: Friedrich/Meißner (Hrsg.), StromStG, § 9 Rn. 22.
¹⁹⁶³ Vgl. *BMF*, Schreiben v. 30.11.2001 – Az.: III A 1 – V 4250 – 27/01; *Khazzoum*, in: Khazzoum/Kudla/Reuter (Hrsg.), Energie und Steuern, § 2 Rn. 153.
¹⁹⁶⁴ Vgl. *Wundrack*, in: Bongartz/Jatzke/Schröer-Schallenberg (Hrsg.), Energiesteuer, Stromsteuer, Zolltarif, StromStG, § 9 Rn. 12.
¹⁹⁶⁵ Vgl. *BFH*, Urt. v. 6.10.2015 – Az.: VII R 25/14, BeckRS 2015, 96148.
¹⁹⁶⁶ Vgl. *BFH*, Urt. v. 25.9.2013 – Az.: VII R 64/11, BeckRS 2013, 96464.
¹⁹⁶⁷ *Möhlenkamp*, in: Möhlenkamp/Milewski (Hrsg.), EnergieStG/StromStG, StromStG, § 9 Rn. 15.
¹⁹⁶⁸ Vgl. *Möhlenkamp*, in: Möhlenkamp/Milewski (Hrsg.), Energie StG/StromStG, StromStG, § 9 Rn. 15.

nehmen, festzustellen, dass bereits die Einspeisung des in einer begünstigten Anlage erzeugten Stroms in das öffentliche Stromnetz in jedem Fall zu einem Ausschluss der Befreiung führe.[1969] Doch von einer Entnahme des Stroms in einem räumlichen Zusammenhang zu den Stromerzeugungsanlagen kann indes noch ausgegangen werden, wenn mit dem in der Anlage erzeugten Strom ausschließlich innerhalb einer kleinen Gemeinde gelegene kommunale Abnahmestellen versorgt werden. In Kombination mit der eingehend beschriebenen Leistungsgrenze von 2 MW, mit der ca. 2000 Haushalte mit Strom versorgt werden könnten, geht der Bundesfinanzhof davon aus, dass ein weiter Maßstab anzulegen ist. Vor diesem Hintergrund befand der Bundesfinanzhof, dass eine Entfernung von 4,5 km noch unter den „räumlichen Zusammenhang" des Steuerbefreiungstatbestands zu subsumieren ist. Dies gerade daher, weil § 9 Abs. 1 Nr. 3 StromStG eine regionale Versorgung begünstigen soll.[1970]

Schließlich müsste für den Befreiungstatbestand nach § 9 Abs. 1 Nr. 3 StromStG eine Stromlieferung an einen Letztverbraucher oder eine Entnahme zum Selbstverbrauch vorliegen. Dabei kann dahinstehen, ob es sich um einen oder mehrere Letztverbraucher handelt, die den Strom aus den Windenergieanlagen beziehen. Ausschlaggebend ist indes, dass die Lieferung des Stroms vom Betreiber der Anlage bzw. demjenigen, der die Anlage betreiben lässt, geliefert worden ist.[1971] Betreiber im Sinne der Vorschrift können hier Eigentümer, Betriebsführer, die Betriebsführungsgesellschaft oder sogenannte Contractoren sein. Ausschlaggebend für die Betreibereigenschaft ist die tatsächliche Verfügungsgewalt über die Anlage[1972] und das Tragen des wirtschaftlichen Risikos, wobei insbesondere auf die abgeschlossenen Lieferverträge abzustellen ist[1973]. 582

VI. Verfahren, Clearingstelle EEG, BNetzA

1. Allgemeines

Bei dem durch das EEG geregelten **gesetzlichen Schuldverhältnis** im Sinne des § 7 EEG, welches durch das EEG weitestgehend zwingend ausgestaltet worden ist, berühren die Rechtsstreitigkeiten ein Verhältnis zwischen zwei Privatpersonen. Der Gesetzgeber hat allein die rechtliche Ausgestaltung übernommen und wird dadurch nicht zugleich auch Partei eines streitbefangenen Verfahrens. Folglich sind streitige Verfahren dem Zivilrecht zuzuordnen. Folge der Zuordnung ist, dass die zivilprozessualen Prinzipien und insbesondere der Beibringungsgrundsatz zu beachten sind. Soweit das EEG entweder den Anlagenbetreiber oder den Netzbetreiber als Adressat einer Pflicht bezeichnet, so ist dieser auch prozessual mit der Darlegungs- und Beweislast belegt. Gerade das Bestehen der Fördervoraussetzung der Anlagen muss im Streitfall durch den Anlagenbetreiber ausreichend dokumentiert und nachgewiesen werden können. 583

Eine weitere Besonderheit der Rechtsstreitigkeiten des EEG liegt im besonderen Umlageverfahren auf den Letztverbraucher, welches in verschiedenen Stufen aufgebaut ist. Auch die zwischen den Netzbetreibern bzw. dem Energieversorgungsunternehmen und den Übertragungsnetzbetreibern im EEG geregelten Rechtsverhältnisse sind dem Zivilrecht zuzuordnen, soweit dies die Förderung und das Umlageverfahren nach dem EEG betrifft. Hierbei prüft zunächst der Netzbetreiber, ob dem Anlagenbetreiber ein Anspruch auf die Förderung nach dem EEG zusteht. Dabei hat jedoch der Anlagenbetreiber keinen Anspruch darauf, dass der 584

[1969] So: *BFH*, Urt. v. 20.4.2004 – VII R 44/03; *Khazzoum*, in: Khazzoum/Kudla/Reuter (Hrsg.), Energie und Steuern, § 2 Rn. 168.
[1970] *Möhlenkamp*, in: Möhlenkamp/Milewski (Hrsg.), EnergieStG/StromStG, StromStG, § 9 Rn. 17.
[1971] *Möhlenkamp*, in: Möhlenkamp/Milewski (Hrsg.), EnergieStG/StromStG, StromStG, § 9 Rn. 18.
[1972] *FG Thüringen*, Urt. v. 31.7.2008 – II 844/06.
[1973] *FG Thüringen*, Urt. v. 11.11.2014 – Az.: 2 K 205/13, BeckRS 2015, 95278.

Netzbetreiber das Bestehen des Förderanspruchs bestätigt.[1974] Wiederum wird durch einen **Wirtschaftsprüfer** oder einen vereidigten Buchprüfer ein Testat über die vergütungsfähigen Strommengen ausgestellt. Hierbei sind Entscheidungen des BGH, der Bundesnetzagentur und der Clearingstelle EEG zu berücksichtigen.

585   Gleichzeitig ist der jeweilig zuständige Netzbetreiber, der zum Anschluss der Erneuerbare-Energien-Anlage, der Verteilung des Stroms und zur Vergütung des Stroms verpflichtet ist, als Inhaber eines natürlichen Monopols anzusehen. Diese besondere Stellung eines Netzbetreibers, die auch gerade nicht liberalisiert werden kann, unterliegt der besonderen Aufsicht der BNetzA. Auch können Ansprüche aus unlauterem Wettbewerb gegenüber dem Netzbetreiber von etwaigen Konkurrenten durchgesetzt werden, die jedoch bei der Errichtung und Planung einer oder mehrerer Windenergieanlagen nicht im Vordergrund stehen. Des Weiteren können gerade auch Rechtsfragen des EnWG im Zusammenhang mit der Errichtung von Windenergieanlagen zu berücksichtigen sein, wenn und soweit das EEG keine entsprechende Regelung trifft bzw. § 2 Abs. 2 EnWG einen Vorbehalt zugunsten des EnWG regelt.

2. Clearingstelle EEG

586   Die **Clearingstelle**[1975] **EEG** in der jetzigen Form besteht seit dem Jahr 2007 und der Gesetzgeber hat während der letzten Gesetzesnovellen die Kompetenzen dieser Stelle erweitert bzw. ihr neue Kompetenzen zugewiesen.[1976] Sinn und Zweck der Einrichtung der Clearingstelle EEG besteht in der notwendigen Verfahrensbeschleunigung und Klärung von Anwendungsfragen in Bezug auf das EEG.[1977] Sie nimmt ihre Aufgaben neutral und unabhängig vom BMU bzw. jetzt BMWi gemäß § 3 VerfO[1978] der Clearingstelle EEG wahr und hat breite Akzeptanz bei allen Branchenteilnehmern erfahren.[1979] Dies beruhte auf einer weitgehenden Einbeziehung der Branche durch akkreditierte Verbände in die unterschiedlichen Verfahren durch die Möglichkeit, entsprechende Stellungnahmen abgeben zu können. Ferner führen die durchgeführten Fachgespräche zu einer erheblichen gegenseitigen Akzeptanz.[1980]

a) Funktion der Clearingstelle EEG

587   Die Grundlage des Tätigwerdens der Clearingstelle EEG hat der Gesetzgeber in § 81 EEG geschaffen. Die Clearingstelle EEG wird durch eine juristische Person des Privatrechts betrieben, die durch das Bundesministerium für Umwelt, Naturschutz und Reaktorsicherheit beauftragt worden ist. Mit der Novelle des EEG 2014 wurde die Zuständigkeit vom BMU auf das BMWi gemäß § 81 Abs. 1 S. 2 EEG verlagert.[1981] Sie ist einem Ministerium des Bundes unterstellt und ist kein Gericht. Sie kann deshalb nur bedingt bei Streitigkeiten zwischen Anlagenbetreiber und Netzbetreiber letztverbindliche Entscheidungen treffen.[1982] Die Entscheidungen sind auch kein Verwaltungsakt.[1983] Der Auftrag ist derzeit an die RELAW – Gesellschaft für angewandtes Recht der erneuerbaren Energien mbH – vergeben.

[1974] Vgl. *OLG Brandenburg*, Urt. v. 28.1.2010 – 6 W 1/10; *Lehnert*, in: Altrock/Oschmann/Theobald (Hrsg.), EEG, 3. Aufl. 2013, § 59 Rn. 7.
[1975] Unter dem Begriff des „Clearings" wird allgemein das Feststellen gegenseitiger Forderungen, Verbindlichkeiten und Lieferverpflichtungen verstanden.
[1976] Vgl. BT-Drs. 17/6071, S. 89; BT-Drs. 18/1304, S. 252.
[1977] Vgl. *Bauer*, ZUR 2012, S. 39, *Mikešić*, ZUR 2009, S. 531; *Lovens/Reißenweber*, in: Loibl/Maslaton/von Bredow/Walter, Biogasanlagen im EEG, 3. Aufl. 2013, § 8 Rn. 4.
[1978] Verfahrensordnung der *Clearingstelle EEG* v. 1.10.2007 i. d. F. v. 4.8.2015.
[1979] Vgl. *Mikešić*, ZUR 2009, 531; *Stenzel*, in: Greb/Boewe (Hrsg.), EEG-Kommentar, 5. Ed. 1.4.2014, § 81 Rn. 10.
[1980] Vgl. BT-Drs. 18/8860, S. 247; *Lovens/Reißenweber*, in: Loibl/Maslaton/von Bredow/Walter (Hrsg.), Biogasanlagen im EEG, 3. Aufl. 2013, § 8 Rn. 3.
[1981] Vgl. BT-Drs. 18/1304, S. 253.
[1982] Vgl. BT-Drs. 17/6071, S. 89.
[1983] Vgl. *Stenzel*, in: Greb/Boewe (Hrsg.), EEG-Kommentar, 5. Ed. 1.4.2014, § 81 Rn. 10.

Der Gesetzesauftrag zur Auslegung des Gesetzes und zur Lösung von Streitigkeiten bezieht 588
sich hierbei nicht auf das gesamte EEG, sondern in § 81 Abs. 2 EEG sind nur die §§ 3, 7 bis 55a
sowie 70, 71, 80 100 und 101 EEG sowie darauf beruhende Rechtsverordnungen und entsprechende Regelungen in den vorangegangenen Fassungen des EEG ausdrücklich benannt.[1984] Neu
eingeführt wurde unter § 81 Abs. 2 Nr. 4 EEG die Kompetenz der Clearingstelle EEG, Rechtsfragen der Messung innerhalb des EEG für gelieferten oder verbrauchten Strom einer Anlage
auch unter Bezug auf das MsbG zu klären, soweit nicht die Zuständigkeit des Bundesamtes für
Sicherheit in der Informationstechnik (kurz: BSI) oder der BNetzA gegeben ist.[1985] Ableiten lässt
sich jedoch, dass das „Ob" der Anwendbarkeit des EEG, welches durch § 5 EEG ausdrücklich
geregelt ist, dem Grunde nach – gleichsam als Vorfrage stets zu prüfen – der Kompetenz der Clearingstelle EEG entzogen ist. Ferner sind der Ausgleichsmechanismus sowie darauf beruhende
Verordnungen insgesamt ausgeschlossen, wobei der Rückforderungsanspruch der Netzbetreiber
gegenüber dem Anlagenbetreiber für zu viel gezahlte Vergütungen des Stroms ebenfalls in
§ 57 Abs. 5 S. 3 EEG verortet ist. So kann zwar die Clearingstelle EEG über das Bestehen und
Nichtbestehen eines Vergütungsanspruchs befinden, der eigentliche Rückforderungsanspruch
und dessen eigenständige Voraussetzungen sind ihr jedoch formal entzogen.

Auch sind die weiterhin kritischen Fragen zum Anfall der EEG-Umlage bei der **Eigenversorgung** nach §§ 61 bis 61k EEG der Entscheidungskompetenz der Clearingstelle EEG zugeordnet, soweit hiervon erneuerbare Energien betroffen sind. Gleichwohl dürften entsprechende Entscheidungen auch auf KWK-Anlagen übertragbar sein, die im Rahmen der EEG-Umlage mit Erneuerbare-Energien-Anlagen gleichgestellt sind, sofern sie hocheffizient sind. Ferner ist innerhalb des KWKG vorgesehen, dass Rechtsstreitigkeiten im Rahmen des KWKG auch auf eine Clearingstelle EEG oder eine andere juristische Person des Privatrechts übertragen werden kann, vgl. § 32a KWKG. Neben der Einführung der Ausschreibung wird durch den Gesetzgeber auch im Rahmen der Lösung von Streitigkeiten eine Vereinheitlichung versucht.[1986] Jedoch kann auf Antrag der Verfahrensparteien nach § 81 Abs. 4 S. 2 EEG die Clearingstelle EEG nunmehr die Streitigkeiten umfassend vermeiden oder beilegen. Auch andere Regelungen außerhalb des EEG – insbesondere des BGB – können nunmehr in die Entscheidung der Clearingstelle einbezogen werden. Hierdurch wird eine abschließende Klärung und Streitbeilegung ermöglicht.[1987] 589

Ursprünglich führte die Clearingstelle EEG die nachfolgend aufgezeigten Verfahren kostenfrei durch, sodass die Parteien lediglich die Kosten ihrer ggf. wahrgenommenen Vertretung bzw. die Kosten eines Sachverständigen zu tragen hatten. Inzwischen hat sich die Clearingstelle EEG mit Wirkung zum 1.1.2013 eine **Entgeltordnung** gegeben.[1988] Durch den Anlagenbetreiber ist vor Einleitung des Verfahrens zu prüfen, ob nicht unter Umständen ein gerichtliches Verfahren vorzugswürdig ist, da ggf. ein selbiges auch nach dem Abschluss eines Verfahrens vor der Clearingstelle EEG durchgeführt werden muss. Im Grundsatz schließen sich gerichtliche Verfahren und Verfahren vor der Clearingstelle nicht aus, jedoch sollen während der Durchführung eines Verfahrens vor der Clearingstelle EEG gerichtliche Verfahren gemäß § 14 Abs. 7 Satz 2 VerfO ruhen. Ausgenommen hiervon sind gerichtliche Verfahren des einstweiligen Rechtsschutzes. 590

b) Verfahren vor der Clearingstelle EEG

aa) Allgemeines. Die maßgeblichen Regelungen zur Durchführung von Verfahren vor der 591
Clearingstelle EEG finden sich in der **Verfahrensverordnung** der Clearingstelle EEG. Hierbei
sind im Wesentlichen fünf unterschiedliche Verfahrensarten zu unterscheiden. Zunächst sind die
sog. Einigungs-, Votums- und Schiedsverfahren, in denen konkrete Anwendungsfragen zwischen einem Netzbetreiber und einem Anlagenbetreiber geklärt werden, vorgesehen. Daneben

---

[1984] Vgl. *Bauer*, ZUR 2012, 39 (40).
[1985] Vgl. BT-Drs. 18/8860, S. 248.
[1986] Vgl. BT-Drs. 18/10209, S. 92.
[1987] Vgl. BT-Drs. 18/8860, S. 248.
[1988] Entgeltordnung der Clearingstelle EEG v. 7.12.2012 i. d. F. v. 4.8.2015.

werden für eine Vielzahl von Anfragen von Seiten der Anlagenbetreiber oder der Netzbetreiber bzw. deren Verbänden Hinweis- und Empfehlungsverfahren durchgeführt, die keinen konkreten Einzelfall zum Gegenstand haben, sondern insbesondere Anwendungsfragen des Gesetzes klären. Im EEG 2014 wurde die Möglichkeit aufgenommen, dass durch die Clearingstelle EEG auch Stellungnahmen vor den ordentlichen Gerichten nach entsprechendem Ersuchen abgegeben werden können, und in § 81 Abs. 4 Nr. 2 EEG verortet.

592 Das jeweilige Verfahren wird maßgeblich durch die Verfahrensordnung der Clearingstelle EEG bestimmt. Diese verweist aber auch auf die Berücksichtigung der Zivilprozessordnung, vgl. § 13 Abs. 4 S. 1 VerfO. Grundsätzlich ist beim Votums-, Einigungs- und Schiedsverfahren der Beibringungsgrundsatz zu beachten, d. h., die Parteien müssen den wesentlichen Sachverhalt vortragen und nachweisen.[1989] Formell gibt es keinen Zeugenbeweis, sondern zur Heranziehung von mündlichen Aussagen Dritter kann sich eine Partei eines sogenannten Beistands bedienen. Dessen Vorbringen wird als Parteivorbringen gewertet, vgl. § 14 Abs. 2 VerfO. In der Regel ist eine mündliche Verhandlung durchzuführen. Dies ist zu empfehlen, da der aktive Austausch von Argumenten zu Sach- und Rechtsfragen durch die Clearingstelle EEG gefördert wird. In § 81 Abs. 5 S. 1 EEG wurde die Bestimmung der Verfahrensparteien aufgenommen, wonach sowohl Anlagenbetreiber, Netzbetreiber, Direktvermarktungsunternehmer und Messstellenbetreiber beteiligt sein können. Kritisch wurde seitens des Gesetzgebers gesehen, dass die Verfahren vor der Clearingstelle EEG zu lange dauern, weshalb im EEG 2014 in § 81 Abs. 7 EEG ein Beschleunigungsgrundsatz aufgenommen worden ist.[1990] Dies scheint ausweislich der Gesetzesbegründung nunmehr nicht mehr der Fall zu sein.[1991]

593 **bb) Einigungs-, Votums- und Schiedsverfahren.** Im Gegensatz zu gerichtlichen Verfahren bedarf es für die Durchführung eines Verfahrens zwischen dem Netzbetreiber und dem Anlagenbetreiber eines Einverständnisses,[1992] das gegenüber der Clearingstelle EEG bestätigt werden muss („**Verfahrensübereinkunft**" oder „**Schiedsvertrag**"). Nachdem ein Antrag mit der Verfahrensfrage zwischen den Beteiligten zirkuliert ist, entscheidet die Clearingstelle EEG über die Eröffnung des Verfahrens. Dabei müssen sich die Parteien dazu verpflichten, für die Dauer der Durchführung des Verfahrens keine gerichtlichen Verfahren durchzuführen. Die Gefahr, dass aufgrund der Dauer eines Verfahrens ggf. die Verjährung eintreten könnte, hat der Gesetzgeber gesehen und angeordnet, dass § 204 Abs. 1 Nr. 1 BGB entsprechend Anwendung findet. Folglich wird die Verjährung durch Erhebung des Antrags vor der Clearingstelle EEG gehemmt.[1993] § 14 Abs. 1 VerfO verweist insoweit auch auf die Tatbestände der Hemmung der Verjährung.

594 Das **Einigungsverfahren** ist im weitesten Sinne eine durch die Clearingstelle EEG durchgeführte Moderation zwischen dem Netzbetreiber und dem Anlagenbetreiber und ähnelt einem Mediationsverfahren.[1994] Dies kann sowohl mündlich als auch schriftlich erfolgen. In diesem werden die Ansichten ausgetauscht und unter Darstellung auch der Rechtsauffassung der Clearingstelle EEG wird versucht, eine Einigung zu erzielen. Die Verhandlung ist nicht öffentlich. Des Weiteren verpflichten sich die Parteien, die ausgetauschten Informationen vertraulich zu behandeln.[1995] Das Verfahren endet entweder durch Einigung der Parteien oder Erklärung einer Partei, dass die Verhandlung gescheitert ist. Durch Abschluss eines Einigungsvertrags kann auch eine verbindliche Wirkung zwischen den Parteien erzielt werden.

595 Das **Votumsverfahren** ist ein förmlich einzuleitendes Verfahren vor der Clearingstelle EEG mit dem Ziel, einen Einzelfall zwischen den Verfahrensbeteiligten zu klären. Den Parteien steht

---

[1989] Vgl. *Rostankowski*, in: Altrock/Oschmann/Theobald (Hrsg.), EEG, 3. Aufl. 2011, § 57 Rn. 29.
[1990] Vgl. BT-Drs. 18/1304, S. 253.
[1991] Vgl. BT-Drs. 18/8860, S. 247.
[1992] *Danner/Theobald*, in: Danner/Theobald (Hrsg.), Energierecht, Stand: 9/2013 (78. EL), EEG, § 57 zu Abs. 3.
[1993] Vgl. BT-Drs. 17/6071, S. 89.
[1994] Vgl. *Stenzel*, in: Greb/Boewe (Hrsg.), Beck'OK zum EEG, § 81 Rn. 29.
[1995] Vgl. *Lovens/Reißenweber*, in: Loibl/Maslaton/von Bredow/Walter, Biogasanlagen im EEG, 3. Aufl. 2013, § 8 Rn. 7.

hierbei die Möglichkeit offen, bereits vor Durchführung des Verfahrens sich dem Spruch der Clearingstelle EEG verbindlich zu unterwerfen. Die Durchführung eines solchen Verfahrens bietet sich insbesondere an, wenn den Parteien an einer höheren Rechtssicherheit gelegen ist.[1996] Der Vorteil dieses Verfahrens besteht für Netzbetreiber auch gerade darin, dass die Entscheidung bei der nächsten Berechnung der EEG-Umlage gemäß § 62 Abs. 1 Nr. 4 i. V. m. § 81 Abs. 4 S. 1 Nr. 1 EEG berücksichtigt werden kann und keine Einwände des Übertragungsnetzbetreibers erfolgen.

Das **Schiedsverfahren** ist erst durch das EEG 2012 in den Kanon der förmlichen Entscheidungen durch die Clearingstelle EEG aufgenommen worden. Auch wenn dieses Verfahren erst im EEG geregelt wurde, besteht die Möglichkeit, Anwendungsfragen zum EEG 2009 im Wege des Schiedsverfahrens durch die Clearingstelle EEG klären zu lassen.[1997] Die Besonderheit des Schiedsverfahrens gegenüber den bereits erläuterten Einigungs- und Votumsverfahren liegt in der verbindlichen Wirkung des Schiedsspruchs, die ihren Grund insbesondere in der Schiedsvereinbarung findet. Dieses Verfahren hat die Wirkung eines Prozessvergleichs[1998] und kann mithin auch vollstreckt werden. Neu eingeführt hat der Gesetzgeber in § 81 Abs. 4 Satz 4 EEG den Hinweis, dass das Recht, ein ordentliches Gericht anzurufen, vorbehaltlich des zehnten Buchs der ZPO unberührt bleibe. Hierdurch wird aber auch zugleich deutlich, dass dem Grunde nach die Anrufung aufgrund der Regelungen in §§ 1062 ff. ZPO nach Abschluss des Schiedsverfahrens eingeschränkt ist.[1999]

cc) Stellungnahme bei Gericht. Bereits im EEG 2012 wurde die Möglichkeit aufgenommen, dass die Clearingstelle EEG im Rahmen eines **laufenden Gerichtsverfahrens eine Stellungnahme** abgibt, vgl. § 81 Abs. 4 S. 1 Nr. 2 EEG. Hierbei wird die Clearingstelle EEG auf Ersuchen des Gerichts tätig, was bedeutet, dass die Parteien in dem gerichtlichen Verfahren die Einbeziehung anregen können, jedoch die Entscheidung über das Ersuchen durch das Gericht selbst erfolgt. Allerdings ist das zur Entscheidung berufene Gericht nicht an die Stellungnahme der Clearingstelle EEG gebunden. Zwar beziehen sich viele Gerichte auch auf die rechtlichen Ausführungen der Clearingstelle EEG[2000], doch wird ihnen nicht zwingend gefolgt.[2001]

dd) Hinweis- und Empfehlungsverfahren. Hinweis- und Empfehlungsverfahren werden eingeleitet, wenn die Anwendung des Gesetzes Rechtsfragen aufwirft bzw. Auslegungsfragen bestehen. Sie beugen mithin insbesondere Streitigkeiten vor.[2002] Beide Verfahren bezwecken, für eine Vielzahl von Anwendungsfällen eine Lösung zu finden. Die Akzeptanz der Verfahrensergebnisse beruht auf der breiten Einbeziehung und Berücksichtigung von Stellungnahmen von akkreditierten Verbänden und öffentlichen Stellen. Des Weiteren wirken an der unmittelbaren Entscheidung sowohl der Bundesverband Erneuerbare Energien e. V. (BEE) als Branchenvertreter für die erneuerbaren Energien und der Bundesverband der Energie und Wasserwirtschaft e. V. (BDEW) mit je einer von insgesamt fünf Stimmen in der sogenannten großen Kammer der Clearingstelle EEG mit.

Über die Einleitung eines Verfahrens entscheidet die Clearingstelle EEG auf Grundlage der Anzahl der aufkommenden gleichgerichteten Rechtsfragen durch Berechtigte oder Verpflichtete nach dem EEG, der wirtschaftlichen Bedeutung und der Anzahl der betroffenen Anlagen.[2003]

[1996] Vgl. *Lovens/Reißenweber*, in: Loibl/Maslaton/von Bredow/Walter, Biogasanlagen im EEG, 3. Aufl. 2013, § 8 Rn. 11.
[1997] Vgl. *Lovens/Reißenweber*, in: Loibl/Maslaton/von Bredow/Walter (Hrsg.), Biogasanlagen im EEG, 3. Aufl. 2013, § 8 Rn. 13.
[1998] Vgl. BT-Drs. 18/8860, S. 247.
[1999] Vgl. BT-Drs. 18/8860, S. 248.
[2000] Vgl. beispielsweise *BGH*, Urt. v. 17.11.2010 – VIII ZR 277/09, NZM 2011, 170 ff.; *OLG Koblenz*, Urt. v. 17.12.2015 – Az.: 2 U 268/14, BeckRS 2016, 04721; *LG Duisburg*, Urt. v. 21.3.2012 – 23 O 25/11, BeckRS 2012, 07754.
[2001] Vgl. *OLG Brandenburg*, Urt. v. 28.5.2013 – 6 U 46/12, BeckRS 2013, 09497.
[2002] Vgl. *Rostankowski*, in: Altrock/Oschmann/Theobald (Hrsg.), EEG, 3. Aufl. 2011, § 57 Rn. 31.
[2003] Vgl. *Lovens/Reißenweber*, in: Loibl/Maslaton/von Bredow/Walter, Biogasanlagen im EEG, 3. Aufl. 2013, § 8 Rn. 16.

Die Verfahren entwickeln keine **Bindungswirkung** zwischen dem Anlagenbetreiber und dem Netzbetreiber. Sie können jedoch in gerichtlichen Verfahren neben anderen Literaturstellen angeführt werden. Gleichwohl führen die Verfahren in einer Vielzahl von Fällen dazu, dass Rechtsstreitigkeiten zwischen Anlagenbetreiber und Netzbetreiber bereits vorab gelöst werden.

c) Rechtswirkung der Verfahren

600   Die **Rechtswirkungen der Entscheidungen der Clearingstelle EEG** sind nach den unterschiedlichen Verfahrensarten auch unterschiedlich zu bewerten. Das Schiedsverfahren, das Einigungsverfahren sowie das Votumsverfahren haben die Regelung einer konkreten Streitfrage zwischen einem Anlagenbetreiber und einem Netzbetreiber zum Gegenstand. Diese entfalten in zivilrechtlicher Hinsicht jedoch nur rechtsverbindliche Wirkung zwischen den Parteien, wenn diese sich dem Spruch der Clearingstelle EEG unterwerfen.[2004] Nur das Ergebnis des Schiedsspruchs der Clearingstelle EEG ist vergleichbar einem Urteil auch vollstreckbar. Nur wenn beide Parteien anwaltlich vertreten sind und sich dem Spruch der Clearingstelle EEG unterwerfen, können sie sich der Vollstreckung unterwerfen. Der Schiedsspruch hat mithin die Wirkung eines Urteils im Sinne des § 1055 ZPO.[2005] Ohne eine entsprechende Unterwerfung steht es den Parteien auch offen, etwaige gerichtliche Verfahren anzuschließen.

601   Die Hinweis- und Empfehlungsverfahren führen wegen der umfangreichen Beteiligung der Branchenverbände zumeist zu einer Befriedung der Rechtslage. Die zum Teil sehr umfangreichen Ausführungen berücksichtigen die unterschiedlichen Interessen und bewerten diese. Vor diesem Hintergrund konnten bis auf wenige Ausnahmen[2006] viele Anwendungsfragen bereits frühzeitig geklärt werden. Ferner können im Rahmen des EEG-Ausgleichs die Entscheidungen der Clearingstelle EEG Berücksichtigung finden und im Rahmen der Prüfung durch die Wirtschaftsprüfer Wirkung entfalten.[2007] Gerichte sehen die Rolle der Clearingstelle EEG durchaus kritisch, gleichwohl wird aufgrund der einschlägigen rechtlichen Kompetenz auf die Entscheidungen Bezug genommen.

601a   Im Rahmen des EEG 2017 hat der Gesetzgeber eine für den **Vertrauensschutz** der Anlagenbetreiber ganz wesentliche Neuregelung integriert. § 57 Abs. 5 S. 2 EEG, der entsprechend zwischen dem Anlagenbetreiber und dem Netzbetreiber zur Anwendung gerät, lautet wie folgt:

„Ist die Zahlung in Übereinstimmung mit dem Ergebnis eines Verfahrens der Clearingstelle nach § 81 Absatz 4 oder 5 erfolgt und beruht die Rückforderung auf der Anwendung einer nach der Zahlung in anderer Sache ergangenen höchstrichterlichen Entscheidung, ist der Netzbetreiber berechtigt, insoweit die Einrede der Übereinstimmung der Berechnung der Zahlung mit einer Entscheidung der Clearingstelle zu erheben, bis das Rechtsverhältnis hinsichtlich dieser Anlage endet."

Hieraus folgt, dass der Anlagenbetreiber, der auf Grundlage einer Entscheidung der Clearingstelle EEG Zahlungen erhalten hat, gegenüber dem Rückforderungsanspruch des Netzbetreibers für die gesamte Förderdauer geschützt ist. Anknüpfungspunkt hierzu war insbesondere die Entscheidung des BGH zum Anlagenbegriff für Solaranlagen[2008], der entgegen der Entscheidung der Clearingstelle EEG und der ganz herrschenden Meinung in der Literatur und Rechtsprechung, urteilte, dass nicht das Modul, sondern das Solarkraftwerk die Anlage im Sinne des § 3 Nr. 1 EEG sei.[2009] Nunmehr soll der Anlagenbetreiber auf die Entscheidungen der Clearingstelle EEG dauerhaft vertrauen können. Auch wenn der Wille des Gesetzgebers, den Vertrauensschutz zu stärken, begrüßenswert ist, wird hierdurch ganz maßgeblich der durch die Gerichte vermittelte Rechtsschutz verringert. Sobald eine Entscheidung der Clearingstelle

---

[2004] Vgl. *Findeisen/Sommerfeldt,* in: Reshöft/Schäfermeier (Hrsg.), EEG-Kommentar, 4. Aufl. 2014, § 57 Rn. 70.

[2005] Vgl. *Findeisen/Sommerfeldt,* in: Reshöft/Schäfermeier (Hrsg.), EEG-Kommentar, 4. Aufl. 2014, § 57 Rn. 73.

[2006] Vgl. zum Anlagenbegriff im EEG: *OLG Stuttgart,* Urt. v. 25.5.2012 – 3 U 193/11, BeckRS 2012, 11484, demgegenüber *Clearingstelle EEG,* Beschl. v. 1.7.2010 – Az.: 2009/12.

[2007] Vgl. *Findeisen/Sommerfeldt,* in: Reshöft/Schäfermeier (Hrsg.), EEG-Kommentar, 4. Aufl. 2014, § 57 Rn. 77.

[2008] Vgl. BT-Drs. 18/8860, S. 237.

[2009] Vgl. *BGH,* Urt. v. 4.11.2015 – Az.: VIII ZR 244/14, ZUR 2016, 162 ff.

EEG ergangen ist, bedarf es keines Beschreitens des Rechtswegs mehr. Den Entscheidungen der Clearingstelle EEG wird hierdurch ein Gewicht vermittelt, welches über Urteilsprüche der Gerichte hinausgeht. Dies kann durchaus kritisch gesehen werden. Darüber hinaus dürfte von der Einrede auch nur die konkrete, von der Clearingstelle EEG abschließend geklärte Rechtsfrage eine solche Wirkung entfalten dürfen.

3. Bundesnetzagentur

Die Rechtsgrundlage für die Einrichtung der **Bundesnetzagentur** für Elektrizität, Gas, Telekommunikation, Post und Eisenbahn (kurz: BNetzA) findet sich im Gegensatz zur Clearingstelle EEG nicht im EEG, sondern sie ist als selbstständige Bundesbehörde ausgestaltet. Neben der Tätigkeit im Bereich Strom und Gas ist sie Regulierungsbehörde für Telekommunikation, Post und Eisenbahn mit Sitz in Bonn, vgl. 2 BEGTPG[2010]. Sie ist dem Bundesministerium für Wirtschaft und Energie untergeordnet. Zudem sind ihr Landesregulierungsbehörden zugeordnet. Im Folgenden wird lediglich auf die für den Anschluss von Windenergieanlagen notwendigen Regelungen und Kompetenzen der BNetzA eingegangen. 602

a) Funktion der Bundesnetzagentur im EEG

Der Sinn und Zweck der Bundesnetzagentur im Energiebereich liegt insbesondere in der Überwachung des Wettbewerbs aufgrund der herausgehobenen Stellung der Netzbetreiber, die aufgrund ihrer Monopolstellung den Wettbewerb beeinträchtigen könnten. Folglich ist es Ziel der Energieregulierung, den diskriminierungsfreien Wettbewerb sicherzustellen. Die Aufgaben der Bundesnetzagentur liegen insbesondere in der Genehmigung der Netzentgelte für Strom und Gas, der Beseitigung von Zugangshindernissen zu Energieversorgungsnetzen für alle Marktteilnehmer, der Standardisierung des Lieferantenwechsels und der Verbesserung von Netzanschlussbedingungen für neue Kraftwerke.[2011] Hierbei finden sich die Rechtsgrundlagen des Tätigwerdens der BNetzA sowohl im EnWG und im EEG als auch im Netzausbaubeschleunigungsgesetz Übertragungsnetz[2012] (NABEG). Die Verfahren vor der Bundesnetzagentur sind als besondere verwaltungsrechtliche Verfahren[2013] ausgestaltet, sodass auch gerade die verwaltungsrechtlichen Verfahrensgrundsätze zu beachten sind. 603

Das EEG weist der Bundesnetzagentur eine eigenständige Regelungskompetenz in § 85 EEG zu. Der Gesetzgeber überträgt der Bundesnetzagentur die Aufgabe der Überwachung der Einhaltung der Vorgaben des Einspeisemanagements im Sinne des § 14 EEG, der Vermarktung des EEG-Stroms sowie der Ermittlung, der Festlegung und der Veröffentlichung der EEG-Umlage durch die Elektrizitätsversorgungsunternehmen, der Übermittlung und Veröffentlichung von Daten nach §§ 76 f. EEG sowie der Kennzeichnung des Stroms nach Maßgabe des § 78 EEG zu kontrollieren. Durch den Umlagemechanismus – basierend auf den zivilrechtlichen Verhältnissen zwischen den Akteuren – ist nicht ausreichend gewährleistet, dass hier der Letztverbraucher mit den nur notwendigen Kosten belastet wird, weshalb es einer punktuellen Überwachung durch die Bundesnetzagentur bedarf.[2014] Ferner ist die Bundesnetzagentur dazu berufen, die Evaluierung des Gesetzes zu unterstützen. 604

Bereits im EEG 2014 wurde der Aufgabenbereich der Bundesnetzagentur erweitert auf die **Ausschreibung** der Förderung von Freiflächenanlagen und die Einführung eines **erweiterten** 605

[2010] Gesetz über die Bundesnetzagentur für Elektrizität, Gas, Telekommunikation, Post und Eisenbahnen v. 7.7.2005 (BGBl. I S. 1970, 2009), zuletzt geändert durch Art. 2 des Gesetzes v. 26.7.2011 (BGBl. I S. 1554).
[2011] BNetzA, „Über unsere Aufgaben", abrufbar unter: http://www.bundesnetzagentur.de/cln_1911/DE/Sachgebiete/ElektrizitaetundGas/UeberunsereAufgaben/ueberunsereaufgaben-node.html, (zuletzt abgerufen: 27.12.2013).
[2012] Netzausbaubeschleunigungsgesetz Übertragungsnetz v. 28.7.2011 (BGBl. I, S. 1690).
[2013] *Weyer*, in: Säcker (Hrsg.), BerlKommEnR, 2. Aufl. 2010, Bd. 1, EnWG, § 31 Rn. 1.
[2014] Vgl. *Findeisen*, in: Reshöft (Hrsg.), EEG, 3. Aufl. 2009, § 61 Rn. 3; *Müller*, in: Altrock/Oschmann/Theobald (Hrsg.), EEG, 3. Aufl. 2013, § 61 Rn. 2.

Anlagenregisters unter Berücksichtigung der AnlRegV. Die Durchführung der Ausschreibung für alle Energieträger wurde in § 85 Abs. 1 Nr. 1 EEG integriert. Daneben ist insbesondere zu beachten, dass die BNetzA Festlegungen nach § 85 Abs. 2 EEG unter Berücksichtigung des § 29 EnWG, d. h. nach den Verfahrensvorschriften, treffen kann. Hierzu zählen insbesondere Festlegungen zu technischen Einrichtungen nach § 9 EEG, zum Einspeisemanagement sowie zur Abschaltreihenfolge von Erzeugungsanlagen, zur Abwicklung des Wechsels zwischen den Vermarktungsformen nach § 21 EEG, abweichende Anforderungen an diverse Voraussetzungen bei Angebotsabgabe im Rahmen der Ausschreibung und zum Nachweis der Fernsteuerbarkeit, vgl. § 10 Abs. 2 EEG. Zudem veröffentlicht die BNetzA auf ihrer Internetseite die aufgrund des Anlagenregisters ermittelte Degression für neu in Betrieb genommene Erneuerbare-Energien-Anlagen. Neu hat der Gesetzgeber auch die Befugnis geregelt, dass im Rahmen der Vorschriften der Eigenversorgung und für die Anforderungen der Befreiung von Stromspeichern von der EEG-Umlage Regelungen durch die BNetzA getroffen werden können. Ferner legt die BNetzA fest und veröffentlicht rechtzeitig, welche Börse für die Bestimmung der Marktprämie heranzuziehen ist, vgl. § 85 Abs. 5 EEG.

606   Auch kann die BNetzA bei begründetem Verdacht **Kontrollen** bei den Anlagenbetreibern durchführen, um so etwaigen Missbräuchen vorzubeugen. Die ursprüngliche Regelung in § 85 Abs. 2 EEG 2014 wird nach Auffassung des Gesetzgebers durch den Verweis auf die Kompetenztitel in § 69 Abs. 1 S. 1 EnWG ausreichend gewährleistet und im Gegenzug § 85 Abs. 4 EEG um die Kontrolle von Anlagenbetreibern erweitert.[2015] Ein reiner Abgleich von Daten soll jedoch nicht genügen und es können auch nur in begründeten Verdachtsfällen entsprechende Kontrollen durchgeführt werden.[2016] Im Rahmen der hier zu betrachtenden Stromerzeugung aus der Windenergieanlage kommen insbesondere der diskriminierende Netzanschluss bzw. die Anschlussnutzung nach §§ 17 und 20 EnWG in Betracht.

b) Verfahren vor der Bundesnetzagentur nach dem EnWG

607   Im Verhältnis zwischen Windenergieanlagenbetreiber und Netzbetreiber sind gerade Fragen des Netzzugangs Gegenstand von Verfahren vor der BNetzA. Anders als bei dem Anspruch des Anlagenbetreibers auf unverzüglichen Netzanschluss wird die BNetzA jedoch nur dann auf Antrag tätig, wenn und soweit dem Netzbetreiber ein Missbrauch seiner marktbeherrschenden Stellung nachgewiesen werden kann.

608   Ein **Missbrauch** liegt gemäß § 30 Abs. 1 S. 2 EnWG u. a. vor, wenn andere Unternehmen unmittelbar oder mittelbar unbillig behindert oder deren Wettbewerbsmöglichkeiten ohne sachlichen Grund erheblich beeinträchtigt oder andere Unternehmen gegenüber gleichartigen Unternehmen ohne sachlich gerechtfertigten Grund unmittelbar oder mittelbar unterschiedlich behandelt werden. Zudem ist jede diskriminierende Verweigerung des Netzanschlusses, des Netzzugangs bzw. der Anschlussnutzung als Missbrauch zu werten. Der in § 30 Abs. 1 S. 2 EnWG aufgeführte Katalog an Missbräuchen ist nicht abschließend.[2017] Derjenige, der durch das Verhalten des Netzbetreibers beeinträchtigt wird, kann bei der Bundesnetzagentur einen Antrag auf Überprüfung des Verhaltens stellen, vgl. § 31 Abs. 1 S. 1 EnWG. Adressat einer entsprechenden Missbrauchsverfügung ist der Betreiber des jeweiligen Energieversorgungsnetzes.[2018]

609   Zwingend ist jedoch, dass der Antragsteller aufgrund des Verhaltens des Netzbetreibers betroffen ist, d. h., es müssen zumindest rechtliche oder wirtschaftliche Interessen des Antragstellers berührt sein. Auch wenn an diese Vorgabe keine hohen Anforderungen zu stellen sind, muss zumindest eine gegenwärtige und nicht irgendwann in der Vergangenheit liegende Betroffenheit angenommen werden können.[2019]

[2015] Vgl. BT-Drs.18/8860, S. 249.
[2016] Vgl. BT-Drs. 17/6071, S. 90; *Ehricke*, in: Frenz/Müggenborg (Hrsg.), EEG, 3. Aufl. 2013, § 61 Rn. 42.
[2017] Vgl. *Wahlhäuser*, in: Kment (Hrsg.), EnWG-Kommentar, 1. Aufl. 2015, § 30 Rn. 3.
[2018] Vgl. *Wahlhäuser*, in: Kment (Hrsg.), EnWG-Kommentar, 1. Aufl. 2015, § 30 Rn. 15.
[2019] Vgl. BNetzA, Beschl. v. 25.9.2013 – Az.: BK8-12-100, *Salje*, EnWG, § 31 Rn. 4.

c) Rechtswirkung des Verfahrens

Die Verfahrensergebnisse der Bundesnetzagentur führen zunächst nur zu einem Ausspruch, dass eine Handlung oder ein Verhalten eines Unternehmens nicht mit den Vorschriften des EnWG oder darauf beruhenden Verordnungen im Einklang steht. Die Bundesnetzagentur kann dann gegen dieses Unternehmen entsprechende Aufsichtsmaßnahmen ergreifen, vgl. §§ 65 ff. EnWG und mithin bei diskriminierender Verweigerung des Netzzugangs den Netzbetreiber unter Androhung von Sanktionen zum Netzanschluss veranlassen. 610

Nach § 32 Abs. 4 EnWG, ist ein Gericht an eine bestandskräftige Entscheidung der Bundesnetzagentur bzw. darauf beruhender Gerichtsentscheidungen gebunden, soweit wegen Verstößen gegen den Abschnitt 2 oder 3 des EnWG ein Schadensersatz begehrt wird. Die Bindungswirkung einer Entscheidung der Bundesnetzagentur bezieht sich insoweit ausschließlich auf die Feststellung eines Rechtsverstoßes nach dem EnWG.[2020] Die übrigen Voraussetzungen eines Schadenersatzanspruchs – insbesondere eines Verschuldens – müssen gleichwohl geprüft und erforderlichenfalls nachgewiesen werden.[2021] 611

Anlagenbetreiber von Windenergieanlagen im Anwendungsbereich des EEG, denen z. B. der Netzanschluss unberechtigterweise verweigert wird, können hierdurch einen Verzögerungsschaden geltend machen. Jedoch sind die Anforderungen der Diskriminierung höher als die der Geltendmachung eines Verzögerungsschadens. Diskriminierend ist die Verweigerung des Netzanschlusses, wenn der Netzbetreiber Anforderungen stellt, die den Netzanschluss unbillig erschweren bzw. Netzanschlusspetenten ohne sachlichen Grund unterschiedlich behandeln.[2022] Vorteilhaft ist gleichwohl, dass durch die Einleitung eines Missbrauchsverfahrens vor der Bundesnetzagentur die Verjährung des Schadenersatzanspruchs gehemmt ist, vgl. § 32 Abs. 5 EnWG, und die Bundesnetzagentur eigene Recherchen zur Sachverhaltsaufklärung vornimmt. 612

4. Ordentlicher Gerichtsweg

a) Gerichtsstand

Zunächst ist gerade im Rahmen der Zulässigkeit eines Verfahrens und aus taktischen Gründen zu prüfen, an welchem Gericht eine Klage oder einstweilige Verfügung gegen den Netzbetreiber oder den Anlagenbetreiber eingereicht werden kann. Hierbei kommen sowohl bei der sachlichen als auch der örtlichen Zuständigkeit mehrere Möglichkeiten in Betracht. 613

Bei Beschreiten des **ordentlichen Gerichtswegs** der sachlichen Zuständigkeit ist zu prüfen, ob durch eine Teilklage das Amtsgericht angerufen werden kann, soweit der Streitwert unter 5.000 € liegt, vgl. § 23 Nr. 1 GVG, oder gerade gezielt ein höherer Streitwert angelegt werden sollte, um das Verfahren vor dem Landgericht durchführen zu können. Es ist zuweilen nicht ganz unproblematisch, den Streitwert zu bestimmen, da auch nach den unterschiedlichen Anspruchsgrundlagen des EEG zu unterscheiden ist. Beispielsweise ist das Netzanschlussbegehren anders zu gewichten als der Anspruch auf Zahlung der Vergütung. Zwar bedingt der Netzanschluss auch unmittelbar den Vergütungsanspruch für den eingespeisten Strom, gleichwohl dürfte nur der ggf. zu erwartende oder bereits eingetretene Verzögerungsschaden in die Berechnung einbezogen werden.[2023] 614

Für die Berechnung des Streitwerts spielt § 9 ZPO eine entscheidende Rolle. Danach bestimmt sich der Wert eines Rechts auf wiederkehrende Nutzung oder Leistung nach dem dreieinhalbfachen Wert des einjährigen Bezugs. Soweit mithin ein Anspruch auf Vergütungszahlung eingeklagt werden soll, ist die geschätzte Jahresvergütung als Grundlage zur Streitwertbestimmung heranzuziehen. 615

[2020] Vgl. *Bourwieg*, in: Britz/Hellermann/Hermes (Hrsg.), EnWG, § 17 Rn. 35.
[2021] So auch: *Wahlhäuser*, in: Kment (Hrsg.), EnWG-Kommentar, 1. Aufl. 2015, § 32 Rn. 33.
[2022] Vgl. *Bourwieg*, in: Britz/Hellermann/Hermes (Hrsg.), EnWG, § 17 Rn. 20.
[2023] Im Eilverfahren zum Netzanschluss soll die durch das Verfahren herbeigeführte Zeitersparnis gegenüber dem ordentlichen Verfahren herangezogen werden, vgl. *OLG Brandburg*, Beschl. v. 5.1.2006 – 6 U 110/05, NJOZ 2006, 2295 (2296); *LG Neubrandenburg*, Urt. v. 8.8.2012 – 3 O 525/12.

616 Bürgerrechtliche Streitigkeiten, die sich aus dem EnWG ergeben bzw. deren Entscheidung wesentlich vom EnWG abhängt, sind gemäß § 102 Abs. 1 EnWG ausschließlich und ohne Rücksicht auf den Streitwert den Landgerichten zugewiesen. Hierfür ist entweder notwendig, dass sich die Anspruchsgrundlage unmittelbar aus dem EnWG ergibt oder aber zumindest eine Regelung des EnWG unmittelbar Einfluss auf die Entscheidung haben kann.[2024] Allein der Verweis auf die Ziele des § 1 EnWG und damit zusammenhängende Erwägungen können gerade nicht genügen, wenn andere insbesondere zivilvertragliche Regelungen im Vordergrund stehen. Ferner wird durch § 102 Abs. 2 EnWG vorgegeben, dass diese Rechtsstreitigkeiten vor der Kammer für Handelssachen zu führen sind. Im Rahmen der Streitigkeiten können neben den bereits durch § 2 Abs. 2 EnWG vorgegebenen vorrangigen Regelungen für die Systemverantwortung und Aufgaben der Netzbetreiber zur Gewährleistung der Netzsicherheit auch Anschlussfragen nach § 10 EEG aufgrund der Verweisung auf das EnWG die ausschließliche Zuständigkeit des § 102 EnWG auslösen.

b) Verfahrenserleichterung durch das EEG

617 Das EEG sieht für den einstweiligen Rechtsschutz eine besondere **Verfahrenserleichterung** vor, die sich in § 83 EEG wiederfindet. Nach § 83 Abs. 1 EEG kann auf Antrag des Anlagenbetreibers das für die Hauptsache zuständige Gericht bereits vor Errichtung der Anlage unter Berücksichtigung der Umstände des Einzelfalls durch einstweilige Verfügung regeln, dass der Netzbetreiber – Schuldner der in §§ 8, 11, 12, 19 und 50 EEG[2025] bezeichneten Ansprüche – Auskunft zu erteilen, die Anlage vorläufig anzuschließen, sein Netz unverzüglich zu optimieren oder auszubauen, den Strom abzunehmen und hierfür einer als billig und gerecht zu erachtenden Betrag als Abschlagszahlung zu leisten hat. Die Regelung wurde fast unverändert aus dem EEG 2012 und dem EEG 2014[2026] nunmehr in das EEG 2017 überführt.[2027]

618 Zunächst wird in § 83 EEG geregelt, dass auch der zukünftige Anlagenbetreiber nicht darauf verwiesen werden kann, dass erst nach der Errichtung der Anlage die Ansprüche vor Gericht durchsetzbar wären. Die Gerichte sollen eine Abweisung nicht mit Blick auf einen späteren Schadensersatzanspruch vornehmen können, wenn der Netzbetreiber zu Unrecht entsprechende Pflichten unterlässt.[2028] Zwar kann sicher gefordert werden, dass der Einspeisewillige bereits ausreichend konkret sein Windprojekt darstellen kann, jedoch dürfen hieran keine überzogenen Anforderungen gestellt werden.[2029] Hierbei bestand zunächst Uneinigkeit darüber, ob die einzelnen aufgezählten Ansprüche auch separat durch den Einspeisewilligen geltend gemacht werden können. Dies ist insoweit jedoch nunmehr weitestgehend zugunsten einer separaten Geltendmachung der einzelnen Ansprüche entschieden.[2030]

619 Die maßgebliche Vereinfachung des **einstweiligen Rechtsschutzes** ist darin zu sehen, dass nach § 83 Abs. 2 EEG 2012 eine einstweilige Verfügung auch dann erlassen werden kann, wenn die Voraussetzungen der §§ 935 und 940 ZPO nicht vorliegen. Dies bedeutet, dass die prozessualen Voraussetzungen, d. h. insbesondere die ansonsten notwendige Eilbedürftigkeit, nicht erforderlich ist für die Durchsetzung einer einstweiligen Verfügung.[2031] Hierbei ist jedoch umstritten, ob die Darlegung der **Eilbedürftigkeit** widerleglich vermutet wird oder ob eine

---

[2024] Vgl. *OLG Brandenburg*, Beschl. v. 21.9.2011 – 1 AR 47/11, BeckRS 2011, 23530; *OLG Oldenburg*, Beschl. v. 3.1.2011 – 5 AR 35/10, BeckRS 2011, 00759.
[2025] Nach Auffassung des *LG Offenbach*, Urt. v. 9.8.2013 – 2 O 238/13, REE 2013, 254 (255) fand § 59 EEG 2012 auf die Durchsetzung der Marktprämie im Sinne des § 33g EEG 2012 keine Anwendung, sodass die Glaubhaftmachung nach § 940 ZPO zu erfolgen habe. Diese Rechtsprechung dürfte nicht aufrechterhalten bleiben, da sich nunmehr § 83 EEG vollständig auf § 19 EEG und mithin die Marktprämie bezieht.
[2026] Vgl. BT-Drs. 18/1304, S. 255.
[2027] Vgl. BT-Drs. 18/8860, S. 248.
[2028] Vgl. BT-Drs. 16/8148, S. 74; *Siegel*, in: Greb/Boewe (Hrsg.), Beck'OK zum EEG, § 83 Rn. 2.
[2029] So auch: *Siegel*, in: Greb/Boewe (Hrsg.), Beck'OK zum EEG, § 83 Rn. 5, der eine entsprechende Planungsreife als Anknüpfungspunkt empfiehlt.
[2030] Vgl. *OLG Naumburg*, Urt. v. 8.12.2011 – 2 U 100/11, BeckRS 2012, 02514; *Lehnert*, in: Altrock/Oschmann/Theobald (Hrsg.), 3. Aufl. 2011, § 59 Rn. 17.
[2031] *LG Oldenburg*, Urt. v. 24.2.2005 – 11 O 380/054; *Salje*, EEG 2009, 5. Aufl. 2009, § 59 Rn. 21 ff.

Darlegung insgesamt entbehrlich ist.[2032] Insoweit ist es zu empfehlen, die Notwendigkeit der Eilbedürftigkeit gegenüber dem Gericht darzustellen.

Als weiterer Prüfungsschritt einer einstweiligen Verfügung darf grundsätzlich bei entsprechenden Leistungsverfügungen die Hauptsache nicht vorweggenommen werden. Das bedeutet, dass im einstweiligen Rechtsschutz keine Sachlage geschaffen werden darf, die in einem anschließenden Hauptsachverfahren nicht mehr korrigiert werden könne.[2033] Da die Durchführung des Netzanschlusses, die Abnahme des Stromes und die Zahlung der Vergütung grundsätzlich eine Vorwegnahme der Hauptsache darstellen, ist es konsequent für die dargestellten Ansprüche, diese Voraussetzung des einstweiligen Rechtsschutzes für nicht anwendbar zu erklären. 620

Die Schwierigkeit der erfolgreichen Durchsetzung liegt jedoch in dem Umstand, dass ausschließlich präsente Beweismittel zur Glaubhaftmachung des Vergütungsgrunds oder zur Durchsetzung eines Anschlussbegehrens zugelassen sind, vgl. § 294 Abs. 2 und § 920 ZPO. Zentrales Beweismittel ist hierbei die Glaubhaftmachung im Wege der Versicherung an Eides statt.[2034] Gerade bei technischen oder umweltrechtlichen Anforderungen des EEG, die nur durch einen Sachverständigen belegt werden können, kann die Antragsgegnerin durch ein entsprechendes Gegengutachten als Parteivorbringen die Glaubhaftigkeit des Vortrags infrage stellen und unter Umständen den Antrag zu Fall bringen. Dies spielt gerade beim Anspruch auf Netzanschluss eine entscheidende Rolle, da die technische Geeignetheit der Anlage zum Anschluss an das Netz nicht ohne einen gerichtlich bestellten Sachverständigen belegt werden kann. 621

c) Rechtsschutz in der Ausschreibung

Ferner hat der Gesetzgeber aufgrund der Integration der Ausschreibung unmittelbar in das EEG und Ausweitung auf die Stromgewinn und aus Windenergie und Biogas[2035] Konkretisierungen für einen Rechtsschutz gegen die Entscheidungen der BNetzA vorgesehen. Die Regelung hat ihren Ursprung in § 39 FFAV.[2036] Nach § 83a Abs. 1 EEG sind **gerichtliche Rechtsbehelfe**, die sich unmittelbar gegen eine Ausschreibung oder unmittelbar gegen einen erteilten Zuschlag richten nur mit dem Ziel zulässig, die BNetzA zu verpflichten, einen Zuschlag für das abgelehnte Gebot zu erteilen. Allgemein kann durch den Betroffenen als Rechtsmittel die Beschwerde nach § 85 Abs. 3 EEG 2017 i. V. m. § 75 Abs. 1 S. 1 EnWG eingelegt werden.[2037] Über die Beschwerde entscheidet nach § 75 Abs. 4 EnWG ausschließlich das für den Sitz der Regulierungsbehörde zuständige Oberlandesgericht, wobei dies im Falle der BNetzA das OLG Düsseldorf ist.[2038] Die Beschwerde ist bei der BNetzA einzureichen, vgl. § 78 Abs. 1 S. 1 EnWG. 621a

In materieller Hinsicht gibt der Gesetzgeber vor, dass der Rechtsbehelf nur dann begründet ist, wenn der Beschwerdeführer im Zuschlagsverfahren einen Zuschlag erhalten hätte, wobei in diesem Fall das festgesetzte Ausschreibungsvolumen überschritten werden könne. Reine formelle Fehler im Rahmen des Ausschreibungsverfahrens begründen weder die Verpflichtung zur Durchführung einer neuen Ausschreibung noch zur Erteilung eines Zuschlags.[2039] Daneben kann aber auch der Sekundärrechtsschutz in Form von Schadenersatz- oder Amtshaftungsansprüchen geltend gemacht werden, vgl. § 83a Abs. 1 S 4 EEG. 621b

Die Rechtmäßigkeit der anderen Zuschläge wird durch eine erfolgreiche Beschwerde bzw. gerichtliche Durchsetzung nicht berührt und darüber hinaus sind auch sogenannte ne- 621c

---

[2032] Vgl. zum Streitstand: *Tüngler*, in: Frenz/Müggenborg (Hrsg.), EEG, 3. Aufl. 2013, § 59 Rn. 21 ff.
[2033] Vgl. *Tüngler*, in: Frenz/Müggenborg (Hrsg.), EEG, 3. Aufl. 2013, § 59 Rn. 19 m. w. N.
[2034] Vgl. *Siegel*, in: Greb/Boewe (Hrsg.), Beck'OK zum EEG, § 83 Rn. 9.
[2035] Vgl. zur Ausschreibung → Kap. 4 Rn. 167 ff.
[2036] Vgl. BT-Drs. 18/8860, S. 248, ausführlich: *Leutritz/Herms/Richter*, in Frenz (Hrsg.), EEG Kommentar II, 1. Aufl. 2016, FFAV, § 39 Rn. 1 ff.
[2037] Vgl. BT-Drs. 18/8860, S. 248; *Leutritz/Herms/Richter*, in Frenz (Hrsg.), EEG Kommentar II, 1. Aufl. 2016, FFAV, § 39 Rn. 12.
[2038] Vgl. *Huber*, in: Kment (Hrsg.), EnWG-Kommentar, 1. Aufl. 2015, § 75 Rn. 17.
[2039] Vgl. BT-Drs. 18/8860, S. 248 mit dem Hinweis, dass es sich allein um eine Klarstellung handele.

gative Konkurrentenklagen[2040] in Form von Drittanfechtungsklagen gegen an Dritte erteilte Zuschläge nicht zulässig, vgl. § 83a Abs. 2 EEG. Diese Regelungen erfolgen zum Schutz der bezuschlagten Bieter und zur Vermeidung von Ungewissheiten durch langwierige Gerichtsverfahren.[2041]

[2040] So auch: *Leutritz/Herms/Richter*, in Frenz (Hrsg.), EEG Kommentar II, 1. Aufl. 2016, FFAV, § 39 Rn. 8 ff.
[2041] Vgl. BT-Drs. 18/8860, S. 249.

Kapitel 5: Windenergieprojekte aus Sicht einer Bank

Übersicht

	Rn.
I. Vorbemerkung	1
II. Grundlagen	2
1. Projektfinanzierung allgemein	2
a) Einordnung, Abgrenzung, Merkmale	2
b) Grundvoraussetzungen einer Kreditgewährung	6
2. Projektfinanzierung eines Windparks	8
a) Projektphasen – Risiken, Beteiligte und Kreditprozess	8
b) Bedeutung der Projektverträge	15
c) Vor- und Nachteile einer Projektfinanzierung für den Sponsor	18
III. Prüfung des Finanzierungsvorhabens	21
1. Grundsätzliches	21
2. Einflussfaktoren auf die Finanzierungsstruktur	24
a) Projektgüte	24
b) Typische Projektfinanzkennzahlen	29
3. Qualitative Beurteilung des Projekts	33
a) Projektbeteiligte	34
b) Projektumfeld	35
c) Vertragsstrukturen	36
d) Öffentlich-rechtliche Genehmigungen (BImSchG)	37
4. Quantitative Prüfung der Wirtschaftlichkeit	41
a) Hintergrund	41
b) Finanzmodell	43
c) Rating	48
5. Indikatives Finanzierungsangebot (Termsheet)	50
a) Einordnung	50
b) Ausgestaltung mit Fremdkapital – Finanzierungsbausteine	54
c) Anforderungen an das Eigenkapital	63
6. Mandatierung der finanzierenden Bank	65
IV. Dokumentation der Finanzierung	66
1. Unterschied zwischen indikativem Angebot und Finanzierungszusage	66
2. Kreditvertrag	68
a) Rechtliche Einordnung	68
b) Vertragsbestandteile	73
3. Kreditsicherheiten	85
a) Zweck und Umsetzung	85
b) Typische Sicherheitenverträge eines Windparks	88
c) Dingliche Sicherung von Grundstücken	90
d) Vereinbarung von Eintrittsrechten	94
e) (Raum-)Sicherungsübereignung	96
f) Sicherungsabtretung (Zession)	99
V. Besonderheiten bei Windparkfinanzierungen	101
1. Umfinanzierung bestehender Windparks	101
2. Restrukturierung von laufenden Finanzierungen	108
a) Ursachen	108
b) Auswirkungen	109
c) Lösungsansätze	110
3. Konsortialfinanzierungen	112
a) Motive	113
b) Konsortialarten	120

	Rn.
4. Besonderheiten bei der Finanzierung von Bürger- und Kommunalwindparks	124
a) Definition	124
b) Formen der Bürgerbeteiligung	127
c) Rechtliche und wirtschaftliche Rahmenbedingungen	130
VI. Aktuelle Entwicklungen	132
a) EEG 2017	132
b) Länderspezifische Regelungen	140
c) Regulatorik für Banken	144
d) Entwicklungen des Zinsumfeldes	145

Literaturübersicht: *Böttcher* (Hrsg.), Handbuch Windenergie, Onshore-Projekte: Realisierung, Finanzierung, Recht und Technik, 2012; *Böttcher/Blattner* (Hrsg.), Projektfinanzierung, Risikomanagement und Finanzierung, 3. Aufl. 2013; *Fachagentur Windenergie an Land* (Hrsg.), EEG 2017: Ausschreibungsbedingte Neuerungen für Windenergieanlagen an Land, Hintergrundpapier, 2016; *Perridon/Steiner/Rathgeber*, Finanzwirtschaft der Unternehmung, 16. Aufl. 2017; *Tonner/Krüger* (Hrsg.), Bankrecht, 2014; *BWE* (Hrsg.) Akteursstrukturen, 2015; *Verband kommunaler Unternehmen e.V.* (Hrsg.), Stadtwerke und Bürgerbeteiligung, Broschüre, 2016.

I. Vorbemerkung

1   In den letzten Jahren hat die Komplexität von Windenergieprojekten auf nahezu allen Ebenen der Wertschöpfung in einem sich stetig weiter entwickelnden Marktumfeld zugenommen. Damit sind gleichzeitig die Ansprüche an alle Beteiligten gestiegen. Das inkludiert auch die Banken und im Kern den für die Windprojektrealisierung wichtigen Kreditprozess, der sich immer mehr den Marktgegebenheiten anpasst und einen höheren Informations- und Kontrollaufwand nach sich zieht. Dieses Kapitel stellt dem Leser wesentliche Aspekte des Kreditprozesses und wichtige Beurteilungskriterien für Windparkfinanzierungen aus Sicht einer Bank vor. Es bietet eine Orientierung zu Finanzierungsgrundsätzen in einem dynamischen Marktumfeld.

II. Grundlagen

1. Projektfinanzierung allgemein

a) Einordnung, Abgrenzung, Merkmale

2   *Einordnung nach den Kriterien der Kapitalhaftung und Mittelherkunft.* Ein Windenergieprojekt wird üblicherweise in der risikoreichen Planungsphase bis mitunter in die Bauphase hinein als **Eigenfinanzierung** dargestellt – über eine Selbstfinanzierung der Gesellschaft und/oder der Gesellschafter (Innenfinanzierung) und/oder mit Hilfe von Beteiligungen (**Außenfinanzierung**). Die zusätzliche **Fremdfinanzierung** setzt regelmäßig mit der Bauphase ein. Hier wird der Gesellschaft mit Kreditmitteln Dritter weiteres Kapital von außen zugeführt (**Kreditfinanzierung**).[2042] Regelmäßig handelt es sich bei diesem Dritten um eine Bank, bei besonders hohen Finanzierungsvolumina auch um mehrere Banken, die sich die Finanzierungsrisiken untereinander aufteilen.[2043]

3   Bei der Finanzierung mit Fremdkapital lässt sich unter Berücksichtigung des Finanzierungsanlasses zwischen den folgenden Arten unterscheiden:

[2042] Einordnung in Anlehnung an *Perridon/Steiner/Rathgeber* (Hrsg.), Finanzwirtschaft der Unternehmung, S. 389 ff.
[2043] S. dazu → Kap. 5 Rn. 112 ff. (Konsortialfinanzierung).

II. Grundlagen

1. der konventionellen **Finanzierung eines Unternehmens** (Gesellschaft) aufgrund dessen Bonität (Auftrags-/Unternehmensfinanzierung);

Beispiel: Projektentwickler kauft ein neues Bürogebäude.

2. der **projektbezogenen Finanzierung**. Diese bezieht sich zwar auf ein Projekt, basiert aber nicht auf den Einnahmen des Projekts, sondern auf der Bonität der Gesellschaft und/oder der Gesellschafter;

Beispiel: Projektentwickler kauft Grundstücke für ein Projekt, für welches weder Genehmigungen vorliegen noch die Projektfinanzierung abgeschlossen ist.

Beide vorgenannte Arten werden auch als **Bonitätsfinanzierungen** bezeichnet, d. h., es handelt sich hierbei um „klassische" Bankkredite.

3. der reinen **Projektfinanzierung** zur **strukturierten Finanzierung eines bestimmten, einzelnen Projekts**. Die Kreditvergabe orientiert sich an den zukünftigen Kapitalflüssen (**Cashflows**) des Projekts; es muss sich mithin selbst tragen und werthaltig sein. Die Projektfinanzierung hat sich als die typische Finanzierungsform für Windenergieprojekte etabliert.

Abgrenzung. Eine Projektfinanzierung bildet quasi den Gegenentwurf zur klassischen Bonitätsfinanzierung, bei welcher der Kreditgeber das Investitionsvorhaben entsprechend der Kreditwürdigkeit der Gesellschaft und/oder der Gesellschafter bewertet. Die nachfolgende Gegenüberstellung verdeutlicht, in welchen wesentlichen Merkmalen sich die beiden Finanzierungsarten voneinander unterscheiden: 4

Merkmal	Bonitätsfinanzierung	Projektfinanzierung
Kreditnehmer	Unternehmen (Gesellschaft)	Projektgesellschaft
Investitionstätigkeit	fortlaufend	einmalig
Kreditierung	Bilanz- und GuV[2044]-bezogen	Cashflow-orientiert
Betrachtung	hohe Bedeutung der Historie	ausschließlich zukunftsorientiert
Sicherheiten	Gesamtunternehmen mit allen Aktiva	nur Aktiva der Projektgesellschaft
Rückhaftung der Gesellschaft und/oder der Gesellschafter	vollständig (*Recourse*)	idealtypisch: keine[2045] (*Non-Recourse*) faktisch meist auf das Erstellungsrisiko beschränkt (*Limited-Recourse*)
Bilanzierung	in der Bilanz des Unternehmens	in der Bilanz der Projektgesellschaft (*Off-Balance*)

Tabelle 1: Gegenüberstellung Bonitäts- vs. Projektfinanzierung

Merkmale. Bei einer Projektfinanzierung wird speziell für ein bestimmtes Investitionsvorhaben eine eigene Gesellschaft gegründet, üblicherweise in Form einer Kommanditgesellschaft, seltener einer GmbH. Diese **(Ein-)Zweckgesellschaft** ist rechtlich und wirtschaftlich von ihren Gründern abgegrenzt und tritt selbst als **Kreditnehmerin** auf. Normalerweise ist sie auf eine **begrenzte, vorhersehbare Dauer** (Projektlaufzeit) angelegt. Für die Sponsoren als Gesellschafter ist damit unter bestimmten Voraussetzungen die **Finanzierung außerhalb der eigenen Bilanz** (*Off-Balance-Sheet-Financing*) möglich. Dabei handelt es sich jedoch um eine mögliche Option bzw. eine Zielsetzung der Sponsoren und keine typische Eigenschaft einer Projektfinanzierung. Der Fremdkapitalgeber bewertet maßgeblich die Fähigkeit des Projekts, selbst ausreichende und stabile Cashflows zu generieren, um die Betriebskosten zu decken, den aufgenommenen Kredit nebst Zinsen (**Kapitaldienst**) zurückzuzahlen und darüber hinaus eine angemessene Eigenmittelverzinsung zu gewährleisten. Die wirtschaftlichen Verhältnisse der Gesellschafter sind für den Kapitaldienst des Projekts nicht relevant. Eine wichtige Methodik 5

[2044] Gewinn- und Verlust-Rechnung.
[2045] Bzw. eine auf die Höhe der Gesellschaftereinlagen begrenzte Rückhaftung.

jeder Projektfinanzierung ist deshalb, mögliche **Projektrisiken frühzeitig zu identifizieren**, zuzuordnen und optimal abzusichern. Entsprechend werden **belastbare Verträge zwischen der Projektgesellschaft und den zentralen Projektbeteiligten** mit dem Ziel strukturiert, Risiken vom Projekt fernzuhalten bzw. diese angemessen auf die verschiedenen Akteure zu verteilen.[2046]

Typische Eigenschaften einer Projektfinanzierung:
- **Cashflow-Orientierung** (*Cashflow-Related-Lending*),
- **Risikoteilung** (*Risk-Sharing*),
- **(Ein-)Zweckgesellschaft** (*Special Purpose Vehicle/Company*[2047]).

b) Grundvoraussetzungen einer Kreditgewährung

6   Eine formale Anforderung ist eine **rechtlich und wirtschaftlich selbstständige Projektgesellschaft** als Kreditnehmerin bzw. die Möglichkeit, eine solche kurzfristig zu gründen.

Von eher grundsätzlicher Natur sind die Anforderungen, welche Finanzgeber an den rechtlichen und regulatorischen Rahmen, die verwendete Technik und den Umgang mit Risiken des Projekts stellen. Diese sollten bei der Bankenansprache weitestgehend erfüllt sein, da ansonsten eine Projektprüfung durch die Bank nicht vollständig erfolgen kann.

Das **Rechts- und Regulierungsumfeld** muss stabil und prognostizierbar sein und fairen Grundsätzen und Richtlinien folgen. Wesentliche politische Risiken müssen ausgeschlossen und Verträge im Projektumfeld durchsetzbar sein.

Im Projekt sollte nur **bewährte Technik renommierter Hersteller** eingesetzt werden, um eine langfristig stabile Energieproduktion zu garantieren.

Eine angemessene vertragliche **Risikoeinbindung** der einzelnen Projektbeteiligten sollte möglich sein, d. h. die **zentralen Akteure** sollten grundsätzlich bereit und sowohl **fachlich kompetent** als auch **finanziell fähig** sein, das Projekt von Risiken frei zu halten.

Und nicht zuletzt müssen die **Parameter**, auf denen die Wirtschaftlichkeit des Projekts beruht, für eine zuverlässige Prognose der Cashflows hinreichend lange und sicher zu planen sein. Im Vordergrund steht dabei die Prämisse, dass in den unterschiedlichen Szenarien[2048] der Kapitaldienst bedient werden kann.

2. Projektfinanzierung eines Windparks

a) Projektphasen – Risiken, Beteiligte und Kreditprozess

7   **aa) Realisierungsphase.** Diese Phase umfasst den Zeitraum der Planung und Errichtung bis zur vollständigen Inbetriebnahme (Fertigstellung) des Windparks.

8   *Risiken.* Bis zum Abschluss des Genehmigungsverfahrens i. V. m. dem Erhalt des Zuschlags im Ausschreibungsverfahren (für Genehmigungen nach dem 31.12.2016) ist eine Projektfinanzierung durch Banken aufgrund zu hoher Projektrisiken nicht möglich. Insbesondere ist das Risiko zu groß, dass behördliche Genehmigungen nicht oder nur eingeschränkt erteilt werden. In der Errichtungszeit stehen vor allem die Risiken einer verzögerten Fertigstellung und/oder einer Überschreitung der Baukosten im Vordergrund.

9   *Beteiligte.* Die Projektgesellschaft als **Eigentümerin** des Windparkprojekts schließt mit den weiteren Beteiligten in dieser Phase alle wesentlichen Projektverträge ab. Der **Sponsor**[2049] ist zu diesem Zeitpunkt häufig identisch mit dem **Projektierer** des Vorhabens, welcher als zentraler

---

[2046] Vgl. hierzu *Böttcher/Blattner*, Projektfinanzierung, Risikomanagement und Finanzierung, S. 11 f.
[2047] Auch im deutschsprachigen Raum wird häufig einfach nur die englische Abkürzung SPV oder SPC verwendet.
[2048] S. dazu Kap. 5 Rn. 46 (wesentliche Szenarien in Stress-Situationen).
[2049] Unter dem Begriff Sponsor werden hier der Eigenkapitalgeber bzw. der Anteilseigner der Projektgesellschaft verstanden, der keine unmittelbare Projektleistung erhält. Dieser Geldgeber ist in der Realisierungsphase häufig der Projektentwickler selbst, er kann aber auch ein EVU oder ein Investor sein.

II. Grundlagen

Akteur die Planung und Genehmigung des Windparks intensiv vorantreibt.[2050] Eine große Rolle spielt auch der **Windenergieanlagenhersteller (WEA-Hersteller)**, welcher die Anlagen liefert, errichtet und in Betrieb nimmt. Entweder der Projektierer oder (seltener) der WEA-Hersteller verantwortet dabei die Gesamterrichtung des Windparks, d. h. auch die Herstellung der Zuwegung und der sonstigen erforderlichen Infrastruktur. Vertraglich wird dies über einen Errichtungsvertrag bzw. einen Generalüber- oder -unternehmer-Vertrag[2051] (GU-/GÜ-Vertrag) dargestellt.

Kreditprozess. In der BImSchG-Antragsphase beginnen i. d. R. die Finanzierungsgespräche. Der Zeitpunkt der Baureife eines Projekts fällt daher oft mit der **Entscheidung für ein bestimmtes Angebot**[2052] einer Bank zusammen. Eine (Zwischen-)Finanzierung durch Banken ist generell möglich, sofern sämtliche behördliche Genehmigungen vorliegen, die wesentlichen Projektverträge abgeschlossen sind und der Zuschlag in der Ausschreibung erteilt wurde. In diesem Stadium sollte sich das Vorhaben für eine **detaillierte Projektprüfung**[2053] (*Due Diligence*) durch die Bank und ggf. deren Berater bereits hinreichend konkretisiert haben. Bei größeren Projekten wird mit der Due Diligence oft parallel zur Einigung auf die Finanzierungskonditionen und Bedingungen begonnen. An die positive Projektprüfung und etwaige weitere Verhandlungen schließt sich der Gremienbeschluss (Kreditentscheidung) der Bank an, welcher in der Ausfertigung der Kredit- und Sicherheitenverträge mündet. Sind diese beidseitig unterschrieben (*Signing*) und die Auszahlungsvoraussetzungen erfüllt (*Closing*), ist der Kredit (schrittweise) auszahlungsbereit. Die **finanzierende Bank** agiert in dieser Phase bereits als wichtiger Akteur an der Seite und im Sinne der Projektgesellschaft.[2054] Die BImSchG-Genehmigung in Verbindung mit dem Zuschlag im Ausschreibungsverfahren ist häufig der Startschuss für die Bauarbeiten und eine wesentliche Bedingung, die für die Auszahlung der Projektfinanzierung erfüllt sein muss.[2055] Diese Stufe wird auch als *Financial Close* bezeichnet.

10

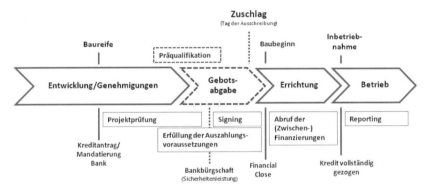

Abbildung 1: Projektphasen und Kreditprozess.

[2050] Vgl. *BWE* (Hrsg.), Akteursstrukturen, 2015, S. 24: Über 70 Prozent der Projektentwickler sind Anteilseigner der Windparks während der Realisierungsphase – Ergebnis der Bankenbefragung zur Eigentümerstruktur.
[2051] Auch: Turnkey-Vertrag, EPC-Vertrag (Erection, Procurement, Construction).
[2052] Vgl. Kap. 5 Rn. 50 ff. (Termsheet).
[2053] Vgl. Kap. 5 Rn. 33.
[2054] Vgl. Kap. 5 Rn. 16.
[2055] S. Kap. 5 Rn. 138 zur Berücksichtigung von Besonderheiten bei Bürgerenergiegesellschaften.

11 **bb) Betriebsphase.** Die Betriebsphase einer WEA beginnt mit dem Moment der ersten Kilowattstunde erfasster Stromeinspeisung ins Netz, auch wenn der Probebetrieb noch nicht abgeschlossen ist.

12 *Risiken*. Insbesondere die Unterschreitung des erwarteten Windertrags und der technischen Verfügbarkeit, das Überschreiten der geplanten Betriebskosten, aber auch mögliche Zinsänderungen sind beispielhaft typische Risiken während der Betriebsphase eines Windparks.

13 *Beteiligte*. Die zentralen Akteure dieser Phase sind der **technische und kaufmännische Betriebsführer** als „verlängerter Arm" des Sponsors, der **Dienstleister für Service/Wartung** sowie weiterhin die **finanzierende Bank**. Vertragspartner für Service/Wartung ist in der ersten Hälfte der Projektlaufzeit i. d. R. der **WEA-Hersteller** selbst, mit dem in der Praxis mehrheitlich langjährige Vollwartungsverträge mit garantierten Herstellerverfügbarkeiten abgeschlossen werden. Diese Verträge sind oft deutlich teurer als Teilwartungskonzepte bzw. Verträge mit Drittanbietern, decken aber die entsprechenden Risiken, die bei Teilwartungsverträgen durch die Ansparung einer gesonderten Reserve im Zusammenhang mit der Fremdfinanzierung ausgeglichen werden. Der **Netzbetreiber**, in dessen Zuständigkeitsbereich der von der Windenergieanlage erzeugte Strom eingespeist wird, ist gemäß § 11 EEG Partner der Stromabnahmeseite. Darüber hinaus wird ein **Direktvermarkter** mit der Vermarktung des produzierten Stroms beauftragt.[2056]

14 *Kreditprozess*. Mit Inbetriebnahme aller Windenergieanlagen eines Projekts hat der kumulierte Finanzierungsbedarf typischerweise sein Maximum erreicht und der Kredit ist vollständig gezogen. Dies ist i. d. R. auch der Zeitpunkt, zu dem die Zwischenfinanzierung in die langfristige Projektfinanzierung überführt wird.

b) Bedeutung der Projektverträge

15 Die Bedeutung der Projektverträge zeigt sich im **Prinzip der Risikoteilung**, welches jeder Projektfinanzierung zu Grunde liegt. Die Beurteilungskriterien für eine Projektfinanzierung basieren auf Annahmen über die zukünftige Entwicklung der Projektgesellschaft, insbesondere die Entwicklung der Cashflows. Und obwohl jedes Windparkprojekt einzigartig ist, lassen sich in den verschiedenen Phasen eines Projekts typische Risiken[2057] erkennen, die in gleicher oder ähnlicher Weise die Cashflows des Vorhabens gefährden können. Diese Risiken lassen sich vermeiden oder zumindest deckeln, indem sie ganz oder teilweise verschiedenen Beteiligten vertraglich zugeordnet werden. Der Projektgesellschaft muss es gelingen, jedem ihrer Vertragspartner in angemessener Art und Weise die spezifischen Risiken zu übertragen, welche dieser am besten steuern und auch finanziell vertreten kann.[2058]

[2056] S. dazu auch Kap. 4 Rn. 458 ff.
[2057] Der Begriff Risiko wird im vorliegenden Kapitel in der Bedeutung eines Risikos im engeren Sinne (Verlustgefahr) verwendet, d. h. als negative Abweichung vom erwarteten Ergebnis.
[2058] In Anlehnung an *Böttcher/Blattner* (Hrsg.), Projektfinanzierung, Risikomanagement und Finanzierung, S. 12.

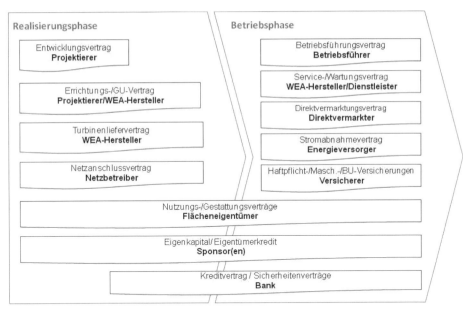

Abbildung 2: Wesentliche Verträge und Vertragspartner einer Projektgesellschaft.

Die Finanzierungspraxis zeigt, dass eine Projektfinanzierung im Gegensatz zur klassischen Unternehmensfinanzierung nur unter optimalem Zusammenspiel aller Beteiligten und Faktoren umsetzbar ist. Es kommt im Kern also darauf an, eine belastbare Vertragsstruktur und die richtigen Anreize zu finden, mit denen sich alle Beteiligten für das Gelingen des Projekts schon aus eigenem Interesse heraus einsetzen. Die Ausgestaltung der **Verträge der Projektgesellschaft** mit den wesentlichen Akteuren kann somit wesentlich dazu beitragen, das Projekt und seine Cashflows von möglichst vielen Risiken freizuhalten. Verbleibende Risiken, die sich keinem Beteiligten direkt zuordnen lassen, können ggf. an Versicherungen ausgelagert werden oder verbleiben bei den Kapitalgebern.

Die Anforderungen der finanzierenden Banken an Form und Inhalt der Projektverträge sind hoch, jedoch inzwischen auch weitestgehend standardisiert und im Markt bekannt, sodass diese im Idealfall von vornerein berücksichtigt werden. Unterstützend wirkt hierbei das gleichgerichtete Interesse von Sponsor(en) und Bank(en) am gemeinsamen Projekt.

16

Typische gemeinsame Ziele von Sponsor(en) und Bank(en):
- das Projekt möglichst frei von Risiken zu halten,
- den Cashflow des Projekts zu maximieren,
- das Projekt auch bei Eintritt bestimmter Risiken fortführen zu können.

Je früher eine finanzierende Bank ausgewählt und in das Projekt eingebunden wird, desto besser und stärker kann die Projektgesellschaft mit Berufung auf ihren Finanzierungspartner und dessen konkrete Anforderungen die Verträge zu ihren Gunsten verhandeln. Nachverhandlungen mit den Beteiligten sind zwar generell möglich, jedoch aus einer deutlich ungünstigeren Verhandlungsposition heraus.

17

c) Vor- und Nachteile einer Projektfinanzierung für den Sponsor

Ohne die Möglichkeit einer Projektfinanzierung müssten Projektentwickler aufgrund des hohen Kapitalbedarfs in der Bauphase viele Projekte bereits im baureifen Zustand verkaufen. Das hieße jedoch, dass damit viel Wissen zu Bau, Finanzierung und Betriebsführung und auch ein bedeutender Teil der Marge für den Projektierer wegfallen würde. Darüber hinaus ergeben sich aus einer Projektfinanzierung weitere **bedeutende Vorteile** für den Sponsor:

18

- eine isolierte Betrachtungs- und Analysemöglichkeit,
- ein geschlossener Wirtschafts-, Finanzierungs- und Bonitätskreis (Controlling),
- eine bilanz- und risikoneutrale Finanzierungsvariante (mittels Beteiligungsquote, Gesellschafterrechten etc.),
- die vollständige Finanzierung und Umsetzung des Projekts bei begrenztem eigenen Kapitaleinsatz,
- eine Reduzierung der Gesamtkosten des Projekts, da Fremdkapital i. d. R. „billiger" ist als Eigenkapital,
- durch Rückgriff auf Fördermittel häufig günstige Finanzierungsbedingungen,
- eine explizite Risikoallokation, da Risiken spätestens in der Realisierungsphase durch vertragliche Einbindung auf die Projektpartner verteilt werden,
- eine leichte Veräußerbarkeit des Projekts aufgrund des rechtlichen Konstrukts (hohe Fungibilität bei Verkauf von Gesellschaftsanteilen – Share Deal).

19 Andererseits kann eine Projektfinanzierung auch beim Kreditnehmer mit relativ hohem personellen Aufwand und Kosten einhergehen. Darüber hinaus müssen für die Dauer der Kreditgewährung bestimmte Vorgaben der finanzierenden Bank eingehalten werden. Zu den **Nachteilen** zählen deshalb:
- höhere Anfangskosten (für Gründung, Prüfungen, Strukturierung, Dokumentation etc.),
- höhere laufende Kosten (für Monitoring, Jahresabschlusskosten etc.),
- positive freie Cashflows werden (zunächst) durch den Kapitaldienst bzw. die Ansparung von Reserven absorbiert,
- begrenzter Zugriff der Sponsoren auf die Cashflows.

20 Regelmäßig überwiegen für den Sponsor die Vorteile einer Projektfinanzierung deutlich, insbesondere aufgrund der im Projekt zwischen den Beteiligten verteilten Risiken. Mit einer Projektfinanzierung genießt der Sponsor zudem eine viel größere Unabhängigkeit im Markt und hat darüber hinaus die Möglichkeit, als Komplettanbieter aufzutreten.

III. Prüfung des Finanzierungsvorhabens

1. Grundsätzliches

21 Die Geschäfts- und Risikopolitik einer Bank legt fest, in welchem Umfang und unter welchen Bedingungen die Begleitung von Finanzierungen von Windenergieanlagen generell möglich ist.

22 *Geschäftspolitische Aspekte.* Die Finanzierung von Windenergieanlagen muss grundsätzlich zum Geschäftsmodell der Bank passen. Neben rechtlichen und organisatorischen Voraussetzungen spielt hier insbesondere die Geschäftsstrategie auch unter Berücksichtigung von Nachhaltigkeitsaspekten eine wichtige Rolle. Aufgrund ihrer geschäftlichen Ausrichtung definieren Banken auch Regionen bzw. Kundengruppen, mit denen sie Windenergieprojekte finanzieren möchten.

23 *Risikopolitische Aspekte.* Bankaufsichtsrechtlich geregelt ist, dass jede Bank eine eigene festgeschriebene Risikopolitik aufweisen muss. In dieser ist festgelegt, was in welchem Umfang und unter welchen Bedingungen finanziert werden darf. In diesem Zusammenhang werden häufig auch Beschränkungen in der Größenordnung je Einzeltransaktion bzw. bezogen auf das gesamte Finanzierungsportfolio Wind der Bank definiert oder Mindestratingnoten vorgegeben.

2. Einflussfaktoren auf die Finanzierungsstruktur

a) Projektgüte

Die Projektgüte ist kein fest definierter Begriff, ebenso wenig wird sie im EEG verwendet. In der Bankpraxis steht sie für eine angemessene Beurteilung der künftigen Erträge. Synonym wird auch von der Projektqualität gesprochen. Festzustellen ist, dass eine hohe Projektgüte i. d. R. mit einem geringen Kreditrisiko einhergeht. Umgekehrt führt eine schlechte Projektqualität erwartungsgemäß zu einem erhöhten Kreditrisiko. Dies wirkt sich entsprechend unterschiedlich auf die Finanzierungsstruktur eines Vorhabens aus. Eine betriebswirtschaftliche Kennzahl, die die Beurteilung der Projektgüte relativ schnell und transparent erlaubt, ist die Kapitaldienstdeckungsrate (*Debt Service Coverage Ratio, DSCR*[2059]). Die Projektgüte ist nicht gleichzusetzen mit dem Begriff der im EEG 2017 neu definierten **Standortgüte**[2060], die zur Ermittlung von Korrekturfaktoren für die Erstellung eines Gebots im Rahmen einer Ausschreibung erforderlich ist. Ferner ist die Projektgüte eindeutig abgrenzbar zum Begriff des **Gütefaktors**[2061]. 24

Viele Faktoren haben maßgeblichen Einfluss auf die Projektgüte, hervorzuheben sind dabei: 25
1. das Energieangebot (Windpotenzial, Zubau, Lage des Projekts),
2. die Stromproduktion (Windgutachten, Unsicherheit, Technologie, Leistungskennlinie, Verfügbarkeit),
3. die Stromübertragung (Netzverluste),
4. das Niveau der Investitionskosten und ggf. auch der laufenden Kosten (Wartungskosten und Zinszahlungen).

Insbesondere an die Qualität der Windgutachten stellt eine Bank hohe Anforderungen. I. d. R. werden zwei unabhängige standortspezifische Windgutachten von akkreditierten Gutachtern als Basis für die Beurteilung der Ertragskraft (in kWh oder MWh) herangezogen, die in ihren Ertragsprognosen (P50[2062]) nicht mehr als ca. 5 bis 8 Prozent voneinander abweichen. Diese Gutachten müssen nach aktuellster technischer Richtlinie der FGW[2063] erstellt worden sein, den spezifischen Windindex in der jeweils aktuellsten Version verarbeitet haben, auf einer akzeptablen Langzeitkorrelation basieren und die Gesamtunsicherheit[2064] ausweisen. 26

> Exkurs: Windgutachten
> Gibt es für ein Projekt Windgutachten mit relativ unterschiedlichen Ertragsprognosen, liegt es im Ermessen der Bank, ob sie solche Differenzen toleriert oder z. B. eine gesonderte Beurteilung vornimmt. Der Wirkungsgrad einer Windenergieanlage und die potenzielle Abschattung durch weiteren absehbaren Zubau oder bestehende Anlagen können den Windertrag maßgeblich beeinflussen. Die finanzierende Bank wird auf einer Darstellung bestehen, inwiefern ein Zubau in Haupt- und Nebenwindrichtung, der die zu finanzierende(n) Anlage(n) negativ beeinflussen könnte, aktuell ausgeschlossen werden kann. Sofern die zu finanzierende(n) Anlage(n) selbst andere Anlagen am Standort abschattet/n, wird die Bank prüfen, ob diese ggf. ebenfalls durch sie finanziert wurde(n).

Bei der Anlagentechnologie sollte es sich um erprobte, einwandfrei funktionierende Technik renommierter Hersteller handeln, was bedeutet, dass der Anlagentyp bereits in Serie produziert wird und über eine ausreichende Dokumentation verfügt. Prototypen oder Typen einer sog. 27

[2059] Vgl. Kap. 5 Rn. 29.
[2060] Diese wird auf Basis eines mit den aktuellen technischen Richtlinien konformen Windgutachtens unter Berücksichtigung der im EEG festgelegten Verlustarten und des zuvor ermittelten Referenzertrags – unter Berücksichtigung der im EEG 2017 neuen Definition des Referenzstandorts – ermittelt.
[2061] Im § 36h Abs. 1 EEG wird Gütefaktor definiert als: „ … das Verhältnis des Standortertrags einer Anlage nach Anlage 2 Nummer 7 zum Referenzertrag nach Anlage 2 Nummer 2 in Prozent.".
[2062] P steht für die Wahrscheinlichkeit (*probability*). Ein sog. P50 liegt vor, wenn mit derselben Wahrscheinlichkeit (p=50) die Ertragsprognose über- bzw. unterschritten werden kann.
[2063] Fördergesellschaft Windenergie und andere Dezentrale Energien e. V., www.wind-fgw.de.
[2064] Damit ist die Prognoseunsicherheit des Gutachtens gemeint, die sog. Banking Case Uncertainty (BCU), bezogen auf die Unsicherheit der angewandten Berechnungsmethode. Die BCU ist ein Maß für die Verlässlichkeit der Prognose eines Ertragswertgutachtens.

Null-Serie[2065], die noch nicht die finale Zulassung und Serienreife haben, lassen sich ggf. mit zusätzlichen Absicherungen (z. B. höherer Eigenmitteleinsatz, gesonderte Wartungsvereinbarungen mit dem WEA-Hersteller o. ä.) finanzieren.

28   Ertragsmindernd und damit verschlechternd auf die Projektgüte wirken sich mit Genehmigung beauflagte Schall- und Schattenabschaltungen, eingeschränkte technische Verfügbarkeiten sowie berechnete erhebliche Netzverluste aus. Als Ansatz in ihre eigene Abschlagssystematik übernehmen Banken üblicherweise die jeweils durch den WEA-Hersteller bzw. Wartungsanbieter gemäß Kauf- bzw. Wartungsvertrag langfristig garantierten Verfügbarkeiten.

b) Typische Projektfinanzkennzahlen

29   Für den Fremdkapitalgeber sind solche Kennzahlen von besonderer Bedeutung, die eine Aussage über die Kapitaldienstfähigkeit eines Projekts ermöglichen.

Der **Kapitaldienstdeckungsgrad DSCR** (*Debt Service Coverage Ratio*) ist und bleibt mit Abstand die maßgebliche Kennzahl einer Projektfinanzierung bezogen auf das Fremdkapital:

$$DSCR = \frac{\text{Cashflow der Periode n}}{\text{Zins + Tilgung der Periode n}}$$

Er zeigt an, inwieweit der für die aufgenommenen Kredite zu erbringende Kapitaldienst (Zinsen und Tilgung) aus dem Cashflow des Projekts in der jeweiligen Periode n[2066] bedient werden kann.[2067]

30   Zu den weiteren praxisrelevanten, jedoch weniger bekannten Kennzahlen einer Projektfinanzierung zählen der **Darlehenslaufzeitdeckungsgrad LLCR** (*Loan Life Coverage Ratio*) und der **Projektlaufzeitdeckungsgrad PLCR** (*Project Life Coverage Ratio*):

$$LLCR = \frac{\text{Barwert der Cashflows bis zum Ende der Kreditlaufzeit}}{\text{Restschuld}}$$

Der **LLCR** zeigt an, inwieweit der Kapitaldienst während der Gesamtlaufzeit der gewährten Darlehen aus dem zukünftigen Cashflow bedient werden kann. Dabei ist auch die Verschiebung von Kapitaldienst in andere Perioden möglich, jedoch ohne dabei die **Kreditlaufzeit** zu verlängern. So lange der LLCR > 1 ist, steht ausreichend freier Cashflow bereit, um den Kapitaldienst während der vereinbarten Kreditlaufzeit vollständig zu bedienen.

DSCR als auch **LLCR** bilden die Grundlage für die Ermittlung der Verschuldungsfähigkeit im Finanzmodell und auch für die Ausfallwahrscheinlichkeit im Ratingverfahren.

31   Der **PLCR** zeigt an, inwieweit der Kapitaldienst während der **Projektlaufzeit** aus dem zukünftigen Cashflow bedient werden kann.

$$PLCR = \frac{\text{Barwert der Cashflows bis zum Projektende}}{\text{Restschuld}}$$

Ist der PLCR > 1, wird ausreichend freier Cashflow generiert, um den Kapitaldienst während der **Projektlaufzeit** vollständig zu erbringen – ggf. auch mittels Verschiebung von Kapitaldienst in spätere Perioden. Der PLCR spielt eine Rolle, wenn im Rahmen der Restrukturierung einer Finanzierung die Laufzeitverlängerung genutzt wird.

Je nach Risikoausrichtung der Bank werden für die Berechnung des Barwerts die zukünftigen Cashflows entweder mit dem der Finanzierung zu diesem Zeitpunkt unterlegten Fremd-

---

[2065] Geläufige Bezeichnung für die ersten (< 10) produzierten Anlagen eines neuen Typs, die im engen zeitlichen Zusammenhang mit der Inbetriebnahme der ersten Prototypen stehen.

[2066] Hier ist die Betrachtung auf Jahresbasis (Projektjahr) erfahrungsgemäß bereits ausreichend. Eine Darstellung auf Quartals- oder Halbjahresebene ist jedoch auch möglich.

[2067] Typischerweise liegen die bankseitig geforderten DSCRs zwischen 1,05 und 1,3 (basierend auf P75/P90), wobei Projekte mit hohem Fixkostenanteil eher DSCRs im Bereich 1,3+ benötigen, um auskömmlich zu sein.

kapitalzinssatz oder mit einem pauschalen, eher konservativ angesetzten Abzinsungsfaktor abgezinst.

Bei wachsenden Eigenkapitalquoten, z. B. infolge geringerer Förderung oder größerer Risiken des Projekts, ist auch die **Eigenkapitalrendite RoE** (*Return on Equity*) im Blick zu behalten. Der RoE als eine Form der Kapitalrentabilität bezeichnet die – sich i. d. R. von Jahr zu Jahr verändernde – „Verzinsung" der im Projekt gebundenen Eigenmittel, ausgedrückt in Prozent: 32

$$RoE = \frac{\text{Gewinn (Jahresüberschuss nach Steuern)}}{\text{Eigenkapital (Ausweis in der Bilanz)}}$$

Der RoE versachlicht die Diskussion über Interessenkonflikte zwischen Bank und Investor, da ggf. eine Übervorteilung gegenüber der Bank bei sehr hohen Eigenkapitalrenditen kenntlich wird. Erfolgreich umgesetzte Projekte erfüllen i. d. R. beide Anforderungen: sowohl eine aus Banksicht hinreichende DSCR als auch eine risikoadäquate, marktgerechte Eigenkapitalrendite aus Investorensicht.

3. Qualitative Beurteilung des Projekts

Hierbei handelt es sich um einen Prüfprozess aller qualitativen Aspekte eines Projekts, der vor Abgabe eines Term Sheets beginnt und vor Kreditbeschluss der Bank abgeschlossen sein muss. Große Geschäftsbanken lagern diesen Prozess oft an externe Berater bzw. spezialisierte Kanzleien aus. Mittelgroße Banken beschäftigen dafür i. d. R. hauseigene Juristen oder Spezialisten. Für Windenergieprojekte an Land haben sich die zu prüfenden Kriterien und angesetzten Maßstäbe inzwischen weitestgehend standardisiert bzw. vereinheitlicht. Der Prüfungsaufwand ist relativ unabhängig von der Größe eines Projekts, vielmehr kommt es darauf an, wie komplex ein Projekt ist und ob die Vertragsgestaltung branchenüblichen Standards entspricht. Letztlich geht es der finanzierenden Bank darum, vorhandene Risiken zu identifizieren, zu bewerten sowie gemeinsam mit dem Antragsteller Lösungen zu erarbeiten und abzustimmen. Hintergrund der Projektprüfung ist vor allem das Sicherungsinteresse der finanzierenden Bank, da im Falle eines Kreditausfalls die Möglichkeit der Übernahme bzw. der Verwertung des Projekts durch die finanzierende Bank davon abhängig ist, ob sämtliche für die Errichtung und den Betrieb des Windparks erforderlichen Rechte der finanzierenden Bank auch als Kreditsicherheiten zur Verfügung gestellt werden können. Nachfolgend werden ausgewählte Prüfungsaspekte vorgestellt. 33

a) Projektbeteiligte

Die Projektgesellschaft selbst weist zum Zeitpunkt der Due Diligence meist keine besondere Historie auf, da sie regelmäßig erst mit der Errichtung des Windparks operativ tätig wird. Sie sollte gemäß den handels- und gesellschaftsrechtlichen Vorgaben gegründet worden sein und die Eintragung im Handelsregister vorweisen können. Gegenstand der Prüfung sind hier insbesondere rechtliche, wirtschaftliche und steuerliche Auffälligkeiten aus der Zeit seit deren Gründung, längstens jedoch der letzten drei Jahre. Für die wesentlichen Projektbeteiligten (Sponsor, Windenergieanlagenhersteller, Generalunternehmer/-übernehmer) benötigt die finanzierende Bank zudem eine Bonitätsdarstellung, ggf. Auskünfte ohne Negativmerkmale sowie den Nachweis von Referenzen. Dazu gehören auch Informationen zu den Erfahrungen der jeweiligen Projektbeteiligten mit Projekten vergleichbarer Art und Größe und darüber, wie lange sie jeweils schon im Geschäft sind. Für eine umfassende qualitative Beurteilung sind weitere Fragen von Bedeutung. Beispielsweise welche Erkenntnisse der finanzierenden Bank ggf. aus bisherigen Zusammenarbeiten mit einzelnen Projektbeteiligten vorliegen. Auch die Bindung des Sponsors an das Projekt wird geprüft: u. a. wie groß seine Bereitschaft und Fähigkeit ist, sofern erforderlich Eigenkapital in ausreichendem Umfang zusätzlich einzubringen. Eine weitere wichtige Information für die Bank ist, ob und ggf. für wann ein Verkauf des Projekts beabsichtigt wird und ob dieser als *Share* oder *Asset Deal* geplant ist. 34

b) Projektumfeld

35   Hier werden solche Faktoren aus dem Umfeld des Projekts untersucht, welche es insgesamt komplexer bzw. risikobeladener machen und ggf. sogar seine Umsetzung gefährden könnten. Es werden auch die Anforderungen an Bau und Betrieb des Projekts im Vergleich zu anderen Projekten des Segments bewertet. Im Ergebnis entscheidet dann oft die Summe und Gewichtung solcher risikoerhöhender Sachverhalte über die Konditionen der Finanzierung bzw. die damit im Zusammenhang stehenden möglichen Auflagen. Die Komplexität und damit auch das Risiko eines Projekts erhöht sich beispielsweise bei einer Prototypenfinanzierung, bei komplexer Geländestruktur[2068], bei einer hohen Windenergieanlagendichte am Standort, bei Netzeinspeisung über ein Umspannwerk bzw. Netzinfrastruktur außerhalb des Eigentums des Netzbetreibers oder des Kreditnehmers, ferner bei einer ausländischen Rechtsform des Kreditnehmers, bei vertraglich vereinbartem ausländischen Recht/Gerichtstand, bei Zahlungsvereinbarungen eines errichtungs-/betriebsrelevanten Vertrags nicht in Euro und/oder auch bei noch ungewisser Dauer der anfänglichen Höchstförderung im Vergütungsregime bis EEG 2014.

c) Vertragsstrukturen

36   Gegenstand der Prüfung sind die wesentlichen Verträge der Projektgesellschaft anhand der vom Kreditnehmer zur Verfügung gestellten Unterlagen, insbesondere im Hinblick auf die nachfolgend aufgeführten Aspekte und die in aller Regel angestrebte Möglichkeit, das Projekt im Krisenfall fortzuführen (Going-concern-Prinzip[2069]):

- **Gesellschaftsvertrag:** Rechtliche, wirtschaftliche und ggf. steuerliche Aspekte der Betreibergesellschaft,
- **Anlagenliefervertrag:** Festpreis, Haftungsregelungen, Zusicherungen (Zeit, Verfügbarkeit), Liefer- bzw. Inbetriebnahmetermin, Leistungskennziffern, Zahlungsplan, Eigentumsvorbehalt, Vertragsstrafen, Vertragserfüllungsgarantien, Abnahmeregelung, Versicherungen, Gewährleistungsgarantie,
- **Generalunternehmer/-übernehmervertrag:** Festpreis, Haftungsregelungen, Zahlungsplan, Netzanbindung, Vertragsstrafen, Garantien,
- **Netzanschlusszusage/Einspeisevertrag:** Verbindlichkeit, zugesagte Einspeisekapazität, Eigentumsverhältnisse Übergabestation bzw. Umspannwerk und ggf. Besicherungskonzept, Netzanschlussreservierung spätestens zum Prüfungszeitpunkt,
- **Wartungsvertrag:** Vollwartungs- vs. Basisvertrag, variable vs. fixe Kosten, Laufzeit,
- **Betriebsführungsvertrag:** Kostentechnische und kfm. Betriebsführung, Verfügbarkeiten, Garantien, Ersatzteile/Instandhaltung, Laufzeit, Kündigung, Pönalen, Versicherungen,
- **Nutzungs-/Gestattungs-/Infrastrukturverträge**[2070]: Laufzeit, Ausschluss der ordentlichen Kündigung, Rückbau, Kosten, schuldrechtliche und dingliche Sicherung der erforderlichen Grundstücksflächen[2071],
- **Versicherungen:** Umfang – abhängig von der Ausgestaltung des Wartungsvertrags – inkl. Haftpflicht, Maschinen- und Maschinenbruchversicherung zzgl. einer Betriebsunterbrechungsversicherung; mind. Vorlage eines annahmefähigen marktüblichen Versicherungsangebots.

[2068] Üblicherweise wird hiermit eine Landschaft beschrieben, die aufgrund ihrer orografischen Verhältnisse nicht mit anderen Landschaften unmittelbar vergleichbar ist und aufgrund ihrer individuellen Windverhältnisse gesondert abgebildet werden muss (z. B. Windenergieanlagen im Wald).

[2069] Das Going-concern-Prinzip ist ein Bewertungsprinzip, welches in § 252 Abs. 1 Nr. 2 HGB geregelt ist: „Bei der Bewertung ist von der Fortführung der Unternehmenstätigkeit auszugehen.".

[2070] Vermehrt werden die Infrastrukturen von verschiedenen Projektgesellschaften genutzt und gehalten. Werden gleichzeitig auch die Einspeisungen gepoolt, kommt man in solchen Konstellationen nicht immer mit den Standardverträgen und -anforderungen weiter. Die finanzierende Bank muss vorher klären, welche geeignete Stelle intern oder extern diese Prüfung durchführen kann. Hierbei geht es nicht nur um den Ausschluss von möglichen schuldrechtlichen Problemen, sondern auch um die Einhaltung von aufsichtsrechtlichen Vorgaben.

[2071] Vgl. Kap. 5 Rn. 90 ff.

Die Verträge bzw. ihre Entwürfe werden bankseitig auf ihre Kostenstrukturen hin überprüft und die Kosten werden ihrer Höhe nach plausibilisiert. D. h. auffallend zu niedrig angesetzte Kosten werden auf Standardwerte angehoben, ebenso können über Marktniveau bzw. Erfahrungswerten angesetzte Kosten auf ein übliches Maß begrenzt werden. Bei den Verträgen für die Betriebsphase wirken sich variable Kosten, die also prozentual vom Ertrag/Erlös vereinbart werden, grundsätzlich positiver auf die Bewertung aus als eine starre Kostenstruktur. Abhängig von der Auswirkung der Kosten(struktur) auf die Projektgüte kann oder muss die Projektgesellschaft hier, forciert durch die finanzierende Bank, einen Vertrag ggf. noch einmal nachverhandeln. Darüber hinaus ist zu beobachten, dass die Betriebskosten eines Projekts mit dem neuen EEG verstärkt an Erlöse (in EUR) gekoppelt werden.[2072]

d) Öffentlich-rechtliche Genehmigungen (BImSchG)

Die finanzierende Bank prüft, ob die Genehmigungen nach BImSchG vollständig vorliegen und der Projektgesellschaft den Bau und Betrieb des Windparkprojekts erlauben. Der genehmigte Sachverhalt muss dabei dem zu finanzierenden Projekt bezüglich Standort, Anlagentyp und Anzahl der WEA entsprechen. Ist die Genehmigung noch nicht auf die Projektgesellschaft ausgestellt, muss der Betreiberwechsel gegenüber der Genehmigungsbehörde angezeigt werden Desweiteren wird bei vorliegenden Genehmigungen überprüft, ob diese auch wirksam und bestandskräftig sind. Bürgerenergiegesellschaften müssen beispielsweise für die Teilnahme im Ausschreibungsverfahren noch keine BImSchG-Genehmigung vorweisen können. Sollte die Genehmigung zum Zeitpunkt der Prüfung noch nicht bestandskräftig sein, wird die Bank diese dahingehend überprüfen, ob ihre Erteilung rechtmäßig war und ein Rechtsmittel dagegen auch keinen Erfolg haben sollte. Die Bank muss anhand des Prüfergebnisses dann selbst abwägen, ob sie trotz des ggf. verbleibenden Restrisikos einer möglichen Aufhebung der Genehmigung eine Finanzierungszusage erteilen möchte. 37

Spätestens vor Erstvalutierung der Kreditmittel ist eine entsprechende Überprüfung auf anhängige Rechtsmittel bzw. Widersprüche gegen die BImSchG-Genehmigung noch einmal vorzunehmen. Dafür wird eine Bestätigung der Genehmigungsbehörde vom Sponsor eingeholt. Sofern Rechtsmittel anhängig sind, erfolgt i. d. R. bankintern, teilweise unter Einbindung einer externen Legal Opinion, die individuelle Bewertung der Erfolgsaussichten. Mit Ablauf der (einspruchsfreien) Rechtsmittelfrist ist die Genehmigung bestandskräftig. 38

Bankseitig ist außerdem zu prüfen, ob die Genehmigung nach BImSchG aufschiebende Bedingungen enthält, an die die Wirksamkeit der Genehmigung möglicherweise geknüpft ist. Enthaltene **Auflagen und/oder Bestimmungen**, die einen wirtschaftlichen Betrieb der Anlage beeinträchtigen, wie z. B. Drosslungen und Abschaltregeln aufgrund von Schattenwurf oder Lärmimmissionen, müssen im Finanzmodell entsprechend berücksichtigt werden. Dies gilt auch für den Fall, wenn Bestimmungen nach BImSchG spätere Eingriffe in den Betriebsmodus der Anlage nicht ausschließen, z. B. wenn diese an weitere Monitoringergebnisse geknüpft werden. 39

Ferner sind die Fristen der Inanspruchnahme einer Genehmigung zu beachten (z. B. mittels Anzeige Baubeginn), da diese sonst u. U. Gefahr läuft, unbemerkt zu erlöschen. Liegen noch keine Genehmigungen vor, so ist zu klären, wann mit diesen konkret zu rechnen ist. 40

4. Quantitative Prüfung der Wirtschaftlichkeit

a) Hintergrund

Nachdem spezifische Risiken im Vorfeld erkannt und bestimmten Projektbeteiligten zugeordnet wurden, gilt es nunmehr die Gesamtwirkung dieser Risiken auf das Projekt zu analysieren und zu bewerten (Risikoquantifizierung). Aufbauend darauf wird eine projektbezogene Finanzierungsstruktur entwickelt und verhandelt. Das zentrale Element dafür ist ein **Finanzmodell** (*Cashflow Model*). Es enthält u. a. Ausgangsdaten um ein **Rating** zu erstellen 41

[2072] S. hierzu § 36h Abs. 3 EEG.

und ist ebenso die Basis für eine **Szenarioanalyse**[2073]. Die Analyseergebnisse sind neben der Ratingnote maßgebliche Grundlage der Kreditentscheidung.

b) Finanzmodell

42 **aa) Zweck und Inhalt.** Das Finanzmodell ist für beide Kapitalgebergruppen – Banken und Sponsoren – von zentraler Bedeutung, da es *das* methodische Werkzeug zur ersten Abschätzung der Projektbelastbarkeit und Wirtschaftlichkeit ist. Im späteren Projektverlauf dient es dem Monitoring des Projekts und zur Überprüfung der Wirtschaftlichkeit bei Abweichungen vom ursprünglichen – der Finanzierung zu Grunde gelegten – Plan. Zahlreiche projektspezifische Daten und Cashflow-Parameter werden im Finanzmodell erfasst, verarbeitet und historisiert.

43 Die mit Hilfe des Finanzmodells zu entwickelnde projektbezogene Finanzierungsstruktur ist so auszugestalten, dass die bankseitigen Anforderungen, wie z. B. die Einhaltung bestimmter Kennzahlen, an die Projektfinanzierung über die gesamte Finanzierungslaufzeit stets erfüllt werden können. Dabei wird ein meist pauschaler Sicherheitsabschlag[2074] auf den erwarteten Ertrag zu Grunde gelegt.

44 Im Modell werden zwei typische Szenarien dargestellt: Der **Banking Case** ist das konservativere Szenario. Er ist die Ausgangsbasis für die Szenarioanalyse und basiert i. d. R. auf dem P75-Wert der Winderträge und einer durch die Bank plausibilisierten Kostenplanung. Der sogenannte **Sponsor Case** ist ein Basisszenario der wahrscheinlichsten Parameterwerte, bei dem die erwarteten Einspeiseerlöse auf dem P50-Windertrag beruhen und die Betriebskosten gemäß der Kundenplanung bzw. vorliegenden Verträgen und Vertragsentwürfen angesetzt werden.[2075]

45 **bb) Cashflowtreiber.** Mit dem Begriff Cashflowtreiber werden Einflussgrößen bezeichnet, die bereits durch geringe Schwankungen die Ertrags- und Kostensituation eines Windparks relevant nach oben wie nach unten treiben können. Sie besitzen eine sogenannte Hebelwirkung. Zu den wesentlichen Hebeln der Einnahmenseite zählen der prognostizierte Bruttoenergieertrag (Windstunden p. a.) eines Windparks sowie die erwartete Vergütung. Daneben üben die laufenden **Wartungs- und Instandhaltungskosten** den größten Einfluss auf die Höhe der jährlichen Betriebskosten aus.

46 **cc) Szenario-Analyse.** Mittels der Szenario-Analyse wird die Robustheit des Projekts bei negativen Entwicklungen im Finanzmodell überprüft, insbesondere wie sich diese auf die Finanzkennzahlen bzgl. der Verschuldungsfähigkeit auswirken. Die wesentlichen Szenarioansätze sind die Stressung der Ertragsannahmen, die Verwendung von Standardkostenansätzen und einheitliche Stressungen des Zinssatzes bei fehlender Zinsfestschreibung. Wichtig ist, dass die unterstellten Stress-Situationen tatsächlich auftreten können. Im Ergebnis kann es zu einer veränderten Finanzierungsstruktur kommen, um möglichen negativen Entwicklungen Rechnung zu tragen.

c) Rating

47 **aa) Notwendigkeit.** Im sog. internen Rating einer Bank erfolgt die Einordnung der Qualität des Projekts nach vorgegebenen Kriterien. Es handelt sich dabei um spezielle Ratingverfahren, welche im Rahmen des IRB[2076]-Ansatzes nach Art. 143 CRR[2077] durch die Bankenaufsicht erlaubnispflichtig sind. Mittels mathematisch-statistischer Verfahren werden Ausfallwahrscheinlichkeiten anhand von Ausfallmerkmalen errechnet und in Ratingstufen eingeteilt.

[2073] Auch geläufig als Stresstest bzw. Sensibilitätsanalyse.
[2074] Anhand von Erfahrungswerten wenn verbleibende Einzelrisiken nicht quantifiziert werden können, unterschiedlich bemessen von Bank zu Bank.
[2075] Die angesetzten P-Werte gemäß Gutachten werden vorab durch die Bank plausibilisiert, z. B. mittels eines beauftragten weiteren Gutachtens oder durch Bildung des Mittelwerts.
[2076] Internal Ratings Based Approach.
[2077] Capital Regulation Requirements. Verordnung (EU) Nr. 575/2013 des Europäischen Parlaments und des Rates v. 26.6.2013 über Aufsichtsanforderungen an Kreditinstitute und Wertpapierfirmen und zur Änderung der Verordnung (EU) Nr. 646/2012.

Ratings stellen die Grundlage des Risikomanagements dar. Zusätzlich beeinflussen sie die 48
Höhe der **Risk-Weighted-Assets**[2078] und damit auch die Eigenkapitalbelastung. Verschlechtert sich das Rating, muss die Bank den Kredit mit mehr Eigenkapital unterlegen, was für die Bank zusätzliche Kosten bedeutet und ggf. auch den Kredit mit höheren Zinskosten belasten könnte.

bb) Risikofaktoren. Das Ratingverfahren ermittelt die Ausfallwahrscheinlichkeit (*Probability* 49 *of Default*), indem es die für Projektfinanzierungen identifizierten Hauptrisikofaktoren berücksichtigt. Bei diesen sog. Ratingtreibern handelt es sich vorrangig um folgende Einflussgrößen, die – ungünstig ausgeprägt – das Projekt überdurchschnittlich negativ beeinflussen können: Die anzusparende oder vorab zu hinterlegende Kapitaldienstreserve, der Fixkostenanteil an den laufenden Kosten, die Gesamtunsicherheit der Berechnungsmethode der Windertragsgutachten sowie der Formparameter k, der die Kurve der Häufigkeitsverteilung der Windgeschwindigkeit stark beeinflusst.

5. Indikatives Finanzierungsangebot (Termsheet)

a) Einordnung

Bei einem indikativen Finanzierungsangebot, auch Termsheet genannt, handelt es sich um 50 eine **unverbindliche Finanzierungsbereitschaftserklärung** des angefragten Kreditinstituts. Diese erfolgt häufig zu einem Zeitpunkt, zu dem die wesentlichen Projektparameter feststehen, aber noch einige Formalitäten ausstehen, um mit dem Bau beginnen zu können, so z. B. die BImSchG-Genehmigung und die Beauftragung des WEA-Herstellers zur Lieferung der Windenergieanlagen. Die Abgabe des indikativen Finanzierungsangebots erfolgt i. d. R. nach (erster) qualitativer Beurteilung des Projekts und quantitativer Prüfung der Wirtschaftlichkeit. Die Gründe für ein derartiges Angebot können sehr unterschiedlich sein. Für den Antragsteller ist es wichtig zu wissen, ob die angefragte Bank das vorgestellte Projekt finanzieren möchte und unter welchen Bedingungen bzw. Konditionen sie dazu bereit ist. Häufig benötigt der Antragsteller das Angebot auch für Geschäftspartner, um zu signalisieren, dass eine Bank bereit ist, das Projekt zu finanzieren. Bevor der formale und zeitaufwendige Genehmigungs- und Dokumentationsprozess in der Bank startet, muss diese sicherstellen, ob die vorgeschlagenen Konditionen und Bedingungen auch vom Antragsteller akzeptiert werden.

Die Bank berücksichtigt bei der Abgabe des Angebots immer die individuellen Gegebenheiten 51 des Projekts und des Antragstellers sowie häufig auch die langjährige und vertrauensvolle Kundenbeziehung. Im Ergebnis handelt es sich immer um ein vertrauliches Dokument, dessen Vergleichbarkeit mit Angeboten anderer Banken aufgrund der unterschiedlichen Intentionen bzw. Herangehensweisen der Banken nicht immer gegeben ist.

Die Abgabe des indikativen Finanzierungsangebots erfolgt i. d. R. **unter Gremienvorbehalt**. 52 Das bedeutet, dass die im Angebot genannten Konditionen und Bedingungen unter dem Vorbehalt der abschließenden Kreditgenehmigung durch die entsprechenden Entscheidungsträger stehen. Je weiter fortgeschritten das Projekt ist, desto zuverlässiger ist auch das Angebot. Aufgrund der langjährigen Erfahrungen der Banken ist davon auszugehen, dass die Angebote bereits so abgegeben werden, dass eine Verlässlichkeit gegeben ist.

Eine Regelung, was im Angebot genau enthalten sein muss, existiert nicht. Das indikative 53 Angebot setzt sich jedoch üblicherweise aus folgenden Bestandteilen zusammen: Antragsteller, Verwendungszweck, Finanzierungs- und Investitionsplan, Vertragserfüllungsbürgschaften, Rückbaubürgschaften, Vor- und Zwischenfinanzierung sowie Langfristfinanzierung (Finanzierungsbausteine) mit den entsprechenden Laufzeiten, Zinsfestschreibungen, Zinssätzen und Rückführungsmodalitäten, Sicherheiten und Covenants. Im Angebot werden voraussichtliche Parameter des Projekts konkret benannt, die als Grundlage für die beabsichtigte Kreditgewäh-

---

[2078] Risk-Weighted Assets sind nach Risiko gewichtete Bilanzaktiva einer Bank. Die Risikogewichtung geht davon aus, dass nicht jeder Kredit gleich riskant ist. Weniger riskante Kredite müssen deshalb mit weniger Eigenkapital unterlegt werden, wohingegen bei riskanteren Krediten mehr Eigenkapital erforderlich ist.

rung unterstellt wurden, wie z. B. der Inbetriebnahmetermin, der anzulegende Wert und die Höhe der Direktvermarktungskosten. Darüber hinaus sind auch weitere individuelle Regelungen möglich.

b) Ausgestaltung mit Fremdkapital – Finanzierungsbausteine

54   Im Rahmen der quantitativen Beurteilung eines Projekts wird auch die mögliche Finanzierungsstruktur (inkl. Fremdkapitalhöhe) ermittelt. Diese ist für die Festlegung der einzelnen Finanzierungsbausteine von großer Bedeutung.

55   **aa) Vor- und Zwischenfinanzierung.** Hierbei handelt es sich um eine kurzfristige Form der Finanzierung der Investitionskosten (sog. *Bridge* Finanzierung) und der in diesem Kontext erforderlichen Umsatzsteuer und eventueller **Zahlungs- oder Vertragserfüllungsbürgschaften**. Die Dauer dieser Finanzierungsform beträgt zwischen 6 und 18 Monaten, maximal bis zum Abschluss der Investitionsphase und Rückerstattung der Umsatzsteuer. In der Praxis hat sich der Kreditrahmen als geeignetes Finanzierungsinstrument etabliert. Dieser steht wahlweise zur Inanspruchnahme als **Kontokorrent-, Termin- oder Avalkredit** für Zahlungs- oder Vertragserfüllungsbürgschaften zur Verfügung. Die Zwischenfinanzierung der Investitionskosten erfolgt so lange bis die langfristigen Mittel zur Verfügung stehen, welche dann diese Finanzierung ablösen. Der Zeitpunkt der Rückführung wird davon bestimmt, welche Arten von langfristigen Finanzierungsmitteln eingesetzt werden, **Fördermittelkredite** oder **Hausbankkredite**, wie die Zinserwartung des Kreditnehmers ist, d. h., wann die Kreditverträge geschlossen und damit die Zinsen fest vereinbart werden, und wie komplex die Zahlungsstruktur ist (Einzelgewerkvergabe oder GU-Vertrag). Die Vorfinanzierung der Umsatzsteuer erfolgt im Zusammenhang mit den Nettoinvestitionskosten. Die Umsatzsteuererstattungsansprüche werden an die Bank abgetreten. Die Rückführung erfolgt dann durch die Zahlung des Finanzamts.

56   Einige WEA-Hersteller vereinbaren die Vorlage von Vertragserfüllungs- bzw. Zahlungsbürgschaften, um sicher zu stellen, dass die bei ihnen ausgelösten Aufträge, die entsprechender Vorlaufzeiten bedürfen, auch bezahlt werden. Spätestens nach Fertigstellung der Windenergieanlage werden die Bürgschaften zurückgegeben und erlöschen damit.

57   Die Zinssätze orientieren sich an kurzfristigen Refinanzierungseinständen der Bank (z. B. Euribor) bei gleichzeitiger Berücksichtigung einer entsprechenden Bankenmarge, die dem Aufwand und dem Risiko in der Bauphase Rechnung trägt. Für die Bürgschaften sind sog. Bürgschaftsprovisionen zu zahlen. Die Höhe orientiert sich dabei an Umfang, Höhe und zeitlicher Dauer der Bürgschaft.

58   **bb) Langfristfinanzierung.** Die Investitionen in Windenergieanlagen sind vor dem Hintergrund der EEG-Förderung auf 20 Jahre ausgerichtet. Demzufolge bedarf es einer längerfristigen Bereitstellung von Finanzierungsmitteln.

Üblicherweise dienen hierzu Kredite aus Programmen öffentlicher Förderinstitute, wie z. B. der Kreditanstalt für Wiederaufbau (KfW) oder der Rentenbank. Vor dem Hintergrund bestimmter projektspezifischer Besonderheiten (Zinsbindung, Laufzeit, Rückführungsmodalitäten) oder wenn bestimmte Programmbedingungen nicht erfüllt werden können, werden Hausbankkredite verwendet. Hausbankkredite sind Kredite, welche die Bank aufgrund eigener Refinanzierungsmöglichkeiten (z. B. Einlagen) selbst begeben kann.

59   Die **Kreditlaufzeiten** betragen i. d. R. zwischen 15 und 18 Jahren. Häufig wird das erste Jahr als Tilgungsfreijahr eingeräumt und gleichzeitig zur Ansparung der Kapitaldienstreserve[2079] genutzt.

60   Die **Zinsbindung** beträgt mindestens 10 Jahre. Dies bedeutet, dass nach dem 10. Laufzeitjahr ein Zinsänderungsrisiko besteht. In der Praxis kommt es aufgrund des niedrigen Zinsniveaus immer häufiger vor, dass die Zinsen für die komplette Laufzeit festgeschrieben werden bzw.

[2079] Genügen die Erlöse in windschwachen Zeiten nicht, um den Kapitaldienst zu erbringen, wird eine Reserve hierfür verwendet. Je nach Ausgestaltung der tilgungsfreien Zeit kann die anzusparende Reserve zwischen 25 und 75 Prozent einer Jahrestilgung betragen. Ausschüttungen sind bis zur vollständigen (Wieder-)Ansparung nicht möglich.

Reineke

derivative Finanzinstrumente zur Zinsabsicherung über die gesamte Finanzierungslaufzeit verwendet werden. Häufig handelt es sich dabei um Zinsswaps. Sollte keine Zinssicherung über die komplette Laufzeit der Finanzierung erfolgen, ist mindestens nach dem 10. Laufzeitjahr ein höherer kalkulatorischer Zinssatz zu verwenden, der dem Zinsänderungsrisiko adäquat Rechnung trägt.

Der Betreiber verpflichtet sich bereits zu Beginn der Investition in die Windenergieanlage zum gegebenen Zeitpunkt[2080], meist zwischen 25 und 30 Jahren, einen Rückbau der Anlage vorzunehmen. Die Absicherung dieser Verpflichtung erfolgt durch die Stellung einer Rückbaubürgschaft seitens der Bank. 61

Die Konditionen sind bis zur abschließenden Dokumentation als indikativ anzusehen. Hintergrund sind die teilweise sehr langen Zeiträume von der Abgabe des Angebots bis zur Dokumentation. Hier kann es zu Änderungen am Kapitalmarkt bzw. auch bei den Förderbanken kommen. 62

c) Anforderungen an das Eigenkapital

Der notwendige **Eigenkapitaleinsatz** ergibt sich aus der Differenz der Gesamtinvestitionskosten und dem möglichen Fremdkapital. Die Höhe des geforderten Eigenkapitals macht der Finanzgeber insbesondere abhängig von der Projektqualität und der DSCR. Der Anteil der Eigenmittel an den Gesamtinvestitionskosten variiert damit theoretisch zwischen 0 und üblicherweise 30 Prozent. Jedoch strebt die Bank grundsätzlich einen risikoadäquaten Eigenkapitaleinsatz an und möchte die Sponsoren angemessen an den Projektrisiken beteiligen, deshalb werden praktisch regelmäßig zwischen 10 bis 20 Prozent Eigenkapital gefordert. Für die Bindung der Kreditnehmer an das Projekt ist aber auch die Rendite auf das eingesetzte Eigenkapital entscheidend. 63

Das Eigenkapital ist vor Inanspruchnahme der Kreditmittel als Kommanditkapital (Haftsumme) oder als Pflichteinlage in die Gesellschaft einzubringen und dort während der gesamten Kreditlaufzeit zu belassen. Alternativ kann das Eigenkapital in Form von Gesellschafterdarlehen eingebracht werden. In diesem Fall ist eine Rangrücktrittsvereinbarung für sämtliche der Gesellschaft gewährten und noch zu gewährenden Gesellschafterdarlehen abzuschließen. Bei der Höhe des erforderlichen Eigenkapitals als Haftbasis sollte nach den jeweiligen Gesellschaftsformen der Kreditnehmer unterschieden werden. 64

Exkurs: Eigenkapital aus Stundung von GU/GÜ-Raten.
Als Besonderheit soll an dieser Stelle auf die Fälle eingegangen werden, bei denen das Eigenkapital bis zur Einwerbung des Kommanditkapitals durch Stundung von GU/GÜ-Raten erbracht wird (GU/GÜ = Sponsor). Hier können nur die ersten GU/GÜ-Raten gestundet werden, um dem Grundsatz Eigenkapital vor Fremdkapital Rechnung zu tragen. Der GU/GÜ-Vertrag muss als übliche Finanzierungsanforderung deshalb eine zinslose Stundung der Rate(n) aufweisen und der Eigentumsübergang darf nicht von der Zahlung der gestundeten Rate abhängen. Darüber hinaus darf kein Eigentumsvorbehalt bestehen. In diesen Fällen wird die Bank i. d. R. einen qualifizierten Rangrücktritt vereinbaren. Die Forderungen des GU/GÜ können dann nur noch aus künftigen Gewinnen, einem etwaigen Liquiditätsüberschuss oder aus einem die sonstigen Verbindlichkeiten der Firma übersteigenden freien Vermögen beglichen werden und zwar nach Befriedigung sämtlicher Gesellschaftsgläubiger.[2081] Die Forderung kann dann nur zugleich mit den Einlagenrückgewähransprüchen der Gesellschafter geltend gemacht werden.[2082]

6. Mandatierung der finanzierenden Bank

Im Ergebnis dieses Prüfprozesses wird die für den Kreditantragsteller bestmögliche Finanzierungsstruktur ermittelt. Um für den weiteren Finanzierungsprozess Klarheit über die Bedingungen und Konditionen zu haben, wird der Kunde die Bank mandatieren (beauftragen), auf dieser Basis die Kreditentscheidung herbeizuführen und damit die abschließende Vertrags- 65

[2080] Ende der Nutzungsdauer.
[2081] I. S. d. § 39 Abs. 2 InsO.
[2082] I. S. d. § 199 S. 2 InsO.

dokumentation vorzunehmen. Dieser Auftrag kann formlos in Schriftform erfolgen, aber auch die formale (Formvordruck der Bank) oder mündliche Mandatierung kommen in der Praxis vor.

IV. Dokumentation der Finanzierung

1. Unterschied zwischen indikativem Angebot und Finanzierungszusage

66 Ob Indikation oder unverbindliche Finanzierungsbereitschaftserklärung – es handelt sich bei diesen Bezeichnungen stets um das erste **indikative Angebot** einer Bank, auch Termsheet genannt. Wie der Name vermuten lässt ist es freibleibend bzw. nicht bindend. Es signalisiert die grundsätzliche Bereitschaft, die Finanzierung eines bestimmten Investitionsvorhabens bis zu einem bestimmten Betrag zu übernehmen. In der Regel umfasst es nur wenige Seiten und steht unter dem Vorbehalt der Zustimmung der zuständigen internen Entscheidungsgremien der Bank und ggf. auch der Zusage entsprechender Fördermittelkredite z. B. durch die KfW oder die Rentenbank.

67 Demgegenüber handelt es sich bei der sog. **Finanzierungszusage** um ein – nach Gremienbeschluss der Bank – qualifiziertes und konkretes Angebot (auch im Rechtssinne), an das sich die Bank ausdrücklich nur für eine bestimmte Frist gebunden hält. Dem Kunden wird dies schriftlich mitgeteilt und in aller Regel werden gleichzeitig die – meist von ihr bereits unterzeichneten – schriftlichen Verträge in mehreren Ausfertigungen zur Unterzeichnung übersandt. Die Annahme dieses Angebots erfolgt durch Unterzeichnung des Kreditnehmers und Rücksendung an die Bank.

2. Kreditvertrag

a) Rechtliche Einordnung

68 Ein Kreditvertrag unterliegt den Bestimmungen des Schuldrechts der §§ 488 ff. BGB. Das BGB verwendet jedoch nur den Begriff „Darlehensvertrag". Zwischen Kreditvertrag und Darlehensvertrag besteht aber kein rechtlicher Unterschied, denn alle Arten von Geldkrediten sind als Darlehen einzuordnen. Der Kreditvertrag umfasst die Überlassung eines Geldbetrages als Darlehen an den Kreditnehmer sowie andererseits dessen Verpflichtung, das Darlehen abzunehmen und dem Kreditgeber einen ggf. geschuldeten Zins zu zahlen und bei Fälligkeit das zur Verfügung gestellte Darlehen zurückzuerstatten. Soll ein Kredit gesichert werden, wird der Kreditvertrag durch eine Sicherungsabrede oder wie im Projektfinanzierungsgeschäft üblich durch diverse Sicherheitenverträge ergänzt.

69 Wie jeder andere Vertrag kommt der Kreditvertrag nach §§ 145 ff. BGB durch Angebot und Annahme zwischen Kreditgeber und -nehmer zustande. Mindestinhalt der übereinstimmenden Willenserklärungen sind der Darlehensgegenstand (Geldbetrag), die Hingabe des Darlehens und die Vereinbarung der Rückerstattungspflicht.[2083]

70 Der Kreditvertrag ist grundsätzlich formlos gültig. Sowohl auf Kreditgeber- als auch auf Kreditnehmerseite können mehrere Personen Vertragspartner sein. Eine Mehrheit von Darlehensgebern kann insbesondere beim sog. Konsortialvertrag auftreten, jedoch sind auch hier verschiedene Konstellationen denkbar.[2084]

b) Vertragsbestandteile

71 **aa) Allgemeines.** Die Bestandteile entsprechen in vielen Punkten denen des Termsheets[2085]. Es erfolgt allerdings eine Konkretisierung der Angaben, u. a. zur Auszahlung, der Finanzierungslaufzeit, der Zinsfestschreibung und der Zins- und Tilgungsmodalitäten. Darüber hinaus kann

---

[2083] Vgl. *Tonner/Krüger* (Hrsg.), Bankrecht, 2014, § 18 Rn. 6 f.
[2084] S. dazu Kap. 5 Rn. 112 ff. (Konsortialfinanzierung).
[2085] S. dazu Kap. 5 Rn. 50 ff.

der Vertrag weitere Regelungen, u. a. zu Abnahme bzw. Nichtabnahme, möglichen Konditionsanpassungen und Bereitstellungsprovisionen beinhalten. Bei Fördermittelkrediten sind derartige Regelungen durch das Förderinstitut vorgegeben, wohingegen sie bei Hausbankkrediten gesondert vereinbart werden. Die Allgemeinen Geschäftsbedingungen einer Bank sind immer Vertragsbestandteil. Bei Förderkrediten werden die jeweiligen Programm- bzw. Förderbedingungen und Allgemeinen Bestimmungen des Förderinstituts ebenfalls Bestandteil des Vertrags.

bb) Auszahlungsvoraussetzungen. Neben dem Abschluss der erforderlichen Kredit- und Sicherheitenverträge nebst Bereitstellung der hierfür erforderlichen Informationen sind eine Vielzahl weiterer Unterlagen bzw. Nachweise erforderlich, die für eine Auszahlung der Kreditmittel notwendig sind. Somit stellt die Bank sicher, dass die auf der Basis der bislang vorgelegten Unterlagen bzw. Informationen getroffene Kreditentscheidung auch so umgesetzt wird. Grundsätzlich handelt es sich um Vereinbarungen, die von Bank zu Bank unterschiedlich sein können. Der Zeitraum bis zur Erfüllung der Auszahlungsvoraussetzungen ist häufig eine sehr intensive Phase des Austauschs zwischen Kunde und Bank, wobei die Bank regelmäßig auch notwendige Änderungen beim Projekt zu beurteilen hat. 72

Grundvoraussetzung ist die gesicherte Gesamtfinanzierung. Das bedeutet, dass neben dem Fremdkapital auch das Eigenkapital vorhanden ist. Weitere Finanzierungsbausteine, z. B. eigenkapitalähnliche Mittel, müssen ebenfalls nachgewiesen werden. Der Einsatz des Eigenkapitals erfolgt zeitlich vor dem Fremdkapital. Auszahlungen erfolgen üblicherweise mit Mittelverwendungsnachweis, meist noch unter Berücksichtigung der Prüfung des Bautenstands durch einen internen oder externen Sachverständigen. 73

Für Windenergieanlagen, die als Übergangsanlagen nach dem EEG 2014 betrieben werden können und nicht am Ausschreibungsverfahren teilnehmen, gilt meist die (bestandskräftige) Genehmigung nach BImSchG als wesentliches Erfordernis zum Baustart bzw. zur Kreditauszahlung. Die Vorlage der Genehmigung zur Errichtung und zum Betrieb der zu finanzierenden Anlage muss ohne zusätzliche kostenerhöhende, bauverzögernde und ertragsmindernde Auflagen erfolgen, sofern diese zum Zeitpunkt der Kreditantragstellung nicht bekannt waren. Im EEG 2017 markiert der Zuschlag für den anzulegenden Wert – der entsprechend nachgewiesen werden muss – den Start der Umsetzung des Vorhabens. 74

Der Bauzeitenplan, aus dem der plangemäße Baubeginn und die fristgerechte Inbetriebnahme ableitbar sind, war bislang schon immer Voraussetzung für die Begleitung von Finanzierungsvorhaben. Mit dem EEG 2017 verschärfen sich diese Regelungen. Hintergrund ist die Realisierungsfrist von 24 Monaten nach Zuschlag zzgl. 6 Monate Nachfrist mit schrittweiser Pönalezahlung, ungeachtet der Verlängerung der Frist bei anhängiger Klage. Bei Fristversäumnis gibt es demzufolge keine Förderung und die Bank erleidet einen Ausfall der Finanzierung. Demzufolge wird die Bank entsprechende Maßnahmen vereinbaren, die eine mögliche Fristversäumnis verhindern. Die Möglichkeiten sind hier sehr vielfältig. In Betracht kommen beispielsweise eine intensivere Prüfung der Genehmigung nach BImSchG und der GU/GÜ- bzw. Lieferverträge, engere Bauphasenüberwachung sowie Auflagen in den Kreditverträgen zum rechtzeitigen Baubeginn. 75

Für geleistete Anzahlungen an den Hersteller unter dem Anlagenliefervertrag sind nach Maßgabe der Bank Anzahlungsbürgschaften hereinzunehmen, (harte) Patronatserklärungen sollten die Ausnahme bleiben. Eigentumsvorbehalte seitens der Hersteller sollen durch die Leistung aller Zahlungen nach Vertrag ausgeschlossen werden. Abgesehen von der ersten Rate sollen die Zahlungen an den Hersteller nur direkt von der Projektgesellschaft an diesen geleistet werden, ggf. auch über ein Konto des GU/GÜ bei der finanzierenden Bank. 76

Des Weiteren sind auch projektspezifische (z. B. Netzanschlusszusage des Netzbetreibers) und rechtliche (z. B. Gesellschafterdarlehen) Nachweise erforderlich, sofern sie der Bank bei Vertragserstellung noch nicht vorliegen. 77

78   Mittlerweile sind eine Vielzahl regulatorischer Themen, zu deren Einhaltung die Bank aufgrund von Gesetzen oder Verordnungen verpflichtet ist, Bestandteil der Auszahlungsvoraussetzung (u. a. Erfüllung § 18 KWG[2086], Nachweis des wirtschaftlich Berechtigten).

79   **cc) Sonstige Kreditbedingungen (Covenants).** Hierbei handelt es sich um Bedingungen, die über die vollständige Kreditlaufzeit durch den Kreditnehmer erfüllt werden müssen. Diese werden auch *Covenants* genannt. Je nach Verpflichtungsart wird unterschieden zwischen *General Covenants* (allgemeine Bestimmungen), *Information Covenants* (Verpflichtung zur regelmäßigen Information) und *Financial Covenants* (Verpflichtung zur Einhaltung festgelegter finanzieller Anforderungen).

80   **(1) General Covenants.** Die General Covenants beinhalten u. a. Regelungen hinsichtlich der Entnahmen des Investors aus dem Betrieb der finanzierten Anlage(n), häufig auch Cashflow-Kaskade oder Cashflow-Waterfall genannt. Diese Regelungen beinhalten die Reihenfolge, nach denen die eingegangenen Einnahmen verwendet werden müssen. I. d. R. werden zunächst die laufenden Kosten eines Projekts abgedeckt (Betriebskosten), dann die Ansparkonten bedient und zuletzt die Zins- und Tilgungsleistungen beglichen. Die dann verbleibenden Einnahmen stehen dem Investor zur Verfügung. Der Kunde verpflichtet sich ferner, die bei der Kalkulation zu Grunde gelegten Annahmen einzuhalten. Das gilt insbesondere für die Höhe des anzulegenden Werts. Der mit dem Zuschlag dann feststehende Zahlungsanspruch ist mit Inbetriebnahme nachzuweisen. Ebenso ist der Nachweis des Gütefaktors obligatorisch. Der Kreditnehmer verpflichtet sich, die für den dauerhaften Betrieb der Windenergieanlage erforderlichen Verträge (u. a. Versicherungen, Wartung, Betriebsführung) abzuschließen. Inhaltlich müssen diese zu einer gleichwertigen Vertragssituation führen wie die Verträge, die zum Zeitpunkt der Kreditvergabe gültig waren. Sämtliche Konten einer Projektfinanzierung werden i. d. R. bei der finanzierenden Bank geführt. Bei der Einbindung von Förderkreditgebern kann es sein, dass weitere Verpflichtungen zur Aufrechterhaltung des Kredits erforderlich sind, z. B. dass geltende umweltrechtliche Vorschriften eingehalten werden müssen.

81   **(2) Information Covenants.** Bei den Information Covenants geht es darum, die Bank über bestimmte Ereignisse oder sonstige Sachverhalte zu informieren, damit diese ihrer Pflicht zur Überwachung und frühzeitigen Risikoerkennung nachkommen kann. Bei der Beurteilung des Projekts wurden bestimmte Annahmen zu Grunde gelegt, die letztlich durch rechtskräftige Verträge (u. a. Pachtverträge, Direktvermarktungsvertrag, Voll- bzw. Teilwartungsvertrag) nachgewiesen werden. Eine Änderung dieser Verträge könnte nachhaltige Auswirkungen auf den Cashflow des finanzierten Projekts haben und ist im Einzelfall durch die Bank zu beurteilen. Die Gesellschafterverhältnisse sind meist aus bankaufsichtsrechtlichen und risikosteuernden Gründen für die Kreditvergabe von entscheidender Bedeutung. Demzufolge sind beabsichtigte Änderungen der Bank mitzuteilen.

82   Der Kreditnehmer muss Einblick in seine wirtschaftlichen Verhältnisse gewähren, wie z. B. Jahresabschluss, Einkommensteuerbescheide und -erklärungen, und über wesentliche Entwicklungen rechtzeitig informieren.

§ 18 KWG (Kreditunterlagen) regelt die Offenlegungspflicht:
„*Ein Kreditinstitut darf einen Kredit, der insgesamt 750.000 Euro oder 10 vom Hundert des nach Artikel 4 Absatz 1 Nummer 71 der Verordnung (EU) Nr. 575/2013 anrechenbaren Eigenkapitals des Instituts überschreitet, nur gewähren, wenn es sich von dem Kreditnehmer die wirtschaftlichen Verhältnisse, insbesondere durch Vorlage der Jahresabschlüsse, offenlegen lässt.*"

83   Bereits in der Bauphase muss der Kreditnehmer bei unvorhergesehenen Verzögerungen die Bank informieren.[2087] Auch in der Betriebsphase sind entsprechende Nachweise zur Performance (u. a. Windenergieerträge) der Windenergieanlage zu erbringen.

[2086] S. dazu Kap. 5 Rn. 82.
[2087] S. dazu Kap. 5 Rn. 134.

(3) Financial Covenants. Zur Beurteilung einer angemessenen finanziellen Situation können 84 mit dem Kreditnehmer Kennzahlen vereinbart werden, die sich u. a. auf die Eigenkapitalausstattung und den Kapitaldienstdeckungsgrad[2088] beziehen. Diese sind während der gesamten Laufzeit einzuhalten. Der Kreditnehmer hat der Bank diese Kennzahlen regelmäßig mitzuteilen. Sollten die Kennzahlen im Laufe der Zeit nicht mehr den Anforderungen genügen, so behält sich die Bank vor, die Kreditbedingungen an die geänderte Risikosituation anzupassen. Das können z. B. eine Eigenkapitalerhöhung, zusätzliche Sicherheiten oder eine Erhöhung der Risikomarge beim Zinssatz sein. Im Extremfall kann das Nichteinhalten der Financial Covenants zur Kündigung des Kreditvertrags führen (*Default* Klausel – Kündigungsbestimmung aus anglo-amerikanischer Vertragspraxis, im deutschen Recht nicht verankert).[2089]

3. Kreditsicherheiten

a) Zweck und Umsetzung

Anders als bei Bonitätsfinanzierungen ist bei Projektfinanzierungen aufgrund ihrer Non-Recourse-Struktur die Haftung der Gesellschafter bzw. Sponsoren üblicherweise ausgeschlossen. 85 Daher muss die finanzierende Bank im Sicherungsfall Inhaberin aller erforderlichen Rechte und Ansprüche sein, um den Zugriff auf die Assets für sich selbst oder einen Dritten zu gewährleisten bzw. die Fortführung des Projekts zu gewährleisten.

Mit dem Kreditvertrag wird der Kreditnehmer schuldrechtlich verpflichtet, Sicherheiten für 86 das gewährte Darlehen zu stellen. Erfüllt wird diese Verpflichtung grundsätzlich in **gesonderten Sicherheitenverträgen**, die darüber hinaus noch weitere Details zur **Zweckerklärung** (auch Sicherungsabrede genannt), zum Sicherungsgut sowie zu den Rechten und Pflichten von Sicherungsgeber und -nehmer beinhalten. Die in jedem Sicherungsvertrag enthaltene Zweckerklärung verbindet diesen rechtlich mit dem zu Grunde liegenden Kreditvertrag. Die Zweckerklärung sieht im Rahmen der bankmäßigen Geschäftsverbindung üblicherweise einen **weiten Sicherungszweck**[2090] vor und bestimmt genau, für welche vertraglichen Verbindlichkeiten des Kreditnehmers die Sicherheit haftet.[2091]

Grundsätzlich nimmt eine Bank die vereinbarten Sicherheiten **vor Auszahlung** der Kredit- 87 mittel herein, Ausnahmen davon werden explizit im Kreditvertrag vereinbart.

b) Typische Sicherheitenverträge eines Windparks

Der Sicherungsvertrag ist der Rechtsgrund für die dingliche Sicherheitenbestellung oder 88 die Sicherheitenübertragung. Beispielhaft für viele Projekte sei die folgende Kombination zu erbringender wesentlicher Kreditsicherheiten angeführt:
- erstrangige beschränkt persönliche Dienstbarkeiten und Vormerkungen für WEA-Standorte und ggf. den Standort des Umspannwerks,
- beschränkt persönliche Dienstbarkeiten für parkinterne Infrastruktur (u. a. Kabel, Zuwegung),
- Eintrittsrecht in die Pachtverträge für die WEA-Standorte und ggf. für den Standort des Umspannwerks,
- (Raum-)Sicherungsübereignung der WEA und ggf. des Umspannwerks,
- Abtretung der Ansprüche auf Einspeiseerlöse (sofern Vertragspartner noch unklar: Globalzession),
- Abtretung Umsatzsteuererstattungsanspruch,
- Abtretung Ansprüche aus Wartungsvertrag,

[2088] S. dazu Kap. 5 Rn. 29.
[2089] Vgl. Springer Gabler Verlag (Hrsg.), Gabler Wirtschaftslexikon, Stichwort Financial Covenants, abrufbar unter: http://wirtschaftslexikon.gabler.de/Arciv/611744071/financial-covenants-v3.html (Stand 12/2016).
[2090] Im Gegensatz zum engen Sicherungszweck haften neben den bestehenden auch alle künftigen, zum Zeitpunkt der Bestellung noch nicht bestehenden, auch bedingten oder befristeten Sicherheiten.
[2091] Vgl. *Tonner/Krüger* (Hrsg.), Bankrecht, 2014, § 21 Rn. 21.

- Abtretung Sachversicherungsansprüche (inkl. Betriebsunterbrechung),
- Verpfändung der Anteile an der Projektgesellschaft[2092],
- Verpfändung von Guthaben auf Reservekonten der Projektgesellschaft (z. B. Kapitaldienst-, Rückbau-, Reparatur-, Umsatzsteuer- und Liquiditätsreserve).

89 Die Mindestanforderungen an Sicherheiten können von Bank zu Bank variieren, jedoch kann es projektabhängig auch innerhalb einer Bank unterschiedliche Anforderungen an die zu stellenden Sicherheiten geben.

c) Dingliche Sicherung von Grundstücken

90 Insbesondere die Grundstücksnutzung für die Errichtung und den Betrieb der Windenergieanlagen (**WEA-Standortgrundstücke**) bedarf der dinglichen Absicherung, da die schuldrechtliche Vereinbarung über die Nutzungsverträge allein nicht ausreichend ist. Eintragungen von Grundschulden oder Erbbaurechten sind bei Projektfinanzierungen für Windenergieanlagen jedoch i.d.R. wegen des Pachtverhältnisses zwischen WEA-Betreiber und Landeigentümer und wegen ihrer Kostenintensität nicht durchzusetzen. Die dingliche Sicherung erfolgt deshalb regelmäßig über die erstrangige Eintragung **beschränkt persönlicher Dienstbarkeiten** (bpD)[2093].

91 Als **Finanzierungstandard** bzw. sehr verbreitete Lösung hat sich deshalb folgende Sicherungskonstellation etabliert: Sofern die Grundstücke **nicht** im Eigentum des Kreditnehmers sind (Regelfall), erfolgt die dingliche Sicherung je Flurstück regelmäßig vor dem Aufbau der WEA über die Eintragung einer bpD für die Errichtung und den Betrieb der WEA zu Gunsten der Betreibergesellschaft[2094]. Die bpD ist in Abt. II des Grundbuchs erstrangig – falls das nicht möglich ist, mindestens gleichrangig[2095] – und zu Rechten in Abt. III immer vorrangig zu bestellen. Darüber hinaus ist es üblich, dass die finanzierende Bank zur Sicherung ihres Anspruchs eine **Vormerkung** auf Eintragung einer bpD zu ihren Gunsten oder eines von ihr noch zu benennenden Dritten verlangt. Der Nutzungsvertrag muss die Verpflichtung zur Bestellung dieser Belastungen unbedingt enthalten.

92 Die **Sicherung der Grundstücke für die Infrastruktur** (Zuwegung und Kabel, Trafo-/Übergabestation etc.) erfolgt mit der Eintragung von bpD für die Nutzung (Errichtung und Betrieb) der Infrastruktur zu Gunsten der Betreibergesellschaft und ist auch hier als Verpflichtung des Kreditnehmers im Kreditvertrag und im Nutzungsvertrag mit dem Grundstückseigentümer aufzunehmen.[2096] Die bpD ist in der Art umzusetzen, dass keine Rechte in Abt. II und III im Grundbuch vorgehen bzw. sie nur hinter solchen Rechten steht, die der Ausübung der Dienstbarkeit nicht entgegenstehen. Die Bestellungsurkunden werden notariell beglaubigt und vom Notar beim Grundbuchamt eingereicht. Eine notariell beglaubigte Dienstbarkeitsbestellungsurkunde ist der Bank vorzulegen.

93 Bei öffentlichen Straßen und Wegen einschließlich Bahntrassen ist die Eintragung einer bpD nicht notwendig. Im Falle von Personenidentität zwischen den Eigentümern des Kabelgrundstücks und dem Grundstück der Übergabestation ist die Eintragung ebenfalls nicht erforderlich, wenn im Kreditvertrag vereinbart wird, dass die Dienstbarkeit im Falle des Grundstücksverkaufs nachgeholt wird.

[2092] Ziel: Kontrollrecht, Schutzrecht des Gläubigers in Verbindung mit „Change of Ownership"-Klausel im Kreditvertrag, aber: keine Übernahme der Gesellschafterrolle und ohne Stimmrechtsübernahme.

[2093] Die personengebundene bpD erlaubt dem Inhaber des Rechts die Errichtung und den Betrieb einer WEA auf einem fremden Grundstück. Vgl. ausführlicher dazu Kap. 3 Rn. 264 ff.

[2094] Der Inhalt des einzutragenden Rechts muss mit der geplanten Nutzung übereinstimmen.

[2095] Ausnahmen sind vorrangige Rechte, die den Anlagenbetrieb nicht stören und nicht wertmindernd sind.

[2096] Möglich ist auch, dass der Kreditnehmer keine eigene Netzinfrastruktur betreibt, sondern die Infrastruktur eines Dritten nutzt, zumeist einer sog. Infrastrukturgesellschaft. In den Fällen besteht z. B. gem. des § 1092 Abs. 3 BGB grundsätzlich die Möglichkeit, mittels einer sog. Übertragungsermächtigung eine zu Gunsten der Infrastrukturgesellschaft bestehende dingliche Sicherheit an die finanzierende Bank oder einen durch sie zu benennenden Dritten zu übertragen.

Portela

d) Vereinbarung von Eintrittsrechten

Ergänzend zur üblichen Grundkonstellation für jeden WEA-Standort wird ein **Eintrittsrecht** für die finanzierende Bank bzw. eines von ihr zu bestimmenden Dritten vereinbart. Dies erfolgt i. d. R. über eine Ergänzungsvereinbarung zum jeweigen Nutzungsvertrag zwischen Verpächter, Kreditnehmer und finanzierender Bank.[2097] Der Verpächter verspricht darin, zu Gunsten der Bank oder des Dritten eine inhaltsgleiche bpD im Rechtsnachfolgefall zu bewilligen. Der schuldrechtliche Anspruch auf spätere Eintragung einer solchen bpD wird durch die zeitnahe Eintragung einer Vormerkung im Grundbuch abgesichert.

94

Sofern die Einspeisung über ein Umspannwerk mit Verpächtermodell erfolgt, wird für den Standort des Umspannwerks ebenfalls eine solche Ergänzungsvereinbarung getroffen. Häufig kommt es jedoch vor, dass andere Lösungen gefunden werden müssen, um der individuellen Pächter-Verpächter-Konstellation gerecht zu werden, z. B. mittels Stillhalteerklärungen, Sicherheitenpoolverträgen oder der Verpfändung von Gesellschafteranteilen.

95

e) (Raum-)Sicherungsübereignung

Das Instrument der Sicherungsübereignung beweglicher Sachen ist als Sicherungsrecht im BGB nicht geregelt, ist jedoch ein typisches Instrument der Bank zur Besicherung von Krediten, wenn Vermögensgegenstände finanziert werden. An der grundsätzlichen rechtlichen Zulässigkeit der Sicherungsübereignung bestehen keine Zweifel.[2098] Etabliert hat sich für Windenergieprojekte die sog. Raumsicherungsübereignung, wobei zusätzlich zum Sicherungsgut seine Belegenheit bzw. das Sicherungsgebiet eindeutig zu beschreiben ist. Die Sicherungsübereignung ist theoretisch für alle beweglichen Anlagenteile[2099] möglich, d. h. solche, die typischerweise nicht fest mit dem Boden verbunden sind. Ist ein wesentlicher Bestandteil einer Windenergieanlage als nicht wesentlicher Bestandteil des Grundstücks und damit als Scheinbestandteil i. S. v. § 95 BGB einzuordnen, ist auch eine isolierte (Einzel-)Sicherungsübereignung desselben an die finanzierende Bank bzw. an den von ihr zu benennenden Dritten möglich. Formal überträgt der Sicherungsgeber – als vorübergehend gedachte Übereignung – der finanzierenden Bank das volle rechtliche Eigentum (Besitzmittlungsverhältnis) an der Sache. Jedoch gilt es zu bedenken, dass mit der Sicherungsübereignung allein im Insolvenzfall nur die Verwertung der Anlage möglich ist, nicht aber die Aufrechterhaltung des Betriebs.

96

Im Sicherungsübereignungsvertrag werden der genaue Sicherungszweck und die Voraussetzungen der Verwertung des Sicherungsgutes geregelt. Entscheidend bei der Sicherungsübereignung ist die Einhaltung des **Bestimmtheitserfordernisses**. Es ist unbedingt darauf zu achten, dass das Sicherungsgebiet und demzufolge das Sicherungsgut allein aufgrund seiner Beschreibung im Sicherungsübereignungsvertrag bzw. in seinen ausdrücklich benannten Anlagen eindeutig auffindbar sein muss für jeden, der die Vertragsabsprachen kennt. Nachfolgendes Beispiel soll dies praktisch veranschaulichen:

97

Praxistipp zum Bestimmtheitserfordernis bei einer Raumsicherungsübereignung:
Mehrere Windenergieanlagen gleichen Typs von verschiedenen Betreibern befinden sich auf einem Flurstück; hier ist der Standort der einzelnen Windenergieanlage am besten farbig in einer dem Sicherungsvertrag beigefügten Lageskizze exakt einzuzeichnen.

Die finanzierende Bank wird standardmäßig den Verzicht auf das Verpächterpfandrecht einholen wollen, da dieses unmittelbar mit Verbringen der Anlage auf das gepachtete Grundstück entsteht und damit zumindest immer gleichrangig zur Sicherungsübereignung ist.

98

f) Sicherungsabtretung (Zession)

Die Sicherungsabtretung ist eine abstrakte Sicherheit, die – ähnlich der Sicherungsübereignung – gesetzlich nicht ausdrücklich geregelt ist, sondern von der Bankpraxis entwickelt

99

[2097] S. auch § 328 BGB.
[2098] *Tonner/Krüger* (Hrsg.), Bankrecht, 2014, § 23 Rn. 52.
[2099] Bezogen auf die Windenergieanlage/n, den Transformator, ggf. die Übergabestation sowie sämtliche Anschlüsse.

wurde. Es handelt sich um eine – vorübergehend gedachte – Abtretung nach § 398 BGB einer (**Einzelabtretung**) bzw. einer Vielzahl von Forderungen oder anderen Rechten des bisherigen Gläubigers gegen seine Schuldner an die Bank.[2100] Die Bank tritt als Zessionar an die Stelle des bisherigen Gläubigers. Die abgetretenen Forderungen sollen nicht endgültig in das Vermögen der Bank übergehen. Durch die Sicherungsabtretung soll vielmehr die Möglichkeit anderweitiger Befriedigung für den Fall geschaffen werden, dass der Kreditnehmer seinen Zahlungspflichten nicht nachkommt.

100 Eine Abtretung kann **offen** oder **still** erfolgen. Betroffen sind nahezu sämtliche Projektverträge: u. a. GU/GÜ-Vertrag, WEA-Liefervertrag, Wartungs- und Servicevertrag, Versicherungsverträge (Haftpflicht, Maschinenbruch, Betriebsunterbrechung), Netzanschlussvertrag, Stromabnahmevertrag und Direktvermarktungsvertrag. Für Letztgenannte ist eine **Globalabtretung** (Globalzession) zur Rechtesicherung üblich, wenn z. B. zum Zeitpunkt der Erstvaluierung der Direktvermarkter noch nicht bekannt ist, ansonsten ist eine offene Abtretung typisch:

Offene Abtretung des Anspruchs auf Vergütung aus Stromeinspeisung. Die finanzierende Bank wird darauf achten, dass immer die dem Betreiber direkt gegen den Netzbetreiber/EVU und/oder Direktvermarkter zustehenden Ansprüche (EEG-Einspeisevergütung, Marktwert und Marktprämie) **offen** abgetreten werden. Dies gilt auch bei Zwischenschaltung z. B. eines Umspannwerkeigentümers bei gemeinsam genutzter Infrastruktur; hier wird die Abtretung regelmäßig eine vom Umspannwerkeigentümer zu bestellende Drittsicherheit sein.

V. Besonderheiten bei Windparkfinanzierungen

1. Umfinanzierung bestehender Windparks

101 Im Rahmen von bestehenden Finanzierungen kann es vorkommen, dass diese umfinanziert[2101] werden. Ursächlich hierfür ist meist die Sicherung eines günstigeren Zinsniveaus bzw. die Modifizierung bestehender Rückführungsmodalitäten, meist im Zusammenhang mit der Restrukturierung von Windparks. Die Sicherung des Zinsniveaus erfolgt überwiegend mit Krediten aus Programmen öffentlicher Förderinstitute. Bei der Umfinanzierung sind Aspekte wie Kündigungsmodalitäten, insbesondere Fristen und eventuelle finanzielle Entschädigungen für die Bank (z. B. Vorfälligkeitsentgelt[2102]), zu berücksichtigen.

102 Bei höherverzinslichen Krediten von öffentlichen Förderinstituten erfolgt – unter Abwägung des hier zu zahlenden Refinanzierungsschadens für das Förderinstitut – die Umfinanzierung in einen Hausbankkredit.

Ein niedriges Zinsniveau ermöglicht aber auch die Ablösung von Hausbankkrediten unter Berücksichtigung eventueller Schäden der Bank. I. d. R. wird der Refinanzierungsschaden[2103] berechnet, bei Weiterführung der Kredite bei der gleichen Bank fällt dann üblicherweise auch kein Margenschaden an. Gelegentlich lassen sich derartige Kosten auch mitfinanzieren bzw. werden im künftigen Zinssatz eingepreist.

103 Ein vorzeitiger Wechsel der Bank vor Ablauf der Zinsfestschreibung kommt vor, wenn die vertraglich vereinbarten Bedingungen nicht mehr passen bzw. eine andere Bank für die Erfordernisse des Kreditnehmers die passenderen Bedingungen bieten kann. Neben dem Re-

---

[2100] Vgl. *Tonner/Krüger* (Hrsg.), Bankrecht, 2014, § 23 Rn. 72.

[2101] Umfinanzierung bezieht sich auf die neue Gestaltung einer bestehenden Finanzierung, in der Regel umfasst diese den Zinssatz und die Zinsbindung; Bei einer Restrukturierung hingegen werden die Rückführungsmodalitäten (Tilgung, Laufzeit) den individuellen, sich geänderten, Verhältnissen des finanzierten Projekts angepasst.

[2102] Betrag, der dem Kreditnehmer bei vorzeitiger Kündigung eines langfristigen Kredits in Rechnung gestellt wird.

[2103] Schaden, der der kreditgebenden Bank aufgrund der Geldleihe am Kapitalmarkt entstanden ist, da sich der Zinssatz entsprechend der aktuellen Marktsituation verringert hat.

finanzierungsschaden wird der abzulösenden Bank i. d. R. auch noch der Margenschaden[2104] vergütet. Ein derartiger Wechsel ist ebenfalls bei Fördermittelkrediten möglich, d. h., die neue finanzierende Bank übernimmt die Förderkredite.

Vereinzelt kommt es vor, dass ein Sponsor einen Windpark zunächst vollständig selbst finanziert und eine angemessene Zeit im Betrieb belässt. Steigt dann eine Bank in die Finanzierung ein, handelt es sich um eine Umfinanzierung einer bereits erfolgten Eigenfinanzierung. Für den Sponsor hat dieses Vorgehen den Vorteil, gegenüber der Bank eine niedrigere Risikoprämie[2105] aushandeln zu können, da ein Fertigstellungsrisiko nicht mehr besteht. Möglicherweise kann auch bereits eine entsprechende Ertragsperformance nachgewiesen werden. 104

2. Restrukturierung von laufenden Finanzierungen

a) Ursachen

aa) Management. Sowohl ein technisch als auch ein kaufmännisch versiertes Management ist bei Windparks unerlässlich. Gelegentlich kommt es vor, dass es hier Schwächen gibt. Häufig handelt es sich um Branchenfremde mit wenigen Erfahrungen in ihrem Tätigkeitsbereich. Das kann zu Fehlentscheidungen führen, die die wirtschaftliche Existenz des Windparks bedrohen. 105

bb) Technik. Inzwischen ist die Technik ausgereift und aufgrund der jahrelangen Erfahrungen sehr zuverlässig. Mängel, die eine Finanzierung nachhaltig beeinflussen, kommen nur noch sehr selten vor. Nichtsdestotrotz ist darauf zu achten, wer die handelnden Akteure sind, ob es sich um bewährte Technik (Serienproduktion) handelt und wie die vertraglichen Regelungen aussehen. Eine sachgerechte Wartung ist für einen dauerhaften störungsfreien Betrieb unerlässlich. 106

cc) Winderträge. Ein immer wieder auftretender Grund einer Restrukturierung ist das Ausbleiben der prognostizierten Winderträge. Hier sind zunächst die Ursachen festzustellen und wann und auf welcher Basis die Windgutachten erstellt wurden, die die Grundlage der Investitions- und Kreditentscheidung bilden. Die Qualität der Windgutachten wird permanent weiterentwickelt, was für die Branche auch von elementarer Bedeutung ist. Erst in den Jahren ab 2004 haben sich hierzu Standards entwickelt. Zuvor gab es keine einheitlichen Standards, was dazu geführt hat, dass die Winderträge häufig überschätzt wurden. Neben der Überschätzung des Windangebots gibt es aber auch weitere Gründe wie z. B. den Zubau mit anderen Windenergieanlagen in Haupt- oder Nebenwindrichtung. Bei bestehenden Windparks lässt sich im Rahmen der Restrukturierung sehr gut auf die Winderträge seit Inbetriebnahme abstellen[2106]. 107

Da bei komplexen Geländen[2107] häufig keine Vergleichsanlagen und keine physikalischen Messungen (Messmasten) vorhanden sind, sind die Rechenverfahren zur Abschätzung der Energieerträge meist mit erheblichen Unsicherheiten behaftet. Zudem wird neben den Rotorblättern auch die Nabenhöhe aktueller Anlagen immer größer, da so der Energieertrag gesteigert werden kann (typisch für Schwachwindanlagen). Allerdings ist es schwer abzuschätzen, wie sehr der Energieertrag tatsächlich steigt, da die Windverhältnisse in den relevanten Höhen nicht bekannt sind. Das Ressourcenrisiko bleibt auch in Zukunft das größte Risiko, das die Banken tragen. Demzufolge wird der Qualität der Windgutachten ein großer Stellenwert im Rahmen der Kreditprüfung beigemessen.[2108] 108

b) Auswirkungen

Ausgebliebene erforderliche Erträge, erhöhte Investitionsaufwendungen oder höhere laufende tatsächliche Kosten können nicht nur die Renditeanforderungen des Investors reduzieren, 109

[2104] Bezieht sich auf den entgangenen Gewinn der kreditgebenden Bank aufgrund der vorzeitigen Ablösung für die Restlaufzeit der Zinsfestschreibung.
[2105] Zinssatz, den ein Kreditgeber aufgrund von offensichtlichen Risiken des Projekts erhebt, die über das normale Marktrisiko einer Finanzierung hinausgehen.
[2106] Idealerweise stehen bereits 12 Produktionsmonate mindestens zur Verfügung.
[2107] S. dazu auch Kap. 5 Rn. 35.
[2108] Vgl. hierzu Kap. 5 Rn. 25 (Anforderungen an Windgutachten).

sondern auch den Fortbestand des Projekts nachhaltig beeinflussen. Den Gläubigern, wie z. B. Banken, Verpächtern oder Wartungsanbietern, entstehen Kosten, die allerdings nicht mehr gedeckt werden. Somit muss i. d. R. eine Fortführungsstruktur gefunden werden, die es allen Beteiligten ermöglicht, die entstandenen Kosten vollständig bzw. teilweise wieder zurück zu erhalten.

c) Lösungsansätze

110   Eine Bank mit ausreichend langer Erfahrung in der Branche, kann eventuelle Schwachstellen beim Management, bei der Technik als auch bei den Winderträgen bereits im Vorfeld sehr gut ausschließen. Sofern eine Restrukturierung des Projekts erforderlich ist, sind die Sponsoren i. d. R. bereit, zusätzliche Beiträge zu leisten (Gesellschafterdarlehen, Reduzierung gruppeninterner Kosten etc.).

111   Sofern dieses allerdings nicht ausreicht, besteht die Möglichkeit, mit Unterstützung der finanzierenden Bank eine Restrukturierung zu flankieren. Die Finanzierungslaufzeit eines Windenergieprojekts bietet hier einen wichtigen Beitrag. In der Regel beträgt diese bis zu 18 Jahre. Damit wird die mögliche Finanzierungsdauer nach EEG nicht vollständig genutzt und es besteht Spielraum zur Restrukturierung, z. B. durch Laufzeitverlängerung und/oder Tilgungsaussetzung. Im Einzelfall kann auch durch die Umfinanzierung von Krediten mit hohen Zinsen an dem derzeit niedrigen Zinsniveau partizipiert werden. Aber auch andere Projektbeteiligte, wie z. B. Verpächter, Wartungsanbieter oder Betriebsführer, können wertvolle Beiträge leisten. In der Praxis kommt insbesondere der Reduzierung der laufenden Betriebskosten eine maßgebliche Bedeutung zu. Ungeachtet der Höhe der Kosten ist zu prüfen, ob es sich um fixe oder variable Kosten handelt, die sich üblicherweise auf die Stromproduktion[2109] beziehen. Variable Kosten ermöglichen dem Projekt eine gewisse Flexibilität sofern die erwarteten Stromerträge ausbleiben. Fixe Kosten könnten das Projekt beim Ausbleiben der zur Deckung der fixen Kosten erforderlichen Stromproduktion in ernsthafte Schwierigkeiten bringen. Der variable Kostenansatz ist aus Sicht des Projekts und der Bank stets zu bevorzugen.[2110]

3. Konsortialfinanzierungen

112   Bei der Konsortialfinanzierung handelt es sich um die gemeinschaftliche Finanzierung von Investitionsvorhaben durch mehrere Kreditgeber (Konsorten). Während der Laufzeit des Konsortiums sind die einzelnen Konsorten verpflichtet, alle finanzierungsrelevanten Entscheidungen gemeinsam zu treffen.

a) Motive

113   Die Motivationsgründe für eine Konsortialfinanzierung sind sehr unterschiedlich. Zunächst wird dabei zwischen Einzelprojekt und der gesamten Kundenverbindung unterschieden. Darüber hinaus gilt es dann noch die Interessenlage des Kreditnehmers und die des finanzierenden Kreditinstituts zu berücksichtigen.[2111]. Dabei spielt die Tatsache, ob es sich um bestehende (Bestandsgeschäft) oder neue Finanzierungen (Neugeschäft) handelt, eine besondere Rolle, da sich hiernach das umzusetzende Konstrukt bestimmt.

114 **aa) Einzelprojekte.** Großvolumige Finanzierungen können durch Verteilung des Gesamtrisikos auf die Konsorten bewirken, dass die Risikoaktiva der Bank reduziert und das Eigenkapital der Bank geschont wird. Das ist sowohl im Neu- als auch im Bestandsgeschäft möglich.

[2109] Im EEG 2017 sind die Stromerlöse in EUR relevant.
[2110] S. dazu auch Kap. 5 Rn. 36 (Prüfung der Vertragsstrukturen) sowie Rn. 49 (Risikofaktoren).
[2111] Beispielsweise möchte der Kreditnehmer neben der überregionalen Bank eine regionale Bank mitberücksichtigen, was die Geschäftsmöglichkeit der überregionalen Bank zunächst schmälert. Möglicherweise bieten bestimmte Banken keine bzw. nicht die gewünschte Form von Konsortialbeteiligung an, was häufig geschäftspolitisch begründet ist.

Reineke

Meist macht eine Konsortialfinanzierung die Umsetzung großvolumiger und/oder sehr 115
komplexer Projekte erst möglich. Für einige Banken stellen derartige Konsortialfinanzierungen
meist auch ein Einstiegsgeschäft in eine neue Kundenbeziehung dar.

bb) Kundenverbindung. Bankaufsichtsrechtlich sind zwei oder mehr Kreditnehmer[2112] zu 116
einer **Gruppe verbundener Kunden** zusammen zu fassen, wenn sie ein zusammenhängendes
Risiko darstellen (sog. Kundenverbindung).[2113]

Es wird unterschieden zwischen der Zusammenfassung aufgrund eines **beherrschenden** 117
Einflusses[2114] und der Zusammenfassung aufgrund **ökonomischer Abhängigkeit**. Zwei
Kreditnehmer sind zu einer beherrschenden Gruppe verbundener Kunden zusammen zu fassen,
wenn der eine Kreditnehmer beherrschenden Einfluss auf den anderen Kreditnehmer ausüben
kann. Kann ein beherrschender Kreditnehmer seinerseits von einem dritten Kreditnehmer
beherrscht werden, so bilden die drei Kreditnehmer eine beherrschende Gruppe verbundener
Kunden. So kann eine beherrschende Gruppe verbundener Kunden aus beliebig vielen Kreditnehmern bestehen. Die Überprüfung der Beherrschungsmöglichkeiten umfasst alle unmittelbar
und mittelbar mit diesem Kreditnehmer zusammenhängenden Personen und Unternehmen,
auch wenn es keine Kunden der betroffenen Bank sind. Die Zusammenfassung ist abgeschlossen,
wenn bei einem Kreditnehmer seinerseits keine Beherrschung mehr möglich ist. Dieser ist dann
die „Spitze" der beherrschenden Gruppe verbundener Kunden. Bei der ökonomischen Gruppe
verbundener Kunden wird die wirtschaftliche Abhängigkeit geprüft, die für den abhängigen
Kreditnehmer existenzbedrohend sein kann.

Die im § 19 Abs. 2 KWG verankerte Definition der Kreditnehmereinheit ist nur noch für das 118
Meldewesen der Bank nach KWG relevant und grundsätzlich dem der beherrschenden Gruppe
verbundener Kunden ähnlich.

Erreicht diese Gruppe verbundener Kunden ein zu hohes Volumen, ist eine Ausplatzierung 119
erforderlich.[2115] Diese geht meist einher mit der Vermeidung von **Klumpenrisiken**[2116] innerhalb festgelegter Grenzen für das Kreditinstitut. Um Möglichkeiten für die Kreditvergabe
im Rahmen des Neugeschäfts zu schaffen, ist dann die Ausplatzierung vom Bestandsgeschäft
unumgänglich.

b) Konsortialarten

Die Art des Konsortiums und auch die Art der Beteiligung hängen insbesondere von der Inte- 120
ressenlage der Konsorten ab, die maßgeblich von der Risikostrategie der Bank und der Kundenbeziehung beeinflusst wird. Grundsätzlich wird zwischen offenen (Kreditnehmer hat Kenntnis)
und stillen (Kreditnehmer ist eine Beteiligung nicht bekannt) Konsortien unterschieden.

aa) Außenkonsortium. Hierbei handelt es sich um ein offenes Konsortium, d.h. dem Kre- 121
ditnehmer ist bekannt, dass der ihm gewährte Kredit ein Gemeinschaftskredit ist. Der Konsortialführer, d.h. derjenige, der die Koordination zwischen den Konsorten und dem Kunden
übernimmt, Verhandlungen führt, Unterlagen weiterleitet etc., handelt im Namen und für
Rechnung der Konsorten. Jeder Konsorte ist Kreditgeber für das gemeinsame Finanzierungs-
objekt in Höhe seiner jeweiligen Quote. Es handelt sich um eine bare Beteiligungsform, d.h.
in Form von Liquidität.

[2112] Als Kreditnehmer im bankaufsichtsrechtlichen Sinne gilt derjenige, der für die Rückzahlung eines
Kredits im Rahmen des Kreditvertrags die Haftung übernommen hat.
[2113] Gem. Art. 4 Abs. 1 Nr. 39 Capital Requirements Regulation.
[2114] Ein sog. beherrschender Einfluss liegt bei allen juristischen Personen bei einem Mehrheitsgesellschafter vor. Als Mehrheitsgesellschafter gilt: Kapital- und/oder Stimmrechtsanteil eines Gesellschafters
von 50 Prozent oder mehr, Konzernzugehörigkeit, Ergebnisabführungsvertrag, harte Patronatserklärung.
S.a. § 290 Abs. 2 HGB bzw. nach Rechtsprechung des BFH: BFH Urt. v. 15.3.2000, BStBl II 2000, 504.
[2115] S. dazu Kap. 5 Rn. 23 (Risikopolitische Aspekte).
[2116] Kumulative Häufung von Ausfallrisiken in einem Kreditportfolio mit ähnlich hohen Korrelations-
werten bei Kreditnehmern, wodurch die Risikotragfähigkeit eines Kreditinstituts erreicht oder
überschritten werden kann.

122 bb) Innenkonsortium. Diese Art von Konsortium kann offen oder still sein. Der Konsortialführer handelt nach außen im eigenen Namen und im Innenverhältnis für Rechnung der Konsorten. Er ist alleiniger Kreditgeber. Der Konsorte leistet einen Geldeinschuss und kann im Innenverhältnis seine eigene Kundenforderung aus abgetretenem Recht erhalten.

123 cc) Unbare Unterbeteiligung. Diese Konsortialart kann offen oder still sein. Der Kreditgeber ist Konsortialführer und alleiniger Forderungsinhaber. Der Konsorte beteiligt sich am Kreditausfallrisiko. Der Konsortialführer handelt nach außen im eigenen Namen und im Innenverhältnis für Rechnung der Konsorten. Die unbare Unterbeteiligung ist die **häufigste Form der Konsortialfinanzierung**, da sie einfach und schnell umsetzbar ist.

4. Besonderheiten bei der Finanzierung von Bürger- und Kommunalwindparks

a) Definition

124 Eine einheitliche übergreifende Definition für Bürgerwindparks existiert nicht. Im EEG 2017[2117] wird erstmals im Rahmen für Ausschreibungen für Windenergie an Land gesetzlich definiert, was Bürgerenergiegesellschaften sind:

Im Sinne des § 3 Abs. 15 EEG ist eine Bürgerenergiegesellschaft
„… jede Gesellschaft,
d) die aus mindestens zehn natürlichen Personen als stimmberechtigten Mitgliedern oder stimmberechtigten Anteilseignern besteht,
e) bei der mindestens 51 Prozent der Stimmrechte bei natürlichen Personen liegen, die seit mindestens einem Jahr vor der Gebotsabgabe in der kreisfreien Stadt oder dem Landkreis, in der oder dem die geplante Windenergieanlage an Land errichtet werden soll, nach § 21 oder § 22 des Bundesmeldegesetzes mit ihrem Hauptwohnsitz gemeldet sind, und
f) bei der kein Mitglied oder Anteilseigner der Gesellschaft mehr als 10 Prozent der Stimmrechte an der Gesellschaft hält, wobei es beim Zusammenschluss von mehreren juristischen Personen oder Personengesellschaften zu einer Gesellschaft ausreicht, wenn jedes der Mitglieder der Gesellschaft die Voraussetzungen nach den Buchstaben a bis c erfüllt."

125 Im Kern geht es darum, dass die Bürgerenergie für die Akzeptanz von Windparks vor Ort sorgt, die Akteursvielfalt und die bürgerliche Mitbestimmung fördert und die Verankerung der Energiewende in der Region stärkt. Ökonomisch betrachtet bedeutet dieses eine Chance für viele Kommunen. Ausgaben der Bürger, der Unternehmen und der Kommunen werden nicht für importierte Ressourcen ausgegeben und fließen aus den Kommunen ab, sondern verbleiben in den regionalen Wirtschaftskreisläufen.

126 Viele Praxisbeispiele belegen, dass es wichtig ist, die Bürger im Rahmen kommunalen Handelns auf möglichst vielen Ebenen einzubinden. Transparenz, offene Kommunikation, echte finanzielle Beteiligungsangebote oder die Unterstützung von Bürgerprojekten sind maßgebliche Faktoren, um Akzeptanz zu erfahren. Bürgerbeteiligung stärkt die Akzeptanz von Mehrheitsentscheidungen und deren Legitimität. Eine aktive Teilhabe von Bürgern an regionalen Windprojekten sowie eine umfassende Beteiligung an kommunalen Planungsprozessen und Entscheidungen erhöhen die Identifikation und die Qualität kommunalpolitischer Entscheidungen.[2118]

b) Formen der Bürgerbeteiligung

127 Eine finanzielle Beteiligung geht einher mit entsprechenden Renditeerwartungen. Diese sind allerdings eng verknüpft mit einem Risiko, welches aufgrund der Art der Beteiligung zu erwarten ist. Grundsätzlich wird unterschieden zwischen der indirekten und der direkten Bürgerbeteiligung.

[2117] Vgl. dazu ausführlicher Kap. 3 Rn. 321.
[2118] In Anlehnung an *Verband kommunaler Unternehmen e.V.* (Hrsg.), Stadtwerke und Bürgerbeteiligung, Broschüre, 2016, S. 18 ff.

Bei einer **indirekten Bürgerbeteiligung** erfolgt keine unternehmerische Beteiligung. Es 128
handelt sich z. B. um Sparprodukte, die im Zusammenhang mit dem Windpark stehen. Das können z. B. Schuldverschreibungen oder Bürgersparprodukte (Zertifikate, Sparbriefe o. ä.) sein.
Aber auch die Bürgeranleihe eines Stadtwerks ist eine indirekte Form der Bürgerbeteiligung.

Bei dem speziellen Produkt „DKB-Bürgersparen" werden die Einlagen ausgewählter regionaler Bürger zur Finanzierung des Projekts verwendet. Dies erfolgt unter Berücksichtigung sämtlicher Regelungen des Anlegerschutzgesetzes, welchem auch die Banken unterliegen. Bei dieser Form der Bürgerbeteiligung partizipieren die Bürger indirekt vom Projekt, d. h., das Risiko der Beteiligung ist gering und die Verzinsung ist im Vergleich zu anderen Alternativen höher, sofern in Zeiten des Niedrigzinsniveaus die Windenergieanlagenbetreiber die höheren Zinssätze aus den Erträgen ihres Windenergieprojekts sponsern.

Bei der **direkten Form der Bürgerbeteiligung** handelt es sich um eine unternehmerische 129
Beteiligung. In der Vergangenheit haben sich Beteiligungen an einer GmbH & Co. KG oder GmbH herausgebildet. Darüber hinaus hat sich der Trend zu Bürgerenergiegenossenschaften weiter manifestiert. Insbesondere begünstigt durch die Ausnahmeregelungen nach Kapitalanlagegesetzbuch. Im Gegensatz zum Einzweckansatz der GmbH & Co. KG werden von einer Energiegenossenschaft mehrere Projekte möglicherweise auch verschiedener Energieträger betrieben. Aus Sicht der Bank handelt es sich nicht mehr um die Betrachtung und Beurteilung eines einzelnen Projekts, sondern der Bonität der Energiegenossenschaft, also einer Vielzahl von Projekten in unterschiedlicher Ausgestaltung, bei dem nicht singulär auf den Cashflow eines Projekts abgestellt werden kann. Eher selten ist die mit einem hohen Risiko verbundene Form der GbR, da hierbei der Gesellschafter als Privatperson mit dem gesamten Vermögen haftet. Bei der direkten Beteiligung wird ein höheres Risiko eingegangen, was aber auch mit einer höheren Rendite und Mitbestimmungsrechten einhergeht.[2119]

c) Rechtliche und wirtschaftliche Rahmenbedingungen

Das Zinsniveau befindet sich derzeit auf einem historischen Tiefstand. Das verfügbare Geld- 130
vermögen der Bürger ist so hoch wie noch nie. Demzufolge sind Sparer auf der Suche nach alternativen Anlagemöglichkeiten, die insbesondere einer ethisch-nachhaltigen Werteorientierung dienen. Hierzu stehen die grünen Geldanlagen, insbesondere Erneuerbare-Energien-Projekte (mit Fokus auf Wind), hoch im Kurs.

Aufgrund einiger bekannter Insolvenzen in den letzten Jahren wurden die Regelungen im 131
Anleger- und Verbraucherschutz verschärft, was die Entwicklung von Bürgerbeteiligungsmodellen komplexer gemacht hat. Neben den im Juli 2015 in Kraft getretenen Kleinanlegerschutzgesetzen gibt es zum Schutze des Verbrauchers noch das Vermögensanlagegesetz und das Kapitalanlagegesetzbuch. Von einigen Ausnahmen abgesehen gilt die Prospektpflicht[2120]. Außerhalb der Rechtsform der Genossenschaft muss jeder der für die Einwerbung von Eigenkapital oder eigenkapitalähnlichen Mitteln (sog. Mezzaninekapital) auf die Ansprache einer breiteren Öffentlichkeit angewiesen ist, seine Verkaufsprospekte von der Bundesanstalt für Finanzdienstleistungen (BaFin) auf Vollständigkeit prüfen und genehmigen lassen. Die Prospekterstellungskosten belaufen sich je nach Aufwand auf fünf- bis sechsstellige Beträge und könnten insbesondere für kleinere und mittlere Akteure zu einer wesentlichen Hürde bei der Umsetzung von Windenergieprojekten werden.[2121]

[2119] In Anlehnung an *Verband kommunaler Unternehmen e.V.* (Hrsg.), Stadtwerke und Bürgerbeteiligung, Broschüre, 2016, S. 58 ff.
[2120] Um sachgerechte Anlageentscheidungen treffen zu können, müssen die Anleger umfangreich und verlässlich über die betreffende Vermögensanlage informiert werden. Demzufolge dürfen Vermögensanlagen nicht ohne einen Prospekt öffentlich angeboten werden.
[2121] Vgl. *Verband kommunaler Unternehmen e.V.* (Hrsg.), Stadtwerke und Bürgerbeteiligung, Broschüre, 2016, S. 36 f.

VI. Aktuelle Entwicklungen

a) EEG 2017

132 Für Windenergieanlagen an Land mit Ausnahme von Pilotwindenergieanlagen (Prototypen), Anlagen bis 750 kW und Übergangsanlagen mit BImSchG-Genehmigung bis 31.12.2016, werden Ausschreibungen verpflichtend eingeführt. Teilnehmen können alle Anlagen, die über eine Genehmigung nach BImSchG verfügen und diese an das Register gemeldet haben (Präqualifikation).[2122] Geboten wird auf den Referenzertragswert von 100 Prozent auf Basis eines einstufigen Referenzertragsmodells. Der Höchstwert beträgt zunächst 7 ct/kWh und wird ab 2018 aus den Höchstwerten der vorangegangenen Ausschreibungen ermittelt. Die Höhe der vor Teilnahme nachzuweisenden Sicherheit beträgt 30 EUR/kW.[2123]

133 **aa) Finanzierung bei Zuschlag.** Der Initiator wird, bevor er ein Gebot abgibt, mit seiner finanzierenden Bank die Rahmenbedingungen der Finanzierung festlegen, insbesondere die Förderhöhe, bis zu der die Bank bereit ist, das Projekt zu finanzieren. Grundlegende Voraussetzung für die Abgabe einer Finanzierungsbereitschaftserklärung sind die Windgutachten und die Kundenplanung. Um auch die Bankbürgschaft für die (Erst-)Sicherheit zum Gebotstermin zu stellen, ist ein belastbares und durch die Bank geprüftes Projekt Voraussetzung. Ist das nicht der Fall, sollte die Bonität des Bieters belastbar sein oder die Unterlegung der zu stellenden Bürgschaft erfolgt in bar. Neben den bisher üblichen Auszahlungsvoraussetzungen der Bank können für Bürgschaftsstellungen bzw. Auszahlung der Kredite weitere Bedingungen erforderlich sein. Im Nachhinein sind die Vorlage sämtlicher an die Bundesnetzagentur eingereichten Gebotsunterlagen sowie der Nachweis der Zuschlagserteilung durch die Bundesnetzagentur für die Bank von Bedeutung.[2124]

134 **bb) Risiken in der Bauphase.** Nach Zuschlagserteilung sollen die Windenergieanlagen innerhalb von 24 Monaten errichtet werden. Der Zuschlag verfällt nach 30 Monaten; diese Frist kann einmalig verlängert werden, wenn das Projekt beklagt wird. Ab dem 24. Monat werden Pönalen bis zur Höhe der Gebotssicherheit berechnet.

Der gesetzliche Vergütungsanspruch bei Zuschlag besteht für 20 Jahre und beginnt mit Inbetriebnahme der Anlagen, spätestens jedoch 30 Monate nach Bekanntgabe des Zuschlags (auch bei Fristverlängerung). Daneben ist der Nachweis des Gütefaktors[2125] an den Netzbetreiber Voraussetzung für den Bestand des Zahlungsanspruchs.[2126]

135 Im Rahmen der Projektfinanzierung ist die Vergütung eine wesentliche Grundlage. Demzufolge kommt der Bauphase und somit einer rechtzeitigen, möglichst pönalefreien Inbetriebnahme eine besondere Bedeutung zu. Der erfolgreiche Abschluss der Bauphase/Inbetriebnahme ist im Wesentlichen abhängig vom Hersteller der Windenergieanlagen und dem Generalunternehmer. In den abzuschließenden Kreditverträgen könnten hierzu entsprechende Regelungen getroffen werden. Je nach Ausgestaltung der Verträge, der Referenzen und der Bonität des Vertragspartners, der einen eventuellen Schaden zu vertreten hat, können die Regelungen sehr unterschiedlich ausfallen.

136 **cc) Überprüfung in der Betriebsphase.** Der § 36h Abs. 3 EEG sieht für Ausschreibungsanlagen eine Überprüfung der anzulegenden Werte nach 5, 10 bzw. 15 Betriebsjahren anhand des Standortertrags vor. Somit ist gewährleistet, dass unter Berücksichtigung der Standortgüte und der Vergütung bis zum Ende des Förderzeitraums ein ausgeglichenes Ergebnis erzielt werden kann. Um die Erstattung nach § 36h Abs. 3 EEG auch im Rahmen einer Projektfinanzierung zu gewährleisten, kann die Bank eine individuelle Vereinbarung mit dem Kreditnehmer schließen.

[2122] Vgl. Kap. 4 Rn. 184 ff. und Kap. 4 Rn. 233.
[2123] Vgl. Kap. 4 Rn. 310 ff.
[2124] Vgl. Kap. 4 Rn. 239.
[2125] S. hierzu § 36h, Abs. 1 EEG in Verbindung mit Anlage 3 Nummer 2 und 7 zum EEG.
[2126] Vgl. Kap. 4 Rn. 239 ff.

Demnach könnten z. B. Beträge separiert werden, deren Höhe sich am tatsächlichen Windertrag orientiert. In der Praxis wären dann geeignete Zeiträume und Unterlagen zum Nachweis zu definieren.[2127]

§ 51 Abs. 1 EEG – Verringerung des Zahlungsanspruchs bei negativen Preisen 137
„(1) Wenn der Wert der Stundenkontrakte für die Preiszone für Deutschland am Spotmarkt der Strombörse in der vortägigen Auktion in mindestens sechs aufeinanderfolgenden Stunden negativ ist, verringert sich der anzulegende Wert für den gesamten Zeitraum, in dem die Stundenkontrakte ohne Unterbrechung negativ sind, auf null."

Die Regelung zu negativen Strompreisen entspricht den bisherigen Vorgaben des § 24 EEG 2014. Für den Anlagenbetreiber könnte es aufgrund dieser Regelung zu außerplanmäßigen Umsatzverlusten kommen. Banken gehen mit dieser Regelung sehr unterschiedlich um, da derzeit nicht absehbar ist, wie sich die Strompreise über die Finanzierungslaufzeit tatsächlich entwickeln. In der Praxis werden vertragliche Vereinbarungen getroffen, die z. B. über Risikoaufschläge und/oder Nachsorgeregelungen den eventuellen Umsatzeinbußen Rechnung tragen sollen.

dd) Besonderheit Bürgerwindparks. Zur Erhaltung der Akteursvielfalt wurden Erleichterungen für Bürgerenergiegesellschaften[2128] in der Ausschreibung für Windenergie an Land und somit auch ein Vorteil ggü. den etablierten Akteuren geschaffen. Projekte mit max. 6 Windenergieanlagen und max. 18 MW können bereits ohne bestehende Genehmigung nach BImSchG teilnehmen, sofern sie mindestens ein Ertragsgutachten vorlegen und bestimmte Nachweise (z. B. Bürgerenergiegesellschaft, Flächensicherung) führen können. Die Erstsicherheit beträgt 15 EUR/kW. Bei Zuschlagserteilung und nach Vorlage der Genehmigung nach BImSchG muss die Bürgerenergiegesellschaft innerhalb von zwei Monaten einen Zuordnungsantrag stellen. Dabei ist eine Zweitsicherheit von 15 EUR/kW zu stellen. Nach Zuordnung verlängert sich die Realisierungsfrist von 24 Monaten auf 48 Monate ab Zuschlagserteilung. Gleiches gilt für den Verfall des Zuschlags (54 Monate) und die Berechnung von Pönalen ab dem 48. Monat.[2129] Eine Finanzierung des Projekts unter Projektfinanzierungsgesichtspunkten ist jedoch erst dann möglich, wenn eine Genehmigung nach BImSchG vorliegt und der Nachweis erbracht wurde, dass es sich um eine Bürgerenergiegesellschaft nach § 3 Abs. 15 EEG handelt.[2130] 138

b) Länderspezifische Regelungen

aa) Mecklenburg-Vorpommern. Am 1.6.2016 ist das Gesetz zur Beteiligung von Bürgern und Gemeinden an Windparks in Mecklenburg-Vorpommern (BüGemG M-V) in Kraft getreten. Das Gesetz gilt für alle nach BImSchG genehmigungspflichtigen Anlagen. Wem per 1.6.2016 bereits eine BImSchG-Genehmigung vorlag bzw. wer qualifiziert nachweisen kann, dass er zu diesem Stichtag eine solche beantragt hat, ist nicht vom Gesetz betroffen. 139

Laut Gesetz hat der Vorhabenträger den Kaufberechtigten, also den Bürgern und Gemeinden, 20 Prozent des Eigenkapitals der Projektgesellschaft zum Kauf anzubieten. Das Angebot darf frühestens zwei Monate vor Inbetriebnahme der Windenergieanlage erfolgen. Bereits nach Erhalt der BImSchG-Genehmigung bzw. Erhalt des Zuschlags bei Ausschreibungen hat der Vorhabenträger eine nach gesetzlichen Mindestkriterien definierte erste Informationsveranstaltung abzuhalten. Kaufberechtigt sind alle natürlichen Personen, die seit mindestens drei Monaten im maximalen Umkreis von 5 km zur Windenergieanlage wohnen. Der Kaufpreis eines Anteils wird auf Basis des „modifizierten Sachwertverfahrens" nach IDW-Standard (Standards des Instituts der Wirtschaftsprüfer) ermittelt. Die Zeichnungsfrist beträgt fünf Monate und die Verteilung erfolgt nach dem Skatverfahren. Eine Alternative zum Beteiligungsangebot bildet das kombinierte Angebot der (kommunalen) Ausgleichsabgabe und des Sparprodukts. 140

[2127] Vgl. Kap. 4 Rn. 313 f.
[2128] Gemäß Definition nach EEG 2017.
[2129] In Anlehnung an *Fachagentur Windenergie an Land* (Hrsg.), EEG 2017: Ausschreibungsbedingte Neuerungen für Windenergieanlagen an Land, Hintergrundpapier, S. 27 ff.
[2130] S. dazu Kap. 3 Rn. 324 ff.

Reineke

Die Ausgleichsabgabe ist eine laufende Zahlung des Vorhabensträgers an die kaufberechtigten Gemeinden. Das Sparprodukt ist nach definierter Ausgestaltung ein Angebot an die Bürger.

141 Aufgrund der umfangreichen Pönaleregelungen und der Komplexität des Gesetzes sind diese Aspekte neben dem Initiator des Projekts auch für die finanzierende Bank sehr wichtig. Für Ordnungswidrigkeiten fallen erhebliche Geldbußen an. Im Gesetz sind verschiedene ahndungswürdige Verstöße definiert. Aus Sicht der Bank könnte das kritisch sein, da die latente Gefahr der Zahlung von Geldbußen besteht und dieses im Rahmen einer Non-Recourse Finanzierung sehr schwer zu quantifizieren ist. Eine Lösung könnte die Einbindung von sachkundigen Dritten (z. B. Wirtschaftsprüfer) sein, die bestätigen, dass die Kreditnehmerin nicht ordnungswidrig gehandelt hat und somit keine Geldbußen anfallen werden.

142 **bb) Thüringen.** Die landeseigene Energieagentur (ThEGA) hat 2016 **Leitlinien für „faire Windenergie"** in Thüringen entwickelt.[2131] Demnach sollen alle Interessengruppen im Umfeld eines Windparks während der Projektierungsphase beteiligt werden. Kernpunkte sind die Sicherstellung eines transparenten Umgangs mit projektrelevanten Informationen vor Ort und die faire Teilhabe aller Betroffenen und Anwohner, auch der nicht unmittelbar profitierenden Flächeneigentümer. Bei den Leitlinien handelt es sich um eine freiwillige Selbstverpflichtung, die die Beteiligungskultur entwickeln und fördern soll. Sofern das Siegel vergeben wurde, erfolgt eine jährliche Evaluierung durch die Energieagentur.

143 Derartige Leitlinien lassen sich inzwischen in unterschiedlicher Ausprägung in verschiedenen Regionen Deutschlands finden. Hintergrund ist eigentlich immer der „Bürgergedanke", verbunden mit regionaler Wertschöpfung.

c) Regulatorik für Banken

144 Der Baseler Ausschuss für Bankenaufsicht beabsichtigt 2018 den Abschluss der durch die Finanzmarktkrise notwendig gewordenen regulatorischen Maßnahmen. Jede der geplanten Einzelmaßnahmen würde bei unveränderter Kalibrierung zu erheblich anwachsenden Risikoaktiva der Bank führen. Daraus könnten stark steigende Kapitalanforderungen für die Kreditinstitute folgen. Um die derzeitigen Kapitalquoten halten zu können, müssten die Banken entweder zusätzliches Eigenkapital generieren oder sogar Kredite abbauen. Darüber hinaus ist davon auszugehen, dass die neuen Regelungen einen wesentlichen Einfluss auf das Ertrags- und Risikomanagement bei Banken haben könnten.

d) Entwicklungen des Zinsumfeldes

145 Das niedrige Zinsniveau hat in den vergangenen Jahren die hohen Investitionen in Windenergie begünstigt. So konnten auch Projekte realisiert werden, die vor einigen Jahren aufgrund ihrer geringen Standortgüte wenig Aussicht auf Erfolg hatten.

146 Letztlich führt das aktuelle Zins- und Geschäftsumfeld dazu, dass die Kreditmargen sich für gute Projekte sukzessive reduzieren und auf einem niedrigen Niveau einpendeln werden. Aufgrund bankenregulatorischer Anforderungen ist eine weitere Senkung der Kreditmargen jedoch kritisch zu betrachten. Hier kommt dem Eigenkapital der Banken als Risiko- und zu verzinsende Kapitalkomponente eine bedeutende Rolle zu.

147 Aufgrund der volkswirtschaftlichen Lage in der Eurozone ist davon auszugehen, dass das niedrige Zinsniveau in den nächsten Jahren erhalten bleibt. Damit dürfte zumindest das Zinsniveau weiter eine wichtige Antriebsfeder für den Ausbau der Windkraft in Deutschland sein.

[2131] Abrufbar unter: http://www.thega.de/bereiche/wind-gewinnt/service-fuer-unternehmen/leitlinien/ (Stand: 11/2016).

Kapitel 6: Kleinwindenergieanlagen

Übersicht

	Rn.
I. Definition der Kleinwindenergieanlagen	1
1. Definition nach IEC 61400-2:2006	3
2. Definition nach Bundesverband Windenergie	4
3. Definition nach Bundesverband Kleinwindanlagen	5
4. Im Voraus zu Beachtendes	7
a) Standortsuche	8
b) Windmessung	9
c) Anlagentyp	10
II. Bauplanungsrechtliche Zulässigkeit von Kleinwindanlagen	11
1. Kleinwindenergieanlage als bauliche Anlage i. S. d. § 29 BauGB	12
2. Kleinwindanlagen im Bebauungsplangebiet, § 30 BauGB	13
a) Festsetzungen zur Nutzung von Windenergie	14
b) Kleinwindanlage als Nebenanlage i. S. v. § 14 BauNVO	15
3. Kleinwindanlagen im unbeplanten Innenbereich gem. § 34 BauGB	17
a) Zulässigkeit nach § 34 Abs. 1 BauGB	18
b) Zulässigkeit nach § 34 Abs. 2 BauGB	19
4. Kleinwindanlagen im Außenbereich gem. § 35 BauGB	20
a) KWEA, die der Versorgung einer privilegierten landwirtschaftlichen Hofstelle dient	20a
b) Entgegenstehende öffentliche Belange i. S. d. § 35 Abs. 3 BauGB	21
c) Sonderkonstellation	28
III. Verfahrensrechtliche Fragestellungen	32
IV. Ziel und Perspektive der Kleinwindenergie	53
1. Dezentrale Energieversorgung	54
2. Installation sog. „Inselnetze"	55
V. Vorbild Dänemark	58
1. Allgemeines	59
2. Definition Kleinwindenergieanlage	60
3. Rechtliche Grundlagen	61
4. Net-Metering	62
5. Zertifizierung der Kleinwindanlage	63
VI. Übertragbarkeit des dänischen Modells	64

Literaturübersicht: *Battis/Krautzberger/Löhr,* Baugesetzbuch – BauGB, Kommentar, 13. Aufl. 2016; *Bovet,* Ausgewählte Probleme bei der baulichen Errichtung von Kleinwindenergieanlagen, ZUR 2010, 9; *Bundesverband Kleinwindanlagen,* Kleinwind Fachjournal, Berlin 2014; *Ernst/Zinkahn/Bielenberg/Krautzberger,* Baugesetzbuch, Loseblatt-Kommentar, Stand: 2/2016; *Maslaton/Rauschenbach,* Wann darf man bauen?, BauernZeitung – Ratgeber Windkraft 2012, 14; *Petersen,* Aspects of the small wind turbine situation in Denmark, 2012; *Spannowsky/Uechtritz,* Beck'scher Onlinekommentar BauGB, Stand 4/2016; *Spannowsky/Hofmeister,* Umweltrechtliche Einflüsse in die städtebauliche Planung, 2009

I. Definition der Kleinwindenergieanlagen

Die dauerhaft geführte Debatte über das Für und Wider der Windenergie, über den Ausbau der Offshore-Windparks und auch die immer größer werdende Leistungsdichte der Onshore-Windenergieanlagen lässt eine Form der Windenergienutzung noch immer im Abseits stehen 1

– die der Kleinwindenergie. Der Gedanke, sich in Zeiten stetig steigender Rohstoffpreise und Energiekosten zumindest zu einem (Groß-)Teil selbst mit Energie zu versorgen, gewinnt dabei immer mehr an Attraktivität. Dabei kann gerade der Ausbau der Kleinwindtechnologie einen signifikanten Bestandteil zu der **dezentralen Energieversorgung** beitragen.

2   Eines der Hauptprobleme der Kleinwindenergie ist sicherlich nach wie vor die unzureichende Einheitlichkeit hinsichtlich der Definition über das Wesen einer **Kleinwindenergieanlage**. So bestehen derzeit allein drei verschiedene Definitionen bezüglich der Anlagenhöhe, der überstrichenen Rotorfläche als auch der Anlagenleistung.

1. Definition nach IEC 61400-2:2006

3   Der Verband der Elektrotechnik Elektronik Informationstechnik e. V. (VDE) hat in Zusammenarbeit mit dem Deutschen Institut für Normung e. V. (DIN) im Jahr 2007 eine Normierung der Charakteristika einer Kleinwindenergieanlage in Ansatz gebracht. Demnach ist nach Nummer 3.48 eine Kleinwindenergieanlage eine Anlage mit einer überstrichenen Rotorfläche von 200 m2 oder weniger, die die kinetische Energie des Windes in elektrische Energie umwandelt. Dabei ist unter der überstrichenen Fläche nach Nummer 3.49 die Projektionsfläche senkrecht zur Windrichtung zu verstehen, die der Rotor bei einer vollständigen Drehbewegung beschreibt. Entscheidend für die IEC 61400-2:2006 ist, dass es hier ausschließlich auf die überstrichene Rotorfläche ankommt; die Höhe oder die Leistung der Kleinwindenergieanlage spielen hier keine Rolle.

2. Definition nach Bundesverband Windenergie

4   Der Bundesverband Windenergie (BWE) liefert eine recht allgemeine, bisweilen eher ungenaue Definition der Kleinwindenergieanlage. Nach seiner Auffassung fallen hierunter alle Anlagen, die eine maximale Leistung von 100 kW haben. Dabei wird nach drei Leistungsklassen unterschieden, welche von 0-5 kW, 5-30 kW und 30-100 kW reichen.

3. Definition nach Bundesverband Kleinwindanlagen

5   Der Bundesverband Kleinwindanlagen (BVKW)[2132], ein Interessenverband für Betreiber, Hersteller und Verkäufer von Kleinwindanlagen, strebt dauerhaft eine auf europäische Maßstäbe abgestimmte Definition der Kleinwindenergie an. In Anlehnung an die IEC 61400-2:2006 sind Kleinwindenergieanlagen windgetriebene Anlagen mit einer Windangriffsfläche von bis zu 200 m^2. Allerdings unterteilt der BVKW Kleinwindanlagen in jeweilige Standards:

- **Mikrowindturbinen** mit einer maximalen Leistung bis 1,5 kW bzw. 6 m^2 Windangriffsfläche,
- **Hausanlagen** mit einer Leistung von 1,5–6 kW,
- **Kleinwindanlagen zur Eigenversorgung**, welche entsprechend der Norm IEC 61400-2:2006 eine Rotorfläche von bis zu 200 m^2 haben.

6   Es zeigt sich, dass die Ausgestaltung der Definition einer Kleinwindenergieanlage nach dem BVKW am detailliertesten ist. Vor allem die Einteilung in die Kategorie der Anlagen zur Eigenversorgung erscheint unter dem Aspekt der dezentralen Energieversorgung äußerst hilfreich.[2133]

[2132] S. a.: www.bundesverband-kleinwindanlagen.de.
[2133] Zu Kleinwindanlagen für die Eigenversorgung → Kap. 5 Rn. 53 ff.

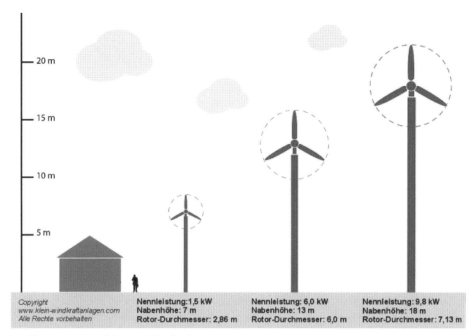

Grafik: P. Jüttemann/klein-windkraftanlagen.com

4. Im Voraus zu Beachtendes

Auch wenn es sich gemessen am Investitionsvolumen einer Kleinwindenergieanlage eher um eine „kleine" Investition im Vergleich zu einer derzeit marktüblichen Onshore-Windenergieanlage handelt, so sollte man als potenzieller Betreiber trotz allem einige Dinge vor der Errichtung beachten.

a) Standortsuche

Infolge der wesentlich geringeren Gesamthöhe einer Kleinwindenergieanlage und der damit verbundenen Bodennähe, sind diese Anlagen einer Vielzahl von Einflüssen wie Bebauung oder Baumbewuchs ausgesetzt. Die Rauigkeit der Erdoberfläche beeinflusst direkt die Energie des anströmenden Winds und sollte bei der Planung von Kleinwindenergieprojekten stets berücksichtigt werden.[2134] Entscheidend für einen optimierten Betrieb einer Kleinwindenergieanlage ist, dass die freie Windanströmung zumindest aus der Hauptwindrichtung und das Abströmen hinter der Turbine gewährleistet ist.[2135] Sollte dies nicht der Fall sein, gilt es zu prüfen, ob man die Anlage insgesamt höher baut oder ob die grundsätzliche Möglichkeit besteht, das Hindernis, z. B. den Baumbewuchs, zu beseitigen.

b) Windmessung

Ein weiteres – oftmals unterschätztes Problem – ist die anliegende Windstärke. Viele Interessenten einer Kleinwindenergieanlage sind der Auffassung, dass an ihrem potenziellen **Standort** „stets eine steife Brise weht". Um auch nach der Errichtung und ab Inbetriebnahme der Kleinwindenergieanlage Freude an dieser zu haben, empfiehlt es sich, vor dem Kauf der Anlage eine **Windmessung** durchzuführen. So lässt sich noch vor der Investition feststellen, ob die Anlage an dem gewählten Standort rentabel sein wird. Auch hierfür empfiehlt es sich,

---

[2134] *Gehling/Schneider,* Kleinwind Fachjournal, S. 4.
[2135] *Gehling/Schneider,* Kleinwind Fachjournal, S. 4.

den geplanten späteren Standort als Referenzstelle zu nutzen. Dabei ist das obere Anemometer möglichst auf Nabenhöhe der späteren Windenergieanlage zu installieren und es sollten möglichst keine Bäume oder Gebäude in unmittelbarer Nähe stehen.[2136] Derartige Windmesssysteme sind in verschiedenen Preisklassen erhältlich, wobei es auch Anlagenhersteller gibt, die eine solche Windmessung „kostenfrei" durchführen unter der Bedingung, dass die Anlage später tatsächlich errichtet wird. Im Hinblick auf die Dauer einer solchen Messung gilt „je länger desto besser". Oftmals sind Planer allerdings nicht bereit, über einen Zeitraum von einem Jahr zu messen (um die Schwankungen verteilt über das Jahr auszugleichen). Als Grundregel kann man sich merken, dass eine dreimonatige Messung in einer Vielzahl von Fällen ausreichende Informationen dazu liefert, ob der Standort geeignet ist oder nicht.

c) Anlagentyp

10   Auch über den Typ der entsprechenden Anlage[2137] sollte man sich vorher Gedanken gemacht haben. Dabei gibt es drei verschiedene Bauarten von Kleinwindanlagen.

- Der Savonius-Rotor
  Der Savonius-Rotor ist ein Windrad mit zwei Hohlflügeln, deren Innenkanten einen zentralen Winddurchlassspalt freigeben können und sich übergreifen. Der Vorteil dieser Bauart ist, dass diese Anlage auch bei sehr geringen Windgeschwindigkeiten beginnt sich zu drehen und dieser Rotor nahezu keine Geräusche entwickelt. Entscheidender Nachteil dieser Anlage ist, dass diese nur eine sehr geringe Leistung aufweist und daher eher als Windspiel dient.
- Der Horizontal-Rotor
  Der Horizontal-Rotor ist eine Anlage mit drei oder mehr Flügeln an einer horizontalen (waagerechten) Achse. Größter Vorteil dieser Anlage ist es, dass alle Flügel gleichzeitig und gleichmäßig vom Wind angetrieben werden und diese Bauart den höchsten Wirkungsgrad aller Windräder aufweist. Im Vergleich zu anderen Bauarten (speziell zu Savonius-Rotoren) sind die Horizontal-Rotoren deutlich lauter.
- Der H-Darrieus-Rotor
  Bei diesen Anlagen sind die Rotorblätter parallel zur vertikalen Drehachse angeordnet und mit waagerechten Streben verbunden. Durch diesen Bautyp sind auch höhere Leistungen möglich. Nachteil dieser Bauform ist, dass der H-Darrieus-Rotor häufig sehr teuer ist.

II. Bauplanungsrechtliche Zulässigkeit von Kleinwindanlagen

11   Ganz grundsätzlich gelten für die Errichtung von baulichen Anlagen i. S. d. § 29 BauGB die Vorschriften der §§ 30-37 BauGB (→ Kap. 1 Rn. 1 ff.). Dabei gilt es stets zu untersuchen, ob die bauliche Anlage im **Geltungsbereich eines Bebauungsplans**, im **unbeplanten Innenbereich** oder im **Außenbereich** errichtet werden soll.

1. Kleinwindenergieanlage als bauliche Anlage i. S. d. § 29 BauGB

12   Eine **bauliche Anlage** im Sinne des § 29 BauGB ist nach der Rechtsprechung des Bundesverwaltungsgerichts gekennzeichnet durch das verhältnismäßig weite Merkmal des „Bauens" und durch das einschränkende Merkmal „(möglicher) bodenrechtlicher Relevanz".[2138] Dabei erfüllen all jene Anlagen das Merkmal des Bauens, „die in einer auf Dauer gedachten Weise künstlich mit dem Erdboden verbunden sind."[2139] Demnach ist es unstreitig, dass Kleinwindenergieanlagen infolge ihrer technischen Ausgestaltung und ihrer durchschnittlichen Betriebs-

---

[2136] *Peterschmidt*, Kleinwind Fachjournal, S. 5.
[2137] Vgl. *Hallenga/Schneider*, Kleinwind Fachjournal, S. 10 f.
[2138] BVerwGE 44, 59 (61); *Krautzberger*, in: Ernst/Zinkahn/Bielenberg/Krautzberger (Hrsg.), BauGB, § 29 Rn. 24.
[2139] BVerwGE 44, 59 (62).

dauer von 20 Jahren als dauerhafte Anlagen einzuordnen sind. Beachtenswert hinsichtlich sog. „Aufdachanlagen" ist, dass diese – vergleichbar mit Funkmasten – über das Haus künstlich mit dem Erdboden verbunden sind und demnach auch das Merkmal des Bauens erfüllen.[2140]

Schwieriger erscheint dabei das Merkmal der bodenrechtlichen Relevanz. Diese ist immer dann gegeben, wenn das Vorhaben die in § 1 Abs. 5 und 6 BauGB genannten Belange in einer Weise berührt oder berühren kann, „die geeignet ist, das Bedürfnis nach einer ihre Zulässigkeit regelnden verbindlichen Bauleitplanung hervorzurufen".[2141] Für Kleinwindanlagen kommen dabei vor allem die Belange des Orts- und Landschaftsbildes und die Belange rund um den Umwelt- und Naturschutz als auch der Landschaftspflege in Betracht. Infolgedessen, dass diese Anlagen durchaus Auswirkungen auf ihre Umwelt ausüben, kann man in aller Regel auch von einer bodenrechtlichen Relevanz von Kleinwindanlagen ausgehen.

2. Kleinwindanlagen im Bebauungsplangebiet, § 30 BauGB

Hinsichtlich der Zulässigkeit einer **Kleinwindenergieanlage im Geltungsbereich eines qualifizierten Bebauungsplans** normiert das Gesetz:

> **§ 30 Abs. 1 BauGB:**
> „(1) Im Geltungsbereich eines Bebauungsplans, der allein oder gemeinsam mit sonstigen baurechtlichen Vorschriften mindestens Festsetzungen über die Art und das Maß der baulichen Nutzung, die überbaubaren Grundstücksflächen und die örtlichen Verkehrsflächen enthält, ist ein Vorhaben zulässig, wenn es diesen Festsetzungen nicht widerspricht und die Erschließung gesichert ist."

Demnach haben Gemeinden nach § 1 Abs. 3 BauGB Bebauungspläne als verbindliche Bauleitpläne aufzustellen, sobald und soweit es für die städtebauliche Entwicklung und Ordnung erforderlich ist. Dabei ist der so aufgestellte Bebauungsplan der Gemeinde Ausdruck ihrer verfassungsrechtlich garantierten Planungshoheit i. S. d. Art. 28 Abs. 2 GG.

a) Festsetzungen zur Nutzung von Windenergie

Wie schon aus dem Grundsatz in § 30 Abs. 1 BauGB hervorgeht, darf die geplante Kleinwindenergieanlage den **Festsetzungen des Bebauungsplans** nicht widersprechen. Dabei ergeben sich die verschiedenen Festsetzungen aus § 9 BauGB und den in der Baunutzungsverordnung[2142] (BauNVO) vorgesehenen Baugebieten (→ Kap. 1 Rn. 15 ff.). Für die Errichtung und den Betrieb einer Kleinwindenergieanlage gilt es dabei vor allem § 11 Abs. 2 BauNVO zu beachten:

> „(2) Für sonstige Sondergebiete sind die Zweckbestimmung und die Art der Nutzung darzustellen und festzusetzen. Als sonstige Sondergebiete kommen insbesondere in Betracht [...] Gebiete für Anlagen, die der Erforschung, Entwicklung oder Nutzung erneuerbarer Energien, wie Wind- und Sonnenenergie, dienen."

Hiernach ist es der Gemeinde möglich, einen bestimmten Teil des Gemeindegebiets ausschließlich für die Nutzung der Windenergie vorzubehalten. Mithin gilt es jedoch zu vergegenwärtigen, dass solche Sondergebiete in der Regel für Windenergieanlagen der „Mehr-Megawatt-Klasse" vorgeschlagen werden[2143]. Demnach können Kleinwindenergieanlagen grundsätzlich in den Wirkungsbereich von § 11 Abs. 2 BauNVO fallen, wenngleich der Hauptanwendungsfall dieser Norm die Errichtung und der Betrieb von Großwindenergieanlagen ist. Folglich muss an dieser Stelle festgestellt werden, dass die Normen der BauNVO keine ausdrücklichen Regelungen zur Zulässigkeit von Kleinwindenergieanlagen hinsichtlich der Art der baulichen Nutzungen in bestimmten Baugebieten treffen.

[2140] *Bovet*, ZUR 2010, 9 (11).
[2141] BVerwGE 44, 59 (62); *Löhr*, in: Battis/Krautzberger/Löhr, BauGB, § 29 Rn. 14.
[2142] I. d. F. der Bekanntmachung v. 23.1.1990 (BGBl. I S. 132), zuletzt geändert durch Gesetz v. 11.6.2013 (BGBl. I S. 1548).
[2143] So auch *Dirnberger*, in: Spannowsky/Hofmeister (Hrsg.), Umweltrechtliche Einflüsse in die städtebauliche Planung, S. 108 f.

b) Kleinwindanlage als Nebenanlage i. S. v. § 14 BauNVO

15 Grundsätzlich können Kleinwindenergieanlagen auch als **Nebenanlage** gem. § 14 BauNVO errichtet werden. Voraussetzung dafür ist, dass es sich um eine untergeordnete Anlage handelt (→ Kap. 1 Rn. 32 ff.), welche dem Nutzungszweck der in dem Baugebiet gelegenen Grundstücke selbst dient und die seiner Eigenart nicht widerspricht. Aufgrund der technischen Maße liegt die Annahme nahe, dass Kleinwindenergieanlagen als räumlich untergeordnete Nebenanlagen i. S. v. § 14 BauNVO zu qualifizieren sind. Die Möglichkeit der Errichtung des Betriebs als Nebenanlage setzt voraus, dass die Anlagen einzig und allein den Zweck haben, dass betreffende Grundstück ausschließlich oder weit überwiegend mit Energie zu versorgen. Nach Auffassung des OVG Lüneburg ist von einer dienenden Funktion auszugehen, wenn mindestens zwei Drittel der erzeugten Energie durch den Anlagenbetreiber selbst verbraucht werden.[2144] Die dienende Funktion ergibt sich in den häufigsten Fällen daraus, dass Kleinwindenergieanlagen zum nahezu ausschließlichen Eigenverbrauch errichtet werden.

Überdies muss die Anlage im Einklang mit der entsprechenden Eigenart des Baugebiets stehen. Hierbei gilt es stets zu beachten, dass der Umfang der Nutzung der Nebenanlage nicht über das hinausgeht, was nach allgemeiner Verkehrsauffassung grundsätzlich in dem ausgewiesenen Gebiet zulässig ist.[2145]

16 Dass eine Kleinwindanlage jedoch nicht immer als untergeordnete Nebenanlage anerkannt wird, nämlich dann, wenn sie der Eigenart des Baugebiets widerspricht, machte unter anderem das OVG Lüneburg deutlich:

OVG Lüneburg, Beschl. v. 29.6.2012 – 12 LA 155/11
Im vorliegenden Fall plante der Kläger auf seinem Seegrundstück, welches mit einem Einfamilienhaus und einer Garage bebaut ist und in einem reinen Wohngebiet liegt, die Errichtung und den Betrieb einer Kleinwindanlage mit einer Masthöhe von 10 m und einem Rotordurchmesser von 1,60 m. Hierzu stellte er eine Bauvoranfrage, um die Genehmigungspflichtigkeit des Vorhabens vorab prüfen zu lassen. Die zuständige Genehmigungsbehörde lehnte den beantragten Bauvorbescheid mit der Begründung ab, das Vorhaben sei genehmigungspflichtig und nicht genehmigungsfähig. [...] Zudem sei auch die Vorinstanz zu Recht davon ausgegangen, dass das Vorhaben auch als untergeordnete Nebenanlage dem Gebietscharakter des reinen Wohngebiets widerspreche. Danach besitze ein dicht bebautes Gebiet mit kleinen Grundstücken, einer hohen Grundflächenzahl und einer großen überbaubaren Grundstücksfläche eine die Zulässigkeit von Windenergieanlagen ausschließende Eigenart. Eine die Zulässigkeit begünstigende Eigenart habe eine Gebiet nur dann, wenn es so weiträumig und aufgelockert bebaut ist, dass auf jedem Grundstück eine Windenergieanlage aufgestellt und errichtet werden kann, ohne dass dadurch auf Nachbargrundstücken die Aufstellung sinnvoll zu betreibender Windenergieanlagen beeinträchtigt würde und ohne dass der Betrieb solcher Anlagen durch die Bebauung und den Bewuchs der Nachbargrundstücke behindert werden könnte. Aufgrund dieser Kriterien hat das erstinstanzliche VG die überbaubare Größe des in Rede stehenden Grundstücks (525 m²) sowie die angrenzenden Grundstücke als Indiz gegen ein weiträumiges und aufgelockertes, bebaubares Gebiet gewertet. Darüber hinaus galt es auch Lage und Schnitt und vor allem die Ausrichtung des Grundstücks – als Seegrundstück mit Freizeit- und Erholungscharakter – in die Prüfung mit einzubeziehen. Die gesamte Infrastruktur der geplanten Anlage, also die Drehbewegung, der Rotordurchmesser als auch die Verankerung im Boden stellen eine gebietsfremde, optische Beeinträchtigung dar, die in keiner Weise mit rein dekorativen Windrädern, -hosen oder Fahnen vergleichbar sind.

3. Kleinwindanlagen im unbeplanten Innenbereich gem. § 34 BauGB

17 Ob und wie **Kleinwindanlagen im Innenbereich** gem. § 34 BauGB zulässig sind, ist in der Rechtsprechung auf Grund der noch recht rudimentären Vorkommen bislang nicht abschließend beurteilt worden. Zudem zeigt die beratende Praxis ganz deutlich, dass die potenziellen Anlagenbetreiber, welche oftmals die sog. „Häuslebauer" sind, einer gerichtlichen Auseinandersetzung mit der Genehmigungsbehörde oder der Gemeinde aus dem Weg gehen. Für den Fall, dass für das Gemeindegebiet kein Bebauungsplan vorhanden ist, hat der Gesetzgeber die

---
[2144] *OVG Lüneburg*, Urt. v. 29.4.2008 – 12 LB 48/07.
[2145] *Bovet*, ZUR 2010, 9 (12).

Normen der §§ 34 und 35 BauGB geschaffen, die das Anliegen der geordneten städtebaulichen Entwicklung auch in allen unbeplanten Gemeindeteilen verwirklichen.[2146] Dabei fehlt es für die Zulässigkeit von Vorhaben im unbeplanten Innenbereich an einer vergleichsweise positiven gesetzlichen Ersatzplanung, wie beispielsweis in § 35 BauGB.

a) Zulässigkeit nach § 34 Abs. 1 BauGB

§ 34 Abs. 1 BauGB:
„(1) Innerhalb der im Zusammenhang bebauten Ortsteile ist ein Vorhaben zulässig, wenn es sich nach Art und Maß der baulichen Nutzung, der Bauweise und der Grundstücksfläche, die überbaut werden soll, in die Eigenart der näheren Umgebung einfügt und die Erschließung gesichert ist. Die Anforderungen an gesunde Wohn- und Arbeitsverhältnisse müssen gewahrt bleiben; das Ortsbild darf nicht beeinträchtigt werden."

18

Demnach findet § 34 Abs. 1 BauGB auf all jene Vorhaben[2147] im **Innenbereich** Anwendung, die innerhalb der im Zusammenhang bebauten Ortsteile liegen. Dabei schließt das Erfordernis des „Sich-Einfügens" nicht aus, dass etwas verwirklicht wird, was es in diesem Gebiet noch nicht gibt.[2148] Daher kann sich auch die erste Kleinwindenergieanlage in das Gebiet einfügen. Technische Neuerung und optische Gewöhnungsbedürftigkeit sind nach Auffassung höchstrichterlicher Rechtsprechung per se kein Grund, eine Beeinträchtigung des Ortsbilds zu unterstellen.[2149] Vielmehr ist es von entscheidender Bedeutung, ob bodenrechtliche Spannungen entstehen, die nicht im Wege einer nachbarlichen Abstimmung ausgeräumt werden können und folglich eine Planungsbedürftigkeit indizieren, etwa weil die Kleinwindenergieanlage überdimensioniert ist oder zu dicht an der Nachbargrenze liegt.[2150]

b) Zulässigkeit nach § 34 Abs. 2 BauGB

§ 34 Abs. 2 BauGB:
„(2) Entspricht die Eigenart der näheren Umgebung einem der Baugebiete, die in der auf Grund des § 9a erlassenen Verordnung bezeichnet sind, beurteilt sich die Zulässigkeit des Vorhabens nach seiner Art allein danach, ob es nach der Verordnung in dem Baugebiet allgemein zulässig wäre; auf die nach der Verordnung ausnahmsweise zulässigen Vorhaben ist § 31 Abs. 1, im Übrigen ist § 31 Abs. 2 entsprechend anzuwenden."

19

Absatz 2 ist bezüglich der Art der baulichen Nutzung lex specialis gegenüber Absatz 1. Folglich muss das Einfügen in die nähere Umgebung hinsichtlich der Art der baulichen Nutzung nicht mehr geprüft werden. Hinsichtlich des Maßes der baulichen Nutzung findet entgegen dem Grundsatz nicht die BauNVO Anwendung, sondern es gilt ausschließlich § 34 Abs. 1 BauGB.

4. Kleinwindanlagen im Außenbereich gem. § 35 BauGB

Auch wenn eine Kleinwindenergieanlage nach derzeitiger Auffassung eine maximale Leistung von 100 kW aufweist, so gelten für sie doch die gleichen Maßstäbe hinsichtlich der Errichtung im **Außenbereich** wie für eine Großanlage. Somit kann an dieser Stelle grundsätzlich auf die ausführlichen Ausführungen in → Kap. 1 Rn. 70 ff. verwiesen werden.

20

[2146] *Krautzberger,* in: Battis/Krautzberger/Löhr (Hrsg.), BauGB, § 34 Rn. 1.
[2147] Zum Begriff des Vorhabens i. S. d. § 34 BauGB: *Spannowsky,* in: Spannowsky/Uechtritz (Hrsg.), BeckOK BauGB, § 34, Rn. 1.
[2148] *Bovet,* ZUR 2010, 9 (12).
[2149] BVerwGE 67, 23 (33).
[2150] *BVerwGE* 55, 369 (386).

a) KWEA, die der Versorgung einer privilegierten landwirtschaftlichen Hofstelle dient

20a Kleinwindenergieanlagen werden zunehmend attraktiver für landwirtschaftliche Betriebe im Außenbereich. Dabei nutzen Landwirte die erzeugte Energie beispielsweise zur Versorgung von Stallanlagen oder Kühlhäusern. Im Rahmen der Errichtung profitieren sie von der privilegierten landwirtschaftlichen Hofstelle, der sie dienen.

Eine Kleinwindenergieanlage ist einem landwirtschaftlichen Betrieb zu- und untergeordnet, wenn der durch die geplante Anlage erzeugte Strom (weit) überwiegend unmittelbar dem landwirtschaftlichen Betrieb zu Gute kommen soll. Die äußere Zuordnung der Anlage zum konkreten Betrieb ist oftmals streitig.

20b Zu dieser Frage gibt es nunmehr obergerichtliche Rechtsprechung. Das OVG Lüneburg[2151] hat in seiner Entscheidung vom 29.10.2015 Folgendes entschieden:

„Der Umstand, dass der Gesetzgeber in § 35 Abs. 1 Nr. 5 BauGB Windenergieanlagen eine selbstständige Privilegierung gewährt hat, schließt nicht aus, dass derartige Anlagen nach § 35 Abs. 1 Nr. 1 BauGB als untergeordnete Anlagen eines landwirtschaftlichen Betriebs privilegiert zulässig sein können. [...]. Dabei reicht es einerseits für die Privilegierung nicht aus, dass das Vorhaben für die Bodenbewirtschaftung und Bodennutzung des konkreten Betriebs bloß förderlich ist; andererseits kann nicht verlangt werden, dass das Vorhaben für den landwirtschaftlichen Betrieb zwingend notwendig oder unentbehrlich ist. In der Rechtsprechung ist geklärt, dass in den Fällen, in denen ein landwirtschaftlicher Betrieb vorhanden ist, einzelne Betätigungen, [...], durch ihre betriebliche Zuordnung zu der landwirtschaftlichen Tätigkeit von dieser gleichsam mitgezogen werden und damit im Sinne des § 35 Abs. 1 Nr. 1 BauGB an der Privilegierung teilnehmen können. [...]. Eine Zuordnung zum landwirtschaftlichen Betrieb ist bei Windkraftanlagen nach der Rechtsprechung grundsätzlich möglich, wenn der durch die geplante Anlage erzeugte Strom (weit) überwiegend unmittelbar dem landwirtschaftlichen Betrieb zu Gute kommen kann und soll und nur im Übrigen in das öffentliche Netz eingespeist werden soll. Im vorliegenden Fall ist die Verpflichtungsklage mit der Maßgabe erhoben, dass „mindestens zwei Drittel der gewonnenen Energie für betriebliche Zwecke verwendet werden." Bei einem solchen Verhältnis ist unstreitig von einem weit bzw. deutlich überwiegenden Anteil in dem genannten Sinn auszugehen."

b) Entgegenstehende öffentliche Belange i. S. d. § 35 Abs. 3 BauGB

21 An dieser Stelle sei darauf hingewiesen, dass ein **Entgegenstehen der öffentlichen Belange** durch die Errichtung einer Kleinwindenergieanlage nicht grundsätzlich ausgeschlossen werden kann.

22 **aa) Entgegenstehende Ziele der Raumordnung (Regionalplanung).** Sollte für den entsprechenden Standort bereits ein Regionalplan bestehen oder sich ein Regionalplan in Aufstellung befinden, der Eignungs- bzw. Vorrangflächen mit Eignungsgebietsfunktion für ein Windenergievorhaben an anderer Stelle vorsieht, dann würde dieser gemäß § 35 Abs. 3 S. 3 Alt. 2 BauGB zu einer Ausschlusswirkung für Vorhaben führen, die außerhalb der im Regionalplan vorgesehenen **Eignungs- und Vorrangflächen** liegen. Entscheidend ist in diesem Zusammenhang jedoch, dass regionalplanerische Gebiete nur für raumbedeutsame Vorhaben die dargelegte Ausschlussfunktion entfalten können. Das Bundesverwaltungsgericht stellt darauf ab, dass die Raumbedeutsamkeit einer Windenergieanlage immer nach den tatsächlichen Umständen des Einzelfalls zu beurteilen ist.[2152] Folglich ergibt sich die Frage der Raumbedeutsamkeit einer Windenergieanlage grundsätzlich aus ihren Dimensionen, dem Standort und auch aus ihren Auswirkungen auf bestimmte Ziele der Raumordnung. Dabei bejaht das Bundesverwaltungsgericht die Raumbedeutsamkeit einer Windenergieanlage in der Regel dann, wenn diese eine Gesamthöhe von 100 m und mehr aufweist.[2153]

23 Aus den eingangs dargelegten Charakteristika einer derzeit handelsüblichen Kleinwindenergieanlage geht hervor, dass diese aufgrund ihrer geringen Höhe gerade keine **Raumbedeutsamkeit** besitzt. Infolgedessen sind schon die Anwendungsbereiche etwaiger Regionalpläne

---

[2151] *OVG Lüneburg*, Urt. v. 29.10.2015 – 12 LC 73/15.
[2152] *BVerwG*, Urt. v. 13.3.2003 – 4 C 4.02.
[2153] *BVerwG*, Urt. v. 13.3.2003 – 4 C 4.02.

nicht eröffnet, sodass diese der bauplanungsrechtlichen Zulässigkeit der Anlage nicht entgegenstehen.

bb) Entgegenstehende Flächennutzungspläne. Zudem entspricht es – leider – der gängigen Verwaltungspraxis, dass dem Antrag auf Errichtung und Betrieb einer Kleinwindenergieanlage ein gültiger oder auch in Aufstellung befindlicher **Flächennutzungsplan** entgegengehalten wird, wenn dieser **Sonderbauflächen** oder **Sondergebiete** für WEA mit Ausschlusswirkung darstellt (§ 35 Abs. 3 S. 3 1. Alt. BauGB). Dabei findet sich in den Darstellungen des Flächennutzungsplans einschließlich seiner Begründung häufig keine Differenzierung zwischen Großwind- und Kleinwindenergieanlagen. Auf den ersten Blick könnte hier der Eindruck entstehen, dass die Flächennutzungspläne (mit der Ausweisung eines Windenergiestandorts an anderer Stelle des Gemeindegebiets) der Errichtung einer Kleinwindenergieanlage entgegenstehen. Allerdings gilt für die Frage, ob die Errichtung einer Kleinwindenergieanlage den Darstellungen des Flächennutzungsplans entgegensteht, welchen Umfang und welchen Zweck die Ausschlusswirkung hat. Einen Anhaltspunkt für den maßgeblichen Willen der Gemeinde gibt die Begründung des entsprechenden Flächennutzungsplans.

Die Gemeinde G schließt mit einem entsprechenden Flächennutzungsplan die kommerzielle Windenergienutzung aus. Ausweislich der Begründung des Flächennutzungsplans lässt sie jedoch die Windenergienutzung zu Forschungszwecken zu.

Einen Anhaltspunkt dafür, ob Kleinwindenergieanlagen auch in den Anwendungsbereich des Flächennutzungsplans fallen, kann oftmals schon die Begründung des in Rede stehenden Flächennutzungsplans liefern. Häufig definiert diese eine **Referenzanlage**, auf deren Kenngrößen hin das entsprechende Gebiet dargestellt wurde.

Beispiel:
„Als Referenzanlage wurde eine marktübliche Binnenlandanlage der 3-Megawattklasse des Typs E 101 der Firma Enercon festgelegt. Die Referenzanlage bildet die Grundlage für die Ermittlung der Abstände zur Einhaltung der immissionsschutzrechtlichen Grenzwerte der TA-Lärm."

Dabei gilt nach Anlage 2 des EEG 2017:

> **Anlage 2 EEG 2017**
> *„Eine Referenzanlage ist eine Windenergieanlage eines bestimmten Typs, für die sich entsprechend ihrer von der dazu berechtigten Institution vermessenen Leistungskennlinie an dem Referenzstandort ein Ertrag in Höhe des Referenzertrages errechnet."*

Der Fall solcher der Referenzanlage zugrunde gelegter Parameter lässt offensichtlich darauf schließen, dass mit diesem Flächennutzungsplan die Errichtung und der Betrieb von Großwindanlagen gesteuert werden sollen. Zudem gilt es zu vergegenwärtigen, dass die im Beispiel genannte Anlage eine Gesamthöhe von 189 m hat.

Überdies gilt es auch, die weiteren Beweggründe der Gemeinden für die Steuerung der Windenergienutzung zu beachten. Häufiges Ziel dieser Gebietsdarstellungen mit Ausschlusswirkung ist es, die kommerzielle Nutzung und Erzeugung von Windenergie dahingehend zu steuern, dass der Ausbau der erneuerbaren Energien sich im Einklang mit den vor Ort befindlichen natürlichen Verhältnissen befindet. Führt man sich an dieser Stelle allerdings noch einmal den Hauptzweck der Errichtung und des Betriebs einer Kleinwindenergieanlage vor Augen, nämlich Energieerzeugung für den Eigenbedarf, kann keine kommerzielle Nutzung ausgemacht werden, weil die gewonnene Elektrizität weder gewinnbringend verkauft noch in das öffentliche Netz eingespeist wird. Folglich stehen die meisten Flächennutzungspläne der Errichtung und dem Betrieb einer Kleinwindenergieanlage bei genauer Betrachtung nicht entgegen, wenngleich das konkrete Vorhaben stets einer Einzelfallprüfung unterzogen werden muss.

c) Sonderkonstellation

28 Beispiel:

Herr A und seine Frau sind seit vielen Jahren Eigentümer eines Einfamilienhauses in der Gemeinde B. Dieses Einfamilienhaus liegt im Geltungsbereich eines wirksamen Bebauungsplans. Nach reiflicher Überlegung entschließen sich, auf einer ihnen gehörenden Wiese in ca. 150 m Entfernung zum Haus eine Kleinwindenergieanlage mit einer Gesamthöhe von 28 m zu errichten, um mit der erzeugten Energie jedenfalls 90% des häuslichen Energiebedarfs zu decken. Schwierig erscheint an dieser Stelle, dass der Geltungsbereich des wirksamen Bebauungsplans an der Grundstücksgrenze des Grundstücks der Wohnbebauung endet und der Standort des geplanten Vorhabens dem Vernehmen nach im Außenbereich gelegen ist. Zudem ist der Gemeinderat der Gemeinde B derzeit mit der Beschlussfassung über die Aufstellung der Änderung des aktuellen Flächennutzungsplans befasst, welcher die Ausweisung an anderer Stelle vorsieht. Können die Eheleute A trotzdem auf einen positiven Genehmigungsbescheid hoffen?

29   Hier liegt nun die Sonderkonstellation vor, dass sich die zu versorgende Hauptanlage (Wohnhaus) im Bebauungsplangebiet befindet (§ 30 BauGB) und der Standort der geplanten Kleinwindenergieanlage hingegen im unbeplanten Außenbereich (§ 35 BauGB). Demnach erscheint es auf den ersten Blick, könnte § 14 BauNVO keine unmittelbare Wirkung entfalten. Allerdings ist die Übertragung des Rechtsgedankens aus § 14 BauNVO für solche Fälle möglich, in denen der Standort der Hauptanlage und der Standort der Nebenanlage auseinanderfallen.

30   **aa) Zulässigkeit bei Lage im Bebauungsplangebiet.** Würden sich Haupt- und Nebenanlage im Bebauungsplangebiet befinden, könnte sich die Zulässigkeit der Kleinwindenergieanlage ohne Weiteres aus § 14 Abs. 1 BauNVO ergeben, wenn dessen Voraussetzungen gegeben sind.

31   **bb) Konsequenzen für das Auseinanderfallen.** Ganz offensichtlich hat der Gesetzgeber für alle bauplanungsrechtlichen Bereiche bewusst die Möglichkeit offengelassen, Nebenanlagen „mitzuziehen". Nur soweit das geplante Vorhaben keine der notwendigen Voraussetzungen erfüllt, kann es als Nebenanlage unzulässig sein. So zeigt der Gesetzgeber, dass er die Errichtung zulässiger Nebenanlagen zur Unterstützung des Hauptzwecks grundsätzlich für jeden bauplanungsrechtlichen Gebietstypus umfassend ermöglichen wollte. Allein der Umstand, dass im Fall der Eheleute A der Standort der Nebenanlage (§ 35 BauGB) und der der Hauptanlage (§ 30 BauGB) auseinanderfallen, kann und darf grundsätzlich nicht zu Lasten der Eheleute A gehen. Um dies zu verhindern, ist die analoge Anwendung des Rechtsgedankens von § 14 BauNVO, vor allem auf Ausnahmefälle wie den der Familie A, übertragbar.

III. Verfahrensrechtliche Fragestellungen

32   Neben der bauplanungsrechtlichen Zulässigkeit bedarf es auch einer Prüfung der verfahrensrechtlichen Fragen. Allerdings liegt genau hierin einer der Hauptgründe, weshalb die Zahlen des Zubaus in den letzten Jahren nicht entscheidend gestiegen sind.[2154] Die am häufigsten gestellte Frage ist die nach den **genehmigungsrechtlichen Voraussetzungen**. Vielen potenziellen Anlagenbetreibern erscheint ein langwieriges **Genehmigungsverfahren** als nahezu unüberwindbares Hindernis. Dies versteht sich umso mehr, wenn man sich vor Augen führt, wie teuer ein solches Baugenehmigungsverfahren im Zweifel werden kann. Zwar richten sich die Verwaltungskosten nach den Festlegungen des Kostenkatalogs des Verwaltungskostengesetzes[2155], allerdings können diese durch für erforderlich gehaltene Gutachten schnell in unverhältnismäßige Höhen steigen.

33   Bedauerlicherweise beantwortet sich die Frage, ob Kleinwindenergieanlagen einer **Genehmigungsbedürftigkeit** unterliegen, nicht durch einen unmittelbaren Blick in das Gesetz.

[2154] *Maslaton/Rauschenbach*, BauernZeitung – Ratgeber Windkraft 2012, S. 14 f.
[2155] Z. B. Sächsisches Verwaltungskostengesetz (SächsVwKG), i. d. F. der Bekanntmachung v. 17.9.2003 (SächsGVBl. S 698), zuletzt durch Art. 31 des Gesetzes v. 27.1.2012 (SächsGVBl. S. 130) geändert.

Sollte man dennoch eine positive Antwort auf seine genehmigungsrechtliche Fragestellung gefunden haben, so gilt es in einem weiteren Schritt zu untersuchen, welche Art von Genehmigungsverfahren der potenzielle Anlagenbetreiber zu durchlaufen hat – entweder das immissionsschutzrechtliche oder das baurechtliche Genehmigungsverfahren. Wie bereits in → Kap. 2 Rn. 1 dargelegt wurde, unterliegen gemäß Anhang 1.6 der 4. BImSchV[2156] Windenergieanlagen mit einer Höhe von mehr als 50 m dem immissionsschutzrechtlichen Genehmigungsverfahren. Unter Zugrundelegung der dargelegten Parameter (→ Kap. 5 Rn. 5 f.) einer Kleinwindenergieanlage kann zweifelsohne festgestellt werden, dass diese Vorhaben einzig dem baurechtlichen Genehmigungsverfahren unterliegen.

Hierin liegt allerdings eine der größten Hürden auf dem Weg zur Errichtung und zum 34 Betrieb einer Kleinwindanlage. So ist der Gang auf die zur Genehmigung zuständige Behörde oftmals mit einer großen Ernüchterung verbunden. Die Sachbearbeiter sehen sich meist mit einer für sie völlig fremden Materie konfrontiert. Zentrales Problem dabei ist, dass sich die Mitarbeiter der Genehmigungsbehörde keiner einheitlichen gesetzlichen Ausgestaltung gegenübersehen, denn jedes einzelne Bundesland hat ein anderes Regelungsregime bezüglich der Kleinwindenergie aufgestellt.

Im Folgenden sollen die jeweiligen Landesregelungen aufgezeigt werden:

- *Baden-Württemberg:* Der Anhang Nr. 3d i. V. m. § 50 Landesbauordnung Baden-Württem- 35 berg[2157] sieht eine **Verfahrensfreiheit** für Windenergieanlagen bis 10 m Höhe vor. Überdies gilt für Kleinwindanlagen gemäß § 51 Abs. 1 Nr. 3 LBO BaWü das sog. „Kenntnisgabeverfahren", welches letztlich einer Genehmigungsfreistellung entspricht. Hier kann auf freiwilliger Basis ein vereinfachtes Baugenehmigungsverfahren durchgeführt werden, §§ 51 Abs. 6, 52 Abs. 1 LBO BaWü.

- *Bayern:* Die Bayerische Bauordnung[2158] unterscheidet im Hinblick auf Kleinwindenergie- 36 anlagen zwischen zwei verschiedenen Typen. Die Anlagen mit einer freien Höhe von bis zu 10 m sind gemäß Art. 57 Abs. 1 Nr. 3b BayBO **verfahrensfrei** gestellt. Mit der Einführung des Wortes „frei" wird klargestellt, dass entscheidendes Kriterium für die Verfahrensfreiheit der Windenergieanlage hinsichtlich der Höhe statisch konstruktive Erwägungen sind.[2159] Demnach ist zur Einordnung in die Verfahrensfreiheit die freie Höhe über dem Dach maßgeblich. Zudem besteht nach Art. 58 BayBO grundsätzlich die Möglichkeit, dass eine Kleinwindanlage im Geltungsbereich eines Bebauungsplangebiets von der Genehmigung freigestellt wird. Für alle anderen Anlagen gilt gem. Art. 59 BayBO ein vereinfachtes Genehmigungsverfahren.[2160]

- *Berlin:* In der Berliner Bauordnung[2161] findet sich im Katalog der **verfahrensfreien** Vorha- 37 ben nunmehr die Regelung, dass Windenergieanlagen bis zu 10 m Höhe gemessen von der Geländeoberfläche bis zum höchsten Punkt der vom Rotor bestrichenen Fläche und einem Rotordurchmesser bis zu drei Metern außer in reinen Wohngebieten keinem Verfahren unterliegen.

- *Brandenburg:* Auch die Bauordnung des Landes Brandenburg[2162] sieht nunmehr vor, dass Win- 38 denergieanlagen bis zu 10 m Höhe gemessen von der Geländeoberfläche bis zum höchsten Punkt der vom Rotor überstrichenen Fläche und einem Rotordurchmesser bis zu 3 m außer in reinen Wohngebieten **verfahrensfrei** sind.

[2156] I. d. F der Bekanntmachung v.14.3.1997 (BGBl. I S. 504), zuletzt geändert durch Verordnung v. 2.5.2013 (BGBl. I S. 973).
[2157] I. d. F. der Bekanntmachung v. 5.3.2010 (GBl Nr. 7, S. 358), zuletzt geändert durch Gesetz v. 11.11.2014 (GBl. S. 501).
[2158] I. d. F. der Bekanntmachung v. 14.8.2007 (GVBl. S. 588), zuletzt geändert durch Entscheidung des BayVerfGH v. 9.5.2016 (GVBl. S. 89).
[2159] Vgl. insoweit auch Vollzugshinweise BayBO 2013, Nr. 57.1.2.1.
[2160] Zum vereinfachten Genehmigungsverfahren → Kap. 2 Rn. 5 ff.
[2161] I. d. F. der Bekanntmachung v. 29.9.2005 (GVBl. S. 495), zuletzt geändert durch Gesetz v. 17.6.2016 (GVBl. S. 361).
[2162] I. d. F. der Bekanntmachung v. 17.9.2008 (GVBl. S. 226), zuletzt geändert durch Gesetz v. 17.5.2016 (GVBl. S. 14).

39 • *Bremen:* Nach Maßgabe der Bauordnung Bremen[2163] besteht nach § 59 Abs. 1 S. 1 BremBO eine **grundsätzliche Genehmigungspflicht** für Kleinwindenergieanlagen. Den Bauaufsichtsbehörden ist jedoch nach § 59 Abs. 1 S. 2 BremBO die Möglichkeit eingeräumt worden, bei geringfügig genehmigungsbedürftigen Vorhaben auf die Durchführung eines Genehmigungsverfahrens zu verzichten. Sollte das geplante Vorhaben als Nebenanlage errichtet werden, so gilt nach § 63 S. 1 BremBO ein vereinfachtes Genehmigungsverfahren. Sollte sich auch hier die Anlage im Geltungsbereich eines Bebauungsplans befinden, die Erschließung gesichert sein und nicht im Widerspruch zu den Festsetzungen des Bebauungsplans stehen, so besteht die Möglichkeit einer Genehmigungsfreistellung, § 62 BremBO.

40 • *Hamburg:* Die Hamburger Bauordnung[2164] sieht in § 60 BauO HH i. V. m. Ziff. 4.5 der Anlage 2 BauO HH **Verfahrensfreiheit** für all jene Anlagen vor, die in festgesetzten Gewerbe- und Industriegebieten oder im Hafennutzungsgebiet errichtet werden sollen und eine Gesamthöhe von maximal 15 m aufweisen. Nach § 59 BauO HH bedarf es für alle Anlagen, die nicht in den in § 60 BauO HH i. V. m. Ziff. 4.5 der Anlage 2 BauO HH genannten Gebieten liegen, eines Genehmigungsverfahrens, wenn deren Gesamthöhe 15 m übersteigt. Ist die Anlage als untergeordnete Nebenanlage geplant, so ist auch hier ein vereinfachtes Genehmigungsverfahren ausreichend.

41 • *Hessen:* Die Anlagen sind gemäß § 54 Abs. 1 Hessische Bauordnung[2165] **genehmigungspflichtig**. Die Möglichkeit der Genehmigungsfreistellung i. S. d. § 56 HessBO besteht immer dann, wenn die Anlage im Geltungsbereich eines Bebauungsplans liegt und die Erschließung gesichert ist. Ein vereinfachtes Verfahren kann in Hessen angestrengt werden, wenn die Anlage eine Gesamthöhe von 30 m nicht übersteigt.

42 • *Mecklenburg-Vorpommern:* In Mecklenburg-Vorpommern hat mittlerweile auch die „Standard-Regelung" in das Gesetz Einzug gefunden, wonach Windenergieanlagen bis 10 m Höhe **verfahrensfreie** Vorhaben sind, § 61 Abs. 1 Nr. 3 c BauO MV[2166].

43 • *Niedersachsen:* Die Niedersächsische Bauordnung[2167] trifft eine unmissverständliche Regelung bezüglich der Errichtung einer Kleinwindenergieanlage. Sie ist stets **genehmigungspflichtig** und zudem nicht im Katalog, § 60 Abs. 1 i. V. m. Nr. 2 der Anlage LBO Nds., der baulichen Anlagen für die ein vereinfachtes Genehmigungsverfahren gilt, aufgeführt. Das heißt, dass für die Errichtung stets ein Genehmigungsverfahren durchzuführen ist.

44 • *Nordrhein-Westfalen:* Die Landesbauordnung Nordrhein-Westfalen[2168] sieht in § 65 Abs. 1 Nr. 44b) eine **Verfahrensfreiheit** für Kleinwindanlagen bis zu einer Anlagenhöhe von 10 m vor, wenn diese nicht in einem allgemeinen oder besonderen Wohngebiet sowie einem Mischgebiet gelegen ist. Für genehmigungspflichtige Anlagen mit einer Gesamthöhe von bis zu 30 m ist in § 68 Abs. 1 LBO NRW die Durchführung eines vereinfachten Genehmigungsverfahrens vorgesehen.

45 • *Rheinland-Pfalz:* Die Landesbauordnung Rheinland-Pfalz[2169] enthält in ihrem sechsten Teil nunmehr eine speziellen Regelung für Kleinwindenergieanlagen. Demnach besteht gemäß § 62 Abs. 1 Nr. 4 f. LBO R-P eine **grundsätzliche Genehmigungsfreiheit** für Windenergieanlagen bis zu einer Gesamthöhe von 10 m, auf Dächern bis zu einer Gesamthöhe von 2 m, in Gewerbe- und Industriegebieten sowie im Außenbereich, wenn sie einem nach § 35 Abs. 1 BauGB zulässigen Vorhaben dienen.

[2163] I. d. F. der Bekanntmachung v. 6.10.2009 (BremGBl. S. 401).

[2164] I. d. F. der Bekanntmachung v. 14.12.2005 (GVBl. S. 525), zuletzt geändert durch Gesetz v. 17.2.2016 (GVBl. S. 63).

[2165] I. d. F. der Bekanntmachung v. 15.1.2011 (GVBl. I S. 46), zuletzt geändert durch Gesetz v. 30.11.2015 (GVBl. I S. 457).

[2166] I. d. F. der Bekanntmachung v. 15.10.2015 (GVOBl. S. 344), zuletzt geändert durch Gesetz v. 21.12.2015 (GVOBl. S. 590).

[2167] I. d. F. der Bekanntmachung v. 3.4.2012 (GVBl. S. 46).

[2168] I. d. F. der Bekanntmachung v. 1.3.2000 (GV. NRW S. 256), zuletzt geändert durch Gesetz v. 20.5.2014 (GV. NRW S. 294).

[2169] I. d. F. der Bekanntmachung v. 24.11.1998 (GVBl S. 365), zuletzt geändert durch Gesetz v. 15.6.2015 (GVBl. S. 77).

- *Sachsen:* In der sächsischen Bauordnung[2170] sind Kleinwindenergieanlagen gemäß § 61 Abs. 1 Nr. 3 lit. c) **verfahrensfreie** Bauvorhaben, wenn die Windenergieanlage eine Gesamthöhe von 10 m, gemessen von der Geländeoberfläche bis zum höchsten Punkt der vom Rotor überstrichenen Fläche, nicht übersteigt und der Rotor einen maximalen Durchmesser von 3 m aufweist. Eine Einschränkung erfährt diese Regelung allerdings hinsichtlich der Errichtung und des Betriebs in reinen Wohngebieten, wo die Errichtung und der Betrieb stets genehmigungspflichtig sind. Darüber hinaus kann das Vorhaben gem. § 62 Abs. 2 SächsBO genehmigungsfrei gestellt werden, wenn es im Geltungsbereich eines Bebauungsplans liegt, es den Festsetzungen des B-Plans nicht widerspricht und die Erschließung gesichert ist. 46

- *Saarland:* Auch die Landesbauordnung des Saarlandes[2171] sieht in ihrem Katalog der **verfahrensfreien** Vorhaben die Errichtung und den Betrieb von Windenergieanlagen mit einer Höhe von bis zu 10 m, gemessen von der Geländeoberfläche bis zum höchsten Punkt der vom Rotor bestrichenen Fläche, vor. 47

- *Sachsen-Anhalt:* In Sachsen-Anhalt ist die Errichtung von Kleinwindenergieanlagen gemäß § 60 Abs. 1 Nr. 3 lit. b) LBO LSA[2172] **verfahrensfrei** gestellt, wenn die Anlage eine maximale Nabenhöhe von 10 m aufweist und im bauplanungsrechtlichen Außenbereich gelegen ist. Zudem kann im Falle einer Genehmigungspflicht ein Antrag auf ein vereinfachtes Genehmigungsverfahren gestellt werden, wenn die Anlage eine Gesamthöhe bis zu 30 m hat, § 62 Nr. 3, 4 LBO LSA. Nichtsdestotrotz besteht auch die Möglichkeit einer Genehmigungsfreistellung nach § 61 LBO LSA für alle Anlagen mit einer Gesamthöhe von bis zu 30 m, wenn sie im Geltungsbereich eines Bebauungsplans liegen, dessen Festsetzungen nicht widersprechen und eine ausreichende Erschließung gesichert ist. 48

- *Schleswig-Holstein:* Die nunmehr novellierte Landesbauordnung Schleswig-Holstein[2173] sieht unter § 63 Abs. 1 Nr. 3 c) vor, dass Windenergieanlagen bis zu einer Höhe von 10 m gemessen von der Geländeoberfläche **verfahrensfrei** sind. 49

- *Thüringen:* In Thüringen ist die Situation vergleichbar mit der in Sachsen-Anhalt. Auch hier besteht eine **Verfahrensfreiheit** für Kleinwindenergieanlagen mit einer Gesamthöhe von maximal 10 m und einem Rotordurchmesser bis 3 m. Das gilt ausweislich § 60 Abs. 1 Nr. 3 lit. c) ThürBO[2174] nur, wenn sich die Anlage nicht innerhalb eines reinen Wohngebietes oder im Außenbereich befindet – in diesen Fällen greift wieder das allgemeine Genehmigungserfordernis. Nach § 61 Abs. 2 ThürBO kann auch in Thüringen eine Genehmigungsfreistellung für Anlagen beantragt werden, wenn die Anlagen nicht im Geltungsbereich eines Bebauungsplans liegen, die Anlage nicht den Festsetzungen widerspricht und die Erschließung ausreichend gesichert ist. § 62 Abs. 1 ThürBO sieht überdies ein vereinfachtes Genehmigungsverfahren vor. 50

Eines gilt es an dieser Stelle jedoch nochmals ausdrücklich klarzustellen – nur weil die Errichtung und der Betrieb einer Kleinwindenergieanlage durch den jeweiligen Landesgesetzgeber gegebenenfalls verfahrensfrei gestellt ist, heißt das **nicht**, dass die sonstigen materiellen bauordnungsrechtlichen Anforderungen unbeachtet bleiben können. Die Vorteile der Verfahrensfreiheit oder der Genehmigungsfreistellung werden von potenziellen Anlagenbetreibern oftmals überschätzt. In den Fällen der Verfahrensfreiheit bzw. der Genehmigungsfreistellung ist der Anlagenbetreiber mehr denn je auf eine umfassende eigene Prüfung angewiesen und trägt zudem das Risiko der materiellen Baurechtswidrigkeit. 51

[2170] I.d.F. der Bekanntmachung v. 28.5.2004 (SächsGVBl. S. 200), zuletzt geändert durch Gesetz v. 11.5.2016 (GVBl. S. 186).

[2171] I.d.F. der Bekanntmachung v. 18.2.2004, zuletzt geändert durch Gesetz v. 15.7.2015 (AmtsBl. I. S. 632).

[2172] I.d.F. der Bekanntmachung v. 10.9.2013 (GVBl. LSA S. 440), zuletzt geändert durch Gesetz v. 28.9.2016 (GVBl. LSA S. 254).

[2173] I.d.F. der Bekanntmachung v. 22.1.2009 (GVOBl. S. 6), zuletzt geändert durch Gesetz v. 14.6.2016 (GVOBl. S. 369).

[2174] I.d.F. der Bekanntmachung v. 13.3.2014 (GVBl. S. 49), zuletzt geändert durch Gesetz v. 22.3.2016 (GVBl. S. 153).

52 Die Darstellung der einzelnen Genehmigungstatbestände in den jeweiligen Bundesländern zeigt eines mit aller Deutlichkeit, der Ausbau der Kleinwindtechnologie und der Zuwachs der Anlagenanzahl wird durch die oftmals nicht einheitliche Genehmigungspraxis in den einzelnen Bundesländern massiv erschwert. Dabei wäre es gerade im Hinblick auf die windreichen Standorte in Küstennähe mehr als wünschenswert, dass in diesem Bereich eine Vereinheitlichung stattfindet, die jedenfalls im Rahmen des Genehmigungsregimes eine Verbesserung des Status quo erzielen würde. Dabei gilt es auch das Bewusstsein der Genehmigungsbehörden zu schärfen und von allen Seiten deutlich zu machen, dass Kleinwindenergieanlagen eben keine nur annähernd vergleichbaren Wirkungen sowohl optischer als auch akustischer Art auf die umliegende Bevölkerung und Umwelt haben. Vielmehr sollte man sich an dieser Stelle noch einmal ausdrücklich vor Augen führen, welch vielversprechendes Potenzial die Kleinwindenergie im Bereich der dezentralen Energieversorgung spielen kann.

IV. Ziel und Perspektive der Kleinwindenergie

53 An dieser Stelle gilt es nun auf das Ziel und mögliche Perspektiven der Kleinwindenergie einzugehen. Dabei ist es unstreitig, dass der Betrieb und die Nutzung einer Kleinwindenergieanlage vornehmlich der **Eigenversorgung** eines Einfamilienhauses oder beispielsweise eines landwirtschaftlichen Gehöfts dient. Allein der jährlich zu erwartende Ertrag einer handelsüblichen Anlage reicht oftmals aus, um einen durchschnittlichen 4-Personen-Haushalt mit der erforderlichen Energie zu versorgen.

1. Dezentrale Energieversorgung

54 Allerdings sollte in diese Betrachtung auch der ganzheitliche Ansatz der **dezentralen Energieversorgung** mit einbezogen werden. Hierbei wird die elektrische Energie mittels Kleinkraftwerken verbrauchernah erzeugt, d. h. also in unmittelbarer Nähe zu allgemeinen Wohngebieten oder Industrieanlagen. Dabei ist die spezifische Leistungsfähigkeit der Anlagen in aller Regel auf die Deckung des tatsächlichen Bedarfs ausgelegt. Hintergrund dieser Überlegung ist nicht zuletzt, dass man Verbraucher an „netzfernen" Standorten problemlos mit Energie versorgen kann, ohne dass es notwendig ist, einen kostspieligen Netzausbau in jeden Winkel der Bundesrepublik zu forcieren.

2. Installation sog. „Inselnetze"

55 Vor allem für den Betrieb von Kleinwindenergieanlagen bietet sich die Installation eines sog. „Inselnetzes" an. Dabei ist ein **Inselnetz** ein kleines Stromnetz, das nur ein kleines Gebiet versorgt und in aller Regel keinen Anschluss an andere Stromnetze besitzt, also autonom betrieben werden kann.[2175] Ebenjene kommen meist in den Gebieten zum Einsatz, die geografisch isoliert oder relativ weit von den Verteilnetzen entfernt sind.

56 Im Gegensatz zur **zentralen Stromerzeugung** wird die erzeugte elektrische Energie nicht in das Hochspannungsnetz eingespeist, sondern verbleibt im „verbraucherfreundlichen" Mittel- und Niederspannungsnetz. Einer der entscheidenden Vorteile der dezentralen Energieversorgung ist somit die Vermeidung möglicher Elektrizitätsverluste durch die nicht notwendige Transformation auf andere Spannungsebenen und ausbleibende Übertragungsverluste durch Hochspannungsleitungen.

57 Häufig kommen dabei sogenannte **Hybrid-Systeme** zum Einsatz, die aus einer Kombination aus Photovoltaikanlagen, Kleinwindenergieanlagen und einer großen Batterieanlage bestehen. Die Kombination aus Wind und Sonne hat sich dabei in der Praxis bewährt. Im Falle eines

---

[2175] Vgl. *VDE*, Studie Dezentrale Energieversorgung 2020, Frankfurt 2007, S. 11 f.

hohen Sonnenangebots ist der Ertrag aus einer Kleinwindenergieanlage oftmals zu vernachlässigen und umgekehrt. Grundsätzlich hängt die Wirtschaftlichkeit solcher Insellösungen immer am Faktor der Zentralität. In einer Vielzahl an Fällen kann man feststellen, dass eine Insellösung – dabei seien die Anschlusskosten ausgenommen – teurer ist als eine Ankopplung an das Netz. Trotz allem kann es sich in einzelnen Gebieten rechnen, ein Inselsystem zu installieren.

Kosten für die Erdkabelverlegung
Betrachtet man die Kosten für die Verlegung von einem Meter Stromkabel, so fallen derzeit in Deutschland zwischen 50 € und 70 € an. Sieht man sich nun als Grundstückseigentümer in abgelegener Lage einer Entfernung zum nächsten Kabel von 8 km gegenüber, dann muss man mit Kosten von 400.000 bis 560.000 € rechnen.

Zum Vergleich sollen die Kosten für die Installation eines Inselnetzes dargestellt werden:

Kosten für ein Inselnetz
Die Kosten für die Einrichtung eines Inselnetzes lassen sich wie folgt aufschlüsseln:
Für 1 kW Kleinwind muss der Betreiber mit ca. 2.000 € rechnen, und für je 1 kW Solar mit 1.000 €. Hinzu kommen 3.000 bis 3.500 € für eine entsprechende Batterie, 2.000 € für den Mast für die Kleinwindenergieanlage und rund 1.000 € für Elektrokomponenten und die Installation. Für eine Installation eines 3,5-kW-Windspots, einer 1-kW-PV-Anlage sowie einer 48-V-Batterie entstehen dem Betreiber Kosten zwischen 14.000 € und 15.000 €.

Die beiden Beispiele zeigen deutlich, dass sich in diesem konkreten Fall die Installation eines Inselnetzes lohnt.

V. Vorbild Dänemark

Unser nördliches Nachbarland Dänemark kann sowohl den politischen Entscheidungsgremien als auch dem „Häuslebauer" als Vorbild dienen. Vor allem im Hinblick auf die gesetzliche Ausgangslage und die damit zusammenhängende „Attraktivität" der Errichtung und Nutzung einer Kleinwindenergieanlage sollte als richtungsweisend angesehen werden, was sich nunmehr auch in den Einspeisevergütungen für Kleinwindenergieanlagen widerspiegelt. 58

1. Allgemeines

Zunächst gilt es an dieser Stelle einen allgemeinen Überblick über die aktuelle Situation in Dänemark darzulegen. Dabei erfreut sich die Kleinwindbranche in den letzten Jahren eines immer größer werdenden Interesses. Dies ist nicht zuletzt dem dänischen Kleinwindverband[2176] geschuldet, der in vielen Veranstaltungen die Bevölkerung, vor allem die Eigentümer von freistehenden Häusern und Bauernhöfen, bezüglich der Vorteile der Nutzung der Kleinwindenergie sensibilisiert hat. Dabei schaffte man es, das Bewusstsein der Bevölkerung dahingehend zu schärfen, dass viele Bürgerinnen und Bürger anstelle eines zweiten Autos oder eines Bootes in eine Kleinwindenergieanlage oder eine PV-Dachanlage investierten.[2177] So stieg die Anzahl der Kleinwindenergieanlagen innerhalb kürzester Zeit auf mehr als 500 Stück[2178]. Mithin geht die dänische Energieagentur[2179] von einem Potenzial von 3000 Anlagen aus, die eine Gesamtkapazität von 30 bis 50 MW erreichen könnten. Unabhängig von den prophezeiten Ausbauzahlen ist der Betrieb von Kleinwindenergieanlagen schon heute ein wichtiger Baustein der dezentralen Energieversorgung in Dänemark. 59

[2176] www.husstandsvindmolle.org.
[2177] *Petersen*, Aspects of the small wind turbine situation in Denmark, abrufbar über: http://www.dena.de/veranstaltungen/archiv/kleinwindkraft-in-daenemark.html.
[2178] Vgl. *World Wind Energy Association*, Small Wind World Report 2015, Bonn 2015, S. 3.
[2179] www.ens.dk.

2. Definition Kleinwindenergieanlage

60   Die Definition der Kleinwindenergieanlage in Dänemark weicht von der deutschen ab. Dabei wird zwischen den sog. „Household wind turbines" und den „Small wind turbines" unterschieden. Die „Household wind turbines" sind freistehende, auf dem Grundstück des Verbrauchers angeschlossene Kleinwindenergieanlagen, die der ausschließlichen Elektrizitäts- bzw. Wärmeversorgung des angeschlossenen Verbrauchers dienen. Dabei darf die Gesamthöhe – gemessen von der Oberkante des Erdreichs bis zur obersten Flügelspitze – 25 m nicht übersteigen. Der maximale Rotordurchmesser liegt bei 13 m und die Anlage darf eine maximale Leistung von 25 kW aufweisen. Die „Small wind turbines" zeichnen sich durch eine maximale Rotorfläche von 1 bis 5 m2 aus und können sowohl freistehend als auch auf Dachflächen installiert werden.

3. Rechtliche Grundlagen

61   Anders als in Deutschland hat man in Dänemark der Errichtung und dem Betrieb der Kleinwindenergieanlagen am 4. Juni 2010 einen gesetzlichen Rahmen gegeben. Darin wurde zum einen die Definition der Kleinwindenergieanlage festgelegt (→ Kap. 5 Rn. 60), zum anderen aber auch das Prinzip des **„Net-Metering"**, welches als Anreizprogramm für die einzelnen Verbraucher zu werten ist.

4. Net-Metering

62   Unter **Net-Metering** versteht man ein Instrument zur Förderung dezentraler Stromerzeugungsanlagen, mithin Kleinwindenergieanlagen, PV-Dachanlagen oder auch hoftstellennahe Biomasseanlagen. Dabei wird die von dem Anlagenbetreiber erzeugte und in das Netz eingespeiste Energie mit dem aus dem Netz bezogenen Strom saldiert. Das führt dem Grunde nach zu einer Differenz zwischen den Kosten der Erzeugung des von dem Anlagenbetreiber eingespeisten Stroms und dem laut Marktpreis angerechneten, von dem Anlagenbetreiber für den privaten Haushalt bezogenen Stroms. Bildlich kann man sich den notwendigen Hausanschluss insoweit vorstellen, dass er sich in beide Richtungen bewegt, also im Falle der Abnahme wie jeder handelsübliche Stromzähler in deutschen Haushalten, bei der Einspeisung von Strom dreht er sich demnach „rückwärts".

62a   Auch im Hinblick auf die Fragen der Vergütung hat sich in Dänemark mittlerweile einiges getan. Dabei wurde ein zweistufiges Vergütungssystem speziell für Kleinwindenergieanlagen geschaffen. Der sog. small wind feed-in tariff sieht vor, dass Anlagen mit einer Leistung von bis zu 10 kW eine Einspeisevergütung von 33 ct/kW/h bekommen und Anlagen mit einer Leistung bis 25 kW eine Einspeisevergütung von 20 ct/kW/h. Daran zeigt sich bereits, dass es in Dänemark durchaus auch attraktiv ist, die Anlage nicht nur zum Eigenbetrieb zu nutzen, sondern den überschüssigen Strom auch in das öffentliche Verteilnetz einzuspeisen.

5. Zertifizierung der Kleinwindanlage

63   Voraussetzung für die Partizipation am Net-Metering ist, dass die entsprechende Kleinwindenergieanlage einem Test unterzogen wurde sowohl hinsichtlich Leistung und Lebensdauer als auch Lärmbelästigung. Dieser Test muss durch eine unabhängige Gesellschaft in Zusammenarbeit mit dem „Nordic Folkecenter" für Kleinwindenergie durchgeführt werden. Am Ende der Testphase müssen alle getesteten Modelle, welche die Vorgaben erfüllen, durch einen von der dänischen Energieagentur anerkannten und bestellten Prüfer zertifiziert werden.[2180]

[2180] Vgl. *World Wind Energy Association*, Small Wind World Report 2012, Bonn 2012, S. 48.

VI. Übertragbarkeit des dänischen Modells

Anhand des dargelegten dänischen Modells stellt sich die Frage, inwieweit sich ein solches auch in Deutschland umsetzen ließe.

Grundsätzlich ist vor dem Hintergrund der Dezentralisierung der Energieversorgung die Umsetzung eines solchen Modells äußerst begrüßenswert. Dabei zeigt die tägliche Praxis, dass es innerhalb der Bevölkerung eine Vielzahl an potenziellen Anlagenbetreibern gibt, denen jedoch zum jetzigen Zeitpunkt die Unwägbarkeiten zu unsicher und die damit verbundenen – zumeist verhältnismäßig sehr hohen – Kosten unwirtschaftlich erscheinen, weshalb sie bisweilen von der Errichtung und dem Betrieb einer Kleinwindenergieanlage Abstand nehmen. Vor allem das Net-Metering könnte dabei ein entscheidender Baustein im Rahmen der dezentralen Energieversorgung werden.

Allerdings sei an dieser Stelle noch einmal ausdrücklich folgender Hinweis erlaubt:

Mit einer Kleinwindenergieanlage kann man nicht ansatzweise solche Umsätze erzielen wie mit einer handelsüblichen Onshore-Anlage. Potenzielle Betreiber und Inverstoren müssen die Investition vielmehr als eine sehen, mit der man zukünftig die eigenen Energiekosten für den Haushalt möglichst gering halten kann bzw. im optimalen Fall gänzlich ohne Energiebezug durch den örtlichen Energieversorger auskommen kann. Unter diesem Gesichtspunkt und einem geeigneten Standort amortisieren sich die **Errichtungskosten** und man spart zukünftig an den (voraussichtlich) steigenden Energiekosten.

Kapitel 7: Steuerliche Aspekte des Betriebs von Windenergieanlagen

Übersicht

	Rn.
I. Vorbemerkung	1
II. Gewerbesteuer	2
1. Steuergegenstand	2
2. Hebeberechtigte Gemeinde	9
III. Umsatzsteuer	18
1. Allgemeines	18
2. Lieferung durch Beförderung oder Versendung	23
a) Lieferungen innerhalb Deutschlands	26
b) Lieferungen aus dem übrigen Gemeinschaftsgebiet	27
c) Lieferungen aus dem Drittland	28
3. Werklieferungen	31
4. Sonstige Leistungen	34
IV. Bilanzsteuerrechtliche Aspekte	41
1. Selbstständige Wirtschaftsgüter	41
2. Sonderabschreibungen gemäß § 7g EStG	46

Literaturübersicht: *Behrendt/Wischott/Krüger*, Praxisfragen zu deutschen Besteuerungsrechten im Zusammenhang mit Offshore-Windparks in der deutschen ausschließlichen Wirtschaftszone, BB 2012, 1827; *Behrendt/Wischott/Krüger*, Zielgerichtete Ausgestaltung der Gewerbesteuerzerlegung bei Wind- und Solarparks (70/30-Regel), BB 2012, 2723; *Blümich*, EStG, KStG, GewStG, Kommentar, Stand: November 2016; *Bunjes*, Umsatzsteuergesetz – UStG, Kommentar, 15. Aufl. 2016; *Sölch/Ringleb*, Umsatzsteuergesetz – UStG, Loseblatt-Kommentar, Stand: 9/2016; *Waffenschmidt*, Rücken- oder Gegenwind: Gewerbesteuerliche Fragen bei Windparks, FR 2013, 268; *Waldhoff/Engler*, Die Küste im deutschen Ertragsteuerrecht – am Beispiel der Besteuerung von Offshore-Energieerzeugung, FR 2012, 254; *Weber/Hammler/Kleinschmidt*, Grundlegende ertrag- und umsatzsteuerliche Aspekte bei der Errichtung/dem Betrieb von Onshore- sowie Offshore-Windkraftanlagen, BB 2012, 1836; *Wischott/Krohn/Nogens*, Steuerliche Risiken und Gestaltungsmöglichkeiten beim Erwerb und Betrieb von Windkraftanlagen, DStR 2009, 1737

I. Vorbemerkung

Die Besteuerung der Errichtung und des Betriebs von Windenergieanlagen ist „ein weites Feld". Vor diesem Hintergrund wird sich der folgende Teil mit ausgewählten gewerbe-, umsatz- und bilanzsteuerrechtlichen Rechtsfragen befassen. Steuerliche Aspekte und Besonderheiten hinsichtlich der Realisierung von Offshore-Windenergieprojekten werden im Sinne der Stringenz dieses Werkes lediglich am Rande erwähnt, jedoch nicht vertieft.[2181]

1

[2181] S. zu Offshore-Windenergieanlagen unter anderem *Behrendt/Wischott/Krüger*, BB 2012, 1827 ff.; *Waldhoff/Engler*, FR 2012, 254 ff.

II. Gewerbesteuer

1. Steuergegenstand

2   Steuergegenstand der **Gewerbesteuer** ist gemäß § 2 Abs. 1 GewStG jeder stehende Gewerbebetrieb, soweit er im Inland betrieben wird. Unter Gewerbebetrieb ist ein gewerbliches Unternehmen im Sinne des Einkommensteuergesetzes zu verstehen. Nach § 15 Abs. 2 EStG ist Gewerbebetrieb eine selbstständige nachhaltige Betätigung, die mit der Absicht, Gewinn zu erzielen, unternommen wird und sich als Beteiligung am allgemeinen wirtschaftlichen Verkehr darstellt, wenn die Betätigung weder als Ausübung von Land- und Forstwirtschaft noch als Ausübung eines freien Berufes noch als eine andere selbstständige Arbeit anzusehen ist. § 2 Abs. 1 GewStG differenziert in diesem Kontext zwischen sogenannten **stehenden Gewerbebetrieben** und **Reisegewerbebetrieben** im Sinne von § 35a GewStG.

3   **Reisegewerbebetriebe** unterliegen gemäß § 35a Abs. 1 GewStG der Gewerbesteuer, soweit sie im Inland betrieben werden. Ein Reisegewerbebetrieb im Sinne dieses Gesetzes ist gemäß § 35a Abs. 2 GewStG ein **Gewerbebetrieb**, dessen Inhaber nach den Vorschriften der **Gewerbeordnung** und den dazu gehörigen Ausführungsbestimmungen einer Reisegewerbekarte bedarf.

4   Wenn im Rahmen eines einheitlichen Gewerbebetriebs sowohl ein stehendes Gewerbe im Sinne von § 2 Abs. 1 GewStG als auch ein Reisegewerbe im Sinne von § 35a Abs. 1 GewStG betrieben werden, so ist der Betrieb gemäß § 35a Abs. 2 GewStG in vollem Umfang als stehendes Gewerbe zu behandeln.

5   **Stehende Gewerbebetriebe** werden demgegenüber gemäß § 2 Abs. 2 GewStG in Abhängigkeit von der Rechtsform besteuert, respektive gemäß § 2 Abs. 3 GewStG rechtsformunabhängig, soweit sie einen wirtschaftlichen Geschäftsbetrieb (ausgenommen Land- und Forstwirtschaft) unterhalten.

6   Im Inland betrieben wird ein Gewerbebetrieb gemäß § 2 Abs. 1 S. 3 GewStG, soweit für ihn eine Betriebsstätte unterhalten wird. Eine **Betriebsstätte** ist nach der Legaldefinition in § 12 Abs. 1 AO jede feste Geschäftseinrichtung oder Anlage, die der Tätigkeit eines Unternehmens dient. Der BFH hat bereits mit Urteil vom 30.10.1996 entschieden, dass

„als Geschäftseinrichtung jeder körperliche Gegenstand bzw. jede Zusammenfassung körperlicher Gegenstände …, die geeignet sind, Grundlage einer Unternehmenstätigkeit zu sein, behandelt wird"[2182].

7   Windenergieanlagen sind zweifelsohne sowohl in einer räumlichen als auch zeitlichen Dimension „fest" im Sinne von § 12 Abs. 1 AO. Einerseits besteht eine direkte, räumliche Verbindung zwischen der Anlage und dem Erdboden; andererseits ist ein Windpark unter maßgeblicher Berücksichtigung der Tatsache, dass die finanzielle Förderung gemäß § 25 EEG grundsätzlich jeweils für die Dauer von 20 Kalenderjahren zu zahlen ist[2183], selbstverständlich auch von einer zeitlichen Kontinuität geprägt.

8   Ein **wirtschaftlicher Geschäftsbetrieb** im Sinne von § 2 Abs. 3 GewStG ist gemäß § 14 AO eine selbstständige, nachhaltige Tätigkeit, durch die Einnahmen oder andere wirtschaftliche Vorteile erzielt werden und die über den Rahmen einer Vermögensverwaltung hinausgeht.

2. Hebeberechtigte Gemeinde

9   Gemäß § 4 Abs. 1 S. 1 GewStG unterliegen die stehenden Gewerbebetriebe der Gewerbesteuer in der Gemeinde, in der eine Betriebsstätte zur Ausübung des stehenden Gewerbes unterhalten wird.
Wenn sich Betriebsstätten desselben Gewerbebetriebs
- in mehreren Gemeinden befinden oder
- sich eine Betriebsstätte über mehrere Gemeinden erstreckt,

[2182] *BFH*, Urt. v. 30.10.1996 – II R 12/92, DStRE 1997, 217 (218).
[2183] S. § 25 EEG 2017, gültig ab 1.1.2017.

so wird die Gewerbesteuer gemäß § 4 Abs. 1 S. 2 GewStG in jeder Gemeinde nach dem Teil des Steuermessbetrags erhoben, der auf sie entfällt.

Vor diesem rechtlichen Hintergrund ist die Gewerbesteuer für Onshore-Windparks somit grundsätzlich an die Gemeinde zu entrichten, in deren Zuständigkeit sich der jeweilige Windpark befindet.

Aufgrund der Tatsache, dass der Standort des Windparks und der Sitz der Betreibergesellschaft in der Regel auseinanderfallen, stellt sich die Frage, welcher Gemeinde das Recht auf Erhebung der Gewerbesteuer zusteht. Diese Frage beantwortet § 28 GewStG, wonach der **Steuermessbetrag** in die auf die einzelnen Gemeinden entfallenden Anteile zu zerlegen ist (**Zerlegungsanteile**), wenn im **Erhebungszeitraum** Betriebsstätten zur Ausübung des Gewerbes in mehreren Gemeinden unterhalten worden sind.

Zerlegungsmaßstab ist gemäß § 29 Abs. 1 Nr. 2 a) GewStG grundsätzlich bei Betrieben, die ausschließlich Anlagen zur Erzeugung von Strom und anderen Energieträgern sowie Wärme aus Windenergie und solarer Strahlungsenergie betreiben, vorbehaltlich § 29 Abs. 1 Nr. 2 b)
- zu 3/10 das in § 29 Abs. 1 Nr. 1 GewStG bezeichnete Verhältnis (mithin das Verhältnis, in dem die Summe der Arbeitslöhne, die an die bei allen Betriebsstätten beschäftigten Arbeitnehmer gezahlt worden sind, zu den Arbeitslöhnen steht, die an die bei den Betriebsstätten der einzelnen Gemeinden beschäftigten Arbeitnehmer gezahlt worden sind) und
- zu 7/10 das Verhältnis, in dem die Summe der steuerlichen maßgeblichen Ansätze des Sachanlagevermögens mit Ausnahme der Betriebs- und Geschäftsausstattung, der geleisteten Anzahlungen und der Anlagen im Bau in allen Betriebsstätten zu dem Ansatz in den einzelnen Betriebsstätten steht (sogenannte „70/30-Regel")[2184].

Diese „**70/30-Regel**" hat der Gesetzgeber im Zuge der Energiewende durch das **Jahressteuergesetz 2009** (JStG 2009) eingeführt, um eine höhere Zuteilung des Gewerbesteueraufkommens an die Gemeinden zu erreichen, in denen sich die Windenergieanlagen befinden.

Der Gesetzgeber verfolgt damit aus umweltpolitischen Gründen das Ziel, die Standortgemeinden der Windenergieanlagen in angemessener Weise am Gewerbesteueraufkommen der Betreibergesellschaften zu beteiligen.

„*Die Nichtberücksichtigung der Standortgemeinden der Windkraftanlagen kann sich hemmend auf deren Bereitschaft auswirken, zum einen Flächen für Eignungsgebiete, für Windenergieanlagen auszuweisen und des Weiteren die mit dem Bau und Betrieb entsprechender Anlagen einhergehenden Beeinträchtigungen und Auswirkungen auf das Ortsbild und Landschaftsbild hinzunehmen. Diese Wirkungen stehen nicht im Einklang mit den umweltpolitischen Leitlinien der Bundesregierung, die unter anderem die Ausweitung der Energieerzeugung aus Windkraft vorsieht.*"[2185]

Der Gesetzgeber hat mit dem Jahressteuergesetz 2009 für die Zerlegung somit erstmals **kommunale Umweltbelastungen** (Beeinträchtigungen des Orts- und Landschaftsbildes mit mittelbaren Auswirkungen auf die Attraktivität der Gemeinde als Wohnort respektive als eventueller Tourismusstandort) zur argumentativen Unterlegung der politischen Zielsetzungen verwandt.

Dieser Zerlegungsmaßstab des § 29 Abs. 1 Nr. 2 GewStG in der Fassung des JStG 2009 gilt auch für Standorte mit Windenergieanlagen auf See.[2186]

Im Falle der Errichtung respektive des Betriebs eines Offshore-Windparks vor dem deutschen Festland ist zu berücksichtigen, dass es sich bei dem Festlandsockel um sogenanntes gemeindefreies Gebiet handelt, das einer besonderen Regelung bedarf. Gemäß § 4 Abs. 2 GewStG bestimmt die Landesregierung für Betriebsstätten in gemeindefreien Gebieten durch Rechtsverordnung, wer die nach diesem Gesetz den Gemeinden zustehenden Befugnisse ausübt; für Mecklenburg-Vorpommern ist es das Land Mecklenburg-Vorpommern, für Niedersachsen das Land Niedersachsen und für Schleswig-Holstein die Gemeinde Helgoland.

Nach der gesetzlichen Regelung des § 29 Abs. 1 Nr. 2 GewStG in der Fassung des JStG 2009 ist es nicht erforderlich, dass das Unternehmen ausschließlich oder fast ausschließlich

---

[2184] Vgl. dazu u. a. *Waffenschmidt*, FR 2013, 268 (272 ff.); *Behrendt/Wischott/Krüger*, BB 2012, 2723 ff.
[2185] Auszug aus der Gesetzesbegründung zum JStG 2009, BT-Drs. 16/11108, S. 30 f.
[2186] Vgl. dazu BMF v. 23.12.2008, BT-Drs. 16/11584, S. 11.

Windenergieanlagen betreibt, um in den Genuss dieses Aufteilungsmaßstabs zu kommen. Es genügt vielmehr, dass das Unternehmen neben anderen Aktivitäten auch Windenergieanlagen betreibt, um den **Aufteilungsmaßstab** des § 29 Abs. 1 Nr. 2 GewStG in der Fassung des JStG 2009 für das gesamte Unternehmen zu erreichen. Ein Unternehmen, das die Berücksichtigung des Sachanlagevermögens bei der Zerlegung durchsetzen möchte, muss somit auch eine Windenergieanlage betreiben.

15 Diese geltende Sonderregelung in § 29 Abs. 1 Nr. 2 GewStG wurde durch das Gesetz zur Umsetzung der Amtshilferichtlinie sowie zur Änderung steuerlicher Vorschriften (**Amtshilferichtlinie-Umsetzungsgesetz** – AmtshilfeRLUmsG) vom 26.06.2013 wie folgt geändert:

„2. Bei Betrieben, die ausschließlich Anlagen zur Erzeugung von Strom und anderen Energieträgern sowie Wärme aus Windenergie und solarer Strahlungsenergie im Sinne des § 3 Nr. 3 des EEG […] in der jeweils geltenden Fassung betreiben, zu drei Zehntel das in Nr. 1 bezeichnete Verhältnis und zu sieben Zehntel das Verhältnis, in dem die Summe der steuerlich maßgebenden Ansätze des Sachanlagevermögens mit Ausnahme der Betriebs- und Geschäftsausstattung, der geleisteten Anzahlungen und der Anlagen im Bau in allen Betriebsstätten (§ 28) zu dem Ansatz in den einzelnen Betriebsstätten steht."

16 In ihrer Verfügung vom 22.8.2013 hat die Oberfinanzdirektion des Bundeslandes Nordrhein-Westfalen ausdrücklich darauf hingewiesen, dass diese geänderte Sonderregelung für die Erhebungszeiträume 2014 bis 2023 zusätzlich für Anlagen zur Erzeugung von Strom und anderen Energieträgern sowie Wärme aus solarer Strahlungsenergie im Sinne des § 3 Nr. 3 EEG, die nach dem 30.6.2013 genehmigt wurden, Anwendung findet[2187].

17 Werden Betriebsstätten zur Ausübung des Gewerbes in mehreren Gemeinden unterhalten, so ist der **(Gewerbe-)Steuermessbetrag** in die auf die jeweilige Gemeinde entfallenden Anteile zu zerlegen. Das gilt auch dann, wenn sich eine Betriebsstätte über mehrere Gemeinden erstreckt oder innerhalb des Erhebungszeitraums von einer Gemeinde in eine andere verlegt wurde.[2188]

Maßstab für die Zerlegung des **Gewerbesteuermessbetrags** ist in der Regel das Verhältnis der Arbeitslöhne aller Betriebsgemeinden zu den Arbeitslöhnen der jeweiligen Betriebsgemeinde (im Erhebungszeitraum).

Abweichend von diesem Zerlegungsmaßstab gilt nach § 29 Abs. 1 Nr. 2 GewStG für Windenergieanlagen ein besonderer Aufteilungsmaßstab. Die bisher nur für Windenergieanlagen geltende Sonderregelung wurde durch das Amtshilfe-RLUmsG vom 26.6.2013 geändert und gilt für die Erhebungszeiträume 2014 bis 2023 zusätzlich für Anlagen zur Erzeugung von Strom und anderen Energieträgern sowie Wärme aus solarer Strahlungsenergie im Sinne des § 3 Nr. 3 EEG, die nach dem 30.6.2013 genehmigt wurden (§ 29 Abs. 1 Nr. 2 und § 36 Abs. 9d GewStG in der Fassung des Amtshilfe-RLUmsG).[2189]

Im Zuge dessen wurde § 29 Abs. 1 Nr. 2 GewStG konsequent durch Artikel 5 des Gesetzes zur Anpassung des deutschen Steuerrechts an den Beitritt Kroatiens zur EU und zur Änderung weiterer steuerlicher Vorschriften mit Wirkung vom 31.7.2014 wie folgt geändert:

(1) Zerlegungsmaßstab ist

1. …

2. bei Betrieben, die ausschließlich Anlagen zur Erzeugung von Strom und anderen Energieträgern sowie Wärme aus Windenergie und solarer Strahlungsenergie betreiben,

a) vorbehaltlich des Buchstabens b zu drei Zehnteln das in Nummer 1 bezeichnete Verhältnis und zu sieben Zehnteln das Verhältnis, in dem die Summe der steuerlich maßgebenden Ansätze des Sachanlagevermögens mit Ausnahme der Betriebs- und Geschäftsausstattung, der geleisteten Anzahlungen und der Anlagen im Bau in allen Betriebsstätten (§ 28) zu dem Ansatz in den einzelnen Betriebsstätten steht,

b) für die Erhebungszeiträume 2014 bis 2023 bei Betrieben, die ausschließlich Anlagen zur Erzeugung von Strom und anderen Energieträgern sowie Wärme aus solarer Strahlungsenergie betreiben,

---

[2187] OFD NRW v. 22.8.2013 – G 1450-2013/0002.
[2188] Vgl. § 28 Abs. 1 GewStG.
[2189] OFD NRW v. 22.8.2013 – G 1450-2013/0002.

aa) für den auf Neuanlagen im Sinne von Satz 3 entfallenden Anteil am Steuermessbetrag zu drei Zehnteln das in Nummer 1 bezeichnete Verhältnis und zu sieben Zehnteln das Verhältnis, in dem die Summe der steuerlich maßgebenden Ansätze des Sachanlagevermögens mit Ausnahme der Betriebs- und Geschäftsausstattung, der geleisteten Anzahlungen und der Anlagen im Bau (maßgebendes Sachanlagevermögen) in allen Betriebsstätten (§ 28) zu dem Ansatz in den einzelnen Betriebsstätten steht, und

bb) für den auf die übrigen Anlagen im Sinne von Satz 4 entfallenden Anteil am Steuermessbetrag das in Nummer 1 bezeichnete Verhältnis.

Der auf Neuanlagen und auf übrige Anlagen jeweils entfallende Anteil am Steuermessbetrag ermittelt sich aus dem Verhältnis, in dem

aa) die Summe des maßgebenden Sachanlagevermögens für Neuanlagen und

bb) die Summe des übrigen maßgebenden Sachanlagevermögens für die übrigen Anlagen

zum gesamten maßgebenden Sachanlagevermögen des Betriebs steht. Neuanlagen sind Anlagen, die nach dem 30.6.2013 zur Erzeugung von Strom und anderen Energieträgern sowie Wärme aus solarer Strahlungsenergie genehmigt wurden. Die übrigen Anlagen umfassen das übrige maßgebende Sachanlagevermögen des Betriebs.

Diese folgerichtige gesetzliche Neuregelung gilt für die Erhebungszeiträume ab 2015. Sie trägt der Tatsache Rechnung, dass auch für andere Arten von Anlagen, die umwelt- und/oder energiepolitisch erwünscht sind, jedoch auf Widerstand der Gemeinden oder in der Bevölkerung stoßen, spezielle Zerlegungsmaßstäbe durchaus begründet gefordert wurden.[2190]

III. Umsatzsteuer

1. Allgemeines

Im Zuge der Errichtung und des Betriebs von Windenergieanlagen werden verschiedene Leistungen ausgeführt, die unterschiedlich besteuert werden. Hierbei ist zu differenzieren zwischen Lieferungen (Befördern oder Versenden), Werklieferungen und/oder sonstigen Leistungen. In den Eingangsbemerkungen wurde bereits zum Ausdruck gebracht, dass sich die Ausführungen und somit auch die folgenden insofern auf grundsätzliche umsatzsteuerrechtliche Fragen von Onshore-Windparks beschränken werden.[2191] 18

Steuersubjekt ist der Unternehmer. Unternehmer ist gemäß § 2 Abs. 1 S. 1 UStG, wer eine gewerbliche oder berufliche Tätigkeit selbstständig ausübt. 19

Das Unternehmen umfasst gemäß § 2 Abs. 1 S. 2 UStG die gesamte gewerbliche oder berufliche Tätigkeit des Unternehmers. Gewerblich oder beruflich ist gemäß § 2 Abs. 1 S. 3 UStG jede nachhaltige Tätigkeit zur Erzielung von Einnahmen, auch wenn die Absicht, Gewinn zu erzielen fehlt oder eine Personenvereinigung nur gegenüber ihren Mitgliedern tätig wird. 20

Unternehmer im Sinne des Gesetzes können natürliche Personen und juristische Personen, aber auch juristische Personen des öffentlichen Rechts sein, wobei zwingend zu vergegenwärtigen ist, dass die juristischen Personen des öffentlichen Rechts gemäß § 2 Abs. 3 S. 1 UStG nur im Rahmen ihrer Betriebe gewerblicher Art (§ 1 Abs. 1 Nr. 6, § 4 des Körperschaftsteuergesetzes) und ihrer land- oder forstwirtschaftlichen Betriebe gewerblich oder beruflich tätig sind. 21

Die Steuerobjekte sind in § 1 Abs. 1 UStG reglementiert. 22

Der Umsatzsteuer unterliegen gemäß § 1 Abs. 1 UStG unter anderem die folgenden Umsätze:
- die Lieferungen und sonstigen Leistungen, die ein Unternehmer im Inland gegen Entgelt im Rahmen seines Unternehmens ausführt, § 1 Abs. 1 Nr. 1 UStG;
- die Einfuhr von Gegenständen im Inland (Einfuhrumsatzsteuer), § 1 Abs. 1 Nr. 4 UStG;
- der innergemeinschaftliche Erwerb im Inland gegen Entgelt, § 1 Abs. 1 Nr. 5 UStG.

[2190] Vgl. dazu unter anderem *Hofmeister,* in: Blümich, Kommentar zum GewStG, § 29 Rn. 15 mit Hinweis auf BT-Drs. 16/11108 S 10 und weiteren Nachweisen.
[2191] S. dazu u. a. *Weber/Hammler/Kleinschmidt,* BB 2012, S. 1836 ff.

2. Lieferung durch Beförderung oder Versendung

23 Lieferungen eines Unternehmers sind gemäß § 3 Abs. 1 UStG Leistungen, durch die er oder in seinem Auftrag ein Dritter dem Abnehmer oder in dessen Auftrag einen Dritten befähigt, im eigenen Namen über einen Gegenstand zu verfügen (Verschaffung der Verfügungsmacht).

24 Wenn der Gegenstand der Lieferung durch den Lieferer, den Abnehmer oder einem vom Lieferer oder vom Abnehmer beauftragten Dritten befördert oder versendet wird, gilt die Lieferung im Wege einer gesetzlichen Fiktion gemäß § 3 Abs. 6 S. 1 UStG dort als ausgeführt, wo die Beförderung oder Versendung an den Abnehmer oder in dessen Auftrag an einen Dritten beginnt.

25 Hinsichtlich der Lieferung von Gegenständen ist zu differenzieren zwischen:
- Lieferungen innerhalb Deutschlands,
- Lieferungen aus dem übrigen Gemeinschaftsgebiet,
- Lieferungen aus dem Drittland.

a) Lieferungen innerhalb Deutschlands

26 Innerhalb Deutschlands sind Lieferungen steuerbar und steuerpflichtig. Der Unternehmer, der leistet, rechnet ab und weist deutsche Umsatzsteuer gesondert aus. Für den Empfänger der Leistung ist diese als Vorsteuer abziehbar. Unternehmer aus dem Ausland müssen sich aufgrund der Ausführung von Lieferungen, die in Deutschland steuerbar sind, in Deutschland umsatzsteuerlich registrieren lassen.

b) Lieferungen aus dem übrigen Gemeinschaftsgebiet

27 Wenn Ware aus dem übrigen Gemeinschaftsgebiet in das Inland befördert oder versendet wird, liegt ein **innergemeinschaftlicher Erwerb** im Sinne von § 1a UStG vor, der aus Sicht des Lieferers steuerfrei ist. Der Leistungsempfänger in Deutschland wird besteuert; er hat diesen innergemeinschaftlichen Erwerb zu erklären. Unternehmer aus dem Ausland müssen sich hierzu in Deutschland umsatzsteuerlich registrieren lassen. Die Umsatzsteuer, die auf diesen innergemeinschaftlichen Erwerb entfällt, ist als Vorsteuer abziehbar. Der Unternehmer, der leistet, stellt eine Rechnung aus, in der keine deutsche Umsatzsteuer ausgewiesen ist.

c) Lieferungen aus dem Drittland

28 Drittlandsgebiet im Sinne des Umsatzsteuergesetzes ist gemäß § 1 Abs. 2a, S. 3 UStG das Gebiet, das nicht Gemeinschaftsgebiet ist. Wenn Ware aus einem Drittland in das Inland respektive das übrige Gemeinschaftsgebiet befördert oder versendet wird, unterliegt diese tatbestandliche Einfuhr der Einfuhrumsatzsteuer.

29 Für den Leistungsempfänger ist diese Einfuhrumsatzsteuer grundsätzlich als Vorsteuer abziehbar, wenn er die Ware beim Zoll angemeldet und für sein Unternehmen eingeführt hat. Die Lieferung selbst ist in Deutschland nicht steuerbar, weil sie als im Drittland ausgeführt gilt.

30 Wenn der Gegenstand der Lieferung bei der Beförderung oder Versendung aus dem Drittlandsgebiet in das Inland gelangt, gilt der Ort der Lieferung dieses Gegenstands gemäß § 3 Abs. 8 UStG als im Inland gelegen, wenn der Lieferer oder sein beauftragter Schuldner der Einfuhrumsatzsteuer ist. Der Lieferer ist dann verpflichtet, eine Rechnung auszustellen, die die deutsche Umsatzsteuer gesondert ausweist. Beim Empfänger der Leistung ist diese als Vorsteuer abziehbar. Lieferer aus dem Ausland müssen sich im Falle des § 3 Abs. 8 UStG in Deutschland umsatzsteuerlich registrieren lassen.[2192]

3. Werklieferungen

31 Wenn der Unternehmer die Bearbeitung oder Verarbeitung eines Gegenstands übernommen hat und dabei Stoffe verwendet, die er selbst beschafft, so ist die Leistung gemäß § 3 Abs. 4 UStG

[2192] *Weber/Hammler/Kleinschmidt*, BB 2012, 1836 (1839 f.).

als Lieferung anzusehen (Werklieferung), wenn es sich bei den Stoffen nicht nur um Zutaten oder sonstige Nebensachen handelt.

Eine Werklieferung wird gemäß § 3 Abs. 7 UStG dort ausgeführt, wo sich der Gegenstand zur Zeit der Verschaffung der Verfügungsmacht befindet. Wenn die Verfügungsmacht an einem Werk im Inland verschafft wird, gelten die Ausführungen zu Lieferungen im Inland entsprechend.

Bei der Ausführung von Werkleistungen eines im Ausland ansässigen Unternehmers (§ 13b Abs. 7 UStG) ist zwingend zu beachten, dass gemäß § 13b Abs. 2 Nr. 1 UStG in Verbindung mit § 13b Abs. 5 S. 1 UStG der Leistungsempfänger die Steuer schuldet, wenn er ein Unternehmer oder eine juristische Person ist. Der im Ausland ansässige Unternehmer stellt in diesem Fall eine Rechnung aus, in der deutsche Umsatzsteuer nicht gesondert ausgewiesen und auf den Übergang der Steuerschuld hingewiesen wird. Der Empfänger der Leistung meldet die Steuer bei dem Finanzamt an, das für ihn zuständig ist und macht gleichzeitig die Vorsteuer geltend (sog. **Reverse-Charge-Verfahren**).[2193] Unternehmer, die im Ausland ansässig und Empfänger der Leistung sind, müssen sich im Rahmen der Durchführung des Reverse-Charge-Verfahrens in Deutschland umsatzsteuerlich registrieren lassen.[2194]

4. Sonstige Leistungen

Sonstige Leistungen sind gemäß § 3 Abs. 9 S. 1 UStG Leistungen, die keine Lieferungen sind. Die gesetzlichen Regelungen zum Leistungsort der sonstigen Leistungen sind in § 3a UStG komplex geregelt.

Hinsichtlich der Errichtung und des Betriebs eines Windparks liegen insofern regelmäßig die Voraussetzungen von § 3a Abs. 2 UStG vor, wonach sonstige Leistungen an dem Ort ausgeführt werden, von dem aus der Leistungsempfänger sein Unternehmen betreibt, bzw. am Ort der Betriebsstätte, wenn die sonstige Leistung an die Betriebsstätte ausgeführt wird.

Ein Windpark selbst erfüllt diese Voraussetzungen in der Regel nicht, da eine solche Einrichtung oder Anlage nach Ziffer 3a.1. Abs. 3 S. 2 und 3 des **Umsatzsteuer-Anwendungserlasses** (UStAE) des BMF vom 1.10.2010, der ausdrücklich auf die Rechtsprechung des EuGH hinweist, nur dann als Betriebsstätte angesehen werden kann, wenn sie über einen ausreichenden Mindestbestand an Personal- und Sachmitteln verfügt, der für die Erbringung der betreffenden Dienstleistungen erforderlich ist[2195].

Außerdem muss die Einrichtung oder Anlage einen hinreichenden Grad an Beständigkeit sowie eine Struktur aufweisen, die von der personellen und technischen Ausstattung her eine autonome Erbringung der jeweiligen Dienstleistungen ermöglicht.[2196] Eine solche beständige Struktur liegt zum Beispiel vor, wenn die Einrichtung über eine Anzahl von Beschäftigen verfügt, von hieraus Verträge abgeschlossen werden können, Rechnungslegungen und Aufzeichnungen dort erfolgen und Entscheidungen getroffen werden, zum Beispiel auch über Ausschreibungen über den Wareneinkauf.

Hier ergeben sich jedoch gerade in der Errichtungsphase eines Windparks, wo Personal permanent vor Ort ist, Gestaltungsspielräume, die genutzt werden können, um mit dem jeweils zuständigen Finanzamt die Anerkennung als Betriebsstätte abzustimmen, was vor allem insoweit vorteilhaft ist, als die dem Anwendungsbereich von § 3a Abs. 2 UStG unterfallenden sonstigen Leistungen dann aufgrund des gleichen Leistungsorts nicht von Grundstücksleistungen zu differenzieren sind.

[2193] S. dazu u. a. *Mößlang*, in: Sölch/Ringleb, Kommentar zum Umsatzsteuergesetz, § 13b Rn. 1 ff. m. w. N.; Bunjes, Kommentar zum Umsatzsteuergesetz, § 13b Rn. 51 ff. m. w. N.
[2194] Weber/Hammler/Kleinschmidt, BB 2012, 1836 (1840).
[2195] Umsatzsteuer-Anwendungserlass (UStAE) des BMF v. 1.10.2010 – IV D 3 – S 7015/10/10002.
[2196] Umsatzsteuer-Anwendungserlass (UStAE) des BMF v. 1.10.2010 mit Hinweis auf *EuGH*, Urt. v. 4.7.1985 – 168/84, EuGHE 1985 I 2251; Urt. v. 2.5.1996 – C-231/94, EuGHE 1996 I 2395; Urt. v. 17.7.1997 – C-190/95, EuGHE 1997 I 4383 und Urt. v. 20.2.1997 – C-260/95, EuGHE 1997 I 1005.

39 Mit Urteil vom 5.9.2013 hat das FG Münster überzeugend ausgeführt, dass Windräder eine Zweigniederlassung (= Betriebsstätte) darstellen können, die eine inländische Ansässigkeit im Sinne des § 13b Abs. 1 Nr. 5, Abs. 4 UStG a. F. begründet.

Der Umstand, dass der Betreiber über kein eigenes Personal verfügt, das ständig vor Ort bei den Windenergieanlagen tätig ist, steht der Annahme einer festen Niederlassung unter Würdigung der Gesamtumstände nicht entgegen. Zwar ist grundsätzlich auch die personelle Ausstattung eines der wesentlichen Elemente einer festen Niederlassung. Dies bedeutet jedoch nicht, dass die Kriterien der personellen und der technischen Ausstattung stets im gleichen Maße erfüllt sein müssen; vielmehr kann eine gering ausgeprägte – oder in Ausnahmefällen sogar fehlende – personelle Ausstattung durch eine überdurchschnittlich stark ausgeprägte sachliche Ausstattung kompensiert werden. Nach Auffassung des Senats ist kaum ein höherer Grad an Beständigkeit einer betrieblichen Niederlassung vorstellbar als bei einem Windrad.[2197] Die Revision, die das Finanzamt gegen dieses Urteil einlegte, wies der BFH mit Urteil vom 19.11.2014 überzeugend zurück.[2198]

40 Sonstige Leistungen im Sinne von § 3a Abs. 2 UStG sind in Deutschland steuerbar und steuerpflichtig. Der Leistende stellt eine Rechnung aus, in der deutsche Umsatzsteuer gesondert ausgewiesen ist. Etwas anderes gilt nur dann, wenn der Leistende ein ausländischer Unternehmer im Sinne von § 13b Abs. 7 UStG ist. In dem Fall gelten die dargelegten Grundsätze zu Werklieferungen (Übergang der Steuerschuldnerschaft auf den Leistungsempfänger) entsprechend.[2199]

IV. Bilanzsteuerrechtliche Aspekte

1. Selbstständige Wirtschaftsgüter

41 In den Anfangsjahren der Stromerzeugung durch Windenergie wurden in der Regel zunächst lediglich einzelne Windenergieanlagen errichtet. Demgegenüber entstanden in den folgenden Jahren und entstehen bis in die Gegenwart große Windparks, in denen zahlreiche Windenergieanlagen in einem technischen Verbund betrieben werden. Mit Urteilen vom 14.4.2011 hatte der Bundesfinanzhof im Zuge dieser Entwicklung erstmals darüber zu entscheiden, ob sich ein Windpark aus mehreren Wirtschaftsgütern zusammensetzt und von welcher Nutzungsdauer dabei auszugehen ist. Hiernach besteht ein Windpark zwar aus **mehreren selbstständigen Wirtschaftsgütern**, die aber einheitlich abzuschreiben sind.

42 Nach diesen maßgeblichen Urteilen des BFH vom 14.4.2011 orientiert sich die Nutzungsdauer aller Wirtschaftsgüter des Windparks an den prägenden Windenergieanlagen. Bis zu diesem Zeitpunkt war ungeklärt, wie die Abschreibungen auf Windparks vorzunehmen sind. In einer dieser beiden Entscheidungen hat der BFH zudem seine restriktive, zu Immobilienfonds entwickelte Rechtsprechung auch auf Windkraftfonds erstreckt. Danach stellen sämtliche Aufwendungen im Zusammenhang mit der Errichtung des Windkraftfonds Anschaffungskosten der einzelnen Wirtschaftsgüter dar.

43 Der BFH hat klar zum Ausdruck gebracht, dass jede Windenergieanlage, die in einem Windpark betrieben wird, mit dem dazu gehörigen Transformator nebst der verbindenden Verkabelung ein zusammengesetztes Wirtschaftsgut darstellt.

Daneben ist die Verkabelung von den Transformatoren bis zum Stromnetz des Energieversorgers zusammen mit der Übergabestation als weiteres zusammengesetztes Wirtschaftsgut zu behandeln, soweit dadurch mehrere Windenergieanlagen miteinander verbunden werden. Auch die Zuwegung stellt ein eigenständiges Wirtschaftsgut dar. Alle Wirtschaftsgüter eines Windparks sind in Anlehnung an die betriebsgewöhnliche Nutzungsdauer der Windenergieanlagen grundsätzlich über denselben Zeitraum abzuschreiben.

[2197] *FG Münster*, Urt. v. 5.9.2013 – 5 K 1768/10 U.
[2198] *BFH*, Urt. v. 19.11.2014 – V R 41/13.
[2199] Vgl. dazu umfassend *Weber/Hammler/Kleinschmidt*, BB 2012, 1836 ff. m. w. N.

Nach den von der Finanzverwaltung aufgestellten AfA-Tabellen haben die genannten Wirtschaftsgüter grundsätzlich unterschiedliche Nutzungsdauern. Wegen ihrer technischen Abstimmung aufeinander und wegen der einheitlichen Bau- bzw. Betriebsgenehmigung ist die Nutzungsdauer aller Wirtschaftsgüter des Windparks nach Auffassung des BFH somit einheitlich zu bestimmen. Sie richtet sich nach der Nutzungsdauer der den Windpark prägenden Windenergieanlagen. Diese betrug in den entschiedenen Fällen abhängig vom Jahr der Errichtung zwölf bzw. 16 Jahre.[2200] **44**

Mit Urteil vom 1.2.2012 hat der BFH diese Entscheidungen bestätigt und nochmals klar zum Ausdruck gebracht, dass bei einem Windpark einerseits jede einzelne Windenergieanlage einschließlich des dazugehörigen Transformators sowie der verbindenden Verkabelung, andererseits die externe Verkabelung sowie die Zuwegung im Regelfall ein jeweils eigenständiges Wirtschaftsgut darstellen, und der Beginn der Abschreibung für jedes Wirtschaftsgut eigenständig zu prüfen ist.[2201] **45**

2. Sonderabschreibungen gemäß § 7g EStG

Gemäß § **7g EStG**[2202] können Steuerpflichtige für die künftige Anschaffung oder Herstellung von abnutzbaren beweglichen Wirtschaftsgütern des Anlagevermögens, die mindestens bis zum Ende des dem Wirtschaftsjahr der Anschaffung oder Herstellung folgenden Wirtschaftsjahres in einer inländischen Betriebsstätte des Betriebs ausschließlich oder fast ausschließlich genutzt werden, bis zu 40 % der voraussichtlichen Anschaffungs- oder Herstellungskosten gewinnmindernd abziehen (**Investitionsabzugsbetrag**). Windenergieanlagen sind als bewegliche Wirtschaftsgüter im Sinne des Gesetzes zu qualifizieren.[2203] **46**

Unter maßgeblicher Berücksichtigung dessen war in der Vergangenheit die Nutzung der Sonderabschreibungen des § 7g EStG möglich, soweit alle weiteren Voraussetzungen für die Inanspruchnahme erfüllt waren. § 7g EStG wurde durch das Jahressteuergesetz 2008 und § 7g Abs. 1 bis 4 EStG nochmals neu durch das Steueränderungsgesetz 2015 gefasst.[2204] Auf der Grundlage dieser Neuregelung des § 7g EStG ist die Bildung einer vorherigen Ansparrücklage als Voraussetzung für die Inanspruchnahme der Sonderabschreibung nicht mehr erforderlich. **47**

Unverändert bleibt, dass der Betrieb zum Schluss des Wirtschaftsjahrs, das der Anschaffung oder Herstellung vorangeht, die in § 7g Abs. 1 S. 2 Nr. 1 EStG normierten Voraussetzungen erfüllen muss, das heißt, dass insbesondere das Betriebsvermögen den Wert von 235.000,00 € nicht überschreiten darf. Für Anschaffungen, die nach dem 31.12.2008 und vor dem 1.1.2011 durchgeführt wurden, galt eine Betriebsvermögensgrenze in Höhe von 335.000,00 €.[2205]

Im Gegensatz zu der ursprünglichen Regelung des § 7g EStG ist es auf der Grundlage dieser Neuregelung nicht mehr erforderlich, dass „neue" bewegliche Wirtschaftsgüter angeschafft werden, woraus sich ein erhebliches Gestaltungspotenzial hinsichtlich des Erwerbs von Windenergieanlagen ergibt, die sich bereits in Betrieb befinden.[2206]

[2200] *BFH*, Urt. v. 14.4.2011 – IV R 46/09 und *BFH*, Urt. v. 14.4.2011 – IV R 15/09.
[2201] *BFH*, Urt. v. 1.2.2012 – I R 57/10.
[2202] In der Fassung ab 1.1.2016.
[2203] S. BMF v. 15.3.2006, BStBl. I 2006, 314.
[2204] JStG 2008 v. 14.8.2007 (BGBl. I S. 1912); Steueränderungsgesetz 2015 v. 2.11.2015 (BGBl. I S. 1834).
[2205] Vgl. § 52 Abs. 23 S. 5 EStG.
[2206] S. dazu u. a. *Wischott/Krohn/Nogens*, DStR 2009, 1737 ff.

Autorenverzeichnis

Böhlmann-Balan, Antje, geb. 1972, Studium der Rechtswissenschaften in Leipzig, 2. Staatsexamen 2001 in Leipzig, seit 2002 Rechtsanwältin bei der MASLATON Rechtsanwaltsgesellschaft mbH

Dr. Brahms, Florian, Licence en droit français, geb. 1981, 2002-2006 Studium der deutsch-französischen Rechtswissenschaften in Potsdam und Paris X Nanterre in Kooperation mit der deutsch-französischen Hochschule, 2. Staatsexamen 2011 in Berlin, Referendariat u. a. bei der Clearingstelle EEG, seit 2012 Studium der Wirtschaftswissenschaften in Hagen, 2011 selbstständiger Rechtsanwalt in Berlin, zwischen 2011 und 2016 Rechtsanwalt der MASLATON Rechtsanwaltsgesellschaft mbH und seit April 2016 bei der Roever Broenner Susat Mazars Rechtsanwaltsgesellschaft mbH in Berlin.

Falke, Christian, Fachanwalt für Verwaltungsrecht, geboren 1979. Studium der Rechtswissenschaften in Leipzig; 2004–2006 wissenschaftlicher Mitarbeiter bei der MASLATON Rechtsanwaltsgesellschafts mbH, parallel dazu juristischer Vorbereitungsdienst beim OLG Dresden; 2006 Zweite juristische Staatsprüfung; seit 2006 Rechtsanwalt bei der MASLATON Rechtsanwaltsgesellschaft mbH und seit 2013 Fachanwalt für Verwaltungsrecht; Dozent der anwaltsorientierten Referendarausbildung im Bereich des Verwaltungsrechts sowie Dozent bei der FernUniversität in Hagen.

Frohberg, Christian, Studium der Rechtswissenschaften in Leipzig, Referendariat in Leipzig (unter anderem beim Mitteldeutschen Rundfunk) und Frankfurt am Main (Suhrkamp Verlag), mehrjährige Tätigkeiten bei Deringer Tessin Herrmann & Sedemund (später Freshfields Bruckhaus Deringer) und Oppenhoff & Rädler (deutsche Vorgängersozietät von Linklaters), seit 2004 Rechtsanwalt bei der MASLATON Rechtsanwaltsgesellschaft mbH; Mitautor der Monographie Batteriespeicher, Rechtliche, technische und wirtschaftliche Rahmenbedingungen (Herausgeber: Dr. Jörg Böttcher und Dr. Peter Nagel)

Hauk, Ulrich, geb. 1974, Studium der Rechtswissenschaften in Jena, 2004–2016 Rechtsanwalt bei der MASLATON Rechtsanwaltsgesellschaft mbH, seit 2017 Rechtsanwalt bei ITB Rechtsanwaltsgesellschaft mbH, Fachanwalt für gewerblichen Rechtsschutz und für Verkehrsrecht

Dr. Herms, Manuela, geb. 1979; Studium der Rechtswissenschaften in Leipzig 1997–2002; wissenschaftliche Mitarbeiterin bei der MASLATON Rechtsanwaltsgesellschaft mbH 2002 bis 2006; begleitend Dissertation im Urheberrecht; Zweites juristisches Staatsexamen 2006 im Freistaat Sachsen; seit 2006 Rechtsanwältin bei der MASLATON Rechtsanwaltsgesellschaft in Leipzig.

Keil, Andreas, Geschäftsführer der Energy2market GmbH, geb. 1967, seit Beginn der Strommarkt-Liberalisierung 1999 im Stromhandel tätig, zunächst als Sales Trader bei der Handelsgesellschaft KOM-STROM, Senior Sales Trader Elektrizität-Gesellschaft Laufenburg AG, 2003–2008 Geschäftsführer der EGL Deutschland GmbH in Leipzig, seit 2009 Gründer und Geschäftsführer der Energy2market GmbH mit Sitz in Leipzig

Klauß, Antje, geb. 1976; 1994–1999 Studium der Rechtswissenschaften an der Universität Leipzig; 2001 zweites juristisches Staatsexamen, seit 2001 Justitiarin/Rechtsanwältin bei der Mitteldeutschen Netzgesellschaft Strom mbH bzw. deren Vorgängergesellschaften, Tätigkeitsschwerpunkt: Klärung von Rechtsfragen im Bereich der Erneuerbaren Energien und der Kraft-Wärme-Kopplung für den Netzbetreiber; Mitautorin des Vertragshandbuchs Stromwirtschaft (Herausgeber: Dr. Thomas Schöne)

Klinkau, Matthias, geb. 1986, Studium der Rechtswissenschaften in Jena, Referendariat in Leipzig, 2015 Zweite Juristische Staatsprüfung, 2015–2016 wissenschaftlicher Mitarbeiter bei der MASLATON Rechtsanwaltsgesellschaft mbH, seit 2016 Rechtsanwalt bei der MASLATON Rechtsanwaltsgesellschaft mbH

Dr. Kupke, Dana, Fachanwältin für Verwaltungsrecht; geb. 1977; Studium der Rechtswissenschaften in Leipzig: 1995–2000; wissenschaftliche Mitarbeiterin bei den Rechtsanwälten Rottmann & Partner GbR sowie bei der MASLATON Rechtsanwaltsgesellschaft mbH: 2000 bis 2004; begleitend Dissertation im Kommunalabgabenrecht; 2. Staatsexamen 2003 im Freistaat Sachsen; seit 2004 Rechtsanwältin der MASLATON Rechtsanwaltsgesellschaft mbH und seit 2009 Fachanwältin für Verwaltungsrecht; Dozentin der anwaltsorientierten Referendarausbildung im Bereich des Verwaltungsrechts seit 2011

Leutritz, Stephanie, LL.M., geb. 1988, rechtswissenschaftliches Studium an der Technischen Universität Dresden 2008–2014, seit 2014 wissenschaftliche Mitarbeiterin bei der MASLATON Rechtsanwaltsgesellschaft mbH in Leipzig

Prof. Dr. Maslaton, Martin, Fachanwalt für Verwaltungsrecht sowie geschäftsführender Gesellschafter der MASLATON Rechtsanwaltsgesellschaft mbH, geb. 1961, Studium der Rechtswissenschaften und Geschichte in Bonn, 1987 Referent im Deutschen Bundestag, 1989 – 1992 Juristischer Vorbereitungsdienst, 1991 Promotion, 1992 zweites juristisches Staatsexamen, seit Wintersemester 2003/04 Lehrbeauftragter für Umweltrecht und Recht der Erneuerbaren Energien an der TU Chemnitz, seit 2008 wiss. Honorarprofessor an der TU Chemnitz, seit 2007 Mitglied im Prüfungsausschuss für das erste juristische Staatsexamen (Fachbereich Öffentliches Recht) im Sächsischen Staatsministerium der Justiz, 2008 Ernennung zum Honorarprofessor an der wirtschaftswissenschaftlichen Fakultät der TU Chemnitz, seit 2009 Direktor der Forschungsstelle „Neue Energien und Recht" an der TU Chemnitz/TU Bergakademie Freiberg, in leitender Funktion in einer Reihe von Branchenverbänden engagiert, insbesondere als Vizepräsident im Bundesverband Kraft-Wärme-Kopplung e.V., Vorsitzender des Landesverbandes Sachsen im Bundesverband Windenergie e.V. und Stellvertretender Regionalgruppensprecher Sachsen im Fachverband Biogas e.V.

Matthes, Ulf, Dipl.-Ing., geb. 1967. 1988–1993 Studium der Elektrotechnik, Automatisierungstechnik und Informatik in Zittau; seit 1992 bei der Mitteldeutsche Netzgesellschaft Strom mbH, Halle/S. bzw. deren Rechtsvorgängern, derzeit als Leiter Netzeinspeiser

Prof. Dr. Müller, Martin, geb. 1960, Studium der Rechtswissenschaften in Regensburg und Münster, 1987 Promotion, 1987–1990 Juristischer Vorbereitungsdienst, 1990 2. Juristisches Staatsexamen, 1990–1997 Rechtsanwalt in Bielefeld, 1997–2000 wiss. Mitarbeiter an der Universität Hamburg, seit 3/2000 Professor an der Brunswick European Law School/Fakultät Recht der Ostfalia Hochschule Wolfenbüttel, 2000–2013 Beiratsmitglied und Lehrbeauftragter des Forschungsinstituts für Compliance, Sicherheitswirtschaft und Unternehmenssicherheit der Deutschen Universität für Weiterbildung in Berlin, Mitglied der Gesellschaft für Umweltrecht und des Arbeitskreises „Novellierung der Gewerbeordnung" der Handelskammer Hamburg, Beiratsmitglied der ELSA Wolfenbüttel e.V. Kurzzeitdozenturen und Vorträge u.a. an der Europäisch-Humanistischen Universität in Minsk (Weißrußland), an der China University of Politics and Law in Beijing (China), an der Northwest-University of Politics and Law in Xian (China), am Chinesisch-Deutschen Hochschulkolleg der Tongji-Universität in Shanghai (China) und der Universität Havanna (Kuba).

Portela, Sigrun, geb. 1976. Dipl.-Betriebswirtin (FH), Studium der Betriebswirtschaftslehre an der Fachhochschule Münster und der Universidad Austral de Chile; 2005–2012 Projektleiterin Finanzierung und Vertrieb bei der ABO Wind AG in Wiesbaden; 2012–2014 Geschäftsentwicklung bei der Energy2market GmbH in Leipzig; seit 2015 Finanzierung von Erneuerbaren Energieprojekten im Fachbereich Umwelttechnik bei der Deutsche Kreditbank AG in Berlin.

Rauschenbach, Peter, geb. 1987, Studium der Rechtswissenschaften in Leipzig; seit 2016 Rechtsanwalt bei der MASLATON Rechtsanwaltsgesellschaft mbH; Dozent für Verfassungsrecht und Unternehmensrecht an der FernUniversität in Hagen.

Reineke, Matthias, geb. 1975, Bankkaufmann, Studium an der Bankakademie – Bankbetriebswirt, seit 2001 Begleitung von Finanzierungen im Segment der Erneuerbaren Energien, seit 2011 als Fachbereichsleiter Umwelttechnik verantwortlich für das operative Geschäft mit den Erneuerbaren Energien bei der Deutsche Kreditbank AG in Berlin.

Dr. Richter, Christoph, geb. 1982. Studium der Rechtswissenschaften in Leipzig; Dissertation im Bereich des Rechts der Erneuerbaren Energien; 2010–2012 Juristischer Vorbereitungsdienst beim OLG Dresden; 2012 Zweite Juristische Staatsprüfung; seit 2012 Rechtsanwalt bei der MASLATON Rechtsanwaltsgesellschaft mbH; 2011–2016 Dozent für die FernUniversität in Hagen

Ruppel, Marion, geb. 1968. 1986–1991 Studium an der FH Gießen mit Abschluss Dipl. Ing. (FH) für Biotechnologie. Seit 11/1991 beim Land Hessen beschäftigt (zuerst beim Gewerbeaufsichtsamt Gießen, anschließend in der Folgebehörde dem Staatlichen Amt für Immissions- und Strahlenschutz Marburg, danach beim Regierungspräsidium Gießen). Arbeitsbereiche: 1991-2000 im Bereich Genehmigung und Überwachung gentechnischer Anlagen. Seit 2001 im Bereich Genehmigung und Überwachung von immissionsschutzrechtlich genehmigungsbedürftigen Anlagen. Seit 2002 liegt der Schwerpunkt auf immissionsschutzrechtlichen Genehmigungsverfahren für Windenergieanlagen.

Dr. Sittig-Behm, Peter, geb. 1982. Studium der Rechtswissenschaften in Leipzig; 2008–2013 wissenschaftlicher Mitarbeiter bei der MASLATON Rechtsanwaltsgesellschaft mbH in Leipzig; Dissertation im Bereich des Verwaltungsrechts; 2010–2013 Dozent für die FernUniversität in Hagen; seit 2013 Rechtsanwalt bei der MASLATON Rechtsanwaltsgesellschaft mbH in Leipzig.

Staake, Susann, Staake, Susann. geb. 1977; Studium der Rechtswissenschaften in Leipzig 1996–2000; wissenschaftliche Mitarbeiterin an der Universität Leipzig; seit 2005–2015 Anwältin; seit 2013 bei Energy2market GmbH; außerdem Dozentin an der Universität Leipzig

Thomas, Ralf, geb. 1959, 1982–1988 Studium der Rechtswissenschaften in Freiburg/Brsg. und Bonn, Assessorexamen 1992 in Berlin, 1992–1995 Rechtsanwalt im Büro Gleiss Lutz Hootz Hirsch in Berlin, seit 1995 Richter im Justizdienst des Landes Berlin, zuletzt am Amtsgericht Pankow/Weißensee

Sachverzeichnis

Die fettgedruckten Zahlen beziehen sich jeweils auf die Kapitel im Text,
die mageren auf die Randnummern

A
Abflugverfahren **1** 183
Abgabe für Abschaltbare Lasten **4** 562
Abnahme **3** 697, 701
– fiktive **3** 703
– förmliche **3** 704, 748
Abnahmepflicht EEG **4** 79
– Vertragliche Vereinbarung **4** 97
– Vorrang **4** 91
Abnahmevorrang EEG **4** 3
Abschaltautomatik **2** 269
Abschaltzeiten **1** 150
Abschattung **1** 240
Abschlagszahlung **3** 718 f.
Abschlagszahlungen EEG
– Fälligkeit **4** 352
Abstand
– Abstandsempfehlung **1** 148
– Abstandsfläche **2** 229
– Abstandsflächenberechnungsmodell **2** 230 f.
– Abweichung vom Abstandsflächenrecht **2** 231
– Mindestabstand zur Platzrunde **1** 214
– Turbulenzabstand s. Turbulenzabstand
Abwägung
– Abwägungsabschichtungsvorbehalt **1** 8a
– Abwägungsausfall **1** 88, 259
– Abwägungsbelang **1** 261
– Abwägungsdefizit **1** 89, 259
– Abwägungsdisproportionalität **1** 91, 259
– Abwägungsergebnis **1** 93
– Abwägungsfehleinschätzung **1** 90, 259
– Abwägungsfehler **1** 93, 259
– Abwägungsfehlerlehre **1** 88
– Abwägungsvorgang **1** 93
– Abwägungsüberschreitung **1** 259
– Interessenabwägung **2** 87
– nachfolgende **1** 257
– nachvollziehende **1** 146, 167, 239
AGB Siehe Allgemeine Geschäftsbedingungen
Akteneinsicht **2** 51, 54
– Beteiligte **2** 51
– Konkurrent **2** 54
– Nachbar **2** 54
Allgemeine Geschäftsbedingungen **3** 93, 475, 725
– Begriff **3** 109
– Klauselverbote s. Klauselverbote
– mehrdeutige Klausel **3** 123
– mehrfache Verwendung **3** 110
– Mehrfachverwendung **3** 110
– Rechtsfolgen der Unwirksamkeit **3** 175
– Stellen der AGB **3** 112
– Verbot der geltungserhaltenden Reduktion **3** 180
– wirksame Einbeziehung **3** 117
– überraschende Klauseln **3** 118
allgemeiner volkswirtschaftlicher Belang **3** 444
Amtshilferichtlinie-Umsetzungsgesetz **7** 15
Änderungsgenehmigung EEG **4** 396b
Andienungspflicht **4** 492
Anerkenntnis **3** 657
Anfangsförderung EEG **4** 498
Anflugverfahren **1** 183, 192
Anhaltswert **1** 107
Anlage
– Anlagenabgrenzung **2** 2
– Anlagenbegriff **2** 3, 9
– atypische **2** 231
– Blickwinkel **1** 106
– Höhe der **1** 106
– selbstständige **1** 74
Anlagenbetreiber EEG **4** 338
Anlagenregister EEG **4** 375, 381
– Angaben **4** 385
– Bundesnetzagentur **4** 605
– genehmigungsbedürftige Anlagen **4** 388
– Registrierungsverfahren **4** 389
– Stilllegung einer Anlage **4** 385
Anschlusspflicht EEG **4** 10
– Anschlussverfahren **4** 15
– Kraft-Wärme-Kopplung **4** 19
– Unverzüglich **4** 11, 13
– Vorrangig **4** 18
Anteilige Direktvermarktung EEG **4** 455

Antragstellung 2 197 ff.
Antragsunterlagen 2 19, 23
– Antragsänderung 2 217
– Auslegungsfrist 2 43
– Eingangsbestätigung 2 27
– Nachforderung 2 31
– Teilprüfungen 2 30
– Vollständigkeit 2 207, 209
– Vollständigkeitsprüfung 2 32, 209
– Vordrucke 2 26
– öffentliche Auslegung 2 42
Anzeigepflicht Energielieferung EnWG 4 522
arglistig verschwiegener Mangel 3 134
Art der baulichen Nutzung 1 14, 32
Artenschutz 1 142
– Schädigungsverbot 1 157
– Störungsverbot 1 152
– Tötungsverbot 1 147
– Verbote 1 146
Artenschutzrecht 1 113
Auflage 2 70
– Auflagenvorbehalt 2 73
– modifizierende 2 71
– nachträgliche 2 74
Auflassung 3 388
Auflockerungsrechtsprechung 3 57
Aufstellungsbeschluss 1 45
Aufstockungsbedürfnis 3 429
Aufwendungen 1 301
Aufwendungsersatz 3 633, 641
Ausbaupfad EEG 4 8, 377
Ausführung
– Ausführungsfristen 3 688, 691 f.
– Behinderung und Unterbrechung 3 688
Ausgleichsleistungen 4 430
Ausgleichsmaßnahme
– vorgezogene 1 154, 160
Ausgleichsmechanismus EEG 4 565
Auslandsberührung 3 25
– Rechtswahl 3 28
Ausschließlichkeitsregel 1 26
Ausschlussfunktion 1 11
Ausschlusswirkung
– außergebietliche 1 258
Ausschreibung EEG
– Ausschreibungsgebührenverordnung 4 250
– Ausschreibungspflicht 4 175
– Ausschreibungsvolumen 4 210
– Bagatellgrenze 4 177
– Bestandsanlage 4 204
– Bundesnetzagentur 4 605

– Eigenverbrauch 4 319
– Einheitspreisverfahren 4 326
– Festlegungen der BNetzA 4 220
– Formatvorgaben 4 219
– Funktionsweise 4 172
– Förderdauer 4 316
– Förderhöhe 4 310
– Gebotspreisverfahren 4 270a, 310
– Gebotstermin 4 207
– Gebotsverfahren s.a. Gebot
– Gebotswert 4 227
– Gebühr 4 250
– Genehmigungsänderung 4 186, 278
– Höchstwert 4 214
– immissionsschutzrechtliche Genehmigung 4 185, 229, 324
– Konkurrentenklage 4 621c
– Netzausbaugebiet 4 272
– Pilotwindenergieanlage 4 199
– Pönale 4 299
– Realisierungsfrist 4 293
– Rechtsschutz 4 331, 621a
– Referenzertragsmodell 4 311
– Sicherheit 4 239, 306, 325
– Zahlungsanspruch 4 309
– Zuschlag s.a. Zuschlag
– Zuschlagsverfahren s.a. Zuschlagsverfahren
– Zuschlagswert 4 270a
– Übergangsanlagen 4 184
Ausschreibungsmodell EEG 4 9
Aussetzung 1 56
– Aussetzungsantrag 1 60, 66
– behördliche Aussetzungsentscheidung 1 274
Auswirkung, umweltbezogene s. Umweltauswirkung
Außenbereich 1 70
– Außenbereichsvorhaben 1 66
– unbeplant 1 70

B
B2C s. Business-to-Consumer
Bankbürgschaft 3 724
Baugebiet 1 14, 34
– Eigenart 1 26, 38
– Funktionszusammenhang 1 34
– Nutzungszweck 1 34
– Versorgung 1 39
Baugenehmigung 1 71; 2 1
Baugrundgutachten 2 234
Baulast 1 300; 3 270
– Abstandsflächenbaulast 3 274

– Erschließungsbaulast 3 273
– Vereinigungsbaulast 3 273
– öffentlich-rechtlicher Charakter 3 275
Bauleistung 3 680
Bauleitplan
– verbindlicher 1 279
– vorbereitender 1 78, 279
Bauleitplanung 1 41, 79
Baurecht 1 1
– privates Baurecht 1 1
– öffentliches Baurecht 1 1
Bauschutzbereich
– Bauverbot 1 216
– beschränkter 1 198, 217
Bauverbot, absolutes 1 216
Bauvertrag 3 671c
– Abnahmefiktion 3 703b
– Abänderungsrecht 3 687, 687a
– Anordnungsrecht des Bestellers 3 687a
– Bauvertragsreform 3 671a
– Kündigung 3 732b
– Legaldefinition 3 671d
– Schlussrechnung 3 721a
Bebauungsplan 1 15, 279; 3 402; 6 13
– Festsetzungen 6 14
Bedingung 2 69
Beeinträchtigung
– erhebliche 1 134, 139, 168, 170
Befreiung 1 127
Behördenbeteiligung 2 34
Bekanntmachung 1 45, 49 f.
– Ersatzbekanntmachung 1 45, 50
– Ersatzverkündung 1 49
– öffentliche 2 40, 77
Belang
– öffentlicher s. öffentliche Belange
Belästigung
– erhebliche 2 246, 266
Benachteiligung
– unangemessene 3 108, 148
Beratungsgespräch 2 19
Beschaffenheitsvereinbarung 3 659
Beschattungsdauer 2 267, 269
Beschlagnahme 3 361
Beschleunigungseffekt 1 294
beschränkte persönliche Dienstbarkeit 3 251 f.
Beschwerde 3 469
Bestandsanlagen EEG
– Anlagenregister 4 383
– Ausschreibung 4 204
Bestandsschutz 1 286

Bestimmbarkeit 3 64
Bestimmtheitsgebot 2 75
Betriebs- und Geschäftsgeheimnisse 2 42, 53, 57; 4 43
Betriebsaufstockung 3 428
Betriebsführungsvertrag 3 733
Betriebsstätte 7 6
Betriebsunterbrechungsversicherung 3 753
Beurkundung, notarielle 3 217, 384
bewegter Schatten 1 101
Beweis des ersten Anscheins 3 111
Beweislastumkehr 3 649, 666
Bewertungseinheit 2 107
Bilanz- oder Unterbilanzkreis EEG 4 438
Bilanzkreismodell 4 416
– Fahrpläne 4 417
Bindungswirkung 2 247
Blickwinkel 1 106
Bodenversiegelung 1 305
Brandschutz 2 243
– Brandschutzkonzept 2 244
Brutplatz
– Zerstörung 1 158
Bundes-Immissionsschutzgesetz 2 1
Bundesnetzagentur 4 602
– Kontrollen 4 606
– Missbrauchsverfahren 4 608
Business-to-Consumer 3 203
BVVG 3 440
Bürgerenergiegesellschaft
– Ausschreibung EEG 4 321
– Begriff 4 322
Bürgernergiegesellschaft s.a. Bürgerenergiegesellschaft

C
C2B s. Consumer-to-Business
Chancengleichheit 2 204, 209, 217
Clearingstelle EEG 4 586
– Bindungswirkung 4 599
– Einigungsverfahren 4 594
– Entgeltordnung 4 590
– gerichtliche Stellungnahme 4 597
– Hinweis- und Empfehlungsverfahren 4 598
– Rechtswirkungen 4 600
– Schiedsverfahren 4 596
– Verfahrensverordnung 4 591
– Verfahrensübereinkunft 4 593
– Votumsverfahren 4 595
Clutterecho 1 240
Consumer-to-Business 3 204

D

Day-ahead-Handelsgeschäfte **4** 428
Degression EEG **4** 8, 375
– atmender Deckel **4** 375
Denkmalschutz **1** 165
– Bedeutungskategorie **1** 170
– Begriff des Denkmals **1** 166
– Denkmalwert **1** 170
– Umgebungsschutz **1** 169
Deutsche Flugsicherung **1** 185
Dienstvertrag **3** 737
DIN 45 680 **1** 111
dingliche Sicherung **3** 249
Direktleitung EEG **4** 528
Direktlieferung **4** 514
Direktverbrauch EEG **4** 343
Direktvermarktung EEG **4** 6
– Definition **4** 432
– Meldefristen **4** 442
– Ummeldefehler **4** 466
– Verpflichtende **4** 7
Direktvermarktungsunternehmer EEG **4** 437
Direktvermarktungsvertrag **4** 458
– Bürgschaften **4** 478
– Stromlieferpflicht **4** 462
Disko-Effekt **1** 103, 108
Doppelvermarktungsverbot EEG **4** 365, 453
Drehfunkfeuer **1** 192 f.
Drei-Stufen-Modell **1** 281
Drittrechtsschutz **2** 170
Durchörterung **3** 515
– Ausschließungsinteresse **3** 520
Dänemark **3** 27

E

EEG-Umlage **4** 5, 564, 567
– Bestandsanlagen **4** 575
– Kraftwerkseigenverbrauch **4** 574
– Meldeerfordernisse **4** 572
Eigenbedarf **1** 37
– Eigenbedarfsquote **1** 37
Eigenlandanteil **3** 429
Eigentum **1** 83, 300; **3** 486
Eigentumsvorbehalt **1** 309
Eigentumsübergang **3** 327
Eigenverbrauch EEG **4** 343, 511
Eigenversorgung EEG **4** 568, 589
Eignungsgebiet **1** 255, 258
– Ausschlusswirkung **1** 258
– außergebietliche Steuerungswirkung **1** 258

– innergebietliche Steuerungswirkung **1** 258
Eilverfahren **2** 89
Eingangsbestätigung **2** 27
Eingriff in Natur und Landschaft **1** 160
Einheitspreisvertrag **3** 685
Einschätzungsprärogative **1** 151
Einspeisemanagement EEG **4** 79, 83, 103
– Abregelungsvorrang **4** 474
– Abschaltreihenfolge **4** 125
– Fernsteuerbarkeit **4** 113
– Leistungsreduzierung **4** 133
– Netzengpass **4** 138
– Umweltverträglichkeit **4** 134
– Vorankündigung **4** 122
– Wartung oder Instandhaltung **4** 120
Einspeisemanagement
– Sicherheit und Zuverlässigkeit des Elektrizitätsversorgungssystems **4** 116
– Veröffentlichungspflichten **4** 146
Einspeisevergütung EEG **4** 341, 484
– Ausfallvergütung **4** 487
– Kleine Anlagen **4** 485
Einspeisewillige EEG **4** 67
Einstweiliger Rechtsschutz EEG **4** 619
– Eilbedürftigkeit **4** 619
Einvernehmen **2** 35
– Einvernehmensfrist **2** 37
– Ersetzung **2** 38
– gemeindliches **2** 36
– versagtes **2** 38
Einwendung **2** 43
Eisansatzerkennungssystem **2** 239
Eisfall **2** 237, 240
Eiswurf **2** 237
Elektrizitätsversorgungsunternehmen EEG **4** 518
ENAC-Studie **1** 231
Energieanlage EnWG **4** 534
Energierecht **1** 12
Energieversorgung
– dezentrale **6** 1, 54
– Eigenversorgung **6** 53
– zentrale **6** 56
Energieversorgungsnetz EnWG **4** 526
Energieversorgungsunternehmen EnWG **4** 516
Energiewende **3** 533 f., 578; **4** 1
Enteignung **3** 524, 571
– dezentrales Vorhaben **3** 526
– Dringlichkeit **3** 572 f.
– energiewirtschaftliche Bedarfsfeststellung **3** 537, 539, 543, 554

- Enteignungsbehörde 3 539, 543, 555
- Enteignungsgesetze 3 538
- Enteignungsverfahren 3 524, 536
- Enteignungsvoraussetzungen 3 544
- Enteignungszweck 3 563 f.
- Erforderlichkeit 3 553
- Gemeinwohlbezug 3 532, 557 f.
- Grundeigentum 3 530
- Leitungsgebundenheit 3 527
- Pächter 3 530
- Rechtsgrundlage 3 525
- Verhältnismäßigkeit (Übermaßverbot) 3 561
- vorzeitige Besitzeinweisung 3 568
- vorzeitiges Besitzeinweisungsverfahren 3 569

Entflechtung EnWG 4 414
entgangener Gewinn 3 693
entgeltliche Leistung 3 195, 203
Entscheidungsreife 2 197, 202 f.
Entwurf eines Flächennutzungsplans 1 85
Erbengemeinschaft 3 61
Erforderlichkeitsgrundsatz 1 266
Erfüllungsgehilfe 3 131
Erhaltungszustand der lokalen Population 1 153
Erholungswert 1 164
Erlass 1 72
Erläuterungsbericht 1 92
Ermessen 1 70
Erneuerbare Energien 1 12
- Gebot der Förderung 1 208
Ersatzbekanntmachung s. Bekanntmachung
Ersatzverkündung s. Bekanntmachung
Erschließung 1 70, 75
- ausreichende 1 298
- Erschließungsmaßnahme 1 301
Ertragswertverfahren 3 302
Erörterungstermin 2 45 f.
- Verhandlungsleiter 2 50
- Wegfall 2 48
European Power Exchange 4 423
Existenzgefährdung 3 85

F
Fachgutachten 2 58
Fahrlässigkeit
- einfache 3 132
falsa demonstratio non nocet 3 3
Fauna-Flora-Habitatrichtlinie 1 131
- FFH-Verträglichkeitsprüfung 1 135
- FFH-Vorprüfung 1 135

Fernsteuerbarkeit EEG 4 469
Fernwirktechnik 4 144
Feuerlöschanlage 2 245
Finanzielle Förderung EEG
- Allgemeinen Fördervoraussetzungen 4 337
- Aufrechnung 4 357
- Direktvermarktung 4 408
- Förderbeginn und -dauer 4 397
- Informationspflichten 4 366
- Rückforderungsanspruch 4 360
- Verjährung 4 362
Finanzierungsbanken 3 37, 369
Fledermausschlag 1 143
Flughafenbezugspunkt 1 216
Flugsicherungseinrichtung 1 219
- Anlagenschutzbereich 1 226
- Darlegungslast bzgl. Beeinträchtigung 1 233
- Störung 1 223
Flugsicherungsorganisation 1 203
Flurbereinigungsverfahren 3 408
Flächennutzungsplan 1 63, 78, 279
- Bestätigung und Festschreibung 1 81
- Darstellungen 1 79, 81 f.
- Drei-Stufen-Modell 1 281
- Entwurf 1 85
- Planreife 1 64
- qualifizierte Standortzuweisung 1 83
- Rechtmäßigkeit 1 86
- städtebauliche Entwicklung 1 82
- Widerspruch zum 1 77
Flächennutzungsplanung 1 7, 279
Forstwirt 3 104
Fortpflanzungsstätte 1 157 f.
- Funktionserhalt 1 161
- ökologische Funktion 1 161
Freistellung 1 54
Frucht 3 7
- mittelbare Sach- und Rechtsfrüchte 3 7
- unmittelbare Sachfrüchte 3 7
Fruchtziehung 3 5
Fukushima 3 545, 559, 578
Fundament 3 187
Funknavigationsanlage 1 188, 192
- Störpotenzial 1 228
Funkrundsteuerung 4 141
Fördervoraussetzungen 4 1

G
Garantie
- Beschaffenheitsgarantie 3 662
- Beweislastumkehr 3 666

- Garantiefall **3** 664
- Garantievereinbarung **3** 659
- Haltbarkeitsgarantie **3** 663

Gebiet von gemeinschaftlicher Bedeutung **1** 130
Gebietscharakter **1** 123
Gebietsschutz **1** 138
Gebietstyp **1** 16
Gebot der Rücksichtnahme **1** 97
Gebot von Treu und Glauben **3** 85
Gebot
- Abgabe mehrerer Gebote **4** 235
- Gebotsausschluss **4** 263
- Gebotsfrist **4** 254
- Gebotssortierung **4** 260
- Gebotswert **4** 227
- Gebotsöffnung **4** 259
- Grenzgebot **4** 270
- Maximalgebotsgröße **4** 234
- Mindestgebotsangaben **4** 227
- Mindestgebotsgröße **4** 233
- Rücknahme **4** 256
- Zulässigkeit **4** 262

Gefahrenabwehr **2** 93
Gefahrübergang **3** 610
Gegenstromprinzip **1** 278
Gemeinde
- hebeberechtigte **7** 9

Gemeinsame Messeinrichtung EEG **4** 401, 439
Gemengelage **2** 254
Genehmigung, immissionsschutzrechtliche **1** 5
- Akteneinsicht s. Akteneinsicht
- Antragsunterlagen s. Antragsunterlagen
- Ausschreibung EEG **4** 185, 229
- Behördenbeteiligung **2** 34
- Beschleunigungsmöglichkeiten bzgl. Verfahren **2** 19
- Einvernehmen anderer Behörden **2** 35
- Einwendung **2** 43
- förmliches Verfahren **1** 29; **2** 6
- gebundene Entscheidung **2** 63
- Geltungsdauer des Genehmigungsbescheids **2** 78
- gemeindliches Einvernehmen **2** 36
- Genehmigungsbescheid **2** 13, 68, 77
- Genehmigungspflicht **2** 1 f.
- Genehmigungsverfahren **2** 5
- Genehmigungsvoraussetzungen **2** 63
- Informationszugang **2** 39
- Konzentrationswirkung **2** 20 f.
- Nebenbestimmung s. Nebenbestimmung
- persönliche oder gemischte Zulassungen **2** 21
- Prüfungs- und Entscheidungskompetenz **2** 35
- Rechtsbehelfsfrist **2** 13, 77
- vereinfachtes Verfahren **1** 29; **2** 5
- Verfahrensbevollmächtigter **2** 27
- Verfahrensfrist **2** 33, 62
- Vollzug s. Vollzug, sofortiger
- Widerspruch **1** 5
- Öffentlichkeitsbeteiligung **2** 40

Generalklausel **3** 140
Generalunternehmer **3** 668
Generalübernehmer **3** 668
Gerichtsstandsklausel **3** 166
Geräuschimmission **2** 246, 249
geschlossenes Verteilernetz EnWG **4** 539
Geschäftsbetrieb, wirtschaftlicher **7** 8
Geschäftsgrundlage **3** 308
gesetzlich bestimmte Förderung **4** 497
gesetzliches Schuldverhältnis **3** 4, 363, 583
Gesonderte Netzentgelte **4** 552
Gewerbebetrieb **1** 17 f., 21, 29; **7** 3
- belästigender Gewerbebetrieb **1** 23, 27
- Reisegewerbebetrieb **7** 2 f.
- stehender Gewerbebetrieb **7** 2, 5

Gewerbegebiet **1** 27 f., 31
Gewerbeordnung **7** 3
Gewerbesteuer **7** 2 f.
- 70/30-Regel **7** 11
- Erhebungszeitraum **7** 10
- Steuergegenstand **7** 2 s.a. Gewerbebetrieb
- Steuermessbetrag **7** 10, 17
- Zerlegungsanteile **7** 10

Gewährleistung **3** 597
- Ausschluss **3** 642
- Beweislast **3** 647
- Gewährleistungsansprüche **3** 597, 697, 706
- Verjährung **3** 651, 714
- Voraussetzungen **3** 598

Gläubiger **3** 334
Grundbuch **3** 391
Grundbucheintragung, isolierte **3** 250
Grunddienstbarkeit **1** 300; **3** 251, 258
Grundförderung EEG **4** 502
Grundsatz der Einheitlichkeit der Urkunde **3** 56
Grundsatz der Planmäßigkeit **1** 280
Grundstück

– dienendes 3 259
– forstwirtschaftliches 3 403
– herrschendes 3 259
– im rechtlichen Sinne 3 399
– kommunales 3 486
– landwirtschaftliches 3 400
– Scheinbestandteile 3 189
– verbindungsloses 3 496, 499
– wesentliche Bestandteile 3 184
– Zubehör 3 362
grundstücksgleiches Recht 3 497
Grundstückskaufvertrag 3 378
– Auflassung 3 388
– Grundbucheintragung 3 391
– notarielle Beurkundung 3 384
Grundstücksmietvertrag 3 13
Grundstücksnutzungsvertrag 3 1
Grundstückspachtvertrag 3 16
Grundstücksverkehrsgesetz 3 397
– Auflagen 3 452
– Bedingungen 3 456
– genehmigungsbedürftige Veräußerungen 3 405
– genehmigungsfreie Rechtsgeschäfte 3 407
– Genehmigungsverfahren 3 414
– Genehmigungszwang 3 420
– gerichtliche Entscheidung 3 463
– Negativzeugnis 3 410
– Umgehungsgeschäft 3 406a
– Versagungsgründe 3 423
– Vorkaufsrecht des Siedlungsunternehmens 3 458
Grundsätze für die Prüfung zur zustandsorientierten Instandhaltung von Windenergieanlagen 3 760
Grundvorhaben 2 121
Grünstromprivileg EEG 4 410, 451
Gutachterausschuss für Grundstückswerte 3 490

H
Haftungsausschlussklausel 3 127
Hauptanlage 1 14 f.
– Gewerbegebiet 1 27
– Industriegebiet 1 17
– Sondergebiet 1 16
Hauptleistungspflichten 3 153
Haupturkunde 3 57
Hauptwindrichtung 1 106
Hausanlage 6 5
Haustürgeschäft 3 193
Herkunftsnachweise EEG 4 365

Hineinwachsen 2 113, 121
Hinterlegung 3 724
Hofstelle 3 400
Hybrid-Systeme 6 57
Hypothek 3 362
– Hypothekarischer Haftungsverband 3 362
– Sicherungshypothek 3 359, 723
Härte, unzumutbare 3 176
Härtefallregelung EEG 4 150
– Höhe der Entschädigung 4 155
– Kostenwälzung 4 166
– Pauschalverfahren 4 159
– Spitzabrechnungsverfahren 4 161

I
Immissionen 1 97
Immissionsbelastung 1 31
Immissionsrichtwerte s. TA Lärm
– Kontrollwerte 2 265
Inbetriebnahme EEG 4 370
– Austausch des Generators 4 374
– technische Betriebsbereitschaft 4 373
Individualvereinbarung 3 83, 115
Industriegebiet 1 17, 36
– allgemeine Zweckbestimmung 1 22
– Zweckbestimmung 1 17
Inflationsausgleich 1 310
Informationspflicht 3 195
Infraschall 1 110
– DIN 45 680 1 111
– Infraschallemissionen 1 110
Inhaltsbestimmung 2 71
Inhaltskontrolle 3 94, 139
– Generalklausel s. Generalklausel
Innenbereich 6 17
Inselnetz 6 55
– Hochspannungsnetz 6 56
– Kosten 6 57
– Mittel- und Niederspannungsnetz 6 56
Insolvenz 3 332
Insolvenzanfechtung 3 346
– inkongruente Deckung 3 348
– kongruente Deckung 3 347
– unmittelbar nachteilige Rechtshandlung 3 349
– vorsätzliche Benachteiligung 3 350
Insolvenzverwalter, vorläufiger 3 337
Inspektion 3 739
Instandsetzung 3 741
Instrumentenflugregeln 1 180
Instrumentenflugverkehr 1 186
Instrumentenlandesystem 1 189

Intelligente Messsysteme **4** 400
Intradaymarkt **4** 429
Inventar
– betriebsbezogenes **3** 9
– ertragstaugliches **3** 9
– Inventarerhaltung **3** 16, 19
Irrelevanzkriterium **2** 261 f.

J

Jahressteuergesetz 2009 **7** 11
– 70/30-Regel **7** 11
– Aufteilungsmaßstab **7** 14
– kommunale Umweltbelastungen **7** 12
Juristische Person
– Vertretung **3** 69

K

Kardinalpflichten **3** 126, 152 f.
Kauf bricht nicht Miete **3** 15, 326
Kaufmännisch bilanzielle Durchleitung **4** 95
Kaufvertrag **3** 583, 587, 590, 671
Kausalitätsnachweis **2** 172, 176
Klauselverbote **3** 94
– mit Wertungsmöglichkeit **3** 135
– ohne Wertungsmöglichkeit **3** 125
Kleinwindanlagen EEG **4** 504
Kleinwindenergieanlage **6** 2
– als Nebenanlage **6** 15
– Anlagentyp **6** 10
– bauliche Anlage **6** 12
– Definition **6** 2
– Errichtungskosten **6** 65
– im Außenbereich **6** 20
– im Bebauungsplangebiet **6** 13
– im unbeplanten Innenbereich **6** 17
– Lärmbelästigung **6** 63
– Net-Metering **6** 61 f.
– Standort **6** 9
– Standortsuche **6** 8
– Windmessung **6** 9
– Zertifizierung **6** 63
– zur Eigenversorgung **6** 5
Kleinwindenergieanlage, bauplanungsrechtliche Zulässigkeit
– Außenbereich **6** 11, 20
– Eignungsfläche **6** 22
– entgegenstehende Regionalplanung **6** 22
– entgegenstehende öffentliche Belange **6** 21
– Flächennutzungsplan **6** 24
– Geltungsbreich eines Bebauungsplans **6** 11
– Raumbedeutsamkeit **6** 23
– Referenzanlage **6** 25
– Sonderbauflächen **6** 24
– Sondergebiete **6** 24
– unbeplanter Innenbereich **6** 11
– Vorrangfläche **6** 22
Kleinwindenergieanlage, Genehmigung
– Genehmigungsbedürftigkeit **6** 33
– Genehmigungspflicht **6** 39, 41, 43
– genehmigungsrechtliche Voraussetzungen **6** 32
– Genehmigungsverfahren **6** 32
– materielle Anforderungen **6** 51
– materielle Baurechtswidrigkeit **6** 51
– Verfahrensfreiheit **6** 35 ff., 40, 42, 44, 46 ff.
Klimaschutz **1** 12, 208
Klimawandel **4** 2
Kollisionsrisiko **1** 149, 157
kommunale Gebietskörperschaft **3** 486
Kompensationsmaßnahme **1** 154 ff.
Komplexvorhaben **2** 107
konkrete Gefahr **1** 204
– Darlegungslast **1** 205
– Gefahrenprognose **1** 204a
– luftfahrtbetriebliche Relevanz **1** 204a
Konkretisierung
– Mindestmaß hinreichender Konkretisierung **1** 47
Konkurrenzsituation **2** 185; **3** 370
– echte **2** 186, 191
Konkurrenzverfahren **2** 19
Konzentrationswirkung **2** 17, 20 f.
Konzentrationszone **1** 64
– Windkraftkonzentrationszone **1** 293
Konzessionsabgaben **4** 553
– Sondervertragskunden **4** 558
Koordinationspflicht **2** 4, 18, 66
Koppelungsverbot **3** 492
Kumulation **2** 113 f., 119
Kumulierungsverbot EEG **4** 365a
Kundenanlage EnWG **4** 517, 530
Kundenanlage zur betrieblichen Eigenversorgung EnWG **4** 537
KWKG-Umlage **4** 559
Körperlichkeitsrechtsprechung **3** 57
Kündigung
– außerordentliche fristlose Kündigungen aus wichtigem Grund **3** 14
– gesetzliche Kündigungsfrist **3** 45
– Kündigungsfrist für Grundstücksmietvertrag **3** 13
– ordentliche Kündigung **3** 20

Kündigungsklausel **3** 170
Kündigungsrecht
– Verwirkung **3** 49
– Verzicht/Ausschluss **3** 47

L
Lageplan **3** 63
Landesentwicklungsplan **1** 9
Landschaftsbild **1** 162
– Beeinträchtigung **1** 162
Landschaftspflege **1** 113
Landschaftsraum
– Ausweisung **1** 267
Landschaftsschutz **1** 115
Landschaftsschutzgebiet **1** 79, 121
– Gebietscharakter **1** 123 ff.
– Schutzgebietsverordnung **1** 125
– Schutzzweck **1** 123, 125
Landwirt **3** 102, 104
– erwerbsbereiter **3** 431
Landwirtschaft **3** 398
Lebensrisiko **2** 242
Lebensstätte **1** 159
Leistungsbeschreibung **3** 683
Leistungsgefahr **3** 695
Leitfaden der BNetzA **4** 564
Liberalisierung der Energiemärkte **4** 413
Lieferzeit **3** 595
Luftverkehr **1** 173
– Anlagengenehmigungsverfahren **1** 175
– Bauschutzbereich **1** 198
– Einrichtungen **1** 187
– flugbetriebliche Relevanz **1** 189
– Instrumente zur Navigation **1** 188
– luftfahrtrechtliche Argumente **1** 175
– luftfahrttechnische Argumente **1** 175
– materielles Bauverbot s. Bauverbot, materielles
– Planungsebenen **1** 175
– qualitativ von Belang **1** 174
– quantitativ von Belang **1** 174
Luftverkehrsbehörde, zivile **1** 185
luftverkehrsrechtliche Zustimmung **1** 200
– Bindungswirkung **1** 201
– Fristverlängerung **1** 213
– stillschweigende Fristverlängerung **1** 210
– Verhältnismäßigkeitsgrundsatz **1** 207
– Verweigerung **1** 203 s.a. konkrete Gefahr
– vorsorgliche Versagung **1** 211
– Zustimmungsfiktion **1** 209, 211
– Zustimmungsfrist **1** 209

M
Managementprämie EEG **4** 447
Mangel der Mietsache **3** 14
Market Maker **4** 421
marktbeherrschende Stellung **3** 494b
Marktprämie EEG **4** 346
– Steuerliches Entgelt **4** 482
Marktprämienmodell EEG **4** 410, 445, 459
Marktstammdatenregister **4** 381
Marktwert der Leistung **3** 301 f.
Maschinenversicherung **3** 753
Maßnahmen zur Verbesserung der Agrarstruktur **3** 432
Mehrfachverwendung **3** 111
merit order effect **3** 547
Messstellenbetrieb **4** 400a
Messzuständigkeit **4** 400
Miete **3** 3, 7
Mietminderung **3** 14
Mietsache **3** 59, 62
– Überlassung **3** 48, 329
Mietvertrag **3** 2
– unwesentliche Vereinbarung **3** 71a
Mikrowindturbine **6** 5
Minderung des Kaufpreises **3** 628
Mindestvergütung EEG **4** 340
Missverhältnis zwischen Gegenwert und Wert des Grundstücks **3** 438
Missverhältnis zwischen Leistung und Gegenleistung
– auffälliges **3** 298
– besonders grobes **3** 301
Montage **3** 604
Montageanleitung **3** 605
Moor- und Ödlandflächen **3** 404

N
Nachbar **2** 229
Nachbargrundstück
– planungsrechtliche Lage **1** 106
Nacherfüllung **3** 613
– absolute Unverhältnismäßigkeit **3** 618
– relative Unverhältnismäßigkeit **3** 615
– Rückgewähranspruch **3** 621
– Vorrang der Nacherfüllung **3** 613
Nachforschungsrechtsprechung **3** 59a
Nachhaltigkeit **1** 208
Nachtrag **3** 71
Natura-2000-Gebiet **1** 130
– Erhaltungsziel **1** 137
– erhebliche Beeinträchtigung **1** 134, 139
– Schutzzweck **1** 137
– Verbotsausnahme **1** 139 ff.

Naturschutz **1** 113, 115
Naturschutzgebiet **1** 117
Nebenanlage **1** 14, 32
– mitgezogene **1** 74
– untergeordnete **1** 74
Nebenbestimmung **2** 67 f.a, 75, 239, 264
Negative Strompreise **4** 403
– Meldepflicht **4** 406
Negativzeugnis **3** 410
Net-Metering **6** 62
Netz der allgemeinen Versorgung EnWG **4** 542
Netzanschluss EEG
– anerkannten Regeln der Technik **4** 63
– Anmeldung **4** 46
– Anschlusskostenangebot **4** 53
– Anschlussnutzungsverhältnis **4** 55
– Netzverträglichkeitsprüfung **4** 70
– Planungsreife **4** 50, 52
– Prüfung **4** 49
– Reservierung von Einspeisekapazitäten **4** 42
– technische Sicherheit **4** 63
Netzausbaugebiet **4** 272
Netzausbaumaßnahme EEG **4** 14
– Wirtschaftliche Zumutbarkeit **4** 73
Netzbetreiber EEG **4** 339
Netzentgelte EnWG **4** 546 f.
Netzkapazität EEG
– Erweiterung **4** 57, 64, 66
– Netzausbau **4** 59
– Netzoptimierung **4** 59
– Netzverstärkung **4** 59
– Netzüberlastungen **4** 58
– Unverzügliche Maßnahmen **4** 72
– Unzumutbarkeitskriterium **4** 69
Netzparität **3** 548
Netzverknüpfungspunkt EEG **4** 21
– gesamtwirtschaftlicher Kostenvergleich **4** 25, 27
– kürzeste Entfernung **4** 29
– Letztzuweisungsrecht des Netzbetreibers **4** 36
– Netzanschlussbegehren **4** 39
– Offenlegung von Netzdaten **4** 40
– Reservierung Netzkapazität **4** 32
– technische Eignung **4** 23
– Wahlrecht des Anlagenbetreibers **4** 34
Netzverträglichkeitsprüfung **4** 33
Neuherstellung **3** 698
Notleitungsrecht **3** 510
Notstand, zivilrechtlicher **3** 506a
Notwegrecht **3** 496

– Ausschlusstatbestand **3** 507
– Voraussetzungen **3** 499
– öffentlich-rechtliches **1** 302
Notwegrente **3** 508
Nummerierung **3** 57
Nutzungsaufgabe **1** 304
Nutzungsentgelt **3** 59, 64
Nutzungsentschädigung **3** 22
Nutzungsvereinbarung **3** 2

O
öffentliche Belange **1** 70, 79
– Entgegenstehen **1** 76 f.
– Entwurf eines Flächennutzungsplans **1** 85
öffentliches Interesse **1** 129, 141, 167; **2** 82
Öffentlichkeitsbeteiligung **2** 40
Offshore-Haftungsumlage **4** 563
Offshore-Windenergie **4** 506
Offshore-Windenergieanlagen **4** 380
optisch bedrängende Wirkung **1** 105
– Anhaltswert **1** 107
optische Vorbelastung **1** 106
Ordentlicher Gerichtsweg **4** 614

P
Pacht **3** 3, 7
Pacht- und Betriebsführungsmodell **4** 570a
Pachtsache
– Maßnahmen zur Verbesserung **3** 288
Pachtvertrag **3** 2
Paginierung **3** 57
Pauschalvertrag **3** 685
Personengesellschaft
– Vertretung **3** 69
Personenidentität EEG **4** 570
Planungshoheit **1** 6
Planungskonzept
– schlüssiges **1** 263
Planungsleistung **3** 680
Planungsträger **1** 283
Planungsverband **1** 253
– regionaler **1** 11
Platzrundenverkehr **1** 183
– Mindestabstand zur Platzrunde **1** 214
– Platzrunde **1** 214
– Sicherheitskorridor **1** 214
POLYGONE **1** 179f
Population **1** 153
Potenzialfläche **1** 267
Prioritätsgrundsatz **2** 194
– Rechtsschutz **2** 213
– zeitlicher Anknüpfungspunkt **2** 197

Prioritätsprinzip s. Prioritätsgrundsatz
Privilegierung **1** 7, 73
Präklusion
– formelle Präklusion **2** 10
– materielle Präklusion **2** 10
Prüffähigkeit **2** 197, 207, 217f.
Pächter **3** 530
– landwirtschaftlicher **3** 285

R
Radaranlage **1** 188
Radarführung **1** 186
Raumbeanspruchung **1** 244, 247
Raumbedeutsamkeit **1** 244
– optische Dominanz **1** 250
– Raumbeanspruchung **1** 247
– Raumbeeinflussung **1** 248
Raumbeeinflussung **1** 244, 248
Raumordnung
– Festlegungen **1** 255
– Träger **1** 255
– Ziel **1** 255
Rechtsausübung, unzulässige **3** 85
Rechtsmangel **3** 607
Rechtssicherheit **3** 35
Rechtswahl **3** 28
Referenzanlage **6** 25
Referenzertrag EEG **4** 310, 396a, 500
Regelenergie **4** 496
Regelungslücke **3** 3
Regionalnachweise EEG **4** 365
Regionalplanung **1** 7, 243
– Planungsvorbehalt **1** 243
– Raumbedeutsamkeit des Vorhabens **1** 244
Regress
– B2B **3** 667a
– B2C **3** 667a
Reverse-Charge-Verfahren **7** 33
Rotordurchmesser **1** 106
Ruhestätte **1** 157f.
– Funktionserhalt **1** 161
– ökologische Funktion **1** 161
Rückbaubürgschaft **1** 305, 307
Rückbaukosten **1** 309
Rückbauverpflichtung **1** 70, 303f.
Rückforderungsanspruch EEG **4** 364
Rücksichtnahme
– Gebot der **1** 97
Rücktritt **3** 623
Rügeobliegenheit **3** 644

S
Sachmangel **3** 599
– gewöhnliche Verwendung **3** 602
– Lieferung einer anderen Sache **3** 606
– Lieferung einer zu geringen Menge **3** 606
– vereinbarte Beschaffenheit **3** 600
– vorausgesetzte Verwendung **3** 601
– öffentliche Äußerung des Verkäufers **3** 603
Sachwertverfahren **3** 302
Schaden
– Mangelfolgeschaden **3** 635
– Mangelschaden **3** 634
– Personenschaden **3** 128
– Sachschaden **3** 131
– Serienschaden **3** 756
– sonstiger **3** 129
– Vermögensschaden **3** 131
– vertragstypischer Schaden **3** 131
– Verzugsschaden **3** 636
Schadensersatz **3** 633
– Fahrlässigkeit **3** 639
– Vorsatz **3** 639
Schallemissionen **2** 246
Schattenwurf
– bewegter Schatten **1** 101
– Disko-Effekt **1** 103
– im engeren Sinne **1** 100
Schattenwurfemission **2** 266
Scheibenpachtmodell **4** 570a
Scheinbestandteile **3** 189
Schlussrechnung **3** 721f.
Schlüsselfertigkeitsklausel **3** 685
Schriftform **3** 46, 52
Schriftformerfordernis **3** 43
Schriftformklausel **3** 155
– Schriftformnachholungsklausel **3** 89, 156
– Schriftformvorsorgeklausel **3** 89, 157
Schriftformmangel
– Heilung **3** 80
Schuldner **3** 334
Schutzbedürftigkeit **2** 252, 256
Schutzgebietsverordnung **1** 119, 125
Schutzgut **2** 92, 111, 134, 148
Schutzwürdigkeit **3** 88
Schwellenwert **2** 100, 102, 105, 107f.
– erstmalige Erreichung **2** 117
– Erweiterung innerhalb eines Schwellenwertes **2** 118f.
Schädigungsverbot **1** 157

– vorgezogene Ausgleichsmaßnahme **1** 160
schädliche Umwelteinwirkung **1** 97; **2** 246, 266
Scoping **2** 95, 125, 127, 129
Screening **1** 135; **2** 151, 152
SDL-Bonus EEG **4** 355
Selbstvornahme **3** 708
Sicherheitsleistung **3** 724
Sicherungsbedürfnis **1** 48, 53, 59, 67
Sicherungsinstrument **1** 41 s.a. Veränderungssperre, Zurückstellung
Sichtflug **1** 181
Sichtflugregeln **1** 180
Siedlungsbehörde **3** 461
Siedlungsunternehmen **3** 458
Sittenwidrigkeit **3** 296
Sonderabschreibung **7** 46
– Investionsabzugsbetrag **7** 46
Sonderbauflächen für Windenergie **1** 285
Sonderfläche **1** 296
Sondergebiet **1** 16, 67, 296
Sonstige Direktvermarktung EEG **4** 410, 453
Spotmarkt **4** 426
standortbezogene Aussagen
– hinreichend konkrete **1** 80
Standortzuweisung
– positive **1** 283
– qualifizierte **1** 83
Standsicherheit **2** 232
Standsicherheitsnachweis **2** 74
Stauchungsmodell EEG **4** 508
Steuerungswirkung **1** 258
Streckennavigation **1** 192
Strombörse **4** 404
Stromerzeugungsanlage **4** 569
Stromgestehungskosten **4** 131
Stromhandel **4** 420
Stromhandelsmarkt **4** 423
Stromkosten **3** 546
Stromkostenintensive Unternehmen **4** 559
Strompreisbestandteile **4** 544
Stromspeicher EEG **4** 347, 575a
Stromsteuer **4** 576
– Befreiung dezentraler Erzeugung **4** 580
– Befreiung Grünstrom **4** 579
– Strom zur Stromerzeugung **4** 579a
Stromvertrieb **4** 419
städtebauliche Entwicklung **1** 77, 82
Störgrad **1** 29, 31
Störung der Geschäftsgrundlage **3** 306
– Verwendungsrisiko **3** 319

– Vorhersehbarkeit **3** 315
– Änderung der Umstände **3** 312
Störungsverbot **1** 152
– Erhaltungszustand **1** 153
– Kompensationsmaßnahme **1** 154 ff.
– Populationsbezug **1** 153
– vorgezogene Ausgleichsmaßnahmen **1** 154
substanziell Raum schaffen **1** 268
Subunternehmer **3** 668
Systemdienstleistungen **4** 431

T
TA Lärm **2** 246, 248 f.
– Gebietstyp **2** 252
– Gemengelage **2** 254
– Immissionsrichtwerte **2** 248, 250 f., 256, 263
– Irrelevanzkriterium **2** 261 f.
– Schutzbedürftigkeit **2** 256
– Vorbelastung **2** 259, 262
– Zusatzbelastung **2** 259
– Zwischenwertbildung **2** 255, 258
Tabuzonen
– harte **1** 263, 263 f.
– weiche **1** 263, 263, 265
Technischen Anschlussbedingungen **4** 82, 88
Teilfläche **3** 63
Teilflächennutzungsplan **1** 288
– planerisches Ermessen **1** 290
– planerisches Konzept **1** 290
– räumlicher **1** 288
– sachlicher **1** 288
– schlüssiges, gesamträumliches Planungskonzept **1** 291
Terminmarkt **4** 424
Textform **3** 134b
Topographie **1** 106
Transparenzgebot **3** 144
Treuwidrigkeit **3** 84
Turbulenzabstand **2** 191 f., 232
– Lastrechnung **2** 236
– Standortgutachten **2** 236
Typenprüfung **2** 233
Tötungsgefahr **1** 147 s. Tötungsverbot
Tötungsverbot **1** 147
– Einschätzungsprärogative **1** 151
– Tötungsgefahr **1** 147
– Vermeidungs- und Minderungsmaßnahmen **1** 147
– Vermeidungs- und Schutzmaßnahmen **1** 150

U

Übergangsbestimmung EEG **4** 392
– Anlagenregisterverordnung **4** 384
Überraschungsmoment **3** 120, 213
Überschuldung **3** 336
Überschusseinspeisung EEG **4** 513
Überwachung **2** 22
Ultrakurzwellensender **1** 192
Umgebungsschutz **1** 169
Umsatzsteuer **7** 18
– innergemeinschaftlicher Erwerb **7** 27
– Reverse-Charge-Verfahren **7** 33
Umsatzsteuer-Anwendungserlass **7** 36
Umweltauswirkung **2** 133 f.
– Beschreibung **2** 92, 135, 143
– Bewertung **2** 92, 94, 133, 136, 141, 147, 153, 157
– Ermittlung **2** 92, 153 f.
Umweltbundesamt **1** 112
Umweltinformation **2** 43, 56
Umweltinformationsgesetz **2** 43, 56
Umweltschutz **1** 208
Umweltverträglichkeitsprüfung **1** 30; **2** 6, 9, 25, 76, 90 f.
– allgemeine Vorprüfung **2** 9, 99 f., 103 f.
– altruistische Verbandsklage **2** 181
– Bewertungseinheit **2** 105 f.
– Drittrechtsschutz **2** 170
– entscheidungserhebliche Unterlagen **2** 127, 130
– Erweiterung UVP-pflichtiger Vorhaben **2** 120
– Prüfungsintensität **2** 99
– Rechtschutz **2** 173
– Rechtschutz **2** 168
– Schwellenwert s. Schwellenwert
– Scoping s. Scoping
– Screening s. Screening
– standortbezogene Vorprüfung **2** 9, 99 f., 103 f., 119, 164
– Umfang **2** 92
– umweltbezogene Auswirkung s. Umweltauswirkung
– UVP-Pflicht **2** 95 f., 98, 100, 103, 107, 121
– UVP-Vorprüfung **2** 19, 32
– Verfahren **2** 95, 100, 116, 125 f., 128, 138
– zusammenfassende Darstellung **2** 140
– Zuständigkeit **2** 96
– Zweck **2** 93
Umweltverträglichkeitsstudie **2** 25
unbestimmter Rechtsbegriff **3** 125

Unbundling EnWG **4** 414
unerlaubter Betrieb **2** 72
ungesunde Verteilung des Grund und Bodens **3** 425
Unmittelbare räumliche Nähe **4** 571a
Unternehmer **3** 29, 103
Unterordnung
– dienende Funktion **1** 37
– funktionelle **1** 37
– räumliche **1** 36
Untersagung **2** 72
Untersagungsverfügung
– raumordnungsrechtliche **1** 269
unwirtschaftliche Verkleinerung von Flächen **3** 435
Urheberrecht **2** 53, 57 f.

V

Verbandsklage
– altruistische **2** 181
Verbescheidungsfähigkeit **2** 202
Verbindungsgrundstück **3** 496
Verbot der geltungserhaltenden Reduktion **3** 180
Verbote des Artenschutzes s. Artenschutz
Verbraucher **3** 29, 99
Verbraucherfreundlichkeit **4** 132
Verbraucherrechterichtlinie **3** 100
Verbraucherschutz **3** 100
Verbrauchervertrag **3** 113, 195, 201
Verbrauchervollmacht **3** 219
Vereinfachungseffekt **1** 294
Verfahrenserleichterung EEG **4** 617
Verfahrensermessen **1** 272
Verfahrenskosten **3** 470
Verfestigung
– eigentumsrechtliche **1** 83
Verfügbarkeitsgarantie **3** 744
Vergaberechtsnovelle **3** 488
Vergleichswertverfahren **3** 302
Vergütungsgefahr **3** 695
Vergütungspflicht EEG **4** 337
Verhandlungsleiter **2** 50
Verhinderungsplanung **1** 283, 295
Verhältnismäßigkeitsgrundsatz **1** 208
Verkehrsregeln **1** 180
Verkehrswert **3** 490
– Verkehrswertermittlung **3** 490
Verkehrswertermittlung **3** 491
Verlängerungsoptionen **3** 47
Vermeidungsmaßnahmen **2** 19
Vermiedene Netzentgelte **4** 435
Vermieterpfandrecht **3** 15

Verpflichtende Direktvermarktung EEG **4** 340
Versagungshindernis **1** 300
Verschulden
– bei Vertragsverhandlungen **3** 31
– grobes **3** 131
Versicherungsvertrag **3** 751
Versiegelungseffekt **1** 305
Versorgungssicherheit **3** 553, 559
Versteigerung **3** 364
– geringstes Gebot **3** 364
Vertrag sui generis **3** 3
Vertrag
– außerhalb von Geschäftsräumen geschlossener **3** 193, 211
Vertragsanlage **3** 57
Vertragsauslegung **3** 3
– ergänzende **3** 178
Vertragsbedingungen
– vorformulierte **3** 110
Vertragsbruch
– Schadensersatzpflicht **3** 375
– Verleitung zum Vertragsbruch **3** 374
Vertragsgegenstand **3** 5
Vertragslaufzeit **3** 45, 59, 65
Vertragspartei **3** 59, 61, 75
Vertragspartnerwechsel **3** 76, 158
– Zustimmung **3** 76
Vertragsurkunde **3** 53, 55
Vertragszweck **3** 3
Vertragsübertragung **3** 75
Vertrauensschutz EEG **4** 393
Vertrauensschutz
– Clearingstelle EEG **4** 601a
Vertretungsorgan **3** 69
Verunstaltung des Landschaftsbildes s. Landschaftsbild
Verwaltungsverfahren **1** 274
verwerfliche Gesinnung **3** 301
Veränderungssperre **1** 41 f.
– Ausnahme **1** 52
– Bestimmtheit **1** 50
– konkrete Planungsabsicht **1** 59
Veränderungsverbot **1** 118
– absolutes **1** 118
– Ausnahmetatbestand **1** 120, 126
– relatives **1** 123
– Schutzgebietsverordnung **1** 119
Veräußerung kommunaler Grundstücke **3** 487
– Beschränkung **3** 489
– Lasten der Allgemeinheit **3** 489
– Wohl der Gemeinschaft **3** 489

Visualisierung **2** 19
Vogelschlag **1** 143
Vogelschutzgebiet
– europäisches **1** 130
Vogelschutzrichtlinie **1** 131
voller Wert **3** 490
Vollzug, sofortiger **2** 79 ff.
– Anordnung **2** 79
Vollzugsinteresse **2** 81
– Interessenabwägung **2** 87
Vorbehaltsgebiet **1** 255, 257
Vorbelastung **2** 262
– optische **1** 106
Vorbescheid **1** 55
– Änderungsfestigkeit **1** 55
Vorhaben
– privilegierte **1** 73
Vorhabensbegriff **2** 9
Vorkaufsrecht **3** 419, 458
vorläufiger Insolvenzverwalter
– schwacher vorläufiger Insolvenzverwalter **3** 337
– starker vorläufiger Insolvenzverwalter **3** 337
Vormerkung **3** 255 f.
Vorranggebiet **1** 255 f.
– Innenwirkung **1** 256
– innergebietlich **1** 256
Vorsorge **2** 93, 105, 119
vorzeitige Besitzeinweisung s. Enteignung

W
Waldumwandlungsgenehmigung **2** 20
Wartung **3** 740
Wartungsvertrag **3** 733
Weisung
– verwaltungsinterne **1** 271
Werklieferungsvertrag **3** 583, 588, 590, 671
Werkvertrag **3** 583, 586, 671, 736
– Kündigung **3** 732a
Wetterradar **1** 239
– Störungsmöglichkeiten **1** 240
Widerrufsbelehrung **3** 222
– Muster **3** 224
Widerrufsformular
– Muster **3** 223
Widerrufsfrist **3** 225
Widerrufsrecht **3** 193
– Ausnahmetatbestände **3** 216
– Folgen **3** 222
– Gesetzlichkeitsfiktion **3** 210
– Voraussetzungen **3** 200
– Übergangsregelung **3** 194

Widerspruch zur Eigenart des Baugebiets **1** 24
Windenergieanlagen-Liefervertrag **3** 581
Windfarm **2** 9
Windkraftkonzentrationszone **1** 293
Windverhältnisse **1** 87
Wirkung
– aufschiebende **2** 79, 89
– erdrückende **2** 19
– gebäudetypische **2** 229
– optisch bedrängende **2** 231
Wirtschaftsgut
– mehrere selbstständige **7** 41
Wirtschaftsprüfer **4** 584
Wohnraummietrecht **3** 15
Wohnung, private **3** 214
worst-case-Berechnung **1** 101
wucherähnliches Rechtsgeschäft **3** 298
Wälzungsmechanismus EEG **4** 5

Z

Zahlungsanspruch EEG **4** 336
Zahlungsunfähigkeit **3** 335
Zerstörungsverbot s. Schädigungsverbot
Ziele der Raumordnung **1** 70
Zulassung
– gemischte **2** 21
– persönliche **2** 21
Zulässigkeit, bauplanungsrechtliche **1** 70
– Kleinwindenergieanlagen **6** 11
Zurückstellung **1** 41, 56, 64
– Antragsfrist **1** 68
– Außenbereichsvorhaben **1** 66
– Entscheidungskompetenz **1** 61, 68
– Genehmigungsbehörde **1** 61, 68
– Konzentrationszone **1** 64
– Zurückstellungszeitraum **1** 62, 69
Zusammenwirken von Windenergieanlagen **2** 107
– räumliches Zusammenwirken **2** 109
– zeitlicher Zusammenhang **2** 112
Zuschlag
– Bekanntgabe **4** 279
– Entwertung **4** 288
– Erledigung **4** 285
– Genehmigungsänderung **4** 278
– Projektbezug **4** 277
– Rechtswirkung **4** 282
– Registrierung **4** 271
– Rückgabe **4** 286
– Rücknahme **4** 284
– Verwaltungsakt **4** 276
– Widerruf **4** 284
– Wirksamkeitsdauer **4** 283
– Zuschlagswert **4** 270a
– Übertagbarkeit **4** 289
Zuschlagsverfahren **4** 258
– Bieterausschluss **4** 267
– Gebotsausschluss **4** 263
– Gebotssortierung **4** 260
– Gebotsöffnung **4** 259
– Grenzgebot **4** 270
– Netzausbaugebiet **4** 272
– Zuschlagserteilung **4** 270
– Zuschlagsgrenze **4** 270
Zwangsversteigerung **3** 358
Zwischenwertbildung **2** 255, 258